LAROUSSE
DE POCHE

DICTIONNAIRE DES SYNONYMES

E. Genouvrier - C. Désirat - T. Hordé

ouvrage couronné par l'Académie française

21, RUE DU MONTPARNASSE 75283 PARIS CEDEX 06

Cet ouvrage a bénéficié de la collaboration de :
Dominique Désirat-Leblanc
agrégée de l'Université, professeur de lycée
Jacqueline Genouvrier-Mirailles
maître ès lettres, professeur de collège

Le présent volume appartient à la dernière édition
(revue et mise à jour) de cet ouvrage.

Distributeur exclusif au Canada : Messageries ADP, 1751 Richardson, Montréal (Québec)

ISBN 2-03-532179-4

Nous dédions notre dictionnaire à tous ceux qui, pour mieux exprimer leur pensée, sont à la recherche du mot juste : traducteurs ou écrivains, professionnels du journalisme, de l'écrit ou de l'oral, rédacteurs, secrétaires ... qu'ils soient français, francophones ou étrangers ; nous le dédions bien sûr à tous les jeunes à qui le collège, le lycée puis l'Université demandent de maîtriser la langue. Nous le dédions plus largement à tous les amateurs de mots, et aux amoureux de notre langue : de sa précision, de sa diversité, de sa richesse, de son élégance. Nous voudrions que tous, à l'usage du gros livre que voici, sortent satisfaits de leur quête : celle du mot juste, à sa juste place.

AVANT-PROPOS

Le bon synonyme, c'est le mot juste à sa juste place !

Car c'est cela, un synonyme : un mot que l'on cherche à la place d'un autre. Pour moins de monotonie, pour plus de justesse, pour une plus grande élégance.

À l'évidence, les synonymes vont donc au moins ... par deux ! Et, pourtant, ils ne sont presque jamais jumeaux. Le principe général de l'économie des langues veut que le pareil soit rejeté, et, pour une paire de mots si proches qu'ils semblent se superposer, mille autres possèdent la nuance qui différencie, sont seuls à s'appliquer à certains contextes ... On *enveloppe / on emballe* un paquet dans du papier : on *enveloppe* mais on n'*emballe* pas un malade dans une couverture !

Choisir

Bien entendu, la synonymie repose sur la ressemblance de sens : il faut que les synonymes veuillent dire « à peu près la même chose ». Chacun conviendra que des rapports existent entre *gloire* et *célébrité*, entre *gonflé* et *boursouflé*, *manger* et *dévorer* ... Ce sont des synonymes.

On peut donc être tenté de ne livrer au lecteur que des synonymes en « paquets » : pour *continuer,* voici *poursuivre, perpétuer, persister à, s'entêter à, s'obstiner à, durer, se prolonger* : choisissez le bon ! D'un tel aide-mémoire, nous n'avons pas voulu : nous nous devions de proposer à nos lecteurs non seulement les mots, mais les raisons de les choisir ou de les écarter.

Sens et définitions

Choisir entre deux synonymes, c'est d'abord vérifier que leurs sens s'ajustent : il convient donc de les définir ! Telle a bien été la vocation des premiers dictionnaires ; et telle demeure l'une des tâches dont nous nous sommes acquittés à chaque fois que nécessaire : *décanter*, c'est *épurer* en laissant déposer les impuretés que contient un liquide ; un *bâtiment* est un *bateau*, mais de grandes dimensions ; un *flâneur* est quelqu'un qui aime se promener au hasard des rues en prenant son temps, un *badaud*, celui que captivent les divers spectacles de la rue.

Mais une définition ne fait pas un dictionnaire ; ni trois, quatre ou cinq à la suite. C'est très abstrait, une définition ; a fortiori plusieurs ! Parfois quelques éléments suffisent, nous avons allégé : *mélange* : alliage (qui se dit pour les métaux) ; *cordage* : filin (= gros cordage en chanvre), câble (= gros cordage ou amarre en acier). La synonymie inclut souvent des différences d'intensité : tel mot est plus ou moins fort qu'un autre, ce que nous avons noté simplement par une flèche vers le haut ou vers le bas : *ennuyer* : ↑ préoccuper ; *ennuyeux* : ↑ assommant ; *à flots* : ↓ abondamment.

Exemples et contextes

Très souvent, un bon exemple, un contexte approprié éclairent et illustrent mieux que la meilleure définition et ravissent le lecteur. Car les mots ne vivent que dans le tissu de la parole ou de l'écriture. Un dictionnaire doit largement en tenir compte : les exemples lui donnent sa vie. Ils conduisent le lecteur sur les pistes connues : voici les mots dans leur paysage familier, on s'y retrouve, on « voit » directement ce que l'on cherche. Surtout, exemples et contextes constituent la « juste place » des mots.

C'est sans doute l'une des grandes richesses de notre ouvrage que de fournir à qui le consulte des milliers et des milliers d'exemples et de contextes : on est *sous le charme de quelqu'un,* mais pas *sous son enchantement ;* on est pris *dans un enchantement,* pas *dans un charme* : le contexte sélectionne tel synonyme, pas l'autre. Souvent, il filtre des sens différents, qu'il livre avec lui : *Pouvons-nous parler franchement ?* ; en toute franchise, à découvert ; mais *je vous le dis franchement* : tout net, [fam.] carrément ; et encore : *allez-y franche-*

ment ! : sans hésiter, [fam.] franco ; et puis : *c'est franchement mauvais* : vraiment. Voyez encore *acharné : un joueur acharné* : enragé, endiablé ; *c'est son ennemi acharné* : farouche ; *un travailleur acharné* : un bourreau de travail.

Attention à la grammaire ...

Pour tous nos lecteurs, mais particulièrement pour les lycéens et les étudiants, a fortiori pour les lecteurs étrangers, nous avons donc mis systématiquement en rapport les mots et leurs contextes ; il s'ensuit que nous avons accordé à chaque fois que nécessaire toute notre attention aux changements de constructions : *on est enclin* à mais *on est tenté* de ; on peut dire *quatre joueurs composent cette équipe,* mais le passif ou le pronominal sont meilleurs : *cette équipe est composée/se compose de quatre joueurs ;* on *compte* sur mais on *fait confiance* à quelqu'un ; on *consulte quelqu'un,* on *prend conseil* auprès de *quelqu'un.* De même avons-nous noté la variation du mot *espoir* selon son nombre et la nature de son article : 1) au singulier, avec l'article défini : *l'espoir fait vivre* : l'espérance ; 2) au singulier ou au pluriel, avec l'article indéfini : *reste-t-il un espoir ?* : une chance ... Des adjectifs, il faut souvent signaler le changement de place : *petit* se place avant le nom, son synonyme *minuscule* se place après ; de même : *une forte fièvre/une fièvre violente...* Sans ces indications, un dictionnaire laisse son lecteur dans le flou : nous guidons le nôtre constamment pour qu'il trouve non seulement le meilleur synonyme, mais en même temps son usage correct.

Les mots ont une vie sociale

Les mots ont une vie sociale : ils reflètent nos divisions, nos différences ; nous les supportons, nous les rejetons, nous les aimons selon qu'ils s'accordent à notre sens des convenances ; ils portent nos admirations comme nos injures ; ils s'inscrivent dans les conventions qui structurent en partie nos rapports avec les autres.

De cette très riche synonymie qui donne naissance à *manger/bouffer ; beau/chouette ; peur/pétoche* et tant d'autres plus subtils : *se compliquer/se corser ; comme il a grandi !/comme il a poussé !...* nous avons bien sûr rendu compte avec la meilleure précision. Nous proposons le repère d'une échelle classique : du très familier, parfois du vulgaire, de la conversation relâchée au très soutenu du style ostentatoire. L'essentiel demeure néanmoins le français courant de la parole surveillée et de l'écriture ordinaire (celle de la presse par exemple) et le niveau soutenu, où se rassemblent les mots plus élégants, parfois plus précis. Ainsi : *un projet osé* (soutenu), *risqué* (courant), *casse-cou* (familier), *casse-gueule* (très familier) ; ou encore *gracieusement* (soutenu), *gratuitement* (courant), *pour rien* (familier), *à l'œil* (très familier).

Comme il se doit, nous n'avons pas choisi à la place du lecteur, en refusant les mots grossiers par pudibonderie ou les mots très soutenus par zèle populiste. Les synonymes existent : nous les avons répertoriés, en signalant systématiquement leur différence éventuelle de niveau ; le choix doit rester au lecteur.

De même a-t-on noté que certains mots sont injurieux ou péjoratifs. Que d'autres sont rares : *alambiqué* est toujours rare ; *sang* l'est dans le sens de *race* : *de la même race* : [rare] *du même sang.* Nous signalons si un mot appartient à un vocabulaire technique, s'il est « didactique » par rapport à son synonyme « courant » ; ainsi *érythème* par rapport à *rougeur.* Qu'il existe des synonymes plus expressifs que d'autres : *je suis gelé* par rapport à *j'ai froid,* et que, d'une manière générale, la synonymie ne rattache pas seulement entre eux des mots, mais aussi des expressions, des tournures, des phrases.

Des mots

Qui dit « synonymes » pense immédiatement « mots » et attend d'un dictionnaire qu'il les rassemble en très grand nombre. Ce que nous avons fait : le lecteur s'en convaincra au premier usage. Nous avons réuni la plus large moisson des mots du français courant, pour autant bien entendu qu'ils aient au moins un synonyme ; les termes techniques ou scientifiques passés dans l'usage, s'ils ont des synonymes ; les néologismes qui s'installent en concurrence avec des termes courants, mais souvent avec une acception qui les distingue ; ainsi : *désencrasser/nettoyer ; désengagement/retrait ; désescalade/diminution ; convivial/accueillant.* Nous avons retenu les anglicismes courants, en signalant les recommandations officielles lorsqu'il y en a ; ainsi *conteneur* (terme recommandé)/*container* (terme le plus couramment employé).

Mais d'autres synonymies existent, et particulièrement deux, auxquelles nous avons accordé toute notre attention : la synonymie d'un mot-base avec son ou ses dérivés et celle d'un mot avec des expressions, locutions ou tournures.

Des familles de mots

Si nous avons systématiquement rassemblé les mots d'une même famille : *bord/border ; boue/boueux ; compenser/compensation ; craindre/crainte,* etc., c'est évidemment par économie ; souvent, les commentaires proposés pour l'un conviennent aussi aux autres : au lieu de les répéter pour le dérivé, nous renvoyons le lecteur à la base. Mais c'est aussi parce qu'on y trouve une source très fructueuse de synonymie ; comparez : il y avait des poteaux au *bord* de la route/des poteaux *bordaient* la route. Un chemin plein de *boue*/un chemin très *boueux*. Il va chercher à *compenser*/il va chercher des *compensations*.

Si on allie les deux stratégies : mise en relation de la base et des dérivés, et de leurs synonymes respectifs, on ouvre plus encore le champ des synonymies possibles ; comparez avec le verbe *craindre* le mot *crainte : craindre* d'aller chez le dentiste/*appréhender* d'aller chez le dentiste/l'*appréhension* d'aller chez le dentiste/la ↑ *phobie* du dentiste.

Expressions, locutions et tournures

Qu'un mot entretienne des rapports synonymiques avec plus grand que lui : expressions, locutions ou tournures, c'est une évidence à prendre largement en compte si l'on souhaite que le lecteur plonge au cœur même de la langue qu'il parle ou écrit. Car c'est au long de son histoire et du travail de ses locuteurs, de ses auteurs, qu'une langue s'enrichit des mille expressions qui lui sont propres : source précieuse d'expressivité pour l'étranger qui n'y a pas directement accès, pour l'autochtone en quête d'images et d'efficacité stylistique. L'un et l'autre trouveront ici largement leur bien. Par exemple : *se fatiguer à chercher,* se casser la tête, se creuser la cervelle ; *regarder quelqu'un en face,* droit dans les yeux, dans le blanc des yeux ; *ne pas faire d'effort,* ne pas lever le petit doigt ; *par enchantement,* comme par un coup de baguette magique ; *étonner,* couper le souffle ; *devancer,* couper l'herbe sous le pied, etc.

Cette richesse ne peut se rencontrer que si l'on ouvre un dictionnaire à des milliers d'exemples : une expression, une tournure doit s'adapter à un contexte, elle est elle-même souvent presque une phrase. Nous revoici devant notre choix : faire entrer qui consulte cet ouvrage dans la chair même du français vivant.

Une synonymie vivante

Une synonymie vivante : c'est ce que nous espérons avoir pratiqué. Nous pourrions bien sûr nous vanter du nombre de synonymes que contient ce dictionnaire. Mais le lecteur aura compris que les chiffres bruts ne disent rien sur l'essentiel : c'est-à-dire l'usage, le conseil, la recommandation, le contexte, l'exemple. Que valent dix synonymes si l'on ne trouve pas le bon ?

Des mots, en voici beaucoup ; et d'autant plus que nous avons jeté entre eux, par un jeu de renvois, toutes les passerelles possibles. Mais voici surtout une synonymie puisée au français le plus moderne comme au trésor fécond du français littéraire, et à celui, si riche, du français familier et expressif ; voici une synonymie en contexte, éclairée par ses exemples aussi bien que par des commentaires de sens et des recommandations grammaticales et stylistiques. Une synonymie prête à l'usage, comme il se doit...

LES AUTEURS

ABRÉVIATIONS

abrév	abréviation
absolt	absolument
abusif	emploi abusif, abusivement
adj	adjectif
adv	adverbe
amér	américain, américanisme
anc	ancien
anglic	anglicisme
app	en apposition
apr	après
arg	argot, argotique
arg mil	argot militaire
art	article
auj	aujourd'hui
autref	autrefois
auxil	auxiliaire
av	avant
c -à -d	c'est-à-dire
coll	collectif
compar.	comparatif
compl	complément
cond	conditionnel
conj	conjonction
contemp	contemporain
contr	contraire
cour	courant, couramment
déf.	défini
didact	didactique
dimin	diminutif
dir	direct
euph , euphém	euphémisme, par euphémisme
ex	exemple
exclam	exclamative
express	expressif, expression
f , fém	féminin
fam	familier
fig	figuré
génér	général, généralement
impér	impératif
impers	impersonnel
impropr	impropre
ind	indicatif
ind , indir	indirect
inf	infinitif
indéf	indéfini
inj	injurieux
interj	interjection
interr	interrogatif
intr	intransitif
iron	ironique
litt	littéraire
loc	locution
m , masc	masculin
mil	militaire
mod	moderne
n	nom
nég	négatif, négation
n f	nom féminin
n m	nom masculin
néol	néologisme
notamm	notamment
onomat	onomatopée
par anal	par analogie
par ext	par extension
par métaph	par métaphore
par méton	par métonymie
par opp , par oppos	par opposition

par plais	par plaisanterie	région	régional
partic , en partic	en particulier, particulièrement	scol	scolaire
		seult	seulement
pass	passif forme passive	signif	signifiant
		sing	singulier
		sout	soutenu
péj	péjoratif	spécialt	spécialement
pl	pluriel	subj	subjonctif
poét	poétique	syn	synonyme
pop	populaire	techn	technique
poss	possessif	tour critiqué	tour critiqué
pr	propre, terme propre	trans	transitif
précis	précis	v	verbe
préf	préfixe	V	voir
prép	préposition	v. pr	verbe pronominal
pron	pronom, pronominal	v. t	verbe transitif
qqch	quelque chose	v t ind	verbe transitif indirect
qqn	quelqu'un	vieilli	vieilli
rare	rare	vulg	vulgaire
recomm off	recommandation officielle	vx	vieux

CONVENTIONS

V , →, *	se reporter à l'article indiqué, qui contient le mot de départ ou qui en est proche par le sens
↑	de sens plus fort
↓	de sens moins fort

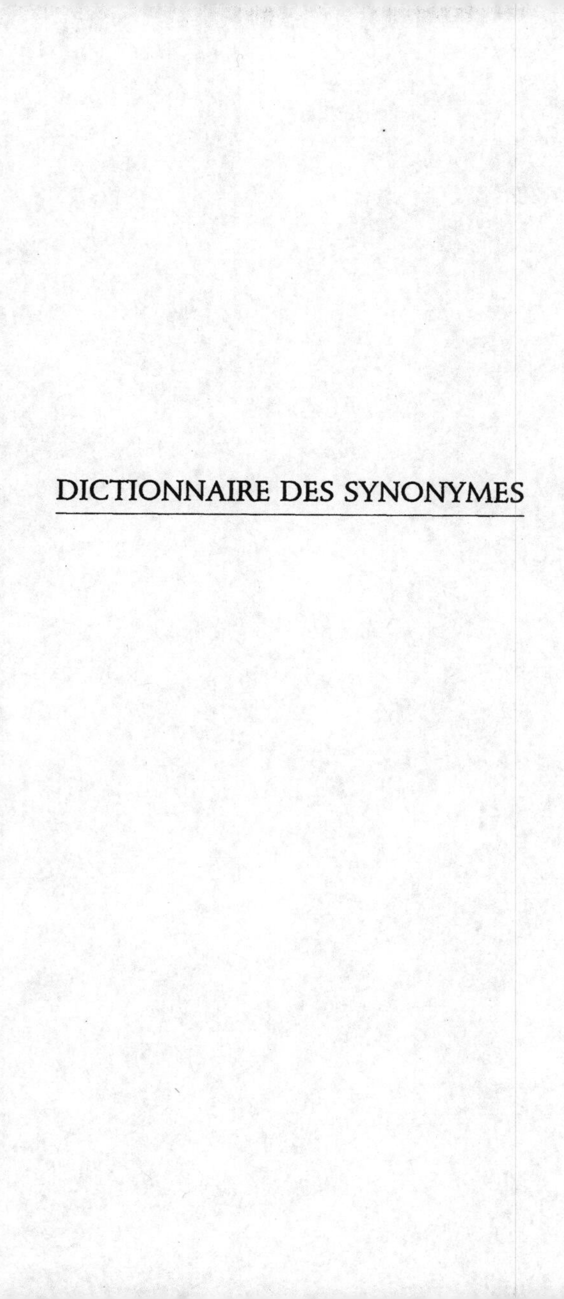

DICTIONNAIRE DES SYNONYMES

abaissement

I [de abaisser I] *Un abaissement des températures* : **baisse** (dans certains contextes, *abaissement* se dit plus de l'action d'abaisser, *baisse*, de l'état de ce qui est abaissé) ◆ **affaiblissement**, **fléchissement** ◆ [plus génér.] **diminution** (*l'abaissement, la diminution des prix*). [en parlant des marchés financiers] *L'abaissement des revenus* : **baisse**, **dégradation** ◆ ↑ **affaissement**, **chute** ◆ [en parlant de la monnaie] **dévaluation**. *Une Bourse à la baisse* : **déprimé** ◆ ↑ **en chute libre**.

II [de abaisser II] *Il court les rues, sale, déguenillé, ivre la plupart du temps : quel abaissement !* : ↑ **avilissement**, **déchéance** ◆ **dégradation** (qui renvoie aussi à une notion abstraite : *la dégradation des mœurs, de la morale*) ; → BASSESSE, BOUE, CORRUPTION, DÉCADENCE.

abaisser

I [~ qqch] **1.** *Abaisser une vitre* : **baisser**. *Abaisser les voiles* : [plus précis.] **amener**. **2.** *Abaisser la température, un prix* : **baisser**, **faire baisser** ◆ [plus génér.] **diminuer*** ; → ABRÉGER, MINIMISER, RACCOURCIR.

II [~ qqn] *Abaisser son meilleur ami* : **diminuer*** ◆ **inférioriser**, **ravaler** (= situer injustement à un rang inférieur) ◆ [plus fam.] **rabaisser*** ◆ [avec sujet non animé] ↑ **dégrader**, ↑ **faire déchoir** ◆ [avec sujet animé ou non animé] ↑ **avilir** ◆ ↑ **humilier**, ↑ **mortifier** (qui supposent qu'on agisse sur la personne morale ou intellectuelle et non sur la personne physique : *l'alcoolisme dégrade, avilit, abaisse ; l'insulte humilie, mortifie*) ; → FROISSER, OFFENSER, VEXER.
◇ **s'abaisser** **1.** [qqn ~ à] **condescendre à**, **daigner** (qui n'impliquent pas que le sujet y perde sa dignité). **2.** *Comment peut-il accepter de s'abaisser ainsi ?* : ↑ **s'avilir**, **se compromettre***, **déchoir**, **s'humilier**.

abandon

I **1.** [de abandonner I, 1] : ↓ **départ**. **2.** [de abandonner I, 2] : **démission**, **désertion**. *L'abandon de la foi, d'une doctrine, d'une religion* : ↑ **reniement** ◆ ↑ **abjuration** (= abandon par acte public et solennel) ◆ [partic.] **apostasie** (= abandon de la foi et de la religion chrétienne) ◆ **défection** (= abandon d'une cause, d'un parti) ◆ **désistement** (= abandon dans une élection ou un concours) ◆ **forfait** (= renonciation à une compétition pour laquelle on s'était engagé) ◆ [plus génér.] **retrait** ; → ABDICATION. **3.** [de abandonner I, 3] : **renonciation**, **capitulation**, **démission** ; → REJET. *L'abandon des poursuites* : → SUSPENSION. **4.** *L'abandon de ses biens* : **don** (qui est de sens plus actif) ; → DONATION.

II **1.** [de abandonner II] : **délaissement**, **lâchage**, **placage** ; → REJET. *À l'abandon. Il laisse tout à l'abandon* : [plus génér.] ↓ **négliger** ◆ [fam.] **à vau-l'eau** (*aller à vau-l'eau*) ; → LAISSER ALLER* III. **2.** [de s'abandonner] *Parler avec abandon* : ↓ **confiance** ◆ [express.] **se laisser aller, laisser parler son cœur** ; → AISE, NATUREL.

abandonné **1.** V. seul, errant. **2.** V. solitaire I, désert.

abandonner

I [qqn ~ qqch] **1.** *Il abandonne Paris* : [plus génér.] **se retirer de**, **quitter**, **s'en aller de**, **partir de** (qui n'impliquent pas une retraite définitive) ◆ ↑ **déserter** ◆ [plus restreint] **déménager** II, **évacuer**. **2.** *Il abandonne ses fonctions dans un mois* : **renoncer à**, **laisser** ◆ **déserter** (qui implique l'idée de défaite et de trahison) ◆ [partic.] **se démettre de** (*se démettre de ses fonctions*) ◆ [plus précis et techn.] **démissionner de**, **donner sa démission de** (*démissionner d'une charge, d'un poste, d'un emploi*) ◆ [fam.] **dételer**, **passer la main**. **3.** *Abandonner la lutte, la partie, des projets* : ↑ **capituler** ◆ **renoncer à** ◆ [sans compl.] ↓ **céder**, [fam.] ↓ **flancher**, **se dégonfler**, **se déballonner** (*il abandonne, il capitule, il cède, il flanche*) ; → ABDIQUER, FUIR, PARTIR, SE RÉSIGNER, ENTERRER. **4.** [~ qqch à qqn] *Je t'abandonne mes biens* : ↓ **donner** ◆ **livrer** (qui implique l'idée d'un don plus volontaire et total) ◆ [rare] **se dessaisir de** (= renoncer volontairement à des biens, de l'argent : *se dessaisir de qqch en faveur de qqn*) ; → SE SÉPARER DE. **5.** [absolt] *Je suis excédé : j'abandonne !* : **renoncer** ◆ ↑ **capituler** ◆ ↓ **céder** ◆ [fam.] **déclarer forfait**, **jeter l'éponge**, **baisser les bras**, **passer la main**.

II [qqn ~ qqn] *Il abandonne tous ses amis dès qu'ils ont besoin de lui* : **délaisser** ◆ [plus express.] **tourner le dos à** ◆ [fam.] **laisser tomber**, **lâcher** ◆ [très fam.] **larguer** ◆ [sout., souvent iron.] **laisser choir**. *Il a abandonné sa femme* : ↓ **quitter**, ↓ **se séparer de** ◆ [fam.] **plaquer** ; → NÉGLIGER, SACRIFIER.

◇ **s'abandonner** **1.** *Ne pouvant plus contenir ses larmes, elle s'abandonna* (= cesser de prendre sur soi, de se contenir, pour manifester son émotion, ses sentiments) : **s'épancher**, **se livrer** (qui impliquent un rôle plus actif du sujet). **2.** *Veuve, elle s'abandonne à son chagrin* : **se livrer*** **à** ◆ ↑ **succomber à** (qui implique l'idée d'une défaite devant qqch d'irrésistible). *S'abandonner à de viles passions* : V. SE VAUTRER. **3.** *S'abandonner à la rêverie* : **se laisser aller*** **à** ◆ ↑ **se plonger dans** ◆ ↑ **être en proie à** (qui se dit de qqch de pénible) ◆ ↑ **s'abîmer*** **dans**.

III [qqch ~ qqn] *Ses forces l'abandonnent* : [fam.] **lâcher** ◆ ↓ **diminuer*** (*ses forces diminuent*).

abasourdi V. ébahi, stupéfait (*in* stupéfaction).

abasourdir V. abrutir.

abâtardir V. dégénérer.

abâtardissement V. dégénérescence.

abattage V. activité, sacrifice.

abattement V. abattre I.

abattis V. membre.

abattre

I [qqn ~ qqch, qqn] **1.** *Abattre un arbre* : **couper**, **scier** (qui supposent l'usage d'un outil adapté). *Abattre un mur, une statue* : **démolir** ◆ **ruiner** (qui implique une action lente et tenace : *le temps et les éléments ruinent les édifices les plus solides*) ; → DÉMANTELER, RENVERSER, RASER, DÉTRUIRE. **2.** [qqn ~ qqn] V. TUER*. **3.** *Abattre de la besogne* : V. TRAVAILLER. *Abattre son jeu* (= dévoiler clairement ses intentions) : **abattre ses cartes** ; → ÉTALER.

◇ **s'abattre** [qqch, qqn ~ sur qqch, qqn] *La foudre s'est abattue sur un chêne* : ↓ **tomber sur** ◆ [par métaph.] **pleuvoir sur** (*les coups s'abattaient, pleuvaient sur le pauvre bougre*) ◆ [avec sujet animé] ↑ **fondre sur**, ↓ **se jeter sur** (*il fondit, se jeta sur le prisonnier comme l'aigle sur sa proie*).

II [qqch ~ qqn] *La maladie l'a abattu* (= ôter les forces physiques ou morales de qqn) : ↓ **affaiblir**, **débiliter**, ↓ **fatiguer**, ↑ **épuiser**, ↑ **anéantir** (qui concernent plus précisément les forces physiques) ◆ **démoraliser**, ↓ **accabler**, **consterner**, **décourager** ◆ ↑ **désespérer**, **atterrer**, **anéantir** (qui concernent plus précisément les forces morales) ◆ **déprimer** (qui concerne plus précisément les forces nerveuses) ; → AMOLLIR, SAPER.

◇ **abattement** [de abattre II] : **affaiblissement**, ↓ **fatigue**, ↑ **épuisement**, ↑ **anéantissement** ◆ ↑ **torpeur**, ↑ **prostration** (qui impliquent l'abaissement des forces intellectuelles ainsi que celui des forces physiques) ◆ **démoralisation**, **découragement** ◆ ↓ **accablement**, **consternation** ◆ ↑ **désespoir**, **anéantissement** ◆ **dépression** (= perte d'énergie morale, ou troubles nerveux profonds) ; → TRISTESSE, FATIGUE, ALOURDISSEMENT, APATHIE.

abattu V. triste I.

abbatiale V. église.

abbaye V. cloître.

abbé V. prêtre.

abbesse V. supérieur II.

a b c *L'a b c de qqch* (= éléments de base d'une activité, d'un art). *Il ne connaissait pas l'a b c de son métier* : **le b.a.-ba** ◆ [moins express.] **éléments** ◆ [plus sout.] **rudiments** ◆ [rare] **linéaments**.

abdication V. abdiquer.

abdiquer [qqn ~ qqch] **1.** *Il a abdiqué son trône ; le roi a abdiqué* : **se démettre de** (qui s'emploie pour des charges élevées, mais moins importantes) ◆ [plus génér.] **démissionner de** ◆ [sout.] **résigner** (qui s'emploie pour des charges ou emplois ordinaires). **2.** *Nous l'avons pressé d'arguments auxquels il n'a pu répondre ; il a vite abdiqué* : ↓ **céder**, ↑ **capituler** ; → RENONCER, ABANDONNER.

◇ **abdication** [de abdiquer] : **démission**, **capitulation** ; → ABANDON.

abdomen V. ventre.

abécédaire V. alphabet.

aberrant V. absurde.

aberration V. absurdité, erreur.

abêtir V. abrutir.

abêtissement V. abrutissement.

abhorrer V. détester.

abîme **1.** Cavité naturelle d'une profondeur incommensurable. *Les abîmes sous-marins* : **fosse**, **abysse** ◆ [plus cour.] **gouffre** ◆ ↓ **précipice** (*abîme* et *gouffre* évoquent l'idée d'engloutissement ; *précipice*, celle de chute). **2.** *Être au bord de l'abîme* : **catastrophe** ◆ ↓ **ruine**, **désastre**. **3.** V. CASSURE et MONDE.

◇ **s'abîmer dans** [sout.] **1.** *L'avion s'est abîmé dans la mer* : [plus cour.] ↓ **s'enfoncer**, **s'engloutir**, **couler**, **sombrer** (qui ne se rapportent qu'à l'eau et supposent une disparition graduelle) ; → ACCIDENT, CHAVIRER, ENVOYER PAR LE FOND*, SOMBRER. **2.** *Elle s'est abîmée dans sa douleur, dans son rêve* : **sombrer** ◆ ↓ **s'absorber** (est plus intellectuel et ne suppose qu'attention et application) ◆ ↓ **se plonger** ; → S'ABANDONNER, SE PERDRE.

abîmer **1.** [~ qqch] *Cet enfant est un brise-fer : il abîme tous ses jouets* : [plus sout.] **détériorer**, **dégrader**, **endommager**. *Il abîme tout* [génér.] : **casser**, [fam.] **esquinter** ◆ [très fam.] ↑ **bousiller**, **déglinguer**, **démantibuler**, **amocher**, [par antiphrase] **arranger** (*regardez-moi comme il les arrange, ses jouets !*) ; → ALTÉRER I, USER II. Les verbes suivants sont d'emploi plus restreint et précisent la nature du dommage subi ou de l'objet qui le subit. *Le sucre abîme les dents* : **carier**. *La chaleur abîme la viande, les fruits* : **avarier***, **corrompre***, **gâter**. *De mauvaises lectures lui ont abîmé l'esprit* : **gâter**, **corrompre*** ; → AIGRIR. *Le soleil a abîmé sa peau* : [fam.] **arranger**, [en partic.] **brûler**. *Ne va pas abîmer tes vêtements neufs* : **salir**, **tacher**, [plus sout.] **souiller** (= abîmer par de la poussière, par un liquide, par de la boue). *Il a abîmé l'ouvre-boîtes* : **détraquer**, [fam.] **fusiller**. *Elle a abîmé deux tasses* : **ébrécher**. *Des vandales ont abîmé les statues du parc* : **dégrader**, **détériorer**. *Ils ont abîmé la serrure, la porte* : **fausser**. *La tornade a abîmé les bungalows* : ↑ **délabrer**, **détruire**. *La grêle a abîmé les vignes* : ↑ **ravager**, **saccager**. **2.** [~ qqn] *Son adversaire l'a drôlement abîmé* : **arranger**, **esquinter** ◆ [plus fam.] **amocher**, ↑ **démolir** ; → BLESSER, METTRE À MAL*.

◇ **s'abîmer dans** V. ABÎME.

abject *Sa façon d'agir est plus que basse, elle est abjecte* : ↓ **bas**, **méprisable** ◆ ↑ **infâme**, **ignoble** ◆ [peu employé] **vil** ◆ [plus fam.] **dégoûtant** ◆ [très fam.] **dégueulasse** ◆ **sordide** (= qui est bassement intéressé) ; → BOUEUX, LÂCHE, LAID, RÉPUGNANT.

abjection V. horreur.

abjuration V. reniement (*in* renier).

abjurer V. renier.

ablution V. toilette.

abnégation V. désintéressement, sacrifice II.

aboiement V. voix I.

abois V. ennui.

abolir V. annuler, supprimer, effacer.

abolition V. annulation.

abominable 1. *Un abominable individu ; un crime abominable* : **affreux, atroce, horrible, monstrueux, épouvantable, exécrable** ◆ ↓ **détestable**. 2. [sorte de superlatif de *mauvais*] *Il fait un temps abominable* : **très mauvais, détestable, effroyable, exécrable, horrible, épouvantable, désastreux, catastrophique** (qui sont présentés par ordre croissant d'intensité). 3. *Une douleur abominable* : V. DOULOUREUX.
◇ **abominablement** *Elle récite abominablement* : **horriblement, épouvantablement, atrocement** ◆ ↓ **mal***.

abomination V. honte, horreur, détester.

abominer V. détester.

abondamment V. beaucoup, à flots*, à pleines mains*.

abondance

I [de abonder I] 1. *Quelle abondance de synonymes dans ce dictionnaire !* : ↑ **surabondance**, ↑ **profusion** ◆ [sout.] ↑ **pléthore** ◆ ↑ **foisonnement** ◆ **affluence** (qui se dit en parlant de la foule) ◆ [sout.] **exubérance** (qui se dit de la végétation) ◆ ↑ **prolifération** (qui se dit de qqch qui ne cesse de se développer ou de s'étendre) ◆ [plus restreint, fam. et express.] ↑ **une pluie de**, ↑ **un déluge de** (*un déluge d'injures, de compliments, d'applaudissements*) ; → ÉPAISSEUR, MER, MULTITUDE. 2. *En abondance* : V. BEAUCOUP, À FOISON* et GÉNÉREUSEMENT. 3. *Parler d'abondance* : **avec volubilité, volubilement** ◆ [fam. et souvent péj.] **avoir du bagout** ; → IMPROVISER, INÉPUISABLE.

II V. RICHESSE.

abonder

I [qqch, qqn ~ + compl. de lieu ou de temps] *Les fruits abondent en France* (= être en grande quantité ou en grand nombre) : ↑ **foisonner**. [avec sujet animé] *Les touristes abondent* : ↑ **fourmiller**, ↑ **pulluler**, ↑ **grouiller** ◆ [fam.] **il y a des tas de** ; → REMPLIR.

◇ **abondant** *La nourriture était abondante* : **copieux** ◆ [sout.] **plantureux**. *Une chevelure abondante* : **épais, fourni**. *Des faits abondants* : **nombreux**, ↑ **foisonnant**. *Un pourboire abondant* : [antéposé] **large, gros, copieux, riche, généreux** ; → FORT. *Un courrier abondant* : V. VOLUMINEUX*.

II [qqch ~ en qqch] *La France abonde en fruits* (= avoir en grande quantité, en grand nombre) : [plus cour.] **regorger de, être riche en** ◆ [fam.] **avoir plein de**.

III [qqn ~ en qqch] 1. *Il abonde en compliments* (= donner en grand nombre) : **être prodigue de**. 2. *Il abonde dans mon sens* : V. APPROUVER.

abord

I V. ABORDER II et ACCÈS.

II 1. *D'abord. Nous irons d'abord à la mer, puis à la montagne* : **premièrement**, [fam.] **primo, en premier** (qui indiquent une énumération plus précise). *Tout d'abord* (qui détache davantage le premier terme de l'énumération) : **au préalable, en premier lieu, avant toute chose, en priorité**. 2. [très sout.] *Dès l'abord. Dès l'abord, il me parut méfiant* : [plus cour.] **dès le début, dès le commencement, au départ** ; → IMMÉDIATEMENT. 3. *Au premier abord. Au premier abord, sa maladie ne paraissait pas inquiétante* : **à première vue, sur le coup, sur le moment** ◆ [sout.] **de prime abord** ; → INITIALEMENT, APPAREMMENT, A PRIORI.

abordable

I [de aborder I et II] *Il y a des rochers, mais la côte est abordable* : **accostable** ◆ [plus génér.] **accessible*** ; → AISÉ. *Peu abordable. Une côte peu abordable* : **peu hospitalier** ◆ ↑ **dangereux, inapprochable**. *Il est peu abordable* : ↑ **inapprochable**.

II [de aborder IV] *Est-ce une question qui vous paraît abordable pour de jeunes élèves ?* : **accessible à** ; → AISÉ, FACILE, SIMPLE.

aborder

I [qqch, qqn ~ à, dans, sur] *Le navire a abordé au Havre hier* : [plus précis.] **accoster** ◆ [plus génér.] **toucher*** (*... a touché le port, la terre ferme*).

II [qqch, qqn ~ qqch] *Nous allons aborder le village par le nord* : **s'approcher de**, **accéder à**, **atteindre** ; → APPROCHER, ARRIVER. [en termes de circulation routière] *Aborder un virage* : **prendre** ◆ [anglic.] **négocier** (= manœuvrer pour prendre un virage dans les meilleures conditions).

◇ **abords** *Les abords de Paris* : **alentours**, **approches**, **environs** (*abords, approches* nécessitent toujours un complément ; *environs* et *alentours* peuvent se construire seuls : *nous allons visiter les alentours, les environs*) ; → ACCÈS, BANLIEUE.

III [qqn ~ qqn] *Il m'a abordée dans la rue* (= s'approcher de qqn pour lui parler) : **accoster** ◆ **racoler** (qui se dit souvent pour ceux ou celles qui provoquent à la débauche les gens qu'ils abordent) ; → ATTAQUER, ACCROCHER.

IV [qqn ~ qqch] *Quand pensez-vous aborder ce problème ?* (= venir à qqch pour en parler) : **parler de** ◆ [plus fam.] **s'attaquer à** ; → ÉVOQUER, VENIR.

aborigène V. indigène.

aboucher V. joindre, rapport I.

abouler **1.** V. donner. **2.** V. venir.

aboulie V. apathie.

aboutir

I [qqch ~ à] *Ce chemin aboutit à la mer* : **arriver à**, **se terminer à**, **finir à** ◆ [plus génér.] **mener à**, **conduire à**. *La Marne aboutit à la Seine* : **se jeter dans** ; → ALLER, TOMBER.

II [qqn, qqch ~ à] *Il n'aboutira jamais à rien* : **arriver à**. *Sa manœuvre n'a abouti qu'à te mettre en colère* : **avoir pour résultat de** ; → SE SOLDER, SORTIR.

III [qqch, qqn ~] *Son projet a enfin abouti* (= se terminer par un résultat heureux) : **être couronné de succès** ◆ [plus génér.] **réussir**.

◇ **aboutissement** *Quel a été l'aboutissement de l'enquête ?* : **issue**, **résultat**.

aboyer

I *Un chien aboie* : **japper** (qui s'emploie pour les jeunes chiens).

II [qqn ~] *Il ne parle pas, il aboie* [fam.] : [très fam.] **gueuler** ◆ [cour.] **hurler** ; → CRI, CRIER.

abracadabrant V. bizarre.

abrégé V. abréger.

abrègement V. diminution.

abréger Diminuer* la durée de qqch. *Abréger un séjour* : **écourter**, **raccourcir** ◆ ↓**réduire**. *Abréger un discours* : [outre les précédents] **alléger**, **condenser**, **réduire**, **resserrer**, **simplifier*** ; → RÉSUMER, SERRER, MUTILER, ABAISSER.

◇ **abrégé** **1.** *L'abrégé de son allocution* : **condensé**, **résumé** ◆ [plus génér.] **idée**, **aperçu** (*... une idée, un aperçu de...*) ◆ **schéma**, **sommaire** (qui évoquent l'idée de plan) ◆ [rare, anglic.] **digest** ; → EXTRAIT. **2.** *Un abrégé de grammaire* : **aide-mémoire**, **précis** ◆ **vade-mecum** (abrégé que l'on garde avec soi) ◆ ↑**manuel** ; → EXTRAIT, ANALYSE, SIMPLIFIÉ.

◇ **en abrégé** *En abrégé, que s'est-il passé ?* : **sommairement**, **brièvement**, [sout.] **succinctement** (qui n'impliquent que l'idée de raccourcir un texte, un exposé) ◆ **en résumé**, **en bref**, **en conclusion**, **en un mot**, **en fin de compte** (qui évoquent, surtout en tête de phrase, un rapport logique avec ce qui précède : *en résumé, que faisons-nous ?*) ; → EN RACCOURCI*.

abreuver **1.** V. boire. **2.** V. accabler.

abréviation *Ciné* est l'abréviation de *cinéma* ; P.S. est le **sigle** de « parti socialiste ».

abri **1.** *Il va pleuvoir, cherchons un abri* : **refuge**, [très sout.] **asile**, **retraite** (qui impliquent génér. l'idée de danger) ◆ **cache**, **cachette** (qui supposent que l'on doit se dissimuler). **2.** *Ils tiraient d'un abri difficile à atteindre* : **bunker**, **forteresse*** (= refuge à toute épreuve) ◆ **casemate** (= abri militaire enterré et ainsi protégé des bombardements) ; → GÎTE, REPAIRE, SE CACHER.

◇ **à l'abri** *La pluie venant, il s'était mis à l'abri sous un chêne* : [sout.] **à couvert**. *Se mettre à l'abri* : **se réfugier, s'abriter**. *Mettre à l'abri de* : V. IMMUNISER, RENTRER, SÉCURITÉ et SÛR.

◇ **sans abri** V. À LA RUE*.

◇ **abriter** V. À L'ABRI* et ACCUEILLIR.

◇ **s'abriter** *Il s'abrite derrière ses relations pour agir impunément* : **se retrancher, se réfugier** ◆ [plus cour.] **profiter de** ; → SERVIR, USER.

abrogation V. annulation (*in* annuler).

abroger V. annuler, supprimer.

abrupt 1. V. escarpé, rapide, raide. 2. V. acerbe, brutal.

abruptement V. rudement (*in* rude).

abrutir [qqn, qqch ~ qqn] *L'ivrognerie abrutit lentement l'homme* : **hébéter** ◆ [plus sout.] **abêtir**. *Ses discours nous abrutissent* : ↓**abasourdir**, ↓**assourdir** ; → ENNUYER, ÉNERVER. *Ce travail m'abrutit* : [plus sout.] **surmener**.

◇ **s'abrutir** *Il s'abrutit de travail* : **se surmener** ; → ÉTOURDIR.

◇ **abruti** [n. ; fam. et souvent injur.] *Espèce d'abruti !* : [plus sout.] ↓**imbécile, idiot** ◆ [très fam.] **crétin, andouille, con, enflé, enflure, enfoiré** (qui peuvent être renforcés par *bougre de, triple, pauvre, pauvre petit, sacré petit : ... bougre d'abruti, pauvre abruti*...) ; → SOT, CUL, DÉGÉNÉRÉ, STUPIDE, VASEUX.

◇ **abrutissant** *Un vacarme abrutissant* : ↓**assourdissant, assommant** ; → FORT, TERRIBLE.

◇ **abrutissement** [de abrutir] : **abêtissement, hébétement** ◆ [très sout.] **hébétude** ◆ [en partic.] **surmenage**.

abscons V. abstrait, obscur.

absence 1. *Il l'aimait trop pour supporter facilement son absence* : **éloignement*, séparation** (qui insistent sur l'idée de distance, de départ et s'emploieraient en ce sens avec l'art. déf.) ; → DISPARITION, ESCAPADE. 2. V. DISTRACTION et OUBLI. 3. V. MANQUE et OMISSION.

◇ **s'absenter** 1. *Le voisin s'est absenté* : [plus génér.] **partir*** ◆ ↑**disparaître** ◆ **sortir** (qui ne se dit que d'une courte absence). 2. *Il a trouvé la solution à sa fatigue : il s'absente de son travail !* : **pratiquer l'absentéisme** ◆ [fam., péj.] **tirer au flanc** ◆ [grossier] **tirer au cul** ; → MANQUER.

absent 1. V. au loin*, manquer I (*in* manque). 2. V. distrait.

absentéisme, s'absenter V. absence.

absolu

I [qqch est ~] 1. *Il règne un silence absolu* : **total, complet** ; → PROFOND II ◆ **intégral, entier, plein, aveugle** (qui s'emploient pour un sentiment : *une franchise intégrale, entière ; une pleine confiance, une confiance aveugle,* mais *une défense absolue*) ; → EXPRÈS. 2. [partic.] *Pouvoir absolu* : **souverain** ◆ [très sout.] **omnipotent** (qui s'emploie seult pour celui qui détient le pouvoir absolu) ◆ [sout., souvent péj.] **autocratique** ◆ ↑**dictatorial** (qui s'emploie en parlant du pouvoir que s'est arrogé un homme d'État) ◆ **totalitaire** (qui qualifie un système politique qui exige le rassemblement en bloc unique de tous les citoyens au service de l'État, sans admettre aucune forme légale d'opposition) ◆ [péjor.] ↑**tyrannique**, ↑**despotique** ; → INFLEXIBLE, ARBITRAIRE.

◇ **absolutisme** [de absolu I, avec les mêmes nuances] : **autocratie, dictature, totalitarisme, despotisme, tyrannie**.

II [qqn, qqch est ~] *Il est trop absolu dans ses jugements* : **intransigeant*, catégorique, dogmatique, exclusif** ◆ [moins cour.] **entier** ◆ **autoritaire** (qui s'applique au caractère de qqn, mais aussi à sa voix, à son ton) ◆ **cassant, tranchant, catégorique** (qui s'appliquent aussi au ton de qqn : *un ton cassant ; un homme tranchant*) ; → PÉREMPTOIRE.

◇ **absolument** 1. [porte sur l'adj.] *Tout cela ne tient pas debout, c'est absolument faux !* : **parfaitement, complètement, entièrement, totalement, tout à fait** ◆ **diamétralement** (*absolument, diamétralement opposés*) ; → LITTÉRALEMENT, RADICALEMENT, NÉCESSAIREMENT. 2. [porte sur le v.] *Je vous approuve absolument* : **complètement, entièrement, pleinement**, [fam.] **à fond**. *Il faut absolument arrêter l'hémorragie* : **à tout prix*** ; → À TOUTE FORCE*.

3. [porte sur l'indéf. rien] *Absolument rien* : V. TOUT. 4. *Absolument !* : **exactement***.

III [n.m.] *Il veut toujours atteindre l'absolu* (= ce qui est parfait) : **idéal**, **perfection**. *Un besoin d'absolu* : V. INFINI.

absolution V. pardonner.

absolutisme V. absolu I.

absorbable V. absorber.

absorbant V. exigeant (*in* exiger).

absorbé V. distrait, occupé (*in* occuper II).

absorber

I 1. [qqch ~ qqch] *La terre absorbe l'eau* : ↑**pomper** (qui implique l'idée d'aspiration) ◆ **s'imprégner**, **s'imbiber** (qui impliquent l'idée de pénétration lente) ; → BOIRE. 2. [qqn ~ qqch] *Il a absorbé beaucoup d'alcool* : [plus cour.] **avaler** ; → BOIRE.

◇ **absorbable** *Ce médicament n'est vraiment pas absorbable !* : [plus cour.] **buvable**.

◇ **absorption** 1. *L'absorption massive de somnifères est mortelle* : [rare] **ingestion**. 2. *L'absorption d'une petite entreprise par une grosse* : **annexion** ◆ **intégration** (*l'intégration de qqch dans...*) ◆ **fusion** (*la fusion de deux choses*).

II [~ qqn, son temps, etc.] *Ce travail absorbe tout mon temps* (= occuper qqn tout entier) : ↓**retenir**, ↓**occuper**, ↓**prendre**, ↑**accaparer**, ↑**engloutir**.

◇ **s'absorber dans** V. S'ABÎMER et SE PLONGER.

absoudre V. pardonner.

absoute V. prière funèbre*.

abstenir (s') 1. [~ de qqch] *S'abstenir de café* : **se priver de** (qui insiste sur l'effort consenti) ◆ [plus génér.] **se passer de** ◆ [partic.] **faire abstinence*** (= se priver volontairement d'une nourriture pour raison médicale ou religieuse) ◆ [fam. ou très fam.] **se brosser**, **se l'accrocher**, **se faire ceinture**, **se mettre la ceinture** (qui impliquent une privation totale et se construisent le plus souvent sans compl. : *tu peux te l'accrocher ; tu peux faire ceinture ; tu peux te brosser*) ; → SE FOUILLER. 2. [~ de + inf.] *Je me suis abstenu de parler* : **se garder de**, **éviter de**, **se retenir de** (qui impliquent l'idée de précaution prise) ◆ ↑**se défendre de**, **s'interdire de** ◆ **se dispenser de** (= éviter de se soumettre à une obligation) ◆ **renoncer à** (= cesser d'envisager comme possible). 3. *Aux dernières élections, il s'est abstenu* : **ne pas voter, ne pas prendre part au vote** ; → NEUTRE.

abstinence V. s'abstenir, jeûne, privation (*in* priver), sobriété.

abstinent V. sobre.

abstract V. abrégé (*in* abréger).

abstraction V. abstraire.

abstraire V. SÉPARER.

◇ **s'abstraire de** *Il s'était abstrait du monde pour méditer* : [plus cour.] **se détacher de**, **s'isoler de**, **s'éloigner de**, ↑**s'exclure de** ◆ [sans compl.] **se mettre à part**.

◇ **abstrait** 1. *Art abstrait* : **non figuratif**. 2. *Sa pensée est trop abstraite* : **théorique** ◆ [très sout.] **abscons**, **abstrus** ◆ **subtil** (qui insiste sur la finesse d'une pensée, d'un raisonnement) ◆ [péj.] **fumeux**, **vague**, **confus** ; → COMPLIQUÉ, OBSCUR, SAVANT.

◇ **abstraction** 1. V. IDÉE et ILLUSION. 2. *Faire abstraction de. Dans votre rapport, vous ferez abstraction de vos goûts personnels* : [plus cour.] **laisser de côté**, **ne pas tenir compte de** ◆ **exclure**, **écarter**, **omettre**, **oublier**, **négliger**, **passer sous silence** (= ne pas mentionner, volontairement ou involontairement). 3. *Abstraction faite de* : V. EXCEPTÉ et INDÉPENDAMMENT.

abstrus V. abstrait (*in* abstraire), obscur.

absurde

I [qqch est ~] 1. *Ses propos sont absurdes* [souvent péj.] : **insensé** ◆ ↓**illogique**, **incohérent**, **irrationnel**, **contradictoire**, **inconséquent** (qui n'impliquent qu'une constatation intellectuelle, alors qu'*absurde* entraîne le plus souvent un jugement péjoratif) ◆ ↑**aberrant**, ↑**extravagant** ◆ **saugrenu** (qui ajoute l'idée de bizarrerie ridicule) ◆ [plus sout.] ↓**déraisonnable** ; → À DORMIR DEBOUT*, BIZARRE. 2. *Il voulait que nous sortions par ce temps, avouez que c'est*

absurde ! : **stupide***, **ridicule** ◆ [plus rare] **inepte** ◆ ↑ **grotesque** ◆ [fam.] **idiot**, **dingue**.
II [qqn est ~] *Ce que vous dites n'est pas logique, vous êtes absurde !* : **insensé** ◆ ↓ **illogique**, **incohérent**, **irrationnel**, **inconséquent** ◆ ↑ **extravagant** ; → FOU.

absurdité [de absurde I et II] : **illogisme**, **aberration**, **ineptie**, **extravagance**, **déraison**, **ridicule**, **stupidité**, **idiotie**, **folie** ; → CONTRADICTION, INCOHÉRENCE, ERREUR, BÊTISE.

abus [de abuser I et II] **1.** *Un abus de médicaments* : **excès**. **2.** *Un abus de confiance* : V. ESCROQUERIE. **3.** *Supporterons-nous encore longtemps ces abus ?* : [plus restreint] **injustice***. **4.** *Il y a un peu d'abus !* : **exagération** ; → ABUSER II.

abuser
I [~ de qqch] **1.** *Il abuse du tabac* (qui correspond à un verbe simple suivi de *trop*) : *il fume trop. Il abuse de l'alcool : il boit trop.* **2.** *Abuser de son autorité, de ses droits, de son pouvoir* : **outrepasser** (*outrepasser ses droits*). **3.** *Mais j'abuse de votre temps !* : V. ACCAPARER.
II [qqn ~] *Vraiment, tu abuses !* : **exagérer** ◆ ↑ **dépasser la mesure** ◆ [plus fam.] **dépasser les bornes**, **attiger**, **y aller un peu fort** ◆ [fam.] **charrier**.
III [~ de qqn] **1.** V. EXPLOITER. **2.** *Il a abusé d'elle* : **violer**, **violenter** (avec un compl. dir.) ◆ [plus rare] **faire violence à**, **déshonorer** ; → SÉDUIRE.
IV [~ qqn] V. TROMPER et LEURRER.

abusif V. exagéré.

abusivement V. exagérément (*in* exagéré).

abysse V. abîme.

acabit V. espèce, nature.

académicien V. immortel.

académie V. école. *Académie française* : V. coupole.

académique V. affecté II, conformiste (*in* conforme).

académisme V. conformisme (*in* conforme).

acariâtre *Il devait supporter jour après jour cette femme acariâtre* : [plus cour.] **hargneux**, **teigneux** ◆ ↓ **grincheux** ◆ [rare] **acrimonieux** ◆ [vieilli, très sout.] **atrabilaire**, **hypocondriaque** (qui supposent un état quasi maladif) ◆ **revêche**, **rébarbatif** (qui s'appliquent davantage à la manière d'être, de se comporter : *de tempérament acariâtre, il accueillait les gens d'un air rébarbatif*) ; → ANGULEUX, ACERBE, BOUGON, BOURRU, COLÉREUX, FURIE, QUERELLEUR.

accablant V. accabler I.

accablement V. abattement.

accabler
I [qqch ~ qqn] **1.** [la chaleur ~] *La chaleur nous accablait* (= faire succomber sous le poids de, au physique comme au moral ; s'emploie souvent au passif : *nous étions accablés par la chaleur*) : **oppresser** (qui évoque surtout la difficulté de respirer) ◆ ↓ **indisposer**. **2.** [une charge matérielle ~] *Le fardeau l'accablait* [sout.] : [cour.] **écraser**. *Accablé de dettes* : **écrasé**, **criblé** ◆ ↑ **abreuver** (*abreuvé de travail, de dettes*) ◆ ↑ **submerger** ; → ALOURDIR, CROULER. **3.** [une peine morale ~] *Le chagrin l'accable* : ↑ **terrasser** ; → ABATTRE, PESER, TOMBER* SUR. **4.** [un témoignage ~] *Sa déposition accable l'accusé* : ↓ **charger** ◆ ↑ **confondre**.
◇ **accablant** **1.** *Une douleur accablante* : ↑ **insupportable**, **intolérable**. *Une chaleur accablante* : ↓ **lourd**, ↑ **écrasant** ◆ **étouffant**, ↑ **suffocant** (qui évoquent la difficulté de respirer) ; → ARDENT. **2.** *Des preuves accablantes* : [moins précis.] ↑ **irréfutable** ◆ ↓ **lourd** (*de lourdes preuves*). **3.** *Sa naïveté est accablante* : **confondant** ◆ ↓ **désarmant**, ↑ **affligeant**, **décourageant**, **désespérant** ; → ATTRISTANT, DÉCONCERTANT, DÉPRIMANT, TRISTE.
II [qqn ~ qqn de qqch] *Il nous a accablés de questions* : [fam.] **bombarder** ◆ ↑ **submerger** ; → ASSIÉGER, MATRAQUER. *Accabler d'injures* : **abreuver**, **couvrir** ; → MATRAQUER. *Accabler de bienfaits* : [cour.] **combler**. *Accabler d'impôts, de travail* : ↓ **surcharger**, ↑ **écraser** ; → MATRAQUER, OPPRIMER.

accalmie V. calme.

accaparement V. spéculation (*in* spéculer), attribution (*in* attribuer).

accaparer
I [qqn ~ qqch] **1.** *Cette maison de gros a accaparé toute la production de vin dans la région* : **monopoliser** ◆ [anglic.] **truster** ◆ [plus génér.] **s'emparer de**, **amasser** ◆ [fam.] **rafler** ; → S'ATTRIBUER. **2.** *Il a accaparé tous les premiers prix* : **monopoliser** ◆ [fam.] **rafler**.
II [qqn, qqch ~ qqn, son attention, son temps] *Cette femme l'accapare* : ↓**retenir** ◆ ↑**envahir**. *Je ne veux pas accaparer votre temps* : **abuser de** ◆ ↓**prendre**. *Ce travail l'accapare* : V. ABSORBER II et DÉVORER.

accéder
I [qqn ~ à qqch] **1.** *On accède au sommet de la colline par un sentier* : **atteindre** (*atteindre le sommet...*), **parvenir à** ◆ [génér.] **arriver à** ; → ABORDER, ENTRER. **2.** *Il vient d'accéder à une charge supérieure* : **être promu à**, **parvenir à** ◆ [sout.] **atteindre à**.
II [qqn ~ à qqch] *Elle a accédé à ta demande* : **consentir*** ◆ [plus cour.] **être d'accord avec**.

accélération V. augmentation.

accélérer **1.** *Le virage passé, il accéléra* : [fam.] **appuyer sur le champignon**, ↑**mettre le pied au plancher** ; → METTRE LES GAZ*. **2.** *Il faudrait accélérer un peu l'allure !* : [plus sout.] **hâter**, **presser**. *Accélérer le pas* : **se dépêcher, se presser, se hâter** ◆ [fam.] **se magner, se grouiller** ; → ALLONGER* LE PAS, COURIR. **3.** *Il faudrait accélérer les choses si vous voulez avoir terminé à temps !* : **activer**, **presser**, ↑**précipiter**. *L'évolution politique accélère les échanges entre les deux pays* : **activer**, **stimuler** ◆ [anglic.] ↑**booster** ; → AUGMENTER.
◇ **accélérateur** *Il appuya sur l'accélérateur, la voiture bondit* : [fam.] **champignon**.
◇ **accéléré** *Marcher, travailler à un rythme accéléré* : ↓**rapide** ◆ ↑**d'enfer**, **infernal**.

accent **1.** *Voilée par l'émotion, sa voix avait des accents très doux* : **inflexion**. **2.** V. PRONONCIATION. **3.** *Mettre l'accent sur* : **insister sur**, **souligner***, **mettre en évidence, en relief**.

◇ **accentuer** **1.** *La fatigue accentue encore sa maigreur* : **faire ressortir**, **souligner** ◆ [plus sout.] **accuser**. *Accentuer encore son effort* : **accroître**, **augmenter**, **intensifier**, **renforcer**. **2.** V. MARTELER.
◇ **s'accentuer** *Le froid s'est accentué* : **s'intensifier** ◆ [en partic.] **devenir plus vif, fort**. *Sa fatigue s'accentue* : **s'accroître**, **augmenter*** ◆ **s'aggraver** (qui indique une idée de détérioration).

acceptable V. accepter.

acceptation V. accord I.

accepter **1.** [~ qqn] *Les étrangers sont bien acceptés dans notre quartier* : **admettre** ◆ **accueillir*** (qui suppose une attitude très favorable) ◆ **supporter**, **tolérer** (qui supposent l'idée de charge) ◆ **adopter** (= compter parmi les siens) ; → TRAITER. **2.** [~ qqch] *Je n'accepte pas l'injustice* : V. SUPPORTER et SOUFFRIR. *Accepterez-vous qu'elle vous accompagne ?* : **consentir* à** ◆ [plus cour.] **être d'accord pour** ; → VOULOIR, S'ACCOMMODER, MARCHER. **3.** *Veuillez accepter nos meilleures salutations* : **agréer** ; → RECEVOIR.
◇ **acceptable** *Ce devoir est acceptable* : **passable**, **honnête** ◆ ↑**honorable**, **convenable** ◆ [fam.] **potable**. *C'est une proposition acceptable* : **correct***, **recevable**. *Une tenue acceptable* : **correct**, **convenable** ◆ [en partic.] **décent*** ; → POSSIBLE, TOLÉRABLE, RAISONNABLE, SATISFAISANT.

acception V. signification I.

accès
I **1.** *L'accès de ce village est interdit aux véhicules* : **entrée**, **approche**. *L'accès d'une île* : **abord** (dans de nombreux contextes, seul *accès* est le terme propre : *l'accès d'un port, d'un parc, etc.*). **2.** *Les accès d'une ville* : V. CHEMIN et VOIE. **3.** *Donner accès à. Ce diplôme donne accès à un métier intéressant* : **conduire à**, **ouvrir sur** ◆ [plus partic.] **promettre**, **laisser espérer**.
II *Un accès de fièvre* : ↓**poussée**. *Un accès de colère* : **crise**, **bouffée** ◆ **élan** (qui ne se dit que de sentiments nobles, qui se manifestent soudain et vivement : *un élan de tendresse, de patriotisme*) ; → ATTAQUE, TRANSPORT.

accessible **1.** [qqch est ~] *Ce livre est-il accessible ?* : **abordable***, **compréhensible**, **intelligible** ◆ [très cour.] **à la portée de tout le monde** ; → CLAIR. *Un col de montagne accessible* : V. PRATICABLE. **2.** [qqn est ~] V. ABORDABLE et SENSIBLE.

accession *Accession au trône* : **avènement**. *Son accession aux plus hautes fonctions* : [rare] **élévation*** ◆ [plus cour. et génér.] **arrivée**, **venue**.

accessit V. récompense.

accessoire
I [adj.] *Il n'a fait que des remarques accessoires* : **secondaire** ◆ ↑ **négligeable**, **insignifiant**, **anecdotique** ◆ [en termes de droit] **incident** (*une requête accessoire, incidente*). *Il y aura des dépenses accessoires* : **supplémentaire**, **auxiliaire***.
◇ **accessoirement** *Nous pourrions accessoirement inviter M. Dupont* : **en outre**, **éventuellement** ◆ **incidemment** (= sans y attacher d'importance).
II [n.m.] V. PIÈCE.

accident **1.** *Un accident du travail ; un accident de voiture* (terme général dont les synonymes peuvent varier selon la nature ou la gravité de l'accident) : **collision**, ↓ **accrochage** (qui s'emploient couramment pour le heurt de deux véhicules : *un accident, une collision vient de se produire sur la R.N. 10*) ◆ **carambolage** (quand il s'agit de plusieurs véhicules). *Un accident d'avion* : ↑ **catastrophe aérienne**, [anglic.] **crash**. *Un terrible accident* : ↑ **catastrophe**. *Avoir un accident* : V. SE TUER. **2.** *Il faut bien accepter les divers accidents de la vie* : [plus sout.] **vicissitudes**, **revers** ◆ ↑ **adversité** ; → MALHEUR, ENNUI. **3.** [en termes de médecine] *L'opéré risque d'avoir des accidents secondaires* : **complications**. **4.** *Accident de terrain* : **inégalité*** ; → VALLONNÉ.
◇ **par accident** *Il était entré dans cette salle par accident* : **accidentellement**, **fortuitement** ◆ [plus cour.] **par hasard**.
◇ **accidentel** *Nous voici réunis par cet événement accidentel* : **occasionnel**, **imprévu**, **inattendu** ◆ [plus sout.] **fortuit** ; → INHABITUEL.

accidenté **1.** V. blessé (*in* blesser). **2.** V. s'abîmer (*in* abîme). **3.** V. vallonné.

accidentel, accidentellement V. accident.

accidenter V. accrocher I.

acclamer *La foule acclame le vainqueur* : ↓ **applaudir** (qui ne renvoie qu'au battement des mains) ◆ **bisser**, **rappeler** (= acclamer un artiste pour le faire revenir sur la scène) ◆ ↑ **faire une ovation à**, **ovationner** ; → BATTRE* DES MAINS.
◇ **acclamation** ↓ **applaudissement**, ↑ **ovation** ◆ [moins cour.] **vivat** ◆ **bravo**, **hourra** (qui ne se disent que des cris de la foule) ; → ÉLOGE, LOUANGE, RAPPEL.

acclimatation, acclimatement V. acclimater.

acclimater **1.** [~ qqn à] *Sera-t-il facile d'acclimater ces populations nordiques à la vie dans les pays chauds ?* : **accoutumer à**, **habituer à**. **2.** [~ qqch + indication de lieu] *Ils sont parvenus à acclimater chez eux mille usages nouveaux* : **implanter**, **établir** ◆ [moins précis.] **introduire** ◆ **importer** (qui insiste sur le transfert d'un lieu à un autre) ◆ **naturaliser** (qui se dit pour un animal ou une plante que l'on acclimate sur un sol étranger).
◇ **s'acclimater à** [moins sout.] **se faire à**, **s'adapter à** ; → S'ACCOMMODER.
◇ **acclimatation** : **adaptation** (= introduction d'un animal ou d'une plante dans un nouveau milieu) ; → ACCOUTUMANCE.
◇ **acclimatement** : **assimilation** (= familiarisation d'une personne avec un nouveau milieu) ; → ACCOUTUMANCE.

accointance V. relation.

accolade V. embrasser.

accoler V. joindre.

accommodant V. de bonne composition*, conciliant, sociable.

accommodation V. accoutumance.

accommodement V. arrangement, compromission (*in* compromettre).

accommoder

I [~ qqch à qqch] *Accommoder ses paroles aux circonstances* : **adapter**, **ajuster** ◆ [moins cour.] **approprier**, **conformer**, **mettre en conformité**, **accorder**.

II [~ des aliments] *Elle sait très bien accommoder les poissons* : **préparer**, **apprêter**, **cuisiner** ◆ [très génér.] **faire cuire** ◆ **assaisonner** (= ajouter à un aliment des condiments propres à en relever le goût : *il a assaisonné la salade*) ; → ARRANGER.

III **s'accommoder** 1. [qqn ~ de qqch] *Il s'est accommodé de ce que je lui ai donné* : **accepter** (avec un compl. dir.), **se contenter de**, **se satisfaire de** ◆ [fam.] **s'arranger**, **faire avec**. 2. [qqn ~ à qqch] *Il s'est accommodé à sa nouvelle demeure* : [plus cour.] **s'habituer à**, **se faire à** ◆ **prendre son parti de** (qui implique une idée de résignation) ; → S'ADAPTER, S'ACCLIMATER.

accompagnateur V. guide.

accompagner 1. [qqn ~ qqn] *Accompagner qqn quelque part* : **venir avec**, **aller*** **avec**. *Deux soldats l'accompagnaient* : [plus précis.] **escorter** ◆ **convoyer** (qui se dit d'une troupe plus nombreuse ou de moyens plus importants : *une vingtaine d'avions de chasse convoyaient le pétrolier*) ◆ ↑ **protéger**, **couvrir**. *Je l'ai accompagné à la gare* : **conduire**. *Il était accompagné de tous ses serviteurs* : **assister**, **suivre**, [péj.] **flanquer**. *Ce soir-là, la vieille comtesse l'accompagna* : [terme pr.] **chaperonner** (qui implique une idée de surveillance). 2. [qqn ~ qqch de] *Il accompagna sa plaisanterie d'un clin d'œil* : [plus sout.] **assortir de**.

◇ **s'accompagner de** *Ses propos s'accompagnent souvent de plaisanteries douteuses !* : **s'émailler de** ◆ [plus sout.] **s'assortir de** ◆ [plus génér.] **s'ajouter à** (*des plaisanteries douteuses s'ajoutent souvent à ses propos*).

◇ **accompagnement** 1. [rare] *Quel accompagnement de voitures et de carrosses !* : **équipage** ◆ [cour.] **escorte**, **cortège**, **suite**. 2. *L'accompagnement d'un plat* : **garniture**. *Chanter sans accompagnement* : **a capella**.

accomplir 1. [~ un travail, un projet] *Avez-vous accompli votre travail ?* : [plus génér. et cour.] **faire** ◆ **parachever** (= mener à la perfection) ◆ **mener à bien**, **effectuer**, **réaliser**, **exécuter** (*accomplir, réaliser, exécuter, effectuer un travail ; accomplir, réaliser un projet ; accomplir, effectuer, exécuter une tâche, une besogne*) ; → FINIR. *Accomplir de gros efforts* : **fournir**. *Accomplir son devoir* : **s'acquitter de**, **remplir**, **satisfaire à**, **observer** ◆ ↑ **obéir à**, ↑ **se plier à**. 2. [~ une mauvaise action] *Accomplir un meurtre* : **commettre** ◆ [sout.] **consommer**, **perpétrer**.

◇ **s'accomplir** 1. [qqch ~] *Son rêve s'est accompli* : **se réaliser**. *Une profonde transformation s'est accomplie dans cette école* : **avoir lieu**. *Son vœu s'est accompli* : **être exaucé**. 2. [qqn ~] *Il pensait que dans ce métier, il ne pourrait pas s'accomplir* : **se réaliser**, **donner toute sa mesure** ◆ [plus génér.] **s'exprimer** ◆ [fam.] **s'éclater** ◆ **s'épanouir** (qui n'implique pas forcément que l'on soit actif).

◇ **accompli** 1. *C'est un tireur accompli* : **excellent**, **expert**. *Une épouse accomplie* : **idéal**, **modèle** ◆ [génér.] **remarquable**. *C'est un ouvrier accompli* : **parfait**, **modèle** (*parfait ouvrier ; ouvrier modèle*) ◆ **consommé** (qui ne s'emploie que pour des activités considérées comme supérieures : *un artiste, un diplomate consommé*) ; → BON, ÉMÉRITE. 2. *Un travail accompli* (= parfait en son genre) : **achevé**, **fini**, **parfait**. 3. *Le temps est accompli* : **révolu**.

◇ **accomplissement** 1. *L'accomplissement d'un travail* : **exécution**, **réalisation**. 2. *L'accomplissement d'un forfait* : V. CONSOMMATION. 3. [qqn cherche son ~] : **réalisation**, **épanouissement** ; → S'ACCOMPLIR.

accord

I [~ entre des personnes] 1. *L'accord est revenu dans leur ménage* : ↑ **bonne entente** ◆ ↓ **détente** ◆ ↑ **concorde**, ↑ **paix**. *Il y a eu un accord entre eux pour nous tromper* : **complicité*** ◆ **connivence** (*ils étaient de connivence...*) ◆ ↑ **collusion**. *Un accord de sentiments, de points de vue entre eux* : **communauté**, ↓ **compatibilité** (qui désigne un accord possible mais non forcément total) ; → COMMUNION. 2. *Vous a-t-il donné son accord ?* : [plus rare] **acceptation** ◆ ↑ **aval**, **adhésion**, **soutien** ◆ [fam.] **feu vert** ; → APPUI, APPROBATION. *Un accord vient d'être signé entre syndicats et patronat* : [génér.] **arrangement** ◆ **convention** (qui a un caractère plus officiel et embrasse, pour une

durée déterminée, un ensemble plus large de décisions). *Un accord commercial* : **marché*** ◆ **contrat** (= acte officiel qui constate une convention ou un acte commercial) ◆ **traité*** (= convention commerciale ou politique passée entre États) ◆ **pacte** (qui implique un acte revêtu de solennité) ◆ **alliance** (= pacte d'amitié contracté entre plusieurs États) ◆ **protocole** (= ensemble de documents officiels mentionnant les principes et le détail d'un accord à conclure) ◆ [très génér.] **acte**.
◇ **d'accord** 1. *D'accord !* : **entendu** ◆ ↓ **oui*** ◆ [sout.] **assurément**, **certainement** ◆ [fam.] **d'ac**, **O.K.** ; → SOIT, VOULOIR. 2. *Être d'accord* (= avoir le même avis ou la même intention) : [partic.] **être de mèche** (qui suppose que l'on s'est mis d'accord pour nuire) ; → APPROUVER, ACCEPTER, CONSENTIR, FAVORABLE. 3. *Mettre d'accord* : V. CONCILIER et RÉCONCILIER. *Se mettre d'accord* : **s'entendre**, **se concerter** ◆ [fam.] **s'arranger** ; → FIXER. 4. *Tomber d'accord pour. Ils sont tombés d'accord pour se voir* : [sout.] **s'entendre pour**, **convenir de**. 5. *D'un commun accord* : **unanimement**, **tous ensemble***.
II [~ entre des choses] *Un bel accord de couleurs* : **rapport**, **harmonie**.

accorder
I 1. [~ qqch à, avec qqch] *Il faudra accorder vos interventions pour ne pas vous contredire* : **harmoniser** ; → APPROPRIÉ. *Comment accorder deux avis aussi contraires ?* : **concilier** ; → ACCOMMODER, CONFORMER. 2. *Il faudrait accorder ton chemisier à ta jupe !* : **assortir** ◆ [plus cour.] **faire aller*** **avec**.
II [~ qqch à qqn] 1. [~ que] *Je vous accorde que j'ai eu tort* : **concéder*** ◆ [sans compl. indir.] **admettre***, **convenir**, **reconnaître**, ↑ **avouer**, ↑ **confesser**. 2. *Je vous accorde le tiers de l'augmentation demandée* : **concéder** (qui insiste sur la volonté de celui qui accorde) ◆ **octroyer** (qui insiste sur l'acte lui-même) ; → ATTRIBUER, DONNER.
III *Vous accordez trop d'importance à de petites choses !* : **attacher**, **attribuer** ◆ [plus cour.] **donner**.
◇ **s'accorder** V. S'ENTENDRE et S'ASSOCIER.

accorte V. aimable.

accostable V. abordable.

accoster V. aborder.

accotement *Attention : accotements non stabilisés !* [vocabulaire techn.] : [cour.] **bas-côté** ◆ [plus génér.] **bord**.

accoter V. appuyer.

accoucher 1. *Elle a accouché d'un gros garçon* : **mettre au monde** (... *mis au monde un garçon*), **donner naissance à** ◆ [plus cour.] **avoir** ◆ [sout.] **enfanter** II ; → COUCHE. 2. *Il a accouché d'un mauvais roman, d'une mauvaise chanson* [fam.] : [plus génér. avec un compl. dir.] **produire** ◆ [avec un compl. dir.] **écrire**, **composer**, **peindre**, **publier** (qui s'emploient selon les contextes). 3. *Alors, tu accouches ?* [très fam.] (= express. invitant à parler, à s'expliquer) : [plus cour.] **ça vient ?**, **c'est pour bientôt ?**, **tu te décides ?**
◇ **accouchement** [de accoucher 1] : [sout.] **enfantement** ◆ **couches*** (qui désigne à la fois l'accouchement et ses suites) ◆ [en termes de chirurgie] **délivrance**, **parturition** ◆ **grossesse** (qui désigne l'état d'une femme enceinte) ◆ **maternité** (qui désigne à la fois grossesse et accouchement : *elle a été fatiguée par des maternités successives*).
◇ **accoucheur** [de accoucher 1] : [plus cour.] **médecin accoucheur** ◆ [plus précis.] **obstétricien** (qui est le spécialiste de la grossesse et des accouchements) ◆ **gynécologue** (qui s'occupe en outre des maladies des femmes) ◆ **sage-femme** (qui n'est pas médecin et ne s'occupe que des accouchements).

accouder (s') V. s'appuyer, coude.

accoudoir V. bras.

accouplement V. saillie (*in* saillir II).

accoupler V. assembler.

accoupler (s') 1. *Le spectacle grandiose de chevaux qui s'accouplent* : [plus fam.] **copuler**, **se monter** ◆ [plus génér.] **se reproduire** ◆ **monter**, **couvrir** (qui désignent l'acte mâle : *le cheval monte la jument*) ◆ **bouquiner**, **chevaucher**, **côcher** (qui s'utilisent selon les animaux dont on parle). **2.** [en parlant d'humains] V. AMOUR.

accourir V. se presser II.

accoutré V. vêtu (*in* vêtir).

accoutrement V. vêtement.

accoutrer V. vêtir.

accoutumance **1.** *Pour résister au froid, il faut une certaine accoutumance* : **accommodation, adaptation** ◆ [plus précis.] **acclimatement** ◆ ↑ **endurcissement,** ↑ **insensibilité** ◆ [plus cour.] **habitude. 2.** *Accoutumance à un poison* (= adaptation de l'organisme à certains agents extérieurs) : ↑ **immunisation** ◆ [didact.] **mithridatisation.**

accoutumé V. habituel, rituel.

accoutumer (s') V. acclimater, se familiariser.

accréditer **1.** [~ qqch] *On vient d'accréditer la nouvelle* : [sout.] **autoriser** ◆ **propager*, répandre** (= diffuser une nouvelle, un bruit, exact ou non). **2.** [~ qqn] V. ÉTABLIR.

accroc V. accrocher I.

accrochage **1.** V. accident, accroc. **2.** V. assaut. **3.** V. dispute, friction II.

accroche-cœur V. boucle.

accrocher

I **1.** [qqn ~ qqch à] *Accrochez vos vêtements au portemanteau* : **pendre, suspendre** (= attacher par en haut qqch qui peut ou non traîner par terre : *pendre un vêtement à une patère ; pendre un lièvre par les pattes*) ◆ **suspendre** (= fixer en haut et laisser pendre : *suspendre un lustre, un tableau*) ; → FIXER, ATTACHER. **2.** [qqn ~ qqch] V. DÉCHIRER. *Accrocher sa voiture* : ↑ **accidenter. 3.** [qqch ~] V. FAIRE DIFFICULTÉ*.

◇ **accroc** **1.** *Il y a un accroc à ma jupe* (= déchirure faite par qqch qui arrache, clou, épine) : [plus génér.] **déchirure*, trou.** *Il y a un accroc à sa voiture* : ↓ **griffe, rayure** ; → ACCIDENT. **2.** *Nous avons eu quelques accrocs pendant le voyage* : **accrochage** ◆ [plus sout.] **incident, complication** ◆ [sout.] **contretemps** ◆ ↓ **anicroche** ; → DIFFICULTÉ. **3.** V. S'ACCROCHER.

II [qqn ~ qqn] *Il m'a encore accroché pour me parler de sa femme* [fam.] : **agrafer, harponner, casser les pieds** ◆ [cour.] **retenir** ; → ABORDER, ENNUYER.

◇ **accrocheur** *C'est un athlète très accrocheur* [surtout en termes de sport] (= qui montre de la ténacité dans ce qu'il entreprend) : **combatif*** (qui ne s'emploie que lorsque l'idée de lutte est dans le contexte : *un boxeur très combatif*) ◆ [moins express.] **tenace.**

◇ **s'accrocher** **1.** [~ à qqch] *Il s'accroche à la rampe pour ne pas tomber* : **s'agripper à** ◆ ↑ **se cramponner à** ◆ ↓ **se tenir à** ; → SAISIR. **2.** *Tu peux te l'accrocher* : V. S'ABSTENIR. **3.** [~ à qqn] *Il s'accroche à vous parce qu'il n'a personne d'autre pour l'aider* : ↑ **s'agripper à** ◆ ↑ **se cramponner** ◆ [fam., péj.] **être collant** (*il est collant*) ; → ENNUYER. **4.** [~ avec qqn] V. SE DISPUTER et DISPUTE.

accroire *Faire accroire* : V. mentir.

accroissement V. allongement (*in* allonger), augmentation (*in* augmenter), multiplication (*in* multiplier).

accroître, s'accroître V. augmenter, accentuer, élargir, grossir, se multiplier (*in* multiple), renforcer.

accueil, accueillant V. accueillir.

accueillir **1.** [qqn ~ qqn] *J'ai été bien accueilli chez eux* : **recevoir** (qui n'implique pas pour autant la cordialité, sauf s'il est modifié par des adv. intensifs : *... très bien reçu ; ... reçu à bras ouverts*) ◆ **héberger** (qui suppose le gîte et le couvert) ; → ACCEPTER, TRAITER. **2.** [qqch ~ qqn] *Cet hôtel peut accueillir deux cents personnes* : **abriter, héberger, recevoir. 3.** [qqn ~ qqch] *Il a mal accueilli la nouvelle de ton départ* (= recevoir une nouvelle) : **apprendre** (qui est suivi d'un compl. de manière : *il a accueilli, appris la nouvelle avec stupeur*) ◆ **accepter** (qui est précédé d'un adv. de manière : *il a mal accueilli, accepté ton départ*). **4.** *Être accueilli par qqn, qqch* : [mélioratif] **être salué par,** [péj.] **être conspué, hué.** *Bien accueilli* : V. BIENVENU.

◇ **accueillant** **1.** [qqn est ~] V. AFFABLE et HOSPITALIER. **2.** [qqch est ~] *C'est une maison très accueillante, où il fait bon vivre* : **chaleureuse, chaude** ◆ [plus génér.] **agréable,** [fam.] **sympa.**
◇ **accueil** **1.** V. RÉCEPTION et HOSPITALITÉ. **2.** *La critique a fait un bon, mauvais accueil à ce film* : **bien accueillir, mal accueillir** ; → LOUER, CRITIQUER.

acculer **1.** *On l'a acculé au suicide* : ↓ **contraindre à, réduire à** ◆ ↓ **forcer à** (plutôt suivi d'un inf. : *forcer qqn à se suicider*) ; → CONDUIRE, CONDAMNER, METTRE AU PIED DU MUR*. **2.** [souvent au passif] *Il était acculé, il a avoué* : [express.] **poussé dans ses derniers retranchements, aux abois.**

acculturation V. culture.

accumulateur V. batterie, pile.

accumulation V. entassement.

accumuler V. entasser, rassembler, amasser (*in* amas).

accus V. batterie, pile.

accusateur V. accuser.

accusation V. charge, imputation, reproche.

accusé V. inculpé.

accuser **1.** [qqn ~ qqn] *Accuser un camarade de vol* : [vx] ↑ **incriminer** (= accuser d'un crime) ◆ **inculper** (qui s'emploie dans le langage juridique) ◆ ↓ **mettre en cause** (*mettre un camarade en cause*) ◆ **dénoncer** (= signaler qqn à la justice ou à un supérieur : *dénoncer un camarade pour vol*). *On m'accuse de négligence* : **taxer** ; → ATTAQUER, REPROCHER. **2.** [qqn ~ qqch] *Il accuse cet accident de tous nos malheurs* (= faire retomber sur qqch la responsabilité de) : [plus sout.] **imputer à** ◆ [plus cour.] **mettre sur le compte de.** **3.** [qqn ou qqch ~ qqch] *Ses traits accusent la fatigue* : **révéler** ◆ [moins précis.] **montrer** ; → ACCENTUER.
◇ **s'accuser** V. AVOUER.
◇ **accusateur** **1.** [n.] *Il regardait fièrement ses accusateurs* : **dénonciateur, délateur** (= ceux qui accusent qqn par intérêt ou par haine) ◆ **détracteur** (= celui qui déprécie qqn) ; → ENNEMI, ESPION. **2.** [adj.] *Un regard accusateur* : V. REPROCHE. *Des documents accusateurs* : ↓ **dangereux** ◆ ↓ **gênant.**

acerbe *Un ton acerbe, des critiques acerbes* : **mordant*** ◆ ↑ **virulent** ◆ ↑ **venimeux** ◆ ↓ **abrupt** ; → AIGRE, ACARIÂTRE, DÉSAGRÉABLE.

acéré V. affilé (*in* affiler), mordant (*in* mordre), pointu, tranchant.

achalandé *Ce magasin est bien achalandé* (= fourni en marchandises) : **approvisionné, pourvu** ◆ [plus cour.] **fourni.**

acharné **1.** [qqn est ~] *C'est un joueur acharné* : ↑ **enragé, forcené, endiablé.** *C'est son ennemi le plus acharné* : **farouche** ; → OBSTINÉ. *Un travailleur acharné* : **un bourreau de travail.** *Un défenseur acharné* : V. ARDENT. **2.** [qqch est ~] *Un combat acharné* : **farouche, furieux.** *Un travail acharné* : **opiniâtre,** ↑ **forcené.**
◇ **s'acharner** **1.** [~ contre qqn] *Tous s'acharnaient contre lui* : ↑ **persécuter** (*tous le persécutaient*). **2.** [~ à] *Il s'acharne à les convaincre* : **s'obstiner à** ; → PERSÉVÉRER, SE BATTRE.

acharnement V. ardeur, fureur.

acharner (s') V. acharné.

achat V. acheter.

acheminement V. transport.

acheminer *Ce camion postal achemine le courrier vers la province* : [plus génér.] **conduire, transporter** ; → AMENER.
◇ **s'acheminer** *Nous nous acheminons vers un compromis* : **se diriger** ◆ **aller*, tendre, arriver à.**

acheter **1.** *Il vient d'acheter une nouvelle voiture* : **faire l'achat de** ◆ [plus sout.] **acquérir** ◆ [plus fam.] **s'offrir, se payer** ◆ **faire l'emplette de** (qui s'emploie pour une petite dépense) ◆ [très génér.] **avoir** ; → SE PROCURER, PRENDRE. **2.** *Il a acheté plusieurs de ses électeurs* : [plus sout.] **soudoyer** ◆ ↑ **corrompre** ◆ [fam.] **graisser la patte à, arroser.**
◇ **acheteur** : **client** (= celui qui achète dans un magasin, sur un marché : *il y a peu*

d'acheteurs, de clients ce matin sur le marché) ◆ **acquéreur** (= celui qui achète des marchandises vénales d'importance : *y a-t-il acheteur, acquéreur pour cet immeuble ?*) ◆ **preneur** (= celui qui achète dans une vente aux enchères) ◆ [techn.] **adjudicataire** (= celui qui passe un marché avec une administration) ; → CONSOMMATEUR.

◇ **achat** **1.** [~ de petites choses] **emplette** (*faire ses achats, ses emplettes*) ◆ **shopping** (*faire du shopping*). **2.** [~ de choses importantes] : [plus sout.] **acquisition** (*l'achat, l'acquisition d'une maison*) ◆ [par une administration] **adjudication** ; → COMMERCE.

achevé V. accompli.

achèvement V. accomplissement (*in* accomplir), fin.

achever **1.** V. finir, mettre la dernière main*. **2.** V. tuer, faire un sort* I, donner le coup de grâce*.

achopper *C'est sur ce point de la discussion que nous achoppons* [sout.] : [cour.] **buter contre, trébucher,** ↑ **échouer** ; → SE HEURTER* À.

◇ **achoppement** *Pierre d'achoppement. L'anglais est pour lui la pierre d'achoppement du baccalauréat* : **écueil** ◆ [plus génér.] **obstacle** ◆ [fam.] **os, hic** ; → DIFFICULTÉ.

acide V. aigre.

acidité V. aigreur (*in* aigre).

acidulé V. aigre.

acolyte V. complice.

acompte *Voici un acompte : je vous paierai le solde à la fin du mois* (= paiement partiel à valoir sur une somme due) : [plus cour.] **avance** ◆ **arrhes** (= somme d'argent que l'on donne au moment de la conclusion d'un marché) ◆ **provision** (= somme versée par avance à une personne, à valoir sur la somme à payer au moment du règlement définitif : *recevoir un acompte, une avance sur son salaire ; verser des arrhes pour l'achat d'une voiture ; remettre une provision à son avocat*).

acoquiner (s') V. fréquenter.

à-côté V. détail, supplément.

à-coup *Ce moteur a des à-coups inquiétants* : **raté** ◆ **secousse*** (qui peut s'employer dans d'autres contextes) ; → SACCADE. *Par à-coups. Il travaille par à-coups, selon son humeur* : **par intermittence, par saccades, irrégulièrement** ; → VAGUE. *Sans à-coups* : **sans heurt**.

acquéreur V. acheteur.

acquérir V. acheter, assimiler II, se procurer, prendre I.

acquiescement V. approbation.

acquiescer V. céder, consentir.

acquisition V. achat.

acquit V. reçu.

acquittement V. acquitter.

acquitter *Le prévenu a été acquitté* : **déclarer non coupable** ; → AMNISTIER, JUSTIFIER, RELÂCHER.

◇ **s'acquitter de** **1.** *S'acquitter de ses dettes* (= les payer) : **rembourser** (*rembourser ses dettes*) ; → PAYER, RÉGLER. **2.** V. REMPLIR, SE LIBÉRER et ACCOMPLIR.

◇ **acquittement** **1.** V. RÈGLEMENT. **2.** *L'acquittement d'un prévenu* : V. LIBÉRATION.

âcre V. aigre, amer I.

âcreté V. aigreur, amertume.

acrimonie V. aigreur.

acrimonieux V. acariâtre.

acrobate **1.** *Le numéro des acrobates* : [en partic.] **trapéziste, funambule, équilibriste** ◆ **saltimbanque** (= acrobate de rue) ; → DANSEUR. **2.** [fig., péj.] *Un acrobate de la politique* : **équilibriste** ◆ [pas forcément péj.] **virtuose, artiste** ◆ [plus génér.] **spécialiste**.

◇ **acrobatie** **1.** [au cirque] : [en partic.] **voltige, saut périlleux**. **2.** [avec un avion] : **looping, vrille, tonneau**. **3.** [fig.] *Pour convaincre, il lui a fallu recourir à quelques acrobaties verbales !* : **virtuosité, tour de passe-passe** ; → EXPÉDIENT.

◇ **acrobatique** *Pas facile de se sortir de ce faux pas, c'est assez acrobatique !* : **périlleux** ◆ [plus génér.] **difficile***.

acrotère V. socle.

acte
I 1. *Il faut la juger sur ses actes, non sur ses sentiments* (= manifestation humaine considérée dans sa réalisation objective) : **action** (= manifestation humaine, toujours volontaire et pouvant avoir des degrés : *il a entrepris une action d'envergure ; pendant toute la durée de l'action.* L'*acte* est unique et ponctuel ; ces deux termes ne se superposent que dans quelques contextes : *un acte généreux, une action généreuse*). *Un acte courageux* : **action, geste, mouvement**. 2. *Un acte important* : V. MESURE. *Ce voyage fut un acte important de sa vie* [plus génér.] : **épisode, moment**.
II 1. V. ACCORD. 2. *Prendre acte* : **constater***.

acteur 1. [au cinéma et au théâtre] : **artiste** ◆ **interprète** (= celui qui joue un rôle particulier) ◆ **vedette***, **star** (= acteurs en vogue, surtout au cinéma) ◆ [péj.] **cabot, cabotin, théâtreux**, [rare] **histrion** (= mauvais acteurs) ◆ **comédien** (qui se dit d'un acteur de théâtre) ◆ [fam.] **enfant de la balle***. 2. *Les acteurs de l'Histoire sont-ils les hommes politiques ?* : **protagoniste**.

actif 1. [qqn est ~] *C'est une personne très active* : **entreprenant, dynamique** ◆ ↑ **énergique***, **vif, efficace, efficient** ◆ ↑ **hyperactif** ◆ [très sout.] **diligent** (= qui est à la fois rapide et efficace) ◆ **travailleur**, ↑ **affairé** (= qui s'active au travail) ◆ [parfois péj.] ↑ **zélé** ; → INFATIGABLE, BOUILLONNANT, MILITANT, OCCUPÉ II. 2. [qqch est ~] *C'est un produit très actif* : **efficace** ◆ [très génér.] **fort**.
◇ **activité** 1. [de actif 1.] *Elle manifeste beaucoup d'activité* : **dynamisme, vivacité, esprit d'entreprise, vitalité** ◆ [parfois péj.] ↑ **zèle** ◆ [fam.] **abattage** (*avoir de l'abattage*) ; → ARDEUR, ENTRAIN. 2. *Quelles sont en ce moment ses activités ?* (= ensemble des travaux d'un être humain) : **occupation** ; → TRAVAIL. *Être en activité* : **travailler, être à l'œuvre*** ; → EXERCICE. 3. *Un port où il règne beaucoup d'activité* : V. ANIMATION et AGITATION. *Un pays en pleine activité* : **essor** ◆ ↑ **prospérité**.

action
I 1. V. acte I, efficacité, travail I. 2. V. combat (*in* combattre).
II V. valeur II.

actionner Mettre qqch en action : **faire fonctionner***, **mettre en marche***.

activement V. sérieusement (*in* sérieux).

activer V. accélérer, pousser II.

activité V. actif.

actualisation V. modernisation.

actualiser V. mettre à jour*, moderniser.

actuel 1. *La mode actuelle est aux cheveux longs* : [rare, sout.] **présent** ◆ [plus génér.] **contemporain** (= de l'époque présente). *Les problèmes actuels* : **d'aujourd'hui** ◆ [moins employé] **de l'heure** ◆ [plus génér.] **de notre temps, contemporain**. 2. V. MODERNE.
◇ **actualité** 1. [sing.] *Que pensez-vous de l'actualité ?* : **événements** ◆ [plus fam.] **ce qui se passe**. *D'actualité. Ce disque n'est plus d'actualité* : **au goût* du jour, à la mode***. *Ce discours n'est pas d'actualité* : **à sa place** ◆ [sout.] **pertinent** ; → À L'ORDRE* DU JOUR, OPPORTUN. 2. [pl.] *Regardez-vous les actualités à la télé ?* : **journal, nouvelles, informations*** ◆ [fam.] **infos**.
◇ **actuellement** 1. *Actuellement, la mode est aux cheveux longs* : **à présent, aujourd'hui** ◆ [sout.] **présentement**. 2. *Actuellement, il faut beaucoup d'argent pour vivre* : **aujourd'hui, de nos jours, maintenant** ◆ [plus fam.] **au jour d'aujourd'hui, par les temps qui courent**. 3. *Actuellement, il est au chômage* : **en ce moment, pour le moment, pour l'instant**.

acuité V. finesse (*in* fin), intensité.

adage V. pensée II.

adaptable V. assimilable I.

adaptation 1. V. acclimatation (*in* acclimater), accoutumance. 2. V. traduction.

adapter *Adapter qqch aux désirs de qqn* : V. ACCOMMODER et CONFORMER. *Adapter des méthodes* : **moderniser***. *Adapter ses propos* : **moduler***. *Adapter un roman à l'écran* : **transposer** : V. PORTER.
◇ **s'adapter** *Nouveau venu, il a bien fallu qu'il s'adapte* : [plus express.] **se mettre au diapason** (= faire comme les autres) ; → S'ACCOMMODER, SE RECONVERTIR.
◇ **adapté** *Je ne sais si vos propos sont bien adaptés à la situation !* : **approprié*** ; → CONFORME, SPÉCIALISÉ.

addenda V. supplément.

addition
I *L'addition d'un paragraphe à un livre* (= ce qui est ajouté à, en parlant d'un texte) : **additif**, **ajout**, **adjonction** ◆ [didact.] **codicille** (= addition à un texte juridique) ◆ **annexe** (= texte ajouté à un ensemble, où figurent des documents divers).
II *Garçon ! l'addition, s'il vous plaît !* : [plus génér.] **note** ◆ [fam. et par plais.] **douloureuse** ; → COMPTE.

additionnel V. complémentaire.

additionner V. ajouter, faire le total*.

adepte V. partisan (*in* parti I).

adéquat V. approprié, juste II, dans la note* V, convenable.

adhérence V. adhérer I.

adhérent V. partisan (*in* parti I).

adhérer
I [qqch ~ à qqch] *C'est un papier qui adhère bien au mur* : [plus cour.] **coller** ◆ [plus génér.] **tenir***, **joindre**.
◇ **adhérence** *L'adhérence d'un véhicule à la route* : **tenue de route** (*la tenue de route d'un véhicule ; une mauvaise adhérence, tenue de route*).
II [qqn ~ à qqch] 1. *Il a adhéré au parti socialiste* : **entrer à**, **devenir membre de**, **s'affilier à** ◆ **s'inscrire à** ◆ ↑ **s'engager**, **s'enrôler** (qui évoquent une adhésion militante) ; → RALLIER, SE JOINDRE, CONVERTIR. 2. *Il adhère toujours aux propos du plus fort* : **se rallier* à**, **approuver**, **souscrire à** ◆ ↓ **accorder sa sympathie**, **son soutien à** ; → CONSENTIR.

adhésif V. collant.

adhésion V. accord I, admission, conversion (*in* convertir), inscription, suffrage.

ad hoc V. convenable.

adieu *Je m'en vais : adieu !* [sout.] (marque une séparation définitive) : [cour.] **au revoir** ◆ [vx] **bonjour** ◆ [en partic.] **bonsoir**, **bonne nuit** ◆ [fam.] **salut***, **tchao**. *Faire ses adieux* : **prendre congé***.

adipeux V. gras.

adjacent V. proche, voisin.

adjoindre V. ajouter, associer.
◇ **s'adjoindre** V. prendre I.

adjoint V. aide, second II.

adjonction V. addition.

adjudicataire V. acheteur (*in* acheter).

adjudication V. achat, attribution (*in* attribuer).

adjuger V. attribuer.

adjuration V. prière II.

adjurer V. prier II, supplier.

adjuvant V. auxiliaire.

admettre
I [~ qqn] V. ACCEPTER et RECEVOIR.
◇ **admission** *Il a demandé son admission au club le plus proche* : **affiliation**, **adhésion**, **appartenance** (qui soulignent davantage l'idée d'un rattachement à une société, un club, un parti) ◆ [plus génér.] **entrée**.
II [~ qqch] 1. *Admettons que je me sois trompé, que se passerait-il ?* : **supposer**, **imaginer** ; → CONCÉDER, RECONNAÎTRE, CROIRE. *Faire admettre à qqn* : V. DÉCIDER. 2. *Il n'admet aucune critique* : **tolérer**, **supporter**, **permettre** ◆ [sout.] **souffrir** ; → ACCEPTER, APPROUVER, CONSENTIR.

3. *J'admets que ce soit difficile* : **accorder**, **comprendre**, **reconnaître**. **4.** *Le règlement n'admet aucune exception* : **permettre**, **supporter**, **comporter**.

administrateur V. directeur.

administration **1.** *Son père lui a confié l'administration de l'usine* : **gestion**, **conduite**, ↑ **direction** ◆ [anglic.] **management** ; → DIRIGER. **2.** V. SERVICE, AUTORITÉ et ÉTAT.

administrer **1.** V. appliquer. **2.** V. diriger.

admirable, admirablement V. admirer.

admiration V. enthousiasme, émerveillement.

admirer **1.** *J'admire votre courage* : ↑ **s'extasier devant**, **s'enthousiasmer devant** (*votre courage m'enthousiasme !*). *Admirer qqn* : ↑ **être en extase devant** ; → ÉTONNER, ÉMERVEILLER. **2.** [par antiphrase, sout.] *J'admire l'aplomb avec lequel vous mentez !* : [cour.] **s'étonner*** **de**.

◇ **admirable** **1.** *Sous le soleil, ce paysage est admirable* : **magnifique**, **splendide**, **superbe** ◆ ↑ **merveilleux** ◆ ↓ **beau***. **2.** *Faire preuve d'un courage admirable* : ↑ **prodigieux** ◆ [très sout.] ↑ **sublime** ; → EXTRAORDINAIRE, ÉTONNANT, REMARQUABLE.

◇ **admirablement** *Ce tableau est admirablement peint* : ↑ **merveilleusement** ◆ ↑ **parfaitement**, **prodigieusement** ◆ ↓ **très bien**.

◇ **admirateur** *L'artiste était suivi d'une foule d'admirateurs* : ↑ **fanatique**, [fam.] **fan** ◆ ↑ **inconditionnel**, ↑ **adorateur** ; → FLATTEUR.

admissible V. bon I, concevable, plausible, tolérable (*in* tolérer).

admission V. admettre I.

admonestation V. leçon.

admonester V. avertir, réprimander, engueuler.

adolescence V. âge.

adolescent *Ce film est à déconseiller aux adolescents* : [anglic.] **teen-ager** ◆ (didact.) **mineur** (qui se dit aussi des enfants) ◆ **jeune homme**, **jeune fille** (qui se disent de personnes un peu plus âgées : *un adolescent de quatorze ans, un jeune homme de dix-huit ans*) ◆ [plus génér.] **jeune** (qui est souvent au pl. en ce sens : *les jeunes*) ; → JUVÉNILE.

adonner (s') *Il s'adonne depuis plusieurs années au football, à des études de physique* : ↑ **se consacrer à** ◆ ↓ **pratiquer** (qui se dit seult pour un sport) ◆ ↑ **se livrer à**, **s'appliquer à**, **s'attacher à** ◆ [rare] ↑ **se donner à** (qui se dit pour une activité intellectuelle). *S'adonner à la boisson* : V. SE LAISSER ALLER* III et S'ABANDONNER.

adopter V. accepter, choisir, verser III, préférer, voter (*in* vote).

adoption V. choix, vote.

adorable V. charmant.

adorateur V. admirateur, amant.

adoration *Ce n'est plus de l'amour qu'il lui porte, c'est de l'adoration* : **culte** (*... un véritable culte*) ; → AMOUR, AIMER.

adorer V. aimer, raffoler, vénérer (*in* vénérable).

adosser (s') [~ contre] *Il s'adossa contre le mur* : [plus génér.] **s'appuyer** ◆ **s'arc-bouter** (qui implique que l'on résiste à qqch ou à qqn).

adoucir **1.** [~ qqn] *Il est furieux : je ne sais si vous parviendrez à l'adoucir* : **amadouer**, **calmer**, **modérer*** ; → FLÉCHIR. **2.** [~ qqch] *Vos propos sont un peu rudes : veillez à les adoucir !* : **tempérer**, **modérer**, **édulcorer** ; → ASSOUPLIR. *Votre visite a adouci sa souffrance* : ↑ **apaiser**, **calmer** ; → SOULAGER, DIMINUER, ÉTEINDRE.

◇ **s'adoucir** *Le temps s'adoucit* : ↑ **se radoucir**. *Il était furieux, mais s'est adouci en la voyant* : **se radoucir** ◆ **en rabattre**, **se calmer**, **se modérer**, **s'assagir** ◆ [fam.] **mettre de l'eau dans son vin**.

adoucissement **1.** V. soulagement. **2.** V. réchauffement.

adresse

I [de adroit] **1.** *Il chante, peint, écrit avec la même adresse* : **habileté, dextérité** (= adresse manuelle) ◆ ↑ **maîtrise, maestria** (= adresse consommée) ◆ ↑ **art** (= talent : *avec adresse, art*) ◆ **ingéniosité** (= esprit d'invention) ◆ **savoir-faire, doigté** (= expérience acquise) ◆ **entregent** (= habileté à se conduire en société) ; → AGILITÉ. **2.** V. DIPLOMATIE et RUSE.

II *Quelle est votre adresse ?* : [assez fam.] **coordonnées** ; → HABITATION.

adresser **1.** *Adresser une lettre, un paquet à qqn* : V. ENVOYER et POSTER. **2.** *Elle lui adressa un regard impérieux* : [plus cour.] **jeter**. *Adresser un coup à qqn* : **donner** (qui n'implique pas que ce soit volontaire) ; → ALLONGER. *Adresser une question à qqn* : [plus cour.] **poser***. *Adresser la parole* : V. PARLER.

◇ **s'adresser** **1.** [qqn ~ à qqn] V. PARLER, RECOURIR et APPELER. **2.** [qqch ~ à qqn] *Cette allusion s'adresse à vous directement* : **concerner*** (*... vous concerne...*) ◆ **être destiné à**.

adroit **1.** *C'est un tireur adroit* : ↑ **émérite**, ↑ **d'élite**. *C'est un ouvrier adroit* : **habile** ◆ ↓ **capable** ◆ **exercé, expérimenté**, ↑ **chevronné** (qui insistent surtout sur l'expérience acquise) ◆ **ingénieux** (qui insiste sur l'esprit d'invention). **2.** *C'est une femme adroite dans les négociations* : **habile**, ↓ **capable** ◆ **expérimenté, chevronné** (= qui a de l'expérience) ◆ **diplomate*** ; → INTELLIGENT, SOUPLE, RUSÉ.

adroitement V. finement.

adulateur V. flatteur.

adulation V. flatterie.

aduler V. aimer.

adulte **1.** [n.] V. PERSONNE et GRAND. **2.** [adj.] *C'est un art qui n'a pas encore atteint l'âge adulte* : **maturité** (*atteindre la maturité*). *Je me demande s'il sera adulte un jour, cet homme !* : **responsable** ; → SÉRIEUX. *Tu es adulte maintenant : alors débrouille-toi !* : **majeur** ◆ [très génér.] **grand***.

adultère V. infidèle.

advenir V. arriver.

adversaire V. combattant (*in* combattre), ennemi, rival, concurrent, contradicteur (*in* contredire), opposant (*in* opposer).

adverse V. opposé I (*in* opposer).

adversité V. accident, malheur.

aérer **1.** *Il faudrait aérer cette pièce* : **donner de l'air** ◆ [didact.] **ventiler**. **2.** *Ce texte aurait besoin d'être aéré* (= rendre moins dense) : **alléger**.

◇ **s'aérer** **1.** *Je sors pour m'aérer un peu* : **prendre l'air, s'oxygéner, respirer**. **2.** *Ne reste pas avec tes soucis : va t'aérer !* : **sortir, prendre l'air** ◆ [fam.] **se changer les idées** ; → AMUSER.

◇ **aération** [de aérer 1] : **ventilation**.

aérien **1.** *Transports aériens* : **aviation***. **2.** [fig.] *C'est une musique aérienne !* : **divin, céleste, immatériel** ◆ [parfois péj.] **éthéré, vaporeux** ◆ **pur, limpide, léger** (qui sont à la fois plus précis et moins express.).

aéroglisseur : [anglic.] **hovercraft** ◆ **Naviplane** (= aéroglisseur sur coussin d'air).

aéronautique, aéronavale, aéropostale V. aviation.

aérostat V. dirigeable.

affable *Ma voisine est une personne très affable* : [vieilli] **civil** ◆ [plus cour.] **aimable*** ◆ [plus précis, plus restreint] **accueillant** (= qui s'ouvre facilement aux problèmes des autres) ◆ **sociable** (= avec lequel il est aisé de vivre) ◆ **liant** (= qui recherche les relations avec les autres) ◆ **convivial** (= qui aime les réunions et les repas chaleureux) ◆ **engageant** (= qui cherche à séduire, à charmer) ; → CHARMANT, POLI, SYMPATHIQUE.

◇ **affabilité** *Il nous a reçus avec beaucoup d'affabilité* [sout.] : [cour.] **amabilité** ◆ **courtoisie** (qui implique des manières très raffinées) ◆ [vieilli] **civilité** ◆ [très sout.] ↑ **urbanité** ◆ [sout.] **aménité** (= amabilité pleine de charme) ; → COMPLAISANCE, GALANTERIE, POLITESSE.

affabulation V. invention (*in* inventer).

affabuler V. mentir, fabuler.

affadir, s'affadir, affadissement V. fade.

affaiblir V. ABATTRE et MINER. *Les grèves ont affaibli son autorité* : **atteindre, porter atteinte à, entamer** ; → ÉBRANLER, DÉTRUIRE.

◇ **s'affaiblir** 1. *Il s'affaiblit peu à peu* : **perdre ses forces** ◆ ↑ **baisser, décliner, dépérir** ◆ ↑ **s'éteindre** ; → S'ÉMOUSSER. 2. *La lumière s'affaiblit* : V. PÂLIR, DIMINUER et VACILLER.

affaiblissement V. abattement (*in* abattre).

affaire De sens très général, ce terme sert de syn. passe-partout à beaucoup de noms, au même titre que *chose, truc, machin, bidule*. 1. *Je vais lui régler son affaire* : **compte**. *C'est mon affaire* : **cela me regarde**. *Ceci est une autre affaire !* : [plus fam.] **une autre paire de manches**. *Être à son affaire* : V. HEUREUX. 2. *Vous abordez là une affaire difficile* : **sujet***, **question**. *C'est toute une affaire !* : **ce n'est pas rien** ; → DIFFICILE. *Une sale affaire* : [partic.] **scandale*** ; → ENNUI. *Quelle affaire !* : **histoire**. *En faire toute une affaire* : **monde, histoire** ◆ [fam.] **plat** ; → COMÉDIE. *Je suis sur une bonne affaire* : **coup**. *Se tirer d'affaire* : **s'en sortir** ; → SE DÉBROUILLER, HORS DE DANGER*. 3. *Une affaire à plaider* : V. CAUSE. 4. *Conclure une affaire* : [didact.] **transaction** ; → MARCHÉ. 5. *Ils ont une petite affaire en ville* : **commerce, magasin***. 6. [pl.] *Ils sont dans les affaires* : [anglic.] **business** ; → FINANCE. *En tout cas, ils ont fait leurs affaires dans ce commerce !* : [fam.] **faire son beurre** ◆ **faire fortune**. 7. [pl.] *Déposez vos affaires* : **effets personnels** ; → BAGAGE, VÊTEMENT.

affairé V. actif, occupé II.

affairement V. animation.

affairer (s') V. s'empresser.

affairisme V. spéculation (*in* spéculer).

affairiste V. spéculateur (*in* spéculer).

affaissement V. écroulement, travail III.

affaisser (s') V. tomber, se tasser, crouler.

affaler (s') V. tomber, s'étaler.

affamé 1. [adj.] *Un loup affamé* : [plus sout.] **famélique**. *Je suis affamé !* : [très fam.] **crever de faim*** ; → AVOIR LE VENTRE VIDE*. 2. [n.] *Les affamés de nos pays riches* : [fam.] **crève-la-faim** ; → MISÉRABLE. 3. [adj.] *Être affamé de richesses* : **altéré, assoiffé, avide** ; → PASSIONNÉ, SOUCIEUX.

affameur V. spéculateur (*in* spéculer).

affectation

I 1. [de affecter I, 1] : **destination, imputation**. 2. [de affecter I, 2] : **nomination, mutation**.

II [de affecter II] 1. V. AIR et DÉMONSTRATION. 2. *Une attitude pleine d'affectation* : [rare] **apprêt** ◆ [moins péj.] ↓ **recherche, singularité** ◆ **snobisme** (= recherche des choses à la mode) ◆ [très sout.] **afféterie** (= recherche prétentieuse) ◆ [cour.] **mièvrerie** (= recherche puérile) ; → OSTENTATION, PRÉCIOSITÉ, RAFFINEMENT, CÉRÉMONIE, COMÉDIE, CHIQUÉ, ORGUEIL.

affecter

I [~ à] 1. [qqn ~ qqch à] *Il affecte une partie de ses gains à des frivolités* : **destiner** ◆ [plus cour.] **consacrer**. *Affecter une dépense à une ligne budgétaire* : **imputer**. 2. [qqn ~ qqn à] *Ils l'ont affecté à un poste important* : [plus génér.] **nommer** ◆ **muter** (qui implique un déplacement) ; → ÉTABLIR, ATTRIBUER. 3. [~ qqch de qqch] *Nous affecterons ce symbole d'un signe positif* : **attribuer à, assigner à** ◆ [plus génér.] **marquer de**.

II [~ qqch] *Il affectait la tristesse, elle affecta de n'y prendre garde* : [plus cour.] **faire semblant de** (*il faisait semblant d'être triste...*) ◆ **simuler** ◆ **jouer** (*il jouait la tristesse*) ◆ **feindre** (*il feignait la tristesse, d'être triste...*) ◆ ↑ **afficher** ; → ÉTALER, GRIMACE.

◇ **affecté** *Des manières affectées* : **étudié, composé, recherché** ◆ [péj.] ↑ **apprêté, guindé, compassé**, [rare] **gourmé** (qui impliquent l'idée de raideur) ◆ **maniéré**, ↑ **précieux** (qui impliquent l'idée d'outrance ridicule) ◆ **mièvre** (= affecté et fade) ◆ [litt.] **mignard** (= affecté et doux) ◆ [péj.] **prétentieux** (qui insiste surtout sur l'idée de vanité) ◆ **ostentatoire** (= qui veut se faire remarquer) ◆ **académique**, [fam.] **tarabiscoté** (qui se disent surtout d'un style) ; → AMPOULÉ, COLLET* MONTÉ, FACTICE, COMPOSER, FAUX, DE COMMANDE*.

III [~ qqn] V. ATTRISTER.

affectif Qui relève de la sensibilité. *Une réaction affective* : [plus restreint] **sentimental***, **émotionnel**, **passionnel**.

◇ **affectivité** L'affectivité est liée à la fois à l'**émotivité** et à la **sensibilité**. *Faire des choix par affectivité* : [fam.] **au sentiment***, **sur un coup de cœur**. *Jouer sur l'affectivité de qqn* : **sur les sentiments**, [fam.] **sur la corde sensible**.

affection

I *Elle éprouve pour lui une affection certaine* : [plus neutre] **attachement** ◆ [en partic.] **amour***, **amitié**, **tendresse** (selon le lien d'affection et ses manifestations) ◆ ↓**affinité** (= concordance de sentiments : *ils partagent certaines affinités*) ◆ [vieilli] ↓**inclination** ◆ ↑**coup de foudre** (= amour subit et violent : *avoir le coup de foudre pour qqn*) ; → SENTIMENT, SYMPATHIE, AIMER, DÉVOUEMENT, ENTENTE.

II V. MALADIE.

affectionner V. aimer.

affectueux V. aimant, tendre II.

affermer V. louer.

affermir *S'il veut garder la situation en main, il faudra qu'il affermisse son autorité* : **renforcer**, **asseoir** ◆ **raffermir** (= redonner de la fermeté à ce qui l'a perdue) ◆ [rare] **fortifier**. *Affermir le caractère de qqn* : **tremper** ; → ASSURER, CIMENTER, CONSOLIDER.

afféterie V. affectation II.

affiche *Les murs sont couverts d'affiches* : **panneau publicitaire** ◆ **poster** (= affiche destinée à la décoration intérieure) ◆ **affichette** (= petite affiche) ; → ÉCRITEAU.

afficher V. professer I, affecter II, montrer.

affidé V. espion.

affilé V. affiler.

affilée (d') *Il a joué du piano pendant trois heures d'affilée* (= sans interruption) : **de suite**, **durant** ◆ **sans discontinuer**, **sans s'arrêter**.

affiler *Cette lame est émoussée, il faudra l'affiler* [sout.] : [cour.] **affûter**, **aiguiser** ◆ [vieilli] **repasser**.

◇ **affilé** **1.** *Une lame bien affilée* : **acéré**, **aiguisé**, **affûté** ◆ [plus génér.] **tranchant** **2.** *Avoir la langue bien affilée* : **bien pendue** ; → BAVARD.

affiliation V. admission (*in* admettre).

affilié V. partisan (*in* parti I).

affilier (s') V. adhérer.

affinage V. épuration (*in* épurer).

affiner V. épurer, civiliser.

affinité **1.** V. analogie, liaison II. **2.** V. affection I.

affirmer *J'affirme que tous ces accusés sont innocents* : ↑**assurer**, **attester**, **certifier** ◆ ↑**jurer** ◆ **prétendre** (qui implique que l'on va défendre ce que l'on affirme) ◆ **soutenir** (qui indique qu'on est en train de le défendre) ◆ ↓**avancer** ◆ **garantir**, [sout.] **répondre de** (qui impliquent que l'on engage totalement sa responsabilité) ◆ [vx] **protester** (= affirmer solennellement et publiquement) ◆ [fam.] **mettre sa main au feu que**, **donner sa tête à couper que** ◆ ↑**jurer ses grands dieux que** ; → POSER, CONFIRMER, DIRE, MANIFESTER, MONTRER, PROUVER.

◇ **affirmatif** *Elle a été affirmative : son frère vient demain* : ↑**net**, **catégorique**, **tranchant** (qui se disent d'une assertion nette) ◆ **sans appel**, **brutal** ; → POSITIF.

◇ **affirmativement** *Il m'a répondu affirmativement* : **par l'affirmative**, **positivement**.

◇ **affirmation** *Dans quelle mesure pouvons-nous croire à de telles affirmations ?* : **propos** ◆ [sout.] **allégation**, **assertion** ◆ **thèse** (= affirmation que l'on soutient et défend).

affleurer V. sortir.

affliction V. peine II, désespoir, tristesse.

affligé V. malheureux (*in* malheur), triste I.

affligeant **1.** V. accablant (*in* accabler I), malheureux, triste II. **2.** V. mauvais.

affliger V. peiner II, navrer.

affluence V. abondance I, foule, multitude.

affluent V. cours d'eau.

affluer V. arriver I, monter.

afflux V. multitude, ruée, arrivée, vague II.

affoler *La perspective de cet examen m'affole* : **bouleverser** ◆ ↓ **inquiéter** ◆ ↑ **épouvanter, terrifier** ◆ [plus fam.] **paniquer** ; → TROUBLER, EFFRAYER, AGITER.
◇ **s'affoler** *Il s'affole pour peu de chose* : ↓ **s'inquiéter***, **se tourmenter** ◆ [plus express.] **perdre la tête** ◆ [plus fam.] **se paniquer** ◆ [fam.] **perdre la boule, le nord, la boussole, devenir dingue** ; → DÉRAISONNER, PEUR, SOUCI, SE TROUBLER.
◇ **affolant** [de affoler] : **bouleversant, terrible, épouvantable** ; → EFFRAYANT.
◇ **affolement** *L'affolement gagnait les spectateurs* : **panique** ◆ ↓ **émotion** ; → EFFROI, TROUBLE, CRAINTE, INQUIÉTUDE, SOUCI, ALARME.

affranchir
I **1.** *Affranchir un esclave* : **émanciper** (qui se dit pour un mineur) ◆ **délivrer, libérer** (qui se disent pour un prisonnier) ; → DÉGAGER. **2.** V. INFORMER.
◇ **s'affranchir** *Il s'est affranchi des valeurs traditionnelles* : **se libérer de** ◆ **s'émanciper** (*il s'est affranchi, émancipé*) ◆ [plus génér.] **se débarrasser de** ; → SECOUER.
II V. TIMBRER.

affranchissement **1.** V. libération. **2.** V. timbre I.

affres V. angoisse.

affreux V. abominable, effroyable, laid, triste, vilain, ignoble.

affrioler *Cette femme l'affriolait par sa démarche provocante* [rare] (= attirer par qqch de séduisant, surtout en parlant de la séduction sexuelle) : ↓ **attirer, charmer, séduire** ◆ ↑ **affoler** ; → EXCITER.
◇ **affriolant** **1.** [qqn est ~] : **séduisant, désirable, excitant***, [plus fam.] **appétissant, sexy**. **2.** [qqch est ~] *Ce menu n'est guère affriolant* : **tentant, engageant, attirant, alléchant, appétissant, excitant***.

affront V. offense.

affrontement V. combat (*in* combattre), heurt (*in* heurter).

affronter V. braver.

affronter (s') V. se heurter, s'opposer, se frotter.

affublement V. vêtement (*in* vêtir).

affubler V. vêtir.

affût V. guetter.

affût (à l') V. aux aguets.

affûter V. affiler.

afin de V. pour, de manière* I à.

afin que V. pour.

a fortiori V. à plus forte raison* II.

after-shave V. après-rasage.

agaçant V. énervant, collant (*in* colle I).

agacement *Il ne savait comment cacher son agacement* : **énervement** (= état plus durable, dont les causes peuvent être intérieures) ◆ ↓ **impatience** ◆ ↑ **irritation**, ↑ **exaspération** ; → COLÈRE.

agacer V. énerver, taquiner, porter* I sur les nerfs.

agacerie [souvent pl.] *Elle le poursuivait sans relâche de ses agaceries* (= mines parfois provocantes destinées à attirer l'attention de qqn pour le séduire) : **coquetteries, mi-**

nauderies ◆ [plus génér.] **avances** ; → AFFRIOLER.

agapes V. festin.

âge *Prendre de l'âge* : **vieillir** ◆ [fam.] **prendre de la bouteille**. *À la fleur de l'âge* : **en pleine jeunesse**. *L'âge tendre* : **enfance**, **adolescence**. *L'âge ingrat* : **puberté**. *La force de l'âge* : **maturité**. *Le troisième, le quatrième âge* : **vieillesse** (selon qu'on la fait commencer à soixante ou à soixante-quinze ans). *L'âge critique, le retour d'âge* : **ménopause** (qui s'emploie pour une femme), **andropause** (pour un homme).
◇ **âgé** [en parlant seult de personnes] *Son père est déjà assez âgé* : **vieux**. *Une personne âgée* : **vieille personne** ◆ **doyen** (= personne la plus âgée d'un groupe) ◆ **gâteux**, [didact.] **sénile** (qui suggèrent l'idée d'une diminution mentale) ; → AÏEUX, ANCIEN, VIEILLARD.

agence V. cabinet, succursale, office II.

agencement V. arrangement (*in* arranger), composition (*in* composer III), ordonnance (*in* ordre I).

agencer V. arranger, composer III, lier III, coordonner.

agenda V. calendrier.

agenouiller (s') *Il s'agenouilla devant l'autel de la Vierge* : **se mettre à genoux** ◆ **s'incliner** (= abaisser le buste) ◆ ↑ **se prosterner** (= s'incliner jusqu'à terre en s'agenouillant ou s'allonger en signe d'adoration).

agent
I [chose] *Le gaz carbonique est l'un des grands agents de la pollution atmosphérique* : **facteur** ; → CAUSE, ORIGINE, FERMENT.
II [personne] **1.** *Un agent secret* : **espion***. *Un agent provocateur* : [plus cour.] **provocateur**, **agitateur**. *Être l'agent de qqn* : **instrument***. **2.** *Agent technico-commercial* : V. REPRÉSENTANT et EMPLOYÉ.

agent de police *Un agent de police réglait la circulation* : [plus cour.] **agent** ◆ [anc.] **sergent de ville** ◆ [cour.] **gardien de la paix** ◆ **îlotier** (= agent attaché à la surveillance d'un quartier) ◆ **C.R.S.** (= personne qui appartient aux unités spécialisées dans le maintien de l'ordre) ◆ **forces de l'ordre** (qui est le terme générique et officiel) ◆ [péj., fam.] **flic** ; → GENDARME, POLICIER.

aggiornamento V. changement.

agglomérat V. amas.

agglomération **1.** V. amas. **2.** V. ville.

aggloméré *Une maison construite en agglomérés* : **parpaing**.

agglomérer (s') V. s'entasser.

agglutiner V. entasser.

aggravation V. augmentation, exacerbation, progrès.

aggraver V. augmenter.
◇ **s'aggraver** V. s'accentuer (*in* accent), augmenter, se compliquer, progresser (*in* progrès).

agile *Un acrobate aussi agile qu'un singe* : **souple**, **leste**, **vif** ◆ ↑ **fringant** (qui se dit d'un cheval vif et de belle allure, peut s'employer en parlant d'un jeune homme) ◆ **preste** (qui se dit d'un mouvement prompt et agile) ◆ **alerte** (= qui est vif et leste en dépit de l'âge, des suites d'un accident) ◆ [sout.] ↑ **sémillant** (= qui est plein de vivacité et d'entrain) ◆ ↑ **allègre** (= plein de vivacité et de joie de vivre) ◆ [sout.] **ingambe** (= qui a gardé le bon usage de ses jambes en dépit de l'âge) ; → VERT, VIF.
◇ **agilité** **1.** *Il y a beaucoup d'agilité dans ses mouvements* : **aisance**, **souplesse**, **légèreté** ; → ADRESSE. **2.** *Il a fait preuve de beaucoup d'agilité d'esprit* : **vivacité**, **rapidité** ; → PROMPTITUDE, VIVACITÉ.

agiotage V. spéculation (*in* spéculer).

agioteur V. spéculateur (*in* spéculer).

agir
I [qqn ~] **1.** *Il faudrait qu'il agisse !* (= faire qqch, au sens le plus large) : [fam.] **se bouger**, **se remuer**, **faire qqch** ◆ [plus restreint] **travailler** ; → LUTTER. **2.** *C'est l'intérêt qui le fait agir* : **animer**, **mener**,

conduire, **pousser**, **guider*** (*l'intérêt l'anime, le mène...*) ; → POUSSER. **3.** *Voudriez-vous agir auprès de lui ?* (= faire des démarches pour obtenir qqch) : **intervenir** ; → INFLUENCER, ENCOURAGER. **4.** *Agir en, comme. Il agit comme un insensé* : **se comporter**, **se conduire**.

II [qqch ~] *Son enthousiasme agit sur le comportement de son équipe* : **influer sur** ◆ [plus rare] **opérer sur** ; → EFFET.

◇ **s'agir** **1.** *Voyons ce problème, de quoi s'agit-il ?* : **être question de**. **2.** *Il s'agit de se dépêcher maintenant !* : **il faut** ◆ [sout.] **il importe de**, **il convient de** ; → ALLER.

agissements *Supporterons-nous encore longtemps les agissements du directeur ?* : [moins employé] **pratiques** ◆ [fam.] **manigances**, **micmacs**, **combines** ◆ **manœuvres**, ↑ **machinations**, ↓ **manèges** (qui impliquent une longue préméditation) ◆ ↑ **menées** (= agissements secrets et nuisibles) ◆ **intrigues** (= agissements compliqués auprès de plusieurs personnes) ◆ [moins employé] **tractations** ◆ [fam., très péj.] **magouille**, **magouillage**, **tripotages**, [sing.] **cuisine** (= agissements très louches, génér. dans le domaine politique) ◆ [fam.] **salades** (qui évoque surtout les propos) ◆ **cinéma** (qui évoque les faits et gestes) ; → CONDUITE.

agitateur V. révolutionnaire.

agiter **1.** [qqch ~ qqch] *Le vent agite les branches* : ↑ **secouer** ; → REMUER, SOULEVER. **2.** [qqn ~ qqch] *Agiter le corps* : V. REMUER. *Agiter une question* : **soulever** ; → DÉBATTRE. **3.** [qqch ~ qqn] *Ce cauchemar m'a beaucoup agité* : ↑ **angoisser** ◆ ↑ **troubler*** (qui évoque un émoi profond) ; → INQUIÉTER, EFFRAYER, AFFOLER. *C'est une réflexion qui les agite beaucoup* : **préoccuper**, **exciter***, **mettre en émoi** ◆ ↑ **mettre en effervescence**.

◇ **s'agiter** V. REMUER, BOUILLONNER et DÉBAT.

◇ **agitation** **1.** *L'agitation de l'eau dans un torrent* : **bouillonnement***, **turbulence**, **tourbillon** ; → REMOUS. **2.** *L'agitation d'une rue* : ↓ **activité**, **animation** ◆ ↑ **effervescence**, **remue-ménage** ; → FIÈVRE, TROUBLE, FOULE, DÉSORDRE. **3.** *L'agitation des esprits* : V. FERMENTATION. **4.** V. ÉMEUTE et RÉVOLTE. **5.** *La grippe l'avait mis dans un pénible état d'agitation* : **fièvre**, **fébrilité** ; → NERVOSITÉ.

◇ **agité** **1.** [qqn est ~] *Le malade est agité* : [en partic.] **fiévreux**, **tourmenté*** ; → ÉMU. *C'est un enfant assez agité* : **turbulent**, **nerveux** ; → BRUYANT. *Un homme agité, toujours en mouvement* : **bouillonnant***. **2.** [qqch est ~] *Le voyage fut assez agité* : **mouvementé**. *Une mer agitée* : ↑ **houleux** (qui se dit aussi d'une foule en état d'excitation) ◆ [rare] ↑ **tempétueux**. *Une vie agitée* : ↑ **trépidant** ◆ [fam.] **à cent à l'heure** ; → TUMULTUEUX, ANIMÉ, ORAGEUX.

agneau V. mouton.

agnelage V. mise* II bas.

agnosticisme V. athéisme (*in* athée).

agnostique V. athée.

agonie **1.** *Une longue agonie* (= dernière lutte de l'organisme avant la mort) : **extrémité**, **dernière heure**, **derniers moments** (= les tout derniers moments de la vie : *être à toute extrémité, vivre sa dernière heure, ses derniers moments*) ; → MORT. **2.** V. AGONISER.

◇ **agoniser** **1.** *Le blessé agonisait* : **être à l'agonie*** ◆ [par euph.] **s'éteindre** ◆ ↓ **décliner** ; → MOURIR. **2.** V. DÉCADENCE.

agonir V. injurier (*in* injure).

agonisant V. mourant (*in* mourir).

agoniser V. agonie.

agrafer V. attacher I, accrocher I.

agraire V. agricole.

agrandir V. augmenter.

agrandissement V. augmentation.

agréable **1.** [qqch est ~] *Une odeur agréable* : ↑ **suave**, **exquis**. *Une musique agréable* : V. DOUX. *Tenir des propos agréables* : **aimable***. *Un vin agréable* : ↑ **délicieux**, **exquis**. *Un mets agréable* : **savoureux**, **succulent**, **délicieux**, **exquis** ; → NANAN (*c'est du nanan*). *Une soirée agréable* : **sympathique** ◆ [abrév. fam.] **sympa** ; → CHARMANT, PLAISANT, AMUSANT, AU POIL*. *Une maison* *agréable* : V. ACCUEILLANT. *Qu'il est agréable de ne rien faire !* : **doux** ◆ **bon** (*comme c'est agréable, bon de...*) ; → VOLUPTUEUX. **2.** [qqn est ~] V. AIMABLE, BON, SYMPATHIQUE et CHARMANT.

agréer **1.** V. plaire. **2.** V. accepter.

agréger V. incorporer.

agrément **1.** V. charme, plaisir, séduction (*in* séduire). **2.** V. approbation (*in* approuver).

agrémenter V. orner.

agresser V. attaquer, sauter* sur.

agresseur V. attaquant (*in* attaquer).

agressif V. combatif (*in* combattre), provocant, coléreux (*in* colère).

agression V. attaque.

agressivité V. mordant (*in* mordre), combativité (*in* combattre).

agreste V. campagnard (*in* campagne).

agricole *Enseignement agricole* (= qui se rapporte à la culture du sol et à l'élevage du bétail) : **agraire** (qui se dit de ce qui concerne les champs et aussi la propriété de ceux-ci ; il n'implique pas l'idée de culture, mais seulement celle de champ : *mesure, loi agraire*) ; → CAMPAGNARD.

agriculteur : [plus sout.] **cultivateur** (on oppose aussi parfois ces deux termes par l'importance relative des terres cultivées ; on parlera ainsi des *grands agriculteurs de la Beauce* et des *petits cultivateurs du Périgord*) ◆ [didact.] **exploitant agricole** ◆ **agronome** (= ingénieur en agriculture) ; → FERMIER, PAYSAN.

◇ **agriculture** : **culture**, **agronomie**. L'agriculture fait partie du **secteur primaire** de l'économie ; → JARDINAGE.

agripper (s') V. s'accrocher (*in* accrocher), se retenir I, saisir I.

agronome V. agriculteur.

agronomie V. agriculture (*in* agriculteur).

aguerrir V. endurcir.

aguets (aux) *La sentinelle était aux aguets* : ↓**en observation** ◆ **à l'affût** (qui se dit en parlant d'un chasseur) ; → ÉPIER, GUETTER, GARDE.

aguichant V. excitant (*in* exciter).

aguicher V. exciter.

aguicheuse V. séductrice.

ahuri V. ébahi.

ahurir V. étonner.

ahurissant V. étonnant (*in* étonner).

ahurissement V. étonnement (*in* étonner).

aiche V. appât.

aide V. aider.

aide-mémoire V. abrégé (*in* abréger).

aide-soignant V. infirmier.

aider **1.** [~ qqn] *Pourriez-vous m'aider à déplacer ce meuble ?* : [fam.] **donner un coup de main**. *Il est dans une mauvaise passe : il faudrait l'aider un peu* : ↑**secourir** ◆ **seconder** (= aider efficacement et durablement) ◆ **assister**, **soutenir*** (qui impliquent une difficulté morale : *assister, soutenir un ami dans la détresse*) ; → SOULAGER, REMONTER, PORTER* SECOURS. *Si vous l'aidez, il aura son examen* : [plus fam.] **épauler** ◆ **appuyer**, ↑**favoriser** (qui se disent quand on met tout son crédit en jeu pour faire réussir qqn, que cela soit licite ou non) ; → DONNER UN COUP DE POUCE*, DÉPANNER. **2.** [~ à qqch] *Des mesures énergiques aideront au rétablissement économique de l'entreprise* : **contribuer à**, **concourir à**, **favoriser** ◆ ↑**permettre** ◆ [moins sout.] **faciliter**.

◇ **aide**

I [n. masc.] *Vous avez là un aide de premier ordre !* [génér.] (qui est souvent précisé par un compl. : *aide-cuisinier, aide-maçon*) : **apprenti*** ◆ **second**, **adjoint**, [plus rare] **assesseur** (= aide immédiatement subordonné à son supérieur et capable de le remplacer) ◆ [plus fam.] **bras droit** ◆ [fam., vx] **sous-verge** ◆ **attaché** (= personne attachée à un service) ◆ **coadjuteur** (= personne nommée auprès d'un responsable religieux pour le seconder) ◆ **auxiliaire*** (= aide utilisé temporairement) ◆ [génér. ou dans l'enseignement] **assistant** ; → ALLIÉ, COLLABORATEUR, COMPLICE.

II [n. fém.] V. AIDER, APPUI, SECOURS, SERVICE et SOUTIEN. *À l'aide. Lancer un appel à l'aide* : **au secours** ◆ **S.O.S.** ; → RESCOUSSE, ALARME. *À l'aide de. Elle marche à l'aide de béquilles* : **avec, au moyen de** ◆ **grâce* à** ; → À CAUSE* DE.

aïeux 1. *Les coutumes que nous tenons de nos aïeux* [très sout.] : **pères** ◆ [cour.] **ancêtres** ◆ [didact.] **ascendants** (= parents dont on descend) ◆ [plus génér.] **prédécesseurs** ; → ÂGÉ, PARENT. 2. *Nos aïeux* [vx] : **aïeuls, grands-parents**.

aigre 1. *Un vin aigre* : ↓ **aigrelet** ◆ **acide** (qui se dit en parlant d'un fruit) ◆ **âcre** (qui se dit d'une sensation forte et irritante, presque brûlante, dont l'impression se fixe surtout à la gorge : *le goût âcre de la prunelle*) ◆ **âpre** ◆ **sur** (*une pomme sure*). *Ce lait est aigre* : **sur, tourné** ; → AIGRIR. 2. *Elle nous accueillit par des propos assez aigres* : **mordant*, âpre, malveillant** ◆ ↓ **acidulé** ◆ ↑ **acerbe*** ; → CRIARD, AMER, VIF.

◇ **aigreur** 1. [de aigre 2.] *Il lui répondit avec aigreur* : **acidité** ◆ [moins express.] **rudesse, animosité** ◆ [sout.] **acrimonie** ◆ ↑ **hargne** ; → COLÈRE. 2. *Des aigreurs d'estomac* : **brûlure***.

◇ **aigrir** 1. *Avec le temps orageux, le lait aigrit* : **devenir aigre*, surir** ◆ [plus génér.] **s'altérer, tourner**. 2. *Le temps orageux a aigri le lait* : [plus génér.] **altérer, gâter, avarier*** ; → ABÎMER, CORROMPRE. 3. *Les déceptions ont fini par l'aigrir* : **rendre amer, durcir, remplir de rancœur** ; → IRRITER.

aigrefin V. escroc, voleur (*in* voler).

aigrelet V. aigre.

aigrette V. plume I.

aigreur, aigri, aigrir V. aigre.

aigu 1. V. pointu. 2. V. déchirant (*in* déchirer), criard. 3. V. poignant, vif.

aiguille V. montagne, sommet.

aiguiller V. orienter.

aiguillon V. dard.

aiguillonner V. encourager, animer.

aiguisé V. affilé (*in* affiler), tranchant I.

aiguiser V. affiler.

aile V. flanc. *Mettre sous son aile* : V. protéger.

ailleurs *Pourrions-nous aller ailleurs ?* : **autre part, dans un autre endroit**. *D'ailleurs. Mon fils se marie, d'ailleurs, il vous l'a dit* : **du reste** ◆ [sout.] **au demeurant** ; → EN OUTRE. *Par ailleurs* : V. À CÔTÉ* DE ÇA.

aimable 1. [qqn est ~] *Tous les commerçants ne sont pas aimables* : [sout.] **avenant, affable*** ◆ [très sout.] **amène** (qui se dit d'une amabilité gracieuse) ◆ [très génér.] **agréable** ◆ **plaisant, riant** (= qui a un caractère enjoué) ◆ **gracieux** (= qui est aimable et souriant) ◆ [plus génér.] ↑ **gentil** (qui implique toute une manière d'être, dont l'amabilité n'est que l'une des manifestations) ◆ [très sout.] **accort** (= qui est agréable, vif et plaisant) ◆ ↑ **prévenant** (= qui va au-devant des désirs d'autrui) ; → SOCIABLE, COMPLAISANT, BON, POLI. 2. [qqch est ~] *Il n'aura donc jamais une parole aimable ?* : **agréable, gentil**. *L'endroit était aimable* [très sout.] : **plaisant, agréable***.

aimant *C'est une nature très aimante* : **affectueux, tendre** ◆ **caressant** (= qui manifeste de l'amour et de la tendresse) ◆ **câlin** (= qui est doux et cajolant) ◆ [péj.] **possessif**, ↑ **jaloux** ; → FLATTER.

aimer 1. [~ qqn] *Eh bien ! oui, je vous aime !* : ↓ **avoir de l'affection, de la sympathie pour** ◆ ↑ **adorer** ◆ [plus fam.] ↑ **être fou de** ◆ **chérir** (qui implique surtout l'idée de tendresse). *C'est vrai, j'aime cette femme* : ↓ **s'éprendre de** (= commencer à aimer) ◆ ↑ **raffoler de, idolâtrer** ◆ [très fam.] **avoir le béguin, en pincer pour** ; → AVOIR DANS LA PEAU*, ADORATION, S'ATTACHER, S'AMOURACHER, SE PLAIRE. 2. [~ qqn] *J'aime ma vieille mère* : [moins employé] **af-**

fectionner ◆ ↑ **adorer** ; → VÉNÉRER, ESTIMER. **3.** [~ qqch] V. GOÛTER et PRENDRE PLAISIR* À. *Aimer mieux* : **préférer***. **4.** [condit. + inf. ou complétive] *J'aimerais partir tôt, que nous partions tôt* : V. VOULOIR.

ainsi

I Conj. de coordination à valeur consécutive (l'énoncé qu'elle introduit est le plus souvent isolé de ce qui la précède par une pause). *Il fait beau ; ainsi nous pourrons sortir* : [rare] **aussi** ◆ ↑ **donc**, **ainsi donc**, ↑ **par conséquent** (qui marquent nettement la conclusion d'un raisonnement) ◆ **c'est pourquoi** (qui implique qu'un rapport net est établi entre cause et conséquence, et introduit une sorte de réponse à une question posée : *il n'a pas fait beau ; c'est pourquoi nous ne sommes pas sortis*) ; → ALORS.

II [adv., valeur comparative] *Pourquoi voulez-vous agir ainsi ?* : **de cette manière**, **de cette façon** ◆ [plus sout.] **de la sorte** ◆ [plus fam.] **comme ça**.

◇ **ainsi que** [loc. conj.] **1.** *Il fondit sur lui, ainsi que l'épervier sur sa proie* : **comme**, **de même que**, **de la même façon**, **manière que** ◆ [plus sout.] **tel**, **à l'instar de**. **2.** *Il est ainsi fait que l'on ne peut jamais compter sur lui* : **de telle sorte que**, **de telle manière que** (*il est fait de telle sorte, de telle manière que*). **3.** *Il détestait l'histoire ainsi que la géographie* : **comme***, **de même que** ◆ **et** (qui suppose un lien plus étroit entre les deux éléments coordonnés).

air

I **1.** V. ATMOSPHÈRE. *Armée de l'air* : V. AVIATION. **2.** *Il n'y a pas d'air, on suffoque* : ↑ **brin d'air**, **souffle** ; → VENT. *Il y a trop d'air, ferme la fenêtre* : ↑ **courant d'air**. **3.** *Prendre l'air* : V. SORTIR. *Changer d'air* : V. PARTIR. *Donner de l'air* : V. AÉRER. *Jouer la fille de l'air* : V. FUIR.

II **1.** *Ce garçon a un drôle d'air* (= apparence habituelle à une personne) : **allure*** ◆ **genre**, **manières**, **façons** (qui portent davantage sur le comportement). **2.** *Voici ma tante avec son air pincé* (= apparence expressive caractéristique d'une attitude particulière et qui se lit le plus souvent sur le visage) : **mine** ◆ [plus génér.] **visage***. **3.** *Il cache, sous des airs de timidité, un grand courage* [souvent pl.] : **aspects**, [pl.] **dehors**, **apparences** ◆ [sout., sing.] **affectation** ; → MASQUE. *Grands airs* : V. EMPHASE. **4.** *Avoir l'air* : **sembler***.

III V. CHANSON, MÉLODIE et CHANT.

airain V. bronze.

aire V. surface.

ais V. planche

aisance **1.** V. agilité, facilité II, légèreté. **2.** V. aise, opulence, richesse (*in* riche).

aise **1.** [n. sing.] *Installez-vous à l'aise !* : **confortablement**. *Avec Jean, on est à l'aise* : [plus génér.] **bien** ◆ [fam.] ↑ **super**, **extra** ◆ [fam.] **relax**, **cool**. *Être, se sentir mal à l'aise* : ↑ **inhibé**, [fam.] **coincé** (qui supposent un état permanent) ; → TIMIDE. *Avec Jacques, je ne me sens pas à l'aise* : V. GÊNÉ*. *Il a gagné à l'aise !* [fam.] : [cour.] **facilement***. **2.** *Ils vivent à l'aise* : **aisément**, **confortablement** ◆ ↑ **dans l'aisance** ; → OPULENCE, RICHESSE. **3.** [n. pl.] *Elle aime ses aises* : **confort**, **commodités**. **4.** [adj.] *Je suis bien aise de vous voir !* [sout.] : [cour.] **content***.

aisé **1.** *Un accès aisé* : **facile**, **commode** ; → ABORDABLE. **2.** *Un style aisé* : **naturel** ◆ ↑ **plein d'aisance**. **3.** *Une personne aisée* : **riche***. *Des gens aisés* : V. BOURGEOISIE. *Une vie aisée* : **confortable**.

aisément V. aise, facilement, sans peine* I.

ajourer V. percer.

ajourner **1.** [~ qqn] *Ajourner un candidat* [didact.] (= le renvoyer à une autre session d'examen) : [cour.] **refuser** ◆ [fam.] **coller**, **recaler**. **2.** [~ qqch] V. RECULER et REMETTRE.

◇ **ajournement** **1.** *L'ajournement d'un procès* : **remise**, **renvoi**. *L'ajournement d'un rendez-vous* : **report**. *L'ajournement d'un candidat* : **refus**. **2.** *Le ministère pratique la politique de l'ajournement* (= fait de reporter sans cesse des décisions à prendre) : **atermoiement**, **temporisation**.

ajout V. addition.

ajouter **1.** [~ qqch] Syn. variant selon les contextes, les plus courants étant ↑ **rajouter** (à valeur intensive, ou équivalent familier) ◆ [sout.] **adjoindre** ; → JOINDRE. *Ajouter un nombre à un autre* : **additionner**. *Ajouter un peu d'eau au vin* : **allonger** (*allonger le vin d'un peu d'eau*) ◆ **étendre** (= couper un liquide d'eau pour en diminuer la concentration : *acide étendu d'eau*). *Ajouter à sa fortune* : V. AUGMENTER et PARFAIRE. *Ajouter une note à un article* : **inclure**, **insérer** (*inclure, insérer dans...*). **2.** *Il a ajouté que j'étais un sot* : V. DIRE.
◇ **s'ajouter** *Des frais viennent s'ajouter aux honoraires* : **s'adjoindre à** ◆ ↓ **accompagner** ◆ ↑ **grossir** ; → SE GREFFER, EN PLUS*, EN OUTRE*.

ajustage V. assemblage.

ajusté V. collant (*in* colle), lâche II, serré (*in* serrer).

ajuster **1.** V. accommoder, chausser, monter II. **2.** V. viser.
◇ **s'ajuster** V. mouler (*in* moule).

alacrité V. vivacité.

alambiqué V. compliqué (*in* compliquer), sophistiqué.

alangui V. languissant (*in* languir).

alanguissement V. apathie.

alarmant V. inquiétant (*in* inquiet), effrayant (*in* effrayer).

alarme **1.** *Le guetteur a donné l'alarme* (= signal pour avertir d'un danger) : **alerte** (qui ne s'emploie pas dans les mêmes contextes : *il y a eu une alerte*, et non : *une alarme ; signal d'alarme*, et non : *d'alerte ; sonner l'alarme*, et non : *l'alerte ; fausse alerte*, et non : *alarme* ; quand les deux sont possibles : *cri d'alarme, d'alerte, alarme* est plus fort que *alerte*) ; → À L'AIDE*. **2.** *L'alarme s'était répandue dans la ville en ruines* [sout.] : [cour.] ↑ **affolement**, ↓ **inquiétude**, **trouble** ; → CRAINTE.

alarmer V. effrayer.
◇ **s'alarmer** V. s'inquiéter.

alarmiste V. pessimiste.

album V. livre.

alcool **1.** *Cet alcool me brûle l'estomac* : [en partic., plus fam.] **eau-de-vie*** ◆ **marc** (= distillation de fruits pressés) ◆ **armagnac**, **cognac** (= distillation du raisin) ◆ **calvados** (= distillation du cidre) ◆ **rhum** (= distillation de la canne à sucre) ◆ **genièvre**, **gin**, **vodka**, **whisky** (= distillation de grains divers) ◆ **spiritueux** (= liqueurs fortes en alcool) ◆ **fine** (= alcool de qualité supérieure) ◆ **tord-boyaux** (= alcool de mauvaise qualité) ◆ [fam.] **bibine**, **bistouille**, **goutte**, **gnôle**, **schnaps** ; → LIQUEUR. **2.** *L'alcool est dangereux pour la santé* : **boissons alcoolisées** ◆ [en partic.] **apéritif**, **digestif**, **vin**.

alcoolique V. ivrogne (*in* ivre).

alcooliser (s') V. s'enivrer.

alcoolisme V. ivresse (*in* ivre).

alcôve *Histoires d'alcôve* : V. galanterie.

aléa V. risque (*in* risquer).

aléatoire V. douteux (*in* douter).

alentour V. autour.
◇ **alentours** V. abords (*in* aborder II).

alerte **1.** [adj.] V. agile, léger. **2.** [n.] V. alarme.

alerter V. annoncer, appeler I, mobiliser.

alexandrin V. vers.

algarade V. dispute, scène, sortie.

algue Se dit aussi bien des plantes d'eau douce que des plantes d'eau de mer ◆ **goémon**, **varech** ne se disent que des algues marines, *varech* désignant le plus souvent les algues rejetées par la mer sur le rivage.

alibi V. prétexte.

aliénable V. vendable.

aliénation V. folie (*in* fou).

aliéné V. fou.

aliéner V. conditionner.

aligner V. ranger.

aliment *Cette épicerie ne vend que des aliments sains* : **denrées** ◆ [plus génér.] **produits** ◆ **alimentation**, **nourriture** (= ensemble des aliments nécessaires à qqn : *un bébé doit avoir une nourriture, une alimentation très saine*) ; → METS, PROVISION, VIVRES, CUISINE.

alimentaire V. lucratif.

alimenter V. fournir, nourrir, approvisionner.
◇ **s'alimenter** V. manger.

alinéa : [techn.] **paragraphe**.

aliter (s') V. se coucher.

allaiter V. donner le sein*.

allant V. entrain, vivacité (*in* vif).

alléchant V. affriolant (*in* affrioler), séduisant (*in* séduire).

allécher V. tenter.

allée V. chemin. *Allées et venues* : V. déplacement, va-et-vient.

allégation V. affirmation (*in* affirmer), imputation (*in* imputer).

allégeance V. obéissance (*in* obéir).

allégement V. diminution (*in* diminuer), soulagement (*in* soulager).

alléger 1. *Il faut alléger la charge de ce bateau* : **délester** (*délester le bateau d'une partie de sa charge*) ◆ ↑ **décharger** (= ôter toute la charge) ◆ **dégrever** (qui ne s'emploie qu'en parlant d'un impôt : *dégrever, alléger un contribuable*) ◆ ↑ **exempter**, **exonérer** (= dispenser en totalité de). *Alléger un discours* : V. ABRÉGER. 2. V. SOULAGER.

allégorie V. symbole.

allégorique V. symbolique (*in* symbole).

allègre 1. *C'est un homme très allègre de caractère, plein d'entrain* : **gai** ; → VIF, LÉGER. 2. V. AGILE.

allégresse V. joie.

alléguer V. arguer, citer, prétexter, objecter, opposer.

aller

I [~ + prép.] 1. [qqn ~ à + compl. de lieu] *Il va à Paris chaque semaine* : [plus sout.] **se rendre à** ◆ **se diriger vers** (qui indique plus nettement une direction suivie) ◆ [plus rare] **s'acheminer vers** (= se diriger lentement vers un lieu) ◆ [plus partic.] **partir pour**, **s'avancer vers**, **s'approcher de** ; → ROULER, FAIRE ROUTE*, VOYAGER. 2. *Aller avec qqn* : **accompagner***. *Aller au-devant de* : V. PRÉVENIR. *Aller dehors* : **sortir***. *Aller de l'avant* : **foncer***. *Aller çà et là* : **errer***. 3. [qqch ~ à + compl. de lieu] *Ce chemin va à la mer* : **conduire**, **mener**, **aboutir à**. 4. [qqch ~ à qqn] *Ce manteau lui va très bien* (= s'accorder avec le physique ou le moral de qqn) : **convenir** (= être approprié à telle particularité personnelle ou extérieure) ◆ ↑ **aller comme un gant** ◆ [très sout.] **seoir**. *Ce menu me va très bien* (= s'accorder avec les goûts de qqn) [fam.] : [plus sout.] **convenir**, **plaire** ; → BOTTER.

II [~ + adv.] 1. [qqn ~] *Son père va beaucoup mieux* : **se porter** ◆ [plus sout.] **être** ; → S'AMÉLIORER, SANTÉ. *Ça va ?* [fam.], [plus sout.] *comment vas-tu ?, allez-vous ?* : [très fam.] **ça gaze ?**, **ça marche ?**, **ça boume ?**, **ça colle ?** 2. [qqch ~] *Ma voiture va mal, elle a des ratés* [fam.] : [cour.] **marcher** ◆ [plus sout.] **fonctionner** (qui se dit surtout d'un appareil ou d'une institution). *Ça va aller !* : **s'arranger***. 3. [~ ensemble] *Ces tissus vont bien ensemble* : [plus précis.] **s'harmoniser** ; → S'ACCORDER. 4. *La clef va dans la serrure* : V. RENTRER.

III 1. *Laisser aller. Elle laisse aller son travail* (= s'occuper insuffisamment de) : **négliger** ◆ [fam.] **laisser tomber** ; → À L'ABANDON*. 2. *Se laisser aller à. Depuis quelque temps, il se laisse aller à la boisson* : **s'abandonner* à**, **s'adonner à**, **se livrer* à**. 3. *Il y va de. Cher ami, il y va de votre honneur* [sout.] : [plus cour.] **il s'agit de** ◆ **être en jeu** (*votre honneur est en jeu*). 4. *Oh ! ça va !* [fam.] (qui marque l'acceptation) : [plus sout.] **c'est bon !** *Cela va de soi !* : **cela s'entend***, **cela va sans dire***. 5. *Allons donc !* : **vous n'y pensez* pas !**

◇ **s'en aller** 1. [qqn ~] V. ABANDONNER, PARTIR, TOURNER LES TALONS*, METTRE LES VOILES*, S'EN RETOURNER et SE RETIRER.

2. *S'en aller avec* : V. EMPORTER. **3.** [qqn ~] V. MOURIR. **4.** [qqch ~] *Notre jeunesse s'en va* : **passer** ◆ ↑ **fuir***, **disparaître**. **5.** [qqch ~] *Cette tache s'en ira avec de l'essence* : **partir** ◆ [plus sout.] **disparaître**.

allergie V. antipathie.

allergique V. répugnance.

alliage V. mélange.

alliance **1.** V. mariage, union. **2.** V. coalition, accord I. **3.** V. anneau.

allié **1.** *Les alliés de la coalition* : **partenaire** (qui s'emploie de préférence s'il s'agit d'une alliance commerciale : *les alliés du Pacte atlantique ; les partenaires du Marché commun*) ◆ [plus génér.] **membre*** ◆ **satellite** (= pays placé sous la dépendance d'un autre). **2.** *Je vous présente mon allié le plus sûr* (= personne qui apporte à une autre son soutien) : **appui**, **auxiliaire** ; → AMI, AIDE.

allier V. unir, marier II, mêler, associer.

alligator L'**alligator** ou **caïman** est un **crocodile** de l'Amérique, au museau large et court.

allitération La répétition de consonnes est une *allitération*. L'**assonance** est une répétition de voyelles, dans une même phrase.

allocataire V. bénéficiaire.

allocation V. pension II, secours, subside, attribution (*in* attribuer).

allocution V. discours.

allonge V. allonger.

allongé V. fuselé.

allonger **1.** [~ qqch] *Elle devrait allonger sa jupe* (= augmenter la longueur d'un objet) : **rallonger** ; → AUGMENTER, AJOUTER, PROLONGER. **2.** [~ qqn] V. ÉTENDRE. **3.** [qqch ~] *Les jours allongent* : **rallonger**, **augmenter**. **4.** *Allonger le bras, le cou, la jambe* : **tendre**, **avancer**. *Allonger le pas* : **presser** ◆ **accélérer*** (*accélérer le pas, accélérer*). *Allonger un coup de poing à qqn* : [fam.] **coller** ◆ [cour.] **donner**, **envoyer** ◆ [plus sout.] ↑ **assener**.

◇ **s'allonger** **1.** V. SE COUCHER II. **2.** V. GRANDIR et S'EFFILER.

◇ **allonge** *Pour un amateur, il a une bonne allonge !* : **coup de poing**, **frappe** ◆ **punch** (*il a du punch*).

◇ **allongement** *L'allongement des vacances* : **augmentation**, **accroissement** (qui évoquent la quantité) ◆ **prolongement** (qui évoque le dépassement d'une limite).

allouer V. attribuer, gratifier.

allumage V. allumer.

allumer **1.** *Allumer des fagots* : **mettre le feu à**, **enflammer***. **2.** *Cette femme avait allumé sa passion* : **exciter**, **provoquer** ; → AFFRIOLER, ENFLAMMER, ATTISER, SUSCITER. *Allumer les haines* : **provoquer** ◆ [sout.] **susciter**, **fomenter**.

◇ **allumage** *L'allumage de la fusée se fera à minuit* : **mise à feu**.

allumeuse V. séductrice.

allure **1.** *La voiture roulait à toute allure* : **vitesse** ◆ **pas**, **marche** (qui s'emploient pour un déplacement à pied : *ralentir l'allure, le pas, la marche*) ; → TRAIN. **2.** *L'allure d'un cheval* : [partic.] **pas**, **amble**, **trot**, **galop**. **3.** *Son frère a une drôle d'allure* : **air*** ◆ **démarche** (= façon de se mouvoir) ◆ **mine** (= traits du visage) ◆ [génér., sout.] **contenance** ◆ [génér., fam.] **dégaine** ; → ATTITUDE, SILHOUETTE. **4.** *Cette femme a de l'allure* (= avoir de la distinction dans le maintien) : **chic** (*... du chic*), **classe** ◆ [très fam.] **avoir de la gueule**, **en jeter** ◆ **avoir du chien** (qui se dit d'une femme au charme piquant) ◆ **prestance** (qui en impose par son comportement) ; → TOUCHE, MAINTIEN, CARACTÈRE I, DISTINCTION. **5.** *Prendre une autre allure* : V. FACE et TOUR.

allusif V. indirect.

allusion *Il parle par allusions* : ↑ **sous-entendu**, **insinuation** ◆ [didact.] **non-dit** (= ce qui reste caché dans les propos de qqn) : → TACITE. *Faire allusion à* : V. INDIRECT.

alluvion V. limon, sédiment.

almanach V. calendrier.

alors 1. [temps] *Son père était alors à l'étranger* : **à ce moment-là** ◆ **en ce temps-là** (= à une époque très reculée). En ce sens, *alors* ne se place pas en tête de phrase, il suit généralement le verbe. Ses synonymes ont une place plus libre. **2.** [conséquence] *Vous maintenez votre prix ? Alors je ne vous achète rien* : **dans ce cas-là, dans ces conditions** ; → AINSI I. **3.** [interrogation, impatience] *Alors, tu te dépêches ?* [fam.] : [cour.] **dis !** **4.** *Et alors ?, et puis alors ?* (= cela ne change rien) : **et après***.
◇ **alors que** 1. [opposition] *Il pratique la natation, alors que moi j'ai peur de l'eau* : **tandis que** ; → QUAND. **2.** [temps] *Nous nous sommes mariés alors que nous avions vingt ans* : **lorsque** ; → PENDANT. *C'est alors que* : V. SUR CES ENTREFAITES*.

alourdir 1. *Trop de bagages alourdissent la voiture* : **charger** (*la voiture est trop chargée*) ◆ ↑ **surcharger**. **2.** *Son esprit est alourdi par la fatigue* : **appesantir** (qui s'emploie surtout en parlant de qqn sur qui pèse une fatigue morale ou physique : *appesanti de fatigue*) ◆ ↑ **engourdir**. **3.** *Alourdira-t-on encore les impôts ?* : ↓ **augmenter***.
◇ **s'alourdir** *Après des mois de paresse, il s'était alourdi* : **s'épaissir**, ↑ **s'empâter** ; → GROSSIR.
◇ **alourdissement** *Cette sensation d'alourdissement lui était pénible* : **lourdeur, appesantissement** ; → ABATTEMENT, ASSOUPISSEMENT, FATIGUE.

alpage V. pacage.

alpestre *Un paysage, la géographie, une ambiance alpestre* (= qui rappellent les Alpes). L'adjectif **alpin** se dit de ce qui appartient aux Alpes : *les régions, les routes alpines.*

alphabet *J'ai acheté un alphabet à mon fils* : [vieilli] **abécédaire, syllabaire**.

alpin V. alpestre.

altération V. altérer.

altercation V. dispute (*in* disputer).

alter ego V. collaborateur (*in* collaborer), double II.

altérer

I [~ qqch] **1.** *Le soleil altère les couleurs* : **dénaturer, attaquer** ◆ [génér.] **abîmer*** ; → [selon le contexte] AIGRIR, APPAUVRIR, ATTAQUER, CHANGER, CORROMPRE, DÉCOMPOSER, DÉFORMER, FALSIFIER, TERNIR, TROUBLER. **2.** *La peur altérait les traits de son visage* : **déformer, troubler** ◆ ↑ **défigurer** (*la peur le défigurait*) ◆ ↑ **décomposer**. **3.** V. FALSIFIER.
◇ **altération** [de altérer I, 1.] *Ce texte a subi beaucoup d'altérations* : ↓ **modification, changement** ◆ [péj.] **appauvrissement, atteinte, déformation, dénaturation** ◆ ↑ **dégradation, détérioration** (= altérations matérielles, externes) ; → CORRUPTION, IMITATION, DÉGÂT, MUTILATION.

II [~ qqn, un animal] **1.** *Cette longue marche nous avait altérés* [sout.] : [cour.] **donner soif*, assoiffer** ◆ [fam.] **donner la pépie** ◆ **déshydrater** (= faire perdre l'eau du corps). **2.** [fig.] V. AFFAMÉ.

altérité V. différence (*in* différer).

alternance V. alterner.

alternatif V. rythmique (*in* rythme).

alterner 1. [qqch ~] *La pluie alternait avec le soleil* : **succéder, se succéder** (*la pluie succédait au soleil ; la pluie et le soleil se succédaient*). **2.** [qqn ~] *Ils alternent pour surveiller la position du navire* : **se relayer** ◆ [plus génér.] **se remplacer, tourner, faire un roulement**.
◇ **alternance** 1. *L'alternance des saisons* : **succession** ◆ [plus génér.] **rythme** ; → VA-ET-VIENT. **2.** *En alternance* : **alternativement***.
◇ **alternative** *Choisir entre deux obligations contradictoires, c'est cela une alternative* : **dilemme**.
◇ **alternativement** *C'est un temps à grains : il pleut et il fait beau alternativement* : **successivement*, en alternance*** ◆ **tour à tour, l'un après l'autre** (qui ne se disent qu'en parlant des personnes).

altier V. fier.

altitude 1. V. hauteur (*in* haut III). **2.** V. montagne.

altruisme V. charité, désintéressement (*in* désintéressé).

altruiste V. bon II.

alvéole V. cavité, cellule.

amabilité V. affabilité (*in* affable), bonté (*in* bon II), sociabilité (*in* sociable).

amadouer V. apprivoiser, flatter, charmer.

amaigri V. maigre.

amaigrir V. maigrir (*in* maigre).

amaigrissement *Un amaigrissement aussi rapide me fait craindre le pire !* : ↓ **amincissement** ◆ [didact.] ↑ **dépérissement** ◆ **maigreur** (= état naturel ou qui résulte d'un amaigrissement) ◆ [didact.] ↑ **consomption** (= dépérissement observé dans les maladies graves et prolongées).

amalgame V. assemblage (*in* assembler), assimilation I, mélange.

amalgamer V. mêler.

amant 1. *La voici qui passe avec son amant* (= homme qui a des relations sexuelles avec une femme qui n'est pas son épouse) : **ami**, **copain**, **compagnon** (qui supposent une relation plus durable) ◆ [très fam.] **gigolo** (= jeune homme entretenu par une femme plus âgée que lui) ◆ [fam.] **mec**, **jules** ◆ [didact.] **concubin** (= homme qui vit maritalement avec une femme sans être marié avec elle). 2. *Rodrigue, l'amant de Chimène* (= celui qui aime et est aimé, dans la langue classique) : **amoureux** (= celui qui aime sans être payé de retour, dans la langue classique ; auj. ce mot s'emploie dans le sens classique d'*amant* avec une résonance vieillotte et naïve) ◆ [vx] **galant**, **soupirant** ◆ [fam. et vieilli] **flirt**, **béguin** ◆ [sout.] ↑ **bien-aimé** (qui implique un amour profond) ◆ **tourtereaux** (= jeunes gens qui s'aiment) ◆ **adorateur** (= celui qui aime sans être payé de retour) ; → HOMME, CONQUÊTE.

amante [rare] : **amoureuse** ◆ [cour.] **maîtresse** ◆ [didact.] **concubine**, [cour.] **compagne**, **amie** (= femme avec qui un homme entretient, sans être marié avec elle, les mêmes relations constantes qu'avec une épouse) ◆ **copine**, **petite copine** (qui s'emploient surtout pour les jeunes) ◆ [par plais.] **dulcinée** ◆ [très fam.] **poule** ◆ [arg.] **gosse**, **môme** ; → AMANT.

amarrer V. attacher, fixer.

amas 1. [en parlant de choses] *L'allée disparaît sous un amas de feuilles mortes* [assez sout.] : [cour.] **tas** ◆ ↑ **amoncellement**, **monceau**, **masse** ◆ [péj.] **ramassis**, **fatras** (*un ramassis, un fatras de vieux papiers et de déchets de plastique*) ◆ **agglomérat**, **agglomération** (qui insistent sur l'idée d'union en une masse compacte) ◆ [partic.] **pile** (qui exclut l'idée de confusion exprimée par les termes précédents et implique, au contraire, celle de symétrie : *une pile d'assiettes est rangée sur la table*) ; → ENTASSEMENT, GROUPEMENT, MONTAGNE, SÉRIE. 2. [en parlant de personnes] V. FOULE et MULTITUDE.

◇ **amasser** *À quoi sert-il d'amasser tant d'argent ?* : **accumuler**, **entasser*** ◆ ↑ **amonceler**, **empiler** ◆ [fam.] **engranger** ◆ [sout.] **thésauriser** (qui ne se dit que pour de l'argent) ; → RAMASSER, ACCAPARER, S'ATTRIBUER.

amateur 1. *Choisissez-lui un bon bordeaux : c'est un amateur !* : **connaisseur** ◆ ↑ **collectionneur**. 2. *Il fait mal son travail : c'est un amateur* : **fantaisiste*** ◆ [sout.] **dilettante** ◆ [fam.] **bricoleur**, **touche-à-tout** ◆ [très péj.] ↑ **fumiste**, **bon à rien** ◆ [vulg.] ↑ **jean-foutre**. 3. *Être amateur de* : V. FRIAND. 4. *Y a-t-il un amateur ?* : V. PRENEUR.

◇ **amateurisme** : [péj.] **dilettantisme**, **fumisterie**.

ambages (sans) *Je vous parlerai sans ambages* : **sans détour**, **directement**, **franchement*** ◆ [fam.] **tout de go**, **tout à trac** ◆ [sout.] **sans circonlocutions**, **sans fard** ; → SIMPLEMENT, CRU.

ambassade V. délégation (*in* déléguer).

ambassadeur V. délégué, diplomate, représentant.

ambiance 1. *L'ambiance de cette ville ne lui convenait pas du tout* : **atmosphère**, **cli-**

mat ; → MILIEU, CADRE. **2.** *Une réunion pleine d'ambiance* : [en partic.] V. ANIMATION, ENTRAIN et GAIETÉ. *D'ambiance* : V. DOUX.

ambigu *Il y a dans votre discours des passages ambigus* : **équivoque** ◆ [fam.] **pas clair, qui manque de clarté** ◆ [plus génér.] **obscur** ◆ ↑ **énigmatique, sibyllin** ◆ [plus génér.] **incertain**. *Son regard a quelque chose d'ambigu qui vous glace* : **louche, douteux, équivoque** ◆ [fam.] ↓ **pas catholique** ◆ ↑ **malsain**, ↑ **pervers**.
◇ **ambiguïté** *C'est une politique pleine d'ambiguïté !* : **équivoque** ◆ [plus génér.] **obscurité** ◆ ↑ **duplicité** ; → FAUSSETÉ, MENSONGE, DE COMMANDE*.

ambition **1.** *C'est un jeune homme plein d'ambition* (= désir de gloire, d'honneurs, de puissance, de fortune) : ↑ **prétention** (= désir disproportionné par rapport aux possibilités) ◆ ↑ **arrivisme** (qui implique qu'on veuille réussir à n'importe quel prix) ; → CONVOITISE, ESPOIR, ORGUEIL. **2.** *Ma seule ambition est d'être heureux* (= désir formulé quant à l'avenir personnel) : **souhait, désir** ◆ [sout.] **aspiration** ◆ [souvent pl.] **visée** ◆ ↑ **but, idéal, rêve** (*réussir : telle est son ambition, son but, son idéal, son rêve*). **3.** *Pour cet emploi, quelles sont vos ambitions ?* (= le salaire souhaité) : ↑ **prétentions**. **4.** *Avoir l'ambition de* : **prétendre**.
◇ **ambitionner** *Il ambitionne d'être directeur* : [plus rares] **prétendre à, aspirer à,** [moins sout.] **chercher à** ◆ [vx] **briguer** (= chercher à obtenir en se portant candidat : *briguer un mandat de député*) ; → VISER, BRÛLER, VOULOIR.
◇ **ambitieux** **1.** [adj.] *Il est très ambitieux* : ↑ **prétentieux**, ↑ **présomptueux** ; → HARDI, ORGUEILLEUX. *C'est un projet ambitieux !* : ↓ **d'envergure, important*** (qui ne sont jamais péj.) ◆ ↑ **présomptueux, prétentieux** (qui sont toujours péj.). **2.** [n.] *C'est un ambitieux* : [péj.] ↑ **arriviste**.

ambivalent V. opposé (*in* opposer).

amble V. allure.

ambré *Elle a le teint ambré* [très sout.] (= doré par le soleil) : [cour.] **bronzé** ◆ ↓ **doré**.

ambulant *Marchand ambulant* (= qui se déplace d'un lieu à un autre pour vendre ses produits) : **colporteur**. *Un travailleur ambulant* : **itinérant** ◆ **roulant** (= employé dans les transports en commun) ◆ **forain** (= qui travaille sur les foires et les marchés) ; → BOHÉMIEN.

âme **1.** N'a aucun syn. dans son sens propre. *La distinction discutable de l'âme et du corps.* **2.** *C'est une âme très généreuse* (= ensemble des facultés morales de l'homme) : **cœur** (= facultés sensibles) ◆ **esprit** (= facultés intellectuelles : *une âme droite, un cœur sensible, un esprit lucide*) ; → CARACTÈRE. *Âme damnée* : V. INSTRUMENT. **3.** *Un village de trois cents âmes* [sout.] : [cour.] **habitants** ; → PERSONNE. **4.** *Il est l'âme de son entreprise* : **cheville ouvrière** ; → ANIMATEUR, MOTEUR. *Être l'âme d'un complot* : **cerveau** ; → AUTEUR, INSTIGATEUR. **5.** *Rendre l'âme* [sout.] : [cour.] **mourir***. *État d'âme* : **sentiment, impression**. *La mort dans l'âme. Il est parti la mort dans l'âme* : ↓ **malgré soi, navré, désolé**. *Corps et âme. Il lui appartient corps et âme* : ↓ **entièrement, totalement**. *La force d'âme* : **courage, énergie, générosité***. *De toute son âme* : V. ÊTRE et ENTRAILLES.

améliorer Les syn. varient selon la chose à améliorer et l'objectif recherché : V. RENOUVELER et TRANSFORMER. **1.** *Améliorer un lieu, une maison* : **réparer, restaurer, rénover** (= remettre en état ou mettre à neuf) ◆ **embellir** (= rendre plus agréable d'aspect : *améliorer l'état d'une maison ; restaurer, rénover, réparer, embellir une maison*) ; → RENOUVELER, TRANSFORMER. **2.** *Améliorer un sol* : **amender, fertiliser, bonifier** ◆ [plus restreint] **engraisser** ; → AMEUBLIR, FUMIER. **3.** *Améliorer un outil, un instrument* : **perfectionner**. **4.** *Améliorer le salaire de qqn* : **augmenter** ◆ [fam.] **mettre du beurre dans les épinards**. **5.** *Améliorer un texte* : **corriger, réviser, revoir, amender** ; → PARFAIRE, FINIR, CORRECTION.
◇ **s'améliorer** N.B. : [fam.] **s'arranger** convient en tous contextes. **1.** *Sa santé s'améliore* : **aller mieux**. **2.** *Le vin s'améliore en vieillissant* : **se bonifier**. **3.** *Leurs relations se sont améliorées* : **se détendre** ◆ ↑ **être au beau fixe**. **4.** *Le temps s'améliore* : **se dégager, se nettoyer** ; → SE DÉCOUVRIR.

◇ **améliorable** *Ce texte, ce travail est améliorable* : **amendable, perfectible**.

◇ **amélioration** 1. [de améliorer] : **réparation, rénovation, restauration, embellissement** ; **amendement, fertilisation** ; **perfectionnement** ; **augmentation** ; **correction, révision** ; → RÉFORME, TRANSFORMATION. 2. *Son état ne s'aggrave pas, il y a même une petite amélioration* : **mieux, progrès**.

amen V. approuver.

aménagement V. transformation (*in* transformer), arrangement (*in* arranger), assouplissement.

aménager 1. V. arranger. 2. V. assouplir.

amendable V. améliorable (*in* améliorer).

amende V. contravention, sanction.

amendement 1. V. engrais. 2. V. amélioration (*in* améliorer). 3. V. correction I.

amender V. améliorer, réformer (*in* réforme).

amène V. aimable, charmant (*in* charme).

amener 1. [qqn ~ qqn] *C'est lui qui m'a amené dans ce restaurant* : **conduire ◆ emmener** (*amener*, c'est surtout conduire dans un lieu ; ce verbe évoque le point d'arrivée, d'où sa construction avec *à : amener au cinéma* ; *emmener*, c'est principalement faire partir qqn d'un lieu pour le conduire ailleurs ; ce verbe évoque surtout le point de départ ; d'où sa construction avec *de : emmenez-moi d'ici*). 2. [qqn ~ qqch] *Amène-moi mes chaussures* [fam.] : [plus cour.] **apporter** ; → DONNER. *Amener les voiles* : **abaisser***. 3. [qqch ~ qqch] *Cette canalisation amène l'eau jusqu'à la ville* : **conduire, acheminer, apporter**. 4. [qqch ~ qqch] *Ces nuages vont amener un orage* : **provoquer, causer** ; → OCCASIONNER, SUSCITER. 5. [qqch, qqn ~ qqn à] *Il l'avait amené à la plus totale indifférence* (= conduire à un état, à faire qqch) : **conduire à, porter à, entraîner à ◆** ↑**pousser à** ; → MENER, INSPIRER.

◇ **s'amener** V. VENIR.

aménité 1. V. AFFABILITÉ. 2. *Sans aménité. Il l'a renvoyée sans aménité* (= sans courtoisie ni douceur) : **avec rudesse, brutalement, avec brutalité**.

amenuisement V. diminution (*in* diminuer).

amenuiser V. diminuer.

amer

I [adj.] 1. Le pépin d'orange est *amer*, la prunelle est **âcre**. 2. *Une amère déception* : **cruel, douloureux, pénible** ; → SAUMÂTRE. 3. *Il m'a tenu des propos très amers* : **âpre ◆** ↑ **blessant, fielleux, hargneux, sarcastique** ; → ACERBE, AIGRE. *Rendre amer* : V. AIGRIR*.

◇ **amertume** 1. L'*amertume* d'un pépin d'orange se distingue de l'**âcreté** de la prunelle et de l'**âpreté** d'une prune trop verte. 2. *Déçu, il lui avait déversé toute son amertume* : [express.] **bile, fiel** ; → RANCŒUR. *Son départ l'avait rempli d'amertume* : **tristesse, découragement** ; → PEINE, DÉCEPTION.

◇ **amèrement** *Il se plaint amèrement de votre indifférence* : [plus génér.] **vivement ◆** ↓ **beaucoup**.

II [n.m.] [en termes de marine] *Prendre ses amers pour faire le point* : [génér.] **repère**.

américain [adj. et n.] Habitant des États-Unis : [fam.] **amerlo ◆ yankee** (qui est le terme utilisé par les autres populations d'Amérique).

amertume V. amer.

ameublement Ensemble des meubles d'un logement considéré dans son agencement : **mobilier** (qui n'implique pas l'idée d'agencement) ; → MEUBLE, ARRANGEMENT.

ameublir *Ameublir la terre* (= la rendre plus légère et propre à être féconde) : [en partic.] **retourner, bêcher, labourer** ; → AMÉLIORER, CULTIVER.

ameuter V. attrouper, soulever.

ami 1. *Avez-vous beaucoup d'amis ?* : ↑ **ami intime, intime** (*entre intimes*) ◆ ↓ **camarade** ◆ [fam.] ↓ **copain** (est le plus couramment utilisé aujourd'hui par les jeunes, avec des valeurs affectives diverses) ◆ [fam.] ↓ **pote,** [peu employé] **poteau** ◆ ↓ **connaissance** (= qqn que l'on a l'habitude de rencontrer sans pour cela être vraiment lié avec lui) ◆ [pl.] **relations** (= ensemble de personnes avec lesquelles on est lié par des rapports d'affaires ou mondains) ; → ALLIÉ, COMPAGNON. **2.** V. AMANT et AMANTE.

amiable (à l') *Cette affaire se négociera à l'amiable* : **amiablement** ◆ [rare] **de gré à gré**.

amical V. cordial.

amicalement V. cordialement (*in* cordial).

amidonner *On amidonne encore quelques pièces de linge* : [rare] **empeser**.

amincir V. maigrir (*in* maigre).

amincissement V. amaigrissement.

amitié V. affection, sympathie, entente (*in* entendre III).

amnésie V. oubli.

amnésique V. oublier (*in* oubli).

amnistie *Décréter l'amnistie générale* (= acte du pouvoir législatif qui a pour objet d'effacer un fait punissable, soit en empêchant ou en arrêtant les poursuites, soit en annulant les condamnations) : **grâce** (= remise de peine accordée par les chefs de l'État après la condamnation prononcée, et qui laisse subsister la flétrissure morale du jugement, dont elle arrête seulement les effets) ; → LIBÉRATION.

◇ **amnistier** [de amnistie] : **gracier** ; → ACQUITTER, LIBÉRER.

amocher V. abîmer, massacrer.

amoindrir V. diminuer, réduire.

amollir **1.** *Il faudrait amollir un peu cette pâte, qui est trop dure* : **ramollir** ◆ **attendrir** (qui se dit pour la viande) ; → LIQUÉFIER. **2.** V. ABATTRE II. **3.** V. EFFÉMINER.

amonceler V. entasser, amasser.

amoncellement V. amas, montagne, entassement.

amont V. haut.

amoralité V. vice I.

amorce

I V. APPÂT.

II *Ce discours est l'amorce d'une entreprise de séduction électorale* (= manière de commencer, d'entamer qqch) : **ébauche, début**.

◇ **amorcer** **1.** V. APPÂTER. **2.** *Il amorça un sourire, puis il prit la parole* : **ébaucher, esquisser**. *Notre campagne publicitaire est juste amorcée* : **commencer***.

amorphe V. inconsistant, mou.

amortir V. étouffer, faire tampon*.

amour **1.** V. CHARITÉ et FERVEUR. **2.** V. AFFECTION I et SENTIMENTS II. **3.** *Alors, c'est le grand amour ?* : [fam.] ↓ **béguin** ◆ ↑ **coup de foudre** (= amour subit et violent) ◆ ↑ **passion*** ; → CAPRICE. **4.** *Amour de soi* : **égoïsme***. **5.** *Faire l'amour* (qui se dit pour les humains) : **s'accoupler** (qui se dit pour les animaux) ; → INTIME. **6.** *Avoir l'amour de la musique* : ↑ **passion** ◆ **adoration** (*une, de l'adoration pour*).

◇ **s'amouracher** *Il s'est amouraché de la fille de son patron* : [vieilli] **s'enamourer** ◆ ↑ **s'enticher** ◆ [rare] ↑ **se coiffer** ◆ [fam.] ↑ **se toquer** ; → AIMER.

amourette V. idylle, caprice.

amoureux V. amant, sentimental (*in* sentiment), mordu (*in* mordre).

amour-propre V. orgueil, respect.

amovible V. mobile I.

amphigourique V. obscur.

amphithéâtre Grande salle de cours à gradins : [abrév. fam.] **amphi** ◆ [plus génér.] **salle de cours, salle de conférences**.

amphitryon V. hôte.

ample **1.** *Elle portait un ample manteau* (= qui a de la largeur, du volume, de la surface au-delà du nécessaire, mais sans excès) : [rare] **blousant** ◆ [plus génér.] **grand, large** ; → VAGUE. **2.** *Une vue ample, des connaissances amples* : **étendu***. *Une voix, une sonorité ample* : **plein***, **généreux, riche** ; → RETENTISSANT. *Faire ample provision de qqch* : **large, riche**.

◇ **ampleur** **1.** *L'ampleur du désastre nous attriste* : **importance, étendue**. *Depuis les dernières élections, leur mouvement a pris de l'ampleur* : **importance, extension, étendue** ◆ **se développer*** (*qqn, qqch a pris de l'ampleur, s'est développé*) ; → ABONDANCE, MASSE. **2.** V. VOLUME II.

◇ **amplification** *L'amplification des mouvements de grève inquiète le gouvernement* : **développement, extension** ; → AUGMENTATION, EXAGÉRATION.

amplement V. grandement.

ampleur, amplification V. ample.

amplifier V. augmenter, exagérer.

ampoule *À force de tant marcher, j'ai attrapé des ampoules aux pieds* : **cloque** (= qui se dit surtout des résultats d'une brûlure).

ampoulé *Avait-on besoin d'un style aussi ampoulé pour dire de telles banalités ?* : **pompeux, grandiloquent** (qui impliquent davantage l'idée de solennité) ◆ **enflé, boursouflé, emphatique** (qui font surtout penser à des abus ridicules dans la syntaxe de la phrase) ◆ [fam.] **ronflant** ◆ [sout.] **contourné** ◆ [rare] **déclamatoire** ; → AFFECTÉ.

amputation V. mutilation.

amputer V. couper, mutiler.

amulette Terme générique qui s'applique à tous les objets que l'on porte sur soi et auxquels on attribue des vertus de protection et de guérison : **talisman** (= objet marqué de signes cabalistiques que l'on ne porte pas nécessairement, comme l'*amulette*, attaché à sa personne et auquel on attribue une vertu plus étendue, puisqu'il permet non seulement de protéger, mais encore d'attaquer les autres) ◆ **gri-gri** (qui est le nom africain des amulettes, talismans) ◆ **fétiche** (= tout objet naturel ou artificiel dont certaines peuplades se servent pour des pratiques superstitieuses, et auquel elles décernent des hommages divins) ◆ [cour.] **porte-bonheur, fétiche, mascotte** (= tout animal ou objet considéré comme portant chance) ; → MÉDAILLE.

amusant V. amuser.

amuse-gueule V. en-cas.

amusement V. récréation.

amuser **1.** *Emmenez-le au cinéma, cela l'amusera !* : **distraire, divertir** ◆ ↓ **dérider, égayer** ; → RÉCRÉER, RIRE, S'AÉRER. **2.** *Cela ne m'amuse guère de devoir sortir par ce temps* : [sout.] **sourire** ; → PLAIRE. **3.** *Avec leurs beaux discours, moi, ils m'amusent !* : **faire rire** ◆ [fam.] **faire rigoler, marrer**. **4.** *On cherche à m'amuser avec ces histoires !* : **mener en bateau** ◆ **tromper***.

◇ **s'amuser** **1.** *Mon fils s'amuse à poursuivre le chat* : **jouer**. **2.** *Il faut toujours que tu t'amuses en route !* (= perdre son temps à des futilités) : **baguenauder, lambiner, traîner, flâner, lanterner, musarder**. **3.** V. SE DONNER DU BON TEMPS*. **4.** *S'amuser de qqn* : **se jouer, se moquer***, **tromper*** ; → PLAISANTER.

◇ **amusant** *C'est une histoire amusante* (= propre à distraire) : **drôle, comique** ◆ ↑ **désopilant, hilarant** ◆ [rare] **drolatique** ◆ [fam.] **marrant, rigolo, bidonnant,** ↑ **crevant, gondolant** ; → PLAISANT. *Ce spectacle est amusant* : **distrayant** ◆ ↓ **détendant** ◆ [plus génér.] **divertissant, plaisant, agréable**. *C'est un homme très amusant* : **drôle, comique,** ↑ **impayable** ◆ **spirituel** (= qui amuse par ses traits d'esprit) ; → CURIEUX, GAI.

amuseur V. bouffon.

amygdalite V. angine.

an 1. *Il aura terminé ses études dans deux ans* (= période de douze mois, sans considérer si son début se situe ou non le 1er janvier) : **année** (= période allant du 1er janvier au 31 décembre : *l'an prochain, l'année prochaine ; le nouvel an, la nouvelle année ; l'an dernier, l'année dernière ; l'an passé, l'année passée ;* encore doit-on noter que ces expressions n'ont pas toujours la même syntaxe, on dira : *l'an prochain, l'année prochaine, nous partirons en vacances,* mais seulement : *l'année prochaine sera bonne*). 2. *Il a trente ans* : [très fam.] **piges, berges** ◆ [sout., iron.] **printemps**. 3. *Par an* : **annuellement**. 4. *Le jour de l'an* (= le premier jour de l'année) : **le premier de l'an, le nouvel an**.

anachorète V. ermite.

anachronique *L'usage de la lampe à huile est anachronique* (= qui date, qui est d'un autre âge) : **périmé, désuet, démodé**. *Un combat anachronique* : **d'arrière-garde, dépassé** ◆ [fam.] **ringard** ; → ANCIEN, INACTUEL.

analgésique V. calmant (*in* calme).

analogie *Il y a certaines analogies entre l'homme et l'animal* : ↓ **rapport, relation** ◆ **similitude*, ressemblance** (qui s'emploient surtout en parlant de caractères physiques) ◆ **affinité, parenté, conformité** (qui s'emploient surtout en parlant de qqch d'abstrait : *une analogie, affinité, parenté, conformité de goûts les unissait l'un à l'autre*). *Il raisonne par analogie* : **association d'idées**.

analogue V. semblable.

analphabète V. ignorant (*in* ignorer), illettré.

analphabétisme V. ignorance (*in* ignorer), illettrisme (*in* illettré).

analyse *Vous trouverez dans cette revue l'analyse de quelques livres récents* (= examen par lequel on étudie les diverses parties d'un tout ; rapport de cet examen) : **compte rendu, critique** ◆ [génér.] **article, étude** ; → ABRÉGÉ, AVIS, SOMMAIRE.

◇ **analyser** 1. V. SÉPARER. 2. *Il a très bien analysé cette œuvre* : **rendre compte de, étudier, examiner** ; → APPROFONDIR.

anarchie *Depuis son départ, c'est l'anarchie la plus complète* : ↓ **désordre*** ◆ [fam.] **pagaille** ◆ [très fam.] **bordel** ◆ **confusion** (qui s'emploie aussi en parlant d'un état intellectuel : *l'anarchie, la confusion des idées*) ◆ ↑ **chaos**.

◇ **anarchique** *Vivre de manière anarchique* : ↓ **désordonné, brouillon*** ◆ [très fam.] **bordélique**.

anarchique V. anarchie.

anarchiste V. libertaire (*in* liberté).

anathème V. condamnation.

anatomie V. corps.

ancestral V. ancien.

ancêtres V. aïeux, mort II.

ancien 1. [qqch est ~]. *C'est une belle armoire ancienne* : [antéposé] **vieux*** (qui peut avoir ce sens ; peut aussi signifier : qui a pris de l'âge et a ainsi perdu de sa valeur) ◆ [toujours péj.] **vieillot, désuet** [fam.], ↑ **vieux comme Hérode, antédiluvien** ◆ [péj.] **vétuste** (qui, en raison de son âge, est souvent détérioré) ◆ [péj.] **archaïque, anachronique,* suranné*** (qui appartient à une époque ancienne et n'a plus cours) ◆ [en partic.] **séculaire** (qui date d'un ou plusieurs siècles), **millénaire** (qui date d'un ou plusieurs milliers d'années), **ancestral** (= propre à nos ancêtres) ◆ [en partic.] **antique** (qui appartient à l'Antiquité, ou en donne l'impression). 2. [qqn est ~] *Il est plus ancien que moi dans le métier* : [plus cour.] **vieux** ◆ **vétéran** (= celui qui a une longue pratique dans un domaine) ; → ÂGÉ.

◇ **anciennement** *C'est la rue du Maréchal-Leclerc, anciennement rue des Petits Pâtres* : **autrefois** ◆ [plus sout.] **jadis, naguère** (souvent confondus, mais *naguère* désigne un passé récent) ; → AVANT.

◇ **ancienneté** 1. V. VIEILLESSE 2. *Je doute de l'ancienneté de ce meuble* : **authenticité**. 3. [pl.] *Un magasin d'anciennetés* : **antiquités**.

ancrage V. mouillage.

ancre *Jeter l'ancre* : V. mouiller.

ancrer V. fixer, mouiller.

andouille V. abruti.

andouiller V. corne.

andropause V. retour d'âge*.

âne 1. *Un âne tirait la charrette* : [fam.] **baudet.** 2. V. IGNORANT et SOT.
◇ **ânesse** : [fam.] **bourrique**.
◇ **ânon** : [fam.] **bourricot, bourriquet**.

anéanti V. effondré.

anéantir V. abattre, pulvériser, annuler, détruire, ravager, réduire, vaincre.

anéantissement V. abattement (*in* abattre II), perte (*in* perdre), destruction (*in* détruire), écroulement.

anecdote *Voici une anecdote qui me rappelle mon enfance* : **histoire** (= récit plus ample et circonstancié) ◆ [peu employé] **historiette** (= petite histoire) ◆ [didact.] **écho** (= dans le vocabulaire du journalisme, petite nouvelle mondaine ou locale) ; → BRUIT.

anecdotique V. accessoire.

anémie V. faiblesse (*in* faible), appauvrissement (*in* appauvrir).

anémier V. affaiblir, appauvrir.

anémique V. faible.

ânerie V. bêtise, sottise (*in* sot).

ânesse V. âne.

anesthésie V. insensibilisation.

anesthésier V. endormir.

anfractuosité V. cavité.

ange 1. *Les anges du Paradis* : **esprit céleste** (= intermédiaire entre Dieu et l'homme) ◆ **séraphin, chérubin, archange** (qui renvoient à une hiérarchie : l'archange est un ange d'ordre supérieur, les séraphins sont les premiers de la hiérarchie des anges, les chérubins, ceux du second rang de la première hiérarchie) ◆ **messager, envoyé** (*l'ange, l'envoyé, le messager de Dieu*). 2. [terme d'affection] *Mon ange* : **chéri, cœur, chou,** etc. 3. *Comme un ange. Elle est douce comme un ange* : ↓ **très*** (... *très douce*). 4. *Ange gardien* : [moins express.] **protecteur,** ↑ **sauveur**. *Mauvais ange* : **démon, génie du mal**. 5. *De petits anges décoraient la tombe* : **angelot, chérubin**. 6. *Être aux anges* : V. JOIE.

angélique V. parfait, pur I.

angélisme V. candeur.

angelot V. ange.

angine Affection du pharynx : [plus génér.] **mal de gorge** ◆ [plus partic.] **amygdalite**.

Anglais Les Français appellent parfois les Anglais leurs **voisins d'Outre-Manche**.

anglaise 1. V. BOUCLE. 2. *Filer à l'anglaise* : **s'esquiver** ; → FUIR, ÉVITER.

angle 1. *Les angles d'un triangle, d'une maison* (= saillant ou rentrant formé par deux lignes, deux ou plusieurs surfaces qui se coupent) : **coin** (qui n'a jamais la valeur didact. de *angle* : *les coins d'un mouchoir ; le coin de la rue*) ◆ **encoignure** (= angle intérieur : *encoignure d'un salon, d'une cour*) ◆ **coude** (= angle saillant : *le coude d'un mur, d'une rue*) ◆ **arête** (= angle saillant formé par deux plans : *l'arête d'un toit, d'une montagne*) ; → DÉTOUR. 2. V. ASPECT, ÉCLAIRAGE et RAPPORT.
◇ **anguleux** 1. *Un visage anguleux* : ↑ **taillé à la hache, à la serpe** ; → LAID, MAIGRE. 2. *Un caractère anguleux* : ↑ **revêche, acariâtre***.

angoissant V. inquiétant (*in* inquiet), effroyable.

angoisse *Étreint par l'angoisse, il était incapable de faire un geste* : ↓ **anxiété** ◆ **trac** (= angoisse éprouvée avant une épreuve difficile : *le trac du comédien avant d'entrer en scène*) ◆ [pl., très sout.] **transes** (*être dans les transes*) ◆ [pl.] ↑ **affres** (*les affres de la mort*) ; → INQUIÉTUDE, PEUR, TOURMENT, CRAINTE, TROUBLE, EFFROI, DANGER.

angoissé V. inquiet.

angoisser V. serrer* la gorge, faire peur*.

anguille 1. *Pêcher de jeunes anguilles* : **pibale** (dans le sud de la France), **civelle** (dans le nord). 2. *Cet homme est une véritable anguille !* : [moins express.] **insaisissable** (*il est insaisissable*) ; → FUYANT. *Il y a anguille sous roche* : V. CACHER.

anguleux V. angle.

anicroche V. accroc (*in* accrocher I).

animal
I [n.] 1. *L'homme est un animal raisonnable* (= terme générique qui s'oppose à végétal) : **bête** (= tout être animé, l'homme excepté : *aimer les animaux, les bêtes*) ◆ **bestiole** (= petite bête). 2. *Quel animal !* (= homme aux mœurs grossières) : **brute** ◆ ↑ **brute épaisse**. *L'animal m'a encore caché mes pantoufles !* : **drôle, coquin** ◆ [grossier] **cochon, salaud** ; → GAILLARD.
II [adj.] *La force animale du désir* : **brutal*** ◆ ↑ **bestial** ; → PHYSIQUE. *Il avait une conscience presque animale du danger* : **instinctif***.
◇ **animalité** [de animal II] : **bestialité, instinct**.

animalier V. peintre (*in* peindre I).

animalité V. animal.

animer 1. [~ qqn] *Le chef d'orchestre anime ses musiciens* (= communiquer son ardeur à qqn) : **stimuler** ◆ ↓ **encourager**, ↑ **exciter, enflammer, aiguillonner** ; → AGIR, DIRIGER, CONDUIRE. 2. [~ qqch] *Heureusement qu'il est là pour animer la conversation* (= donner vie et mouvement à qqch) : [en partic.] **égayer**. *Animer les sentiments de qqn* : **éveiller, stimuler** ◆ ↑ **exciter**, ↑ **aviver**, ↑ **attiser**, ↑ **enflammer** ; → SUSCITER. *Animer un spectacle* : **présenter**. *Animer une réunion* : [en partic.] **diriger, présider**.
◇ **animé** 1. *Les êtres animés* : **vivant**. 2. *La conversation fut très animée* (= plein de vie et de mouvement) : **vif, agité** ◆ ↓ **vivant** ◆ ↑ **mouvementé, brûlant, chaud** ; → ÉPIQUE. 3. V. MOBILE.
◇ **animation** 1. *Il règne dans le port beaucoup d'animation* (= mouvements divers de la foule) : **activité, mouvement** ◆ ↑ **affairement, agitation** ◆ **ambiance** (qui se dira plutôt pour une réunion) ; → ENTRAIN. 2. *L'homme haranguait la foule avec animation* : **vivacité, chaleur, flamme** ◆ ↑ **passion, excitation, exaltation** ; → ENTHOUSIASME.
◇ **animateur** 1. *C'est lui le véritable animateur de leur bande de copains* : **boute-en-train** (qui insiste sur la gaieté) ◆ **âme*** (qui insiste sur la force de tempérament) ; → CENTRE. 2. *L'animateur d'une équipe de sport* : **entraîneur** ; → DIRECTEUR. *L'animateur d'une émission de télévision* : **présentateur**. *L'animateur d'une soirée dansante avec disques* : [anglic.] **disc-jockey**.

animosité V. aigreur, malveillance (*in* malveillant).

ankylose V. raideur (*in* raide).

ankylosé V. raide.

ankyloser V. engourdir.

annales V. mémoires, recueil.

anneau 1. *Elle regardait avec émotion son anneau nuptial* [sout.] : [cour.] **alliance** ◆ [génér.] **bague** ◆ **chevalière** (= bague à long chaton, sur lequel sont gravées des initiales). 2. V. BOUCLE.

année V. an, date.

annexe
I [adj.] V. accessoire, auxiliaire I.
II [n.] 1. V. addition II. 2. V. dépendance (*in* dépendre I), succursale.

annexer V. joindre, réunir, unir.
◇ **s'annexer** V. s'attribuer.

annexion V. réunion.

annihiler V. détruire, réduire, neutraliser.

anniversaire V. célébration.

annonce V. avis, signe, enchère.

annoncer 1. [qqn ~ qqch] *Il m'a annoncé son départ* : **apprendre** ◆ **aviser de, instruire de, informer de, avertir de** (qui s'emploient davantage en termes de rapports officiels : *j'ai avisé mon directeur de ma décision*) ◆ **proclamer** (= déclarer qqch hautement et publiquement : *le jury vient de proclamer les résultats de l'examen*) ◆ **alerter**

(= avertir qqn d'un danger ou d'une difficulté quelconque : *mon fils n'est pas rentré depuis deux jours, j'ai alerté la police*) ; → DÉCLARER, PARLER, SAVOIR, NOTIFIER, SIGNALER. **2.** [sens religieux] *Un chrétien doit annoncer la parole de Dieu* : ↓ **dire** ◆ ↑ **publier** (= rendre public) ◆ **enseigner** (= transmettre comme connaissance) ◆ [didact.] **prêcher**. **3.** [qqch ~] *Ces nuages n'annoncent rien de bon* : **présager, préluder à** ; → AUGURER, PRÉDIRE, DIRE.

◇ **annonciateur** *Les signes annonciateurs de la révolte* : **avant-coureur, précurseur, prémonitoire** ◆ [antéposé] **premier**.

annonceur V. publiciste, speaker.

annonciateur V. annoncer.

annotation V. note.

annoter V. noter.

annuellement V. an.

annuité V. terme I.

annuler **1.** [en termes de droit] *Annuler un testament* (= frapper de nullité) : **abroger** (*un décret, une loi*) ◆ **abolir** (= déclarer nulle une disposition légale : *abolir une coutume, un usage*) ◆ **infirmer,** ↑ **casser** (= rompre, annuler : *infirmer, casser un jugement*) ◆ **révoquer** (= déclarer nul : *révoquer une donation*) ◆ **dissoudre** (= mettre légalement fin à : *annuler, dissoudre un mariage*). **2.** [en termes de législation et d'administration] : **rapporter**. [en termes de jurisprudence] : **invalider, résilier, résoudre, rescinder**. **3.** [cour.] *Pierre a dû annuler ses rendez-vous* : **décommander, supprimer** (dans ce contexte, *décommander* suppose plutôt que Pierre avait obtenu des rendez-vous, *supprimer*, qu'il en avait donné). *Annuler une dette* : **éteindre**. *Annuler les effets d'un médicament* : **supprimer, réduire à néant** ◆ ↓ **neutraliser*** ; → ANÉANTIR, RETIRER.

◇ **annulation** **1.** [de annuler 1 et 2] **abolition** ◆ **abrogation** ◆ **cassation** ◆ **infirmation** ◆ **invalidation** ◆ **résolution, résiliation** ◆ **révocation** ◆ **dissolution** ; → DÉNONCIATION. **2.** [de annuler 3] **suppression, extinction**.

anoblir Faire entrer dans la noblesse sociale : **ennoblir** (= conférer une grande noblesse morale).

anodin V. inoffensif.

anomalie **1.** V. exception (*in* excepter). **2.** V. perversion (*in* pervers).

ânon V. âne.

ânonnement V. balbutiement (*in* balbutier).

ânonner V. balbutier.

anonymat V. incognito.

anonyme V. inconnu.

anorexie V. inappétence.

anormal **1.** V. bizarre, inhabituel. **2.** V. caractériel, maladif, état second* I.

anse V. golfe.

antagonisme V. opposition (*in* opposer), rivalité (*in* rival).

antagoniste V. combattant (*in* combattre), ennemi.

antan V. avant.

antarctique V. pôle Sud*.

antécédent V. précédent II.

antédiluvien V. ancien.

antenne **1.** *On a installé une antenne chirurgicale en pleine brousse* : **poste, unité**. **2.** *Avoir des antennes* : V. PRESSENTIMENT.

antérieur V. avant, précédent.

antérieurement V. avant, précédemment (*in* précédent).

anthologie *Une nouvelle anthologie des poètes contemporains* : **recueil de morceaux choisis** ◆ **florilège** ; → RECUEIL, CHOIX.

anthrax V. furoncle.

anthropométrique V. fiche de signalement*.

anthropophage *Des tribus d'anthropophages* : **cannibale.**

antichambre V. vestibule. *Faire antichambre* : V. attendre.

anticiper V. devancer.

anticlérical V. athée.

anticléricalisme V. athéisme.

anticonceptionnel V. contraceptif.

anticonformiste V. libertaire.

antidote V. contrepoison, remède.

antienne V. cantique, répétition.

antinomie V. contradiction (*in* contredire).

antinomique V. différent (*in* différer II).

antipathie *Éprouver de l'antipathie pour qqn* (= hostilité que l'on éprouve instinctivement pour qqn) : **inimitié** (qui ne suppose pas que l'hostilité soit instinctive) ◆ ↑ **aversion, dégoût*** ◆ [fig.] ↑ **allergie** ◆ [fam.] **prendre en grippe** (= éprouver une antipathie soudaine contre qqn ou qqch) ; → RÉPUGNANCE.

antipathique V. sale.

antipodes (aux) V. extrême, loin.

antiquailles V. vieux.

antiquaire V. brocanteur.

antique V. ancien.

antiquité V. brocanteur, ancienneté (*in* ancien), vieux.

antisémite V. raciste (*in* race).

antisémitisme V. racisme.

antisepsie V. assainissement.

antiseptique V. désinfectant.

antispasmodique V. calmant.

antithèse V. opposition (*in* opposer).

antonyme V. contraire, opposé I (*in* opposer).

antre V. caverne, gîte.

anus *Une douleur à l'anus* : [peu employé] **fondement** ◆ [fam.] **derrière*** ◆ [très fam., par plais.] **troufignon, trou de balle** ◆ [très fam., grossier] **trou du cul*** [euph., dans cet ex.] **une douleur mal placée.**

anxiété V. angoisse.

anxieux V. inquiet, tourmenté (*in* tourment).

aoûtien V. estivant.

apaisant **1.** V. conciliant (*in* concilier), lénifiant (*in* lénifier). **2.** V. reposant (*in* reposer), sécurisant (*in* sécuriser), consolant (*in* consoler).

apaisement V. soulagement (*in* soulager), calme, diminution (*in* diminuer).

apaiser **1.** [~ qqn] *La voix rassurante du médecin l'avait apaisée* : ↓ **calmer*** ◆ [sout.] **rasséréner,** [plus cour.] **rendre plus serein** ◆ ↑ **pacifier** ; → RASSURER. **2.** [~ un sentiment]. *Apaiser la douleur de qqn* : ↓ **adoucir, calmer** ; → MODÉRER, SOULAGER. *Apaiser la faim, la soif* : V. ASSOUVIR, CONTENTER et SATISFAIRE. *Apaiser l'aigreur d'un caractère* : V. LÉNIFIER. **3.** [~ qqch] *Apaiser une querelle* : **calmer*** ◆ ↑ **faire cesser.**
◇ **s'apaiser** *La tempête s'apaise* : **se calmer** ◆ ↓ **céder** ; → TOMBER.

apanage **1.** [qqch est l'~ de qqn] *Mourir est l'apanage de tous les hommes* : **propre** ◆ **lot** (= ce que le destin réserve à chacun) ◆ **privilège,** ↑ **prérogative** (= avantage particulier réservé à certains : *l'accès aux livres demeure l'apanage, le privilège d'une élite*). **2.** [qqn a l'~ de qqch] *Pensez-vous avoir l'apanage de l'intelligence ?* (= être seul à jouir de qqch) : **privilège, monopole, exclusivité.**

aparté *Faire des apartés* : [plus fam.] **messes basses** ◆ [fam.] **parlotes** ; → MONOLOGUE. *En aparté. Je ne pourrai vous faire mon rapport qu'en aparté* : **en tête à tête** ; → SECRÈTEMENT.

apartheid V. racisme, ségrégation.

apathie 1. *Il a sombré dans l'apathie* (= état pathologique) : **atonie** (qui ne se dit que des forces physiques) ◆ **aboulie** (qui se dit de l'impuissance pathologique à prendre une décision) ◆ ↑ **torpeur** ◆ [sout.] **langueur, alanguissement** (= abattement physique ou moral, perte d'énergie) ; → ABATTEMENT. 2. *Son apathie est exaspérante* : ↓ **indolence, nonchalance, paresse*** ◆ [péj.] **mollesse** (= absence de volonté et d'énergie) ◆ **indifférence** (qui se dit de celui que rien n'intéresse) ◆ **inertie, passivité*** (= absence de réaction, de participation physique ou mentale.)

apathique V. inactif, lent, passif I.

apatride V. sans patrie*.

apercevoir 1. V. percevoir I, voir. 2. V. rencontrer.
◇ **s'apercevoir de** V. prendre conscience de*, voir, comprendre. *Sans s'en apercevoir :* V. inconsciemment.

aperçu V. abrégé, exemple, idée.

apéritif V. alcool.

à-peu-près V. près III.

apeuré V. inquiet, tremblant (*in* trembler).

apeurer V. effrayer.

aphone V. muet.

aphorisme V. pensée II.

apitoiement V. pitié.

apitoyer V. ÉMOUVOIR.
◇ **s'apitoyer** *Il ne suffit pas de s'apitoyer sur la misère des autres* : ↑ **compatir à** (= prendre part à la souffrance d'autrui) ◆ ↓ **s'attendrir** (= se laisser émouvoir) ◆ [plus génér.] **plaindre** (*plaindre qqn*) ; → ÉMOUVOIR, ATTRISTER.

aplanir 1. *Il faudra aplanir ce terrain avant de pouvoir construire dessus* : **niveler, égaliser**. 2. *Il avait le don d'aplanir les difficultés* (= faire disparaître les obstacles) : **lever** ◆ [plus génér.] **supprimer** ; → SIMPLIFIER, COMPENSER.

aplati V. camus.

aplatir V. écraser.
◇ **s'aplatir** V. plat I.

aplomb

I *Pour faire des acrobaties sur un fil, il faut savoir garder son aplomb* : **équilibre** ◆ ↑ **stabilité**. *D'aplomb. Être, se sentir d'aplomb* (= en bon état physique et moral) : **bien** (*être, se sentir bien*). *Ne pas se sentir d'aplomb* : **dans son assiette** (*ne pas être dans son assiette*) ; → MAL FOUTU*.

II *Ces camelots ont un aplomb extraordinaire* : [plus sout.] **audace** ◆ [moins péj.] **assurance** ◆ [fam.] **culot, toupet, estomac** ; → SANG-FROID, COURAGE, HARDIESSE, IMPUDENCE.

apocalypse V. catastrophe.

apocalyptique V. dantesque.

apogée V. comble I, sommet.

apologie V. éloge, plaidoyer.

apologiste *Se faire l'apologiste de. Il s'est fait l'apologiste de la vertu* : **avocat, défenseur** ◆ **apôtre** (qui évoque moins la défense d'une doctrine que la propagation d'une idée) ; → PARTISAN.

apologue V. fable.

apophtegme V. pensée II.

apoplexie V. attaque (*in* attaquer).

apostasie V. abandon I, reniement (*in* renier).

apostasier V. renier.

apostat *Un apostat du catholicisme* : **renégat** ◆ **hérétique** (= celui qui, sans abandonner sa religion, n'en respecte pas certains dogmes fondamentaux) ◆ **hérésiarque** (= auteur d'une hérésie) ◆ **hétérodoxe,** [plus cour.] **non-conformiste** (= celui qui ne se conforme pas à toutes les données d'une religion, sans pour autant être taxé d'hérésie) ◆ **schismatique**

(= celui qui se sépare de la communion d'une Église) ; → IRRÉLIGIEUX, IMPIE.

a posteriori V. après II.

apostille V. note.

apostolat V. ministère I, mission.

apostropher V. appeler I.

apothéose V. triomphe.

apôtre V. apologiste.

apparaître V. apparition I, se former, se faire jour*, se montrer, paraître, se dégager.

apparat *L'apparat d'une cérémonie* : **pompe** (*en grande pompe, en grand apparat*) ◆ **cérémonial** (= ensemble des règles qui président à une cérémonie) ◆ [plus génér.] **magnificence, luxe** ; → SOLENNITÉ, PROTOCOLE.

appareil **1.** *Le mécanicien nous a fait visiter son atelier ; il y avait là quelques appareils assez compliqués* : **machine** ◆ [plus fam.] **engin** ◆ **dispositif** (= ensemble des pièces constituant un appareil) ; → USTENSILE. **2.** *L'appareil a atterri* : [partic.] **avion**. *Porter un appareil* : **dentier**. *N'oublie pas de recharger l'appareil* : **appareil photo**. *Qui est à l'appareil ?* : **téléphone** ◆ [fam.] **au bout du fil**. **3.** *L'appareil législatif* : **système**.

appareillage **1.** V. équipement (*in* équiper). **2.** V. départ.

appareiller V. lever I, équiper.

apparemment *Apparemment, ils ont de gros revenus* (= autant que l'on peut en juger selon ce que l'on voit) : [peu employé] **en apparence** ◆ [sout.] ↑ **selon toute apparence** ◆ ↑ **visiblement** ; → AU PREMIER ABORD*, VRAISEMBLABLEMENT.

apparence **1.** V. air, masque, physionomie, faux-semblant* (*in* sembler). **2.** V. vernis, voile. *Sauver les apparences* : V. face. *Selon toute apparence* : V. apparemment.

apparent **1.** *Son infirmité est heureusement peu apparente* : **perceptible, visible** ◆ **ostensible, manifeste** (= qui se fait, avec l'intention d'être montré : *il porte sa décoration de manière ostensible*) ; → SENSIBLE. **2.** *Il cachait sous son apparente bonhomie une méchanceté féroce* : **faux, trompeur, superficiel, de surface, illusoire** ◆ **spécieux** (qui ne s'applique qu'aux choses de l'esprit : *des arguments spécieux*) ; → EXTÉRIEUR I, PRÉTENDU.

apparenter (s') V. se rapprocher.

appariteur V. huissier.

apparition

I **1.** De par son sens et selon ce qui apparaît, ce nom se rapproche de **arrivée, venue, commencement***, **formation***, **naissance*** ◆ [sout.] **émergence, genèse, manifestation** (*l'arrivée, la venue de nouveaux produits sur le marché ; le commencement, la manifestation d'un événement ; la formation, la naissance, l'émergence, la genèse d'un nouveau parti politique*) ; → EXPRESSION, CONSTITUTION. **2.** V. PUBLICATION. **3.** *Faire son apparition* : **apparaître, faire son entrée** ; → PARAÎTRE.

II V. FANTÔME et VISION.

appartement *Ils habitent un bel appartement* : [abrév. fam.] **appart** ◆ **studio** (= un appartement d'une seule pièce) ◆ **duplex** (= appartement construit sur deux étages) ◆ [par méton.] **H.L.M.** (= appartement modeste situé dans un ensemble H.L.M.) ◆ selon le nombre de chambres contenues dans un appartement, on parle de **F2** (une chambre), **F3, F4**, etc. ◆ **garçonnière** (= petit appartement pour personne seule) ◆ **pied-à-terre** (= appartement dans lequel on ne vient qu'en passant) ◆ **meublé** (= appartement loué meublé) ; → HABITATION, LOGEMENT, GARNI.

appartenance V. admission (*in* admettre I).

appartenir **1.** [qqch ~ à qqn] *Cette maison m'appartient* : **être à** ◆ [didact.] **être le bien, la propriété de** ; → DÉPENDRE. *Ces qualités appartiennent aux meilleurs* : **être le propre de, être caractéristique de**. **2.** [qqch ~ qqch] *Cela n'appartient pas au*

sujet que je vais traiter : **faire partie de, concerner, relever de**. **3.** [impers.] *Il appartient à qqn de. Il vous appartient de surveiller vos enfants* : [sout.] **être du devoir de, revenir** (*il vous appartient, revient de surveiller...*) ◆ [plus cour.] **devoir** (*vous devez surveiller...*).
◇ **s'appartenir** *Depuis qu'il l'aime, il ne s'appartient plus* (qui ne s'emploie que nég.) : **être libre, être maître de soi**.

appas V. attrait.

appât **1.** *On attire le poisson avec un appât* : **amorce** ◆ **aiche, èche, esche** (= appât accroché au bout de l'hameçon, asticot, ver) ◆ **boette, boëte, bouette, boitte** (= appâts pour la pêche en mer) ◆ **leurre, cuiller, devon, mouche** (= esche factice utilisée pour la pêche au lancer) ◆ **appeau, appelant** (= appareil qui imite le cri d'un oiseau pour l'attirer) ; → FILET, PIÈGE. **2.** *L'appât des gros bénéfices* : ↓ **attrait** ◆ [plus génér.] **perspective**.
◇ **appâter** **1.** [~ un gibier, un poisson] : **amorcer**. **2.** [~ qqn] : **allécher, attirer, séduire***.

appauvrir **1.** [~ qqn] *Ses folles dépenses au jeu l'ont considérablement appauvri* : ↑ **ruiner** (= supprimer toute ressource) ◆ [fam.] ↑ **mettre sur la paille**. **2.** [~ qqch]. *La guerre a appauvri le pays* : ↑ **épuiser**. *Appauvrir un sol* : ↑ **épuiser, stériliser**. *Une maladie qui appauvrit le sang* : **anémier** ◆ **altérer** (= nuire à la qualité de) ; → RAVAGER, ABATTRE.
◇ **appauvrissement** [de appauvrir] : **ruine, épuisement, stérilisation, anémie, altération***.

appeau V. appât.

appel V. appeler I.

appelant V. appât.

appelé V. militaire II, soldat.

appeler
I **1.** [~ qqn] *Voulez-vous appeler le directeur ?* : **héler** (= appeler de loin) ◆ **interpeller, apostropher** (= adresser brutalement la parole à qqn pour le questionner). *Je vous appellerai ce soir* : **téléphoner à** ◆ [fam.] **passer un coup de fil à** ; → CONTACTER, SONNER, SIFFLER. **2.** [~ qqn] *Voulez-vous appeler le médecin ?* (= demander à qqn de venir chez soi) : **demander** ◆ **convoquer** (= appeler à une réunion, souvent de manière officielle : *convoquer qqn à une assemblée*) ◆ [en termes de procédure] **assigner, citer** (= sommer à comparaître devant un juge : *appeler, assigner, citer qqn en justice*) ; → INVITER, TRADUIRE. **3.** [~ qqn à] *Je l'ai appelé à cette fonction en raison de sa compétence* (= désigner qqn pour une charge, une fonction) : **nommer, désigner** ; → CHOISIR. **4.** *Appeler qqn sous les drapeaux* : **incorporer** ; → MOBILISER. **5.** [qqn ~ qqch] *Il appelle le repos de tous ses vœux* (= demander, essayer d'obtenir qqch) : **souhaiter*, désirer, aspirer à**. **6.** [qqch ~ qqch] *La situation appelle un remaniement complet de notre plan* (= rendre nécessaire) : **demander*, réclamer, commander** ◆ [sout.] **requérir** ◆ ↑ **exiger**. **7.** *En appeler à. J'en appelle à votre bon sens* (= s'adresser au cœur, à l'esprit de qqn pour qu'il agisse de telle ou telle manière) : **faire appel à, s'adresser à, s'en remettre à, invoquer** ; → BATTRE LE RAPPEL*, ENCOURAGER. **8.** *Appeler l'attention de qqn sur qqch* : **attirer** ◆ ↑ **alerter** ; → INTRIGUER.
◇ **appel** **1.** [de appeler 2] **convocation, assignation, citation**. **2.** *Son avocat a dit qu'il ferait appel* (= s'adresser à une juridiction supérieure pour faire réformer une décision) : **pourvoi** (= recours porté devant la plus haute juridiction pour faire annuler une décision) ◆ [plus génér.] **recours**. *Sans appel* : V. AFFIRMATIF et DÉFINITIF. **3.** [de appeler 5] *L'appel du plaisir* : **attraction, attrait, sollicitation, attirance**. *L'appel de la conscience* : **cri, voix**. *Appel à l'insurrection* : **incitation, excitation** ; → INVITATION, PROVOCATION. **4.** V. PROCLAMATION.
II **1.** [~ qqn]. *Comment ont-ils appelé leur fils ?* : [plus sout.] **nommer, prénommer**, (qui permettent de distinguer entre nom et prénom) ◆ **surnommer** (= donner un surnom : *mon prénom, c'est Joseph, mais mon surnom est Jojo*) ◆ **baptiser** (se dit par plaisant. de qqn ou de qqch dont on trouve le nom ou le prénom étrange : *ils ont baptisé leur garçon Aristide*) ; → INJURIER. **2.** [~ qqch] *Comment appelez-vous cette plante ?* : [plus sout.] **nommer** ◆ **dénommer** (= donner

un nom à qqch qui n'en avait pas) ; → QUALIFIER.

◇ **s'appeler** *Je m'appelle Jean* : [plus sout.] **se nommer**. *Comment s'appelle ce roman ?* : [plus sout.] **s'intituler**.

◇ **appellation** *L'appellation d'un nouveau produit* : **dénomination** ◆ [peu employé] **désignation** ; → MARQUE.

appendice V. supplément.

appentis V. dépendances (*in* dépendre I).

appesantir V. alourdir.

◇ **s'appesantir** V. insister.

appesantissement V. alourdissement (*in* alourdir).

appétence V. appétit.

appétissant **1.** [qqch est ~] *Le plat de légumes n'était pas très appétissant* : [très génér.] **bon** ◆ [surtout dans une phrase nég.] **ragoûtant** ; → SAVOUREUX. **2.** [qqn est ~] V. AFFRIOLANT.

appétit **1.** *Avoir de l'appétit* : [plus fam.] **bien manger, avoir faim***. *Manque d'appétit* : V. INAPPÉTENCE. **2.** *J'ai peu d'appétit pour le cinéma* : **goût, penchant*** ◆ [sout.] **appétence, inclination** ; → GOÛTER. **3.** *Appétit sexuel* : V. DÉSIR.

applaudir V. acclamer, approuver, battre* III des mains.

◇ **s'applaudir** V. se louer II.

applaudissement V. acclamation (*in* acclamer).

application **1.** V. effet, exécution I. **2.** V. soin I, effort.

appliquer **1.** [qqn ~ qqch sur, ~ qqch contre]. *Le pharmacien a appliqué une pommade sur sa brulûre* : [génér.] **mettre**. *Appliquer son sceau sur une lettre* : **apposer**. *Appliquer un meuble contre un mur* : **poser, placer**. *Appliquer une couche de peinture sur un meuble* : **étendre, passer**. **2.** [qqn ~ qqch à qqn] *Appliquer une gifle à qqn* : [fam.] **flanquer** ◆ [iron.] **gratifier** (*gratifier qqn d'une gifle*). *Appliquer un châtiment à qqn* : **infliger** ◆ [plus génér.] **donner** ◆ **administrer,** [fam.] **flanquer** (qui ne se disent guère que d'une correction) ; → BATTRE, CORRIGER. **3.** [qqn ~ qqch] *Il ne sait pas appliquer ses connaissances* : [plus génér.] **employer, utiliser**. *Appliquer une méthode, une théorie* : **mettre en pratique**.

◇ **s'appliquer** **1.** [qqch ~ à] *Cette observation s'applique à tous ceux qui m'écoutent* (= être adapté à) : [avec un compl. dir.] **concerner, intéresser, viser**. *Cette remarque s'applique à l'histoire de la langue* : **se rapporter à** ; → CORRESPONDRE. **2.** [qqn ~ à] *S'appliquer à comprendre un règlement* : **s'évertuer à** ◆ ↓ **chercher* à, essayer* de**. **3.** [qqn ~] *Un élève qui s'applique* : **travailler avec application, travailler avec soin*** ; → S'ADONNER, SE LIVRER II.

◇ **appliqué** [de s'appliquer 3] *C'est un élève très appliqué* : **travailleur, consciencieux*, studieux, sérieux*** ; → SOIGNÉ, SOIGNEUX.

appoint *L'industrie est un appoint non négligeable pour ce pays agricole* : **complément**. *L'appoint du perchiste a permis à notre équipe d'athlétisme de triompher* : **aide, contribution, concours, appui, apport**.

appointements V. salaire.

appointer V. salarier.

appontement V. débarcadère.

apport V. participation (*in* participer), appoint.

apporter V. amener, porter I.

apposer V. appliquer.

appréciable V. important (*in* importer), sensible II, précieux I.

appréciation **1.** *L'appréciation du commissaire-priseur me paraît excessive* (= action d'estimer, de déterminer la valeur de qqch) : **estimation, évaluation**. **2.** *Les appréciations du professeur sont inscrites dans la marge* (= jugement critique porté sur qqch) : **observation, note** ; → AVIS, JUGEMENT.

apprécier **1.** V. estimer, peser, examiner. **2.** V. sentir I, goûter I.

appréhender **1.** V. arrêter, saisir I, prendre I. **2.** V. craindre.

appréhension V. crainte, peur.

apprenant V. écolier (*in* école).

apprendre **1.** [~ qqch] *Apprendre une nouvelle* : V. ACCUEILLIR et SAVOIR. **2.** [~ qqch] *Elle a appris ses leçons jusqu'à minuit* : **étudier*** (qui implique davantage que le recours à la seule mémoire) ◆ [fam.] ↑ **rabâcher, potasser, bûcher, chiader** ◆ **revoir, réviser,** [fam.] **repasser** (= revenir sur ce que l'on a déjà appris). *Cette année j'apprends l'allemand* : [plus fam.] **faire de** ◆ **s'initier à,** [plus fam.] **se mettre à** (= commencer un apprentissage) ; → TRAVAILLER I. **3.** [~ qqch à qqn] V. ANNONCER. **4.** [~ qqch à qqn] *C'est lui qui m'a appris le russe* : **enseigner** (qui ne se dit que des connaissances abstraites) ◆ **initier à** (= apprendre les rudiments d'une science à qqn) ◆ [rare] **instruire à** (+ inf.) ◆ ↑ **inculquer** (= graver dans l'esprit de façon durable) ◆ [fam.] **enfoncer dans le crâne, la tête** ◆ **montrer** (qui se dit des connaissances pratiques : *apprendre, montrer à qqn comment fonctionne un appareil*) ; → SAVOIR, EXPLIQUER, PROFESSER.

apprenti Personne qui apprend un métier manuel : **élève** (= celui qui apprend un métier intellectuel ou artistique : *un charcutier a des apprentis, un musicien a des élèves*) ; → AIDE.

◇ **apprentissage** **1.** [de apprendre 2] *L'apprentissage du russe* : **étude, initiation** (*l'initiation au russe*). **2.** *Il est dans sa période d'apprentissage : on ne peut lui demander l'impossible !* : [plus rare] **initiation**. *Faire l'apprentissage de. Elle fait le difficile apprentissage de l'indépendance* : **expérience** ◆ ↑ **épreuve** (*subir l'épreuve de*).

apprêt **1.** V. affectation (*in* affecter III). **2.** V. préparatifs.

apprêté V. affecté II, maniéré (*in* manière II).

apprêter V. accommoder.
◇ **s'apprêter** V. se préparer.

apprivoisement V. conquête (*in* conquérir).

apprivoiser **1.** [~ un animal] *Il n'est pas facile d'apprivoiser un écureuil* : ↑ **domestiquer** (= mettre au service de l'homme, de manière durable, un animal sauvage : *le cheval est un animal domestiqué*) ◆ **dompter** (= contraindre à l'obéissance un animal sauvage : *dompter un lion*) ◆ **dresser** (= instruire un animal sauvage ou domestique à faire qqch). **2.** [~ qqn] *C'est quelqu'un de très farouche, qui ne se laisse pas facilement apprivoiser* : **amadouer** ; → CONQUÉRIR.

approbateur, approbation V. approuver.

approchable V. aborder II.

approchant V. proche, semblable.

approche **1.** V. abord, accès. **2.** V. proximité, venue.

approché V. approximatif (*in* approximation).

approcher Dans beaucoup d'emplois, **approcher** et **s'approcher,** ↑ **se rapprocher*** peuvent alterner. **1.** [qqch ~] *Le soir approche* : **venir,** [dans cet ex.] **tomber** ; → AVANCER I, ARRIVER. *L'examen approche* : **s'approcher,** ↑ **se rapprocher** **2.** [qqn ~ qqn, qqch] *Impossible d'approcher un ministre !* : **aborder, s'approcher de** ; → FRÉQUENTER. **3.** [négatif] *Il a la grippe : ne l'approchez pas !* : **ne pas s'approcher de** ◆ ↑ **éviter,** ↑ **fuir** (*évitez-le ! fuyez !*) **4.** [~ qqn] *Son adversaire est loin de l'approcher* : **égaler, rivaliser avec** ; v. aussi VALOIR. **5.** [~ de qqn] V. VENIR. **6.** [~ de qqch] *Nous approchons du village* : ↑ **se rapprocher de** ; → ALLER I, ABORDER I. *Il approche de la cinquantaine* : ↑ **friser, frôler** ; [plus fam.] **avoir presque, aller sur** (*il a presque la cinquantaine ; il va sur ses cinquante ans*). *Les fruits sont chers : on ne peut pas en approcher* : [plus fam.] **on ne peut pas y toucher** ; → INABORDABLE.

approfondir *Approfondir une question* : [plus fam.] **creuser, fouiller** ; → ANALYSER, ÉTUDIER.

approfondissement V. développement.

appropriation V. attribution (*in* attribuer).

approprié 1. *Vos décisions sont-elles bien appropriées à la situation ?* : **en accord avec, en harmonie avec, accordé** ; → ADAPTÉ. 2. *Est-ce bien le moment approprié pour lui annoncer son renvoi ?* : [par plaisant.] **idoine** ◆ **convenable** (qui insiste sur les usages en cours et que l'on doit respecter) ◆ ↑ **adéquat** ◆ [plus rare] ↑ **pertinent** (*une remarque, une réflexion pertinente*) ; → CONFORME, NOTE.

approprier V. accommoder I.
◇ **s'approprier** V. s'attribuer.

approuver 1. [~ qqch] *Il a approuvé son départ* (= donner son accord à qqch) : **accepter, admettre** (= donner son accord à qqch, mais avec réticence) ◆ [sout.] **souscrire à** ◆ ↑ **applaudir à,** ↑ **faire chorus** (= manifester bruyamment son approbation) ; → ADHÉRER, COMPRENDRE, CONSENTIR, ENCOURAGER, PERMETTRE. 2. [~ qqn] *Je l'approuve totalement d'avoir usé de clémence* (= juger bonne l'action de qqn) : **donner raison à** ◆ ↑ **louer de, féliciter de, abonder** (dans le sens de qqn). *Il approuve tous ses caprices* : [fam.] **dire amen à**. 3. [absolt] *Il a abandonné : j'approuve !* : **être d'accord** ◆ [souvent par plais.] **opiner du chef, du bonnet** ◆ ↑ **applaudir**.
◇ **approbation** *Je ne peux prendre une telle décision sans l'approbation du directeur !* : [plus cour.] **accord** ◆ [plus sout.] ↓ **acquiescement, consentement** (qui évoquent plus le fait de ne pas s'opposer à qqch que celui d'approuver) ◆ [rare] **aveu** (*ils se sont mariés sans l'aveu, l'approbation, le consentement de leurs parents*) ◆ **agrément** (= approbation émanant d'une autorité supérieure) ; → SATISFECIT, PERMISSION, ACCORD.
◇ **approbateur** *Un regard approbateur* : ↓ **favorable**.

approvisionnement V. stock.

approvisionné V. achalandé.

approvisionner 1. *Approvisionner une ville en eau et en électricité* : **pourvoir** ◆ **ravitailler** (qui s'emploie surtout pour une armée, une ville assiégée) ; → NOURRIR. 2. *Approvisionner en armes des belligérants* : V. PROCURER. *Approvisionner un magasin en denrées diverses* : **pourvoir, fournir***. *Approvisionner un compte* : [fam.] **alimenter**. *Approvisionner qqn en arguments* : **alimenter,** [plus fam.] **ravitailler**.
◇ **s'approvisionner** V. SE FOURNIR.

approvisionneur V. fournisseur.

approximation *Ce devis n'est qu'une approximation* : **évaluation**. *Il parle beaucoup par approximations !* : **à-peu-près** ; → ESTIME.
◇ **approximatif** *C'est un prix approximatif* : [rare] **approché**. *Un travail approximatif* : V. IMPARFAIT.

approximativement V. grossièrement (*in* grossier), estime II, à vue d'œil*, à vue de nez*.

appui 1. [de appuyer I] Se dit surtout de ce sur quoi qqn s'appuie : **support** (qui se dit surtout de ce sur quoi qqch porte). *Un mur d'appui* : **soutien, soutènement**. *Prendre appui* : **s'appuyer**. 2. [de appuyer II] *Vous pouvez compter sur mon appui* : **aide, concours, soutien** ; → PILIER, ENCOURAGEMENT. *Je serai toujours votre appui* : **soutien** ◆ ↑ **planche de salut** ; → DÉFENSEUR, ALLIÉ. 3. [plur.] *C'est quelqu'un qui a des appuis* : **protections** ◆ [plus génér.] **relations** ◆ [fam.] **piston** (= appui sur lequel on compte pour obtenir rapidement ou avant d'autres ce que l'on désire). *Il lui a donné son appui* : **caution** ; → RECOMMANDATION, SERVICE, ACCORD, AUSPICES, APPOINT.

appuyer
I [~ qqch] 1. [~ qqch par] *Les murs étaient appuyés par des arcs-boutants* (= soutenir une chose par une autre) : **soutenir, maintenir, étayer**. 2. [~ qqch contre, sur] *Il appuya son front contre la vitre* (= placer qqch contre une autre qui lui sert de support) : [plus génér.] **placer, poser, mettre**. 3. [~ qqch sur] *Il appuie son accusation sur des mensonges* : **fonder, faire reposer** ; → ÉTABLIR, CONFIRMER. 4. [~ sur qqch] *Il faut appuyer sur ce bouton pour mettre l'appareil en marche* : ↓ **presser,** ↑ **peser** (*pressez sur ce bouton, pesez sur ce levier*) ; → INSISTER.
◇ **s'appuyer** 1. *Ne vous appuyez pas sur la table* [sout.] : **prendre appui** ◆ [partic.]

s'accouder, s'adosser*. **2.** V. SE FONDER et REPOSER.
II [~ qqn] V. AIDER, PROTÉGER, RECOMMANDER et SERVIR.

âpre **1.** V. aigre, amer, mordant (*in* mordre), rude. **2.** V. rapace.

âprement V. durement, dureté.

après
I [prép.] **1.** V. DERRIÈRE I. *Être après qqn. Pauvre gosse, sa mère est toujours après lui !* [fam.] (= être constamment derrière qqn pour le surveiller ou le réprimander) : [assez sout.] **harceler**. *Après quoi. Il partit, après quoi le sourire nous revint* [assez sout.] : [cour.] **après cela, ensuite*, alors**. *Après tout. Il n'est pas allé voter ; après tout, il a peut-être eu raison de s'abstenir* : **au fond, finalement, en définitive, en fin de compte**. **2.** *D'après. D'après les journaux, l'accident a fait douze victimes* : **selon, suivant** (*d'après, selon, suivant les journaux*) ◆ **selon, pour** (*d'après, selon, pour vous, que s'est-il passé ?*) ; → DIRE.
II [adv.] **1.** *Nous avons passé quinze jours à Nice ; après nous sommes partis pour l'Italie* (indique une postériorité dans le temps) : **ensuite*** ◆ ↑ **plus tard** ; → APRÈS QUOI. *Je n'ai aperçu mon erreur qu'après* : [sout.] **a posteriori** ; → SECOND. **2.** *Et après ?* : V. ALORS. **3.** *Ci-après. Voir les explications ci-après* (marque une postériorité dans l'espace) : **infra** ◆ [cour.] **ci-dessous, plus bas** ; → PLUS LOIN*.

après-midi *Nous viendrons cet après-midi* : [fam.] **tantôt**.

après-rasage : [anglic.] **after-shave**.

âpreté V. amertume (*in* amer), dureté.

a priori **1.** [adv.] *Il n'y a a priori aucun inconvénient !* : [moins sout.] **à première vue, au premier abord, au premier coup d'œil.** **2.** [n.] *Son frère est plein d'a priori* : [plus fam.] **idée toute faite** ; → PRÉJUGÉ.

à-propos V. propos.

apte V. bon I, capable.

aptitude V. capacité, facilité II.

apurement V. vérification.

apurer V. vérifier.

aqueux V. eau.

aquilin *Un nez aquilin* : [moins sout.] **en bec d'aigle, busqué**.

ara V. perroquet.

arabe *Il y a beaucoup d'Arabes dans ce quartier* : le terme est souvent confondu en France avec **Maghrébin** (= originaire de Tunisie, d'Algérie ou du Maroc) ◆ **beur** (= jeune Maghrébin né en France de parents immigrés).

arabesque V. courbe.

arable *Il ne possédait que de bonnes terres arables* (= propre à la culture parce que pouvant être labouré) : [moins précis.] **labourable, cultivable** ; → FÉCOND.

arbitrage V. arbitre.

arbitraire **1.** *Les symboles mathématiques sont des signes arbitraires* (= qui dépend de la seule volonté humaine) : **conventionnel**. **2.** *La police multiplie les actes arbitraires* (= qui dépend du seul caprice de qqn) : [didact.] [plus génér.] **injustifié, irrégulier** ◆ [didact.] **discrétionnaire** (= laissé à la liberté de l'administration pour certaines mesures : *un pouvoir discrétionnaire*) ◆ ↑ **tyrannique, despotique** ; → ABSOLU, INJUSTE. **3.** *Cette idée est complètement arbitraire !* : **injustifié, gratuit, immotivé, artificiel** ◆ ↑ **fantaisiste** ; → BIZARRE.

arbitre **1.** *La négociation aboutira si elle est conduite par un bon arbitre* : **médiateur, conciliateur.** **2.** *Après sa victoire, il est l'arbitre de la situation* : **maître,** ↑ **maître absolu** ◆ **contrôler** (*il contrôle...*) ; → DOMINER.
◇ **arbitrage** **1.** *Les deux pays s'en remettront à l'arbitrage d'une cour internationale* (= règlement d'un différend rendu par une instance à laquelle se soumettent les parties en conflit) : **conciliation, médiation** ; → ENTREMISE. **2.** *L'arbitrage nous est défavorable* (= l'acte rendu) : **verdict, décision, jugement, sentence**.

arbitrer V. juger.

arborer V. montrer, porter.

arboriculteur Celui qui cultive les arbres : le **pépiniériste** cultive les plants ◆ le **sylviculteur** entretient la forêt.

arboriculture V. jardinage (*in* jardin).

arbre V. axe.

arc V. courbe.

arcade V. voûte.

arcane V. secret III.

arc-boutant V. étai.

arc-bouter (s') V. s'adosser.

arceau V. voûte.

archaïque V. ancien, retardataire.

archange V. ange.

arche V. voûte.

archétype V. modèle I.

archevêque V. dignitaire.

archi V. très.

architecte V. constructeur.

architecture V. structure.

archive V. document.

arctique V. polaire.

ardemment V. vivement (*in* vif), profondément (*in* profond II).

ardent **1.** *Un foyer ardent illuminait la pièce* [rare] (= qui brûle, qui est en combustion) : [cour.] **embrasé, enflammé, incandescent**. **2.** *Il faisait un soleil ardent* : **brûlant, de plomb** ◆ ↑ **torride** ; → ACCABLANT, FEU. **3.** *C'était un homme ardent, plein de la fièvre d'entreprendre* : **bouillant, bouillonnant***, **passionné***, **enflammé, fougueux** ; → FRÉMISSANT. *Un ardent défenseur de* : **chaud*** ***véhément*** ; → VIBRANT. *Elle avait un tempérament très ardent* (= porté à l'amour) : ↑ **volcanique** ; → DÉVORANT, EXALTÉ, VIOLENT. **4.** *Une foi ardente* : **profond***. **5.** *Être ardent à. Il était ardent au travail* : **acharné* à**.

◇ **ardeur** *C'était un homme plein d'ardeur* (= force qui pousse à agir) : **fougue, flamme, vigueur, vitalité**. *Manifester de l'ardeur au travail* : **élan, acharnement**. *Travailler avec ardeur* : **d'arrache-pied** ; → ACTIVITÉ, JUVÉNILE, EMPRESSEMENT. *L'ardeur de ses sentiments m'effraie un peu* : **violence, impétuosité, véhémence** ◆ ↑ **furie** ◆ ↓ **chaleur**. *Sans ardeur* : **mollement*** ; → ENTRAIN, FERVEUR, PASSION.

ardoise V. addition.

ardoisière V. carrière I.

ardu V. difficile, savant III, malaisé, sévère.

arène *Descendre dans l'arène* : V. lutter (*in* lutte).

aréopage V. compagnie.

arête V. angle.

argent **1.** *Avez-vous de l'argent sur vous ?* : [fam., pl.] **sous** ◆ [fam. ou très fam.] **fric, pèze, pognon, oseille** ◆ [fam., pl.] **ronds, picaillons** ◆ [fam.] **galette** (= somme importante) ◆ **monnaie**, [fam.] **mitraille** (= argent de poche que l'on porte sur soi) ◆ [plur.] **espèces** ◆ [didact.] **numéraire** (= monnaie ayant cours légal) ◆ [didact.] **disponibilités, liquidités** (= sommes immédiatement disponibles) ◆ **financement** (= action de fournir de l'argent, des capitaux, et par méton. ces capitaux eux-mêmes) ; → CAPITAL, LIQUIDE, BILLET. **2.** *Avoir de l'argent* : **être riche***. *Sans argent* : V. SEC. *Avoir de l'argent de côté* : V. ÉCONOMIE. *Avoir des ennuis d'argent* : V. FINANCIER. *Prendre pour argent comptant* : V. CROIRE.

argenté **1.** V. riche. **2.** V. blanc I, gris.

argile **1.** *Un vase en argile* : [plus rare] **glaise, terre glaise**. **2.** [litt.] *Nous sommes pétris de la même argile* : **limon** ◆ [cour.] **avoir la même origine**.

argot V. jargon, vert.

argousin V. agent.

arguer *Il a argué de ses titres pour imposer son autorité* [assez sout.] (= faire état de qqch à titre d'argument) : **se prévaloir de, prétexter de, alléguer** ◆ [plus cour.] **mettre en avant** (*il a mis ses titres en avant pour*), **faire état de**.

argument V. preuve (*in* prouver).

argumentation V. raisonnement (*in* raison II).

argumenter V. discuter, contester.

argutie V. subtilité.

aria V. mélodie, chant (*in* chanter).

aride **1.** *Les Causses étalent leurs terres arides, séchées par le soleil* : ↑ **désertique, stérile** ◆ ↓ **pauvre** ; → MAIGRE, SEC. **2.** *Il trouve les mathématiques trop arides* (= qui manque d'agrément, de charme) : **rébarbatif, ingrat**.

aridité V. sécheresse I.

ariette V. mélodie.

aristocrate V. noble.

aristocratie V. noblesse (*in* noble).

arithmétique V. calcul.

armada V. troupe I.

armagnac V. alcool.

armature V. carcasse, ossature.

arme

I *Sans arme* : **à mains nues***.

II [plur.] Dans l'héraldique, figures représentées sur l'écu. *Les armes d'une illustre famille* : **armoiries** (= ensemble des signes, devises et ornements intérieurs et extérieurs de l'écu) ◆ **blason** (= ensemble des armoiries et science des armoiries).

armée V. multitude, régiment, troupe.

armement *L'armement d'un navire* [génér.] : [partic.] **équipement, équipage, matériel** (qui en désignent les éléments).

armer

I **1.** [~ qqn de qqch] *Il arriva, armé de multiples appareils photographiques* : **munir de**. *Armé de courage, de patience* : [plus rare] **doté**. *Les épreuves l'avaient armé contre l'adversité* : **endurcir***. **2.** [~ qqch de qqch] *Armer une flèche d'une pointe en fer* : [plus génér.] **pourvoir, doter**.

II V. ÉQUIPER.

armistice V. trêve.

armoire **1.** *Armoire frigorifique* : V. glacière. **2.** V. homme.

armoiries V. armes.

armure V. protection.

arnaquer V. tromper.

aromate V. assaisonnement.

arôme V. parfum.

arpent V. champ.

arpenter V. marcher.

arpion V. pied.

arqué V. courbe.

arquer V. marcher.

arrachage V. arracher.

arraché (à l') V. justesse (*in* juste).

arrache-pied (d') V. ardeur.

arracher **1.** [~ qqch du sol] *Il faudra que nous arrachions cette souche* : **déraciner** (qui s'emploie en parlant d'arbres, mais non de plantes) ◆ **débroussailler, essarter** (= arracher des broussailles) ◆ **récolter** (qui s'emploie en parlant de certains légumes : *récolter, arracher les pommes de terre*). **2.** [~ qqch] *On m'a arraché une dent* : **enlever** ◆ [plus sout.] **extraire** ◆ ↑ **éradiquer, extirper** (= arracher radicalement : *extirper une tumeur*). **3.** V. DÉCHIRER. **4.** [~ qqch des mains de] *Il m'a arraché ce couteau des mains* (= enlever de force à qqn ou à un animal qqch qu'il tenait) : ↓ **prendre** ◆ ↓ **ôter, retirer** ◆ [sout.] **ravir**. **5.** [~ qqch à qqn] *Je lui ai arraché son secret* (= obtenir avec peine qqch de qqn) : ↑ **extorquer** (qui insiste sur la violence employée ou le caractère frauduleux de l'action) ◆ ↓ **obtenir** (*obtenir qqch de qqn*). **6.** [~ qqn à qqch] *Quand pourrons-nous l'arracher à la passion du jeu ?* : ↓ **détourner de, détacher de, soustraire à**. *Arracher qqn à la mort* : [moins express.] **sauver de**. *Arracher qqn à la misère* : ↓ **tirer de**. **7.** V. EMPORTER.

◇ **s'arracher** **1.** V. EFFORT. **2.** *Cette salle est très demandée, on se l'arrache !* : **se disputer**.

◇ **arrachage** **1.** [de arracher 1] **déracinement, débroussaillage, essartage, récolte**. **2.** [de arracher 2] **extraction, éradication, extirpation**.

◇ **arrachement** **1.** *L'arrachement d'une dent* : **arrachage** ◆ [didact.] **extraction**. **2.** *Ce départ de Bretagne est un difficile arrachement* : ↓ **rupture** ◆ ↑ **déracinement**.

arraisonner V. arrêter.

arrangeant V. conciliant (*in* concilier).

arrangement V. arranger.

arranger **1.** [~ qqch] Disposer harmonieusement. *Arranger un appartement* : [en partic.] **installer, aménager** (= mettre et disposer tout le nécessaire) ◆ [plus partic.] **meubler** ◆ **agencer** (= disposer harmonieusement un ensemble) ◆ **transformer** (= modifier radicalement l'état initial). *Arranger un bouquet* : **composer***. *Arranger des livres* : V. ORDONNER. *Arranger une viande* : **parer**. *Savoir bien arranger les plats* : **préparer, accommoder**. **2.** [~ qqch] Modifier pour adapter à une destination particulière. *Il a arrangé l'histoire à sa façon !* : **combiner***, **accommoder**. **3.** [~ qqch] *Nous vous arrangerons un rendez-vous* : [plus sout.] **aménager, préparer** ◆ ↑ **organiser** ◆ ↑ **combiner** ; → MÉNAGER. **4.** [~ qqch] *Il faut que je fasse arranger ma montre* : **réparer***. **5.** [~ qqn] *Ce rendez-vous ne m'arrange pas !* : **convenir, aller** ◆ [sout.] **enchanter** ; → COMPTE, PLAIRE. **6.** [~ qqn] Maltraiter. *Les critiques l'ont drôlement arrangée !* : **dire du mal de** ; → ABÎMER, COMPTE, BLESSER, VOLER.

◇ **s'arranger** **1.** [qqn ~ avec qqn, de qqch] V. D'ACCORD, S'ACCOMMODER. **2.** [qqch ~] V. S'AMÉLIORER.

◇ **arrangement** **1.** [de arranger 1] **installation, aménagement, agencement, transformation** ; → AMEUBLEMENT. **2.** [de arranger 3] **aménagement, organisation** ; → COMBINAISON. **3.** *Réconciliez-vous, trouvez un arrangement !* : **accord***, **compromis, accommodement, modus vivendi** ; → COMPOSER, CONCILIATION. **4.** *Arrangement musical* : V. HARMONISATION.

arrestation V. capture, rafle.

arrêt V. arrêter I.

arrêté V. loi.

arrêter

I [~ qqch, qqn] **1.** *D'importants travaux arrêtent la circulation sur la nationale 10* : **immobiliser** ◆ ↑ **asphyxier, paralyser** ◆ [plus fam.] **bloquer, stopper**. *Arrêter ses regards sur qqch* : **fixer**. *Rien ne l'arrête* : **retenir, rebuter**. **2.** *Une grève nous impose d'arrêter nos livraisons* : **suspendre, cesser, interrompre**. *Arrêter l'évolution d'une maladie* : **stopper, tenir en échec** ◆ ↓ **mettre un frein** ◆ [sout.] ↓ **juguler, contenir, endiguer, enrayer** ; → FINIR, TERME.

◇ **s'arrêter** **1.** [qqn ~] *Vous pensez vous arrêter longtemps en Auvergne ?* : [plus sout.] **faire halte** ◆ **rester, séjourner** (qui impliquent qu'on se fixe assez longtemps quelque part) ; → DEMEURER. **2.** [qqch ~] *La voiture s'est arrêtée le long du trottoir* : **stopper** ◆ **stationner** (= rester à l'arrêt) ◆ **caler** (= s'arrêter brutalement). **3.** [qqch ~] *La pluie va-t-elle enfin s'arrêter ?* : **finir*** ◆ [plus sout.] **cesser**. *Sans s'arrêter* : V. D'AFFILÉE.

◇ **arrêt** **1.** [de arrêter 1] **immobilisation, paralysie, asphyxie**. **2.** [de arrêter 2] **suspension***, **cessation, interruption**. **3.** *Au cours de notre voyage, nous ferons un certain nombre d'arrêts* : **halte** ◆ **pause** (= arrêt de courte durée) ◆ **escale** (= halte au cours d'un voyage par air ou par mer). **4.** *Un arrêt de bus* : une **station** (qui se dit aussi pour le métro). **5.** [dans le langage juridique] *Un arrêt du tribunal* : **sentence***. **6.** *Les syndicats ont décidé un arrêt de travail de quarante-huit heures* : **interruption, cessation** ◆ **grève** (*ils ont décidé une grève de quarante-huit heures*). **7.** *Sans arrêt. Il bavarde sans arrêt* : **sans cesse** ◆ [plus sout.] **sans répit, sans trêve, sans relâche** (qui ne s'emploient qu'en parlant d'une activité qui demande quelque effort : *il travaille sans arrêt, sans répit*) ; → CONSTAMMENT, TOUJOURS, JET, DU MATIN* AU SOIR.

II [~ qqn] *La police a arrêté à l'aube une bande de trafiquants* : **appréhender ◆ capturer, s'emparer de, intercepter** (qui supposent que l'arrestation a eu lieu après poursuite ou combat). *Se faire arrêter* : [très fam.] : **se faire choper, cueillir, emballer, embarquer, poisser, ramasser** ; → SAISIR, PINCER, PRENDRE. *Arrêter un bateau en mer* : **arraisonner**.

III [~ qqch] *Nous avons arrêté une date pour notre prochaine réunion* (= fixer par un choix, déterminer de manière définitive) : **fixer** ◆ [plus génér.] **décider de, convenir de** ; → CHOISIR. *Arrêter un marché* : **conclure**.

arrhes V. acompte, dépôt (*in* déposer II).

arriération mentale V. débilité.

arrière-garde V. anachronique.

arrière-goût V. sentiment II.

arriéré mental, arriéré **1.** *Le comportement des arriérés* : **débile ◆** ↓ **attardé, retardé** ; → SIMPLE. **2.** *Ce sont des habitudes d'arriéré !* : **attardé ◆** ↑ **taré ◆** [moins express.] **retardé** ; → RETARD.

arrière-pays V. intérieur II.

arrière-pensée V. calcul.

arrière-plan V. derrière I.

arrière-saison V. automne, saison.

arrière-train V. derrière.

arrimer V. attacher I.

arriver

I [qqn, qqch ~] **1.** *J'arriverai au sommet vers midi* : **parvenir à, atteindre** (*j'atteindrai le sommet ...*) ; → ACCÉDER, ABORDER. *L'avion arrive de Londres* : **venir de**. *Notre ami est arrivé à l'improviste* : **survenir** ◆ [fam.] **tomber** ; → DÉBARQUER, SE POINTER, VENIR. *Arriver bien* : **tomber* du ciel**. *Le chemin arrive à la mer* : V. ABOUTIR. **2.** *Il a de l'ambition : il arrivera* (= atteindre à un état social supérieur) : **réussir** ◆ [plus fam.] **percer** ; → SE RÉALISER. **3.** *Vous êtes quand même arrivés à le faire sourire ?* : **parvenir à** ; → ABOUTIR, S'ACHEMINER. **4.** *L'eau arrive jusqu'au seuil des maisons* (= atteindre un certain niveau) : **monter, s'élever**. **5.** *Voici la nuit qui arrive* : **venir, approcher**. *Les gens arrivent : il va y avoir foule !* : ↑ **affluer**.

◇ **arrivée** **1.** *L'arrivée d'un train* : [en partic.] **entrée en gare**. *L'arrivée d'un avion* : **atterrissage**. **2.** *Voici l'arrivée de la pluie* : **commencement*, début**. *L'arrivée du soleil* : **apparition**. *L'arrivée à de hautes fonctions* : V. ACCESSION. **3.** *On attend l'arrivée de nombreux touristes* : ↑ **afflux, venue** ◆ [fam.] **débarquement** ◆ [iron.] **arrivage**.

◇ **arrivage** *L'arrivage du poisson, des fruits aux Halles* [terme propre] : [cour.] **arrivée**.

II [qqch ~] *Il est arrivé un grave accident sur la R.N.10 ; un grave accident est arrivé sur la R.N.10* : **se produire, survenir, advenir** ◆ **avoir lieu** (*un grave accident a eu lieu...)* ◆ **se passer** (qui implique que l'événement est saisi dans sa durée : *c'est arrivé, cela s'est passé la semaine dernière).*

arrivisme V. ambition.

arriviste V. ambitieux, intrigant (*in* intrigue).

arrogance V. insolence.

arrogant V. insolent, rogue, supérieur I.

arroger (s') V. s'attribuer, usurper.

arrondi V. courbe.

arrondir **1.** V. augmenter, élargir. **2.** V. contourner.

arrondissement V. quartier, division (*in* diviser).

arroser **1.** *Il faudra penser à arroser les fleurs* : [didact.] ↓ **bassiner**. *Arroser le linge avant de le repasser* : ↓ **humecter,** ↑ **mouiller**. *Il m'a arrosé avec le jet d'eau !* : **asperger, doucher** ; → TREMPER. **2.** *Sa lettre était arrosée de larmes* : [sout.] **baigner*** (qui se dit aussi du visage). **3.** *La Seine arrose Paris* : [plus génér.] **traverser ◆ irriguer** (= arroser artificiellement une terre par un cours d'eau) ◆ **baigner*** (qui se dit surtout de la mer et des lacs). **4.** *Le candidat a visiblement arrosé ses électeurs* : ↑ **acheter***. **5.** V. CANONNER. **6.** V. FÊTER.

arsenal V. réserve I.

arsouille V. vaurien.

art V. adresse I.

artère **1.** V. vaisseau I. **2.** V. rue, voie.

artériole V. vaisseau I.

artériosclérose V. sclérose.

arthrite, arthrose V. rhumatisme.

article **1.** *Article de journal* : [arg. des journalistes] **papier** ◆ **éditorial** (= article qui émane de la direction d'un journal ou d'une revue) ◆ **chronique** (= article régulièrement consacré à un sujet sérieusement approfondi) ◆ **entrefilet** (= petit article) ◆ **rubrique** (= cadre général d'une série d'articles) ◆ **tribune** (= espace réservé à une opinion extérieure à la rédaction) ◆ [en partic.] **interview, reportage, analyse*, étude**. **2.** *Sur cet article :* **sur ce point*, en cette matière*, à ce sujet***.

articulation **1.** V. partie I. **2.** V. prononciation (*in* prononcer), élocution. **3.** V. jointure.

articuler V. balbutier, prononcer, dire.

artifice V. mensonge, ruse, subtilité.

artificiel V. factice, arbitraire, sophistiqué.

artilleur V. soldat.

artisan V. auteur, fabricant.

artiste V. acteur, acrobate, bohême, peintre (*in* peindre I).

arythmie V. cœur I.

as *Au tennis, il est imbattable ; c'est un as !* : **champion, crack** ; → VIRTUOSE.

ascendant V. autorité, influence.

ascendants V. aïeux.

ascenseur V. monte-charge (*in* monter II).

ascension V. montée (*in* monter), escalade.

ascèse V. effort.

ascétique V. austère, monacal.

asepsie V. assainissement.

asile V. abri, refuge.

asocial V. marginal.

aspect **1.** *Un drôle d'aspect !* : V. air, forme, physionomie, vue. **2.** *Sous cet aspect* : V. côté, face, rapport.

asperge V. grand.

asperger V. arroser, mouiller.

aspérité V. inégalité, relief.

asphalte V. bitume.

asphyxie V. arrêt, paralysie.

asphyxier V. arrêter I, étouffer.

aspirant V. postulant (*in* postuler I).

aspiration V. ambition, souhait (*in* souhaiter).

aspirer

I **1.** *Respirer, c'est aspirer puis expirer* : **inspirer,** [fam.] **renifler** (= aspirer longuement l'air ou l'humeur) ◆ **inhaler** (= aspirer un gaz, des vapeurs) ◆ **humer** (= aspirer pour sentir). **2.** *Cet appareil permet d'aspirer l'eau* : **pomper***.

II [~ à] V. AMBITIONNER, APPELER, PRÉTENDRE, SOUHAITER et ESPÉRER.

assagir (s') V. s'adoucir, se ranger.

assaillant V. attaquant (*in* attaquer).

assaillir V. attaquer.

assainir V. assécher, purifier (*in* pur I), épurer.

assainissement **1.** *Il faudra procéder à l'assainissement de la chambre du malade* : **désinfection** ◆ [en partic.] **asepsie, antisep-**

sie (= méthodes qui permettent d'empêcher la pénétration de germes dans l'organisme). **2.** *L'assainissement d'un sol* : [en partic.] **assèchement, drainage** ; → ÉPURATION. **3.** *L'assainissement des mœurs* : **purification**. *Les chefs du parti ont décidé de procéder à un assainissement* : **nettoyage** ◆ ↑ **épuration** ; → COUP DE BALAI*.

assaisonnement Ingrédients ajoutés aux aliments pour en relever le goût : **épices** (= poivre, piment, cannelle) ◆ **condiments** (= moutarde, sel, vinaigre) ◆ **aromate** (= substance végétale odoriférante telle que girofle, basilic).

assaisonner V. accommoder.

assassin **1.** V. meurtrier I. **2.** *Des propos assassins* : V. malveillant.

assassinat V. crime.

assassiner V. tuer.

assaut **1.** *Les assauts de l'ennemi devenaient de plus en plus nombreux et violents* : [plus génér.] ↓ **attaque** ◆ ↑ **charge, coup de main** (= attaque à l'improviste, avec peu de moyens) ◆ **engagement,** ↓ **escarmouche,** ↓ **accrochage** (= attaque isolée et de courte durée) ◆ ↑ **offensive** (qui implique l'idée de stratégie et d'importants moyens matériels) ◆ **raid** (= attaque menée loin en territoire ennemi par des troupes spécialisées) ; → COMBAT, LIGNE, CONQUÊTE. **2.** *Faire assaut de* :**rivaliser***. *Prendre d'assaut* : V. ASSIÉGER.

assèchement V. assainissement.

assécher **1.** *Assécher une région marécageuse* (= faire disparaître l'humidité naturelle d'une terre) : **drainer** ◆ [plus génér.] **assainir**. *Assécher un bassin* (= le mettre à sec) : **vider** ; → SÉCHER, METTRE À SEC*. **2.** V. ÉPUISER.

assemblage V. assembler.

assemblée **1.** V. réunion, société I, compagnie II, conférence. **2.** V. fête.

assembler **1.** [~ des personnes] *Mes amis, je vous ai assemblés pour fêter mon retour* [rare] : [cour.] **rassembler*, réunir**. *Les voici assemblés par les liens du mariage* [rare] : [cour.] **unir**. **2.** [~ des choses] *Il faudrait assembler tous les documents possibles sur l'histoire de votre ville* [rare] : [cour.] **regrouper, rassembler, réunir** ◆ **accoupler** (= assembler par deux) ◆ **recueillir** (= rassembler avec beaucoup de soin et d'attention) ◆ **ramasser** (= rassembler des choses éparses). **3.** [~ qqch] *L'ébéniste assemble les diverses pièces d'un meuble avec de la colle et des vis* : **monter*** ◆ **coller, clouer, visser, cheviller** (qui se disent de diverses manières d'assembler) ; → ASSEMBLAGE, COMBINER.
◇ **assemblage** **1.** V. GROUPEMENT et MÉLANGE. **2.** *Voici un bel assemblage d'idées bizarres !* : **amalgame, amas***. **3.** *L'assemblage des pièces d'une charpente* : **montage** (*montage d'une charpente*) ◆ ↑ **ajustage** ; → COMBINAISON.

assener V. allonger.

assentiment V. approbation.

asseoir **1.** V. affermir, établir. **2.** V. étonner, souffler.

assertion V. affirmation.

asservir V. opprimer, soumettre.

assesseur V. aide (*in* aider), suppléant.

assez **1.** *Je ne sais pas si nous aurons assez d'argent pour terminer le mois* : **suffisamment**. *Merci : c'est assez !* : **suffisant** ; → SUFFIRE. **2.** *Cette maison est assez jolie* : **passablement, plutôt** ; → TRÈS. **3.** *En voilà assez* (qui marque l'impatience de qqn qui ne peut plus longtemps supporter une situation quelconque) : [plus fam.] **ça suffit** ◆ [sout.] **c'est assez, c'en est assez** ; → TRÊVE* DE. **4.** *En avoir assez* : [sout.] **être excédé de** ◆ [fam.] **en avoir marre** ◆ [très fam.] **en avoir plein le dos, par-dessus la tête** ◆ **en avoir ras le bol** ◆ [vulg.] **en avoir plein le cul** ; → SE FATIGUER.

assidu V. régulier.

assiduité V. régularité.

assidûment V. régulièrement.

assiéger **1.** *L'ennemi assiège la ville* : **investir** ◆ **encercler** (qui se dit d'un mouvement offensif enveloppant l'adversaire) ; V. CERNER. **2.** *La foule des voyageurs assiégeait le guichet* : **prendre d'assaut** ◆ ↓ **se presser à, se bousculer à**. **3.** *Elle était assiégée de réclamations* : **accabler** ◆ [fam.] **bombarder** ◆ [plus sout.] **importuner** ; → POURSUIVRE, TOURMENTER.

assiette **1.** *Des assiettes à soupe* : [parfois par plais.] **écuelle** (= assiette creuse sans rebord). **2.** *Être dans son assiette* : **d'aplomb***.

assignation V. appel (*in* appeler I).

assigner V. affecter I, appeler I.

assimilable

I [de assimiler I] **1.** *Son nouveau poste est assimilable à celui de patron* : **semblable***, ↓ **comparable**. **2.** *Les migrants âgés sont plus difficilement assimilables que les jeunes* : **intégrable**, [plus génér.] **adaptable**.

II [de assimiler II] De qqch qui est difficilement assimilable, on dit que c'est [express.] **peu digeste**, [fam.] **dur à digérer** ; → COMPRÉHENSIBLE.

assimilation

I [de assimiler I] **1.** *L'assimilation d'un pays d'accueil et de la patrie ne sera jamais possible* : **identification**, ↓ **comparaison** (*comparaison de qqch avec qqch*). *L'assimilation de la gauche et de la révolution est abusive* : **amalgame**. **2.** *L'assimilation des migrants* : **intégration**.

II [de assimiler II] *L'assimilation d'une langue étrangère* : ↓ **apprentissage**. *L'assimilation des mathématiques* : ↓ **apprentissage, compréhension**. Dans ces deux exemples : [plus génér.] **accès à**.

assimilé V. semblable.

assimiler

I [~ qqn, qqch à] *Pourquoi vouloir assimiler la vie au travail ?* : **ramener à, confondre** (*confondre la vie et le travail ; confondre la vie avec le travail*) ; → RAPPROCHER, COMPARER.

◇ **s'assimiler à** *Le nouveau a eu du mal à s'assimiler à la classe* : **s'intégrer à** ◆ ↑ **se fondre dans**.

II [~ qqch] *Il assimile difficilement les mathématiques* : **acquérir** ◆ [plus fam.] **digérer** ◆ [rare] **intégrer** ; → COMPRENDRE II, APPRENDRE.

assise V. base.

assistance **1.** V. secours. *Porter, prêter assistance* : V. se soutenir. **2.** V. compagnie II, foule, spectateur.

assistant V. aide, second II.

assisté V. pauvre.

assister **1.** V. aider, secourir. **2.** V. présent I, participer, accompagner, voir.

associatif *On assiste à un développement des mouvements associatifs* : [partic.] **caritatif** (= qui concerne les associations à but charitable).

association V. associer.

associé V. collaborateur.

associer **1.** [~ qqn] *Nous sommes parvenus à associer quelques personnes sur ce projet* (= réunir des personnes par une communauté d'intérêts, de sentiments) : **unir, réunir** ◆ [plus génér.] **grouper, regrouper** ◆ ↓ **intéresser** ◆ ↑ **enrôler** ; → MOBILISER. **2.** [~ qqn à qqch] *Il a associé son frère à son travail* (= faire participer à une activité commune) : **adjoindre, faire collaborer**. **3.** [~ qqch à qqch] *Il associe la gentillesse à l'efficacité* : **unir, allier, joindre*** ; → COMBINER.

◇ **s'associer** **1.** [qqn ~ avec qqn] *Je m'associerai avec vous pour plus d'efficacité* : **s'unir, collaborer, se joindre à**. **2.** [qqn ~ à qqch] *Je m'associe à votre douleur* : **prendre part à, participer à** ◆ **partager** (*je partage votre douleur*). *S'associer à une conversation* : **se joindre, participer**. **3.** [absolt] *Les pays producteurs de pétrole viennent de s'associer pour défendre leurs intérêts* : **former une association*** ◆ **s'unir, se grouper**. **4.** [qqch ~ à qqch] *Les nouveaux rideaux s'associent très bien à la moquette* (= être en harmonie avec qqch) : **s'harmoniser avec, s'accorder avec**.

◇ **association** **1.** *Association d'idées* : V. ANALOGIE et SYNTHÈSE. **2.** *Il fait partie de l'association sportive de son village* (= réunion d'individus groupés pour un but déterminé, sans but lucratif) : **société*** (= association de personnes réunies pour une activité ou des intérêts communs), **ligue, confédération** (= association internationale). *Une association sportive, de loisirs* : **club**. *Une association politique* : **club, parti, comité**. *Une association économique* : **cartel, chambre, compagnie*, corporation**. *Une association religieuse* : **confrérie, patronage, congrégation** ; → COALITION.

assoiffé *Être assoiffé* : V. soif, affamé.

assoiffer V. altérer II, soif.

assombrir V. obscurcir (*in* obscur).

assommant **1.** V. abrutissant (*in* abrutir). **2.** V. collant (*in* colle I), ennuyeux, tuant.

assommer **1.** *Ce coup sur la tête l'a assommé* : ↓ **étourdir*** ◆ ↑ **mettre K.-O.** ◆ [fam.] **estourbir, sonner**. *Le bruit m'assomme* : V. TUER. **2.** V. ENNUYER.

assonance V. allitération.

assorti V. conforme.

assortiment V. choix (*in* choisir), lot, mélange, stock.

assortir V. marier II, accorder I.
◇ **s'assortir** **1.** V. se marier II. **2.** V. s'accompagner.

assoupi V. somnolent.

assoupir (s') V. dormir.

assoupissement *Plongé dans un profond assoupissement* : ↓ **engourdissement** ◆ ↑ **léthargie, torpeur, coma** (= états pathologiques) ◆ ↓ **somnolence** (= assoupissement peu profond, mais auquel il est impossible de résister) ; → ALOURDISSEMENT, SOMMEIL.

assouplir **1.** *Assouplir son corps* : **délier** (qui se dit surtout des muscles et articulations). **2.** *Assouplir le caractère de qqn* : **former, façonner, discipliner** ◆ ↑ **mater**. **3.** *Assouplir le règlement* : **aménager**. *Assouplir un ordre* : **atténuer** ; → ADOUCIR.
◇ **assouplissement** **1.** *Faire des assouplissements* : [plus génér.] **exercices corporels** ◆ [partic., fam.] **pompes**. **2.** [de assouplir 3] **aménagement, atténuation**.

assourdi V. sourd.

assourdir **1.** V. abrutir. **2.** V. étouffer.

assourdissant V. abrutissant (*in* abrutir), bruyant, retentissant, étourdissant (*in* étourdir).

assouvir **1.** *Assouvir la faim, la soif de qqn, d'un animal* : **étancher,** [moins employé] **éteindre** (qui ne se disent que pour la soif) ◆ **rassasier*** (qui ne se dit que pour la faim) ◆ ↓ **calmer, apaiser** ; → CONTENTER. **2.** *Elle est parvenue à assouvir sa vengeance* (= apaiser un désir, une passion) : [plus génér.] **satisfaire** ◆ [moins employé] **éteindre**.

assouvissement V. satisfaction (*in* satisfaire).

assujettir **1.** V. assurer, fixer. **2.** V. opprimer, plier I, soumettre.

assujettissement V. servitude, subordination.

assumer *J'assumerai pleinement la responsabilité de mes actes* : **endosser** ◆ [plus génér.] **supporter**.

assurance **1.** V. aplomb II, calme, décision (*in* décider), confiance (*in* confier). **2.** V. garantie.

assurances sociales V. sécurité.

assuré **1.** V. certain, convaincu, confiant (*in* confier I), sûr I. **2.** V. ferme.

assurément **1.** *Assurément, il était ivre ! ; il était assurément ivre ! ; il était ivre, assurément !* : **sans aucun doute, de toute évidence, indéniablement, indubitablement, manifestement, incontestablement** ◆ [rare] **sans conteste, sans contredit**. **2.** *Je viendrai, assurément !* : **à coup sûr** ◆ ↓ **sûrement, certainement, sans doute** (qui impliquent une éventualité plus douteuse). **3.** *Vous viendrez ? Assurément !* : **certainement !, certes !, bien sûr !** ◆ [plus cour.] **oui*** ◆ **mais bien sûr !, mais oui** ; → D'ACCORD*, ENTENDU.

assurer
I V. AFFIRMER, JURER I, SOUTENIR.
II V. ATTACHER I.

III 1. *Le pays a assuré ses frontières contre les attaques de l'ennemi* (= mettre à l'abri d'un danger) : **protéger de, préserver de** ; → AFFERMIR. 2. *Il faudra mieux assurer cette poutre, qui risque de tomber* (= rendre qqch plus stable pour qu'il ne bouge pas) : **assujettir** ; → AFFERMIR, CONSOLIDER. 3. *La ferme est assurée contre l'incendie* (en parlant de biens meubles et immeubles) : **garantir**. 4. *Ma collègue assurera une permanence toute la nuit* (= faire en sorte qu'un service ne s'arrête pas) : **tenir**. *La vente leur assure de bons revenus* : **garantir** ; → PROCURER.
◇ **s'assurer** 1. [~ de, que] *Veuillez vous assurer du bon fonctionnement de cette porte, que cette porte fonctionne bien* : **vérifier** ◆ [rare] **contrôler** ◆ [plus génér.] **voir** (*voir si cette porte fonctionne bien*). 2. [~ contre qqch] *Nous nous sommes assurés contre les attaques de l'ennemi* : **se protéger** ◆ [sout.] **se prémunir**. 3. [~ qqch] *Il s'est assuré des ressources suffisantes pour sa retraite* : **se ménager** ◆ [rare] **se pourvoir de**. *S'assurer les faveurs de qqn* : **gagner** ; → CONCILIER. *S'assurer la meilleure part d'un héritage* : **s'emparer de** ◆ [plus gén.] **prendre**.

asthénique V. faible.

asthmatique V. essoufflé.

asticot V. ver.

asticoter V. taquiner.

astiquer V. briller I, frotter, nettoyer, polir II.

astral V. stellaire, sidéral.

astre V. étoile.

astreignant V. pénible.

astreindre V. obliger I, condamner, soumettre.

astreinte V. service.

astrologie V. divination.

astrologue V. devin (*in* deviner).

astronaute : **cosmonaute** ◆ [plus rare] **spationaute**.

astronomique V. inabordable.

astuce V. intelligence, ruse, truc, ficelle.

astucieusement V. finement.

astucieux V. génial, intelligent, inventif (*in* inventer).

asymétrie V. irrégularité.

atavisme V. hérédité.

atelier V. travail II.

atermoiement V. ajournement, retard (*in* retarder).

atermoyer V. retarder.

athée Celui qui nie explicitement l'existence de Dieu : [cour.] **incroyant,** [plus rare] **non-croyant** (qui supposent moins une négation doctrinaire) ◆ [plus rare] **incrédule** ◆ [péj., vieilli] **impie** (= qui professe du mépris pour les choses de la religion) ◆ **indifférent** (= qui ne se sent pas concerné par la question religieuse) ◆ **agnostique, sceptique** (qui expriment des attitudes philosophiques de doute systématique) ◆ **matérialiste** (qui exprime l'affirmation du primat de la matière et souvent d'un athéisme militant) ◆ **anticlérical** (= celui qui s'oppose au pouvoir et parfois à l'existence des clercs d'une église) ; → IRRÉLIGIEUX, MANGER* DU CURÉ.
◇ **athéisme** [V. athée] **incroyance, incrédulité, impiété, indifférence, agnosticisme, scepticisme, matérialisme, anticléricalisme** ; → DOUTE.

atlas V. carte II.

atmosphère 1. *L'atmosphère est chargée d'électricité, il va faire de l'orage* : **air**. 2. V. AMBIANCE et MILIEU II.

atome V. particule I, parcelle.

atomique *L'arme atomique* : **nucléaire** ◆ **thermonucléaire** (qui se dit en parlant de la bombe à hydrogène).

atomiser V. diviser.

atomiseur V. vaporisateur.

atone V. mou.

atonie V. apathie.

atour V. parure (*in* parer II).

atout V. avantage, carte I, recours.

atrabilaire V. acariâtre.

âtre V. foyer.

atroce V. abominable, déchirant (*in* déchirer), douloureux (*in* douleur), poignant.

atrocement V. abominablement.

atrocité V. crime, cruauté (*in* cruel), horreur, monstruosité (*in* monstre).

atrophie V. dépérissement (*in* dépérir), développement I.

atrophier (s') V. dépérir.

attabler (s') V. se mettre à table*.

attachant V. attrayant, intéressant.

attache **1.** V. boucle. **2.** V. lien, racine I, relation II.

attaché V. aide.

attaché-case V. valise, serviette.

attachement V. affection I, sentiment II.

attacher

I *Attacher les mains de qqn* : **lier** ◆ ↑ **ligoter** ◆ **enchaîner** (qui implique que l'on se serve d'une chaîne). *Attacher qqch au mur* : **visser, clouer, agrafer, épingler, river, cheviller** (selon la nature de l'attache). *Attachez votre chaussure !* : [plus précis.] **boutonner, lacer, agrafer** (selon la nature de l'attache) ; → NOUER, BOUCLER. *Attacher qqch avec de la ficelle* : **ficeler**. *Attacher un bateau à un ponton* : **amarrer** ◆ **arrimer** (= attacher solidement qqch sur un bateau) ◆ **assurer** (= en termes de marine, fixer solidement un cordage) ; → ASSEMBLER, ACCROCHER, FIXER.

II [~ du prix, de l'importance, de l'intérêt à qqch] *J'attache beaucoup de prix à son honnêteté* : **accorder, attribuer.**

III [~ qqn] **1.** [souvent au passif] *Il reste attaché à ce pays par toute son enfance* (= unir par un lien affectif à qqn ou à qqch) : **unir, lier** (*il est très attaché à ses habitudes, à mon frère ; il est très lié, uni avec mon frère*). **2.** *Il vient d'attacher une nouvelle personne à son service* : [cour.] **prendre** ◆ **engager** (*il vient d'engager une nouvelle personne*).

◇ **s'attacher** **1.** [de attacher I] Mêmes synonymes à la forme pronominale. *Voici comment s'attachent les volets* : **s'accrocher** ◆ **se fixer**. **2.** *Elle s'est attachée à lui* : ↑ **tenir à** ◆ ↑ **s'enticher de** ; → AIMER, S'ENGOUER. **3.** *S'attacher à réussir un travail* : V. S'ADONNER.

attaquable V. blâmable.

attaquer **1.** [qqn ~ qqn, qqch] *L'ennemi devait nous attaquer à l'aube* (= porter les premiers coups à un adversaire) : **donner l'assaut, charger** ◆ **assiéger, investir** (= encercler avec des troupes) ◆ **cerner, encercler, envelopper** (= attaquer de toutes parts) ; → COMBATTRE. **2.** [qqn ~ qqn] *Elle s'est fait attaquer par un malfaiteur* : **assaillir, agresser** ◆ ↓ **aborder** ; → SAUTER* SUR. **3.** [qqn ~ qqn, qqch] *L'opposition a attaqué le gouvernement* : **s'en prendre à** ◆ ↓ **critiquer** ◆ [express.] **monter au créneau** (*l'opposition est montée au créneau*) ; ↓ **jeter une pierre dans le jardin de qqn** (avoir une parole malveillante, allusive, indirecte) ; → MATRAQUER, PRENDRE À PARTIE*, TOUCHER, VOLER DANS LES PLUMES*, FAIRE LE PROCÈS* DE, TOMBER* SUR, ACCUSER. **4.** [qqn ~ qqn, qqch] *Je vous attaquerai en justice* : [didact.] **intenter un procès**. **5.** *Attaquer un travail* : **s'attaquer à, aborder*** ◆ **s'atteler* à** ; → COMMENCER, SE METTRE* À. **6.** [qqch ~ qqch] *L'acide attaque le calcaire* (= causer des dommages à) : **entamer, ronger, corroder,** ↓ **altérer***, ↑ **détruire** ; → MANGER. *À la fin, cela vous attaque le moral* : **saper***. **7.** *Le chien a attaqué* : V. MORDRE.

◇ **attaque** **1.** V. ASSAUT et OFFENSIVE. **2.** *Une attaque à main armée* : **agression** ; → VOL. **3.** *Les attaques de l'opposition furent très violentes* : **critique** ; → INJURE, REPROCHE. **4.** *Elle a eu une attaque* (= accès subit d'apoplexie) : **congestion cérébrale** ◆ [fam.] **coup de sang**.

◇ **attaquant** *Les attaquants ont investi la ville* : **assaillant** ◆ **agresseur** (= qui a pris la responsabilité de l'attaque).

attardé **1.** V. retardataire, retardé. **2.** V. arriéré* mental.

attarder (s') V. demeurer, rester II, traîner.

atteindre
I V. aborder II, accéder I, arriver I, lécher, rattraper I, s'élever.
II **1.** V. éprouver, affaiblir, émouvoir, toucher II. **2.** V. contacter.

atteinte V. altération (*in* altérer I). *Porter atteinte* : V. blesser.

atteler (s') à *Je viens de m'atteler à un pénible travail* : **s'attaquer*** **à** ◆ [plus génér.] **se mettre*** **à** ◆ [plus sout.] **entreprendre** ; → COMMENCER.

attenant V. proche, voisin.

attendre **1.** [~ qqch] V. ESPÉRER, GUETTER, VOIR* VENIR et VOULOIR. **2.** *Attendre un bébé* : **être enceinte***. **3.** [absolt] *Voici plus de deux heures que j'attends et ce n'est pas encore mon tour !* : **patienter** ◆ [fam.] **moisir, faire le pied de grue, poireauter** ◆ [sout.] **languir, se morfondre** (qui insistent sur l'impatience éprouvée par celui qui attend) ; → RESTER II ◆ **être dans l'expectative** (= attendre prudemment avant de se décider).
◇ **s'attendre à** V. S'EN DOUTER.
◇ **en attendant** **1.** *En attendant, je logerai chez mon frère* : **d'ici là,** [sout.] **provisoirement**. **2.** *Il n'était pas dans sa meilleure forme ; en attendant, c'est lui qui a gagné la course !* (= marque l'opposition) : **en tout cas, pourtant** ◆ [sout.] **toujours est-il que** ◆ ↓ **mais***.

attendrir V. amollir, émouvoir.

attendrir (s') V. s'apitoyer.

attendrissant V. émouvant (*in* émouvoir).

attendrissement V. émotion (*in* émouvoir).

attendu que V. parce que, vu* que (*in* vu I).

attentat **1.** Un attentat est un **crime*** à visée politique. **2.** *Cette publication est un attentat à la vérité* : **outrage*** ◆ **crime,** ↓ **faute contre**.

attentatoire V. dommageable.

attente V. espoir, expectative, souhait (*in* souhaiter).

attenter V. blesser, porter* I atteinte.

attentif V. complaisant, sensible I. *Attentif à* : V. soigneux (*in* soin I), soucieux.

attention
I **1.** *Son métier demande beaucoup d'attention* : **application** (= attention suivie, persévérante) ◆ **vigilance** (= surveillance attentive) ◆ **concentration** (qui insiste sur l'effort cérébral fourni pour rester attentif) ; → EFFORT, SOIN, TENSION. *Faire attention à* : V. PRÊTER. *Faites attention à ne pas tomber* : **prendre garde de, se méfier de** ◆ [fam.] **faire gaffe** ; → PRUDENT, REGARDER* À, VEILLER À. *Sans faire attention* : V. DISTRACTION. **2.** *Éveiller l'attention de son auditoire* : ↑ **curiosité** ; → AUDIENCE, INTÉRÊT. *Attirer l'attention de qqn* : (néol. en ce sens) ↑ **interpeller** (*ce livre nous interpelle*). *Éveiller l'attention de la police* : **méfiance, soupçons**.
II V. PRÉVENANCE, COMPLAISANCE, ÉGARD II, EFFORT et SOIN I.

attentionné V. complaisant, soin I.

attentisme, attentiste V. opportunisme, opportuniste (*in* opportun).

atténuation V. diminution (*in* diminuer), assouplissement (*in* assouplir).

atténué V. voilé (*in* voiler I).

atténuer V. modérer, assouplir, pallier, diminuer.

atterrer V. abattre II.

atterrir V. échouer, se poser.

atterrissage V. arrivée (*in* arriver).

attestation Affirmation verbale ou écrite : **certificat*** (= attestation écrite, officielle ou dûment signée d'une personne autorisée) ; → CONFIRMATION, TÉMOIGNAGE.

attester V. affirmer, confirmer, témoigner (*in* témoin), prouver.

attifer V. parer II.

attiger V. exagérer, abuser II.

attirail V. équipement (*in* équiper).

attirance V. appel (*in* appeler I), sympathie.

attirant V. affriolant, séduisant.

attirer 1. [~ qqn] V. affrioler, appâter. 2. [~ l'attention, la curiosité] V. appeler, capter, solliciter. *Attirer des ennuis* : V. occasionner, susciter, valoir.
◇ **s'attirer** *S'attirer les faveurs de qqn* : V. se concilier.

attiser 1. *Attiser le feu* : **ranimer***. 2. *C'est inutile d'attiser les vieilles rancœurs* : **exciter*** ◆ ↑ **envenimer** ◆ [fam.] **mettre de l'huile sur le feu** ; → ALLUMER.

attitré V. habituel (*in* habitude).

attitude 1. *Si vous restez dans cette attitude, vous allez attraper un torticolis* : **position** (= attitude particulière) ◆ **posture** (qui est didact., qui peut être aussi péj. et signifier attitude mauvaise ou peu convenable) ; → MANIÈRE II, CONDUITE II, TENUE, AIR, ALLURE, MAINTIEN. 2. *Nous aimerions connaître l'attitude de votre gouvernement sur cette question* : **position** ◆ [plus rare] **orientation** ; → AVIS.

attouchement V. contact, chatouillement (*in* chatouiller).

attractif V. intéressant (*in* intérêt).

attraction V. appel.

attrait [sing. et pl.] V. APPEL, CHARME, PRESTIGE et APPÂT.
◇ **attraits** [pl.] *Cette femme a des attraits qui lui valent beaucoup d'admirateurs* [vieux ou très sout.] : **charmes, appas** ◆ [cour., sing.] **sex-appeal** ; → ALLURE.

attrape *Il m'a dit que tu m'appelais, c'est une attrape ?* : **farce** ◆ [fam.] **blague** ◆ **bateau** (= histoire que l'on monte pour duper qqn) ◆ **niche** (= petite attrape impliquant malice et espièglerie : *monter un bateau ; faire des niches*) ; → CANULAR, PLAISANTERIE, PIÈGE.

attrape-couillon, attrape-nigaud V. piège.

attraper
I [~ qqn, qqch]. 1. [~ qqn] V. PRENDRE. 2. [~ qqch, un animal] *La mouette essayait en vain d'attraper la sardine* : ↑ **happer**. *Attrape la balle !* : [plus génér.] **prendre** ◆ [sout.] **se saisir* de**. 3. [~ qqch] *Attrape la rampe, sinon tu vas tomber !* : **s'agripper à**. *Je ne sais si je pourrai attraper mon train* : [moins express.] **avoir**.
II [~ qqn] V. TROMPER.
III [~ qqn] V. RÉPRIMANDER et ENGUEULER.
IV [~ qqch] *Attraper une maladie* : V. CONTRACTER.

attrape-tout V. opportuniste.

attrayant *Vous n'aimez pas ce roman ? moi je le trouve très attrayant* : **plaisant** ◆ ↑ **attachant, séduisant*** ◆ **attirant** (qui se dit génér. des personnes) ; → AFFRIOLANT, INTÉRESSANT, SÉDUISANT.

attribuer 1. *Ce terrain leur a été attribué par la ville* : **allouer** (qui ne se dit qu'en parlant d'une somme d'argent) ◆ **doter** (= attribuer un revenu à qqn ou fournir en matériel, en équipement) ◆ **accorder** (qui implique une idée de faveur ou d'assentiment). *Attribuer une récompense à qqn* : **décerner** ◆ [moins employé] **adjuger** ; → IMPARTIR, CONCÉDER, DONNER, AFFECTER, CONFÉRER, DISTRIBUER. 2. *À quoi attribuez-vous ce phénomène ?* : V. METTRE AU COMPTE* DE, SUPPOSER, RAPPORTER et IMPUTER.
◇ **s'attribuer** 1. *Votre frère s'est attribué la plus belle part de l'héritage !* : **s'approprier** ◆ [assez fam.] **s'adjuger** ◆ ↑ **accaparer** ◆ [fam.] ↑ **empocher** ◆ **s'emparer de** (qui implique une idée de violence) ◆ [très génér.] **prendre** ◆ [fam.] **souffler, rafler, ratisser, ratiboiser** (= prendre promptement, sans rien laisser) ◆ [sout.] **ravir** (= enlever de force) ; → AMASSER, DÉROBER, DÉTOURNER, ENLEVER, VOLER. 2. *Il s'attribue des titres auxquels il ne peut prétendre !* : **s'arroger** ◆ ↑ **usurper**.
◇ **attribution** 1. [de attribuer] **allocation, dotation, adjudication** ◆ [didact.] **octroi** (= ce qui est attribué comme une faveur). 2. [de s'attribuer] **appropriation,**

accaparement, usurpation. **3.** [pl.] V. RÔLE et POUVOIR.

attribut V. qualité, symbole.

attribution V. attribuer.

attrister *La mort de votre frère nous a attristés* : **peiner** ◆ ↓ **chagriner** ◆ [ordre croissant] ↑ **affecter, affliger, désoler, consterner** ◆ [sout.] ↑ **navrer** ◆ [très sout.] **contrister** ◆ [fam.] ↑ **catastropher** ◆ **endeuiller** (= plonger qqn dans le deuil) ; → ÉMOUVOIR, FÂCHER.
◇ **attristant** *La guerre ? quel spectacle attristant !* : ↑ **affligeant, désolant, consternant, désespérant** ◆ [sout.] ↑ **navrant** ◆ [fam.] ↑ **catastrophique** ; → ACCABLANT, TRISTE.

attrition V. repentir.

attrouper *Les hurlements de la victime attroupèrent les passants* (s'emploie souvent à la forme pron.) : [plus cour.] **ameuter** (*il ameuta les passants qui s'attroupèrent peu à peu*).
◇ **attroupement** *Il y avait tout autour de l'incendie tout un attroupement* : ↑ **rassemblement** (= attroupement nombreux de personnes le plus souvent convoquées) ◆ **manifestation,** [abrév. fam.] **manif** (= rassemblement à but revendicatif) ◆ ↓ **groupe**.

atypique V. singulier.

aubade V. sérénade.

aubaine V. occasion.

aube
I Première lueur du jour : **aurore** ◆ [rare] **crépuscule*** **du matin**. *Nous partirons à l'aube* : **au point du jour, à la pointe du jour** ◆ [iron.] **aux aurores** ; → COMMENCEMENT, SOLEIL.
II V. ROBE.

auberge V. hôtel, restaurant.

aubergine V. violet.

aubergiste V. hôtelier (*in* hôtel).

auburn V. roux.

aucun V. nul, personne II. *Sans aucun* : V. moindre, seul.
◇ **d'aucuns** V. plusieurs.

aucunement V. rien I.

audace V. aplomb II, hardiesse, résolution.

audacieux V. hardi, osé (*in* oser), entreprenant (*in* entreprendre).

au-delà de V. dépasser.

audible V. perceptible (*in* percevoir I).

audience **1.** *C'est une œuvre qui a eu une large audience* (= intérêt porté par le public à une œuvre lue ou entendue) : ↓ **attention** (*c'est une œuvre qui a attiré l'attention*) ◆ ↑ **retentissement** (*œuvre qui a eu un grand retentissement*) ◆ ↑ **faire sensation** (qui évoque la surprise causée) ◆ **influence** (qui évoque un effet à long terme). **2.** *Notre syndicat a demandé une audience au ministre* (= entrevue accordée par un supérieur hiérarchique pour écouter ses subordonnés) : [plus génér.] **rendez-vous, entretien.**

auditeur V. auditoire.

audition **1.** V. ouïe. **2.** V. essai, concert.

auditoire *Le ministre cherchait à impressionner l'auditoire par de grands effets oratoires* : [plus génér.] **assistance, public** ◆ [par méton.] **salle** (si l'auditoire est rassemblé dans une salle) ◆ [péj.] **galerie**. *L'auditoire d'une émission radiophonique* : **auditeurs** ; v. aussi SPECTATEUR.

auge Récipient servant à donner à boire et à manger aux porcs. Pour les bœufs et les chevaux, on recourt plus généralement à **abreuvoir** (pour boire) et à **mangeoire** (pour manger).

augmenter **1.** [~ qqch] *Augmenter le produit national brut* : **accroître**. *Augmenter les prix* : **majorer***. *Augmenter ses fins de mois* : [plus fam.] **arrondir**. *Augmenter les loyers* : **hausser, relever**. *Augmenter l'intensité d'un bruit* : **amplifier**. *Augmenter les craintes de qqn* : **accroître, intensifier** ◆ ↑ **redoubler** ◆ [sout.] **ajouter à**. *Augmenter un domaine* :

agrandir, étendre*. *Augmenter une peine* : **alourdir** ◆ **graduer** (= augmenter par paliers réguliers). *Augmenter la vitesse de qqch* : **accélérer***. *Augmenter les risques d'accident* : **aggraver** ◆ ↑ **multiplier** ; → ACCENTUER, AMÉLIORER, DOUBLER, DÉVELOPPER, ÉLARGIR, ALLONGER, AJOUTER. **2.** [qqch ~] *La population a augmenté* : **s'accroître** ◆ [plus rare] **croître**. *Les prix ont augmenté* : **monter** ◆ [fam.] **grimper** ◆ ↑ **monter, grimper en flèche** ; → DOUBLER. *Les eaux ont augmenté* : **monter, grossir***. *Le mécontentement a augmenté* : **grandir, s'amplifier, s'accentuer*, s'aggraver** ; → S'ÉTENDRE. *Le mal a augmenté* : **empirer**.

◇ **augmentation** **1.** [de augmenter 1] **agrandissement, accroissement, extension, majoration, hausse, relèvement, redoublement, amplification, intensification, alourdissement, accélération, aggravation** ; → AMÉLIORATION, MULTIPLICATION. **2.** [de augmenter 2] *Une augmentation de la population* : **accroissement**. *Des augmentations de prix* : **montée, hausse, gonflement***, ↑ **flambée**. *Augmentation des actions boursières* : ↑ **boom sur**. *L'augmentation des eaux de la rivière* : **grossissement** ; → DURCISSEMENT, POUSSÉE, RALLONGE.

augure **1.** V. présage. **2.** V. prêtre.

augurer *Le ciel ne me laisse rien augurer de bon !* : **conjecturer** ◆ [plus cour.] **présumer, présager** ; → PRÉDIRE.

auguste V. respectable.

aujourd'hui V. actuel, actuellement. *Au jour d'aujourd'hui* : V. actuellement.

aumône **1.** *Chacun déposera son aumône dans la corbeille* : ↓ **obole** ; → DON, LIBÉRALITÉ. **2.** *Faire l'aumône* : **charité** ; → MENDIER.

aumônier V. prêtre.

aumônière V. bourse.

auparavant V. avant, précédemment (*in* précédent).

auprès V. en comparaison (*in* comparer), près II, contre.

auréole V. nimbe, tache.

aurore V. aube, commencement, soleil.

ausculter V. examiner (*in* examen).

auspices *Il avait entrepris ce travail sous les auspices d'un conseiller compétent* : **tutelle** (qui implique l'idée de dépendance) ◆ **patronage** (qui ne s'emploie que si l'on est sous les auspices de qqn de puissant) ◆ **égide, protection,** ↑ **sauvegarde** (qui impliquent l'idée de danger encouru) ; → APPUI, RECOMMANDATION.

aussi **1.** [~ ... que, marque la comparaison] *Est-il vraiment aussi intelligent que vous le dites ?* (marque l'égalité ou l'intensité) : **si** (qui ne s'emploie qu'en phrase interrog. ou nég.) **2.** [marque la concession] *Aussi intelligent soit-il, qu'il soit, il aura du mal à résoudre ce problème* : **si** ◆ [sout.] **pour ... que, quelque ... que, tout ... que** (*pour intelligent qu'il soit, quelque intelligent qu'il soit, tout intelligent qu'il est ...*). **3.** [marque la conséquence] *Il plut pendant huit jours. Aussi décidèrent-ils de changer de région* : V. AINSI. **4.** [après un n. ou un pron.] *Lui aussi a décidé de partir* : **également, de même** ◆ [fam.] **itou** (*il a également décidé de partir*). **5.** [marque l'addition] *Nous emporterons aussi des vêtements chauds* : **également** ◆ [plus sout.] **encore, en outre**. **6.** [marque la comparaison] *Le ciel était bleu et la mer aussi* : **pareillement***.

aussière V. cordage.

aussitôt V. immédiatement. *Aussitôt que* : V. sitôt.

austère **1.** [qqn est ~]. *Il a quelque chose d'austère qui vous glace les os !* (qui se dit de la sévérité que l'on a pour soi-même) : **sévère** (qui se dit surtout de l'attitude que l'on a à l'égard des autres) ◆ **dur** (qui implique l'idée d'insensibilité, de froideur) ◆ [plus partic.] **stoïque** (= qui supporte impassiblement la souffrance) ◆ **rigoriste** (= qui suit les principes d'une morale stricte) ◆ **ascétique,** [peu employé] **spartiate** (qui impliquent l'idée de frugalité et de privation) ; → PRUDE, DÉCENT, GRAVE. **2.** [qqch est ~] *Des principes austères* : **rigoureux, rigide**. *Une robe austère* : **sévère** ; → SOBRE. *Une lecture austère* : ↓ **difficile***. *Un* *spectacle austère* : ↑ **sinistre** ; → ENNUYEUX, SÉRIEUX.

austérité V. rigorisme, sévérité, gravité (*in* grave I).

austral V. sud.

autant (d') V. sans compter* que.

autarcie Sans syn. au sens propre. *Cette famille vit en autarcie, sans rencontrer personne* : [plus fam.] **en circuit fermé**.

auteur 1. *Aimez-vous les auteurs de romans ?* : **écrivain** (qui s'emploie sans compl. et désigne seulement les auteurs littéraires : *un auteur de dictionnaire n'est pas un écrivain*) ◆ [sout.] **homme de lettres, femme de lettres,** [pl.] **gens de lettres,** [fam., vieilli] **gendelettre** (= celui, celle qui vit de sa plume) ◆ [en partic.] **essayiste, prosateur, romancier, poète, dramaturge** (selon les ouvrages produits par l'auteur) ◆ [péj.] **littérateur, plumitif** ; v. aussi MUSICIEN. **2.** *Selon la Bible, Dieu est l'auteur de l'Univers* : **créateur. 3.** *Nous cherchons les auteurs de ce forfait* : **responsable***. *Vous êtes l'auteur de votre malheur* : **artisan**.

authenticité V. ancienneté (*in* ancien).

authentifier V. certifier, légaliser.

authentique 1. V. ancien. **2.** V. sincère, vrai, sûr I, public I.

autobiographie V. Mémoires.

autobus [abrév.] **bus** (= véhicule de transport en commun urbain), **autocar,** [abrév.] **car** (= véhicule qui sert aux voyages sur route).

autocar V. autobus.

autochtone V. indigène.

autocrate V. monarque, tyran.

autocratie V. absolutisme (*in* absolu I), tyrannie (*in* tyran).

autocratique V. absolu I, tyrannique (*in* tyran).

autocritique V. confession.

autocuiseur : [cour.] **Cocotte-Minute,** [abrév.] **cocotte**.

automate 1. Machine automatique : **robot***. **2.** *Des gestes d'automate* : **robot, machine** ◆ **pantin*, marionnette** (qui supposent la perte de toute initiative, voire la manipulation). *Comme un automate* : **machinalement**.

◇ **automatisme** *La politesse est devenue chez lui un automatisme* : ↓ **habitude*** ◆ ↑ **réflexe**.

automatique V. machinal, mathématique, mécanique I, systématique (*in* système).

automatiquement V. mécaniquement (*in* mécanique).

automne *Nous avons cette année un automne magnifique* : **arrière-saison** (= fin de l'automne et début de l'hiver).

automobile *Nous venons d'acquérir une nouvelle automobile* : [terme générique] **véhicule** ◆ [plus cour.] **auto, voiture** ◆ [fam.] **bagnole,** [rare, fam. en ce sens] **taxi** ◆ [très fam.] **chignole, clou, tacot, guimbarde, tire** ◆ [en partic.] **berline, coupé, familiale**.

automotrice : [plus cour.] **autorail** ◆ **micheline** (= automotrice sur pneus).

autonome V. indépendant, libre.

autonomie V. liberté I.

autonomisme V. dissidence.

autonomiste V. séparatiste, dissident (*in* dissidence).

autoradio V. radio.

autorail V. automotrice.

autorégulation V. rétroaction.

autorisation V. dispense (*in* dispenser), droit III, permis, permission (*in* permettre), pouvoir I.

autoriser 1. V. permettre, donner le feu vert*, tolérer. **2.** V. accréditer.

autoritaire V. absolu II, impérieux, raide, sec II, musclé (*in* muscle), directif.

autorité 1. *Napoléon exerçait son autorité sur un empire immense* : ↑ **toute-puissance, domination, empire, souveraineté** ◆ **pouvoir,** [rare] **loi** (qui impliquent surtout la possibilité d'agir sur qqn) ◆ **férule** (qui implique l'obéissance absolue, due à un pouvoir despotique : *être sous la férule de*) ; → ABSOLUTISME, COMMANDEMENT. *De sa propre autorité* : V. CHEF. *Sous l'autorité de* : V. DÉPENDRE. 2. *Ce professeur a de l'autorité sur ses élèves* : **influence,** ↑ **ascendant** (qui évoquent davantage un pouvoir intellectuel ou affectif) ◆ **prestige** (qui évoque un pouvoir dû à une admiration générale). 3. [souvent pl.] *Nous allons interroger les autorités* : [en partic.] **administration, gouvernement** ; → DIGNITAIRE.

autoroute V. rocade.

autosatisfaction V. vanité II.

autour 1. *Le calme régnait autour de la maison* : **aux alentours de**. *Tout autour* : **aux alentours, à la ronde**. 2. *Il gagne autour de sept mille francs par mois* (précédant l'indication d'un nombre, marque l'approximation) : **aux environs de, environ** (*environ deux mille francs ; deux mille francs environ*) ◆ **à peu près, approximativement**.

autre [adj.] 1. [avant le n.] *Ils ont échoué, mais ils feront demain une autre tentative* : **nouveau**. *Donnez-moi un autre verre de vin* (marque l'addition) : **encore** (... *encore un verre de vin*) ; → SECOND. *L'autre fois, vous m'avez mieux reçu* : **dernier** (*la dernière fois...*). 2. [après le n.] *Depuis son mariage, il est autre* (marque le changement, la différence de qualité) : **différent** ◆ [plus cour.] **pas le même, plus le même** (... *il n'est plus le même*) 3. *Autre part* : V. PART.

◇ **autrement** 1. *Il faudrait agir autrement pour le convaincre* (= de manière autre) : **différemment, d'une autre façon, d'une autre manière**. 2. *Ne recommencez plus, autrement vous aurez de mes nouvelles !* : **sinon, sans quoi** ◆ [plus rare] **dans le cas contraire**. 3. *Autrement plus. Ce livre est autrement plus intéressant qu'un roman policier !* : [cour.] **plus** ◆ ↑ **beaucoup plus** ◆ [fam.] **drôlement plus**. *Pas autrement. Je ne suis pas autrement surpris de sa conduite* : **guère** ◆ [plus cour.] **tellement** (*je ne suis guère surpris ... ; je ne suis pas tellement surpris ...*).

◇ **autres** *Les autres* : V. AUTRUI et MONDE.

autrefois V. anciennement, avant, temps.

autrement V. autre.

autrui *Ne fais pas à autrui ce que tu ne veux pas qu'on te fasse !* (qui appartient au vocabulaire de la morale) : **prochain** (qui appartient au domaine de la morale chrétienne) ◆ [d'emploi plus neutre] **autres** ; → SEMBLABLE.

auvent Petit toit situé au-dessus d'une porte ou d'un perron pour protéger de la pluie : **marquise** (= auvent vitré).

auxiliaire

I [adj.] *Nous prendrons quelques mesures auxiliaires* : [plus cour.] **complémentaires** ◆ [plus restreint] **accessoire***, **annexe**.

II [n.] 1. *L'auxiliaire de qqn* : V. AIDE, SECOND et ALLIÉ. 2. *Le café peut être un auxiliaire précieux pour se tenir éveillé !* : **aide** (... *une aide* ...) ◆ [rare] **adjuvant** ◆ ↑ **stimulant**.

avachi V. déformé, mou, usé (*in* user II).

avachissement V. mollesse (*in* mou).

aval V. accord I. *Donner son aval* : V. garantir.

avalanche *Une avalanche de* : V. quantité, pluie.

avaler 1. *Avaler un verre d'eau* : ↑ **absorber, engloutir, ingurgiter,** [fam.] **entonner, enfourner** (= avaler une grande quantité) ◆ **gober** (= avaler d'un seul coup : *gober un œuf*) ◆ [didact.] **déglutir** (= faire passer un aliment dans l'arrière-bouche puis l'œsophage) ◆ [didact.] **ingérer** ; → BOIRE, MANGER, ABSORPTION. 2. *Il m'a menti, et ça, je ne l'avalerai jamais !* [fam.] : [cour.] **accepter*, admettre**. 3. V. CROIRE. 4. *Avaler une réplique* : V. SAUTER.

avaliser V. garantir.

avance
I *Nous suivions à la radio l'avance des troupes* : **progression** ; → MOUVEMENT.
II *Une avance d'argent* : V. ACOMPTE et DÉPÔT.
◇ **avances** *Faire des avances* : V. AGACERIES.

avancée, avancement V. avancer.

avancer
I [aller en avant dans l'espace] V. ALLER.
1. [~ qqch] *Avancer le bras* : V. ALLONGER. *Avancer des idées bizarres* : V. AFFIRMER et HASARDER. *Avancer un siège* : V. DONNER. **2.** [qqn, qqch ~] *Avance plus rapidement, sinon nous serons en retard* [génér.] : [selon le mode de déplacement] **marcher, rouler, pédaler**. *Ne pas avancer* : [fam.] **faire du surplace**. *Le balcon avançait sur le jardin* : **surplomber** (*... surplombait le jardin*) ; → SAILLIR. *L'épidémie avance* : **progresser***, **gagner du terrain**.
II [aller en avant dans le temps] **1.** [qqn ~ qqch] *Ils ont dû avancer leur départ* : [sout.] **hâter** ◆ ↑ **précipiter** ; → DÉCALER. **2.** [qqn ~ qqch] *Je lui ai avancé un peu d'argent* : [par ext.] **prêter**. **3.** [qqch ~] *En dépit de ses efforts, son travail n'avance pas* : **progresser**.
◇ **s'avancer** **1.** *La nuit s'avançait pas à pas* : **s'approcher***, **venir**. **2.** *Elle s'est trop avancée pour revenir sur ses déclarations* (= aller trop loin en actes ou en paroles) : **se hasarder, se risquer, prendre des risques** ◆ ↑ **se compromettre** ; → SE MOUILLER.◇ **avancé** **1.** *Il est rentré à une heure avancée de la nuit* : **tardive, tard,** [sout.] **fort avant dans la nuit** (*il est rentré à une heure tardive, tard, fort avant dans la nuit*). **2.** *C'est un enfant très avancé* : **précoce, en avance** ◆ ↓ **éveillé**. **3.** *Il manifeste des opinions avancées* (= en avance par rapport à la moyenne des contemporains) : **progressiste** (qui implique l'idée d'une ligne politique définie) ◆ **non-conformiste** (qui implique une totale indépendance à l'égard des idées établies, qu'elles soient conservatrices ou progressistes) ◆ ↑ **révolutionnaire,** [souvent péj.] **extrémiste**. **4.** *Cette viande est avancée* (= qui manque de fraîcheur) : ↑ **avarié** ◆ **faisandé** (qui n'est pas péj. si l'on parle de gibier) ; → CORROMPRE. **5.** *Un âge avancé* : V. VÉNÉRABLE. *Un stade de maladie avancé* : V. ÉVOLUÉ.
◇ **avancée** **1.** *L'avancée des troupes* : **avance***, **progression**. **2.** [pl.] V. PROGRÈS.
◇ **avancement** **1.** [de avancer II, 3] *Il surveille l'avancement des travaux* : **progression, marche, évolution**. **2.** *Il vient d'avoir de l'avancement* (= fait de progresser dans une carrière) : **promotion** (*avoir une promotion*) ◆ **grade** (*monter en grade*) ; → MONTER.

avanie V. offense.

avant **1.** [prép.] *Il est arrivé avant moi* : [plus sout.] **devancer** (*il m'a devancé*). **2.** [adv.] *Avant, les rivières étaient propres !* : [plus sout.] **auparavant** ◆ **autrefois, jadis** (qui impliquent une longue antériorité) ◆ **antérieurement** (qui implique une référence précise dans le temps) ◆ [sout.] **d'antan** (*les rivières d'antan, d'autrefois*) ◆ **récemment,** [sout.] **naguère** (= il y a peu de temps). *J'arriverai quelques jours avant* : **plus tôt, au préalable, préalablement, à l'avance** ◆ [plus sout.] **auparavant**. *Nous allons bavarder : mais avant, buvons !* : **d'abord***. *Le jour, le mois d'avant* : [plus sout.] **précédent** ; → LOIN. **3.** *En avant. Le maire marche en avant* : **en tête**. *Se mettre en avant* : V. ÉVIDENCE.

avantage **1.** *Il n'hésite jamais à profiter de son avantage* (= ce par quoi on est supérieur à qqn) : **supériorité**. *L'expérience est un précieux avantage* : [plus fam.] **atout, plus** ◆ ↑ **privilège**. *Avoir, prendre l'avantage sur qqn* : **le dessus**. *Trouver son avantage* : V. COMPTE. *À son avantage* : V. MIEUX. **2.** *Cette solution présente beaucoup d'avantages* [génér.] : [moins employé] **intérêt** ; → MÉRITE. *Avoir avantage à* : **intérêt**. **3.** *Avoir l'avantage de* : V. BONHEUR et PRIVILÈGE. **4.** V. FLATTER.
◇ **avantageux** **1.** *Ce prix est très avantageux* : **intéressant** ; → ÉCONOMIQUE. *Un placement avantageux* : **fructueux, rentable** ; → JOLI [antéposé], PROFITABLE, BON [antéposé]. **2.** *Il parle d'elle en termes avantageux* : **favorable, flatteur, élogieux***. **3.** V. VANITEUX.
◇ **avantageusement** **1.** *Je lui ai parlé de vous avantageusement* : **favorablement***, **à votre avantage** ◆ [plus fam.] **en bien** ◆ [plus partic.] **honorablement**. **2.** *On*

remplacerait avantageusement le beurre par de la margarine : **avec profit, avec bénéfice.**
◇ **avantager** 1. *Cet arbitre avantage l'équipe adverse* : **favoriser, privilégier.** 2. *Cette robe vous avantage* : ↑ **flatter*, embellir.**

avant-coureur V. annonciateur (*in* annoncer), commencement.

avant-garde V. pointe III, tête.

avant-gardiste V. futuriste.

avant-goût V. exemple.

avant-projet V. canevas.

avant-propos V. préface.

avare 1. [adj.] *Ce qu'il peut être avare !* : **intéressé, cupide** (= âpre au gain, mais pas forcément pour amasser de l'argent sans le dépenser) ◆ [vieilli] **chiche*** ◆ [fam.] **près de ses sous** ◆ ↓ **regardant, pingre.** 2. [adj.] [~ de] *Tu es vraiment avare de compliments* : **chiche, économe*** ; → SOBRE. 3. [n.] *C'est un avare* : [vx] **ladre, avaricieux** ◆ [express.] **harpagon, rapace** ◆ [fam.] **grippe-sou, grigou, radin, rapiat.**
◇ **avarice** *Il est d'une avarice incroyable* : ↑ **ladrerie** (= avarice sordide) ◆ **avidité, cupidité,** ↑ **rapacité** (= désir d'argent) ◆ [fam.] **radinerie, pingrerie.**

avarie V. dommage.

avarié V. avancé, pourri (*in* pourrir).

avarier 1. *Le navire avait été sérieusement avarié pendant la tempête* : **endommager** ; → ABÎMER. 2. *La chaleur a avarié les fruits* (= faire subir un dommage à des denrées périssables) : **gâter** ◆ [plus restreint] **aigrir** ◆ ↑ **pourrir** ; → CORROMPRE, SE PERDRE, ALTÉRER, ABÎMER.

avatar V. métamorphose.

avec 1. Marque l'accompagnement. *Il est sorti avec quelques amis* : [plus sout.] **en compagnie de.** 2. Marque la relation. *Comment agit-il avec vous ?* : **envers, vis-à-vis de, à l'égard de** (... *à votre égard ?*) ◆ [sout.] **à l'endroit de** (... *à votre endroit ?*). 3. *Et avec cela ?* (qui s'emploie dans un magasin ou un restaurant pour demander à un client s'il désire encore qqch) : *et avec cela, monsieur, que prendrez-vous ?* : **et ensuite, et après** ; → À L'AIDE* DE, PARMI.

avenant V. aimable.

avènement V. accession.

avenir 1. *Pourquoi vous inquiéter de l'avenir ?* : [plus restreint] **futur** ◆ [plus partic.] **le lendemain.** *L'artiste travaille pour l'avenir* : **postérité** ◆ ↑ **éternité** ; → DEVENIR. 2. *Te voici grand : il faut songer à ton avenir !* : [plus partic.] **carrière.** *Avoir de l'avenir* : V. RÉUSSIR. *À l'avenir. À l'avenir, vous me préviendrez avant de partir !* : **désormais, dorénavant** ◆ **par la suite, plus tard** (qui supposent un délai entre le moment où l'on parle et ce que dit la phrase).

aventure 1. *Il m'est arrivé une curieuse aventure* (= ensemble de faits imprévus, extraordinaires, qui arrivent à qqn) : [plus génér.] **affaire, histoire** ◆ **mésaventure** (qui implique que les faits survenus ont tourné au désavantage de celui qui les rapporte) ; → ENTREPRISE, TRIBULATION. 2. *Il a une nouvelle aventure* (= liaison sentimentale passagère) : **liaison*** ; → CAPRICE, GALANTERIE. 3. *Voter pour lui, c'est se lancer dans l'aventure* : **aventurisme** (qui s'emploie dans le domaine de la politique). 4. *À l'aventure. Aller à l'aventure, sans but fixé à l'avance* : **au hasard.** *D'aventure. Si d'aventure vous le rencontrez, vous lui présenterez mes hommages* : [cour.] **par hasard.**
◇ **aventuré** *Sa conduite me paraît bien aventurée* : **risqué, hasardeux** ◆ **aventuriste** (qui se dit d'une conduite politique trop risquée).
◇ **aventureux** 1. [qqn est ~] V. HARDI. 2. [qqch est ~] *Il n'a que des projets aventureux* (= qui font courir un grand risque) : **téméraire** ◆ ↓ **hasardeux*** ◆ ↑ **dangereux** ; → ROMANESQUE.
◇ **aventurer** V. RISQUER.
◇ **s'aventurer** : **se risquer** ; → SE HASARDER.

aventurier V. intrigant (*in* intrigue), vagabond.

aventurisme V. aventure.

aventuriste V. aventuré (*in* aventure).

avenue *La ville est traversée par de larges avenues* : **boulevard** ◆ [plus génér.] **rue***, **voie*** ; → CHEMIN, PROMENADE.

avéré V. vrai.

avérer (s') V. paraître, révéler.

averse V. ondée, pluie.

aversion V. antipathie.

averti V. compétent.

avertir 1. V. annoncer, prévenir I, représenter, signaler (*in* signal), signifier II. 2. Se servir d'un avertisseur : **klaxonner**.

avertissement 1. *Écoutez nos avertissements* : ↓ **avis, conseil** (qui n'impliquent pas l'idée de danger encouru par celui que l'on avertit) ; → LEÇON, VOIX II, MENACE, RECOMMANDATION, SUGGESTION. 2. *Ce livre s'ouvre par un avertissement au lecteur* : **avis** ; → PRÉFACE.

avertisseur *Il est interdit de faire usage des avertisseurs dans une grande ville* : [plus cour.] **Klaxon**.

aveu V. avouer.

aveuglant V. éclatant (*in* éclater II).

aveugle 1. [adj.] *Être aveugle* : [didact.] **être atteint de cécité**. *Il est presque aveugle* : **n'y voit plus**. 2. *Une confiance aveugle* : **absolu***. 3. [n.] *Un aveugle* : [plus neutre] **non-voyant** ◆ ↓ **mal-voyant**.

aveuglement 1. *L'accusé a tué sa femme dans un moment d'aveuglement* : **égarement** ◆ ↓ **trouble** ; → FOLIE. 2. *Sa politique montre bien son aveuglement* : ↓ **entêtement***.

aveuglément V. beaucoup.

aveugler 1. [~ qqn] V. éblouir, égarer. 2. [~ qqch] V. boucher, murer (*in* mur).
◇ **s'aveugler** V. se tromper.

aveuglette (à l') V. à tâtons.

aviateur Celui qui pilote un avion : **pilote** ◆ **commandant de bord, navigateur, mécanicien, radio** (= membres du personnel navigant).

aviation 1. Tout ce qui touche à la locomotion par avion : **aéronautique** (= ce qui touche à la science de la navigation et de la construction aérienne). 2. *Il travaille dans l'aviation* : [en partic.] **transports aériens, aéropostale, aéronavale, armée de l'air**.

avide V. affamé, friand, impatient, insatiable.

avidité V. convoitise, avarice (*in* avare).

avilir V. abaisser II, profaner, souiller, prostituer, rabaisser.
◇ **s'avilir** V. se ravaler, s'abaisser II.

avilissant V. dégradant, déshonorant (*in* déshonorer).

avilissement V. abaissement II.

aviné V. ivre.

avion *Avez-vous déjà pris l'avion ?* : [vx ou par plais.] **aéroplane** ◆ **jet** (= avion à réaction) ◆ [fam.] **zinc** ◆ [fam.] **coucou** (= avion d'un modèle ancien) ◆ [arg. des aviateurs] **taxi** ◆ [en partic.] U.L.M. ; → APPAREIL, MOYEN DE COMMUNICATION*.

aviron V. rame.

avis 1. *J'aimerais connaître votre avis sur la question* : **point de vue, opinion, façon de voir, façon de penser, jugement** ◆ [sout.] **sentiment** ; → RECOMMANDATION, APPRÉCIATION, ATTITUDE. *Changer d'avis* : V. SE DÉDIRE et GANT. *Avis consultatif* : V. VOIX III et VŒU. *À mon avis* : V. SEMBLER et À MON SENS*. 2. V. AVERTISSEMENT. 3. *Avis au public* (= information émanant d'une autorité ou d'un particulier) : **annonce** (*un avis de décès, les annonces judiciaires*) ◆ **communiqué** (= avis officiel avec l'ordre d'insérer) ; → BULLETIN, NOTE, COMMUNICATION, NOTIFICATION.

avisé V. inspiré, prudent, bon I, clairvoyant (*in* clairvoyance).

aviser V. annoncer, prévenir I, faire savoir* I, voir.
◇ **s'aviser** V. remarquer, songer, se mêler.

aviver V. animer.

avocat V. apologiste, défenseur (*in* défendre I).

avoir
I Posséder. **1.** [qqn ~ qqch] *Il a une superbe maison de campagne* (= être en possession de) : **posséder*, être propriétaire de, disposer de, jouir de** (qui ne s'emploient que pour des biens d'une certaine importance et dont on a la propriété absolue) ; → DÉTENIR. **2.** *Nous avons eu un été très ensoleillé* : V. CONNAÎTRE. **3.** *Nous venons d'avoir une nouvelle voiture* : V. ACHETER. *Nous avons eu une place pour le concert de ce soir* : V. OBTENIR. *Avoir une nouvelle robe* : V. PORTER. **4.** *Avoir de l'amour pour qqn* : V. RESSENTIR. *Vous n'en aurez que des ennuis* : V. RÉCOLTER. *Avoir de bons rapports* : V. ENTRETENIR. **5.** [qqn ~ qqn] *Ce marchand m'a bien eu !* [fam.] : V. SURPRENDRE et TROMPER.
II Être dans un certain état. *J'ai faim, soif, la fièvre, des soucis, le cafard, la grippe* : **être** (+ l'adj. correspondant : *je suis affamé, assoiffé, fiévreux, soucieux, cafardeux, grippé*).
III **1.** *Avoir lieu* : **arriver*, se produire**. **2.** *Avoir à. J'ai du courrier à faire* (= être dans l'obligation de faire qqch) : **devoir**. **3.** *Il y a* [avec indication de temps]. *Il y a plusieurs mois qu'ils sont partis* : **voici, voilà**. *Y a-t-il des rosiers grimpants plus robustes que celui-ci ?* : [plus sout.] **exister, trouver** (*trouve-t-on ...*). *Qu'est-ce qu'il y a ?* : **que se passe-t-il ?** **4.** *Il y a à. Il y a la vaisselle à faire* : ↑ **falloir*** (*il faut faire la vaisselle*). *Il n'y a qu'à. Il n'y a qu'à le convoquer* : [rare] **suffire,** [au condit.] ↓ **devoir** (*il suffit de le convoquer, on devrait le convoquer*).
IV [n.] **1.** *Établir un compte par doit et avoir* (= dans le langage commercial, partie d'un compte où l'on porte les sommes dues à qqn) : **actif** (= tout ce que l'on possède en argent et en biens, en créances : *la fortune d'un commerçant se compose de l'excédent de l'actif sur le passif*) ◆ **crédit** (= en termes de comptabilité, tout ce qui constitue l'avoir d'un compte : *le crédit est le côté droit d'un compte, où s'inscrivent les sommes dues au titulaire par le commerçant*) ◆ **compte, solde créditeur** (= compte ou solde dans lequel le crédit dépasse le débit). **2.** V. RICHESSE.

avoisinant V. proche.

avoisiner V. près II.

avortement Expulsion spontanée ou volontaire du fœtus avant qu'il ne soit viable : [cour.] **fausse couche** (= expulsion involontaire), **interruption volontaire de grossesse,** [abrév.] **I.V.G.** (= terme légal qui désigne l'expulsion volontaire du fœtus).

avorter V. échouer.

avorton V. microbe, nain.

avouer **1.** [~ qqch, ~ que] *J'avoue que je n'ai pas toujours agi avec prudence* : **reconnaître** ◆ ↑ **s'accuser** (qui implique toujours que l'on est coupable) ◆ **confesser** (qui évoque en outre une idée de honte ou de réticence à avouer) ; → CONCÉDER, ACCORDER, RENDRE JUSTICE*. **2.** *L'inculpé a enfin avoué* : **passer aux aveux** ◆ [fam.] **se mettre à table, manger le morceau, lâcher le paquet**.
◇ **aveu** **1.** *Je vais vous faire un aveu : je suis amoureux !* : ↑ **révélation** ◆ ↓ **confidence**. **2.** *L'aveu des péchés* : V. CONFESSION et APPROBATION.

axe **1.** Toute pièce solide, fixe, ordinairement cylindrique, qui traverse un corps et autour de laquelle ce corps doit tourner : [plus partic.] **pivot** (= pièce cylindrique qui s'enfonce dans une autre pièce, soit pour tourner dans celle-ci, soit pour lui servir de soutien lorsque cette deuxième pièce est destinée à tourner) ◆ **arbre** (= terme de mécanique ou d'horlogerie, qui implique la transmission d'un mouvement) ◆ **essieu** (= axe d'une roue, généralement de voiture). **2.** *Le leader du parti a défini l'axe de notre politique* (= direction générale sur laquelle on règle une action quelconque) : **ligne** (*la ligne générale ; les grandes lignes*) ; → DIRECTION.

axer V. diriger.

axiome V. pensée II, postulat (*in* postuler II).

azimut V. direction.

azimuté V. fou.

azur V. ciel, bleu I.

azuré V. bleu I.

B

b.a.-ba V. abc.

baba V. surpris (*in* surprendre), ébahi.

babacool, baba V. marginal.

babil V. gazouillement.

babillarde V. lettre II.

babiller V. bavarder.

babine V. lèvre.

babiole 1. *J'ai acheté cette babiole pour les enfants* (= objet de peu d'importance) : [fam.] **bricole** ◆ [plus rare] **brimborion, colifichet**. ◆ [en partic.] **souvenir**. 2. *Se disputer pour une babiole !* (= chose sans importance) : **bagatelle, bêtise, détail** ◆ [assez rare] **vétille** ◆ [fam.] **bricole, broutille** ; → ENFANTILLAGE, RIEN II.

bâbord V. gauche, bord I.

babouche V. chausson.

babylonien V. colossal (*in* colosse).

bac

I *Il met ses produits photographiques dans de petits bacs* (= récipient) : **cuve*** (qui est généralement plus grande).

II *Il vient de passer son bac* : [vieilli] **bachot** ; ces deux termes sont des abréviations courantes de **baccalauréat** ; → TERMINALE.

bacchante, bacante V. moustache.

bâche V. toile.

bâcher V. couvrir.

bacille V. microbe.

bâclé V. hâtif.

bâcler V. saboter, torcher.

bactérie V. microbe.

bactérien V. microbien.

badaud V. flâneur, curieux.

baderne V. vieux, fossile.

badge V. insigne.

badigeon, badigeonnage V. peinture.

badigeonner V. peindre I.

badigoince V. lèvre.

badin *Il lui a répondu sur un ton badin* : **enjoué** ◆ [plus approximatif] **léger** ; → SANS GÊNE*, ESPIÈGLE, GAI.

badinage V. plaisanterie (*in* plaisanter).

badine V. baguette.

badiner V. plaisanter, rire.

baffe V. gifle.

baffle V. enceinte III.

bafouer V. railler, caricaturer (*in* caricature), fouler* aux pieds.

bafouillage V. bredouillement (*in* bredouiller).

bafouille V. lettre.

bafouiller V. balbutier.

bâfrer V. manger I.

bagage 1. *Où avez-vous laissé vos bagages ?* : [plus partic.] **valises, sacs, malles** ◆ [génér.] **affaires** ◆ [très fam.] **barda** ◆ **paquetage** (qui s'emploie pour désigner les bagages d'un soldat). *Plier bagage* : [fam.] : [cour.] **partir***. 2. *Pour exercer ce métier, il faut un certain bagage* : [plus sout.] **compétence** (qui englobe aussi bien l'habileté que le savoir-faire) ◆ [plus précis.] **connaissances** [au pl.] ; → CAPACITÉ I.

bagarre 1. *Une violente bagarre éclata dans le café* : [rare] **bataille** ◆ ↑ **rixe** (qui implique souvent l'usage d'armes blanches) ◆ **échauffourée** (qui se dit d'une bagarre de courte durée, assez violente ; ce terme s'emploie souvent à propos des manifestations sur la voie publique qui donnent lieu à l'intervention de la police) ◆ **corps à corps** (= bagarre où l'on frappe directement l'adversaire) ◆ **pugilat** (= bagarre à coups de poings) ; → COMBAT, RÈGLEMENT DE COMPTE*, DUEL, DISPUTE. 2. *Il va y avoir de la bagarre !* : [fam.] **du grabuge, du vilain**.

bagarrer (se) V. battre I.

bagarreur V. combatif (*in* combattre).

bagatelle V. babiole, enfantillage, gaudriole, paille, plaisanterie (*in* plaisanter), rien II.

bagnard V. prisonnier, forçat.

bagne 1. *Ce condamné devra terminer ses jours au bagne* : [plus rare] **pénitencier** ◆ **galères** (qui se disait autrefois de la peine des criminels condamnés à ramer sur les galères) ◆ **travaux forcés** (= peine des condamnés qui séjournent au bagne) ; → PRISON. 2. *Il travaille douze heures par jour : c'est le bagne !* : **enfer** ◆ [fam.] **galère** (*c'est la galère !*) ; → ABOMINABLE.

bagnole V. automobile.

bagou V. d'abondance, éloquence.

bague V. anneau.

baguenauder V. flâner, s'amuser.

baguette 1. *Voici une baguette de noisetier* : [plus rare] **badine, verge** ; → BÂTON. 2. *Il fait marcher tout le monde à la baguette* : ↑ **cravache, coups de trique** ; → SÉVÈREMENT. 3. *Baguette magique* : V. ENCHANTEMENT.

bahut 1. V. lycée. 2. V. camion.

baie 1. V. fenêtre. 2. V. golfe. 3. V. fruit.

baignade V. bain.

baigner

I [~ qqn, qqch] 1. *Baignez l'enfant chaque jour !* : **donner un bain**. *Baignez le doigt dans de l'eau tiède* : **plonger*, immerger** (qui n'impliquent pas que l'action dure) ; → LAVER. 2. *La Bretagne est baignée par la mer* : **arroser*** (qui se dit pour fleuves et rivières) ◆ [plus génér.] **entourer**. 3. *Un visage baigné de larmes* : V. ARROSER. *Baignez-vous les yeux avec du sérum* : ↓ **humecter** ; → MOUILLER.

II [sans compl.] 1. *Les cornichons baignent dans le vinaigre* : **tremper** ◆ ↑ **nager** ; → MARINER. 2. *Ils baignent dans le bonheur* : **nager**. *Ce film nous fait baigner dans une atmosphère morbide* : **macérer** ◆ [fam.] **mariner**.

III **se baigner** *Si on allait se baigner ?* : **prendre un bain** ◆ [fam.] **faire trempette, se tremper** ◆ [plus partic.] **nager**.

bâiller V. ouvert, s'ouvrir.

bâillonner V. réduire au silence*.

bain *C'était l'heure du bain* : **baignade**. *Donner un bain* : V. BAIGNER I ; *prendre un bain* : V. SE BAIGNER. *Un bain de vapeur* : **sauna** ◆ **bain turc** (= bain de vapeur suivi de massages). *Être dans le bain* [fam.] (= participer à une affaire le plus souvent compromettante ou dangereuse) : **être dans le coup** ◆ [plus fam.] **être mouillé** ; → COMPROMETTRE.

baïonnette V. poignard.

baiser
I [v.] V. EMBRASSER et RELATION INTIME*.
II [n.] *Couvrir de baisers* : [fam.] **bise** ◆ [très fam.] **bécot** ; → CARESSE.

baisse V. abaisser I, abaissement I, mouvement, dépréciation (*in* déprécier), déclin (*in* décliner).

baisser
I [~ qqch] **1.** *Baisser la vitre, les prix* : V. ABAISSER I. **2.** *Baissez la tête !* : **courber, pencher***. *Baisser la voix* : **parler plus bas**.
II **1.** [qqch ~] *Le jour baisse* : V. DÉCLINER II. *Le dollar baisse* : V. SE DÉPRÉCIER. *La température baisse* : V. DESCENDRE et TOMBER. **2.** [qqn ~] V. S'AFFAIBLIR et S'ESSOUFFLER.

bakchich V. gratification.

bal **1.** *Lieu où l'on danse* : [arg.] **guinche** ◆ **dancing** (en ville) ◆ **guinguette** (dans un cadre champêtre) ◆ [vieilli, fam.] **bastringue** (= dancing populaire) ◆ [plus mod.] **boîte de nuit**, **night-club**, [abrév. fam.] **boîte, night** ; → DANSER. **2.** *Réunion où l'on danse* : **boum, fête** ◆ [vieilli] **surprise-partie, surboum, sauterie** ◆ [en partic.] **thé dansant** ◆ [néol. angl.] **rave, rave-party** (= grand rassemblement dansant sur de la musique moderne ; souvent illicite) ; → SOIRÉE.

balade V. promenade, sortie (*in* sortir).

balader (se) V. se promener, sortir.

baladeur V. walkman.

baladin V. acteur, saltimbanque.

balafre V. cicatrice, coupure.

balafrer V. blesser.

balai **1.** [instrument] **balayette** (= petit balai) ◆ **balai-brosse** (= balai avec une tête en chiendent). **2.** *Donner un coup de balai* : **balayer, nettoyer**. *Il compte donner un sérieux coup de balai parmi son personnel* (= licencier du personnel) : **nettoyage** (*il compte procéder à un sérieux nettoyage*) ; → ASSAINISSEMENT, CONGÉDIER.
◇ **balayer** **1.** [génér.] **passer le balai, donner un coup de balai** ; → NETTOYER. **2.** [~ qqn] V. CHASSER et CONGÉDIER. **3.** [~ qqch] V. EMPORTER. **4.** *Le projecteur balaye l'obscurité* : **fouiller**. *Sa robe balaye le sol* : **traîner**. *Balayez cela de votre esprit !* : ↓**enlever, ôter**.

balance **1.** [instrument] **bascule** (qui ne se dit que pour un instrument servant à peser des objets très lourds). **2.** *Mettre en balance* : V. COMPARAISON. **3.** *Être en balance* : V. HÉSITER. *Tenir la balance* : V. ÉQUILIBRER. **4.** *Balance des paiements* : V. SOLDE.

balancé **1.** V. équilibré, rythmique (*in* rythme). **2.** V. bâti, bien fait* I.

balancement V. rythme, va-et-vient.

balancer
I [~ qqch] **1.** *Il balançait la tête en nous écoutant* : **dodeliner, branler, hocher** (qui sont plus précis, mais ne s'emploient que dans ce contexte). **2.** *Mettons un mauvais joueur dans chaque camp ; cela balancera un peu mieux les chances* : **équilibrer, répartir** ; → COMPENSER.
II **1.** [~ qqch] V. JETER et ENVOYER VALSER*. **2.** [~ qqn] V. CONGÉDIER.
III [qqn ~] V. HÉSITER.
IV **se balancer** **1.** *La lampe se balançait au plafond* : **balancer** ◆ [plus sout.] **osciller** (qui suppose toujours un mouvement très régulier) ◆ [pour les bateaux] **tanguer** (dans le sens de la longueur), **rouler** (dans le sens de la largeur) ; → SE DANDINER. **2.** *S'en balancer* : V. SE MOQUER. **3.** *Ça se balance* : **ça se vaut, c'est pareil***.

balançoire V. escarpolette.

balayage V. nettoyage.

balayer V. balai.

balayette V. balai.

balayure V. débris.

balbutiement V. ânonnement.

balbutier *Dans son désarroi, elle parvint à balbutier quelques mots* : **articuler, murmurer** ◆ [péj.] **bredouiller, marmonner** ◆ ↑**bégayer** ◆ [fam.] **bafouiller** ◆ [fam.] **baragouiner** (= mal s'exprimer dans une langue étrangère) ◆ [péj.] **ânonner** (qui se dit surtout d'une lecture balbutiante).

baldaquin V. dais.

baleinière V. embarcation.

balèze V. fort.

balisage V. signalisation (*in* signaler).

balise V. bouée, signal, feu II.

baliser V. signaliser.

baliverne V. sornette, sottise (*in* sot).

ballade V. romance, chant (*in* chanter).

ballant V. pendant I.

ballast V. remblai.

balle
I **1.** S'emploie sans synonyme pour le ping-pong, le tennis. **2.** *L'ailier passe la balle à l'avant-centre* : **ballon** (dans certains sports comme le football, le handball, etc.). **3.** *Première balle* : V. SERVICE I.
II *Il a pris une balle dans la cuisse* : [fam.] **pruneau** ◆ **chevrotine** (= balle spéciale pour la chasse au gros gibier) ; → PROJECTILE, CARTOUCHE.
III V. FRANC I.

ballerine V. danseuse.

ballon **1.** V. balle. **2.** V. montagne. **3.** V. dirigeable.

ballonné V. enflé I.

ballonnement V. enflure (*in* enflé).

ballot V. balourd, paquet.

ballotté V. tiraillé.

ballotter V. secouer, tirer II.

ballottine V. galantine.

balnéaire V. bord de mer*.

balourd [n. et adj.] *N'attendez pas de lui de la finesse : c'est un balourd !* : **ballot, lourdaud** ◆ ↑ **rustre, rustaud** ◆ **obtus, fruste** (qui ne s'emploient que comme adj., le premier évoquant surtout un esprit lourdaud, le second une conduite rudimentaire) ◆ **épais, mal dégrossi** ; → CAMPAGNARD, GROSSIER, MALADROIT, NIAIS, SOT.

balourdise V. maladresse (*in* maladroit).

baluchon V. paquet.

balustrade Se dit couramment de toute clôture à jours et à hauteur d'appui : **rampe** (= balustrade d'un escalier) ◆ **garde-fou, garde-corps** (= balustrade établie sur un pont, un quai, etc., pour empêcher les gens de tomber) ◆ **bastingage** (sur un bateau) ◆ **parapet** (= mur servant de garde-fou) ◆ **rambarde** (terme de marine, parfois utilisé avec le sens de garde-fou).

bambin V. bébé, enfant.

bamboche V. fête.

bambocheur V. jouisseur.

ban V. bannir.

banal V. commun II, ordinaire, rebattu.

banalité V. généralité (*in* général), lieu* commun, pauvreté (*in* pauvre II), platitude (*in* plat II), poncif.

banc **1.** V. bande I, écueil. **2.** V. box.

bancal V. boiteux.

bandage V. pansement.

bande
I **1.** *Depuis son opération, elle porte une bande* : **bandage** ; → PANSEMENT. **2.** *À marée basse, on aperçoit une bande de sable* : ↑ **banc**.
II V. COTERIE, VOLÉE I et TROUPE I.

bandeau Selon sa forme et son usage, un bandeau peut être un **serre-tête**, un **turban**.

bandelette V. pansement (*in* panser).

bander **1.** V. panser. **2.** V. contracter, raidir, tendre III. **3.** V. érection.

banderole **1.** *Des banderoles flottaient au mât de la place* : **bannière** ◆ **flamme** (= banderole à deux pointes qui se place sur le mât d'un bateau) ◆ **oriflamme** (= bannière d'apparat) ; → DRAPEAU. **2.** *La banderole d'un syndicat dans une manifesta-*

tion : **calicot** (= toile de coton grossier portant une inscription).

bandit 1. [vx] *J'aime les vieilles histoires où l'on voit des bandits attaquer des diligences* : [vx, plus partic.] **brigand** (= homme qui se livre au vol et au pillage) ◆ **malandrin** (= aventurier armé) ; → VOLEUR, GANGSTER, PIRATE. 2. V. MALFAITEUR. 3. [fig.] *Cet épicier est un bandit !* : V. VOLEUR II. *Ah ! le bandit !* : V. MISÉRABLE et COQUIN.

banditisme V. crime.

bandoulière V. courroie.

banlieue *Il habite en banlieue* : **périphérie** (ensemble des quartiers situés loin du centre d'une ville : il habite à la périphérie) ◆ **petite banlieue** (= banlieue proche), **grande banlieue** (= banlieue plus éloignée). *Commune de banlieue* : **commune suburbaine** ◆ [pl.] **faubourgs** (= périphérie immédiate et généralement d'une ville ancienne) ; → ABORDS, VILLE.

bannière 1. V. drapeau. 2. V. chemise.

bannir 1. [~ qqn] Condamner qqn à quitter son pays : **exiler, proscrire** (qui ne supposent pas l'idée d'une condamnation méritée mais plutôt d'un acte arbitraire) ◆ [formule administrative] **contraindre à quitter le territoire** ; → CHASSER. 2. [~ qqn] *Il a été banni de son club* : **rejeter, expulser, chasser*** ◆ [plus rare] **mettre au ban de**. 3. [~ qqch] *Il faudra bannir ce mot de votre conversation* : **ôter**, **chasser**, **extraire**, **proscrire**, **rayer**, **supprimer** ◆ ↓ **éviter** (*évitez ce mot dans votre conversation*).

banquer V. payer.

banqueroute V. faillite.

banquet, banqueter V. repas.

banquette V. siège I.

banquier V. financier.

baptiser 1. *Êtes-vous baptisé ?* : **ondoyer** (= baptiser provisoirement en attendant la cérémonie solennelle du baptême). 2. V. APPELER II et INJURIER.

bar V. café I.

baragouin V. galimatias.

baragouiner V. balbutier.

baraka V. chance.

baraque

I 1. *Les baraques d'un bidonville* : **baraquement** (= ensemble de baraques) ◆ [plus péj.] **cabane**. 2. *Il vient de s'acheter une nouvelle baraque* [fam.] : **cabane, bicoque** ◆ [cour.] **maison** ◆ **masure, taudis**, [très fam.] **gourbi** (qui se disent d'une maison délabrée) ; → HABITATION.

II V. FORT I et HOMME.

baraqué V. fort I.

baraquement V. baraque.

baratin V. galanterie.

baratiner 1. V. discourir. 2. V. faire du plat* III.

baratineur V. bavard, séducteur.

barbant V. ennuyeux.

barbare V. cruel, grossier, sauvage.

barbarie 1. *La guerre nous fera retomber dans la barbarie* : **sauvagerie*** ; → BRUTALITÉ, CRUAUTÉ. 2. *Détruire les musées est un acte de barbarie* : **vandalisme**.

barbe 1. *Il porte la barbe depuis deux mois* : [fam.] **barbouze** ◆ ↓ **barbiche, barbichette** (= petite barbe portée au menton) ◆ **collier** (= barbe courte, régulièrement taillée). 2. *Quelle vieille barbe !* : V. FOSSILE. *La barbe !* [fam.] : [cour.] **ça suffit !** ◆ [plus sout.] **tu m'ennuies !**

barbeau V. souteneur.

barber V. ennuyer.

barbiche V. barbe.

barbiturique V. somnifère.

barbon V. vieux.

barboter 1. V. patauger. 2. V. piquer IV, prendre, dérober, voler II.

barbouillage Se dit d'une écriture, d'un dessin, d'une peinture informes, grossiers : **barbouillis**, **gribouillage**, **gribouillis** ◆ **griffonnage** (qui ne se dit généralement que du trait, c'est-à-dire d'une écriture ou d'un dessin) ◆ **pattes de mouches** (qui se dit de l'écriture) ; → ÉCRITURE.

barbouiller V. maculer, salir, peindre I.

barbouilleur V. peintre.

barbouillis V. barbouillage.

barbouze V. espion.

barbu V. poilu (*in* poil).

barda V. bagage.

barder V. se gâter, chauffer.

barème V. échelle.

baril V. tonneau.

bariolage V. mélange.

barioler *Peindre de couleurs vives et mal harmonisées* : **bigarrer, panacher** ◆ **chiner, diaprer, jasper, veiner, marbrer** (qui impliquent, au contraire, technique et savoir-faire ; *chiner* se dit en termes de tissage, lorsqu'on donne aux fils des couleurs différentes ; *diaprer* ou *jasper*, c'est imiter par la disposition des couleurs l'apparence du jaspe ; *veiner* ou *marbrer*, c'est imiter par la disposition des couleurs les sinuosités des veines ou du marbre) ; → MARQUETER, COLORER.

barjo V. fou.

barmaid V. servante.

barman V. serveur.

baroque V. bizarre.

baroud, baroudeur V. combat, combatif (*in* combattre).

barouf V. tapage.

barque V. embarcation.

barrage V. obstacle, barricade.

barre

I 1. Des barres de fer peuvent éventuellement servir de **barreaux** à une porte ou à une fenêtre, de même que des barres de bois peuvent en être les **croisillons**. Une barre de métal ou d'alliage coulée dans un moule est appelée **lingot**. 2. *Le coup de barre* : [fam.] **coup de fusil** ; [cour.] **inabordable*** ; → ÉCORCHER. *Avoir le coup de barre* : V. FATIGUE.

II 1. La barre d'un bateau est le levier qui actionne le **gouvernail**. *Tenir la barre* : **barrer, gouverner** ◆ [plus génér.] **diriger***. 2. [fig.] *Avoir barre sur qqn* : V. DOMINER.

◇ **barreur** Le **skipper** est un barreur de yacht de régates.

barré *Mal barré* : V. engager.

barreau V. barre.

barrer 1. V. effacer, rayer (*in* raie), supprimer. 2. V. boucher.

◇ **se barrer** V. fuir, s'ôter, partir.

barreur V. barre II.

barricade Obstacle fait d'objets divers et derrière lequel se retranchent les participants d'un combat de rue : **barrage.** *Ce gouvernement est né sur les barricades* : **dans la révolution, l'émeute***.

◇ **se barricader** 1. *Les gangsters se sont barricadés dans une vieille ferme* : **se retrancher** ◆ [plus génér.] **s'enfermer** ; → SE CACHER. 2. *Depuis son accident, on ne peut plus le rencontrer : il se barricade* : **se cloîtrer, se claustrer** ◆ ↓ **s'isoler**.

barrière V. clôture, obstacle.

barrique V. tonneau.

bas

I [adj.]. Terme général qui marque ce qui est au-dessous de la normale. 1. *Une voix basse* : **faible**. *À voix basse* : V. MURMURER. *C'est un homme de basse naissance* : **inférieur** (... *de naissance inférieure*) ; → MODESTE, PETIT. *C'est un magasin qui vend à bas prix* : **modéré, modique** (... *prix modérés, modiques*). *La rivière est basse* : ↑ **à l'étiage**. *De la basse littérature* : **mauvais, méchant, piètre** ◆ [expr.] **le degré zéro de.** 2. *Le bas*

Moyen Âge : **tardif**. **3.** *La tête basse, l'oreille basse* : V. EMBARRASSÉ. *Au bas mot* : **au minimum**.

II [adj.] V. ABJECT, LÂCHE, LAID, VIL et VULGAIRE II.

III [adv., de bas I] *Parler bas* : V. MURMURER. *Mettre bas* : V. ACCOUCHER. *Plus bas* : V. APRÈS II et LOIN. *En bas* : V. DESSOUS. *De haut en bas* : V. TÊTE. *Mettre à bas* : V. DÉTRUIRE. *À bas* : ↑ **mort à**.

IV [n.] V. BASE I.

V [n.] **1.** *J'ai encore filé mes bas !* : **collants** (= bas qui couvrent le corps de la taille aux pieds) ◆ **chaussettes** (qui s'arrêtent à mi-mollet ou au-dessous du genou) ◆ **socquettes** (= chaussettes basses s'arrêtant à la cheville). **2.** *Bas de laine* : V. ÉCONOMIE et MAGOT.

basane V. cuir.

basané V. bronzé, tanné.

bas-côté V. accotement.

bascule V. balance.

basculer V. culbuter.

base

I **1.** *La base de ces colonnes est d'une belle géométrie* (= ce qui supporte un objet) : **pied, support** ◆ **socle, piédestal** (qui s'emploient pour une statue, un vase). **2.** *La base de cet immeuble me paraît solide* (= partie inférieure d'un édifice) : **assise** ◆ **soubassement** (qui est le terme technique) ◆ [souvent pl.] **fondation** (qui désigne la partie enterrée d'un immeuble sur laquelle repose le soubassement). **3.** Partie inférieure d'un objet quelconque : **bas** (pour une montagne) ◆ **pied** (pour une lampe, un arbre) ◆ **racine** (pour un arbre).

II **1.** *Les bases d'une théorie* : **fondement, principe** ◆ [néol., au plur.] **fondamentaux** ; → BASIQUE, LIGNE IV. **2.** *Les bases d'un traité* : **conditions**. **3.** *Être à la base de* : **origine***, **source, point de départ** ; → BASIQUE, COLONNE* VERTÉBRALE.

III *Une base aérienne, navale* : **centre**. *Base arrière* : V. REFUGE.

baser V. établir.

◇ **se baser** V. se fonder.

bas-fond **1.** V. creux. **2.** V. quartier.

basilique V. église.

basique Dans le langage technique : **de base, fondamental**.

basques *Aux basques de* : V. collant (*in* coller).

bas-relief V. sculpture (*in* sculpter).

basse-cour V. poulailler.

bassesse **1.** *Comment peut-on vivre dans la bassesse ?* (= manque d'élévation morale) : ↓ **indignité** ◆ ↑ **infamie, ignominie, abjection** ◆ [sout.] ↑ **turpitude** ◆ **servilité** (qui désigne plus précisément la basse flatterie) ; → PLATITUDE II, ABAISSEMENT, VICE, BOUE. **2.** *Commettre une bassesse* (= action vile et méprisable) : **lâcheté** ◆ ↓ **indignité** ◆ ↑ **ignominie** ◆ [rare] **vilenie** ◆ [fam.] **saloperie**.

◇ **bassement** [avec les mêmes nuances que le nom] *Il s'est vengé bassement* : **de façon indigne, infâme, servile** ◆ **indignement, servilement, lâchement**.

bassin

I V. tronc.

II **1.** V. étang. **2.** V. vallée.

bassiner **1.** V. arroser. **2.** V. ennuyer.

bastaing V. poutre.

bastide, bastille V. prison, château.

bastingage V. balustrade.

bastion **1.** Un bastion est une partie avancée d'une **fortification**. **2.** *Leur parti est le bastion du conservatisme* : **rempart** ◆ ↓ **soutien** ◆ [souvent péj.] **camp retranché, citadelle**.

bastonnade V. volée III.

bastringue **1.** V. bal. **2.** *Et tout le bastringue* : V. s'ensuivre.

bas-ventre V. ventre.

bataille V. bagarre, combat (*in* combattre), lutte.

batailler V. combattre.

batailleur V. combatif (*in* combattre).

bataillon V. troupe.

bâtard 1. *Les rois de France ont eu de nombreux bâtards* (= enfant né en dehors d'un mariage légitime) : **enfant naturel, illégitime, adultérin** ; → MÉTIS. 2. *Une solution bâtarde* : V. BOITEUX.

bateau

I Ouvrage flottant destiné à la navigation : **bâtiment**, [litt.] **vaisseau** (= constructions navales de grandes dimensions) ◆ **unité** (= bâtiment de la Marine nationale) ◆ **navire** (= bâtiment destiné au transport en pleine mer) ◆ **cargo** (qui sert au transport des marchandises) ◆ **tanker** (= bateau-citerne) ◆ **chalutier, bateau de pêche** ◆ **paquebot** (qui sert au transport des passagers) ◆ **yacht** (= navire de plaisance) ◆ **voilier** (= bateau à voile) ◆ **caboteur** (= navire côtier) ◆ **transatlantique, long-courrier, bateau au long cours** (qui servent à de longues traversées) ◆ [fam.] **rafiot, coquille de noix** (= mauvais bateaux) ; → EMBARCATION.

II V. ATTRAPE et PONCIF.

bateleur V. saltimbanque.

batelier V. passeur.

batellerie a pour syn. **transport fluvial**.

bath V. beau.

bâti V. bâtir.

batifolage V. caprice.

batifoler V. folâtrer.

bâtiment V. bâtir.

bâtir 1. *Mon cousin se fait bâtir une maison au bord de la mer* : **construire** ◆ **édifier** (en parlant d'une très grande construction) ◆ **ériger** (= construire dans une intention solennelle un monument, une église) ; → ÉLEVER I. 2. *Bâtir ses phrases* : V. FORMER. *Bâtir une fortune* : V. ÉTABLIR. *Bâtir des projets* : **échafauder** ◆ [très génér.] **faire, avoir**. 3. V. FAUFILER.

◇ **bâti** 1. [adj.] *Il est bâti comme un athlète* (se dit pour une personne, en parlant du corps et de ses proportions) : **taillé, charpenté**. *Bien, mal bâti* : **fait**, [fam.] **balancé**, [très fam.] **fichu, foutu** ; → DIFFORME, HARMONIEUX. 2. [n.] V. PLAN IV.

◇ **bâtiment** 1. *Avez-vous visité les nouveaux bâtiments du quartier ?* : **construction** ◆ [souvent péj.] **bâtisse** ◆ **édifice, monument** (qui impliquent l'idée de grandeur et d'importance) ; → HABITATION, IMMEUBLE, LOCAL. 2. *Il travaille dans le bâtiment* : **construction**. 3. V. BATEAU et VAISSEAU II.

bâtisse V. bâtiment (*in* bâtir).

bâtisseur V. constructeur.

bâton

I Morceau de bois long et mince que l'on tient à la main. 1. Pour fouetter : **baguette***. 2. Pour s'appuyer : **canne**. 3. Pour frapper : **gourdin** ◆ [plus fam.] **trique** ◆ **massue, matraque** (qui désignent des armes véritables). 4. Pour soutenir : **tuteur, échalas**. 5. Bâton de rouge, de colle : [anglic.] **stick**.

II *Mettre des bâtons dans les roues* [fam.] : [cour.] **gêner** ; → CONTRARIER. *Bâton de maréchal* : V. CARRIÈRE. *Bâton de vieillesse* : V. SOUTIEN. *Une vie de bâton de chaise* : V. DÉRÉGLÉ. *À bâtons rompus* : V. FAMILIÈREMENT.

battage V. publicité.

battant

I [n.m.] 1. *Les deux battants de la fenêtre* : **vantail**. 2. *Le battant d'une cloche* : **marteau**.

II [n.] *Ce représentant est un battant* : **fonceur**. *Être un battant* : [fam.] **avoir la pêche**, [cour.] **être très combatif**.

III [adj.] 1. *Une pluie battante* : **cinglant, très violent**. *Il tombe une pluie battante* : **il tombe des cordes, des hallebardes, il pleut à seaux** ◆ [très fam.] **comme vache qui pisse**. 2. *Mener une affaire tambour battant* : **rondement, sans traîner** ; → RAPIDEMENT. 3. *Le cœur battant* : V. ÉMOTION.

battement V. battre.

batterie 1. *La batterie de la voiture est en panne* : **accumulateurs** ◆ [abrév. fam.] **accus**. 2. *Batterie de cuisine* : V. USTENSILE. 3. V. PERCUSSION.

batteur V. fouet.

battre

I [qqn ~ qqn] 1. *Je dis qu'un père qui bat son enfant n'est pas un bon pédagogue !* : [plus sout.] **frapper** (qui n'implique pas forcément des coups répétés et qui peut être précisé : *frapper à la joue, au nez*) ◆ [fam.] **taper** (qui se dit le plus souvent de coups donnés avec la main nue) ◆ [fam.] **caresser les côtes** ◆ [fam.] ↓ **secouer** ◆ [fam.] ↑ **cogner, tabasser, passer à tabac, dérouiller, tanner, flanquer une volée, boxer, estourbir** ◆ ↑ **rosser** ◆ ↑ **rouer de coups** ◆ [plus partic.] **cingler, fouetter** (= battre avec un fouet ou un objet flexible) ◆ [sout.] **fustiger, flageller** (= battre à coups de fouet, de bâton) ◆ **fesser** (= taper sur les fesses) ◆ [plus cour.] **donner une fessée** ; → CORRIGER, GIFLER, APPLIQUER, MALMENER. 2. *Battre un adversaire* : V. VAINCRE, PILER, MALMENER et TRIOMPHER. *Se faire battre* : V. PERDRE.

◇ **se battre** 1. *Ces deux frères passent leur temps à se battre* : [plus fam.] **se bagarrer** ◆ ↓ **se chamailler, se disputer** ◆ [fam.] **se crêper le chignon, se bouffer le nez** ◆ ↑ **se taper, se tabasser**. *Ils ont fini par se battre* : **en venir aux mains, en découdre** ◆ [fam.] **se taper dessus**. 2. *Les troupes se sont battues avec courage* : **combattre** ; → GUERROYER. 3. *Je me bats avec ce problème depuis une heure !* : **se débattre, se démener, s'acharner sur** ◆ [fam.] **se coltiner, s'arracher les cheveux**. *Pour arriver à ce poste, il a dû se battre* : **lutter, combattre** ◆ [plus fam.] **se démener** ◆ [fam. et souvent péj.] **jouer des coudes**, ↑ **marcher sur les autres**.

II [qqn, qqch ~ qqch] 1. Agiter pour mélanger. *Qqn bat les cartes* : **mêler** ; → BROUILLER I. 2. Parcourir en tous sens. *Qqn bat les bois* : **courir, fouiller** ◆ [plus génér.] **parcourir**. *Battre la campagne* : V. DÉRAISONNER. *Battre le pavé* : V. FLÂNER. 3. Heurter. *La pluie bat les carreaux, contre, sur les carreaux* : **cingler, fouetter, tambouriner, marteler** ; → BATTANT III.

III [qqch, qqn ~] 1. Être animé par ou produire des mouvements répétés. *Son cœur bat* : **palpiter**. *Son cœur bat vite* : ↑ **battre la chamade**. *Les volets battent* : **claquer**. *Le public bat des mains* : **applaudir** (*le public applaudit*) ◆ ↑ **applaudir à tout rompre** ; → ACCLAMER. 2. *Battre en retraite* : V. RECULER et CÉDER DU TERRAIN*.

◇ **battement** *Un battement d'ailes* : [plus sout.] **bruissement, frémissement** ; → COUP II. *Avoir des battements de cœur* : **palpitations**.

battue V. chasse.

baudet V. âne.

bauge V. gîte.

baume *Mettre du baume au cœur de qqn* : V. consoler.

bavard 1. [adj.] Se dit de celui qui aime parler et le fait abondamment : [plus précis.] **loquace** (= qui parle volontiers) ◆ **volubile** (= qui parle rapidement et avec abondance) ◆ [fam. et souvent péj.] **baratineur, tchatcheur** ; → PROLIXE, ÉLOQUENT. 2. [péj.] *Cette femme est décidément trop bavarde !* (qui dit partout ce qu'elle devrait taire) : **indiscret** ◆ [plus fam.] **cancanier**. *Être bavard comme une pie* : **ne pas savoir tenir sa langue** ; → AFFILÉ, MÉDISANT, MÉDIRE. 3. [n.] *Quel bavard !* : [fam.] **perroquet, pie** ◆ **commère** (qui ne s'emploie qu'en parlant des femmes) ◆ **concierge**, [fam.] **pipelet** (qui sont dominés par l'idée d'indiscrétion) ◆ **phraseur** (= celui qui parle de manière affectée pour ne rien dire de sensé) ◆ **baratineur** (= celui qui parle beaucoup dans l'intention de séduire). 4. [adj.] *Un discours bavard* : **verbeux** ; → PROLIXE.

◇ **bavarder** 1. *Je serais resté pendant des heures à bavarder avec elle !* : [plus génér.] **parler*** ◆ [fam.] **causer, papoter, parloter, piapiater** ◆ **babiller** (qui implique l'idée de volubilité et de légèreté) ◆ [péj.] **caqueter, jacasser** ◆ [fam.] **tailler une bavette** (= bavarder un moment) ◆ [arg.] **jacter, jaspiner** ; → CONVERSER, PARLER. 2. *Je n'aime pas les gens qui bavardent* : **ne pas tenir sa langue**. *Cela va se savoir et on va bavarder* : **jaser, cancaner** (qui comportent l'idée de médisance).

◇ **bavardage** 1. [de bavarder] **babillage** ◆ [péj.] **caquetage, papotage, jacasserie**

◆ **babil** (qui s'emploie génér. pour de jeunes enfants). **2.** [de bavard 2] *Je n'aime pas les bavardages* : [surtout pl.] **commérages, racontars, potins, cancans** ◆ [plus sout.] **indiscrétions** ◆ [péj.] **ragots** ; → CONVERSATION. **3.** *Ce texte n'est qu'un insipide bavardage !* : [sout.] **verbiage*** ; → DÉLAYAGE V, DÉTAIL.

bave V. salive.

baver V. saliver (*in* salive), peiner I, voir.

bavette *Tailler une bavette* : V. converser.

baveux V. coulant.

bavure V. tache I.

bayer V. rêver.

bazar V. désordre, magasin I, reste.

bazarder V. jeter.

b.c.b.g. V. chic II, classique.

b.d. Abrév. de bande dessinée.

béant V. ouvert (*in* ouvrir).

béat V. satisfait.

béatification V. canonisation.

béatifier V. canoniser.

béatitude V. bonheur.

beau Adjectif d'emploi très large et dont le sens général implique une émotion ressentie devant ce qui atteint, dans son genre, la perfection. Les synonymes se répartissent selon ce « genre » considéré ; sauf *joli*, ils sont presque toujours postposés. **1.** [valeur esthétique] *Un beau tableau, une belle femme : je résumerais ainsi mes impressions sur la Joconde* : ↓ **joli,** ↑ **superbe, splendide** (qui impliquent une émotion plus superficielle) ◆ ↓ **ravissant, gracieux,** ↑ **adorable,** ↑ **délicieux** ◆ [fam.] **super chouette, bath**. *Un homme très beau* : **beau comme un dieu** ; → SÉDUISANT, CHARMANT. **2.** [valeur morale] *Elle manifeste de beaux sentiments : est-ce pour autant la garantie d'une belle âme ?* : **noble, grand, généreux** ; → ÉLEVÉ, ADMIRABLE, SUBLIME. **3.** *Une belle course est toujours un beau spectacle* (qui renvoie à ce qui est bien fait, parfait dans son genre) : **remarquable,** ↓ **intéressant** ; → TERRIBLE, BRILLANT. **4.** *Le temps est beau* : **clair, ensoleillé** ◆ ↑ **radieux, magnifique, splendide**. **5.** [par antiphrase] *C'est du beau travail ! Nous voici dans de beaux draps ! Vraiment, quel beau monsieur !* (qui marque une dépréciation ou une désapprobation) : **joli** ; → VÉRITABLE. **6.** *Le plus beau, c'est que...* : V. MIEUX. **7.** *Faire le beau* : V. POSER.

◇ **beauté** **1.** [de beau 1] *Cette femme est une beauté* : V. FEMME. *La beauté d'un coucher de soleil* : ↑ **splendeur, majesté, éclat, magnificence**. **2.** [de beau 2] **noblesse, grandeur, générosité** ; → ÉLÉVATION. **3.** V. ESTHÉTIQUE.

beaucoup **1.** [~ + v., marque la quantité] *Boire beaucoup, pleuvoir beaucoup* : **abondamment, en abondance, copieusement** ◆ [fam.] **bigrement, sacrément, vachement** ◆ [sout.] **plantureusement** (*manger beaucoup, plantureusement*) ◆ ↑ **énormément, excessivement** ◆ ↑ **considérablement** ; → À DISCRÉTION*, LARGEMENT, NETTEMENT, SEC II. (Toute une série d'express. à valeur superlative, souvent fam. ou très fam., chacune propre à tel ou tel verbe, s'emploient également ; ainsi : *manger comme quatre, boire comme un trou, boire à tire-larigot, travailler comme un nègre* [→ FORÇAT] ; *pleuvoir comme vache qui pisse, souffrir comme un martyr.*) *Pas beaucoup* : [pop.] **pas bésef** (qui s'emploie surtout avec *avoir* : *je n'en ai pas beaucoup, pas bésef*) ; → PEU I. **2.** [~ + v., marque l'intensité] *Plaindre beaucoup, aimer beaucoup* : ↑ **énormément,** ↑ **excessivement**. Les synonymes peuvent varier selon le verbe utilisé : ↑ **infiniment** (*aimer* ou *plaire beaucoup, infiniment*) ◆ **aveuglément** (*aimer beaucoup, aveuglément*) ◆ ↑ **intensément, puissamment** (*réfléchir beaucoup, intensément, puissamment*) ◆ [fam.] **bigrement, sacrément, vachement** (*plaire...*) ◆ ↑ **passionnément** (*aimer...*) ◆ ↑ **violemment** (*désapprouver...*) ◆ ↑ **fortement,** ↑ **vivement** (*applaudir...*) ; → AMÈREMENT, TRÈS, TROP. **3.** [~ + v., marque la fréquence] *Sortir beaucoup, pleuvoir beaucoup* : **souvent, fréquemment**. **4.** [~ + compar.] *Être beaucoup plus calme,* *beaucoup moins calme, beaucoup trop calme* : **bien** ; → AUTREMENT. **5.** *Merci beaucoup* : **bien** ◆ ↑ **mille fois, infiniment**. **6.** [~ de + n. abstrait] *Beaucoup de travail, de chagrin, d'ennuis* : **bien** (*bien du travail, du chagrin, des ennuis*) ◆ ↑ **énormément, excessivement** ◆ **fou** (*beaucoup de chagrin, un chagrin fou*). **7.** [~ de + n. concret] *Beaucoup de bière, de café, de farine* : ↑ **énormément** ; → PLEIN, UN TAS* DE. **8.** [~ + n. concret] *Beaucoup de personnes* : [fam.] **plein** ◆ ↓ **plusieurs, quelques** ◆ [fam.] ↓ **pas mal** ◆ ↑ **fou** (*beaucoup de monde, un monde fou*) ; → MASSE I, RÉGIMENT, FOISON.

◇ **de beaucoup** *Ce vin me semble de beaucoup le meilleur ; nous avons gagné de beaucoup* : [plus fam.] **de loin** ; → NETTEMENT.

beau-fils V. gendre.

beauté V. beau.

bébé *Quel beau bébé vous avez là !* : [génér.] **enfant*** ◆ **nourrisson** (= enfant qui n'est pas encore sevré) ◆ **nouveau-né** (= enfant qui vient de naître) ◆ [fam.] **bambin, petit, tout-petit, poupon, poupard, loupiot** ◆ [très fam.] **mioche, lardon, môme, moutard**.

bébête V. niais.

bec **1.** V. cap. **2.** *En bec d'aigle* : V. aquilin.

bécane V. bicyclette.

bêche V. pelle.

bêcher V. ameublir, retourner.

bêcheur V. prétentieux.

bécot V. baiser.

bécoter V. embrasser.

becqueter V. manger I, picorer.

bectance V. aliment, nourriture (*in* nourrir).

bedaine V. ventre.

bedeau V. sacristain.

bedon V. ventre.

bedonnant V. gros.

bedonner V. ventre.

bée *Bouche bée* : V. ébahi.

beffroi V. tour I.

bégaiement V. bredouillement (*in* bredouiller).

bégayer V. bredouiller, balbutier.

bègue [adj.] a pour syn. **bégayeur**.

bégueule V. prude.

béguin V. amant, affection I, amour. *Avoir le béguin* : V. aimer.

béguinage V. cloître.

beige V. marron.

beigne V. gifle.

bel canto V. chant (*in* chanter).

bêler V. se plaindre.

bélier V. mouton.

bellâtre V. vaniteux, coquin.

belle-fille V. bru.

belle-mère Mère du conjoint : [appellatif] **belle-maman** ◆ [fam. et péj.] **belle-doche**.

bellicisme V. guerre.

belliciste V. guerrier (*in* guerre).

belligérance V. guerre.

belligérant V. ennemi.

belliqueux V. combatif (*in* combattre), guerrier (*in* guerre).

belvédère Se dit parfois du lieu, par exemple une **terrasse** ou un **balcon** naturels, d'où l'on jouit d'un **point de vue** étendu.

bénédictin *Un travail de bénédictin* : V. soigné (*in* soin I).

bénédiction V. sacre (*in* sacrer).

bénéfice **1.** *Le bénéfice de son travail* : V. FRUIT, PROFIT. *Le bénéfice de l'âge* : **privilège**. **2.** V. GAIN et GAGNER I. **3.** *Trouver son bénéfice* : V. COMPTE. *Une quête au bénéfice d'une organisation* : **profit**. **4.** *Sous bénéfice d'inventaire* : **sous réserve de vérification**.

bénéficiaire Celui qui reçoit le bénéfice d'un droit ou d'un privilège : **allocataire** (s'il s'agit d'une allocation) ◆ [didact.] **récipiendaire**, **impétrant** (= celui qui reçoit le bénéfice d'un titre, par ex. d'un diplôme).

bénéficier V. connaître, jouir.

bénéfique V. bien III.

benêt V. niais.

bénévole V. gratuit, volontaire.

bénévolement V. gratuitement (*in* gratuit).

bénignité V. bonté.

bénin V. inoffensif, doux.

bénir **1.** Dans le vocabulaire de la prière. *Bénir Dieu* : **louer**, **glorifier***, **rendre grâce à**. *Souhaiter que Dieu bénisse qqn* : **protéger, répandre ses bienfaits sur**. **2.** Dans la pratique sacerdotale, le prêtre bénit des objets, des lieux, des personnes : **sacrer*** (qui se dit de la cérémonie du sacre d'un roi ou d'un empereur) ◆ **introniser** (qui se dit de l'installation solennelle d'un roi sur son trône, d'un évêque dans sa chaire épiscopale) ; → CONSACRER. **3.** *Je bénis le jour où nous nous sommes rencontrés !* : [fam.] **marquer d'une pierre blanche**. **4.** *Tu vas te faire bénir !* : V. ENGUEULER.

benjamin V. cadet, jeune.

benoît V. doucereux.

benoîtement V. sournoisement (*in* sournois).

béotien V. grossier.

béquille V. soutien (*in* soutenir).

bercail V. maison I.

berceau **1.** *Le bébé dormait dans son berceau* : **bercelonnette**, **couffin**, **moïse** (qui s'emploient selon la forme et la taille du berceau). **2.** *L'Allemagne est le berceau du romantisme* : **lieu de naissance**. **3.** V. VOÛTE.

bercelonnette V. berceau.

bercement V. rythme.

bercer **1.** Mouvoir d'un lent balancement : **rythmer** (qui s'emploie dans certains contextes). **2.** *Bercer qqn de promesses* : V. TROMPER. **3.** *Toute sa jeunesse a été bercée par l'air du large* : **nourrir, imprégner de**.
◇ **se bercer** *Se bercer d'illusions* : V. SE TROMPER.

berceur V. enchanteur.

berceuse V. chant (*in* chanter).

berge **1.** V. bord. **2.** V. an.

berger Celui qui garde un troupeau [cour.] : [litt.] **pâtre**, **pasteur**.

bergère V. épouse.

berline V. automobile.

berlingot V. bonbon.

berlue *Avoir la berlue* : V. se tromper.

bermuda V. short, culotte.

berner V. jouer IV, leurrer, tromper.

besogne V. travail.

besogneux V. misérable, consciencieux (*in* conscience II).

besoin **1.** V. nécessité (*in* nécessaire). **2.** V. pauvreté, gêne. **3.** *Faire ses besoins* : V. pisser, chier.

bestial V. brutal, sauvage I.

bestiaux V. bétail.

bestiole V. animal.

best-seller V. succès.

bêta V. sot.

bétail *La rivière où s'abreuvait le bétail est maintenant polluée* : **bêtes, troupeau** (qui sont des termes collectifs) ◆ **bestiaux** (= les animaux formant le bétail) ◆ **cheptel** (= terme technique qui désigne généralement l'ensemble du bétail d'une ferme, d'une région ou d'un pays).

bêtasse V. sot.

bête **1.** V. animal, bétail. **2.** V. sot, stupide, simple.

bêtement V. sottement (*in* sot).

bêtifier V. bêtise.

bêtise **1.** *Sa bêtise est insondable* : **imbécillité, sottise, niaiserie** ◆ ↑ **idiotie, ineptie, débilité, stupidité** ◆ [très fam.] **connerie** ◆ ↓ **naïveté** ; → CANDEUR. **2.** *Cet enfant ne fait que des bêtises* : **sottise** ◆ [fam.] **bourde** ◆ [très fam.] **connerie** ; → FAIRE DES SIENNES*, MALADRESSE. **3.** *Il ne sait dire que des bêtises* : ↑ **idioties, stupidités, fadaises, niaiseries, sottises** ◆ [fam.] **âneries** ◆ [très fam.] **conneries**. *Dire des bêtises* : **bêtifier** (= dire des choses sans suite) ; → ABSURDITÉ, FOLIE, ÉNORMITÉ, SORNETTES. **4.** *Ils se sont affrontés pour une bêtise* : V. BABIOLE, LÉGÈRETÉ, RIEN II et SOTTISE.

bêtisier V. recueil.

béton *Du béton* : V. solide.

bétonner V. défendre.

beuglante V. chanson.

beuglement V. cri.

beugler V. crier, mugir.

beur V. arabe.

beurre *Faire son beurre* : V. affaire, profit. *Comme dans du beurre* : V. facilement. *Compter pour du beurre* : V. rien. *Mettre du beurre dans les épinards* : V. améliorer. *Œil au beurre noir* : V. poché.

beurré V. soûl.

beuverie V. festin.

bévue V. maladresse (*in* maladroit), perle II, sottise (*in* sot).

biais V. détour. *De biais* : V. obliquement (*in* oblique), côté.

biaiser *C'est un homme trop franc pour biaiser* : **louvoyer** ◆ **temporiser, tergiverser** (qui impliquent davantage l'idée de reculade et d'hésitation que celle de manœuvre) ◆ [fam.] **feinter** ; → COMPOSER IV.

bibi V. moi.

bibine V. alcool.

bible V. Écriture (*in* écrire).

biceps V. muscle.

bichonner V. se parer II, soigner II.

bicoque V. baraque I.

bicyclette [cour.] **vélo** ◆ [très fam.] **bécane** ◆ [vieilli] **petite reine** ◆ [fam.] **clou** (= vieille bicyclette) ◆ [plus génér.] **deux roues, cycle** ◆ [en partic.] **VTC** (vélo tout-chemin), **VTT** (vélo tout-terrain). Un cycliste peut ainsi être **vétéciste, vététiste** ; V. COUREUR.

bidasse V. soldat.

bide V. échouer, échec.

bidet V. cheval.

bidoche V. chair.

bidon **1.** V. ventre. **2.** V. nourrice.

bidonnant V. amusant (*in* amuser), comique.

bidonner (se) V. rire.

bidonville V. zone.

bidule V. affaire, chose I, truc.

bief V. canal.

bien

I [adv.] De manière satisfaisante. **1.** *C'est bien* : V. PARFAIT, PAS MAL* et CONVENABLE. **2.** *Nous avons eu bien du travail* : V. BEAUCOUP, TROP et GRANDEMENT. **3.** *Il est bien fatigué* : V. TOUT IV et TRÈS. **4.** *Il joue bien au bridge* : ↓ **convenablement*** ; → ADMIRABLEMENT, JOLIMENT, À SOUHAIT*, À MERVEILLE*. **5.** *Il ne se sent pas bien* : V. D'APLOMB, À L'AISE et MAL FOUTU*. **6.** *Tenez-vous* *bien !* : V. RAISONNABLEMENT. *Vous l'avez bien dit !* : V. PROPREMENT. *Il s'en tire bien* : V. À BON COMPTE*. *Je veux bien* : V. VOLONTIERS. *Un projet bien accueilli* : V. FAVORABLEMENT. *Vous avez bien raison !* : **mille fois, cent fois** (*raison*). *Bien sûr* : V. COMMENT.

II [adj.] *C'est une femme bien !* : [génér. et fam.] **chouette,** ↑ **super, extra** ◆ [plus précis.] **droit, honnête, comme il faut, correct, sérieux, sur qui on peut compter, distingué** ; → BEAU. *Bien fait* : V. HARMONIEUX.

III [n.] **1.** *Il faut rechercher le bien* : [plus partic.] **justice, perfection, sainteté, vérité, idéal**. **2.** *Il travaille pour le bien de son peuple* : **bonheur, prospérité**. *Le bien public* : **intérêt général**. **3.** *Faire du bien* : **soulager*** ; → PLAISIR. *Ce séjour lui a fait du bien* : **être bienfaisant, bénéfique** ◆ ↑ **salutaire**. **4.** *Dire du bien* : V. LOUER.

IV [n.] **1.** Chose matérielle ou droit dont une personne dispose et qui lui appartient : [plus partic.] **propriété** (qui se dit surtout dans le sens des biens-fonds, terres, maisons, etc., appartenant en propre à qqn : *cette maison et ce champ sont ma propriété*) ◆ **domaine** (= ensemble des biens fonciers d'une certaine étendue : *acquérir, vendre, échanger un domaine*) ◆ **héritage** (= tout bien qui échoit à qqn par droit de succession) ◆ **patrimoine** (= bien que l'on détient par héritage de ses ascendants) ◆ [termes de droit] **acquêt, conquêt** (qui s'emploient indifféremment pour désigner les biens qui entrent en communauté durant le mariage) ; → CAPITAL II, RICHESSE, SUCCESSION. **2.** *Être le bien de* : V. APPARTENIR.

bien-aimé V. amant.

bien-être V. euphorie.

bienfaisance V. charité, secours.

bienfaisant V. bon II, bien III.

bienfait V. don (*in* donner I), service, bénir.

bienfaiteur V. sauveur (*in* sauver I).

bien-fondé V. justesse (*in* juste II), opportunité (*in* opportun), pertinence (*in* pertinent).

bienheureux V. heureux, saint.

biennal a pour syn. plus courant **bisannuel**.

bien-pensant V. conformiste.

bien que V. quoique, encore que.

bienséance V. politesse, convenance.

bienséant V. décent.

bientôt *Nous reviendrons bientôt* : **dans peu de temps, dans quelque temps, prochainement, d'ici peu, sous peu** ◆ **tout à l'heure,** ↑ **incessamment, rapidement, sans tarder** (= dans un avenir très proche) ◆ [région.] **tantôt** ◆ [plus précis.] **dans** (+ compl. de temps : *dans quelques jours, quelques heures, deux minutes, un instant* ; de même : *d'un moment, d'un jour, d'une minute... à l'autre*) ; VITE, PRÈS II. *Ce n'est pas pour bientôt* : **ce n'est pas demain la veille**.

bienveillance V. bonté, compréhension (*in* comprendre).

bienveillant V. bon II.

bienvenu **1.** *Un discours bienvenu* : V. OPPORTUN. **2.** *Vous serez toujours le bienvenu !* : **bien accueilli** ◆ [plus fam.] **la porte, la maison vous sera toujours (grande) ouverte**.

bière V. cercueil.

biffer V. effacer, rayer (*in* raie), supprimer.

bifteck [abrév. cour.] **steak** ◆ [fam.] **semelle** (= steak trop dur).

bifurcation V. carrefour, fourche.

bifurquer V. tourner.

bigarrer V. barioler.

bigler V. loucher, regarder.

bigleux V. myope.

bigophone V. fil, coup II.

bigot *Ne confondez pas les croyants et les bigots !* : [très péj.] **bondieusard, calotin** (qui s'emploient par dénigrement, de la part d'athées, pour désigner aussi bien les croyants que les bigots) ◆ [fam.] **grenouille de bénitier, punaise de sacristie ◆ cagot, cafard, tartufe** (= ceux qui cachent hypocritement leurs vices sous les apparences d'une pratique religieuse austère) ; → CROYANT.

bigrement V. beaucoup.

bijou **1.** *Voici un bijou magnifique* : ↑**joyau** (= bijou de très grande valeur). **2.** *Cette chapelle est un bijou de l'art roman* : ↑**joyau, chef-d'œuvre** ; → MERVEILLE.
◇ **bijoutier** [de bijou 1] : **joaillier ◆ orfèvre** (= celui qui fabrique des objets d'ornement : vaisselle, objets de toilette).
◇ **bijouterie** [de bijou 1] : **joaillerie, orfèvrerie**.

bilan **1.** Le bilan d'une entreprise est constitué d'un tableau donnant son actif et son passif à une date donnée et régulière, un **état** est seulement la liste énumérative d'un compte tandis que sa **situation** en donne une indication ponctuelle. *Déposer son bilan* : V. FAILLITE. **2.** *Si nous faisions le bilan de nos activités ?* : **faire le point sur ◆ tirer les conclusions de**. *Tel est le triste bilan de la tempête !* : [souvent au pl.] **conséquence, résultat**. *Un bilan de santé* : **check-up**.

bilatéral V. réciproque.

bile **1.** V. amertume (*in* amer), fiel. **2.** V. souci, s'inquiéter (*in* inquiet).

biler (se) V. se tourmenter (*in* tourment).

bilieux V. inquiet.

billard **1.** *Passer sur le billard* [fam.] : [cour.] **table d'opération**. **2.** *C'est du billard* : V. FACILE.

bille V. tête, figure I.

billet **1.** *Il m'écrit régulièrement un petit billet* (= petite lettre) : **mot**. **2.** *Il faut que j'achète un billet de chemin de fer, de cinéma* : **ticket** (terme réservé à quelques contextes précis : *ticket de métro, d'autobus* ; mais *billet de spectacle, de loterie*) ; → TITRE* DE TRANSPORT. **3.** *Voici quelques billets, c'est tout l'argent que je possède* (abrév. cour. de *billet de banque*) : [très fam.] **biffeton, fafiot ◆** [didact.] **coupure** ; → ARGENT. **4.** *Billet à ordre* : V. TRAITE.

billevesée V. sornette.

binaire se dit de ce qui est composé de deux unités, **dichotomique** de ce qui divise, oppose en deux.

biner V. sarcler.

binette V. tête, figure I.

biniou V. cornemuse.

binocle V. lunette.

biographie V. vie.

bique **1.** V. chèvre, cheval. **2.** V. garce.

biquette V. chèvre.

bis V. bravo.

bisaïeul *Père, mère d'un aïeul* : **arrière-grand-père** ou **arrière-grand-mère**.

bisannuel V. biennal.

bisbille V. chicane.

biscornu V. bizarre, irrégulier.

biscuit **1.** V. gâteau. **2.** V. céramique.

bise **1.** V. baiser. **2.** V. vent.

bisque V. bouillon.

bisquer V. être en colère*, rager.

bisser V. acclamer, répéter.

bistouille V. alcool.

bistouquette V. sexe.

bistouri V. scalpel.

bistre V. tanné.

bistrot V. café, marchand* de vin.

bite V. sexe.

bitume 1. *La route et le trottoir étaient recouverts de bitume* : **asphalte, goudron, macadam**. 2. *Elle arpentait le bitume* [fam.] (= la chaussée elle-même ou, plus souvent, le trottoir lui-même) : **macadam** ◆ [cour.] **trottoir**.
◇ **bitumer** : **goudronner, macadamiser**.

biture V. ivresse.

bivouac V. camp.

bivouaquer V. camper.

bizarre Qui s'écarte du bon sens, de l'ordre ou de l'usage communs. 1. [qqn est ~] *C'était un homme bizarre, aux réactions imprévisibles* : **fantasque, original, curieux, singulier**, ↑ **extravagant**, [fam.] **loufoque**, [fam.] **farfelu** (qui insistent sur le caractère insolite de l'individu ou de son comportement). *Il est bizarre* : [fam.] **c'est un phénomène, un drôle de zèbre, de numéro, de zigoto** ◆ **anormal, déséquilibré** (qui ne peuvent se dire que d'un malade) ; → ORIGINAL, FOU, CAPRICIEUX. 2. [qqch est ~] *La maison est bizarre, les meubles sont bizarres, vos propos sont bizarres : tout est bizarre ici !* : [plus fam. et génér.] **drôle** (*une drôle de maison*) ◆ **insolite, étrange, étonnant, singulier, surprenant, curieux**, ↑ **surréaliste** (termes soulignant le côté surprenant de la chose en question) ◆ **biscornu, baroque** (qui se disent surtout d'objets aux formes bizarres, mais aussi des propos que l'on tient) ◆ [fam.] **abracadabrant** ◆ ↑ **extraordinaire** (terme banal qui marque l'intensité du sentiment, par ex. la surprise ou l'inquiétude, éprouvé par celui qui l'emploie) ; → ARBITRAIRE, ABSURDE, PITTORESQUE, NON-CONFORMISTE, SPÉCIAL. 3. *Trouver bizarre que* : **s'étonner que**. 4. [qqn est ~] *Je me sens bizarre en ce moment* : [fam.] **drôle** ◆ [cour.] **mal à l'aise, pas bien, pas d'aplomb**.
◇ **bizarrement** *Elle était bizarrement habillée* : **drôlement, curieusement, étrangement, singulièrement**.
◇ **bizarrerie** *Il avait été frappé par la bizarrerie de sa démarche* : **étrangeté, singularité*** ◆ ↑ **extravagance** ; → ORIGINALITÉ.

bizut V. novice, nouveau, écolier (*in* école).

bizuter V. chahuter.

blabla V. délayage (*in* délayer), verbiage.

blackbouler V. refuser.

black-out V. silence.

blafard V. blanc I, livide, pâle.

blague V. attrape, plaisanterie (*in* plaisanter), tour III.

blaguer V. railler, plaisanter.

blagueur V. moqueur (*in* se moquer).

blair V. nez.

blairer V. sentir I.

blâmable *Une conduite blâmable* : ↓ **critiquable, attaquable** ◆ ↑ **condamnable** ◆ **répréhensible** (qui implique davantage l'idée de sanction) ; → COUPABLE I.

blâme V. reproche, condamnation (*in* condamner), désapprobation (*in* désapprouver).

blâmer V. critiquer, désapprouver, reprendre II, réprimander.

blanc

I [adj.] 1. Qui est de couleur blanche : **laiteux, argenté, crème, ivoire, opalin, platine, crayeux** (par comparaison avec des objets blancs) ◆ **blême, pâle, blanchâtre, blafard** (qui évoquent une couleur voisine du blanc) ◆ ↑ **livide** ◆ **immaculé, virginal** (qui évoquent un blanc très pur). *Une page blanche* : [plus rare] **vierge***. 2. *Arme blanche* : V. COUTEAU. *Blanc comme neige* : V. PUR. *Faire chou blanc* : V. ÉCHOUER. *Nuit blanche* : V. INSOMNIE. *Voix blanche* : V. SANS TIMBRE*. *Donner carte blanche* : V. BLANC-SEING.

II [n.] 1. *Le blanc de la neige* : **blancheur**. *Laisser un blanc entre deux mots* : **espace**. *Laisser un blanc entre deux lignes* : **interligne**. 2. *Boire du blanc* : V. VIN. 3. *Saigner à blanc* : V. ÉPUISER. *Chauffer à blanc* : V.

INCANDESCENT. *Dans le blanc des yeux* : V. EN FACE*. *De but en blanc* : V. BRUTALEMENT.

blanc-bec V. novice.

blanchaille V. fretin.

blanchâtre, blancheur V. blanc I.

blanchir
I [~ qqch, qqn] **1.** V. laver I. **2.** V. ébouillanter. **3.** V. réhabiliter, justifier. *Blanchir de l'argent* : V. laver II.
II [~ qqch] V. pâlir.

blanchissage V. nettoyage (*in* nettoyer).

blanchisserie V. laverie (*in* laver).

blanchisseuse V. laveuse (*in* laver).

blanc-seing *Il a obtenu un blanc-seing de son parti sur cette question* : **chèque en blanc, carte blanche** ◆ [moins express.] **liberté de manœuvre**.

blase V. nez.

blasé V. indifférent, être revenu de (*in* revenir).

blason V. armes.

blasphème *Proférer des blasphèmes* (= paroles qui outragent Dieu ou les choses sacrées de la religion) : ↓ **impiété** ◆ [plus génér.] **outrage** ◆ [vieilli] **jurement** ◆ **juron** (= toute parole grossière et insultante) ◆ **grossièreté, gros mot** ; → SACRILÈGE I, INJURE, MALÉDICTION.
◇ **blasphématoire** : **impie, sacrilège**.

blasphémer V. sacrer II, jurer II.

blazer V. veste.

blé V. froment, sarrasin.

bled V. pays, trou.

blême V. blanc I, livide, pâle, vert.

blêmir V. pâlir (*in* pâle).

blennorragie V. M.S.T.

bléser V. zézayer.

blessant V. amer, désagréable, offensant (*in* offense), vif I, vexant (*in* vexer).

blesser **1.** [sens physique] *Il a été blessé dans l'accident* : [fam.] **amocher, arranger** ◆ **estropier** (= blesser à un membre, si grièvement que l'on en perd l'usage normal) ◆ **contusionner** (= léser par un choc sans déchirure de la peau) ◆ **couper, entailler** (= blesser avec un instrument tranchant) ◆ [didact.] **léser** (qui ne s'emploie qu'avec un sujet nom de chose et un compl. désignant une partie du corps : *la balle a lésé l'artère fémorale*) ◆ **balafrer** (= faire une longue entaille au visage) ◆ **meurtrir** (= endommager la peau par un choc) ; → TOUCHER I, ÉCORCHER. **2.** [sens moral] *Vos propos l'ont blessé* : ↑ **ulcérer** ◆ [plus express.] **toucher, piquer au vif** ; → FROISSER, DÉPLAIRE, SCANDALISER. **3.** *Ce spectacle blesse la pudeur* : **offenser, choquer, heurter, porter atteinte à, attenter à** ◆ ↑ **violer**.
◇ **se blesser** V. SE FAIRE MAL* I.
◇ **blessé** *Un blessé* : V. ACCIDENTÉ et MUTILÉ.
◇ **blessure** **1.** *La blessure est-elle grave ?* : [didact.] **lésion** ◆ **plaie** (qui peut résulter d'une blessure, mais aussi d'un désordre interne à l'organisme) ◆ [didact.] **traumatisme, trauma** (= blessure locale due à un agent mécanique) ; → BRÛLURE, COUPURE, CONTUSION, DÉCHIRURE, CICATRICE. **2.** V. PEINE II.

bleu
I [adj.] **1.** Par comparaison avec des objets bleus : **azur, azuré, saphir, myosotis** ◆ [nuances] **bleu horizon, d'outremer, pétrole, de Prusse, ciel, marine, roi**. **2.** [fig.] *En être bleu* : V. SURPRIS. *Une viande bleue* : V. SAIGNANT. *Une peur bleue* : V. PEUR. *Cordon bleu* : V. CUISINIER.
II [n.] **1.** V. CONTUSION et TACHE II. **2.** V. NOUVEAU, ÉCOLIER et NOVICE. **3.** V. PLAN V. **4.** V. COTTE et TENUE* DE TRAVAIL.

bleusaille V. novice.

blindage V. protection.

blinder V. endurcir (*in* durcir).

blizzard V. vent.

bloc 1. V. masse I. 2. V. coalition. 3. V. prison. 4. *À bloc* : V. à fond. *En bloc* : V. globalement.

blocage 1. *Blocage des prix* : **gel** ◆ ↓ **encadrement**. 2. *En maths, il fait un blocage !* : **être paralysé par** ◆ [plus didact.] **inhibition**.

blockhaus V. forteresse.

bloc-notes V. carnet.

blocus 1. V. siège III. 2. *Blocus économique* : V. embargo.

blond 1. [adj.] *La couleur blonde des blés* : [amélioratif] **d'or, doré**. *Des cheveux blonds* : [péj.] **blondasse** ◆ **filasse** (qui se dit d'un blond tirant sur le blanc) ◆ **platiné** (= d'un blond presque blanc). 2. [n.] *Un beau blond* : **blondinet** (qui se dit d'un enfant) ◆ **blondin** (qui se dit d'un jeune homme).

bloquer 1. V. arrêter I, coincer. 2. V. gêner (*in* gêne), serrer I. 3. V. cerner. 4. V. grouper. 5. *Bloquer des capitaux* : V. geler.

blottir (se) *L'enfant alla se blottir dans les bras de sa mère* (qui évoque la recherche de protection et de chaleur) : ↑ **s'enfouir, se pelotonner** (qui s'emploie aussi pour un animal) ◆ [moins express.] **se cacher**. *Se blottir dans un coin* (qui évoque l'idée de peur et la recherche d'un abri) : **se réfugier, se serrer***, ↑ **se tapir** (qui s'emploie surtout pour un animal) ; → SE CACHER, SE NICHER, SE PRESSER I.

blousant V. ample.

blouse 1. Vêtement de travail : **tablier** (= vêtement qui ne protège que le devant du corps ou blouse d'écolier se boutonnant par derrière) ◆ **sarrau** (= blouse de travail ample ou tablier d'écolier). 2. Pièce du vêtement féminin. *Elle portait une blouse de soie* : **chemisier, corsage**.

blouser V. tromper.

blues V. mélodie, chant (*in* chanter).

bluff V. comédie, chiqué.

bluffer V. tromper, enchère.

bluffeur V. menteur (*in* mentir).

bluter V. tamiser (*in* tamis).

blutoir V. tamis.

bobard V. mensonge.

bobine V. tête, figure I.

bobo V. mal I.

bocal V. pot I.

bock V. verre.

boëte V. appât.

bœuf V. énorme, monstre.

bohème *Il mène la vie de bohème* : **artiste**. *Il est un peu bohème* : **fantaisiste*** ; → ORIGINAL II.

bohémien V. TZIGANE.

boire 1. *Avez-vous bu du café ?* : [génér.] **prendre, absorber** (qui se disent autant des aliments solides que des liquides) ◆ [plus sout.] **se désaltérer** (*Voulez-vous boire, boire qqch ? Voulez-vous vous désaltérer ?*) 2. *Avez-vous vu comment il a bu son café ?* : **ingurgiter, entonner**, [fam.] **pomper** (= boire vite et en grosse quantité) ◆ **lamper**, [fam.] **siffler** (= boire très rapidement) ◆ **siroter**, [fam.] **licher**, [fam.] **lipper** (= boire lentement et avec gourmandise) ◆ **laper** (qui ne s'emploie que pour les animaux) ; → CONSOMMER, PRENDRE QUELQUE CHOSE*, SUCER, VIDER* UN VERRE, LÉCHER, AVALER, S'ENFILER. 3. *Cet homme boit* : [fam.] **picoler, carburer à** ; → S'ENIVRER, BOUTEILLE. 4. [qqch ~] *Le papier buvard boit l'encre* : **absorber***. 5. [fig.] *Elle le regardait avec passion, buvant ses paroles* : [plus rare] **s'abreuver de** ◆ ↑ **s'enivrer de** ◆ **savourer** (qui marque moins l'avidité que la délectation).

bois

I 1. *Il connaît un bois où abondent les champignons* : **forêt** (= lieu plus vaste et plus sauvage, planté d'arbres plus grands) ◆ **bosquet**, [plus rare] **boqueteau** (= petits bois) ◆ **bouquet** (qui se dit de quelques arbres rapprochés les uns des autres et formant un groupe isolé : *quel joli bouquet de châtaigniers !*) ◆ **futaie** (= forêt dont on exploite les arbres quand ils ont atteint une grande dimension) ; → BUISSON. **2.** *Rentrer du bois* : V. BÛCHE I.

II V. CORNE.

boisement V. plantation (*in* planter).

boiser V. planter.

boisson *Liquide que l'on boit* : [spécialt] **breuvage** (= boisson aux vertus particulières) ; → ALCOOL, MIXTURE, LIQUEUR, VIN, CONSOMMATION I.

boîte

I **1.** Contenant en matière dure et muni d'un couvercle : [génér.] **récipient** ◆ [plus précis.] **bonbonnière** (= boîte à bonbons) ◆ **boîtier** (= boîte à instruments) ◆ **coffret, écrin** (= boîte à bijoux) ◆ **étui** (= boîte à lunettes) ◆ **poubelle** (= boîte à ordures). **2.** [fig.] *Mettre en boîte* : V. SE MOQUER. *Servir de boîte aux lettres* : V. INTERMÉDIAIRE.

II **1.** V. LYCÉE, ÉCOLE et ÉTABLISSEMENT II. **2.** V. TRAVAIL II et USINE.

boîte de nuit V. bal, café-concert.

boiter *Depuis son accident, il boite un peu* : [vx] **clocher** ◆ **clopiner** ◆ ↓ **boitiller** ◆ [sout.] **claudiquer**.

◇ **boiteux** **1.** *Ce n'est pas parce qu'il est boiteux qu'on doit se moquer de lui !* : [très péj.] **bancal** ◆ [fam., vx] **bancroche** ◆ [fam.] **éclopé** (qui se dit de celui qui boite momentanément). **2.** *Cette chaise est boiteuse* (= qui a des pieds de hauteur inégale) : **bancal, branlant**. **3.** *C'est une solution boiteuse* (= qui n'est pas satisfaisante) : **bancal, bâtard** ; → FAUX I.

boîtier V. boîte.

boitiller V. boiter.

boitte V. appât.

bolchevisme V. collectivisme.

bolduc V. ruban.

boléro V. veste.

bombance V. festin.

bombarder **1.** V. assiéger, canonner. **2.** V. accabler II.

bombe **1.** V. machine, pétard, projectile. **2.** V. débauche, fête, noce, festin.

bomber **1.** *Il bombe le torse* : **gonfler*** (qui se dit plutôt de la poitrine ou du ventre). Celui qui prend ces positions **creuse les reins, se cambre**. **2.** *Cette boîte de conserve a un couvercle bombé* : **renflé** ◆ [express.] **ventru** ; → COURBE.

bon

I [qqch est ~, qqn est ~] Adjectif d'emploi très large dont les synonymes peuvent varier dans certains contextes. **1.** [sens général] *Un bon travail* : ↓ **correct, satisfaisant, convenable** ◆ ↑ **remarquable, excellent** ; → PARFAIT. *Un bon orateur* : ↑ **remarquable, excellent, de talent**. **2.** [qqch est ~] *Faire une bonne pêche* : [postposé] **fructueux**. *Donner un bon remède, un bon conseil* : [postposé] **avisé, judicieux, efficace, valable**. *Avez-vous un bon motif ?* : [postposé] **valable, admissible, plausible, convaincant**. *Une bonne santé* : V. FLORISSANT. *Une bonne nouvelle* : V. HEUREUX. *De bonnes lectures, une bonne conduite* : [postposé] **convenable**. *Il a reçu une bonne gifle et une bonne leçon !* : ↑ **fameux** ◆ [fam.] **sacré, drôle de** ; → SOLIDE. *Quel bon gâteau !* : V. DÉLICIEUX et APPÉTISSANT. *Quelle bonne soirée !* : **agréable***. *Je vous ferai un bon prix* : [postposé] **intéressant** ; → AVANTAGEUX. *Une bonne bouteille* : [fam.] ↑ **de derrière les fagots**. *Une bonne viande* : **de choix***. *Racontez-nous une bonne histoire* : [postposé] **amusant***. *Il a attrapé un bon rhume* : **gros** ◆ [fam.] **sacré**. **3.** [qqn est ~ en] *Il est bon en mathématiques* : **fort, doué** ◆ **réussir en** (*il réussit en mathématiques*) ◆ ↑ **excellent** ; → EXCELLER, ACCOMPLI. **4.** [qqn est ~ pour] *Il est bon pour le service* : **apte**. *Cette fois, ils sont bons pour la prison* ou par abrév. : *ils sont bons !* (= être sûr de ne pas échapper à) : [fam.] **cuit, fait, grillé, y avoir droit**. **5.** [qqch est ~ pour] V. FAVORABLE. **6.** *Bon nombre de* : V. PLUSIEURS.

◇ **bon** [adv.] *Pour de bon* (= sans plaisanter). *Je vous parle pour de bon* : **sérieusement***. *Tenir bon* : V. RÉSISTER. *Il fait bon* : **doux** ; → AGRÉABLE. *Juger bon* : V. PLAIRE I. *C'est bon* : V. ALLER III.

II [qqn est ~] **1.** *Son père était aimable et bon* (= qui manifeste de la bonté) : **bienveillant, humain** ◆ **compréhensif, ouvert** (= qui manifeste indulgence et ouverture d'esprit) ◆ **indulgent** (= qui pardonne facilement) ◆ **charitable, miséricordieux** (= qui est doux et indulgent) ◆ **généreux, qui a bon cœur** (= qui donne facilement ce qu'il a) ◆ **sensible** (= qui partage les sentiments des autres) ; → AIMABLE, DÉBONNAIRE. **2.** *Une bonne fille, un bon garçon* (= qui fait preuve d'une bonté un peu naïve) [assez souvent péj.] : **brave, bonasse** ; → CHARMANT.

◇ **bonté** **1.** [de bon II, 1] : **bienveillance, humanité, compréhension, ouverture d'esprit, indulgence, miséricorde, charité***, **générosité***, **sensibilité** ; → CHARITÉ, DOUCEUR, GÉNÉROSITÉ. **2.** *Avoir la bonté de* (= formule de politesse) : **amabilité, gentillesse, obligeance**.

bon-à-rien V. amateur.

bonace V. calme.

bonasse V. bon.

bonbon *Tu manges trop de bonbons !* : [plus génér.] **sucrerie** ◆ [partic.] **berlingot, caramel, calisson**.

bonbonne Une **dame-jeanne** est une sorte de bonbonne ; on transporte plus couramment le vin en **cubitainer** de plastique.

bonbonnière V. boîte.

bond V. saut.

bondé V. comble II, plein.

bondieuserie V. objet de piété* (*in* pieux).

bondir V. sauter, courir.

bonheur **1.** *Depuis leur mariage, ils connaissent le bonheur* : ↑ **félicité** ◆ ↑ **béatitude** ; → EUPHORIE, JOIE, BIEN III, SATISFACTION. **2.** *Aurons-nous le bonheur de vous rencontrer à cette soirée ?* : **joie, plaisir*** ◆ [sout.] **avantage**. **3.** *Aurons-nous le bonheur de réussir ?* : V. CHANCE et SUCCÈS. **4.** *Par bonheur* : V. HEUREUSEMENT.

bonheur-du-jour V. secrétaire.

bonhomie V. rondeur, simplicité (*in* simple).

bonhomme V. gaillard, homme, type II.

boni V. gain (*in* gagner).

bonification V. diminution.

bonifier V. améliorer.

boniment V. propos.

bonjour V. adieu, salut (*in* saluer).

bonne **1.** V. SERVANTE. **2.** *Bonne d'enfant* : [plus rare] **nurse** ; → NOURRICE, GOUVERNANTE.

bonne maman V. grand-mère.

bonnement *Tout bonnement* : V. simplement.

bonnet V. toque, coiffure.

bonniche V. servante.

bon-papa V. grand-père.

bon sens V. raison.

bonsoir V. adieu, salut (*in* saluer).

bonté V. bon II.

bonus V. prime.

bonze V. prêtre, personnage.

boom V. augmentation (*in* augmenter), bourse II.

booster V. accélérer.

boqueteau V. bois I.

borborygme Bruit provoqué par le déplacement de bulles gazeuses dans le tube digestif : [didact.] **flatulence** ◆ [génér.] **bruit, gaz** ◆ [fam.] **gargouillis, gargouillement***.

bord

I **1.** Les deux bords d'un bateau sont **babord**, à gauche en regardant vers l'avant, et **tribord**, à droite en regardant vers l'avant. **2.** *Nous ne sommes vraiment pas du* *même bord !* : **parti*** ◆ [express. équivalente] **ne pas partager les mêmes idées.**

II 1. Partie qui forme le pourtour d'une surface, d'un objet. *Le bord d'un étang* : **périphérie, pourtour** ◆ **rive, rivage, berge**. *Le bord de la mer* : **rivage, côte** (= bord immédiat) ◆ **grève, plage** (= terrain de gravier ou de sable qui longe la mer) ◆ **littoral** (= ensemble des côtes qui bordent une mer : *le littoral méditerranéen*). *Le bord d'un bois* : **lisière** ◆ [sout.] **orée**. *Le bord d'une fenêtre* : **rebord** (= partie en saillie qui forme le bord de qqch) ◆ **bordure** (= bord fait de la main de l'homme, souvent à titre d'ornement) ◆ **contour*** (= bord d'un objet) ◆ **ourlet** (= repli d'étoffe qui termine le bord d'un vêtement). *Le bord de la route* : V. ACCOTEMENT. *Le bord d'un puits* : **margelle**. 2. *Être au bord de* + n. : [fig.] **être tout près de, être sur le point de** (qui s'emploient suivis d'un verbe : *elle était au bord des larmes, elle était sur le point de pleurer*). 3. *Sur les bords* [fam.] : [cour.] **légèrement, à l'occasion** (*il est un peu macho sur les bords, il est légèrement macho*).

◇ **border** *Une nappe bordée de dentelle* : **entourer, garnir**. *Un ruisseau, une rivière bordait la route* : **longer** ; → CÔTOYER.

bordée *Bordée d'injures* : V. tas.

bordel 1. V. lupanar. 2. V. anarchie, pêle-mêle.

bordelaise V. bouteille.

bordélique V. anarchique (*in* anarchie).

border V. bord.

bordereau V. relevé (*in* relever I).

bordure 1. V. bord, contour. 2. *En bordure de* : V. front II.

boréal V. nordique.

borne 1. V. limite, terme I. 2. *Passer les bornes* : V. abuser II, passer la mesure* II. *Sans borne* : V. illimité, immense.

borné 1. *Je trouve ce paysage un peu borné* : **limité** ◆ ↑ **terne, monotone**. 2. *Ton frère a vraiment l'esprit borné !* : ↓ **étroit** ◆ [sout.] **obtus** ◆ [fam.] **bouché** (*il est bouché, borné, obtus*) ◆ [express. fam.] **avoir des œillères, avoir les idées courtes** ; → BALOURD, FANATIQUE, SOT.

borner V. limiter.

◇ **se borner à** V. se contenter.

bosquet V. bois.

boss V. directeur.

bosse

I 1. V. grosseur (*in* gros), relief. 2. V. contusion, coup.

II V. don (*in* donner I), génie, instinct, esprit.

bosselé V. déformer.

bosser V. travailler.

bosseur V. travailleur I.

bossu V. difforme.

botte

I Assemblage de divers végétaux. *Une botte de foin, de paille, de carottes* : **gerbe** (qui s'emploie pour les fleurs et les céréales) ◆ **bouquet** (qui s'emploie pour les fleurs, les feuillages ornementaux et les plantes aromatiques) ◆ **fagot** (qui s'emploie pour les branchages coupés) ◆ **javelle** (= gerbe non encore liée, ou fagot).

II 1. V. CHAUSSURE. 2. *Lécher les bottes* : V. COURTISER.

botteler V. lier II.

botter 1. *L'avant-centre a botté un ballon magnifique !* : **shooter, tirer**. 2. *Ça me botte !* [fam.] : [cour.] **aller, plaire*, convenir**. 3. *Se faire botter le derrière* : V. ENGUEULER.

bottier V. cordonnier.

bottine V. chaussure.

bouc V. chèvre.

boucan V. tapage, potin I.

boucané V. bronzé.

boucanier V. pirate.

bouche 1. [didact.] **cavité buccale** ; → GUEULE. *Par la bouche* : V. ORAL. *Ta bouche !* : V. GUEULE et SILENCE. *Bouche bée* : V. ÉBAHI. *L'eau à la bouche* : V. ENVIE. *Pour la bonne bouche* : V. FIN. *Fine bouche* : V. GOURMAND et DIFFICILE. 2. *La bouche d'un canon* : **gueule, orifice**. *Une bouche de métro* : **entrée**. *La bouche d'un fleuve* : V. EMBOUCHURE.

bouché 1. V. borné. 2. V. couvert (*in* couvrir).

bouchée V. morceau.

boucher 1. *Boucher un trou* : [didact.] **obturer**. *Boucher une fenêtre* : **aveugler**. *Boucher les fentes d'une porte pour éviter les courants d'air* : **calfeutrer**. *Boucher avec du goudron* : **calfater**. *Boucher la brèche d'une muraille* : **colmater** ; → MURER, FERMER. 2. *Des camions bouchent la rue* : **barrer, obstruer** ◆ ↓ **engorger** ; → EMBOUTEILLAGE, EMBOUTEILLER. 3. *En boucher un coin* : V. ÉTONNER.

boucherie V. carnage, guerre.

bouche-trou V. remplaçant (*in* remplacer).

bouchon V. embouteillage (*in* embouteiller), tampon.

bouchonner V. embouteiller (*in* fermer).

bouclage V. fermeture (*in* fermer).

boucle 1. Système de fermeture. *La boucle d'une ceinture* : **attache** ◆ **anneau** 2. Bijou : **anneau** ◆ **créole** ; → PENDENTIF. 3. *Les boucles de la Loire* : **méandre**. *Une boucle de vitesse* : **anneau**. *L'avion décrit des boucles dans le ciel* : ↑ **looping**. 4. *Ses cheveux font des boucles* : ↓ **bouclette, frisette** ◆ [partic.] **accroche-cœur** (= petite boucle sur le front, les tempes) ◆ **anglaise** (= longue boucle roulée en spirale).

boucler

I V. FRISER I.

II 1. *Bouclez vos ceintures !* : **attacher, fermer**. 2. V. EMPRISONNER et ENFERMER. 3. V. FINIR.

bouclette V. boucle.

bouclier V. rempart.

bouder V. rechigner, faire la tête*.

bouderie *Il a fallu supporter sa bouderie toute la journée* (= manifestation de mauvaise humeur) : [rare] **fâcherie** ◆ [cour.] **humeur, mauvaise humeur** ; → GRIMACE.

boudeur V. bougon.

boudin V. femme.

boudiné V. bouffi, saucissonné (*in* saucisson).

boudiner V. saucissonner (*in* saucisson).

boudoir V. salon.

boue 1. *Avec cette pluie, les routes seront couvertes de boue* : [sout.] **fange** ◆ [fam.] **crotte, gadoue** ◆ [fam.] **gadouille, bouillabaisse** ◆ [en partic.] **bourbe, vase** (= boue qui se dépose au fond des eaux stagnantes) ; → LIMON. 2. [fig.] *Il se traîne dans la boue du vice* (= état de grande déchéance morale) : [sout.] **fange** ; → ABAISSEMENT, BASSESSE, MARAIS, ORDURE.

◇ **boueux** 1. [de boue 1] : **fangeux, bourbeux, vaseux** ; → SALE, TROUBLE. 2. [de boue 2] *Les chemins boueux de la corruption* : [rare] **fangeux** ◆ ↑ **malodorant**, [fam.] **puant** ; → ABJECT, VIL.

bouée *Les bateaux devront laisser la bouée à tribord* : **balise** (= bouée ou ouvrage destiné à guider le navigateur en lui signalant le passage à suivre et les dangers à éviter).

boueux V. boue.

bouffant 1. V. ample. 2. V. gonflement (*in* gonfler).

bouffarde V. pipe.

bouffe V. cuisine, nourriture (*in* nourrir).

bouffée V. accès II, souffle (*in* souffler).

bouffer 1. V. gonfler. 2. V. manger I.

bouffetance V. nourriture (*in* nourrir).

bouffeur V. mangeur (*in* manger).

bouffi 1. [suivi d'un compl.] *Il a le corps bouffi par la graisse, bouffi de graisse* : **boudiné, enflé, soufflé** (qui ne s'emploient qu'avec « par »). *Il a les yeux bouffis de sommeil* : **gonflé***. 2. [absolt] *Il a le visage bouffi* : **replet** ◆ ↓ **joufflu** ; → GRAS. 3. [fig.] *Bouffi d'orgueil* : V. ORGUEILLEUX.

bouffir V. grossir.

bouffissure V. grosseur (*in* gros), gonflement (*in* gonfler).

bouffon 1. [n.] *Vous me demandez de respecter ce personnage ? mais ce n'est qu'un bouffon !* (= personne qui prête à rire par ses propos, son attitude) : **pantin, polichinelle** ◆ **amuseur, farceur, plaisantin** (= personnes qu'il est impossible de prendre au sérieux) ◆ [fam.] **loustic** (*un drôle de loustic*) ; → CLOWN. 2. [adj.] V. COMIQUE, GROTESQUE et RIDICULE.

bouffonner V. plaisanter.

bouffonnerie V. plaisanterie (*in* plaisanter).

bouge V. cabaret.

bougeoir V. chandelier.

bougeotte *Cet enfant a la bougeotte* : **ne pas tenir en place** ◆ [fam.] **avoir le feu au derrière** (= avoir envie de partir).

bouger V. déplacer, remuer.
◇ **se bouger** V. agir I.

bougie V. chandelle.

bougon *Il est de tempérament bougon* : [fam.] **ronchon, ronchonneur** ◆ **grognon** (qui se dit en parlant d'un état passager de mauvaise humeur) ; → ACARIÂTRE, BOURRU.

bougonner V. murmurer, ronchonner.

bougre 1. V. gaillard II. 2. *Bougre de* : V. espèce, diable.

boui-boui V. café-concert.

bouillasse V. boue.

bouillant 1. V. chaud. 2. V. ardent, fougueux.

bouille V. tête, figure I.

bouilli V. bœuf gros sel*.

bouillie *Réduire en bouillie* : V. écraser.

bouillir 1. *Mettre les œufs quand l'eau bout* : ↓ **frémir** ◆ [didact.] **porter à ébullition** (= faire bouillir) ◆ ↑ **bouillonner** ; → CHALEUR, CUIRE. 2. *Il me fait bouillir d'impatience, de colère* : ↓ **frémir**. *Il me fait bouillir* [absolt] : **exaspérer** ; → ÉNERVER, IRRITER.

bouillon 1. *Je viens de faire un pot-au-feu, voulez-vous un peu de bouillon ?* : **consommé** (= bouillon concentré) ◆ **potage** (= bouillon où l'on a fait cuire des aliments solides, coupés en petits morceaux ou passés) ◆ **bisque** (= potage fait avec un coulis de crustacés) ◆ **soupe** (= potage dans lequel on a trempé du pain). 2. *Boire le bouillon* : V. FAILLITE et TASSE.

◇ **bouillonner** 1. V. BOUILLIR. 2. *Mille idées nouvelles bouillonnaient dans son esprit* : **fermenter, naître, tourner, virevolter, se presser, s'agiter.**

◇ **bouillonnant** *C'est un esprit bouillonnant* : ↓ **actif, vif** ◆ **agité***, **fébrile, fiévreux** (qui peuvent être péj.) ◆ **enthousiaste,** ↓ **entreprenant** (qui insistent sur le goût de l'action) ; → TUMULTUEUX, ARDENT, PASSIONNÉ, VÉHÉMENT.

◇ **bouillonnement** 1. *Bouillonnement de l'eau* : V. AGITATION. 2. *On échangeait des idées dans un bouillonnement intense* : **agitation, excitation*, exaltation, fièvre*** ; → ENTHOUSIASME.

boule 1. *Voici une belle boule de verre* : [didact.] **sphère** (qui est un terme de géométrie). 2. [fig.] *Être, se mettre en boule* (= se laisser envahir par la colère) : [fam.] **pétard, rogne** ◆ [cour.] **colère** ; → IRRITER. *Perdre la boule* [fam.] (= devenir fou) : [cour.] **perdre la tête, le nord** ; → ESPRIT, FOU.

◇ **bouler** *Envoyer bouler quelqu'un* [fam.] (= renvoyer qqn) : **envoyer sur les roses, envoyer promener, envoyer paître** ◆ [sout.] **éconduire.**

boulet V. shoot.

boulette V. maladresse (*in* maladroit).

boulevard V. avenue, rue.

bouleversant V. affolant, déchirant (*in* déchirer), émouvant (*in* émouvoir).

bouleversement **1.** V. changement, dérangement, renversement, révolution, évolution II, perturbation. **2.** V. émotion.

bouleverser **1.** V. déranger, mettre du désordre*, saccager. **2.** V. révolutionner. **3.** V. affoler, émouvoir, remuer, troubler, perturber.

boulimie V. faim.

boulon V. vis.

boulonner V. travailler.

boulot **1.** [adj.] V. rond, gros. **2.** [n.]. V. travail I et II.

boulotter V. manger.

boum **1.** V. bal. **2.** V. tabac.

boumer V. aller II.

bouquet **1.** *Un bouquet d'arbres* : ↓ **touffe** ; → BOIS. *Un bouquet de fleurs* : V. BOTTE I. **2.** V. SAVEUR et PARFUM. **3.** *C'est le bouquet !* : V. MIEUX et COMBLE.

bouquin V. livre.

bouquiner V. lire I.

bourbe V. boue.

bourbeux V. boueux (*in* boue).

bourbier V. cloaque.

bourde V. bêtise, maladresse (*in* maladroit), perle II, sottise (*in* sot).

bourdon **1.** V. cloche. **2.** V. cafard III.

bourdonnement V. murmure (*in* murmurer), vrombissement (*in* vrombir), tintement (*in* tinter).

bourdonner V. bruire, vrombir.

bourg Gros village où, en général, se tient le marché des villages voisins : ↓ **village** (qui implique un moins grand nombre de maisons) ◆ ↓ **bourgade** (qui implique des habitations disséminées sur un assez vaste espace) ◆ ↓ **hameau** (= groupe de maisons isolées : le hameau n'a pas de vie propre, il est rattaché au village voisin) ◆ [fam., péj.] **trou** (= localité isolée, qui, pour le citadin, paraît triste et incommode) ; → COMMUNE, VILLE.

bourgeois [adj.] Relatif à la bourgeoisie, à sa manière de vivre, à ses goûts, à ses intérêts [parfois péj.]. **1.** *Ils menaient, dans leur douillette maison, une vie des plus bourgeoises* : **confortable,** ↑ **aisé** ◆ [fam. et péj.] **pantouflard, pot-au-feu** (qui insistent sur le caractère casanier). **2.** *La poésie ne pouvait guère toucher cet esprit bourgeois* (= sans élévation morale et intellectuelle) : **prosaïque, terre-à-terre** ◆ [fam. et péj.] **épicier** ; → COMMUN II. **3.** *On l'avait élevé selon les principes de la morale la plus bourgeoise* (respect des valeurs établies) : **conventionnel, conformiste, formaliste** ; → RÉACTIONNAIRE.

◇ **bourgeoise** V. ÉPOUSE.

◇ **bourgeoisement** *Ils vivaient bourgeoisement de leurs rentes* : **tranquillement, calmement** ◆ [fam.] **en père peinard**.

◇ **bourgeoisie** *Le cercle fermé de la bourgeoisie du centre-ville* : [plus gén.] **les gens aisés** ◆ [péj.] **les nantis** ; → RICHE.

bourgeon *L'arbre a des bourgeons* : **bouton** ◆ **chaton** (qui se dit régional. des bourgeons de saule) ; → ŒIL II, POUSSE.

bourlinguer V. rouler I.

bourrade V. poussée (*in* pousser I).

bourrage **1.** Matière servant à garnir un coussin : [plus précis.] **bourre** ◆ **kapok** ◆ **crin** ◆ **mousse**. **2.** *Bourrage de crâne* [fam.] : V. PROPAGANDE.

bourrasque Coup de vent subit, violent et de courte durée : [en termes de marine] **grain** ◆ **rafale** (= augmentation subite de vent) ◆ [en termes de marine] **risée** (petite brise subite et passagère) ; → TEMPÊTE, VENT.

bourratif V. lourd.

bourre **1.** V. bourrage. **2.** V. policier.

bourré V. comble II, plein, ivre.

bourreau 1. Celui qui exécute les condamnés à mort : **exécuteur des hautes œuvres**, [abrév.] **exécuteur**. 2. Celui qui met à mort ou qui torture : **tortionnaire** ; → MEURTRIER I. 3. *Bourreau des cœurs* (= homme au charme irrésistible pour les femmes) : **don Juan ◆ séducteur***. *Bourreau de travail* : V. ACHARNÉ.

bourrelé V. plein.

bourreler V. torturer.

bourrelet V. grosseur, coussin.

bourrelier V. sellier.

bourrellerie V. sellerie (*in* sellier).

bourrer 1. V. emplir, gaver. 2. *Bourrer le mou* : V. mentir.

bourrichon V. tête.

bourricot V. âne.

bourrin V. cheval.

bourrique V. sot.

bourriquet V. âne.

bourru *C'est un homme bourru mais foncièrement gentil* : **brusque** (qui se dit de celui qui paraît dénué d'amabilité parce qu'il va droit au fait) ; → ACARIÂTRE, BOUGON, RUDE.

bourse

I 1. [rare ou vieilli] Petit sac dans lequel on met de l'argent, généralement des pièces : [cour.] **porte-monnaie ◆** [plus précis] **aumônière** (= petite bourse portée à la ceinture) ◆ [vx ou par plais.] **escarcelle** ; → FINANCE. 2. Symbole de l'argent. *C'est sa femme qui tient les cordons de la bourse* (qui gère les finances) : **tenir les finances**. *Sans bourse délier* : V. GRATUITEMENT. 3. V. TESTICULE.

II *Il suit les cours de la Bourse* : [par méton.] **marché, corbeille**. *Hausse brutale de la Bourse* : **boom**. *Baisse, effondrement des cours de la Bourse* : **krach**. *Il joue en Bourse* : **boursicoter** ; → SPÉCULER.

boursicotage V. spéculation (*in* spéculer).

boursicoter V. bourse II, spéculer.

boursicoteur V. spéculateur (*in* spéculer).

boursier V. spéculateur (*in* spéculer).

boursouflé V. ampoulé, gonfler.

boursouflure V. gonflement.

bousculade V. foule.

bousculé V. occupé II.

bousculer V. pousser I, secouer, chahuter, assiéger.
◇ **se bousculer** V. se presser I.

bouse V. excrément.

bouseux V. paysan.

bousiller V. abîmer, massacrer, tuer.
◇ **se bousiller** V. se détruire.

boussole 1. Instrument indiquant le nord : [en termes de marine] **compas** (qui comporte une rose des vents précisément distribuée en degrés). 2. *Il a perdu la boussole !* [fam.] : [cour.] **tête** ; → FOU.

boustifaille V. aliment, nourriture (*in* nourrir).

bout 1. *Le bout d'une canne à pêche est très flexible* : **extrémité ◆ pointe**. 2. *Il est allé jusqu'au bout du voyage* : [plus sout.] **terme* ◆ terminus** (qui s'emploie pour les voyages en commun comportant plusieurs arrêts). *Rester jusqu'au bout* : **fin**. 3. *Pousser à bout* : **exaspérer**. *Être à bout* : **être épuisé ◆ n'en pouvoir plus** (*je suis à bout, épuisé ; je n'en peux plus*) ; → FATIGUÉ. *Venir à bout de qqch* : **vaincre*, triompher de**. *Venir à bout de qqn* : V. CALMER et RAISON II. *Au bout du fil* : V. APPAREIL. *Ne pas pouvoir joindre les deux bouts* : V. DÉSARGENTÉ. *Bout à bout* : V. SUITE. *De bout en bout* : V. COMPLÈTEMENT. *Se faire avoir jusqu'au bout* : **complètement* ◆** [fam.] **jusqu'au trognon**. *Au bout du compte* : V. FIN I. *Montrer le bout de l'oreille* : **dévoiler ses intentions**. 4. *Un bout de pain* : V. MORCEAU.

boutade V. plaisanterie (*in* plaisanter), saillie (*in* saillir I).

boute-en-train V. animateur (*in* animer), gai.

boutefeu V. extrémiste.

bouteille 1. Récipient pour liquides : **fiole, flacon** (= petites bouteilles) ◆ **fillette, bouteille, litre**, [fam.] **litron, magnum, jéroboam** (qui s'emploient, selon leur taille, pour des bouteilles de vin) ◆ **bordelaise** (= bouteille spécifique au vin de Bordeaux). 2. *Il tâte volontiers de la bouteille !* : [fam.] **chopine, litron** ; → BOIRE. *Bouteille vide* : [fam.] **cadavre**. 3. *Prendre de la bouteille* : V. ÂGE.

boutique 1. *Boutique de mode, de libraire* (= local où se tient un petit commerce) : **magasin*** (= commerce plus grand et aux installations plus modernes) ◆ **échoppe** (= petite boutique en planches, généralement occupée par un artisan qui y exerce son métier). 2. V. MAISON II et ÉTABLISSEMENT II.

boutiquier V. marchand.

bouton 1. V. bourgeon. 2. V. commutateur, poignée.

bouton-d'or [cour.] : [didact.] **renoncule âcre**.

boutonner V. attacher.

boutonnière V. entaille.

bouverie V. étable.

box
I 1. *Les box d'une écurie* : **stalle**. 2. *Être au box des accusés* : **sur le banc**.
II V. CUIR.

boxe *Boxe française* : V. savate.

boxer V. battre.

boxeur *C'est un excellent boxeur* : [sout.] **pugiliste**.

boy V. serviteur.

boyau 1. V. intestin, entrailles, viscères. 2. V. passage, tranchée.

boycott V. embargo.

boycotter V. mettre en quarantaine*.

boy-scout V. scout.

bracelet La **gourmette**, le **jonc** sont des variétés de bracelets.

braconner V. piège.

braconnier V. chasseur I.

brader V. prix I, sacrifier, solder (*in* solde II), vendre.

braderie V. marché.

braillard V. criard (*in* cri), bruyant.

braillement V. cri.

brailler V. crier (*in* cri), pleurer.

brain-storming V. remue-méninges.

braire V. crier (*in* cri).

braise 1. Bois réduit en charbons ardents, et ces mêmes charbons lorsque ceux-ci sont éteints : **tison** (= reste d'un morceau de bois dont une partie seulement a été brûlée) ◆ **brandon** (= débris enflammé : *le vent emportait les brandons de l'incendie*). 2. V. ARGENT.

braiser V. cuire.

bramer V. crier (*in* cri), chanter.

brancard V. civière.

brancardier V. infirmier.

branche 1. *Les branches sont agitées par le vent* : **branchage**, [sout.] **ramure** (= l'ensemble des branches) ◆ **rameau** (= petite branche) ◆ **brindille** (= branche mince ; morceau de branche) ◆ **gourmand** (= jeune branche inutile et à supprimer) ; → TIGE. 2. *Vous êtes ingénieur dans quelle branche ?* : **secteur** ◆ **spécialité, discipline** (*quelle est votre discipline ?, votre spécialité ?*) ; → PARTIE II. 3. V. FAMILLE et DIVISION.

brancher *Branchez-le sur le tennis : c'est un sport agréable !* [fam.] : **diriger, orienter**. ◇ **branché** *Il est très branché sur ces questions !* [fam.] : [cour.] **informé, au courant de** ◆ **porté sur, intéressé par** ; → DANS LA COURSE. *Une musique branchée* [fam.] : [cour.] **à la mode, dans le vent** ◆ [néol.] **tendance**.

branchies V. ouïes.

brande V. lande, friche.

brandebourg V. passementerie.

brandir V. montrer.

brandon V. braise, torche.

branlant V. boiteux.

branle *Se mettre en branle* : V. s'ébranler.

branle-bas V. remue-ménage.

branler V. balancer.
◇ **se branler** V. se masturber.

braque V. capricieux.

braquer **1.** *L'individu braqua son revolver sur sa victime* : **pointer** ◆ **diriger vers**. **2.** *Cette voiture braque mal* : [plus génér.] **tourner, virer**. **3.** *Si vous faites allusion à son divorce, vous risquez de la braquer* : **vexer** ; → FROISSER. *Braquer qqn contre qqn, qqch* : [plus sout.] **dresser**.

bras **1.** V. MEMBRE. **2.** [fig.] *À tour de bras, à bras raccourcis* : V. VIOLEMMENT. *À bras ouverts* : V. CORDIALEMENT. *Avoir le bras long* : V. INFLUENCE. *Baisser les bras* : V. ABANDONNER I et RENONCER. *Avoir qqn, qqch sur les bras* : V. CHARGE. *Partie de bras de fer* : V. DÉFI. **3.** *Les bras de ce fauteuil sont trop longs* : **accoudoir**.

bras droit V. aide, second II.

brasier V. feu, incendie.

brasiller V. étinceler.

brassage V. mélange.

brasser V. manier, remuer.

brasserie V. café, restaurant.

bravache *Ne vous laissez pas impressionner : ce n'est qu'un bravache* (= faux brave) : **fanfaron***, **fier-à-bras, matamore**.

bravade V. braver.

brave V. bon II, vaillant.

bravement V. fièrement (*in* fier), vaillamment (*in* vaillant).

braver **1.** *Ils n'ont pas craint de braver la tempête pour venir jusqu'à nous* : **affronter, défier** ◆ **s'exposer à**. **2.** *Braver qqn, les mœurs, les convenances* (= affronter qqn ou qqch par défi et avec insolence) : **défier, narguer** ◆ [sout.] **faire fi de, provoquer** (qui ne s'emploie qu'en parlant de qqn) ◆ **offenser** ; → FOULER* AUX PIEDS, MENACER, SE MOQUER.
◇ **bravade** *Il n'a agi que par bravade* (= attitude par laquelle on témoigne d'une fausse bravoure) : **fanfaronnade*** ◆ **défi, provocation** (= bravoure insolente).

bravo Cri d'approbation, applaudissement : **bravissimo** (= vive approbation) ◆ **bis** (accompagne les *bravos* insistants qui appellent une nouvelle prestation) ; → ACCLAMATION.

bravoure V. courage.

break V. arrêt, interruption.

brebis V. mouton.

brèche V. ouverture (*in* ouvrir), trouée, trou.

bredouiller *Parler de façon confuse* : [fam.] **bafouiller** ◆ [plus partic.] **bégayer** ; → BALBUTIER.
◇ **bredouillement** : [avec les mêmes nuances] **bafouillage** ◆ **bégaiement**.

bref V. concis, court, momentané, succinct, sommaire I. *En bref* : V. en somme* I, enfin, en abrégé* (*in* abréger).

bretteur [vx] Celui qui aimait se battre à l'épée : [péj.] **ferrailleur** ◆ [litt.] **spadassin** (= tueur à gages).

breuvage V. boisson.

brevet V. certificat.

bréviaire V. livre* de chevet.

bribe V. morceau, partie.

bric-à-brac V. désordre.

bricolage V. travail.

bricole V. babiole.

bricoler V. arranger, réparer.

bricoleur V. amateur.

bride V. rêne.

brider V. serrer I.

brièvement V. en abrégé* (*in* abréger), succinctement (*in* succinct).

brièveté V. concision (*in* concis).

brifer V. manger.

brigade V. troupe II.

brigand V. bandit, voleur (*in* voler II).

brigandage V. rapine, concussion.

brigue V. intrigue.

briguer V. ambitionner (*in* ambition), convoiter, viser II.

brillant

I [adj., de briller I] **1. resplendissant, rutilant, éblouissant, chatoyant, satiné**. **2.** En parlant notamment du style : **fleuri, recherché**.

II [adj., de briller II] **1.** *C'est un élève brillant* : **remarquable** ◆ ↑ **éblouissant**. *Un regard brillant d'intelligence* : **pétillant, rayonnant** ; → LUMINEUX. *Un regard brillant de haine* : **flamboyant**. *Un esprit brillant* : V. VIF. **2.** [en parlant de l'action de qqn] *L'artiste se lance dans une brillante improvisation* : **remarquable,** ↑ **éblouissant, magnifique, splendide** ◆ ↓ **beau** ◆ ↑ **étourdissant** ; → RÉUSSI. *Il a été brillant tout au long de son discours* : [fam.] **il a fait des étincelles** ; → SPIRITUEL II. **3.** *Pas, peu brillant. Il était dans une situation peu brillante* : **pas reluisant** ; → VILAIN.

III [n., de briller I] **1.** *Le brillant de l'or, d'une perle, d'une étoffe* (= éclat de ce qui brille naturellement) : ↑ **éclat** ◆ **lumière** ◆ **chatoiement** (qui s'emploie pour une étoffe) ◆ **eau** (qui implique surtout l'idée de transparence, de pureté d'une pierre précieuse) ◆ **feu** (qui implique l'idée de luminosité d'une pierre précieuse). **2.** *Le brillant d'un spectacle, d'une réception, d'un discours* (= éclat donné à qqch et, notamment, à une cérémonie) : **lustre** ◆ ↑ **éclat,** ↑ **splendeur** ◆ ↑ **faste** (qui ne se dit qu'en parlant d'une cérémonie) ◆ [péj.] **clinquant** (= faux brillant, éclat trompeur) ; → VERNIS.

IV [n.] V. DIAMANT.

briller

I [qqch ~] *La mer brille au soleil de juillet* : ↓ **luire** ◆ ↑ **resplendir, rutiler** ◆ **éblouir** (qui se dit de ce qui brille avec un éclat si vif que la vue ne peut le supporter : *les rayons du soleil éblouissent*) ◆ **reluire** (qui indique l'éclat d'une surface polie et suppose une lumière d'emprunt, n'éclairant que par réflexion : *les meubles, les chaussures reluisent*) ◆ **miroiter** (= renvoyer la lumière avec des reflets irréguliers, scintillants) ◆ **chatoyer** (= renvoyer la lumière de manière irrégulière, avec des changements de couleur). *Faire briller* : **astiquer** ◆ [fam.] **briquer** ; → ÉBLOUIR, ÉCLAIRER, ÉTINCELER et FLAMBOYER.

II [qqn ~] **1.** *Son regard brille d'intelligence* : **pétiller, rayonner, illuminer** (*l'intelligence illumine son regard*). *C'est qqn qui brille par son intelligence* (= manifester des qualités qui frappent l'attention) : ↑ **éblouir** ; → EXCELLER. **2.** *Le désir de briller* : **paraître**.

brimade V. offense, vexation (*in* vexer).

brimborion V. bagatelle.

brimer V. opprimer.

brin V. morceau, parcelle.

brindezingue V. ivre.

brindille V. branche.

bringue **1.** V. débauche. **2.** *Grande bringue* : V. femme, maigre.

brio V. éclat II, esprit, virtuosité (*in* virtuose).

brioche V. ventre.

brique V. roux.

briquer V. briller I, frotter.

brisant V. rocher, écueil.

briscard V. vieux.

brise V. vent.

brisé V. fatigué.

brisées *Marcher sur les brisées* : V. rivaliser (*in* rival).

briser **1.** V. casser, mettre en pièce*. **2.** V. vaincre.
◇ **se briser** V. casser.

briseur *Briseur de grèves* : V. jaune II.

brise-vent V. haie.

brisure V. cassure (*in* casser).

broc V. pot I.

brocanteur Personne qui achète et revend des objets usagés : [plus génér.] **revendeur** ◆ **chineur** (celui qui cherche, achète et revend des objets d'occasion, des curiosités) ◆ **antiquaire** (celui qui vend des objets anciens ayant une certaine valeur) ◆ **fripier** (celui qui revend des vêtements ou du linge d'occasion).

brocard V. moquerie (*in* moquer), raillerie (*in* railler).

brocarder V. railler.

brochure Petit ouvrage broché : **opuscule** (= petit ouvrage, broché ou non, à contenu didactique) ; → IMPRIMÉ, LIVRE, PROSPECTUS.

brodequin V. chaussure.

broder V. enjoliver, inventer.

broderie **1.** Ornement à l'aiguille : [plus partic.] **dentelle** ◆ **guipure** ◆ **tapisserie** ◆ **feston** ; → ORNEMENT. **2.** *Toutes ces histoires ne sont que de la broderie !* : [litt.] **invention** ; → IMAGINATION.

broncher **1.** V. trébucher. **2.** V. murmurer.

bronze **1.** *Une cloche de bronze* : [vx] **airain**. *Un bronze* : V. STATUE. **2.** Symbole de la force et de la dureté. *Une âme de bronze* : **marbre** (qui marque la froideur) ◆ **fer** (qui marque la force) ◆ **pierre** (qui marque l'inflexibilité).

bronzé *Son visage est bronzé par le soleil* : **bruni** ◆ [plus rare] **cuivré** ◆ [plus sout.] **ambré*** ◆ **hâlé** (qui implique l'action du vent, de l'air marin) ◆ ↑ **basané, tanné, cuit** ◆ [rare] **boucané** ; → NOIR.

brosse V. pinceau.

brosser V. peindre.
◇ **se brosser** V. s'abstenir, se fouiller.

brouhaha V. tapage.

brouillage V. parasite.

brouillamini V. désordre.

brouillard **1.** *On annonce du brouillard* : ↓ **brume** ◆ [anglic.] **smog** (= brouillard épais et irrespirable) ◆ **frimas** (= brouillard épais et glacé) ; → VAPEUR, PLUIE. **2.** V. OBSCURITÉ.

brouille V. désaccord, séparation.

brouillé V. fâché.

brouiller

I [~ qqch] **1.** *Vous allez brouiller les cartes, ensuite je les distribuerai* : **battre, mêler, mélanger** ◆ **embrouiller** (qui s'emploie surtout abstraitement : *des idées embrouillées, une situation embrouillée*) ; → OBSCURCIR, DÉSORDRE. **2.** *L'émission est brouillée ce soir* (= altérer la netteté de qqch) : **troubler** ◆ [en partic.] **parasiter** ; → PERTURBER.

II [~ qqn] *Des histoires d'argent les ont définitivement brouillés* : **fâcher** ◆ ↑ **séparer*** ◆ **diviser** (qui s'applique plus à des groupes qu'à des individus) ◆ **désunir** (qui s'applique à des personnes unies par un lien profond).

◇ **se brouiller** **1.** [avec qqn] : **se fâcher**. *Ils se sont brouillés* : **ils ne se parlent plus**. **2.** [en parlant du temps] *Le ciel se brouille peu à peu* : ↑ **se couvrir** ◆ **se gâter** (*le temps se gâte*).

brouillerie V. désaccord.

brouillon

I *Ce garçon a un esprit trop brouillon pour assurer une telle responsabilité* : **confus, désordonné** ; → ANARCHIQUE.

II V. CANEVAS.

broussaille V. buisson.

brouter V. paître.

broutille V. babiole, rien II.

browning V. revolver.

broyer 1. *Cette machine broie les galets pour en faire de la poudre* (= réduire en menus fragments) : [plus génér.] **écraser, casser** ◆ **concasser** (= réduire en fragments assez grossiers) ◆ **pulvériser** (= réduire en poudre) ; → MOUDRE, PILER et TRITURER. 2. *Je suis broyé de fatigue* : V. FATIGUÉ.

bru a pour syn. courant **belle-fille**.

brugnon V. pêche I.

bruine V. pluie.

bruiner V. pleuvoir.

bruire [sout.] Produire un bruit confus et généralement agréable : [plus restreint] **bourdonner** (*la ruche bourdonne*) ◆ **chuchoter** (*la rivière chuchote*) ; → FRÉMIR et MURMURER.

◇ **bruissement** *On entendait le bruissement de l'eau sous les arbres* : **murmure, frémissement, frisson** ◆ **froufrou** (= bruit d'étoffe) ; → BATTEMENT III.

bruit

I V. BORBORYGME, VOIX I, SON et TAPAGE.

II *Le bruit court que l'on procéderait à un remaniement ministériel* (= propos répandus dans le public) : **rumeur** ; → NOUVELLE. *Faire courir un bruit* : **ébruiter** ; → DIVULGUER, PÉTARD, POTIN II, FRACASSANT.

brûlant 1. V. ardent, chaud. 2. V. animé, dévorant (*in* dévorer).

brûle-gueule V. pipe.

brûle-pourpoint (à) V. soudain II.

brûler

I [~ qqch, qqn] 1. *Brûler qqch* (= détruire par le feu) : **consumer** (= brûler lentement) ◆ **faire flamber** (= brûler vite) ◆ [souvent au passif] ↓ **roussir** ◆ [souvent au passif] **carboniser,** ↑ **calciner** (= réduire en charbon : *le rôti a été complètement carbonisé, calciné, brûlé*) ◆ ↑ **réduire en cendres** (qui s'emploie pour des papiers, un immeuble) ◆ **torréfier** (qui s'emploie spécialement en parlant du café : *brûler, torréfier le café*) ◆ **incinérer** (qui s'emploie spécialement en parlant de cadavres que l'on brûle) ◆ **incendier*** (qui suppose généralement un acte criminel : *incendier une maison*, et se dit toujours de l'action néfaste du feu : *des forêts incendiées*) ; → ENFLAMMER. 2. [~ qqch] *Il a brûlé un feu rouge* : [fam.] **griller**. *Brûler la cervelle* : V. TUER.

◇ **se brûler** V. S'ÉBOUILLANTER.

II [qqch ~] 1. *Des sarments brûlent dans la cheminée* : **flamber** (= brûler en produisant des flammes) ◆ **se consumer** (= brûler lentement : *gagnés par le feu, les jeunes sapins se mettent à flamber ; au loin, la forêt ravagée finit de se consumer*) ; → CHAUFFER. 2. *Ça brûle !* : V. CHAUD. *Le rôti est brûlé !* : ↓ **trop cuit** ◆ [fam.] **cramé**.

III [qqn ~ de] *Il brûle de la revoir* : ↓ **désirer** (*il désire la revoir*) ◆ ↓ **rêver de** ; → GRILLER, AMBITIONNER, CONVOITER, IMPATIENT.

brûlure 1. Sur la peau, une faible brûlure ne provoque qu'une **rougeur**. *La brûlure du rasoir, du soleil* : **feu**. *Des brûlures d'estomac* : **aigreurs** ; → DOULEUR, PLAIE. 2. *La brûlure de l'insulte lui était insupportable* : **morsure** ◆ [plus cour.] **blessure**.

brume V. brouillard, vapeur.

brumeux V. humide.

brun V. marron.

brune *À la brune* : V. crépuscule.

bruni V. bronzé.

brunir V. noircir (*in* noir).

brusque 1. V. bourru, violent. 2. V. saccadé, subit, prompt, vif.

brusquement V. soudain II, subitement (*in* subit).

brusquer 1. V. rudoyer. 2. V. hâter.

brusquerie V. brutalité (*in* brutal), soudaineté.

brut 1. *Du bois brut, de la laine brute* (= qui n'a pas été travaillé) : **sauvage, vierge, naturel** (selon les contextes). *De la soie brute* : **grège**. *De la toile brute* : **écru**. *Du champagne brut* : V. SEC I. 2. *Voici mes sentiments à l'état brut* : **tels quels, tels qu'ils se présentent** ◆ **sans fioriture**.

brutal 1. *Il n'avait pour argument que sa force brutale* [vx] (= qui tient de la brute et agit avec grossièreté et violence à l'égard des autres) : **animal** ◆ ↑ **bestial** ; → GROSSIER. 2. *C'est un homme naturellement très brutal* (= qui use de violence, de rudesse) : **dur, violent, emporté** ; → OFFENSIF, CRUEL, MÉCHANT II. *Un ton brutal* : ↓ **abrupt** ; → AFFIRMATIF. 3. *La mort de sa mère lui a porté un coup brutal* (se dit de qqch de pénible et qui arrive soudainement) : **rude, pénible** ◆ ↑ **terrible**. 4. [qqch est ~] V. SOUDAIN I.

◇ **brutalement** 1. *Frapper qqn brutalement* : **violemment, durement** ◆ ↑ **sauvagement** ; → RUDEMENT. 2. *Répondre brutalement* : ↓ **sèchement, sans aménité** ◆ [fam.] ↓ **de but en blanc, tout à trac** ; → SOUDAIN, SANS MÉNAGEMENT.

◇ **brutalité** 1. *C'est un homme connu pour sa brutalité* : **violence** ◆ ↑ **cruauté***, **férocité, sauvagerie** ◆ [rare] **inhumanité**. *Les brutalités policières* : **violences** ; → BARBARIE, INHUMAIN. 2. *La brutalité d'une maladie* : V. SOUDAINETÉ. *La brutalité de ses propos nous a étonnés* : **dureté** ◆ ↓ **brusquerie** ; → SÉCHERESSE.

brutaliser V. malmener, rudoyer (*in* rude).

brutalité V. brutal.

brute 1. V. animal. 2. V. terreur.

bruyant 1. *Cette rue est bruyante* : ↑ **assourdissant**. Les syn. se trouvent surtout en reprenant le nom *bruit* : *il y a, il fait un* **bruit terrible, d'enfer, effrayant** ; **sonore*** se dit plutôt d'un espace où le bruit résonne : *une pièce sonore*. 2. *Ces enfants sont bruyants* : **turbulent, agité** ◆ [fam.] **braillard, gueulard**.

buccal *Cavité buccale* : V. bouche.

bûche

I *Il faut remettre une bûche dans le feu* : [plus génér.] **du bois** ◆ **rondin** (= bois non refendu et calibré).

II V. CHUTE I.

bûcher V. apprendre, travailler.

bûcheur V. travailleur.

bucolique V. campagnard (*in* campagne).

budget V. compte.

buée V. vapeur.

buffet 1. V. vaisselier. 2. V. repas, restaurant.

building V. immeuble.

buisson [pl.] **broussailles** (qui implique une végétation plus étendue, telle qu'on peut la trouver dans un terrain inculte) ◆ **fourré** (= ensemble épais d'arbustes de petites dimensions) ◆ **taillis** (= partie d'un bois où il n'y a que des arbres de petites dimensions, que l'on coupe régulièrement) ◆ **hallier** (= ensemble de buissons touffus) ◆ **ronces, roncier** (= arbustes épineux) ; → BOIS.

bulbe *Il vient de planter des bulbes de tulipes* : [plus cour.] **oignon**.

bulletin 1. *Voici le bulletin de la météo* : **communiqué** (= avis ponctuel adressé au public par une autorité : *un communiqué de la présidence de la République*) ; → AVIS, COMMUNICATION. 2. *Le bulletin scolaire* : **carnet**. *Un bulletin de paye* : **feuille** ; → CERTIFICAT, COMPTE.

bungalow V. villa.

bunker V. abri.

bureau 1. V. secrétaire, table I. 2. V. secrétariat, service I, travail II. *Bureau de tabac* : V. tabac.

bureaucrate 1. [péj. et vieilli] **rond-de-cuir, gratte-papier** ◆ [très péj.] **scribouillard**. ◆ [cour., non péj.] **employé de bureau, employé***. 2. Dans son sens moderne de fonctionnaire se prévalant d'une autorité excessive ◆ **technocrate** (se dit en ce sens de hauts fonctionnaires ou d'hommes d'État).

burette V. testicule.

buriner V. marquer.

burlesque V. comique, ridicule.

bus V. autobus.

buse **1.** V. sot. **2.** V. tuyau I.

business V. affaire.

busqué V. aquilin.

buste **1.** V. TRONC et TORSE. **2.** *Cette femme a un buste magnifique* : **poitrine, seins***, **gorge** ◆ [par méton.] **décolleté**.

but **1.** *Il avait le meilleur fusil : manquer le but aurait été ridicule !* : **cible** ◆ **objectif**. *Atteindre le but* : [fam.] **taper dans le mille**. *Marquer un but* : **essai** (pour le rugby), **panier** (pour le basket). **2.** *Il fallait à tout prix le convaincre : tel était son but* : **dessein, objectif** ◆ ↓ **intention**. *Parvenir à son but* : [pl.] **fins** ; → AMBITION, MISSION, PROJET. **3.** *Le but de votre visite* : V. OBJET. **4.** *Le but de la vie : quelle grande question !* : [plus génér.] **sens, raison** (*les raisons de vivre*) ◆ [didact.] **fin, finalité**. **5.** *Dans le but de* [loc. cour. condamnée par les puristes]. *Il lui rendit visite dans le but de l'amadouer un peu* : [plus sout.] **avec l'intention de, avec le dessein de** ; → VUE III. **6.** *De but en blanc* : V. SOUDAIN.

buté V. têtu.

buter [contre qqch] V. achopper, trébucher, heurter.
◇ **se buter** V. s'entêter.

butin *Les pillards avaient caché leur butin dans une grotte* : [pl.] **prises** ◆ [assez rare] **dépouilles** ◆ **trophée** (qui ne se dit que de prises symbolisant leur victoire) ; → VOL II, CAPTURE.

butiner V. récolter.

butor V. grossier.

butte

I Petite éminence de terre : **tertre** ◆ ↓ **monticule** ◆ [plus partic.] **mamelon** (= sommet arrondi d'une colline) ; → COLLINE, TALUS.

II *Être en butte à. Elle est toujours en butte aux petites vexations que lui impose son directeur* : **servir de cible à, être le point de mire de** ◆ [plus sout.] **exposé à** ; → PRISE I.

buvable **1.** V. absorbable (*in* absorber I), potable. **2.** V. supportable (*in* supporter).

buvette V. café I.

buveur V. ivrogne (*in* ivre).

byzantin V. compliqué.

C

cabale V. intrigue.

cabalistique V. magique (*in* magie).

caban V. manteau.

cabane **1.** Construction rudimentaire : [en partic.] **hutte** (= abri sommaire de terre et de paille s'intégrant dans une culture primitive). **2.** *Il loge dans une de ces cabanes !* [fam., péj.] (= maison d'habitation) : **cahute, bicoque** ; → BARAQUE I. **3.** *Il a passé deux mois en cabane* [arg.] (= prison) : [arg.] **tôle** ◆ [cour.] **prison** ; → CELLULE, EMPRISONNEMENT.

cabanon V. cellule.

cabaret **1.** [vieilli] Établissement où l'on sert à boire : [vieilli] **estaminet, taverne** ◆ [péj.] **caboulot, bouge** ◆ [cour., fam.] **bistrot** ◆ [cour.] **café*** ◆ **taverne** (qui revient à la mode). **2.** V. CAFÉ-CONCERT et RESTAURANT.

cabas *Tu mettras les légumes dans ce cabas* : **sac à provisions.**

cabestan V. treuil.

cabine *Voulez-vous visiter la cabine de pilotage de cet Airbus ?* : **cockpit** (= habitacle du pilote dans un petit avion). *Nous avons loué une cabine sur ce bateau* : ↓ **couchette.**

cabinet

I **1.** *Il était ministre dans le cabinet précédent* (= ensemble des ministres d'un État) : **ministère, gouvernement**. **2.** *Sa femme tient un cabinet immobilier* : **agence.**

II **1.** [au pl.] *Voudriez-vous m'indiquer les cabinets ?* (= endroit aménagé pour satisfaire les besoins naturels) : **waters, W.-C., toilettes, lavabos** ◆ [rare ou didact.] **lieux d'aisances** ◆ [fam. et naïf] **petits coins** ◆ [vulg.] **chiottes, gogues** ◆ [très sout. et vieilli] **commodités** ◆ **latrines, feuillées** (= cabinets sommaires, sans installation sanitaire). **2.** V. RÉDUIT II.

câble

I V. CORDAGE et MANOEUVRE III.

II *Je viens de recevoir un câble de New York* [par méton.] (= message reçu par un câble téléphonique, jargon de technicien, de journaliste) : [cour.] **télégramme, dépêche.**

câbler V. envoyer.

cabochard V. têtu.

caboche V. tête.

cabot V. acteur, chien.

cabotage V. navigation.

caboteur V. bateau.

cabotin V. acteur.

cabotinage V. charlatanisme.

caboulot V. café.

cabrer (se) *Dès qu'on lui parle de son passé, il se cabre* : [plus fam.] **se rebiffer** ◆ ↓ **protester** ◆ ↑ **se révolter, s'insurger** ; → COLÈRE.

cabri V. chèvre.

cabriole *Il était si heureux de cette nouvelle qu'il se mit à faire des cabrioles* : **gambade** ◆ [plus partic.] **culbute, galipette** (= sauts que l'on exécute cul par-dessus tête) ◆ **pirouette** (= tour que l'on fait sur soi-même sans changer de place et en se tenant sur un seul pied) ; → SAUT.

cabriolet *Elle roule dans un superbe cabriolet* : [plus cour.] **décapotable**.

caca V. excréments, chier, merde.

cache V. abri.

caché V. cacher.

cache-col, cache-nez V. écharpe.

cacher **1.** [qqn ~ qqch] *Cacher de l'argent* : [fam.] **planquer, camoufler** ◆ [vx ou région.] **musser, mucher** ◆ [partic.] **receler** (qui implique que l'on cache qqch frauduleusement) ◆ **dissimuler** (qui implique l'idée de feinte, de déguisement). **2.** [qqn ~ qqch] *Cacher dans la terre* : V. ENTERRER. *Cacher derrière un voile, un écran* : V. COUVRIR et MASQUER. **3.** [qqn ~ qqch] *Pourquoi lui cacher notre inquiétude ?* : **dissimuler** ; → DÉGUISER, TAIRE, MYSTÈRE. *Il nous cache quelque chose* : **il y a anguille sous roche**. *Je ne vous cache pas que cela me déplaît* : **je vous avoue franchement que...** ; → VOIR. **4.** [qqch ~ qqch] *Des nuages cachent le soleil* : ↓ **voiler*** ◆ [plus express.] **masquer** ; → ENVELOPPER, DÉROBER.

◇ **se cacher** **1.** *Ils se cachent derrière la maison* : **s'embusquer** (= se cacher pour guetter qqn) ◆ [plus rare] **se tapir** ◆ ↑ **se terrer** ; → ABRI, SE DÉROBER. **2.** *L'enfant se cache dans les bras de sa mère* : V. SE BLOTTIR.

◇ **caché** *Des agissements cachés* : **secret*** ◆ [rare en ce sens] **sourd** ◆ **latent** (qui se dit d'événements qui ne se révèlent pas, dont on devine la présence : *un danger latent, une maladie latente*) ◆ **clandestin** (qui implique que l'on agisse contre la loi : *une manœuvre clandestine*) ◆ **mystérieux** ◆ **occulte, ésotérique, hermétique** (qui s'emploient surtout en parlant des connaissances accessibles seulement à des initiés : *la magie est une science occulte ; les paroles ésotériques, hermétiques des magiciens*) ; → OBSCUR.

cache-sexe V. slip.

cachet

I **1.** V. MARQUE, SCEAU, TIMBRE I et TAMPON. **2.** *Avoir du cachet* : V. CARACTÈRE I.

II V. RÉTRIBUTION.

III *Prenez ce cachet, vos maux de tête disparaîtront* (= poudre contenue dans une enveloppe assimilable) : **comprimé** (= poudre agglomérée en pastille) ◆ **gélule** (= cachet cylindrique) ; → PILULE.

cacheter V. sceller I (*in* sceau), fermer.

cachette (en) V. secrètement (*in* secret I).

cachot V. cellule.

cachotterie V. mystère, secret III.

cachottier V. secret II.

cacochyme V. maladif (*in* malade).

cacophonie **1.** *Toute la rue était embouteillée ; vous auriez entendu cette cacophonie de Klaxons* : **charivari, tintamarre** ; → TAPAGE, TUMULTE. **2.** En musique, ce terme est toujours péj., contrairement à **dissonance**.

cadavérique V. blanc comme un linge*.

cadavre **1.** V. dépouille, mort II. **2.** V. bouteille.

cadeau V. don, présent IV, sinécure.

cadenas V. fermeture (*in* fermer).

cadenasser V. fermer.

cadence V. mesure, rythme.

cadencé V. rythmique (*in* rythme).

cadet **1.** Enfant qui vient après l'aîné : [partic. ou par plais.] **junior** (*Durand junior, le cadet des Durand*) ◆ [vieilli] **puîné** ◆ **benjamin, dernier-né**, [fam.] **petit-dernier**

(= le plus jeune enfant d'une famille). **2.** *Le cadet de mes soucis* : V. MOINDRE.

cador V. chien.

cadre **1.** *Le cadre d'un tableau* : **encadrement**. **2.** *Les fenêtres de sa maison ont des cadres en métal* (= assemblage de bois ou de fer destiné à encadrer certains objets et à les contenir) : [plus techn.] **châssis** (qui s'emploie pour une fenêtre), **bâti** (qui s'emploie pour une porte). **3.** *Nous avons déjeuné dans un beau cadre de verdure* (= ce qui entoure une action, une personne) : **décor** (= cadre naturel). *Il vit dans un cadre familial et de travail très agréable* : **entourage**, **milieu** (= cadre humain) ◆ **cocon** (= milieu très protégé) ; → AMBIANCE. **4.** [fig.] *Entrer dans le cadre de* : **faire partie de** (*cela entre dans le cadre de, cela fait partie de ses attributions*).

◇ **cadrer** *Sa conduite ne cadre pas avec ses paroles sucrées* (= être en conformité avec qqch) : **concorder**, **s'accorder** ◆ [moins approprié à ce contexte] **correspondre à** ; → S'INSCRIRE.

caduc V. nul II, muet.

caducité V. nullité (*in* nul).

cafard

I *Cet hôtel est plein de cafards* (= insecte) [cour.] : **blatte**, **cancrelat**.

II **1.** V. BIGOT. **2.** V. RAPPORTEUR.

III **1.** *Ce mauvais temps me donne le cafard* : **des idées noires** ◆ [sout.] **spleen** ◆ [fam.] **bourdon**. *Avoir le cafard* : [cour.] ↓ **ne pas avoir le moral**, ↑ **déprimer** ◆ [plus partic.] **avoir du chagrin**. **2.** *Le cafard est un état intérieur où l'on se sent envahi par la tristesse et le malaise de vivre* : [langue techn.] **mélancolie*** ; → PEINE II, ENNUI, TRISTESSE.

cafardage V. rapportage (*in* rapporter IV).

cafarder V. rapporter IV.

cafardeux V. mélancolique (*in* mélancolie).

café

I *Il passe son temps au café* (= débit de boissons) : [fam.] **bistrot**, **troquet** ◆ [vieilli] **caboulot** ◆ **buvette** (= petit débit de boissons, généralement attenant à un établissement public ou à un lieu fréquenté par le public : hall de gare, bal) ◆ **bar** (= débit de boissons où l'on consomme assis devant un comptoir) ◆ **brasserie** (= établissement où l'on consomme en partic. de la bière tout en pouvant prendre des repas) ◆ **taverne** (= brasserie de premier ordre) ; → CABARET, RESTAURANT.

◇ **café-concert** [abrév.] **caf' conc'**. Se disait d'un café où l'on pouvait consommer en écoutant des chansonniers et de la musique : [cour. auj.] **cabaret*** ◆ **boîte de nuit**, [abrév.] **boîte** (= établissement fonctionnant la nuit où l'on peut écouter de la musique, danser, boire) ◆ [péj.] **boui-boui** (= cabaret ou boîte de nuit mal fréquentés).

◇ **cafetier** *Ce cafetier est un homme très sympathique !* : [rare] **mastroquet** (= marchand de vin) ◆ [plus génér.] **tenancier** ◆ [plus partic.] **garçon de café**, **garçon** (= employé dans un café), **patron** (= propriétaire d'un café).

II *Vous prenez un café ?* : **express** (= café sortant d'un percolateur) ◆ [fam.] **noir**, **petit noir** ; → JUS.

cafetière V. tête, figure I.

cafouillage, cafouillis V. désordre.

cafouiller V. maladresse.

cage Ce terme général a des syn. spécifiques selon les animaux considérés : **clapier** (qui s'emploie pour les lapins) ◆ **poulailler** (qui s'emploie pour la basse-cour) ◆ **volière** (qui s'emploie pour les oiseaux).

cageot V. caisse.

cagibi V. réduit.

cagneux V. tordu.

cagnotte V. tirelire.

cagot V. bigot.

cahin-caha *Il va cahin-caha* [fam.] : [fam.] **clopin-clopant**, **comme ça peut** ◆ [cour.] **tant bien que mal**.

cahot V. secousse (*in* secouer), inégalité (*in* inégal).

cahoter V. secouer.

cahoteux V. déformer.

cahute V. cabane.

caillasse V. caillou.

caillasser V. pierre.

cailler 1. V. coaguler, figer. 2. V. froid I.

caillou 1. *Je t'interdis de lancer des cailloux* : **pierre** (si *pierre* peut généralement être syn. de *caillou*, l'inverse n'est pas vrai : un *caillou* est toujours de petites ou moyennes dimensions, alors qu'une pierre peut avoir toutes les tailles ; en outre, *caillou* ne s'emploie pas avec les articles partitifs) ◆ **galet** (= caillou arrondi du bord de la mer ou du fond des torrents) ◆ [collect., fam.] **caillasse**, **pierraille** (*marcher dans la caillasse*) ◆ ↓ **gravier** ; → ROCHER. 2. V. CRÂNE.

caïman V. alligator.

caisse Grande **boîte*** en bois ou en métal (contrairement au **carton**) qui sert à emballer et souvent à transporter ◆ [plus génér.] **emballage** ◆ [partic.] **caissette** (= petite caisse), **cageot** (= caisse servant au transport des fruits et légumes) ; → EMBALLAGE.

caisson V. crâne.

cajoler V. dorloter, flatter, caresser (*in* caresse).

cajolerie V. caresse.

cajoleur V. séducteur (*in* séduire).

calamar V. seiche.

calamité V. catastrophe.

calamiteux V. catastrophique (*in* catastrophe).

calanque V. golfe.

calcaire V. dur.

calcination V. combustion.

calciner V. brûler.

calcul 1. *Nous voici au but ; vous voyez que mes calculs n'étaient pas mauvais* : **prévision** ◆ [plus rare] **spéculation**, **supputation**. *Je me méfie : sa position n'est pas sans calcul* : **arrière-pensée** ; → AGISSEMENTS, PRÉMÉDITER. 2. *Il est bon en calcul* [cour.] : [didact.] **arithmétique** ; → OPÉRATION III, COMPTE.

calculé V. mesuré (*in* mesure II), prémédité (*in* préméditer).

calculer 1. V. compter, estimer, mesurer (*in* mesure), peser. 2. V. songer, préméditer, prévoir, combiner.

cale 1. *Nous avons pu visiter la cale du navire* (= partie d'un navire située entre le pont et le fond) : [par méton.] **soute** (= magasins aménagés dans la cale et où l'on loge le charbon, les munitions). 2. V. SOUTIEN.

calé V. instruit, savant.

caleçon V. culotte, slip.

calembour V. jeux de mots*.

calembredaine V. sornette.

calendes *Aux calendes grecques* : V. saint-glinglin.

calendrier 1. *Nous voici en février et je n'ai pas encore établi mon calendrier !* : **emploi du temps**, **programme**, **planning**. 2. *Le facteur nous a apporté le calendrier* : **almanach** (qui comporte, outre les indications du calendrier, divers renseignements et anecdotes) ◆ **agenda** (= livret divisé selon les mois et jours du calendrier et sur lequel on inscrit au jour le jour ce que l'on a à faire) ◆ **éphéméride** (= calendrier dont on détache chaque jour une feuille) ; → CARNET.

calepin V. carnet.

caler 1. V. s'arrêter. 2. V. soutenir.

calfater V. boucher.

calfeutrer V. boucher.
◇ **se calfeutrer** V. s'enfermer.

calibre 1. V. fusil. 2. V. espèce, classe II, nature, dimension.

calibrer V. mesurer (*in* mesure I), trier.

calice V. coupe.

calicot V. banderole.

califourchon (à) *Il aime s'asseoir à califourchon sur une chaise* (= une jambe d'un côté, une jambe de l'autre) : **à cheval**.

câlin V. aimant, tendre II.

câliner V. caresser (*in* caresse).

câlinerie V. caresse.

calisson V. bonbon.

calligraphie V. écriture (*in* écrire).

calligraphier V. écrire.

calmant V. calme.

calmar V. seiche.

calme [adj.] **1.** [qqch est ~] *Ils menaient une vie très calme à la campagne* : **paisible**, **tranquille** ◆ [fam.] **pépère**, **peinard**, **de père peinard** ◆ **serein** (qui se dit le plus souvent du temps, de la qualité de l'air) ; → DOUX. *Des eaux calmes* : V. DORMANT. **2.** [qqn est ~] *C'était une personne très calme* : **placide** ◆ **serein**, **paisible**, **pacifique** (qui sont le contraire de *agressif*) ◆ **détendu**, [fam.] **décontracté**, **relaxé**, [abrév. fam.] **relax** (qui sont le contraire de *nerveux, agité*) ; → PONDÉRÉ, PHILOSOPHE, POSÉ, GARDER LA TÊTE* FROIDE, DISTANT, IMPASSIBLE.
◇ **calme** [n.] **1.** *Absence d'agitation de la mer* : **bonace** ◆ **accalmie** (= calme provisoire). **2.** [génér.] *Il vous faut vivre dans le calme* : **tranquillité**, **quiétude** ◆ **paix**, **sérénité** (qui se disent surtout d'un état intérieur) ; → SILENCE, SOMMEIL. **3.** *Il perdait facilement son calme* (= maîtrise de soi) : **assurance**, **sang-froid**, **contrôle de soi** ; → S'IMPATIENTER, PONDÉRATION. **4.** *Le patient a pu goûter un moment de calme* : **apaisement**, **rémission**, **soulagement**.
◇ **calmer** Ce verbe peut recevoir beaucoup de syn., dont le plus génér. : **apaiser**. *Calmer qqn* : V. ADOUCIR. *Calmer la soif, la faim* : V. ASSOUVIR et SATISFAIRE. *Calmer une révolte* : ↑ **venir à bout de**, **mater**. *Calmer une douleur* : V. SOULAGER.
◇ **se calmer** V. S'ADOUCIR, S'APAISER, SE MODÉRER, SE RANGER et SE TAIRE. *Le vent se calme* : V. TOMBER.
◇ **calmant** *Il ne dort qu'avec des calmants* : [techn.] **sédatif**, **somnifère**, **tranquillisant**, **analgésique**, **antispasmodique** (qui s'emploient selon la nature du calmant) ◆ [pl., fam.] **drogues**.

calmement V. doucement (*in* doux), posément (*in* poser II).

calmer V. calme.
◇ **se calmer** V. calme.

calomniateur V. médisant (*in* médire), corbeau.

calomnie V. médisance (*in* médire).

calomnier V. médire, salir, discréditer.

calomnieux V. médisant (*in* médire).

calotin V. bigot.

calotte V. gifle.

calotter V. gifler (*in* gifle).

calque V. copie.

calquer V. copier.

calter (se) V. fuir.

calvados V. alcool.

calvaire V. croix, supplice.

camarade V. ami, compagnon.

camaraderie V. entente, solidarité (*in* solidaire).

camarilla V. coterie.

cambrer (se) V. bomber.

cambriolage V. vol II.

cambrioler V. voler II.

cambrioleur V. voleur (*in* voler II).

cambrousse V. campagne.

cambrure V. courbe.

cambuse V. habitation.

came V. drogue.

camelote *C'est de la camelote. Quelle camelote !* (= mauvaise qualité d'une marchandise) : [fam.] **cochonnerie**, **toc** ◆ [très fam.] **saloperie** ; → MARCHANDISE.

camer (se) V. se droguer.

caméra V. appareil.

camériste V. servante.

camion *Il circule de plus en plus de camions* : ↑ **poids lourd**, **semi-remorque** ◆ [fam.] **gros-cul**, **bahut** ◆ ↓ **camionnette** (= petit camion).
◇ **camionneur** *Son père est camionneur* : **transporteur routier**, [plus cour.] **routier** (= celui qui fait de grands trajets).

camionner V. transporter I.

camionnette V. camion.

camionneur V. camion.

camouflage V. déguisement (*in* déguiser).

camoufler V. cacher, déguiser, masquer (*in* masque).

camouflet V. offense.

camp 1. *Les soldats avaient installé leur camp dans une vaste prairie* (= terrain où une armée dresse des tentes ou construit des baraquements pour s'y loger ou s'y retrancher) : **campement** ◆ **cantonnement** (= tout lieu habité dans lequel des troupes s'installent temporairement) ◆ **quartier** (qui désigne aussi bien l'emplacement où une troupe a établi un camp que le cantonnement où elle s'est logée) ◆ **bivouac** (= campement provisoire et en plein air établi de jour ou de nuit, le plus souvent pour prendre du repos). 2. *Son père est mort dans les camps* : **camp de concentration** ◆ **goulag** (qui se dit des camps soviétiques). 3. *Le camp plaît à beaucoup de vacanciers* [vieilli] : [cour.] **camping** (qui désigne aussi bien une activité que le lieu où elle s'exerce : *faire du camping, un terrain de camping*). 4. V. PARTI. 5. *Ficher, foutre le camp* : V. PARTIR.

campagne

I *Ils vivent à la campagne* : [fam., péj.] **cambrousse** ◆ **champs, terre** (qui ne s'emploient guère que par rapport au travail de la terre : *les métiers, les travaux des champs ; les travaux de la campagne, de la terre*) ; → CULTURE I. *Partie de campagne* : [cour.] **pique-nique** ◆ [plus génér.] **excursion**. *Battre la campagne* : V. DÉRAISONNER.
◇ **campagnard** 1. [adj.] *La vie campagnarde comblait son besoin de solitude et de silence* : [plus sout.] **champêtre**, **rustique** ◆ [par opp. à urbain] **rural** (qui prend un sens juridique et économique) ◆ [litt. ou iron.] **agreste**, **bucolique**, **pastoral** ; → AGRICOLE. 2. [péj.] *Sa façon de s'habiller, de marcher, de vous saluer, tout chez lui était campagnard* : **paysan** ; → BALOURD. 3. [n.] V. PAYSAN.

II 1. *Les campagnes de Napoléon en Égypte* : **expédition**. 2. *Campagne de publicité, campagne électorale* : V. OPÉRATION II.

campane V. cloche I.

campanile V. clocher, tour I.

camper

I [de camp] *Les soldats ont campé dans cette prairie* : **bivouaquer**, **se cantonner**, **prendre ses quartiers** ; → SÉJOURNER.

II **se camper**. *Il se campa devant lui et le regarda droit dans les yeux* (= se placer devant qqn, qqch dans une attitude fière et quelque peu provocante) : **se dresser**, **se planter**.

camping V. camp.

camping-car V. roulotte.

camus Se dit d'un nez court et plat : **aplati**, **écrasé** (qui s'emploient dans des contextes plus nombreux) ◆ **épaté** (qui se dit d'un nez court et large à la base).

canaille V. coquin, vaurien.

canal

I 1. Rivière artificielle ; en ce sens, n'a pas de syn. Le **bief** est une portion de canal entre deux écluses. 2. Bras de mer resserré entre deux terres (s'emploie dans quelques noms géographiques) : [plus génér.] **détroit**. 3. Un **chenal** (doublet étymologique de *canal*) est un canal naturel ou artificiel qui se trouve à l'entrée d'un port. **4.** Une **passe** est un lieu ouvert à la navigation entre des écueils, des bancs de sable (on dit parfois aussi en ce sens **chenal**) ; → COURS D'EAU.

II **1.** [En termes de communication] En télévision, une **chaîne** est diffusée sur un **canal** ; les deux termes sont parfois pris l'un pour l'autre. **2.** *Par le canal de. Nous avons appris la nouvelle par le canal de son directeur* (suivie d'un nom de personne, cette locution appartient au jargon administratif ; on la remplacera avantageusement) : **par l'intermédiaire, par l'entremise de** (qui ne conviennent pas lorsque l'expression renvoie précisément à l'idée de *canal* : *nous avons appris la nouvelle par le canal de la radio*).

canalisation Tuyauterie destinée à la circulation d'un fluide, d'une énergie : [plus partic.] **conduite***, **tuyau**, **tuyauterie** ◆ **pipe-line** (= canalisation de transport du pétrole) ◆ **égout**, **tout-à-l'égout** (= canalisation qui évacue les eaux usées).

canaliser V. endiguer.

canapé *Ils ont acheté un nouveau canapé* : **divan** (qui n'a ni dossier ni bras) ◆ **sofa** (= lit de repos à trois appuis, dont on se sert aussi comme siège) ; → TÊTE-À-TÊTE.

canard **1.** V. journal. **2.** V. faux I.

canarder V. tirer III.

canari V. serin.

canasson V. cheval.

cancaner V. médire.

cancanier V. bavard.

cancans V. bavardage (*in* bavard), médisance (*in* médire), conte, potin II, racontar (*in* raconter).

cancer V. tumeur, lèpre.

cancre V. paresseux (*in* paresse).

cancrelat V. cafard I.

candélabre V. chandelier.

candeur **1.** [non péj.] *La candeur de l'enfance* (= état de qqn qui ne soupçonne pas l'existence du mal) : **ingénuité**, **pureté**, **naïveté**, **innocence**. **2.** [péj.] *Il est d'une candeur incroyable !* (= absence de discernement) : **angélisme**, **ingénuité**, **naïveté**, **crédulité** ; → BÊTISE.

◇ **candide** **1.** [de candeur 1] **ingénu**, **pur**, **naïf**, **innocent** ; → CHASTE, CONFIANT. **2.** [de candeur 2] **naïf**, **crédule**, **niais** ; → SIMPLE, SOT.

candidat V. concurrent, postulant (*in* postuler I).

candide V. candeur.

caner V. reculer.

canevas *Il travaillait au canevas de son discours* : **ébauche**, **plan**, **esquisse**, **avant-projet**, **brouillon** ; → SCÉNARIO.

canicule *Il fait plus de 30 °C à l'ombre. Quelle canicule !* (= période de très forte chaleur) : ↓ **chaleur*** ◆ ↑ **fournaise** (qui ne convient pas en tous contextes).

canif V. couteau.

canine V. dent.

caniveau V. rigole.

canne V. bâton.

cannelure V. rainure.

cannibale V. anthropophage.

canon V. règle I.

cañon V. col I.

canonique *Âge canonique* : V. respectable.

canoniser Dans la théologie catholique, c'est, selon une procédure définie, admettre au nombre des saints : ↓ **béatifier** (= admettre parmi les bienheureux reconnus par l'Église).

◇ **canonisation** : **béatification**.

canonner *La ville est canonnée depuis ce matin* : [plus génér.] **bombarder** ◆ ↑ **pilonner**, **arroser**.

canot V. embarcation.

cantatrice V. chanteuse.

cantilène V. mélodie, romance.

cantine V. malle, réfectoire.

cantique Chant religieux en langue vivante, destiné à être chanté à l'église : **motet** (qui est composé sur des paroles latines qui ne font pas partie de la liturgie de l'office) ◆ **psaume** (qui désigne, en partic., des cantiques composés sur certains poèmes bibliques) ◆ **antienne** (qui se dit du refrain repris par le chœur entre chaque verset d'un psaume ou chanté avant ou après le psaume). *Chanter un cantique à la gloire de Dieu* : **hymne** ; → CHANT.

cantonnement V. camp.

cantonner (se) V. se confiner, se limiter (*in* limite), camper I, s'enfermer.

canular 1. *Les élèves des classes supérieures avaient monté cette année-là un énorme canular* [jargon étudiant] : [cour.] **mystification** ; → PLAISANTERIE. 2. *On prétend que nos salaires seront augmentés, mais c'est un canular* [fam.] : [plus cour.] **faux bruit**, **blague**, **fausse nouvelle** ; → ATTRAPE, CONTE.

canuler V. ennuyer.

cap

I 1. [terme de géographie] *Le cap de Bonne-Espérance* : ↓**pointe**, [plus rare] **bec** (qui se disent d'une petite avancée de terre dans la mer) ◆ **promontoire** (= pointe de hauteur élevée). 2. *Changer de cap* : **direction**. *Doubler le cap* : V. DÉPASSER. *Mettre le cap sur* : **se diriger vers**.

II *De pied en cap* (*habillé, armé de pied en cap*) : **des pieds à la tête** (qui a le même sens, mais n'entre pas dans les mêmes contextes : *être armé de pied en cap, être couvert de boutons des pieds à la tête*).

capable 1. *C'est un homme capable* : V. ADROIT et COMPÉTENT. 2. [qqn est ~ de] *Cet élève est capable de bien faire* (= qui a la possibilité de) : [plus rare] **à même de**, **apte à** ; → ÉTAT I, FICHU I, HOMME, POUVOIR I, SAVOIR I, TAILLE. 3. [qqch est ~ de] *C'est un livre capable de vous intéresser* (= qui a le pouvoir de) : **propre à**, **susceptible de**, **qui peut**.

capacité

I 1. [en parlant le plus souvent de qqch] *Son usine a doublé en cinq ans sa capacité de production* (= puissance de qqch) : **force**, **puissance**, [plus rare] **faculté**. 2. [en parlant de qqn] *Sa capacité dans ce domaine lui a valu une renommée internationale* (= qualité de qqn dans tel ou tel domaine) : [souvent pl.] **aptitude** ◆ [en partic.] **compétence**, **valeur**, **habileté**, **adresse*** ◆ ↑**talent** ◆ ↑**génie** ; → POUVOIR I et II, FACILITÉ. 3. [pl.] *Doutez-vous de ses capacités ?* (= savoir-faire général de qqn) : **moyens***, **possibilités** ; → BAGAGE, DON.

II V. CONTENANCE et VOLUME II.

cape V. manteau.

capharnaüm V. désordre.

capillaire V. vaisseau I.

capilotade (en) V. marmelade.

capitaine V. chef.

capital

I [adj.] *Dans un tournoi de bridge, l'attention est capitale !* : **fondamental**, **primordial**, **décisif** ◆ ↓**important** ; → PRINCIPAL, PREMIER II. *Voici l'œuvre capitale de Renoir* : **majeur** ◆ **le chef-d'œuvre**.

II [n.] 1. [sing.] *La bibliothèque fait partie du capital culturel de la ville* (= ensemble des biens culturels, intellectuels, moraux d'une communauté) : **trésor**, **patrimoine**. 2. [sing. ou pl.] *Il a placé tout son capital, tous ses capitaux dans des terrains à bâtir* (= ensemble de l'argent que l'on possède) : **fortune**, **avoir** ; → ARGENT, RICHESSE, BIENS.

capitale V. ville.

capitaliste V. financier, riche.

capiteux V. enivrant.

capitonner V. rembourrer.

capitulation 1. *Nos troupes sont vaincues, nous sommes contraints à la capitulation* : **reddition** (qui désigne aussi le fait de devoir rendre à l'ennemi une place forte, une ville assiégée). **2.** V. ABANDON I et ABDICATION.

capituler V. abandonner I, abdiquer, se rendre (*in* rendre I).

capote **1.** V. manteau. **2.** V. préservatif.

capoter V. culbuter, se renverser, verser I.

caprice **1.** *Ne cédez pas toujours à ses caprices !* : [plus fam.] **coup de tête**, **lubie** ◆ [sing., sout.] **bon plaisir** ◆ [plus partic.] **saute d'humeur** ◆ ↑ **foucade**, **extravagance** ; → COMÉDIE, FANTAISIE. **2.** *Il dit qu'il l'aime profondément, mais, en fait, ce n'est qu'un caprice* : **passade** ◆ [fam.] **toquade**, **béguin**. *Il ne connaît pas l'amour : il ne recherche que les caprices* : **amourette** ◆ [plus cour. auj.] **flirt** ; → AVENTURE, IDYLLE.
◇ **capricieux** **1.** [qqn est ~] *Il est si capricieux qu'on ne sait jamais quelles seront ses réactions* : **fantasque**, **lunatique** ◆ **changeant**, **versatile**, **inconstant** (qui s'emploient surtout pour les opinions, le caractère de qqn) ◆ [fam.] **braque** ◆ **inégal** (qui est toujours précédé d'un terme comme « humeur », « caractère ») ◆ **léger, volage** (qui s'emploient en partic. pour l'amour) ◆ [sout.] **inconstant** ◆ [express. fam.] **se conduire en enfant gâté** (= être très capricieux) ; → RÉTIF, BIZARRE. **2.** [qqch est ~] *Il était soumis à la destinée capricieuse des marins* : **changeant** ◆ [rare] **inconstant**, **ondoyant** ◆ **instable**, **irrégulier**, **variable** (surtout en parlant du temps) ; → BIZARRE.

caprin V. chèvre.

capter **1.** *Impossible de parvenir à capter son attention* : ↓ **attirer** ◆ **retenir**, **gagner**, **conquérir**, **tenir** ◆ ↑ **captiver**. **2.** *Nous avons capté un message de l'ennemi* : **intercepter**, **surprendre***.

captieux V. trompeur (*in* tromper), séduisant.

captif V. prisonnier (*in* prison).

captivant V. intéressant.

captiver V. conquérir, intéresser, saisir I, passionner (*in* passion), fasciner.

captivité V. emprisonnement (*in* emprisonner).

capture *La pêche a été bonne, j'ai fait une belle capture* : **prise** ; → BUTIN, RAPINE. *La capture d'un trafiquant* : **arrestation**.

capturer V. arrêter II, prendre I.

capuche *Elle portait un manteau avec une capuche* : **capuchon** (qui s'emploie aussi pour désigner le vêtement entier).

caquet *Rabattre le caquet à qqn* [fam.] : **clouer le bec**, **moucher** ◆ [cour.] **faire taire**.

caquetage V. bavardage.

caqueter V. bavarder.

car **1.** V. parce que. **2.** V. autobus.

carabin V. médecin.

carabine V. fusil.

carabiné V. fort, soigné (*in* soin).

caractère

I **1.** [~ de qqn] *Que voulez-vous, c'est son caractère !* : **tempérament**, **façon d'être** ◆ [plus génér.] **personnalité** ; → NATURE, NATUREL. *Quel mauvais caractère !* : V. HUMEUR, MAUVAISE TÊTE*. *Avoir bon caractère* : V. COMPOSITION. *Pour vaincre, il lui a fallu du caractère !* : **ténacité**, **opiniâtreté** ; → ÉNERGIE, VOLONTÉ. *Caractère changeant* : V. INCONSTANCE. **2.** [~ d'une communauté] *L'insouciance fait-elle partie du caractère latin ?* : **génie**, **âme** ◆ **mœurs** (= façons de faire). Les **caractères propres** forment les **particularismes** ; → TYPE I, ORIGINALITÉ. **3.** [~ de qqch] *Cette armoire a beaucoup de caractère !* : **cachet**, **style** ◆ [fam.] **gueule** ◆ **personnalité** (qui s'emploie si la chose peut être personnalisée) ; → ALLURE. **4.** [~ de qqch] *Quels sont les caractères principaux de cette église ?* : **caractéristique**, **trait**, **signe distinctif** ; → SIGNE, PHYSIONOMIE, QUALITÉ.
II *Un passage imprimé en caractères gras* : **lettre** (qui ne se dit que des caractères de l'alphabet).

caractériel [qqn est ~] : ↓ **instable**, **émotif** ◆ ↑ **névrosé**, **névropathe**, **déséquilibré** (qui évoquent davantage des troubles psychiques) ◆ [plus génér.] **inadapté**, **anormal**, [fam.] **qui a quelque chose**.

caractériser V. distinguer.

caractéristique 1. [adj.] *Cette lumière très pure est caractéristique de la Touraine* : **typique de** ◆ **propre à**, **particulier* à**, **spécifique** (qui supposent que seule la chose dont on parle possède telle ou telle qualité) ; → APPARTENIR, REPRÉSENTATIF, NOTABLE. 2. [n.] *La caractéristique de ce véhicule est son moteur rotatif* (= trait propre à qqch) : **particularité**, **signe distinctif**, ↑ **spécificité**, **originalité** ; → CARACTÈRE I, DISTINCTION.

carafe 1. V. tête. 2. *En carafe* : V. panne, plan V.

carafon V. tête.

carambolage V. accident.

caramboler (se) V. se heurter.

caramel V. bonbon.

carapace V. protection.

carapater (se) V. fuir, partir I.

caravane V. roulotte.

carboniser V. brûler.

carburant V. essence.

carburer V. boire, réfléchir.

carcan V. contrainte, esclavage (*in* esclave).

carcasse 1. *Il y avait dans le désert des carcasses d'animaux morts* (= charpente osseuse d'un animal mort et dépouillé de ses chairs) : **squelette** (qui se dit aussi en ce sens d'un humain) ◆ **ossature** (qui se dit d'un humain ou d'un animal vivants). 2. *La carcasse d'un immeuble* : **charpente**. *La carcasse d'un abat-jour* : **armature**. *La carcasse d'un bateau, d'une voiture* : **coque** (qui ne se dit que d'un bateau) ◆ **châssis** (qui ne se dit que d'une voiture).

cardiaque V. cœur I.

cardigan V. veste.

cardinal V. principal, dignitaire.

carence V. insuffisance, manque.

caressant V. aimant, tendre II.

caresse *Après une longue absence, elle avait enfin retrouvé ses caresses* : ↑ **étreinte** ◆ [plus partic.] **baiser*** ◆ [surtout pl.] **câlinerie**, **cajolerie**, **chatterie**, [fam.] **mamours** (qui impliquent une affection qui se manifeste aussi bien par des attouchements que par des paroles). Ces termes, de même que **flatterie**, s'emploient aussi pour désigner l'action d'amadouer qqn par des paroles aimables [souvent péj. dans ce sens] : V. CONTACT.

◇ **caresser** 1. [de caresse] **étreindre**, **enlacer***, **câliner**, **cajoler**, **flatter*** ; → CHATOUILLER, EFFLEURER. 2. Au sens plus partic. de caresses sexuelles : ↓ **toucher**, **peloter** ◆ [fam.] **tripoter**, **passer la main**. 3. *Nous caressons le projet de vous rendre visite* : **nourrir** ◆ [plus génér.] **entretenir** ◆ [plus partic.] **ressasser** (= ne cesser de penser à qqch, de façon obsessionnelle) ; → PENSER III.

cargaison 1. *Ce bateau emporte une cargaison de produits manufacturés* (= marchandises chargées sur un bateau) : **fret** (qui peut s'employer absolt) ◆ [plus génér.] **chargement** ; → CHARGE. 2. *Il a chez lui une cargaison de romans policiers* [fam.] : **flopée** ◆ [plus fam.] **tapée** ◆ [cour.] **réserve**, **provision**, **masse** ; → QUANTITÉ.

cargo V. bateau.

caricature 1. *Vous dites que c'est mon portrait ? C'est une caricature !* : ↓ **charge** ; → PORTRAIT, IMITATION. 2. *Votre justice n'est qu'une caricature de la justice* (= reproduction dénaturée de qqch) : **parodie**, **simulacre**, **contrefaçon** ; → IMITATION.

◇ **caricaturer** *Dans cette affaire, la justice a été caricaturée !* : **contrefaire**, **parodier**, **tourner en ridicule** ◆ ↑ **bafouer** ; → IMITER.

◇ **caricatural** *Votre attitude est caricaturale !* : **grotesque**, **ridicule** ◆ ↓ **exagéré***.

caricaturiste V. dessinateur (*in* dessin).

carié V. gâté (*in* gâter I).

carier V. abîmer.

carillon **1.** V. cloche. **2.** V. pendule. **3.** V. tintement (*in* tinter).

carillonner V. sonner.

caritatif V. associatif.

carmin V. rouge.

carnage *Il reste hanté par les carnages de la guerre* : **boucherie**, **hécatombe**, **massacre**, **tuerie** (qui sont des termes difficiles à distinguer ; signalons que *hécatombe* est d'emploi plus rare et implique l'idée d'un très grand nombre de victimes et que *boucherie*, *tuerie* sont plus fam. et ne s'emploient guère au pl.) ◆ [plus partic.] **pogrom** (= émeute souvent meurtrière dirigée contre des Juifs) ◆ ↑ **génocide** (= extermination délibérée d'une communauté ethnique).

carnassier V. carnivore.

carnassière V. gibecière, sac.

carnation V. couleur, teint.

carne V. cheval.

carnet *Notez cette adresse sur votre carnet !* : **calepin** (= petit carnet de poche) ◆ **bloc-notes** (= carnet à feuilles détachables) ; → BULLETIN, CALENDRIER.

carnier V. gibecière.

carnivore *L'homme et le chien sont carnivores* (= celui qui, outre d'autres aliments, se nourrit de viande crue ou cuite) : **carnassier** (qui se dit de l'animal qui se nourrit exclusivement de viande crue : *le tigre est carnassier*).

carotter V. voler II.

carpette V. tapis.

carré [n.] **1.** S'emploie pour désigner qqch qui a la forme d'un carré. *Un carré de tissu* : V. FICHU. *Les carrés d'un jeu de dames* : **case**. *Cultiver un carré de radis* : **planche** ◆ [partic.] **couches** (= carré de terre et de fumier destiné à recevoir les semis, ou certaines plantes). **2.** V. ÉCOLIER.

carreau **1.** *Ils viennent de faire poser des carreaux de grès flammé sur le sol de la salle de séjour* (= pavé plat destiné au revêtement des sols ou des murs) : **pavé**, **dalle** (qui ne s'appliquent généralement qu'aux sols) ◆ **carrelage** (qui désigne l'ensemble d'un revêtement de sol ou de mur en carreaux). **2.** *Je viens de casser un carreau* (= panneau de verre d'une fenêtre ou d'une porte) : [terme techn.] **vitre** ◆ **glace** (qui désigne une vitre épaisse, qui peut être ou non de grande surface : *les glaces d'une devanture, d'une automobile*). **3.** *Rester sur le carreau* : V. ÉLIMINER. *Se tenir à carreau* : V. GARDE.

carrée V. pièce I.

carrefour *Les trois routes se croisent au carrefour* : **rond-point** (= carrefour important aménagé de façon circulaire : *le rond-point des Champs-Élysées, à Paris*) ◆ **croisement** (= intersection de deux routes, deux rues) ◆ **croisée** (qui s'emploie en parlant de l'intersection de deux chemins, au sens concret et abstrait : *nous étions à la croisée des chemins*) ◆ **bifurcation** (= endroit où une route se divise en deux) ◆ **patte-d'oie**, [moins employé] **étoile** (qui se disent d'un carrefour d'où partent plusieurs routes).

carrément V. franchement, sincèrement (*in* sincère).

carrière

I Selon le minéral extrait d'une carrière, on parle d'une **sablière**, d'une **ardoisière**, d'une **marbrière**.

II *Quelle carrière envisagez-vous pour cet enfant ?* : V. AVENIR et PROFESSION. *Un militaire de carrière* : **professionnel**. *Il est en fin de carrière* : **recevoir, avoir son bâton de maréchal** (qui se dit de la dernière étape qui consacre une carrière).

carriole V. charrette.

carrossable *Par ce mauvais temps le chemin ne sera guère carrossable* (= où l'on peut circuler en voiture) : [plus génér.] **praticable** (qui ne suppose pas que l'on se déplace avec un véhicule).

carrure V. classe II, taille I.

cartable V. sac.

carte
I [~ à jouer] *Jouer sa dernière carte* : **atout** ◆ **courir sa chance*** ◆ ↑ **jouer son va-tout, le tout pour le tout**. *Jouer la carte de* : *le ministère joue la carte de l'expansion* : **miser sur, parier sur** ; → CHOISIR. *Brouiller les cartes* : V. COMPLIQUER. *Jouer cartes sur table* : V. LOYAL. *Avoir carte blanche* : V. POUVOIR II.
II [~ de géographie] : **atlas** (= ensemble de cartes) ◆ **mappemonde, planisphère** (= carte universelle, l'une sur un globe, l'autre en projection plane) ; → PLAN V.
III V. MENU.

cartel V. association (*in* associer), société II.

cartomancie V. divination.

cartomancienne V. devin, voyante.

carton 1. V. modèle I, caisse, emballage. 2. V. PROJET.

cartoon V. dessin animé.

cartouche 1. *Combien vous reste-t-il de cartouches ?* : **balle** (qui ne se dit que d'une cartouche chargée à balle). *Il a tiré sa dernière cartouche !* : V. RECOURS. 2. *Donnez-moi quelques cartouches d'encre* : [plus génér.] **recharge**.

cas D'emploi très général, ce terme entre dans un grand nombre de contextes avec lesquels varient ses synonymes. *En pareil cas, je me garderais de prendre parti* : **circonstance**, [rare] **occasion** ; → OCCURRENCE. *Avez-vous envisagé le cas d'une maladie ?* : **hypothèse, éventualité, possibilité**. *Étudions le cas d'une personne démunie de papiers !* : **exemple**. *Cet homme, c'est vraiment un cas !* : **problème** ◆ [fam.] **sac de nœuds** (qui se dit plutôt d'une affaire). *J'ai exposé mon cas au directeur* : **problème, situation***. *Selon les cas, il faudra sévir ou pardonner* : **circonstances**. *En aucun cas nous ne pourrons répondre à vos exigences* : **en aucune façon, en aucune manière** ◆ **quoi qu'il arrive, sous aucun prétexte*** ; → PRIX I. *En tout cas, nous irons vous voir* : **de toute façon** ◆ [sout.] **quoi qu'il en soit** ; → EN ATTENDANT. *Au cas où vous souhaiteriez nous voir, nous serons là dimanche* : **si jamais** (*si jamais vous souhaitiez...*) ; → SI II. *En ce cas, nous abandonnerons* : **dans ces conditions** ; → ALORS. *Faire grand cas de* : V. ESTIMER I.

casanier Se dit de celui qui aime à rester chez lui [assez péj.] : [génér.] **sédentaire*** (*population sédentaire*, contexte où *casanier* ne convient pas) ◆ [fam., péj.] **pantouflard** ◆ [fam., péj.] **pot-au-feu** (qui se dit d'une femme qui s'enferme dans ses habitudes ménagères).

casaque *En dépit de ses promesses, il a tourné casaque* : **retourner sa veste*** ◆ [cour.] **changer d'opinion**.

cascade V. chute II, série.

cascatelle V. chute II.

casemate V. abri.

caser V. loger I, mettre, nicher, établir, disposer, placer (*in* place).

cash *Il m'a payé cash* [fam.] (= payer immédiatement et en argent liquide) : [cour.] **comptant** ◆ **rubis sur l'ongle** (= complètement et au moment précis).

casier V. case.

casquer V. payer.

cassant V. absolu II, sec II, tranchant II.

cassation V. annulation (*in* annuler).

casse V. dommage.

cassé V. courbe.

casse-cou V. hardi, imprudent.

casse-croûte V. en-cas, sandwich, collation.

casse-gueule V. hasardeux, difficile.

casse-pieds V. collant (*in* colle I), gêneur (*in* gêne).

casse-pipe V. guerre.

casser
I **1.** [qqn ~ qqch] Mettre en morceaux, sous l'action d'un coup ou d'un choc. *Casser une vitre, la glace pour se frayer un chemin* : **briser**. *La tempête a cassé des arbres* : ↑ **fracasser** ◆ **détruire**, ↑ **mettre en pièces** ; → ABÎMER, BROYER, PIÈCE I. **2.** [fam.] *À tout casser* : V. AU MAXIMUM. *Ils ont fait une fête à tout casser* : **du tonnerre de Dieu** ◆ [cour.] **extraordinaire***. *Casser les pieds, la tête* : V. ENNUYER et FATIGUER. **3.** [~ qqn] *Il a été cassé pour faute professionnelle* : **dégrader**, **démettre de ses fonctions** ; → DESTITUER. **4.** *Le jugement a été cassé en appel* : V. ANNULER.
II [v. pron. ou v. intr.] *Les branches de prunier cassent, se cassent facilement* : ↓ **céder** ◆ [plus sout.] **se rompre***, **se briser** ; → LÂCHER, PÉTER.
◇ **se casser** **1.** *Se casser la jambe* : [plus sout.] **se fracturer**. *Se casser la figure* : V. TOMBER. *Se casser la tête* : V. SE CREUSER. **2.** *Se casser* : V. PARTIR.

casserole V. cuisine.

casse-tête V. problème, jeu de patience*.

casseur V. dur.

cassis **1.** V. rigole. **2.** V. tête.

cassure **1.** *La cassure est nette ; pourtant c'est de l'acier !* : ↓ **fêlure**, **fissure** ◆ ↑ **fracture**. **2.** *Rien ne va plus entre eux : c'est la cassure !* : **rupture**, **séparation** ◆ ↑ **abîme** (*un abîme les sépare*).

caste V. coterie.

castel V. château.

castrat V. castrer.

castrer : [cour.] **châtrer** ◆ [didact.] **émasculer** (qui ne se dit que pour le mâle), [fam.] **couper** ◆ [par euph.] **mutiler** ◆ [plus génér.] **stériliser**.
◇ **castrat** Homme castré : [cour.] **eunuque**.
◇ **castration** : [de castrer] **émasculation**, **stérilisation**.

casuistique V. subtilité.

cataclysme V. séisme.

catacombe V. cimetière.

catafalque V. estrade funèbre*.

catalepsie V. paralysie, hypnose.

catalogue *Donnez-moi le catalogue de votre librairie, s'il vous plaît* : [emploi plus limité] **répertoire** (= liste où les matières sont classées logiquement, sans accompagnement de détails, d'illustrations) ; → LISTE, DÉNOMBREMENT, NOMENCLATURE.

cataloguer V. juger, classer (*in* classe I).

cataplasme V. sinapisme.

catapulter V. lancer, placer (*in* place).

cataracte V. chute II.

catarrhe V. rhume.

catastrophe **1.** *L'épidémie s'étend : elle prend maintenant les proportions d'une véritable catastrophe* : **désastre**, **calamité**, **drame**, **tragédie** (qui se disent du malheur qui s'abat aussi bien sur un individu que sur une population) ◆ ↑ **apocalypse** ◆ **fléau** (qui ne se dit guère qu'en parlant d'un malheur public, et, contrairement aux précédents, peut être suivi d'un compl. de n. qui le caractérise : *le fléau de la peste, de la famine*) ; → MALHEUR, SINISTRE II. **2.** *Une catastrophe aérienne* : V. ACCIDENT. **3.** *Être au bord de la catastrophe* : V. ABÎME.
◇ **catastrophique** **1.** V. ABOMINABLE. **2.** *Ses résultats en classe sont catastrophiques* : **désastreux**, **lamentable**, **déplorable** ◆ ↓ **mauvais** ; → ATTRISTANT.

catastropher V. attrister.

catastrophisme V. pessimisme.

catéchèse V. catéchisme.

catéchiser V. catéchisme.

catéchisme **1.** *Vos enfants vont-ils au catéchisme ?* (= instruction chrétienne des enfants) : [fam.] **caté** ◆ **catéchèse** (= instruction chrétienne en général, dispensée aussi bien à des enfants qu'à des adolescents ou à des adultes). **2.** *Le catéchisme d'un parti politique* : **article de foi**, **dogme**.

◇ **catéchiser** *S'il entre dans ce parti, il va se faire catéchiser !* [péj.] : [cour.] **endoctriner***.

catégorie V. classe I, rang II, série.

catégorique **1.** [qqch est ~] *Il a manifesté une opposition catégorique à notre projet* (= qui n'admet aucune équivoque, aucune discussion) : **formel**, **total** ; → ABSOLU II. *Des paroles, des propos catégoriques* : ↓ **net** ◆ **décisif**, **concluant***, **péremptoire** ; → TRANCHÉ. **2.** [qqn est ~] *Il a été catégorique : vous ne devez pas bouger d'ici* (= dont l'avis est sans appel) : **formel** ; → AFFIRMATIF.

cathédrale V. église.

cathéter V. sonde (*in* sonder).

catholique **1.** V. chrétien. **2.** *Pas catholique* : V. ambigu.

catimini (en) V. secrètement (*in* secret).

catin V. prostituée.

catogan V. ruban.

cauchemar **1.** V. rêve (*in* rêver). **2.** V. horreur, tourment.

cauchemardesque V. effrayant (*in* effrayer).

causant V. communicatif.

cause

I **1.** *Le surmenage est la cause de sa maladie* (= ce qui produit qqch) : **origine***, **explication**, **source** ; → NAÎTRE, AGENT I. **2.** *Nous ignorons la cause de son départ* (= ce qui motive qqch) : **motif**, **raison***, **mobile** ◆ [plus fam.] **le pourquoi** (*le pourquoi de qqch*) ; → OBJET. *En connaissance de cause* : V. CONSCIEMMENT.

◇ **à cause de** *Nous avons échoué à cause de ta maladresse, de ton frère, du mauvais temps* : [uniquement pour les personnes] **par la faute de** ◆ [pour les choses aussi] **en raison de** (*par la faute de ta maladresse, de ton frère ; ... en raison du mauvais temps*) ; → À L'AIDE* DE.

II **1.** *L'avocat aura une cause difficile à plaider* (= affaire pour laquelle qqn doit paraître en justice) : [plus génér.] **affaire*** ◆ [par méton.] **dossier**. **2.** *Être en cause* : *son honneur sera en cause* : **en jeu**, **en question** ◆ [fam.] **mettre sur le tapis**. *Mettre en cause* : **suspecter** ; → ACCUSER, PROCÈS. *Mettre hors de cause* : V. JUSTIFIER.

causer **1.** V. amener, motiver, occasionner, produire I. **2.** V. parler.

causerie V. conférence.

causette V. conversation.

causeuse V. tête-à-tête.

causse V. plateau.

caustique V. mordant (*in* mordre), piquant II, satirique.

cauteleux V. méfiant.

caution **1.** V. appui (*in* appuyer I), répondant (*in* répondre). *Donner sa caution* : V. garantir. **2.** V. dépôt (*in* déposer II). **3.** *Sujet à caution* : V. contestable (*in* contester).

cautionnement V. dépôt (*in* déposer II).

cautionner V. couvrir, garantir.

cavalcade V. chevauchée.

cavaler (se) V. courir, fuir.

cavaleur V. coureur.

cavalier **1.** [en partic.] **écuyer** (= cavalier de cirque), **jockey** (= cavalier de courses hippiques). **2.** V. danseur, partenaire. **3.** V. insolent, leste, familier.

cave **1.** *Il nous a fait visiter sa cave* (= local souterrain) : **cellier** (local qui se trouve au rez-de-chaussée) ◆ [techn.] **chai** (= lieu où sont conservés les vins et les eaux-de-vie en fûts ; ces termes ne peuvent ainsi s'employer l'un pour l'autre). **2.** *Ce restaurant a une excellente cave* : [pl.] **vins**.

caveau V. tombe.

caverne **grotte** (= caverne de moindres dimensions ; ces deux termes se répartissent souvent de manière arbitraire : *les* *hommes des cavernes* ; mais *les grottes de Lascaux*) ◆ [sout.] **antre** (qui comporte une idée de mystère et de danger).

caverneux *Il fut impressionné par sa voix caverneuse* (= dont la sonorité est si grave qu'elle paraît sortir d'une caverne) : ↓**grave** ◆ ↑**sépulcral** ◆ **sinistre** (qui ajoute aux précédents une idée de terreur).

caviarder V. effacer.

caviste V. sommelier.

cavité *À la recherche de crabes ou de homards, il explorait toutes les cavités du rocher* (ne se dit qu'en parlant de qqch de dur, comme un rocher, un mur, une dent ; on ne parlera pas, par ex., d'une *cavité creusée dans la terre*) : [plus génér. et cour.] **trou***, **creux** ◆ **anfractuosité** (= cavité longue et sinueuse) ◆ **alvéole** (= cavité, généralement petite, semblable à celles que fait l'abeille).

C.B. V. radio.

céder

I 1. [absolt] *Je le connais : tant que vous ne l'aurez pas convaincu, il ne cédera pas* : ↑**plier**, **capituler** ◆ **se soumettre** (qui implique que l'on se range à la volonté d'une autorité supérieure) ; → ABANDONNER I, ABDIQUER, DÉSARMER, FLÉCHIR, OBÉIR. **2.** [~ à] *J'ai cédé à ses prières* : [sout.] **se rendre à** ◆ [sout.] **déférer à** (qui suppose égards et respect). *J'ai cédé à sa volonté* : [rare] ↓**acquiescer** ; → SATISFAIRE, SUCCOMBER.

II *Céder un commerce* : V. VENDRE. *Céder sa place* : V. LAISSER.

III [qqch ~] *La douleur cède* : V. S'APAISER. *La corde cède* : V. CASSER II, LÂCHER et SE ROMPRE. *Le vent, sa colère cède* : V. FLÉCHIR et TOMBER.

ceindre V. entourer.

ceinture **1.** V. taille I. **2.** *Se faire ceinture* : V. s'abstenir. **3.** V. zone.

ceinturer V. entourer.

célébrant V. officiant (*in* office II).

célébration **1.** Se dit de la **cérémonie** souvent solennelle qui marque une **fête** ◆ **solennité*** ◆ **anniversaire** (pour rappeler une date) ◆ **commémoration** (pour rappeler un événement). **2.** Terme général pour désigner une **cérémonie** religieuse, notamment la **messe**, où l'on célèbre l'**Eucharistie**.

célèbre V. illustre, fameux, légendaire (*in* légende), notoire, connu (*in* connaître), glorieux (*in* gloire).

célébrer **1.** V. fêter, glorifier. **2.** V. louer II, vanter.

célébrité **1.** V. réputation, gloire. **2.** V. personnage.

celer V. taire.

célérité V. vitesse (*in* vite).

céleste V. aérien, divin.

célibataire : [péj.] **vieux garçon**, **vieille fille** ; → SEUL.

cellier V. cave.

cellule

I 1. *Les cellules d'un gâteau de cire* : **alvéole**. **2.** *Le détenu a été placé dans une cellule* : [plus génér.] **prison***, [fam.] **tôle**, **taule**, **cabane**, **cabanon** ◆ [vieilli ou très sout.] **geôle** ◆ [fam.] **bloc**, **violon** (qui se disent de la prison contiguë à un poste de police) ◆ **cachot** (= cellule étroite et obscure) ◆ **basse-fosse** (= cachot profond et humide) ◆ [anc.] **cul-de-basse-fosse** ◆ **oubliettes** (= cachots où l'on faisait disparaître certains prisonniers).

II V. SECTION II.

cénacle V. groupe.

cendres V. brûler, mort II.

cène V. communion.

cénobite V. ermite.

censé *Nous ne sommes pas censés savoir que vous êtes mécanicien* [sout.] : **supposé**, **tenu de** ◆ [plus cour.] **forcé de**.

censeur V. critique II.

censure V. contrôle.

censurer V. coupure (*in* couper), redire, contrôler (*in* contrôle).

centenaire V. séculaire.

centralisation V. réunion.

centraliser V. réunir.

centre
I *Au centre du parc* : [cour.] **milieu**.
II 1. *Le centre des activités commerciales de la ville* (= partie principale d'un organisme ou d'une activité) : **siège**, **foyer**, **cœur** ◆ [didact.] **pôle** (souvent complété : *pôle d'attraction, pôle de développement, pôle technologique* ou **technopôle**) ; → VILLE. 2. *Le centre de la démonstration* : **cœur**, **noyau**, **clef de voûte**. 3. *C'est lui, le centre de l'entreprise !* : **cerveau*** (qui insiste sur l'aspect intellectuel) ◆ **animateur*** (qui insiste sur le dynamisme de la personne) ◆ [express.] **cheville ouvrière**.

centrer *La ville centre toute son action sur le tourisme* : ↓ **orienter**, **diriger**, **placer** ◆ ↑ **concentrer**.

cep V. pied de vigne*.

cépage V. plant de vigne*.

cependant 1. *Il sait qu'il a peu de chances de triompher ; il tient cependant à relever le défi* (marque une forte opposition avec ce qui vient d'être dit, et joue le rôle d'une conj. de coordin. à place variable : ... *il tient cependant...* ; ... *cependant, il tient...*) : **pourtant**, **néanmoins**, **toutefois** ◆ **mais*** (qui n'a pas la même mobilité ; il se place en tête de la phrase qu'il introduit et marque une opposition moins forte ; il peut se combiner avec les précédents : ... *mais cependant..., mais néanmoins...* ; il peut introduire directement un adj., contrairement aux précédents : *une maison petite mais agréable*) ◆ [fam.] **n'empêche que**, [plus sout.] **toujours est-il que** (qui se trouvent toujours en tête de proposition) ◆ [litt., vx] **nonobstant** ; → ENFIN. 2. *Cependant que* : V. PENDANT III.

céphalalgie, céphalée V. migraine.

céramique 1. [activité] *Il fait de la céramique* : **poterie***. 2. [matière, objet] *Une assiette, une statuette en céramique ; exposer des céramiques* : [en partic.] **faïence**, **porcelaine**, **biscuit** ; → TERRE IV.

cerbère V. chien, gardien.

cercle 1. V. onde II, rond II. 2. V. groupe. 3. *Cercle vicieux* : V. insoluble.

cercler V. entourer.

cercueil *On portera le cercueil en terre* : **bière** (qui s'emploie surtout dans l'expression *mettre en bière*) ◆ **sarcophage** (= cercueil de pierre utilisé dans certaines civilisations). *Il est dans son cercueil* : [fam.] **dans son manteau de sapin**, **entre quatre planches** ◆ [sout.] **dans sa dernière demeure**.

cérébral V. cerveau, intellectuel.

cérémonial V. apparat, protocole.

cérémonie 1. V. CÉLÉBRATION et RITE. 2. [surtout pl.] *Pourquoi faites-vous tant de cérémonies pour nous recevoir ?* : **façons**, **manières** ◆ [fam.] **histoires** ◆ [très fam.] **chichis**, **chiqué** ; → AFFECTATION II, PROTOCOLE, FORME II, COMPLICATION, EMPHASE. 3. *Sans cérémonie* : **sans façons**, **sans manières**, **sans histoires** ◆ **simplement**, **en toute simplicité** ◆ [fam.] **à la bonne franquette**.

cérémonieux V. formaliste.

cerne V. tache.

cerné V. fatigué.

cerner 1. V. ENTOURER. 2. [~ qqn] *Nous sommes cernés de toutes parts* : **encercler**. 3. [~ qqch] *Les policiers ont cerné le quartier* : **encercler**, **investir** ◆ [moins sout.] **bloquer**, **boucler**, ↑ **assiéger*** (qui suppose une forte résistance) ; → ATTAQUER I. 4. [~ qqch] *Vous avez mal cerné le problème* : **délimiter** ◆ [précis.] **circonscrire** ◆ [plus génér.] **voir***.

certain
I [adj.] **1.** [qqch est ~] *Sa victoire est certaine* (= qui ne peut manquer de se produire) : **assuré**, **sûr** ◆ ↑ **sûr et certain** ◆ [fam.] **couru**, ↑ **couru d'avance**. *C'est certain* : **cela ne fait pas de doute, ne fait aucun doute, ne fait pas l'ombre d'un doute** ; → INÉVITABLE. **2.** [qqch est ~] *Il vient d'apporter une preuve certaine de son innocence* (= dont on ne saurait douter) : **évident**, **manifeste**, **clair**, **net**, **palpable**, **tangible**, **visible**, **flagrant**, **formel**, **patent** (qui insistent sur l'évidence de la chose en question) ◆ ↑ **incontestable**, **indéniable**, **indiscutable**, **indubitable**, **irréfutable**, **irrécusable** (qui insistent sur le caractère non douteux de la chose en question). **3.** [qqn est ~ de] *Il est certain de réussir, de sa réussite* (qui considère qqch comme devant se produire ou comme indiscutable) : **assuré**, **sûr***, **persuadé** ◆ **convaincu** (qui ne peut se construire avec un inf. : *il est certain, convaincu de ton innocence ; il est certain, convaincu que tu réussiras*) ; → TRANQUILLE.
II **certains** [pron.] V. PLUSIEURS.

certainement V. d'accord (*in* accord I), assurément, comment*, sans problème*.

certes V. assurément.

certificat **1.** Acte délivré par une autorité pour attester qqch : **bulletin**, **attestation*** (*un certificat de travail, une attestation de congé de maladie, un bulletin de salaire*) ◆ **recommandation*** (= certificat délivré par un particulier) ◆ [pl.] **références** (= divers certificats dont peut se réclamer un demandeur d'emploi). **2.** *Cette machine a obtenu un certificat de qualité supérieure* : **brevet**, **label** ; → TITRE III.

certifier **1.** V. AFFIRMER et CONFIRMER. **2.** *La signature a été certifiée par un expert* : **authentifier** ; → LÉGALISER.

certitude V. conviction, évidence.

cerveau **1.** *Le développement du cerveau* : **cérébral**. **2.** *Cette intellectuelle est un cerveau remarquable* : **tête***, **tête pensante** ; → ÂME, ESPRIT. [pl.] *La fuite des cerveaux* : **matière grise** ◆ [plus neutre] **cadres**, **intellectuels**. *C'est lui le cerveau de l'organisation* : **tête**, **chef** ; → CENTRE II. *Lavage de cerveau* : V. ENDOCTRINEMENT et CONDITIONNER I.

cervelle V. crâne.

cervical V. cou.

cessation V. arrêt (*in* arrêter I), répit, suspension II, fin I.

cesse (sans) V. sans arrêt (*in* arrêter I), nuit et jour*.

cesser **1.** V. arrêter I, finir I, tarir, tomber. *Faire cesser* : V. faire taire*, mettre un terme* I. **2.** *Ne cesser de* : V. continuer.

cessible V. vendable (*in* vendre).

cession V. vente, transmission (*in* transmettre).

c'est-à-dire V. à savoir I, soit.

chacun V. tout le monde*.

chafouin V. sournois.

chagrin **1.** [adj.] V. maussade, sombre. **2.** [n.] V. cafard, larme, peine, déchirement (*in* déchirer). **3.** [n.] V. cuir.

chagriner V. attrister, peiner II.

chahut **1.** V. CIRQUE, TAPAGE et TUMULTE. **2.** *Le chahut des étudiants* : **bizutage** (qui se dit particulièrement du chahut traditionnel organisé dans certaines écoles pour l'accueil d'une nouvelle promotion).
◇ **chahuter** **1. faire du chahut, du tapage, du tumulte*** ◆ [partic.] **bizuter**. **2.** *Se faire chahuter dans la rue* : **bousculer** ◆ ↑ **malmener***.
◇ **chahuteur** *Cet enfant est très chahuteur* : **dissipé** ; → TURBULENT.

chai V. cave.

chaîne **1.** V. lien. **2.** V. collier. **3.** V. canal II. **4.** *À la chaîne* : V. en série*.

chaînon V. maille.

chair **1.** *La pintade a une chair plus ferme que celle du poulet* : **viande** (qui se dit de la chair des animaux utilisée par l'homme pour sa nourriture, particulièrement des animaux de boucherie) ◆ [péj.] **carne** (qui se dit d'une viande dure) ◆ **charogne** (qui se dit d'une viande pourrie) ◆ [fam.] **barbaque**, **bidoche**. **2.** *La chair des fruits* : V. PULPE. **3.** *En chair et en os* (qui insiste sur le fait que la personne est bien présente, vivante) : **en personne**. **4.** V. SENS I et CORPS I.

chaise V. siège I.

chaland Bateau à fond plat destiné au transport des marchandises sur les fleuves, canaux et rivières : [cour.] **péniche**.

châle V. fichu.

chalet V. villa.

chaleur [de chaud] **1.** *La chaleur d'un liquide* : [plus génér.] **température** ◆ ↓ **tiédeur**. *La chaleur de l'air* : ↓ **tiédeur**, **douceur** ◆ **moiteur** (qui se dit d'une chaleur humide et pénible) ◆ **canicule*** (qui se dit d'une chaleur excessive). *Quelle chaleur !* : ↑ **fournaise**, **étuve** (s'il fait aussi humide) ◆ [fam.] **on cuit, grille, bout** ; → CHAUD. **2.** *Sa chatte est en chaleur* : **en chasse**, **en rut**. **3.** *Vos amis nous ont reçus avec chaleur* : **cordialité** ; → FERVEUR. *Parler avec chaleur* : V. ANIMATION, PASSION, ÉLOQUENCE et VÉHÉMENCE. *Sans chaleur* : V. FROID II. *La chaleur des sentiments* : V. ARDEUR. *Dans la chaleur de la conversation* : **feu**.
◇ **chaleureux** **1.** *C'est un homme chaleureux* : ↓ **cordial** ; → SYMPATHIQUE. *Un chaleureux défenseur* : V. CHAUD. **2.** *Un accueil chaleureux* : V. CORDIAL.
◇ **chaleureusement** *Il fut chaleureusement applaudi* : **chaudement** ◆ **avec enthousiasme*** ; → CORDIALEMENT, FERVEUR.

challenge V. compétition.

challenger V. concurrent.

chaloupe V. embarcation.

chalouper V. danser.

chalumeau V. flûte.

chalutier V. bateau.

chamade *Battre la chamade* : V. BATTRE III.

chamailler (se) V. se battre (*in* battre I), se disputer, se quereller (*in* querelle).

chamaillerie V. dispute.

chamarrer V. orner.

chambard V. tapage.

chambardement V. dérangement.

chambarder V. déranger, révolutionner (*in* révolution), saccager, mettre du désordre*.

chambouler V. déranger, saccager, mettre du désordre*.

chambre **1.** V. pièce I. **2.** V. association (*in* associer), tribunal.

chambrer V. endoctriner.

chambrière V. servante.

chameau V. garce, rosse II, vache II.

champ
I **1.** *La vie des champs* : V. CAMPAGNE et TERRE III. **2.** *Ils ont acheté un champ* : **lopin de terre** (= petit champ) ◆ **quelques arpents de terre** ; → PRÉ. **3.** *Champ de bataille* : V. FRONT II. *Champ de courses* : V. HIPPODROME.
II **1.** *Le champ des activités de la région est très étendu* [le plus souvent avec un compl. de nom] (= domaine d'action) : **domaine**, **sphère** ; → ÉTENDUE. **2.** *Laisser le champ à, laisser libre champ à son imagination* : **laisser toute latitude à**. **3.** *Sur-le-champ* : V. IMMÉDIATEMENT, SÉANCE* TENANTE et TOUT DE SUITE*. **4.** *À tout bout de champ* [fam.] : [cour.] **à tout instant** ; → CONSTAMMENT, SANS ARRÊT.

champêtre V. campagnard.

champignon V. accélérateur.

champion **1.** V. soldat. **2.** V. as, virtuose. **3.** V. partisan (*in* parti I), soutien (*in* soutenir), défenseur.

championnat V. compétition.

chance *Ils ne sont pas encore partis, nous avons de la chance* (= ensemble de circonstances favorables qui entourent un événement) : [fam.] **veine** ◆ [très fam.] **bol**, **pot** ; → TOMBER. *C'est quelqu'un qui a de la chance* : [fam.] **avoir la baraka**, **être né sous une bonne étoile**. *Tenter sa chance* : V. CARTE I et NUMÉRO. *Avoir la chance de* : [sout.] **bonheur**, **bonne fortune**. *Il y a des chances que* : [plus sout.] **il est probable que**. *Laisser passer sa chance* : V. OCCASION. *Reste-t-il une chance ?* : V. ESPOIR. *Pas de chance* : V. DOMMAGE. *Dernière chance* : V. DÉSESPOIR.

◇ **chanceux** Qui a de la chance : [fam.] **veinard**, **verni** ◆ [très fam.] **avoir une chance, une veine de cocu** ; **avoir une chance, une veine de pendu** ; → HEUREUX.

chancelant V. fragile, vacillant (*in* vaciller).

chanceler 1. *La nouvelle était si terrifiante qu'il en chancela* : **vaciller**, **tituber** ◆ **flageoler** (= trembler sur ses jambes sous le coup d'une émotion violente ou de la fatigue) ; → TRÉBUCHER. 2. *Ma mémoire chancelle* : V. HÉSITER.

chancelier En France, le chancelier est plus couramment appelé **garde des Sceaux** ou **ministre de la Justice**. En Allemagne et en Autriche, c'est le **Premier ministre**. En France, le chancelier de l'Université est le **recteur**.

◇ **chancellerie** est parfois employé pour désigner le **ministère de la Justice**.

chancellerie V. chancelier.

chanceux V. chance.

chancre V. ulcère.

chandail *Il portait un chandail bleu* : [plus rare] **tricot** ◆ [cour.] **pull-over**, [abrév.] **pull** ◆ **débardeur** (= pull sans manches) ◆ [anglic.] **sweat-shirt**, **sweat** (= pull en coton confortable).

chandelier **bougeoir** (= chandelier bas à une branche, muni d'un plateau destiné à recevoir la cire et d'un anneau pour le saisir) ◆ **candélabre** (= grand chandelier à plusieurs branches) ◆ **torchère** (= grand chandelier destiné à recevoir de gros flambeaux de cire ou candélabre monumental, applique portant plusieurs sources lumineuses) ◆ [anc.] **flambeau** (= appareil d'éclairage portatif formé de mèches enduites de cire) ◆ **applique** (= appareil d'éclairage fixé au mur).

chandelle 1. *À la lueur d'une chandelle* : [en partic.] **bougie**, **flambeau**, **cierge**. 2. *Devoir une fière chandelle* : V. GRATITUDE. *Voir trente-six chandelles* : V. ÉBLOUIR. *Brûler la chandelle par les deux bouts* : V. DÉPENSER.

change 1. V. couche I. 2. *Donner le change* : V. tromper. 3. *Agent de change* : V. remisier.

changeant V. capricieux (*in* caprice), incertain, mobile I.

changement V. changer.

changer

I [~ qqch] 1. *Il a changé son ancienne voiture contre une moto* : **échanger** ◆ [fam.] **troquer** ◆ **convertir** (qui ne s'applique qu'à de l'argent ou des métaux précieux) ; → REMPLACER. 2. *Il a changé considérablement son plan initial* (= rendre différent) : **modifier** ; → DÉCALER, DÉRANGER. *Changer sa voix* : **altérer**, **contrefaire**, **déguiser** (qui sont plus précis). *Changer un texte* : V. FALSIFIER. *Changer une peine* : **commuer**. *Changer les idées de qqn* : V. DIVERTIR. 3. [~ qqch, qqn] *Il serait capable de changer un vieux grenier en un salon de grand bourgeois* : ↑ **transformer***, **métamorphoser**. 4. V. RENOUVELER.

II [~ de qqch] Remplacer qqch par autre chose. Les synonymes ou les équivalents varient selon la nature du complément. *Changer d'avis* : V. SE DÉDIRE. *Changer de place* : V. SE DÉPLACER. *Changer de direction* : V. TOURNER III. *Changer de couleur* : V. PÂLIR. *Changer de camp* : V. VESTE.

III [qqch, qqn ~] 1. *La vie a beaucoup changé depuis dix ans* (= devenir différent) : **évoluer**, **se modifier**, **varier**. 2. [en parlant de qqn] *Il a beaucoup changé* : [selon le contexte] **grandir**, **mûrir**, **vieillir** ◆ ↑ **faire peau neuve**, ↑ **se transformer** (= changer complètement) ; → DIFFÉRENT.

◇ **changement** 1. Indique le passage d'un état à un autre totalement nouveau. *Je n'avais pas revu mon village depuis la guerre : quel changement !* : **transformation**, **évolution** ◆ [surtout au pl.] ↑ **bouleversement** ◆ ↑ **révolution** ◆ [didact.] **aggiornamento** (qui se dit d'une adaptation au monde moderne) ; → MÉTAMORPHOSE, RÉFORME. **2.** Indique que qqch a changé de qualité sans changer de nature. *Notre plan a subi quelques changements* : **modification** ; → ALTÉRATION. **3.** Indique l'introduction d'un élément nouveau. *Le changement est la clef de sa position commerciale* : **innovation**, **nouveauté**. **4.** Indique le passage rapide d'un état à un autre, le manque de permanence. *Il supporte mal ces changements de température* : **différence**, **fluctuation**, **variation**. **5.** Indique la succession d'événements malheureux : **vicissitudes**. **6.** Indique un changement brutal d'opinion : **pirouette**, **revirement**, **volte-face** (*il change constamment d'avis. Supporterons-nous longtemps ces revirements agaçants, ces volte-face agaçantes ?*) ◆ [sout., pl.] **palinodies**. **7.** Indique le passage d'une situation professionnelle à une autre, surtout en parlant des fonctionnaires. *Il vient d'obtenir son changement* : **mutation** ◆ **transfert** (en partic. dans le domaine du sport professionnel).

chanson **1.** *Il connaît toutes les chansons à la mode* : [par méton.] **air**, **refrain** ◆ [fam.] **rengaine** ◆ [vx, fam.] **beuglante** ; → MUSIQUE, ROMANCE, MÉLODIE. **2.** *Il répète toujours la même chanson* [fam.] (= propos rebattus) : **refrain**, **rengaine** ; → CONTE, PROPOS, SORNETTE.

chantage V. pression (*in* presser II), intimidation (*in* intimider).

chanté V. vocal (*in* voix I).

chanter **1.** *Il chante toujours les mêmes chansons !* : **chantonner**, **fredonner** (= chanter à mi-voix) ◆ [péj.] **miauler**, **bramer** ◆ [iron.] **gazouiller**, **roucouler** (= chanter de manière langoureuse) ◆ **entonner** (= commencer à chanter) ◆ [partic.] **psalmodier** (= chanter des psaumes) ◆ **vocaliser** (= s'entraîner au chant par des exercices spécifiques) ◆ [partic.] **gazouiller**, **crier**, **siffler**, **pépier**, **roucouler** (qui s'emploient pour les oiseaux, selon les espèces). **2.** V. GLORIFIER. **3.** V. RACONTER. ◇ **chanteur** *C'est un grand chanteur de variété* : **vedette de la chanson, vedette** (qui se dit seulement en parlant de chanteurs professionnels) ◆ **interprète** (qui implique que le chanteur ne compose pas les chansons qu'il chante) ◆ [partic.] **cantatrice** (= chanteuse de chant classique ou d'opéra) ◆ **diva** (= cantatrice célèbre) ◆ **chantre** (= celui qui chante dans une église) ◆ **choriste** (= celui qui chante dans un chœur) ; → MUSICIEN, EXÉCUTANT. ◇ **chant** **1.** *Elle pratique l'art du chant* : **art lyrique** ◆ [partic.] **bel canto** (= l'art du chant selon la tradition italienne) ; → VOIX I. **2.** Toute composition destinée à la voix : **air**, **aria**, **ballade**, **récitatif**, **sérénade** (qui s'emploient pour le chant classique) ◆ **cantique**, **litanie**, **motet**, **psaume**, **magnificat**, **requiem** (qui s'emploient pour le chant religieux) ◆ **berceuse**, **blues** (qui s'emploient pour le chant populaire) ; → CHANSON. **3.** *Le chant des oiseaux* : **gazouillis***, **cri**, **sifflement***, **pépiement**, **roucoulement** (qui s'emploient selon les espèces).

chantier **1.** V. désordre. **2.** *Mettre en chantier* : V. commencer, train II.

chantonner V. chanter.

chantre V. chanteur (*in* chanter), poète.

chanvre indien V. haschisch.

chaos V. anarchie, confusion (*in* confus), mêlée (*in* mêler).

chaparder V. dérober.

chapeau **1.** V. coiffure. **2.** V. se couvrir.

chapeauter V. coiffer.

chapelet **1.** *Réciter le chapelet* : [partic.] **rosaire** (= grand chapelet de quinze dizaines d'Ave Maria, précédées chacune d'un Pater Noster, ou prière qui consiste à le réciter). **2.** *Le chauffard lui a dévidé un chapelet d'injures !* : **bordée** ; → SÉRIE, TAS.

chapelle **1.** V. église. **2.** V. coterie, école. **3.** *Chapelle ardente* : V. estrade funèbre*.

chapelure V. croûte.

chaperonner V. accompagner.

chapiteau V. tente, cirque.

chapitre V. matière II.

chapitrer V. réprimander.

chaptalisation V. sucrage.

chaptaliser V. trafiquer.

chaque V. tout I.

charabia V. galimatias.

charade V. énigme.

charcuter V. opérer II.

charge 1. *Des caisses de bière ? Mais il est trop jeune pour porter de telles charges !* : ↑ **fardeau** ◆ ↑ [vieilli ou très sout. dans quelques emplois très limités] **faix** ; → POIDS, CARGAISON. 2. [le plus souvent au pl.] *Ses charges de famille lui imposent de travailler durement* (= ce qui impose à qqn de faire des dépenses) : **obligations*** ; → SOIN I, DEVOIR. *À charge. Elle a cinq enfants à charge* : [fam.] **sur les bras**. *Quelles sont les charges de cet appartement ?* : [partic.] **impôt***. 3. [le plus souvent au pl.] *De lourdes charges pèsent sur lui* (indice ou présomption de culpabilité) : **accusations** ◆ [plus rare] **griefs** ; → IMPUTATION, PRÉSOMPTION I. 4. V. CARICATURE. 5. V. EMPLOI. 6. V. ASSAUT.

chargé 1. V. lourd. 2. *Chargé d'affaires* : V. représentant.

chargement V. cargaison.

charger
I 1. *Ne chargez pas trop ses fragiles épaules !* : ↑ **surcharger**, **accabler*** ◆ **lester** (= charger d'un lest mais ce terme s'emploie plus largement) ; → ALOURDIR. 2. *Elle charge ses mains de bijoux* : **couvrir***, **recouvrir**. 3. *Charger un accusé* : V. ACCABLER I. 4. *L'acteur charge son jeu* : V. OUTRER. 5. *Le temps se charge* : V. SE COUVRIR.
II [~ qqn de qqch] *Nous vous avons chargé de la partie commerciale de l'opération* : [plus partic.] **confier**, **réserver** ◆ [didact.] **préposer** (qqn à qqch).
◇ **se charger** V. PRENDRE EN MAIN*, S'OCCUPER II et TÂCHE.
III V. ATTAQUER.

charisme V. don.

charitable V. pieux, secourable.

charité 1. *Une œuvre de charité* : **bienfaisance** ; → AUMÔNE. 2. *C'est par charité qu'il rend service aux autres* [didact.] : **amour du prochain** (qui fait notamment référence à des principes religieux) ◆ ↓ **altruisme** (= disposition à s'intéresser à autrui) ◆ [plus génér.] **générosité** ◆ **humanité**, **bienveillance**, **pitié** (qui s'emploient plutôt dans le rapport qui nous lie à autrui en tant que personne particulière) ◆ **philanthropie** (qui s'emploie pour désigner le rapport qui nous lie à l'humanité tout entière) ; → MANSUÉTUDE, BONTÉ, PITIÉ.

charivari V. cacophonie, tapage, tumulte.

charlatan V. imposteur, médecin, guérisseur.

charlatanisme, charlatanerie *Ne vous fiez pas à son allure doctorale : c'est du charlatanisme !* : **cabotinage** (qui s'emploie aussi, et seul dans ce contexte, en parlant d'acteurs) ◆ **bluff**, **esbroufe*** ; → FANFARONNADE, MENSONGE, SUPERCHERIE.

charlot V. clown.

charme 1. *La campagne en automne a un charme indéfinissable* (= qualité de qqn ou qqch qui plaît sans que l'on puisse toujours en préciser la raison) : ↓ **attrait** ◆ ↓ **agrément** ◆ **séduction**, (express.) **magnétisme** (en parlant des personnes) ; → FASCINATION, MAGIE, GRÂCE II. 2. V. SORT et ENCHANTEMENT. 3. *Faire du charme* : **courtiser*** ; → ATTRAIT II.
◇ **charmer** 1. *Nous avons été charmés par ces paysages d'eau et de verdure* : ↑ **enchanter**, **ravir** ◆ ↓ **séduire** ; → AFFRIOLER, PLAISIR, CONQUÉRIR. *Votre amie nous a charmés !* : ↓ **plaire** ◆ **enchanter**, **séduire**. *Essayez de le charmer, il dira peut-être oui !* : **faire du charme** ◆ ↑ **séduire** ◆ [plus génér.] **amadouer**. 2. *Dans des formules de politesse* : **enchanter**, **ravir** (*j'ai été charmé, enchanté, ravi, heureux de votre visite*).
◇ **charmant** 1. [qqch est ~] *Nous avons passé une charmante soirée* (qui a du charme ; antéposé, l'adj. devient une sorte de superlatif de « bon ») : **délicieux** ◆ ↓ **bon**, **agréable*** ◆ **excellent** (qui n'ap-

porte pas la pointe de préciosité contenue dans *charmant* et *délicieux*) ; → EXTRAORDINAIRE. **2.** [qqch est ~] *Cette robe est charmante* (= qui plaît) : ↓ **joli** ◆ ↑ **ravissant**, **adorable**. *Cette histoire est charmante* : **piquant** (= qui excite la curiosité) ; → BEAU. **3.** [qqn est ~] *C'est un charmant garçon* (= qui plaît ; l'adj. antéposé comporte une idée de condescendance de la part de celui qui l'emploie ; postposé, il est toujours laudatif) : ↑ **bon** ◆ [rare] **amène** ◆ [fam.] **épatant** ◆ ↓ **agréable** ◆ **délicieux** (qui s'emploie surtout pour les enfants et les femmes) ; → AIMABLE, BON, AFFABLE II, GENTIL. **4.** [qqn est ~] V. SÉDUISANT, IRRÉSISTIBLE.

charmeur V. séducteur.

charmille V. tonnelle.

charnel V. animal, sexuel, physique I. *Union charnelle* : V. consommation I.

charnier V. cimetière.

charnière V. jonction (*in* joindre).

charnu V. gros.

charogne **1.** V. chair, mort II. **2.** V. salaud.

charpente **1.** V. toit. **2.** V. carcasse, ossature.

charpenté V. bâti (*in* bâtir).

charpie *Mettre en charpie* : V. écharper, déchirer.

charrette *Une charrette chargée de foin* : **carriole**.

charrier **1.** V. transporter I, pousser I. **2.** V. abuser II, pousser II. **3.** V. se moquer, plaisanter, railler.

charter V. avion.

chartreuse **1.** V. cloître. **2.** V. liqueur.

chas V. trou.

chasse **1.** L'art de la chasse est la **cynégétique** ◆ [partic.] la **vénerie** est l'art de la chasse à courre ◆ la **fauconnerie** est l'art de la chasse à l'oiseau de proie. **2.** Une chasse organisée peut comprendre une **battue**, une **traque**. Un **safari** est une chasse aux grands animaux en Afrique ; il peut s'agir seulement d'un **safari-photo**. **3.** *Chasse sous-marine* : **pêche**. *Avion de chasse* : **chasseur**. **4.** *En chasse* : V. EN CHALEUR.

chassé-croisé V. migration.

chasser

I **1.** [~ qqn] *Je ne veux plus voir cet individu, chassez-le !* : **mettre dehors** ◆ [plus fam.] **jeter**, **ficher**, [très fam.] **foutre dehors**. *Il s'est fait chasser de son poste* : [fam.] **éjecter**, **balayer** ; → CONGÉDIER. *Chasser qqn d'une cachette* : **débusquer** ◆ [fam.] **déloger**. *Chasser qqn d'un immeuble* : **expulser**. *Chasser qqn d'une propriété* : **exproprier**. *Chasser qqn d'une organisation, d'un groupe* : **exclure** ◆ [partic.] **excommunier** ; → ÉCARTER, REPOUSSER, REJETER. *Chasser qqn d'un pays* : **expulser** ◆ **refouler** (= expulser d'un pays des étrangers considérés comme indésirables) ; → BANNIR. **2.** [~ qqch] *Le soleil avait chassé les brumes du matin, ainsi que ma tristesse* : **dissiper**. *Les comprimés chassent les maux de tête* : **supprimer**, **faire disparaître** ; → EFFACER. **3.** [~ qqn ou qqch en groupe] V. DISPERSER.

II V. GLISSER et PATINER.

châsses V. œil I.

chasseur

I [de chasse] Un *chasseur* exerce son activité en respectant la légalité en vigueur. Le **braconnier** le fait dans l'illégalité, dans des endroits qui lui sont interdits ou avec des engins prohibés. Selon son rôle dans une chasse, le chasseur peut être **rabatteur**, **pisteur**, **fauconnier**, **veneur**. Le **trappeur** pratique la chasse en posant des pièges.

II *Veuillez m'appeler le chasseur de l'hôtel* : **groom** ◆ [partic.] **portier** ; → SERVITEUR.

châssis **1.** V. cadre, carcasse. **2.** V. corps I.

chaste **1.** [qqn est ~] *Il était resté chaste jusqu'à son mariage* (= en morale traditionnelle, se garder des plaisirs de la chair) : **sage**, **vertueux** ◆ **continent**, **tempérant** (qui sont de sens particuliers : le premier implique un effort pour résister aux plaisirs de la chair, le second suppose seulement que l'on modère ses désirs selon une règle morale que l'on s'impose) ; → VERTUEUX, VIERGE. **2.** [qqch est ~] *Elle avait gardé un cœur chaste* (= qui fuit les pensées et les propos impurs) : **pur**, **pudique** ; → CANDIDE, PRUDE. *Un amour chaste* : V. PLATONIQUE.

◇ **chasteté** [de chaste 1] : **sagesse**, **vertu**, **continence**, **tempérance** ; → PURETÉ.

chat

I **1.** *Sa sœur a adopté un joli chat de gouttière* : **matou** (qui ne se dit que d'un chat mâle) ◆ **chaton** (= petit chat) ◆ [fam.] **mistigri** ◆ **minet**, **mimi** (qui appartiennent au langage enfantin) **2.** *Pas un chat* : V. PERSONNE II et DÉSERT. *Un chat dans la gorge* : V. ENROUÉ. *Il n'y a pas de quoi fouetter un chat* : V. INSIGNIFIANT. *Écrire comme un chat* : V. ILLISIBLE et ÉCRITURE. *Être comme chien et chat* : V. ENTENDRE III.

II [anglic.] V. CONVERSATION.

châtaigne **1.** Désigne couramment le fruit du châtaignier : **marron** (= fruit du châtaignier cultivé). **2.** *Il a reçu une châtaigne* [fam.] : [fam.] **pêche**, **gnon** ◆ [cour.] **coup de poing**. **3.** *Prendre une châtaigne* [fam.] : [fam.] **coup de jus** ◆ [cour.] **décharge électrique**.

château **1.** *Nous avons visité les châteaux de la Loire* (terme général) : [plus partic.] **castel** (= petit château) ◆ **gentilhommière**, **manoir** (qui s'emploient plutôt pour de petits châteaux campagnards) ◆ ↑ **palais** (qui se dit du château vaste et somptueux où réside une personne de très haut rang) ◆ **bastide** ou **bastille**, **château fort**, **fort**, **forteresse**, **citadelle** (= types de châteaux de défense selon le lieu et l'importance de la construction). **2.** V. VIGNE.

châtelain V. seigneur.

châtié V. soigné (*in* soin I).

châtier **1.** V. parfaire. **2.** V. punir, sévir II, corriger II.

châtiment V. expiation (*in* expier), peine III, punition (*in* punir).

chatoiement V. reflet.

chaton **1.** V. chat. **2.** V. bourgeon.

chatouiller **1.** *Je n'aime pas qu'on me chatouille !* : [fam.] **faire des chatouilles** ; → CARESSER, EFFLEURER. **2.** *Ce vin vous chatouille agréablement le palais !* : **flatter**, **titiller**. *Il faut lui chatouiller l'amour-propre, pour se faire entendre !* : **flatter** ; → PLAIRE.

◇ **chatouillement** **1.** [surtout pl.] *Je n'aime pas les chatouillements !* : [fam.] **chatouilles** ◆ [plus génér.] **attouchements**. **2.** *Ces rougeurs s'accompagnent d'un chatouillement désagréable* : **démangeaison**, **picotement**.

chatouilleux V. susceptible II.

chatoyant V. brillant.

chatoyer V. briller I.

châtrer V. castrer, mutiler.

chatte V. sexe.

chatterie V. caresse.

chaud **1.** Rendre chaud, c'est **chauffer** ou **réchauffer**, [partic.] **porter à ébullition** ou **faire bouillir**. *Attention, c'est chaud !* : **ça brûle**. **2.** [qqch est ~] *Ce tissu peut se laver à l'eau chaude* : ↓ **tiède** ◆ ↑ **brûlant** (qui attire surtout l'attention sur la sensation douloureuse provoquée par la chaleur ; on ne l'emploierait pas dans notre ex.) ◆ ↑ **bouillant** (qui ne s'emploie que pour des liquides) ◆ ↑ **torride**, **tropical** (qui ne s'emploient qu'en parlant du soleil, d'un climat). **3.** [qqch est ~] *L'affaire a été chaude* (= où se manifeste de l'ardeur, de l'animation) : **vif** ; → ANIMÉ et D'ENFER. ◆ [plus génér.] **difficile***. *Quartier chaud* : V. DANGEREUX. **4.** [qqn est ~] V. FIÈVRE et FIÉVREUX. **5.** [qqn est ~] *C'est un chaud défenseur de la non-violence* (qui se remarque par son zèle, sa passion) : **chaleureux**, **ardent*** ◆ [postposé] **enthousiaste** ◆ ↑ **bouillant**, **farouche** ; → CONVAINCU. *Avoir le sang chaud* : V. COLÉRIQUE. **6.** *Être chaud pour* : [fam.] **emballé** (*ne pas être chaud, emballé pour faire qqch*) ◆ [plus neutre] **d'accord** ; → PARTISAN.

chaudement V. chaleureusement.

chaude-pisse V. M.S.T.

chauffard V. conducteur.

chauffer 1. V. CHAUD. 2. *La terre était chauffée par le soleil* : ↑ **surchauffer** ; → BRÛLER, TIÉDIR. 3. *Chauffer fort* : V. TAPER. 4. *Ça va chauffer* [fam.] (= les choses vont se gâter) : **barder**, **cuire**. 5. V. ENFLAMMER. 6. [fam.] V. DÉROBER.

chauffeur V. conducteur.

chaume V. tige, paille.

chaumière V. maison.

chaussée V. route, voie.

chausser *Dépêche-toi de chausser tes bottes, nous partons* : [fam.] **enfiler**. *Chausser ses lunettes* [fam.] : **ajuster**.

◇ **chaussure** *Une paire de chaussures* [génér.] : [fam.] **croquenot, pompe**, **godasse** (qui est très employé), **grolle, tatane** ◆ [arg.] **péniche** ◆ **godillot** (= chaussure grossière et mal faite) ◆ **soulier**, **sandale**, **botte**, **bottine**, **brodequin** (qui désignent des types particuliers de chaussure) ; → SABOT.

◇ **chausson** Chaussure d'intérieur souple et légère : **pantoufle** (= chausson bas, sans talon ; ces deux termes s'emploient souvent l'un pour l'autre) ◆ **mule**, **babouche** (qui désignent des types particuliers de pantoufle) ◆ **savate** (qui se dit d'une pantoufle vieille et usée).

chausse-trape, chausse-trappe V. piège.

chaussette V. bas V.

chausseur V. cordonnier.

chausson, chaussure V. chausser.

chauve *Son frère est chauve* (= il est atteint de calvitie) : ↓ **dégarni**, [fam.] **déplumé**. D'un homme chauve, on dit fam. qu'il **n'a plus un poil sur le caillou**, que sa tête est un **billard**.

chauvin V. patriote (*in* patrie), xénophobe.

chauvinisme V. nationalisme (*in* nation).

chavirer 1. *Une risée avait fait chavirer la barque* : ↑ **couler**, **sombrer** (qui impliquent que l'embarcation disparaît dans l'eau) ; → CULBUTER, SE RENVERSER, S'ABÎMER. 2. *Les effets de l'alcool se faisaient sentir : tout se mettait à chavirer* : **vaciller** ; → CHANCELER. 3. *Quelle histoire, j'en suis encore tout chaviré !* (= qui est sous le coup d'une émotion intense) : **retourné** ; → ÉMU. *L'odeur d'éther, ça me chavire le cœur* : **lever** ◆ **révulser** (qui se dit pour les yeux) ◆ **retourner** (qui se dit pour l'estomac) ; → VOMIR, CŒUR I.

check-up V. bilan.

chef 1. [sout.] *Il a agi de son propre chef* : [cour.] **autorité**, **initiative**. *Au premier chef* : V. PRINCIPAL. 2. *La décision d'un chef n'est pas toujours facile à prendre* (= toute personne qui exerce une autorité, une direction) : **patron**, **responsable**, **dirigeant** (qui s'emploient selon les contextes) ◆ **hiérarchie** (qui désigne parfois l'ensemble des chefs) ◆ [partic.] **leader** (= premier d'une équipe) ◆ **capitaine** (= joueur responsable d'une équipe, qui peut avoir par ailleurs son **entraîneur**) ; → DIRECTEUR, TÊTE, CERVEAU, PAPE, SUPÉRIEUR II, COMMANDER. 3. *Chef de famille* : V. PÈRE. 4. V. CUISINIER.

chef-d'œuvre V. bijou, capital I.

chemin 1. *On accède à l'étang par un chemin étroit et sinueux* [génér.] : **allée** (= chemin bordé d'arbres) ◆ **sentier**, [litt.] **sente** (= petit chemin très étroit) ◆ **piste** (= chemin sommairement aménagé dans un pays aux voies de communication peu développées) ◆ **layon** (= sentier de forêt) ; → VOIE, AVENUE, RUE. 2. *De ma rue au centre, je connais le chemin !* : **parcours***, **trajet** ; → DIRECTION II. *Il a trouvé son chemin* [pr. et fig.] : **route, voie, orientation**. 3. [fig.] *Montrer le chemin* : **voie**. *Il nous a montré le chemin du courage* : **donner l'exemple de**. *Faire du chemin* : → RÉUSSIR. *L'affaire est en bon chemin* : **sur la bonne route***, **sur la bonne voie***, **bien engagé** ; → MARCHE. *Sortir des chemins battus* : V. ORNIÈRE. *Prendre le mauvais chemin* : V. SE PERDRE.

chemin de fer V. voie* ferrée.

chemineau V. vagabond.

cheminée V. foyer.

cheminement V. progression (*in* progrès).

cheminer V. marcher.

chemise

I **1.** *Il porte une chemise à carreaux* : **chemisette** (= chemise à manches courtes) ◆ [fam.] **liquette** ◆ [fam., rare] **bannière** ◆ [arg.] **limace** ◆ **chemisier** (= chemise de femme). **2.** *Changer de qqch comme de chemise* : V. CONSTAMMENT. *Il s'en moque comme de sa première chemise* [fam.] : **comme de l'an quarante** ◆ [cour.] **totalement**.
II V. DOSSIER.

chenal V. canal.

chenapan V. vaurien, voyou, galopin.

chenille V. ver.

cheptel V. bétail.

chèque V. virement.

cher V. coûteux (*in* coûter), inabordable, or, précieux I.

chercher **1.** [~ qqn ou qqch] *Nous cherchons un bon restaurant* : **rechercher** (= chercher avec soin) ◆ [sout.] **être, se mettre en quête de** ◆ [partic.] **aller, partir à la découverte de** ; → FOUILLER, S'ENQUÉRIR. **2.** *Je cherche la solution sans la trouver* : **réfléchir*** **à**. *Que vas-tu chercher là ?* : **imaginer***. *Chercher midi à quatorze heures* (= chercher des difficultés où il n'y en a pas) : **chercher la petite bête, tout compliquer** (*il complique tout*). *Où es-tu allé chercher ça ?* : [fam.] **pêcher***. **3.** [~ à] *Il cherche à vous satisfaire* : ↑ **s'évertuer, s'ingénier** ; → AMBITIONNER, ESSAYER, VOULOIR.

chercheur V. savant I.

chère *Bonne chère* : V. repas, table I.

chèrement V. vaillamment (*in* vaillant).

chéri **1.** V. ange. **2.** *Enfant chéri* : V. gâté (*in* gâter II).

chérir V. aimer.

cherry V. liqueur.

chérubin **1.** V. ange. **2.** V. enfant.

chétif V. faible, rabougri, rachitique.

cheval **1.** *Quel beau cheval !* : [fam.] **canasson** ◆ [en langage enfantin] **dada** ◆ [fam.] **bique, bourrin, rosse, carne** (qui se disent d'un mauvais cheval) ◆ [péj.] **bidet** ◆ [rare] **haridelle** (= mauvais cheval, maigre et efflanqué) ◆ [partic., anc.] **destrier** (= cheval de bataille), **palefroi** (= cheval de cérémonie), **roussin** (= cheval de guerre et de chasse) ◆ [litt.] **coursier** (= grand et beau cheval de bataille) ; → JUMENT. **2.** *À cheval* : V. À CALIFOURCHON*. *Être à cheval sur* : *il est à cheval sur les principes* : **être strict sur, intransigeant***. *Ce week-end est à cheval sur mai et juin* : **chevaucher**. *Une fièvre de cheval* : V. FORT II. *Un remède de cheval* : V. EFFICACE. *Monter sur ses grands chevaux* : V. COLÈRE. *Cheval de retour* : V. REPRIS DE JUSTICE. *Cheval de bataille* : V. IDÉE.

chevaleresque V. généreux.

chevalet V. tréteau.

chevalier **1.** *Un chevalier du Moyen Âge* : **paladin** (qui se disait spécialement d'un chevalier errant en quête d'aventure). **2.** *Chevalier d'industrie* : V. ESCROC.

chevalière V. anneau.

chevauchée Promenade ou course à cheval : **cavalcade** (= défilé de cavaliers qui paradent en exécutant des sauts divers) ; → DÉFILÉ I.

chevaucher **1.** V. s'accoupler. **2.** V. empiéter.

chevelure V. cheveux.

chevet V. table, tête.

cheveux **1.** *Elle a de beaux cheveux blonds* : **chevelure** (qui ne peut se dire que de l'ensemble des cheveux et implique, le plus souvent, que ceux-ci soient longs et fournis) ◆ [fam., vx] **crins** ◆ [arg.] **plumes** ◆ [fam.] **tifs, tignasse, toison, crinière**, [rare] **perruque** (= chevelure). **2.** *Couper les cheveux en quatre* : V. COMPLIQUER et DISCUTER. *S'arracher les cheveux* : V. SE BATTRE. *Faire dresser les cheveux sur la tête* : V. EFFROI et PEUR. *Se faire des cheveux* : V. SOUCI. *Il s'en est fallu d'un cheveu, il n'a tenu qu'à un cheveu que je manque le but* (= cela a bien manqué arriver) : **cela n'a tenu qu'à un fil**, [fam.] **cela n'a tenu qu'à un poil**. *Tiré par les cheveux* : V. SUBTIL.

cheville *Cheville ouvrière* : V. âme, centre II.

cheviller V. attacher I, assembler, fixer.

chèvre [fam.] **bique**, **biquette** ◆ **chevrette** (= petite chèvre) ◆ **chevreau**, **cabri**, [fam.] **biquet** (= petit de la chèvre) ◆ **bouc** (qui désigne le mâle). L'adj. correspondant est **caprin**.

chevron V. poutre.

chevronné V. adroit.

chevroter *Il a la voix qui chevrote* : [plus génér.] **trembler**, **trembloter**.

chevrotine V. balle II.

chez V. parmi.

chez-soi V. toit, famille, maison.

chiader V. apprendre.

chialer V. pleurer.

chiasse V. colique, excrément, merde.

chic

I [n.] V. ALLURE.

II [adj.] **1.** *Une femme chic* : **B.C.B.G.** (abrév. de *bon chic bon genre*). *Un hôtel chic* : **sélect**, **de luxe**, [fam., vx] **smart** ; → COMME IL FAUT, ÉLÉGANT. **2.** *Un chic type* : V. GENTIL. **3.** *C'est chic !* [fam.] (marque le contentement) : [fam.] **chouette**, **au poil** ◆ ↑ **du tonnerre**, **super** ; → EXTRAORDINAIRE.

chicane *Il passe son temps à chercher des chicanes aux autres* : **tracasserie** ◆ [rare] **chicanerie** ◆ **bisbille** (qui s'emploie surtout dans l'express. *être en bisbille avec qqn*) ; → DISPUTE, SUBTILITÉ, CONTESTATION.

◇ **chicaner** *Ce qu'elle est agaçante à chicaner ainsi sur le moindre détail !* : **ergoter**, **chinoiser** ◆ [plus fam.] **chipoter** ; → MARCHANDER, CRITIQUER, DISCUTER.

chiche **1.** *Il est trop chiche pour vous acheter un billet de tombola !* [vx] : [litt.] ↑ **ladre**, **parcimonieux** ◆ [cour.] **avare***, **regardant**, **pingre**, ↓ **mesquin** ◆ [fam.] **chien**, **radin**, **rapiat**, **rat**. *Être chiche de qqch* : V. AVARE et ÉCONOME. **2.** *Être chiche de* + inf. [fam.] : **fichu**, [très fam.] **foutu** ◆ [cour.] **capable**, [abrév. fam.] **cap**.

◇ **chichement** [de chiche 1] *Avec son maigre salaire, il est obligé de vivre chichement* : **petitement**, **modestement***, **parcimonieusement**.

chichis V. cérémonies, minauderie, simagrées, embarras (*in* embarrasser).

chicot V. dent.

chien **1.** *Un chien méchant* ◆ **chienne** (qui se dit pour la femelle) ◆ **chiot** (qui se dit pour le petit) ◆ **cerbère**, **molosse** (qui se disent d'un redoutable chien de garde) ◆ [langage enfantin] **toutou** ◆ [fam.] **clebs**, **cabot**, **clébard**, **cador** ; → ROQUET. **2.** *De chien* : V. MAUVAIS I et SALE. *Avoir un mal de chien* : V. MAL. *Avoir du chien* : V. ALLURE. *Chienne de* : V. GARCE.

chier **1.** [vulg.] : [cour.] **faire ses besoins** ◆ [par euph.] **aller aux toilettes** ◆ [fam.] **poser culotte** ◆ [didact.] **déféquer**, **aller à la selle** ◆ [enfantin] **faire caca**. **2.** *Faire chier* : V. ENNUYER. *Ça va chier* : V. SE GÂTER.

chieur d'encre V. auteur.

chiffe V. mou.

chiffon **1.** V. linge. **2.** *Parler chiffons* : V. parler toilette*.

chiffonner **1.** *Tu as chiffonné ta robe neuve* : [plus sout.] **froisser** ◆ [peu employé] ↓ **friper** ; → PLISSER. **2.** V. TOURMENTER.

chiffonnier, chiffonnière V. commode.

chiffre **1.** V. monogramme. **2.** V. montant I, nombre.

chiffré V. secret I.

chiffrer **1.** V. estimer II. **2.** V. coder.

chignole V. automobile.

chignon *Se crêper le chignon* : V. se battre (*in* battre I).

chimère V. illusion, ombre.

chimérique V. idéaliste (*in* idéal), irréalisable, imaginaire, vain I.

chiner **1.** V. barioler. **2.** V. taquiner.

chinois **1.** V. tamis. **2.** V. compliqué.

chinoiser V. chicaner (*in* chicane).

chinoiserie V. complication (*in* compliquer).

chiot V. chien.

chiottes V. cabinet II.

chiper V. dérober, piquer IV, souffler, voler II.

chipie V. garce, mégère.

chipoter **1.** V. chicaner (*in* chicane). **2.** V. manger I.

chips V. frite.

chiqué *Tout ça, c'est du chiqué* [fam.] (= manières ou propos trompeurs qui visent à en imposer aux autres) : **bluff**, **cinéma**, **esbroufe***. *Faire du chiqué* : V. CÉRÉMONIES, MANIÈRES II, AFFECTATION II et COMÉDIE.

chiquenaude Petit coup appliqué avec le doigt : [cour.] **pichenette**.

chiromancie V. divination (*in* deviner).

chiromancien V. devin (*in* deviner).

chiure V. excrément.

chnoque V. fossile.

choc **1.** V. coup, heurt (*in* heurter), secousse (*in* secouer). **2.** V. combat (*in* combattre).

chocottes V. peur, crainte (*in* craindre).

chœur **1.** Réunion de chanteurs qui chantent à l'unisson : **chorale** (= société de musique constituée d'un ou plusieurs chœurs). **2.** *Cette messe comporte de très beaux chœurs* : [partic.] **choral** (qui se dit surtout pour les œuvres musicales protestantes allemandes). **3.** *Chanter en chœur* : **à l'unisson** ; → ENSEMBLE.

choir V. tomber, s'étaler. *Laisser choir* : V. abandonner II.

choisir *Il faudra bien choisir une solution !* (= se déterminer en faveur de qqn, de qqch) : **s'arrêter à**, **se fixer sur**, **décider de**, ↑**adopter** (qui s'emploient pour les choses seulement) ◆ **retenir, sélectionner** (qui supposent que l'on choisisse une chose parmi un grand nombre d'autres ; s'emploient aussi pour les personnes) ◆ ↑**jeter son dévolu sur** ◆ **se décider pour**, **opter pour**, **se prononcer pour** (qui s'emploient pour des solutions, des idées) ◆ **élire**, **désigner** (qui s'emploient surtout pour les personnes) ; → PRONONCER II, EMBRASSER, CARTE II, PRÉFÉRER. *Mal choisi* : V. INOPPORTUN.

◇ **choix** **1.** Action de choisir. *Le choix d'un métier* : [moins adapté en ce sens] **adoption**. *Nous allons procéder au choix d'un nouveau président* : **élection** (= action de choisir en recourant à un vote) ◆ **cooptation** (= choix d'un membre nouveau dans une assemblée par ceux qui en font déjà partie). **2.** Résultat de cette action. *Il nous a présenté un très beau choix de livres* : **assortiment**, **sélection** ◆ **collection** (qui implique l'idée d'un très grand nombre de choses) ◆ **panoplie** (en parlant d'une collection d'armes) ; → RECUEIL, ANTHOLOGIE, SÉRIE. **3.** Possibilité de choisir. *Il agira selon son propre choix* : **option** ◆ [plus génér. ; au sing. en ce sens] **volonté** ; → ALTERNATIVE. **4.** *C'est un morceau de choix* (= le meilleur d'une marchandise) : **de qualité** ; → BON I. *La couleur du véhicule est au choix du client* : [plus sout.] **au gré de** ; → DÉSIR.

chômage [par euph.] **sous-emploi** ; → EMPLOI.

chômé V. férié.

chômer V. tarir.

chômeur est souvent remplacé, par euphémisme, par **sans emploi, sans travail** ou **à la recherche d'un emploi** (souvent en attribut ou après un nom : *personne sans travail, à la recherche d'un emploi*).

chope V. verre.

choper 1. V. dérober, voler II. 2. V. arrêter II, prendre I. 3. V. contracter I.

chopine V. bouteille.

choquant V. malséant, scandaleux (*in* scandale).

choquer 1. V. commotionner. 2. V. déplaire, heurter, scandaliser (*in* scandale).
◇ **se choquer** V. s'offenser de.

choral V. chœur.

chorale V. chœur, ensemble II.

choriste V. chanteur (*in* chanter), exécutant.

chorus *Faire chorus* : V. approuver.

chose

I Terme très général qui renvoie à un objet ou à un concept ; peut s'employer à la place d'un très grand nombre de substantifs ; entre dans un grand nombre d'expressions. 1. [génér.] *Tu as vu cette chose qu'il tient à la main ?* : [fam.] **truc**, **machin**, **bidule**. 2. *Regardons les choses en face* : [dans ce contexte seulement] **réalité**. 3. *Il ne pense qu'à la chose !* : V. GAUDRIOLE. 4. *Avant toute chose* : V. ABORD II. *Grand-chose* : V. RIEN I. *Une petite chose* : V. RIEN II. *Autre chose* : V. DIFFÉRENT.
◇ **quelque chose** *Ce petit quelque chose qui change tout* : **rien**, **je-ne-sais-quoi**. *Vous prendrez bien quelque chose ?* : **boire***, **manger***. *Y être pour quelque chose* : V. CONTRIBUER. *Il y a quelque chose !* : V. ENNUI.
II *Être, se sentir tout chose* : V. MALADE et PENSIF.

chou 1. V. ange. 2. *Bête comme chou* : V. simple.

choucas V. corbeau.

chouchou V. favori I.

chouchouter V. soigner II.

chouette V. beau, bien II, chic II.

chouiner V. pleurer.

choyer V. couver, dorloter, entourer, soigner II.

chrétien [adj. ou n.] recouvre **catholique**, **protestant**, **orthodoxe**. Souvent syn. en France de **catholique**, pour des raisons historiques. L'**Église** désigne l'ensemble des chrétiens : V. FIDÈLE II.

Christ V. Dieu.

christianiser V. évangéliser (*in* évangile).

chronique

I V. article, continuel (*in* continuer).
II V. mémoires.

chroniqueur V. journaliste (*in* journal).

chronographe V. montre I.

chronologie V. succession (*in* succéder).

chronomètre V. montre I.

chuchotement V. murmure (*in* murmurer).

chuchoter V. bruire, murmurer, souffler.

chuintement V. sifflement (*in* siffler).

chuinter V. siffler.

chut V. silence, se taire.

chute

I Terme général désignant l'action d'une chose ou d'une personne qui tombent. 1. *Faire une chute* : [fam.] **prendre une bûche** (si la chute n'est pas grave) ◆ [plus rare] **chuter** ◆ [fam.] ↑ **faire un plongeon** ; → TOMBER. 2. *Une chute de pierres* : **éboulement** (*attention aux chutes de pierres, aux éboulements*). *Une chute de pluie, de neige* : [didact., génér.] **précipitation**. *La chute des feuilles* : [didact.] **défoliation**. 3. *La chute du ministère* : ↑ **renversement** ◆ [assez fam.] **culbute**. *La chute d'un empire* : ↑ **ruine** ; → DÉCLIN. 4. *La chute des prix, de la température* : ↑ **effondrement** ; → ABAISSEMENT I.
II *Une chute d'eau, les chutes du Niagara* : **saut** (qui est restreint à quelques contextes figés : *le saut du Doubs*) ◆ **cascade** (= chute ou succession de chutes d'eau) ◆ [rare] **cascatelle** (= petite cascade) ◆ ↑ **cataracte** (= chute des eaux d'un grand fleuve).
III V. DÉCHET.

chuter V. tomber, descendre.

ciao V. adieu.

cibiche V. cigarette.

cible V. but, objectif I. *Être la cible de* : V. butte II.

ciblé V. spécialisé.

ciboulot V. tête.

cicatrice *Il avait le visage marqué de larges cicatrices* : **balafre** (qui ne peut s'employer en ce sens que s'il s'agit de la cicatrice laissée par une blessure due à une arme tranchante). La **cicatrisation** se dit du processus de formation d'une cicatrice. V. TRACE, BLESSURE et ENTAILLE.

cicerone V. guide.

ci-dessus V. haut III.

ciel
I **1.** *Un ciel magnifique* : [litt.] **firmament**, **azur** (en parlant du jour). *Bleu ciel* : V. BLEU I. **2.** *Lever les yeux au ciel* : V. ÉTONNER. *Tomber du ciel* : V. MIRACLE. *Avoir l'air de tomber du ciel* : V. STUPÉFAIT. *Ciel de lit* : V. DAIS.
II *Aller, être au ciel* : **paradis**. *C'est le ciel qui t'envoie !* : **Dieu**.

cierge V. chandelle.

cigare *Fumez-vous le cigare ?* : ↓ **cigarillo** (petit cigare) ◆ **havane** (= cigare de La Havane).

cigarette *As-tu des cigarettes ?* : [très fam.] **cibiche**, **clope**, **sèche**, **pipe** ; → MÉGOT.

ciller *Une lumière trop vive le fait ciller des yeux* (= fermer et rouvrir rapidement les paupières) : [plus cour.] **cligner**.

cime V. pointe I, sommet, tête.

cimenter *D'avoir partagé la même angoisse devant le danger cimenta leur amitié* : **sceller** ; → AFFERMIR.

cimeterre V. épée.

cimetière Désigne couramment le lieu où l'on enterre les morts : [partic.] **nécropole** (= cimetière antique, orné de monuments, ou, sout., grand cimetière urbain) ◆ **columbarium** (= lieu où l'on place les cendres de personnes incinérées) ◆ **ossuaire** (= lieu où sont conservés des ossements humains) ◆ **catacombes** (= cavité souterraine ayant servi de sépulture) ◆ **crypte** (= caveau situé en dessous d'une église et servant de sépulture) ◆ **charnier** (= lieu où l'on a entassé des cadavres, sans sépulture) ; → TOMBE.

cinéaste Se dit aussi bien du **metteur en scène** que du **réalisateur**, parfois du **dialoguiste**. Le **producteur** n'a lui aucun rôle créatif : il assure le financement du film.

cinéma **1.** [abrév. cour.] **ciné** ◆ [fam.] **cinoche** ◆ **salles obscures**, **écran**, **grand écran** (qui désignent parfois, par méton., le cinéma dans son ensemble, qui fait par ailleurs partie du **monde du spectacle**) ; → FILM. **2.** *Faire du, son cinéma* : V. AGISSEMENT, CHIQUÉ, CIRQUE et NUMÉRO.

cinglant **1.** V. cruel. **2.** V. battant III.

cinglé V. fou, sonné (*in* sonner).

cingler V. battre I et II. *Cingler vers* : V. route, voile III.

cinoque V. fou.

cinq sec (en) V. rapidement (*in* rapide).

cintre *Veuillez mettre votre manteau sur un cintre* (= arc de bois, de métal ou de plastique muni d'un crochet et servant à suspendre les vêtements) : **portemanteau** (parfois employé en ce sens, désigne proprement un dispositif fixé au mur ou reposant sur un pied) ◆ **patère** (= support fixé au mur).

circonférence V. rond, tour II.

circonlocution V. périphrase. *Sans circonlocution* : V. sans ambages*.

circonscription V. division II.

circonscrire **1.** V. localiser. **2.** V. cerner.

circonspect V. prudent, mesuré (*in* mesure II), discret.

circonspection V. discrétion (*in* discret), modération (*in* modéré), mesure II, prudence (*in* prudent), sagesse (*in* sage).

circonstance *Quelles ont été les circonstances de cet événement ?* : **condition** ; → SITUATION II. *Un concours de circonstances* : V. COÏNCIDENCE. *En cette circonstance* : V. CAS et OCCASION. *Est-ce bien de circonstance ?* : V. OPPORTUN et DE SAISON.

circonstancié *Je voudrais sur cet accident un rapport circonstancié* [didact.] : [plus courant] **détaillé** ; → PRÉCIS.

circonvenir V. séduire, influencer (*in* influence).

circuit V. tour II, voyage. *Circuit fermé* : V. autarcie.

circuler **1.** *Il ne circule qu'en voiture* (= aller et venir, partic. dans un véhicule) : **se déplacer**. **2.** *D'étranges nouvelles circulent en ce moment dans la ville* : **courir, se répandre, se propager**.
◇ **circulation** *Il y a maintenant dans cette rue une circulation très dense* : **trafic** ; → MOUVEMENT, ROULEMENT. *Mettre en circulation* : V. DIFFUSER. *Circulation des capitaux* : V. TRANSFERT.

cire V. encaustique.

cirer V. encaustiquer.

cirque **1.** [par méton.] **chapiteau, grand chapiteau**. Le cirque fait partie du **monde du spectacle**. **2.** *Qu'est-ce que c'est que ce cirque ?* [fam.] : **cinéma, bazar** ◆ [cour.] **chahut** ; → NUMÉRO, PANTOMIME.

cisailler V. couper.

ciseler V. parfaire, travailler I.

citadelle V. bastion, forteresse, château.

citadin V. ville.

citation **1.** V. appel (*in* appeler I). **2.** V. extrait.

cité V. ville.

citer **1.** [~ qqn] *Citer qqn en justice* : V. APPELER I. **2.** [~ qqn] *Pourriez-vous me citer quelqu'un qui aurait fait preuve de plus de courage que lui ?* : **nommer**, **signaler** ; → INDIQUER. **3.** [~ qqn] V. RÉCOMPENSER. **4.** [~ qqch] *Il a cité un fait digne de retenir toute notre attention* : **mentionner**, **faire état de** ◆ **rapporter** (qui implique l'idée d'un compte rendu détaillé et précis) ◆ [terme juridique] **produire** (= citer qqch à titre de preuve ou de justification) ◆ **alléguer**, **invoquer**, **se prévaloir de** (qui enchérissent sur *produire*). **5.** [~ le nom de qqn, qqch] : **nommer** ◆ **énumérer** (qui suppose qu'il y ait plusieurs noms : *citez-moi, nommez-moi, énumérez les principaux fleuves russes*). *Citez-moi un exemple de sa mauvaise foi* : **donner**.

citerne V. réservoir (*in* réserver).

citoyen V. ressortissant, individu.

citoyenneté V. nationalité.

citron **1.** V. jaune I. **2.** V. tête.

citrouille V. tête.

civelle V. anguille.

civière *On emporta le blessé sur une civière* : **brancard**.

civil V. affable.

civilisation **1.** Ensemble des caractères et des techniques des sociétés les plus développées : **progrès** (qui est parfois employé en ce sens). **2.** *Il se passionne pour la civilisation grecque* (= traits spécifiques d'une société) : [plus restreint] **culture** (qui est parfois employé en ce sens).

civilisé V. évolué.

civiliser **1.** [~ qqch] *Civiliser un pays* : [rare, sout.] **policer**. **2.** [~ qqn] *J'espère que vous parviendrez à civiliser quelque peu cet individu bizarre* (= rendre qqn plus raffiné dans ses manières et dans ses mœurs) : [assez fam.] **dégrossir** ◆ [sout.] **affiner**, **polir** ; → DÉGOURDIR.

civilité V. affabilité (*in* affable), sociabilité (*in* sociable).
◇ **civilités** V. hommage.

civique V. patriotique (*in* patrie).

civisme V. patriotisme (*in* patrie).

clabauder V. médire.

claboter V. mourir.

clair
I [adj.] **1.** *Avec ses larges baies, la pièce est très claire* : [moins employé en ce sens] **éclairé** ◆ ↑ **lumineux**, **ensoleillé** (qui se disent aussi du ciel, ainsi que **serein**). **2.** *L'eau du torrent est très claire* : ↑ **pur**, **limpide**, **transparent** ◆ [rare] ↑ **cristallin** ; → SAIN. **3.** *Il est clair qu'il a menti* : **évident**, **net** ; → CERTAIN I. **4.** *Ses explications étaient suffisamment claires pour convaincre tout le monde* (= dont le sens est tout à fait intelligible ; comporte l'idée de conviction) : **éclairant**, **précis**, **explicite** ◆ ↑ **lumineux*** ; → NET, ACCESSIBLE. **5.** *Un esprit clair, une intelligence claire* : V. CLAIRVOYANT. **6.** *Une voix claire* : **distinct**, **net***. *Le timbre de sa voix est clair* : **pur** ◆ [sout.] **argentin**.
II [n.] **1.** *Tirer au clair* : V. ÉCLAIRCIR. **2.** *Le plus clair de* : V. PARTIE I.
III [adv.] *Parler clair* : V. FRANCHEMENT. *Y voir clair* : V. COMPRENDRE et CLAIRVOYANT.

clairement **1.** V. nettement (*in* net), explicitement (*in* explicite). **2.** V. hautement (*in* haut).

clairière *Une clairière aérait un peu ce bois touffu* : ↓ **échappée**, **trouée** (qui désignent seulement un endroit où la vue se dégage).

clairon V. trompette.

clairsemé V. rare.

clairvoyance *Tout au long de l'enquête il a fait preuve de beaucoup de clairvoyance* : **discernement**, **lucidité**, **perspicacité**, **sagacité**, **intelligence** ◆ ↑ **pénétration** ◆ **finesse** (qui fait surtout penser à la subtilité d'un esprit qui saisit rapidement les rapports les plus éloignés des choses entre elles) ◆ [fam.] **flair**, **nez** (*il a du flair, du nez*) ; → À BON ESCIENT.
◇ **clairvoyant** : **lucide**, **pénétrant**, **fin**, **perspicace**, **intelligent** ◆ **avisé** (en parlant de qqn) ◆ **clair** (en parlant de l'esprit ou de l'intelligence de qqn).

clamecer V. mourir.

clamer V. crier.

clameur V. bourdonnement.

clan V. coterie, parti I.

clandestin V. caché (*in* cacher), secret I, souterrain.

clandestinement V. secrètement (*in* secret I).

clapotis V. vague I.

claque V. gifle.

claqué V. fatigué (*in* fatiguer).

claquemurer V. enfermer.

claquer **1.** V. battre III. **2.** V. craquer, se rompre. **3.** V. fatiguer. **4.** V. mourir. **5.** V. fermer. **6.** V. flotter I.

clarifier **1.** V. décanter, purifier (*in* pur I), soutirer I. **2.** V. éclaircir.

clarine V. cloche I.

clarté **1.** V. lumière. **2.** V. éclat II, transparence (*in* transparent). **3.** V. connaissance.

classe
I *Les programmes de télévision s'adressent à différentes classes de téléspectateurs* : **catégorie** ◆ **couches** (qui ne s'emploie en ce sens que dans l'express. *couches sociales*) ◆ **sorte**, **espèce*** (qui s'emploient généralement pour des animaux ou des choses seulement). *Classe laborieuse, ouvrière* : V. TRAVAILLEUR II. *2e classe* : V. SOLDAT.
II **1.** V. ALLURE, ÉLÉGANCE et DISTINCTION. **2.** *C'est vraiment un garçon qui a de la classe !* : **carrure**, **envergure** ◆ [plus génér.] **valeur** ◆ [fam.] **calibre** ; → ALLURE, TAILLE I.
III V. ÉCOLE.

classer **1.** *Il faudra que nous classions tous ces papiers* (= mettre dans un certain ordre) : [plus génér.] **ranger** ◆ **hiérarchiser**, **sérier** (= ranger des choses selon leur nature et leur importance, pour les examiner les unes après les autres : *nous allons sérier les questions avant d'ouvrir le débat*) ; → PLACER. *Nous*

allons classer les jours en pairs et impairs : **diviser**, **répartir** ; → ORDONNER, TRIER. **2.** [~ qqn] *Il a été tout de suite classé* [péj.] (= juger qqn immédiatement et définitivement) : **cataloguer**.
◇ **classement** **1.** *Faire un classement* (= ranger dans un certain ordre) : [plus génér.] **rangement** ◆ **classification** (= répartition en classes, en séries ; ce dernier terme est d'emploi plus précis et plus restreint que le premier) ; → DISTRIBUTION. **2.** *Un bon classement* : V. PLACE I*.

classification V. classement (*in* classer).

classique **1.** *Les auteurs classiques, la musique classique* : [antéposé] **grand** (*la grande musique*). *Son manuel est devenu classique en ce domaine* : **incontournable** (qui se dit de ce qu'on ne peut éviter, ici de lire). **2.** *Sa sœur ne porte que des vêtements classiques* : [plus partic.] **sobre***, **de bon goût**, **B.C.B.G.** (abrév. de « bon chic bon genre »). **3.** V. HABITUEL et TYPE I.

claudiquer V. boiter.

clause V. condition, disposition (*in* disposer).

claustral V. religieux.

claustration V. isolement.

claustrer V. enfermer.

clé, clef **1.** V. principal. **2.** V. solution, condition II. **3.** V. prise I.

clébard, clebs V. chien.

clémence V. indulgence (*in* indulgent).

clément V. débonnaire, indulgent.

clerc **1.** V. clergé. **2.** V. savant.

clergé : [didact.] **clercs**, [cour.] **ecclésiastiques** d'une Église ou d'un pays ◆ [fam. et parfois péj.] **curés**. Le clergé régulier est formé des **religieux***, dont certains sont **moines** ; → PRÊTRE.

cliché **1.** V. photographie, image. **2.** V. phrase, poncif.

client V. acheteur (*in* acheter), consommateur (*in* consommer II).

cligner V. papilloter.

clignotant V. vacillant (*in* vaciller).

climat V. ambiance.

clinicien V. médecin.

clinique V. hôpital.

clinquant V. brillant.

clip V. film.

clique V. coterie.

clivage V. séparation (*in* séparer).

cloaque **1.** Lieu destiné à recevoir les immondices et les eaux usées : **égout** (= conduit destiné à l'acheminement des immondices et des eaux usées vers un lieu propre à les absorber) ◆ **décharge** (= lieu destiné à recevoir les ordures). **2.** *Par ce temps de pluie, la cour était un vrai cloaque* : [cour.] **bourbier**.

clochard V. mendiant (*in* mendier), vagabond.

cloche
I **1.** *Il aimait entendre le son de la grosse cloche de la cathédrale* : **bourdon** (*... le son du bourdon de la cathédrale*) ◆ **carillon** (= ensemble de cloches accordées). **2.** *Pour appeler, elle agitait une petite cloche* : **clochette** ◆ **sonnette*** (= petite clochette utilisée pour avertir) ◆ **timbre** (= clochette fixe frappée par un marteau) ◆ **grelot** (= sonnette formée d'une boule de métal creuse dans laquelle se trouve un morceau de métal qui la fait résonner quand on l'agite) ◆ **sonnaille**, [région.] **campane**, **clarine** (= clochette attachée au cou du bétail).
II V. SOT et TARTE.

clocher
I *Le clocher d'une église* : **campanile** (= clocher à jours, parfois isolé de l'église) ; → TOUR I.
II V. BOITER.

clochette V. cloche I.

cloison V. muraille, séparation (*in* séparer), mur.

cloisonner V. compartimenter, séparer.

cloître Désigne la partie d'un monastère interdite aux profanes ; s'emploie souvent comme syn. exact de **monastère**. Les mots **monastère** et **couvent** s'emploient aussi l'un pour l'autre pour désigner un établissement de religieux ou de religieuses appartenant à un même ordre. Les deux termes se distinguent cependant : le *couvent* implique une vie communautaire commandée par une même règle, le *monastère* une vie de retraite et de solitude. Une **chartreuse** est un couvent de chartreux, une **trappe**, un couvent de trappistes. Une **abbaye** est un monastère dirigé par un prieur. Un **béguinage** est un établissement où vivent ensemble des femmes pieuses qui se soumettent à des règles monastiques sans, cependant, avoir prononcé de vœux.

cloîtrer V. enfermer.

clone V. copie.

clope V. mégot.

clopiner V. boiter.

cloque V. ampoule.

clore V. fermer, entourer.

clos 1. V. fermé (*in* fermer). 2. V. vigne.

clôture 1. *Le parc était entouré par une clôture* : [génér.] **grille** (= clôture formée de barreaux de fer) ◆ **palis**, **palissade** (= clôture formée de pieux et de planches) ◆ **treillage** (= entrecroisement de lattes) ◆ **treillis** (= entrecroisement de fils métalliques ou de lattes). Une **haie**, un **mur***, un **grillage** peuvent aussi former clôture. La **barrière** est un assemblage de pièces de bois ou de métal fermant un passage et formant ainsi clôture. 2. Action de fermer. *La clôture des magasins* : **fermeture**. *La clôture des travaux de l'Assemblée* : **levée** ◆ [plus génér.] **fin**.

clôturer V. entourer, enclore.

clou
I 1. V. POINTE II. 2. *Il faut traverser dans les clous* [vieilli] : **passage clouté** ◆ [cour.] **passage pour piétons**. 3. *Comme un clou* : V. MAIGRE. *Pas un clou* : V. RIEN I. *Des clous !* : V. NON. *Enfoncer le clou* : V. INSISTER.
II V. FURONCLE.
III V. AUTOMOBILE et BICYCLETTE.

cloué V. immobile.

clouer V. attacher I, assembler, fixer.

clown 1. *Ce que je préfère au cirque, ce sont les clowns* : [rare] **pitre** (= personnage qui, dans les foires, tente d'attirer l'attention et de divertir le public par ses bouffonneries) ; → BOUFFON. 2. *Ne fais pas le clown !* : **pitre**, **singe**, **guignol**, **polichinelle** ◆ [très fam.] **mariole** ; → IMBÉCILE. *Mais c'est un clown, ce type !* : [fam.] **charlot** ; → INCAPABLE.

clownerie V. pitrerie.

club V. association (*in* associer), groupe, société II.

coach V. entraîneur.

coadjuteur V. aide (*in* aider).

coaguler (se) *Le sang se coagule* [didact.] : [cour.] **se cailler** (qui se dit aussi pour le lait) ◆ **se figer** (qui se dit pour une sauce) ◆ **se grumeler** (qui se dit du lait quand il tourne) ; → SE SOLIDIFIER.

coaliser (se) V. s'unir.

coalition Se dit de la **réunion** ou **alliance** provisoire de partis, puissances, gouvernements pour la poursuite d'intérêts communs. D'autres termes s'emploient dans des contextes précis : **ligue** (qui désigne une coalition d'États : *la ligue d'Augsbourg*, ou une association d'individus réunis pour la défense de mêmes intérêts politiques ou religieux : *la Ligue des droits de l'homme et du citoyen*) ◆ **bloc** (= coalition parlementaire : *le bloc des gauches*) ◆ **phalange** (= organisation paramilitaire inspirée du fascisme italien : *les phalanges fascistes*) ◆ **front** (= union de partis ou d'individus décidés à lutter franchement pour des intérêts communs : *le Front de libération* *nationale*) ; → ASSOCIATION, FÉDÉRATION, SOCIÉTÉ II, GROUPEMENT.

coaltar V. goudron.

cobaye [cour.] **cochon d'Inde**. *Servir de cobaye* : [moins express.] **sujet d'expérience** ; → SUJET III.

cocagne V. paradis.

cocaïne [fam.] **coke, coco** ; → DROGUE.

cocardier V. patriote (*in* patrie).

cocasse V. comique, pittoresque, risible (*in* rire).

coche **1.** [fém.] V. entaille*. **2.** [masc.] *Rater le coche* : V. occasion.

cocher **1.** V. pointer I. **2.** V. conducteur.

côcher V. s'accoupler.

cochon **1.** V. porc. **2.** V. malpropre, obscène, salaud, satyre, paillard.
◇ **cochon d'Inde** : V. cobaye.

cochonnerie **1.** V. débris. **2.** V. impureté, obscénité (*in* obscène), ordure*, saleté* (*in* sale). **3.** V. camelote.

coco **1.** V. type II. **2.** V. cocaïne.

cocoter V. puer.

cocotte V. prostituée (*in* prostituer).

cocu V. infidélité (*in* infidèle), trahir.

cocufier V. infidélité (*in* infidèle).

code V. règlement.

coder *Coder un message* : [plus rare] **chiffrer**.

codicille V. addition I.

codifier V. réglementer (*in* règlement).

coefficient V. pourcentage.

coéquipier V. partenaire.

coercitif V. oppressif (*in* oppression).

coercition V. contrainte.

cœur
I **1.** [organe] : [fam.] **palpitant**. *Une maladie de cœur* : **cardiaque**. *Les battements du cœur* : **pulsation** ◆ [didact.] **systole** (= contraction), **diastole** (= dilatation) ◆ **palpitations** (= battements accélérés), **arythmie** (= inégalité du rythme cardiaque). **2.** *Mal au cœur* : V. VOMIR. *Cela me lève le cœur* : **écœurer, dégoûter** ; → CHAVIRER. **3.** *Au cœur de* : V. CENTRE II, PROFOND I et FOND. *Au cœur de l'été* : **au plus fort de**.
II **1.** [siège des sentiments] : V. SENSIBILITÉ. *Faire battre le cœur* : **émouvoir***. *Aimer de tout son cœur* : **âme*** ; → ENTRAILLES, ÊTRE I. *De gaieté de cœur, de bon cœur* : V. VOLONTIERS et GAIEMENT. *Avec beaucoup de cœur* : V. ENTHOUSIASME. *Tenir à cœur* : V. IMPORTANT. *À cœur ouvert* : V. FRANCHEMENT. *Cela vient du cœur* : V. SPONTANÉ. **2.** Un homme **bon*** est parfois nommé *un cœur d'or*, on dit qu'il a *bon cœur*, qu'il est **généreux**. **3.** *Bourreau des cœurs* : V. BOURREAU. **4.** *Mon petit cœur* : V. ANGE. **5.** *Par cœur* : V. SUR LE BOUT DES DOIGTS*.

coffrer V. emprisonner.

coffret V. boîte.

cogiter V. penser I.

cogne V. policier, gendarme.

cognée V. hache.

cogner **1.** V. battre I, frapper. **2.** V. travailler I.
◇ **se cogner** V. se heurter.

cohabitation **1.** La cohabitation à plusieurs personnes dans un logement étroit impose la **promiscuité**. **2.** Se dit du fait d'habiter ensemble, en partic. pour un couple non marié. Le **concubinage** implique une liaison stable, ce que ne suppose pas forcément le fait de cohabiter.

cohabiter V. couple.

cohérence, cohésion Ces deux termes ont le sens général de « force qui unit les parties d'un tout ; résultat de cette union ». Mais l'un s'applique plutôt aux idées, l'autre aux groupements humains (*la cohérence d'un discours, d'une démonstration, d'un exposé ; la cohésion d'une équipe, d'une* *communauté*) : **homogénéité** ; → LIAISON II, LOGIQUE, VALIDITÉ, UNITÉ, UNION.

cohérent V. harmonieux, suivi (*in* suivre).

cohorte V. troupe I.

cohue V. foule.

coi V. muet.

coiffer **1.** *Elle se fait coiffer par sa sœur* (= arranger les cheveux de manière qu'ils soient disposés avec art) : **peigner** (= coiffer avec un simple peigne). **2.** *C'est lui qui coiffe toute l'organisation* (= exercer son autorité sur) : **chapeauter** ◆ [cour.] **superviser** ◆ [plus génér.] **diriger***.
◇ **se coiffer de** V. S'AMOURACHER.
◇ **coiffeur** [fam. et plais.] **figaro, coupe-tifs**.

coiffure Terme général désignant ce qui sert à couvrir la tête ou à l'orner : [vx, par plais.] **couvre-chef** ◆ [génér.] **chapeau** (= coiffure plutôt rigide) ◆ **bonnet, coiffe** (qui désignent des coiffures souples) ◆ [arg.] **galurin, galure** (= chapeau) ; → TOQUE.

coin **1.** *Le coin d'un mur* : V. ANGLE. *Nous avons visité en vain tous les coins du grenier* : ↑ **recoin** (qui désigne un endroit plus retiré encore, presque introuvable : *les coins et les recoins de*). **2.** Lieu retiré (souvent par oppos. à « ville »). *Nous connaissons un petit coin tranquille au bord de l'Indre* : [moins express.] **endroit** ; → PAYS I. *Le bistrot du coin* : **quartier**. **3.** *Le coin des lèvres* : [plus rare] **commissure**. **4.** *Les petits coins* : V. CABINET II. **5.** *En boucher un coin* : V. ÉTONNER.

coincé **1.** V. coincer. **2.** V. mal à l'aise.

coincer **1.** *Ils ont coincé la porte avec une cale de bois* : **bloquer, immobiliser** ; → PINCER, PLAQUER, FIXER, SERRER. **2.** *Il y avait tant de monde que j'ai été coincé à la gare* [fam.] : [fam.] **bloquer**, [cour.] **retenir**. **3.** V. PRENDRE I.

coïncidence *Nous nous sommes rencontrés par une coïncidence extraordinaire* : **hasard, concours de circonstances** ; → RENCONTRE, SIMULTANÉITÉ.

coïncider V. concorder.

coke V. cocaïne.

col
I V. COU.
II *Les grands cols des Alpes* : **pas, port** (qui désignent certains cols des Pyrénées) ◆ **défilé** (= couloir montagneux très resserré) ◆ **gorge** (= vallée majestueuse, étroite et encaissée, parcourue par un torrent) ◆ **cañon** (= gorge profonde et creusée dans la montagne : *les cañons du Colorado*).
III *Faux col* : V. MOUSSE I.

colère *Il était défiguré par la colère* : [très sout.] **courroux** ◆ [vieilli] **ire** ◆ ↓ **irritation** ; → FUREUR, MÉCONTENTEMENT, AIGREUR, AGACEMENT.
◇ **être en colère** : ↑ **furieux**, ↑ **hors de soi** ◆ ↑ **fulminer** ◆ [fam.] **être en rogne, monter sur ses grands chevaux** ◆ [fam.] **bisquer, fumer, maronner** ; → S'IRRITER, ÊTRE EN BOULE*, HUMEUR, FULMINER, S'EMPORTER.
◇ **se mettre en colère** *Elle se met vite en colère* : [plus sout.] **s'irriter*** ◆ [fam.] **être soupe au lait** ; → SE CABRER, MONTER I, S'EMPORTER, S'IMPATIENTER.
◇ **coléreux, colérique** *Il est d'un tempérament très coléreux* : **irritable** ◆ [plus génér.] **agressif** ◆ [plus rare] **irascible** ◆ [par méton.] **emporté, violent** ◆ [fam.] **être soupe* au lait, avoir la tête près du bonnet*, avoir le sang chaud** ; → ACARIÂTRE, SUSCEPTIBLE, RAGEUR.

colifichet V. babiole, frivolité.

colimaçon V. escargot.

colique **1.** *Il a la colique* : **diarrhée** ◆ [par euph.] **dérangement** (seulement avec l'article indéfini : *il a un dérangement, il est dérangé*) ◆ [très fam.] **chiasse, foire, courante** ◆ **turista** (qui infecte les touristes des pays chauds). **2.** V. PEUR.

colis V. paquet.

collaborateur V. collaborer.

collaboration V. service II.

collaborer *Voici des années qu'il collabore à nos activités* (= travailler de concert avec qqn à qqch) : [plus génér.] **coopérer à, participer à** (que l'on pourra employer dans ce contexte, mais *collaborer* reste le terme propre) ◆ **seconder** (= être le proche collaborateur de qqn) ; → S'ASSOCIER, AIDER.
◇ **collaborateur** *Je vous présente votre collaborateur* (= celui qui travaille avec qqn à une entreprise commune) ◆ **associé** (qui implique souvent que l'entreprise est de caractère industriel ou commercial) ◆ **alter ego** (qui se dit du collaborateur le plus proche, considéré comme un « autre soi-même ») ; → SECOND II, COLLÈGUE, AIDE.

collant V. colle.

collatéral V. parent.

collation *Il est 16 heures : c'est l'heure de la collation* (= léger repas pris dans l'après-midi, généralement par les enfants) : [plus cour.] **goûter** ◆ [fam.] **quatre heures** ◆ [partic., pour les adultes] **thé** ◆ [fam., plus génér.] **casse-croûte**.

collationner V. vérifier.

colle
I *Il me faudrait de la colle pour unir ces morceaux de bois* : **poix, glu** (qui sont des sortes particulières de colle).
◇ **coller** 1. V. ADHÉRER I, ASSEMBLER, PLAQUER et FIXER. 2. V. AJOURNER. 3. *Ça colle* : V. ALLER II. 4. *Coller une gifle* : V. ALLONGER, DONNER et METTRE.
◇ **collant** 1. *Je voudrais du papier collant* : **adhésif**. *Avoir les mains collantes* : V. GLUANT. 2. *Elle portait une robe très collante* (se dit en parlant d'un vêtement qui s'adapte exactement aux formes du corps) : **ajusté, moulant**. 3. *Ce qu'il peut être collant !* [fam.] (se dit d'une personne qui s'accroche inlassablement à autrui) : [fam.] **tannant, poison, crampon, casse-pieds** ◆ [très fam.] **enquiquinant** ◆ [vulg.] **emmerdant** ◆ [cour.] **agaçant, assommant** ◆ [sout.] **importun** ◆ [cour.] ↓ **envahissant**. *Elle est collante* : **toujours pendue à mes basques** ; → SANGSUE, EMPOISONNEUR, GÊNEUR. 4. [n.m.] *Elle portait des collants* : V. BAS V.

II 1. *Là, vous me posez une colle !* : **question difficile** ; → ÉNIGME. 2. *Il a attrapé deux heures de colle* [arg. scol.] : [cour.] **consigne, retenue**.

collecte V. quête.

collecter V. récolter (*in* récolte).

collecteur V. conduite I.

collectif V. commun I.

collection V. choix, série.

collectionner V. rassembler.

collectionneur V. amateur.

collectivement V. commun I.

collectivisme Doctrine selon laquelle les moyens de production d'une société doivent être mis en commun, au profit de la collectivité. Le **communisme** et le **socialisme*** sont des formes partic. et distinctes de collectivisme : en France, le premier terme désigne un système social inspiré de la réflexion marxiste, le second un système social qui n'est ni libéral ni communiste. Le **bolchevisme** désigne la doctrine adoptée en Russie en 1917 par ceux qui étaient partisans du communisme intégral.

collectivité V. communauté II, société I.

collège 1. V. école, établissement II. 2. V. compagnie I.

collégiale V. église.

collégien V. écolier (*in* école).

collègue *Je vous présente notre nouveau collègue* (= personne qui exerce des fonctions similaires à celles d'une autre) : **confrère** (qui se dit en ce sens en parlant des professions libérales) ; → COLLABORATEUR.

coller V. colle I.

collet 1. *Collet monté* : **guindé** (*ils sont beaucoup trop collet monté, guindés pour que je les fréquente*) ; → AFFECTÉ, RAIDE. 2. *Mettre la main au collet* : V. PRENDRE I.

3. *Il allait chaque soir poser des collets à l'orée du bois* : **piège*** (qui est formé d'un nœud coulant) ◆ [plus rare] **lacets, lacs**.

collier 1. *Elle portait un superbe collier de diamants* : [plus partic.] **rivière de diamants** ◆ **sautoir, chaîne, rang de perles** (qui sont des types de colliers). **2.** V. BARBE. **3.** *Donner un coup de collier* : V. TRAVAILLER I.

colline Élévation douce de terrain, définie par rapport à une plaine : [plus génér.] **hauteur** (qui se rapporte aussi bien à une région montagneuse) ◆ [rar.] **éminence** (= élévation de terrain généralement isolée) ◆ ↓ **coteau** (= petite colline) ◆ **côte, haut** (dont l'emploi est restreint à quelques contextes partic. : *les côtes du Rhône ; « les Hauts de Hurlevent »*) ; → MONTAGNE, BUTTE I.

collision V. accident, heurt (*in* heurter).

colloque Assemblée plus restreinte qu'un **congrès**, plus large qu'une **table ronde** ; **forum** se dit d'une vaste **réunion*** sur une grande question, avec des **carrefours** ou débats d'idées : *un forum sur les métiers* ◆ [didact.] **symposium** se dit d'une réunion d'experts sur une question scientifique particulière ; → RENCONTRE.

collusion V. accord I.

colmater V. boucher I.

colombe V. pigeon.

colombier V. pigeonnier (*in* pigeon).

colonel [abrév. fam.] **colon**.

colonialisme V. colonisation.

colonie V. groupe.

colonisation Se dit du fait d'occuper un territoire pour son exploitation, **colonialisme** se dit de la doctrine qui le justifie, de même que [plus génér.] **impérialisme**.

coloniser V. occuper I.

colonnade V. colonne I.

colonne

I *L'édifice était soutenu par de magnifiques colonnes* : **pilier** (ces deux termes s'emploient souvent l'un pour l'autre ; on notera cependant qu'une *colonne* est généralement de forme cylindrique, alors que le *pilier* peut l'être ou non et que certains contextes exigent l'un ou l'autre : *les piliers d'une cathédrale, les colonnes d'un temple grec*) ◆ **pilastre** (= pilier adossé à la façade d'un édifice ou engagé dans un mur) ◆ **contrefort** (= pilier ou mur servant d'appui à un autre mur qui supporte une charge) ◆ **colonnade** (= file de colonnes formant un ensemble architectural).

II V. FILE.

colonne vertébrale peut avoir pour syn. **épine dorsale** (notamment dans les emplois figurés : *cet axiome forme la colonne vertébrale, l'épine dorsale de sa théorie*) ; → BASE I. Au sens propre *colonne vertébrale* est le plus couramment employé ; *épine dorsale* se dit exactement de la saillie longitudinale que forme, au milieu du dos, la suite des apophyses de la colonne vertébrale. Le mot **échine** ne s'emploie que dans quelques contextes : *courber l'échine*.

colorant, coloration V. couleur, teinture (*in* teinte).

coloré, colorer V. couleur.

colorier V. colorer (*in* couleur).

coloris V. couleur.

colosse Homme de haute stature : **hercule** ◆ **géant** (qui évoque plutôt la taille que la force apparente).

◇ **colossal** Cet adj. est d'emploi très général et n'admet guère, comme syn. constants, que **gigantesque** et [de sens très vague] **extraordinaire**. Ses autres syn. se répartissent selon les contextes. *Des efforts colossaux* : [sout.] **herculéen, titanesque**. *Un édifice colossal* : [sout.] **babylonien**. *Une fortune colossale* : **fabuleux, fantastique, monumental** ◆ ↓ **énorme** ; → DÉMESURÉ, IMMENSE, MONSTRE.

colporter V. propager.

colporteur V. ambulant.

colt V. revolver.

coltiner V. porter I.
◇ **se coltiner** V. s'envoyer, s'enfiler.

coma V. défaillance (*in* défaillir).

combattre On pourra éventuellement employer **se battre*** **contre**, **batailler contre**, **lutter contre**, **faire la guerre à**, comme syn. de ce verbe, qui reste le plus précis en tous contextes : V. GUERROYER et ATTAQUER.
◇ **combat** 1. *Le combat avait été rude* (= en ce sens, phase d'une bataille) ◆ [arg. mil.] **baroud** ◆ [plus génér.] **bataille** (qui suppose des préparatifs, une action concertée) ◆ **engagement** (= combat localisé et de courte durée) ◆ [par méton.] **choc**, **mêlée**, **rencontre**, [sout.] **action** ◆ [plus génér.] ↓ **affrontement** ; → GUERRE. 2. *Certains ont engagé le combat contre la pornographie* : **lutte*** ◆ ↑ **guerre** ; → ASSAUT, BAGARRE.
◇ **combatif** *Son tempérament combatif lui a déjà valu bien des déboires* (= porté au combat) : **agressif**, **batailleur**, **bagarreur**, [arg. mil.] **baroudeur**, **belliqueux** ; → ACCROCHEUR, BATTANT II.
◇ **combattant** 1. V. SOLDAT. 2. *Il tentait vainement de séparer les combattants* (= personne qui se bat, généralement à coups de poing) : **adversaire** ◆ [sout.] **antagoniste**.
◇ **combativité** 1. *Il faudra veiller à entretenir la combativité de notre troupe* : [plus génér.] **moral**. 2. *Les techniques de vente reposent en partie sur la combativité* : ↓ **émulation*** ◆ ↑ **agressivité**.

combe V. vallée.

combien (de) V. que.

combinaison V. combiner.

combinard V. malin.

combine V. moyen, système, truc.

combiner 1. Disposer des choses ensemble afin d'obtenir un certain résultat. *Il a combiné les couleurs de manière à obtenir un ensemble harmonieux* : **associer**, **assembler**, **unir**, **marier**, **arranger** ; → MÊLER, MARIER. *L'architecte a bien combiné les pièces de cet appartement* : **disposer** ; → DISTRIBUER, ORDONNER I. 2. *Il a tout combiné pour que nous passions d'excellentes vacances* (= organiser selon un plan précis) : **arranger***, **calculer**, **organiser** ◆ [sout.] **concevoir** ◆ [très fam.] **goupiller** ; → COORDONNER, MONTER II, PRÉPARER, COMPLOTER. *Qu'est-ce qu'il a encore combiné ?* [abstrait] : [fam.] **manigancer**.
◇ **combinaison** 1. [de combiner 1] **association**, **assemblage**, **union**, **arrangement**, **disposition**, **mariage** ; → SYNTHÈSE, DISTRIBUTION. 2. [de combiner 2] : [abrév. fam.] **combine**. *As-tu une combinaison, une combine pour sortir de là ?* : V. MOYEN II. *Il trempe dans toutes les combinaisons, combines politiques* : **manœuvres** ◆ [fam.] **cuisine**, **manigance**, **magouille** ; → AGISSEMENTS. 3. V. COTTE.

comble
I [n.] 1. *Il est au comble de la gloire* : **sommet**, **faîte** ◆ [rare] **summum** ◆ **apogée**, **zénith** (qui ne s'emploient guère avec un compl. de n. : on les emploie seuls, généralement avec un adj. poss., le contexte précisant ce dont ces termes expriment le degré : *il est à son apogée, à son zénith*). Tous les termes précédents ne s'emploient comme syn. de *comble* que dans l'express. *au comble de* + n., renvoyant à une abstraction « bénéfique » (*au comble de la gloire, du triomphe, du bonheur, de la fortune*). Dans des contextes comme *le comble du ridicule, de la sottise*, seul **sommet** convient (le plus souvent au pl. : *dans la sottise, il atteint des sommets !*) : V. CULMINANT. 2. *C'est un comble !* : **c'est trop fort** ◆ [fam.] **c'est le bouquet** ◆ [fam.] **c'est la fin de tout, c'est la fin des haricots** (qui s'emploient pour marquer l'expression du désastre) ◆ ↓ **c'est la meilleure !** ; → VOIR.
II [n.] 1. *Les combles* : V. GRENIER. 2. *De fond en comble* : **complètement**, **entièrement**.
III [adj.] 1. *Le spectacle est de qualité : la salle est comble* : ↓ **plein** ◆ **complet**, [assez fam.] **bondé**, [fam.] **bourré** (qui s'emploient surtout en parlant des véhicules : *l'autobus est comble, complet, bondé, bourré*). 2. *La mesure est comble !* [sout.] : [cour.] **ça suffit**, **il y en a assez**, [fam.] **il y en a marre**.

comblé V. satisfait (*in* satisfaire).

combler V. accabler II, gâter II, plaire I, rassasier, satisfaire, contenter (*in* content), entourer.

combles V. mansarde.

combustion Terme courant pour dire que qqch brûle sous l'action du feu. L'**ignition**, ou état des corps en combustion, et la **calcination**, ou destruction totale de qqch que l'on soumet à une très haute température, sont des termes savants.

come-back V. retour* en vogue.

comédie 1. *Aimez-vous la comédie ?* : [plus partic.] **comédie de boulevard, vaudeville, farce** ; → PANTOMIME, PIÈCE II, THÉÂTRE. 2. *Son chagrin, c'est de la comédie* : **simulation** ◆ **bluff, frime** ; → DISSIMULATION, AFFECTATION II, CHIQUÉ. *Jouer la comédie* : V. MENTIR. 3. *Cet enfant fait des comédies pour manger* : **caprice** ◆ [plus neutre] **difficulté**. 4. *Il a fait toute une comédie parce que nous étions en retard* [au sing.] : **histoire, scène, vie, affaire**.

◇ **comédien** 1. V. ACTEUR. 2. *Il a prétendu qu'il n'avait pas d'argent ? Quel comédien !* : [péj.] **hypocrite** ◆ [fam.] **farceur** ; → MENTEUR.

comestibles V. denrée.

comique Qui provoque le rire. 1. Évoque un rire plein de franche gaieté. *Il avait toujours une histoire comique à vous raconter* : ↓ **plaisant** ◆ ↑ **désopilant** ◆ [rare] **hilarant, inénarrable** ◆ [assez fam.] **impayable** ◆ **cocasse** (qui évoque en outre l'idée d'étrangeté) ; → AMUSANT. 2. Évoque un rire un peu grinçant, critique. *Son attitude est vraiment trop comique* : **risible** ◆ ↑ **bouffon, burlesque** ; → RIDICULE. 3. Dans son sens général, ce mot a de très nombreux syn. de la langue fam. ou très fam. : **bidonnant, crevant, gondolant, marrant, poilant, roulant, tordant**.

comité V. association (*in* associer).

commande (de) *Il avait, comme à l'habitude, un sourire de commande* (qui n'est pas sincère) : **affecté*** ◆ ↑ **faux** ◆ **feint, simulé** (qui ont le même sens, mais ne conviennent pas à tous les contextes et s'adaptent mal à notre ex.) ; → AMBIGU.

commander

I 1. [qqn ~ qqn] *Je n'aime pas qu'on me commande !* : **donner des ordres** ◆ **dire à qqn ce qu'il a à faire**. *Ici, c'est elle qui commande !* : [fam.] **mener la barque, porter la culotte**. *Un chef doit commander ses troupes* : **mener*** ; → DIRIGER I, AVOIR LA HAUTE MAIN, CHEF. 2. [qqch ~ qqch] *La situation commande une grande prudence* : **exiger, imposer, obliger, contraindre à** ; → APPELER I, INSPIRER II, CONDITIONNER I.

II 1. [qqn ~ à qqn de, que] *Il lui a commandé de ne pas sortir* : **ordonner** ◆ ↑ **imposer** ◆ **prescrire** (= donner un ordre précis, détaillé : *le médecin lui a prescrit un régime très strict*) ◆ [sout.] **enjoindre** ◆ [sout., langue juridique] ↑ **sommer, mettre en demeure de** (*il l'a sommé de déposer son arme*) ; → DEMANDER. 2. [qqn ~ à qqch] *C'est un homme qui sait commander à ses passions* [sout.] : [plus cour., compl. direct] **maîtriser** ◆ **gouverner**, ↑ **réprimer**.

◇ **commandement** 1. *C'est lui qui, depuis deux mois, exerce le commandement* [au sing.] (= droit de commander) : **autorité, pouvoir** ◆ [pl. en ce sens] **responsabilités**. *Le haut commandement* : **état-major**. 2. [de commander II, 1] *Vous devez obéir à ses commandements* [sing. ou pl.] : [plus mod.] **ordre, prescription, injonction, sommation** ◆ ↓ **recommandation** ; → DEMANDE. 3. *Il s'agit d'obéir aux commandements de notre morale* (qui s'emploie en parlant d'une règle de conduite morale ou religieuse) : **loi, précepte, règle, prescription** ◆ [plus génér.] **devoir**. *Les dix commandements* : V. TABLE II.

commanditaire V. sponsor.

commanditer V. financer, sponsoriser (*in* sponsor).

commando V. détachement (*in* détacher I), unité (*in* unir).

comme Adv. ou conj. de grande fréquence, de sens et d'emplois divers. La répartition adoptée ici tient compte de l'élément introduit par *comme*.

I [~ + phrase ou groupe nominal]. 1. *Il nage comme un poisson* : V. AINSI QUE et TEL I. 2. *La nuit est tombée comme il arrivait* *au sommet* : V. LORSQUE. **3.** *Comme tu as été sage, nous irons au cinéma* : V. PUISQUE. **4.** *Comme il fait beau aujourd'hui !* [adv. exclam.] : **que***.

II [~ + n.] **1.** *Il est entré ici comme chef du personnel* : **en tant que**, **en qualité de**. *Il vaut mieux l'avoir comme ami que comme ennemi* : **pour**. **2.** *Nous avons entendu comme un bruit de marteau* : [moins sout.] **une sorte de** ◆ [fam.] **comme qui dirait**.

III [~ + adj. ou participe passé] *Il était comme vexé par son attitude* : **pour ainsi dire**.

◇ **comme ça** *Je n'ai jamais vu une femme comme ça* [assez fam.] : [cour.] **pareil**, **semblable**. *Alors, comme ça, vous nous quittez ?* : [sout.] **ainsi donc** (*ainsi donc, vous nous quittez ?*). *Il ne faut pas mentir comme ça !* : V. AINSI II.

◇ **comme il faut** *Veux-tu manger comme il faut !* : [plus sout.] **convenablement**, **correctement**. *C'est une femme très comme il faut* : **bien**, **distingué**, **respectable** ; → CHIC, CONVENABLE.

◇ **c'est tout comme** : V. PAREIL.

◇ **comme tout** : V. TRÈS.

commémoration V. célébration.

commémorer V. fêter, marquer (*in* marque).

commencer **1.** [~ qqch] *Commencer un travail* : [plus fam.] **se mettre à** ◆ ↓ **ébaucher**, **amorcer*** ◆ **entreprendre** (qui est soit plus sout., soit de sens plus fort, et s'emploie alors en parlant d'un travail important) ◆ **attaquer**, **s'attaquer à** (= commencer avec fougue, avec ardeur) ; → SE LANCER* DANS, S'Y PRENDRE* I. *Tu vois bien que ce pain est déjà commencé !* [fam.] : **entamer**. *Commencer un sourire* : **ébaucher**, **esquisser**. *Commencer un débat* : **engager**, **ouvrir**, **entamer**. *Commencer le combat* : **engager**. *Commencer les hostilités* : **déclencher**. *Nous commençons aujourd'hui notre nouveau programme* : **inaugurer**. **2.** [qqch ~] *Le spectacle commence à 20 heures* : **débuter**. **3.** *Le feu a commencé dans les combles* : V. NAISSANCE. *C'est ici que notre bonheur a commencé* : **naître***, **voir le jour**. **4.** [qqch, qqn ~ à] *Il commence à m'énerver* : V. FINIR.

◇ **commencement** **1.** [en tous contextes] : **début**. *Le commencement du jour* : **aube**, **aurore** (ces deux termes s'employant par cliché dans d'autres contextes de langue soutenue : *l'aurore d'une nation, l'aube d'un amour*) ; → NAISSANCE. *Le commencement de l'été* : **arrivée***, **apparition** ; → SEUIL. *Le commencement des pourparlers* : **ouverture***. *Le commencement d'une bataille* : **déclenchement**. *Le commencement de l'Univers* : V. ORIGINE et CRÉATION. *Le commencement d'une fortune* : **départ**, **démarrage** ; → EMBRYON. *Le commencement d'une crise* : ↓ **signes avant-coureurs** ; → PRÉLIMINAIRE. *Le commencement dans la vie* : **premiers pas**. *Le commencement d'une négociation* : **premiers jalons**. **2.** *Au commencement* : V. INITIALEMENT et ABORD III.

commensal V. convive.

comment **1.** *Comment vous y prendrez-vous ?* : **de quelle façon**, **manière**. **2.** [adv. d'interrogation] *Comment ?* : [fam.] **hein**, **quoi** ◆ [sout.] **pardon** ◆ [vieilli] **plaît-il ?** **3.** [adv. d'exclamation] *Comment ! il a osé te calomnier !* : **quoi**. *Tu lui as dit cela ? - Et comment !* : [cour.] **bien sûr**, **certainement**, **évidemment**, **naturellement** (s'empl. aussi pour l'express. *mais comment donc !*).

commentaire V. remarque (*in* remarquer), explication (*in* expliquer).

commentateur V. interprète, critique I.

commenter V. interpréter (*in* interprète).

commérages V. bavard.

commerce

I **1.** *Le commerce des vins est-il rentable ?* : [vieilli] **négoce** (= commerce important de gros ou de demi-gros) ◆ [péj.] **trafic**. Le commerce comprend l'**achat** et la **vente**. Le commerce international comprend l'**importation** et l'**exportation**, parfois réunies dans l'**import-export**. On distingue encore la **grande distribution** et le **petit commerce**. **2.** Un fonds de commerce peut être un **petit commerce**, une **grande surface** : **supermarché** ou **hypermarché** ; → MAGASIN, AFFAIRE.

◇ **commerçant** Personne qui fait du commerce et qui dispose généralement d'un magasin : [génér.] **négociant** ◆ [péj.] **trafiquant** ◆ [plus partic.] **importateur**, **exportateur**, **distributeur** ◆ **débitant** (*de boissons, de tabac*) ◆ [péj.] **margoulin**, **mercanti** (commerçants malhonnêtes) ◆ **grossiste** (qui s'emploie par opp. à **détaillant**) ◆ **marchand** (qui n'implique pas l'idée de vente en magasin ; souvent précisé par un compl. : *un marchand de légumes*) ; → FOURNISSEUR, VENDEUR.

II V. FRÉQUENTATION et RAPPORT II.

commère V. bavard.

commettre **1.** V. accomplir, perpétrer. **2.** V. compromettre. **3.** V. nommer II, préposer*.

comminatoire V. menaçant (*in* menace).

commis V. employé.

commisération V. pitié.

commission

I *Ce représentant de commerce n'est payé qu'à la commission* (= **gain** proportionnel aux ventes réalisées) : **courtage** (= commission perçue par un courtier) ◆ **remise** (= commission perçue par un placier). Le **pot-de-vin** est une commission secrète, illicite : V. SALAIRE et RÉTRIBUTION.

II [pl.] *Elle fait des commissions en ville* : **courses** ◆ [anglic., sing.] **shopping** ◆ [fam.] **lèche-vitrines** ◆ [plus rare] **emplettes**. *Je lui ferai la commission* : V. MESSAGE.

III *Commission* et **comité** sont de sens très proches mais se distinguent selon les contextes (*un comité des sages ; une commission parlementaire*). Une *commission* comprend parfois des **sous-commissions**.

commissionnaire V. intermédiaire, messager (*in* message).

commissure V. coin.

commode

I [n.] *Une commode Louis XV* : **chiffonnier, chiffonnière** (= petite commode).

II [adj.] **1.** *Avez-vous des moyens de transport commodes pour venir jusqu'ici ?* : **pratique**. *Commode à manier* : **maniable**. *C'est un logement très commode* : [plus précis] **logeable**, **spacieux**, **fonctionnel**. **2.** *Crois-tu que c'est commode de lui parler ?* : **facile** ; → SIMPLE, AISÉ.

◇ **pas commode** **1.** [en parlant de qqn] *Son voisin n'est pas commode* : **désagréable***. *Son père n'est pas commode* : **sévère***. **2.** [en parlant de qqch] *Les sujets du concours n'étaient pas commodes cette année* : **difficile***.

◇ **commodément** *Il était commodément assis dans son fauteuil* [vieilli] : [mod.] **confortablement**.

◇ **commodité** **1.** *Pour plus de commodité* : **facilité**. **2.** [pl.] *Les commodités d'un appartement moderne* : [sing.] **confort**. **3.** *Prendre, avoir ses commodités* : V. AISES. **4.** *Les commodités* : V. CABINET II.

commotion V. secousse (*in* secouer).

commotionner [souvent au passif] *Il a été fortement commotionné* : [plus génér.] **choquer**, **secouer** ◆ ↑ **traumatiser**.

commuer V. changer I, substituer.

commun

I [adj.] **1.** *Ils ont des qualités communes* : **même** (qui ne s'emploie qu'avec l'art. déf. : *les mêmes qualités*), **identique**, **semblable***. **2.** *La situation impose un effort commun* : **collectif** ; → ENSEMBLE I, UNI. **3.** *L'intérêt commun (propre à tout le monde)* : **public**, **général**. On distinguera **commun**, qui concerne tout le monde, et **communautaire**, qui concerne les communautés. **4.** *D'un commun accord* : **unanimement**. *En commun* : **ensemble***, **collectivement**. *Mettre en commun* : V. PARTAGER.

II [adj.] **1.** *Nous n'avons mangé que des plats très communs* : **ordinaire**, **banal** ◆ ↑ **quelconque** ◆ [très péj.] ↑ **trivial**, **vulgaire***, [sout.] **convenu**, [plus rare] **usuel** (qui se disent le plus souvent des attitudes, des propos que l'on tient, des habitudes que l'on a) ◆ [très péj.] **conventionnel**, ↑ **rebattu**, **usé**, **stéréotypé** (qui ne se disent guère que des propos que l'on tient) ; → BOURGEOIS, PROSAÏQUE. **2.** *C'est une maladie très commune* : **courant**, **fréquent**, **ordinaire**, **répandu**, **qui court les rues**.

3. *Peu commun* : V. EXTRAORDINAIRE et HORS SÉRIE. *Lieu commun* : V. PONCIF.

◇ **communément** *On déclare communément que l'argent ne fait pas le bonheur* : **généralement**, **habituellement**, **d'habitude**, **ordinairement** ◆ **couramment**, **fréquemment** (qui insistent sur l'idée de répétition d'un événement quelconque) ; → VULGAIREMENT I.

III [n. pl.] V. DÉPENDANCES.

communal V. municipal.

communautaire V. commun I.

communauté

I *Notre communauté de point de vue est connue* : **unité** ◆ ↑ **unanimité** (qui suppose une communauté élargie à plusieurs personnes) ; → IDENTITÉ, SIMILITUDE, ACCORD I.

II 1. Groupe social ayant des intérêts communs : **corporation** (= communauté de travail) ; → SOCIÉTÉ I. 2. *La communauté nationale* : **collectivité**, **État**, **nation***. 3. Réunion de personnes soumises à une vie religieuse communautaire : **congrégation** (= communauté où les religieux sont liés par des vœux simples ou par une simple promesse d'obéissance) ◆ **ordre** (= communauté où les religieux sont liés par des vœux solennels) ◆ **confrérie** (= association de laïques qui s'engagent à remplir en commun des pratiques de religion et de charité) ; → COMMUNION.

commune Désigne la plus petite unité administrative française dirigée par une mairie : [par méton.] **municipalité**. Selon la taille de la commune, il s'agit d'un **village**, d'un **bourg***, d'une **ville***. V. aussi BOURG.

communément V. commun II.

communicatif 1. *Vous n'êtes pas très communicatif !* : [plus fam.] **causant** ◆ **ouvert** (qui se dit de celui qui est accueillant, accessible et réceptif) ◆ ↑ **expansif** (= qui parle et s'épanche facilement, voire avec effusion) ◆ ↑ **exubérant** (= expansif à l'excès) ; → DÉMONSTRATIF, PROLIXE. 2. *Un rire communicatif* : V. ÉPIDÉMIQUE.

communication 1. La communication est un **échange**, une **relation** entre deux ou plusieurs personnes. Son but est souvent l'échange d'**informations**, qui parviennent sous diverses formes : les **nouvelles** à la radio ou à la T.V., une **note*** de service, un **avis**, un **coup de téléphone** ; → BULLETIN. La *science de la communication* est la **cybernétique**. Les *moyens de communication de masse* sont les **mass media**, souvent dits **médias** ◆ [en partic.] **interactivité** se dit d'un **dialogue** homme-machine. 2. Les *moyens de communication* sont aussi les **moyens de transports** : la **route***, le **rail**, l'**avion**.

communion 1. *Les fidèles d'une même Église sont rassemblés dans la communion ;* ils ont la même **confession** : tandis que le premier terme souligne l'unité spirituelle de présence et de participation, le second désigne l'unité des articles de foi. Ces fidèles constituent une **communauté***. *Exclusion de la communion* : **excommunication**. 2. La communion désigne spécifiquement chez les chrétiens le sacrement de l'**Eucharistie**, qui commémore la **Cène**. 3. *Elle se sentait vraiment en communion avec lui* : ↓ **accord**, **harmonie**, **union** ◆ ↓ **proche de**.

communiqué V. avis, bulletin.

communiquer V. correspondre, faire savoir (*in* savoir I), transmettre.

◇ **se communiquer** V. gagner III.

communisme V. collectivisme, extrémisme.

communiste V. rouge, extrémiste.

commutateur *Appuie sur le commutateur pour allumer l'électricité* : **interrupteur** ◆ [fam.] **bouton** ◆ **sélecteur** (= commutateur à plusieurs positions).

compact 1. V. dense, lourd, serré (*in* serrer I). 2. V. disque.

compagne V. amante, compagnon, épouse.

compagnie

I 1. Ce terme désigne parfois une assemblée savante ou artistique (*la compagnie des académiciens*) ◆ **collège** s'emploie en parlant d'une assemblée de personnes notables, notamment de dignitaires religieux (*le collège des cardinaux*) ◆ **société** se dit d'une assemblée de personnes réunies par des intérêts communs, par un même travail (*la Société des gens de lettres*) ◆ **aréopage** se dit d'une assemblée très savante ◆ **corporation** se dit d'un ensemble de personnes exerçant la même profession (*la corporation des menuisiers*) : V. ASSOCIATION. **2.** *Une compagnie militaire* : V. UNITÉ et TROUPE.

II **1.** *Pendant toute la soirée, il s'efforça de distraire la compagnie* : **assistance**, **assemblée**. *C'est quelqu'un qui a besoin de compagnie* : **présence**, **chaleur humaine**. **2.** *En compagnie de* : V. AVEC. *Fausser compagnie* : V. QUITTER. *Être de bonne, de mauvaise compagnie* : V. ÉLEVÉ II.

compagnon **1.** *Voici mes meilleurs compagnons, mes compagnons d'armes* (qui ne s'emploie qu'en termes sout., premier contexte, ou avec un compl. renvoyant à des activités ou à un état considéré comme noble, deuxième contexte) ◆ [cour.] **camarade** ◆ **condisciple** (= compagnon d'études) ; → AMI. **2.** V. AMANT et ÉPOUX.

comparable V. semblable, équivalent (*in* équivaloir), assimilable (*in* assimiler I).

comparaison (en) V. comparer.

comparaître V. se présenter (*in* présenter).

comparer *Avant de prendre une décision, il faudra comparer leurs points de vue* : **confronter** (qui ne s'emploie qu'en parlant d'idées, de textes, d'opinions) ◆ **mettre en parallèle** ; → RAPPROCHER.

◇ **comparaison** **1.** [de comparer] : **confrontation**, **parallèle** ; → ASSIMILATION I. **2.** En rhétorique, la comparaison unit deux termes par « comme » (*le lion, comme un roi de la savane, avançait majestueusement*) ◆ **image** (qui se construit sans conjonction : *le lion, roi de la savane,...*) ◆ **métaphore** (dans laquelle le second terme se substitue au premier : *le roi de la savane avançait majestueusement*).

◇ **en comparaison** *Mettre en comparaison avec* : **en parallèle** ◆ [plus fam.] **en balance**. *En comparaison de ses performances habituelles, son résultat n'est guère brillant* : **par rapport à**, **auprès de**, **à côté de**, **relativement à**.

comparse V. figurant.

compartimenter *Elle vit dans un univers bien compartimenté* : **cloisonner** ; → DIVISER.

compas V. boussole.

compassé V. affecté II.

compassion V. pitié.

compatibilité V. accord I.

compatible *Après tout, leurs avis sont compatibles* : **conciliable**.

compatir V. s'apitoyer, plaindre I.

compatissant V. sensible.

compatriote *Quelle ne fut pas ma surprise, en passant dans un village perdu du Niger, de rencontrer un compatriote !* : [fam., vieilli] **pays** (qui se dit surtout de ceux qui sont du même village). [Ne pas confondre avec **concitoyen**, qui se dit d'un *citoyen* d'un même État ou d'une même ville, et implique donc une relation avec les droits et les devoirs du citoyen.]

compenser **1.** *Ils avaient dû combler un fossé pour compenser la dénivellation de terrain* (= équilibrer un effet par un autre) : **corriger**, **équilibrer** ; → APLANIR. **2.** *La qualité de la table compensait, à mon avis, la fraîcheur de l'accueil* (= dédommager d'un inconvénient par un avantage) : **faire contrepoids à**, **racheter** ◆ [moins employé] **balancer**, **contrebalancer** ◆ **réparer**, **indemniser** (qui s'emploient pour une faute) ; → SUPPLÉER, NEUTRALISER.

◇ **compensation** **1.** *Nous avons un peu abîmé votre maïs en chassant. À titre de compensation, voulez-vous accepter ce gibier ?* : **dédommagement** ◆ [en termes de droit] **indemnité**, **indemnisation** (qui se disent du paiement d'une somme d'argent considérée comme pouvant dédommager en totalité un préjudice causé à qqn) ; → PEINE I. **2.** *L'amour dont il jouissait maintenant lui était une compensation à toutes ses*

souffrances passées : **consolation**, **dédommagement** ◆ ↑ **revanche**. *Donner qqch en compensation à qqn* : **contrepartie**.
◇ **en compensation** *La récolte n'est pas abondante, mais, en compensation, le vin sera bon* : **par contre**, **en contrepartie** ◆ [sout.] **en revanche**.

compère V. complice.

compétence 1. V. capacité I, bagage. 2. V. domaine, dépendre I.

compétent 1. *Dans son atelier, on dit que c'est un homme très compétent* : **capable**, **qualifié** (seul ce dernier syn. convient dans l'express. *les autorités compétentes*). 2. [~ en qqch] *Je ne suis pas très compétent en linguistique* : **averti**, **connaisseur** ◆ ↑ **expert** ; → SAVANT I, AMATEUR, CONNAÎTRE.

compétitif V. concurrentiel.

compétition 1. V. ÉMULATION et LUTTE. 2. [en termes de sport] *Une compétition sportive* : **match** (pour le football, le basket) ◆ **course** (en cyclisme, hippisme) ◆ **concours** (en gymnastique, en hippisme : suite d'épreuves dotée de prix) ◆ **championnat** (*le championnat de France d'athlétisme*) ◆ **critérium** (un *critérium* cycliste est une course en circuit fermé) ◆ **tournoi** (concours comportant plusieurs tours) ◆ **coupe**, **challenge** (= noms donnés à certains tournois sportifs disputés en dehors des championnats) ◆ **épreuve** (qui se dit de certaines compétitions sportives et des différentes phases d'une même compétition : *une épreuve contre la montre ; les différentes épreuves d'une compétition d'athlétisme*) ; → RENCONTRE.

compilation V. copie II, disque.

complainte V. mélodie.

complaire (se) V. se plaire II.

complaisant 1. *C'est un homme très complaisant, il vous rendra ce service* : **obligeant**, **serviable** ◆ ↑ **attentionné**, **prévenant**, **empressé** ◆ [plus génér.] **gentil** ◆ [plus partic.] **déférent** (qui se dit de celui qui témoigne à qqn une considération respectueuse) ◆ [péj.] **condescendant** (qui se dit de celui qui, par complaisance, accepte de s'abaisser au niveau de qqn) ; → AIMABLE, CONCILIANT, MIGNON, POLI I. 2. *Il est beaucoup trop complaisant envers lui-même* : **indulgent**. *Se regarder d'un œil complaisant* : **satisfait**. *Un courtisan complaisant* : ↑ **servile**. *Prêter une oreille complaisante aux ragots du quartier* : ↓ **attentif**.
◇ **complaisance** 1. [de complaisant 1] **serviabilité**, **prévenance**, **attention**, **obligeance**, **empressement**, **déférence**, **condescendance** ; → AFFABILITÉ, ÉGARD II. 2. [de complaisant 2] : **indulgence**, **satisfaction**, **servilité** ; → ORGUEIL.

complément V. appoint, solde II, supplément, différence (*in* différer II).

complémentaire *Je voudrais quelques renseignements complémentaires* : **supplémentaire** ◆ [rare] **additionnel** ; → AUXILIAIRE, ACCESSOIRE. *Une question complémentaire* : **subsidiaire**.

complet *Un silence complet* : V. ABSOLU I, PARFAIT et PROFOND II. *Un autobus complet* : V. COMBLE III et PLEIN. *Une série complète* : V. ENTIER I. *Cette énumération n'est pas complète* : [sout.] **exhaustif**. *Un homme complet* : ↑ **parfait** ◆ ↓ **équilibré**, **harmonieux**. *À temps complet* : V. PLEIN.

complètement *Lire un livre complètement* : **entièrement**, **de bout en bout** ◆ [plus rare] **in extenso**. *Être complètement d'accord* : **absolument***, **littéralement***, **profondément***, **radicalement***, **du tout au tout***. *Fouiller complètement une chambre* : V. COMBLE II, LIGNE (*sur toute la ligne*).

compléter V. parfaire.

complexe V. compliqué (*in* compliquer), sophistiqué, délicat.

complexé V. timide.

complexion V. nature.

complexité V. complication.

complication V. compliquer.

complice *On a arrêté le voleur et ses complices* : [péj.] **acolyte** (= complice habituel de qqn) ◆ **compère** (= celui qui est de connivence avec qqn dans une supercherie : *le camelot avait dans la foule des compères qui vantaient la qualité de son produit miracle*) ; → AIDE.

◇ **complicité** *Un sourire de complicité* : ↓ **connivence** (qui implique un engagement moindre dans une action quelconque : *être complice*, c'est participer, *être de connivence*, c'est plutôt fermer les yeux sur une action coupable) ◆ [fam.] **être de mèche avec qqn** ◆ **intelligence** (qui ne s'emploie en ce sens que dans quelques contextes : *être accusé d'intelligence avec l'ennemi*) ◆ **collusion** (qui se dit d'une **entente** secrète au préjudice d'autrui : *il y a eu collusion de tous les réactionnaires pour provoquer la chute du gouvernement*) ; → ACCORD I, UNION.

compliment V. félicitation, louange (*in* louer II), éloge.

complimenter V. féliciter, louer II.

compliqué V. compliquer.

compliquer *Ils ont provoqué des incidents pour compliquer encore une affaire déjà ténébreuse* : **embrouiller**, **obscurcir** ◆ [fam.] **entortiller** ◆ [sans compl.] **brouiller les cartes**. *C'est quelqu'un qui complique tout !* : [fam.] **couper les cheveux en quatre**, **ne pas faciliter la vie**.

◇ **se compliquer** *La maladie se complique* : [plus sout.] **s'aggraver**. *L'affaire se complique* : [assez fam.] **se corser**.

◇ **compliqué** : [plus sout.] **complexe**. *Il s'est lancé dans des explications très compliquées* : **embarrassé***, **confus**, **obscur** ◆ [plus fam.] **fumeux**, **filandreux** ◆ [rare] **alambiqué**, **byzantin**, **chinois** ; → ABSTRAIT, SAVANT II. *L'affaire est vraiment compliquée* : ↑ **difficile***, **pas simple**.

◇ **complication** **1.** [sing.] *La situation est d'une telle complication que nous hésitons à agir* : **complexité**. **2.** [souvent pl.] *Nous avons eu quelques complications pendant notre voyage, cela nous a retardés* : **difficultés**, **ennuis** ; → ACCROC. *On craint des complications* : V. ACCIDENT. *La défense a multiplié les complications pendant le procès* : **incidents** ◆ [fam.] **chinoiseries**. **3.** [pl.] *Ne faites donc pas tant de complications pour nous dire la vérité !* : **embarras** ; → CÉRÉMONIE.

complot *Il y a eu un complot pour assassiner le chef de l'État* : [plus partic.] **conspiration** (= complot fomenté pour renverser le pouvoir établi) ◆ **conjuration** (= conspiration dont les participants sont liés par un serment) ; → COUP D'ÉTAT, RÉBELLION, INTRIGUE.

◇ **comploter** **1.** [qqn ~] *Comploter était chez lui une véritable passion* : ↑ **conspirer**. **2.** [qqn ~ qqch] *Ils ont encore comploté un mauvais coup* : **tramer** ; → MACHINER. *Qu'est-ce que vous avez encore comploté ?* : [fam.] **manigancer** ; → COMBINER.

◇ **comploteur** [de comploter] : **conspirateur**, **conjuré** ; → REBELLE, RÉVOLTÉ.

componction V. gravité, repentir.

comportement V. conduite II.

comporter V. admettre II, contenir.

◇ **se comporter** V. agir I.

composant V. partie I.

composé V. affecté II.

composer Ce verbe et le nom qui lui correspond fonctionnent de manière parallèle : nous les traiterons donc simultanément.

I [qqn ~ qqch] Sens génér. : **faire**. Les synonymes se répartissent selon les contextes. **1.** *Composer un numéro de téléphone* : **former** ◆ [très génér.] **faire**. **2.** *Composer un bouquet* : **confectionner**, **disposer**, **agencer** ◆ [moins sout.] **arranger** ◆ [très génér.] **faire**. **3.** *Composer un remède, un breuvage* : **préparer**, **fabriquer**. **4.** *Composer un livre, un roman* : **écrire*** ◆ **élaborer** (qui insiste sur le travail accompli, notamment sur sa longueur) ; → ACCOUCHER.

◇ **composition** **1.** [sens 2 du v.] **disposition**, **agencement**, **confection**. **2.** [sens 3 du v.] **préparation**, **fabrication** ◆ [état] **teneur** (*quelle est la composition, la teneur de ce remède ?*) ; → SYNTHÈSE. **3.** [sens 4 du v.] **élaboration**, **rédaction** ◆ [état] **contexture**, **organisation**, **structure**. **4.** *Rédiger une composition française* : **rédaction**, **narration**.

II [qqn ~ qqch] [partic.] *Composer son attitude, sa voix, ses gestes* : **étudier** ; → AFFECTER II.

III [qqn, qqch ~ qqch] *De très bons joueurs composent cette équipe ; quatre petites pièces composent cet appartement* [le plus souvent au pass.] : **former**, **constituer** (*cette équipe est constituée, formée de très bons joueurs*).

◇ **se composer de** *Cette équipe se compose de très bons joueurs* : V. SE DIVISER EN.

◇ **composition** : **constitution** ◆ [rare, didact.] **structure**.

IV [qqn ~ avec qqn, qqch] *C'est un homme qui ne compose pas ; il ne compose pas avec ses adversaires* : **transiger** ; → S'ARRANGER. *Il va falloir composer !* [sout.] : **venir à composition** ◆ [cour.] **faire des concessions** ◆ [fam.] **couper la poire en deux** ; → PACTISER, BIAISER.

◇ **composition** *Être de bonne composition* : [sout.] **être accommodant** ◆ [proche] **avoir bon caractère**.

composite V. divers.

compositeur V. musicien (*in* musique).

composition V. composer.

compost V. fumier.

compote (en) *Il lui a mis le nez en compote ; il a les pieds en compote* [fam.] : **en marmelade** ◆ [assez sout.] **meurtri**.

compréhensible V. comprendre.

compréhensif V. bon II, tolérant (*in* tolérer).

comprendre

I 1. *Ce devoir comprend trop d'erreurs !* : **comporter**, **contenir**, **compter** ; → ENTRER, INCLURE. 2. *L'appartement comprend trois pièces* : V. SE DIVISER EN.

II 1. *Je n'ai pas compris l'énoncé de ce problème* (= pénétrer par l'intelligence le sens de qqch) : [assez fam.] **saisir** ◆ [très fam.] **piger**, **entraver** ; → SUIVRE. *Comment le comprenez-vous ?* : [sout.] **entendre**. *Comprendre difficilement* : [fam.] **avoir la tête dure**. 2. *As-tu compris maintenant ? ; il a enfin compris que nous courions à l'échec* : **réaliser** ◆ **s'apercevoir que**, **se rendre compte que** (pour le second ex. seult) ; → CONSCIENCE I. *Compris ?* : V. VU II. 3. *Il dit avoir compris les mystères de la Terre* (= accéder par l'intuition à ce qui est caché) : **pénétrer**. 4. [~ qqn, une attitude] *Je comprends sa colère* (= entrer dans les raisons de qqn) : **admettre*** ◆ ↑ **approuver** ; → INTERPRÉTER, JUSTIFIER, PARDONNER. *Vraiment, je ne vous comprends pas !* : **suivre**. 5. *C'est ainsi qu'il comprend la vie* (= se faire de qqch une représentation idéale) : [plus fam.] **voir** ◆ [plus sout.] **concevoir**.

◇ **se comprendre** V. S'ENTENDRE.

◇ **compréhensible** 1. V. ACCESSIBLE. 2. *Sa déception est bien compréhensible* : **explicable**, **naturel**, **normal** ◆ ↑ **excusable** ; → CONCEVABLE.

◇ **compréhension** 1. [de comprendre II, 1] *Des questions portant sur la compréhension du texte* : **intelligence**, **sens** ; → CONNAISSANCE I, ASSIMILATION II. 2. [de comprendre II, 4] *Il a fait preuve de beaucoup de compréhension à son égard* : **bienveillance**, **indulgence**, **largeur d'esprit, d'idées, de vues** ; → TOLÉRANCE.

compression V. réduction (*in* réduire).

comprimé V. cachet III, pilule.

comprimer V. presser I, réprimer, serrer I, tasser, diminuer.

compris V. comprendre.

compromettre 1. [en parlant de personnes] *Il a été compromis dans une affaire assez ténébreuse* : ↓ **impliquer** ; → MÊLER, BAIN. 2. [en parlant de valeurs abstraites] *Compromettre sa réputation, son honneur, sa santé* : ↓ **exposer**, **risquer**, **engager**, **hasarder** ◆ [vx, sout.] **commettre** ; → ÉBRANLER. *La situation est assez compromise* : ↑ **désespéré**.

◇ **se compromettre** V. AVANCER I, S'ABAISSER et SE MOUILLER.

◇ **compromettant** *Vous avez des amis un peu compromettants* : [par ext., fam.] **encombrant**.

◇ **compromission** *C'est un homme prêt à toutes les compromissions* : ↓ **arrangement**, **accommodement** ◆ ↑ **malversation** ◆ [génér., fam.] **saloperie** ; → LÂCHETÉ.

compromis 1. V. arrangement (*in* arranger). 2. V. mouillé (*in* mouiller).

compromission V. compromettre.

comptable V. responsable I.

comptant V. cash.

compte
I 1. [en termes de commerce] *Voici votre compte : je crois n'avoir rien oublié* : **relevé*** (= extrait des articles d'un compte : *j'ai reçu un relevé de la banque*) ◆ **mémoire** (= état des frais à régler à un architecte, à un entrepreneur) ◆ **facture** (= mémoire où sont indiqués le détail de marchandises fournies à qqn et leur prix) ◆ **budget** (= comptes prévisionnels où les sommes à dépenser sont réparties en postes) ; → BULLETIN, ADDITION II, ÉTAT III. 2. *Il faudrait maintenant faire le compte de nos dépenses* : **faire le calcul, l'addition, le total, la somme** ◆ **calculer**. 3. *Il ne lui a pas payé son compte* (= argent dû) : **dû**.
II [dans des expressions] 1. *Cette nuit, il y a eu quelques règlements de compte dans le quartier* : ↓ **explication** ; → BAGARRE. 2. *Il s'en est tiré à bon compte* : [plus fam.] **sans trop de casse** ◆ [moins express.] **bien** (*il s'en est bien tiré*). *Nous avons eu des chaussures à bon compte* : **marché***. *Il semble agir avec générosité, mais finalement il y trouve son compte* : **avantage**, **bénéfice** (*il y trouve son avantage, bénéfice*) ◆ [plus fam.] **ça l'arrange**. 3. *En fin de compte, au bout du compte, tout compte fait* : **finalement** ; → EN SOMME, AU TOTAL, EN ABRÉGÉ. 4. *Nous avons entendu d'étranges propos sur le compte de sa sœur* : **au sujet de**. *Nous mettrons cette impertinence sur le compte de sa naïveté* : **attribuer à**. 5. *Pour mon compte, je n'y prête pas attention* : **en ce qui me concerne, quant à moi** ; → DE MON CÔTÉ*. 6. *Il nous a demandé des comptes* : **explication**. 7. *Se rendre compte de* : V. COMPRENDRE II et VOIR. *Donner son compte à* : V. CONGÉDIER. *Régler son compte à qqn* : **régler, faire son affaire**. *Rendre compte* : V. JUSTIFIER. *Tenir compte* : **prendre en considération**. *Ne pas tenir compte de* : V. FAIRE ABSTRACTION. *Compte tenu de* : V. FONCTION II.

compte-gouttes V. économie, parcimonie.

compter
I 1. Nombrer ou faire un calcul simple en matière de commerce, de finance : **calculer** (= faire une opération abstraite de mathématique ou d'algèbre : *calculer la force d'un courant selon l'heure de la marée. Calculer* n'entre donc pas dans les mêmes contextes que *compter*) ◆ **dénombrer** (= faire un recensement très précis : *compter, dénombrer les animaux d'un cheptel*) ◆ **inventorier** (= dénombrer pour inventaire : *inventorier les marchandises d'un magasin*). ◆ **recenser** (*~ une population*) ; → ESTIMER II. 2. Inclure dans un compte : [en parlant de personnes] **penser à** (*je n'avais pas compté vos cousines, pensé à vos cousines*) ; [en parlant de choses] **comprendre** (*je n'ai pas compté, compris le service*). *Votre texte compte trop de fautes* : V. CONTENIR I. 3. [intr.] *Elle sait compter* : **calculer**. *Elle dépense sans compter* : **largement**. 4. [~ au nombre de, parmi] *Il compte parmi les meilleures raquettes de la côte* : **figurer**. *Compter parmi ses amis* : V. METTRE AU RANG* DE. 5. *À compter de* : **à dater de**, **à partir de**. 6. **Sans compter que** *Sans compter que nous voici en hiver !* : [plus sout.] **d'autant que**.
II 1. [~ + inf. ou complétive] *Il compte que son oncle arrivera demain* : **estimer**, **penser** ; → ESPÉRER, PRÉSUMER. *Je compte venir demain : cela vous va ?* : **avoir l'intention de** ; → PROJETER I. 2. Prendre en considération. *Il faudra compter avec son entêtement* : **tenir compte de** (qui ne s'emploie que pour les choses). 3. [~ sur qqn, qqch] *Nous pouvons compter sur lui* : **faire confiance à** ; → SE FIER, SE REPOSER* SUR. *Compter sur qqch* : **tabler sur** ; → SPÉCULER, ESPÉRER. 4. *Cela ne comptait pas beaucoup pour elle* : **avoir de l'importance**. De qqn qui ne compte guère, on dit fam. qu'il **est la cinquième roue du carrosse** ; → IMPORTER II.

compte rendu V. analyse, rapport I.

comptoir 1. *Il entra dans le café et alla s'asseoir au comptoir* : [fam.] **zinc**. 2. V. SUCCURSALE.

compulser V. consulter.

con 1. V. abruti. 2. V. sexe.

concasser V. broyer.

concéder 1. *De grands privilèges ont été concédés à cette ville* (= donner comme avantage) : **octroyer**, **accorder**, **consentir** ; → ATTRIBUER. 2. *Je vous concède que je me suis trompé* (= admettre de son propre gré une autre opinion) : **accorder*** II, **admettre**, **convenir**, **reconnaître** (*admettre, reconnaître qqch ; convenir de qqch ; j'admets, je conviens, je reconnais que*) ; → ADMETTRE II, AVOUER.

concentration V. concentrer.

concentré *Il ne boit que du lait concentré* : **condensé**.

concentrer *L'armée a concentré des troupes autour de la capitale* : **grouper**, **regrouper**, **réunir**, **rassembler***. *Pierre concentre tous ses efforts sur ce concours* : **focaliser**, **polariser** ; → CENTRER.

◇ **se concentrer** V. SE RECUEILLIR et RÉFLÉCHIR.

◇ **concentration** [de concentrer]. 1. **groupement**, **regroupement**, **rassemblement** ◆ **polarisation** ; → TENSION. 2. V. RÉFLEXION.

concept V. idée, notion.

conception V. concevoir.

concerner 1. [~ qqn] *Cela ne me concerne pas* : **regarder** (qui est plus ambigu et peut signifier qu'il serait inopportun, voire impertinent de s'occuper de qqch) ; → ADRESSER, ÉTRANGER, TOUCHER II, VALOIR I. 2. [~ qqch] *Cela concerne notre sujet !* : V. APPARTENIR À, MATIÈRE II, AVOIR TRAIT* À III et S'APPLIQUER À. 3. *En ce qui me concerne* : V. POUR MON COMPTE.

concert 1. *Nous sommes allés à un concert de musique de chambre* : **récital** (= concert donné par un artiste seul : *un récital d'orgue*). Une **audition** est une séance musicale lors de laquelle un artiste donne, pour se faire connaître, pour un enregistrement, une partie de son répertoire : V. SÉRÉNADE. 2. *De concert* : V. ENSEMBLE et EN MÊME TEMPS I.

concerter V. préparer.

◇ **se concerter** V. s'accorder (*in* accord I).

concession V. composer IV. *Sans concession* : V. cru I.

concessionnaire V. dépositaire.

concevable *Est-il concevable que sa tentative puisse échouer ?* : **imaginable**, **pensable**. *Est-il concevable que nous devions payer tant d'impôts ?* : **admissible**, **supportable** ; → COMPRÉHENSIBLE.

concevoir 1. *Connaître la joie de concevoir* : **être fécond** ◆ [didact.] **féconder** ◆ [plus fam.] **faire un enfant** ◆ [pour une femme] **être enceinte** ◆ [pour l'homme] **engendrer**, **procréer**. *Ne pas pouvoir concevoir* : **être stérile**, **infécond**. 2. V. CRÉER, COMBINER et ÉLABORER. 3. V. COMPRENDRE, IMAGINER et SAISIR I.

◇ **conception** 1. [de concevoir 1] : **fécondation** (= action de féconder) ◆ **fécondité** (= pouvoir de féconder) ◆ **procréation**. 2. *Il a une curieuse conception de l'existence* : **idée** ◆ **point de vue sur** ; → OPTIQUE, PHILOSOPHIE, VUE III. 3. V. STRUCTURE.

concierge 1. *Adressez-vous au concierge de l'immeuble* : **gardien** (qui s'emploie parfois exactement en ce sens, mais implique souvent davantage l'idée de surveillance : *le gardien d'une usine*) ◆ **portier** (= celui qui ouvre et ferme la porte d'un établissement important : *le portier d'un hôtel*) ◆ [fam. et assez rare] **pipelet**. 2. V. BAVARD.

concile V. réunion.

conciliable V. compatible.

conciliabule V. conversation.

conciliant V. concilier.

conciliateur V. arbitre, médiateur.

concilier 1. [~ des personnes] *Son métier lui impose de concilier des gens qui parfois se haïssent* [langue juridique] : [cour.] **accorder***, **mettre d'accord** ◆ **réconcilier** (qui suppose un accord antérieur qui avait été rompu) ◆ [fam.] **raccommoder**. 2. [~ qqch] V. ACCORDER I et UNIR.

◇ **se concilier** *Il est parvenu à se concilier les faveurs de son directeur* : **s'attirer**, **gagner** ; → S'ASSURER II, FLÉCHIR.

◇ **conciliant** 1. [qqn est ~] *Allez le voir sans crainte, il est très conciliant* (= porté à bien s'entendre avec autrui) : **accommodant** ◆ **arrangeant** ◆ [fam.] ↑ **coulant** ; → COMPLAISANT, DIPLOMATE. *Être conciliant,* c'est faire preuve d'**esprit de conciliation**. 2. [qqch est ~] *Il le congédia avec des paroles très conciliantes* : **apaisant** ◆ [plus génér.] **doux**.

◇ **conciliation** *Par esprit de conciliation* : **accord, arrangement** (qui ne s'emploient pas dans les mêmes contextes) ; → ARBITRAGE.

concis 1. *Une pensée très concise* (= qui s'exprime en peu de mots, mais dit cependant beaucoup) : **dense** ; → RAMASSÉ. 2. *Un style concis* (= qui s'exprime en peu de mots et atteint par là une simplicité considérée comme une qualité) : **dépouillé, elliptique, sobre*** ◆ **lapidaire, nerveux** (qui impliquent une idée d'énergie). 3. *Un communiqué très concis* : **bref** ◆ [péj.] **elliptique, laconique** ◆ [plus génér.] **court*** ; → SOMMAIRE, SUCCINCT.

◇ **concision** : **densité, dépouillement, sobriété, nervosité, brièveté, laconisme**.

concitoyen V. compatriote.

conclure 1. *S'il est chez lui et qu'il ne répond pas, j'en conclus qu'il est malade* : [plus rare] **déduire, inférer, induire** ; → PRÉSUMER. *Conclure en généralisant* : **extrapoler**. 2. *Conclure une affaire* : V. ARRÊTER III, TERMINER, RÉGLER II et DÉCIDER. 3. *Conclure un travail* : V. FINIR.

◇ **concluant** *En dépit de tous vos efforts, le résultat n'est guère concluant* : **convaincant, probant** ◆ **décisif**, ↑ **irrésistible** (qui s'emploient pour un argument).

◇ **conclusion** 1. *La conclusion d'une affaire* : V. RÈGLEMENT I et TERMINAISON. 2. Ce qui termine un ouvrage. *La conclusion d'un discours* : [didact.] **péroraison**. *La conclusion d'une intrigue* : **dénouement**. *La conclusion d'un poème, d'un roman, d'une pièce de théâtre* : [didact.] **épilogue**. 3. Jugement que l'on tire d'un raisonnement. *Vous avez lu ce roman, quelles conclusions en tirez-vous ?* : **déduction, enseignement, leçon** ; → BILAN, MORALE. 4. *En conclusion* : V. EN ABRÉGÉ.

concocter V. élaborer.

concomitant V. simultané.

concordance V. rapport II.

concorde V. accord I.

concorder 1. *Son arrivée à Paris concorde avec la date des grandes vacances* : **coïncider** ◆ [fam.] **tomber**. 2. *Son attitude ne concorde pas avec ses paroles* : [moins sout.] **aller*** II ; → CADRER.

concourir (à) V. aider à.

concours 1. V. examen, compétition. 2. V. appoint, appui, participation (*in* participer), service* I, suffrage*. 3. *Concours de circonstances* : V. coïncidence.

concret 1. *Il faut être concret dans la vie !* [assez fam.] : **réaliste, pratique** (*il faut faire preuve d'esprit pratique*) ; → EMPIRIQUE. *Nous demandons des preuves concrètes de cette accusation* : **palpable*, tangible** ; → MATÉRIEL I. 2. *Il ne se meut à son aise que dans le concret* : **réel**.

◇ **concrètement** Dans son emploi comme adv. de phrase. *Concrètement, comment voyez-vous la situation ?* : **pratiquement, en fait**.

concrétiser V. se réaliser I.

concubinage V. cohabitation, union libre*.

concubine V. amante.

concupiscence V. convoitise, sensualité I.

concurremment V. à la fois*.

concurrent 1. [en parlant d'un examen, d'un concours] **candidat** ◆ [en termes de compétition sportive] **challenger, participant, adversaire, rival**. 2. [en termes de commerce] *Il cherche à éliminer tous ses concurrents* : **rival**.

◇ **concurrence** 1. V. ÉMULATION et RIVALITÉ. 2. *Des prix sans concurrence, défiant toute concurrence* : [plus fam.] **imbattable**.

◇ **concurrentiel** : **compétitif**.

concussion On accuse un fonctionnaire de *concussion* quand il détourne à son profit des sommes qui ne lui sont pas dues ◆ [plus génér.] **forfaiture**, **prévarication** ◆ **exaction**, ↑ **extorsion**, [plus fam.] **brigandage** (qui se disent quand on exige de qqn des sommes qu'il ne vous doit pas ou ne vous doit plus) ; toutes ces **malversations** sont des faits de **corruption*** ◆ **déprédation** (qui s'emploie parfois aussi en ce sens, mais en parlant de l'objet du délit : *la concussion d'un fonctionnaire ; la déprédation des biens de l'État due aux malversations d'un fonctionnaire*) ; → TRAHISON.

condamnable V. blâmable.

condamnation V. condamner.

condamné 1. V. REPRIS DE JUSTICE. 2. [en parlant d'un malade] *Le médecin ne nous a pas caché la vérité : Pierre est condamné* : **perdu** ◆ [fam.] **fichu** ◆ [très fam.] **foutu** ; → INCURABLE, MOURIR.

condamner 1. [~ qqn] *Condamner un criminel,* c'est le **frapper** d'une condamnation, d'une peine. 2. [~ qqn à] *Nous voici condamnés à supporter les conséquences de sa sottise* : **contraindre de**, **forcer à**, **obliger à**. *Condamner à un travail* : **astreindre, contraindre, vouer** ; → ACCULER. 3. [~ les actes, la conduite de qqn] *Je condamne sa faiblesse comme je condamne ta témérité* : ↑ **réprouver**, ↑ **maudire*** ; → CRITIQUER, STIGMATISER, DÉSAPPROUVER. 4. [~ qqch] *La loi condamne l'inceste* : [par méton.] **interdire** ◆ [didact.] **prohiber** ; → PUNIR, DÉFENDRE II. 5. [~ qqch] *Condamner une porte* : V. FERMER et MURER.

◇ **condamnation** 1. V. SANCTION. 2. *De tels propos ne peuvent qu'encourir notre condamnation* : **blâme** ◆ ↓ **désaveu**, **réprobation**, **désapprobation** ◆ ↑ **anathème**. *La condamnation de l'inceste* : **interdit**, **prohibition** ; → DÉFENDRE II.

condensation V. vapeur.

condensé V. abrégé, concentré.

condenser V. abréger, resserrer.

condescendance V. complaisance, supériorité.

condescendant V. complaisant, protecteur (*in* protéger), supérieur I.

condescendre V. s'abaisser à II.

condiment V. assaisonnement.

condisciple V. compagnon.

condition

I 1. *Condition sociale* : V. POSITION, SITUATION II, QUALITÉ et RANG II. 2. *Car telle est notre condition : nous sommes mortels* : **destinée, sort***. 3. *Mettre en condition physique* : **forme** ; → CONDITIONNER, SE DISPOSER À.

II 1. [pl.] *Les conditions d'un contrat* : [didact.] **clause**, **disposition**, **modalité** ; → BASE. 2. [pl.] *Je veux acheter : quelles sont vos conditions ?* : **exigences**, **prétentions** ; [plus cour., au sing.] **prix**. 3. [pl.] *Les conditions météo* : [sing.] **situation**. *Les conditions économiques* : [sing.] **conjoncture**. *Le sommeil est la condition de votre santé* : ↑ **clef, secret** ◆ [partic.] **passage* obligé** (= situation par laquelle il faut passer : *un ministère est le passage obligé pour l'accès à la Présidence*). 4. *Dans ces conditions* : V. ALORS. *À la condition que, à condition de* : V. SI. *Je ne vous donne ces prix que sous condition* : **sous réserve**.

conditionnement V. emballage (*in* emballer I), présentation (*in* présenter).

conditionner

I 1. [qqch ~ qqch] *L'entraînement qu'il suivra conditionnera sa réussite* : [le plus souvent au passif] **commander**. *Sa réussite est conditionnée par l'entraînement qu'il suivra* : **dépendre de**. 2. [qqch ~ qqn, l'attitude de qqn]. *Il est conditionné par l'éducation qu'il a reçue* : ↑ **emprisonner**, ↑ **aliéner**. 3. [qqn ~ qqn] *C'est un système politique où l'on cherche à vous conditionner* : **mettre en condition** ◆ ↑ **laver le cerveau, aliéner**.

II V. EMBALLER I.

condom V. préservatif.

conducteur 1. Un conducteur de travaux est un **contremaître**. 2. *C'est un excellent conducteur* : **pilote** (qui se dit pour une voiture rapide) ◆ **chauffeur** (qui se dit pour un bus, un camion ou une voiture ordinaire) ◆ **chauffard** (= mauvais conducteur).

conduire **1.** *Nous vous conduirons à la gare* : V. ACCOMPAGNER, MENER et AMENER. *Il a été conduit par son instinct* : V. GUIDER. **2.** [~ qqn à faire qqch] V. AMENER. *C'est l'intérêt qui le conduit* : V. AGIR I. *Il a été conduit au suicide* : **acculer**, **réduire**. *C'est l'amour qui l'a conduit* : **animer**, **pousser**. **3.** [~ qqn, qqch] *Il conduit une administration* : V. DIRIGER I. *Il conduit une voiture* : V. DIRIGER II. *Conduire ses troupes au combat* : **mener***, **emmener**. **4.** [~ à] *Ce chemin conduit à la mer* : V. ABOUTIR, ACHEMINER et ALLER I. *Où cela va-t-il nous conduire ?* : **mener**, **entraîner** ; → DÉBOUCHER.

◇ **se conduire** **1.** V. AGIR I. **2.** *Cette voiture se conduit bien* : V. SE MANIER.

conduite

I *Une conduite d'eau, la conduite est bouchée* : [très génér.] **tuyauterie** ◆ **conduit** (qui se dit plutôt d'un **canal** étroit), **conduite** (qui se dit d'une **canalisation** importante) ◆ [partic.] **collecteur** (= conduites principales d'un égout), **pipeline**, **oléoduc** (= conduite de pétrole) ; → TUYAU.

II *Votre conduite est vraiment surprenante* : **attitude**, **comportement** ◆ [pl.] **façons**, **manières** ; → AGISSEMENTS. *Écart de conduite* : V. ÉQUIPÉE.

III *Je vous laisse la conduite des opérations* : **direction** ; → ADMINISTRATION et SOIN I.

confection V. composition (*in* composer I).

confectionner V. composer.

confédération V. association (*in* associer), fédération.

conférence **1.** *Assisterez-vous à la conférence des présidents ?* : **assemblée** ; → RÉUNION, RENCONTRE. **2.** *Le sujet de la conférence était : « Les causes de la Seconde Guerre mondiale »* : ↓ **causerie** (= conférence sans prétention). Dans certaines universités, *conférence* peut être syn. de **cours** ; → DISCOURS, LEÇON, SERMON.

conférencier V. orateur.

conférer

I *On vient de lui conférer le grade de chevalier de la Légion d'honneur* (qui s'emploie surtout pour un grade, une charge) : **décerner** (qui s'emploie davantage en parlant d'une récompense : *décerner une médaille à qqn*) ◆ [plus génér.] **attribuer**, **donner**.

II V. PARLER.

confesse (à) V. confession.

confesser **1.** V. accorder II, avouer, convenir II. **2.** V. confession.

confesseur Un **directeur de conscience**, plus couramment appelé aujourd'hui **directeur spirituel**, est le confesseur habituel de qqn.

confession **1.** La confession est l'**aveu des péchés** dans la religion catholique. Cette démarche aboutit au **sacrement de pénitence**, appelé aujourd'hui **sacrement de réconciliation**, par lequel est accordé au nom de Dieu le **pardon des péchés**. La confession suppose qu'on aille **se confesser**, [fam., vieilli] **à confesse**. **2.** V. RELIGION et COMMUNION. **3.** Ce terme est parfois employé comme syn. d'**aveux**. L'**autocritique** suppose une démarche plus intellectuelle : *la confession, les aveux d'un condamné ; l'autocritique d'un homme politique*.

confiance, confiant V. confier I.

confidence [de confier II] S'emploie parallèlement à secret dans des express. comme : *il ne vient pas me faire ses confidences, me dire ses secrets* : V. AVEU et RÉVÉLATION.

◇ **en confidence** *Je vous le dis en confidence* : **confidentiellement** ◆ ↑ **en secret, sous le sceau du secret**.

confidentiel V. secret I.

confidentiellement V. secrètement (*in* secret I), confidence (*in* confier II).

confier

I **1.** *Je vous confie ces documents* : [plus génér.] **remettre** (qui n'implique pas comme *confier* l'idée de bons soins, de garde). **2.** *Elle confie ses enfants à une gardienne chaque soir* : **donner en garde, laisser à la garde de**. **3.** V. DÉLÉGUER.

◇ **confiance** **1.** *Ce skieur manque de confiance* : ↓ **assurance** ◆ ↑ **hardiesse** ; → OPTIMISME. *Confiance excessive en soi* : V. ORGUEIL. *Confiance excessive envers les autres* : **crédulité** ; → CANDEUR. *La confiance en Dieu* : **foi** (ces deux termes étant employés aussi dans la relation d'amour : *je lui ai donné ma confiance, ma foi*) ; → ESPÉRANCE. **2.** *C'est une personne de confiance* : **sûr** ; → COMPTER II. *En confiance* : V. ABANDON II, SÉCURITÉ et ŒIL I. *Avoir confiance* : V. CROIRE. *Donner confiance* : V. INSPIRER II.

◇ **confiant** *Il est beaucoup trop confiant !* (= confiance en soi) : **assuré, sûr de soi** ; → HARDI, IMPRUDENT. *C'est un être généreux et très confiant* (= confiance envers les autres) : **ouvert** ◆ [péj.] **crédule, naïf** ; → CANDIDE.

II *Il m'a confié son secret ; il m'a confié qu'il ne l'épouserait pas* : [très génér.] **dire** ◆ [assez fam.] **glisser à l'oreille** ◆ ↓ **faire part de** (qui implique moins l'idée de secret) ◆ ↑ **livrer**.

◇ **se confier à qqn** *C'est à sa mère qu'il s'est finalement confié* (= faire part à qqn de ses idées, de ses sentiments les plus personnels) : [toujours absolt] **s'épancher** (*il avait besoin de s'épancher*) ◆ **s'ouvrir** (*c'est à sa mère qu'il s'est ouvert de son inquiétude*) ◆ [fam.] **se déboutonner, se déballonner, vider son sac, dire ce qu'on a sur le cœur**.

configuration V. forme.

confiner

I *Pourquoi l'a-t-il confiné dans cet hospice ?* : **reléguer**. (Employés avec un maximum de précision, le premier verbe évoque surtout une exiguïté pénible à supporter, le second, la volonté que l'on a d'écarter qqn.)

◇ **se confiner dans** V. S'ENFERMER.

◇ **confiné** *Air confiné* : [cour., mais moins propre en ce contexte] **renfermé** (qui s'emploie souvent substantivement : *cette chambre sent le renfermé*).

II *Son attitude confine au grotesque* : **côtoyer, friser** (qui s'emploient sans préposition : *son attitude frise le grotesque*) ; → TOUCHER I.

confins V. frontière.

confirmer **1.** [~ qqn dans] *Ses récents propos me confirment dans mon scepticisme* : [rare] **fortifier** ◆ **renforcer** (*ses récents propos renforcent mon scepticisme*) ; → ENCOURAGER. *On l'a confirmé dans son poste* : V. MAINTENIR. **2.** [~ qqch, que] *Je vous confirme l'exactitude de ce fait* : **donner confirmation de** ◆ ↑ **certifier, garantir**. *Sa fuite confirme nos soupçons* : **corroborer**. **3.** *Confirmer un acte officiellement* : [selon les contextes] **attester, homologuer, légaliser*, valider*** ; → SANCTIONNER. **4.** [qqch ~ que] *Il est en voie de guérison, ce qui confirme que le diagnostic du spécialiste était judicieux* : **attester, démontrer, prouver** ◆ [très génér.] **montrer*** ; → VÉRIFIER.

◇ **confirmation** **1.** *La suite des événements n'a été qu'une confirmation de mes dires* : **vérification** ; → PREUVE. **2.** [de confirmer 3] : **attestation, homologation, légalisation, validation**.

confiscation V. saisie (*in* saisir II).

confiserie V. friandise.

confisquer V. retirer, saisir II.

conflagration V. embrasement, guerre.

conflit **1.** V. contestation (*in* contester), désaccord (*in* accord I), litige, lutte, friction II, opposition (*in* opposer), tiraillement (*in* tirer I). **2.** V. guerre.

confluent V. jonction.

confluer V. se réunir.

confondant V. accablant (*in* accabler I).

confondre **1.** V. assimiler, mélanger (*in* mélange), mêler, prendre* pour. **2.** V. accabler, démasquer, arracher le masque*.

confondu V. déconcerter.

conformation V. forme.

conforme **1.** *Une copie certifiée conforme* : **exact*** ; → SEMBLABLE. **2.** *Elle menait une vie conforme à ses désirs* : [moins approprié à ce contexte] **adapté, assorti** ; → APPROPRIÉ, LOGIQUE (*suite logique*).

◇ **conformer** *L'idéal serait de conformer ses désirs à ses possibilités* : **accorder, adapter** ; → ACCOMMODER, RÉGLER I.

◇ **se conformer** *Vous vous conformerez strictement à l'ordonnance du médecin* : **respecter, suivre** ; → OBÉIR.

◇ **conformiste** **1.** [adj.] *Il obéissait aux règles de la morale la plus conformiste* : **traditionaliste** ; → BOURGEOIS, ORTHODOXE. *Un style conformiste* : **académique**. **2.** [n.] *Il hait les conformistes* : [péj.] **bien-pensant** (qui s'emploie en matière de morale et de religion) ; → INTÉGRISTE.

◇ **non-conformiste** *Des idées non-conformistes* : **indépendant, individualiste** (qui marquent moins une opposition aux normes culturelles en cours) ; → AVANCÉ, BIZARRE.

◇ **conformisme** : **traditionalisme, académisme** ◆ **orthodoxie** (qui n'est pas forcément péj.) ; → INTÉGRISME.

conformément à V. selon.

conformité V. accommoder I, analogie.

confort V. aise, commodité (*in* commode II).

confortable V. aisé.

confortablement V. aise, commodément (*in* commode II).

confrère V. collègue.

confrérie V. association (*in* associer), communauté.

confrontation V. comparaison (*in* comparer).

confronter V. comparer.

confus

I *Son discours était très confus* : V. ABSTRAIT, VAGUE II, BROUILLON, COMPLIQUÉ et NÉBULEUX.

◇ **confusion** **1.** *Le communiqué du chef de l'État a semé la confusion dans la population* : **trouble** ◆ ↑ **chaos** ; → ANARCHIE, MÊLÉE, DÉSORDRE ◆ **désarroi** (qui s'emploie surtout en parlant des idées ou des sentiments) ◆ [fam.] **embrouillamini**. **2.** V. ERREUR.

II **1.** *Elle était confuse de se sentir ainsi soupçonnée* : ↓ **embarrassé, gêné** ◆ ↑ **honteux*** ; → SOT. **2.** [formule de politesse] *Je suis confus de ce qui vous arrive* : **désolé, ennuyé** ◆ [sout.] **navré**.

◇ **confusion** *Il était rouge de confusion* : V. EMBARRAS et TROUBLE II.

confusément V. obscurément (*in* obscur), vaguement.

confusion V. confus I et II.

congé **1.** *Quand prenez-vous vos congés ?* : **vacances**. **2.** *Donner congé* : V. CONGÉDIER. *Prendre congé* : **faire ses adieux, dire au revoir** ; → QUITTER.

◇ **congédier** **1.** *Il eut bien du mal, vers 3 heures du matin, à congédier ses derniers invités* : **renvoyer** ◆ [fam.] **expédier** ◆ ↑ **chasser*** ◆ [fam.] ↑ **envoyer paître**, [très fam.] **envoyer dinguer**, [sout.] **éconduire** (qui impliquent un renvoi brutal). **2.** *Le directeur a congédié deux de ses employés* : **donner son congé à, son compte à** ◆ [par euph.] **remercier** ◆ [plus cour.] **renvoyer, licencier, débaucher** ◆ ↑ **chasser, mettre à la porte, se défaire de** ◆ [fam.] ↑ **flanquer, ficher**, [très fam.] **foutre à la porte, dehors** ◆ [fam.] ↑ **balancer, débarquer, balayer, sacquer** ; → COUPER II, DESTITUER, FAIRE VALSER.

congédier V. congé.

congeler (se) *L'eau se congèle à 0 °C* : **geler** ; → RÉFRIGÉRER, SE COAGULER.

congénère *Oh ! vous et vos congénères, vous me dégoûtez !* [péj.] : **pareil, semblable**.

congénital V. inné.

congestion V. attaque, hémorragie.

congestionné V. rouge.

congestionner V. embouteiller.

congratuler V. féliciter.

congrégation V. association (*in* associer), communauté.

congrès V. colloque, réunion (*in* réunir).

conifère V. résineux.

conjecture V. supposition (*in* supposer), probabilité (*in* probable).

conjecturer V. augurer.

conjoint V. époux.

conjointement V. ensemble.

conjonction V. réunion.

conjoncture V. situation II, condition II.

conjugal *Union conjugale* : V. mariage.

conjungo V. mariage.

conjuration **1.** V. exorcisme (*in* exorciser). **2.** V. complot.

conjuré V. comploteur.

conjurer **1.** V. exorciser. **2.** V. prier II, supplier.

connaissance
I **1.** *La connaissance de qqch* peut se fonder, selon les cas, sur la **conscience**, l'**intuition**, l'**intelligence** et la **compréhension** des êtres et des choses. **2.** *Il est impossible à un seul individu d'avoir accès à toutes les branches de la connaissance contemporaine* : **savoir***, **science** ◆ **encyclopédie** (= ensemble des connaissances universelles). *Faire étalage de ses connaissances* [pl.] : [sing.] **savoir**, **science**. **3.** [pl.] *Il a des connaissances sur ce sujet* : ↓**notion** ; → BAGAGE. De qqn qui a beaucoup de connaissances, on dit qu'il a des **connaissances encyclopédiques**, que c'est une **encyclopédie vivante**. *Avez-vous quelques connaissances là-dessus ?* : **clarté**, **lumière**. **4.** *Avoir connaissance de* : **savoir**. *Avoir sa connaissance* : **lucidité**. *Perdre connaissance* : **s'évanouir** ◆ **perdre conscience**. *Reprendre connaissance* : [plus rare] **retrouver ses esprits** ; → SENS I. *Sans connaissance* : **inconscient**, **évanoui**. *En connaissance de cause* : V. SCIEMMENT, À BON ESCIENT et SAVAMMENT.
II **1.** *J'y avais rencontré quelques connaissances* : V. AMI. **2.** *Faire connaissance* : V. CONNAÎTRE.

connaisseur V. amateur, compétent.

connaître **1.** [~ qqch] *C'est qqn qui connaît son métier et qui connaît la vie* : **savoir*** (qui s'emploie parfois en ce sens, mais pas dans tous les contextes : *savoir son métier*, mais seulement : *connaître la vie*) ◆ **avoir de l'expérience**, **avoir l'expérience de qqch** (qui suppose à la fois une connaissance et une pratique) ; → COMPÉTENT, POSSÉDER. **2.** [~ qqch] *Nous avons connu un été magnifique* [sout.] : **bénéficier de**, **jouir de** ◆ [génér.] **avoir** ; → VOIR. **3.** [~ qqn] *Nous nous sommes connus à Saint-Malo* : **se rencontrer**, **faire connaissance**. *Ne le jugez pas avant de le connaître !* : [plus partic.] **rencontrer**, **fréquenter**. **4.** *Faire connaître* : V. FAIRE SAVOIR*, FAIRE PART* DE et MANIFESTER.
◇ **s'y connaître** *Pour ce qui est de la pêche, il s'y connaît !* : [sout.] **s'entendre à** ◆ ↑**c'est un expert**, **spécialiste** ◆ [fam.] **c'est dans ses cordes** ; → COMPÉTENT.
◇ **connu** **1.** [qqch est ~] *Sa gentillesse est connue !* : ↑**célèbre**, **proverbial** ◆ [sout.] **notoire** ◆ [fam.] **archiconnu** ; → ÉVENTÉ, RÉPANDU, RÉPUTÉ, SE SAVOIR. **2.** [qqn est ~] V. RÉPUTÉ. **3.** [qqn est ~] V. FAMILIER.

connecter (se) V. se raccorder.

connerie V. bêtise.

connexion V. liaison II.

connivence V. accord I, mèche I.

connu V. connaître.

conquérir **1.** [~ qqch] *Conquérir un pays* : V. SOUMETTRE et VAINCRE. **2.** [qqch ~ qqn] *Sa gentillesse nous a conquis* : ↓**séduire** ◆ ↑**fasciner**, ↑**subjuguer** (qui ne se disent que de ce qui est si puissant, si étonnant que nous en perdons tout contrôle rationnel sur nous-même : *le talent du chef d'orchestre les fascinait, les subjuguait*) ; → APPRIVOISER, CHARMER, PLAIRE. **3.** [qqn ~ qqn] *Il ne savait plus lui-même combien de femmes il avait conquises* : **séduire** (qui, en ce sens, peut être péj. et impliquer l'idée de tromperie ou d'agissements contraires à la morale). Dans tous ses emplois, *conquérir* est un verbe défectif : on lui substituera, dans ses formes inusitées, par ex. l'imparfait, soit ses syn., soit plus généralement la périphrase **faire la conquête de** ; → APPRIVOISER, CHARMER, PLAIRE. **4.** *Conquérir l'attention* : **captiver** ; → CAPTER.

◇ **conquête** **1.** *La conquête de la ville leur assure la victoire* : **prise** ; → ENLÈVEMENT. *Partir à la conquête de qqch* : ↑ **assaut**. **2.** *Faire la conquête de qqn* : **séduire** ; → CONQUÉRIR. *Sa conquête n'avait pas été facile !* : ↓ **apprivoisement**. **3.** *Voici l'une de ses nombreuses conquêtes !* : [par plais.] **victime** ◆ [moins express.] **liaison** ; → AMANT.

conquêt V. bien II.

conquête V. conquérir.

consacré **1.** V. saint. **2.** V. habituel.

consacrer **1.** *Consacrer une église* : ↓ **bénir**. *Consacrer un prêtre* : **ordonner**. *Consacrer un évêque* : **sacrer**. *Les Romains avaient consacré ce temple à Jupiter* : **dédier** ; → INAUGURER. **2.** *Consacrer sa vie à Dieu* : **vouer**. *Il a consacré sa vie à la médecine* : **vouer** (le complément implique une idée de grandeur, de noblesse propre à une cause que l'on défend) ; → SACRIFIER. **3.** *Il a consacré son samedi à courir les magasins* : **employer** ◆ [moins sout.] **passer** (le complément renvoie à l'idée d'un simple passe-temps ou d'une activité très ordinaire) ; → SE LIVRER III, S'EMPLOYER. **4.** V. AFFECTER. **5.** V. SANCTIONNER.

◇ **se consacrer à** V. S'ADONNER.

consanguinité *Ils sont unis par des liens de consanguinité* (= liens qui unissent les enfants d'un même père) : [plus cour.] **les liens du sang** ◆ [plus génér.] **parenté**.

conscience

I [conscience psychologique] **1.** *Perdre conscience* : V. CONNAISSANCE I. **2.** *Prendre, avoir conscience de* : **s'apercevoir de, se rendre compte de** ; → SENTIMENT I, COMPRENDRE II. **3.** *Faire prendre conscience* : [partic.] **conscientiser**.

◇ **conscient** **1.** *La situation exige des hommes conscients* : **responsable, lucide** (qui s'emploient toujours sans compl., *conscient* en exige au contraire un le plus souvent : *conscients de leurs responsabilités*). **2.** *Elle est très consciente de sa beauté* : **connaître** (*elle connaît très bien...*).

◇ **consciemment** [cour.] **sciemment, en connaissance de cause** ; → DÉLIBÉRÉMENT.

II [conscience morale] **1.** *Avoir de la conscience* : **être honnête, avoir du sens moral**. *En conscience* : **honnêtement**. **2.** *Il met beaucoup de conscience à faire son travail* : **consciencieusement** (*il fait son travail consciencieusement*). **3.** *Il lui a dit tout ce qu'il avait sur la conscience* : **sur le cœur** ◆ **toute la vérité** ◆ **il ne lui a rien caché**. **4.** *Directeur de conscience* : V. CONFESSEUR.

◇ **consciencieux** *C'est un homme consciencieux : il ne donnera pas son avis à la légère !* : ↑ **scrupuleux**. *C'est un élève consciencieux* : **sérieux, travailleur** ◆ [péj.] **besogneux**. *C'est un ouvrier consciencieux* : **sérieux** ◆ **minutieux**, ↑ **méticuleux**, [péj.] **tatillon** (qui se disent de celui qui s'attarde au plus petit détail, parfois à l'excès) ; → FORMALISTE, EXACT, APPLIQUÉ, HONNÊTE, SOIGNÉ.

conscrit V. novice.

consécration V. triomphe.

consécutif *Il a plu pendant cinq jours consécutifs* : **consécutivement, sans interruption** ◆ [plus cour.] **de suite, à la file**.

◇ **consécutif à** *Le chagrin qu'il éprouve est consécutif à la mort de sa mère* : **faire suite à, être en relation avec** ; → RÉSULTER DE.

conseil **1.** V. avertissement, suggestion (*in* suggérer), recommandation*, inspiration* (*in* inspirer II). **2.** V. défenseur (*in* défendre I), conseiller* I. **3.** V. tribunal.

conseiller

I [n.] *C'est lui qui a été mon conseiller dans toute cette affaire, et ses avis m'ont été très précieux* : **conseil** (qui s'emploie souvent en composition : *avocat-, ingénieur-conseil*) ◆ **guide** (celui qui conduit qqn dans les affaires en partic., dans la vie en général) ◆ ↑ **inspirateur** (celui qui dirige, qui fait naître une doctrine, une pensée) ◆ [sout. ; par allusion litt. à *l'Odyssée*] **mentor** (= conseiller sage et expérimenté) ◆ [sout. ; par allusion au nom de la nymphe qui aurait conseillé le roi Numa Pompilius] **égérie** (= conseillère d'un homme célèbre, homme politique ou artiste).

II [v.] V. RECOMMANDER, GUIDER, PRÊCHER, SUGGÉRER et INFLUENCER.

consentement V. approbation (*in* approuver).

consentir 1. [~ à + qqch, à + inf.] *Ils ont consenti à la venue d'une délégation étrangère, à venir nous voir* : [plus cour.] **accepter** (qui se construit avec un objet direct ou *de* + inf. : *accepter la venue..., accepter de venir*) ◆ [rare] **acquiescer à** ◆ **souscrire à** (qui implique l'idée d'un acte officiel. Ces deux termes n'admettent pas de complément à l'inf.) ; → ACCÉDER II, ÊTRE D'ACCORD, SE PRÊTER À, VOULOIR, ADHÉRER II, APPROUVER, ADMETTRE II. 2. [~ qqch à qqn] *L'entreprise lui a consenti de gros avantages en nature* (= accepter de donner) : V. CONCÉDER.

conséquence 1. *Êtes-vous conscient des conséquences de vos actes ?* : **effet***, [sing.] **portée*** ◆ [plus imagé] **retentissement**, **retombées** ; → BILAN, IMPORTANCE, SANS LENDEMAIN*, RÉSULTANTE, SUITE. *Avoir des conséquences* : V. OCCASIONNER. *Subir les conséquences* : V. INCONVÉNIENT. 2. *De conséquence* : V. D'IMPORTANCE. 3. *En conséquence* : [plus cour.] **par conséquent** ; → AINSI I. 4. Conséquence nécessaire et évidente : **corollaire** (qui a le sens partic. en mathématiques de proposition qui se déduit immédiatement d'une proposition déjà démontrée) ◆ **suite logique**.

conséquent V. important (*in* importer), respectable.

conservateur V. modéré (*in* modérer), réactionnaire, retardataire.

conservation V. maintien (*in* maintenir), garde (*in* garder I).

conservatisme V. réaction.

conservatoire V. école.

conserve (de) V. ensemble I, temps I.

conserver 1. *Où conservons-nous ces fruits ?* : **stocker** (qui se dit de marchandises en quantité importante, et n'implique pas la notion de périssable). *Comment conserver sa jeunesse ?* : **entretenir***, **garder**, **maintenir**, **préserver** ◆ ↑ **sauvegarder**. 2. *Il faudrait que nous conservions un peu d'argent pour le voyage* : **garder**, **réserver**, **mettre de côté**.

◇ **se conserver** V. SUBSISTER.

considérable V. grand, large, remarquable (*in* remarquer), important.

considérablement V. beaucoup.

considération 1. V. observation I. 2. V. égard II, réputation, respect, estime, vénération (*in* vénérable). *Prendre en considération* : V. prendre en compte*.

considérer 1. V. regarder, songer. 2. V. estimer I, tenir I.

◇ **se considérer** V. se tenir IV.

consigne 1. V. instruction, ordre II. 2. V. colle II, retenue I.

consigner 1. V. noter. 2. V. retenir.

consistant 1. *Ce liquide est un peu trop consistant* : **épais**, **visqueux**. 2. *Elle nous a servi un repas consistant* : **solide**, **substantiel*** (qui insistent sur la qualité nutritive du repas) ◆ **copieux** (qui insiste davantage sur son abondance). *Un argument consistant* : **solide**.

◇ **consistance** 1. V. ÉPAISSEUR. 2. *Sans consistance. Un esprit sans consistance* : **irrésolu**. *Une nouvelle sans consistance* : **sans fondement**. *Il restait là, sans consistance* : **sans force**.

consister V. résider.

consolant, consolateur V. consoler.

consolation V. compensation (*in* compenser), réconfort.

console V. terminal* d'ordinateur.

consoler *Vous êtes la seule à pouvoir la consoler* : ↑ **réconforter** (qui implique non seulement l'apaisement, mais encore le retour des forces physiques et morales) ◆ [fam.] **remonter**, [fam.] **mettre du baume au cœur de qqn** ; → APAISER, RASSURER.

◇ **se consoler** *Il a perdu un enfant et ne s'en console pas* : [fam.] **se remettre** ◆ ↑ **être inconsolable**.

◇ **consolant** [de consoler] : **réconfortant** ◆ [plus rare] **consolateur** (*des paroles consolantes, consolatrices*) ◆ [plus génér.] **apaisant**.

consolidation V. réparation (*in* réparer).

consolider Rendre plus solide. *Consolider un mur* : ↑ **fortifier** ◆ **étayer** (= soutenir à l'aide d'étais) ; → SOUTENIR. *Consolider les moyens de défense d'une ville ; consolider une position* : **affermir***, **renforcer** ; → ASSURER II et RAFFERMIR.

consommé **1.** V. accompli. **2.** V. bouillon.

consommer

I **1.** Les puristes dénoncent l'assimilation de *consommer* et de **consumer**, ces deux termes étant souvent pris l'un pour l'autre dans l'usage cour. (*une cheminée qui consomme, consume beaucoup de bois* est un ex. souvent cité). Notons que, dans la langue soignée, *consommer* signifie : « utiliser pour vivre ou pour faire fonctionner qqch » (*on consomme du bois pour se chauffer*), et *consumer* : « détruire », abstraction faite de toute idée de l'utilité de cette destruction (*tout le bois a été consumé*). Remarquons surtout que *consommer* est un verbe employé dans divers contextes (v. sens 2), alors que *consumer* ne s'emploie plus guère qu'en parlant des combustibles (*consumer du bois, c'est le détruire complètement par combustion*). **2.** [partic.] *Consommer des aliments* [assez sout.] : [cour.] **manger** (qui s'emploie pour les aliments solides) ◆ **boire** (qui s'emploie pour les liquides). *C'est une voiture qui consomme énormément* : [fam., par métaph.] **manger**, **sucer**.

II V. FINIR, ACCOMPLIR et ÉPUISER.

◇ **consommateur** *Le droit des consommateurs* : [plus restreint] **acheteur**, **client** ◆ **usager** (= celui qui use des services).

consommation

I **1.** *Faire consommation de* : **consommer**. **2.** *Qui va régler les consommations ?* : [plus génér.] **boisson***.

II **1.** *La consommation d'un forfait* : **accomplissement**, **perpétration**. **2.** *La consommation d'un mariage* : **union charnelle**. **3.** *Jusqu'à la consommation des siècles* : **fin**.

consomption V. amaigrissement.

consonance V. sonorité.

consortium V. société II.

conspirateur V. comploteur (*in* complot).

conspiration V. complot.

conspirer V. comploter (*in* complot).

conspuer V. accueillir, huer, manifester, siffler.

constant **1.** *C'est un homme constant dans ses résolutions* [sout.] : [cour.] **persévérant**, ↑ **obstiné**, ↑ **opiniâtre**. **2.** *Il y a dans cette rue une circulation constante* : **incessant**, **permanent**, **continuel** ◆ [plus partic.] **régulier** ; → PERPÉTUEL. *Une attention constante* : V. SOUTENU. *Une vitesse constante* : V. UNIFORME.

◇ **constance** **1.** [de constant 1] *Travailler avec constance* : **persévérance**, ↑ **obstination**, ↑ **opiniâtreté**. **2.** [de constant 2] *Vous aurez remarqué la constance du phénomène* (= qualité de ce qui est durable) : **permanence** ◆ **régularité** (= caractère de ce qui se répète de manière durable) ; → CONTINUITÉ. **3.** V. FIDÉLITÉ.

◇ **constamment** *Il me répète constamment les mêmes choses* : **sans cesse**, **perpétuellement** ◆ [fam.] **à tout bout de champ**, **tout le temps**. *Il change d'avis constamment* : [fam.] **comme de chemise** ; → SANS ARRÊT, TOUJOURS.

constat V. rapport I.

constatation V. observation.

constater *Vous constaterez avec moi le bon état de l'appareil* : **prendre acte**, **reconnaître** ◆ ↓ **noter** ; → ÉPROUVER, OBSERVER, VOIR, REMARQUER.

constellation **1.** V. étoile. **2.** *Une constellation de* : V. plein de.

constellé V. étoilé (*in* étoile).

consternation V. abattement.

consterné V. stupéfait, effondré.

consterner V. abattre II, attrister, stupéfier (*in* stupéfaction).

constipé V. raide.

constitué V. organique.

constituer **1.** *Nous allons constituer un dossier sur cette affaire* : **établir** ◆ [plus cour.] **rassembler**. **2.** *Ils ont constitué une société* : **créer**, **fonder**, **former** ◆ [assez fam.] **monter**, **mettre sur pied** ; → COMPOSER III. **3.** *Cela constitue de gros efforts* : V. REPRÉSENTER.
◇ **constitution** **1.** [de constituer 1] **établissement***. **2.** [de constituer 2] **création**, **formation**, **fondation**, **mise sur pied** ; → COMPOSITION, ÉDIFICATION, STRUCTURE. *C'est un homme de forte constitution* : V. NATURE.

constructeur Ce terme général peut désigner aussi bien l'**architecte**, **le maître d'œuvre** que l'**entrepreneur** s'il s'agit d'un bâtiment, l'**ingénieur** s'il s'agit de mécanique ◆ **bâtisseur** ne s'emploie que pour des bâtiments d'importance (*les bâtisseurs de cathédrales*) ◆ **urbaniste** désigne l'architecte spécialisé dans les réalisations urbaines.

constructif V. positif III.

construction V. bâtiment (*in* bâtir), édification.

construire **1.** V. bâtir, élever I. **2.** V. former.

consul V. diplomate, représentant (*in* représenter).

consulter **1.** [~ qqn] *Nous l'avons consulté pour lui demander son avis* : [plus génér.] **interroger** (qui ne s'emploie pas dans les sens techn. de *consulter* : *consulter un médecin* ; pour ces derniers, on emploie parfois **prendre conseil auprès de**) ; → VOIR. *Consulter l'opinion* : **sonder**. **2.** [~ qqch] *Vous devriez consulter l'annuaire : l'adresse que vous cherchez y figure peut-être* : [moins précis] **examiner**, **feuilleter** ◆ ↑ **dépouiller** ◆ [rare] **compulser** (qui se dit surtout d'un traité, d'un ouvrage didactique) ; → REGARDER. **3.** *Il ne faut consulter que sa conscience* : **suivre**, **écouter**.
◇ **consultation** **1.** Une consultation d'opinion peut être un simple **sondage** ou une **enquête** s'il s'agit d'un échantillon restreint ◆ un **vote** s'il s'agit de l'ensemble : on parle alors d'une **consultation électorale**. En partic., le **référendum** consiste à se prononcer sur une mesure proposée par le pouvoir exécutif. **2.** *La consultation du médecin se tient à son cabinet*, contrairement à la **visite**. **3.** *La consultation d'un ouvrage* : **examen**.

consumer **1.** V. brûler, consommer. **2.** V. miner.

contact **1.** *Sa peau était comme électrisée : un simple contact le faisait frémir* : **effleurement** ◆ [rare] **attouchement** (qui ne se dit que de l'action de toucher avec les doigts) ; → TOUCHER, CARESSE. **2.** *Il a gardé des contacts avec ses anciens camarades de faculté* : **rapport**, **relation** (*rester en relation*) ; → EN LIAISON*. **3.** *Vous prendrez contact avec lui* : **entrer en relation**, **se mettre en rapport** ; → PRENDRE LANGUE*. *En contact direct* : V. PRISE II. *Au contact de ce professeur, il s'est mis à aimer l'anglais* : **sous l'influence de**.
◇ **contacter** *Êtes-vous parvenu à le contacter ?* : **atteindre**, **toucher** ◆ **joindre** ; → RENCONTRER, APPELER I.

contagieux V. épidémie (*in* épidémique), transmissible (*in* transmettre).

contagion *La grippe s'attrape par contagion* : **contamination** (qui est de sens plus large et désigne aussi la **transmission** de germes pathogènes dans un milieu non organique : *la contamination d'une rivière*) ; → PROPAGATION.

container V. conteneur.

contamination V. contagion.

contaminer V. infecter, transmettre.

conte **1.** Comme les **histoires**, les contes sont des **récits** d'imagination, mais qui mettent en œuvre des faits ou personnages propres à un peuple, à une tradition, à un auteur. Ils font partie du domaine de la **fiction**. **2.** *Qu'est-ce que ce conte-là ? Tu l'as inventé de toutes pièces !* [vieilli] : **chan-**

son, fable ◆ [cour.] **histoire** ◆ [fam.] **bobard, craque** ◆ **racontar, cancan, ragot** (qui impliquent l'idée de commérage malveillant) ; → CANULAR, LÉGENDE, MENSONGE.

contemplatif V. pensif.

contemplation V. extase, pensée II.

contempler V. regarder.

contemporain V. actuel, moderne.

contempteur V. critique.

contenance

I *À votre avis, quelle est la contenance de ce tonneau ?* : [plus didact.] **capacité** ◆ **jauge, tonnage** (qui se disent de la contenance d'un navire) ; → VOLUME II.

II 1. V. ALLURE et MAINTIEN. 2. *Perdre contenance* : **se décontenancer** ; → DÉCONCERTER.

conteneur est le terme recommandé, **container**, l'anglic. le plus souvent employé ; → EMBALLAGE.

contenir

I 1. *Cette valise contient tous mes trésors !* : **renfermer**. *Votre devoir contient trop d'erreurs* : **comporter, compter, comprendre** ◆ [sout.] **receler**. *La linguistique est contenue dans les sciences humaines* [rare] : **être englobé dans, être compris dans** ◆ [cour.] **faire partie de**. 2. *Combien de personnes cette salle peut-elle contenir ?* : [rare] **tenir** ◆ **recevoir**.

II *Contenir la foule, ses sentiments, une révolte* : V. ARRÊTER I, MAINTENIR, RÉPRIMER, ENDIGUER, REFOULER et RETENIR.

◇ **se contenir** V. SE MAÎTRISER et MODÉRER.

content 1. [suivi ou non d'un compl.] *C'est un homme qui est toujours content* : ↓ **satisfait** (qui implique l'idée d'un contentement relatif) ◆ ↑ **heureux** ; → GAI. 2. [suivi d'un compl. ou le supposant] *Alors, êtes-vous content ?* : **satisfait**. *Je suis content de vous voir* : **heureux**, ↑ **enchanté**, ↑ **ravi** ◆ [vieilli] **bien aise** ; → SE FÉLICITER. *Je suis content de vous !* : **satisfait** ; → FIER. 3. *Tout son content* : *Pierre a eu tout son content de grand air* : **soûl** ; → CONTENTER.

◇ **contentement** 1. *Le contentement des sens* : **satisfaction, assouvissement**. 2. V. JOIE, FIERTÉ et PLAISIR.

◇ **contenter** 1. [~ qqn] *Il a obtenu ce qu'il voulait : le voilà contenté* : **satisfaire** ◆ ↑ **combler** ; → RASSASIER. 2. [~ qqch] *Elle est insupportable, et vous ne parviendrez pas à contenter ses caprices* : **satisfaire, combler** ◆ **exaucer** (qui ne se dit qu'en parlant d'un vœu ou d'un souhait). *Contenter la faim, le désir sexuel* : **assouvir***, **satisfaire** ◆ ↓ **apaiser**.

◇ **se contenter de** 1. V. S'ACCOMMODER DE. 2. *Je me contenterai de vous faire quelques remarques* : **se borner à**.

contentieux V. litige.

contention V. effort.

contenu V. substance.

conter *Je vais vous conter une histoire* [vieilli] : [cour.] **raconter*** ◆ [sout.] **narrer**.

contestable V. contester.

contestataire V. contester, séditieux.

contestation V. contester.

conteste (sans) V. assurément.

contesté V. litigieux.

contester 1. Mettre en doute le droit ou les prétentions de qqn. *Je vous conteste le droit de m'assigner à résidence* : ↑ **dénier**, ↑ **récuser** (qui impliquent l'idée d'un refus catégorique, le second se disant surtout des personnes : *récuser un témoin*) ; → REFUSER, S'OPPOSER, CRITIQUER, CONTREDIRE. 2. *C'est un fait que je conteste* : ↓ **discuter** ; → NIER. 3. *Il faut toujours qu'il conteste !* : **argumenter, discuter** ◆ ↑ **chercher querelle** ; → CHICANER. De qqn qui conteste toujours en politique, on dit qu'il **fait de la contestation**, que c'est un **contestataire**.

◇ **contestation** [en termes de droit] *Il est en contestation avec son frère pour des questions d'héritage* : **litige, différend** ◆ ↑ **conflit** ◆ **démêlé** (qui évoque une affaire compliquée et s'emploie dans le contexte : *avoir un démêlé avec qqn*) ; → CHICANE, DISPUTE.

Faire de la contestation : **contester*** ; → CONTRADICTION.

◇ **contestable** [qqch est ~] *L'argumentation de la défense ne repose que sur des affirmations contestables* : **discutable**, **douteux**, **sujet à caution**, **mal fondé** ◆ ↑ **frauduleux**.

conteur V. narrateur (*in* narrer).

contexte V. situation II.

contexture V. composition.

contigu *Être contigu de* : V. toucher I, proche, voisin.

contiguïté V. proximité.

continence V. chasteté (*in* chaste).

continent **1.** V. chaste, tempérant (*in* tempérance). **2.** V. monde I.

contingent V. part I.

contingentement V. répartition.

continu V. continuer.

continuateur V. successeur (*in* succéder).

continuation, continuel V. continuer.

continuellement V. jour, du matin* au soir, toujours, sans relâche*.

continuer **1.** [~ qqch] *L'ennemi continue son travail de sape en inondant le pays de tracts mensongers* : **poursuivre** ◆ **perpétuer** (qui ne se dit que de qqch qui dure très longtemps : *perpétuer une tradition*) ; → MAINTENIR. **2.** [~ à, de + inf.] *Si tu continues à nous ennuyer, tu vas t'en repentir* : [sujet n. de pers.] ↑ **persister à**, **s'entêter à**, **s'obstiner à** (= continuer à faire qqch malgré l'opposition de qqn, qqch) ; → PERSÉVÉRER. [sujet n. de chose] *Le mal continue d'envahir son pauvre corps* : ↑ **ne cesser de** ; → ENCORE. **3.** [intr.] *La fête a continué jusqu'à l'aube* : **se poursuivre**, **se prolonger** (ces trois verbes valant aussi pour l'espace : *le chemin continue, se poursuit, se prolonge jusqu'à la route nationale*) ◆ **durer*** (qui se construit le plus souvent avec un adv. qui le précise : *la fête a continué, duré très longtemps*). **4.** [impers.] *Il continue de pleuvoir* : ↑ **ne cesser de** ◆ **sans arrêt** (*il pleut sans arrêt*) ; → ENCORE.

◇ **continu, continuel** Un bruit *continu* est un bruit que rien n'interrompt, alors qu'un bruit *continuel* est un bruit qui se répète sans cesse ; autrement dit, *continuel* peut impliquer l'idée d'interruption, contrairement à *continu*. Cette distinction relève de l'usage soutenu, les deux termes étant concurremment employés l'un pour l'autre. **1.** *Il aimait le bruit continu des moulins au bord de la rivière* : **ininterrompu**, **incessant** ◆ ↑ **persistant*** (= qui continue en dépit de tout) ; → PERMANENT, DURABLE, SUCCESSIF. **2.** *Ses absences continuelles l'agaçaient* : **incessant** ◆ [péj.] **chronique** ◆ ↓ **fréquent** (qui se dit d'événements qui arrivent souvent) ; → CONSTANT, SEMPITERNEL, PERPÉTUEL, ÉTERNEL.

◇ **continuation** **1.** *La continuation de la grève du métro paralyse la capitale* (fait de continuer qqch) : **poursuite**, **prolongation**. **2.** *Ces nouveaux symptômes ne sont que la continuation de sa terrible maladie* (= fait que qqch se continue) : **suite**, **prolongement**.

◇ **continuité** **1.** *La continuité de son effort est aujourd'hui récompensée !* : **persistance**, **permanence**, **constance**, **stabilité**. **2.** *Assurer la continuité de qqch* : **maintenir** ; → CONTINUER. **3.** *Solution de continuité* : V. RUPTURE.

contorsion **1.** *Les contorsions de la douleur* : ↑ **convulsion**. **2.** *Les contorsions du clown faisaient rire tout le monde* : ↓ **grimace** (qui ne se dit que du visage).

contour **1.** *Les contours d'une table, d'un livre* : **bord***, **bordure** ; → PÉRIPHÉRIE. *Les contours d'un corps humain* : **courbe**, **forme**, [parfois péj.] **rondeur** ; → COUPE I. *Les contours des seins* : **galbe** ; → TOUR II. **2.** *Les contours d'une rivière* : **méandre** ; *les contours d'une route* : ↑ **lacet** ; → VIRAGE.

◇ **contourner** **1.** V. ÉVITER. *Nous contournerons ce cap largement* : [terme de marine] **arrondir**. **2.** *Contourner la loi* : **tourner** ; → TRICHER.

contourné V. ampoulé.

contraception La contraception fait partie du **contrôle des naissances**. Le **planning familial** ([recomm. off.] **planisme familial**) est le contrôle des naissances, appliqué dans une famille.
◇ **contraceptif** Les principaux contraceptifs sont la **pilule*** et le **préservatif***. *Un produit contraceptif* : **anticonceptionnel**.

contracter
I 1. *Passant ses journées dans des bars malfamés, il avait contracté de mauvaises habitudes* [sout.] : [cour.] **prendre**. 2. *Contracter une maladie, un rhume* : [assez fam.] **attraper** ◆ [fam.] **ramasser**, **choper**.
II *Ce produit a pour effet de contracter les vaisseaux sanguins* : **resserrer**. *L'effort contracte les muscles* : **bander**, **raidir**, **tendre** ; → SERRER. *Contracter le volume de qqch* : V. DIMINUER.
◇ **contraction** *Il fut soudain pris de violentes contractions à l'estomac* : **crampe**, **spasme** ◆ **crispation** (qui s'emploie lorsque la contraction se manifeste par des rides : *la crispation des traits du visage*) ; → TENSION.
◇ **contracté** *À la veille d'un examen, on est souvent très contracté* : **tendu** ◆ ↑ **stressé** ; → ÉNERVÉ, INQUIET.

contradicteur, contradiction V. contredire.

contradictoire V. absurde I, opposé I (*in* opposer), contraire.

contraignant V. pénible.

contraindre *La situation nous contraint à abandonner* : [moins sout.] **forcer** ; → ACCULER, COMMANDER, CONDAMNER, OBLIGER I, RÉDUIRE.
◇ **se contraindre** *Quand on se contraint trop, le naturel résiste* [litt.] : [cour.] **se forcer** ◆ ↓ **se retenir**.

contraint V. embarrassé, figé (*in* figer).

contrainte 1. *S'il ne cède pas, il faudra user de la contrainte* : **force** ◆ ↑ **violence** ◆ **coercition** (qui implique un droit, un pouvoir permettant d'obliger qqn à faire son devoir et suppose une contrainte légale) ; → PRESSION, OBLIGATION. 2. *Vivre dans la contrainte* : ↑ **dans un carcan** ; → OPPRESSION, SUJÉTION, SERVITUDE. 3. *La contrainte se lisait sur son visage* : **embarras**, **gêne**.

contraire 1. [adj.] *Les experts nous ont donné des avis contraires !* : **opposé*** ◆ **contradictoire** (qui implique une affirmation antérieure, ce que n'implique pas forcément *contraire*) ; → INVERSE, DIFFÉRENT. 2. *Une activité contraire à la santé* : V. NUISIBLE. 3. [adj., en termes de marine] *Naviguer vent contraire* : **debout**. *Avoir des vents contraires* : **défavorable***. 4. [n.] *Quel est le contraire du mot noble ?* : [didact.] **antonyme**.
◇ **au contraire** *Vous ne me dérangez pas, au contraire !* : ↑ **bien au contraire** ◆ [plus fam.] **loin de là, tant s'en faut**. *Au contraire de ce qu'il affirme, nous viendrons !* : **à l'opposé de**, **contrairement à** ◆ [rare] **au rebours de** ◆ ↓ **à la différence de**.

contrariant V. désagréable, vexant (*in* vexer).

contrarié V. malheureux (*in* malheur).

contrarier 1. [~ qqch] *Le mauvais temps a contrarié nos projets* : **contrecarrer**, **faire obstacle à**, **entraver** ◆ ↓ **déranger**, **gêner** ◆ ↑ **détruire** ; → RÉSISTER, BÂTONS* DANS LES ROUES. 2. V. FÂCHER et NAVRER.

contrariété V. mécontentement, souci.

contraste V. désaccord.

contraster V. opposer, trancher III.

contrat V. accord I.

contravention Infraction entraînant une sanction de simple police : [fam.] **contredanse** ◆ **procès-verbal**, [abrév. cour.] **procès, P.-V.** (= constatation par l'autorité compétente, gendarme, garde champêtre, d'une infraction) ◆ **amende** (= peine pécuniaire en matière civile, pénale ou fiscale). Ces trois termes sont souvent pris l'un pour l'autre dans le langage cour. : V. TRANSGRESSION.

contre 1. Marque la proximité. *S'appuyer contre le mur* : **sur**, **à**. *Placez ce meuble contre le mur* : **auprès de**, **près de**. 2. Marque l'opposition. *Il est contre nous* : **opposé**

à. *Il est contre la peine de mort* : ↑ **l'ennemi de**. *Pas contre* : V. POUR.
◇ **par contre** V. EN COMPENSATION et MAIS.

contre-attaquer V. riposter (*in* riposte).

contrebalancer V. équilibrer (*in* équilibre).

contrebande V. fraude.

contrecarrer V. contrarier, déjouer.

contrecœur (à) V. malgré, regret, répugnance.

contrecoup V. effet I, indirect.

contrecourant V. opposé II (*in* opposer).

contredanse V. contravention.

contredire *Je me permettrai de vous contredire sur certains points de votre rapport* : ↑ **démentir, s'inscrire en faux, réfuter** (qui ne se construisent pas tous de la même façon : *contredire qqn, qqch ; démentir qqn, qqch ; s'inscrire en faux contre qqch ; réfuter qqch*) ; → NIER, CONTESTER, CRITIQUER.
◇ **contradiction** **1.** *Vos amis ne sont pas à une contradiction près !* : [didact.] **illogisme, antinomie** ◆ [plus génér.] **absurdité, inconséquence**. **2.** *Je ne supporte pas la contradiction* : **opposition, contestation** ; → DÉSACCORD. *Voici la contradiction de vos propos !* : **démenti, réfutation**.
◇ **contradicteur** : [plus génér.] **adversaire, opposant**.

contrée V. pays.

contrefaçon V. caricature, imitation.

contrefacteur V. imitateur (*in* imiter).

contrefaire V. caricaturer (*in* caricature), changer I, falsifier, imiter.

contrefait V. difforme.

contre-feu V. diversion.

contrefort V. colonne I.

contre-indiquer V. déconseiller.

contre-jour V. ombre.

contremaître V. conducteur.

contrepartie (en) V. en compensation*, en échange*, en revanche*.

contrepet V. jeu de mots*.

contrepied V. opposé II (*in* opposer).

contrepoids V. compenser.

contrepoison **1.** [en termes de médecine] **antidote**. **2.** *Quelques jours de vacances seront un bon contrepoison à votre fatigue* : **antidote, remède**.

contre-proposition V. proposition.

contrer V. s'opposer.

contre-rejet V. rejet (*in* rejeter).

contresens *Faire un contresens sur un texte* (= en donner une interprétation contraire à sa signification véritable) : ↓ **faux sens** (= seulement s'écarter de cette signification) ◆ ↑ **non-sens** (= propos si absurdes qu'ils défient la raison) ; → ERREUR.
◇ **à contresens** *Il a agi à contresens de ce qu'il fallait faire* : **au rebours** ◆ [plus fam.] **à l'envers** ; → OPPOSÉ.

contretemps *À contretemps : il est arrivé à contretemps* [sout.] : **inopportunément*** ◆ [cour.] **mal à propos** ◆ **au mauvais moment, hors de saison** (qui ne s'emploient pas en tous contextes) ◆ [fam.] **comme un chien dans un jeu de quilles, comme un cheveu sur la soupe** ; → ACCROC.

contre-ténor V. haute-contre.

contrevenir V. désobéir, transgresser.

contrevent V. persienne, volet.

contrevérité V. mensonge.

contribuer *Vous voici guérie : le repos y a beaucoup contribué* : [fam.] **y être pour quelque chose** ; → AIDER, COLLABORER, PARTICIPER.

contribution **1.** V. participation (*in* participer), appoint*. **2.** V. impôt.

contrister V. attrister.

contrit *Le pénitent se dirigeait vers le confessionnal, le cœur contrit* : [moins sout.] **repentant** ; → REGRETTER.

contrition V. repentir.

contrôle **1.** *Il était chargé du contrôle du poste d'aiguillage* : **surveillance**. **2.** *Il a été procédé à un contrôle des pièces d'identité* : **examen**, **vérification**, **inspection**. *Un contrôle des absents* : **pointage**. **3.** *Elle exerçait un contrôle sévère sur ses moindres paroles* : ↑ **censure**. **4.** [partic.] *Contrôle des naissances* : [anglic.] **planning familial** ; → CONTRACEPTION. **5.** *Contrôle des freins* : V. RÉVISION. *Contrôle de vitesse* : V. LIMITATION. **6.** *Contrôle de soi* : V. CALME.

◇ **contrôler** **1.** [de contrôle] **surveiller**, **examiner**, **vérifier**, **censurer** ; → S'ASSURER DE, POINTER I. **2.** *Ce bandit contrôlait tout le trafic de la région* : **exercer son contrôle sur**, **avoir la haute main sur** ◆ ↑ **verrouiller** ; → ARBITRE, AVOIR DROIT DE REGARD*. **3.** *Il avait du mal à contrôler ses gestes* : **maîtriser*** ◆ **se contrôler** (... *à se contrôler*) ◆ [plus rare] **dominer**.

◇ **contrôleur** **1.** Personne qui contrôle : **vérificateur**, **inspecteur** (selon la place dans la hiérarchie). **2.** Appareil de contrôle : [fam.] **mouchard** (= enregistreur placé sur un camion).

controuvé V. mensonger.

controverse V. dispute, polémique.

controverser V. discuter.

contumace V. défaut.

contusion *Il n'a que quelques contusions, mais sa voiture est inutilisable* : **meurtrissure**, [fam.] **bleu**, [didact.] **ecchymose** (= contusion marquée sur la peau par une tache de couleur) ◆ **bosse** (= grosseur due à un coup sur une région osseuse) ; → BLESSURE.

contusionner V. blesser, meurtrir.

convaincant V. bon I, concluant (*in* conclure), éloquent, probant.

convaincre *Malgré le talent de l'avocat, les jurés ne sont pas convaincus de l'innocence de l'accusé* : ↓ **persuader*** ; → DÉCIDER, FAIRE CROIRE*, ENTRAÎNER I.

◇ **convaincu** **1.** V. CERTAIN I. *Je suis convaincu qu'il échouera* : [fam.] **donner sa tête à couper**. **2.** *Un ton convaincu* : ↓ **assuré** ; → PÉNÉTRÉ. *Être un partisan convaincu de qqch* : **résolu** ◆ ↑ **farouche** ; → FANATIQUE, CHAUD.

◇ **conviction** **1.** Fait de convaincre. *Il faisait preuve de tant de conviction qu'on ne pouvait qu'adhérer à ses propos* : ↓ **persuasion** ; → ÉLOQUENCE. **2.** Fait d'être convaincu. *J'ai la conviction qu'il ne viendra pas* : ↓ **pressentiment*** ◆ ↑ **certitude** ◆ [moins sout.] **être certain, sûr que** (*je suis certain, sûr que...*) ◆ [fam.] **mettre sa main au feu, donner sa tête à couper** (*je mettrais ma main au feu que..., je donnerais ma tête à couper que...*) ; → CROYANCE. *Sans conviction* : V. MOLLEMENT et DU BOUT DES LÈVRES*.

convalescence V. repos (*in* reposer).

convenable **1.** *Quelle est l'heure convenable pour sortir ?* : [plus sout.] **opportun**, **propice**, **judicieux**. *Quel est le terme convenable ?* : **opportun**, **pertinent**, **juste**, **adéquat** (qui n'évoquent jamais, contrairement à *convenable*, l'idée de convenance morale) ◆ [par plais.] **idoine** ◆ [rare] **ad hoc** ; → APPROPRIÉ, JUSTE, POSSIBLE. **2.** *Il a un salaire convenable* : [antéposé] **bon** ◆ **correct**, **satisfaisant** ; → RAISONNABLE. **3.** *Ces propos ne sont pas convenables !* : V. ACCEPTABLE, BON I, CORRECT, SATISFAISANT et DÉCENT. *C'est un homme très convenable* : **comme il faut**, **bien** ; → SORTABLE.

◇ **convenablement** **1.** *Il est payé convenablement* : [antéposé] **bien*** ; → COMME IL FAUT, CORRECTEMENT, RAISONNABLEMENT.

convenance **1.** [sing.] *Il y a entre eux une remarquable convenance de caractères* [sout.] : [plus cour.] **analogie**, **affinité** ; → RAPPORT II. **2.** [pl.] *Elle exigeait un respect absolu des convenances* : **usages** ◆ [sing. ou pl.] **bienséance** ◆ [vieilli] **honnêteté** ; → SAVOIR-VIVRE, DÉCENCE, MORALE. **3.** [précédé d'un poss.] *Ce dîner est-il à votre* *convenance ?* [sout.] : **gré** ◆ [cour.] **goût** ; → ALLER I, PLAIRE I.

convenir

I [qqch ~] **1.** *Cette cravate ne me convient pas* : V. ALLER I, ÊTRE DE MISE* et MAL II. **2.** *Il convient de* : V. S'AGIR et FALLOIR. **3.** *Cela me convient* : V. PLAIRE et BOTTER.

II [qqn ~ de] **1.** *Je conviens que j'ai eu tort* : **reconnaître** ◆ ↑ **confesser** ; → ACCORDER II, CONCÉDER. **2.** *Convenons que nous prendrons le café ensemble !* : [moins sout.] **dire** ◆ ↑ **décider** ; → ARRANGER.

convention V. accord I.

conventionnel **1.** V. arbitraire. **2.** V. bourgeois, commun II.

conventuel V. religieux (*in* religion).

convenu **1.** V. commun II. **2.** V. décidé.

converger V. se rejoindre.

conversation Discours familier qu'échangent deux ou plusieurs personnes : **dialogue**, **tête-à-tête** (= conversation de deux personnes entre elles) ◆ **entretien**, [moins sout.] **échange de vues** (qui impliquent un sujet important débattu par des personnes de haut rang ou, pour *entretien*, qui sont dans un rapport hiérarchique de supérieur à inférieur) ◆ **pourparlers** (= entretien ayant pour but de régler une affaire, un problème : *les pourparlers sur le désarmement nucléaire*) ◆ **interview** (= conversation d'un journaliste avec son interlocuteur) ◆ **conciliabule** (= conversation secrète de gens à qui l'on prête en général de mauvais desseins) ◆ [anglic.] **talkshow** (= débat-spectacle) ◆ [anglic.] **chat** (= groupe de conversation sur internet ; terme recommandé : **causette**) ◆ [fam., iron.] **messes basses** (= confidences faites à voix basse : *faire des messes basses*) ◆ [fam.] **causette** (*faire la causette*) ◆ [fam.] **parlote** (= conversation insignifiante) ; → BAVARDAGE, DISCUSSION.

◇ **converser** [de conversation] **dialoguer**, **s'entretenir**, **interviewer** ◆ [fam.] **faire la causette**, **tailler une bavette** ; → BAVARDER, PARLER.

conversion V. convertir.

convertible V. transformable.

convertir **1.** V. TRANSFORMER et CHANGER. **2.** *Je ne sais si vous parviendrez à le convertir !* : **gagner**, **rallier** (... *le rallier à votre avis, opinion*). **3.** *Après de longues rencontres avec ce prêtre, il s'est converti* (par allusion à la conversion de saint Paul) : **rencontrer son chemin de Damas** ◆ [plus fam.] **devenir croyant**, **se mettre à croire**. *Il s'est converti au christianisme* : ↓ **opter pour**, **entrer dans**, **adhérer à**. **4.** *Beaucoup d'industries sont amenées à se convertir* : **opérer une conversion**, **se reconvertir**, **se transformer***.

◇ **conversion** **1.** [sens 2 du v. avec les mêmes nuances] **ralliement**. **2.** [de convertir 3] **option**, **entrée**, **adhésion**. **3.** [sens 4 du v.] **reconversion**, **transformation***, **mutation**.

conviction V. convaincre.

convier V. inviter.

convive *Voici nos convives* : [rare] **commensal** ◆ [plus génér.] **invité** (= personne que l'on a conviée à un repas ou à toute autre cérémonie ; lorsqu'il s'agit du seul repas, le terme implique toujours, contrairement à *convive*, l'idée de gratuité) ◆ [plus sout.] **hôte** (celui qui vient loger ou seulement manger, en étant invité ou en payant son écot) ◆ [péj.] **parasite**, [péj., fam.] **pique-assiette** (celui qui a pour habitude de manger chez autrui sans y être forcément invité).

convivial V. accueillant (*in* accueil).

convivialité V. hospitalité.

convocation V. appel (*in* appeler I).

convoi **1.** *Un convoi de marchandises est attendu pour 10 heures* [terme techn.] : [cour.] **train**. **2.** V. ENTERREMENT.

convoiter *Il convoite depuis dix ans le poste de chef de gare* : [sout.] **briguer** ◆ [fam.] **guigner**, **lorgner** ; → AMBITIONNER, BRÛLER III, DÉSIRER, SOUHAITER.

◇ **convoitise** : ↑ **avidité** ◆ **cupidité**, ↑ **rapacité** (qui s'emploient en parlant de l'argent) ◆ **concupiscence** (qui s'emploie en parlant du désir sexuel) ; → AMBITION, ENVIE I.

convoler V. se marier (*in* marier I).

convoquer V. appeler I.

convoyer V. accompagner.

convulsif V. saccadé.

convulsion **1.** [en termes de médecine] : **spasme**. **2.** V. CONTORSION. **3.** *Le pays subissait les convulsions d'une révolution* : ↓ **secousse, soubresaut** ; → TREMBLEMENT, DÉSORDRE, TROUBLE II.

cool V. aise, couler II.

coopération V. service I.

coopérer V. collaborer.

cooptation V. choix.

coopter V. choisir.

coordonner *Il faudra coordonner vos activités pour obtenir une efficacité plus grande* : [moins pr.] **agencer**, **combiner** ; → LIER II, ARRANGER, COMBINER, ENSEMBLE I.
◇ **coordonnées** *Quelles sont vos coordonnées ?* : V. ADRESSE II.

coordination V. syndicat.

copain V. amant, ami.

copeaux V. débris, déchet.

copie
I **1.** *La correction des copies est le cauchemar des professeurs* : [plus partic.] **devoir** ; → FEUILLE I. **2.** *L'éditeur me demande ma copie par retour du courrier* : **manuscrit**.
II **1.** Objet reproduit fidèlement par un procédé mécanique ou artistique. *Je vous donne la copie d'une lettre adressée à mon notaire* : **double** ◆ **duplicata** (= second **exemplaire** d'une facture, d'une lettre officielle) ◆ **reproduction*** ◆ [partic.] **photocopie**, **calque** (qui s'emploient selon le procédé utilisé) ◆ **fac-similé** (qui se dit seulement de la reproduction exacte, imprimée, gravée ou photographiée, d'une pièce d'écriture, d'une signature, d'un dessin : *un sculpteur travaille à la reproduction de l'une de ses statues ; un peintre fait la copie d'un tableau du Louvre ; un photographe donne le fac-similé de l'écriture d'un auteur*). La copie d'une œuvre d'art est son exacte **imitation*** ; **faux** suppose qu'on veuille la faire passer pour l'original. **2.** *Ce discours n'est qu'une pâle copie de celui de son prédécesseur* : **imitation**, ↑ **plagiat** (qui se dit d'un texte) ; → EMPRUNT. On dit qu'un ouvrage est une **compilation** quand il est fait d'emprunts. **3.** [didact.] **clone** s'emploie en biologie et en informatique et par élargissement familier au fig. : *Cet homme est la copie conforme, le double, le clone de son père !*

copier **1.** *Voulez-vous me copier cette lettre ?* : **recopier** (qui a aussi le sens de : mettre au propre ce qui est au brouillon) ◆ **récrire** (= rédiger de nouveau) ◆ **transcrire** (qui ne s'emploie guère en ce sens qu'à propos de documents importants : *transcrire un contrat*) ; → ÉCRIRE, NOTER I, METTRE* AU PROPRE. **2.** *Copier un document* : V. IMITER et REPRODUIRE II. *Copier un modèle exactement* : **calquer**, **décalquer**. **3.** *Cet élève copie !* : [plus génér.] **tricher** ; → POMPER.

copieusement V. beaucoup.

copieux V. abondant, consistant, riche.

copine V. amant, ami.

copiner V. fréquenter.

copulation V. saillie (*in* saillir II).

copuler V. s'accoupler.

coquart V. coup.

coque **1.** V. carcasse. **2.** V. ruban.

coquelet V. poulet (*in* poule I).

coqueluche V. engouement (*in* engouer), estimer I.

coquet [adj.] **1.** V. élégant. **2.** *Une coquette somme d'argent* : V. gentil et joli I.

coquetteries V. agaceries.

coquille V. écaille.

coquin 1. [adj. ou n.] *Petit coquin !* (= enfant espiègle) : **fripon** ◆ [toujours n. masc.] **garnement** ; → ESPIÈGLE. 2. [adj.] *Il lui adressa un petit sourire coquin* (qui se dit de paroles ou d'attitudes allusivement licencieuses) : ↑ **égrillard** ; → GAILLARD I. 3. [n.] Dans le même sens. *Cet homme est un coquin* : **mâtin** ◆ ↑ **joyeux luron, drille, drôle de luron**. 4. [n.] Plus ou moins terme d'injure selon les contextes. *Méfie-toi de cet homme, c'est un véritable coquin* [vieilli] : [mod.] **bandit, canaille, crapule, scélérat,** [fam.] **fripouille** ; → ANIMAL, MISÉRABLE, VAURIEN. *Le coquin avait tout manigancé* [vx] : [cour.] **gredin** ◆ [litt.] **faquin, gueux** ◆ [vieilli] **bellâtre,** [fam.] **pendard** ◆ [vx] **maraud**.

cor

I *J'aime le son du cor...* : [plus génér.] **trompe** ◆ [partic.] **olifant** (= cor taillé dans une trompe d'éléphant). *À cor et à cri* : V. CRI.

II V. CORNE.

III *J'ai un cor au pied* : **durillon, œil de perdrix**.

corbeau 1. La **corneille**, le **choucas**, le **freux** sont des sortes de corbeaux répandus en France. 2. *Comme un corbeau* est un superlatif expressif de **noir***. 3. Auteur de lettres anonymes [fam.] : **calomniateur**. 4. Dans le vocabulaire anticlérical : [péj., vx] **prêtre**.

corbeille V. bourse II.

corbillard V. funèbre.

cordage *Avant d'appareiller, vérifiez une dernière fois tous les cordages* : [en termes de marine] **filin** (= cordage en chanvre), **câble** (= gros cordage ou amarre en acier). Sur un voilier, les principaux cordages sont les **écoutes**, les **drisses**, les **haubans**, les **aussières** ; → MANŒUVRE III, CORDE.

corde 1. Les grosses cordes peuvent servir de **cordages***. De la petite corde, ou **cordelette, ficelle**, on fait aussi des **cordons** destinés à divers usages : **cordelière** du sac, **ganse** à broder, **lacet**. 2. *Être condamné à la corde* : **pendaison, potence**. 3. *Usé jusqu'à la corde* : V. USÉ. 4. *Ce n'est pas dans mes cordes, je ne puis vous répondre* : [fam.] **ce n'est pas mon rayon** ◆ [cour.] **ce n'est pas de mon ressort** ; → S'Y CONNAÎTRE EN. *Sur la corde raide* : V. DÉLICAT. 5. *Il tombe des cordes* : ↓ **pleuvoir** ; → BATTANT III.

cordial 1. *Une boisson cordiale* : V. RÉCONFORTANT. 2. *Il nous a réservé un accueil très cordial* : **chaleureux** ◆ [fam.] **sympa** ◆ ↓ **sympathique** ◆ ↑ **amical** ◆ ↑ **enthousiaste** ; → FAMILIER.

◇ **cordialement** *Il nous a reçus cordialement* : **chaleureusement** ◆ ↑ **amicalement** ◆ ↑ **à bras ouverts**.

cordialité V. chaleur, entente (*in* entendre III).

cordon V. corde.

cordon-bleu V. cuisinier (*in* cuisine).

cordonnier Le cordonnier, autrefois appelé **savetier**, répare les chaussures. Le **bottier** ou le **chausseur** les fabriquent sur mesure ou les vendent.

coresponsable V. solidaire.

coriace V. dur, tenace.

corne 1. *Les vaches sont des bêtes à cornes* : [partic.] **bois** (= cornes caduques des cervidés) ◆ **andouiller** (= ramification des bois des cervidés qui permet de déterminer leur âge) ◆ [pl.] **cors** (= ensemble des ramifications : *un cerf à huit cors*). 2. *Le pauvre homme, il porte des cornes !* : [par euph.] **être trompé** ◆ [fam.] **cocu** (*il est cocu !*).

corneille V. corbeau.

cornemuse : **biniou** (= cornemuse bretonne).

corner V. plier I.

cornet V. trompette.

corollaire V. conséquence.

corporation Se dit, comme **corps** et **ordre**, du regroupement de personnes exerçant le même métier ; ces termes ne s'emploient cependant pas dans les mêmes contextes (*la corporation des menuisiers ; le corps enseignant ; l'ordre des médecins*). De même sens, **confrérie** ne s'emploie plus guère aujourd'hui qu'en parlant d'une corporation quelque peu folklorique (*la confrérie des buveurs de bière*) : V. ASSOCIATION, COMMUNAUTÉ II et COMPAGNIE I.

corporel V. physique, naturel. *Exercices corporels* : V. assouplissement (*in* assouplir).

corps

I Partie matérielle de l'être humain. V. ORGANISME. **1.** *Le corps de la victime a été retrouvé dans la Seine* : **cadavre** ; → MORT II, DÉPOUILLE. **2.** *Les mises en garde de sa famille contre les plaisirs du corps avaient hanté sa jeunesse* : **chair** ; → SEXE, SEXUEL. *Elle avait un corps magnifique* : [fam.] **anatomie** ◆ [très fam.] **châssis**. **3.** *Corps à corps* : V. BAGARRE. *Corps et âme* : V. ÂME. *Passer sur le corps* : V. FOULER. *À son corps défendant* : **malgré*** (+ pron. correspondant : *malgré lui*). *Garde du corps* : [fam.] **gorille**. *Mettez-le à l'épreuve, vous verrez ce qu'il a dans le corps* : [fam.] **ventre** ◆ [très fam.] **tripes**. *Prendre corps* : **forme** ◆ [plus fam.] **tournure** ◆ [fam.] **ressembler à quelque chose**.

II V. SUBSTANCE.

III V. CORPORATION.

corpulence V. grosseur (*in* gros), embonpoint.

corpulent V. gras, gros.

correct **1.** *La réponse correcte n'était pas difficile à trouver* : [dans ce contexte seulement, où il s'agit de « vrai » et de « faux »] **exact**, **juste**. **2.** *Une tenue correcte* : V. DÉCENT et SORTABLE. **3.** *Cet individu ne me paraît pas très correct* : **régulier** ◆ [plus génér.] **honnête** ; → FAIR-PLAY, BIEN II, POLI I. *Un partage correct* : V. ÉQUITABLE. **4.** *Ce n'est pas un restaurant de grand renom, mais les repas y sont corrects* : **convenable***, **honnête** ; → SATISFAISANT, ACCEPTABLE.

◇ **correctement.** *Se tenir correctement* : **comme il faut**. Les autres emplois sont parallèles à ceux de l'adj. et ont pour syn. les adv. correspondants : **exactement**, **justement**, **régulièrement**, **honnêtement**, **convenablement** ; → DÉCEMMENT.

correcteur **1.** Dans un examen, correcteur se dit plutôt de celui qui corrige l'écrit, **examinateur** de celui qui interroge à l'oral. **2.** *Un correcteur d'épreuves typographiques* : **réviseur**.

correctif V. rectificatif (*in* rectifier).

correction

I **1.** *Il a été apporté une correction à la loi* : **modification**, **amendement** ; → AMÉLIORER. **2.** *Il y a beaucoup trop de corrections sur votre manuscrit !* : [plus partic.] **rature**, **surcharge**.

II V. VOLÉE II, PEIGNÉE et RACLÉE.

III **1.** *Nous avons apprécié la correction de votre analyse* : **justesse**, **exactitude**, **pertinence**. **2.** *Veillez à la correction de votre tenue* : **décence*** ; → SAVOIR-VIVRE, POLITESSE, TENUE.

corrélation V. dépendance (*in* dépendre), liaison II, rapport.

correspondance V. correspondre.

correspondant V. journaliste.

correspondre **1.** [~ à] Être en conformité avec qqn ou qqch. *Ce contrat ne correspond pas aux exigences que nous avions formulées* : **répondre**. *Cet article correspond aux incidents survenus à Limoges la semaine dernière* : **se rapporter à**. *Je cherche un buffet qui corresponde à celui que vous voyez sur cette photo* : **ressembler** ; → REPRÉSENTER, CADRER, S'APPLIQUER, CONCORDER. **2.** [qqn ~ avec qqn] *Quand avez-vous cessé de correspondre ?* : **s'écrire** (*... de vous écrire ?*) ◆ [selon le contexte] **se téléphoner** ◆ [plus génér.] **être en relation**. **3.** [qqch ~] *Toutes les pièces de cet appartement correspondent, se correspondent* : **communiquer**.

◇ **correspondance** **1.** V. LIAISON II et RAPPORT II. **2.** *Avez-vous terminé d'écrire votre correspondance ?* : **courrier** ; → LETTRE II.

corrida V. course II.

corridor V. couloir.

corrigé V. modèle I.

corriger

I [~ qqch] V. AMÉLIORER, RÉPARER et COMPENSER. *Corriger un texte* : V. RÉVISER.

II [~ qqn] **1.** [~ qqn de qqch] *Pensez-vous que vous parviendrez à le corriger de sa jalousie ?* : **défaire**, **guérir**. **2.** *Son père le corri-*

geait avec une violence extrême (= infliger un châtiment corporel) : [plus génér.] **châtier** (qui n'indique pas aussi exactement la nature de la peine) ; → BATTRE I, PUNIR.

◇ **se corriger de** V. SE DÉFAIRE DE.

corroborer V. confirmer.

corroder V. attaquer I, ronger.

corrompre **1.** [~ qqch] Gâter par putréfaction. *Corrompre des aliments* [sout.] : [cour.] **abîmer***, **avarier*** ; → AVANCÉ, DÉCOMPOSER. *Corrompre l'air, l'atmosphère, l'eau* : **salir**, **polluer**, **vicier**, **empoisonner**, **infecter** ; → ALTÉRER I, AIGRIR. **2.** [~ qqn, qqch] Altérer moralement. *Corrompre les mœurs, l'âme, la jeunesse* : **dépraver**, **pervertir***, **perdre**, **séduire** ◆ **débaucher** (qui ne s'emploie qu'avec un compl. de personne) ◆ [moins sout.] **pourrir**, **gangrener** ; → ABAISSER II, DÉGÉNÉRER. *Corrompre le jugement de qqn* : ↓ **vicier** ; → SÉDUIRE. **3.** [~ qqn] *L'avocat avait visiblement été corrompu* : **soudoyer**, **suborner** ; → ACHETER.

◇ **corruptible** **1.** [qqch est ~] *Le bois est une matière corruptible* [de corrompre 1] : **putrescible**. **2.** [qqn est ~] *Un juge corruptible* [de corrompre 3] : **vénal**.

◇ **corrompu** [de corrompre 2] : **dépravé**, **dissolu**, **pervers** ◆ [rare] **faisandé** ◆ ↑ **pourri** ; → VICIEUX I.

◇ **corruption** **1.** [de corrompre 1] *La corruption de la viande sous l'effet de la chaleur* : **décomposition**, **putréfaction** ; → ALTÉRATION. **2.** [de corrompre 2] *La corruption des mœurs* : **dépravation**, **perversion***, **dissolution**, **pourrissement** ◆ ↓ **dérèglement** ; → ABAISSEMENT II, POURRITURE. **3.** [de corrompre 3, rare] **subornation**.

corrosif V. mordant (*in* mordre).

corrosion V. destruction (*in* détruire).

corruptible V. corrompre.

corruption V. corrompre.

corsaire V. pirate.

corsé V. salé (*in* sel), scabreux.

corser (se) V. se compliquer.

corset Un corset est une **gaine** baleinée et lacée.

cortège **1.** V. défilé. **2.** V. accompagnement (*in* accompagner).

corvée V. devoir III, travail I.

coryza V. rhume.

cosmique V. cosmos.

cosmonaute V. astronaute.

cosmopolite V. étranger.

cosmos Terme didact. venu dans l'usage cour. par l'intermédiaire de l'astronautique : **espace** ; → MONDE, UNIVERS.

◇ **cosmique** *Un vaisseau cosmique* : **spatial**.

cossard V. paresseux (*in* paresse).

cosse V. paresse.

cossu V. riche.

costaud V. fort I, solide.

costume V. vêtement (*in* vêtir), déguisement (*in* déguiser).

costumer V. vêtir.

◇ **se costumer** V. se déguiser.

cote **1.** V. estime, valeur II, prix. **2.** V. dimension.

côte

I **1.** *Une côte de bœuf* : **côtelette** (qui s'emploie pour le porc, l'agneau) ◆ **entrecôte** (= pièce de viande de bœuf sans os). **2.** *Caresser les côtes* : V. BATTRE. *On lui voit les côtes* : V. MAIGRE. *Se tenir les côtes* : V. RIRE.

II *La course se jouera en haut de la côte* : [plus génér.] **montée** ◆ [fam.] **grimpette**, **raidillon**. *En bas de la côte* : **descente** ◆ **pente** (qui ne s'emploie guère dans les mêmes contextes que *côte* : *monter une côte* est préférable à *monter une pente* ; dans des contextes comme *escalader les pentes de la montagne, une route en pente*, « côte » ne peut être employé) ; → COLLINE.

III *Ils ont passé leurs vacances au bord de la côte méditerranéenne* : [plus sout.] **littoral** ; → BORD.

côté 1. Partie latérale du corps humain ou animal. *L'homme gisait, couché sur le côté* : [plus sout.] **flanc**. 2. Manière dont une chose, un événement se présente. *Il faudra envisager les différents côtés de la question* : [plus sout.] **aspect** ; → FACE. *Côté pile* : V. REVERS. *Heureusement, il y a de bons côtés !* : **avantage**. *Les bons et les mauvais côtés* : **le pour et le contre**. *Le bon côté d'un tissu* est l'**endroit**, le *mauvais*, l'**envers**. *Cet homme a quand même de bons côtés* : **qualité** (*il a des qualités*). *Petits côtés* : V. DÉFAUT II. *Sous son bon côté* : V. FAVORABLE.

◇ **de côté** [loc. prép. ou adv.] Entre dans toute une série de contextes et d'expressions. *Regarder qqn de côté* : **en biais** ◆ [péj.] **de travers** ; → OBLIQUEMENT. *Mettre qqch de côté* : V. ÉCONOMISER, RÉSERVE I et CONSERVER. *Laisser qqch de côté* : V. FAIRE ABSTRACTION DE et NÉGLIGER. *Regarder de tous côtés* : V. PARTOUT. *Du côté de* : V. VERS I et SENS III. *De mon côté. J'essaierai de mon côté de vous venir en aide* : [plus sout.] **pour ma part, quant à moi** ; → POUR MON COMPTE*.

◇ **à côté** [loc. prép. ou adv.] Entre dans toute une série de contextes et d'expressions. *La maison d'à côté* : [plus sout.] **voisin** ; → PRÈS I. *À côté de* : V. PRÈS* DE et EN COMPARAISON* DE. *À côté de ça, il faudra faire attention au verglas* : **en plus** ◆ [plus sout.] **par ailleurs, en outre** ; → DEHORS III. *Il ne peut s'empêcher de mentir, mais, à côté de ça, c'est un garçon très attachant* : [plus sout.] **par ailleurs, néanmoins** ; → CEPENDANT, AU RESTE*. *À côté ! Décidément, tu ne tires pas mieux qu'avant !* : **manqué !** ◆ [plus fam.] **raté !**

coteau V. colline.

côtelette V. côte I.

coter V. estimer.

coterie *Sous son apparente uniformité, la bourgeoisie de province était divisée en coteries qui se détestaient les unes les autres* : **clan, caste** ◆ **chapelle** (= coterie d'intellectuels : *les chapelles littéraires*) ◆ **clique, bande** (= coterie d'individus assez louches, peu estimables) ◆ **gang** (= association de malfaiteurs) ◆ **mafia** (qui suppose en outre l'idée d'une organisation secrète) ◆ [rare] **camarilla** (= organisation d'intrigants qui agissent sur le plan politique) ◆ **secte** (= organisation religieuse à caractère spécifique et fermé, mais s'emploie comme syn. express. de coterie) ; → ÉCOLE, PARTI I.

côtier *Navire côtier* : V. bateau.

cotillon *Courir le cotillon* [fam.] : **jupon** ; → FEMME.

cotisation V. participation (*in* participer).

coton 1. **Cotonnade** se dit d'une étoffe de coton. 2. *Avoir du coton dans les oreilles* : **être sourd***. *Filer un mauvais coton* : **être sur la mauvaise pente** ; → MALADE. *Élever qqn dans du coton* : V. COUVER et SOIGNER II. *C'est coton !* [fam.] : [cour.] **difficile***. 3. *Coton hydrophile, chirurgical* : **ouate**.

cotonnade V. coton.

côtoyer 1. [~ qqn] V. FRÉQUENTER*. 2. [~ qqch de concret] *Le chemin côtoyait un précipice* : **longer** ; → BORDER. 3. [~ qqch d'abstrait] *Cela côtoie le grotesque* : V. CONFINER II.

cottage V. villa.

cotte Vêtement de travail formé d'un pantalon montant sur la poitrine : [plus cour.] **salopette, bleu**. La **combinaison** enveloppe tout le corps, de la tête aux pieds.

cou 1. [génér.] : **encolure** (qui ne s'emploie que pour parler de la taille ou de la grosseur du cou : *avoir un cou, une encolure de taureau* ; seul *encolure* convient dans le contexte *avoir une forte encolure*). *Le tour de cou* : **col, encolure**. Le devant du cou, c'est la **gorge** et le derrière, la **nuque**. « Du cou » a pour syn. l'adj. **cervical** en anatomie (*des ennuis de cou, cervicaux*). 2. *Casser, couper, tordre le cou* : V. TUER. *Prendre ses jambes à son cou* : V. FUIR. *Laisser la bride sur le cou* : V. LIBERTÉ. *Sauter au cou* : V. EMBRASSER.

couac V. faux I.

couard V. lâche.

couardise V. lâcheté, peur.

couchant V. occident.

couche
I 1. *As-tu acheté des couches pour le petit ?* : **couche-culotte** (= culotte garnie d'une couche jetable) ◆ [génér.] **change** ◆ **lange** (= carré d'étoffe que l'on met par-dessus les couches pour emmailloter un bébé). 2. *Être en couches* : **accoucher***. *Avoir des couches difficiles* : [sing.] **accouchement***. *Fausse couche* : V. AVORTEMENT.
II V. LIT I.
III 1. *Combien de couches de peinture doit-on mettre sur les volets ?* : [plus génér.] **épaisseur** ◆ **pellicule** (qui ne saurait être employé dans cet ex., désigne une couche très mince ; ce terme est d'ailleurs souvent renforcé par un adj. : *une fine pellicule de givre recouvrait la végétation*) ; **croûte** (= couche épaisse et dure). 2. *Couche géologique* : **strate**. 3. *Couches sociales* : V. CLASSE I. 4. *En tenir une couche* : V. SOT.
IV *Champignon de couche* : V. CARRÉ.

coucher
I 1. [~ qqn] *Voudriez-vous coucher les enfants ?* : **mettre au lit** (... *mettre les enfants au lit ?*) ◆ **aliter** (qui ne se dit que d'un malade) ; → ÉTENDRE. 2. [~ qqch] *Le vent couche les blés* : ↓ **courber**, **incliner** ; → VERSER I. 3. [~ qqn] *Il l'a couché sur son testament* : **porter** ◆ [cour. mais très génér.] **mettre** ; → INSCRIRE.
II [intr.] 1. *Où couchez-vous ce soir ?* : [par méton.] **dormir** ◆ **découcher** (= coucher hors de chez soi). 2. *Coucher avec qqn* : V. INTIME.
◇ **se coucher** 1. *Ayant sommeil, il alla se coucher* : [moins cour.] **se mettre au lit** ◆ [par méton.] **dormir** ◆ **s'allonger**, **s'étendre** (qui impliquent seulement le besoin de repos, sans que l'on dorme pour cela) ◆ **s'aliter**, **prendre le lit** (qui ne se disent que d'un malade) ◆ [très fam.] **se pager**, **se pieuter**, **se mettre au pieu**. 2. *Le vélo s'est couché devant la voiture* : **tomber**, **se renverser**. *Les blés se couchent sous le vent* : ↓ **s'incliner***, **se courber**.

coucherie V. rapport II, galanterie.

couches V. accouchement (*in* accoucher).

couchette V. cabine.

coucheur *Mauvais coucheur* : V. humeur.

couci-couça V. doucement, moitié.

coucou V. avion.

coude 1. S'appuyer sur les coudes, c'est **s'accouder**. 2. *Au coude à coude* : V. ENSEMBLE I. *Se fourrer le doigt dans l'œil jusqu'au coude* : V. SE TROMPER. *Ne pas se moucher du coude* : V. PRÉTENTIEUX. *Lever le coude* : V. S'ENIVRER. *Jouer des coudes* : V. SE BATTRE I. 3. *Coude* sert de syn. express. à certains objets : V. ANGLE, COURBE et SINUOSITÉ.

couder V. courber.

coudoyer V. fréquenter.

coudre V. piquer I.

couenne V. peau.

couffin V. berceau.

couilles V. testicules.

couillon V. sot.

couillonnade V. plaisanterie (*in* plaisanter).

couillonner V. tromper.

couillonnerie V. plaisanterie (*in* plaisanter).

couiner V. grincer, se plaindre II, pleurer.

coulage V. gaspillage.

coulant 1. *Cette confiture est trop coulante !* : [souvent péj.] **baveux** (qui se dit de ce qui coule comme de la bave), **sirupeux** (qui se dit de ce qui ressemble à un sirop). 2. V. CONCILIANT.

couler
I [qqch ~] 1. Se déplacer naturellement, en parlant d'un liquide : **s'écouler** (qui implique, dans le langage soigné, une origine : *l'eau coule dans le lit d'une rivière ; elle s'écoule d'un réservoir* ; mais, dans l'usage cour., les deux verbes sont souvent confondus) ◆ **se déverser** (= couler dans) ◆ **se répandre** (= couler en s'étendant) ◆ **ruisseler** (= cou-

ler abondamment, ne s'emploie pas en parlant d'un cours d'eau) ◆ **dégoutter**, [fam.] **dégouliner** (= couler goutte à goutte : *l'eau lui coulait, dégoulinait sur le visage ; elle dégouttait de partout*) ; → SUINTER, PLEUVOIR. **2.** *Le robinet coule* : **fuir** ; → PISSER. **3.** *Le temps coule* : V. PASSER I. *Couler de source* : V. ÉVIDENT.

◇ **se couler** V. SE GLISSER.

II [~ qqch] **1.** *Couler de la cire, du plâtre* : [plus partic.] **mouler**. **2.** *Couler la clé dans la serrure* : **glisser, introduire**. **3.** *Couler des jours heureux* : [moins express.] **passer**. *Se la couler douce* [fam.] : **ne pas s'en faire, être peinard, cool** ; → SE FATIGUER.

III V. S'ABÎMER, CHAVIRER, ENVOYER PAR LE FOND*, SOMBRER et SABORDER.

couleur **1.** *C'est à l'automne que les arbres prennent leurs plus belles couleurs* : **coloris** (= effet qui résulte d'un assortiment de couleurs : *le coloris d'une robe*) ◆ **nuance** (qui se dit des différents degrés que peut prendre une même couleur) ◆ **teinte** (= couleur, nuance obtenue après mélange de diverses couleurs de base) ◆ [plus techn.] **ton** (= couleur quand on la considère selon sa force, son degré : *des tons francs, criards*) ◆ **tonalité** (qui s'emploie parfois, en termes de peinture, pour désigner l'impression générale laissée par un ensemble de tons : *la tonalité de ce tableau tire davantage vers le bleu que vers le vert, me semble-t-il*) ◆ **coloration** (qui se dit de l'état d'un corps coloré : ce terme s'emploie surtout en parlant de la peau, du visage, comme **carnation**) ◆ **teint** (ce dernier terme s'emploie aussi en parlant du visage, mais également dans quelques contextes pour parler des étoffes : *un tissu grand teint est un tissu qui ne déteint pas*). **2.** Un **colorant** est un produit de base qui donne une couleur. *Le marchand de couleurs* : [plus cour.] **droguiste**. *Mettre en couleurs* : V. COLORER, PEINDRE I et TEINTURE. **3.** [pl.] *Hisser les couleurs* : V. DRAPEAU. **4.** *Couleur locale* : V. PITTORESQUE. *La couleur d'un style* : V. ÉCLAT II. *Une couleur politique* : V. ORIENTATION. *Sous couleur de* : V. PRÉTEXTE.

◇ **colorer** Revêtir d'une couleur. Les syn. varient selon les contextes et les techniques : **colorier** (= appliquer des couleurs sur qqch : *colorier un dessin*) ◆ **teindre** (= tremper dans une teinture, une peinture) ◆ **teinter** (= colorer légèrement : *teinter des verres*, teinter d'une pointe de bleu une peinture blanche) ; → BARIOLER.

◇ **se colorer** *Au-dessus des hauts-fonds, la mer se colorait de violet* : **se teinter**.

◇ **coloré** **1.** [en parlant du visage] *Chacun admirait son teint coloré* : [cliché sout.] **vermeil** ◆ [péj.] **rouge***, **rougeaud** ; → VIF. **2.** [en parlant d'un style, d'une conversation] : **pittoresque** ; → IMAGÉ.

coulisse

I *Le cordon du rideau passe dans une coulisse* : **glissière, rainure** (qui s'emploient selon les contextes).

II *Ce journaliste connaît toutes les coulisses de la politique* : **dessous, secrets**.

couloir **1.** *Pour aller du salon à la chambre, il fallait franchir un long couloir* : **corridor** ; → VESTIBULE. **2.** *On accédait au sommet par un étroit couloir* : **passage***.

coup Ce terme est si fréquent en français qu'il est impossible d'énumérer tous ses emplois et de les classer de manière totalement satisfaisante. Nous nous en tiendrons à l'essentiel.

I [suivi ou non d'un compl.] Heurt. **1.** [qqn donne, reçoit un ~ de + compl.] *Les coups de poing commençaient à pleuvoir* : [sout.] **horion** ◆ [très fam.] **coquart** (= coup reçu au visage) ◆ [très fam.] **marron, jeton, gnon** ; → CHÂTAIGNE, VOLÉE, BATTRE, GIFLE, PEIGNÉE. **2.** [qqch subit un ~] *La voiture était pleine de coups* : **bosse** ◆ [par méton.] **choc**. **3.** [qqn donne, reçoit un ~] *La mort de son mari lui avait donné un coup* : **choc** ; → ABATTRE II. **4.** *Un coup de maître* : **coup d'éclat**. *Coup de pompe* : V. FATIGUE. *Avoir un coup dans le nez* : V. IVRE. *Sur le coup* : V. IMMÉDIATEMENT et NET. *Sur le coup, il n'y prêta pas attention* : V. AU PREMIER ABORD II. *Coup de force* : V. COUP D'ÉTAT.

II [toujours suivi d'un compl.] Mouvement. **1.** Renvoie à une partie du corps humain ou animal. *L'oiseau s'envola d'un coup d'aile* : **battement**. *Donner un coup de gueule* : V. CRIER. *Donner un coup d'œil sur* : V. VOIR et REGARD. *Coup de main* : V. AIDER, TOUR III, ASSAUT et RAID. *En mettre un coup* : V. TRAVAILLER I. *Un coup de sang* : V. ATTAQUE. **2.** Renvoie à un élément atmosphérique. *Attraper un coup de soleil* : ↑ **inso-**

lation. *Un coup de chien* : **coup de tabac** ◆ [cour.] **coup de vent** ; → TEMPÊTE. *Le coup de foudre* : V. AFFECTION I. **3.** Renvoie à un objet, un instrument. *Donner un coup de fil* [fam.] : [cour.] **coup de téléphone** ◆ [très fam.] **coup de tube, de bigophone**. *Avoir un bon coup de fourchette* : **bien manger***.

III [sans compl.] Action subite et hasardeuse. **1.** [plus sout.] **fois** (*réussir du premier coup, dès la première fois ; ce coup-ci, cette fois-ci, nous réussirons ; il ne peut pas réussir à chaque coup, à chaque fois*). *Cette voiture part du premier coup* : [express.] **au quart de tour**. **2.** *Être sur un coup* : **affaire**. **3.** *Risquer le coup* : V. ESSAYER et JOUER II. *Manquer son coup* : V. ÉCHOUER. *Faire les quatre cents coups* : [fam.] **mener une vie de bâton de chaise,** [plus fam.] **de patachon** ; → FÊTE. *Être aux cent coups* : V. INQUIET. *Coup sur coup* : V. DE SUITE*. *Être dans le coup* : V. BAIN. *À coup sûr* : V. ASSURÉMENT et INFAILLIBLEMENT. *Tout à coup, tout d'un coup* : V. SOUDAIN II. *D'un seul coup* : V. JET I. *Un bon coup* : V. ÉNERGIQUEMENT.

coup d'État *Nous ne leur pardonnerons jamais d'avoir pris le pouvoir par un coup d'État !* : **coup de force** ◆ **putsch** (= coup d'État militaire). On emploie parfois en ce sens le terme **pronunciamento**, qui désigne exactement l'acte par lequel des militaires déclarent dans un manifeste leur refus d'obéir au gouvernement ; → COMPLOT, ÉMEUTE et RÉVOLTE.

coupable

I [adj.] **1.** [qqn est ~] *L'affaire avait échoué ; il se sentait coupable* : ↓ **fautif** (qui suppose généralement une action moins répréhensible et prend une résonance purement morale : aussi ne l'emploie-t-on pas dans les contextes de type juridique : *déclarer coupable, plaider coupable* ; en outre, *fautif* ne convient pas lorsqu'il y a dans le contexte un complément introduit par « de » : *être coupable d'un crime*). *Se sentir coupable*, c'est éprouver de la **culpabilité** ; → RESPONSABLE I. **2.** [qqch est ~] *Faire preuve d'une négligence coupable* : [plus génér.] **grave** ; → BLÂMABLE, IMPARDONNABLE. *Des désirs coupables* : V. HONTEUX. *Des amours coupables* : **illicite, interdit, illégitime**.

II [n.] **1.** V. INCULPÉ. **2.** *Si vous recherchez le coupable, c'est moi !* [iron.] : **responsable**.

coupage V. mélange.

coupant V. tranchant I et II.

coupe

I **1.** *La coupe du visage* : **contour**. *Une coupe de tissu* : **coupon**. *Coupe sombre* : V. COUPER. **2.** *La coupe d'une ferrure* : V. SECTION. **3.** *Être sous la coupe de qqn* : [moins express. ; plus sout.] **dépendance** ; → SUBORDINATION.

II **1.** V. CALICE et VERRE. **2.** V. COMPÉTITION.

coupé V. automobile.

coupe-file V. laissez-passer.

couper **1.** [~qqch] Diviser un corps continu avec un instrument tranchant. *Couper du papier, de la viande* : **découper*** (= couper en plusieurs morceaux : *découper un canard*) ◆ **hacher** (= couper en menus morceaux : *hacher du persil*) ◆ **tailler** (= couper en donnant une certaine forme ; *couper* convient avec ce sens dans certains contextes : *tailler un crayon ; tailler, couper un costume*) ◆ **trancher** (= couper avec netteté à l'aide d'un instrument acéré : *trancher une corde avec un couteau* ; *couper*, dans ce contexte, est d'emploi moins sout.) ◆ **taillader** (= faire des coupures, des entailles, généralement dans des chairs ou dans une étoffe) ◆ **cisailler** (= couper avec une cisaille, ou comme avec une cisaille) ◆ **entailler** (= pénétrer dans qqch à l'aide d'un instrument tranchant : *entailler l'écorce d'un arbre*) ◆ [plus sout. ou techn.] **inciser** (*inciser la peau*) ; → BLESSER. **2.** Même sens que précédemment. Selon le compl. du verbe, on peut utiliser un verbe mieux approprié au contexte. *Couper un arbre* : V. ABATTRE. *Couper un membre* : **sectionner, amputer**. *Couper les branches d'un arbre* : **ébrancher** (= ôter tout ou partie des branches) ◆ **élaguer, émonder** (= ôter seulement les branches mortes ou inutiles). *Couper du bois* : **fendre** (qui se dit pour une bûche). *Couper de l'herbe* : **faucher**. *Couper le blé* : **moissonner**. *Couper la tête de qqn* : **décapiter** ◆ [plus partic.] **guillotiner**. *Couper un texte* : [plus péj.] **tronquer** ; → SUPPRIMER, SABRER,

ÉPURER. *Couper un animal* : V. CASTRER. *Couper à ras* : V. TONDRE. **3.** [~ qqch] Diviser en plusieurs parties. *Couper un arbre en morceaux* : **tronçonner** ; → PARTAGER. *Ce chemin coupe la route nationale* : **traverser**, **croiser**. *Couper une communication, la parole* : V. INTERROMPRE. *Couper un film par la publicité, c'est insupportable !* : [fam.] **saucissonner**. **4.** *Couper les bras, les jambes* : V. DÉCOURAGER. *Couper les cheveux en quatre* : V. EXIGEANT. *Couper la poire en deux* : V. COMPOSER IV. *Couper l'herbe sous le pied de qqn* : V. DEVANCER. *Couper le souffle, le sifflet, la chique* : V. ÉTONNER. *À couper au couteau* : V. DENSE. *Donner sa tête à couper que* : V. CONVAINCU. **5.** *Couper l'eau* : V. FERMER. **6.** *Couper le vin avec de l'eau* : V. MOUILLER. **7.** [~ à qqch] V. SE DÉROBER.

◇ **coupure** **1.** *Il s'est fait une coupure au doigt* : **entaille** ◆ **balafre**, **estafilade** (qui ne s'emploient que pour le visage) ◆ **incision** ; → PLAIE, BLESSURE. **2.** *Son film a subi de nombreuses coupures* : [moins pr.] **suppression** ◆ ↑ **être censuré**. **3.** *Des coupures de mille francs* : V. BILLET.

coupe-tifs V. coiffeur (*in* coiffer).

coupeuse V. couturière.

couple Se dit de deux personnes mariées ou non et qui vivent ensemble : **ménage** implique une vie domestique établie et partagée. *Se mettre en couple* : **s'installer ensemble**, **cohabiter** ; → SE MARIER.

couplet *Il n'a pu s'empêcher de placer son couplet sur la guerre de 1914* [fam.] : **refrain**, **rengaine** ◆ **sortie** (qui suppose de la violence verbale) ; → TIRADE, CHANSON.

coupole **1.** Partie demi-sphérique qui surmonte un édifice ; *coupole* est le terme propre pour désigner l'*intérieur* ◆ **dôme** ne peut se dire que de l'*extérieur*. **2.** [avec une majuscule] *La Coupole* : **l'Académie française**.

coupon **1.** V. coupe. **2.** V. titre* de transport.

coupure V. couper.

cour **1.** V. tribunal. **2.** V. courtiser.

courage *Il fallait avoir du courage pour faire la grève en sachant que l'on jouait sa situation* : [fam.] **cran**. *Il s'est battu avec courage* : [sout.] **bravoure**, **vaillance** ◆ ↑ **héroïsme** ; → ÂME, ÉNERGIE. *Perdre courage* : V. DÉCOURAGER. *Ne pas avoir le courage de* : V. FLEMME et HARDIESSE.

courageusement V. fièrement (*in* fier), vaillamment (*in* vaillant), stoïquement.

courageux V. hardi, vaillant, travailleur I.

couramment **1.** V. communément (*in* commun II), jour, vulgairement I. **2.** V. à livre ouvert.

courant

I [adj.] V. commun II, ordinaire, répandu, vulgaire I.

II [n.] **1.** V. souffle (*in* souffler). **2.** V. cours I. **3.** V. jus, électricité. *Au courant* : V. branché, informer, savoir I, secret III, parfum et course II.

courante V. colique.

courbatu V. moulu (*in* moudre).

courbe

I [adj.] Qui s'infléchit en forme d'arc, sans angle ni ligne droite : **courbé, recourbé, incurvé** ◆ **arqué, arrondi, voûté** (*un vieillard au dos courbé, voûté* ; courbe ne conviendrait pas ici) ◆ ↑ **cassé** ; → COUCHER I. *Un nez courbe, des jambes courbes* : ↑ **recourbé**, **arqué** ◆ **incurvé** (qui s'emploie généralement dans des contextes plus techn. au sens de « qui a été plié en forme de courbe » ; se dit soit d'une ligne, soit d'une surface : *un virage incurvé, une barre de fer incurvée*) ◆ **arrondi** (qui se dit de ce qui est courbe au point d'épouser la forme d'un rond) ; → BOMBÉ.

II [n.] Ligne ou forme courbe : **courbure** (= état de ce qui est courbe) ; → CONTOUR, SINUOSITÉ. *La courbe des reins* : **courbure**, **cambrure**. *La courbure d'une jambe* : **galbe**. *Les courbes d'une route* : **virage**. *Les courbes d'un fleuve* : **méandre**, **coude**. *La courbe d'un sourcil* : **arc**. *Les jolies courbes d'une grille en fer forgé* : **arabesque, volute**.

III *La courbe des salaires* ; [en partic.] **diagramme**, **graphique** (= représentations techniques des variations d'un phénomène) ◆ [plus génér.] **évolution*** ; V. VARIATION.

courber 1. V. baisser I, coucher I, plier I, tordre. 2. V. opprimer.
◇ **se courber** V. se plier II.

courbette V. flatter, salutation (*in* saluer).

courbure V. courbe.

coureur 1. Coureur cycliste ; [en partic.] **pistard** ou **routier** ; un routier peut être **grimpeur, rouleur** ; → BICYCLETTE. 2. *Son mari est un vrai coureur !* : **cavaleur, coureur de jupes, de jupons** ; → COURIR, COURTISER, DÉBAUCHE.

courir 1. [qqn, un animal ~] ↑ **galoper** (qui se dit cour. des animaux, et, fam., des personnes) ◆ ↓ **trotter, marcher** ◆ ↑ **bondir, s'élancer** (= se mettre brusquement à courir) ◆ [fam.] ↑ **tracer, cavaler, filer, détaler** (qui sont souvent renforcés par des express. à valeur superlative : *filer comme un lapin, à toutes jambes*) ◆ [express.] ↑ **fendre l'air, voler** ◆ **sprinter, piquer un sprint** (= courir le plus vite possible pendant un court moment). 2. [qqn ~] *Ce n'est pas la peine de courir, le train n'est qu'à 8 heures !* : ↓ **se dépêcher** ; → S'EMPRESSER, ACCÉLÉRER. *Tu peux toujours courir !* [fam.] : V. SE FOUILLER. 3. [express.] *Le bruit court que* : V. CIRCULER. *Par les temps qui courent* : V. ACTUELLEMENT. *Courir les bois* : V. BATTRE II. *Courir les honneurs* : V. RECHERCHER. *Courir les bals* : V. FRÉQUENTER. 4. [qqn ~ qqn] *Courir les filles* : V. COURTISER et COUREUR. *Courir les rues* : V. COMMUN II.

couronne 1. *La couronne d'une reine* : **diadème** (qui désignait dans l'Antiquité un riche bandeau, signe du pouvoir monarchique, se dit aujourd'hui d'une parure féminine, en forme de couronne) ◆ **tiare** (qui est portée par le pape). 2. V. MONARCHIE.

couronnement V. sacre (*in* sacrer).

couronner 1. V. sacrer I. 2. V. récompenser. 3. V. parfaire.

courrier V. correspondance, lettre II. *Courrier électronique* : **e.mail, mail** ◆ [recomm. off. en France] **mél,** (au Québec) **courriel.**

courroie *Les valises étaient retenues sur le porte-bagages par une courroie* : **sangle** (qui est d'emploi plus précis lorsque le contexte implique, comme ici, l'idée de serrage) ◆ **lanière** (qui est longue et étroite) ◆ [partic.] **bandoulière** (= courroie placée en travers de la poitrine et sur l'épaule pour porter qqch).

courroux V. colère.

cours

I 1. *Au cours de la semaine, dans le cours de la semaine* : V. PENDANT III. 2. *Le cours d'un événement* : V. ÉVOLUTION, DÉROULEMENT et SUITE. *Donner libre cours à* : V. MANIFESTER. 3. V. COURS D'EAU. *Le cours rapide d'un torrent* (= écoulement continu des eaux d'un cours d'eau) : **courant** (= mouvement de l'eau considéré relativement à sa force : on opposera ainsi le *cours* du Rhône, qui se rapporte à l'espace parcouru par les eaux du fleuve, et le *courant* du Rhône, qui se rapporte aux eaux vives du fleuve, par opposition à ses zones d'eaux calmes) ; → LIT II. *Le cours des astres* : V. MOUVEMENT.

II V. PROMENADE.

III V. PRIX I et VALEUR II.

IV Leçon donnée par un professeur : **enseignement** (= ensemble de cours) ◆ **séminaire** (= ensemble de cours spécialisés destinés à un auditoire restreint : *les cours, l'enseignement, le séminaire de linguistique appliquée*) ; → LEÇON, CONFÉRENCE, ENSEIGNER, ÉCOLE.

cours d'eau Nom génér. de toutes les eaux courantes : [partic.] **ruisseau,** [dimin.] **ru** (= tout petit cours d'eau) ◆ **rivière** (= cours d'eau de moyenne importance) ◆ **fleuve** (= grande rivière ayant beaucoup d'affluents et se jetant dans la mer) ◆ **torrent** (= cours d'eau à forte pente et à débit irrégulier) ◆ **gave** (= torrent pyrénéen) ◆ **affluent** (cours d'eau qui se jette dans un autre : *le Cher est un affluent de la Loire*) ; → CANAL.

course

I 1. *Nous avons fait une longue course dans la montagne* [partic.] : [cour.] **randonnée** (*faire une longue randonnée dans la campagne*) ; → PROMENADE. 2. *La course du soleil* :

V. MOUVEMENT. *La course d'un piston* : V. VA-ET-VIENT.

II V. COMPÉTITION. **1.** *La course à pied* : **course de vitesse** (qui implique toujours un **sprint**) ◆ [en partic.] **course de relais**, **course de fond**, **cross-country**, [abrév. cour.] **cross** ◆ **footing**, **jogging** (qui sont des courses hygiéniques et de détente, le second se pratiquant en zone urbaine). **2.** *La course à cheval* : [en partic.] **course de plat**, **course d'obstacles**, **steeple-chase** ◆ **omnium** (qui est ouvert à toutes les catégories) ◆ **critérium** (qui est réservé aux chevaux d'une même catégorie). *Jouer aux courses* : **parier** (*jouer, parier, placé, gagnant ; au tiercé, au doublé, au quarté...*). *Course de chevaux* : **réunion** (qui se tient sur un hippodrome). *Le monde des courses* : **turf**. **3.** *La course à bicyclette* : **cyclisme**. *Course cycliste sur route* : **course de plat, de côte**. *Course cycliste sur piste* : **omnium** (qui rassemble divers types de courses) ◆ **critérium** (qui sert à classer). **4.** *La course de taureaux* : **corrida**. **5.** *Course de bateaux* : **régate**. **6.** *Course de voitures* : [en partic.] **rallye**. **7.** *Être dans la course* [fam.] : [fam.] **être branché** ◆ [cour.] **se tenir au courant**. *Ne plus être dans la course* : V. DÉPASSÉ.

III V. COMMISSION II et PROVISION.

coursier V. cheval.

court **1.** Peu étendu en longueur ou en hauteur : ↑ **ras** (qui ne s'emploie que dans quelques contextes : *une herbe courte, rase ; des cheveux courts, ras*) ◆ **courtaud** (qui se dit de qqn qui a les jambes courtes) ; → PETIT. *Avoir la vue courte, les idées courtes* : **être borné***. *Le plus court chemin* : V. DIRECT. **2.** Qui dure peu de temps. *Nous n'avons donc passé qu'un court moment ensemble* : **bref** ◆ ↑ [sout., postposé] **éphémère** ; → PASSAGER, MOMENTANÉ. **3.** En quantité insuffisante. *Un texte court, mais dense* : **concis***. *Il ne me reste que 1 000 francs ; ce sera un peu court pour vivre pendant un mois* [assez fam.] : [cour.] **juste**, ↑ **insuffisant** (... *ce sera insuffisant...*). *Pris de court* : V. DÉPOURVU II. *À court de* : V. MANQUER et DÉMUNIR.

courtage V. commission I.

courtaud V. court, trapu.

courtier V. intermédiaire.

courtisan V. flatteur (*in* flatter).

courtisane V. prostituée (*in* prostituer).

courtiser **1.** *Il courtise depuis longtemps la femme de son voisin* : **faire la cour à** ◆ [fam.] **faire du plat à** ◆ **courir après** (qui s'emploie avec un compl. dir. dans les express. : *courir les filles, les femmes, les jupons, le cotillon*) ◆ [fam., parfois iron.] **conter fleurette**, **faire les yeux doux**, **faire du charme*** ◆ [fam.] **draguer** ; → COUREUR, GALANTERIE, INTIME, SORTIR AVEC. Les termes précédents n'impliquent pas que les efforts accomplis soient couronnés de succès ! Au contraire, **flirter** ne s'emploie que s'il s'établit des relations amoureuses, toujours passagères. **2.** *Faut-il vraiment courtiser les notables pour réussir ?* : ↓ **fréquenter*** ◆ [fam.] **lécher les bottes** ; → FLATTER.

courtois V. poli I.

courtoisie V. affabilité (*in* affable), galanterie, respect.

couru V. certain.

cousette V. couturière, midinette.

coussin **1.** Le **pouf**, l'**oreiller**, le **traversin*** sont des coussins à fonction particulière : l'un pour s'asseoir, les autres pour reposer la tête. **2.** *Des coussins de graisse commençaient à apparaître sur ses hanches* : **bourrelet** ◆ ↓ **coussinet**.

cousu (dans des express.) *Cousu d'or* : V. or. *Bouche cousue* : V. se taire. *Cousu de fil blanc* : V. grossier.

coût V. prix I.

couteau **1.** *Couper de la ficelle avec un couteau* (= arme blanche) : ↑ **coutelas** ◆ ↓ **canif** ◆ [partic.] **cran d'arrêt** ◆ [arg.] **surin** ; → POIGNARD. **2.** *Le couteau sous la gorge* : V. MENACE. **3.** V. SOLEN.

coutelas V. couteau.

coûter **1.** [~ + compl. ou adv.] Nécessiter telle somme d'argent pour être obtenu. *Combien coûte cette voiture ?* : **revenir** (qui se dit d'un coût total et suppose diverses sortes de dépenses : *à combien revient cette voi-*

ture ?) ◆ **valoir*** (= avoir une certaine valeur, indépendamment d'un acte commercial immédiat : *ce bijou vaut une fortune*). Dans la langue cour., ces trois verbes s'emploient l'un pour l'autre : V. COÛTEUX et PRIX I. **2.** [en ~ à qqn] *Il m'en coûte de vous abandonner* : V. PÉNIBLE. **3.** [~ qqch à qqn] *Ce travail lui a coûté bien des soucis* : **occasionner**, **causer** ◆ [d'emploi plus restreint] **valoir**. *Cela lui a coûté la vie* : **il l'a payé de sa vie** ; → MOURIR. **4.** *Coûte que coûte* : **à tout prix***, **quoi qu'il arrive**.

◇ **coûteux** *Malgré nos réductions, le voyage sera assez coûteux* [assez sout.] : [cour.] **cher** ◆ [assez sout.] **onéreux** (qui implique toujours des dépenses assez lourdes) ◆ [sout.] ↑ **dispendieux**, ↑ **ruineux** ◆ ↑ **hors de prix** (*hors de prix* est à *cher*, dans le langage cour., ce que *dispendieux* et *ruineux* sont à *coûteux*, dans le langage sout.) ; → ÉCORCHER, RICHE, PRIX.

coûteux V. coûter.

coutume V. habitude, rite, tradition, usage II. *De coutume* : V. ordinaire.

coutumier V. habituel (*in* habitude).

couture 1. V. piqûre (*in* piquer I). **2.** V. mode.

couturier, couturière Le couturier crée les modèles, dirige une maison de couture : ↑ **grand couturier**. La couturière exécute ou fabrique à son propre compte des vêtements de femme, comme le tailleur des vêtements d'homme. L'ouvrière en couture peut être **retoucheuse**, **finisseuse**, **coupeuse**, **essayeuse**. S'il s'agit d'une jeune apprentie, on l'appelle [fam., vx] **cousette**, **midinette**, [cour.] **petite main**.

couvée V. nichée (*in* nicher).

couvent V. cloître.

couver 1. [qqn ~ qqn] *Pauvre garçon ! sa mère l'a toujours couvé !* : ↓ **choyer**, **dorloter** ◆ [moins express.] **protéger** ◆ [fam.] **élever dans du coton**. *Couver des yeux* : V. REGARDER. **2.** [qqch ~] *Le feu couve sous la cendre* : [par métaph.] **dormir**. *La révolte couvait parmi l'équipage* : **gronder**.

couvert, couverture V. couvrir.

couveuse : [didact.] **incubateur**.

couvrante V. couverture (*in* couvrir).

couvre-chef V. coiffure.

couvre-lit, couvre-pied V. couverture (*in* couvrir).

couvrir 1. [qqn ~ qqch] *Il faudra couvrir tes cahiers avant la rentrée des classes* : **recouvrir***. *Couvrir un mur de tissu* : **revêtir**. *Couvrir son visage de ses mains* : **cacher**. *Couvrir d'une bâche* : **bâcher**. *Couvrir d'un dallage* : **daller**. **2.** [qqch ~ qqn, qqch]. *Le brouillard couvre la ville* : V. ENVELOPPER. *Le sol était couvert de papiers sales* : [assez sout.] **joncher** (qui ne se dit que du sol), ↓ **parsemer** (= couvrir çà et là) ◆ [fam.] **remplir**, **plein** (*le sol était rempli de, plein de papiers sales*) ; → CHARGER I, SEMER II. *Son corps était couvert de boutons* : **cribler** ; → ÉMAILLER. **3.** [~ qqn, qqch] *Je ne couvrirai pas vos propos !* : **cautionner** ; → ACCOMPAGNER, JUSTIFIER, PROTÉGER, DÉFENDRE II. *Couvrir d'injures* : V. ACCABLER II. **4.** V. PAYER. **5.** [en parlant des animaux] V. S'ACCOUPLER, MONTER II et SAILLIR II.

◇ **se couvrir** 1. [qqn ~] *Il faudra vous couvrir chaudement* : **se vêtir**, **s'habiller** ◆ ↑ **s'emmitoufler**. *Je vous en prie, couvrez-vous !* : **mettre son chapeau**. **2.** *Le temps se couvre* : **s'obscurcir**, **se charger** ; → SE BROUILLER, SE VOILER III.

◇ **couvert**

I [adj.] **1.** V. VÊTU. **2.** *Le ciel est couvert* : ↓ **nuageux** ◆ ↑ **bouché** ; → SE COUVRIR. **3.** *À mots couverts* : **en termes voilés**.

II [n.] **1.** *À couvert* : V. ABRI. **2.** *Voulez-vous mettre le couvert ?* : [plus cour.] **table**.

◇ **couverture** 1. *Il fait froid : prenez quelques couvertures supplémentaires* : [très fam.] **couvrante** ◆ **plaid** (= couverture de voyage) ◆ **couvre-pied** (= couverture de dessus plus épaisse) ◆ **couvre-lit** (= couverture d'ornement). **2.** *Il a acheté une vieille maison : les murs sont bons, mais toute la couverture est à refaire* : **toiture**, **toit**. **3.** *La couverture d'un livre* : **jaquette** (= couverture mobile à rabats) ◆ **liseuse** (= couverture interchangeable, génér. en cuir). *La* *couverture d'un cahier* : **protège-cahier**. **4.** V. PARAVENT.

crachat V. salive.

craché V. ressembler, vivant (*in* vivre I).

cracher **1.** *Il ne cesse de cracher, c'est agaçant !* : [didact.] **expectorer** (= expulser des bronches les mucosités qui s'y sont accumulées) ◆ **crachoter** (= cracher souvent et peu) ◆ [très fam.] **glavioter, molarder** (= cracher gras) ◆ **recracher** (= cracher ce que l'on vient de mettre en bouche) ◆ ↑ **vomir***. **2.** [~ sur qqn] V. MÉPRISER. **3.** [qqch ~] *La cheminée crachait une fumée épaisse* : [moins express.] **rejeter, projeter** ◆ ↑ **vomir**. **4.** V. PAYER.

crachin V. pluie.

crachiner V. pleuvoir.

crachoter V. cracher.

crack V. as.

cracra, crado V. sale.

craindre *Il ne craint ni les choses ni les hommes* : **avoir peur de** ◆ ↑ **redouter** ◆ **appréhender** (qui implique, davantage que les précédents, l'attente d'un événement à venir : *on appréhende d'aller chez le dentiste*). *Craindre pour la vie de qqn* : ↑ **trembler**. *Il craint son père* : **obéir***, **respecter** ; → RÉVÉRER, CRAINTE, NE PAS OSER*, HÉSITER, TREMBLER.

◇ **crainte** *La crainte du danger le rendait maladroit* : **peur** ◆ **appréhension** ◆ ↑ **phobie** (= peur maladive : *avoir la phobie des ascenseurs*) ◆ **inquiétude** (= état intellectuel et affectif pénible, dû à la crainte d'un danger, à une situation d'incertitude, d'irrésolution) ◆ [fam.] **trac**, ↑ **frousse** ◆ [très fam.] **trouille, chocottes** (*avoir les chocottes*), **pétoche** ◆ **alarme** (qui ne s'emploie guère que dans l'expression sout. *jeter l'alarme dans*) ; → AFFOLEMENT, EFFROI, ANGOISSE, PEUR, SOUCI.

◇ **craintif** *C'est un enfant craintif : un rien l'effraie* : ↓ **timide** (qui implique surtout un manque de confiance en soi) ◆ ↑ **timoré** (qui se dit de celui qui craint les risques, les responsabilités) ◆ [péj.] ↑ **pusillanime** (qui se dit de celui qui est craintif jusqu'à la lâcheté) ; → PEUREUX, TREMBLANT, GÊNÉ. Contrairement à ses syn., *craintif* se dit aussi des animaux et peut avoir pour syn. : ↑ **sauvage** ; → FAROUCHE.

cramer V. brûler.

cramoisi V. rouge.

crampe V. contraction (*in* contracter), tiraillement (*in* tirer I).

crampon V. collant (*in* colle I).

cramponner V. ennuyer.

◇ **se cramponner** V. accrocher III, se retenir.

cran **1.** V. ondulation (*in* onde II). **2.** V. entaille. **3.** V. courage. **4.** *Être à cran* : V. énervé (*in* énerver). *Cran d'arrêt* : V. couteau.

crâne **1.** *Il s'est fendu le crâne en tombant de bicyclette* : [plus génér.] **tête***. *Il n'a plus un seul cheveu sur le crâne* : [fam.] **caillou**. **2.** [par méton.] *Vous pouvez lui répéter cent fois la même chose : il n'a rien dans le crâne !* : **cervelle**. *Bourrage de crâne* : V. ENDOCTRINEMENT.

crânement V. fièrement (*in* fier).

crâner V. poser III.

crâneur V. vaniteux (*in* vanité).

crapule V. coquin, misérable, salaud, sale, vaurien.

craque V. conte.

craqueler (se) *La terre se craquelait sous l'effet de la chaleur* : **se fendiller, se fissurer** ◆ ↑ **se fendre, s'ouvrir, se crevasser** ◆ ↑ **se lézarder** (qui se dit surtout en parlant d'un mur).

craquer **1.** [qqch ~] Émettre un bruit sec : **croquer** (*croquer sous la dent*). *Quel coup de tonnerre ! Ça a craqué !* : **claquer** ◆ [fam.] **péter** ◆ **ça a fait un de ces bruits !** *La neige craque sous les pas* : **crisser**. **2.** [qqch ~] V. SE ROMPRE. **3.** [qqn ~] *Ses nerfs n'ont pas tenu : il a craqué* [fam.] : [cour.] **flancher**, ↑ **s'effondrer** ; → DÉPRI-

MER, ABANDONNER, RECULER. **4.** *Devant du chocolat, je craque !* : **fondre ◆ déclarer forfait, céder** (qui s'emploient dans d'autres contextes).
◇ **craquant** V. IRRÉSISTIBLE.

crash V. accident.

crasse
I [n.] **1.** *Il s'était habitué à vivre dans la crasse* : ↓**saleté*** ; → ORDURE. **2.** *Il m'a fait une crasse* [fam.] : **vacherie ◆ sale tour, tour de cochon** (*jouer un tour*) ◆ [moins express.] ↓**méchanceté** ; → TOUR III.
II [adj.] *Il est d'une ignorance crasse* [fam.] : [cour.] **grossier** ; → PROFOND II.

crasseux V. malpropre, noir, sale.

cravache V. baguette, fouet.

cravacher V. travailler I.

crayeux V. blanc I.

crayonner V. dessiner.

créance, créancier V. dette.

créateur V. créer.

créatif V. imagination (*in* imaginer).

création V. créer.

créativité V. imagination (*in* imaginer).

créature **1.** V. personne I, homme. **2.** V. protégé (*in* protéger).

crèche V. maison, pièce I.

crécher V. demeurer.

crédence V. vaisselier.

crédibilité V. crédit, vraisemblance.

crédible V. vraisemblable.

crédit
I **1.** Somme mise à disposition de qqn : **prêt** (qui se dit en général d'un crédit à moyen ou long terme) ; → AVOIR IV. **2.** *Payer à crédit* : **à tempérament***.
II *Depuis le scandale financier, le ministre a perdu tout crédit* : **crédibilité** ; → RÉPUTATION, INFLUENCE, POUVOIR II, PUISSANCE.

credo V. croire.

crédule V. candide (*in* candeur), confiant (*in* confier I), naïf, simple.

crédulité V. candeur, confiance (*in* confier I), naïveté (*in* naïf).

créer **1.** [en termes de religion] *Dieu créa le Ciel et la Terre* : [de sens plus restreint] **former, faire**. **2.** Se dit des choses auparavant inconnues ; ce verbe suppose à la fois l'invention et la réalisation : **concevoir, imaginer, innover** (qui impliquent seulement l'invention) ; → COMPOSER I, INVENTER. **3.** V. CONSTITUER et ÉTABLIR. **4.** V. OCCASIONNER et PRODUIRE II.
◇ **créateur** **1.** *Le Créateur* : **Dieu***. **2.** V. AUTEUR, INVENTEUR et PÈRE.
◇ **création** **1.** [en termes de religion] *La Création* : **Genèse** (dans l'Ancien Testament). *Admirer la Création* : [de sens plus restreint] **Univers, monde, nature**. *Le ciel existe depuis la Création* : **origine, commencement**. **2.** *L'essentiel, dans l'art, reste la création* : [plus restreint] **imagination, invention, innovation**. **3.** V. CONSTITUTION.

crémation est le terme propre pour les humains ; [pl. cour.] **incinération** s'emploie aussi pour les choses. Dans beaucoup de contextes, on dira selon le sens **incinérer, se faire incinérer** (*je souhaite l'incinération, me faire incinérer, être incinéré*).

crème
I [n.] **1.** Entremets plus ou moins liquide : [partic.] **flan**. **2.** *Il y avait là toute la crème de la haute société parisienne* [fam.] : **gratin** ; → ÉLITE, HAUT I, MEILLEUR.
II [adj.] V. BLANC I.

créneau V. temps. *Monter au créneau* : V. attaquer.

créole **1.** V. métis. **2.** V. boucle.

crêpe V. voile (*in* voiler I).

crêper V. friser I.

crépiter V. pétiller.

crépu V. frisé.

crépuscule *Nous partirons au crépuscule* : [plus cour.] **fin, tombée du jour** ◆ [sout.] **déclin du jour** ◆ [peu employé] **à la brune** ; → AUBE, SOIR.

crésus V. riche.

crêt V. montagne.

crête V. sommet.

crétin V. abruti (*in* abrutir), sot, stupide.

creuser **1.** [génér.] : **faire un trou*** ◆ [partic.] **défoncer, fouiller** (qui s'emploie pour la terre), **piocher, évider, forer**. *L'eau a creusé la terre* : V. MINER. **2.** *Creuser un problème* : V. APPROFONDIR. **3.** *Ça creuse !* : V. FAIM.

◇ **se creuser** *Il n'a pas trouvé la solution ; il faut dire qu'il ne s'est guère creusé !* [fam.] : **se creuser la cervelle, se casser la tête** ; → SE FATIGUER.

creux

I [adj.] **1.** *Le manche de ce couteau est creux* (se dit de ce qui est vide à l'intérieur) : **évidé** (qui signifie qu'on a ôté quelque chose qui existait). **2.** *Ce discours est creux* : **plat, futile** ; → VIDE I. *Avoir l'estomac creux* : [fam.] **dans les talons** ; → LÉGER.

II [n.] *À cet endroit, l'eau s'accumulait dans un creux* : [plus précis] **cuvette** ; → CAVITÉ, VIDE II, TROU.

crevant **1.** V. amusant (*in* amuser), comique. **2.** V. tuant (*in* tuer).

crevasse V. fente (*in* fendre), gerçure (*in* gercer).

crevasser (se) V. se craqueler.

crevé V. fatigué (*in* fatigue).

crève-la-faim V. affamé, misérable.

crever **1.** [intr.] [qqch ~] *Des bulles venaient crever à la surface de l'eau* : [moins pr.] **éclater**. *L'abcès va crever* : **percer***. *La digue a crevé sous la poussée des eaux* : [plus sout., moins express.] **se rompre**. **2.** [intr.] V. MOURIR et S'ÉTEINDRE. **3.** [tr.] V. FATIGUER. **4.** *Cela crève les yeux* [fam.] : **sauter aux yeux** ◆ [cour.] **être évident** ; → TOMBER* SOUS LE SENS. **5.** *Crever la, de faim* [fam.] : [cour.] **être affamé*** ◆ [fam.] **manger de la vache enragée** (c'est plus généralement connaître une période matériellement difficile).

◇ **se crever** V. TRAVAILLER I.

cri **1.** *Il poussa un cri* [génér.] (= tout son perçant que lance la voix) : V. APPELER I et CRIER. Les synonymes se répartissent selon l'émotion, le sentiment que trahit le cri. *Un cri de joie* : ↑ **hurlement**. *Un cri de douleur* : ↓ **gémissement**, ↑ **hurlement** ◆ [fam.] ↑ **braillement, beuglement**. *Un cri d'indignation, de colère* : ↑ **hurlement, vocifération**. *Un cri d'approbation* : V. ACCLAMATION, EXCLAMATION et VOIX I. *Les cris d'un nouveau-né* : **vagissement**. **2.** *À grands cris* : *il réclamait à grands cris une modification du règlement* : **à cor et à cri** ◆ [sout.] **véhémentement**. *Du dernier cri* : V. MODE.

◇ **crier** Émettre un son perçant avec la voix : [très fam., génér.] **gueuler**. **1.** [qqn ~] *Il se mit à crier de douleur* : ↑ **hurler** ◆ [fam.] **brailler**, ↑ **s'égosiller** ◆ [fam., péj.] **braire, beugler, bramer** ◆ [plus express.] ↑ **rugir**. *Tu ne peux donc pas parler sans crier ?* : ↑ **hurler** ◆ [fam.] **criailler, piailler, piauler**, ↑ **brailler** ◆ **glapir** (qui évoque une voix aiguë et désagréable). *Il est en colère, alors il crie !* : [fam.] **brailler** ◆ ↑ **hurler, tonner, vociférer**, [rare] **tonitruer** ◆ [très fam.] **donner un coup de gueule, pousser une gueulante** ; → ABOYER II, FORT III. **2.** *Les oiseaux crient* : V. CHANTER. **3.** [qqn ~ qqch] *La victime criait son innocence* : **clamer, proclamer**.

◇ **criant** *L'injustice est criante !* : **évident, flagrant, manifeste** ◆ [plus partic.] **révoltant** ; → SCANDALEUX. *Ce film est d'une vérité criante* : **frappant, saisissant** ; → ÉCLATANT, ÉTONNANT.

◇ **criard** **1.** [qqn est ~] *Des enfants criards* : **braillard** ◆ [très fam.] **gueulard**. **2.** [qqch est ~] *Je trouve que le biniou émet des sons criards* : **aigre*** ◆ **qui écorche les oreilles** ◆ **strident, perçant** (qui se disent de sons qui percent les oreilles) ◆ [non péj.] **aigu** (qui signale seulement la hauteur d'un son) ◆ **discordant, dissonant** (se disent de sons qui ne s'accordent pas entre eux). **3.** [qqch est ~] *Des couleurs criardes* (= qui choquent la vue) : ↓ **voyant** ◆ **tapageur** (qui évoque l'idée d'ostentation) ◆ **discordant** (qui se dit de couleurs qui ne s'accordent pas entre elles), **de mauvais goût**.

criblage V. triage.

crible V. tamis, fouiller.

cribler **1.** V. tamiser (*in* tamis). **2.** V. accabler, couvrir. **3.** V. émailler.

criée V. enchère.

crier V. cri.

crime **1.** Crime de sang : [didact.] **homicide volontaire** ◆ (d'emploi plus restreint) **meurtre** ◆ **assassinat** (qui implique la préméditation). **2.** *Le viol est un crime* (= grave infraction à la loi morale et à la loi civile) : ↓ **délit** ◆ ↑ **forfait**, **atrocité** ; → FAUTE, HORREUR. *Un crime contre la pudeur* : **attentat***. *Un crime contre l'État* : V. COMPLOT. *Les milieux du crime* : **banditisme**, ↑ **grand banditisme** ◆ [partic.] **mafia** ◆ ↓ **délinquance** ; → INFRACTION. **3.** *Quel crime de servir un champagne chambré !* : V. DOMMAGE.

criminel V. meurtrier I et II.

crin **1.** V. bourrage. **2.** V. cheveux.

crinière V. cheveux.

crique V. golfe.

criquet V. sauterelle.

crise **1.** V. ACCÈS II. **2.** Phase de déséquilibre dans la vie d'une personne, d'une société. *Les moments de crise sont toujours difficiles à traverser* : ↓ **déséquilibre**, **rupture** ◆ ↓ **tension**. *Une crise économique* : ↓ **récession**, ↑ **marasme**. *Les négociations n'ont pas abouti ; c'est la crise* : ↑ **impasse** ; → ÉCHEC. *Une crise morale* : ↓ **malaise***.

crispation V. contraction (*in* contracter).

crisper **1.** V. serrer I. **2.** V. irriter, énerver.

crissement V. sifflement.

crisser V. craquer, grincer.

cristallerie V. verrerie.

cristallin V. clair, transparent.

critère V. raison II.

critérium V. compétition, course II.

critiquable V. blâmable.

critique

I [n. f.] **1.** *Faire la critique d'un ouvrage* : V. ANALYSE. *Son film a eu une bonne critique* : [très génér.] **accueil** ◆ [plus partic.] **presse**. **2.** *La critique unanime a salué son film* (= ensemble de ceux qui font le métier de juger et de commenter les œuvres nouvelles) : **presse**, **médias**, **journalistes**. **3.** *Recevoir des critiques* : V. ATTAQUE, REMARQUE, OBJECTION, OPPOSITION et REPROCHE.

II [n. m.] Celui dont le métier est de juger des œuvres de l'esprit : [plus génér.] **commentateur** ◆ **censeur** (qui est péj. dans ce sens, ou se dit spécialement de celui qui est nommé par les pouvoirs publics pour examiner les livres, les films, avant leur publication) ◆ [sout.] **contempteur**.

◇ **critiquer** [~ qqn, les actes de qqn] *Les décisions gouvernementales ont été sévèrement critiquées par l'opposition* : [sans adv. d'intensité] ↑ **fustiger**, **stigmatiser**, **blâmer** ◆ [fam.] ↓ **chicaner**, **débiner**, **esquinter**, ↑ **éreinter**, **taper sur** ◆ **casser du sucre sur le dos de qqn**, **jeter une pierre dans le jardin de qqn** ; → ATTAQUER, CONTESTER, JASER, CONDAMNER, CONTREDIRE, DÉSAPPROUVER, HONNIR.

III [adj.] **1.** *Son fils traverse une période critique* : **difficile** ; → DANGEREUX. **2.** V. DÉCISIF et SÉRIEUX. **3.** V. NÉGATIF.

croc V. dent.

crochet V. détour, incursion.

crocodile V. alligator.

croire **1.** [~ qqch] *Il croit tout ce qu'on lui dit* : **admettre** ◆ [fam.] **avaler**, **gober**, **prendre pour argent comptant** ◆ [fam.] ↓ **prêter l'oreille à**. *Faire croire. On lui a fait croire que tu ne viendrais pas* : **persuader**, **convaincre** ; → TROMPER. **2.** [~ qqn] *J'ai eu tort de le croire* : **écouter**, **se fier à**, **avoir confiance en** ; → PRENDRE AU SÉRIEUX*. **3.** [intr.] *Ne renoncez pas : il faut croire* : **avoir**

la foi. *Se mettre à croire* : V. CONVERTIR. *C'est ce qu'il croit !* : **c'est son credo**. **4.** [~ qqn + attribut] *Le croyez-vous capable de réussir ?* : **estimer***, **juger**. *Je me crois capable de* : V. SE VOIR et SE FLATTER DE. **5.** [~ + complétive] *Je crois que je ne sortirai pas cette semaine* : **penser** ◆ [plus sout.] **présumer** ; → INCLINER II, ESTIMER III, ADMETTRE. [au condit.] *On croirait que c'est un vrai palmier* : [plus cour.] **dire** ; → JURER I. *Si tu crois que je céderai, tu te trompes !* : **s'imaginer** ◆ [plus fam.] **se figurer**.

◇ **croyable** [le plus souvent en phrase interr. ou nég.] *Il a encore perdu ? Ce n'est pas croyable !* : **imaginable**, **possible** ◆ [en phrase nég.] : **incroyable**, **inimaginable**, **impossible** [en phrase affirmative] ; → EXTRAORDINAIRE.

◇ **croyance** [de croire 3] **1.** *La croyance en Dieu* : ↑**foi** ; → DOUTE. **2.** [pl.] *Il était homme à respecter toutes les croyances* : **conviction** ; → DOCTRINE. La **superstition** est une croyance aux présages, aux signes.

◇ **croyant** **1.** *Êtes-vous croyant ?* : ↑**pieux** (qui implique non seulement que l'on soit croyant, mais qu'on accorde en outre une grande importance aux pratiques de la religion liées à la ferveur de la foi) ◆ **dévot** (qui est souvent employé péj. pour qualifier qqn qui attache plus d'importance aux pratiques religieuses qu'aux réalités de la foi qu'elles sont censées manifester) ◆ [très péj.] **bigot*** ◆ **mystique** (= qui recherche, au plus profond de lui-même, une union intime avec Dieu) ◆ **pratiquant** (= qui suit régulièrement les pratiques culturelles de sa religion) ◆ [plus génér.] **religieux** (qui s'emploie dans des contextes comme : *c'est qqn de très croyant, pieux, religieux* et insiste sur la fidélité aux principes et aux pratiques d'une religion). [n.] V. FIDÈLE II. **2.** *Devenir croyant* : V. CONVERTIR.

croisée **1.** V. carrefour. **2.** V. fenêtre.

croisement V. carrefour, intersection.

croiser **1.** V. couper, traverser. **2.** V. rencontrer. **3.** V. mêler.

croisière V. voyage.

croisillons V. barre I.

croissance V. développement II.

croissant [adj.] *Cette nouvelle mode a un succès croissant* : **grandissant**.

croître **1.** V. augmenter, pousser IV, se multiplier. **2.** V. exciter.

croix **1.** Terme général pour désigner la représentation du gibet sur lequel Jésus-Christ fut mis à mort : **calvaire** (= représentation de la scène de la crucifixion) ◆ **crucifix** (= croix sur laquelle figure Jésus-Christ crucifié : *adorer la croix, le crucifix ; admirer un calvaire breton*). *Faire le signe de croix* : **se signer**. **2.** *La souffrance l'accable depuis des années, mais elle porte sa croix avec beaucoup de courage* (= peines, afflictions envoyées par le sort) : [plus cour.] **calvaire** (qui est d'un emploi plus libre que *croix* : *quel calvaire !, c'est un véritable calvaire !*) ◆ **épreuve** ◆ ↑**martyre** ; → SOUFFRANCE. **3.** [partic.] *Croix gammée* : **svastika** [masc.].

croquant V. paysan.

croque-mort V. sinistre, funèbre.

croquenot V. chaussure (*in* chausser).

croquer

I **1.** V. mordre. **2.** V. craquer. **3.** V. dépenser (*in* dépense).

II V. dessiner (*in* dessin).

croquis V. dessin.

cross-country V. course II.

crosses V. dispute (*in* disputer).

crotale V. serpent à sonnette*.

crotte V. boue, excréments, saleté.

crotté V. sale.

crouler **1.** [qqch ~] *Cette vieille maison croule* (= tomber de toute sa masse, s'abattre) : [cour.] **s'écrouler** ◆ ↑**tomber en ruine** ◆ **s'ébouler** (qui se dit de ce qui a été mis en tas) ◆ **s'effondrer, s'affaisser** (qui se disent de ce qui croule sous le poids ou par manque d'appui : *une maison s'écroule, s'effondre ; un tas de terre s'éboule*) ; → TOMBER. **2.** [~ sous qqch] *Je croule sous le* *travail !* : **ne plus savoir quoi faire de** ; → ACCABLER I.

croup V. diphtérie.

croupe V. derrière.

croupir **1.** [qqn ~] *Croupir dans la paresse* (= se complaire dans un état dégradant) : [fig.] **moisir**, **pourrir** ◆ **s'enliser** (qui indique cependant non un état, mais une action) ◆ **végéter** (qui n'implique pas, comme *croupir,* l'idée d'une déchéance) ; → S'ENCROÛTER. **2.** [qqch ~] *Les eaux croupissaient au soleil* : ↓ **stagner** (qui n'implique pas forcément l'idée de pourriture) ◆ **pourrir** (qui ne se dit guère en parlant d'eau) ; → MOISIR, SÉJOURNER.

croustillant V. gaillard.

croûte **1.** *Une croûte de pain rassis* : **croûton**. *Casser la croûte* [fam.] : V. POUCE, MANGER I et NOURRITURE. *Gagner sa croûte* : V. VIE. **2.** *La croûte terrestre* : **écorce** ; → COUCHE III. **3.** *Quelle croûte !* : V. IMBÉCILE. **4.** V. TABLEAU. **5.** V. CUIR.

croûton V. croûte, morceau.

croyable V. croire.

croyance, croyant V. croire.

C.R.S. V. agent de police.

cru

I [adj.] **1.** *Une lumière crue* : **violent**, **vif** ; → FORT II. **2.** *Une histoire crue* : V. GAILLARD I et HARDI. *Une peinture très crue du monde moderne* : ↓ **réaliste** ◆ ↑ **sans concession**, **brutal**. **3.** *Vous êtes un imbécile, je vous le dis tout cru !* [fam.] : **tout net** ◆ [cour.] **crûment**, **comme je le pense**, **sans mâcher mes mots** ; → FRANCHEMENT, AMBAGES. **4.** *Monter à cru* : **sans selle**.

II [n.m.] V. VIN.

cruauté V. cruel.

cruche V. niais.

crucial V. décisif (*in* décider).

crucifix V. croix.

crue V. montée (*in* monter), débordement (*in* déborder). *Être en crue* : V. monter I.

cruel **1.** [qqn est ~] *C'était un homme si cruel que son seul regard vous glaçait d'épouvante* : **barbare**, **inhumain** ◆ **sadique** (qui insiste sur le plaisir pervers ressenti à la souffrance d'autrui) ◆ **sauvage**, ↑ **féroce**, **sanguinaire** (qui conviennent aussi en parlant d'un animal) ; → MAUVAIS I, MÉCHANT II. **2.** [qqch est ~] *Il était poursuivi par un destin cruel* : ↑ **implacable**, **inexorable**, **impitoyable** ; → EFFROYABLE. *La cruelle nécessité de se séparer* : ↓ **dur** ; → AMER. *Un cruel embarras* : **pénible**. *Une réplique cruelle* : **cinglant**, **féroce**.

◇ **cruauté** **1.** [~ de qqn] V. BRUTALITÉ. **2.** [~ de qqch] *La cruauté du destin l'accablait* : ↓ **dureté**, **hostilité** ◆ [sout.] ↓ **rigueur**. **3.** Acte cruel [de cruel 1°] **barbarie**, **inhumanité**, **sadisme**, **sauvagerie**, **férocité**, **atrocité** ◆ ↓ **excès**, **brutalité***.

cruellement V. méchamment (*in* méchant II), rudement (*in* rude), sauvagement.

crûment V. cru, nûment (*in* nu).

crypte V. cimetière.

cubage V. volume II.

cube V. écolier (*in* école).

Cubitainer V. bonbonne.

cucul la praline V. cul.

cueillette V. récolte.

cueillir **1.** V. ramasser, récolter (*in* récolte). **2.** V. arrêter II.

cuiller V. appât.

cuir *Aimez-vous porter des vêtements en cuir ?* : **peau** (qui se dit de certains cuirs souples) ◆ **croûte** (= côté chair du cuir) ◆ **fleur** (= côté poil d'un cuir refendu) ◆ [partic.] **box** (= cuir de veau), **maroquin** (= cuir de chèvre ou de mouton tanné spécialement), **basane** (= peau très souple de mouton), **chagrin** (= cuir grenu de chèvre, d'âne ou de mouton).

cuirasser V. endurcir.

cuire **1.** [qqch ~] *Le rôti cuit doucement* : [plus partic.] **mijoter** (qui ne se dit que d'un plat qui cuit doucement et, le plus souvent, dans son jus ; un pot-au-feu peut *mijoter*, mais pas un rôti). *Cuit* : V. À POINT*. *Trop cuit* : V. BRÛLER. **2.** [qqch ~] *Le soleil cuit, ça va cuire !* : V. CHALEUR et CHAUFFER. *Qqn est cuit par le soleil* : V. BRONZÉ. **3.** [~ qqch] Terme génér. auquel on peut substituer, selon le sens du contexte, des termes plus partic. : **bouillir**, **braiser**, **sauter**, **poêler**, **rissoler**, **frire**, **griller**, **rôtir**. *Faire cuire* : V. ACCOMMODER I. **4.** [qqn est ~] *Cette fois il est cuit ! il ne pourra pas s'échapper !* [fam.] : V. BON I.

cuisant V. désagréable, douloureux (*in* douleur), mordant (*in* mordre).

cuisine **1.** Pièce où l'on prépare les repas : **office** (= pièce attenante à la cuisine, dans une grande maison). *Elle est toujours dans sa cuisine !* : [fam.] **casseroles**. **2.** *Tu aimes faire la cuisine ?* : [fam.] **popote**, **tambouille**, **bouffe** ; → ALIMENT, METS. *L'art de la cuisine* : **gastronomie**. **3.** V. AGISSEMENTS et COMBINAISON.

◇ **cuisinier, cuisinière** Personne qui a pour métier de faire la cuisine : [fam.] **cuistot** ◆ [péj. et rare] **gâte-sauce**, **gargotier** ◆ **chef** (= chef cuisinier) ◆ **marmiton** (= aide cuisinier) ◆ [litt.] **maître queux** (= chef cuisinier) ◆ **cordon-bleu** (qui se dit plus souvent pour une femme et désigne une personne qui cuisine à la perfection) ; → SERVITEUR.

cuisiner **1.** V. accommoder II. **2.** V. demander, interroger.

cuisinier, cuisinière V. cuisine.

cuisse **1.** La cuisse du mouton est le **gigot** ; celle du porc, le **jambon**. **2.** *Se croire sorti de la cuisse de Jupiter* : **ne pas se prendre pour rien** ; → ORGUEILLEUX.

cuistot V. cuisinier.

cuistre V. pédant.

cuite V. s'enivrer, ivresse (*in* ivre).

cuiter (se) V. s'enivrer.

cuivré V. bronzé.

cul **1.** V. DERRIÈRE. **2.** *Le trou du cul* [vulg.] : [cour.] **anus**. *Du papier cul* : V. HYGIÉNIQUE. **3.** *Des histoires de cul* : V. SEXE. **4.** *En avoir plein le cul* : V. ASSEZ. *Tirer au cul* [très fam.] : [fam.] **tirer au flanc** ◆ [cour.] **ne rien faire** ◆ [sout.] **paresser** ; → ABSENCE. *Se taper le cul par terre* : V. RIRE. *Lécher le cul* : V. FLATTER. *Péter plus haut que son cul* : V. VANITEUX. **5.** *Ce film était un peu cul* [très fam.] : **cucul**, **cucul la praline** ◆ [cour.] **idiot** ; → SOT. *Quel cul, ce type !* [très fam.] : [fam.] **abruti***.

culbute V. cabriole, chute I.

culbuter **1.** [intr.] *La voiture a culbuté dans le ravin* : **basculer** (qui évoque, davantage que *culbuter*, la perte d'un équilibre ; ces deux verbes s'emploient aussi en parlant de personnes, contrairement à **capoter** et à **chavirer**, qui ne se disent guère que des véhicules) ◆ **verser*** I ; → TOMBER. **2.** [~ qqn, qqch] V. RENVERSER et REPOUSSER.

cul-de-lampe V. vignette.

cul-de-sac V. impasse, rue.

culminant *Le point culminant de* : **sommet*** ; → COMBLE I.

culot V. aplomb II, oser, à couper le souffle* (*in* souffler).

culotte **1.** *Des culottes courtes* : **short**. *Des culottes longues* : **pantalon**. *Des culottes mi-longues* : **bermuda**. Le **caleçon** est une culotte sous-vêtement : V. SLIP. Dans le langage cour., ce terme est souvent pris comme générique des précédents (*il a fait un trou à sa culotte*). **2.** *Trembler, chier dans sa culotte* [vulg.] : [cour.] **avoir peur***. *Poser culotte* : V. CHIER. *Porter la culotte* : V. COMMANDER I.

culotté *Il refuse de vous obéir ? il est culotté !* [fam.] : [plus fam.] **gonflé** ; → HARDI, ABUSER II, APLOMB II.

culotter V. salir.

culpabiliser V. responsable I.

culpabilité V. coupable I.

culte 1. V. religion, rite. 2. V. adoration, vénération (*in* vénérable). 3. *Film-culte* : V. SUCCÈS.

cul-terreux V. paysan.

cultivable V. arable.

cultivateur V. agriculteur.

cultivé V. évolué, instruit (*in* instruire), lettré (*in* lettre III).

cultiver 1. *Cultiver la terre* : V. TRAVAILLER, AMEUBLIR et RETOURNER. *En Touraine, on cultive la vigne* : **élever** (qui s'emploie aussi dans ce contexte : plante noble demandant beaucoup de soins, comme **cultiver** pour certains animaux fixés et inférieurs : *cultiver les huîtres*). 2. *La fréquentation des bibliothèques cultive l'intelligence* : **éduquer**, **former** ; → DÉVELOPPER II. 3. *Cultiver ses relations* : **soigner** ; → ENTRETENIR.

cultuel V. rituel (*in* rite).

culture

I 1. *La culture et l'élevage constituent l'agriculture**. Il peut s'agir de culture diversifiée, ou **polyculture**, ou de **monoculture** ; → PLANTATION. 2. *Les cultures sont belles dans cette région !* : **terres cultivées** ; → CAMPAGNE, TERRE II.

II 1. V. SAVOIR II et CIVILISATION. 2. *Culture physique* : V. SPORT.

cumuler V. réunir.

cupide V. avare, rapace.

cupidité V. avarice, convoitise (*in* convoiter).

cure V. thérapeutique. *N'avoir cure de* : V. se soucier (*in* souci).

curé V. clergé, prêtre.

curer V. nettoyer.

cureton V. prêtre.

curieusement V. bizarrement (*in* bizarre).

curieux 1. *Je suis curieux de voir s'il réussira* : V. IMPATIENT. 2. *C'est un personnage vraiment très curieux* (= qui attire l'attention et provoque le rire ou la surprise) : V. AMUSANT, SINGULIER, SURPRENANT et BIZARRE. 3. *Nous détestons les gens curieux, ici !* : [plus rare] **indiscret**. *La police cherchait à éloigner les curieux* : [plus partic.] **badaud**. 4. *Une collection de pièces curieuses* : [plus génér.] **rare*** ; → BIZARRE.

curiosité 1. V. attention I, intérêt. 2. V. indiscrétion (*in* indiscret). 3. V. rareté (*in* rare).

cuve Grand récipient à usages multiples : **cuveau** (= petite cuve) ◆ [vx] **cuvier** (= cuve à lessive) ◆ **bac**, **baquet** (= petites cuves) ◆ **cuvette** (= ustensile de cuisine ou de toilette) ; → CREUX.

cybernétique V. communication.

cycle 1. V. système. 2. V. bicyclette.

cyclisme V. course II.

cycliste V. bicyclette, coureur.

cyclomoteur En termes techn., le cyclomoteur a une cylindrée inférieure à 50 cm^3, celle du **vélomoteur** est comprise entre 50 et 125 cm^3 ; au-dessus, on parle de **motocyclette**. Dans l'usage cour., on oppose simplement **vélomoteur** et **moto**. Le **scooter** (**Vespa** marque déposée), le **side-car** sont des types partic. de moto.

cyclone V. tempête, vent.

cynique V. impudent.

cynisme V. impudence (*in* impudent).

D

dactylographier V. écrire, taper.

dada **1.** V. cheval. **2.** V. manie.

dadais V. niais.

dague V. poignard.

daigner V. s'abaisser à II.

dais Ouvrage de bois ou tenture, suspendus au-dessus de la place qu'occupe, en certaines occasions, un personnage éminent (par ex., le trône d'un roi) : **baldaquin** (= dais à colonnes) ◆ **ciel de lit** (= dais placé au-dessus d'un lit).

dalle **1.** V. carreau. **2.** V. gosier. **3.** V. rien.

daller V. couvrir.

dame V. demoiselle, femme.

dame-jeanne V. bonbonne.

damer **1.** *Damer le pion* : V. emporter. **2.** V. tasser.

damnation V. condamnation (*in* condamner), enfer.

damné V. maudit (*in* maudire).

damner V. condamner. *Faire damner* : V. impatienter.

dancing V. bal.

dandiner (se) V. se balancer.

dandy V. élégant.

danger *L'aventure n'était pas sans danger* : ↓**risque** ◆ ↑**péril** (ces trois termes entrent chacun dans de nombreux contextes où ils ne peuvent être mis l'un pour l'autre. D'une manière génér., *danger* est le terme le plus cour., *péril*, le plus sout.) ; → DIFFICULTÉ, INCONVÉNIENT et MENACE. *Une zone de danger* : ↓**insécurité** ◆ [en partic.] **non-droit** (= où le droit n'est pas respecté) ; → DANGEREUX. *Mettre sa vie en danger* : **risquer sa vie** [express. sout.] **ouvrir la boîte de Pandore**, c'est par son action s'exposer à de graves dangers. *Être hors de danger* : [fam.] **se tirer d'affaire**.
◇ **dangereux** [adj.] *Un homme dangereux* : **redoutable**. *Un courant dangereux* : V. PERFIDE. *Un virage dangereux* : **traître** ◆ [antéposé] **mauvais**. *Une entreprise dangereuse* : ↑**périlleux**, ↓**délicat**. *Une banlieue dangereuse* : [euph.] **à risque**, **difficile**, **sensible**, [fam.] **chaud**. *Les sports dangereux* : ↑**extrême** ; → AVENTUREUX, RISQUÉ, CRITIQUE II, SÉRIEUX. *Des livres dangereux* : V. IMMORAL et SCABREUX. *Un animal dangereux* : V. NUISIBLE et MÉCHANT II. *Des documents dangereux* : V. ACCUSATEUR.

dans **1.** [avec un compl. de lieu] *Perdu dans la foule* : **parmi, au milieu de** ◆ [plus sout.] **au sein de**. **2.** [avec un compl. de temps] *Dans quelques jours* : V. BIENTÔT. **3.** [suivi d'un compl. exprimant une approximation chiffrée] *Ce livre coûte dans les douze francs* : **environ, à peu près** (*il coûte environ, à peu près douze francs*) ; → QUELQUE.

danser 1. [arg.] **guincher** ; → BAL. *Danser la valse* : V. VALSER. 2. *Il ne sait sur quel pied danser* : V. HÉSITER.

danseur, danseuse 1. *C'est un excellent danseur* : [partic.] **valseur**. *Madame, vous n'avez pas de danseur ?* : **cavalier**. 2. *Sa sœur est danseuse classique* : **ballerine** (= danseuse de ballet) ◆ **rat, petit rat** (= jeune danseuse). 3. *Sa sœur est danseuse dans un cabaret* : **girl, taxi-girl, entraîneuse**. 4. *Le danseur de corde* ou **funambule** fait partie des **acrobates**.

dantesque *La vision dantesque de la mer démontée l'avait bouleversé* [sout.] : **apocalyptique** ◆ [cour.] **extraordinaire** ; → EFFROYABLE.

darbouka V. tambour.

dard *Le dard d'une abeille* : **aiguillon**.

dare-dare V. vite.

darne V. tranche I.

date *Quelle date choisissez-vous ?* : **jour***, **mois**, **année** (qui s'emploient selon le sens) ◆ **quantième** (= indication du jour du mois) ◆ **millésime** (= indication de l'année) ; → TERME I. *De longue date* : V. LONGTEMPS. *De fraîche date* : V. RÉCENT.

◇ **dater** 1. *Il faut dater votre lettre !* (= mettre la date sur) : **antidater** (= mettre une date antérieure à la date réelle) ou **postdater** (= mettre une date postérieure). *Ses premiers travaux datent de 1954* : [moins sout.] **remonter à** (qui ne s'emploie pas dans tous les contextes, se dit d'un événement, comme dans notre ex., mais non d'une chose ; on ne dira pas : *ce vin remonte à 1949*). *Cela ne date pas d'hier* : **c'est vieux** ; → ANACHRONIQUE. *À dater de* : V. COMPTER II. 2. *C'est un événement qui datera dans sa vie* : **faire date, marquer**.

dauber V. railler.

dauphin V. successeur (*in* succéder).

davantage V. plus, longtemps.

dealer [n.] V. délinquant, revendeur.

dealer [v.] V. revendre.

déambuler V. errer II, marcher.

débâcle 1. V. défaite (*in* défaire), faillite. 2. V. dégel.

déballage V. strip-tease.

déballer V. étaler II, ouvrir.

déballonner (se) V. abandonner, se confier (*in* confier II).

débandade V. défaite (*in* défaire), fuite (*in* fuir).

débarbouiller V. laver I.

débarcadère Lieu aménagé pour débarquer ou embarquer personnes ou marchandises : **embarcadère** ◆ [spécialt] **appontement** (= plate-forme sur pilotis à laquelle viennent s'amarrer les bateaux) ; → DIGUE.

débardeur 1. Ouvrier employé au chargement et au déchargement d'un véhicule : **docker** (= celui qui charge et décharge les bateaux dans les ports) ◆ **porteur** (= celui qui porte les bagages dans les gares). 2. V. CHANDAIL.

débarquement V. arrivée (*in* arriver I).

débarquer 1. V. DESCENDRE. 2. [~ qqn] V. CONGÉDIER. 3. [qqn ~] *D'où est-ce qu'il débarque, celui-là ?* [fam.] : [cour.] **arriver, venir**.

débarras 1. V. remise II. 2. *Bon débarras* : V. vent.

débarrassé V. quitte.

débarrasser [génér.] V. ENLEVER. *Débarrasser un grenier* : ↑ **nettoyer**. *Débarrasser un chemin* : **déblayer, dégager, désencombrer**. *Veux-tu me débarrasser le plancher !* [fam.] : **nettoyer** ; → PARTIR. *Débarrasser qqn d'une charge* : **soulager, décharger, délivrer, libérer** ; → DÉFAIRE.

◇ **se débarrasser** 1. [~ de qqch] V. JETER, SE DÉFAIRE, OUBLIER, QUITTER et S'AFFRANCHIR DE. 2. [~ de qqn] *Il se débarrassa des importuns avec un art consommé* : [compl. direct] **éloigner**, [assez fam.] **expédier** ; → DÉFAIRE, SEMER III, TUER.

débat **1.** V. délibération, séance. **2.** V. polémique.

débattre *Lors de la prochaine réunion, nous débattrons de cette importante question* : [plus génér. et plus cour.] **discuter** ◆ **examiner** (qui évoque moins l'idée d'une discussion contradictoire, où l'on échange des arguments opposés, que celle d'une étude approfondie) ◆ **délibérer** (= débattre, discuter, mais en sachant qu'une décision devra de toute façon être prise à la fin de la discussion) ◆ **parlementer**, [moins sout.] **négocier** (qui s'emploient parfois avec le sens de *discuter* quand il s'agit d'un adversaire avec lequel il faut trouver un accommodement quelconque : *un officier de police parlementait avec un petit groupe de manifestants*) ; → MARCHANDER.

◇ **se débattre** *Le malfaiteur se débattait pour échapper aux policiers* : ↓ **s'agiter** ◆ [plus fam.] **se démener** ◆ [express.] ↑ **s'agiter comme un beau diable** ; → LUTTER, SE BATTRE.

débauche V. débaucher II.

débauché V. incontinent I, jouisseur (*in* jouir), vicieux I.

débaucher

I *Beaucoup d'entreprises textiles ont dû débaucher du personnel* : **licencier** ; → CONGÉDIER.

II V. CORROMPRE, PERVERTIR et SÉDUIRE.

◇ **débauche** **1.** *Une vie de débauche* : [litt.] **libertinage** (= manière de vivre dissolue où l'on prétend allier la licence des mœurs avec l'élégance) ◆ ↑ **dévergondage** ◆ [rare] ↑ **stupre** ◆ ↑ **orgie** (qui ne s'emploie pas dans les mêmes contextes : *on se lance dans la débauche ; on participe à une orgie*) ◆ [fam.] **bombe, bringue, foire, noce, nouba**, [vieilli] **ribote, ribouldingue** (qui s'emploient surtout avec *faire* : *faire la foire, la noce, la ribouldingue*) ; → LICENCE, INCONTINENCE, CORRUPTION, FESTIN, COUREUR, GAUDRIOLE, ÉGAREMENT. **2.** *Une débauche de* : V. PROFUSION.

débecqueter V. dégoûter (*in* dégoût).

débile V. arriéré mental, dégénéré (*in* dégénérer), rachitique, retardé, simple d'esprit.

débilitant V. déprimant (*in* déprimer).

débilité **1.** [didact.] *Débilité mentale* (= état dû à l'insuffisance du développement intellectuel) : **arriération mentale** (= retard intellectuel par rapport à la norme d'âge ; dans les faits, le premier est plus employé que le second) ◆ [cour.] **faiblesse d'esprit**. **2.** *Le spectacle était d'une affligeante débilité !* [fam.] : [cour.] **bêtise***.

débiliter V. abattre II.

débinage V. médisance (*in* médire).

débiner V. critiquer (*in* critique), discréditer, médire.

débiner (se) V. fuir, partir.

débit **1.** V. élocution. **2.** V. tabac.

débitant V. commerçant (*in* commerce I).

débiter **1.** V. découper. **2.** V. vendre. **3.** V. dire, raconter, sortir.

débiteur V. dette, devoir I, obliger II.

déblai V. gravats.

déblatérer V. médire.

déblayer V. débarrasser.

débloquer V. délirer (*in* délire), dégeler (*in* dégel), déraisonner.

déboire V. déception.

déboisement V. déforestation.

déboiser V. défricher.

déboîtement V. déboîter.

déboîter (se) *Il s'est déboîté le genou* : **se démettre** ◆ ↑ **se désarticuler, se disloquer** ◆ [didact.] **se luxer** ◆ [fam.] **se démancher, se démantibuler**.

◇ **déboîtement** [avec les mêmes nuances que le verbe] **désarticulation, dislocation, luxation**.

débonnaire **1.** *Un prince débonnaire* [vieilli] : **clément**. **2.** *Il est d'un tempérament débonnaire* : **pacifique, doux** ;

→ BON II. **3.** *Sa mine débonnaire le rend très sympathique* : [fam.] **bon enfant**.

débordé V. occupé II.

déborder

I [~ qqch] V. DÉPASSER.

II **1.** *La rivière déborde* : V. SORTIR. **2.** *Son cœur déborde de tendresse* : [plus cour.] **être plein de**. **3.** *Vous débordez de vos attributions !* : **dépasser*** [~ qqch]. **4.** [pass.] *Il est débordé par le travail* : ↑ **submergé** ◆ ↓ **occupé**.

◇ **débordement** **1.** *Le débordement d'une rivière* : **crue** ; → MONTÉE. **2.** *Des débordements de tendresse, de joie* : **effusion** ◆ ↑ **explosion, déferlement**. **3.** *Ses parents étaient désespérés de le voir sombrer dans de tels débordements* : **excès, dérèglement** ; → ERREUR, DÉBAUCHE.

◇ **débordant** *Une joie débordante* : **exubérant** ◆ ↑ **délirant** ; → PLEIN, ENTHOUSIASTE.

déboucher

I *Déboucher une bouteille* : [très génér.] **ouvrir**.

II **1.** [intr.] *La voiture débouchait du carrefour* : [moins pr.] **surgir**. **2.** *Cette rue débouche sur le grand boulevard* : **donner sur** ◆ [moins pr.] **tomber dans**. **3.** *Ses études débouchent sur le métier d'ingénieur* : **mener à, conduire à**.

◇ **débouché** *L'industrie cherche des débouchés pour ses produits* : **marché**. *Ces études n'offrent guère de débouchés* : **perspective de travail, de carrière**.

débouler V. descendre.

débours V. dépense.

débourser V. dépenser.

debout **1.** *Se mettre debout* (= sur ses pieds) : [plus sout.] **se lever** ◆ ↑ **se dresser**. *Il est si fatigué qu'il ne tient plus debout* : **sur ses jambes**. **2.** *Notre malade sera debout dans quelques jours* : [plus sout.] **se lever** ◆ [plus fam.] **être sur pied** ; → GUÉRIR. **3.** [en parlant de propos tenus par qqn] *Ce sont des histoires à dormir debout, qui ne tiennent pas debout* [fam.] : [cour.] **absurde***. **4.** [en termes de marine] *Nous avons navigué vent debout* : **contraire**.

déboutonner **1.** V. détacher I. **2.** V. se confier (*in* confier II).

débraillé *Une tenue débraillée* : ↓ **négligé**.

débrayer V. grève II.

débrider V. ouvrir.

débris [génér. pl.] Petit bout de chose brisée : **reste***, **fragment**, **morceau***. *Des débris de verre* : **éclat**. *Débris de bouteille* : **tesson**. *Débris de pain, de repas* : **miette, reste** ◆ [fam.] **rogaton**. *Débris de bois* : **copeau** (qui sortent du rabot), **sciure** (qui sort de la scie). *Il faudra ramasser les débris qui traînent* : **balayure, détritus** ◆ [fam.] **cochonnerie** ; → RUINE, DÉCHET, VESTIGE.

débrouiller V. ÉCLAIRCIR.

◇ **se débrouiller** **1.** *Je me débrouillerai pour trouver une voiture* : **s'arranger** ◆ [vulg.] **se démerder**. **2.** *Sans argent, il a dû se débrouiller tout seul* [fam.] : [plus fam.] **se dépatouiller, se dépêtrer, se tirer d'affaire*** ◆ ↑ **s'en sortir*** (qui ne s'emploie pas à l'impér.) ◆ [vulg.] **se démerder** ; → NAGER.

◇ **débrouillard** [vulg.] **démerdard** ; → MALIN, NAGEUR.

débroussaillage V. arrachage (*in* arracher).

débroussailler V. arracher, défricher.

débusquer V. chasser.

début V. amorce, arrivée (*in* arriver), commencement (*in* commencer), origine, ouverture (*in* ouvrir), seuil, tête. *Au début* : V. abord II, initialement.

débutant V. novice.

débuter V. commencer, naître.

décade Au sens pr., période de dix jours. Très souvent employé auj. au sens de « période de dix ans » et confondu avec **décennie** (cette confusion est condamnée par les puristes).

décadence Perte des qualités qui faisaient la réputation de qqch ou qqn : ↓ **déclin** ◆ ↑ **ruine**, **écroulement**, **effondre-**

ment, **agonie** (qui se disent plutôt des choses ou de qualités physiques : *la décadence, le déclin, la ruine d'un empire*) ◆ ↑ **dégénérescence***, **dégradation**, **déchéance** (qui se disent plutôt des qualités morales ou intellectuelles : *la déchéance, la dégradation des mœurs ; la déchéance, la dégénérescence intellectuelle*) ◆ [express.] ↑ **descente aux enfers** ; → ABAISSEMENT II, ABÎME, DÉLIQUESCENCE.

décalage V. distance.

décaler *Les heures de départ des trains ont été décalées* : **avancer** (si c'est avant le moment prévu) ◆ **retarder** (si c'est après le moment prévu) ◆ [très génér.] **changer**.

décalogue V. table II.

décamper V. prendre le large*, partir, sortir.

décaniller V. partir, se retirer.

décantation V. épuration (*in* épurer).

décanter V. ÉPURER.

◇ **se décanter** *Peu à peu, les choses commençaient à se décanter* : **se clarifier, s'éclaircir**.

décaper V. nettoyer.

décapiter V. couper, tête, trancher I, tuer.

décapotable V. cabriolet.

décapoter V. découvrir.

décarcasser (se) V. se démener.

décédé **1.** [n.] *La mère du décédé* [langage administratif] : [cour.] **défunt** ◆ [cour.] **mort*** ◆ [sout.] **trépassé** ◆ **disparu** (qui a souvent le sens de « personne morte dont on n'a pas retrouvé le corps », ou syn. sout. de *défunt*) ◆ **victime** (= personne morte par accident) ◆ [très fam.] **macchabée** **2.** [adj.] *Voici des photos des personnes décédées* [en termes de droit] : [cour.] **mort** ◆ **trépassé, disparu** (qui ont les mêmes nuances que les noms correspondants) ◆ **feu** (qui ne s'emploie que devant le n., dans le style très sout., dans la langue administrative, ou avec un effet comique : *feu mon père*).

décéder V. mourir.

déceler V. percer, trouver.

décélérer [terme techn.] : [cour.] **ralentir** ◆ **freiner** (qui est cour. pour un véhicule).

décemment, décence V. décent.

décennie V. décade.

décent **1.** Conforme aux lois de la pudeur. *Une tenue décente* : **convenable, correct** ◆ ↓ **acceptable**. *Une attitude décente* : ↑ **réservé, digne** ◆ **pudique** (qui exprime la pudeur) ; → AUSTÈRE, PRUDE. **2.** Conforme aux lois de la politesse. *Est-il décent de le déranger à une heure aussi matinale ?* : **convenable**, **acceptable***, **poli** ◆ ↓ **raisonnable, sage** ◆ [sout.] **bienséant**.

◇ **décence** [avec les mêmes nuances que l'adj.] : **bienséance, correction*, réserve, dignité, pudeur** ; → CONVENANCE, RETENUE I.

◇ **décemment** **1.** *Être vêtu décemment* : **correctement***. **2.** [détaché en tête de proposition] *Décemment, je ne peux satisfaire à ce que vous me demandez* : **honnêtement, raisonnablement**.

décentralisation V. régionalisation.

déception V. décevoir.

décerner V. attribuer, conférer I.

décès V. mort I.

décevoir *Son attitude m'a déçu* : ↓ **désappointer** ◆ [fam.] **défriser** ; → TROMPER.

◇ **déception** Sentiment d'une personne déçue : ↑ **déconvenue** (= sentiment que l'on éprouve devant un insuccès humiliant). *Il attendait beaucoup de cet entretien : quelle déception !* : **désillusion**. *Il nous a dit sa déception de ne pas vous avoir rencontré* : **désappointement***. *Pendant sa vie de militaire, il a essuyé bien des déceptions* : **déboires**. *Elle vivait dans l'univers ouaté des romans roses : quelle déception de revenir soudain à la réalité !* : **désenchantement** ; → DOUCHE, MÉCONTENTEMENT, DÉCHANTER, DÉSABUSER.

déchaîné V. en furie (*in* fureur).

déchaîner V. soulever.

déchaîner (se) V. rage, sévir.

déchanter *Il avait mis beaucoup d'espoir dans cette entreprise mais il a déchanté* : [plus fam.] **en rabattre, tomber de haut** ; → DÉCEPTION.

décharge **1.** V. cloaque. **2.** V. fusil. *Décharge électrique* : V. châtaigne, volée II.

décharger V. alléger, débarrasser, dispenser I, soulager.
◇ **se décharger** V. se libérer.

décharné V. maigre, squelettique.

dèche V. pauvreté (*in* pauvre II).

déchéance V. abaissement II, décadence.

déchet **1.** [génér.] Ce qui tombe d'une matière qu'on travaille : **résidu** ◆ [génér. pl.] **chute** (qui s'emploie pour le tissu, le papier peint : *j'ai taillé un habit de poupée dans une chute de tissu*), **copeau** (pour le bois), **épluchure** (pour les légumes), **rognure** (pour le cuir, la viande), **scorie** (pour les métaux) ; → DÉBRIS, REBUT. **2.** Résidu inutilisable, sale, que l'on jette à la poubelle : **détritus** ; → ORDURE. **3.** Personne déchue. *Un déchet de l'humanité* : **loque**.

déchiffrer V. éclaircir, lire I.

déchiqueter V. déchirer.

déchirer **1.** *Dans l'accident, ma veste a été déchirée* : ↑ **déchiqueter, mettre en pièces, morceaux, lambeaux, charpie** ◆ ↓ **accrocher** ◆ **lacérer** (= mettre volontairement qqch en lambeaux). *Je me suis déchiré le bras en tombant sur les rochers* : ↓ **écorcher, érafler, égratigner**. **2.** *Le chat lui a déchiré le visage à coups de griffes* : ↓ **égratigner** ◆ ↑ **labourer**. **3.** *Un cri strident déchira le silence* : **percer** ◆ ↓ **troubler**. **4.** [fig.] *C'était à vous déchirer le cœur* : **fendre** ◆ ↑ **arracher, broyer** ; → ATTRISTER, MEURTRIR. **5.** V. DIVISER et TIRAILLER.
◇ **déchirement** **1.** *Déchirement d'un muscle* : **déchirure**. **2.** *Ils sont partis : quel déchirement !* : **douleur, chagrin** ; → PEINE II. **3.** V. DIVISION.
◇ **déchirure** **1.** *Déchirure musculaire* : **déchirement**. *Son bras porte une belle déchirure !* : ↓ **éraflure, écorchure** ; → PLAIE, BLESSURE. **2.** *Pourra-t-on réparer cette déchirure à mon pantalon ?* : **accroc***. **3.** V. RUPTURE.
◇ **déchirant** **1.** *Un cri déchirant* : **perçant** ◆ [moins express.] **aigu**. **2.** *Le spectacle déchirant d'un accident* : **bouleversant** ◆ ↓ **douloureux** ◆ ↑ **atroce** ; → PÉNIBLE II, ÉMOUVANT, POIGNANT.

déchoir V. abaisser II, se ravaler.

décider **1.** [~ qqch] V. ARRÊTER III, CHOISIR et TRANCHER. **2.** [qqn ~ de + inf.] *Ils ont décidé de partir à 8 heures* : **prendre la décision de, se décider à** ◆ ↑ **décréter** (= prendre une décision catégorique) ◆ **prendre l'initiative de** (= être le premier à *décider de* qqch) ; → CONVENIR II. **3.** [qqch ~ de qqch] *Notre choix décidera de notre avenir* : [constr. dir.] **déterminer** ; → DÉCISIF. **4.** [~ qqn à] *Parviendrez-vous à le décider à travailler ?* : ↓ **convaincre de, persuader de, faire admettre à** ; → POUSSER III, DISPOSER. **5.** [qqn est décidé (à)] *Il est décidé à tout faire pour le sauver* : ↑ **résolu** ◆ ↓ **prêt*** ; → VOLONTAIRE.
◇ **se décider** **1.** [qqn ~] V. ACCOUCHER. **2.** [qqn ~ à] V. DÉCIDER II. **3.** [qqn ~ pour] V. CHOISIR. **4.** [qqch ~] *C'est pendant la deuxième mi-temps que le match va se décider* : **se jouer** (= être résolu dans un sens ou dans l'autre).
◇ **décidé** **1.** *C'est une femme très décidée* : **résolu***, [souv. péj.] **obstiné***, [express.] **que rien n'arrête**, [fam.] **c'est un (vrai) bulldozer/rouleau compresseur**. **2.** *Quel pas décidé !* : **résolu, ferme*** ; → HARDI. **3.** *Bon, eh bien ! la chose est décidée* : **arrêté, conclu, résolu** ◆ [sout.] **convenu** ◆ [fam.] **O.K.** *C'est tout décidé* : **vu**.
◇ **décidément** *Décidément, il ne fera jamais beau dans ce pays !* : [moins cour.] **vraiment*** (qui exprime qu'une conclusion que l'on va annoncer s'impose).
◇ **décisif** **1.** *Le moment est décisif : il est temps d'agir* : **crucial, déterminant** ; → CAPITAL, IMPORTANT, PRINCIPAL, CRITIQUE II. **2.** *Son argument est décisif : faisons-lui*

confiance ! : ↑ **péremptoire** ; → CATÉGORIQUE, CONCLUANT.

◇ **décision** 1. *Nous nous en remettrons à la décision du tribunal* : V. ARBITRAGE I et VERDICT. 2. *J'ai pris la décision de ne plus fumer* : **parti** (qui emporte surtout l'idée d'utilité de la décision à prendre) ◆ ↑ **résolution*** ; → DÉCIDER, MESURE II. 3. *Il a montré beaucoup de décision dans cette affaire difficile* : **assurance, détermination, fermeté** ; → APLOMB II, HARDIESSE.

décimer V. détruire, tuer.

décisif, décision V. décider.

déclamatoire V. ampoulé.

déclamer V. dire, réciter.

déclaration V. discours, message, parole, proclamation (*in* proclamer).

déclaré V. franc.

déclarer 1. *Les représentants syndicaux ont déclaré aux journalistes que la grève se poursuivait* : **annoncer, révéler** (qui impliquent l'idée que l'information donnée était jusque-là inconnue ou secrète) ◆ ↑ **proclamer** (qui implique l'idée de la solennité qui entoure un acte public) ; → DIRE, DIVULGUER. 2. *Il lui a déclaré son amour* : ↓ **avouer** (qui implique l'idée de timidité) ; → DIRE, JURER I, MANIFESTER. *Déclarer non coupable* : V. ACQUITTER.

◇ **se déclarer** 1. [qqn ~ pour, sur qqch] *Il s'est déclaré pour l'arrêt immédiat des bombardements* : **se prononcer**. 2. [qqch ~] *Un incendie s'est déclaré dans le bâtiment principal* : **éclater, survenir** ◆ [plus fam.] **se déclencher**.

déclenchement V. commencement (*in* commencer).

déclencher V. commencer, lancer.

◇ **se déclencher** V. se déclarer.

décliner

I 1. V. REPOUSSER et REFUSER. 2. *Décliner ses titres, ses diplômes* : **énumérer, énoncer**.

II 1. [qqch ~] *Le jour commence à décliner* : **baisser, décroître, faiblir, diminuer** ; → TOMBER. 2. [qqn, les forces, la santé de qqn ~] V. S'AFFAIBLIR, DÉGÉNÉRER et AGONISER.

◇ **déclin** *Un déclin de popularité* : **baisse, diminution, effritement** ◆ ↑ **chute**. *Le phénomène est sur son déclin* : **régresser***. *Le déclin du jour* : V. CRÉPUSCULE. *Le déclin d'une nation* : V. DÉCADENCE et DÉGÉNÉRESCENCE.

déclivité V. pente.

déclouer V. défaire.

décocher V. envoyer.

décoction V. tisane.

décoder V. lire I, traduire.

décollage V. décoller II.

décoller

I V. SÉPARER.

II 1. *L'avion décolle à dix heures* : **s'envoler** ◆ [plus génér.] **partir**. 2. *On ne parvient pas à faire décoller cette région* : **démarrer**.

◇ **décollage** [avec les mêmes nuances] 1. **envol, départ***. 2. **démarrage**.

III V. MAIGRIR.

décolleté V. buste, échancré, échancrure.

décoloré V. pâle, terne.

décombres V. gravats, ruines.

décommander V. annuler.

décomposer 1. *On décompose l'eau par électrolyse* : [en partic.] **désagréger** (= altérer profondément une substance faite d'éléments agrégés : *l'eau désagrège les roches friables*). *Il faut décomposer cet ensemble en unités plus petites* : **diviser*, scinder, dissocier, séparer***. 2. *Le soleil décompose certains aliments* : ↓ **altérer*** ◆ [plus sout.] **corrompre** ; → POURRIR. 3. [en parlant des traits du visage ; souvent au passif] *Le pauvre homme était tout décomposé* : **défait**. *L'angoisse décomposait les traits de son visage* : V. ALTÉRER I.

◇ **se décomposer** [a les mêmes syn. à la forme pronominale] *Leur parti politique se décompose* : V. SE DÉSAGRÉGER.

décomposition **1.** V. division (*in* diviser). **2.** V. corruption (*in* corrompre), déliquescence (*in* déliquescent).

décompte V. compte.

déconcertant V. déconcerter.

déconcerter *Sa façon de jouer déconcertait ses partenaires* : **décontenancer, désorienter, dérouter** ◆ ↓ **surprendre*** ◆ ↑ **démonter, désarçonner, désemparer** ◆ **interloquer** (= rendre muet de surprise) ◆ **laisser penaud** (qui suppose un certain ridicule chez celui qui a été déconcerté) ◆ **laisser interdit, confondu** (qui implique que l'on est déconcerté au point de ne plus pouvoir dire un seul mot) ◆ **laisser pantois** (qui ajoute une nuance d'ironie : *sa façon de jouer les laissait penauds, interdits, pantois*) ; → TROUBLER, EMBARRASSER.
◇ **déconcertant** *Son attitude est vraiment déconcertante* : **déroutant, incompréhensible** ◆ ↓ **surprenant** ; → IMPRÉVISIBLE, BIZARRE, ACCABLANT, ÉTONNANT, TROUBLANT.

déconfit *Il avait dû reconnaître ses torts et restait là, tout déconfit* : **penaud** ; → DÉCONCERTER.

déconfiture V. défaite (*in* défaire), ruine.

déconner V. déraisonner.

déconseiller *Nous lui avons déconseillé de partir* : ↑ **dissuader*** (qui implique que l'on a amené qqn à renoncer à ses projets : *dissuader qqn de faire qqch*) ◆ **contre-indiquer** (qui ne s'emploie guère qu'au participe passé : *cette cure lui est déconseillée, contre-indiquée*).

déconsidérer V. discréditer, perdre.

décontenancer V. contenance, déconcerter.

décontracté V. calme, souple.

décontraction V. flegme.

déconvenue V. déception (*in* décevoir).

décor V. cadre, scène.

décorateur *Pour votre appartement, faites appel à un décorateur* : **ensemblier** (= décorateur qui s'occupe aussi de l'ameublement ; au cinéma et à la télévision, c'est l'adjoint du décorateur).

décoratif V. esthétique, ornemental (*in* orner).

décoration **1.** V. ornementation (*in* orner). **2.** V. récompense, ruban, insigne.

décorer V. enjoliver, orner, parer II.

décortiquer V. éplucher.

décorum V. protocole.

découdre V. se battre I.

découler V. provenir, résulter (*in* résultat), venir de.

découpé V. tourmenté (*in* tourment).

découper On *découpe* un rôti avant de le servir à table. Le boucher **débite** un bœuf de manière à obtenir des morceaux de viande propres à la vente. On peut aussi dire qu'il le **détaille**, par opp. au marchand en gros qui le vend en entier. **Dépecer** un animal, c'est le tailler en pièces (*le boucher débite un mouton ; les corbeaux dépècent un mouton mort dans le champ*) ; → COUPER.
◇ **se découper** *Au soleil couchant, les rochers se découpaient sur la mer avec une parfaite netteté* : **se détacher** ◆ **se profiler** (qui ne peut se dire que de ce qui présente un profil net, par ex. une tour, une silhouette humaine) ◆ **se dessiner** (qui implique l'idée de formes plus fines, moins géométriques) ; → SE SILHOUETTER, TRANCHER.

décourageant V. accablant (*in* accabler I), écœurant (*in* écœurer), rebutant (*in* rebuter).

découragement V. abattement (*in* abattre II), amertume (*in* amer).

décourager **1.** *Voici deux mois que nous luttons en vain ; tout le monde est découragé* : ↑ **démoraliser** [plus fam.] ◆ ↑ **dégoûter***, **écœurer*** ◆ [assez sout.] **perdre courage** ◆ [très fort] ↑ **désespérer** ◆ [fam.] **avoir les bras, les jambes coupées** ◆ **saper le moral** (*cela vous sape le moral*) ; → DÉPRIMER,

ABATTRE II. **2.** [~ qqn de faire qqch] *Nous avons essayé de le décourager d'entreprendre ce voyage, mais en vain* : **dissuader*** ◆ **rebuter** (qui s'emploie avec un sujet non animé : *la difficulté de l'entreprise l'a rebuté*) ; → REFROIDIR.

décousu V. incohérent.

à découvert V. franchement (*in* franc II).

découverte V. invention (*in* inventer). *Aller à la découverte* : V. chercher.

découvrir **1.** *Cette jeune femme découvre son dos avec provocation* : **dénuder** ; → MONTRER. *Découvrir un landau, une voiture* : **décapoter**. *Surtout ne découvrez pas votre flanc gauche !* : **dégarnir, exposer** ; → OUVRIR. **2.** *A-t-on découvert le coupable ?* : **dépister** (= découvrir la trace d'un animal, de qqn). *J'ai découvert ton secret* : [plus précis] **deviner** (= découvrir par raisonnement ou par intuition) ◆ **surprendre** (= découvrir qqch que qqn tenait à garder caché : il implique précisément la « surprise » de celui qui est découvert). *J'ai découvert des traces d'arsenic dans le blé !* : **repérer, déceler** ◆ **détecter, diagnostiquer** (= déceler l'existence de qqch, généralement de manière scientifique : *nos appareils ont détecté des rayonnements dangereux*) ; → DIVULGUER. *Nous avons découvert un petit bois où abonde la girolle* : V. VOIR. *Qui a découvert le D.D.T. ?* : V. INVENTER, TROUVER, RELEVER II et METTRE* AU JOUR.

◇ **se découvrir** **1.** *Veuillez vous découvrir* [très génér.] : [plus précis] **ôter son chapeau, se déshabiller**, [sout.] **se dévêtir*** (qui s'emploient selon le contexte). **2.** *Le ciel paraît vouloir se découvrir* : **se dégager, s'éclaircir** ; → S'AMÉLIORER.

décrasser V. nettoyer.

décrépit V. déliquescent, vieux.

décrépitude V. déliquescence (*in* déliquescent), vieillesse (*in* vieux).

décret V. loi.

décréter V. décider.

décrier V. discréditer.

décrire V. montrer, peindre II, raconter.

décrispation V. dégel.

décrocher V. détacher, obtenir.

décroître V. décliner II.

décrypter V. lire I.

déculpabilisation V. libération.

déculpabiliser V. libérer.

dédaigner V. mépriser (*in* mépris), repousser.

dédaigneux V. fier, méprisant (*in* mépris), protecteur (*in* protéger), supérieur I.

dédain V. fierté, mépris.

dédale V. labyrinthe.

dedans **1.** [adj.] *Dedans, c'est assez joli !* : **à l'intérieur, intérieurement**. *Mettre, foutre dedans* [arg. mil.] : [cour.] **mettre en prison**. *Il m'a mis dedans, je me suis mis dedans* [fam.] : [cour.] **tromper, se tromper***. *Rentrer dedans* [fam.] : [cour.] **heurter*** (qui s'emploie pour des véhicules) ◆ [cour.] **se précipiter sur**, [fam.] **rentrer dans le chou** (qui s'emploient pour des personnes). **2.** [n.] *Le dedans et le dehors* : **intérieur**.

dédicace *Le livre portait une dédicace signée de la main de l'auteur* : [plus rare] **envoi** ◆ [plus restreint] **signature**.

dédicacer V. dédier.

dédier **1.** V. CONSACRER. **2.** *Dédier un livre à qqn* (= placer un livre sous le patronage de qqn, par une inscription imprimée en tête de l'ouvrage) : **dédicacer** (= faire l'hommage d'un livre à qqn par une inscription manuscrite).

dédire (se) **1.** *Savoir se dédire quand on sait que l'on a tort est une marque d'honnêteté* : ↑ **se rétracter, se désavouer** (= se dédire d'un engagement ou de propos importants) ◆ [plus génér.] **changer d'avis, se raviser**. **2.** *Se dédire d'une promesse* : **manquer à**.

dédommagement V. compensation (*in* compenser).

dédommager 1. *Il a perdu tous ses livres dans cet incendie, mais il sera dédommagé* : **indemniser**. 2. V. REMERCIER I.

dédoublement V. division (*in* diviser).

dédoubler V. diviser.

dédramatiser V. minimiser.

déduction

I V. retranchement (*in* retrancher II).

II V. conclusion, raisonnement (*in* raison II), synthèse.

déduire

I V. retrancher II, soustraire.

II V. conclure.

déesse V. dieu.

défaillance V. défaillir.

défaillant V. vacillant (*in* vaciller).

défaillir 1. *Il avait cru défaillir, tant la douleur avait été violente* [assez sout., génér. à l'inf.] : [plus cour.] **s'évanouir, se trouver mal, perdre connaissance** ◆ [fam.] **tomber dans les pommes, tourner de l'œil** ; → DÉFAILLANCE. 2. *Sans défaillir. J'accomplirai mon devoir sans défaillir* : **faiblir**.

◇ **défaillance** 1. [de défaillir 1] **évanouissement** ◆ [techn.] **syncope** ◆ ↑ **coma** ◆ ↓ **malaise**. 2. [de défaillir 2] **faiblesse** ; → MANQUE, DÉFAUT II.

défaire 1. [~ qqch] D'emploi et de sens très général, comme *faire* dont il est le contraire, ce verbe peut avoir de nombreux synonymes selon les contextes. *Défaire un paquet, une caisse* : **détacher, déclouer, dévisser**. *Défaire une installation* : **démonter**. *Défaire un lacet* : **dénouer**. 2. [~ qqn de qqn, qqch] *Comment le défaire de l'habitude de fumer ?* : **débarrasser** ◆ ↑ **délivrer**. 3. V. CORRIGER et VAINCRE.

◇ **se défaire** 1. [~ de qqn] V. SE DÉBARRASSER et CONGÉDIER. 2. [~ de qqch] *Il est parvenu à se défaire de son habitude de fumer* : **se débarrasser, se délivrer** ◆ **perdre** ◆ [plus sout.] **se corriger** ; → DÉSHABITUER. 3. [~ de qqch] V. JETER et VENDRE.

◇ **défaite** [de défaire 3] 1. [sens mil. du terme] : **déroute, débâcle** (= défaite totale qui entraîne la panique et la fuite) ◆ **débandade** (= commencement de déroute) ; → FUITE. 2. *Jamais notre équipe de football n'avait été battue ainsi : quelle défaite !* : ↑ **déconfiture** ◆ [plus sout.] ↑ **déroute** ; → ÉCHEC, RACLÉE. *Courir à la défaite* : V. PERTE.

défait V. décomposer.

défaite V. défaire.

défaitisme V. pessimisme (*in* pessimiste).

défaitiste V. pessimiste.

défalquer V. retrancher II, soustraire.

se défatiguer V. se délasser.

se défausser V. se libérer.

défaut

I *Faire défaut* : V. MANQUE et MANQUER III. *Par défaut. Être condamné par défaut* : **par contumace** (*condamné à mort par contumace*). *À défaut. À défaut de margarine, j'ai utilisé du beurre* : **faute de, par manque de** (qui conviendraient mal dans notre exemple, ne supposent pas la même relation de substitution) ; → AU LIEU* DE.

II 1. [qqch a un ~] Anomalie matérielle [génér.] : [plus rare] **défectuosité** (que l'on n'utilise que pour parler de défauts techn. : *les défectuosités d'une pièce de métal*) ◆ ↓ **imperfection** (qui s'emploie rarement en parlant de choses) ◆ ↑ **vice** ◆ **défaillance** (qui se dit parfois d'une chose : *la défaillance d'un moteur*) ◆ **malfaçon** (qui se dit de ce qui présente un défaut pour avoir été « mal fait ») ◆ **faille, faiblesse** (qui supposent un contexte où l'idée de force est implicite : *un défaut, une faille, une faiblesse dans un raisonnement*) ; → INCONVÉNIENT. 2. [qqn a un ~] *Ses défauts sont l'envers de ses qualités* : ↓ **imperfection, faiblesse** ◆ ↑ **vice** (= grave défaut réprouvé par la morale) ◆ ↑ **tare** (= grave défaut héréditaire) ◆ ↓ **travers** (souvent précédé de *petit*, et au pl.) ◆ [fam.] ↓ **petits côtés** ; → TORT, RIDI-

CULE. **3.** *La drogue est peut-être le défaut n° 1 des sociétés modernes* : ↑ **tare, fléau**.

défaveur *Le ministre était en défaveur depuis longtemps !* : **discrédit** ◆ ↑ **disgrâce**. *Ce produit est en défaveur auprès du public* : **n'a pas la faveur de** ; → HOSTILE.

◇ **défavorable** **1.** [qqch est ~] *Les conditions atmosphériques sont défavorables : les avions ne peuvent décoller* : **mauvais***, **contraire** ◆ ↑ **exécrable, désastreux** ◆ **désavantageux** (*il a vendu sa maison dans des conditions défavorables, désavantageuses*). **2.** [qqn est ~ à qqch] *Il s'est montré défavorable à votre proposition* : ↑ **opposé, hostile** ; → FAVORABLE.

◇ **défavoriser** *Les candidats ont été défavorisés par l'épreuve de latin* : **désavantager***, **desservir, handicaper** ; → NUIRE.

◇ **défavorisé** **1.** Mêmes syn. que pour le verbe. **2.** [adj. et n.] *Venir en aide aux plus défavorisés* : **démuni** ; → PAUVRE, PETIT.

défection V. abandon I, trahison (*in* trahir).

défectueux V. imparfait, mauvais I, vicieux II.

défectuosité V. défaut II, vice II.

défendable V. défendre I.

défendre

I **1.** [~qqn] *Il n'a jamais hésité à défendre ses amis, même au péril de sa vie* : [plus génér.] **porter secours à, secourir** (qui n'impliquent pas forcément que la personne défendue ait été attaquée : *secourir qqn qui est dans la misère*) ◆ **soutenir**, ↓ **plaider pour** (qui s'emploient lorsqu'il s'agit d'une défense verbale) ; → AIDER, JUSTIFIER. **2.** [~ qqch] *Seule une maigre garnison était restée pour défendre la ville* : ↓ **garder** ◆ [plus fam.] **couvrir** ◆ ↑ **tenir** (qui suppose un combat où la défense est très difficile). **3.** [~ qqn, qqch de qqch] *Un rideau d'arbres défend les cultures du vent* : **protéger*** ; → SAUVEGARDER.

◇ **défendable** [surtout en phrase nég. ou restrictive] *Son attitude n'est pas défendable* : **justifiable, excusable** (*son attitude n'est pas justifiable, excusable*). *Votre thèse n'est pas défendable* : **indéfendable, injustifiable, insoutenable** (*votre thèse est indéfendable, injustifiable, insoutenable*).

◇ **défenseur** **1.** *Le défenseur du faible et de l'opprimé* : **protecteur** ◆ ↑ **champion** ; → SOUTIEN, APPUI. **2.** *C'est un ardent défenseur des idées nouvelles* : V. APOLOGISTE, PARTISAN et SOLDAT. **3.** [en termes de droit] *L'accusé a été acquitté : il faut dire qu'il avait un bon défenseur !* : [plus génér.] **avocat**. Un **conseil** défend les intérêts de qqn en dehors de toute action judiciaire.

II [~ de ; souvent au pass.] *Il est défendu de fumer* : **interdire** (qui peut prendre une résonance plus juridique ; on l'emploiera de préférence lorsqu'il s'agit de s'adresser au public : *interdit de fumer, de marcher sur les pelouses*) ◆ **prohiber** (qui est un terme de législation ou de police : *des armes prohibées par la loi*) ◆ **illicite** (qui se dit de tout ce qui est défendu par la loi ou contraire à la morale) ; → EMPÊCHER, CONDAMNER, NE PAS VOULOIR.

◇ **se défendre** **1.** *Se défendre contre l'ennemi* : V. RÉSISTER, SE PROTÉGER et S'ASSURER III. **2.** *Cela se défend !* : V. S'EXPLIQUER et SE SOUTENIR. **3.** *Se défendre de fumer* : V. S'ABSTENIR.

défendu V. interdit I.

défenestrer V. fenêtre.

défense

I [de défendre I]. **1.** *L'arme nucléaire est-elle vraiment une défense efficace ?* : **protection** ; → APPUI. *Opposer une vigoureuse défense* : **résistance**. *Notre défense sera l'attaque* : **riposte, sauvegarde** ; → PARADE. *La défense de la nature* : V. GARDE. **2.** [dans le langage mil.] *Les défenses* : [en partic.] **fortifications, retranchements, camps retranchés** ; → PROTECTION, FORTERESSE. **3.** *Prendre la défense de qqch* : ↑ **faire l'éloge***. **4.** *La défense a plaidé coupable* : se dit de la partie représentée par les **défenseurs***.

II [de défendre II] : **interdiction, prohibition** ; → CONDAMNATION.

défenseur V. défendre I.

déféquer V. chier.

déférence V. complaisance, égards II, respect.

déférent V. complaisant.

déférer V. céder I, livrer II, traduire en justice.

déferlante V. vague I.

déferlement V. débordement (*in* déborder).

déferler V. se répandre.

défeuillaison V. feuille I.

défi *Relever le défi* : [sout.] **gant** ; → BRAVADE. Des deux protagonistes d'un *défi*, on dit fam. qu'ils sont engagés dans une **partie de bras de fer**.

défiance V. méfiance (*in* se méfier), soupçon (*in* soupçonner).

défiant V. méfiant (*in* se méfier).

déficience V. manque.

déficient V. faible.

déficit *L'entreprise annonce un déficit de plusieurs millions* : [plus génér.] **perte**. *Un déficit de calcium* : **manque***.

défier V. braver, provoquer.

défier (se) V. se méfier.

défigurer V. altérer I, falsifier, massacrer.

défilé
I 1. *Le défilé du 14-Juillet* (= manœuvre par laquelle les troupes défilent en colonnes) : **procession** (= défilé solennel accompagnant une fête religieuse) ◆ **cortège** (= suite de personnes qui en accompagnent une autre pour lui faire honneur) ◆ **file** (= suite de personnes placées les unes derrière les autres : *la procession de la Sainte Vierge, le cortège nuptial, la file des gens qui attendent devant un cinéma*) ◆ [rare, sout.] **théorie** (ces termes entrent parfois dans le même contexte : *le défilé, le cortège,* [péj.] *la procession, la file des manifestants*) ; → REVUE II, CHEVAUCHÉE. **2.** V. SUCCESSION.
II V. PASSAGE et COL.

défiler V. passer I, succéder.

défiler (se) *Il devait assister à la cérémonie, mais il s'est défilé au dernier moment* [fam.] : [cour.] **se dérober, s'esquiver** ; → FUIR.

définir **1.** V. DÉLIMITER. **2.** *Il ne parvenait pas à définir ce qui l'avait poussé à agir* : **déterminer** ◆ [plus génér.] **préciser**.

définitif N'a de syn. que dans le sens de « à quoi l'on ne peut remédier » : *le mal est fait et il est définitif* : **irrémédiable, irréparable**. *Sa décision est prise, et elle est définitive* (= sur quoi l'on ne peut revenir) : **irrévocable, sans appel** ; → IRRÉVERSIBLE.
◇ **définitivement** [avec les mêmes nuances que l'adj.] : **irrémédiablement, irréparablement, irrévocablement**. *Il est parti définitivement* : **pour toujours** ◆ [rare] **à jamais**.
◇ **en définitive** V. APRÈS TOUT, FIN I et SOMME I.

déflagration V. détonation.

déflorer [sout.] *Déflorer une jeune fille* : **faire perdre sa virginité, faire devenir femme** ◆ [cour.] **dépuceler** ; → INTIME.
◇ **défloration** : [plus cour.] **dépucelage**.

défoliation V. chute, feuille I.

défonce V. voyage.

défoncer **1.** *La porte était fermée ; nous avons dû la défoncer* (= briser en enfonçant) : **enfoncer** (= faire céder qqch qui résiste par un choc ou une poussée, c'est pourquoi l'on peut dire *défoncer une caisse*, mais non « enfoncer une caisse »). **2.** *Le chemin était défoncé par les roues des camions* : [par métaph.] **labourer** ; → CREUSER.
◇ **se défoncer** **1.** V. SE DROGUER. **2.** V. PIED I (*prendre son pied*).

déforestation *La déforestation menace la survie sur la planète* : ↓ **déboisement**.

déformation V. altération (*in* altérer), déviation (*in* dévier), mutilation (*in* mutiler).

déformé V. déformer.

déformer **1.** [~ qqch de concret] Altérer la forme naturelle, souvent au passif : V. ALTÉRER I, ABÎMER. *La porte a été déformée par* *l'humidité* : **gauchir** ; → TORDRE. *Il ne lui restait plus qu'une paire de chaussures toutes déformées* : ↑ **avachi** ◆ ↓ **fatigué** ; → USÉ. *Un terrain déformé* : [partic.] **bosselé, cahoteux**. *Il avait le visage déformé par la peur* : ↓ **altérer***. **2.** [~ qqch d'abstrait] *Le témoin avait visiblement déformé la vérité* : V. FALSIFIER et MUTILER.

défoulement V. libération (*in* libérer).

défouler (se) V. se libérer.

défraîchi Qui a perdu sa fraîcheur et son brillant, son éclat : ↑ **fané, flétri** (qui se disent en parlant des fleurs, de l'aspect d'un visage : *une robe défraîchie ; un visage défraîchi, fané, flétri*) ; → USÉ II, FATIGUÉ.

défrayer V. payer.

défricher **1.** Rendre cultivable une terre qui était couverte par les bois ou la forêt : **déboiser**, ou la broussaille : **débroussailler** ◆ [rare] **essarter**. **2.** *Défricher un problème difficile* : **démêler, débroussailler** ; → ÉCLAIRCIR.

◇ **défricheur** Celui qui défriche : **pionnier** (= colon qui s'installe dans des contrées jamais encore défrichées pour les mettre en valeur). Les deux se disent au fig. d'un **précurseur** dans un domaine.

défricheur V. défricher.

défriser V. décevoir.

défroque V. vêtement (*in* vêtir).

défunt V. décédé, mort II.

dégagé **1.** V. LIBRE. **2.** *Vous connaissez son allure dégagée !* (= qui fait preuve d'aisance dans la manière d'agir et de s'exprimer) : **désinvolte** (qui suppose des manières d'agir trop libres et implique un certain sans-gêne) ; → INSOLENT.

dégager **1.** *Les pompiers tentaient de dégager les victimes des wagons accidentés* : [plus génér.] **libérer** ◆ **ôter, retirer, tirer** (qui se disent plutôt des choses). **2.** [en parlant d'un fluide] *Les égouts dégagent une odeur nauséabonde* : [plus sout.] **exhaler** ◆ **répandre** (qui insiste sur le volume occupé par l'odeur) ; → SENTIR II. **3.** *Telle est la morale que dégage le fabuliste* : **tirer, extraire** ; → MONTRER. **4.** [~ qqn de qqch] *Il faut maintenant le dégager de sa parole* : **libérer, affranchir, délivrer** ; → DISPENSER. **5.** [~ qqch] V. DÉBARRASSER.

◇ **se dégager** **1.** V. SE LIBÉRER. **2.** *Une odeur nauséabonde se dégageait des égouts* : [plus sout.] **émaner, s'exhaler** ◆ [moins sout.] **sortir**. **3.** *Tels sont les faits qui se dégagent de l'enquête* : **ressortir**. *Peu à peu, la vérité se dégage* : **se manifester, se faire jour, apparaître** ◆ ↑ **jaillir**. **4.** *Le ciel se dégage* : V. SE DÉCOUVRIR et S'AMÉLIORER.

dégaine V. allure, touche II.

dégainer V. sortir.

dégarni V. chauve.

dégarnir V. découvrir, démunir.

◇ **se dégarnir** V. se vider.

dégât **1.** *L'inondation a causé des dégâts importants* (ce terme suppose toujours des pertes matérielles) : [plus sout.] **dommages*** (qui se dit aussi de pertes morales ou financières) ◆ ↑ **faire des ravages** (*ravage* étant de sens très fort, on ne dira pas « d'importants ravages ») ◆ **déprédation** (qui se dit au sens propre de vols et de pillages, mais cour. de dégâts causés aux biens publics ou privés : *les déprédations subies par les cabines publiques*) ; → SACCAGE, ALTÉRATION, DESTRUCTION, DOMMAGE, RUINE. **2.** *Limiter les dégâts* [fam.] : [cour.] **éviter le pire**.

dégel **1.** *Voici le printemps, c'est le dégel* : **débâcle** (qui se dit en parlant d'un cours d'eau, lorsque la glace se rompt en morceaux que le courant emporte). **2.** *Entre eux, ce n'est pas encore le dégel mais ça va mieux* : **détente** ◆ [plus rare] **décrispation**.

◇ **dégeler** [fig.] **1.** *Même ce vin capiteux n'avait pas dégelé notre hôte* : **dérider**. **2.** *Les négociations n'ont pas dégelé la situation : c'est toujours l'impasse* : **débloquer, détendre**.

dégelée V. volée III.

dégeler V. dégel.

dégénération, dégénérescence V. dégénérer.

dégénérer 1. Perdre les qualités de sa race, de son espèce : **s'abâtardir**. 2. Perdre ses qualités. *Son père prétend que les anciennes vertus ont dégénéré dans notre monde contemporain* : ↓**se dégrader** ◆ ↑**se pervertir** ◆ [plus neutre] **décliner, se perdre** ; → CORROMPRE. 3. Se transformer en qqch de mauvais. *La discussion a dégénéré, et nous en sommes venus aux mains* : [plus fam.] **mal tourner**.
◇ **dégénéré** *Il a une tête de dégénéré* : **taré, débile, idiot, imbécile** ; → ABRUTI.
◇ **dégénération** Terme vieilli. Le syn. courant est **dégénérescence** ou, avec les mêmes nuances que le verbe : **abâtardissement, dégradation, perversion, déclin** ; → DÉCADENCE.

dégingandé V. grand.

déglinguer V. abîmer.

déglutir V. avaler.

dégobiller V. vomir.

dégoiser V. chanter.

dégommer *Le directeur l'a dégommé : le voici sans travail* [fam.] : [cour.] **limoger** ; → DESTITUER, VIDER, CONGÉDIER.

dégonflé V. à plat* I.

dégonfler (se) V. abandonner I, flancher, mollir (*in* mou), peur.

dégoter V. pêcher, trouver.

dégoulinant V. ruisselant.

dégouliner V. couler I, suinter, goutte.

dégourdir 1. *Si nous allions nous dégourdir les jambes* : **se dérouiller** (*se dérouiller les jambes*) ◆ [cour.] **marcher, faire quelques pas**. 2. *J'espère que son séjour dans la capitale le dégourdira un peu* : [plus rare] **déniaiser, délurer** ◆ **dessaler** (qui s'emploie souvent au sens de « rendre averti des choses de la vie », en partic. des choses de l'amour) ; → CIVILISER.
◇ **dégourdi** *C'est quelqu'un de très dégourdi* : **déluré** ; → MALIN.

dégoût 1. [au physique] Aversion pour certains aliments que l'on a déjà goûtés : **répugnance** (qui se dit plutôt de ce à quoi l'on n'a pas encore goûté, mais qui inspire un recul instinctif) ◆ ↑**répulsion** ◆ **haut-le-cœur, nausée** (= envie de vomir que provoque un très fort dégoût) ◆ **phobie** (= dégoût maladif de qqch : *la phobie de...*). *Il a mangé des cerises jusqu'au dégoût* : ↓**satiété** ◆ [fam.] **en avoir une indigestion**. 2. [au moral] Les mêmes syn. peuvent être employés ; → ANTIPATHIE.
◇ **dégoûter** 1. [qqch ~ qqn] *Je suis las de toutes ces machinations politiques : cela me dégoûte* : **écœurer** ◆ ↑**répugner, révulser, donner envie de vomir** ◆ [très fam.] **débecter, débecqueter** ; → FAIRE MAL* I, FAIRE MAL AU VENTRE*, DÉCOURAGER, VOMIR, CŒUR I, RÉVOLTER, DÉPLAIRE. 2. [~ qqn de qqch] *Un mois de pluie ! c'est à vous dégoûter d'aller en vacances !* : **décourager** ◆ [plus sout. ; moins express.] **ôter l'envie de** ; → DISSUADER.
◇ **dégoûté** *Vous allez avaler cette mixture ? il ne faut pas être dégoûté !* [assez fam.] : [cour.] **difficile, exigeant** ; → SATURÉ.
◇ **dégoûtant** 1. *Des agissements dégoûtants* : V. ABJECT et HONTEUX. 2. *Une chambre dégoûtante* : V. MALPROPRE, SALE, REPOUSSANT et SORDIDE. 3. *Raconter des histoires dégoûtantes* : V. OBSCÈNE et SALE.

dégouttant V. ruisselant.

dégoutter V. suinter.

dégradant *La pornographie lui paraissait absolument dégradante* : **avilissant** ◆ ↓**humiliant**.

dégradation 1. V. ABAISSEMENT II. 2. *La maison est dans un tel état de dégradation qu'elle est irréparable !* : **délabrement** ◆ **effritement** (= dégradation d'une surface, comme celle d'une façade) ◆ **érosion** (= dégradation d'un sol, d'un relief et par métaph., de la monnaie). La dégradation d'une chose est souvent due à sa **vieillesse**, ou en parlant d'un bâtiment, à sa **vétusté** ; → ALTÉRATION, DÉCADENCE, DÉGÉNÉRESCENCE, DOMMAGE, POURRISSEMENT.

dégrader 1. V. suspendre II, casser I. 2. V. abaisser II, dégénérer. 3. V. abîmer I, profaner.
◇ **se dégrader** V. dépérir.

dégrafer V. détacher I.

dégraisser **1.** V. détacher II, nettoyer. **2.** V. SUPPRIMER.

degré
I [sout.] Marche d'un escalier, le plus souvent monumental : [cour.] **marche**.
II **1.** *Franchir tous les degrés de la société* : **échelon, niveau** ; → CLASSE I, RANG II. **2.** *Je veux bien être bon, mais jusqu'à un certain degré seulement* : **point**. **3.** *Par degrés. Nous irons doucement, par degrés* : **par étapes** ◆ [plus rare] **par paliers** ◆ [plus génér.] **peu à peu** ; → PROGRESSIVEMENT. **4.** *Degré zéro* : V. BAS.

dégrèvement V. diminution.

dégrever V. alléger.

dégringoler V. descendre, rouler I, tomber.

dégriser **1.** Faire sortir de l'ivresse : **désenivrer** ◆ [fam.] **dessoûler**. **2.** *Son échec l'avait brutalement dégrisé* : **faire revenir à la réalité, ramener à la réalité, faire sortir de ses illusions**.

dégrossi *Mal dégrossi* : V. balourd.

dégrossir **1.** V. civiliser. **2.** V. éclaircir.

déguenillé *Il se promenait dans les rues, sale et déguenillé* : **en haillons** ◆ [plus fam.] **loqueteux** ◆ [rare] **dépenaillé** ; → DÉBRAILLÉ.

déguerpir V. fuir, plier* I bagage, se retirer, sortir.

dégueulasse **1.** V. sale. **2.** V. abject, honteux (*in* honte), salaud.

dégueuler V. vomir.

déguiser [~ qqch] *Pourquoi voudriez-vous déguiser la réalité ?* : **travestir** ◆ [peu employé] **farder, masquer** ◆ [fam.] **camoufler*** (qui est plutôt cacher que modifier les apparences de qqch, qqn) ; → CHANGER I, MAQUILLER, ENVELOPPER, CACHER, TAIRE.
◇ **se déguiser** *Les enfants aiment à se déguiser* : [plus rare] **se costumer** ◆ **se travestir** (= se déguiser pour une fête, un rôle de théâtre ; c'est aussi prendre les apparences du sexe opposé).
◇ **déguisement** **1.** Le fait de se déguiser : **travestissement**. **2.** *Son déguisement était très réussi* : [plus génér.] **costume** ◆ [partic.] **travesti**. **3.** *Le déguisement de la réalité* [sout.] : [cour.] **maquillage, camouflage** ◆ [plus neutre] **dissimulation** ; → MENSONGE.

déguster **1.** V. goûter I, savourer (*in* saveur). **2.** V. recevoir I.

dehors
I V. EXTÉRIEUR II. *Mettre dehors* : V. CONGÉ.
II V. AIR et MASQUE.
III *En dehors* : *en dehors de lui, personne n'a été informé* : **à part**. *Elle est toujours en dehors de la question* : **à côté de** ◆ [sout.] **hors** ; → À L'ÉCART* DE.

déifier V. glorifier (*in* gloire).

déisme Système de ceux qui, rejetant toute révélation, croient seulement à l'existence de Dieu et à la religion naturelle. Le **théisme** se dit de la croyance en l'existence personnelle de Dieu, mais aussi en son action providentielle dans le monde.

déité V. dieu.

déjauger V. vite.

déjà-vu V. ordinaire.

déjection V. excrément.

déjeuner V. manger I, repas.

déjouer **1.** *L'opposition a déjoué les manœuvres du gouvernement* : **faire échouer, mettre en échec, contrecarrer** ◆ ↓ **éventer** (= découvrir un complot, une intrigue). **2.** *Déjouer la vigilance de qqn* : **tromper**.

délabrement V. dégradation.

délabrer V. abîmer.

délai **1.** *Il a obtenu un délai de huit jours pour payer ses dettes* : **prolongation** ◆ **sursis, répit** (cessation provisoire d'un état désagréable) ◆ [didact.] **rééchelonnement** (en parlant de la dette d'un pays) ;

→ TEMPS I, TERME I. **2.** *Sans délai* : V. IMMÉDIATEMENT et SANS RETARD*.

délaissement V. abandon II.

délaisser V. abandonner II, oublier (*in* oubli).

délassant V. reposant (*in* reposer).

délassé V. reposé (*in* reposer).

délassement V. loisir, récréation, repos.

délasser **1.** *Exténué par sa longue marche, il s'assit pour se délasser un peu* : **se reposer*** ◆ [moins employé] **se défatiguer**. **2.** *Regarder la télévision me délasse* : **détendre** ◆ [plus fam.] **changer les idées** ; → AMUSER.

délateur V. accusateur (*in* accusé).

délation V. dénonciation (*in* dénoncer), médisance (*in* médire).

délavé V. pâle, terne.

délayer **1.** *On délaie de la farine dans l'eau pour obtenir une pâte* : **dissoudre**, [plus cour.] **faire fondre** (= désagréger un corps solide dans un liquide : *dissoudre, faire fondre du sucre dans de l'eau*) ◆ **diluer** (qui s'emploie tantôt avec le sens de *délayer*, tantôt avec celui de *dissoudre*) ◆ **étendre** (= affaiblir les qualités propres d'un liquide par une addition d'eau : *étendre du vin avec de l'eau*). **2.** *Il a de bonnes idées mais il les délaye trop* : **diluer, noyer** (qui s'emploieraient avec un complément : *diluer, noyer dans un bavardage, un flot de paroles*).
◇ **délayage** [fig.] *Son discours n'est qu'un délayage insipide* : [plus sout.] **verbiage*** ◆ [fam.] **bla-bla** ; → BAVARDAGE.

délectable V. délicieux (*in* délice), savoureux (*in* saveur), succulent.

délectation V. délice, plaisir, volupté.

délecter (se) V. se gargariser, se lécher les babines, se plaire II, savourer (*in* saveur).

délégation, délégué V. déléguer.

déléguer **1.** [~ qqn] *C'est entendu ! je vous délègue mon meilleur collaborateur pour régler cette affaire* : [plus cour. et plus génér.] **envoyer** ◆ **détacher** (= envoyer en mission, généralement pour un temps assez long) ◆ **mandater** (= déléguer qqn avec un « mandat » qui lui donne tel pouvoir précis pour faire qqch au nom d'autres personnes : *un délégué syndical refuse de voter sur une question pour laquelle il n'a pas été mandaté par son syndicat*) ◆ **députer** (= déléguer qqn comme député) ; → NOMMER II. **2.** [~ qqch] *Il a délégué tous ses pouvoirs à ses associés* : [plus génér.] **remettre, confier** ; → TRANSMETTRE.
◇ **délégué** Personne chargée d'agir au nom de plusieurs autres ; il est soit nommé, soit **élu**. Élu d'une assemblée : **député**. Élu d'un parlement : **parlementaire**. *Le délégué du personnel d'une entreprise* : V. DÉLÉGATION. *Paris l'a dépêché comme délégué auprès du Vatican* : **envoyé** (= celui qui n'est chargé que d'une mission précise et temporaire) ◆ **ambassadeur** (= celui qui représente un État près une puissance étrangère) ◆ **mandataire** (= celui à qui est conféré un mandat : *je peux régler cette affaire pour M. Dupuis : je suis son mandataire*) ◆ **fondé de pouvoir** (s'il s'agit d'une société) ; → DIPLOMATE, REPRÉSENTANT, MESSAGER.
◇ **délégation** **1.** *Le directeur a-t-il reçu une délégation pour parler à la place du personnel ?* : **mandat** ◆ [plus génér.] **pouvoir** ◆ **procuration** (qui se dit surtout d'une délégation de signature). **2.** *Le directeur a reçu une délégation du personnel* : ensemble des **délégués*** ◆ [sout.] **ambassade** (= mission délicate confiée à une délégation).

délester **1.** V. alléger. **2.** V. voler II.

délétère V. nocif, nuisible (*in* nuire), irrespirable.

délibération **1.** V. DÉBATTRE. *Le projet sera soumis à la délibération de l'Assemblée* : [plus génér.] **examen, discussion** ◆ **débat** (qui ne s'emploie pas dans les mêmes contextes, quoique de sens proche ; *délibération* implique davantage l'idée d'une discussion aboutissant à une décision, *débat* emporte surtout l'idée d'un échange verbal et de son mode de réalisation : *un débat orageux, passionné*). **2.** *Sa décision est le fruit d'une longue délibération* : ↓ **réflexion** (qui implique moins l'idée d'hésitation).

délibéré *Il a fait preuve d'une grossièreté délibérée* : **intentionnel, voulu, volontaire** ; → CONSCIENT.
◇ **délibérément** *Il a agi délibérément avec grossièreté* : **de propos délibéré, intentionnellement, volontairement, à dessein** ◆ [plus cour.] **exprès**. Cet adverbe peut prendre aussi le sens de **résolument** ; → CONSCIEMMENT.

délibérer V. débattre.

délicat **1.** [qqch est ~] Qui plaît par sa finesse. *Un parfum délicat* : **raffiné** ◆ ↑ **exquis**. *Une cuisine très délicate* : **fin, recherché, raffiné** ◆ ↑ **exquis** ; → DÉLICIEUX, AGRÉABLE. **2.** [qqch est ~] *Sa situation est vraiment délicate* : ↑ **scabreux** ◆ [plus génér.] **complexe**. *Être dans une situation délicate* : [fam.] **être sur la corde raide** ; → DANGEREUX, DIFFICILE, ÉPINEUX, SENSIBLE I. **3.** [qqn est ~] *C'est un enfant très délicat : il a dû garder la chambre tout l'hiver* : [moins sout.] **fragile** ◆ ↑ **faible*** ; → SENSIBLE I. **4.** [qqn est ~] Qui peut apprécier la délicatesse de qqch, qui manifeste dans ses goûts et ses actions une grande sensibilité. *Un esprit très délicat* : **fin, délié** ◆ ↑ **pénétrant**, ↑ **subtil**. *Avoir un goût délicat* : **fin, raffiné, sûr**. *Avoir des manières délicates* : V. DISCRET et POLI I. *Avoir les oreilles délicates* : V. PRUDE. **5.** [qqn est ~] *Il est trop délicat pour partager à l'improviste la table d'un ami !* : [plus cour.] **difficile, exigeant**. *Faire le délicat* : **le difficile**.
◇ **délicatesse** **1.** *La délicatesse d'un mets, d'une peinture* : [plus cour.] **finesse, recherche** ◆ ↑ **subtilité, raffinement** ; → PURETÉ. **2.** *La délicatesse des sentiments* : **élégance***, **distinction**. *Il lui a parlé avec beaucoup de délicatesse* : **tact** ◆ ↓ **discrétion** (qui implique seulement l'idée d'une réserve dans les propos que l'on tient à autrui) ; → PUDEUR. **3.** *Elle a aménagé son appartement avec beaucoup de délicatesse* : **goût, finesse**. **4.** [pl.] *Elle aimait ses délicatesses* : [plus cour.] **gentillesses** ◆ [sout. et au sing.] **prévenance**. **5.** *Cet objet est fragile : il faut le manier avec délicatesse* : **délicatement**.

délice **1.** [sing.] *Il se laissait aller au délice de longues rêveries au bord de la mer* : **ravissement** ◆ [rare] **délectation** ◆ ↓ **plaisir***. *Ce coq au vin est vraiment un délice !* : [plus cour.] **régal**. *Quel délice de respirer l'air pur !* : **bonheur, joie***. **2.** [pl.] *Il avait connu auprès d'elle les délices d'un amour partagé* : ↓ **charmes** ◆ ↓ **plaisirs***. *Cette île est un lieu de délices* : **paradis** (*... est un paradis*) ; → JOUISSANCE.
◇ **délicieux** **1.** [qqch est ~] *Ces fruits sont délicieux* : [rare] **délectable** ◆ [cour.] **très bon, excellent** ; → AGRÉABLE, SAVOUREUX, SUCCULENT, DÉLICAT, FIN. **2.** *Quelle nuit délicieuse !* : **merveilleux** ◆ ↑ **divin** ; → CHARMANT. **3.** [qqn est ~] *Votre sœur est vraiment délicieuse !* : **exquis, charmant** ; → BEAU, IRRÉSISTIBLE.

délictueux V. blâmable.

délié V. délicat, fin III, fluide, souple.

délier **1.** V. assouplir. **2.** V. détacher.

délimiter **1.** *Il faudra nettement délimiter les prérogatives des propriétaires et celles des locataires* : **définir, fixer** ; → LIMITER. **2.** V. CERNER.

délinquance V. crime.

délinquant *De jeunes délinquants* : [fam.] **loubard** (qui suppose une vie en bande, en grande agglomération) ◆ [fam.] **voyou, frappe** (presque toujours : *une petite frappe*) ◆ [partic.] **dealer** se dit d'un **revendeur*** **de drogue** ; → MALFAITEUR.

déliquescent *C'est maintenant un vieillard à l'esprit déliquescent* [rare] : [cour.] **gâteux, ramolli, décrépit** ; → VIEUX.
◇ **déliquescence** *Leurs projets tombaient en déliquescence* : [plus cour.] **poussière, ruine**. *Le pouvoir politique est en déliquescence* : **décomposition, décrépitude** ; → DÉCADENCE.

délirant V. débordant (*in* déborder II), exalté.

délire **1.** [sens médical du terme] *Un malade en proie au délire* : **hallucination** (= perception éprouvée sans rapport avec les données objectives de la réalité) ◆ **frénésie** (= état d'agitation extrême) ◆ ↓ **divagation** (= état de rêverie désordonnée) ; → FOLIE. **2.** *Vous sortez par ce temps ? Mais c'est du délire !* : **folie** ◆ ↓ **ce n'est pas raisonnable**. *Le boxeur redouble d'ardeur, c'est du délire dans la salle !* : ↑ **frénésie, hystérie**.

En délire : **en transes** ; → ENTHOUSIASME, EXCITATION.

◇ **délirer** *Accablé par la fièvre, il a déliré toute la nuit* : [moins employé] **divaguer** ◆ [fam.] **dérailler, débloquer** ; → DÉRAISONNER, FOU.

délit 1. V. CRIME et FAUTE. 2. *Être pris en flagrant délit* : **sur le fait** ◆ [assez fam.] **la main dans le sac**.

délivrer 1. *Tous les prisonniers ont été délivrés* : **libérer** ; → AFFRANCHIR, DÉGAGER, TIRER II. 2. *La Mairie vous délivrera un extrait de naissance* : [très génér.] **donner** ◆ [cour.] **remettre**.

◇ **se délivrer** *Se délivrer de qqch* : V. SE DÉBARRASSER et SE DÉFAIRE.

◇ **délivrance** 1. V. LIBÉRATION. 2. *Il est enfin parti ! quelle délivrance !* : **soulagement**. 3. V. ACCOUCHEMENT et MISE* BAS.

délocalisation V. déplacement (*in* déplacer).

délocaliser V. déplacer.

déloger V. chasser, partir.

déloyal 1. [qqn est ~] *Il n'a pas respecté ses engagements : il est déloyal* : **infidèle** (qui se dit surtout de celui qui ne respecte pas ses engagements d'amitié ou d'amour) ◆ [fam.] **faux frère, judas** (*c'est un faux frère !*) ◆ ↑ **traître** ◆ [sout.] **perfide, félon, fourbe** ; → RENÉGAT. 2. [qqn est ~] *Vous avez fait de la publicité déloyale !* : ↓ **incorrect*** ◆ **malhonnête** (qui évoque davantage la probité que la loi ou la bonne foi) ; → FAUX I.

◇ **déloyauté** 1. [de déloyal] **infidélité, perfidie, traîtrise** ◆ [sout.] **félonie, scélératesse** ; → INCORRECTION. 2. V. TRAHISON.

delta V. embouchure.

déluge 1. V. pluie. 2. V. abondance I.

déluré V. dégourdi (*in* dégourdir).

délurer V. dégourdir.

démancher V. déboîter.

demander Au sens très génér. de faire savoir à qqn ce que l'on souhaite obtenir : **formuler, présenter, adresser une demande* à qqn**. 1. [qqn ~ qqch à qqn] *Nous lui avons demandé l'horaire des trains de Paris, quand partaient les trains de Paris* : **interroger, questionner** (*interroger, questionner qqn sur qqch* ne se construisent pas avec une complétive, et supposent que l'on sollicite qqn de manière assez pressante, au sens de « soumettre à un interrogatoire » : *les policiers l'ont longuement interrogé* ; *demander* est alors impossible) ◆ [plus fam.] **poser des questions à** ◆ [fam.] **cuisiner** (= interroger avec insistance). 2. [qqn ~ qqch à qqn] *Il m'a demandé d'attendre un peu* : [très génér.] **dire** ◆ [sout.] **prier**. *Demander une faveur* : [sout.] **solliciter** ◆ [péj.] **quêter, quémander, mendier** (= demander en implorant et en s'abaissant). *Demander qqch avec force* : **exiger** ; → INVITER. *Je vous demande pardon de vous déranger ainsi* : **s'excuser**. 3. [qqn ~ à qqn de faire qqch] *Je te demande de m'accompagner* : [sout.] **prier**. *Je demande que l'on soit à l'heure* : ↑ **ordonner, exiger** ◆ ↓ **désirer, souhaiter** ; → VOULOIR. 4. [qqn ~ qqn] V. APPELER I. 5. [qqch ~ qqch] *C'est une affaire très compliquée qui demande toute notre attention* : **nécessiter** ◆ [sout.] **requérir** ◆ ↑ **exiger, réclamer** ; → COMMANDER II.

◇ **demande** Terme très génér., qui peut se manifester comme un ↑ **ordre**, un **commandement**, un ↑ **diktat**, une ↑ **sommation**, si elle est impérative ; une **revendication**, une **réclamation**, une ↑ **exigence**, si elle se fait insistante : V. DÉSIR, PRIÈRE II et REQUÊTE.

demandeur V. solliciteur (*in* solliciter).

démangeaison V. désir (*in* désirer), chatouillement (*in* chatouiller).

démanger 1. *Il a la rougeole ; la peau lui démange* : [fam.] **gratter** (*ça me démange, gratte*) ; → PIQUER II. 2. *Ça le démange de parler, de partir* : [cour.] **avoir envie de** (*il a envie de...*).

démanteler *Le chef des pirates avait ordonné de démanteler les fortifications de la ville* : ↑ **raser** ◆ [plus génér.] **abattre, démolir, détruire***.

◇ **démantèlement** : **démolition, destruction**.

démantibuler V. abîmer I.

démarcation V. limite.

démarchage V. vente.

démarche 1. V. allure. 2. V. méthode. 3. V. formalité.

démarquer V. imiter.

démarrage V. commencement (*in* commencer), départ I.

démarrer 1. *Sa voiture ne voulait pas démarrer :* [plus génér.] **partir, se mettre en route** ; → S'ÉBRANLER, METTRE EN MARCHE. 2. *Il vient de se mettre à son compte : ses affaires démarrent lentement* : V. DÉCOLLER.

démasquer *Il avait soigneusement tissé tous ses mensonges, mais nous l'avons finalement démasqué* : [plus sout.] **confondre** (qui implique que l'on mette *publiquement* qqn devant ses erreurs, au point qu'il doive garder le silence) ; → ÔTER LE MASQUE*.
◇ **se démasquer** V. SE MONTRER.

démêlé V. contestation (*in* contester), maille* II à partir.

démêler V. défricher, distinguer, éclaircir.

démembrement V. dislocation (*in* disloquer), morcellement (*in* morceau).

démembrer V. morceler (*in* morceau).
◇ **se démembrer** V. se disloquer.

déménagement V. transport I.

déménager 1. V. abandonner I, transporter I, partir. 2. V. déraisonner.

démence V. folie (*in* fou).

se démener 1. V. SE DÉBATTRE. 2. *Il se démène pour qu'elle ne manque de rien* : [fam.] **se décarcasser, se mettre en quatre** ◆ [moins fam.] **se donner du mal** ◆ [cour.] **se dépenser** ; → SE REMUER, FAIRE DES PIEDS* ET DES MAINS, SE BATTRE.

dément V. fou.

démenti V. contradiction (*in* contredire), dénégation.

démentiel V. infernal.

démentir V. contredire.

démerdard V. débrouillard (*in* débrouiller II).

se démerder V. se débrouiller (*in* débrouiller II).

démesure *Il n'aimait pas la démesure* : **excès, outrance**.
◇ **démesuré** 1. [concret] *Il était affligé d'une paire d'oreilles démesurées* : **énorme** (qui implique davantage l'idée de volume, *démesuré* impliquant celle de surface ou de longueur) ◆ **disproportionné** (qui implique toujours l'idée d'un rapport, d'une comparaison : *le portail est disproportionné par rapport à la clôture)* ◆ [très fam.] **maous** ; → COLOSSE, IMMENSE, MONSTRUEUX. 2. [abstrait] *Des ambitions démesurées* : ↓ **excessif** ◆ **immodéré** ◆ ↑ **exorbitant** ; → EFFRÉNÉ, EXAGÉRÉ.

démettre 1. V. déboîter. 2. V. destituer, casser I.
◇ **se démettre** V. abandonner I, abdiquer, résigner.

demeurant (au) V. ailleurs (d').

demeuré V. retardé.

demeurer 1. *Demeurer longtemps à table* : [plus cour.] **rester** ◆ **s'attarder** (qui implique que l'on demeure quelque part plus longtemps que prévu ou qu'il ne serait nécessaire) ; → S'ARRÊTER, SÉJOURNER. 2. V. SUBSISTER. 3. *Où demeurez-vous maintenant ?* : [plus cour.] **habiter** ◆ [plus sout.] **résider** ◆ [très fam.] **crécher** ; → LOGER I, PERCHER.
◇ **demeure** 1. *Il aimait visiter les vieilles demeures* [sout.] : [cour.] **maison** ; → HABITATION. 2. *Il habitait une grande et belle demeure qui surplombait la Loire* : *demeure* est le terme propre pour désigner une maison d'importance, souvent remplacé aujourd'hui par **résidence** ◆ [plus génér.] **maison** ; → CHÂTEAU. 3. *La dernière demeure* : V. TOMBE. 4. *À demeure* : V. TOUJOURS. 5. *En demeure : mettre en demeure* : V. COMMANDER II. *Mise en demeure* : V. COMMANDEMENT.

demi V. verre.

à demi V. moitié, semi.

démilitariser V. désarmer.

demi-sec V. sec I.

démission V. abandon I, abdication (*in* abdiquer), départ I.

démissionner V. abandonner I, abdiquer, se retirer.

demi-teinte V. teinte.

demi-tour *Faire demi-tour* : V. revenir.

démocratique V. populaire (*in* peuple II).

démodé V. anachronique, vieux jeu II, suranné, vieux.

demoiselle **1.** *Depuis qu'elle est à Paris, c'est une demoiselle !*, s'emploie pour parler d'une jeune fille de modeste condition qui a accédé à un niveau de vie supérieur, et qui passe, aux yeux de son milieu d'origine, pour ce qu'il est convenu d'appeler « une jeune fille de bonne condition » ◆ **dame** est le syn. exact quand il s'agit d'une femme mariée. **2.** *Il habitait chez une vieille demoiselle* (= femme non mariée et vivant sans concubin) : **célibataire** ◆ [cour., parfois péj.] **vieille fille**.

démolir V. abattre I, abîmer, démanteler, massacrer, mettre en pièces I, raser II.

démolisseur V. fossoyeur.

démolition V. démantèlement (*in* démanteler), destruction (*in* détruire).

démon V. ange, diable, dieu, espiègle, lutin.

démoniaque V. diabolique (*in* diable).

démonstration

I V. PREUVE et RAISONNEMENT.

II *Quelles démonstrations d'amitié ! Est-il vraiment sincère ?* (= marques extérieures qui annoncent des sentiments sincères ou feints) : **protestations** (= démonstrations purement verbales) ◆ **témoignage** (qui suppose plus de solidité et implique généralement que les sentiments annoncés sont sincères) ◆ [plus cour.] **manifestations** ◆ [péj.] **étalage**, [sout.] **affectation** (qui impliquent toujours une conduite ostentatoire et souvent peu sincère) ◆ [fam., langage du sport] **festival** (*ce match, quelle démonstration, quel festival de football !*).

◇ **démonstratif** *Il a toujours été très démonstratif, peut-être en raison de ses origines méridionales* : **expansif** ◆ ↑ **exubérant** ◆ [plus partic.] ↓ **communicatif*** (qui ne se dit que des manifestations verbales).

démonté V. en furie (*in* fureur).

démonter V. défaire.

◇ **se démonter** V. déconcerter, se troubler.

démontrer V. confirmer, montrer, prouver, vérifier.

démoralisant V. déprimant (*in* déprimer), écœurant.

démoraliser V. abattre II, décourager, saper* le moral.

démordre V. renoncer.

démunir C'est **dépouiller** de quelque chose d'essentiel : [plus génér.] **enlever*** ◆ ↓ **dégarnir**. *Être démuni d'argent* : **à court de, sans**.

démystifier V. mystère.

dénaturation V. altération.

dénaturer V. altérer I, falsifier, pervertir, trafiquer.

dénégation **1.** [sing.] *Une dénégation formelle* : **déni** (qui ne se rencontre pratiquement plus, sauf dans l'express. *déni de justice*) ; → CONTREDIRE. **2.** [pl.]. *Malgré ses dénégations, il était évidemment coupable* : **démenti** ◆ ↓ **protestation**.

déni V. dénégation.

déniaiser V. dégourdir.

dénicher V. déterrer, pêcher, trouver.

dénier V. contester, nier.

deniers V. finance.

dénigrement V. médisance (*in* médire).

dénigrer V. diminuer, discréditer.

dénivellation V. inégalité (*in* inégal).

dénombrable V. discontinu.

dénombrement Action de faire le compte des éléments d'un ensemble de choses ou de personnes. [selon les contextes] *Le dénombrement d'une population* : **recensement**. *Le dénombrement des marchandises d'un magasin* : **inventaire**. Une **énumération** est l'action d'énoncer un à un les éléments d'un ensemble de choses ou de personnes : V. CATALOGUE et LISTE.

dénombrer V. compter.

dénomination V. appellation (*in* appel II).

dénommer V. appeler II, qualifier.

dénoncer **1.** *Dénoncer un contrat* : V. ROMPRE. **2.** *Dénoncer qqn* : V. ACCUSER, DONNER, RAPPORTER IV, SIGNALER et TRAHIR. **3.** *Tout, dans son attitude, dénonçait l'orgueil* : **manifester***, **trahir**.
◇ **dénonciation** **1.** [qqch] *La dénonciation d'un contrat* : **annulation, rupture**. **2.** [qqn] *La dénonciation d'un ami* : **trahison** ◆ **délation** (= dénonciation reposant sur des raisons viles et méprisables : *les régimes fascistes entretiennent la délation*).

dénonciateur V. accusateur (*in* accuser), traître.

dénonciation V. dénoncer.

dénoter V. signifier I.

dénouement V. conclusion (*in* conclure), fin I, solution.

dénouer V. détacher.

denrée [souvent au plur.] *Les denrées alimentaires* : **vivres** (qui évoque l'idée d'approvisionnements nécessaires pour subsister : *les vivres d'une expédition*) ◆ **comestibles** (qui se dit des denrées alimentaires considérées sous leur aspect commercial : *un marchand de comestibles*) ; → ALIMENT ; MARCHANDISE.

dense **1.** *Leur voyage a été perturbé par un brouillard très dense* : **épais** ◆ [fam.] ↑ **à couper au couteau**. *Une forêt dense* : ↑ **impénétrable** ◆ ↓ **compact** ; → TOUFFU, SERRÉ. *Une compagnie de perdreaux très dense* : **compact**. **2.** *Le plomb est plus dense que le fer* : [plus génér.] **lourd**. **3.** V. CONCIS.

densité V. concision (*in* concis), épaisseur (*in* épais).

dent **1.** *Vous avez de belles dents !* : [fam.] **quenotte** (qui se dit des dents des enfants) ◆ **chicot** (qui se dit d'un reste de dent très abîmée) ◆ **croc** (qui se dit des canines de certains animaux) ◆ **canine, incisive, molaire** (qui désignent les différentes sortes de dents) ◆ **denture, dentition** (qui désignent l'ensemble des dents). **2.** *Être sur les dents* : V. FATIGUÉ. *Avoir une dent contre qqn* : V. RESSENTIMENT. *Montrer les dents* : V. MENACER. *Être armé jusqu'aux dents* : **de pied en cap**. *Quand les poules auront des dents* : V. JAMAIS. *Du bout des dents* : V. REGRET. *Se casser les dents* : V. ÉCHOUER II. *Avoir la dent* : V. FAIM. *Avoir la dent dure* : V. SÉVÈRE. *Avoir les dents longues* : V. PRÉTENTION. *En dents de scie* : V. INÉGAL. **3.** V. MONTAGNE.

dentelle V. broderie.

dentier V. appareil.

dentition V. dent.

denture V. dent.

dénuder V. découvrir, dépouiller, dévêtir, montrer, révéler.

dénué V. misérable. *Être dénué de* : V. manquer de II.

dénuement V. nécessité, pauvreté.

dépanner **1.** Dépanner un appareil : **réparer***. **2.** [~ qqn] *Si tu manques d'argent, nous essaierons de te dépanner* : [fam.] ↑ **sortir de là** (qui suppose que l'on soit aux prises avec une grosse difficulté) ◆ [cour.] **aider*** ◆ [assez sout.] **tirer d'embarras**.

dépareillé V. incomplet.

dépareiller *Tu m'as cassé un verre : voici mon service dépareillé !* : **désassortir** (les deux verbes s'emploient surtout au participe passé).

départ 1. *Le départ est à quelle heure ?* : **décollage***, **envol** (qui se dit pour un avion), **appareillage** (qui se dit pour un bateau), [fam.] **démarrage** (qui se dit pour un véhicule à moteur) ◆ **embarquement** (qui désigne seulement le moment où l'on monte à bord d'un avion ou d'un bateau). *Un bateau est au départ* : [sout.] **en partance**. 2. *C'est le départ d'une nouvelle aventure* : V. COMMENCEMENT. *Le point de départ* : V. BASE II. *Au départ* : V. ABORD II. 3. *Votre frère nous a annoncé son départ* : V. PARTIR. *On a exigé son départ* : [selon les contextes] **démission, licenciement, exil** : → ABANDON I, ÉMIGRATION. 4. *Faire le départ entre* : V. DIFFÉRENCE.

départager V. juger.

département V. division, service I.

se départir V. renoncer, sortir.

dépassé V. anachronique, vieux.

dépasser 1. *La voiture n° 8 vient de dépasser la voiture n° 3* : **devancer** ◆ ↑ **distancer, laisser loin derrière** ◆ [fam.] **gratter** ◆ [partic.] **doubler** ; → PRÉCÉDER. 2. *Le prix de cette maison dépasse nos possibilités d'investissement* : [plus sout.] **excéder, outrepasser**. 3. *Sa clôture dépasse les limites exactes de son jardin* : **déborder** ; → SAILLIR I. 4. *Il ne parvient pas à dépasser sa déception* : **aller au-delà de** ◆ [fam.] **passer, doubler le cap**. *Il a dépassé ses droits* : [sout.] **outrepasser**. *Dépasser les bornes* : **franchir, passer** ; → ABUSER II. 5. *Être dépassé. Il est dépassé par sa tâche* : **il n'est pas à la hauteur** ; → EN DEHORS DE LA COURSE*.

se dépatouiller V. se débrouiller (*in* débrouiller).

dépaysement V. changement.

dépayser V. changer.

dépecer V. découper.

dépêche *Une dépêche d'agence* : **télégramme, télex, télécopie** ou **fax** (qui sont des dépêches transmises par des procédés divers) ; → CÂBLE II, MESSAGE.

◇ **dépêcher** V. ENVOYER.

◇ **se dépêcher** *Allez ! Dépêche-toi un peu !* : **se presser***, [fam.] **se magner, se grouiller** ◆ [très fam.] **se magner le train, le cul** ; → ACCÉLÉRER, COURIR, S'EMPRESSER, SAUTER, VITE.

dépeindre V. montrer, peindre II, raconter.

dépenaillé V. déguenillé.

dépendance V. dépendre I.

dépendant V. tributaire.

dépendre

I [~ de] 1. [en termes de logique] *La qualité d'une eau dépend de sa composition* : **être fonction de** ; → RÉSULTER. [en termes de droit] *Cette affaire dépend de nos services* : **relever de, ressortir à, être du ressort de, de la compétence de**. 2. *Tout dépendra de son attitude* : [plus sout.] **reposer sur, être fonction de** ; → CONDITIONNER I. *Ça dépend* : [moins cour.] **c'est selon** ; → PEUT-ÊTRE. 3. *Ce terrain dépend de la maison voisine* : **appartenir à**. *Ce service dépend de la Présidence* : **être sous l'autorité de**. *Un artiste ne doit dépendre de personne* : **être le subordonné de** ◆ ↑ **se soumettre à**.

II V. DÉTACHER I.

dépendance

I [de dépendre I] 1. [qqch] *Il y a une nécessaire dépendance entre la qualité du vin et celle de l'été* : **corrélation, interdépendance** ; → RAPPORT II. 2. [qqn] V. SERVITUDE, SOLIDARITÉ, SUJÉTION, SUBORDINATION et COUPE I.

II [au pl.] *Leur maison de campagne comprend de nombreuses dépendances* : **annexes** (qui se dit surtout en parlant d'un hôtel) ◆ **communs** (qui se dit en parlant d'un château) ◆ **appentis** (qui désigne un petit bâtiment annexe servant de **remise** ou de **hangar**).

dépense 1. *Une dépense de 100 francs* : [plus précis] **frais** (qui se dit d'une dépense occasionnée par une action précise : *payer les frais d'un accident*) ◆ [didact.] **dépens** (qui ne s'emploie qu'en termes de droit) ◆ [termes de commerce] **débours** ◆ **faux**

frais, [fam.] **extra** (qui se dit des dépenses que l'on doit effectuer en plus de celles que l'on avait prévues : *le prix de l'hôtel est une chose, les faux frais en sont une autre !*) ; → SORTIE, SACRIFICE II, PARTICIPATION. **2.** On parle de **dilapidation**, de **dissipation** quand il s'agit de vaines dépenses d'argent ; → PRODIGALITÉ.

◇ **dépenser** **1.** *Il a dépensé toute sa fortune en jouant aux courses* : [péjor.] ↑ **dilapider** ◆ [sout.] **dissiper** ◆ [cour.] **gaspiller** ◆ [rare] ↑ **prodiguer** (qui se dit, de manière non forcément péj., de celui qui se livre à des dépenses excessives) ; [plus fam.] ↑ **engloutir** ◆ **débourser** (= sortir de l'argent de sa bourse : *ne pas dépenser, débourser un sou*) ◆ [fam.] **croquer** ; → MANGER II, PAYER. *Dépenser beaucoup d'argent* : [fam.] **jeter l'argent par les fenêtres, jouer les grands seigneurs, mener grand train, vivre sur un grand pied** ; → FAIRE VALSER L'ARGENT. **2.** *Il a dépensé beaucoup d'efforts pour nous secourir* : **déployer**, [plus sout.] **prodiguer** ; → USER II.

◇ **se dépenser** V. SE DÉMENER, SE DONNER DU MAL* I et SE REMUER.

◇ **dépensier** *Il est très dépensier* : [sout.] **prodigue** ◆ [fam.] **c'est un gouffre, un panier percé**.

déperdition V. perte (*in* perdre), fuite (*in* fuir).

dépérir **1.** [qqn ~] V. S'AFFAIBLIR. *Sa santé dépérit de jour en jour* : **se détériorer, se dégrader**. **2.** [qqch ~] *Faute d'humidité, les géraniums dépérissent* : [rare] **s'étioler** ◆ ↑ **se faner** ; → SÉCHER II, MOURIR. **3.** *Son talent dépérit peu à peu* : **s'atrophier**. *Depuis l'installation du supermarché, les petits commerces du quartier dépérissent* ; ↑ **péricliter, disparaître, mourir**.

dépérissement V. amaigrissement, atrophie.

se dépêtrer V. se débrouiller (*in* débrouiller), s'en sortir.

dépeuplé V. vide.

dépeuplement *On assiste au dépeuplement des zones rurales* : **dépopulation**.

dépiauter V. dépouiller.

dépistage V. recherche.

dépister V. découvrir.

dépit V. désappointement (*in* désappointer).

◇ **en dépit** V. malgré.

dépiter V. désappointer.

déplacé V. inconvenant, inopportun.

déplacer **1.** [~ qqch] *Il faut toujours qu'il déplace mes meubles !* : **déranger*** (= déplacer ce qui était en ordre) ◆ **intervertir** (= déplacer les éléments d'une série en changeant leur ordre) ◆ **inverser** (= intervertir la place de deux objets) ◆ **excentrer** (= placer en dehors du centre) ; → REMUER. **2.** [~ qqn] V. MUTER, FAIRE VALSER*. *Déplacer un prisonnier* : **transférer**. *Déplacer un service, une entreprise* : **délocaliser, transférer**.

◇ **se déplacer** V. SE POUSSER, SE TRANSPORTER, CIRCULER et VOYAGER. *C'est un médecin qui ne se déplace pas* : **aller à domicile**. *À son âge, il ne se déplace plus beaucoup* : [fam.] **bouger**.

◇ **déplacement** **1.** [de déplacer] **interversion, inversion, délocalisation, transfert** ; → MUTATION. **2.** [de se déplacer] V. MIGRATION et VOYAGE. *Des déplacements répétés* : **allées et venues**. *Un moyen de déplacement* : **de locomotion** ; → MOUVEMENT.

déplaire *L'attitude que vous adoptez me déplaît beaucoup !* : ↑ **choquer**, ↑ **offusquer** ; [sout.] **indisposer** ; → RÉPUGNER, BLESSER, DÉGOÛTER, FROISSER.

déplaisant V. désagréable.

déplaisir V. mécontentement (*in* mécontent).

déplier V. développer I, étendre.

déploiement V. manœuvre II.

déplorable V. catastrophique (*in* catastrophe), pitoyable, regrettable (*in* regret), scandaleux (*in* scandale), triste III.

déplorer V. pleurer, regretter.

déployer 1. V. étendre, ouvrir, tendre III. 2. V. développer I, étaler. 3. V. dépenser (*in* dépense).

déplumé V. chauve.

dépopulation V. dépeuplement.

déportation V. exil.

déporter 1. V. exiler. 2. V. dévier.

déposer

I V. DESTITUER.

II 1. Au sens général de mettre sur le sol ou sur une surface quelconque qqch que l'on portait, *déposer* se confond souvent avec **poser**, mais pas dans tous les contextes (*vous pouvez déposer, poser vos valises sur la table ; déposer des ordures,* dans ce cas, *poser* ne convient pas) ; → METTRE. 2. Laisser en dépôt : *nous déposerons nos bagages à la consigne* : [très génér.] **mettre** ◆ **laisser*** (qui exprime l'idée que l'on se sépare de qqch, provisoirement ou non) ◆ [très fam.] **foutre** ; → ENTREPOSER. *Déposer de l'argent à la banque* : [plus génér.] **verser, mettre**.

◇ **dépôt** 1. *Je dois aller à la banque pour y faire un dépôt d'argent* : **versement** ◆ **arrhes**, **provisions** (qui se disent d'une **avance** sur une somme à payer) ◆ **caution, cautionnement** (qui se disent de la **garantie** d'un engagement ou de créances éventuelles). 2. *Ils n'ont pas beaucoup de marchandises dans ce magasin : l'essentiel de leurs stocks se trouve au dépôt* : **entrepôt** ◆ **dock** (qui se dit d'un entrepôt situé le long du bassin d'un port commercial) ; → RÉSERVE III. 3. *Ce vin est agréable à boire, mais il laisse un léger dépôt* (qui se dit d'une manière générale des matières solides qu'abandonne un liquide au repos) : **lie** (qui ne se dit qu'en parlant du vin ou du cidre) ; → LIMON, SÉDIMENT.

III V. TÉMOIGNER.

dépositaire 1. *Le dépositaire d'une marque* : **concessionnaire**. 2. *Il se sentait le dépositaire des valeurs de son parti* : **gardien, garant**, [adj., n.] **responsable***.

déposition V. témoignage (*in* témoin).

déposséder *Pourquoi est-elle dépossédée de ses biens ?* : [en termes de droit] **dessaisir** ◆ [plus cour.] **dépouiller** ◆ [didact.] **spolier** (= déposséder par ruse ou par force) ◆ [fam.] **plumer, tondre** ; → PRIVER, VOLER II, ÉCARTER.

dépôt V. déposer II.

dépouille V. dépouiller.

dépouillé V. concis, sévère, simple, sobre.

dépouiller 1. *Il faudra me dépouiller ce lapin cet après-midi* : **écorcher** ◆ [fam.] **dépiauter** ; → SAIGNER. 2. *Dépouiller une branche de son écorce, qqn de ses vêtements* : **dénuder** ; → DÉVÊTIR. 3. *Dépouiller qqn de son argent* : V. DÉMUNIR, VOLER II et DÉPOSSÉDER. 4. V. CONSULTER.

◇ **se dépouiller** V. RENONCER et PERDRE.

◇ **dépouille** 1. *On a retrouvé sa dépouille dans la rivière* : [cour.] **cadavre, corps**. Seul *dépouille* s'emploie dans les contextes comme : *une foule nombreuse a défilé devant la dépouille du président de la République* : V. MORT II. 2. [pl.] V. BUTIN.

◇ **dépouillement** 1. *Les moines vivent dans le plus grand dépouillement* : [plus partic.] **privation, renoncement, détachement** ◆ ↓ **sobriété** ; → EFFORT, CONCISION. 2. V. EXAMEN.

dépourvu

I [part. passé] **dépourvu de** : V. MANQUER II, SANS et VIDE.

II [loc.] **au dépourvu**. *Son arrivée m'a pris au dépourvu* : **à l'improviste, par surprise** ◆ [plus fam.] **de court** ; → SOUDAIN II.

dépravation V. corruption (*in* corrompre).

dépravé V. corrompu (*in* corrompre), pervers, vicieux I.

dépraver V. corrompre.

déprécier *Il cherche systématiquement à déprécier les mérites de ses adversaires* : **rabaisser*** ◆ ↓ **mésestimer, sous-estimer** (qui n'impliquent pas que l'on cherche à diminuer la valeur de qqn, qqch, mais que l'on commet une erreur de jugement) ; → DISCRÉDITER.

◇ **se déprécier** *Depuis quelques mois, le dollar ne cesse de se déprécier* : **se dévaloriser, se dévaluer** ◆ [plus génér.] **baisser**.

◇ **dépréciation** : **dévalorisation, dévaluation, baisse**.

déprédation V. concussion, dégât, rapine.

déprimer *Depuis la mort de son mari, elle déprime* : ↑ **être en dépression, faire une dépression**. *Tu es trop apathique : ça me déprime !* : **décourager** ◆ [fam.] **ficher**, [très fam.] **foutre en l'air** ; → ABATTRE II.

◇ **déprimant** *Le temps pluvieux finit par être déprimant* : **débilitant** (qui évoque davantage une action sur le physique) ◆ **démoralisant** (qui évoque davantage le moral) ; → ACCABLANT.

◇ **déprimé** 1. V. DÉPRIMER. 2. *Un marché financier déprimé* : V. ABAISSEMENT I.

◇ **dépression** *Une dépression nerveuse* : [fam.] ↓ **déprime*** ◆ **mélancolie, neurasthénie** [fam.] (qui se disent d'un état pathologique installé) ; → TRISTESSE, ABATTEMENT II.

dépuceler, dépucelage V. déflorer, défloration.

depuis Indique le point de départ d'un événement et insiste sur la durée de cet événement, **dès** insiste exactement sur le point de départ de l'événement et implique l'indication précise d'une date (*depuis qu'il a hérité, dès qu'il eut hérité, il changea de vie*). *Depuis peu* : → RÉCEMMENT.

dépuratif V. purgatif.

député V. délégué, parlementaire, représentant.

députer V. déléguer.

déracinement V. arrachage, arrachement (*in* arracher).

déraciner V. arracher, retirer.

dérailler V. délirer (*in* délire), s'égarer.

déraison V. absurdité.

déraisonnable V. absurde, ridicule.

déraisonner *Ne l'écoutez pas ! il déraisonne !* : **divaguer** ◆ **radoter** (qui se dit de celui qui déraisonne par sénilité) ◆ ↑ **perdre l'esprit**, [fam.] **déménager, débloquer** ◆ [très fam.] **déconner** ◆ [vx] **battre la campagne** ; → S'AFFOLER, DÉLIRER, FOU.

déranger 1. [~ qqch] *Il avait en horreur que l'on dérange ses affaires* : **mettre du désordre* dans, mettre en désordre** ◆ [fam.] ↑ **chambarder**, ↑ **chambouler**, ↑ **mettre sens dessus dessous** ; → DÉPLACER. 2. [~ qqch] *Cet orage a dérangé nos projets* : ↑ **bouleverser** ◆ [plus précis] **désorganiser** (= détruire l'organisation de qqch) ; → CONTRARIER, CHANGER. *Déranger le temps* : V. DÉRÉGLER. 3. [~ qqn] *Je vous dérange ?* : [sout.] **importuner** ; → GÊNER. *Être dérangé* est un euphémisme pour **avoir la colique*, être fou***.

◇ **dérangement** 1. [de déranger 1 et 2] ↑ **bouleversement** ◆ [fam.] ↑ **chambardement** ◆ **désorganisation** ; → DÉSORDRE. 2. [de déranger 3] V. DIFFICULTÉ et GÊNE. 3. V. COLIQUE.

dérapage V. embardée.

déraper V. glisser, patiner.

derche V. derrière.

dérèglement V. corruption (*in* corrompre), débordement (*in* déborder), dissolution (*in* dissoudre), égarement (*in* égarer).

dérégler *Le temps est complètement déréglé depuis plus d'une semaine* : **déranger** (qui ne s'emploie pas en parlant d'appareils : *une montre déréglée*, mais non *dérangée*) ◆ [fam.] **détraquer** ; → ABÎMER.

◇ **déréglé** *C'est un noceur : il mène une vie déréglée* : **désordonné** ◆ ↑ **dissolu, libertin** ◆ [fam.] **vie de bâton de chaise**.

dérider V. amuser, dégeler (*in* dégel).

dérider (se) V. s'épanouir, rire.

dérision V. raillerie, ironie.

dérisoire V. minime, ridicule, vain I.

dérivatif V. exutoire.

dérive V. incontrôlable.

dériver 1. V. détourner, dévier. 2. V. résulter (*in* résultat).

derjeau V. derrière.

dernier 1. [qqch est ~] Terme très courant dont les synonymes, souvent plus précis, varient selon les contextes. *La dernière voyelle d'un mot* : [précis] **finale**. *Un dernier effort* : ↑ **ultime**, ↑ **suprême**. *La dernière limite* : ↑ **extrême**. *La dernière des choses à faire* : **pire**. *Les derniers moments* : V. AGONIE. 2. [qqn est le ~] *Vous êtes le dernier des paresseux !* : **le pire de, le plus grand de**. *Être le dernier* : V. LANTERNE. *Le petit dernier* : V. CADET.

dernièrement V. récemment.

dérobade V. fuite.

dérobé V. secret I.

dérobée (à la) V. discrètement (*in* discret), secrètement (*in* secret I).

dérober 1. *On lui a dérobé son portefeuille* [sout.] : [cour.] **voler*** ◆ **subtiliser, soustraire, escamoter** (qui impliquent l'idée d'adresse) ◆ [fam.] **chiper, faucher, piquer, chauffer, barboter, choper** ◆ **chaparder** (= voler de petites choses : *chaparder une orange chez un épicier*) ◆ **marauder** (qui se dit de l'action de voler des fruits, des légumes, des volailles à la campagne) ; → S'ATTRIBUER, DÉTOURNER, VOLER II. 2. *Nous avons dérobé son secret* : **surprendre**. 3. *Un rideau de peupliers dérobait la maison aux regards indiscrets* [sout.] : [cour.] **cacher***, **dissimuler** ; → MASQUER.
◇ **se dérober** 1. *Les trafiquants sont parvenus à se dérober aux recherches de la police* : **échapper à, se soustraire à, éviter, fuir** ◆ [fam.] **couper à** ; → SE CACHER. 2. *Impossible de savoir ce qu'il pense : il se dérobe à nos questions* : **éluder, esquiver, fuir** ; → RECULER, GLISSER I. *Se dérober à ses promesses* : V. RENIER. 3. V. SE DÉFILER.

dérogation V. infraction.

déroger V. désobéir.

dérouillée V. peignée, volée III.

dérouiller V. battre I, dégourdir.

déroulement *Il était captivé par le déroulement de l'action* : [plus rare] **cours, film**. *Le déroulement des faits confirmait son hypothèse : l'homme avait été assassiné* : **succession, enchaînement**.

dérouler V. développer I, étaler.

dérouler (se) V. se passer.

déroutant V. déconcertant (*in* déconcerter).

déroute V. défaite (*in* défaire), fuite.

dérouter V. déconcerter.

derrière
I [prép. ou adv.] *Marcher derrière qqn* : **à la suite de**. *L'un derrière l'autre* : **après**. *Que se cache-t-il derrière cette affaire ?* : V. SOUS. *Voici la ville ; derrière, la mer* : **en arrière-plan**. *Dommage qu'on ne vous voie que de derrière !* : **de dos, le dos tourné**. *Laisser loin derrière* : V. DÉPASSER. *Par derrière* : V. TRAÎTREUSEMENT.
II [n.] *Si tu continues, tu vas prendre mon pied dans le derrière !* : **fesses** ◆ [par plais.] **postérieur** ◆ [rare] **arrière-train** ◆ [très fam.] **cul, derche, popotin** ◆ **lune** (qui s'emploie surtout dans le langage enfantin) ◆ **croupe** (qui se dit en parlant des animaux) ; → ANUS.

dès V. depuis. *Dès que* : V. sitôt que.

désabuser *Il faut vous désabuser ! Ce n'est pas du marbre, mais une imitation !* [sout.] : [cour.] **détromper** ◆ [sout.] **dessiller les yeux** (à, de qqn) ◆ [express.] **revenir sur terre, être réaliste, regarder les choses en face**.
◇ **désabusé** *Depuis son échec électoral, c'est un homme complètement désabusé* : [sout.] **désenchanté** ◆ [fam.] **revenu de tout, qui ne croit plus à rien** ; → DÉCEVOIR.

désaccord 1. [~ entre personnes] Les synonymes varient selon la nature, le degré et la conséquence possible du désaccord : ↑ **division, différend**, ↑ **conflit** (*une division s'instaura dans le parti ; un différend, un conflit oppose syndicats et patronat*) ◆ **mésentente, discorde** ◆ [sout.] **mésintelli-**

gence, dissentiment (*le désaccord, la mésentente, la mésintelligence, la discorde règne entre eux ; un dissentiment les oppose*) ◆ [cour.] **brouillerie, froid, brouille, dissension, dispute, rupture** (qui désignent les conséquences possibles du désaccord) ◆ [fam.] **zizanie** (*semer la zizanie*), **il y a de l'eau dans le gaz** ; → QUERELLE, DISSIDENCE. **2.** [~ entre choses] *Ses paroles sont en désaccord avec ses actes* : **opposition*** ◆ ↑ **contradiction** ◆ **contraste, faire contraste** ◆ **incompatibilité**.

désaccoutumer V. déshabituer.

désaffection *Elle manifeste de la désaffection à son égard* : **détachement**. *La désaffection pour la politique* : **désintérêt*** ◆ [rare] **désamour** ◆ ↑ **indifférence** ◆ ↑ **mépris**.

désagréable **1.** [qqn est ~] *C'est une personne désagréable* : ↑ **odieux** ; → ACERBE, PAS COMMODE II, ACARIÂTRE, DÉTESTABLE. **2.** [qqch est ~] *Quel événement désagréable !* : **déplaisant, contrariant, fâcheux, ennuyeux** ; → MALHEUREUX, MOCHE, SAUMÂTRE, REGRETTABLE, SALE. *Une odeur désagréable* : **incommodant, nauséabond**. *Des propos désagréables* : ↑ **vexant, fielleux, blessant, cuisant, haineux** ◆ [sout.] **désobligeant, malplaisant** ; → INJURIEUX.

désagrégation V. dislocation (*in* disloquer), séparation (*in* séparer).

désagréger V. décomposer.

désagréger (se) **1.** *Cette pierre se désagrège peu à peu* : **tomber en poussière**. **2.** *Leur parti se désagrège à cause de luttes intestines* (= perdre sa cohésion, son unité) : **se disloquer*** ◆ ↑ **se décomposer**, ↑ **s'écrouler**, ↑ **s'effondrer**.

désagrément V. désavantage, incommodité (*in* incommoder), mécontentement (*in* mécontent), souci.

désaltérer (se) V. boire.

désamorcer V. désarmer.

désamour V. désaffection.

désappointer *Il a été très désappointé de ne pas vous avoir rencontré* : ↑ **dépiter** (qui ajoute au précédent l'idée d'une blessure d'amour-propre, d'une vexation) ; → DÉCEVOIR.

◇ **désappointement** : **dépit**. De qqn qui éprouve beaucoup de désappointement, on dit : [fam.] **il en fait une jaunisse, une maladie** ; → DÉCEPTION.

désapprouver *Je désapprouve totalement votre conduite* : ↑ **blâmer** ◆ ↑ **réprouver** (qui implique une condamnation totale d'un acte) ◆ **désavouer** (qui ne se dit en ce sens que des personnes : il implique que l'on se désolidarise de quelqu'un que l'on désapprouve) ; → RÉPRIMANDER, CONDAMNER, CRITIQUER, HONNIR.

◇ **désapprobation** [de désapprouver] : **blâme, réprobation, désaveu** ; → CONDAMNATION, OBJECTION, REPROCHE.

désarçonner **1.** V. vider. **2.** V. déconcerter, troubler.

désargenté *Voudrais-tu me prêter mille francs ? Je suis un peu désargenté en ce moment* : [fam.] **fauché, sans un sou, sans un rond** ◆ [très fam.] **raide** ◆ **tirer le diable par la queue, ne pas pouvoir joindre les deux bouts** ◆ **ruiné** (= avoir définitivement perdu sa fortune) ; → PAUVRE II.

désarmant V. accablant (*in* accabler I).

désarmé V. faible.

désarmer **1.** [~ qqch] *Les grandes puissances cherchent à désarmer leurs zones d'influence* : **démilitariser**. **2.** On *désarme* un fusil, on **désamorce** une bombe. **3.** [~ qqn]. *Sa candeur me désarme* (= pousser à l'indulgence, faire cesser tout sentiment d'hostilité) : ↓ **toucher** ; → ÉMOUVOIR. **4.** [intr.] *Sa colère ne désarme pas* : **céder, fléchir**. *En dépit de tous nos efforts, il ne désarme pas* : **renoncer**.

désarroi V. confusion (*in* confus I), détresse, émotion, trouble II.

désarticulation V. déboîtement.

désarticuler (se) V. se déboîter.

désassortir V. dépareiller.

désastre V. abîme, catastrophe.

désastreux V. abominable, catastrophique (*in* catastrophe), mauvais I, moche, néfaste, défavorable (*in* défaveur).

désavantage *C'est une solution qui présente beaucoup de désavantages* : **inconvénient*** ◆ ↓ **désagrément** ◆ [très fam.] **emmerdement, emmerde.**
◇ **désavantager** *Son infirmité l'a désavantagé* : **handicaper, tourner au désavantage de** ◆ [plus génér.] **nuire** ; → DÉFAVORISER, LÉSER.

désavantageux V. défavorable (*in* défaveur).

désaveu V. condamnation (*in* condamner), désapprobation (*in* désapprouver), reniement (*in* renier), rétractation.

désavouer V. désapprouver, renier, se dédire.

désaxé V. fou.

descendance V. lignée, postérité.

descendant V. postérité.

descendre 1. [qqn ~] *Descendre une pente abrupte, descendre un escalier* : ↑ **dévaler, débouler** ◆ [fam.] **dégringoler**. *Descendre de voiture* : **sortir**. *Descendre de bateau* : **débarquer**. *Descendre du train* : ↑ **sauter**. 2. [qqn ~ chez qqn] V. LOGER I. 3. [qqn ~ à] V. S'ABAISSER. 4. [qqn ~ qqn] V. TUER et RECTIFIER. 5. [qqch ~] *La nuit descend* : **tomber***. *Le thermomètre descend* : **baisser***. *Les prix descendent* : **baisser, diminuer,** ↑ **chuter,** ↑ **s'effondrer**. *La mer descend* : **baisser** ◆ [sout.] **se retirer**. *Le chemin descend doucement vers la vallée* : [sout.] **s'incliner**. *Ce dîner ne descend pas* : V. PASSER I.

descente 1. V. côte II. 2. *Descente de lit* : V. tapis. *Descente de police* : V. rafle.

description V. portrait, signalement (*in* signal), peinture II.

désemparer V. déconcerter.

désenchanté V. désabusé.

désenchantement V. déception (*in* décevoir).

désencombrer V. débarrasser.

désencrasser V. nettoyer.

désengagement V. retrait.

désenivrer V. dégriser.

déséquilibre V. crise.

déséquilibré V. bizarre, caractériel, fou.

désert 1. *On rencontre dans les Alpes des villages totalement déserts* : [moins cour.] **inhabité** ◆ **désolé** (qui ajoute aux précédents l'idée de tristesse) ; → NU, SAUVAGE II, SOLITAIRE I. 2. *En Espagne, au début de l'après-midi, les rues sont totalement désertes* : **vide** ◆ **abandonné, déserté** (qui impliquent une action délibérée) ◆ [fam.] **il n'y a pas un chat**.

déserté V. désert.

déserter V. abandonner I, trahir.

déserteur Le *déserteur* est celui qui quitte son poste sans nécessairement passer à l'ennemi ; le **transfuge** est un déserteur qui passe à l'ennemi, pouvant ainsi être considéré comme un **traître*** ; → INSOUMIS.

désertion V. abandon I, insoumission (*in* insoumis), trahison (*in* trahir).

désertique V. aride.

désescalade V. diminution (*in* diminuer).

désespérance V. désespoir.

désespérant V. accablant (*in* accabler I), attristant (*in* attrister), irrécupérable.

désespéré 1. V. triste I. 2. V. compromettre.

désespérer 1. V. abattre II, décourager (*in* courage), tuer. 2. V. douter.

désespoir Dans son emploi abstrait, ce mot a pour syn. soutenu **désespérance**. *Elle est plongée dans le plus grand désespoir* : **affliction, détresse** ; → ABATTEMENT. *À mon grand désespoir* : **désolation**. *Faire le déses-*

poir de qqn : ↓**désoler**. *C'est la solution du désespoir* : ↓**c'est la dernière chance**.

déshabillage V. streap-tease.

déshabillé V. négligé (*in* négliger), robe.

déshabiller V. se découvrir, dévêtir.

déshabituer *Il ne parvenait pas à se déshabituer du tabac* : **désaccoutumer** ; → SE DÉFAIRE.

désherber V. sarcler.

déshérité V. misérable, pauvre, monde II.

déshonnête V. obscène.

déshonneur V. honte.

déshonorant V. déshonorer.

déshonorer 1. V. DISCRÉDITER, SALIR. 2. V. ABUSER III, PROSTITUER, SÉDUIRE.
◇ **se déshonorer** *En agissant ainsi, ils se sont déshonorés* : **se couvrir de honte, d'opprobre**.
◇ **déshonorant** *Leur démarche est déshonorante* : **avilissant, honteux***.

déshumaniser *Elle se sentait déshumanisée par ses propos injurieux* : **chosifier** ◆ ↓**rabaisser**.

déshydratation V. dessèchement.

déshydraté V. sec I.

déshydrater V. altérer II.

désignation V. appellation (*in* appeler II).

designer V. styliste.

désigner V. appeler I, choisir, indiquer, nommer II (*in* nom).

désillusion V. déception (*in* décevoir).

désincarné V. abstrait.

désinence V. terminaison.

désinfectant 1. Produit pour désinfecter les sanitaires : [plus partic.] **désodorisant**. 2. Produit pour désinfecter une plaie : **antiseptique**.

désinfection V. assainissement.

désinformation V. mensonge.

désintégrer (se) V. se disloquer.

désintéressé 1. [qqn est ~] Se dit de celui qui n'agit pas par intérêt personnel, et notamment financier : ↑**généreux** (= qui implique de grandes qualités de cœur) ◆ **détaché des choses, des biens de ce monde** (se dit, parfois par plais., de celui qui ne se soucie pas des biens matériels). 2. [en partic.] *Son geste n'est pas désintéressé* : **gratuit** ; → PUR I. *Peut-on avoir un avis désintéressé sur une telle question ?* : **impartial, objectif**.
◇ **désintéressement** *Il a agi avec un désintéressement extraordinaire* : ↑**abnégation** ◆ [partic.] **générosité** ◆ **altruisme** ; → SE DÉVOUER.

désintéresser (se) *Il se désintéresse de nos problèmes* : ↑**se moquer de** ◆ [fam.] ↑**se ficher de, se foutre de** ; → SE LAVER* LES MAINS, NÉGLIGER, DÉTACHÉ.
◇ **désintérêt** *Son désintérêt de nos problèmes me peine* [sout.] : [cour.] **indifférence** ; → DÉTACHEMENT, DÉSAFFECTION, INAPPÉTENCE.

désintoxiquer 1. V. purifier. 2. V. guérir.

désinvolte V. dégagé, sans gêne, libre.

désinvolture *Je suis outré par tant de désinvolture !* : **légèreté** (= absence de sérieux) ◆ **sans-gêne, laisser-aller**, ↑**grossièreté, insolence*** (qui s'emploient lorsqu'il s'agit d'une trop grande liberté de manières avec autrui) ; → FAMILIARITÉ, IMPUDENCE.

désirer 1. *Il désire que nous partions de bonne heure* : ↓**souhaiter** ◆ ↑**vouloir*** ; → APPELER I, RÊVER, DEMANDER, BRÛLER DE, CONVOITER et DEMANDER. 2. *Je t'aime et je te désire* : [plus fam.] **avoir envie de** ◆ [rare] **avoir soif de**.
◇ **désir** 1. *Éprouvez-vous le désir de le revoir ?* : ↑**envie** (qui s'emploie le plus sou-

vent dans *avoir envie de*) ◆ ↓ **tentation** (qui se dit de ce qui incite au désir). *Il est obnubilé par le désir de partir* : **rêve** ◆ [fam.] ↑ **démangeaison**. *Le désir de l'aventure* : ↑ **soif, appétit** ◆ ↓ **goût** ; → FAIM. *Le désir de bien faire* : ↑ **volonté**. *Je ne vais quand même pas satisfaire à tous ses désirs !* [plur.] : **demandes, volontés** ◆ [fam.] **faire ses quatre volontés** ; → AMBITION, VŒU, FANTAISIE, PENCHANT, CHOIX. **2.** *Le désir sexuel* : [didact.] **libido** ; → PLAISIR, SENSUALITÉ.

◇ **désirable** **1.** *Il y avait tout le confort désirable* : **souhaitable, voulu, enviable** ; → NÉCESSAIRE I. **2.** V. AFFRIOLANT et SÉDUISANT.

désireux V. impatient.

désistement V. abandon I.

désister (se) *Le candidat du centre s'est désisté en faveur de celui de la droite* : [plus cour.] **se retirer** ; → QUITTER LA PARTIE IV.

désobéir **1.** *Désobéir à ses parents* : ↑ **se révolter, se rebeller contre** ◆ ↓ **s'opposer à**. **2.** *Désobéir à la loi* : ↑ **transgresser, violer** ◆ [didact.] **contrevenir à, enfreindre** ◆ **déroger à** (= ne pas respecter une prescription particulière : *déroger aux clauses d'un traité*) ◆ [sout.] **passer outre** (qui s'emploie assez souvent sans complément).

◇ **désobéissant** *Ces élèves sont très désobéissants* : [sout.] **indocile** ◆ **indiscipliné** (qui se dit de celui qui ne se soumet pas à la discipline collective) ◆ **dissipé** (qui se dit de celui qui est distrait quand il faudrait travailler) ; → REBELLE, RÉTIF.

désobéissance V. transgression.

désobéissant V. désobéir.

désobligeant V. désagréable, malveillant.

désobliger V. froisser, vexer.

désodorisant V. désinfectant.

désœuvré V. inactif (*in* actif), oisif.

désœuvrement V. inaction (*in* inactif), oisiveté (*in* oisif).

désolant V. attristant (*in* attrister).

désolation V. ruine, peine II, désespoir.

désolé **1.** V. désert. **2.** V. la mort dans l'âme*, confus II, fâché (*in* fâcher).

désoler **1.** V. ravager. **2.** V. attrister, désespoir, navrer.

désopilant V. amusant, comique.

désordonné V. anarchique (*in* anarchie), brouillon (*in* brouiller II).

désordre **1.** *Quel désordre !* : [fam.] **pagaille, bazar, fourbi, chantier** ◆ **capharnaüm** (qui se dit en parlant d'une pièce où règne le désordre) ◆ **désorganisation, gabegie, gâchis** (qui se disent en parlant du désordre dans la gestion des affaires publiques ou privées) ◆ **fatras, fouillis, bric-à-brac** (qui se disent en parlant du désordre d'un tiroir, d'un bureau) ◆ **confusion***, **enchevêtrement**, [fam.] **embrouillamini, cafouillage, cafouillis** (qui se disent en parlant du désordre des idées) ; → ÉPARPILLEMENT, MERDIER et SOUK. *En désordre* : V. PÊLE-MÊLE. **2.** *Mettre du désordre*, c'est, selon le contexte, **déranger***, **désorganiser, bouleverser, mélanger, brouiller*** ◆ [fam.] **chambouler, chambarder**. **3.** *Semer le désordre* : **trouble** ◆ ↑ **anarchie** ; → AGITATION, CONVULSION, RÉVOLTE. *Il y a eu des désordres sur la voie publique* : V. ÉMEUTE. **4.** *Désordre intérieur* : V. ÉGAREMENT. **5.** V. LICENCE.

désorganisation V. dérangement (*in* ranger), désordre.

désorganiser V. déranger, mettre du désordre, troubler.

désorienter V. déconcerter.

désormais V. à l'avenir, maintenant.

despote V. potentat, tyran.

despotique V. arbitraire, absolu I, tyrannique (*in* tyran).

despotisme V. absolutisme (*in* absolu I), tyrannie (*in* tyran).

dès que V. sitôt que.

dessaisir V. déposséder.
◇ **se dessaisir** V. abandonner I, renoncer.

dessaler V. dégourdir.

desséché V. sec I.

dessèchement **1.** *Le dessèchement de la peau* : **déshydratation**. La **dessiccation** est un procédé de conservation, en partic. des fruits et des légumes, par élimination de l'humidité ; la **lyophilisation** est un procédé de déshydratation à basse température, en partic. du café, du thé. **2.** *Le dessèchement du cœur* : **endurcissement** ◆ **sécheresse*** (qui est le résultat du dessèchement).

dessécher **1.** V. sécher I. **2.** V. endurcir.

dessein V. but, plan IV, propos III, résolution, voie, volonté. *À dessein* : V. délibérément (*in* délibéré).

desserrer V. lâcher, relâcher I.

desserte V. table I, vaisselier.

desservir V. défavoriser (*in* défaveur), nuire.

dessiccation V. dessèchement.

dessiller V. désabuser.

dessin *Voici le dessin de ma maison* : **croquis** (qui désigne seulement l'ébauche d'un dessin) ◆ **tracé** (qui en désigne les contours) ; → CANEVAS, ILLUSTRATION, PLAN V.
◇ **dessiner** **1.** *Quand il s'ennuie, il passe son temps à dessiner* : **crayonner** (= dessiner avec un crayon de manière sommaire) ◆ **croquer** (= tracer rapidement, sur le vif : *croquer un personnage en deux coups de crayon*) ◆ **esquisser, ébaucher** (= tracer les premiers éléments d'un dessin) ◆ [fam.] **gribouiller, griffonner** (= mal dessiner). **2.** *Dessin animé* : V. CARTOON. **3.** *À cet endroit, la rivière dessine un large cercle dans la campagne* : **former, tracer**.
◇ **se dessiner** **1.** *L'ombre des nuages se dessinait sur la mer* : V. SE DÉCOUPER. **2.** *Notre affaire commence à se dessiner* : **se préciser** ◆ [plus fam.] **prendre tournure**.

◇ **dessinateur** Un dessinateur peut être **caricaturiste, modéliste** (qui est spécialisé dans les dessins de mode) ; → ILLUSTRATEUR.

dessoûler V. dégriser.

dessous **1.** [adv.] *Mettre sens dessus dessous* : V. DÉRANGER. *Agir en dessous* : V. SOURNOIS. *Ci-dessous* : V. CI-APRÈS. *Il est au-dessous de tout* : V. INCAPABLE. *Au-dessous de* : V. MOINS. *En dessous* : V. SOUS. **2.** [n. sing.] *Le dessous de qqch* : **la partie inférieure**. *Avoir le dessous* : V. ÊTRE VAINCU. *Les voisins du dessous* : [sout.] **de l'étage inférieur** ◆ [moins précis.] **d'en bas**. *Les dessous d'une affaire* : V. COULISSE II. **3.** [n. pl.] *Elle portait des dessous en dentelle* : **sous-vêtements** (qui se dit aussi bien de la lingerie masculine) ◆ [plus sout.] **lingerie, linge**.

dessous-de-table V. gratification.

dessus **1.** [adv.] *Avoir le nez dessus* : V. NEZ. *Mettre la main dessus* : V. TROUVER. *Par-dessus tout* : V. SURTOUT. *Par-dessus le marché* : V. PLUS. *Au-dessus* : V. MEILLEUR. *Là-dessus* : V. ENTREFAITES. *Que voulez-vous que je dise là-dessus* : V. SUJET. **2.** [n.] *Les voisins du dessus* : V. HAUT II et SUPÉRIEUR I. *Avoir le dessus* : V. AVANTAGE. *Le dessus de la hiérarchie* : V. SOMMET.

dessus-de-table V. tapis.

destin *Être poursuivi par le destin* : **destinée** ◆ **sort** (qui représente simplement l'aspect fortuit des événements de l'existence) ◆ **fatalité** (qui se dit d'une destinée malheureuse). La **providence** se dit d'une destinée heureuse ; **étoile** (qui ne s'emploie que dans l'express. *naître sous une bonne, mauvaise étoile*, c'est-à-dire avoir une bonne, mauvaise destinée) ; → VIE, HASARD.

destination **1.** *J'ignore la destination d'une telle somme d'argent* : [plus génér.] **usage, utilisation**. *Quelle est exactement la destination de ces bâtiments ?* : V. AFFECTATION I. **2.** *Ma lettre est-elle arrivée à destination ?* : **à bon port***.

destiné **1.** V. né pour (*in* naître). **2.** V. pour, usage I.

destinée V. condition I, destin.

destiner V. affecter I.

destituer *Il a été destitué pour insubordination* : **révoquer** ◆ [partic.] **relever***, **démettre** (*qqn est relevé, démis de ses fonctions*) ◆ **casser** (qui se dit surtout d'un officier ou d'un fonctionnaire) ◆ [fam.] **dégommer, limoger** ◆ **déposer** (= destituer qqn d'une autorité supérieure : *déposer un évêque*) ◆ **détrôner** (= déposséder un souverain de son trône) ◆ **disgrâcier** (= priver qqn de la faveur qu'on lui accordait) ; → SUSPENDRE II, CONGÉDIER.

destrier V. cheval.

destructeur V. meurtrier II.

destruction V. détruire.

désuet V. anachronique, ancien, retardataire, suranné.

désuétude *Tombé en désuétude* : V. vieux.

désunir V. brouiller II, séparer.

détaché V. détacher I.

détachement V. détacher I.

détacher

I 1. Ôter le lien qui retenait qqch ou qqn. *Détacher une remorque, un lustre, un prisonnier* : [plus précis.] **décrocher** (un lustre, une remorque), **dépendre** (un lustre, un jambon), **délier** (un bouquet), **dénouer** (un foulard), **déboutonner** (un manteau), **dégrafer** (une robe), **libérer*** (un prisonnier) ; → DÉFAIRE. **2.** [~ qqch de qqch] V. SÉPARER. **3.** [~ qqn de qqch] V. ARRACHER. **4.** [~ qqn] V. DÉLÉGUER.

◇ **se détacher** **1.** *Les fruits mûrs se détachent de l'arbre* : [plus génér.] **tomber**. **2.** V. SE DÉCOUPER et TRANCHER III. **3.** V. S'ABSTRAIRE, RENONCER et SE SÉPARER.

◇ **détaché** *Il reçut la nouvelle avec un air apparemment détaché : en réalité, il était très affecté* : **froid, indifférent** ; → SE DÉSINTÉRESSER, IMPASSIBLE.

◇ **détachement** **1.** [de détaché] *Je ne supporte pas son détachement devant la souffrance humaine* : **indifférence** ◆ [sout.] **désaffection** (qui se dit exactement de la perte progressive de l'affection que l'on portait à qqn ou qqch) ; → DÉSINTÉRÊT. *Le détachement des biens matériels* : V. DÉPOUILLEMENT. **2.** Terme général pour désigner un petit groupe de soldats auquel on a confié une mission spéciale ◆ **commando** (= groupe de combat) ◆ **patrouille** (= groupe de surveillance) ◆ **escorte** (= groupe qui accompagne qqn ou qqch pour le surveiller ou le défendre).

II Enlever une tache. *Elle a déjà essayé trois produits à détacher les vêtements : en vain !* : [partic.] **dégraisser** ◆ [plus génér.] **nettoyer**.

détail V. détailler.

détaillant V. commerçant (*in* commerce).

détaillé V. circonstancié.

détailler **1.** V. DÉCOUPER. **2.** *Il a fallu qu'il nous détaille tous les plats qui étaient au menu* : **énumérer** (qui ne peut s'employer qu'en parlant de choses dénombrables) ; → DÉVELOPPER III.

◇ **détaillé** V. CIRCONSTANCIÉ.

◇ **détail** **1.** V. BABIOLE **2.** *Connaître en détail* : V. COMME SA POCHE. *Raconter qqch en détail* : [plus rare] **par le menu** ; → DÉVELOPPER III. *Allez à l'essentiel : évitez les détails !* : **à-côté** ◆ [plus génér.] **bavardage** [au sing.], **longueurs** [au plur.]. *Détail vrai* : V. NOTE IV et PRÉCISION.

détaler V. courir, fuir.

détecter V. découvrir.

détective V. policier.

dételer V. abandonner I.

détendant V. amusant (*in* amuser).

détendre **1.** V. relâcher I. **2.** V. délasser, dégeler.

◇ **se détendre** V. s'améliorer.

détendu **1.** V. lâche II. **2.** V. calme, reposé (*in* reposer).

détenir *Ce coureur détient le record du 100 mètres* : **être le détenteur de** ◆ [plus génér.] **avoir***. *Détenir la vérité* : V. POS-

SÉDER. *Détenir un objet volé* : **receler** ; → TENIR I.

détente 1. V. repos (*in* reposer), soulagement (*in* soulager). 2. V. accord I, dégel.

détenteur V. détenir, porteur (*in* porter I), possesseur (*in* posséder).

détention V. emprisonnement (*in* emprisonner).

détenu V. prisonnier (*in* prison).

détérioration V. altération (*in* altérer), dommage, pourrissement (*in* pourrir).

détériorer V. abîmer, mutiler, saboter. ◇ **se détériorer** V. se gâter, dépérir, pourrir, s'user II.

déterminant V. décisif (*in* décider), dominant (*in* dominer), principal.

détermination V. décision, résolution.

déterminé V. hardi.

déterminer 1. V. motiver (*in* motif), occasionner, persuader. 2. V. décider, définir, fixer.

déterrer 1. *Déterrer un cadavre* : [sout.] **exhumer** ; → RETIRER. 2. *Où as-tu été déterrer ce joli bibelot ?* : **dénicher** ; → TROUVER.

détester 1. [~ qqch] *Il déteste les films comiques* : **avoir en horreur** (*il a les films comiques en horreur*) ◆ ↑ **exécrer** ◆ [sout.] ↑ **abominer, avoir en abomination, abhorrer** ◆ **réprouver** (qui implique un jugement moral). 2. [~ qqn] *Il déteste cette fille* : [sout.] **abominer** ◆ ↑ **haïr** ◆ [express. fam.] ↓ **ne pas porter dans son cœur ; ne pas pouvoir sentir** ◆ [express. très fam.] **ne pas pouvoir blairer, piffer ; avoir dans le nez, ne pas pouvoir sacquer** ; → SENTIR I, NE PAS S'ENTENDRE.
◇ **détestable** [qqn, qqch est ~] **haïssable** ◆ ↑ **odieux** ; → ABOMINABLE, MAUDIT et DÉSAGRÉABLE.

détonation : **explosion** ◆ **déflagration** (qui est couramment pris comme syn. d'*explosion*).

détonner V. jurer III.

détour 1. Terme général pour désigner l'écart de tracé d'une voie de communication : [en partic.] **angle, coude, courbe***, **sinuosité, boucle, méandre**. *Au détour du chemin* : **tournant** ; → VIRAGE, SINUOSITÉ. *Nous ferons un détour pour aller lui dire bonjour* : [fam.] **crochet** ; → INCURSION. 2. *Il lui fallait toujours des détours, comme s'il avait peur de regarder la vérité en face* : **biais** ; → RUSE. *Sans détour* : V. SANS AMBAGES*.

détourné V. indirect.

détournement V. vol II.

détourner 1. [~ qqch] *Détourner une rivière, une route, la circulation* : **dériver** (qui se dit en parlant précisément d'un cours d'eau) ◆ **dévier** (qui se dit en parlant précisément d'une route, de la circulation). 2. [~ qqn de qqch] V. ARRACHER et DISSUADER. 3. [~ qqch] *L'employé de banque a détourné d'importantes sommes d'argent* : **distraire** (qui est plus général : il peut être le syn. du précédent, mais n'implique pas toujours l'idée de vol : *distraire une somme de ses économies pour acheter un terrain*) ; → S'ATTRIBUER, DÉROBER, SOUSTRAIRE et VOLER II. 4. *Se détourner* : V. TOURNER IV.

détracteur V. accusateur (*in* accuser).

détraqué V. fou.

détraquer V. abîmer, dérégler.

détresse 1. *Il est plongé dans une profonde détresse* : **désarroi** ; → ANGOISSE, DÉSESPOIR, MALHEUR, PEINE II. 2. *Un navire est en détresse dans la mer du Nord* : **en perdition**. *Un appel de détresse* : **S.O.S.**

détriment V. préjudice.

détritus V. débris, déchet, ordure.

détroit V. canal.

détromper V. désabuser.

détrôner V. destituer, éclipser.

détrousser V. voler II.

détruire 1. [~ qqch] *La ville a été détruite par les bombardements* : ↑ **anéantir** ; → MINER, INCENDIER, RAVAGER. 2. [~ qqch, concret] Selon l'objet détruit et ce qui détruit : V. BRÛLER, ABÎMER I, CASSER, ALTÉRER I, ATTAQUER, DÉMANTELER. 3. [~ qqch, abstrait] *La guerre avait détruit en lui tout ressort* : ↑ **annihiler, ruiner** ◆ ↓ **supprimer***. *Détruire les projets de qqn* : V. CONTRARIER, MINER, RÉDUIRE À NÉANT et AFFAIBLIR. *Détruire un sentiment* : V. ÉTOUFFER. 4. [~ un être animé] Se dit en parlant des animaux nuisibles ou d'une collectivité humaine : *détruire les chenilles ; population détruite par la guerre* : ↑ **anéantir, exterminer** ◆ ↓ **décimer** ; → TUER. *Détruire un régime* : **abattre, renverser** ◆ ↑ **anéantir**. 5. *Se détruire* : V. SE SUICIDER. *En buvant ainsi, il se détruit !* : **se miner** ◆ [fam.] **se bousiller**.

◇ **destruction** 1. L'action de détruire : [plus partic.] **anéantissement, démolition, écrasement, suppression**. 2. Le résultat de la destruction. *Pendant la guerre, la ville a subi de terribles destructions* : ↑ **ravages, dévastation** ; → DÉGÂT, DOMMAGE, CARNAGE.

dette Terme propre pour désigner le fait de **devoir*** à quelqu'un (le **créancier**) dont on est le **débiteur** une somme d'argent (*je suis votre débiteur, mais je vous paierai tout ce que je vous dois !*) ◆ [didact.] **créance** (qui désigne l'acte qui établit ce qu'un débiteur doit à un créancier) ◆ [d'emploi restreint] **dû** ◆ **passif** (qui se dit spécialement de l'ensemble des dettes d'une personne physique ou morale) ; → EMPRUNT.

deuil 1. V. TRISTESSE. 2. *Le deuil d'un enfant est insupportable* : **perte**. 3. *Faire son deuil de* : V. SE RÉSIGNER.

deux, deuxième V. second I.

deuxièmement : **en deuxième lieu**, [latinisme] **secundo** ; → SECOND I.

dévaler V. descendre.

dévaliser V. voler II.

dévalorisation V. dépréciation (*in* déprécier).

se dévaloriser V. se déprécier.

dévaluation V. dépréciation (*in* déprécier), abaissement I.

dévaluer V. déprécier, rabaisser.

devancer 1. *Deux coureurs ont devancé le peloton* : V. DÉPASSER. 2. *Vous avez devancé ma question* : **prévenir, anticiper, aller au devant de** ◆ [fam.] **couper l'herbe sous le pied**. 3. *L'appel des candidats a été devancé* : **anticiper** ; → PRÉCÉDER.

devancier V. prédécesseur.

devant *Aller au devant* : V. devancer.

devanture V. étalage (*in* étaler).

dévastateur V. dévorant (*in* dévorer).

dévastation V. destruction, saccage (*in* saccager).

dévaster V. ravager.

déveine V. malchance (*in* chance).

développé V. évolué.

développement

I [de développer II] 1. *Ce pays est en plein développement* : **essor, expansion, croissance**. *Le développement de la fougère demande un terrain spécial* : **croissance**. *Un bon développement* : **épanouissement**. *Un développement trop faible* : **atrophie**. *Un développement excessif* : **hypertrophie** ; → PROGRÈS. 2. *Nous essaierons de donner à cette affaire un certain développement* : **extension, essor** ; → AMPLIFICATION, SUITE. *Le développement de la médecine préventive* : ↑ **généralisation**.

II [de développer III] *Son développement était intéressant, mais trop long* : [partic.] **exposé** ; → CONFÉRENCE, DISCOURS. *Ce point mériterait un développement* : **approfondissement**.

développer

I 1. Ôter ce qui enveloppe (un paquet par ex.) : [cour.] **déballer**. 2. *Développer ce qui est plié* : [plus cour.] **déplier, déployer, dérouler**.

II Faire croître. 1. *Développer une affaire* : **étendre*, donner de l'extension, de l'importance**. 2. *C'est un exercice qui développe le sens musical* : **cultiver, éduquer,**

éveiller, exercer. *La Chine va développer ses échanges commerciaux avec l'extérieur* : **étendre** ◆ [plus génér.] **augmenter** ; → RENFORCER.

◇ **se développer** *C'est un enfant qui se développe bien* : V. GRANDIR et MÛRIR. *Une affaire qui se développe* : **s'étendre, prendre de l'ampleur, de l'envergure, de l'importance, de l'extension** ; → FLORISSANT. *Les incidents se développent* : V. SE MULTIPLIER. *Sa poitrine se développe* : **grossir**.

III *Vous connaissez maintenant l'essentiel de l'histoire : je crois inutile de développer davantage* : **détailler, entrer dans les détails** ; → EXPLIQUER.

devenir 1. [v.] *Que devenez-vous, depuis qu'on ne vous a vus ?* : **faire**. 2. [n.] *En devenir. Tout est en devenir* : **en évolution, en mouvement** ; → CHANGER III. Le **devenir** d'une chose est sa transformation progressive, son **avenir**, ce qu'elle sera à un moment donné du temps.

dévergondage V. débauche (*in* débaucher).

déversement V. écoulement (*in* écouler).

déverser (se) V. couler I, répandre.

dévêtir *Dévêtir un blessé pour le soigner* [sout.] : [cour.] **déshabiller, dénuder** (qui ne s'emploie pas dans les mêmes contextes : *une robe qui dénude les épaules*) ; → DÉPOUILLER.

◇ **se dévêtir** *Il fait froid : évitez de vous dévêtir !* : ↓ **se découvrir*** ◆ ↑ **se dénuder** ◆ [plus fam.] **se mettre tout nu**.

déviationniste, déviationnisme V. déviation (*in* dévier).

dévier 1. V. DÉTOURNER. 2. *Une plaque de verglas a fait dévier la voiture* : **déporter** (qui se dit en parlant d'un véhicule) ◆ **dériver** (qui se dit en parlant d'un bateau).

◇ **déviation** 1. *Cet enfant présente une déviation de la colonne vertébrale* : [plus génér.] **déformation**, **malformation**. 2. Se dit d'un **écart** par rapport à l'orthodoxie d'une doctrine. Ceux qui s'écartent ainsi de la doctrine sont des **déviationnistes**, font du **déviationnisme**. Cet écart peut conduire à la rupture, appelée **dissidence** en politique, **schisme** en religion.

deviner 1. *Nous avions tous deviné son plan* : ↓ [sout.] **subodorer** ◆ [fam.] **flairer** ; → LOIN, DÉCOUVRIR, SENTIR I, PRESSENTIR, PRÉDIRE. 2. *Alors, tu ne devines pas ?* : **trouver** (qui se dit en parlant d'une devinette) ◆ [express.] **donner sa langue au chat** (qui signifie que l'on ne devine pas la solution et que l'on renonce à la chercher). 3. *Deviner juste* : V. TAPER DANS LE MILLE.

◇ **devin** *Comment voulez-vous que je vous prédise l'avenir, je ne suis pas devin !* : **prophète** (le premier terme appartient à la tradition païenne, le second à la tradition chrétienne : ils ne sont donc pas syn. en tous contextes) ◆ **voyante, mage** (qui se disent de celle ou celui qui fait profession de deviner l'avenir : **cartomancienne**, **astrologue**, **chiromancienne**, **nécromancienne** selon le mode de divination) ◆ [fam.] **diseuse de bonne aventure** ◆ **visionnaire** (qui se dit de celui qui prétend avoir des intuitions extraordinaires : *pour V. Hugo, le poète est un visionnaire*) ; → SORCIER.

◇ **divination** 1. De nos jours encore, beaucoup de communautés pratiquent la *divination* ; ce terme désigne l'art de découvrir ce qui est caché, surtout l'avenir. La **magie** implique davantage l'idée d'une pratique : c'est l'art de produire des phénomènes qui paraissent inexplicables selon les lois de la nature. L'**occultisme**, ou **sciences occultes**, est un ensemble de sciences, connues des seuls initiés, par lesquelles il serait possible d'atteindre aux phénomènes suprasensibles. Les termes suivants désignent des techniques particulières de la divination : **astrologie, cartomancie, chiromancie, nécromancie, spiritisme**. 2. *Vous aviez trouvé ? mais c'est de la divination !* : **magie** (qui se dit pour exprimer hyperboliquement admiration ou surprise) ; → PRESSENTIMENT.

devinette V. énigme.

dévisager V. regarder.

devise V. inscription.

deviser V. parler.

dévisser V. défaire.

dévoiler V. divulguer, mettre à nu, révéler.
◇ **se dévoiler** V. se manifester.

devoir
I [v.] 1. *Devoir de l'argent* : **avoir des dettes** (= lorsqu'il s'agit de sommes assez importantes et dues depuis assez longtemps) ◆ [didact.] **être débiteur de qqn**. 2. *Beethoven doit beaucoup à Mozart* : **être redevable** ; → EMPRUNTER. *Ne rien devoir à qqn* : V. MARIER.
II [v. d'obligation] V. AVOIR À III, APPARTENIR, FALLOIR et S'IMPOSER.
III [n.] 1. *L'éducation des enfants est un devoir difficile* : ↓ **responsabilité** (qui implique moins que le précédent le respect d'une loi morale) ◆ **charge** (qui implique surtout l'idée de contrainte matérielle) ◆ [péj.] **corvée** ; → TÂCHE. 2. [plur.] *Il remplit fidèlement ses devoirs* : **obligations** ; → COMMANDEMENT. *Le devoir conjugal* : V. INTIME.
IV [n.] V. COPIE I, EXERCICE et TRAVAIL I.

dévolu *Jeter son dévolu* : V. choisir.

devon V. appât.

dévorer 1. V. MANGER I. 2. *L'incendie a dévoré tout un pâté de maisons* : V. RAVAGER. *Dévorer un roman* : V. LIRE I. *Dévorer des yeux* : V. REGARDER et MANGER III. *Être dévoré de soucis* : V. RONGER et TOURMENTER. *Ce métier dévore tout mon temps* : V. PRENDRE I.
◇ **dévorant** *Le bridge peut devenir une activité dévorante !* : ↓ **accaparant, envahissant**. *Un amour dévorant* : **ardent, brûlant** ◆ ↑ **dévastateur**.

dévot V. croyant (*in* croire).

dévotion V. dévouer, piété (*in* pieux), religion, ferveur (*in* fervent), vénération (*in* vénérable).

dévouer (se) 1. *C'est lui qui s'est dévoué pour élever ses jeunes frères* : ↑ **se sacrifier** ; → DÉSINTÉRESSEMENT. 2. *Être dévoué à qqn. Il lui est dévoué* : ↑ **être à la dévotion de**.
◇ **dévouement** 1. *Il fait preuve de beaucoup de dévouement* : **don de soi** ; → SACRIFICE II. 2. *Elle travaille avec beaucoup de dévouement* : ↑ **zèle**. *On peut compter sur son dévouement* : [en partic.] **affection***, **fidélité, loyalisme**.
◇ **dévoué** *C'est un ami dévoué* : **sûr, fidèle, loyal**. *C'est une secrétaire dévouée* : ↑ **zélé**. *C'est un serviteur dévoué* : **prévenant, empressé** ◆ [fam.] **aux petits soins**.

dévoyé V. vaurien.

dextérité V. adresse I.

diable 1. L'esprit du mal dans les traditions chrétiennes : **Satan, le démon, l'esprit du mal** ◆ **prince des ténèbres** (cliché biblique) ; → LUTIN. 2. *Ce n'est pas le diable* : V. DIFFICILE. *Tirer le diable par la queue* : V. DÉSARGENTÉ. *Ce serait bien le diable si* : V. ÉTONNANT. *S'agiter comme un beau diable* : V. SE DÉBATTRE. *Habiter au diable* : V. LOIN. *Envoyer qqn au diable* : V. PROMENER et SE FAIRE VOIR. *Un vent du diable* : V. FORT II. *Être malin en diable* : V. TRÈS. *Travail fait à la diable* : V. SABOTER. 3. [qqn] *Le pauvre diable !* : **bougre** ◆ [plus sout.] **malheureux**. *Quel diable, ce garçon !* : V. TURBULENT et ESPIÈGLE.
◇ **diabolique** *Un sourire diabolique* : **démoniaque**, [plus rare] **satanique** ; → MÉCHANT II. *Avoir une chance diabolique* : **infernal**. *Des tortures diaboliques* : **pervers, satanique, sadique**.

diablement V. rudement (*in* rude).

diablerie V. espièglerie (*in* espiègle).

diabolique V. diable.

diadème V. couronne.

diagnostiquer V. découvrir.

diagonale V. oblique.

diagramme V. courbe III, schéma.

dialecte V. parler.

dialogue V. communication, conversation.

dialoguer V. converser (*in* conversation).

dialoguiste V. cinéaste.

diamant *Une bague ornée d'un beau diamant* : **brillant** (qui se dit d'un diamant taillé en facettes), **solitaire** (qui se dit d'un diamant monté seul sur un bijou).

diamétralement V. absolument (*in* absolu II).

diapason *Se mettre au diapason* : V. s'adapter, niveau.

diaphane [didact.] Se dit de ce qui laisse passer la lumière sans qu'on puisse distinguer à travers la forme des objets : [cour.] **translucide** ◆ **transparent** (qui se dit de ce qui laisse passer la lumière et qui permet de distinguer la forme des objets : le verre dépoli est *translucide*, le verre poli est *transparent*). Dans la langue littéraire, *diaphane* est parfois employé comme superlatif de *transparent**.

diaphragme V. préservatif.

diapositive V. photographie.

diaprer V. barioler, émailler, marqueter.

diarrhée V. colique.

diastole V. cœur I.

diatribe V. satire.

dichotomique V. binaire.

dictateur V. tyran.

dictatorial V. absolutisme (*in* absolu I).

dictature V. absolu I, tyrannie (*in* tyran).

dicter V. imposer I, inspirer II, régler I, suggérer.

diction V. élocution, pensée II.

dictionnaire *Consulter un dictionnaire*. Les termes suivants sont plus spécialisés : **encyclopédie** (qui rassemble l'ensemble des connaissances humaines) ◆ **lexique** (qui se dit d'un petit dictionnaire : bilingue ou particulier à une science, à un art) ◆ **glossaire** (qui se dit d'un petit dictionnaire où sont expliqués les mots anciens ou mal connus d'une langue).

dicton V. pensée II.

didactique **1.** [adj.] Un emploi didactique d'un mot est un emploi **scientifique** ou **technique** de ce mot. **2.** [n.] La didactique est la science des démarches d'**enseignement** d'une discipline. Le mot **pédagogie** était classiquement employé en ce sens, mais ce terme évoque moins de technique et plus de philosophie : *une didactique sans pédagogie conduit à une technocratie de l'enseignement*.

didascalie V. indication scénique*.

diète V. jeûne, régime II.

dieu **1.** [dans les religions monothéistes, et en partic. dans les religions chrétiennes] *Nous nous en remettrons à Dieu*. Le terme de **providence**, qui désigne exactement le sage gouvernement de Dieu, est parfois employé par méton. pour désigner Dieu lui-même. La Bible comprend un grand nombre de noms « synonymes » de Dieu, communs aux juifs et aux chrétiens, en particulier : **Seigneur**, **Tout-puissant**, **Saint des Saints**, **Roi des rois**, **Yahweh**, **Très Haut**, **Éternel** ; → CRÉATEUR. *Le Fils de Dieu* : **Jésus, le Christ**. **Le bon Dieu** est une express. populaire. ◆ **Allah** (= Dieu en arabe ; terme utilisé par les musulmans et les chrétiens arabophones). **2.** [dans des express.] *Dieu sait pourquoi* : **allez donc savoir pourquoi**. *Pour l'amour de Dieu, ne partez pas !* : V. PRIER II. *Grâce à Dieu !, Dieu merci !, Dieu soit loué !* : V. HEUREUSEMENT. *On lui donnerait le bon Dieu sans confession* : V. INNOCENT. **3.** Juron. *Nom de Dieu !* : ↑ **sacré nom de Dieu, bon Dieu !**, ↑ **bon Dieu de bon Dieu !** **4.** Dans les religions polythéistes, être surnaturel doué de certains attributs : [fém.] **déesse**, **divinité** ◆ [sout.] **déité** ◆ [en partic.] **génie, démon**. **5.** *Beau comme un dieu* : V. BEAU. *Cet homme, c'est son dieu !* : **idole**.

diffamation V. médisance (*in* médire).

diffamatoire V. médisant (*in* médire).

diffamer V. discréditer, salir (*in* sale).

différemment V. autrement (*in* autre), diversement (*in* divers).

différence V. différer II.

différenciation V. distinction (*in* distinguer).

différencier (se) V. se distinguer.

différend V. contestation (*in* contester), désaccord, litige.

différent V. différer II.

différer

I V. RECULER, REMETTRE et RETARDER.

II 1. [qqch ~] *Ces deux robes ont la même couleur, mais elles diffèrent par la coupe* : **se distinguer*** ◆ [plus cour.] **ne pas être pareil**. 2. [qqn ~] *Nous différons toujours sur la politique* : **diverger** ◆ ↑ **s'opposer** ; → VARIER.

◇ **différent** 1. [qqn] *Ces deux individus sont très différents l'un de l'autre* : **ne pas se ressembler** ; → AUTRE I. *Des caractères différents* : ↑ **opposé, inconciliable, antinomique**. 2. [qqch est ~] *Des objets différents par la forme, par la taille* : **dissemblable** ; → DIVERS, INÉGAL. *Prendre deux routes différentes* : **distinct**. *Avoir un avis différent* : **divergent** ◆ ↑ **contraire, opposé**. 3. *Devenir différent* : ↑ **méconnaissable** (qui se construit sans compl., alors que *différent* est souvent suivi d'un compl., introduit par de) ; → CHANGER III. 4. *C'est différent. Le jazz, c'est différent !* : **c'est autre chose** ◆ **ce n'est pas pareil !**, ↑ **n'avoir rien à voir*** ; → MANCHE I. 5. *Vous avez goûté des vins différents/différents vins* : **divers**, [antéposé] **plusieurs***, [postposé] **varié**.

◇ **différence** 1. Terme très général dont les syn. varient selon les contextes. *Il y a entre eux une grande différence d'âge* : [plus rare] **écart** ◆ **diversité** (qui suppose plus de deux personnes). *Il a essayé d'établir une différence subtile entre la droite et le centre droit* : [plus précis.] **distinction** ◆ ↑ **nuance** ◆ **divergence** (*une divergence d'avis, d'opinions*) ◆ **discordance** (qui évoque un défaut d'harmonie). *Voici cent francs : je vous paierai la différence demain* : **reste, complément** ◆ **solde** (qui se dit pour une somme importante). *Une différence de température, de prix* : V. CHANGEMENT. D'une manière générale, v. aussi CONTRADICTION, DÉSACCORD, INÉGALITÉ, OPPOSITION. 2. *Faire la différence entre deux choses* : **distinction** ◆ [sout.] **départ**. 3. *Il faut soutenir les philosophies de la différence !* : **altérité**. 4. *À la différence de* [sout.] : [cour.] **contrairement à, au contraire de**.

difficile 1. [qqch est ~] *Nous lui avons confié un travail très difficile* (qui impose beaucoup d'efforts physiques ou qui est désagréable à accomplir) : **pénible, dur, ingrat** ◆ [fam.] **sale** (qui est antéposé). *Une opération difficile* : **délicat** ◆ [assez fam.] **pas évident** ; → ÉPINEUX. 2. [qqch est ~] *Il trouve que les cours de logique sont difficiles* : **ingrat** ◆ ↑ **ardu** ◆ [plus fam.] **dur** ◆ [fam.] **coton, trapu** ◆ [express. fam.] **c'est du sport, c'est pas du nougat, c'est pas de la tarte** ; → ACROBATIQUE, COMPLIQUÉ, PAS COMMODE II, SAVANT II, LABORIEUX, OBSCUR, PROFOND II. *C'est plus difficile* : V. MANCHE I. 3. [qqch est ~] *Ce chemin de montagne est difficile* : [sout.] **malaisé** ◆ [fam.] **casse-gueule** ; → DANGEREUX, IMPRATICABLE. 4. [qqch est ~] *Ne vous inquiétez pas, il y a un moment difficile à passer, mais ensuite tout ira bien* : **ingrat** ◆ **mauvais** (qui est antéposé) ◆ [fam.] **sale** (qui est antéposé) ; → CRITIQUE II. *Des rapports difficiles* : V. TENDU. *Une banlieue difficile* : V. DANGEREUX. 5. *Vous n'avez qu'à suivre cette route, ce n'est pas difficile !* : [fam.] **sorcier, ce n'est pas le diable !** ; → COMPLIQUÉ, MALIN. 6. [qqn est ~] *Son mari a un caractère difficile* : ↑ **pénible** ; → RÉTIF, SÉVÈRE, PEU CONCILIANT, ACARIÂTRE. 7. [qqn est ~] *C'est un enfant difficile qui ne mange pas de tout* : V. DÉLICAT et DÉGOÛTÉ. *Faire le difficile* : [fam.] **la fine bouche**.

◇ **difficulté** 1. *Ce problème présente une sérieuse difficulté* : [fam.] **os, pépin** (*il y a un os, un pépin*) ; → ENNUI. *La question fait difficulté* : **accrocher** ; → PIERRE D'ACHOPPEMENT*. *Faire des difficultés* : V. COMÉDIE. *Mettre qqn en difficulté* : [plus partic.] **dans l'embarras**. *L'avion est en difficulté* : ↑ **en danger, dans une situation dangereuse**. *Sans difficulté* : V. FACILEMENT et TOUT SEUL*. 2. *Il a de la difficulté à apprendre* : **mal** ◆ [plus soutenu] **peine** ◆ **handicap** (qui se dit d'une difficulté permanente) ; → GÊNE. D'une manière générale pour 1 et 2, v. aussi ACCROC, COMPLICATION, ENNUI, DÉRANGEMENT et PROBLÈME. 3. *Voyez-vous une difficulté à mon départ ?* : **empêchement, inconvénient, obstacle, objection**.

difficilement V. mal II, à grand peine I.

difficulté V. difficile.

difforme *Son visage difforme épouvantait ceux qui le voyaient* : [plus rare] **contrefait** ◆ ↑ **monstrueux**. *Un corps difforme* : [partic.] **bossu** ◆ ↓ **mal bâti** ; → INFIRME, LAID.

difformité V. monstruosité (*in* monstre).

diffus **1.** *Il a des idées, mais il s'exprime d'une manière diffuse* : **prolixe, verbeux** ◆ **redondant** (qui implique en outre l'idée d'enflure, d'emphase inutile). **2.** *Une douleur diffuse* : V. SOURD II. *Une lumière diffuse* : V. DOUTEUX.

diffuser **1.** V. ÉMETTRE. **2.** V. PROPAGER et RÉPANDRE. **3.** *Ce livre vient d'être diffusé dans les librairies* : **mettre en circulation**.

diffusion **1.** V. distribution, propagation (*in* propager). **2.** V. émission (*in* émettre).

digérer **1.** V. assimiler II. **2.** V. souffrir, supporter.

digest V. abrégé.

digeste, digestible V. léger, assimilable II.

digestif V. alcool, liqueur.

digne V. décent, grave, respectable, fier.
◇ **être digne** V. mériter (*in* mérite).

dignement V. noblement (*in* noble), gravement (*in* grave I).

dignitaire *Il y avait là tous les dignitaires de l'Université* : **autorité** ◆ [fam.] **grosse légume** ◆ [plus génér.] **cadre** ; → SOMMITÉ. Les hauts dignitaires de l'Église catholique sont des **prélats** : **cardinaux, archevêques**, **évêques**.

dignité **1.** V. décence (*in* décent), retenue I. **2.** V. fierté (*in* fier), grandeur (*in* grand), honneur, noblesse (*in* noble), gravité (*in* grave).

digression *Ce professeur est souvent plus intéressant par ses digressions que par ses cours* : [plus cour.] **parenthèse**.

digue Se dit d'une construction protégeant un port des assauts de la mer : **jetée, môle** (qui se disent d'une *digue* qui s'avance en mer pour protéger l'entrée d'un port et qui se termine généralement par un phare ou un sémaphore) ◆ **estacade** (qui se dit d'une digue faite de pierres, de madriers, de pilotis et qui sert de brise-lames) ; → LEVÉE, DÉBARCADÈRE.

diktat V. demande (*in* demander).

dilapidation V. dépense.

dilapider V. dépenser, jeter, manger II, nettoyer, prodiguer (*in* prodigue).

dilater V. gonfler. *Se dilater la rate* : V. rire.

dilatoire V. évasif.

dilemme V. alternative (*in* alterner).

dilettante V. amateur.

dilettantisme V. amateurisme (*in* amateur).

diligent **1.** [qqqn est ~] Qui agit avec promptitude et efficacité : V. ACTIF. **2.** [qqch est ~]. *Recevoir les soins diligents de qqn* : **empressé**.
◇ **diligence** *Agir avec diligence* : [plus cour.] **empressement, zèle**.

diluer V. délayer.

dimension **1.** Terme général pour désigner l'étendue d'un corps en tous sens : **mesure** (qui se dit d'une dimension évaluée : *prendre les dimensions, mesures de qqch*) ◆ [didact.] **mensurations** (= mesures de qqn) ◆ **cote** (qui se dit du chiffre indiquant certaines dimensions, par ex. sur une carte) ◆ **gabarit** (qui se dit d'une forme imposée avec des dimensions données) ◆ [plus précis.] **largeur, longueur, hauteur, profondeur, surface, volume, grosseur** ◆ [génér.] **grandeur, taille** ◆ **calibre** (qui se dit en parlant d'un tube, d'un canon), **format** (qui se dit en parlant d'un livre, d'une boîte), **pointure** (qui se dit d'une paire de chaussures) ◆ **proportion** (qui se dit d'une dimension par rapport aux autres : *les proportions du corps ; une statue de proportions colossales*). **2.** *Commettre une erreur, une faute, une sottise de cette dimension est indigne de lui* : **taille**.

diminuer [d'une manière générale] V. ABAISSER I, RESTREINDRE et RÉDUIRE. **1.** [~ qqch] *Diminuer la vitesse* : **réduire, ralentir**. *Diminuer la longueur* : **raccourcir, rapetisser**. *Diminuer le salaire de qqn* : **réduire, abaisser** ◆ [fam.] **rogner**. *Diminuer le volume* : **comprimer, contracter** (qui se dit en parlant d'un volume liquide ou gazeux) ◆ **baisser, réduire** (qui se dit en parlant d'un volume sonore). *Diminuer la durée* : V. ABRÉGER. *Diminuer les mérites de qqn* : **amoindrir**. *Diminuer l'enthousiasme de qqn* : ↓ **modérer, atténuer, freiner, tempérer** ◆ ↑ **rabattre**, **laminer***, **saper**. *Diminuer la douleur* : **adoucir** ◆ ↑ **soulager***. **2.** [~ qqn] *L'envie conduit souvent à diminuer les autres* : **rabaisser, dénigrer** ; → DISCRÉDITER. **3.** [qqch ~] *Le jour diminue* : **rapetisser** ; → DÉCLINER, DESCENDRE, MOLLIR. *Les forces de qqn diminuent* : **s'affaiblir, s'amenuiser, faiblir** ; → ABANDONNER II. *Un son diminue* : V. MOURIR. *Les espoirs de qqn diminuent* : **s'amenuiser**. *La température, les prix diminuent* : V. ABAISSER I.

◇ **diminution** **1.** *Diminution de la température, des prix* : V. ABAISSEMENT. *La diminution des horaires de travail se généralise* : **réduction** ; → RESTRICTION. *Une diminution des impôts* : **allègement, dégrèvement, réduction**. *La diminution d'un séjour* : **raccourcissement, abrègement**. *La diminution des forces* : **amenuisement**. *La diminution de la douleur* : **atténuation** ◆ ↑ **apaisement, soulagement**. *La diminution des jours* : V. DÉCLIN. *La diminution de la tension internationale* : ↑ **désescalade**. **2.** *C'est trop cher ! Ne pourriez-vous pas me consentir une diminution ?* : **rabais, remise, réduction** ◆ **bonification** (qui se dit de la remise qu'accorde un fournisseur à ses bons clients) ◆ [fam. en ce sens] **ristourne**.

dinde V. niais.

dindon V. dupe.

dîner V. manger I, repas.

dinghy V. embarcation.

dingo V. fou.

dingue V. absurde I, fou. *Devenir dingue* : V. s'affoler.

dinguer V. valser.

diocèse V. évêché.

diplomate **1.** [n.] Un diplomate est le **délégué*** d'un gouvernement auprès d'un gouvernement étranger. Un **envoyé**, un **émissaire** sont chargés d'une mission ponctuelle ◆ [plus partic.] **ambassadeur, consul** (= diplomates résidents) ◆ **légat** (= ambassadeur du Saint-Siège) ◆ **nonce** (= légat accrédité comme ambassadeur permanent du Vatican auprès d'un gouvernement étranger) ◆ **plénipotentiaire** (= agent diplomate qui possède les pleins pouvoirs) ; → REPRÉSENTANT. **2.** [adj.] *Il n'est pas très diplomate : ne comptez pas sur lui pour intervenir judicieusement pendant la réunion* : **adroit, habile, souple, subtil** ; → POLITIQUE, CONCILIANT.

◇ **diplomatie** [de diplomate 2] *Agir avec diplomatie* : **doigté, tact** ◆ [plus génér.] **adresse***, **habileté**, **souplesse**.

diplôme V. peau* d'âne, titre I.

dipsomanie V. soif.

dire **1.** [~ qqch] *Il a eu si peur qu'il n'a pas pu dire un mot* : [plus rare] **articuler, émettre, prononcer** ◆ [sout.] **proférer** ; → ÉNONCER. **2.** [~ que] *Il m'a dit que tu te mariais* : **raconter, expliquer** ◆ **ajouter** (= dire en plus) ; → CONFIER II, DÉCLARER, AFFIRMER, CONVENIR II, JURER I, S'EXCLAMER, ANNONCER, INSINUER. *On dit que* : V. PARAÎTRE II. *Que voulez-vous dire ?* : V. ENTENDRE. **3.** *Dire des sottises, des mensonges* : [plus fam.] **débiter**. **4.** [~ à qqn + inf.] *Il m'a dit de venir à 11 heures* : V. DEMANDER et RECOMMANDER. **5.** [qqch ~] *La loi, cet arrêté, le projet dit que* [cour.] : [didact.] **stipuler**. **6.** [qqch ~] *Tous ses gestes disaient son impatience* : V. EXPRIMER. **7.** *On dirait que ces fleurs sont des fleurs naturelles* : V. CROIRE. **8.** *Ne pas dire* : V. TAIRE. **9.** *J'ai acheté cette maison : que trouvez-vous à dire ?* : **redire, objecter** ; → PROTESTER. **10.** *Dire de la poésie* : [plus précis.] **réciter, déclamer**.

11. *Pour tout dire* : **en somme**. *Cela va sans dire* : **naturellement, cela va de soi**. *À vrai dire* : **pour parler franchement** ◆ [sout.] **en vérité, à dire vrai**. *C'est tout dire !* : **c'est pour vous dire !** *Dit-on* : **paraît-il, à ce que l'on dit**. *Comme qui dirait* : V. COMME II et III. *Que veut dire ce mot, en espagnol ?* : V. SIGNIFIER I. *Ça ne me dit rien* : V. PLAIRE I et TENTER. *Ça ne vous dit rien ?* : V. RAPPELER. *Dire amen* : V. APPROUVER. *Avoir beau dire* : V. PROTESTER. *Pour ainsi dire* : V. PRATIQUEMENT. *Qu'en dites-vous ?* : V. PENSER II.

◇ **dire** [n.] **1.** [au plur.] V. PROPOS I. **2.** [au sing.] *Au dire de qqn* : **d'après** ; → INSINUER.

direct **1.** V. franc II. **2.** V. court.

directement **1.** V. droit I, immédiatement (*in* immédiat). **2.** V. de première main. **3.** V. sans ambages.

directeur **1.** Celui qui dirige, en partic. une entreprise : **administrateur** (= celui qui est chargé de gérer les affaires sociales dans une société) ◆ **président-directeur général**, [abrév.] **P.-D.G.** (= celui qui est à la tête de l'administration d'une société) ◆ **patron** (qui s'emploie pour désigner tout employeur par rapport à ses employés) ◆ **chef** (qui implique des responsabilités particulières : *chef de bureau, de chantier*) ◆ [fam.] **boss** ; → ANIMATEUR. **2.** *Il est son directeur de conscience* : [plus génér.] **confesseur** ◆ [plus actuel] **directeur spirituel**.

directif *Sous ses allures libérales, il est très directif !* : **normatif** (qui implique davantage la référence à une norme morale ou sociale) ◆ ↑ **autoritaire**.

direction

I **1.** V. ADMINISTRATION et CONDUITE III. **2.** *Notre entreprise a pris la direction du marché* : **leadership**.

II **1.** *Changer de direction* : V. CAP, SENS III et VOIE. *Chercher sa direction* : **route, chemin**. **2.** *Il est très intéressé par les nouvelles directions de la musique contemporaine* : **orientation**. En général, ces deux termes ne sont pas syn. : *direction* désigne le sens d'un parcours, la voie à suivre pour aller quelque part, et *orientation* le fait de chercher cette voie par rapport aux points cardinaux et, par extens., par rapport à des repères que l'on se donne : ainsi parlera-t-on de l'*orientation scolaire* et non de la *direction scolaire*. **3.** *Pour convaincre, il faudra taper dans toutes les directions* : [plus fam.] **tous azimuts**. **4.** *Sa démonstration va dans la même direction que la mienne* : [express.] **être dans le droit fil de**. *En direction de* : V. VERS I.

directive V. indication (*in* indiquer), instruction (*in* instruire), ordre II.

dirigeable *Mon rêve ? Voyager en dirigeable !* (= abrév. de **ballon dirigeable**). Le *dirigeable* est, comme la **montgolfière**, un **aérostat**, mais il est en outre doté d'un moteur permettant de le diriger. Le **zeppelin** est un grand dirigeable naguère construit par les Allemands.

dirigeant V. chef, responsable II, supérieur I.

diriger

I *Depuis la mort de son père, c'est lui qui dirige l'entreprise* : **commander** (qui implique davantage l'idée d'autorité que celle d'orientation ; le complément renvoie d'ailleurs de préférence à une personne : diriger qqch/commander qqn) ◆ ↑ **régenter** (qui implique une autorité excessive) ◆ [express.] **tenir la barre** ◆ **conduire** (qui s'emploie parfois avec le sens de *diriger*) ◆ **administrer** (qui se dit surtout en parlant des affaires publiques ou des entreprises commerciales ou industrielles) ◆ **gouverner** (= diriger les affaires politiques d'un pays) ◆ **gérer** (= administrer pour le compte de qqn) ; → COIFFER, AVOIR LA HAUTE MAIN, MENER I, PRÉSIDER I, ADMINISTRATION, ANIMER.

II **1.** *Êtes-vous capable de diriger ce bateau ?* : [plus cour.] **conduire** ◆ **piloter** (qui se dit surtout d'une voiture de sport ou d'un avion). **2.** *L'ennemi a dirigé des troupes vers Paris* : V. ENVOYER. **3.** *Voici des années qu'il dirige tous ses travaux vers la biochimie* : **axer** ; → ORIENTER, BRANCHER, CENTRER. **4.** *Diriger son regard vers* : V. REGARDER et BRAQUER. *Diriger une arme* : V. POINTER.

◇ **se diriger** V. ALLER I, S'ACHEMINER, METTRE LE CAP et MARCHER.

dirigisme V. étatisme (*in* état IV).

discernement V. clairvoyance, à bon escient*, œil I, sens II.

discerner 1. V. percevoir I, saisir I, sentir I. 2. V. distinguer, séparer.

disciple 1. Les **apôtres** étaient les douze disciples privilégiés de Jésus. 2. Bien que voulant dire **élève** en latin, *disciple* ne s'emploie guère dans les mêmes contextes et ne convient bien que pour des adultes qui suivent de façon privilégiée l'enseignement d'un maître ; → FILS, PARTISAN I et ÉCOLIER.

discipline

I *Être puni pour avoir enfreint la discipline* : la *discipline* est une règle de conduite d'une collectivité (armée, école, syndicat) à laquelle on obéit par devoir moral ; un **règlement** est plus extérieur : généralement établi par un législateur et entièrement écrit, il s'impose comme une loi ; → RÈGLE I.

II V. BRANCHE, MATIÈRE et SPÉCIALITÉ.

discipliné V. obéissant (*in* obéir).

discipliner V. assouplir, dominer.

disc-jokey V. animateur (*in* animer).

discontinu 1. *Un bruit discontinu* : **intermittent** (qui souligne davantage la régularité des intervalles : *feu intermittent*, et non pas *discontinu*) ; → SACCADÉ. 2. [didact.] Une quantité *discontinue* est une quantité **discrète, dénombrable**.

discontinuer *Sans discontinuer* : V. d'affilée.

disconvenir *Ne pas disconvenir* : V. nier.

discordance V. différence.

discordant V. criard (*in* cri).

discorde V. désaccord.

discount V. rabais.

discours 1. *Le Premier ministre doit prononcer un discours important* : **allocution** (qui se dit d'un discours fam. et assez bref, fait par un personnage important : *l'allocution du chef de l'État sera diffusée à 20 heures*) ◆ **déclaration** (qui se dit d'un discours fait à la presse écrite ou parlée par un personnage annonçant officiellement qqch à faire connaître au public : *une déclaration du secrétaire du parti communiste*) ◆ **toast** (qui se dit d'un bref discours par lequel on propose de boire à la santé de qqn) ◆ **speech** (qui se dit d'un discours de circonstance, généralement prononcé en réponse à un toast) ◆ [fam.] **laïus, topo** ◆ **harangue** (qui se dit d'un discours solennel prononcé devant une assemblée) ; v. aussi CONFÉRENCE, DÉVELOPPEMENT II, PLAIDOYER, ÉLOGE, SERMON et TIRADE. 2. V. PROPOS. 3. *Discours direct* : V. STYLE.

◇ **discourir** *Cela m'agace de l'entendre discourir sur des sujets qu'il ne connaît pas !* : [souvent péj.] **disserter** (= discourir méthodiquement sur un sujet précis) ◆ [péj.] **pérorer**, [rare] **palabrer** ◆ **pontifier** (= discourir de manière prétentieuse) ◆ **épiloguer** (= faire de longs commentaires sur qqch, qqn : *il ne sert à rien d'épiloguer, de discourir longtemps sur*) ◆ [fam.] **baratiner, tartiner, laïusser** ; → PARLER, BAVARDER.

discourtois V. impoli.

discourtoisie V. inconvenance (*in* inconvenant).

discrédit V. défaveur.

discréditer 1. [qqch ~ qqn] *Cette intervention l'a complètement discrédité auprès du public* : **faire perdre son crédit à, déconsidérer** ◆ [plus rare] **disqualifier** ◆ ↑ **déshonorer** 2. [qqn ~ qqn] **décrier, dénigrer**, [fam.] **débiner** (= attaquer qqn par des critiques telles qu'on puisse être amené à le mépriser) ◆ [dans le même sens] **noircir**, ↓ **diminuer***, ↑ **vilipender** ◆ **salir, calomnier, diffamer** (= porter injustement atteinte à la réputation de qqn) ; → ABAISSER II, DÉPRÉCIER, MALMENER, MÉDIRE.

discret 1. [qqn est ~] *Il se manifeste peu en public : il a toujours été très discret* : **réservé, circonspect** (qui impliquent parfois l'idée de froideur et peuvent être pris péj., contrairement à *discret*, qui, employé seul, est toujours laudatif) ; → MODESTE, SE TAIRE, SILENCIEUX, POLI I. 2. [qqn est ~] *Il agira avec tact : il est très discret* : **délicat**. 3. [qqch est ~] *Elle porte toujours des vêtements très discrets* : **sobre** ◆ **neutre** (qui peut être péjoratif, au contraire de **distingué**) ; → ÉLÉGANT. *Attendez-moi dans un endroit discret* : ↑ **secret** ; → ÉCARTÉ. **4.** [didact.] V. DISCONTINU.

◇ **discrétion** **1.** [de discret 1] **réserve, circonspection, retenue**. **2.** [de discret 2] V. DÉLICATESSE. **3.** [de discret 3] **sobriété*** ; → ÉLÉGANCE.

◇ **discrètement** **1.** *Agir discrètement* : **avec discrétion***. **2.** *En prenant soin de ne pas être remarqué par le surveillant, il regardait discrètement la copie de son voisin* : **à la dérobée** ◆ [fam.] **en douce, à la sauvette** ; → EN SOURDINE, INCOGNITO. **3.** *Être vêtu discrètement* : **sobrement** ; → MODESTEMENT.

discrétion

I V. DISCRET.

II **1.** V. À LA MERCI*. **2.** *Il y avait du vin à discrétion* : [sout.] **à loisir, à souhait** ◆ [cour.] **à volonté** ◆ [fam.] **à gogo, en veux-tu, en voilà**.

discrétionnaire V. arbitraire.

discrimination **1.** V. distinction (*in* distinguer). **2.** V. ségrégation.

discriminer V. distinguer.

disculper V. justifier, laver II.

discuter **1.** *Il faudra que nous discutions de vos projets !* : ↓ **parler***, ↑ **débattre*** ◆ **argumenter**, ↑ **polémiquer** (qui s'emploient sans complément, comme parfois **discuter**). **2.** *Discuterez-vous l'existence même des faits ?* : V. CONTESTER. **3.** *Cesserez-vous bientôt de discuter ainsi ?* : **ergoter** (= discuter longuement et âprement de choses sans valeur) ◆ [fam.] **discutailler, mégoter, couper les cheveux en quatre, pinailler** ◆ [sout.] **ratiociner** ; → RAISONNER II, CHICANER. **4.** V. NÉGOCIER II.

◇ **discuté** *C'est une question très discutée* : [plus rare] **controversé**.

◇ **discutable** **1.** V. CONTESTABLE. **2.** *Vous dites que ce film ne vaut rien ? C'est discutable !* : **cela se discute**.

◇ **discussion** **1.** V. DÉLIBÉRATION, NÉGOCIATION. **2.** V. DISPUTE, LITIGE et POLÉMIQUE. **3.** *Pas de discussion !* (= refuser la discussion) : **histoires** ; → RÉPLIQUE II. **4.** Parfois pris au sens de **conversation***.

disert V. éloquent.

disette **1.** *Des mois de sécheresse ont provoqué la disette* : [plus cour.] **famine**. **2.** V. MANQUE et RARETÉ.

diseuse *Diseuse de bonne aventure* : V. devin (*in* deviner).

disgrâce V. défaveur, malheur.

disgracié V. laid.

disgracier V. destituer.

disgracieux V. laid.

disjoindre V. séparer, dissocier.

disjonction V. séparation (*in* séparer).

disloquer *La police a disloqué le cortège des manifestants* : **disperser**.

◇ **se disloquer** **1.** *Il s'est disloqué le genou* : V. DÉBOÎTER. **2.** *Sous l'effet de l'explosion, les maisons se sont complètement disloquées* : **désintégrer** ; → CASSER I. *Qui aurait pu penser que cet empire se serait disloqué ?* : **se démembrer** ; → SE DÉSAGRÉGER.

◇ **dislocation** **1.** V. DÉBOÎTEMENT. **2.** *La dislocation d'un cortège* : **dispersion**. *La dislocation d'un empire* : **démembrement, désagrégation** ; → DISSOLUTION, SÉPARATION.

disparaître Ce verbe a deux sens généraux : « n'être plus visible » et « cesser d'exister ». Dans les deux cas, il est susceptible d'être remplacé par des syn. qui varient considérablement selon les contextes ; nous ne signalerons que les principaux. **1.** [qqn ~] *Se sentant suivi, il disparut dans la foule* : **se fondre, se perdre** ◆ [plus rare] **s'évanouir** ◆ [assez fam.] **s'éclipser** ; → SE RETIRER, TOMBER, PARTIR, S'ABSENTER, FUIR. **2.** [qqn ~] V. MOURIR. **3.** [qqch ~] *Mon argent a disparu !* : [fam.] **s'envoler, se volatiliser, s'évaporer**. *Le petit commerce disparaît* : V. DÉPÉRIR. *Un bateau a disparu dans la tempête* : **se perdre** ;

→ SOMBRER. En parlant de phénomènes passagers : émotion, sentiments ; brume, brouillard ; bruit ; couleur du visage : **se dissiper** ◆ ↑ **s'envoler, s'évanouir** ; → S'EFFACER. *Les taches ont disparu au nettoyage* : V. S'EN ALLER et ENLEVER. *Nos forces disparaissent peu à peu* : **s'en aller, se tarir, s'épuiser** ; → DIMINUER, S'ÉTEINDRE. **4.** *Faire disparaître* : V. CHASSER, ENLEVER, SUPPRIMER et TUER.

◇ **disparition** **1.** *Il ne souhaitait qu'une chose : la disparition de tous ces gens qui l'importunaient de leur pitié* : ↓ **départ** ; → FUITE, ABSENCE. *La disparition des brouillards matinaux* : **dissipation**. **2.** V. MORT I.

disparate V. divers.

disparité V. diversité (*in* divers), inégalité (*in* inégal).

disparition V. disparaître.

disparu V. décédé, mort II.

dispatcher V. distribuer.

dispatching V. répartition.

dispendieux V. coûteux (*in* coûter).

dispensé V. quitte.

dispenser

I **1.** [~ qqn de qqch] *Dispenser qqn de ses obligations militaires* : **dégager*** (qui se dit en parlant d'une tâche ou d'une charge morale). *Dispenser qqn d'impôts* : **décharger** (qui se dit en parlant d'une charge matérielle) ◆ [didact.] **exempter, exonérer** ; → EXEMPT, LIBÉRER. **2.** *Dispensez-moi de vos conseils !* : **épargner** (qqch à qqn), **faire grâce de**.

◇ **se dispenser** V. S'ABSTENIR et SE PASSER DE.

◇ **dispense** *Pour sortir du lycée, il faut une dispense* : **autorisation** ◆ [didact.] **exemption** (qui se dit d'une dispense d'une charge commune : *une exemption d'impôts*) ◆ [didact.] **exonération** (qui se dit, en matière fiscale, d'une décharge d'impôts *totale* ou *partielle*) ◆ [didact.] **immunité** (qui se dit d'une exemption accordée par la loi à certaines personnes : *immunité diplomatique*) ; → PERMISSION.

II *De puissants mécènes dispensaient leurs bienfaits aux peintres et aux poètes* : **accorder** ; → RÉPARTIR, RÉPANDRE, DISTRIBUER, GRATIFIER.

disperser **1.** *Le vent a dispersé tous les papiers qui étaient sur le bureau* : **éparpiller, disséminer** (qui se disent surtout d'objets légers, alors que *disperser* est d'emploi plus général) ◆ **épars** (qui ne peut s'employer que comme adj.) ; → SEMER II. **2.** *Le capitaine avait dispersé ses soldats de manière que toutes les routes soient bloquées* : **répartir**. *Tu disperses trop tes efforts, tu n'arriveras jamais à rien !* : **éparpiller**. **3.** *Disperser une manifestation* : [plus génér.] **chasser** ◆ ↑ **réprimer** ; → DISLOQUER.

◇ **se disperser** **1.** Les mêmes correspondances existent à la forme pronominale. **2.** *La foule se dispersait : la fête était finie* : [rare] **s'égailler** ; → PARTIR. *Cette population s'est dispersée et a émigré* : **essaimer**.

dispersion V. dislocation, séparation (*in* séparer), éparpillement.

disponible V. libre, vide I.

disponibilité V. liberté II.

disponibilités V. argent.

dispos *Après une bonne nuit, il se sentait dispos* (qui se dit souvent dans l'express. *frais et dispos*) : [plus fam.] **gaillard, en forme** (qui peut être renforcé par les adj. pleine, grande : *en pleine, grande forme*) ; → AGILE, LÉGER.

disposé V. prêt I.

disposer **1.** [~ qqch] *Elle avait disposé des bibelots sur tous les meubles de son nouvel appartement* : **placer** ◆ [très génér.] **mettre, installer** (qui se dit d'objets d'une certaine importance : *installer un meuble*) ◆ [fam.] **caser** ; → COMBINER, COMPOSER I. **2.** [~ qqn à] *Disposons-le au mieux à accepter son échec* : **préparer***. *Pouvez-vous le disposer à investir dans l'immobilier ?* : **inciter** ◆ [plus fam.] **pousser** ; → DÉCIDER. **3.** [~ de qqch] V. AVOIR I. *Vous pouvez disposer de ma voiture* : [plus cour.] **prendre**. **4.** [~ de qqn] *Croyez-vous pouvoir disposer des gens à votre convenance ?* : [plus cour.] **utiliser, se servir de** ; → AVOIR QQN DANS SA MANCHE I.

◇ **se disposer à** *Nager ? Soit ! Mais il faut s'y disposer !* : **se mettre en condition** (qui s'emploie sans complément) ; → SE PRÉPARER À.

◇ **disposition** 1. V. COMPOSITION. *La disposition des pièces d'un appartement* : **distribution** ; → ORDONNANCE, PLACE I, RÉPARTITION, COMBINAISON. 2. [au pl.] *Prendre des dispositions pour qqch* : **mesures***, **moyens**. 3. *L'une des dispositions du contrat ne me convient pas* : **clause, stipulation** ; → CONDITION II. 4. *Être à la disposition de qqn* : **ordres** (*je suis à vos ordres* : implique l'idée d'autorité, de distance hiérarchique). 5. *Avoir à disposition. Je n'ai pas de papier à ma disposition : pouvez-vous m'en prêter ?* : [fam.] **sous la main**. *Laisser qqch à disposition* [sout.] : [cour.] **prêter**. 6. *Avoir des dispositions pour qqch* : V. FACILITÉ. *Il a une disposition à contracter les angines* : **prédisposition** ◆ [plus génér.] **nature** ◆ **penchant*** (qui implique une inclination, un goût) ; → TENDANCE. 7. *De bonne disposition* : V. HUMEUR.

dispositif V. appareil, système.

disposition V. disposer.

disproportion V. inégalité (*in* inégal).

disproportionné V. démesuré (*in* démesure), inégal.

dispute V. disputer.

disputer 1. [le ~ en] *C'était à qui le disputerait en courage et en ténacité* [sout.] : **rivaliser de** (*c'était à qui rivaliserait de courage*) ◆ [plus cour.] **avoir** (*avoir le plus de courage*). 2. [~ qqn] V. RÉPRIMANDER.

◇ **se disputer** 1. *Ils se disputaient, mais ils s'aimaient bien* : [plus sout.] **se quereller** ◆ [plus fam.] **se chamailler**, [fam.] **s'engueuler, s'accrocher** ◆ [fam.] **avoir un accroc** (qui se dit surtout d'une querelle passagère) ; → DISPUTE, SE BATTRE, SE HEURTER. 2. [~ qqch] V. S'ARRACHER.

◇ **dispute** 1. *Avoir une dispute* : [plus sout.] **querelle** ◆ [plus fam.] **chamaillerie** ◆ [fam.] **engueulade, accroc, accrochage** ◆ **explication** [fam.], **prise de bec** (qui se disent surtout d'un simple et vif échange verbal) ◆ [plus sout.] **altercation** ◆ **algarade** (qui se dit d'une brusque et éphémère dispute) ◆ **scène** (qui s'emploie spécialement en parlant d'un couple) ◆ ↓ **discussion, controverse** (= échange verbal assez vif, sans être cependant violent). 2. *Chercher la dispute* : [plus sout.] **chicane** (*chercher chicane*) ◆ [fam.] **crosses** (*chercher des crosses*) ; → BAGARRE, DÉSACCORD, LITIGE, CONTESTATION.

disqualifier V. discréditer.

disque 1. *Je viens d'acheter un nouveau disque* : [par méton.] **enregistrement** ◆ [partic.] **microsillon, 33 tours, 45 tours, Compact Disc** (abrégé en : **CD**) ◆ [langue techn.] **gravure** ◆ **compilation** (qui se dit d'un choix de succès rassemblés). 2. *Change de disque !* : V. MUSIQUE.

dissemblable V. différent (*in* différer II).

dissémination V. éparpillement.

disséminer V. disperser.

dissension V. désaccord.

dissentiment V. désaccord.

disséquer V. éplucher.

dissertation V. rédaction.

disserter V. discourir (*in* discours), traiter II.

dissidence 1. *Leur parti politique va éclater : ils ne pourront éviter la dissidence* : **scission** ◆ **schisme** (qui se dit surtout d'une religion) ◆ **sécession** (qui se dit de l'éclatement d'un État en fractions indépendantes et souvent rivales) ◆ **séparatisme, autonomisme** (qui se disent d'une dissidence régionale ou ethnique par rapport au pouvoir central) ; → DÉVIATION, RÉVOLTE. 2. *De graves dissidences d'opinion les séparent désormais* : [plus cour.] **divergence** ; → DÉSACCORD.

◇ **dissident** Celui qui entre en dissidence, en partic. politique, et qui est appelé **rebelle** par le parti qu'il quitte. [Avec les mêmes nuances que pour DISSIDENCE] : **schismatique, sécessionniste, séparatiste***, **autonomiste** ; → APOSTAT, DÉVIATION.

dissimulation V. dissimuler.

dissimulé V. secret II, sournois.

dissimuler **1.** V. CACHER, MASQUER et DÉROBER. *Ne rien dissimuler* : V. JOUER CARTES SUR TABLE I. **2.** *C'était un homme habile à dissimuler* : **feindre**.

◇ **dissimulation** **1.** *La dissimulation d'un scandale* : V. ÉTOUFFEMENT. **2.** *Ne vous fiez pas à son aspect extérieur ! Je connais l'individu : c'est de la dissimulation !* : [plus fam.] **comédie** ; → DÉGUISEMENT, SOURNOISERIE, FAUSSETÉ.

dissipation V. dissiper I et II.

dissipé V. désobéissant (*in* désobéir), chahuteur, turbulent.

dissiper

I **1.** V. CHASSER. **2.** V. PRODIGUER et DÉPENSER.

◇ **se dissiper** V. DISPARAÎTRE.

◇ **dissipation** V. DISPARITION et DÉPENSE.

II *Plongé dans les livres du matin au soir, il n'acceptait pas de se laisser dissiper* [sout.] : [cour.] **distraire**.

◇ **dissipation** *Mon fils rentre du collège : il a été puni pour dissipation* : **indiscipline** ◆ ↓ **turbulence**.

dissociation V. séparation (*in* séparer).

dissocier **1.** V. DÉCOMPOSER et SÉPARER. **2.** *Il faut nettement dissocier ces deux idées* : **distinguer, disjoindre**.

dissolu V. corrompu (*in* corrompre), relâché, déréglé (*in* dérégler).

dissolution V. dissoudre.

dissolvant a pour syn. **solvant**.

dissonance V. cacophonie.

dissonant V. criard.

dissoudre **1.** V. ANNULER. **2.** *Dissoudre du sucre dans de l'eau* : [plus cour.] **faire fondre** ; → DÉLAYER.

◇ **dissolution** **1.** *Il assistait, impuissant, à la dissolution de son parti* : **écroulement, ruine, dislocation***. **2.** *La dissolution d'un mariage* : V. ANNULATION. **3.** *Dissolution des mœurs* [sout.] : [plus cour.] **dérèglement** ; → CORRUPTION.

dissuader *Nous l'avons dissuadé de poursuivre ses études* (qui s'emploie généralement avec un infinitif) : **détourner**, **dégoûter*** (le plus souvent suivis d'un groupe nominal) ; → DÉCONSEILLER, DÉCOURAGER.

dissymétrie V. irrégularité (*in* irrégulier).

dissymétrique V. irrégulier.

distance **1.** S'emploie le plus souvent en parlant de l'**espace***. *La distance les empêche de se rendre facilement à Paris* : **éloignement**. *Le métier de représentant implique de parcourir de longues distances dans la journée* : **trajet, parcours**. *À une grande distance de* : **loin de** ◆ [express.] **à des kilomètres de**, ↑ **à des années-lumière de**. *À une faible distance de* : **près de**. *Planter des arbres à distances régulières* : **intervalle**. **2.** *Le voilà riche maintenant : la vie a creusé entre nous une distance considérable* : **décalage, écart** ◆ ↑ **fossé, abîme**. *Tenir qqn à distance* : **écart** ; → ÉCARTER. *Il faut savoir tenir ses distances* : **ne pas sombrer dans la familiarité** ; → DISTANT.

◇ **distant** **1.** *Nos deux villages ne sont distants que de quelques kilomètres* : **éloigné**. **2.** *C'est un personnage assez antipathique, très distant* : ↓ **froid, réservé** ; → CALME, FIER, HOSTILE.

distancer V. dépasser, semer III, s'échapper.

distant V. distance.

distiller **1.** V. épurer. **2.** V. sécréter.

distinct **1.** V. clair, net. **2.** V. différent (*in* différer II), indépendant.

distinctif V. caractéristique.

distinction V. distinguer.

distingué V. bien I, comme* il faut IV, élégant, discret.

distinguer **1.** V. VOIR. **2.** *Ce qui distingue l'homme de l'animal, c'est principalement le langage* : **différencier** ◆ **caractériser** (qui se construit avec un seul compl. : *ce qui caractérise l'homme, c'est...*) ; → INDIVIDUALISER. **3.** *Comment, dans ses propos confus, dis-*

tinguer le vrai du faux ? : **reconnaître, démêler** ◆ [rare, sout.] **discriminer** ; → DISSOCIER, SÉPARER. **4.** V. RÉCOMPENSER.

◇ **se distinguer** **1.** *C'est par le langage que l'homme se distingue de l'animal* : **se différencier** ; → DIFFÉRER. **2.** *Un soldat qui s'est distingué par sa bravoure* : **s'illustrer, se signaler** ◆ [parfois péj.] **se singulariser, se faire remarquer** ; → EXCELLER.

◇ **distinction** **1.** [de distinguer 2 et 3] **différenciation, caractéristique, discrimination**. *Sans distinction* : V. INDISTINCTEMENT. **2.** V. DIFFÉRENCE et INDIVIDUALISATION. **3.** *Sa femme a beaucoup de distinction* (qui peut impliquer à la fois des qualités physiques et morales) : [cour.] **classe** ◆ ↓ **élégance** (qui ne s'applique qu'au physique : *elle s'habille avec distinction, élégance*), ↓ **goût** ; → DÉLICATESSE. *C'est un personnage de la plus haute distinction* : **éminent**. *On connaît la distinction de sa naissance* : [vx] **éclat, grandeur**. **4.** *Cet artiste a reçu les plus hautes distinctions* : **honneur** (*... les plus grands honneurs*), **récompense***.

distinguo V. distinction (*in* distinguer).

distraction **1.** [de distraire] *La belote est sa distraction favorite* : **passe-temps** ◆ **jeu** (qui est plus concret, et implique une activité précise, comme dans notre ex.) ◆ [fam.] **dada** ◆ [plus sout.] **divertissement** ◆ [plus génér.] **plaisir** ; → EXUTOIRE. **2.** [de distrait] *Je vous ai envoyé cette lettre par distraction* : **par mégarde, par inadvertance** ◆ [plus fam.] **sans faire attention**. *Elle est âgée, il faut excuser ses distractions* : **absence** ; → OUBLI, ÉTOURDERIE. *Une seconde de distraction, et c'est l'accident* : **inattention**.

distraire **1.** V. détourner. **2.** V. amuser, dissiper, s'étourdir, occuper II.

distrait *Il a toujours l'air distrait quand on lui parle* : ↑ **absent** ◆ [express. fam.] **être dans la lune** ◆ **absorbé** (qui précise qu'on a l'esprit occupé) ; → ÉTOURDI I. *Écouter d'une oreille distraite* : [moins pr.] **inattentif** ; → VAGUE III.

distrayant V. amusant (*in* amuser).

distribuer **1.** *Distribuer des prix, des bienfaits, de l'argent* : [plus sout.] **dispenser** ◆ **répartir, partager*** (= distribuer qqch d'après des conventions précises) ; → DONNER, SERVIR I, ATTRIBUER. **2.** *Tout le trafic est distribué à partir de ce centre* : [anglic. déconseillé] **dispatcher**. **3.** *Le plan de votre dissertation est mal distribué* : **répartir, organiser** ◆ [fam.] **combiner***. *Vous distribuerez les adjectifs en deux groupes !* : **classer***.

◇ **distribution** **1.** [selon les sens de distribuer] **partage, répartition, organisation, combinaison, classement**. **2.** *Une distribution de prix* : **remise**. *La distribution des pièces d'un appartement* : V. DISPOSITION. *Ses produits ont un bon circuit de distribution* : **diffusion**. *La grande distribution* : V. COMMERCE I. *La distribution d'un film* : V. INTERPRÉTATION.

distributeur V. commerçant (*in* commerce I).

dithyrambe V. éloge.

dithyrambique V. élogieux (*in* éloge).

diurne V. jour.

diva V. chanteuse (*in* chanter).

divagation V. délire, égarement.

divaguer V. délirer (*in* délire), déraisonner (*in* s'égarer).

divan V. canapé.

divergence V. différence (*in* différer II), diversité (*in* divers), dissidence.

divergent V. différer II.

divers **1.** *Un public très divers* : **varié** ◆ [avec une nuance péj.] **composite** ◆ ↑ **disparate, hétéroclite, hétérogène** ; → MULTIPLE. **2.** V. DIFFÉRENT.

◇ **diversement** *Le spectacle a été diversement apprécié* : **différemment**.

◇ **diversité** **1.** [de divers] *La Baule offre une grande diversité de distractions* : **variété** ◆ **disparité, hétérogénéité** ; → DIFFÉRENCE. **2.** *J'admets parfaitement la diversité des opinions* : **pluralité** ◆ [souvent au plur.] ↑ **divergence**.

diversifier V. varier.

diversion 1. V. EXUTOIRE. 2. *L'attaque de l'opposition se précise, il faut faire diversion* : **trouver une parade*** ◆ [néol.] **établir un contre-feu***.

diversité V. divers.

divertir *Emmenez-le à la campagne, cela le divertira* : [plus fam.] **changer les idées** ; → AMUSER. *Se divertir* : V. JOUER.

divertissant V. amusant (*in* amuser), plaisant II.

divertissement V. distraction, plaisir.

divin *Il était sous le charme de cette musique divine* : [sout.] **céleste** ; → AÉRIEN, DÉLICIEUX, SUBLIME, DOUX. *La justice divine* : V. ÉTERNEL.

divination V. deviner.

divinité V. dieu.

diviser 1. *Cette classe est trop nombreuse, il faudra la diviser* : **dédoubler** (= diviser en deux) ◆ **subdiviser** (= diviser qqch qui est déjà divisé : *diviser une page en colonnes, puis subdiviser les colonnes*) ◆ **décomposer*** (= ramener à des unités plus simples ce qui était composé) ◆ **graduer** (= diviser une longueur en unités de mesure égales) ◆ **segmenter** (= diviser en segments) ; → CLASSER, SECTIONNER, PARTAGER, SCINDER, SÉPARER, COMPARTIMENTER. 2. *Leurs opinions les divisent* : **opposer*** ◆ ↑ **déchirer** ; → BROUILLER II.

◇ **se diviser en** *Ce roman se divise en quatre parties* : **comprendre, se composer de** ; → SEGMENTER.

◇ **division** 1. [de diviser 1] **dédoublement, subdivision, décomposition, graduation** ; → PARTAGE, SEGMENTATION, SÉPARATION. 2. [de diviser 2] **opposition***, ↑ **déchirement** ; → DÉSACCORD. 3. Au sens de « partie d'un tout », les syn. varient considérablement selon le tout en question. *Les divisions administratives* comprennent **circonscription, arrondissement, département**. *Les divisions des sciences naturelles* comprennent **règne, embranchement, classe**, etc. *Les divisions du savoir* : **branche***.

divorce 1. [en termes de droit] Le **divorce** désigne la dissolution légale du mariage civil. La **séparation de corps** désigne la dispense accordée à chacun des époux de la vie commune, sans pour autant qu'ils soient déchargés de tous les liens qui les unissaient. Les termes courants **rupture, séparation** se disent d'un couple de personnes, mariées ou non. Le terme **répudiation** se dit, dans certaines civilisations, du renvoi légal par le mari de la femme à laquelle il était uni. 2. *Un divorce s'est établi entre les deux tendances du syndicat* : **opposition** (qui peut être renforcé par « grave » ou « radicale ») ; → DÉSACCORD.

◇ **divorcer** Hors contexte légal où le terme n'a pas de syn. : **se séparer, rompre**.

divulguer *La nouvelle a été divulguée par la presse* : **révéler** ◆ **dévoiler** (qui est plutôt **découvrir*** que publier qqch de secret) ◆ **publier** (= porter à la connaissance du public qqch qui ne devait pas forcément rester secret) ◆ **ébruiter, faire courir le bruit de** (= divulguer qqch de manière confuse, imprécise) ◆ **répandre** (qui s'emploie parfois avec le même sens que *ébruiter*) ; → DÉCLARER, PROCLAMER, DÉCOUVRIR, TOIT, TRAHIR.

djinn V. lutin.

do Première note de la gamme, autrefois appelée **ut** : [dans la notation allemande] **C** (*ut* désigne encore couramment aujourd'hui une musique composée dans un ton de do : *un quatuor en ut majeur.*)

docile 1. *Il vous écoutera : c'est un enfant très docile* : **obéissant***, **soumis** ◆ [plus génér.] **sage**. 2. *Elle était d'un caractère très docile* : **facile, souple** ◆ **maniable, malléable**, ↑ **manipulable** (qui soulignent plutôt une faiblesse qu'une qualité).

◇ **docilement** *Il faudra suivre docilement les prescriptions du médecin* : **fidèlement** ◆ **scrupuleusement** (qui insiste davantage sur la rigueur et l'exactitude avec laquelle on fait qqch).

◇ **docilité** 1. [de docile 1] **obéissance, soumission, sagesse**. 2. [de docile 2] **souplesse, facilité, malléabilité**.

dock V. dépôt (*in* déposer II).

docker V. débardeur.

docte V. savant I.

doctement V. savamment (*in* savant).

docteur V. médecin.

doctoral *Son ton doctoral cache mal le vide de sa pensée* : [moins employé] **pontifiant** ; → PROFESSORAL, PRÉTENTIEUX.

doctrinaire V. doctrine.

doctrine **1.** *Telles sont les bases de la doctrine chrétienne* : **dogme** ; → CROYANCE. *Les doctrines philosophiques* : **système***, **théorie**. **2.** *Se faire une doctrine sur* : **opinion*** ; → PHILOSOPHIE.

◇ **doctrinaire** *Qu'il défende ses idées, soit ! mais pourquoi se montrer aussi doctrinaire ?* : **dogmatique** ◆ ↑ **sectaire** ; → SYSTÉMATIQUE, FANATIQUE.

document **1.** *Ce manuscrit est un document de grande valeur* : [plus général] **pièce** ; → PAPIER. Un ensemble de documents constitue selon les cas des **archives** (s'il s'agit de documents anciens et nombreux) ◆ un **dossier** (s'il s'agit de documents divers relatifs à une même affaire ou question) ◆ une **documentation** (s'il s'agit de documents destinés à éclairer qqn) ; → INFORMATION. **2.** *Vous verserez ce document au dossier de l'enquête* : **pièce à conviction**.

◇ **documenter** V. INFORMER.

◇ **se documenter** : **s'informer***.

documentaire V. film.

documentation V. document, information.

documenter V. document.

dodeliner V. balancer, remuer.

dodo V. lit I, sommeil.

dodu V. gras, rebondi.

dogmatique V. absolu II, doctrinaire (*in* doctrine), systématique.

dogme V. catéchisme, doctrine.

dogue V. humeur.

doigt *Savoir qqch sur le bout des doigts* : **par cœur** ◆ [fam.] **à fond**. *Mettre le doigt sur la difficulté* : V. TROUVER. *Toucher du doigt* : V. PRÈS II. *À deux doigts de...* : V. PRÈS II. *Se mordre les doigts* : V. REGRETTER. *Se mettre le doigt dans l'œil* : V. SE TROMPER. *Au doigt et à l'œil* : V. EXACTEMENT. *Ne pas lever, remuer le petit doigt* : V. EFFORT. *Taper sur les doigts de qqn* : V. PUNIR. *Un doigt de vin* : V. PEU II.

doigté **1.** V. toucher. **2.** V. diplomatie (*in* diplomate), savoir-vivre.

doléance V. plainte (*in* se plaindre II).

dolent V. plaintif (*in* se plaindre II).

domaine **1.** V. BIEN II. **2.** *Le domaine des activités d'une région* : V. CHAMP II, PAYS I. *La question que vous me posez n'est pas de mon domaine* : **compétence, ressort** ◆ **partie** (*ce n'est pas ma partie*) ◆ [fam.] **rayon**. *La pneumologie, ce n'est pas mon domaine : je suis psychiatre !* : [fam.] **rayon, secteur** ; → PLAN III, SPÉCIALITÉ, SPHÈRE.

dôme V. coupole.

domestique **1.** [adj.] V. familial (*in* famille). **2.** [n.] V. homme, servante, serviteur, gens.

domestiquer V. apprivoiser.

domicile V. habitation, résidence. *À domicile* : V. se déplacer.

dominant V. dominer.

dominateur V. dominer.

domination V. autorité, règne, obédience, suprématie.

dominer **1.** [qqn, qqch ~] *Le dépouillement du vote n'est pas terminé, mais pour le moment ce sont les « non » qui dominent* : **l'emporter** ◆ ↑ **prédominer, prévaloir** ◆ **être le plus nombreux, majoritaire** (qui ne s'emploient que pour ce qui se compte) **2.** [qqn ~ qqn, qqch] *Charlemagne a dominé un vaste empire* : **soumettre** (= mettre par la force dans un état de dépendance) ◆ **avoir barre sur** (= prendre l'avantage et dominer) ; → RÉGNER, COMMANDER I, ARBITRE, OPPRIMER. **3.** [qqn ~ qqn] *Ce coureur a nettement dominé ses concurrents* : **prendre**

l'avantage sur ◆ ↑ **surclasser, surpasser**. 4. [qqn ~ qqch] *Il domine parfaitement la situation* : **maîtriser** ; → CONTRÔLER. *Il faut savoir dominer ses instincts* : **discipliner, dompter** ; → VAINCRE, TRIOMPHER. 5. [qqch ~ qqch] *Cette tour domine la ville* : **surplomber**.

◇ **se dominer** V. POSSÉDER II.

◇ **dominant** 1. *Le rôle de l'artillerie a été dominant dans le sort de cette bataille* : **déterminant, essentiel, prépondérant** ; → PRINCIPAL. 2. *Son mari occupe dans l'usine une position dominante* : **élevé** ◆ [express.] **une position clef**. *Les classes dominantes* : V. SUPÉRIEUR I.

◇ **dominateur** *Il parcourut son public d'un regard dominateur* : **impérieux***.

dommage 1. [génér. pl.] *La tempête a soufflé sur la Bretagne : des dommages considérables ont été causés aux récoltes* : **pertes, dégâts*** ◆ **avarie** (qui se dit seulement en parlant de dommages survenus à un bateau et, par extension, à des marchandises transportées). *Causer des dommages à qqn* : **torts** ◆ **dégradations, détériorations** (qui s'emploient pour un édifice) ; → LÉSION. *Il y a eu des dommages* : [fam.] **de la casse** ; → DÉGÂT, SINISTRE, DESTRUCTION, PRÉJUDICE, ABÎMER. *Sans dommage* : V. IMPUNÉMENT. 2. *Il ne pourra pas venir, c'est dommage !* : [plus sout.] **triste, regrettable** ◆ [sout.] **fâcheux** ◆ [fam.] **c'est pas de chance !***. 3. *Vous mettez de la glace dans le porto ? Quel dommage !* : ↑ **crime** ◆ [très péjor.] : **sottise**.

◇ **dommageable** *L'ingestion d'alcool est dommageable à votre santé* [sout.] : [cour.] **nuisible, préjudiciable** ◆ [sout.] ↑ **attentatoire** (= qui porte atteinte à : *un acte attentatoire à la justice*) ◆ [très génér.] **mauvais*** ; → FATAL.

dompter V. apprivoiser, dominer, soumettre.

dompteur Se dit plutôt pour les animaux sauvages qu'il s'agit de rendre dociles ; **dresseur** se dit pour les animaux, souvent domestiques, auxquels on souhaite apprendre des conduites (*un dompteur de fauves, un dresseur de chiens*).

don, donation V. donner.

donc V. ainsi I, comme IV.

don Juan V. bourreau* des cœurs, séducteur (*in* séduire).

donné (étant) V. donner I.

donnée V. donner I.

donner Mettre en la possession de qqn. I [trans.] 1. [qqn ~ qqch à qqn] *Il n'avait plus un sou : je lui ai donné cent francs* : [fam.] **filer** ◆ [très fam.] **abouler** ◆ **remettre*** (qui implique que l'on avait la charge de donner qqch à qqn) ◆ **offrir** (qui se dit d'un cadeau) ◆ **proposer** (= demander d'accepter ; syn. valable aussi dans l'express. qui suit). *Dans l'équipe, on m'a donné la place d'avant-centre* : [plus sout.] **attribuer*** ; → CONFÉRER I, GRATIFIER. 2. [qqn ~ qqch à qqn, en parlant de ce qui ne nous appartient pas] *Donnez-moi le sel !* : [fam.] **passer**. *Donnez-lui un siège* : [sout.] **offrir, avancer**. *C'est à vous de donner les cartes* : **distribuer, faire** (*c'est à vous de faire*) ; → SERVIR I. 3. [qqn ~ qqch à qqn, en parlant de qqch de verbal] *Voudriez-vous me donner l'heure ?* : [plus sout.] **indiquer** ; → DIRE. *Donner un ordre* : V. NOTIFIER. *Donner un rendez-vous* : **fixer** ; → ACCORDER II. *Donner un papier* : V. DÉLIVRER. *Donner une punition* : [fam.] **coller, flanquer**. 4. [qqn ~ qqn] *Il a été donné à la police* : **dénoncer, livrer** ; → VENDRE. 5. [qqch ~] *La vigne a bien donné cette année* : **produire, rapporter** ; → PORTER I. *Ce soir, la télévision donne un bon film ; on donne un bon film à la télévision* : **jouer, passer** ; → REPRÉSENTER. 6. [qqch est donné à qqn] *S'il m'était donné de vivre jusque-là, je serais la plus heureuse des femmes* : **accorder** ; → PERMETTRE. 7. *Donner du souci* : [plus sout.] **occasionner**. *Donner une maladie* : V. TRANSMETTRE. *Donner du plaisir* : V. PROCURER. *Donner un coup de poing* : V. ALLONGER, APPLIQUER et PORTER. *Donner un coup de main* : V. AIDER, SOUTENIR et PRÊTER. *Donner raison* : V. APPROUVER. *Donner l'assaut* : V. ATTAQUER. *Donner un coup de gueule* : V. CRIER. *Donner congé* : V. CONGÉDIER. *Donner son compte* : V. CONGÉ. *Donner sa démission* : V. ABANDONNER I. *Donner un exemple* : V. CITER. *Donner sa parole* : V. ENGAGER. *Donner sa langue au chat* : V. DEVINER. *Donner dans* : V. VERSER III.

◇ **don** 1. *Prenez ce livre, je vous en fais don* [sout.] : [cour.] **cadeau**. *Faire don : donner**. *Une quête sera faite pour les travaux de l'église,* *les dons seront recueillis à la sacristie* : **offrande** ; → SECOURS, ABANDON II, AUMÔNE, PRÉSENT IV. **2.** *Le don de soi* : V. DÉVOUEMENT. **3.** Disposition particulière à qqn considérée comme reçue d'une puissance supérieure. *La nature l'a comblé de ses dons* : **bienfait, faveur**. *Dieu l'a comblé de ses dons* : [sing. ou pl.] **grâce**. *Dieu lui a donné le don de la parole* : [didact.] **charisme**. *Ses dons de conteur sont extraordinaires* : **talent**. *Il a le don du conte* : ↑ **génie**. *Le don des mathématiques* : [fam.] **bosse** ; → CAPACITÉ I, POUVOIR I.

◇ **donation** Don fait par acte public et solennel à une personne ou à un établissement : **legs** (= donation faite par testament) ◆ **fondation** (= donation faite à une œuvre, avec une destination particulière).

◇ **étant donné** **1.** *Étant donné sa maladie, il ne viendra pas* : **vu** ; → À CAUSE* DE. **2.** *Étant donné que* : V. PARCE QUE et VU I.

◇ **donnée** *L'heure à laquelle le crime a été commis est l'une des données essentielles de l'enquête* : **élément, précision, renseignement**.

II [intr.] **1.** *Donner sur* : V. DÉBOUCHER II et OUVRIR. **2.** *Aller donner contre un mur* : V. HEURTER.

◇ **se donner** **1.** *Elle voulait se donner à Dieu* : **se consacrer, se vouer**. *Elle s'était donnée à lui dans un élan de tendresse* : [plus génér.] **s'abandonner** ◆ ↑ **s'offrir** ; → FAVEUR. **2.** *Se donner aux mathématiques* : V. S'ADONNER et VERSER III. *Se donner du mal* : V. SE DÉMENER.

donzelle V. fille.

dopant V. tonique.

doper V. enflammer.

doré V. ambré, blond.

dorénavant V. à l'avenir.

dorloter *Elle dorlote un peu trop son fils, comment voulez-vous qu'il soit dégourdi ?* : [plus sout.] **choyer** ◆ **cajoler** (qui implique surtout l'idée de caresses) ; → COUVER, FLATTER, SOIGNER II.

dormir **1.** *Ne faites pas de bruit : il dort !* : [très fam.] **pioncer, roupiller** ◆ [très fam.] ↑ **en écraser, ronfler** ◆ [fam.] ↑ **dormir comme une souche, comme un loir, à poings fermés** ◆ ↓ **sommeiller** ◆ **faire un somme**, [fam.] **faire une pioncette** (= dormir un court moment) ◆ **somnoler** (= être dans un état de demi-sommeil) ◆ **s'endormir** (= commencer à dormir) ◆ **s'assoupir** (= s'endormir à demi) ◆ [sout.] **reposer** ; → SE COUCHER, SE REPOSER, SOMMEIL. **2.** *On a laissé dormir ce dossier* : **traîner**. **3.** V. COUVER. **4.** *Ne dormir que d'un œil* : V. GARDE. *Sans dormir* : V. ÉVEILLÉ. *Une histoire à dormir debout* : V. INVRAISEMBLABLE. *Dormir tranquille* : V. TRANQUILLE.

◇ **dormant** *Il aimait ces paysages d'étangs aux eaux dormantes* : [plus génér.] **calme, tranquille** ◆ [péj.] **stagnant** (qui implique l'idée de pourrissement) ; → IMMOBILE.

dos **1.** V. RÂBLE. **2.** *En avoir plein le dos* : V. ASSEZ. *L'avoir dans le dos* : V. ÉCHOUER II, REVERS II. *De dos, le dos tourné* : V. DERRIÈRE I. *Passer la main dans le dos* : V. FLATTER. *Mettre qqch sur le dos de qqn* : V. ACCUSER. *Tourner le dos à* : V. ABANDONNER II. *Tomber sur le dos de qqn* : V. RÂBLE. *Se mettre qqn à dos* : **se faire un ennemi**. **3.** *Veuillez indiquer votre réponse au dos de la lettre* : **verso**.

dose V. mesure I, shoot.

doser V. mesurer (*in* mesure I).

dossier **1.** *Dossier* est employé parfois, par méton., comme syn. de **chemise**. **2.** V. CAUSE II et DOCUMENT.

dotation V. attribution (*in* attribuer).

doter V. armer, attribuer, équiper, gratifier.

douairière V. vieux.

douanier [fam., péjor.] **gabelou**.

double

I **1.** *Il a été victime d'un double accident* : **deux** (... *de deux accidents*). *Une étoffe double face* : **réversible**. *Le don de double vue* : **voyance** (*don de voyance*). *Mettre les bouchées doubles* : V. VITE. **2.** *C'est un personnage double* : **qui joue double jeu, plein de duplicité** ◆ [plus génér.] **faux***.

II **1.** [le ~ de qqch] V. COPIE I. **2.** [le ~ de qqn] *À vivre constamment à ses côtés, il était* *devenu comme son double* : **alter ego** ◆ **sosie** (= celui qui ressemble physiquement à qqn).

doublé V. course II.

doubler
I [~ qqn, qqch] **1. augmenter*** du double *(en augmentant votre mise, vous doublerez vos chances !)* ◆ ↑ **multiplier**. **2.** *Doubler une classe* : **redoubler, recommencer**. **3.** V. DÉPASSER. **4.** *Doubler un acteur* : V. REMPLACER. **5.** *Doubler qqn* : V. TRAHIR.
II [qqch ~] *Leur fortune a doublé en peu de temps !* : [plus génér.] **augmenter, être en augmentation***, **grossir,** ↑ **se multiplier** (qui s'emploient selon le contexte).

double-rideau V. rideau.

doublure V. remplaçant (*in* remplacer).

douce **1.** V. doux. **2.** *En douce* : V. discrètement (*in* discret), secrètement (*in* secret I).

douceâtre V. doucereux (*in* doux), doux.

doucement, doucettement, doucereux, douceur V. doux.

douche **1.** *Prendre une douche, sa douche* : **se doucher**. *Donner une douche* : **doucher**. **2.** *J'ai pris la douche juste après la sortie du village* [fam.] (= **averse** que l'on reçoit) : [fam.] **sauce, saucée**. *Prendre la douche* : **se faire doucher, saucer, rincer** ◆ [cour.] **se faire tremper**. **3.** *Pierre a raté son bac. Quelle douche !* [fam.] : [cour.] **déception***.

doucher **1.** V. arroser, douche, se faire mouiller. **2.** V. refroidir.

doué V. bon I.

douer V. gratifier.

douillet V. sensible I.

douleur **1.** *La brûlure provoquait des douleurs insupportables* : **souffrance, élancement** (= douleur brève et intense). *Éprouver une douleur* : **avoir mal** ◆ [en partic.] **brûlure, crampe, migraine** (qui s'emploient selon l'origine de la douleur) ; → RHUMATISME, MALADE. *Un cri de douleur* : **plainte***. **2.** V. PEINE II et DÉCHIREMENT.
◇ **douloureux** **1.** *J'ai les pieds douloureux d'avoir tant marché* : **endolori** ◆ [fam.] **qui fait mal** ◆ [express. fam.] **en compote***. **2.** *J'ai un point douloureux dans le dos* : ↓ **sensible***. **3.** *Une blessure douloureuse* : ↑ **atroce,** ↑ **abominable** (*qui fait un mal atroce, abominable*) ◆ **cuisant** (qui se dit surtout d'une blessure morale, qui pique l'amour-propre) ; → PÉNIBLE, AMER, DÉCHIRANT, POIGNANT.
◇ **douloureuse** *Demander la douloureuse* : V. ADDITION II.

douter **1.** [~ de qqch] Ne pas être sûr de la réalité de qqch. *Douter d'une prochaine guérison, d'un rapide succès* : ↑ **désespérer**. **2.** [~ que] *Je doute qu'il arrive à temps* (= être dans l'incertitude quant à l'accomplissement d'une action) : **penser** (+ nég.), **étonner** (+ pass. et condit. : *je ne pense pas, je serais étonné que...*). **3.** [~ de qqn] V. SE MÉFIER.
◇ **se douter** **1.** *Prenez garde ! je crois qu'il se doute de qqch* : **soupçonner** ◆ [fam.] **flairer** ◆ [rare, iron.] **subodorer** ◆ **pressentir** (qui n'implique pas l'idée de méfiance, mais plutôt celle de l'aptitude à concevoir par avance les choses futures). **2.** *Je ne me doutais pas que vous étiez marié !* : **penser*** ◆ [sout.] **s'attendre**.
◇ **doute** **1.** *Elle ne supportait plus de vivre ainsi dans le doute* : **incertitude, indécision***. *Avoir un doute, être dans le doute* : **douter***, **être dubitatif, sceptique** ; → INCRÉDULE. *Avoir des doutes* : V. SE MÉFIER. **2.** *Mettre en doute* : V. NIER. **3.** *C'est hors de doute, il n'y a pas de doute* : **c'est indubitable** ; → CERTAIN. **4.** *Sans doute* : V. ASSURÉMENT, VRAISEMBLABLEMENT, PROBABLE, PEUT-ÊTRE et SÛREMENT. **5.** Attitude philosophique et spirituelle : le doute se situe entre l'**incroyance** et la **foi** ; → ATHÉISME, CROYANCE.
◇ **douteux** **1.** *Vous croyez qu'il réussira ? son succès me paraît douteux !* : **aléatoire, hypothétique, improbable, peu probable, indécis, incertain, problématique** (qui mettent moins l'accent sur la pensée de celui qui parle ; ils sont plus impersonnels). **2.** *La réponse à ce problème est douteuse* : **incertain, problématique**.

3. *Nous avancions à travers bois dans une lumière douteuse* : [antéposé] **mauvais** ◆ ↓ **diffus**. **4.** *Un regard douteux* : V. AMBIGU. *Un avis douteux* : V. CONTESTABLE. *L'affaire est vraiment douteuse* : ↑ **véreux** ; → SUSPECT.

douve V. fossé.

doux **1.** Agréable au goût. *Une tisane douce* : [par opp. à *forte*] **fade*** ◆ [par opp. à *salé, fade* ou *amer*] **sucré** ◆ [péj.] **douceâtre**. **2.** Agréable au toucher. *Un matelas très doux* : **moelleux** ◆ [péj.] **mou**. *Une peau douce* : **satiné, fin, velouté** (ce dernier surtout en parlant de la peau d'un fruit). *Des cheveux doux* : **soyeux, souple**. **3.** Agréable à l'ouïe. *Les sons doux du hautbois* : **harmonieux, mélodieux** ◆ [très génér.] **agréable*** ◆ ↑ **suave** (qui se disent aussi pour le goût) ; → DIVIN. **4.** Qui n'a rien d'intense ni de violent. *Écouter de la musique douce* : **d'ambiance**. **5.** *Une lumière douce* : **tamisé**. *Une température douce* : **agréable** ; → TIÈDE I. *Un doux rythme de vie* : **sans excès**. *La punition a été douce* : **raisonnable, modéré***. *Monter une pente douce* : [antéposé] **faible**. *Une vie douce* : V. FACILE I. *Tout doux* : V. DOUCEMENT. **6.** [qqn est ~] V. AIMABLE, BON I, MOU, TENDRE II et CALME.

◇ **doucement** **1.** *Rouler doucement* : V. LENTEMENT. *Parler doucement* : V. EN SOURDINE. *Allez-y doucement* : **en douceur** ◆ [plus sout.] **avec modération**. ◆ [fam.] **mollo**. *Remontez doucement votre levier* : **légèrement**. *Avancez doucement vers le bord !* : **calmement, posément**. *Elle dormait doucement* : **calmement, paisiblement**. **2.** *Comment allez-vous ? – Tout doucement !* : [fam.] **tout doucettement, couci-couça**. **3.** *Doucement ! je n'ai pas dit mon dernier mot !* : **tout doux** ◆ [fam.] **doucement les basses, mollo** ; → MINUTE.

◇ **doucereux** D'une douceur fade : **douceâtre** (qui s'emploie plutôt pour la saveur de qqch). *Je n'aime pas son ton doucereux* : **mielleux, sucré** ◆ [plus rare] **benoît, patelin, papelard** ◆ **paterne** (qui se dit de celui qui affecte une bonhomie doucereuse) ; → SOURNOIS.

◇ **douceur** **1.** [selon les emplois] **moelleux** (*le moelleux d'un matelas*), **finesse** (*la finesse d'une peau*), **souplesse** (*la souplesse d'une chevelure*). **2.** *Il connaissait enfin la douceur de vivre* : V. BONHEUR et JOIE. **3.** *C'est un homme d'une rare douceur* : ↑ **mansuétude** (qui implique le plus souvent l'idée d'indulgence) ; → BONTÉ, CHARITÉ. **4.** [pl.] V. FRIANDISES. *Dire des douceurs* : V. GALANTERIE.

doyen V. âgé.

draconien V. énergique (*in* énergie), rigoureux (*in* rigueur), sévère.

dragon V. femme, virago, furie.

draguer V. courtiser, racoler.

drain V. sonde (*in* sonder).

drainage V. assainissement.

drainer V. assécher.

dramatique V. émouvant (*in* émouvoir), théâtral (*in* théâtre), tragique, grave I.

dramatisation V. exagération (*in* exagérer).

dramatiser V. exagérer.

dramaturge V. auteur.

drame **1.** V. pièce II, théâtre. **2.** V. catastrophe.

drap *Dans de beaux draps* : V. situation II, frais II, propre I.

drapeau *Hisser le drapeau* : [pl. dans le langage de la marine et de l'armée] **couleurs** (*hisser le drapeau, les couleurs*) ◆ [terme de marine] **pavillon** (= drapeau indiquant la nationalité d'un navire, la compagnie à laquelle il appartient) ◆ **étendard** (= drapeau de guerre) ◆ **bannière** (qui désignait, dans le monde féodal, l'**enseigne** du seigneur à la guerre et désigne aujourd'hui le signe de ralliement de certaines confréries ou de groupes religieux) ; → BANDEROLE.

draper V. envelopper.

drastique V. énergique.

dressage V. éducation.

dresser

I 1. [~ qqch] *Dresser la tête* : ↑ **redresser**. *Dresser un monument à la gloire d'un héros* : **élever** ; → MONTER II, LEVER I, PLANTER. *Dresser la table* [sout.] : [cour.] **mettre, préparer, installer**. *Dresser un plan* : **établir, préparer**. 2. [~ qqn contre] V. BRAQUER, MONTER I et OPPOSER.

◇ **se dresser** 1. V. DEBOUT, SE CAMPER et S'ÉLANCER. 2. V. SE RÉVOLTER.

II 1. *Dresser un animal* : V. APPRIVOISER et ENTRAÎNER II. 2. [~ qqn] *Il est révolté, mais on le dressera* : [plus sout.] **mater** ◆ **éduquer*** (qui suppose qu'on recoure non à la contrainte systématique mais à l'intelligence et à la participation). *Laissez-le se débrouiller tout seul, cela le dressera* [fam.] : **ça lui fera les pieds, ça lui apprendra à vivre**.

dresseur V. dompteur.

dressoir V. vaisselier.

drille V. coquin, luron, gai.

drink V. verre.

drisse V. cordage.

drogue 1. V. CALMANT et MÉDICAMENT. 2. Terme courant pour désigner les **stupéfiants** ou, fam., les **stups** comme la **cocaïne***, la **morphine** ◆ **narcotique** s'emploie aussi, abusivement, pour désigner les stupéfiants. Une série de termes arg. sont syn. de drogue : **came, dope, schnouf**... V. HACHICH.

◇ **se droguer** 1. [fam.] **prendre des médicaments**. 2. Prendre de la drogue : [plus génér.] **s'intoxiquer** ◆ [arg.] **se défoncer, se camer, se shooter** ; → SE PIQUER.

drogué [n.] *Le monde des drogués* ◆ [didact.] **toxicomane**, [abr. fam.] **toxico**.

droguiste V. marchand de couleurs*.

droit

I [adj. et adv.] 1. *La station droite lui est pénible* : **vertical, debout**. *Mettre droit* : ↑ **droit comme un i**. *Remettre droit*, c'est **redresser**. 2. *Il nous mène tout droit à la catastrophe* : **directement**. *Aller tout droit* : **droit devant soi**. *En ligne droite, il n'y a que vingt kilomètres !* : **à vol d'oiseau**. 3. [qqn est ~] V. BIEN II et LOYAL.

◇ **droiture** *On ne saurait mettre en doute sa droiture* : **équité** (qui implique davantage l'idée d'une disposition *naturelle* à distinguer de ce qui est juste ou injuste) ◆ **justice** (qui s'emploie avec le même sens dans certains contextes : *régler un problème dans un esprit de droiture, d'équité, de justice*) ; → PURETÉ, LOYAUTÉ.

II [adj. et n. ; en termes de marine] **tribord**.

III 1. [n.m.] *Avoir un droit, des droits*. Plus qu'une ↓ **permission**, une **autorisation** (qui impliquent l'assentiment d'un tiers), un droit est moins qu'un ↑ **privilège***. *Outrepasser ses droits* : V. ABUSER I. *À bon droit* : **légitimement, à juste titre**. *Y avoir droit* [fam.] : V. BON I. 2. *Avoir le droit de. Sa sœur n'a pas le droit de sortir seule* : [plus sout.] **permission** ◆ **autorisation** (qui s'emploie parfois en ce sens) ; → LIBRE. 3. *Les droits de l'amitié me permettent de vous demander ce service* : **privilège, prérogative**. 4. *Payer des droits* : V. IMPÔT.

IV [n.m]. *Le droit*. 1. Ensemble des règles définies par une communauté humaine pour son harmonieux fonctionnement, le droit repose à la fois sur la **justice*** et la **morale*** ; → LOI, LÉGITIMITÉ. 2. *Le monde du droit* : **le monde juridique**. *Professeur de droit* : **juriste**.

droite V. réaction.

droit-fil V. logique.

droiture V. droit I.

drolatique V. amusant (*in* amuser).

drôle

I [n.] V. ANIMAL.

II [adj.] 1. V. AMUSANT, GAI, PLAISANT II, PIQUANT II, AU POIL et RISIBLE. 2. V. BIZARRE. 3. *Pas drôle* : V. ROSE II. 4. *Se sentir tout drôle* : **chose** ; → BIZARRE. 5. *Un drôle de* : V. BON I et SINGULIER.

drôlement 1. V. bizarrement. 2. V. joliment, rudement, très.

dru V. fort III, serré (*in* serrer I), touffu.

drugstore V. magasin.

dry V. sec I.

dû V. compte, dette.

dubitatif V. doute (*in* douter).

duel *Un duel oratoire* : **joute**. *On a assisté à un duel entre les deux supermarchés* : **lutte** ◆ [fam.] **bagarre** ; → RIVALITÉ.

dulcinée V. amante.

dupe 1. *Être la dupe de qqn* [génér.] : [fam.] **dindon** (*c'est moi qui ai été le dindon*), **pigeon** (= celui qui est attiré dans une affaire où on le dépouille de ses biens) ◆ [fam.] **gogo** ◆ [plus sout.] **victime**. 2. *Ne pas être dupe de qqch* : **ne pas se laisser prendre à, par qqch**.

duper V. jouer IV, leurrer (*in* leurre), mystifier, rouler II, tromper.

duperie V. leurre, mystification (*in* mystifier), tromperie.

duplex V. appartement.

duplicata V. copie.

duplicité V. ambiguïté (*in* ambigu), double I, fausseté (*in* faux I).

dur

I [adj.] 1. *Le bois est un corps dur* : **solide, résistant**. *Du pain dur* : ↓ **rassis**. *Cette eau est dure* : **calcaire**. *De la viande dure* : ↑ **coriace** ◆ ↓ **ferme** ◆ [express. fam.] **de la semelle**. 2. *Un travail dur* : V. DIFFICILE. 3. [qqn est ~] *Son père était très dur avec lui* : **sévère** ; → STRICT. *Un ton dur* : **rogue** ; → TRANCHANT II. *La critique a été dure pour son dernier roman* : ↑ **impitoyable** ; → ACERBE. *La perte de sa sœur est pour lui très dure* : ↑ **cruel***. 4. *La tête dure* : V. TÊTU. *L'oreille dure* : V. SOURD. *Coup dur* : V. INCIDENT I. *Dur à cuire* : V. RÉSISTANT.

◇ **durement** 1. *Défendre durement sa vie* : **âprement, farouchement**. 2. *Frapper durement* : V. RUDEMENT. 3. *Être élevé durement* : [fam.] **à la dure** ; → SÉVÈREMENT.

◇ **dureté** 1. *La dureté de la viande* : ↓ **fermeté**. 2. *La dureté de son caractère est pénible à supporter* : **âpreté** ; → CRUAUTÉ, SÉCHERESSE I, BRUTALITÉ, RIGUEUR, SÉVÉRITÉ.

II [adv.] *Taper dur* : V. FORT.

III [n.m.] 1. *Prendre le dur* [fam.] : [cour.] **train**. 2. *Ce gars-là, c'est un vrai dur* [fam.] : **dur à cuire** ◆ ↑ **dur de dur, casseur** ; → TERREUR.

durable V. durer.

durant V. d'affilée, pendant III.

durcir 1. [de dur 1] V. PRENDRE II et SE SOLIDIFIER. 2. *L'eau a durci les cordages* : **raidir**. *L'infection a durci les tissus* : [didact.] **indurer**. 3. *Durcir un caractère* : **endurcir** ; → AIGRIR. 4. *Durcir ses positions* : ↑ **radicaliser** ; → INTRANSIGEANT.

◇ **durcissement** 1. [de durcir 2] **raideur, induration**. 2. *Le durcissement de la tension internationale est inquiétant* : **montée, renforcement, intensification** ◆ [plus génér.] **augmentation**.

durement V. dur.

durer 1. Occuper un trop long espace de temps : **n'en plus finir, s'éterniser, traîner en longueur** ; → PIÉTINER. 2. *Si notre amitié dure, ce sera formidable !* : **se maintenir***, **se prolonger** ; → VIVRE I. *Avec du charbon, le feu dure plus longtemps* : **tenir*** ; → USAGE I, PROFIT. *Ce livre durera* : **subsister, rester**. *Son souvenir durera* : **se perpétuer** ; → CONTINUER.

◇ **durable** *Avoir une situation durable* : **stable**. *Un sentiment durable* : **profond, solide**. *Un souvenir durable* : **vivace** ◆ ↑ **impérissable** ; → PERMANENT, TENACE, CONTINU, ÉTERNEL I.

◇ **durée** 1. V. TEMPS I. 2. *Pendant une durée de quinze jours* : **période**. *De courte durée* : V. PASSAGER.

dureté V. dur.

durillon V. cor III.

duvet V. poil.

dynamique 1. [adj.] V. actif, tonique. 2. [n.] V. processus.

dynamisant V. tonique.

dynamisme V. vitalité, activité (*in* actif), vie, énergie.

dynastie V. famille.

E

eau 1. A pour syn. fam. **flotte** ; → JUS. Qui contient de l'eau : [didact.] **aqueux, hydraté**. Qui a rapport à l'eau : **hydrique** (*un liquide aqueux, une mixture hydratée, un produit hydrique*). *Sans eau* : V. SEC I. 2. *Il tombe de l'eau* : V. PLUIE. *Aller sur l'eau* : V. ONDE. *Sous les eaux* : V. INONDER. 3. *L'eau d'un diamant* : V. BRILLANT III. 4. *Mettre de l'eau dans son vin* : V. S'ADOUCIR. *Être en eau* : V. SUEUR. *Un coup d'épée dans l'eau* : V. INEFFICACE. *Tomber à l'eau* : V. ÉCHOUER. *Avoir l'eau à la bouche* : V. SALIVER. 5. [au plur.] *Ville d'eaux* : [plus cour.] **station thermale**.

eau-de-vie *Un verre d'eau-de-vie* : [génér.] **alcool*** ◆ [très fam.] **goutte, gnôle** ◆ [fam.] **tord-boyaux** (= mauvaise eau-de-vie).

eau-forte V. gravure.

ébahi *C'est lui qui a gagné la course ? j'en suis ébahi !* : **éberlué, étourdi, médusé** ◆ ↑ **abasourdi, sidéré, ahuri, ébaubi** ◆ ↑ **pétrifié** (qui s'emploie surtout en parlant de qqch d'effrayant) ◆ **interloqué** (qui implique que l'on ne sait que dire tant l'on est ébahi) ◆ [fam.] **estomaqué, soufflé, époustouflé, scié** ◆ **baba, bouche bée** (*en rester baba, bouche bée*) ◆ [fam.] ↓ **épaté** ; → DÉCONCERTER, SURPRIS.

ébats V. jeu.

ébattre (s') V. folâtrer, jouer I.

ébaubi V. ébahi.

ébauche 1. V. canevas, jet, modèle I, plan IV. 2. V. amorce II.

ébaucher V. amorcer (*in* amorce II), commencer.

ébéniste V. menuisier.

éberlué V. ébahi.

éblouir 1. *La lumière des phares nous éblouit* : **aveugler** ; → BRILLER. 2. V. ÉMERVEILLER et EN METTRE PLEIN LA VUE* I.

éblouissant V. brillant I et II.

éblouissement 1. V. vertige. 2. V. émerveillement (*in* émerveiller).

ébouillanter *Ébouillanter des légumes* : **blanchir**. *Ébouillanter une volaille avant de la faire cuire* : **échauder**.
◇ **s'ébouillanter** c'est **se brûler** avec de l'eau bouillante.

éboulement V. chute I.

ébouler (s') V. crouler.

ébouriffant V. étonnant (*in* étonner).

ébouriffer V. hérisser.

ébrancher V. couper.

ébranlement V. secousse (*in* secouer).

ébranler 1. [~ qqch] *L'explosion a ébranlé tout l'immeuble* : [moins pr.] **secouer** ; → TREMBLER. 2. [~ qqch] *Ébranler des certitudes, des convictions, le moral de qqn* : **entamer** ◆ ↑ **saper** (qui se dit surtout en parlant du moral). *Ébranler la santé de qqn* :

compromettre ; → AFFAIBLIR. **3.** [~ qqn] V. FLÉCHIR.

◇ **s'ébranler** *Le cortège de chars s'ébranlait lentement* : **se mettre en branle** (verbes rarement employés aujourd'hui et ne se disant, le plus souvent, que d'une foule ou d'un ensemble de véhicules lents à partir) ; → DÉMARRER, MARCHE.

ébrécher V. abîmer I.

ébriété V. ivresse (*in* ivre).

ébrouer (s') V. se secouer.

ébruiter V. divulguer, bruit II.

ébullition **1.** V. bouillir. **2.** V. révolution, excitation (*in* exciter).

écaille *Des écailles d'huître* : [moins précis mais cour.] **coquille**.

◇ **s'écailler** *La peinture commençait à s'écailler* (= se détacher en minces plaques) : **s'effriter** (qui ne se dit que de ce qui tombe en poussière, par ex. l'enduit d'un mur).

écaler V. éplucher.

écarlate V. rouge.

écarquiller V. ouvrir.

écarteler V. partager (*in* partage), tirailler (*in* tirer I).

écarter **1.** [~ qqch] *Écarter le buffet d'un mur* : ↑ **éloigner***. *Écarter la foule pour passer* : **fendre**. *Écarter une idée, une objection* : **repousser** ; → FAIRE ABSTRACTION* DE, LEVER I, NÉGLIGER, SÉPARER. **2.** [~ qqn] *On l'a écarté de la discussion* : **évincer** ◆ **mettre à l'écart**, ↑ **mettre en quarantaine** (qui s'emploient génér. sans compl.). *On l'a écarté de la place qu'il devait avoir* : **évincer** ◆ ↑ **déposséder**, ↑ **spolier** ◆ [sans compl.] **marginaliser**, [fam.] **mettre au placard**, c'est placer qqn dans une position de second ordre ; → REJETER, DISTANCE, CHASSER, ÉLIMINER, ÉPURER.

◇ **s'écarter** V. SORTIR, S'ÔTER et SE POUSSER I.

◇ **écart** **1.** V. DIFFÉRENCE et DISTANCE. *Se tenir à l'écart* : V. SE FROTTER. **2.** V. EMBARDÉE. **3.** V. INCARTADE.

◇ **à l'écart de** *On m'a tenu à l'écart de ce projet* : **en dehors** (qui se construit souvent avec *laisser*) ◆ ↑ **loin**, **éloigné**.

◇ **écarté** *Il habite un hameau très écarté* : **isolé**, **retiré** ; → SOLITAIRE I, DISCRET.

ecchymose V. contusion, tache II.

ecclésiastique V. homme* d'église, prêtre, clergé.

écervelé V. étourdi, ne pas avoir de tête*.

échafaud a pour syn. **guillotine**.

échafauder V. bâtir, projeter I, préparer.

échalas **1.** V. bâton, tuteur, perche. **2.** V. femme, homme, grand.

échancré *Un corsage échancré* : **décolleté** (qui peut aussi s'employer comme n.) ; → ÉCHANCRURE.

échancrure *L'échancrure du corsage* : **décolleté** [sans compl.].

échange **1.** *Nos échanges se sont développés avec les pays du Sud* : [partic.] **transaction**, [au sing.] **commerce** ◆ **troc** (échange d'objets ou de marchandises). **2.** V. SUBSTITUTION. **3.** *Échange de vues* : V. CONVERSATION et COMMUNICATION.

◇ **en échange** **1.** [sans compl.] *En échange, je garde son bébé* : [sout.] **en retour** ◆ [moins cour.] **en contrepartie**. **2.** [avec compl.] *En échange de ses services* : [sout.] **pour prix de**.

échanger V. changer I.

échanson V. sommelier.

échantillon **1.** Un **échantillon** est une petite fraction d'un produit *(le coiffeur m'a donné un échantillon de parfum)*. Un **spécimen** est un exemplaire d'un livre, d'une revue. **2.** V. EXEMPLE et IDÉE.

échappatoire V. expédient, fuite (*in* fuir), prétexte, porte* de sortie.

échappée V. clairière, trouée.

échapper **1.** [~ à qqch] : *Échapper à la grippe* : [compl. direct] **éviter** ◆ **réchapper** (qui est plutôt affronter qqch de dangereux et en sortir ; qqn qui *échappe* à la grippe ne

l'a pas ; qqn qui *réchappe* de la grippe l'a eue et ne l'a plus) ; → SAUF, ÉVITER, PASSER I, SE SOUSTRAIRE, SE DÉROBER. **2.** *La casserole m'a échappé des mains* : **glisser**, **tomber**. **3.** *Laisser échapper son outil* : **lâcher**. *Laisser échapper sa colère* : **donner libre cours à**.
◇ **s'échapper** **1.** V. FUIR. **2.** *Pourrez-vous vous échapper un moment du congrès ?* : [plus fam.] **s'éclipser**. **3.** [sports] Un coureur qui s'échappe **distance** ses concurrents ; il **fait une échappée**. **4.** *De la fumée s'échappait de la cuisine* : [très génér.] **sortir***.

écharpe a pour syn. **cache-nez**, **cache-col** ; → FICHU II.

écharper *Sans la protection de la police, l'assassin aurait été écharpé par la foule* : **mettre en charpie** ◆ ↑ **lyncher**.

échasse V. jambe.

échauder V. ébouillanter.

échauffer V. enflammer.

échauffourée V. bagarre.

échéance V. terme I.

échéant *Le cas échéant. Le cas échéant, je passerai chez vous* : **éventuellement**, **à l'occasion, si l'occasion se présente**.

échec Subir un échec, c'est **échouer***. *Dans une bataille, on peut subir des échecs sans pour autant courir à la défaite* : **revers**. *Son entreprise s'est soldée par un échec* : [moins employé] **insuccès**. *Sa nouvelle pièce de théâtre est un échec* : [fam.] **four**, **fiasco** ; [fam.] **ratage**, **bide** ◆ [fam.] **ramasser une veste**, se dit en parlant d'un échec à un examen ou à des élections ; → ÉCHOUER, CRISE, ÉLIMINATION, DÉFAITE, FAILLITE. *Mettre en échec* : V. DÉJOUER. *Tenir en échec* : V. ARRÊTER I.

échelle [fig.] *L'échelle sociale* repose sur la **hiérarchie** des emplois. *L'échelle des sons* constitue la **gamme**. *Une échelle de notes* : **barème**. *Être à l'échelle de qqn* : **mesure***.

échelon V. degré II, niveau, rang II.

échelonnement V. étalement (*in* étaler III).

échelonner V. espacer, étaler III.

écheveau V. labyrinthe.

échevelé V. hirsute.

échine V. colonne vertébrale.

échiner (s') V. se fatiguer.

écho V. anecdote.

échoir **1.** V. arriver à terme* I. **2.** V. revenir.

échoppe V. boutique.

échouer

I *Je ne sais comment ce dossier est venu échouer sur mon bureau* : [plus fam.] **atterrir**.
◇ **s'échouer** *La barque s'est échouée sur la grève* : **s'enliser, s'envaser, s'ensabler** (qui s'emploient selon le contexte).

II **1.** [qqn ~] *Nous devions arriver au sommet les premiers, mais nous avons échoué* : [fam.] **manquer**, **rater son coup**, **se casser les dents** ◆ [fam.] **faire chou blanc** ◆ [très fam.] **l'avoir dans le dos** ◆ [vulg.] **l'avoir dans le cul** ; → PERDRE LA PARTIE* IV, SE CASSER LE NEZ*, TAPER* À CÔTÉ. *Il a échoué à son examen* : [fam.] **être recalé**, **se faire étendre**, **ramasser une veste, une pelle, une gamelle**. **2.** [qqn fait ~ qqch] V. DÉJOUER. **3.** [qqch ~] *Sa tentative a échoué* : [rare] **avorter**, **faire long feu** ◆ [fam.] **rater**, **tomber à l'eau**. *La pièce a échoué* : [fam.] **faire un bide** ; → ÉCHEC. *Notre calcul a échoué* : [fam.] **tomber dans le lac**, **vasouiller**, **rater** ◆ [fam.] **foirer** (= rater lamentablement) ; → MERDER, ACHOPPER.

éclabousser **1.** V. mouiller. **2.** V. rejaillir.

éclaboussure V. tache I.

éclair **1.** V. foudre. **2.** V. étincelle.

éclairage V. éclairer.

éclairant V. clair, éclairer.

éclaircie a pour syn. plus rare **embellie**.

éclaircir *Aidez-moi à éclaircir ce problème* : **clarifier**, **élucider**, **tirer au clair** ◆ **démêler**, [moins employé] **débrouiller** (qui insistent davantage sur la complexité de la question à éclaircir : *on éclaircit un problème, on démêle une affaire compliquée*) ◆ ↓ **dégrossir** (= mettre au clair le plus gros d'une question) ; → DÉFRICHER, EXPLIQUER.
◇ **s'éclaircir** **1.** V. SE DÉCANTER. **2.** *Le ciel s'éclaircit* : V. SE DÉCOUVRIR.

éclaircissement V. explication.

éclairé **1.** V. clair. **2.** V. instruit (*in* instruire), savant I, évolué.

éclairer **1.** [~ qqch] *Le plan d'eau était éclairé par de puissants projecteurs* : ↑ **illuminer** ; v. aussi BRILLER I, ÉTINCELER, FLAMBOYER. **2.** [~ qqn] *Il faudra nous éclairer un peu plus sur vos intentions* : **renseigner**, **informer** (ce dernier plutôt construit avec « de »). *Ce livre nous a éclairés sur la vie de Van Gogh* : **ouvrir des horizons**, **donner des lumières** ◆ [plus plat] **instruire**.
◇ **éclairage** *Il nous a fait voir ce roman sous un nouvel éclairage* : **angle**, **jour** ◆ [plus plat] **aspect**.

éclaireur V. scout.

éclat

I [de éclater I] *Un éclat de bois* : [plus précis.] **éclisse**. *Un éclat de verre* : [plus génér.] **morceau**. *Un éclat d'os* : [plus précis.] **esquille** ; → DÉBRIS.

II [de éclater II] **1.** *L'éclat du soleil* : ↓ **clarté**, **lumière** ; → SPLENDEUR. **2.** *L'éclat d'un spectacle* : V. BRILLANT III et BEAUTÉ. *L'éclat d'un style* : **couleur** (qui insiste davantage sur le caractère propre) ; → MAGNIFICENCE, DISTINCTION. *Il a joué cette sonate avec éclat* : **brio**. *L'éclat d'un coloris* : V. VIVACITÉ. **3.** *À trente ans, elle était dans tout son éclat* : **splendeur*** ; → ÉPANOUISSEMENT, FRAÎCHEUR, BEAUTÉ. **4.** *Faire un éclat* : ↑ **scandale**. *Un coup d'éclat* : V. COUP I.

éclater

I [qqch ~] *Un obus a éclaté* : **exploser** ◆ [plus fam.] **sauter** ◆ [fam.] **péter**. *Une bulle éclate* : V. CREVER.

II [sujets abstraits ou humains] **1.** *Le bruit de la fanfare éclatait dans toute la ville* : **retentir**. **2.** *Qqn éclate de rire* : **pouffer**. **3.** *Qqn éclate de joie, de santé* : V. DÉBORDER II et PÉTILLER. *Éclater de colère, de rage* : V. FULMINER. **4.** [qqch ~] V. SE DÉCLARER et SE MANIFESTER.
◇ **s'éclater** V. S'ACCOMPLIR.
◇ **éclatant** [selon les contextes] *Une vérité éclatante* : **aveuglant** ◆ [moins express.] **manifeste** ; → CRIANT. *Une lumière, une couleur éclatante* : **vif*** ; → BRILLANT II. *Une beauté éclatante* : **radieux***, **resplendissant** ; → FRAIS II. *Un succès éclatant* : **retentissant**, **triomphal** ; → SONORE, FRACASSANT.

éclectisme V. fusion.

éclipse *Connaître une éclipse* : V. s'essouffler.

éclipser **1.** V. VOILER I. **2.** *Elle a éclipsé toutes ses rivales par la somptuosité de ses vêtements* : **effacer** ◆ **surclasser**, **surpasser** (qui se disent surtout en parlant d'une performance accomplie, par ex., dans le domaine du sport) ◆ **détrôner** (qui implique que l'on occupe la place qui était celle d'un rival).
◇ **s'éclipser** V. DISPARAÎTRE, SE RETIRER, SORTIR et S'ÉCHAPPER.

éclisse V. éclat I.

éclopé V. boîteux (*in* boîter).

éclore V. épanouir.

éclosion V. épanouissement (*in* s'épanouir), naissance (*in* naître).

écœurant V. écœurer.

écœuré V. saturé.

écœurer **1.** *Ce genre de pâtisseries m'écœure* : **lever**, **soulever le cœur** ; → CŒUR I. **2.** V. DÉCOURAGER, DÉGOÛTER, VOMIR, RÉVOLTER et VENTRE.
◇ **écœurant** **1.** *Une odeur écœurante* : **infect**, **nauséabond** ◆ ↑ **fétide**, **puant** ◆ ↑ **immonde**. **2.** *Il gagne toujours : c'est écœurant de jouer avec lui !* : **décourageant**, **démoralisant**. *Les manœuvres écœurantes de la basse politique* : **répugnant** ◆ ↑ **révoltant**.

école 1. *Depuis quand va-t-il à l'école ?* : [par méton.] **en classe**. 2. Selon le type d'établissement scolaire et son public, on parle, en France, d'**école maternelle**, d'**école primaire**, de **collège d'enseignement secondaire**, de **lycée** ◆ **cours**, **institution** se disent de certains établissements d'enseignement privé ◆ **conservatoire** se dit d'une école de musique ou de comédie ◆ **académie** se dit de certaines écoles supérieures ◆ **bahut**, **bazar**, **boîte** désignent dans l'arg. scol. un collège ou un lycée ; → ÉTABLISSEMENT II, PENSION I. 3. En France, les *grandes écoles* et certains **instituts** se distinguent des **universités** ; les uns et les autres constituent l'**enseignement supérieur**. 4. *Ces deux auteurs sont-ils de la même école ?* : **mouvement**, [plus génér.] **tendance** ◆ [plus péj.] **chapelle** ; → COTERIE.

◇ **écolier** Ne se dit que d'enfants jeunes, fréquentant l'école maternelle ou primaire ; ce terme n'est plus guère employé que dans certains contextes (*cahier d'écolier ; chemin des écoliers*) : **élève** (qui s'emploie couramment en tous contextes, sauf figés, pour désigner un enfant ou un adolescent scolarisés, de l'école maternelle aux classes terminales des lycées) ◆ **étudiant** (= celui qui fréquente l'Université) ◆ **collégien** (= celui qui fréquente un collège) ◆ **lycéen** (= celui qui fréquente un lycée) ◆ [didact.] **apprenant** (= celui qui apprend quels que soient son âge et l'école qu'il fréquente) ◆ [fam.] **potache** (= collégien ou lycéen) ◆ **bizut**, **bleu** (= celui qui est nouveau dans une école, surtout dans les classes supérieures des lycées et collèges) ◆ [arg. des grandes écoles] **carré** (= élève de 2e année) ◆ **cube** (= élève de 3e année) ◆ **tapir** (= élève qui prend des leçons particulières).

écologie *Les jeunes sont sensibles aux problèmes de l'écologie* : [partic.] **défense de l'environnement**.

◇ **écologiste** a pour abrév. fam. **écolo**. Les écologistes sont souvent appelés les **verts**.

éconduire V. bouler (*in* boule), congédier (*in* congé).

économie 1. *Ayant toujours vécu avec peu d'argent, il se sentait naturellement porté à l'économie* : **épargne** (le premier est d'emploi beaucoup plus général que le second ; ils se trouvent rarement dans les mêmes contextes) ; → PARCIMONIE. 2. *Une économie de temps, de papier, de cigarettes* : **gain**. 3. *Faire, avoir des économies* : **mettre, avoir de l'argent de côté** ◆ [express.] **pécule**, **bas de laine**, **magot***. 4. *L'économie d'un roman* : **structure** ; → ORGANISATION.

◇ **économe** : ↑ **parcimonieux**, [fam.] **chiche** ; → REGARDANT, AVARE.

◇ **économique** *Je fais des courses aux halles : c'est une solution plus économique* : **avantageux** ◆ [fam.] **meilleur marché**.

◇ **économiser** 1. *Économiser de l'argent* : **épargner** ◆ [plus fam.] **mettre de côté**. 2. *Économiser son temps, ses forces* : **ménager** ◆ [express. assez fam.] **dépenser au compte-gouttes** ; → RÉSERVER. *Vous n'allez pas économiser sur le beurre !* : **lésiner** ◆ [fam.] **regarder**, **rogner**, **mégoter**.

écoper 1. V. vider. 2. V. être puni (*in* punir), recevoir.

écorce V. croûte.

écorché *Écorché vif* : V. sensible I.

écorcher 1. V. DÉPOUILLER. 2. *Il s'est écorché le genou en tombant* : ↓ **érafler**, **égratigner** ; → DÉCHIRER, BLESSER. 3. *Il ne peut prononcer une phrase anglaise sans en écorcher tous les mots* : **estropier**. *Écorcher les oreilles* : V. CRIARD. 4. *Évitez cette auberge : on s'y fait écorcher !* [fam.] : **assommer** ◆ ↓ **estamper** ◆ ↑ **égorger** ◆ **c'est le coup de fusil, le coup de barre** (la phrase courante pourrait être : *les prix y sont exorbitants*) ; → COÛTEUX.

◇ **écorchure** [de écorcher 2] : ↓ **éraflure**, **égratignure** ; → DÉCHIRURE.

écornifleur V. parasite.

écosser V. éplucher.

écot V. part I.

écouler V. VENDRE.

◇ **s'écouler** 1. [en parlant d'un liquide] V. COULER I et SE VIDER. 2. *Le temps s'écoule* : **passer** ; → FUIR.

◇ **écoulement** 1. L'écoulement d'un liquide peut être dû à son **déversement** ou à son **évacuation**. En partic., s'il s'agit d'un liquide organique, on parlera de **sécrétion** (par ex. de pus) ou d'**excrétion** (par ex. d'urine). **2.** V. VENTE.

écourter V. abréger, réduire, raccourcir.

écouter **1.** V. entendre II. **2.** V. croire, obéir.
◇ **s'écouter** V. hypocondriaque.

écoutes V. cordage. *Aux écoutes* : V. aguets.

écrabouiller V. écraser.

écran : [par méton.] **cinéma** (*les grandes vedettes de l'écran*) ; → CINÉMA, TÉLÉVISEUR. *Faire écran* : V. MASQUER.

écrasant V. accablant (*in* accabler), lourd.

écrasement V. destruction (*in* détruire).

écraser **1.** [~ qqch] V. BROYER et PILER. **2.** *Il lui a écrasé le nez d'un coup de poing* : [fam.] **aplatir, écrabouiller** ◆ ↑ **mettre, réduire en bouillie**. **3.** *Le nez écrasé* : V. CAMUS. **4.** *Écraser de dettes, de soucis* : V. ACCABLER I et II. **5.** *Écraser un adversaire* : V. VAINCRE et PASSER SUR LE VENTRE*. **6.** *Se faire écraser par une voiture* [assez fam.] : [plus sout.] **renverser**. **7.** V. DORMIR. **8.** *Oh ! ça va ! écrase !* [très fam.] : **laisse tomber !** ◆ [cour.] **n'insiste pas !**
◇ **s'écraser** **1.** V. S'ENTASSER. **2.** V. TOMBER.

écrier (s') V. s'exclamer.

écrin V. boîte I.

écrire **1.** *Ce texte est bizarrement écrit* (= tracer des signes d'écriture) : **griffonner** ; **gribouiller** (lorsque les signes sont mal tracés) ◆ **calligraphier** (lorsque les signes sont bien tracés), **rédiger** (lorsque *écrire* renvoie au style) ◆ **orthographier** (qui se rapporte au bon usage de l'orthographe) ◆ **libeller** (= rédiger dans la forme légale : *libeller une lettre, un contrat*) ; → JETER, ÉNONCER, COMPOSER, PLUME I. *Écrire à la main* : **manuscrire**, [fam.] **gratter**. *Écrire à la machine* : **dactylographier**, [fam.] **taper** ; → COPIER. **2.** *Veuillez écrire ici vos nom et prénoms* : **inscrire** ◆ [plus fam.] **marquer** ◆ **noter** (= écrire qqch pour mémoire : *noter le titre d'un roman*). **3.** *Il a écrit ce roman en deux mois* : **composer** ◆ [fam.] **pondre** ; → ACCOUCHER. *Écrire des pages de dissertation, de rapport* : [fam., péj.] **tartiner**. *C'est quelqu'un qui écrit beaucoup* : [par méton.] **publier**.
◇ **s'écrire** **1.** [de écrire 1] *Comment s'écrit ce mot ?* : **s'orthographier**. **2.** V. CORRESPONDRE.
◇ **écrit** [adj.] *Nous devions nous rencontrer : c'était écrit !* : **fatal** ◆ [plus génér.] **inévitable, obligatoire** ; → FORCE, FATALEMENT. *Non écrit* : V. VIERGE.
◇ **écrit** [n.] Terme d'emploi très génér. : V. COPIE, LIVRE et PAPIER.
◇ **écriteau** : **pancarte** (dans certains contextes seult : *un écriteau, une pancarte indiquait : « chambre à louer » ; l'épicier inscrit le prix des légumes sur des écriteaux ; porter une pancarte dans un défilé politique*) ; → AFFICHE.
◇ **écriture** **1.** *Avoir une mauvaise écriture* : [fam.] **écrire comme un chat**. La **calligraphie** est l'art de bien former les lettres ; → BARBOUILLAGE, HIÉROGLYPHE. **2.** *L'écriture de Proust est fascinante* : **style***. **3.** *L'Écriture, l'Écriture sainte, la sainte Écriture* [aussi au pl.] : **la Bible** ; → PAROLE.

écritoire V. secrétaire.

écrivain V. auteur.

écrouer V. emprisonner.

écroulement **1.** *L'écroulement du mur n'a fait aucune victime* : **effondrement** ◆ [partic.] **affaissement** (= écroulement dû à une faiblesse de la base). **2.** V. DISSOLUTION et DÉCADENCE. **3.** *Cet échec, c'était l'écroulement de toutes ses certitudes* : **effondrement, anéantissement** ; → FIN I.

écrouler (s') V. crouler, se désagréger, tomber.

écru V. brut.

écueil **1. Banc de sable** ou **rochers*** à fleur d'eau qui rendent la navigation dangereuse ◆ [souvent pl.] **récif** (qui ne s'emploie qu'en parlant de rochers) ◆ **brisant** (= rocher sur lequel la houle vient se briser). **2.** V. PIERRE D'ACHOPPEMENT.

écuelle V. assiette.

éculé V. usé (*in* user II), rebattu.

écume V. mousse I, salive.

écumer **1.** V. rager (*in* rage). **2.** V. piller.

écumeux V. mousseux (*in* mousse I).

écurie **1.** *Un garçon d'écurie* : **palefrenier** ◆ **lad** (qui se dit surtout à propos des écuries de course). *Ces deux coureurs font partie de la même écurie* : [plus génér.] **équipe**. **2.** *Sa chambre est une véritable écurie !* [très péj.] : **porcherie, soue à cochons** ◆ ↓ **taudis** (qui est moins insultant).

écuyer V. cavalier.

éden V. paradis.

édicule [rare] Petit établissement élevé sur la voie publique et servant à différents usages ; [cour.] un **kiosque** est un édicule servant à la vente des journaux ; → PISSOTIÈRE.

édifiant V. instructif, moral, moralisateur (*in* morale), vertueux (*in* vertu I).

édification **1.** Se dit de la **construction** d'un bâtiment important ; [rare] **érection** (qui s'emploie plutôt en parlant d'un monument en hauteur, par ex. d'une statue). **2.** *L'édification de la linguistique en une discipline autonome* : **constitution**. **3.** V. INSTRUCTION.

édifice V. bâtiment (*in* bâtir). *Édifice social* : V. organisation (*in* organiser).

édifier

I V. BÂTIR et ÉTABLIR.

II *Vous l'avez entendu ? Eh bien ! Vous voici édifié !* : ↓ **renseigner**.

édit V. loi.

éditer *Cette maison n'édite que des ouvrages scientifiques* : **publier** (qui se dit aussi bien de l'auteur que de l'éditeur ; *éditer* se dit seulement de l'éditeur) ; → PARAÎTRE III.

◇ **édition** *La deuxième édition de son roman vient de paraître* ; contrairement à un nouveau **tirage**, terme qui désigne l'ensemble des exemplaires d'une publication sortant des presses en une seule fois, une nouvelle *édition* peut subir des modifications importantes, tant dans la présentation que dans le texte ◆ **impression** désigne seulement le fait de reproduire un texte par le moyen de l'imprimerie ; → SORTIE.

éditorial V. article.

éducateur V. éduquer.

éducatif V. éducateur (*in* éduquer).

éducation V. éduquer.

édulcorer V. adoucir.

éduquer **1.** [~ qqn] *Éduquer un enfant* : **élever**. Ces deux verbes se différencient de deux manières ; *éduquer* ne se dit que des personnes, alors qu'*élever* se dit aussi bien des animaux ; *éduquer* implique toujours une référence à des normes précises et se dit d'une *bonne* formation physique, intellectuelle et morale, alors qu'*élever* est plus neutre (*éduquer* un enfant, c'est *bien l'élever*). Dans le langage courant, ces deux verbes se rejoignent parfois, en dépit des condamnations des puristes (*un enfant bien élevé, éduqué*) ◆ **former** (= développer telle ou telle aptitude particulière, ou un ensemble d'aptitudes selon des normes précises) ◆ **instruire** (= munir de connaissances particulières). **2.** *Éduquer une faculté* : V. CULTIVER.

◇ **éducation** **1.** [de éduquer 1] : **formation, instruction**. La **pédagogie** est la science qui a pour objet l'éducation des enfants. L'éducation s'oppose au **dressage** ; → DRESSER II. **2.** *Éducation physique* : V. SPORT. *Éducation nationale* : V. ENSEIGNEMENT. *L'Éducation permanente* : **formation permanente** ; elle repose sur des actions de **recyclage**. **3.** V. SAVOIR-VIVRE et MANIÈRE II.

◇ **éducateur** **1.** [n.] *Ce père de famille est un bon éducateur* : **pédagogue**. **2.** [adj.] *Nous affirmons les vertus éducatrices des mouvements de jeunesse* : **éducatif, formateur, pédagogique** (*éducateur* et *éducatif* ne s'emploient pas toujours dans les mêmes contextes : *éducateur* sera préféré pour les personnes ou les qualités morales et intellectuelles, *éducatif* pour les choses : *des jouets éducatifs, des qualités éducatrices*).

effacement V. modestie.

effacer **1.** *Effacer dans un texte un mot mal orthographié* (= faire disparaître complètement) : **gommer** (si l'on utilise une gomme) ◆ **rayer**, **barrer** (= retrancher d'un texte par un trait de crayon ou de plume) ◆ **biffer** (= rayer par un acte d'autorité) ◆ **raturer** (= apporter des corrections en rayant des mots, des phrases) ◆ [didact.] **caviarder** (= supprimer un passage dans un manuscrit ou une publication) ; → OBLITÉRER, SUPPRIMER. **2.** *Le temps parviendra-t-il à effacer son chagrin ?* : **faire disparaître** ◆ **faire oublier** (faire oublier qqch à qqn) ◆ ↑ **abolir** ◆ **éteindre** (qui ne se dit qu'en parlant d'un souvenir) ; → LAVER II, RÉPARER, CHASSER, RAYER. **3.** V. ÉCLIPSER.
◇ **s'effacer** [qqch ~] *Les ravages de la maladie s'effacent peu à peu* : **s'estomper** ◆ ↑ **disparaître** ◆ **s'éteindre** (qui s'emploie pour un souvenir, un sentiment : *son amour, sa colère se sont éteints*).
◇ **effacé** **1.** [qqch est ~] V. TERNE. **2.** [qqn est ~] *Elle est très effacée* : V. MODESTE. *Il a mené une vie très effacée* : **obscur**, **ignoré**.

effarant V. effrayant (*in* effrayer), stupéfiant (*in* stupéfaction).

effarement V. stupéfaction.

effarer V. effrayer, stupéfier (*in* stupéfaction).

effaroucher V. effrayer.

effectif **1.** *Il parle beaucoup, mais son action effective se limite à peu de chose* : **réel**. **2.** *Ce remède m'a apporté un soulagement effectif* : [antéposé] **réel** ◆ **indiscutable** ◆ [rare] **tangible**.
◇ **effectivement** **1.** *Il est effectivement allé à Paris* : **réellement***, **vraiment**. **2.** *Je savais qu'il serait chez lui ; et effectivement, il y était* : **en effet** ◆ [rare] **de fait** (après « oui », ou employés absolt comme réponse, seuls *effectivement* et *en effet* conviennent : *(oui), effectivement !, en effet !*).

effectuer V. accomplir, mener I, procéder III.

efféminé V. féminin (*in* femme).

efféminer *La vie parisienne paraissait l'avoir efféminé* : ↓ **amollir** ◆ [rare] ↑ **émasculer**.

effervescence V. excitation (*in* exciter), fermentation (*in* fermenter), agitation (*in* agiter), trouble II, tumulte.

effet
I [sing. ou pl.] Terme très général pour désigner le résultat d'une cause. Tous les syn. que nous citons sont d'un emploi beaucoup plus restreint. **1.** *Le gouvernement pense que l'allocution du chef de l'État aura un effet bénéfique* : **influence**, **résultat** ◆ [pl.] **conséquences**. *Cette intervention ne restera pas sans effet* : **suite** ◆ [plus didact.] **incidence** (qui appelle génér. un compl. : *sans incidence sur qqch*) ; → CONSÉQUENCE. *Ce sont les derniers effets de sa maladie* : **séquelle** ◆ **contrecoup** (qui se dit d'un effet indirect) ◆ **impact** (qui se dit d'un effet brutal) ; → PORTÉE. **2.** [avec des compl. partic.] *Prendre effet* [didact.] : [plus cour.] **entrer en application, vigueur**. *Le remède commence à faire son effet, à faire de l'effet* : **agir** ; → OPÉRER II. *La mesure adoptée commence à faire effet* : **porter ses fruits**. **3.** *Il est content de lui : il a fait son effet, son petit effet* : ↑ **faire sensation** ; → ÉTONNER. **4.** *À cet effet* : **dans cette intention**. *Sous l'effet de. Il est encore sous l'effet de l'anesthésie* : **influence** (qui se dit plutôt de qqn, ou d'idées et de sentiments) ◆ ↑ **empire**, **emprise** (qui ne se disent que de causes très fortes : *sous l'empire, l'emprise de la colère, de la drogue*). *En effet* : V. PARCE QUE. *Sans effet* : V. INEFFICACE, LETTRE* I MORTE.
II [pl.] V. VÊTEMENT et AFFAIRES.
III *Effet de commerce* : V. TRAITE.

effeuillage V. strip-tease.

efficace **1.** [qqch est ~] V. BON I. *Un remède efficace* : ↑ **puissant**, **souverain**, **radical**, **infaillible** ◆ [fam.] ↑ **de cheval**. **2.** [qqn est ~] V. ACTIF.
◇ **efficacité** **1.** [~ de qqch] *L'efficacité de ce remède ne se fera sentir que dans deux jours* : **action**. *L'efficacité de ce remède est indiscu-*

table : **pouvoir** ◆ [sout.] **vertu**. **2.** [~ de qqn] *Un chef d'entreprise ne connaît qu'une règle : l'efficacité* : **rendement** (qui se dit plus partic. des fruits d'un travail plus que de l'énergie déployée pour l'accomplir).

efficient V. actif.

effigie V. portrait.

effilé V. mince I, pointu, fuselé.

effiler (s') **1.** *De l'étoffe qui s'effile* : **s'effilocher**. **2.** *Son nez s'effilait* [sout.] : [cour.] **s'allonger**. *Des nuages qui s'effilent* : **s'étirer**.

efflanqué V. maigre.

effleurement V. contact.

effleurer **1.** *Sa main avait effleuré la mienne* (qui n'implique pas forcément un acte intentionnel) : **caresser*** (qui est intentionnel) ◆ [fam.] **peloter** (= caresser de manière sensuelle) ; → CHATOUILLER. **2.** *La chauve-souris nous a effleurés !* : **frôler*** ; → LÉCHER. **3.** *Cette pensée ne l'a même pas effleuré* : [moins sout.] **penser** (*il n'y a même pas pensé*) ; → ÉVOQUER. *Effleurer un sujet, une question* : **survoler**.

efflorescence V. floraison (*in* fleurir).

effluve *Après la pluie, le foin fraîchement coupé dégage des effluves capiteux* [sout.] : [sout.] **exhalaison** ◆ [cour.] **parfum*** ◆ **émanation**, [plus rare] **exhalation** (qui renvoient davantage à l'action d'émettre des odeurs, des vapeurs : on parle ainsi d'une *émanation de gaz*, non d'un « effluve ») ◆ [pl.] **miasmes** (= émanations pestilentielles).

effondré *Il restait là, effondré : il venait d'apprendre la mort de son fils* : ↓ **consterné** ◆ ↑ **anéanti** ◆ ↑ **prostré** ; → ABATTRE II.

effondrement V. chute I, décadence, écroulement.

effondrer (s') **1.** V. crouler, se désagréger, tomber en ruines, tomber. **2.** V. craquer.

efforcer (s') V. effort, essayer, tâcher de (*in* tâche), travailler* à I.

effort **1.** *Suivre un régime demande un effort de tous les jours* : **application**, **attention** ◆ ↑ **ascèse** (qui implique un effort moral) ◆ [rare] **contention** (= effort tendu des facultés intellectuelles) ; → DÉPOUILLEMENT. **2.** *Nous avons fait l'effort nécessaire pour qu'il ne manque de rien* : ↑ **sacrifice**. *Il ne fera pas le plus petit effort pour nous aider* : [fam.] **il ne lèvera, remuera même pas le petit doigt pour**. *Faire tous ses efforts pour atteindre son but* : **s'efforcer de**, **faire tout son possible pour**. *Il fait des efforts* : [fam.] **il s'arrache**. *Sans effort* : V. FACILEMENT.

effrayer *L'évolution de la maladie effrayait les médecins* : ↓ **alarmer** (= causer du souci en faisant pressentir un danger) ◆ ↑ **affoler**, **effarer**, **épouvanter**, **terrifier**, **glacer d'effroi** (qui impliquent à la fois sensations et impressions : la peur est alors vécue intérieurement et physiquement) ◆ **faire peur**, **apeurer**, ↓ **effaroucher** (qui n'impliquent au contraire, le plus souvent, qu'une peur physique, plus superficielle : il est d'ailleurs à noter qu'on les emploie, dans la plupart des cas [surtout les deux derniers], en parlant des animaux) ; → INQUIÉTER ; V. aussi AGITER, EFFROI, INTIMIDER.
◇ **effrayant** **1.** [de effrayer] **alarmant**, **affolant**, **épouvantable**, **terrifiant** ◆ ↑ **cauchemardesque** ; → SINISTRE. **2.** [assez fam.] *Sa stupidité est effrayante* : **effarant**, **affolant***. *Il fait une chaleur effrayante* : **horrible**, **terrible**, **épouvantable**.

effréné *Une course effrénée* : **folle**. *Des désirs, des appétits effrénés, un orgueil effréné* : ↓ **exagéré**, **excessif**, [sout.] **immodéré** ; → DÉMESURÉ.

effritement V. déclin, dégradation.

effriter (s') V. s'écailler.

effroi *L'idée de traverser seule la forêt la remplissait d'effroi* [sout.] : [plus cour.] **angoisse*** ◆ ↓ **crainte***, **peur*** ◆ ↑ **frayeur** ◆ ↑ **épouvante**, **terreur** ◆ **affolement*** (qui implique que l'on perde totalement le contrôle de soi-même) ◆ **horreur** (qui implique l'idée de répulsion) ; → PANIQUE. *Remplir d'effroi* [sout.] : [fam.] **faire dresser les cheveux sur la tête**, **donner la chair de poule**, **faire froid dans le dos** ; → PEUR.

◇ **effroyable** **1.** [de effroi] **angoissant**, **épouvantable**, **terrifiant**, **affolant**, **horrible**, **terrible**. *Une histoire effroyable* : **à faire dresser les cheveux sur la tête** ; → ABOMINABLE, CRUEL, DANTESQUE. **2.** *Nous avons eu un temps effroyable* : **affreux** ; → ABOMINABLE.

effronté V. impudent, sans gêne.

effronterie V. impudence (*in* impudent).

effroyable V. effroi.

effusion V. débordement (*in* déborder II), épanchement.

égailler (s') V. se disperser.

égal **1.** Qui a la même valeur, dimension. Employé en mathématiques, ce terme n'a pas de syn. (*les deux côtés d'un triangle isocèle sont égaux*). *Couper un gâteau en parts égales* : [rare] **équivalent**. *Il nous a reçus avec une égale gentillesse* : **même** (*avec la même gentillesse*) ; → SEMBLABLE. **2.** *Le bruit égal de l'horloge* : **régulier**. → LISSE, MONOCORDE, PLAN I. **3.** *Un terrain égal* : **uni** ◆ [plus génér.] **plat**. **4.** *Cela m'est égal* : [sout.] **indifférent** ◆ **cela m'importe peu, cela n'a pas d'importance** ◆ ↑ **je m'en moque**, [fam.] **je m'en fiche**, [très fam.] **je m'en fous**. **5.** [n.] *Sans égal. Une beauté sans égale* : **inégalable**, **incomparable**, **unique** ◆ [sout.] **sans pareil**.

également V. aussi, pareillement.

égaler V. approcher, valoir.

égaliser V. aplanir, niveler (*in* niveau).

égalité V. parité.

égard

I *À l'égard de* : V. AVEC et VIS-À-VIS DE. *À cet égard, à tous les égards* : **de ce point de vue, à tous points de vue** ◆ **sous ce rapport, sous tous les rapports**. *Eu égard à* : V. EN PROPORTION DE, VU I.

II **1.** [pl.] *Avoir des égards pour qqn* (= avoir des marques d'estime pour qqn) : **considération**, **respect** ◆ ↑ **déférence** ◆ **ménagement** (qui ne s'emploie que dans quelques contextes : *traiter qqn avec ménagement, sans ménagement*) ◆ **attention** (qui implique surtout l'idée d'obligeance ou d'affection : *être plein d'attention pour qqn*) ; → HONNEUR, PRÉVENANCE. *Parler à qqn sans égards* : V. PARLER. **2.** [sing.] *Si j'ai agi ainsi, c'est par égard pour votre frère, et non pour vous* : **considération** (= estime d'ordre moral) ◆ **respect** (= considération mêlée d'admiration) ◆ ↑ **déférence** (= considération très respectueuse) ; → COMPLAISANCE.

égaré V. fou.

égarer **1.** [~ qqn] *Nos indications étaient fausses : nous l'avons égaré !* : **fourvoyer** **2.** [~ qqn] *La passion l'égare* : **aveugler**. *Ses lectures l'égarent* : **pervertir**. **3.** [~ qqch] V. PERDRE.

◇ **s'égarer** **1.** [qqn ~] *Elle s'est égarée dans la vieille ville* : [plus express.] **faire fausse route** ◆ **se mettre dans une impasse, un cul-de-sac** ◆ **se fourvoyer** (qui implique étourderie ou irréflexion de la part du sujet) ◆ ↑ **se perdre**. **2.** [qqn ~] *La défense s'égare totalement en plaidant non coupable* : **se tromper**, **faire fausse route** ◆ ↑ **divaguer** ◆ [fam.] **dérailler**. **3.** [qqch ~] *La soirée s'avançant, la discussion s'égarait* : **s'éparpiller** (= aller dans tous les sens).

◇ **égarement** *L'égarement conduit à l'écart de la raison* : ↓ **désordre**, **erreur*** ◆ ↑ **aveuglement**, **divagation** ; → FOLIE, VERTIGE. *L'égarement peut aussi conduire à l'écart de la morale* : ↑ **perversion** ◆ ↓ **dérèglement** (*dérèglement des mœurs*) ; → DÉBAUCHE.

égayer V. amuser, animer.

égérie V. conseiller, inspirateur.

égide V. auspices.

église **1.** Communauté chrétienne. S'emploie parfois comme syn. de **religion** : *Ils appartiennent à la même Église* [majuscule obligatoire], *religion* : **paroisse** [qui peut être fam., parfois péj.] ; → CHRÉTIEN. **2.** Un catholique va à l'*église*, un protestant, au **temple**, un musulman, à la **mosquée**, un israélite, à la **synagogue**. **3.** *Visiter une église* (= édifice consacré au culte de la religion chrétienne) : **sanctuaire** (qui se dit de tout lieu saint, chrétien ou non) ◆ **cha-**

pelle (= petite église à un seul autel) ◆ **abbatiale** (= église d'une abbaye) ◆ **collégiale** (= église possédant une assemblée de chanoines) ◆ **cathédrale** (= église épiscopale d'un diocèse) ◆ **basilique** (qui se dit de certains sanctuaires spécialement désignés par le pape) ◆ **prieuré** (= église d'un couvent dirigé par un prieur) ◆ **oratoire** (= autel privé, destiné à l'exercice du culte dans une maison particulière).

églogue V. pastorale.

égocentrisme V. égoïsme.

égoïne V. scie.

égoïsme L'*égoïsme* est un **amour de soi** excessif ; il peut s'agir de la tendance à se centrer sur soi-même et à considérer le monde à partir de là, ou **égocentrisme**, dont l'excès est le **narcissisme** ; du seul souci de ses intérêts propres dans ses conduites sociales, ou **individualisme** ; du goût de parler de soi-même appelé [sout.] **égotisme**. Alors que tous les termes précédents prennent généralement une valeur négative dans leur emploi courant, **amour-propre** désigne une qualité : celle du respect de soi-même qui conduit au désir d'être reconnu par autrui.

égoïste V. personnel (*in* personne I).

égorger V. écorcher, saigner, trancher I, tuer.

égosiller (s') V. crier (*in* cri).

égotisme V. égoïsme.

égout V. canalisation, cloaque.

égratigner V. déchirer, écorcher.

égratignure V. écorchure (*in* écorcher).

égrillard V. coquin, gaillard I.

éhonté V. impudent.

éjaculer Émettre le sperme : [arg.] **juter**.

éjecter V. chasser.

élaboration V. composition.

élaborer *Avec quoi ce succulent dessert a-t-il été élaboré ?* : **préparer**, **réaliser** ◆ [souvent iron.] **concocter** ◆ [très génér.] **faire**. *Votre plan est-il bien élaboré maintenant ?* : **être, mettre au point**, **concevoir**.

élagage V. taille II.

élaguer V. couper, tailler I.

élan V. s'élancer.

élancé V. mince I, svelte.

élancement V. douleur.

élancer (s') **1.** [qqn, un animal ~] *Il s'élança pour sauter* : **prendre son élan**. *Quand il vit l'enfant tomber à l'eau, il s'élança pour le sauver* : **se précipiter**, **bondir** ◆ ↑ **se ruer** ◆ [fam.] **foncer** ; → COURIR. **2.** [qqch ~] *La tour Eiffel s'élance vers le ciel* : **se dresser**, **s'élever** ◆ ↑ **jaillir** ◆ [d'emploi plus restreint] **pointer**.

◇ **élan** **1.** Pas de syn. au sens pr. (*prendre son élan*). **2.** *Un homme plein d'élan* : V. ARDEUR. **3.** *Un élan de tendresse* : V. ACCÈS II, MOUVEMENT et TRANSPORT II ; v. aussi FOUGUE. **4.** *Donner de l'élan à une industrie* : V. IMPULSION.

élargir

I Accroître l'importance de. *Aux dernières élections, le gouvernement a élargi sa majorité* : **accroître**, **augmenter*** ◆ [fam.] **arrondir**.

◇ **s'élargir** *Il a besoin de s'élargir un peu, mais il n'a pas terminé sa croissance* : **s'étoffer**.

II [~ qqn] V. RELÂCHER II.

élargissement V. libération (*in* libérer), liberté.

élastique [adj.] **1.** *Une genouillère est taillée dans un tissu élastique* : ↓ **extensible**. **2.** *Un pas élastique* : V. SOUPLE.

eldorado V. paradis.

élection V. choix (*in* choisir), vote.

électricité *Allumer, éteindre l'électricité* : **courant, lumière**. *Allumer, couper l'électricité* : **courant**. *Une panne d'électricité* : [plus génér.] **secteur**.

électriser V. enflammer.

électrocuter V. tuer.

électrophone V. tourne-disque.

élégant **1.** [qqn est ~] *C'est une femme très élégante* (= qui a de la grâce dans son comportement et sa façon de s'habiller) : ↓ **joli** (qui se dit surtout de la grâce naturelle de qqn, de sa beauté physique, génér. d'une femme) ◆ ↑ **distingué** ◆ [assez fam.] **chic**, **bien mis** ◆ [parfois péj.] **coquet** (qui met de la recherche dans sa façon de se vêtir) ◆ **dandy** (= homme d'une élégance extrême) ; → SOIGNÉ. **2.** *Vous êtes élégant aujourd'hui !* : **bien habillé**, [fam.] **sapé**, **fringué** ◆ ↑ **tiré à quatre épingles** ◆ [parfois iron.] **endimanché** (= qui a ses habits du dimanche) ◆ [fam.] **pimpant** (qui se dit d'une élégance un peu voyante). **3.** [qqch est ~] *Une jupe très élégante* : **habillé**, **chic** ◆ **seyant** (qui se dit seulement de ce qui va bien à qqn). **4.** [qqch est ~] *Une solution élégante* : **habile** ; → DISCRET. *Un procédé peu élégant* : V. GROSSIER.

◇ **élégance** **1.** [~ de qqn] V. DISTINCTION et ALLURE. **2.** [~ de qqch] *Élégance d'un vêtement* : **chic**, **classe**. *Élégance d'un geste* : **grâce** (= élégance physique), **délicatesse*** (= élégance morale) ; → DISCRÉTION. *Ce texte n'est qu'un amas d'élégances de style* : **fioritures**, **ornements**.

élégiaque V. mélancolique.

élément **1.** [sing. ou pl.] *Les éléments d'un mobilier ; les éléments qui entrent dans la composition d'un mets* : [rare] **composant** ; → PARTIE II. *Élément chimique* : V. CORPS SIMPLE*. *Les éléments d'une enquête, d'une réussite* : V. DONNÉE et FACTEUR. **2.** [sing. ou pl.] *Ils ont dans leur chorale quelques éléments de valeur* : **sujet**. **3.** [pl.] *Il a quelques éléments de mathématique* : **notion**, **principe** ◆ ↓ **rudiment** (= connaissances très grossières) ; → ABC. **4.** [sing.] *Quand il fait des mathématiques, il est dans son élément* : [assez fam.] **il est comme un poisson dans l'eau** ◆ [cour.] **être à l'aise**.

◇ **élémentaire** **1.** *Les principes élémentaires d'une discipline* : **fondamental**, **essentiel** ; → PRINCIPAL. **2.** *Ce problème est vraiment élémentaire* : V. SIMPLE et ENFANCE. **3.** *Il n'a que des connaissances élémentaires* : ↑ **grossier**, **rudimentaire**. **4.** *La politesse la plus élémentaire aurait été de le voir* : **la moindre des politesses**.

élévateur V. monte-charge (*in* monter II).

élève V. apprenti, écolier (*in* école).

élever

I **1.** [~ qqch] *Élever les bras* : **lever**. *Élever une maison* : **construire** ; → DRESSER I, BÂTIR, ÉTABLIR. *Élever une maison d'un étage* : [terme pr.] **surélever**. *Élever le niveau de vie de qqn* : **hausser**, **relever** ; → AUGMENTER. **2.** [~ qqch] *Élever une protestation* : **émettre**. *Élever une objection, une critique* : **soulever** ; → OPPOSER. **3.** [~ qqch] *La méditation élève l'esprit* : **grandir**, **ennoblir**. **4.** [~ qqn] *Il a été élevé au grade de grand officier de la Légion d'honneur* : **promouvoir**.

II **1.** V. ÉDUQUER. **2.** V. CULTIVER.

◇ **s'élever** **1.** [qqch ~] V. ARRIVER I, MONTER I, JAILLIR, S'ÉLANCER et SE HISSER. **2.** [qqn ~ contre] V. PROTESTER.

◇ **élevé** [qqch est ~] **1.** *Elle touche un salaire élevé* : [antéposé] **haut** ◆ [plus fam. ; antéposé] **gros**. *Une facture élevée* : [plus fam. ; antéposé] **gros** ◆ [fam.] **salé** ; → SÉVÈRE. *Occuper une position élevée* : V. DOMINANT. **2.** *Écrire dans un style élevé* : [plus cour.] **relevé**, **soutenu**, **soigné** ◆ ↑ **grand** (*le grand style*), **noble*** ◆ ↑ **sublime**.

◇ **élevé** [qqn est ~] *Bien élevé* : V. POLI I. *Mal élevé* : V. IMPOLI. *Un homme très bien, très mal élevé* : **de bonne, de mauvaise compagnie**. *Un caractère élevé* : V. NOBLE.

◇ **élévation** **1.** *L'élévation du coût de la vie* : **hausse** ; → AUGMENTATION. **2.** *L'élévation au rang, grade de colonel* : **accession***. **3.** *Une élévation de sentiments* : **noblesse**, **grandeur**.

elfe V. lutin.

élimé V. usé (*in* user II).

éliminer **1.** [~ qqn] *Beaucoup de candidats ont été éliminés* : [moins employé] **refuser** ◆ [fam.] **recaler** ◆ [très fam.] **rester sur le carreau** (*beaucoup de candidats sont restés sur le carreau*) ; → ÉCARTER. **2.** [~ qqn] V. liquider. **3.** [~ qqch] V. REPOUSSER, SUPPRIMER, ENLEVER et PROSCRIRE.

◇ **élimination** 1. [~ de qqn] *L'élimination d'un candidat* : **refus** ◆ [fam.] **recalage** ; → ÉCHEC. *L'élimination des plus faibles* : [plus génér.] **suppression**. 2. [~ de qqch] *L'élimination de quelques chapitres dans un livre* : **suppression**. *L'élimination des déchets* : ↓ **évacuation** ◆ [didact.] **excrétion** (= rejet au dehors des déchets toxiques de l'organisme).

élire V. choisir.

élite 1. *D'après le proviseur, cette classe représente l'élite du lycée* : [rare] **fine fleur** ◆ [fam.] **crème**, **dessus du panier** ◆ **gratin** (qui évoque plutôt l'idée d'un ensemble de personnes devant leur notoriété à leur fortune ou à leurs titres) ; → MEILLEUR. 2. V. ADROIT et EXCELLER.

élitiste V. sélectif.

ellipse V. omission (*in* omettre).

elliptique V. concis.

élocution L'élocution, ou façon de s'exprimer oralement, désigne à la fois le **débit** et l'**articulation** : chacun de ces termes est donc de sens plus restreint. *Avoir une élocution très aisée* : **parole** (*la parole aisée*). *Une élocution très lente* : **débit** ◆ **diction** (= art de bien dire, de parler avec attention et soin).

éloge 1. [sing.] Discours de circonstance, prononcé pour célébrer qqn ou qqch : **panégyrique** (= discours prononcé à la louange d'une personne illustre) ◆ [rare] **dithyrambe** (= éloge enthousiaste, au style enflé) ◆ **apologie** (= discours visant à défendre, à justifier qqch et, par ext., à en faire l'éloge) ; → PLAIDOYER, DÉFENSE I, ACCLAMATION. 2. [sing.] *Faire l'éloge de qqch* : ↑ **apologie** ◆ [rare] **louange** ; → GLORIFIER, LOUER II. 3. [pl.] *Voici qqn qui mérite beaucoup d'éloges* : **compliments** ; → FÉLICITATIONS.

◇ **élogieux** *On m'a fait de lui un portrait élogieux* : ↓ **avantageux***, **flatteur** ◆ ↑ **dithyrambique**, **lyrique** ; → LAUDATIF.

éloigner 1. V. REPOUSSER, SÉPARER, RETIRER, ÉCARTER et SE DÉBARRASSER. 2. *Je préférerais que nous éloignions un peu nos rendez-vous* : **espacer** ; → RETARDER.

◇ **s'éloigner** 1. *Ne vous éloignez pas trop !* : **aller trop loin**. 2. *Ne nous éloignons pas du sujet !* : **s'écarter** ◆ ↑ **sortir** ; → S'ABSTRAIRE.

◇ **éloigné** 1. Se dit de ce qui a été placé ou se trouve loin : **lointain** (qui implique une distance vague : *un village éloigné de vingt kilomètres ; la Chine est un pays lointain*) ◆ **reculé** (qui implique en plus l'idée d'isolement) ; → DISTANT, ÉCART. 2. Éloigné dans le temps. *Une époque éloignée* : **lointain**, **reculé**, **ancien***. 3. *Je suis éloigné de penser que...* : **loin** (*loin de moi la pensée que...*).

◇ **éloignement** 1. V. DISTANCE. 2. *Il supporte mal l'éloignement* : **solitude**, **séparation** ; → ABSENCE.

éloquent 1. *On aime l'écouter : il est éloquent !* : [rare] **disert** ; → BAVARD. 2. *L'avocat a été très éloquent* : **convaincant**, **persuasif**. 3. *À eux seuls, les chiffres sont éloquents : nous allons faire faillite !* : **parlant**, **probant**, **expressif** ; → SIGNIFICATIF.

◇ **éloquence** 1. L'*éloquence* est l'art de bien parler, la **rhétorique** est l'ensemble des préceptes qui régissent cet art, qui permettent de l'acquérir ; [péj.] **loquacité**, [fam.] **bagou** se disent d'une disposition à parler beaucoup, le plus souvent à parler trop ; → VERBIAGE. 2. *Il m'a parlé de vous avec beaucoup d'éloquence* : **chaleur** (qui renvoie surtout aux sentiments qui animent le parleur), **verve** (qui renvoie à l'imagination, au brio du locuteur) ◆ ↑ **véhémence** ; → CONVICTION.

élu 1. V. saint. 2. V. délégué.

élucidation V. explication (*in* expliquer).

élucider V. éclaircir.

éluder V. se dérober.

émacié V. maigre, squelettique.

e.mail V. courrier.

émailler 1. [cliché poétique] *Un champ émaillé de fleurs* : **diaprer** ◆ [cour.] **parsemer** ; → ORNER. 2. *Sa copie est émaillée de fautes* : **parsemer** ◆ ↑ **cribler** ◆ [fam.] ↑ **truffer**.

◇ **s'émailler** V. S'ACCOMPAGNER.

émanation **1.** V. effluve. **2.** V. expression (*in* exprimer).

émancipation V. liberté I.

émanciper (s') V. s'affranchir.

émaner **1.** V. se dégager. **2.** V. provenir.

émargement V. signature (*in* signer).

émarger **1.** V. signer. **2.** V. toucher III.

émasculation V. castration (*in* castrer).

émasculer V. castrer, efféminer.

emballage V. emballer.

emballé V. chaud, partisan (*in* parti I).

emballement V. enthousiasme, mouvement, engouement (*in* engouer).

emballer

I [~ qqch] *Vous emballerez la verrerie* : [techn.] **conditionner** (= préparer pour l'expédition et la vente) ◆ [plus partic.] **empaqueter** ; → ENVELOPPER.

◇ **emballage** **1.** [de emballer] **conditionnement, empaquetage.** **2.** Ce qui sert à emballer [génér.] : [partic.] **caisse, carton, container, sac, sachet.**

II [~ qqn] **1.** V. RÉPRIMANDER. **2.** V. ARRÊTER II. **3.** V. SÉDUIRE.

◇ **s'emballer** **1.** V. S'EMPORTER. **2.** V. S'ENGOUER et S'ENTHOUSIASMER.

embarbouiller (s') V. s'embarrasser.

embarcadère V. débarcadère.

embarcation Tout bateau de petites dimensions : **bateau*** ◆ **barque, canot** (= embarcations non pontées) ◆ [très sout.] **esquif** (= embarcation petite et fragile). *Embarcation* ne s'emploie que dans certains contextes, souvent techn. ; *barque, canot* et *bateau** sont les termes les plus courants.

embardée *La voiture fit une embardée pour éviter la collision* : ↓ **écart** (qui n'implique pas l'idée d'une manœuvre dangereuse) ◆ [partic.] **dérapage.**

embargo Sanctions prises à l'égard d'un pays et interdisant un échange commercial : *un embargo pétrolier* ; on emploie couramment en ce sens les périphrases : **blocus économique, sanctions économiques / commerciales.** Le **boycottage** ou **boycott** peut être de nature commerciale ou morale, et s'appliquer aussi bien à un pays qu'à un groupe ou des particuliers : *le boycott d'une épreuve sportive par des athlètes étrangers.*

embarquement V. départ I.

embarquer **1.** [~ qqn en voiture] V. MONTER I. **2.** [~ qqn] V. ARRÊTER II. **3.** [~ qqn] *On l'a embarqué dans une affaire assez louche* [fam.] : [cour.] **entraîner** ; [très fam.] **embringuer.** **4.** *L'eau embarque* : V. PÉNÉTRER.

◇ **s'embarquer** **1. Monter à bord** (pour un avion, un bateau). **2.** [de embarquer 3] : [fam.] **se laisser embringuer,** ◆ [cour.] **se laisser entraîner, s'aventurer***. *Il va s'embarquer dans le commerce* [fam.] : [cour.] **se lancer.**

◇ **embarqué** *Une affaire bien, mal embarquée* [fam.] : [cour.] **parti, engagé.**

embarras V. embarrasser.

embarrasser **1.** [~ qqch] *Ces livres embarrassent la chambre !* : **encombrer.** **2.** [~ qqn] *Je n'aime pas ces lourds vêtements qui vous embarrassent* : [plus génér.] **gêner.** **3.** [~ qqn] *Votre question m'embarrasse !* : **gêner** ◆ [fam.] **gêner aux entournures** ; → DÉCONCERTER, ENNUYER, TROUBLER.

◇ **s'embarrasser** **1.** *Il s'est encore embarrassé dans ses explications* : **s'empêtrer** ◆ [assez fam.] **s'embarbouiller, s'embrouiller, s'entortiller, s'emberlificoter.** **2.** *Ne pas s'embarrasser pour, de. Il ne s'embarrasse pas pour si peu* : **se soucier, s'inquiéter, s'ennuyer*** ; → S'ÉMOUVOIR.

◇ **embarrassé** **1.** [qqn est ~] *Il venait tout embarrassé nous annoncer son échec* : **penaud** ◆ [express. fam.] **la tête, l'oreille basse** ; → ENNUYER, INDÉCIS. *Avoir un air embarrassé* : **contraint, emprunté** ; → CONFUS II. *Qu'il est embarrassé ! Il fait tout de travers !* : **gauche.** **2.** [qqch est ~] *Voici des discours bien embarrassés pour dire des* *choses si simples !* : **compliqué*** ◆ [fam.] **emberlificoté**, **entortillé** ; → LABORIEUX, LOURD.

◇ **embarrassant** **1.** *Des bagages embarrassants* : **encombrant** (qui se dit aussi de qqn dont on supporte mal la présence) ; → VOLUMINEUX. **2.** *Une question embarrassante* : **gênant** ; → ÉPINEUX.

◇ **embarras** **1.** [vx] Désigne les obstacles à la circulation des gens ou des véhicules : [cour.] **encombrement**, **embouteillage**. **2.** *Pourquoi lui créerait-on des embarras ?* : V. ENNUI. *Mettre dans l'embarras* : **créer des difficultés**, [fam.] **donner du fil à retordre**. **3.** *Elle ne savait que répondre : l'embarras se lisait sur son visage* : **gêne** ◆ ↑ **confusion**, **trouble** ; → CONTRAINTE, TIMIDITÉ. **4.** *Il faut l'aider : le voici dans l'embarras* : [fam.] **pétrin**. *Tirer d'embarras* : V. ÉPINE. **5.** *Soyez simple ! ne faites pas d'embarras !* : **manières** ◆ [fam.] **chichis** ; → COMPLICATION.

embaucher V. engager.

embaumer V. parfumer (*in* parfum), sentir II.

embellie V. éclaircie.

embellir V. améliorer, avantager (*in* avantage), enjoliver, idéaliser (*in* idéal).

emberlificoter V. embobiner, empêtrer.

◇ **s'emberlificoter** V. s'embarrasser.

embêtant V. ennuyeux (*in* ennuyer).

embêté V. ennuyé.

embêtement V. ennui, souci.

embêter V. ennuyer.

emblée (d') V. d'entrée, immédiatement (*in* immédiat).

emblématique V. symbolique (*in* symbole).

emblème V. signe, symbole.

embobiner **1.** V. ENDOCTRINER. **2.** *Elle s'est laissé embobiner par un charlatan à qui elle a acheté une amulette* : [plus fam.] **emberlificoter**, **entortiller** ; → TROMPER.

emboîter (s') V. s'encastrer. *Emboîter le pas* : V. imiter, suivre.

embonpoint *Elle a pris un peu d'embonpoint ces derniers temps*. La **corpulence** est un terme plus général qui se rapporte à la fois à la taille et à la grosseur. *Prendre de l'embonpoint* : **grossir*** (qui est psychologiquement plus brutal) ; → RONDEUR.

embouché *Mal embouché* : V. impoli.

embouchure Endroit où un fleuve se jette dans une mer ou dans un lac : **estuaire** (= embouchure qui forme golfe) ◆ **bouches**, **delta** (= embouchure multiple : *l'embouchure de la Seine, l'estuaire de la Garonne, les bouches du Rhône*).

embourber (s') V. s'enliser.

embouteiller **1.** *Des camions embouteillaient le passage* : **boucher**, **obstruer** (qui ne se disent génér. qu'en parlant d'une voie étroite) ◆ ↓ **encombrer** ◆ [intr.] **bouchonner** (= créer un bouchon par suite d'embouteillage) ; → ENGORGER. **2.** [pass.] *Le réseau téléphonique est complètement embouteillé* : **congestionner** ◆ ↓ **encombrer**.

◇ **embouteillage** *Nous passerons par les petites routes pour éviter les embouteillages* : [plus fam.] **bouchon** ; → EMBARRAS, BOUCHER.

emboutir V. heurter.

embranchement **1.** V. fourche. **2.** V. division (*in* diviser).

embrasé V. ardent.

embrasement *Si le conflit s'internationalise, on risque un embrasement général* : **conflagration** ; → GUERRE.

embraser V. enflammer.

embrasser **1.** [~ qqn] Donner des baisers : [sout.] **baiser** (qui s'emploie généralement dans des contextes bien précis : *baiser qqn au front ; baiser la main de qqn ; baiser une médaille*). **2.** Prendre dans ses bras. *Les deux hommes d'État s'embrassèrent* : [pr.] **se donner l'accolade**. *Folle de joie, elle l'embrassa avec passion* : **serrer dans ses bras**,

étreindre ◆ [plus fam.] **sauter au cou** ◆ **enlacer** (qui ne se dit guère qu'en parlant d'un couple). **3.** [~ qqch] *Il a embrassé une carrière difficile* [sout.] : [cour.] **choisir***. *Embrasser une opinion* : V. ÉPOUSER et PARTAGER. **4.** [~ qqch] V. S'ÉTENDRE et VOIR.

◇ **s'embrasser** *Deux amoureux s'embrassaient sur un banc public* : ↑ **s'étreindre** ◆ [fam.] **se bécoter** ; → JETER.

◇ **embrassade** [de s'embrasser] : **accolade**, **étreinte**, **enlacement**.

embrasure V. ouverture (*in* ouvrir).

embrigadement V. enrégimentement (*in* enrégimenter).

embrigader V. enrégimenter.

embringuer V. embarquer.

embrouillamini V. confusion (*in* confus I).

embrouillé V. obscur.

embrouiller V. brouiller I, compliquer, enchevêtrer.

◇ **s'embrouiller** V. s'embarrasser, se perdre, vasouiller (*in* vase II).

embryon **1.** [en termes de biologie] Se dit, en parlant de l'homme et des animaux vivipares, de l'œuf depuis sa segmentation jusqu'à l'étape du **fœtus** ; on emploie ce dernier terme lorsque, la vie intra-utérine étant plus avancée, le produit de la conception commence à présenter les caractéristiques de l'espèce. **2.** *Ce petit commerce a été l'embryon d'une immense fortune* : **germe** (qui s'emploie surtout avec des compléments se rapportant à la vie intellectuelle) ◆ [plus génér.] **commencement***.

embryonnaire V. imparfait.

embûche V. piège.

embuer V. mouiller.

embuscade V. piège.

embusqué V. planqué.

embusquer (s') V. se cacher (*in* cacher).

éméché V. ivre.

émergence V. apparition I.

émerger V. sortir.

émérite *Son frère était un virtuose émérite* : **éminent** ◆ [plus génér.] **exceptionnel** ; → ADROIT, ACCOMPLI.

émerveillement V. émerveiller.

émerveiller *Nous avons été émerveillés par le talent de ce jeune pianiste* : ↑ **fasciner** ◆ **éblouir** (qui implique davantage l'idée de surprise devant qqch de brillant) ; → ÉTONNER, ADMIRER, FASCINER.

◇ **émerveillement** *Quel pianiste ! c'est toujours un émerveillement de l'entendre* : **enchantement** ◆ **éblouissement**. *Le jeu du pianiste les laissait pleins d'émerveillement* : ↓ **admiration**.

émettre **1.** *Émettre un vœu* : **formuler**, **former** ; → ÉNONCER. *Émettre une protestation* : V. ÉLEVER et DIRE. *Émettre un cri* : V. POUSSER II. **2.** *Émettre de la musique, de la lumière* : **répandre** ◆ **diffuser**, [partic.] **radiodiffuser** (qui s'emploient pour une émission transmise par la radio). **3.** *Émettre un emprunt* : [plus fam.] **lancer** ; → TIRER II.

◇ **émission** **1.** [de émettre 2] **diffusion**, **radiodiffusion** ; → PROGRAMME, TRANSMISSION. **2.** [de émettre 3] **lancement**.

émeute Soulèvement populaire spontané, dû à un profond mécontentement : ↓ **agitation**, **désordres**, **troubles** (*une période d'émeutes, de troubles, d'agitation ; l'agitation populaire avait déclenché des désordres, troubles, des émeutes*) ◆ **sédition** (= révolte concertée, organisée contre l'autorité publique) ◆ **mutinerie** (= sédition de prisonniers qui se révoltent contre leurs gardiens, de soldats contre leurs officiers) ; → RÉVOLTE, BARRICADE, COUP D'ÉTAT.

émeutier V. séditieux.

émigrant V. migrant (*in* migration).

émigration V. émigrer.

émigré V. migrant (*in* migration).

émigrer *Depuis le putsch, de nombreux partisans ont dû émigrer pour éviter la prison* : **s'expatrier** ; → PARTIR.
◇ **émigration** : ↑ **exode** se dit d'un **départ** en masse prenant souvent l'allure d'une **fuite** ; → MIGRATION.

éminemment V. suprêmement (*in* suprême).

éminence V. colline.

éminent V. émérite, distinction (*in* distinguer), supérieur I.

émissaire V. messager (*in* message), diplomate.

émission V. émettre.

emmagasiner V. entreposer, stocker (*in* stock).

emmailloter V. envelopper.

emmanché *Mal emmanché* : V. engager.

emmêler (s') V. enchevêtrer, s'entrelacer, se mêler.

emménager V. s'installer.

emmener V. amener, conduire, emporter, mener I, traîner.

emmerdant V. collant (*in* colle I), ennuyeux (*in* ennuyer).

emmerdement V. ennui (*in* ennuyer).

emmerder V. ennuyer.

emmerdeur V. empoisonneur (*in* empoisonner), importun, gêneur (*in* gêne).

emmitoufler V. envelopper.
◇ **s'emmitoufler** V. se couvrir.

emmouscailler V. ennuyer.

emmurer V. murer (*in* mur).

émoi V. émotion (*in* émouvoir). *Mettre en émoi* : V. agiter.

émollient V. mou.

émoluments V. rétribution, salaire.

émondage V. taille II.

émonder V. couper, tailler I.

émotif V. caractériel, sensible I.

émotion V. émouvoir.

émotionnel V. affectif.

émotionner V. émouvoir.

émotivité V. affectivité (*in* affectif), sensibilité.

émoussé V. usé (*in* user II).

émousser

I [concret] C'est rendre moins coupant ou moins aigu : **épointer** (= casser ou user la pointe de qqch).

II [abstrait] *Le temps avait émoussé sa rage de vivre* : **affaiblir***.
◇ **s'émousser** *Sa rage de vivre s'émoussait* : **s'affaiblir***, **perdre de sa force**, **vigueur**.

émoustiller V. exciter.

émouvoir *Le spectacle d'une telle misère les avait profondément émus* (= agir sur la sensibilité de) : **remuer**, **atteindre** ◆ ↓ **toucher** ◆ ↑ **impressionner**, **bouleverser** ◆ [fam.] **retourner**, **empoigner** ◆ **déchirer** (= toucher cruellement) ◆ **attendrir** (= remplir de compassion, de tendresse) ◆ **apitoyer*** (= remplir de pitié) ◆ **attrister*** (= remplir de tristesse) ◆ [fam.] **émotionner** (qui est de plus en plus employé dans la conversation cour.) ; → SAISIR I, RÉVOLUTIONNER, CŒUR, CHAVIRER.
◇ **s'émouvoir** *Il avait dit la brutale vérité sans s'émouvoir le moins du monde* : **se troubler** ◆ [plus fam.] **se frapper** (qui s'emploie absolt : *sans s'émouvoir le moins du monde, sans se frapper*) ; → S'EMBARRASSER.
◇ **émouvant** *Un spectacle émouvant* : **attendrissant**, **touchant** (qui impliquent une émotion douce et tendre) ◆ **bouleversant**, **saisissant** (qui impliquent une émotion violente où perce l'effroi) ◆ **poignant**, ↑ **déchirant** (qui impliquent une grande émotion où domine la pitié et mettent l'accent sur celui qui est ému) ◆ **pathétique**, ↑ **dramatique**, ↑ **tragique** (qui font davan-

tage référence à ce qui émeut) ; → PALPITANT, VIBRANT I.

◇ **ému** *Il revenait visiblement très ému de son premier rendez-vous* : **troublé** (qui insiste sur un désordre intérieur provoqué par l'émotion) ◆ **agité** (qui insiste davantage sur les signes extérieurs qui la trahissent) ; → ÉMOUVOIR.

◇ **émotion** *C'est avec émotion que je retrouverai mon village natal !* : [plus partic.] **attendrissement** ◆ **le cœur battant** ◆ ↑ **bouleversement** ◆ [sout.] **émoi** ◆ **trouble** (qui se dit généralement d'un état intérieur pénible) ◆ **agitation**, ↑ **désarroi**, **affolement*** (qui indiquent une émotion de plus en plus forte) ◆ ↑ **saisissement** (= émotion violente et soudaine) ; → MOUVEMENT, SENSATION SENSIBILITÉ, SENTIMENT II, ANGOISSE, CRAINTE, PEUR, TRANSPORT II, VERTIGE.

empailler V. naturaliser.

empaquetage V. emballage (*in* emballer I).

empaqueter V. emballer.

emparer (s') **1.** [~ de qqch] V. ACCAPARER I, PRENDRE I, USURPER, S'ATTRIBUER et ENLEVER. **2.** [qqn ~ de qqn] V. ARRÊTER II. **3.** [qqch ~ de qqn] *Un violent besoin de solitude et de campagne s'était emparé de lui* : **saisir**, **envahir** ◆ ↓ **gagner** (*un besoin de solitude l'avait saisi, envahi, gagné*).

empâter (s') V. s'alourdir, grossir (*in* gros).

empêchement V. difficulté (*in* difficile).

empêcher Rendre impossible. [syn. dans quelques rares contextes] *Sa religion l'empêchait de manger de la viande le vendredi* : ↑ **interdire** (... lui interdisait de...) ; → S'OPPOSER. *L'intervention des pompiers empêcha l'incendie de s'étendre* : ↓ **faire obstacle à**.

◇ **s'empêcher** *Il ne pouvait s'empêcher de plaisanter* : **se retenir**, **se défendre** ; → SE PRIVER.

empereur V. monarque.

empeser V. amidonner.

empester V. puer.

empêtrer (s') V. s'embarrasser, patauger.

emphase *Il parle toujours avec emphase* : **grandiloquence** ◆ [vieilli] **enflure** [plus génér.] **exagération** ◆ [express.] **grands airs** (qui se rapporte davantage au physique de la personne concernée) ; → SOLENNITÉ, CÉRÉMONIE.

emphatique V. ampoulé, solennel, sonore.

empiètement V. entreprise (*in* entreprendre), usurpation (*in* usurper).

empiéter **1.** V. USURPER. **2.** *Le domaine de la pharmacie empiète sur celui de la chimie* : [moins employé] **chevaucher** ◆ [plus fam.] **mordre**.

empiffrer (s') V. manger I.

empiler V. amasser (*in* amas), entasser, superposer.

empire **1.** V. MONARCHIE. **2.** V. AUTORITÉ. **3.** *Sous l'empire de* : V. EFFET I et IMPULSION. **4.** *Pour un empire* : **pour rien au monde**.

empirer V. augmenter, progresser (*in* progrès).

empirique *N'attendez pas de lui de grandes théories : il n'aime que les solutions empiriques* : **pragmatique** ; → CONCRET.

emplacement V. place I, site.

emplâtre V. maladroit.

emplettes V. achat (*in* acheter), commissions II. *Faire des emplettes* : V. acheter.

emplir *Ils avaient empli leurs poches de bonbons* [sout.] : [cour.] **remplir** ◆ [plus fam.] ↑ **bourrer** ; → PLEIN, ENVAHIR.

◇ **s'emplir** *La salle s'emplissait peu à peu* : **se garnir** (qui se dit surtout en parlant des bancs, des gradins).

employer 1. [~ qqch] *Elle emploie maintenant une lessive sans détergent* : **utiliser**, **se servir de** ◆ [sout., vieilli] **user de** ; → APPLIQUER, RECOURIR. 2. [~ qqch] *Le voici à la retraite : à quoi emploie-t-il son temps ?* : **occuper**, **passer** ; → CONSACRER, REMPLIR I. 3. [~ qqn] V. OCCUPER II et FAIRE TRAVAILLER* II.

◇ **s'employer** 1. [qqch ~, de employer 1] *Outil qui ne s'emploie plus* : **s'utiliser**. 2. [qqn ~ à] *Il s'emploie maintenant à lutter contre la dégradation des sites* : **se consacrer à** ◆ ↓ **essayer de**.

◇ **emploi** 1. [~ de qqch] *À quel emploi destinez-vous ce produit ?* : **usage** ◆ [rare] **utilisation** ; → MANIEMENT. *Emploi du temps* : V. CALENDRIER, PROGRAMME. *Mode d'emploi* : [plus génér.] **notice** (abrév. de *notice explicative*) ◆ **règle** (qui se dit spécialement des jeux). 2. [~ de qqn] *Il est depuis deux mois sans emploi* : **travail*** ◆ **situation** (= emploi stable et rémunéré). *Il cherche un emploi* : [plus fam.] **place**. *L'emploi qu'il occupe requiert beaucoup de résistance physique* : **poste**, **place**, **situation** ◆ **charge** (qui se dit d'une fonction publique où l'on assume des responsabilités importantes : *une charge de notaire ; occuper de hautes charges*) ◆ **fonction**, **attribution** (qui ne s'emploient que dans certains contextes, au pl., pour désigner certaines des occupations qu'un emploi comporte : *il a des fonctions importantes dans l'usine*) ; → PROFESSION, RÔLE. 3. Selon la situation générale de l'emploi dans un pays, on oppose le **plein-emploi** et le **sous-emploi** ou **chômage***. *Sans-emploi* : V. CHÔMEUR.

◇ **employé** *Elle a épousé un employé des postes* : **agent** (qui se dit spécialement d'employés des secteurs public et privé qui servent d'intermédiaires entre la direction et la clientèle) ◆ **commis** (= agent subalterne) ◆ **fonctionnaire** (qui désigne d'une manière générale tout employé d'une administration publique) ◆ **préposé** (qui est un terme administratif pour désigner soit le facteur, soit certains agents subalternes : *un préposé des douanes*) ; → TRAVAILLEUR II, BUREAUCRATE, SALARIÉ. *Employé de maison* : V. SERVITEUR et SERVANTE. *Employé de commerce* : V. VENDEUR.

◇ **employeur** [didact.] : [cour.] **patron**.

empocher V. percevoir II, recevoir, gagner.

empoigner 1. V. prendre, saisir I, serrer. 2. V. émouvoir.

empoisonné V. perfide.

empoisonner 1. *Il a été empoisonné par des champignons* : [didact.] **intoxiquer**. 2. V. TUER. 3. V. CORROMPRE. 4. V. PUER. 5. V. ENNUYER et TOURMENTER.

◇ **empoisonneur** *Il faut qu'il embête tout le monde. Quel empoisonneur !* [fam.] : **poison** ◆ ↑ **peste**, ↑ **empoisonneur public** (*c'est un empoisonneur*) ◆ [très fam.] **emmerdeur** ; → COLLANT, GÊNEUR.

◇ **empoisonnement** 1. [de empoisonner] **intoxication**. 2. V. SOUCI.

empoissonner V. repeupler.

emporté V. brutal, coléreux (*in* colère), fougueux (*in* fougue), impulsif (*in* impulsion), vif.

emportement V. fougue, fureur, véhémence.

emporter 1. [~ qqch] *Emporter des médicaments* : [tour critiqué] **emmener**. 2. [~ qqch] *L'orage a emporté une partie de la toiture* (= enlever de façon violente) : **arracher**, **balayer** ◆ **s'en aller avec** (*la toiture s'en est allée avec l'orage*). *Être emporté par le courant* : **entraîner**. 3. [~ qqn] V. MOURIR et TUER. 4. [~ qqch] *Emporter une position ennemie, la victoire* : V. ENLEVER. *L'emporter* : **vaincre** ; → DOMINER, AVOIR LE DERNIER MOT*, TRIOMPHER, PRIMER I.

◇ **s'emporter** [qqn ~] *Écoutez-le calmement au lieu de vous emporter !* [assez sout.] : [plus cour.] **se mettre en colère***, [fam.] **s'emballer**, **sortir de ses gonds**, **prendre la mouche** ◆ [litt.] **se piquer** ; → SE FÂCHER*, FULMINER.

empoté V. maladroit.

empourprer (s') V. rougir (*in* rouge).

empreinte 1. V. trace. 2. V. moulage (*in* moule), sceau.

empresser (s') 1. [~ de] *Il s'est empressé de venir nous annoncer la nouvelle* : [moins sout.] **se dépêcher** ◆ [plus express.] **courir** (*courir nous annoncer...*), **se précipiter** (*se précipiter pour nous annoncer...*) ; → SE PRESSER II. 2. [~ auprès, autour de qqn] **s'affairer** ◆ [fam.] **se mettre en quatre pour qqn** (c'est faire tout son possible pour le satisfaire).

◇ **empressé** V. COMPLAISANT et DILIGENT.

◇ **empressement** 1. V. COMPLAISANCE. 2. *Faire un travail avec empressement* : **ardeur*** ◆ [sout.] **diligence** ◆ ↑ **enthousiasme** ◆ ↓ **hâte** (qui implique seulement l'idée de promptitude).

emprise V. effet, impulsion, influence.

emprisonner 1. *Le malfaiteur a été emprisonné* : [plus cour.] **mettre en prison** ◆ [didact.] **incarcérer**, **interner** ◆ [didact.] **écrouer** (= inscrire sur le registre d'écrou la date et les motifs de l'emprisonnement) ◆ [très fam.] **coffrer**, **boucler**, **mettre en tôle** ; → ENFERMER, INTERNER. 2. *Elle se sentait emprisonnée par ses préjugés* : **être prisonnier de** ; → CONDITIONNER I.

◇ **emprisonnement** *Son emprisonnement a duré deux ans* : [didact.] **incarcération**, **internement** ◆ [didact.] **détention** (qui s'emploie surtout pour désigner une peine infamante ou un emprisonnement qui suit l'arrestation et précède le jugement : *détention provisoire*) ◆ **réclusion** (qui se dit d'une peine afflictive et infamante consistant en une privation de liberté et un assujettissement au travail). *Quatre mois, deux ans d'emprisonnement* : **prison*** ◆ [très fam.] **taule**, **tôle**, **cabane** ◆ **captivité** (qui se dit pour un prisonnier de guerre) ; → SÉQUESTRATION.

emprunt 1. Lorsqu'on a fait un emprunt, on jouit d'un **prêt**, on a désormais une **dette** à rembourser. 2. *Les emprunts à Mozart semblent évidents chez Beethoven* (= ce qu'un auteur prend à un autre pour élaborer sa propre œuvre) : **imitation*** (qui est toujours plus servile) ◆ **plagiat** (où l'auteur donne pour siennes les parties copiées) ; → COPIE.

emprunté V. embarrassé (*in* embarrasser), avoir bonne mine I.

emprunter 1. V. TAPER. 2. *Les premières œuvres de Beethoven empruntent beaucoup à Mozart* : **devoir** ; → IMITER, TIRER II. 3. *Il est toujours agréable d'emprunter les routes secondaires* : [plus cour.] **prendre** ; → SUIVRE.

ému V. émouvoir.

émulation *Une saine émulation régnait dans sa classe* (= ce qui pousse à égaler ou surpasser qqn en bien) : **concurrence**, **compétition** (qui impliquent davantage l'idée de rivalité : (*dans un esprit de compétition*) ; → RIVALITÉ, COMBATIVITÉ.

émule V. rival.

en V. matière II.

énamourer (s') V. s'amouracher.

encadrement 1. V. cadre. 2. V. blocage.

encadrer V. entourer, sentir I.

encaisser 1. V. recevoir, gagner, toucher III. 2. V. sentir.

encan V. enchères.

encanailler V. corrompre, pervertir.

en-cas Repas léger que l'on tient prêt au cas où l'on aurait faim en dehors des repas principaux : **casse-croûte** (qui se prend davantage à heure fixe, dans la matinée et l'après-midi) ◆ **amuse-gueule** (qui se prennent à l'apéritif).

encastrer (s') *Ces deux tubes s'encastrent parfaitement l'un dans l'autre* : **s'emboîter**, **s'insérer**. *Dans l'accident, les deux véhicules se sont encastrés l'un dans l'autre* : **s'enchevêtrer** (qui implique l'idée de désordre, se dirait plutôt s'il y avait plusieurs véhicules).

encaustique a pour syn. **cire**.

◇ **encaustiquer** : **cirer**.

enceindre V. entourer.

enceinte
I [n. f.] V. MUR et REMPART.
II [adj. f.] *Sa femme est enceinte* : **attendre un enfant, un bébé, un heureux événement** ◆ [vx, région.] **grosse** ; → VENTRE, CONCEVOIR. *Mettre enceinte* : V. ENGROSSER.
III [n. f.] *Enceinte acoustique* : [cour., anglic.] **baffle** ◆ [plus génér.] **haut-parleur**.

encenser V. flatter.

encensoir *Coup d'encensoir* : V. flatterie (*in* flatter).

encercler V. assiéger, attaquer, cerner, tourner II.

enchaîner 1. Attacher avec une chaîne : **mettre aux fers** (qui s'emploie en parlant d'un prisonnier) ; → ATTACHER I. 2. V. OPPRIMER. 3. *C'est une bonne danseuse, mais elle n'enchaîne pas suffisamment ses mouvements* : **lier**.
◇ **s'enchaîner** V. SE SUIVRE.
◇ **enchaînement** *L'accident s'est produit après un enchaînement de circonstances vraiment curieux* : [moins pr.] **suite, succession** ; → LIAISON II, DÉROULEMENT, ORDRE I.

enchanter 1. *Elle était comme enchantée par le mystère de la forêt* : **ensorceler, envoûter** (qui ne s'emploient qu'en parlant de qqn ; ne conviennent donc pas dans *une maison enchantée* : on emploiera **hanté** au sens de « visité par des esprits, des fantômes »). 2. V. CHARMER et RAVIR I. 3. *Cela ne m'enchante pas* : V. ARRANGER.
◇ **enchanté** 1. V. MAGIQUE. 2. V. CONTENT et RAVIR I.
◇ **enchantement** 1. *Seule une fée peut faire cesser l'enchantement* : **sortilège** (= artifice d'un sorcier) ◆ **maléfice** (= sortilège visant à nuire) ◆ **sort** (qui s'emploie surtout dans le contexte *jeter un sort à qqn*) ◆ **envoûtement** (= opération magique où l'on essaie d'atteindre une personne en lui substituant une figure de cire) ◆ **incantation** (= paroles magiques qui servent à opérer un sortilège) ◆ [moins cour. auj.] **charme** (= ce qui permet d'exercer un effet magique). Ces termes n'entrent pas tous dans les mêmes contextes (*le magicien, par des incantations, m'avait jeté un sort ; j'étais victime d'un sortilège, maléfice ; il prétendait me tenir sous son charme aussi longtemps qu'il le voudrait ; j'étais pris dans un enchantement*) ; → MAGIE. 2. V. ÉMERVEILLEMENT. 3. *Le conflit ne s'apaisera pas comme par enchantement !* : **par miracle, par un coup de baguette magique**.
◇ **enchanteur** 1. [n.] V. MAGICIEN. 2. [adj.] *Nous avons passé en Auvergne un séjour enchanteur* : **merveilleux** ; → CHARMANT, PARADISIAQUE. *Le rythme enchanteur de la vague* : ↓ **berceur** ◆ ↑ **ensorcelant, envoûtant**.

enchâsser V. sertir.

enchère 1. *Une vente aux enchères* : **criée** (qui se dit surtout en parlant de certaines denrées : *vendre de la viande, du poisson à la criée*) ◆ [en termes de droit] **licitation** (= vente aux enchères d'un bien qui appartient à plusieurs copropriétaires) ◆ [rare] **encan** (qui s'emploie parfois pour désigner des enchères publiques : *vendre à l'encan*) ; → PRIX I, VENTE. 2. *Faire monter les enchères* : **faire de la surenchère** ◆ [en partic.] **bluffer** (= proposer une surenchère que l'on n'a pas les moyens de suivre). 3. [au bridge] *Le système des enchères* : **annonce**.
◇ **enchérir** *Vous pouvez lui raconter les histoires les plus extraordinaires, il enchérira toujours sur vos propos* : **renchérir** ◆ ↑ **surenchérir** ◆ [fam., absolt] **en remettre, en rajouter**.

enchevêtré V. imbriqué.

enchevêtrement V. désordre, tissu, entrelacement (*in* entrelacer).

enchevêtrer *Le chat avait enchevêtré, en jouant, tous les brins de laine* : **embrouiller** ◆ [d'emploi plus restreint] **emmêler** ; → S'ENTRELACER. *Un amas de voitures enchevêtrées* : V. S'ENCASTRER.

enclin *Être enclin à* : [plus sout.] **incliner à***. *Il est assez enclin à la paresse* : **porté à** ◆ **sujet, prédisposé à** (qui se disent davantage en parlant de ce que l'on subit, malaises, maladies, et à quoi l'on ne peut rien : *être sujet, prédisposé au mal de mer, aux crises de foie*) ; → HUMEUR.

enclore *Enclore un terrain* : [plus cour.] **clôturer** ; → ENTOURER.

enclos V. terre IV.

encoche V. entaille.

encoignure V. angle.

encolure V. cou.

encombrant 1. V. embarrassant (*in* embarrasser), volumineux (*in* volume II). 2. V. compromettant (*in* compromettre).

encombre (sans) *Nous avons fait un voyage sans encombre* : **sans ennui, incident, obstacle**.

encombré V. saturé.

encombrer V. embarrasser, meubler (*in* meuble I), obstruer, surcharger, gêner, embouteiller.

encore 1. V. AUSSI et AUTRE I. 2. *Il pleut encore !* (qui marque l'idée de répétition) : **de nouveau** ◆ [préf.] **re-** (qui peut s'ajouter à certains v. : *il repleut !*) ◆ **continuer de** (+ v. : *il continue de pleuvoir*) ; → TOUJOURS. 3. *Si encore il était sage !* : **si seulement**.
◇ **encore que** [sout.] : [cour.] **bien que, quoique***.

encornet V. seiche.

encourageant V. optimiste.

encourager 1. *Encouragé par ce premier succès, il décide de persévérer* : **stimuler** ◆ ↑ **enhardir** ◆ [moins employé] **aiguillonner** ; → ANIMER, ENFLAMMER, CONFIRMER. 2. [~ qqn à] *Il encourageait chacun à donner le maximum de soi-même* : **inciter** ◆ [moins sout.] **pousser à** ◆ **exhorter** (= encourager par de véhémentes paroles) ; v. aussi APPROUVER, AGIR I, SOUTENIR II, PRESSER II.
◇ **encouragement** 1. [de encourager 1] **stimulation, enhardissement**. 2. [de encourager 2] **incitation, exhortation** ◆ ↓ **aide, appui, soutien**.

encourir V. s'exposer à III, mériter (*in* mérite).

encrasser V. salir.

encroûter (s') *Beaucoup de Parisiens refusent de venir, comme ils disent, s'encroûter en province* : **végéter** ◆ ↑ **croupir***, **s'enterrer** ; → SE SCLÉROSER.

encyclopédie 1. V. connaissance I. 2. V. dictionnaire.

encyclopédique V. étendu (*in* étendre), universel (*in* univers).

endeuiller V. attrister.

endiablé V. acharné, infernal.

endiguer *Le service d'ordre avait bien du mal à endiguer la foule qui se pressait aux portes du stade* : **contenir, canaliser** ; → ARRÊTER I, v. aussi ENRAYER.

endimanché V. élégant.

endoctriner *La tâche du militant est d'endoctriner les néophytes* : [péj.] **catéchiser*** ◆ [fam.] **chambrer** ◆ [péj., fam.] **embobiner** ; → ENRÉGIMENTER.
◇ **endoctrinement** : [fam.] **bourrage de crâne**, ↑ **lavage de cerveau** ◆ **propagande**, ↑ **intoxication**, [abrév. fam.] **intox** (qui impliquent une action collective).

endolori V. douloureux (*in* douleur).

endommager V. abîmer I, avarier, mutiler.

endormi V. alourdir, inactif, lent, mou, somnolent.

endormir 1. *C'était une opération bénigne, mais on l'a quand même endormi* : [didact.] **anesthésier** ◆ **insensibiliser** (qui ne se dit que d'une anesthésie locale) ◆ [partic.] **hypnotiser**. 2. V. ENNUYER. 3. V. TROMPER.
◇ **s'endormir** 1. V. DORMIR. 2. *Allez ! Au travail ! Il ne s'agit pas de s'endormir* : **s'engourdir**.

endosser 1. V. revêtir II. 2. V. assumer.

endroit V. coin, côté, où, place I. *À l'endroit de* : V. avec.

enduire V. recouvrir, frotter.

enduit V. vernis.

endurance V. résistance (*in* résister), endurcissement (*in* endurcir).

endurant V. résistant (*in* résister).

endurci V. impénitent, vieux.

endurcir 1. *Ces années difficiles lui avaient endurci le caractère* : **fortifier** ◆ [assez sout.] **armer, tremper** ◆ [absolt] **aguerrir** (*... l'avaient aguerri*) ; → DURCIR. 2. *Il a le cœur tellement endurci que plus rien ne le touche* : **dessécher** ◆ **sec** (*il a le cœur sec*). 3. *Il ne craint pas la contestation : des années de militantisme l'ont endurci* : **blinder, cuirasser**.

◇ **s'endurcir** *Laissez-le se débrouiller tout seul, il faut qu'il s'endurcisse le caractère* : **se fortifier** ◆ [assez sout.] **s'armer, se tremper** ◆ [absolt] **s'aguerrir**.

◇ **endurcissement** 1. [rare] : [cour.] **endurance***, **résistance*** ; → ACCOUTUMANCE. 2. V. DESSÈCHEMENT.

endurer V. souffrir, subir, supporter, tolérer.

énergie *C'est une femme qui a beaucoup d'énergie* : cette qualité, qui permet d'agir efficacement en toutes circonstances, suppose à la fois de la **volonté**, du **courage** et de la **fermeté** ◆ [fam.] **poigne** (qui souligne la force) ◆ **ressort** (qui souligne le dynamisme interne) ◆ **résolution** (= ce qui permet d'entreprendre qqch avec fermeté et hardiesse : *faire qqch avec résolution*) ◆ **caractère, force de caractère** (*un homme, une femme de caractère, qui a du caractère, sans caractère ; avoir de la force de caractère,* pour parler de qqn qui a des idées bien arrêtées et la volonté de les défendre) ; → ÂME, RESSOURCE.

◇ **énergique** 1. [qqn est ~] Si **ferme** et **résolu** évoquent surtout la volonté et la constance de l'individu, *énergique* dit plus en évoquant aussi la rapidité à agir, à décider ; → ACTIF. 2. [qqch est ~] *Une protestation énergique* [antéposé et postposé] : [génér. antéposé] **vif, vigoureux** ◆ ↑ **violent**. *Un remède énergique* : V. ACTIF. *Prendre des mesures énergiques* : **rigoureux** ◆ ↑ **draconien**, [sout.] **drastique** ; → MÂLE, MUSCLÉ.

◇ **énergiquement** *Protester énergiquement* : **fermement, vigoureusement** ◆ ↑ **violemment**. *Frotter qqch énergiquement* : **avec force** ◆ [fam.] **un bon coup**.

énergumène 1. *Il se mit à hurler comme un énergumène* : **forcené** ◆ ↑ **excité** ◆ ↑ **fou furieux, possédé**. 2. V. INDIVIDU.

énervant V. tuant (*in* tuer).

énervement V. agacement, nervosité (*in* nerf).

énerver *Il m'énerve : je ne peux plus le supporter !* : **agacer, crisper** ◆ ↑ **exaspérer, excéder, horripiler** ◆ ↓ **impatienter** ◆ [fam.] **taper sur les nerfs, sur le système** ; → ABRUTIR, ENNUYER, IRRITER.

◇ **s'énerver** *Les coureurs tardaient à arriver : la foule commençait à s'énerver* : ↓ **s'impatienter** ; → BOUILLIR.

◇ **énervé** 1. Aux participes passés des syn. précédents, on ajoutera les familiers ↑ **à cran, à bout de nerfs**. 2. *Énervé* peut dénoter un état passager, tandis que **nerveux** indique souvent un état constitutif.

enfant 1. *Ce n'est encore qu'un enfant !* : **bambin**, [fam.] **loupiot, mouflet, pitchoun** (qui se disent avec affection d'un petit enfant) ◆ [fam.] **marmot, marmouset** (qui se disent d'enfants très jeunes) ◆ [fam.] **gosse, môme, gamin** (qui s'emploient sans restriction d'âge) ◆ [très fam., souvent péj.] **mioche, morpion, morveux** ◆ [très fam.] **merdaillon, merdeux** ◆ [arg.] **mignard** ◆ **chérubin** (qui s'emploie parfois, avec quelque niaiserie, pour désigner un enfant très jeune) ◆ [fam.] **marmaille** (= groupe d'enfants) ; → BÉBÉ, PETIT, GALOPIN, GAMIN, FAMILLE, PROGÉNITURE, POSTÉRITÉ. *L'enfant de vos entrailles* : V. FRUIT. 2. *Allons ! ne faites pas l'enfant : vous savez bien ce que je veux dire !* : [fam.] **idiot, imbécile, innocent**. 3. *Vous nous prenez pour des enfants !* : **enfant de chœur** ◆ [fam.] **idiot, imbécile** ; → PETIT SAINT*. 4. *Avoir un enfant* : V. ACCOUCHER. *Faire un enfant* : V. ENGROSSER. *Enfant naturel* : V. BÂTARD. 5. *Bon enfant* : V. DÉBONNAIRE.

◇ **enfance** 1. V. ÂGE* TENDRE. 2. *Retomber en enfance* : **devenir gâteux** ◆ [fam.] **devenir gaga**. *C'est l'enfance de l'art* : **c'est**

élémentaire. *L'enfance de l'univers* : V. ORIGINE.

◇ **enfantillage** 1. *Ne prenez donc pas au sérieux ce qui n'est qu'enfantillage !* : [plus péj.] **puérilité**. 2. [pl.] *Ils perdent leur temps à des enfantillages* : **gamineries, puérilités, bagatelles, niaiseries** ; → BABIOLE.

◇ **enfantin** 1. *Il y avait chez lui quelque chose d'enfantin qui séduisait* : **naïf** ◆ [péj.] **infantile, puéril**. 2. *La solution est enfantine* : **simple*** ◆ [express. fam.] **simple comme bonjour**.

enfantement V. accouchement (*in* accoucher).

enfanter V. accoucher, donner le jour*, donner la vie*.

enfantillage, enfantin V. enfant.

enfer 1. Dans certaines religions, séjour des damnés après la mort : [plus restreint] **damnation éternelle** ◆ [didact.] **géhenne**. 2. *D'enfer* : **infernal*** ; → ACCÉLÉRÉ, FORT, TERRIBLE. *C'est l'enfer* : V. BAGNE, HORREUR. *Descente aux enfers* : V. DÉCADENCE.

enfermer 1. [~ qqn] *On l'a enfermé dans la cave* : [fam.] **boucler** ; → EMPRISONNER, PARQUER, INTERNER. 2. [~ qqch] *Tout, dans cette maison, est enfermé : depuis la confiture jusqu'au bas de laine* : **sous clef**. 3. V. ENTOURER.

◇ **s'enfermer** 1. V. SE BARRICADER. 2. *Voici plus de deux mois qu'elle s'enferme chez elle* : ↑ **se cloîtrer, se claquemurer, se calfeutrer** ◆ [rare] **se claustrer**. 3. *Elle s'enferme dans son silence* : **se confiner**. 4. *Voici une actrice qui s'enferme dans un seul rôle* : ↓ **se confiner, se cantonner**.

enferrer (s') [qqn ~] *Plus il essaie de se justifier et plus il s'enferre* : [plus fam.] **s'enfoncer**.

enfiévrer V. enflammer.

enfilade V. file.

enfiler 1. V. CHAUSSER et METTRE. 2. *Enfiler une rue* : [plus génér.] **prendre**.

◇ **s'enfiler** 1. *S'enfiler un verre de vin, un bon repas* : [fam.] : **s'envoyer*, se taper** ; → BOIRE, MANGER. 2. *Je me suis enfilé tout le travail* [fam.] : [fam.] **se coltiner, s'envoyer, se taper** ◆ [cour.] **faire**.

enfin 1. *Il est menteur, buveur, coureur : enfin, il a quelques défauts, quoi !* : **bref** ◆ [fam.] **enfin bref** ; → SOMME* I TOUTE. 2. *Mais enfin. Nous n'avons guère progressé dans nos démarches, mais enfin il ne faut pas désespérer* : **cependant*** (qui peut s'employer seul et a un caractère plus « objectif » ; *enfin* introduit le plus souvent une nuance affective). 3. V. CE N'EST PAS TROP TÔT*.

enflammé V. ardent, rouge, véhément.

enflammer 1. *On enflamme du papier*, on **allume*** le feu. 2. *Tout un pâté de maisons était maintenant enflammé par l'incendie* : ↑ **embraser** ; → BRÛLER I. 3. *L'orateur avait enflammé son auditoire* : **embraser, électriser** ◆ [plus rare] **enfiévrer** ◆ ↓ **échauffer** ◆ [fam.] ↓ **chauffer** (= mettre progressivement en état de réceptivité) ◆ **galvaniser**, [fam.] **doper** (= provoquer chez qqn une énergie soudaine mais souvent factice) ; → ANIMER, ENTRAÎNER I, ENCOURAGER. 4. *Sa blessure est enflammée maintenant* : **envenimer** ◆ ↑ **infecter** ◆ ↓ **irriter**.

◇ **s'enflammer** 1. [qqn ~] *Il s'enflamme pour une peccadille* : [signifie soit l'irritation, soit l'exaltation] **se mettre en colère**, [fam.] **prendre la mouche, monter sur ses grands chevaux** ◆ **s'exalter**, ↑ **s'embraser** ; → S'IRRITER, S'ENTHOUSIASMER. 2. [qqch ~] *Avec cette sécheresse, la forêt peut s'enflammer soudainement* : **prendre feu** ◆ ↑ **flamber** ; → BRÛLER.

enflé 1. *Avoir le ventre, les pieds enflés* : **gonflé*** ◆ **ballonné** (qui s'emploie pour le ventre seulement) ◆ **tuméfié** (quand l'enflure est provoquée par une blessure). 2. V. REMPLI. 3. V. ABRUTI.

◇ **enflure** 1. [de enflé] **gonflement** ◆ **ballonnement** ◆ **tuméfaction**. 2. V. ABRUTI. 3. V. EMPHASE.

enfler V. grossir.

enflure V. emphase.

enfoiré V. abruti (*in* abrutir).

enfoncer 1. *Enfoncer la clé dans la serrure* : [sout.] **engager, introduire**. *Enfoncer un clou* : **planter**. *Enfoncer un couteau* : **plan-**

ter, **ficher** ◆ **plonger** (*un couteau dans le cœur de qqn*). **2.** *Enfoncer une porte* : **forcer** ; → DÉFONCER. **3.** [~ qqn] V. PILER. **4.** *Enfonce-toi bien ça dans la tête* : **mettre** ◆ [fam.] **ficher**, [très fam.] **foutre** ; → APPRENDRE. *Il enfonce des portes ouvertes* : **il énonce des évidences**.

◇ **s'enfoncer** **1.** [qqch ~] V. S'ABÎMER et PLONGER I. **2.** [qqn ~] V. S'ENLISER, PLONGER II, S'ENFERRER, SOMBRER et ENTRER.

enfouir V. enterrer.

◇ **s'enfouir** V. se blottir.

enfourner V. avaler.

enfreindre V. désobéir, outrepasser, transgresser, violer.

enfuir (s') V. fuir, mettre* les voiles, prendre le large*, se retirer, se sauver II.

engagé **1.** [adj.] V. embarquer. **2.** [n.] V. soldat.

engageant V. affable, affriolant (*in* affrioler).

engager **1.** [~ qqn] *Je suis chargé d'engager de nouvelles secrétaires* : **embaucher** (qui se dit, partic., en parlant d'ouvriers) ◆ **enrôler**, **recruter** (qui s'emploient en parlant de militaires et aussi en parlant de personnes que l'on essaie de rallier à un parti, à une organisation) ◆ [fam., péj.] **racoler** (qui implique que l'on engage qqn par des moyens plus ou moins honnêtes) ; → ATTACHER III, ENRÉGIMENTER, PRENDRE I. **2.** [~ qqn à] V. INVITER. **3.** [~ qqch] *Engager le combat* : V. COMMENCER et LIVRER II. *Il a engagé d'importants capitaux dans cette affaire* : **investir** ◆ ↑ **engloutir** (qui implique parfois que c'est à fonds perdus). *Engager sa parole* : **donner** ; → COMPROMETTRE. *Engager la conversation* : V. LIER III et NOUER. **4.** [~ qqch dans] V. ENFONCER. **5.** [pass.] *Nous courons à l'échec* : *l'affaire est mal engagée* : [fam.] **barré**, **emmanché** ; → EMBARQUER, CHEMIN.

◇ **s'engager** **1.** [~ à] V. ADHÉRER II et PROMETTRE. **2.** *S'engager dans une route* : V. OUVRIR et PRENDRE I. *S'engager dans un lieu, une situation* : V. ENTRER.

◇ **engagement** **1.** *Ne tiendriez-vous pas vos engagements ?* : **promesse**, [sing.] **parole** ; → SIGNATURE, SERMENT. *Sans engagement* : V. OBLIGATION. **2.** V. SERVICE I. **3.** V. ASSAUT et COMBAT.

engeance V. race.

engendrer **1.** *Qui a engendré cet enfant insupportable ?* [sout.] : **procréer** ◆ [cour.] **faire** ; → CONCEVOIR. **2.** *Ce film engendre la mélancolie* : **faire naître** ; → OCCASIONNER, PRODUIRE II.

engin V. appareil, ustensile.

englober V. contenir I.

engloutir **1.** V. absorber III, avaler. **2.** V. dépenser (*in* dépense), engager.

◇ **s'engloutir** V. s'abîmer, sombrer.

engorger *Dès 8 heures du matin, l'autoroute était engorgée* : ↑ **saturer** ; → EMBOUTEILLER, BOUCHER I.

◇ **engorgement** [de engorger] : **saturation** ; → EMBARRAS.

engouer (s') *Elle s'engoue de tout ce qui est à la mode* : **s'enticher**, **s'emballer pour**, **se toquer** ; → SE PASSIONNER, S'ENTHOUSIASMER, S'ATTACHER.

◇ **engouement** [de s'engouer] : **emballement**, **toquade** ; → ENTHOUSIASME.

engouffrer (s') V. entrer.

engourdir *La bise glacée lui engourdissait les doigts* : **ankyloser** ◆ ↑ **paralyser**.

◇ **s'engourdir** V. S'ENDORMIR.

◇ **engourdi** **1.** *J'ai les doigts engourdis* : **gourd** (qui ne se dit que des mains et des doigts) ◆ ↑ **paralysé** ; → RAIDE. **2.** *Après de longs mois d'inactivité, on a les muscles un peu engourdis* : **rouillé** ; → LENT. *Être engourdi* : V. ALOURDIR.

engourdissement **1.** V. assoupissement. **2.** V. raideur (*in* raide).

engraisser **1.** *Engraisser un animal* : **gaver**, **gorger** (qui ne se disent que des volailles, en partic. des oies). **2.** *Engraisser un sol* : V. AMÉLIORER. **3.** [qqn ~] V. GROSSIR.

◇ **engrais** Un engrais est un **amendement**, c'est-à-dire un apport chimique ou organique destiné à la **fertilisation** du sol. Le **fumier** est un engrais parmi d'autres, mais pas la chaux ; les deux sont des amendements possibles.

engranger V. amasser (*in* amas).

engrosser *Elle s'est fait engrosser par le voisin* [fam.] : **faire un enfant (à), mettre enceinte***.

engueulade V. dispute (*in* disputer), savon, sérénade.

engueuler *Il est rentré très tard, son père l'a engueulé* [très fam.] : ↑ **engueuler comme du poisson pourri** ◆ [fam.] **enguirlander, passer un savon** ◆ [fam.] **se faire bénir**, ↑ **botter le derrière** ◆ [fam.] ↓ **attraper** ◆ [sout.] **admonester, tancer** ◆ [cour.] ↓ **réprimander** ; → SAVONNER.

◇ **s'engueuler** V. SE DISPUTER.

enhardir V. encourager.

enhardissement V. encouragement (*in* encourager).

énigmatique V. énigme.

énigme **1.** *Poser et résoudre des énigmes était l'un de ses jeux favoris* : [plus cour.] **devinette** ◆ **charade** (= forme particulière d'énigme) ; → COLLE II. **2.** *Nous ne comprenons rien à sa disparition : c'est une véritable énigme !* : **mystère**. *Résoudre une énigme difficile* : **problème**.

◇ **énigmatique** **1.** [qqch est ~] V. AMBIGU. **2.** [qqn est ~] *C'est une personne très énigmatique* : ↑ **mystérieux**, ↑ **étrange** ◆ **impénétrable** (qui n'admet pas d'intensif comme *très* ; n'a pas le caractère subjectif des précédents).

enivrant V. s'enivrer.

enivrement V. ivresse (*in* ivre).

enivrer [qqch ~ qqn] *La vitesse l'enivre* : **griser, étourdir** ◆ ↑ **soûler*** ; → TRANSPORTER II, MONTER* À LA TÊTE, EXALTER.

◇ **s'enivrer** **1.** *Il s'enivre régulièrement, hélas !* : [plus cour.] **se soûler, boire** ◆ [fam.] **se noircir, se cuiter, se mettre la cuite**, ↓ **lever le coude**. **2.** [fig.] V. S'EXALTER.

◇ **enivrant** *La vitesse a quelque chose d'enivrant qui vous met la tête à l'envers* : **capiteux, grisant**. *Un parfum enivrant* : **capiteux, grisant, entêtant** ; → FORT II.

enjambée V. pas III.

enjambement V. rejet (*in* rejeter).

enjamber V. traverser.

enjeu V. mise I, pari.

enjoindre V. commander II, ordonner II.

enjôler V. séduire, tromper.

enjôleur V. séducteur (*in* séduire).

enjoliver **1.** *De vieilles poutres enjolivaient le plafond* : **décorer, embellir** ; → ORNER. **2.** *Son récit est vraiment trop beau : je crois qu'il enjolive un peu les choses* : **broder**, [fam.] **en rajouter** (qui s'emploient absolt) ; → EXAGÉRER.

enjolivure V. ornement (*in* orner).

enjoué V. gai.

enjouement V. gaieté (*in* gai).

enlacement V. embrassade (*in* embrasser).

enlacer V. embrasser.

enlever **1.** [~ qqch] Verbe de sens très général ; ses syn. sont d'emploi plus restreint et varient selon les contextes. *Veuillez enlever votre chapeau* : **ôter, retirer** ◆ [fam.] **tomber** (*tomber la veste*). *Je ne parviens pas à enlever cette tache sur ma veste* : **faire disparaître** ; → S'EN ALLER, LAVER I. *Enlever les ordures* : V. RAMASSER. *Quand vous aurez enlevé les petits nerfs, cette viande sera délicieuse* : **supprimer, ôter, retirer, éliminer**. *Enlever un avantage à qqn* : V. PRIVER. *Vous lui avez enlevé une bonne part de ses scrupules* : **ôter, soulager** (qqn de qqch). *On vient de lui enlever une dent* : **arracher*** ◆ [plus sout.] **extraire** ; v. aussi DÉMUNIR, BALAYER, SOUSTRAIRE, LEVER I. **2.** [~ qqch] *L'ennemi vient d'enlever l'une de nos bases stratégiques* : **emporter, prendre, s'emparer de**. *Il a enlevé la victoire dans le Tour de France* : **emporter, gagner** ; → OBTENIR. **3.** [~ qqn] *Un enfant a été enlevé à la sortie de* *l'école* : [rare, vieilli] **ravir** ◆ [anglic. cour.] **kidnapper** ; → VOLER II.

◇ **enlèvement** **1.** *L'enlèvement des ordures* : **ramassage**. **2.** *L'enlèvement d'une place forte* : **prise**, **conquête**. **3.** *La femme du directeur a été victime d'un enlèvement* : **rapt**, **kidnapping** (qui se disent de l'enlèvement d'une personne mineure).

enliser (s') **1.** *La voiture s'est enlisée dans le sable* : **s'embourber** (qui s'emploie lorsqu'il s'agit d'un terrain boueux) ; → ÉCHOUER. **2.** *On ne le voit plus : il s'enlise dans sa solitude* : **s'enfoncer**, **sombrer** ; → CROUPIR, S'ENTERRER.

enluminer V. orner.

enluminure V. miniature.

ennemi **1.** Celui qui est opposé à qqn et cherche à lui nuire : **adversaire** (qui n'implique pas cette volonté de nuire : *faire la guerre contre des ennemis, rencontrer ses adversaires lors d'une compétition sportive)* ◆ [sout.] **antagoniste** ◆ **belligérant** (= celui qui prend part à une guerre) ; → RIVAL. *Se faire un ennemi* : V. DOS. **2.** V. CONTRE.

ennoblir V. anoblir, élever I.

ennui V. ennuyer.

ennuyer **1.** *Mon fils est encore fiévreux, cela m'ennuie* : [fam.] **embêter** ◆ ↑ **préoccuper**, **tracasser** ; → PESER, SOUCI. **2.** *Il m'ennuie avec ses éternels discours sur la morale* : **fatiguer**, **lasser** ◆ [sout]. **importuner** ◆ ↑ **assommer** ◆ [fam.] **embêter**, **empoisonner**, **barber**, **casser les pieds**, **la tête** ◆ [plus fam.] **faire suer**, **tanner**, **canuler**, **cramponner**, **bassiner**, **casser les pieds**, **enquiquiner** ◆ [très fam. ou vulg.] **courir sur le haricot**, **faire chier** (*faire chier le monde*), **emmouscailler**, **emmerder** ; → ACCROCHER II, ÉNERVER, GÊNER. **3.** *Son exposé a ennuyé tout le monde* : **endormir**, **lasser** ◆ [fam.] **raser**, ↑ **soûler** (outre les syn. de ennuyer 2) ; → ABRUTIR, INCOMMODER. **4.** *Je ne sais comment lui répondre : je suis bien ennuyé* : **embarrasser***.

◇ **s'ennuyer** *Ce que l'on peut s'ennuyer dans ce pays !* : [fam.] **s'embêter**, **s'empoisonner**, **s'enquiquiner**, **se barber**, **se faire suer**, ↑ **à cent sous de l'heure** ◆ [très fam.] **se faire chier**, **s'emmerder**.

◇ **ennui** **1.** *Il ne parvenait pas à chasser l'ennui qui l'envahissait* : [fam.] **cafard***. **2.** *Il n'a pas ses papiers, il risque d'avoir des ennuis* : **désagrément** ◆ **tracas** (qui implique davantage l'idée de souci) ◆ [fam.] **embêtement** ◆ [vulg.] **emmerdement**, **des emmerdes** ; → COMPLICATIONS, HISTOIRE. *Il y a un ennui : la voiture ne veut pas démarrer* : [fam.] **tuile**, **os**, **pépin** ; → DIFFICULTÉ, ACCIDENT. *Sans ennui* : V. ENCOMBRE. **3.** *Il faut l'aider : on ne peut le laisser dans l'ennui* : **embarras*** ; → SOUCI. **4.** V. INCOMMODITÉ.

◇ **ennuyé** *Je suis ennuyé de vous déranger ainsi* : [fam.] **embêté** ◆ [très fam., vulg.] **emmerdé** ; → CONFUS II.

◇ **ennuyeux** **1.** *Il ne pourra pas venir ? C'est très ennuyeux !* : [fam.] **embêtant** ◆ [vulg.] **emmerdant** ; → DÉSAGRÉABLE. **2.** *Il a fait un discours très ennuyeux* : [fam.] **barbant**, **rasoir**, **rasant**, **suant**, **enquiquinant** ◆ ↑ **assommant**, **insipide**, **soporifique**. *Ce travail est ennuyeux* : ↑ **fastidieux** ; → MORTEL, RÉBARBATIF. **3.** *C'est quelqu'un de très ennuyeux* : [fam.] **barbant**, **rasoir**, **assommant** ◆ [n.] **raseur** (*c'est un raseur*) ◆ [fam.] **tannant**.

énoncé V. texte.

énoncer *Il a énoncé ses propos de manière on ne peut plus nette* : **dire**, **écrire** (selon qu'on se situe à l'oral ou à l'écrit) ◆ **formuler** (qui insiste surtout sur la netteté de l'expression orale ou écrite). Contrairement aux v. précédents, qui ont un contenu exclusivement intellectuel, **exprimer** peut avoir un contenu affectif (*on énonce une vérité, on exprime un désir*) ◆ **former** (*former, formuler un vœu*) ◆ [rare] **émettre** (*émettre un souhait*) ◆ **exposer** (qui suppose des développements plus détaillés qu'*énoncer* : *toutes les conditions sont exposées dans le contrat*) ◆ [didact.] **stipuler** (= énoncer comme condition dans un contrat) ; → DÉCLINER.

enorgueillir (s') *Il s'enorgueillit de posséder l'une des plus belles propriétés du pays* : **se glorifier** ; → SE FLATTER DE, S'HONORER.

énorme V. COLOSSAL, MONSTRUEUX et DÉMESURE. *Une faute énorme* : V. GROS. *Faire un effet énorme* : [fam.] **bœuf**. *Avoir un succès énorme* : ↑ **monstre** ◆ [antéposé] ↓ **gros**.
◇ **énormité** 1. *Il venait de prendre conscience de l'énormité du travail à accomplir* : **immensité**. 2. *Il ne dit que des énormités* : **sottises** ; → BÊTISE. *L'énormité de son histoire a frappé tout le monde* : **invraisemblance**.

énormément V. beaucoup, terriblement (*in* terrible).

enquérir (s') *Il faudra que je m'enquière des mœurs de mes nouveaux concitoyens* [sout.] : [rare] **s'inquiéter** ◆ [cour.] **s'informer**, **se renseigner** ◆ [très fam.] **aller aux rencards** (= demander des renseignements). Contrairement aux autres verbes, *s'enquérir* et *s'inquiéter de* ne peuvent s'employer sans compl. ; → CHERCHER.

enquête 1. *Les mobiles du crime ne sont pas encore connus : l'enquête se poursuit* : [en termes de droit] **instruction** (= tout ce qui doit être mis en œuvre pour qu'une cause puisse être jugée) ◆ **information** (= instruction préparatoire, actes destinés à établir la cause d'une infraction, à en découvrir les causes). 2. *Avant de lancer un nouveau produit, le directeur souhaite que l'on procède à une enquête auprès du public* : **sondage** ◆ **étude de marché** (dans un contexte commercial) ; → CONSULTATION, RECHERCHE.

enquêteur V. sondeur.

enquiquinant V. collant (*in* colle I), ennuyeux (*in* ennuyer).

enquiquiner V. ennuyer.

enraciné V. tenace.

enragé 1. V. acharné. 2. V. extrémiste.

enrager V. rager (*in* rage).

enrayer *Le gouvernement parviendra-t-il à enrayer la hausse des prix de la viande ?* : **juguler**, **endiguer** ◆ ↓ **freiner** ◆ ↑ **stopper** ; → ARRÊTER I.

enrégimenter *Il s'était laissé enrégimenter dans un groupuscule d'extrême droite* : **embrigader**, **enrôler** ; → ENDOCTRINER, ENGAGER.
◇ **enrégimentement** [de enrégimenter] **embrigadement**, **enrôlement**.

enregistrement 1. V. prise de son III. 2. V. disque.

enregistrer 1. *Avez-vous enregistré ce terme dans votre dictionnaire ?* : **mentionner** ◆ [plus techn.] **répertorier** ◆ [plus cour.] **noter**. 2. *On a enregistré une hausse des températures* : **observer** ◆ [plus cour.] **noter**. *Les températures enregistrées sont en hausse* : **recueillir**, **relever**. *Veuillez enregistrer ma demande !* : **noter**, **prendre bonne note de**. 3. *Enregistrer un disque à partir d'un autre enregistrement* : **repiquer**.

enrichir 1. V. riche. 2. V. orner.

enrichissant V. profitable.

enrichissement V. richesse (*in* riche).

enrober 1. V. ENVELOPPER et ROULER I. 2. *C'est agaçant : il vous parle toujours en termes enrobés !* : **voiler** ; → ENVELOPPER.

enrôler V. associer, engager, mobiliser.
◇ **s'enrôler** V. adhérer II.

enroué *Être enroué. Je suis enroué depuis hier, on m'entend à peine* : [fam.] **avoir un chat dans la gorge** ; → RAUQUE, VOILÉ.
◇ **enrouement** : ↑ **extinction de voix**.

enrouler V. se rouler I, tordre.

ensabler (s') V. échouer I.

ensanglanté *Le boucher avait les mains tout ensanglantées d'avoir tué le cochon* : **sanglant** (confondus dans cet ex., ces deux termes se distinguent dans la langue sout. ; *ensanglanté* se dit de ce, de celui qui est recouvert de sang, d'un sang étranger, *sanglant* de celui qui est recouvert de son propre sang) ◆ **saignant** (qui ne s'emploie plus qu'en parlant d'une viande peu cuite ou d'une blessure : *une blessure saignante*, ↑ *sanglante*) ◆ **sanguinolent** (qui ne se dit que d'humeurs ou de matières mêlées de sang : *des crachats sanguinolents*).

enseignant V. enseigner.

enseigne

I 1. V. DRAPEAU. 2. *Une enseigne lumineuse signale son magasin* : [d'emploi plus restreint] **panonceau**.

II *À telle enseigne. Cette eau est polluée : à telle enseigne que la truite y a disparu* [sout.] : [cour.] **c'est si vrai que** ◆ [plus cour.] **la preuve** (*la preuve : la truite...*).

enseigner 1. [qqn ~] V. APPRENDRE. *Son frère enseigne au lycée* : **donner des cours** (qui s'emploie lorsque l'on n'exerce pas à plein temps dans l'établissement dont on parle) ; → PROFESSER II. 2. [qqch ~] *La nature nous enseigne que ce que l'on appelle le « progrès » a des limites* [sout.] : [cour.] **montrer, révéler** ; → ANNONCER. *Il a eu un accident, cela lui enseignera peut-être la prudence* : **inciter à** (*inciter qqn à*) ◆ [moins sout.] **apprendre**.

◇ **enseignant** Ce terme à valeur générale peut remplacer des syn. à valeur partic. : **instituteur***, **professeur***.

◇ **enseignement** 1. *Il travaille dans l'enseignement* : **éducation nationale** (qui ne s'applique qu'au secteur public) ◆ **enseignement privé**, [abrév.] **privé** (qui désigne l'autre secteur) ; → INSTRUCTION, LEÇON. 2. V. CONCLUSION et MORALE.

ensemble

I [adv.] 1. *Ils ont travaillé ensemble à la réalisation de ce projet* : [sout.] **de concert, de conserve, conjointement** ◆ [fam.] **au coude à coude** (qui implique l'idée d'efforts intenses) ◆ **la main dans la main** (qui implique l'idée d'union totale) ◆ [didact.] **en synergie** (= mise en commun des énergies potentielles) ◆ **en chœur** (qui suppose une intervention de la voix : *ils sont venus se plaindre ensemble, en chœur*) ; → COMMUN I. 2. *Nos deux trains sont arrivés ensemble* : **simultanément, en même temps**. 3. *Aller ensemble. Son chapeau et sa robe vont bien ensemble* : **bien s'harmoniser, être coordonné**. *Ces couleurs vont mal ensemble, ne vont pas ensemble* : **jurer** ◆ ↑ **hurler**.

II [n.] 1. *Je vous laisse l'ensemble pour cent euros* : **le tout, la totalité** ; → PAQUET. 2. *Avoir une vue d'ensemble sur* : **général, global**. 3. *Dans l'ensemble, je ne suis pas mécontent de notre performance* : **en gros, grosso modo, au total** ◆ **finalement** ; → GROSSIÈREMENT, EN FIN* I DE COMPTE. 4. *Ensemble vocal* : **chorale**. *Ensemble instrumental* : **orchestre** (les périphrases avec *ensemble* étant d'emploi moins souple et appartenant au vocabulaire technique). 5. *Vivre dans un grand ensemble* : **H.L.M.** (= habitation à loyer modéré) ◆ **Z.U.P.** (= zone à urbaniser par priorité) ; → IMMEUBLE.

ensemblier V. décorateur.

ensemencement V. semailles (*in* semer I).

ensemencer V. planter, semer I.

ensevelir V. enterrer.

ensoleillé V. clair.

ensorcelant V. enchanteur (*in* enchanter).

ensorceler V. enchanter.

ensorcellement V. sorcellerie (*in* sorcier).

ensuite 1. *Nous visiterons Azay-le-Rideau et ensuite nous irons à Langeais* : **puis*** (qui a davantage valeur de conj. de coordination ; s'emploie ici sans *et*, contrairement à *ensuite*, et de manière plus souple : *ce fut au tour de M. Durand, puis de M. Dupont ; il entra, vérifia son costume, puis nous salua* [*ensuite* ne conviendrait guère ici, ou marquerait une rupture très forte]. En revanche, *ensuite* est d'emploi beaucoup plus souple quant à la place qu'il occupe dans la phrase ; dans notre ex., il peut aussi bien se placer à la fin) ; → APRÈS I, EN SECOND* LIEU I. 2. *Il s'est marié en 1965 ; ensuite, je l'ai perdu de vue* : **par la suite** ; → APRÈS II.

ensuivre (s') 1. V. RÉSULTER. 2. *Il y avait un dessert, du café, du champagne et tout ce qui s'ensuit* : **etc.** ◆ [fam.] **et tout le reste** ◆ [arg.] **et le toutim**.

entacher V. salir, souiller.

entaille 1. *Faire une entaille dans une pièce de bois* : [cour.] **encoche** (= petite entaille) ◆ **rainure** (= entaille en long)

◆ **rayure** (= légère entaille en long) ◆ **cran** (= entaille faite sur un corps dur pour en accrocher un autre). **2.** *Il s'est fait une belle entaille* : [partic.] **estafilade** (= entaille faite au visage par une arme tranchante) ◆ [en termes de chirurgie] **incision, boutonnière** (= incision en longueur), **scarification** (= incision superficielle pour obtenir un peu de sang ou de sérosité) ; → COUPURE, CICATRICE.

entailler V. couper.

entamer **1.** V. affaiblir, attaquer, ébranler, mordre, ronger, toucher I, user II. **2.** V. commencer, se lancer.

entasser **1.** Mettre en tas : **empiler** (= mettre en piles) ◆ **amonceler** (= mettre en monceaux : *entasser des pommes de terre ; empiler des assiettes ; le vent amoncelle les nuages*) ; → SUPERPOSER. **2.** Réunir en grande quantité : **accumuler, amonceler** (*accumuler, entasser, amonceler des richesses, des livres* ; dans ces contextes, *empiler* ne s'utilise généralement que lorsque demeure l'idée de *pile,* de groupement en hauteur, tandis qu'*entasser* et *amonceler* enchérissent sur *accumuler*) ; → AMASSER.

◇ **s'entasser** **1.** [de entasser] *Les glaçons s'entassent contre les piles du pont* : **s'agglomérer, s'agglutiner**. **2.** *Aux heures de pointe, les Parisiens s'entassent dans les autobus* : **se presser** ◆ ↑ **s'écraser**.

◇ **entassement** *Il y a un tel entassement d'objets divers dans ce grenier qu'on n'y retrouve plus rien* : **accumulation, amoncellement** ; → AMAS.

entendement V. pensée I.

entendre

I V. VOULOIR.

II *Avez-vous entendu ce qu'il vous a dit ?* : **écouter** (qui suppose que l'on prête attention à ce que l'on dit) ◆ [vx ; seult à l'inf. et aux temps composés] **ouïr** (*j'ai ouï dire*) ; → PERCEVOIR I.

III *Je n'entends pas bien ce que vous dites* [sout.] : [cour.] **saisir, comprendre*** I. *Qu'entendez-vous par là ?* : **que voulez-vous dire ?** *Donner à entendre que* : V. INSINUER.

◇ **s'entendre** **1.** [~ avec qqn] *Ils se sont toujours bien entendus* : [moins cour.] **s'accorder, se comprendre, sympathiser** ◆ ↑ **fraterniser**. [ne pas ~ avec qqn] *Ils ne s'entendent pas* : [fam.] ↑ **être comme chien et chat** ◆ **ne pas faire bon ménage** (qui s'emploie plutôt en parlant d'un couple) ◆ ↑ **se détester cordialement** ; → SENTIR I. **2.** [~ avec qqn sur, pour]. *Nous nous sommes entendus sur le prix* : V. D'ACCORD (*in* ACCORD I), COMPOSER IV. **3.** *S'y entendre* : V. CONNAÎTRE. **4.** *J'ai beaucoup de travail ; mais nous prendrons néanmoins quelques jours de vacances, cela s'entend* : **cela va de soi** ; → BIEN ENTENDU*.

◇ **entendu** **1.** V. ACCORD I. **2.** *Elle nous a regardés avec un petit air entendu* : [moins pr.] **malin** ◆ [fam.] **finaud**. **3.** *Si vous pouvez venir à la maison ? mais bien entendu !* : **évidemment, naturellement** ; → S'ENTENDRE, ASSURÉMENT.

◇ **entente** **1.** V. ACCORD I. **2.** *Entente illicite* : V. COMPLICITÉ. **3.** *L'entente ne règne pas dans le ménage !* : **harmonie, union*** ; → LUNE* DE MIEL. L'entente entre deux personnes peut aller de la simple **cordialité** à la ↑ **camaraderie** ou à l'↑ **amitié**, voire à l'↑ **affection***.

entériner V. ratifier, sanctionner (*in* sanction).

enterrer **1.** [~ qqn] *Son frère a été enterré hier* : [sout.] **inhumer, ensevelir** ◆ [rare] **porter en terre** ; → TERRE. **2.** [~ qqch] *Enterrer un trésor* : **enfouir** ◆ [plus génér.] **cacher**. *Le scandale a été enterré* : **étouffer**. *Le projet a été enterré* : **abandonner**.

◇ **s'enterrer** *Quelle idée d'aller s'enterrer dans ce trou perdu de province !* : ↓ **se retirer** ; → S'ENCROÛTER, CROUPIR, S'ENLISER.

◇ **enterrement** **1.** *Il y avait peu de monde à l'enterrement de mon cousin* [cour.] : au sens de « mise en terre », a pour syn. sout. **inhumation**. Au sens plus fréquent de « ensemble des cérémonies funèbres », a pour syn. sout. **funérailles** et pour syn. didact. **obsèques** ◆ **convoi funèbre** (= cortège de personnes). **2.** *Avoir une tête d'enterrement* : V. TRISTE I. **3.** *Cette défaite, c'est l'enterrement de toutes ses illusions* : **mort** ◆ ↓ **fin** ; → GLAS.

entêtant V. enivrant (*in* enivrer).

entêté V. têtu, volontaire.

entêter (s') 1. V. CONTINUER. 2. *Plus vous lui demandez d'agir autrement, plus il s'entête* : **se buter** ; → S'OBSTINER.
◇ **entêtement** 1. [péj.] **obstination** ◆ ↑ **aveuglement***. 2. [non péj.] **obstination**, **opiniâtreté**, **persévérance**, **ténacité**.

enthousiasme 1. *Le spectacle soulevait l'enthousiasme* : ↓ **admiration** ; → ÉMERVEILLEMENT. 2. *Le spectacle a déchaîné l'enthousiasme* : **passion** ◆ ↑ **frénésie** ; → DÉLIRE, ANIMATION. 3. *Il est pris d'un nouvel enthousiasme pour son travail* : **engouement** (qui se dit surtout d'un mouvement exagéré et passager) ◆ [plus fam.] **emballement** ; → EMPRESSEMENT. *Avec enthousiasme* : V. CHALEUREUSEMENT. *Il travaille avec enthousiasme* : **avec cœur, beaucoup de cœur** ◆ ↓ **entrain** ; → ZÈLE.
◇ **enthousiasmer** [de enthousiasme] 1. *Le spectacle nous a enthousiasmés* : **remplir d'admiration**. 2. **passionner** ; → EXALTER. 3. [plus fam.] **emballer**.
◇ **s'enthousiasmer** 1. *Il s'enthousiasme pour toutes les nouvelles formes de l'art* : ↓ **se passionner** ◆ [plus fam.] **s'emballer** ; → S'ENGOUER, ADMIRER. 2. *C'est qqn qui s'enthousiasme facilement* : **s'enflammer**, **s'exalter** ◆ [plus fam.] **s'emballer**.
◇ **enthousiaste** 1. [qqn est ~] V. CHAUD. 2. *Des applaudissements enthousiastes* : ↑ **frénétique**, **à tout rompre**. *Un accueil enthousiaste* : V. CORDIAL et DÉBORDANT. *Une foule enthousiaste* : ↑ **en délire***, **exalté**. *Un admirateur enthousiaste de Mozart* : **passionné**, [antéposé] **fervent** ; → BOUILLONNANT, FANATIQUE.

enticher (s') V. s'amouracher (*in* amour), s'attacher, s'engouer.

entier

I Se dit de ce qui est considéré dans sa totalité, dans son intégralité. Un livre *entier* de recettes de cuisine est un livre qui ne comporte que des recettes de cuisine ◆ **complet** implique l'idée de multiplicité et se dit d'un ensemble qui comprend tous les éléments nécessaires à sa constitution. Un livre de recettes de cuisine *complet* est un livre auquel ne manque aucune des recettes fondamentales. Dans certains contextes, les deux adjectifs se rejoignent. *Ma satisfaction est entière* [sout.] : [cour.] **complet**, **total** ; → PARFAIT, PLEIN. *Il a lu l'œuvre entière de Balzac* : **complet**, **intégral** ; → TOUT I. *Dans cette affaire, sa bonne foi est entière* : **intact** ; → ABSOLU.
◇ **entièrement** 1. V. ABSOLUMENT, PLEINEMENT, SANS RESTRICTION* et SUR TOUTE LA LIGNE* III. *Se donner entièrement* : V. CORPS ET ÂME*. 2. *J'ai lu ce livre presque entièrement* : [plus rare] **dans sa totalité** ◆ [sout.] **dans son entier** ◆ [cour.] **en entier** ; → COMPLÈTEMENT, DE FOND EN COMBLE* II, INTÉGRALEMENT, GLOBAL.

II [qqn est ~]. V. TÊTU et TOUT D'UNE PIÈCE* I.

entonner 1. V. avaler, boire. 2. V. chanter.

entorse V. foulure. *Faire une entorse à qqch* : V. ne pas respecter*.

entortiller 1. V. envelopper. 2. V. compliquer, s'embarrasser. 3. V. embobiner, séduire.

entourage 1. V. cadre. 2. V. voisinage (*in* voisin).

entourer 1. [~ qqch] *Entourer une ville de remparts* : **ceindre**, **enceindre** ◆ [express.] **cercler**. *Entourer un jardin d'une haie* : **clore**, **clôturer** ◆ [rare] **fermer** ; → ENCLORE. 2. [qqch ~ qqch] *Les remparts qui entourent une ville* : **ceinturer**, **cerner**. *La haie qui entoure le jardin* : [rare] **fermer**, ↑ **enfermer**. *La forêt qui entoure le village* : **encadrer**, **environner**. *La mer qui entoure l'île* : V. BAIGNER I. *Entourer de dentelle* : V. BORDER. *Entourer de papier* : V. ENVELOPPER. 3. [qqn ~ qqn] *Ils se sentaient entourés de tous côtés par l'ennemi* : **cerner***. 4. [~ qqn] *Il a besoin d'être beaucoup entouré* : ↓ **s'occuper de** (*qu'on s'occupe beaucoup de lui*) ◆ ↑ **choyer**. *Entourer qqn d'égards* : ↑ **combler**.
◇ **s'entourer** *S'entourer de toutes les précautions nécessaires* : [plus génér.] **prendre** (*prendre toutes les précautions...*).

entourloupette V. tour III.

entournures *Gêner aux entournures* : V. embarrasser.

entracte V. pause.

entraide V. solidarité (*in* solidaire), secours.

entraider (s') V. se serrer* les coudes, se soutenir.

entrailles **1.** [cour.] **viscères*** ◆ [plus fam.] **boyaux**, ↑ **tripes**. **2.** Lieu de la gestation d'un enfant [litt.] : **sein** (*Jésus, le fruit de vos entrailles*). **3.** *Cette musique vous touche jusqu'aux entrailles !* : **âme**, **cœur** ◆ [fam.] **tripes**.

entrain **1.** *C'est un garçon plein d'entrain* : **allant** ◆ ↑ **joie de vivre** ; → ENTHOUSIASME, JUVÉNILE, ARDEUR, GAIETÉ, ACTIVITÉ. *Avec entrain* : V. GAIEMENT. **2.** *La conversation manque d'entrain* : **vivacité**, **animation*** ; → CHALEUR.

entraînant V. rythmé (*in* rythme).

entraîné V. entraîner II.

entraînement

I [de entraîner I] *Céder à l'entraînement d'une passion* : **force**, **pente**. *Céder à ses entraînements* [sout.] : V. PASSION.

II [de entraîner II] *La réussite de cet orateur est le fruit d'un long entraînement* : **pratique** ; → EXERCICE, HABITUDE.

entraîner

I **1.** [qqch ~ qqch] *Le vent a entraîné les feuilles dans la piscine* : **charrier** (qui implique des objets lourds ou volumineux) ; → EMPORTER. **2.** [qqn, qqch ~ qqn à] *Son amour de l'argent l'a entraîné à s'associer à des gens douteux* : **pousser** ; → AMENER, CONDUIRE, EMBARQUER, MENER I. **3.** *Entraîner un accident* : V. OCCASIONNER. **4.** [qqn ~] *C'est quelqu'un qui sait entraîner les foules par sa chaleur* : ↓ **convaincre** ; → ENFLAMMER.

II [~ qqn, un animal] *Entraîner une équipe de basket*, c'est la **préparer**, la **former**. *Ce chien est entraîné à effectuer de longs parcours* : **exercer à**, **dresser pour**.

◇ **s'entraîner** *Il s'entraîne au maniement d'une carabine de chasse* : **s'exercer** ◆ ↓ **se familiariser** (avec).

◇ **entraîné** *Il est entraîné à ce genre d'exercice* : ↓ **familiarisé avec** ◆ ↑ **rompu**.

◇ **entraîneur** **1.** Selon le sport considéré, on parle d' **entraîneur** (ex. : d'une équipe de football), de **manager** (ex. : de boxe) ◆ **moniteur** désigne plutôt celui qui enseigne les éléments d'un sport. **2.** *Un entraîneur d'hommes* : V. ANIMATEUR et CHEF.

entraîneuse V. danseur.

entrave V. obstacle.

entraver **1.** V. contrarier, gêner. **2.** V. comprendre II.

entre V. intercaler, intermédiaire, parmi.

entrebâiller V. ouvrir.

entrecôte V. côte I.

entrecoupé V. saccadé (*in* saccade).

entrecroisement V. entrelacement (*in* entrelacer).

entrecroiser (s') V. s'entrelacer.

entrée V. entrer.

entrefaites (sur ces) *Sur ces entrefaites, le directeur entra dans le bureau* : **là-dessus**, **sur ce**, **c'est alors que** ◆ [plus cour.] **mais voilà que** ◆ [fam.] **voilà-t-il pas que**.

entrefilet V. article.

entregent V. adresse I.

entrelacer *Entrelacer des fils* : [plus génér.] **entrecroiser** ◆ [plus partic.] **tresser**, **tisser**, **natter**.

◇ **s'entrelacer** *Les vrilles de la vigne s'entrelacent* : **s'enchevêtrer**, **s'emmêler**, **s'entremêler** ◆ [fam.] **s'embrouiller**.

◇ **entrelacement** [de entrelacer] : **entrecroisement** ◆ [plus rare] **lacis**, **entrelacs** ◆ **enchevêtrement**.

entrelarder V. insérer.

entremêlé V. imbriqué.

entremêler (s') V. s'entrelacer.

entremettre (s') *Fallait-il s'entremettre dans leur querelle ?* : [plus cour.] **intervenir** ◆ ↑ **s'interposer** ; → S'INGÉRER.

◇ **entremise** 1. *La France a proposé son entremise dans les affaires du Moyen-Orient* : **médiation** ◆ **bons offices** ; → ARBITRAGE. 2. *Par l'entreprise de* : V. CANAL.

◇ **entremetteur** S'emploie presque exclusivement au féminin, contrairement à **proxénète** ; l'*entremetteuse* sert d'intermédiaire dans les intrigues galantes ; le *proxénète* vit de la prostitution d'autrui : on l'appelle alors [très fam.] **maquereau, maquerelle** ; → SOUTENEUR.

entreposer *Cet épicier entrepose ses marchandises dans son garage* : **emmagasiner, stocker** ◆ [plus génér.] **déposer**.

entrepôt V. dépôt (*in* déposer), magasin II.

entreprendre 1. V. COMMENCER, SE METTRE* À, TÂCHE et S'ATTELER À. 2. [~ de] *Il a entrepris de montrer qu'il y avait un rapport entre le temps qu'il fait et l'humeur des gens* : [plus cour.] **essayer, tenter**.

◇ **entreprenant** 1. V. ACTIF et BOUILLONNANT. 2. *Elle déteste les messieurs trop entreprenants* : **hardi, osé, audacieux**.

◇ **entreprise** 1. V. ŒUVRE. 2. *Ils ont décidé d'escalader les Grandes Jorasses : ce n'est pas une petite entreprise !* : **opération, aventure, affaire**. *Il a échoué dans son entreprise* : **tentative** ; → PLAN IV. 3. V. ÉTABLISSEMENT II et USINE. 4. *Il faut dénoncer cette entreprise contre le libre exercice du droit syndical* [sout.] : [cour.] **atteinte à** ◆ ↑ **attaque**, ↑ **attentat** ◆ ↓ **empiétement sur**. 5. *Esprit d'entreprise* : V. ACTIVITÉ.

entrepreneur V. constructeur.

entrer 1. [qqn ~ dans qqch] *Il est entré dans la maison par la fenêtre* : **rentrer** ◆ **pénétrer** (qui implique souvent l'idée d'obstacle) ◆ **s'introduire, se glisser*** (= entrer subrepticement ou sans raison) ◆ **faire irruption**, [assez fam.] **s'engouffrer** (qui impliquent un mouvement rapide et violent) ◆ **s'enfoncer** (qui implique une entrée en profondeur) ◆ **accéder** (= pouvoir entrer) ; → S'INFILTRER. *Entrer et sortir. Je ne fais qu'entrer et sortir* : **passer**. *Les troupes ennemies sont entrées sur le territoire* : ↑ **envahir** (*envahir qqch*) ◆ ↓ **prendre position**. *Nous sommes entrés dans cette rue par hasard* : **s'engager** ◆ [plus cour.] **prendre** ; [pour tous ces emplois] → S'INFILTRER, S'INSINUER. 2. [qqch, qqn ~ dans qqch, qqn] *La voiture est entrée dans un arbre* : **rentrer** ◆ ↑ **percuter** (... *a percuté un arbre*). 3. [qqn ~ dans, à]. V. ADHÉRER II et CONVERTIR. *Entrer en relation* : V. CONTACT. 4. [qqch ~ dans qqch] *Cette valise est trop petite : tout n'entrera pas !* : **rentrer, tenir**. 5. [qqch ~ dans qqch] *Les frais de mise à disposition entrent dans le prix de la voiture* : **faire partie de, être compris dans** ; → S'INSCRIRE.

◇ **entrée** 1. Le fait ou la possibilité d'entrer. *Faire son entrée* : V. APPARITION I et INTRODUCTION. *Entrée et sortie* : V. MOUVEMENT. La possibilité d'entrer : V. ACCÈS. *Entrée dans un parti, une religion* : V. ADMISSION et CONVERSION. 2. Ce qui permet d'entrer. *Elle se tenait à l'entrée du magasin* : [plus précis.] **porte, seuil** ; → BOUCHE, VESTIBULE. 3. Ce qui commence. *Entrée en matière* : V. INTRODUCTION. *À l'entrée de cette année, recevez mes meilleurs vœux* [sout.] : **seuil** ◆ [cour.] **commencement***. *D'entrée. Il nous a dit d'entrée que notre travail était excellent* : **d'entrée de jeu, d'emblée** ; → IMMÉDIATEMENT.

entre-temps V. dans l'intervalle.

entretenir 1. *Sa grand-mère est très malade ; on essaie de l'entretenir, mais pour combien de temps ?* : **maintenir, prolonger**. 2. *Ils entretiennent de bons rapports* : **conserver*** ◆ [cour.] **avoir**. *Il entretient ses relations* : **cultiver, soigner**. *Entretenir une illusion* : V. CARESSER. *Bien, mal entretenir sa maison* : **tenir**. *Bien entretenir sa voiture* : **soigner**. 3. *Il touche un petit salaire et est entretenu par ses patrons* : **être nourri*, logé et blanchi**.

◇ **s'entretenir** V. CONVERSER.

entretien V. audience, conversation.

entrevoir 1. V. voir. 2. V. pressentir.

entrevue V. rencontre (*in* rencontrer), tête-à-tête.

entrouvrir V. ouvrir.

entuber V. tromper.

énumération V. dénombrement, liste.

énumérer *On lui a demandé d'énumérer la liste des fleuves russes* : **citer*** ; → DÉTAILLER, DÉCLINER I.

envahir **1.** V. S'EMPARER, ENTRER et OCCUPER I. **2.** *Le trèfle envahit la pelouse* : ↑ **infester** ◆ [intr.] ↑ **proliférer** ◆ **pulluler** (qui s'emploie en parlant des animaux). *Les touristes envahissent les plages* : V. INONDER, SE RÉPANDRE et EMPLIR. **3.** *Être envahi par la peur* : V. GAGNER III, RAVAGER ; v. aussi S'INSINUER.

◇ **envahisseur** *La population manifestait sa haine contre l'envahisseur* : **occupant**.

◇ **envahissement** Action d'envahir ; son résultat : **invasion** (qui se dit surtout d'un mouvement brutal et belliqueux d'une population conquérante : *les grandes invasions ont été un envahissement sans précédent.* Les deux termes deviennent syn. dans certains contextes, invasion restant plus fort : *l'envahissement, l'invasion des touristes*) ; → INCURSION. L'**occupation** d'un territoire est le résultat de son envahissement.

envahissant V. collant (*in* colle II), exigeant (*in* exiger).

envahissement V. envahir.

envaser (s') V. échouer.

enveloppé V. épais.

envelopper **1.** *Envelopper un colis dans du papier* : **emballer**, **empaqueter**, **enrober**. *Envelopper une pièce de monnaie dans du papier* : **entortiller**. *Envelopper un enfant dans un manteau* : **emmailloter** (= envelopper un bébé dans ses langes) ◆ **emmitoufler** (= envelopper de vêtements très chauds) ◆ **draper** (= envelopper dans une pièce de tissu). **2.** *Le brouillard enveloppait la ville* [sout.] : [cour.] **couvrir**, **recouvrir** ◆ ↓ **entourer** ; → CACHER. **3.** [qqn ~ qqn] V. ATTAQUER. **4.** *Il faut toujours qu'il enveloppe ses attaques dans des paroles sucrées* : **déguiser*** ◆ [plus fam.] **emballer** ; → ENROBER.

◇ **enveloppe** **1.** *Entourer qqch d'une enveloppe de papier, de tissu* [très génér.] : [plus précis] **étui** (= enveloppe souvent rigide et épousant les formes de l'objet enveloppé : *l'étui d'un cigare, d'une paire de lunettes*) ◆ **fourreau**, **gaine** (= étui allongé : *le fourreau d'un parapluie ; le fourreau, la gaine d'une épée)* ◆ **housse** (= enveloppe légère, utilisée, notamment, pour les meubles ou les vêtements). **2.** *Enveloppe budgétaire* : V. COMPTE I.

envenimer V. enflammer.

◇ **s'envenimer** V. se gâter.

envergure **1.** Se dit de la plus grande **largeur** d'un avion. **2.** *Une personne d'envergure* : V. VOL, CLASSE II et TAILLE I. **3.** *Un projet d'envergure* : V. IMPORTANT et VASTE. *Prendre de l'envergure* : V. DÉVELOPPER II.

envers

I V. côté, revers II. *À l'envers* : V. contresens, sens III.

II V. pour. *Envers et contre tout* : V. contre vents* et marées.

enviable V. envie I.

envie

I **1.** En termes sout., c'est par *envie* que l'on ne peut supporter le bonheur des autres, c'est par **jalousie** que l'on ne peut supporter de perdre ce que l'on possède. Dans l'usage cour., les deux termes se rejoignent dans des contextes comme : *c'est l'envie, la jalousie qui le conduit à dénigrer ses voisins* ; → CONVOITISE, DÉSIR. **2.** *Avoir envie de* : V. DÉMANGER, DÉSIRER, SOUHAIT et HUMEUR. *Quel beau fruit : j'en ai envie !* : **en avoir l'eau à la bouche**. *Ôter l'envie* : V. DÉGOÛTER. *Une envie subite* : **lubie**. *Faire envie* : V. EXCITER.

◇ **envieux** [de envie 1] : **jaloux**.

◇ **envier** [de envie 1] : **jalouser**.

◇ **enviable** *Leur sort n'est guère enviable* : **tentant**.

II V. TACHE* II DE VIN.

environ V. dans, près I et II, quelque, vers I.

environnant V. proche.

environnement V. milieu II, écologie, situation II.

environner V. entourer.

environs V. abord (*in* aborder II), autour, parages, voisinage (*in* voisin).

envisageable V. possible.

envisager 1. V. regarder. 2. V. penser III, songer. 3. V. prévoir, fixer* des conditions.

envoi V. dédicace.

envol V. décollage (*in* décoller), départ I, essor.

envolée V. essor.

envoler (s') 1. V. décoller II, essor, partir. 2. V. disparaître.

envoûtant V. enchanteur (*in* enchanter), prenant (*in* prendre I), fascinant (*in* fasciner).

envoûtement V. enchantement (*in* enchanter), sorcellerie (*in* sorcier), fascination (*in* fasciner).

envoûter V. enchanter, fasciner.

envoûteur V. sorcier.

envoyé 1. V. délégué, messager (*in* message), diplomate, représentant. 2. V. ange.

envoyer 1. [~ qqn] ↑ **dépêcher** (= envoyer qqn en hâte avec un message) ◆ **diriger** (= envoyer dans une direction précise : *nous l'avons dirigé vers un bureau de renseignements*) ; → DÉLÉGUER. 2. [~ qqn à terre] V. ÉTENDRE. *Envoyer dinguer, paître* : V. CONGÉDIER. 3. [~ qqch] *Envoyer une lettre par la poste* : **expédier**. *Envoyer une lettre à qqn* : **adresser**. *Envoyer un câble* : **câbler**. *Envoyer un télégramme* : **télégraphier**. *Envoyer un coup de téléphone* : **téléphoner**. *Envoyer une flèche* : **décocher**. *Envoyer une balle* : **lancer**. *Envoyer une gifle* : V. ALLONGER. *Envoyer une pierre* : **jeter**. *Envoyer un drapeau* : V. HISSER.
◇ **s'envoyer** 1. *C'est lui qui s'envoie tout le travail* [fam.] : **se farcir, se taper** ◆ [cour.] **faire** ; → S'ENFILER, SE COLTINER 2. [~ qqn] V. AVOIR DES RELATIONS INTIMES et SAUTER.

épais 1. [qqch est ~] *Du papier épais* : **fort** ◆ [partic.] **kraft** (qui se dit d'un papier d'emballage très résistant). *Une chevelure épaisse* : V. ABONDANT. *Un liquide épais* : V. CONSISTANT et SIRUPEUX. *Des lèvres épaisses* : V. GROS. *Un brouillard épais* : V. DENSE. *Une foule épaisse* : V. SERRÉ. 2. [qqn est ~] *Il est bel homme, mais un peu épais* : ↓ **enveloppé**, ↑ **lourd** ◆ [plus péj.] **gras, gros*** ◆ **trapu, ramassé, massif** (= court et large). 3. *Un esprit épais* : **lourd, obtus** ; → BALOURD.
◇ **épaisseur** 1. V. COUCHE III. 2. *L'épaisseur de la brume, des ténèbres* : **densité** ◆ ↑ **opacité** (qui implique l'idée d'obscurité). *L'épaisseur d'une chevelure* : **abondance**. *L'épaisseur d'un liquide* : **consistance**. *L'épaisseur des lèvres* : **grosseur**.

épaissir V. prendre II.
◇ **s'épaissir** V. s'alourdir.

épancher (s') V. S'ABANDONNER II et SE CONFIER II.
◇ **épanchement** *C'est un homme assez froid, qui déteste les épanchements* : **effusion** ◆ [rare] **abandon** ◆ [plus cour.] **s'abandonner** (... *qui déteste s'abandonner*).

épandre V. étaler I, verser II.

épanouir (s') 1. *Les roses s'épanouissent au soleil* : ↓ **éclore, fleurir** ; → S'OUVRIR. 2. *À cette bonne nouvelle son visage s'est épanoui* : ↓ **se dérider** ◆ **s'illuminer**. *S'épanouir dans son métier* : V. S'ACCOMPLIR et SE RÉALISER.
◇ **épanoui** *Un visage épanoui* : ↑ **radieux***, ↓ **réjoui** ; → JOYEUX.
◇ **épanouissement** 1. *L'épanouissement des roses* : ↓ **éclosion, floraison**. 2. *À trente ans, elle apparaissait dans tout son épanouissement* : **éclat, plénitude, splendeur** ; → ACCOMPLISSEMENT.

épargne V. économie.

épargner 1. V. économiser. 2. V. dispenser I. 3. V. ménager. 4. V. vie* sauve.

éparpillement évoque aussi bien l'idée de **dispersion**, de **dissémination** que celle de **désordre***.

éparpiller V. disperser, répandre.
◇ **s'éparpiller** V. s'égarer.

épars V. disperser.

épatant V. charmant (*in* charme), remarquable.

épaté 1. V. camus. 2. V. ébahi, surpris (*in* surprendre).

épater V. étonner.

épauler 1. V. aider, soutenir. 2. V. mettre en joue*.

épave V. loque.

épée *Préférez-vous l'épée ou le pistolet ?* : [plus précis] **sabre** (qui a une lame plus large, recourbée et qui ne tranche que d'un côté) ◆ **fleuret** (= épée de salle d'armes, sans tranchant et mouchetée) ◆ [très sout. ; terme de littérature classique] **glaive** ◆ **cimeterre** (= sabre oriental à lame large et recourbée) ◆ **yatagan** (= sabre turc de même forme) ; → POIGNARD.

éperdu, éperdument V. fou.

éperonner V. exciter, piquer.

éphélide V. tache II.

éphémère V. court, passager, précaire.

éphéméride V. calendrier.

épi V. touffe.

épice V. assaisonnement.

épicé 1. V. fort II, relever I. 2. V. gaillard.

épicer V. relever I.

épicier V. bourgeois.

épicurien V. jouisseur (*in* jouir), sensuel (*in* sens I).

épidémie V. MODE I.
◇ **épidémique** *Le fou rire est épidémique* : [plus cour.] **contagieux**, **communicatif**.

épiderme V. peau.

épidermique V. superficiel.

épier *Il passe son temps à épier ses voisins* : [plus péj.] ↑ **espionner** ◆ **guetter** (qui s'emploie surtout en parlant des animaux : *un fauve qui guette, épie sa proie*) ; → OBSERVER I, SURVEILLER, AUX AGUETS.

épigone V. successeur (*in* succéder).

épigramme V. satire.

épigraphe V. inscription.

épilogue V. conclusion (*in* conclure).

épiloguer V. discourir.

épine 1. *Le rosier est couvert d'épines* : [fam.] **piquant**. 2. *Il m'a tiré une belle épine du pied* : [cour.] **tirer d'embarras**. 3. *Épine dorsale* : V. COLONNE VERTÉBRALE.
◇ **épineux** *La question est bien épineuse* : **délicat**, **difficile***, **embarrassant***.

épingle *Tiré à quatre épingles* : V. élégant. *Tirer son épingle du jeu* : V. s'en sortir. *Monter qqch en épingle* : V. faire valoir.

épingler 1. V. attacher I. 2. V. pincer, prendre I.

épique *Le débat sur la censure nous a valu des discussions épiques* : [plus rare] **homérique** ◆ ↓ **animé**.

épisode V. acte II, péripétie.

épisodique V. passager (*in* passer I).

épitaphe V. inscription.

épithète Selon les contextes, ce mot peut être un syn. expressif de **louange** ou d'**injure**.

épitoge V. robe.

épître V. lettre II.

éploré V. larme, triste.

épluchage V. examen.

éplucher 1. *Je n'aime pas éplucher les pommes de terre* [cour.] : [sout.] **peler** (*peler* ne peut se dire que de ce qui a une peau : on *épluche* de la salade, on ne la « pèle » pas ; en outre, il semble que l'on emploie plus fréquemment l'un ou l'autre verbe selon les contextes : *éplucher des pommes de terre crues, peler des pommes de terre en robe des champs, peler une orange, ôter, enlever la peau d'une banane*) ◆ **écosser** (qui s'emploie pour ce qui a une cosse : *écosser des haricots, des petits pois*) ◆ **décortiquer** (qui s'emploie pour ce qui a une écorce, une enveloppe : *décortiquer des amandes*) ◆ **écaler** (qui s'emploie pour ce qui a une écale : *écaler des noix*). **2.** *Sa lettre a été soigneusement épluchée* [assez fam.] : **passer au crible** ◆ [cour.] **disséquer** ◆ ↓ **étudier**.

épluchure V. déchet.

épointer V. émousser, user II.

éponge *Passer l'éponge* : V. pardonner.

époque *C'est l'époque de la moisson* : **moment**, **temps** ; → SAISON. *La Révolution a été une époque très troublée* : **période**. *L'époque industrielle* : **ère**. *Vivre avec son époque* : **siècle**. *Un meuble d'époque* : V. ANCIEN. *Les différentes époques de la vie* : **étape**.

époumoner (s') V. s'essouffler, se fatiguer.

épousailles V. mariage (*in* marier I).

épouser V. époux.

épousseter V. nettoyer.

époustouflant V. étonnant, suffocant (*in* suffoquer).

époustouflé V. ébahi.

époustoufler V. étonner.

épouvantable V. effroyable, scandaleux, abominable, affolant (*in* affoler).

épouvantablement V. abominablement (*in* abominable).

épouvante V. effroi, horreur, terreur.

épouvanter V. effrayer, faire peur, affoler, terreur.

époux, épouse S'emploient dans le style soutenu ou en termes de droit ou de religion (*prendre pour époux, épouse*) ; *épouse* s'emploie cependant dans le langage courant dans un contexte où *femme* serait ambigu (*Hélène est une épouse remarquable*) : [cour.] **mari, femme** ◆ [en termes de droit] **conjoint, conjointe** ◆ [sout.] **compagnon, compagne** (qui évoquent tendresse et affection) ◆ [fam.] **homme, bourgeoise, bergère** ◆ [par plais.] **moitié**. *Les futurs époux* : **fiancé**.

◇ **épouser** **1.** *Elle a épousé mon cousin* : [plus cour.] **se marier avec** ◆ [par plais.] **convoler** (*convoler en justes noces avec...*) ◆ [sout.] **s'unir** (*mon cousin et elle se sont unis*). **2.** *Ce n'est pas parce que c'est mon mari que je dois épouser toutes ses opinions !* : **embrasser**, [plus cour.] **partager*** (qui impliquent à la fois l'idée de partager et celle de défendre) ; → MOULER. **3.** V. SERRER I.

éprendre (s') V. aimer.

épreuve

I **1.** V. croix, malheur. **2.** *Mettre à l'épreuve* : V. éprouver, essayer. *À toute épreuve* : V. solide, inébranlable. *Faire l'épreuve de* : V. apprentissage. **3.** V. compétition, interrogation.

II V. photographie.

épris V. mordu (*in* mordre).

éprouvant V. pénible II.

éprouver **1.** *En te demandant cet effort, il a voulu éprouver ton courage* : **mettre à l'épreuve**, **prendre la mesure de**, **tester** ; → ESSAYER. **2.** [souvent au pass.] *Il a été durement éprouvé par la mort de son frère* : **atteindre, toucher** ; → PEINER II. **3.** *C'est en se heurtant à l'expérience qu'il a éprouvé combien sa vie d'étudiant avait été artificielle* : **constater, se rendre compte, réaliser**. *Éprouver des difficultés* : **rencontrer**. **4.** V. RESSENTIR, SENTIR et VIVRE.

◇ **éprouvé** **1.** *C'est un ami éprouvé* [rare] : [cour.] **sûr, fidèle**. **2.** V. MALHEUREUX.

épuisant V. fatigant (*in* fatiguer), pénible I, tuant (*in* tuer).

épuisé V. mort II, saigné, fatiguer (*in* fatigue), fini (*in* finir).

épuisement **1.** V. appauvrissement (*in* appauvrir). **2.** V. abattement (*in* abattre II), fatigue (*in* fatiguer).

épuiser **1.** *La rivière est épuisée* : **assécher, à sec**. *La source est épuisée* : **tarir**. *Une terre épuisée* : V. APPAUVRIR. (Tous ces emplois le plus souvent au passif.) **2.** *Nous avons épuisé toutes nos provisions* : ↓ **consommer***. **3.** [très souvent au pass.] *Le pays sort* *épuisé de la guerre* : **exsangue**, **saigné à blanc**. *Être épuisé de fatigue* : V. ABATTRE II, ÊTRE À BOUT*, FATIGUER, USER, VIDER et N'EN PLUS POUVOIR* I.

◇ **s'épuiser** V. SE FATIGUER et S'ESSOUFFLER. *Nos forces s'épuisent* : V. DISPARAÎTRE et S'USER.

épurer 1. *Épurer un liquide* : **purifier** ◆ [partic.] **distiller**, **raffiner**, **rectifier** (qui s'emploient selon le procédé utilisé) ◆ **assainir** (qui implique que le produit est considéré comme malsain) ◆ **décanter** (= épurer en laissant se déposer les impuretés que contenait le liquide) ◆ **filtrer** (= faire passer un liquide au travers d'un filtre). 2. *Il faudra épurer ce texte avant de l'imprimer* : **affiner** ◆ [fam.] **nettoyer**, **toiletter** ; → PARFAIRE. 3. *Épurer un auteur, un texte* [rare] : [cour.] **expurger** ; → COUPER, COUPURE. 4. *Épurer un parti, une assemblée...* : **procéder à une épuration**, ↑ **à une purge**, **purger** ; → ÉCARTER, ASSAINISSEMENT.

◇ **épuration** [de épurer] 1. **purification**, **assainissement**, **décantation**, **filtrage**. 2. **affinage**, **nettoyage**, **toilettage**. 3. [de épurer 4] **purge** ; → EXPULSION.

équarrir V. tailler II.

équilibre 1. V. APLOMB I. *Mettre en équilibre* : **équilibrer**. *Rétablir l'équilibre entre deux forces* : **contrebalancer** (*contrebalancer deux forces*). *Perdre l'équilibre* : ↓ **être en déséquilibre** ; → TOMBER. 2. *Rechercher l'équilibre budgétaire* : ↑ **stabilité**. 3. *Son équilibre mental est assez précaire* : [moins pr.] **santé**.

◇ **équilibrer** 1. *Dans certaines voitures, on équilibre le poids du moteur arrière par une charge du coffre avant* : **contrebalancer** ; → COMPENSER. 2. *Équilibrer un budget* (= répartir les masses des dépenses et des recettes de manière qu'elles se compensent) : ↓ **stabiliser** (qui peut impliquer qu'on le laisse en état, empêchant les dépenses de croître par rapport aux recettes). 3. *Il faut savoir équilibrer la douceur et la fermeté* : **tenir la balance, la juste mesure entre** ; → BALANCER I.

◇ **équilibré** *C'est qqn de bien équilibré.* 1. [rare] Se dit en parlant du physique, musculature, taille : **proportionné** ◆ [fam.] **balancé** ; → BÂTI, HARMONIEUX. 2. Se dit en parlant de la santé nerveuse, du caractère, en ce cas, avec ou sans adv. antéposé : **pondéré** (qui se dit surtout en parlant du caractère) ◆ ↑ **sain d'esprit** (qui se dit en parlant de la santé mentale) ◆ [assez fam.] **qui a la tête sur les épaules, qui a les pieds sur terre** ; → COMPLET. 3. V. HARMONIEUX.

équilibriste V. acrobate.

équipage V. accompagnement (*in* accompagner).

équipe V. écurie.

équipée 1. V. RANDONNÉE. 2. [surtout au pl.] *Il parlait encore avec attendrissement des équipées de sa jeunesse* (= folie de jeunesse) : **fredaine** ◆ ↑ **frasque** ◆ [plus génér., sing. ou plur.] **écart de conduite** ; → ESCAPADE.

équiper 1. [en termes de marine] *Équiper un bateau* [génér.] : **armer** ◆ [plus partic.] **gréer** (qui se dit surtout des voiles, poulies et cordages sur un voilier). 2. *Équiper un hôpital d'un matériel ultramoderne* : **munir**, **doter** ◆ [partic.] **appareiller** (= équiper d'appareils) ◆ **outiller** (= équiper d'outils) ◆ [génér.] **garnir** ; → MONTER II.

◇ **s'équiper** V. SE VÊTIR.

◇ **équipement** *L'opération nécessitait un équipement que l'hôpital ne possédait pas* : **appareillage** ◆ [souvent au plur.] **installation**. *L'équipement d'un atelier* : **outillage** ; → MATÉRIEL II.

équipier Être *équipier* ou **co-équipier**, c'est faire partie des **joueurs** d'une équipe.

équitable 1. *Vous pouvez vous fier à son jugement, c'est un homme équitable* (ce terme renvoie toujours à une justice supérieure, dont on a conscience naturellement) : **juste** (qui peut avoir ce sens, mais aussi ne renvoyer qu'à ce qui est conforme aux lois écrites en usage) ◆ **impartial** (qui se dit de celui qui est sans parti pris, qui ne se laisse pas influencer lors d'un jugement à rendre, d'un avis à donner) ◆ **neutre**, **objectif** (*un juge impartial, un observateur neutre, objectif*) ; → LOYAL. 2. *Le partage me semble équitable !* : **juste**, **honnête** ; → CORRECT.

équité V. droiture (*in* droit), justice (*in* juste I).

équivaloir 1. Être de même valeur, importance : **valoir* autant**. 2. *Abandonner, cela équivalait à faire preuve de lâcheté* : **revenir à** (qui, contrairement au précédent, s'emploie cour. au subj. et au p. passé) ◆ [plus génér.] **signifier** ; → REPRÉSENTER.
◇ **équivalent** 1. V. ÉGAL. 2. *Ces deux termes sont équivalents* : **synonyme**. *Nos expériences de la vie sont équivalentes* : **comparable** ; → SEMBLABLE. *Partir ou rester, pour moi c'est équivalent* : **cela revient au même, c'est la même chose** ◆ [fam.] **c'est kif-kif, c'est du kif, c'est du pareil au même**.

équivoque V. ambiguïté (*in* ambigu), suspect, faux I.

éradiquer V. arracher.

érafler V. déchirer, écorcher.

éraflure V. déchirure (*in* déchirer), écorchure.

éraillé V. rauque.

ère V. époque.

érection 1. V. ÉDIFICATION. 2. *Être en, entrer en érection* (en parlant du pénis) : [vulg., mais le plus employé] **bander**.

éreintant V. fatigant (*in* fatiguer).

éreinté V. fatigué, moulu (*in* moudre), recru.

éreintement V. fatigue.

éreinter 1. V. fatiguer, tuer. 2. V. critiquer (*in* critique), malmener, tomber dessus.

ergoter V. chicaner, discuter.

ériger 1. V. BÂTIR. 2. V. ÉTABLIR.
◇ **s'ériger** *Il faut toujours qu'il s'érige en moraliste : c'est agaçant !* : [moins pr.] **se poser, se présenter comme** ◆ ↓ **se conduire comme, en**.

ermite 1. Religieux retiré dans un lieu absolument désert : **solitaire** (qui peut se dire aussi d'un moine ayant décidé de vivre à l'écart dans sa cellule) ◆ **anachorète** (qui ne se comprend que par opp. à **cénobite** : *l'anachorète* se retire dans une solitude contemplative, le *cénobite* vit dans une communauté religieuse). 2. V. SEUL.

éroder V. ronger, user II.

érosion V. dégradation, usure.

érotique *Les plaisirs érotiques* : **sexuel*, sensuel*, des sens*, du sexe***. *Une atmosphère érotique* : ↓ **voluptueux** ◆ [fam.] **torride**. *Un livre érotique* : [péj.] ↑ **pornographique** [abrév. **porno**] ◆ **classé X, X** (pour les films, et les sites internet à caractère pornographique) ◆ [vieilli] ↑ **licencieux** ; → GAILLARD I, OBSCÈNE, OSÉ (*in* OSER), VICIEUX.
◇ **érotisme** *Une atmosphère pleine d'érotisme* : **sensualité** ◆ ↓ **volupté** ◆ ↑ **pornographie**.

érotisme V. érotique.

errement V. erreur.

errer
I V. SE TROMPER.
II 1. *Il rentrait chez lui après avoir longtemps erré dans la campagne* : **vagabonder** ◆ [fam.] **vadrouiller** ◆ [souvent péj.] **rôder, traîner**. *Il avait longtemps erré dans les rues de la capitale* : [fam.] **déambuler** ; → FLÂNER, MARCHER. 2. *Il laissait sa pensée errer au hasard* : **vagabonder, aller**. 3. *Une lueur d'amusement erra sur son visage* : **flotter, passer**.
◇ **errant** *Un chien errant* : **abandonné, perdu** ; → VAGABOND*. *Un regard errant* : **vague**. *Un sourire errant sur ses lèvres* : **fugitif, furtif**.

erreur D'une manière génér., v. FAUTE. Ces deux termes sont proches en tous emplois ; mais *erreur* se rapporte à la vie intellectuelle et psychologique, tandis que *faute* implique le plus souvent la vie morale. 1. *Il doit y avoir une erreur, je ne m'appelle pas Dupont* : **malentendu, confusion, méprise, quiproquo**. *Commettre une erreur* : **se tromper***. *Une erreur de conduite* : V. MALADRESSE. *Je vous ai dit cela par erreur* :

par inadvertance, **par mégarde**. **2.** [~ de jugement] *Ils espèrent qu'il cédera ? quelle erreur !* : ↑ **aberration** ; → ABSURDE, ABSURDITÉ, PRÉJUGÉ. *Vivre dans l'erreur* : ↑ **mensonge** ; → ILLUSION. **3.** *J'ai relevé plusieurs erreurs dans sa copie* : **faute** ◆ ↓ **inexactitude** ; → PERLE II. *Une erreur d'interprétation* : **faux-sens, contresens**. **4.** [pl., péj.] *Il faut lui pardonner ses erreurs de jeunesse* : ↓ **péchés** (*ses petits péchés de jeunesse*) ◆ ↑ **égarements*** ◆ [sout.] **errements** ; → DÉBORDEMENT.

◇ **erroné** *Ses affirmations sont parfaitement erronées* : **faux** ◆ ↓ **inexact** ◆ **mal fondé** (= qui n'a pas lieu d'être) ◆ [d'emploi plus restreint] **fautif** (*une cotation, une orthographe fautive*) ; → INCORRECT.

ersatz V. succédané.

éructation V. éructer.

éructer [sout.] : [cour.] **roter**.
◇ **éructation** : [cour.] **renvoi, rot**.

érudit V. lettré (*in* lettre III), savant I et II.

érudition V. savoir II.

éruption V. explosion.

érythème V. rougeur (*in* rouge).

esbroufe *Il cherche à faire de l'esbroufe : en réalité, il n'est pas rassuré* : **jeter de la poudre aux yeux** ; → CHIQUÉ, PARADE.

escadre V. flotte.

escadron V. troupe.

escalade *Nous comptons aller dans les Alpes pour y faire quelques escalades* : ↑ **ascension** ◆ **varappe** (= escalade le long d'une paroi rocheuse) ; → MONTÉE.

escalader V. gravir.

escale V. arrêt (*in* arrêter). *Faire escale* : V. mouiller, relâcher III.

escalier V. étage.

escamoter V. dérober, taire, voler II.

escamoteur V. prestidigitateur.

escampette V. fuir.

escapade *Pierre n'est pas chez lui ? Il a encore fait une escapade !* : ↑ **fugue** ; → ABSENCE, ÉQUIPÉE.

escarcelle V. bourse.

escargot **1.** On dit plus rarement **colimaçon** ou **limaçon** (mais seulement... *un escalier en colimaçon, une douzaine d'escargots*). **2.** *Marcher comme un escargot* : **très lentement**.

escarmouche V. assaut.

escarpé *Un rocher escarpé* : **abrupt** ◆ ↑ **à pic**. *Un chemin escarpé* : **raide** ◆ ↓ **montant**.

escarpement V. pente.

escarpolette : [plus cour. et génér.] **balançoire**.

esche V. appât.

escient (à bon) *Il ne parle jamais qu'à bon escient* (le plus souvent derrière « parler » et « agir ») : [d'emploi plus libre] **judicieusement** ◆ **avec discernement** (= qui implique moins l'idée que l'on agisse à propos) ; → CLAIRVOYANCE.

esclaffer (s') V. rire.

esclandre V. scandale, scène.

esclave **1.** *Les tyrans traitent les populations comme des esclaves* : **serf** ◆ ↓ **serviteur**. *Certains ont parmi vous de lâches conduites d'esclave* : **valet**. **2.** [être l' ~ de qqn] *Il l'aimait au point qu'elle avait fait de lui son esclave* : [plus péj.] ↑ **jouet**, **pantin**, **chose** (qui impliquent une idée de ridicule). **3.** [être ~ de qqch] *Il ne faut pas être esclave de son travail* : ↓ **prisonnier***.

◇ **esclavage** **1.** V. SERVITUDE et SUBORDINATION. **2.** *Son travail est pour lui un véritable esclavage* : ↓ **sujétion** (qui n'est pas forcément péj., alors que le précédent l'est presque toujours) ◆ [fam.] **carcan**. *L'esclavage de l'alcool* : **tyrannie**.

escogriffe V. grand.

escompte V. remise.

escompter V. espérer.

escorte V. détachement (*in* détacher), suite (*in* suivre).

escorter V. accompagner.

escouade V. troupe.

escrimer (s') V. essayer.

escroc *N'allez pas chez cet épicier : c'est un escroc !* : [fam.] **filou** ◆ ↑ **voleur*** ◆ **aigrefin, chevalier d'industrie** (qui se disent de celui qui pratique l'escroquerie à grande échelle) ; → PIRATE, MALFAITEUR.

◇ **escroquerie** **1.** V. VOL II. **2.** *Il considère les horoscopes comme une véritable escroquerie* : **abus de confiance** ; → MALHONNÊTETÉ, TROMPERIE.

escroquer V. voler II, soigner II, soutirer II, tromper.

escroquerie V. escroc.

esgourde V. oreille.

ésotérique V. caché, obscur, secret I.

ésotérisme L'ésotérisme a pu séduire ceux qui ne voulaient pas d'une poésie directement accessible : **hermétisme**. L'ésotérisme, l'hermétisme, érigés en doctrine spiritualiste et magique, font partie de l'**occultisme** ; → DIVINATION.

espace **1.** *Il aimait laisser son regard se perdre dans l'espace* : **immensité, infini** ◆ ↓ **ciel** ◆ [très sout.] **éther**. **2.** V. COSMOS. **3.** V. ÉTENDUE, PLACE I et SURFACE. **4.** V. INTERVALLE et BLANC II. **5.** *En quelques minutes, l'avion avait parcouru un espace considérable* : **trajet, distance***.

◇ **espacer** *Il avait espacé ses rendez-vous de manière à ne pas se surmener* : **échelonner** ; → ÉLOIGNER.

espagnolette V. poignée.

espèce

I **1.** *Des espèces animales et végétales* : [plus génér.] **catégorie, sorte** ◆ **genre** (*l'espèce humaine, le genre humain*). *Diverses espèces de fruits, d'arbres, de fleurs* : **variété** ◆ **essence** (qui s'emploie seult pour les arbres) ; → CLASSE I, GROUPE. **2.** *Quelles sont les différentes espèces de légumes que l'on cultive ici ?* : **sorte**. *Voici différentes espèces de tabac* : **sorte, qualité**. *Voici différentes espèces de chaussures* : **sorte, genre** ◆ [péj.] **acabit** (qui ne se dit que des personnes : *deux individus de même espèce, acabit*) ; → NATURE, RACE. **3.** *Il portait une espèce d'épée courte et massive* : **une sorte de**. *Espèce de cochon !* : **bougre de, sale, pauvre**.

II [pl.] V. ARGENT, LIQUIDE et NUMÉRAIRE.

espérer **1.** [~ + groupe nominal]. *J'espère une lettre pour demain* : **attendre**, ↑ **compter sur** (qui impliquent plus de certitude) ◆ [fam.] **tabler sur** (qui implique l'idée de calcul : *tabler sur une rentrée d'argent*) ◆ **escompter** (= prévoir qqch et agir en conséquence) ◆ **se promettre de** (qui ne s'emploie qu'en parlant de choses favorables, dont on se persuade qu'elles arriveront) ; → COMPTER I. **2.** [~ + inf.] *Il espère réussir* : **se promettre de, compter, penser*** ◆ **se flatter de** (qui est dominé par l'idée d'illusion, c'est s'entretenir dans l'espérance de qqch) ◆ **aspirer à** (= attendre avec grand désir). **3.** [~ + que] V. SOUHAITER.

◇ **espérance, espoir** **1.** [au sing., avec l'art. déf.] *L'espérance fait vivre* : **espoir** (ces deux termes sont aujourd'hui de même sens, *espoir* étant plus fréquemment employé ; le premier s'emploie seul dans certains contextes : *l'espérance chrétienne*). *Il faut vivre dans l'espérance* : ↑ **confiance***. [en termes de foi] *Le monde de l'espérance* : **attente, promesse**. **2.** [avec l'art. indéf.] *Reste-t-il un espoir de le sauver ?* : **chance, possibilité**. *De vains espoirs, une vaine espérance* : V. ILLUSION. *Dépasser tous les espoirs de qqn* : V. ESTIMATION.

espiègle **1.** *Cet enfant est un petit espiègle* : [fam.] **coquin*, fripon** ◆ **diable, polisson**, ↑ **démon** (qui impliquent davantage l'idée de méchanceté). **2.** *Un regard espiègle* : **malicieux** ◆ **gamin, mutin** (qui se disent surtout en parlant de l'air que l'on a, du sourire, ou du visage tout entier) ; → BADIN.

◇ **espièglerie** *À cinquante ans, il se plaisait encore à de telles espièglerie*s : **gaminerie, diablerie** ; → MALICE, ENFANTILLAGE.

espion 1. *La police a des espions* : [vx] : [cour.] **indicateur**, [abrév. fam.] **indic** ◆ [fam.] **mouchard** ; → ACCUSATEUR. 2. *La plupart des États ont des espions à l'étranger* : **agent secret** ◆ [fam.] **barbouze** ◆ **taupe** (= espion infiltré dans le milieu qu'on surveille).

espionner V. épier.

esplanade V. place II.

espoir V. espérer.

esprit
I 1. *La vie de l'esprit* : **spirituel** (*la vie spirituelle*). *L'Esprit de Dieu* : **Esprit-Saint**, **Saint-Esprit**, appelé encore **Paraclet** ; → ÂME. 2. Principe de la vie. *Rendre l'esprit* : V. MOURIR. *Perdre ses esprits* : V. CONNAISSANCE I. 3. Principe de la vie intellectuelle : V. PENSÉE I, CARACTÈRE I et HUMEUR. *Esprit fort* : V. IRRÉLIGIEUX. Ce mot s'emploie précédé d'un article dans de nombreux contextes courants en fonction desquels varient ses syn. *Avoir l'esprit vif* : **intelligence**. *C'est un grand esprit* : **cerveau** ◆ [fam.] **tête** (*c'est une tête*). *Ne pas trop se fatiguer l'esprit* : **tête**, **cerveau** ◆ [fam.] **méninges**. *Avoir de la présence d'esprit* : V. À-PROPOS. *Avoir l'esprit large* : **idées**. *Cette idée m'est venue à l'esprit soudainement* : [fam.] **passer par la tête**. *Perdre l'esprit* : **tête** ◆ [fam.] **boule** ◆ ↑ **devenir fou***. 4. *Il a beaucoup d'esprit* : **spirituel** (*être très spirituel*) ◆ **finesse d'esprit**, **finesse** ◆ **verve**, **brio** (qui évoquent surtout vivacité et imagination dans la parole) ◆ **humour** (qui se manifeste par le contraste entre la froideur apparente de celui qui parle et l'ironie de ce qu'il dit ; *humour* et *esprit* sont pris l'un pour l'autre en langue courante, mais ne peuvent pas toujours s'employer dans les mêmes contextes) ; → MOT* D'ESPRIT, PLAISANTERIE, RAILLERIE, SEL II. 5. *Esprit de*. *L'esprit d'entreprise* : V. ACTIVITÉ. *L'esprit d'invention* : V. IMAGINATION. *L'esprit des affaires* : **sens** ◆ [fam.] **bosse** ; → DON. *Dans un esprit de, sans esprit de vengeance, dénigrement* : **intention**, **volonté** ; → BUT. *Sans esprit de retour* : **désir**, **idée**.
II Être immatériel. 1. V. ANGE, DIABLE et LUTIN. 2. V. FANTÔME.

esquif V. embarcation.

esquille V. éclat I.

esquinter V. abîmer, critiquer, fatiguer, malmener, massacrer.

esquisse V. canevas, jet I, plan IV.

esquisser 1. V. dessiner (*in* dessin). 2. V. amorcer, commencer.

esquiver V. éviter.
◇ **s'esquiver** V. filer à l'anglaise*, se défiler, se dérober, sortir.

essai V. essayer.

essaim V. volée I.

essaimer V. se disperser.

essartage V. arrachage (*in* arracher).

essarter V. arracher, défricher.

essayer
1. [~ qqch] *On essaie en ce moment chez Renault un nouveau prototype de moteur* : **mettre à l'épreuve**, **à l'essai**, **expérimenter** ; → ÉPROUVER. *Voulez-vous essayer ce pull ?* : [fam.] **passer**. *Avez-vous essayé la natation ?* : V. TÂTER DE. 2. [~ de] *Il a essayé de s'enfuir, mais nous l'avons rattrapé* : [sout.] **chercher à**, **tenter de** ◆ [absolt, fam.] **tenter**, **risquer le coup**. *Il a essayé de le convaincre, et y a mis tout son courage, mais en vain* : **s'efforcer de** ◆ ↑ **s'évertuer à**, **faire l'impossible pour**, [fam.] **s'escrimer à** ; → S'EMPLOYER À, ENTREPRENDRE, CHERCHER À. *Tu essaieras d'être à l'heure !* : **tâcher de**, **s'efforcer de**.
◇ **s'essayer à** *S'essaierait-il maintenant à traverser le fleuve à la nage ?* [sout.] : [cour.] **se hasarder**, **se risquer**.
◇ **essai** 1. *Avant de commercialiser le produit, il faudra procéder à des essais en laboratoire* : [d'emploi plus restreint] **expérimentation**, **expérience** ; → ESSAYER, TEST. D'un artiste qui passe une séance d'essai, on dit qu'il passe une **audition**. *Ballon d'essai* : V. SONDE. *Il a travaillé pour vaincre le record, mais ses essais ont échoué* : **tentative** ; → EFFORT. 2. V. TRAITÉ I. 3. V. BUT.

essayeuse V. couturière.

essence
I *Acheter de l'essence* : [didact.] **carburant** ◆ [fam.] **jus** ◆ [partic.] **ordinaire** ◆ **supercarburant**, [abrév. fam.] **super**. *Tomber en panne d'essence* : **en panne sèche**.
II 1. V. ESPÈCE. 2. Les essences extraites de certaines plantes aromatiques sont aussi appelées **huiles essentielles** ; → EXTRAIT.

essentiel V. dominant (*in* dominer), élémentaire (*in* élément), indispensable, nécessaire, primordial, principal.

esseulé V. seul, solitaire I.

essieu V. axe.

essor 1. En parlant d'un oiseau : **envol**, **vol** ◆ [rare] **envolée, volée**. *Prendre son essor* : [cour.] **s'envoler**. 2. V. DÉVELOPPEMENT I et ACTIVITÉ. 3. V. IMPULSION.

essorer V. presser I, tordre.

essouffler [souvent au pass., au p. passé]. *En haut de la côte, on arrive tout essoufflé* : **haleter, être hors d'haleine** (*on arrive haletant, hors d'haleine...*) ◆ ↑ **suffoquer**.
◇ **s'essouffler** 1. *Inutile de t'essouffler ainsi : j'ai entendu !* : **s'époumoner**. 2. *Le cinéma semble s'essouffler* : **baisser**, ↑ **s'épuiser** ◆ [fam.] **être en roue libre** ◆ [express.] **connaître une éclipse, un passage à vide**.
◇ **essoufflement** [de essouffler] 1. **halètement, suffocation**. 2. **baisse, éclipse, passage à vide**.

essuie-mains V. serviette I.

essuyer 1. V. nettoyer, torcher. 2. V. recevoir I, souffrir, subir. *Essuyer une perte* : V. plume I.

est V. orient.

establishment V. ordre* établi.

estacade V. digue.

estafette V. messager (*in* message).

estafilade V. coupure (*in* couper), entaille.

estaminet V. cabaret.

estampe V. gravure, planche.

estamper V. écorcher, voler II.

estampille V. marque.

esthétique 1. [n.] V. PHILOSOPHIE. 2. [n.] *On admire l'esthétique du geste chez cette danseuse* : [plus génér.] **beauté***. 3. [adj.] *Cette tour, dans un paysage de montagne, n'est pas très esthétique* : **décoratif, harmonieux** ◆ [plus génér.] **beau***.

estimable V. honorable (*in* honneur), louable (*in* louer II), recommandable (*in* recommander).

estimation V. estimer II.

estime
I 1. *Son dévouement lui a valu l'estime de tous ses collègues* : [sout.] **considération** ◆ ↑ **respect** (qui implique l'admiration, mais aussi de la retenue dans les rapports que l'on a avec qqn, contrairement au précédent). Les marques de l'estime sont les **égards***. *Il jouit de l'estime de tous* : [fam.] **avoir la cote**. 2. *Qqch est en estime* : V. FAVEUR.
II [pr. et fig.] *À l'estime. Naviguer à l'estime* : **par approximation, approximativement**.

estimer
I [~ qqn] 1. *C'est un excellent collaborateur, que nous estimons beaucoup* : **apprécier** ◆ ↑ **surestimer**, ↓ **sous-estimer** ◆ [sout.] **priser** ◆ **aimer** (qui est plus fort, ou de niveau plus fam. si on l'emploie exactement au sens d'*estimer*) ◆ **considérer** (qui ne s'emploie en ce sens qu'au passif : *être bien, mal considéré, être très considéré*) ◆ [assez fam.] ↑ **faire grand cas de**. *Il est très estimé* : [fam.] **être la coqueluche de** ; → ENGOUEMENT. 2. [~ qqn comme] : V. REGARDER.
II 1. *Faire estimer un objet d'art par un spécialiste* : **expertiser, évaluer** ◆ [partic.] **coter** (= estimer le cours d'une marchandise ou d'une valeur) ◆ [plus génér.] **examiner**. 2. *On estime à une centaine le nombre des victimes* : **évaluer, chiffrer**. *Il a mal estimé la distance et a manqué son but* : **calculer, évaluer, apprécier**.
◇ **estimation** [de estimer] 1. **expertise**. 2. **évaluation** ; → APPRÉCIATION.

3. *Dépasser toutes les estimations* : **prévisions** ◆ **espoirs** (qui exige un renvoi personnel : *dépasser tous nos, ses espoirs, tous les espoirs de qqn*).

III [~ + complétive, inf. ou adj.] *J'estime indispensable d'agir au plus vite* : **juger, penser**. *J'estime qu'il faut agir au plus vite* : **juger, penser, considérer** ◆ [plus fam.] **trouver**. *J'estime avoir mérité la victoire* : **croire, penser** ◆ ↑ **être sûr de** ; → CERTAIN I, CROIRE, PENSER I.

◇ **s'estimer** *S'estimer capable de...* : V. SE SENTIR I.

estival V. été.

estivant [sout.] : **vacancier** ◆ [plus génér.] **touriste** ◆ [partic.] **aoûtien** (= estivant du mois d'août).

estomac V. ventre. *Estomac creux* : V. faim. *Avoir de l'estomac* : V. aplomb II.

estomaquer V. étonner, suffoquer, ébahi.

estomper (s') V. s'effacer, voiler I.

estourbir V. battre I, sonner, tuer.

estrade *Monter sur une estrade* : **tribune** (qui se dit spécialt de l'estrade d'où un orateur s'adresse à une assemblée).

estrapade V. gibet.

estropier V. blesser, écorcher, mutiler, infirme.

estuaire V. embouchure.

et V. ainsi.

étable On emploie parfois les termes plus spécifiques de **bouverie** (= étable à bœufs), **vacherie** (= étable à vaches).

établi V. réel, sûr I.

établir 1. [~ qqch] : [génér.] **mettre en place**. *On vient d'établir une nouvelle usine dans la région* : **installer** ◆ [partic.] **bâtir*** ; → ÉLEVER I. *Établir son domicile quelque part* : **fixer** ◆ **s'établir, s'installer**. 2. [~ qqch] *Établir une doctrine, une politique* : **créer, instaurer, instituer, fonder**. *Établir de nouveaux usages* : **instaurer, instituer, implanter** ; → ACCLIMATER. *Établir un plan* : V. DRESSER I. *Établir une fortune sur qqch* : **bâtir, asseoir, édifier**. *Établir une démonstration sur qqch* : **asseoir, appuyer, baser** ; → PROUVER, RÉGLER I. *Établir un dossier* : V. CONSTITUER. *Établir des relations* : **nouer, créer**. *Établir un tribunal* : **ériger**. 3. [~ qqn] *Il est difficile de bien établir ses enfants* : [fam.] **caser** ; → MARIER I. 4. [~ qqn] *Il a établi son frère à la tête de son entreprise* : **placer, installer** ◆ **accréditer** (= établir officiellement avec une autorité reconnue) ; → AFFECTER I. 5. [~ qqn] V. POSTER.

établissement

I 1. [de établir 1] *L'établissement d'une usine* : **installation**. 2. [de établir 2] *L'établissement d'une doctrine, d'une politique* : **instauration, institution** ◆ [moins employé] **fondation**. *L'établissement de nouveaux usages* : **instauration, institution, implantation, mise en place**. *L'établissement d'un dossier* : **constitution**. *L'établissement d'un procès-verbal* : **rédaction**.

II 1. *Travaillez-vous depuis longtemps dans cet établissement ?* : **entreprise, maison de commerce, firme, société** ◆ [fam.] **maison, boîte, boutique** ; → USINE. 2. *Établissement scolaire* : **collège, lycée** ; → ÉCOLE.

étage 1. *Étage inférieur* : V. DESSOUS. *Les voisins de l'étage supérieur* : [fam.] **du dessus**. *Monter et descendre les étages* : **escaliers**. *L'ascenseur ne dessert pas tous les étages* : **niveau**.

étagère V. rayonnage, tablette (*in* table I).

étai Pièce de charpente destinée à soutenir provisoirement une construction : **étançon** (= gros étai) ◆ **arc-boutant** (= terme d'architecture qui désigne une maçonnerie en forme d'arc, construite en dehors d'un édifice pour soutenir une voûte ou une muraille).

étalage V. étaler II.

étalement V. étaler III.

étaler [génér.] : **mettre à plat, étendre**.

I 1. *Chacun étalait sa serviette par terre pour s'asseoir dessus* : **déployer** (qui implique que l'objet était plié) ◆ **dérouler** (qui implique qu'il était enroulé) ; → ÉTENDRE. *Étaler du beurre, de la confiture sur du pain* : **tartiner**. *Étaler du sel sur une chaussée verglacée* : **épandre ;** → RÉPANDRE. *Étaler son journal* : V. OUVRIR. Dans tous ces emplois, *mettre* est de sens très génér. **2.** *Il étala son adversaire d'un coup de poing* [fam.] : [cour.] **faire tomber** ; → ETENDRE.

◇ **s'étaler** V. TOMBER. *Rompu de fatigue, il s'étala dans le fauteuil* : **se laisser choir, se laisser tomber** ◆ [fam.] **s'affaler**.

II **1.** [génér.] : **montrer**. *Le camelot avait étalé sur un tapis les objets les plus divers* : **déballer** ◆ [très génér.] **mettre**, **poser** ; → EXPOSER II. *Étaler ses cartes sur la table* : **abattre**. **2.** *Ils étalaient leur richesse avec insolence* : **exhiber**, **faire étalage, exhibition de** ◆ ↓ **montrer** ; → PARADE, AFFECTER II.

◇ **s'étaler** *Ils s'étalaient sans pudeur avec toute leur richesse et toute leur morgue* : **s'afficher**, **parader**.

◇ **étalage** **1.** *Je voudrais essayer une paire de chaussures que j'ai vue à l'étalage* (= exposition de marchandises proposées à la vente) : **vitrine**, **devanture** ◆ **éventaire**, [plus rare] **devanture** (qui se disent d'étalages extérieurs). **2.** *Faire étalage de* : V. ÉTALER II, DÉMONSTRATION, DÉPENSE et PARURE.

III *Il faudra étaler les départs des concurrents* : **échelonner**.

◇ **s'étaler** *Les départs se sont étalés sur plusieurs jours* : **s'échelonner**, **se répartir**.

◇ **étalement** *L'étalement des départs* : [moins employé] **échelonnement**. *L'étalement des vacances* : **décalage** (*le décalage des dates de congés*).

étalon V. reproducteur.

étanche V. hermétique, imperméable.

étancher **1.** V. sécher I. **2.** V. assouvir, satisfaire.

étançon V. étai.

étang *Étang* et **lac** se différencient fondamentalement par la superficie : un *étang* est une étendue d'eau généralement moins vaste et moins profonde qu'un *lac,* qui peut atteindre les dimensions d'une mer fermée ◆ **lagune** est une étendue d'eau saumâtre, séparée de la mer par un cordon de terre ◆ **marais** est une étendue d'eaux stagnantes, de faible épaisseur et envahie par une végétation spéciale ◆ **bassin** est un étang artificiel pour la pisciculture ; → MARE.

étape **1.** *Nous couperons sans doute ce long voyage par quelques étapes* : **halte** (= étape de courte durée) ◆ **escale** (qui ne se dit qu'en parlant des voyages par air ou par mer). **2.** *Avec une bonne voiture, on peut faire de longues étapes sans fatigue* : **route**, **trajet**. **3.** V. PHASE, ÉPOQUE et DEGRÉ II.

état

I [dans des locutions] *État de choses. Cet état de choses ne peut durer longtemps* : **situation**. *Faire état de* : V. CITER et ARGUER. *Remettre en état* : V. RÉPARER et RÉPARATION. *Remettre en l'état* : V. RÉTABLIR. *Être en état de faire qqch* : **en mesure** ◆ **à même** (qui ne s'emploie guère qu'en phrase négative) ; → POUVOIR I, CAPABLE. *Être hors d'état de faire qqch* : **ne pas être en mesure, à même de** ; → INCAPABLE. *État d'esprit* : V. MENTALITÉ. *État d'âme* : V. ÂME.

II **1.** V. RANG II. **2.** V. MÉTIER et PROFESSION.

III Description d'une situation, d'un état des choses. *Un état des sommes dues* : **mémoire**. *Un état des éléments qui forment l'actif et le passif* : **inventaire** ; → COMPTE, BILAN.

IV [avec une majuscule] **1.** V. NATION et COMMUNAUTÉ II. **2.** *L'État n'a pas à intervenir dans cette affaire : c'est au maire et à lui seul de prendre une décision* : [par méton.] **gouvernement**, **administration** ◆ [pour la France] **Paris, le pouvoir central**. *C'est une école d'État* : **public**. **3.** *Coup d'État* : V. COUP.

◇ **étatisme** : [plus génér.] **dirigisme**.

étatisation V. nationalisation (*in* nationaliser).

étatiser V. nationaliser.

étatisme V. état IV.

état-major V. commandement (*in* commander).

étau V. piège.

étayer V. appuyer I, consolider, soutenir.

etc. V. s'ensuivre, et le reste.

été *Une tenue d'été, les plaisirs de l'été* : [sout.] **estival** (qui se dit partic. pour *une tenue estivale*).

éteindre **1.** *Pourront-ils éteindre l'incendie ?* : ↓ **étouffer** (qui ne peut se dire que d'un feu à ses débuts). **2.** *Veux-tu éteindre la radio ?* : **fermer**. *Éteindre les bougies* : V. SOUFFLER. **3.** *Éteindre la soif* : V. ASSOUVIR. *Éteindre un chagrin* : ↓ **adoucir*** ; → EFFACER. *Éteindre une dette* : V. ANNULER. *Le soleil a éteint toute la couleur de ce tapis* : **faire passer**, **fâner**.
◇ **s'éteindre** **1.** [qqch ~] *Le feu va s'éteindre !* : **mourir** : ◆ [fam.] **crever**. *Avec ce brouillard, tous les bruits s'éteignent* : ↓ **s'estomper** ◆ ↑ **mourir** ; → DISPARAÎTRE. **2.** [qqn ~] V. S'AFFAIBLIR, AGONISER et MOURIR.

éteint V. terne.

étendard V. drapeau.

étendre **1.** *Qqn étend le bras* : **tendre**, **déplier** (qui peut s'employer expressivement en parlant de grandes jambes) ; → ALLONGER. *Un oiseau étend ses ailes* : **déployer**. **2.** *Il faut étendre le linge* : [fam.] **pendre** ; → ÉTALER I. **3.** *Étendre de la peinture* : V. APPLIQUER. *Étendre une pâte* : V. RÉPANDRE. **4.** *Étendre un liquide* : V. DÉLAYER et AJOUTER. **5.** [~ qqn] *Il a eu un malaise, étendez-le sur ce canapé* : **allonger**, **coucher**. **6.** *Se faire étendre. Le boxeur se fit étendre par un magistral crochet du gauche* : **étaler**, **mettre knock-out** ◆ ↓ **envoyer à terre**. **7.** *Se faire étendre à l'examen* : [fam.] V. ÉCHOUER II. **8.** *Étendre ses activités* : V. AUGMENTER, AJOUTER À et DÉVELOPPER.
◇ **s'étendre** **1.** [qqn ~] V. SE COUCHER et RESTER À PLAT I. **2.** [qqch ~] *Un tissu qui s'étend au lavage* : **s'allonger**, **s'agrandir**, **s'élargir** ◆ **s'étirer** (qui se dit plutôt des métaux). **3.** [qqch ~] *L'épidémie ne cesse de s'étendre* : **prendre de l'étendue**, **se généraliser**, **gagner du terrain**, **se propager** ; → DÉVELOPPER III. **4.** [qqch ~ jusqu'à qqch] *La vue s'étendait jusqu'à des kilomètres* : **porter**, [plus cour.] **aller**. *Son savoir s'étend de la philosophie aux sciences de la Terre* : [sout.] **embrasser**, [cour.] **aller**. *L'influence du romantisme s'est étendue sur toute l'Europe* : **se répandre**, **s'exercer**, **gagner**.
◇ **étendu** **1.** V. GRAND et LARGE. **2.** *Il avait en tout des connaissances étendues* : **vaste**, **ample** [qui sont antéposés] ◆ ↑ **encyclopédique**, [plus génér.] **varié***.
◇ **étendue** **1.** *De grandes étendues de landes s'offraient à la vue* : **espace** ◆ [plus didact.] **superficie** ; → SURFACE. **2.** *L'étendue de ses connaissances est impressionnante* (qui se rapporte davantage à l'idée de surface) : **ampleur*** (qui se dit en parlant du volume) ◆ **champ***, **domaine** (qui sont plus qualitatifs). **3.** *L'étendue des dégâts est considérable* : V. AMPLEUR et PROPORTION. *Prendre de l'étendue* : V. AMPLEUR.

éternel
I [adj.] **1.** *La vie éternelle* : ↓ **futur** ◆ **l'éternité**. *La justice éternelle* : **divin**. **2.** *Des remords, regrets, sentiments éternels* : **impérissable** ◆ **indestructible**, **indéfectible**, **indissoluble**, **immortel** (qui se disent surtout de sentiments que l'on veut faire durer) ; → DURABLE. **3.** *Je ne supporte plus ses éternels gémissements, ses éternelles plaintes...* : **perpétuel** ◆ ↑ **sempiternel**, ↓ **continuel***. **4.** *Son éternel petit sourire* : **habituel**.
◇ **éternellement** **1.** *Je ne puis vous attendre éternellement* : **indéfiniment**. **2.** V. TOUJOURS.
◇ **éternité** **1.** V. ÉTERNEL I et IMMORTALITÉ. **2.** *Pour l'éternité* : **pour toujours**, **à jamais**. *De toute éternité* : **depuis toujours**. *Ça a duré une éternité !* : **un temps fou**.
II [n. m.] *Éternel* : **le Père éternel**, **le Tout-Puissant**, **le Créateur** ; → DIEU.

éterniser V. immortaliser.
◇ **s'éterniser** V. durer, rester II, traîner.

éteule V. paille.

éther V. espace.

éthéré **1.** V. aérien. **2.** V. platonique.

éthique **1.** [adj.] V. moral. **2.** [n.] V. morale, philosophie.

ethnie V. peuple I, tribu, race.

ethnique On oppose ordinairement le mot *ethnique* qui évoque un ensemble de caractères de nature culturelle, économique et sociale et le terme **racial** qui évoque la notion de nature anthropobiologique et génétique.

ethnocide V. génocide.

éthylique V. ivrogne (*in* ivre).

étiage V. bas I.

étincelant V. rutilant.

étinceler **1.** [sout.] *Les étoiles étincelaient dans une nuit très pure* : **scintiller**, [cour.] **briller*** ; → ÉCLAIRER, FLAMBOYER. **2.** *La mer étincelait sous la lune* : **scintiller** ◆ [rare] **brasiller**. **3.** *Ses yeux étincelaient de plaisir, de haine* : **pétiller** (de plaisir, de joie) ◆ [express.] **lancer des éclairs** (de haine, de colère) ; → FEU.

étincelle **1.** *Lorsqu'on brûle des résineux, il y a beaucoup d'étincelles* : **flammèche** (qui se dit d'une parcelle de matière enflammée, parfois importante, contrairement à l'*étincelle* qui se détache d'un brasier). **2.** *Il a eu soudain une étincelle de raison* : **éclair, lueur***. **3.** *Faire des étincelles* : V. BRILLANT II.

étioler (s') V. dépérir.

étique V. maigre.

étiqueter V. juger.

étiquette V. forme II, protocole.

étirer (s') V. s'étendre, s'effiler.

étoffe V. tissu. *Avoir de l'étoffe* : V. valeur I.

étoffé V. gras.

étoffer V. nourrir.
◇ **s'étoffer** V. s'élargir.

étoile **1.** Désigne tout corps céleste visible, excepté le Soleil et la Lune : [sout.] **astre** (qui désigne tout corps céleste visible, Lune et Soleil compris, convient mieux lorsqu'il s'agit d'astrologie : *lire dans les astres*). Dans leurs emplois courants, *astre* est souvent un syn. soutenu *d'étoile*. En termes plus savants, on distingue les *étoiles*, qui émettent leur propre énergie, et les **planètes**, qui sont des corps du système solaire, sans lumière propre. Une **constellation** est un ensemble d'étoiles regroupable dans une figure géométrique remarquable : *la constellation de la Grande Ourse*. Une **nébuleuse** est un immense ensemble d'étoiles : *notre nébuleuse s'appelle Voie lactée ou Galaxie*. Par extension, **galaxie** se dit aussi de toute nébuleuse spirale. **2.** *Bonne étoile* : V. CHANCE et DESTIN. **3.** V. VEDETTE. **4.** V. CARREFOUR.
◇ **étoilé** *Une nuit étoilée* : [plus fam.] **pleine d'étoiles**, [plus sout.] **constellée d'étoiles**.

étonner **1.** *Son départ les avait étonnés* : **surprendre** ◆ ↑ **stupéfier**, **méduser***, **ahurir**, **ébahir**, [fam.] **épater** ◆ [fam.] ↑ **couper le souffle, le sifflet, la chique** (à qqn), **en boucher un coin** (à qqn), **asseoir**, **époustoufler**, **estomaquer**, **souffler** ◆ [fam.] **tomber de la lune*** ; → ADMIRER, FAIRE SON EFFET*, ÉMERVEILLER, RENVERSER, FAIRE SENSATION*. **2.** *Il va pleuvoir ? cela m'étonnerait !* : V. DOUTER.
◇ **s'étonner que** V. BIZARRE.
◇ **étonné** V. ÉTONNER et SURPRIS.
◇ **étonnant** **1.** Se dit de ce qui surprend par un côté inattendu, extraordinaire. *Écoutez bien cette nouvelle étonnante : Jean est reçu à son examen !* : **surprenant** ; ↑ **ahurissant**, **stupéfiant**, **renversant**, **soufflant**, **époustouflant** ◆ ↑ **sensationnel**, **prodigieux**, **formidable**, **phénoménal**, **faramineux**, **énorme** ; [rare] ↑ **ébouriffant** (qui se disent en parlant de qqch qui provoque l'intérêt) ◆ ↑ **mirobolant** (qui se dit de ce qui est trop beau pour être vrai : *un projet mirobolant*) ; → RAIDE, SUFFOCANT, DÉCONCERTANT, INCROYABLE. **2.** Se dit de ce qui surprend par sa qualité. *Je viens de lire un livre étonnant* : **remarquable** ◆ [plus fam.] **époustouflant**, **stupéfiant**, **formidable**, **terrible**, **fantastique** ; → RARE, CRIANT, EXTRAORDINAIRE. **3.** V. BIZARRE et INCONCEVABLE. *Ce serait bien étonnant que nous ne trouvions pas une chambre libre* : [plus fam.] **ce serait bien le diable si**.
◇ **étonnement** *Quel ne fut pas son étonnement de l'apercevoir dans le jardin !* : **sur-**

prise ◆ ↑ **stupéfaction**, **ahurissement** ◆ ↑ **stupeur**. *Son arrivée a causé de l'étonnement* : ↑ **faire sensation**.

étouffant V. étouffer.

étouffé V. sourd II.

étouffer **1.** [~ qqn] *L'air pollué de la grande ville l'étouffait* : ↓ **oppresser**, ↑ **suffoquer***, ↑ **asphyxier** ; → INCOMMODER. **2.** [qqn ~] *On étouffe, dans cette chambre !* : ↑ **suffoquer** ◆ ↓ **mal respirer**. **3.** V. MATER et OPPRIMER. **4.** [~ qqch] *Étouffer un incendie* : V. ÉTEINDRE. *La brume du matin étouffait tous les bruits* : ↓ **amortir**, **assourdir**. **5.** [~ qqch] *Il étouffa un sanglot et sortit* : **réprimer**, **retenir**, **refouler***. **6.** [~ qqch] *Étouffer une affaire* : V. ENTERRER et NOYER. *L'arrivisme étouffait en lui toute disponibilité* : **détruire***.
◇ **s'étouffer** : **s'étrangler** (dans le contexte *en mangeant, en buvant*).
◇ **étouffant** **1.** V. ACCABLANT, IRRESPIRABLE et SUFFOCANT. **2.** *Il règne parmi nous une atmosphère étouffante* : ↓ **pesant**, **malsain**.
◇ **étouffement** **1.** *Mourir d'étouffement* : **asphyxie**, **suffocation**. **2.** *L'étouffement d'un scandale* : **dissimulation**. **3.** *L'étouffement de l'orage pesait sur la ville engourdie* : [sout.] **touffeur** ◆ ↓ **moiteur**.

étourdi

I [adj. et n.] *Que tu es étourdi ! tu as encore oublié ta cravate* : **distrait***, [plus rare] **écervelé** ◆ **évaporé** (qui ne s'emploie guère comme adj. et se dit le plus souvent des personnes du sexe féminin) ◆ ↓ **inattentif** (qui se dit d'un manque d'attention à propos d'une activité précise) ; → LE NEZ AU VENT*. *C'est un étourdi !* (comme ci-dessus) : **écervelé**, **évaporé** ◆ [fam.] **étourneau**, **tête de linotte**, **tête en l'air** ◆ ↑ **hurluberlu** (qui implique l'idée d'extravagance).
◇ **étourderie** **1.** *Il a agi avec une étourderie inconcevable* : **légèreté** ◆ ↑ **imprudence** ; → DISTRACTION. **2.** *Commettre une étourderie* : ↑ **imprudence** ; → BÊTISE. **3.** *Une faute d'étourderie* : **inattention**. *C'est une petite étourderie* : **oubli**.
◇ **étourdiment** *Répondre étourdiment* : **sans réfléchir** ◆ **imprudemment** (qui implique l'idée de danger) ◆ [plus rare] **inconsidérément** ◆ **à la légère** (qui s'emploie dans quelques contextes négatifs : *ne pas agir, répondre, parler à la légère*).

II V. ÉTOURDIR.

étourdir **1.** *Ce choc sur la tête l'a étourdi* : ↑ **assommer** ◆ [fam.] **sonner**, ↑ **mettre K.-O.** *Être étourdi* : [fam.] **groggy**. **2.** *La vitesse l'étourdit* : V. ENIVRER et SAOÛLER. **3.** *Vous m'étourdissez avec votre bavardage incessant* : ↑ **assommer**, **abrutir**, [fam.] **casser la tête, les oreilles**, [plus génér.] **fatiguer**.
◇ **s'étourdir** *Depuis son échec, elle essaie de s'étourdir en faisant mille choses* : ↓ **se distraire**, **oublier**. *S'étourdir de paroles, vitesse* : **se griser**, **se saoûler***.
◇ **étourdissant** **1.** *Un bruit étourdissant* : **assourdissant**, [plus génér.] **épouvantable**. **2.** V. BRILLANT II.

étourdissement V. vertige.

étourneau V. étourdi I.

étrange V. bizarre, énigmatique.

étrangement V. bizarrement.

étranger

I [adj.] *Ce dont vous me parlez m'est totalement étranger* : **ne me concerne pas**. *Voici des notions qui me sont étrangères* : **inconnu**. *Ce sont des apports étrangers au texte original* : **extérieur**, **hétérogène**.

II [n.] **1.** *La France a toujours accueilli des étrangers* : (d'emploi plus restreint) **immigré**, **réfugié** (selon le sens) ◆ **sans-papiers** (= étranger en situation administrative irrégulière) ; → MIGRANT. Une ville pleine d'étrangers de nationalités différentes est une ville **cosmopolite**. **2.** *Un étranger à la réunion* : V. TIERS.

étrangeté V. bizarrerie.

étrangler **1.** *Si tu bouges, je t'étrangle !* : [fam.] **serrer le kiki** ; → TUER. **2.** *Les nouveaux impôts vont étrangler le commerce !* : **ruiner** ◆ ↓ **mettre à mal** ; → NUIRE. *Étrangler toute opposition* : V. OPPRIMER.
◇ **s'étrangler** **1.** *S'étrangler en mangeant, s'étrangler de colère* : V. S'ÉTOUFFER. **2.** V. SE RESSERRER.
◇ **étranglement** **1.** *La victime a été tuée par étranglement* : [didact.] **strangula-**

tion. **2.** *Cette route subit des étranglements qui provoquent des bouchons* : ↓**rétrécissement**.

être

I [v.] **1.** *Je pense, donc je suis* : **exister** ◆ **subsister** (= continuer d'exister) ; → VIVRE I, VIE. **2.** *Et notre malade, comment est-il ce matin ?* : V. ALLER II. *Être en jeu* : V. ALLER III. *Être à la gare* : V. SE TROUVER. *Je suis à vous tout de suite !* : **s'occuper de**. *Je suis à votre disposition* : **demeurer, rester**. *Ne plus savoir où l'on est* : **être perdu, en perdre la tête**. *Être pour* : V. PARTISAN. **3.** V. AVOIR II et APPARTENIR. **4.** *C'est un gros sacrifice !* : V. REPRÉSENTER.

II [n.] **1.** V. PERSONNE I. **2.** *Il souhaitait de tout son être qu'elle l'aimât encore* [sout.] : [cour.] **de toutes ses forces, de toute son âme, de tout son cœur**.

étreindre **1.** V. caresser (*in* caresse), embrasser. **2.** V. presser I, serrer.

étreinte V. caresse, embrassade (*in* embrasser).

étrennes V. gratification (*in* gratifier).

étriller V. malmener.

étriper V. vider.

étriqué V. étroit, médiocre, mesquin, rétréci.

étroit **1.** *Des vêtements trop étroits* : **juste, serré** ◆ ↑**étriqué**. *Une ruelle étroite* : [plus rare] **resserré, encaissé**. *Un appartement trop étroit* : [plus génér.] **petit** ◆ ↑**exigu**, [fam.] **riquiqui**. **2.** *Un mot pris dans un sens étroit* : **restreint** ◆ **à la lettre, stricto sensu**. *Les liens étroits de l'amitié* : **intime**. *Se faire une étroite obligation de* : **strict, rigoureux, scrupuleux**. **3.** *Avoir l'esprit étroit* : V. BORNÉ, PETIT et MESQUIN.

◇ **étroitement** *Être étroitement lié avec qqn* : **intimement**. *Suivre étroitement son devoir, une indication* : **rigoureusement, scrupuleusement, strictement**. *Surveiller qqn, qqch étroitement* : **de près, de très près**.

◇ **étroitesse** **1.** *L'étroitesse d'un appartement* : ↑**exiguïté**. **2.** *Étroitesse d'esprit* : V. PETITESSE et FANATISME.

étron V. merde.

étude **1.** V. apprentissage, travail I. **2.** V. analyse, examen, consultation. **3.** V. article, traité I.

étudiant V. écolier (*in* école).

étudié V. affecté (*in* affecter II), sophistiqué.

étudier **1.** *Jeanne étudie le piano* : [plus cour.] **apprendre**, [mot passe-partout] **faire** (*apprendre*, c'est acquérir la connaissance de qqch ; *étudier*, c'est chercher, par divers moyens, à acquérir la connaissance de qqch) ◆ **travailler***, [fam.] **bûcher, potasser** ◆ [très fam.] **chiader** ◆ **s'instruire** (= enrichir ses connaissances) ; → APPRENDRE, APPROFONDIR. **2.** *Avez-vous étudié toutes les possibilités de négocier ?* : **examiner*** ◆ **explorer** (qui implique l'idée d'une recherche) ; → APPROFONDIR. *Étudier un dossier* : V. ANALYSER, ÉPLUCHER, PRÉPARER et VOIR. *Étudier son attitude* : V. COMPOSER II.

étui V. boîte I.

étuve **1.** V. bain de vapeur*. **2.** V. chaleur.

étymologie V. origine.

eucharistie V. célébration, communion.

eunuque V. castrat (*in* castrer), homme, impuissant.

euphémisme Figure de rhétorique par laquelle on déguise, pour l'adoucir, ce qu'il serait trop pénible de dire directement (dire, par ex., *il a vécu* pour *il est mort*) ; la **litote** est une figure de rhétorique par laquelle on suggère beaucoup en disant peu (dire, par ex., *il ne fait pas chaud* pour *il fait très froid*) ; → PÉRIPHRASE. *C'est un euphémisme !* : [plus fam.] **c'est peu dire !**

euphorie *Depuis son triomphe, il nage dans l'euphorie !* : ↓**bien-être** ; → BONHEUR, JOIE.

évacuation **1.** V. écoulement, élimination (*in* éliminer). **2.** V. retrait.

évacuer V. quitter, vider.

évader (s') V. fuir, sauver II.

évaluation V. appréciation, approximation, estimation (*in* estimer II), mesure I.

évaluer V. estimer II, mesurer (*in* mesure), peser.

évanescent V. fugace.

évangile *Évangile de Jésus-Christ selon saint Marc...* : [plus rare] **bonne nouvelle** (qui est la traduction exacte du terme grec) ◆ **synoptiques** (qui se dit des évangiles synoptiques, à savoir ceux de Marc, Matthieu et Luc). *Connaissez-vous l'Évangile ?* : **le Nouveau Testament**.
◇ **évangéliser** *Qui a évangélisé d'abord la Touraine ?* : **christianiser** (annoncer l'Évangile pour convertir une population à la religion chrétienne) ; → PRÊCHER.

évanouir (s') **1.** V. perdre connaissance* I, défaillir, mal III, tourner de l'œil* I, tomber dans les pommes. **2.** V. disparaître, mourir.

évanouissement V. défaillance (*in* défaillir), malaise.

évaporé V. étourdi I.

évaporer (s') V. disparaître.

évasif *Il lui a fait une réponse évasive* : **vague** ◆ [partic.] **dilatoire** (qui se dit de ce qu'on fait pour gagner du temps, retarder une décision à prendre) ; → AMBIGU. *Elle a été très évasive !* : ↑ **fuyant** ; → FUIR.

évasion V. fuite (*in* fuir).

évêché Désigne la partie du territoire soumise à l'autorité spirituelle d'un évêque : **diocèse** (terme d'administration ecclésiastique qui s'applique à la circonscription territoriale administrée par un évêque).

éveillé **1.** *C'est très pénible de rester éveillé toute la nuit !* : [plus fam.] **sans dormir**. *Rester éveillé la nuit contre son gré* : **être insomniaque, avoir des insomnies.** **2.** *C'est un enfant très éveillé* : **vif** (qui se dit autant des qualités physiques qu'intellectuelles) ; → DÉGOURDI, ESPIÈGLE, INTELLIGENT et MALIN.

éveiller **1.** *Le moindre bruit l'éveille* [sout.] : [cour.] **réveiller**. **2.** *Éveiller la jalousie, la sympathie* : V. ANIMER et SUSCITER. *Éveiller les soupçons* : [fam.] **mettre la puce à l'oreille**. *Éveiller la curiosité* : [plus rare] **piquer**. **3.** *Ces photos éveillent en moi des souvenirs de bonheur* [sout.] : [cour.] **rappeler** (*ces photos me rappellent des souvenirs*), **évoquer** (*ces photos évoquent pour moi des souvenirs*) ◆ **faire naître*** (qui convient dans la plupart des emplois de 2. et 3.). **4.** *Éveiller l'intelligence* : V. DÉVELOPPER II.

événement **1.** *Il lui racontait les principaux événements de l'histoire de France* : **faits***, **épisodes** ; → ACTUALITÉ. *Événement extraordinaire* : V. AVENTURE. *Événement malheureux* : V. CATASTROPHE et MALHEUR. *Événement heureux* : V. CHANCE. *Événement choquant* : V. ÉCLAT II et SCANDALE. **2.** *Elle attend un heureux événement* : **être enceinte***. **3.** *Un crime avait été commis : tout le quartier commentait l'événement* : **affaire**. **4.** *Il part en voyage : quel événement !* : [plus fam.] **affaire, histoire**.

éventail V. gamme.

éventaire V. étalage (*in* étaler II).

éventé *C'était un piètre magicien : tous ses trucs étaient éventés* : ↓ **connu** ◆ ↑ **archiconnu**.

éventer V. déjouer.

éventrer *Éventrer un poisson* : **étriper**.

éventuel **1.** *En prévision d'un orage éventuel, prenez un ciré* : **possible**. **2.** *Sa venue me paraît bien éventuelle* : **hypothétique, incertain**.
◇ **éventualité** **1.** V. CAS. **2.** *Il faut parer à toute éventualité* : [plus cour.] **prendre toutes ses précautions**.

éventuellement V. accessoirement (*in* accessoire), le cas échéant*, à l'occasion.

évêque V. dignitaire.

évertuer (s') V. s'appliquer, chercher, essayer.

éviction V. expulsion.

évidé V. creux I.

évidemment V. comment, entendu (*in* entendre III), évidence, naturellement (*in* nature), sûr I.

évidence **1.** *Il ne viendra pas : c'est une évidence !* : **certitude** (qui s'acquiert, contrairement à l'*évidence* qui s'impose d'elle-même) ; → VÉRITÉ, TRANSPARENCE. *Mettre en évidence* : **souligner***, **mettre en vedette*** ; → ACCENT, MARQUER, LUMIÈRE II, MONTRER, VUE I. **2.** *S'il pleut, il ne fera pas beau : voilà un exemple des évidences dont il nous accable !* : **lapalissade**, [plus rare] **truisme** ; → GÉNÉRALITÉ. **3.** *De toute évidence, à l'évidence* : **évidemment, il est évident* que**. *C'est une évidence que* : V. ASSURÉMENT*. **4.** *Mettre en évidence* : V. RESSORTIR II. *Se mettre en évidence* : **se mettre en avant***, **se faire remarquer**.
◇ **évident** Ce qui est évident est **clair**, **clair comme le jour***, **visible**, **coule* de source**, [fam.] ↑ **crève* les yeux**, peut être ↑ **flagrant**, **criant** et **notoire** si l'évidence est connue, **publique** ; → SENSIBLE II, POSITIF, CERTAIN I, TRANSPARENT. *Pas évident* : V. DIFFICILE.

évider V. creuser.

évincement V. expulsion.

évincer V. écarter, supplanter.

éviter **1.** [~ qqch] *Éviter un coup* : **parer**, **esquiver** ◆ ↓ **détourner**. *Éviter un obstacle* : **contourner** ; → ATTENTION I. **2.** [~ qqch] *Éviter une maladie* : **échapper à** ; PASSER* AU TRAVERS, PRÉVENIR II. *Éviter un danger* : **écarter**, [sout.] **conjurer**. *Éviter une corvée* : V. SE DÉROBER. *Éviter le pire* : **limiter les dégâts**. **3.** [~ qqn] *Je l'évite, tant ses bavardages sont insupportables* : ↑ **fuir** ; → APPROCHER*. **4.** [~ de] V. S'ABSTENIR. **5.** [~ qqch à qqn] *Évitez-moi ce dérangement* : [plus sout.] **épargner** ; → DISPENSER I.

évocateur V. évoquer.

évocation V. rappel.

évolué **1.** [qqch] *Nous sommes à un stade très évolué de la maladie* : **avancé** ; → GRAVE. **2.** [qqch] *De telles cruautés sont-elles donc possibles dans un pays évolué ?* : **civilisé**, **développé**. **3.** Qqn d'évolué est généralement **cultivé**, **éclairé**, il manifeste de la **largeur de vues, d'esprit**, on dit [fam.] qu'il **a les idées larges**.

évoluer V. changer III, se transformer.

évolution

I V. MANŒUVRE II.

II **1.** *Ce pays est en pleine évolution* : ↑ **transformation**, **bouleversement** ; → CHANGEMENT*, MÉTAMORPHOSE*, DÉVELOPPEMENT I. **2.** *Selon l'évolution des événements, nous déciderons de partir ou de rester* : **tournure**. **3.** *Le médecin suivait, impuissant, l'évolution de la maladie* : **progrès**, **progression**, **cours** ; → AVANCEMENT*, PROCESSUS. *L'évolution des prix* : V. VARIATION, COURBE III.

évoquer **1.** *Évoquer les morts, c'est les appeler par des cérémonies magiques* : **invoquer** (appeler à son secours par des prières). **2.** *Évoquer une région* : V. MONTRER. *Évoquer un souvenir* : V. ÉVEILLER, RAPPELER I, SUGGÉRER et FAIRE REVIVRE*. **3.** *Le problème n'a même pas été évoqué* : **aborder*** ◆ ↑ **poser**, ↓ **effleurer**.
◇ **évocateur** **1.** *Un tableau, un film évocateur* : **suggestif***. **2.** *Un geste, un regard évocateur* : **significatif**.

exacerber **1.** [qqch ~] *La chaleur ambiante exacerbait sa douleur* : **porter à son paroxysme** ◆ ↓ **exciter**. **2.** [~ qqn] V. IRRITER.
◇ **exacerbation** [didact.] L'*exacerbation* d'une douleur se produit quand cette douleur devient passagèrement plus aiguë ; son **paroxysme** est le degré le plus aigu qu'elle puisse atteindre ; on parle de **redoublement** lorsque la douleur reprend après une accalmie ◆ **recrudescence** a le même sens que *redoublement,* mais se dira plutôt de la fièvre, d'une épidémie.

exact **1.** [qqch] *Une reprise exacte, le mot exact* : V. CORRECT, LITTÉRAL, PROPRE II et VRAI. *Le sens exact* : V. STRICT. *Il me faut des dimensions exactes* : **précis** ; → JUSTE II. *Il me faut des données exactes !* : **sûr**, **solide**, **fiable**. *La reproduction est si exacte qu'on ne la distingue pas de l'original* : **fidèle** ; → CONFORME*. **2.** [qqn] *C'est un homme très exact : il sera à l'heure au rendez-vous* : **ponctuel** ; → CONSCIENCIEUX.

◇ **exactement** **1.** *Il faut obéir exactement au règlement* : **rigoureusement**, **scrupuleusement**, **à la lettre*** ◆ ↑ **religieusement**, [fam.] **au doigt et à l'œil** (qui ne se dit que dans le contexte : *obéir à qqn*) ; → EN TOUT POINT* IV. **2.** *Reproduire qqch exactement* : **fidèlement** ; [partic.] **littéralement**, **textuellement** ; → CORRECTEMENT. **3.** *Quel est exactement votre avis sur la question ?* : **au juste** ; → PRÉCISÉMENT*. **4.** Deux objets exactement semblables : **parfaitement**, **rigoureusement**, **tout à fait** ; → EN PLEIN*. **5.** *Exactement !* : **absolument**, **tout à fait** ; → OUI.

◇ **exactitude** **1.** *Il est toujours à l'heure : son exactitude est presque proverbiale !* : **ponctualité**. **2.** *L'exactitude de son raisonnement est indéniable* : **justesse**, **rectitude** ; → CORRECTION* III. **3.** *Je ne crois pas beaucoup en l'exactitude de ses propos* : **vérité**, **véracité**. *L'exactitude d'un portrait* : **fidélité** ; → RESSEMBLANCE*. **4.** *Calculer qqch avec exactitude* : **précision**, **rigueur**. **5.** *Faire qqch avec exactitude* : V. SOIN I.

exaction V. concussion.

exagérer **1.** [~ qqch] *Les caricaturistes exagèrent les traits de leurs personnages* : **grossir**, **forcer**. *Exagérer une attitude* : **forcer**, **outrer**. *La presse d'opposition a visiblement exagéré le nombre des manifestants* : **gonfler**, **grossir**, **amplifier**, **majorer*** ; → ENJOLIVER. **2.** [sans compl.] *Il ne faut pas exagérer : la situation n'est pas désespérée* : **dramatiser**. *Des injures, maintenant ? Là, vous exagérez !* : **aller trop loin**, **abuser***, [fam.] **attiger** ; → TIRER* I SUR LA FICELLE. **3.** [s'~ qqch] *Il a tendance à s'exagérer les difficultés de tout ce qu'il entreprend* : **surestimer** ◆ [assez fam.] **se faire un monde**, **une montagne de**.

◇ **exagéré** *Des prix exagérés* : V. INABORDABLE. *On lui impose à l'entraînement des efforts exagérés* : **abusif**, **excessif**. *Des louanges exagérées* : **excessif** ◆ [rare] **hyperbolique** ◆ ↑ **caricatural*** ; → EFFRÉNÉ*, GRAND, FORT II.

◇ **exagération** **1.** [de exagérer 1] **grossissement**, **gonflement**, **amplification**, **dramatisation** ; → ABUS, MAJORATION. **2.** [de exagérer 3] **surestimation**. **3.** [souvent au pl.] *Ses exagérations m'exaspèrent* : ↑ **outrance** ◆ [plus rare] **fanfaronnade*** ; → MENSONGE.

◇ **exagérément** *Sa critique est exagérément négative* : **abusivement** ; → TROP.

exaltation V. animation (*in* animer), bouillonnement (*in* bouillon), ivresse.

exalter **1.** *Exalter un héros* : V. GLORIFIER et LOUER II. **2.** *Exalter un sentiment* : V. RÉVEILLER. *Exalter la vanité de qqn* : V. GONFLER. **3.** *Tous étaient exaltés par l'aventure qu'ils vivaient* : **enthousiasmer*** ◆ **exciter*** (qui implique un sentiment plus superficiel) ◆ ↓ **passionner** ◆ ↑ **transporter** ; → ENIVRER.

◇ **s'exalter** : **s'enthousiasmer*** ; → S'ENFLAMMER.

◇ **exalté** **1.** [adj.] *Des esprits exaltés par un orateur* : **excité** ◆ ↑ **surexcité**, ↑ **survolté**. *Une imagination exaltée* : ↑ **délirant** ; → ENTHOUSIASTE, ARDENT. **2.** [n.] *La politique connaît ses exaltés* : ↑ **fanatique**.

examen **1.** *Il s'est livré à un examen attentif des documents que nous lui avons remis* : **analyse***, **étude** ◆ ↑ **exploration**, **dépouillement**, [fam.] **épluchage**. *Le laboratoire ne se prononce pas encore sur la nature de la tumeur : il faut poursuivre les examens* : **recherches**, **investigations**, **analyses**. Pour d'autres emplois : V. CONTRÔLE, DÉLIBÉRATION, ESTIMATION, CONSULTATION et FOUILLE. **2.** On réussit à un *examen* si l'on obtient ou dépasse la note exigée (généralement la moyenne) ; on réussit à un **concours** si la note que l'on obtient permet d'être classé dans la limite des places disponibles ; → INTERROGATION, TEST. **3.** *Examen de conscience* : V. INTROSPECTION.

◇ **examiner** **1.** [génér.] **regarder***, **observer***, **étudier***. **2.** *Examiner un objet* : V. VOIR, CONTRÔLER, CONSULTER, FOUILLER et VÉRIFIER. **3.** *Examiner une question* : V. ANALYSER, ESTIMER II, SERRER II, DÉBATTRE et RÉFLÉCHIR I. **4.** [partic.] *Examiner un malade* : **ausculter**. *Examiner ses chances de réussite* : [plus rare] **supputer** ◆ ↑ **apprécier**, **juger de**.

examinateur V. correcteur (*in* correct).

exaspérant V. rageant (*in* rage).

exaspération V. agacement.

exaspérer V. bouillir, pousser à bout*, énerver, nerf.

exaucer V. accomplir, contenter (*in* content), satisfaire.

excavation V. trou.

excédent V. excéder I.

excéder

I V. DÉPASSER et TROP.

◇ **excédent** *La récolte est si abondante cette année que l'on ne sait que faire des excédents* : **surplus***.

II V. ÉNERVER et EN AVOIR ASSEZ*.

excellent 1. V. accompli (*in* accomplir), bon I. 2. V. charmant (*in* charme), délicieux (*in* délice), succulent, supérieur I.

exceller Quelqu'un qui *excelle* dans un domaine y est **excellent***, **supérieur*** ; il y est très **fort***, **très bon***, s'y **distingue***, il y **brille*** et fait partie des **meilleurs***, de **l'élite*** ◆ [express.] **être l'un des plus beaux fleurons de** ; → ACCOMPLI.

excentrer V. déplacer.

excentricité V. extravagance (*in* extravagant), originalité (*in* original II), singularité (*in* singulier).

excentrique V. original II, périphérique (*in* périphérie).

excepté *Tous les candidats ont été reçus, excepté ceux qui n'ont pas satisfait à l'examen médical* : **à l'exception de**, **abstraction faite de**, **à part**, **sauf** ◆ [sout.] **hormis**, **hors** ; → PRÈS.

◇ **excepté que** *Tout s'est bien passé, excepté que nous avons un peu souffert de la chaleur* : **si ce n'est que**, **sinon que*** ; → SAUF* QUE.

excepter *Si l'on excepte la première semaine de juillet, nous aurons connu un été catastrophique* : **exclure** ◆ **à part** (*à part la première semaine...*) ; → EXCEPTÉ. *Tous viendront, sans excepter les enfants* : [plus génér.] **oublier**.

◇ **exception** 1. *La loi sera appliquée sans aucune exception* (ce terme désigne ce à quoi ou ceux à qui une règle, un principe ne s'applique pas) : **sans dérogation**, [fam.] **entorse** (fait de s'écarter d'une règle, d'un principe). 2. *Cet élève est une exception : à trois ans il savait lire !* : [fam.] **phénomène**. Une exception peut être une **anomalie**, s'il y a écart et défaut par rapport à une norme, une **singularité** si l'exception se signale par des caractéristiques étonnantes. 3. *À l'exception de* : V. EXCEPTÉ. *D'exception* : V. EXCEPTIONNEL. 4. *Nous périrons tous, sans exception* : **tous tant que nous sommes**.

◇ **exceptionnel** V. ÉTONNANT et RARE. *Réserver à qqn un traitement exceptionnel* : **d'exception**, **spécial**. *Avoir une chance exceptionnelle* : V. EXTRAORDINAIRE et UNIQUE. *Un tireur exceptionnel* : **d'exception**, **émérite***, **hors ligne*** ◆ ↓ **adroit***.

exceptionnellement V. extraordinairement (*in* extraordinaire).

excès 1. V. abus, cruauté (*in* cruel), débordement (*in* déborder II), démesure, outrance (*in* outrer). 2. *Sans excès* : V. doux.

excessif V. démesuré (*in* démesure), effréné, exagéré (*in* exagérer), inabordable, outrancier (*in* outrer), ridicule, salé (*in* sel).

excessivement V. beaucoup, outrageusement (*in* outrage).

excitabilité V. sensibilité.

excité V. énergumène, exalté (*in* exalter).

exciter 1. [~ un sentiment] *Les nuits étouffantes des tropiques excitaient en lui les passions les plus troubles* : ce terme de grande fréquence peut avoir le sens de **faire naître** ou de **faire croître** : on en tiendra compte dans la recherche des synonymes : [rare] **éperonner** ◆ ↓ **agiter** ◆ ↑ **surexciter**, **embraser** ; → ANIMER, EXACERBER, EXALTER, ATTISER, RÉVEILLER, SOLLICITER, PIQUER II. 2. [~ qqn] *Elle savait exciter les hommes* : [fam.] **allumer**, **donner envie à** ; → PLAIRE I, AFFRIOLER. 3. [qqch ~ qqn] *La boisson les avait excités : ils commençaient à débiter des plaisanteries de corps de garde* : **émoustiller**, **mettre en verve** ; ↑ **échauffer** ; → ÉNERVER. 4. [~ un animal] *Cesse* *d'exciter le chien : il va te mordre !* : **agacer** ◆ ↓ **taquiner*** ; → ÉNERVER. **5.** [~ qqn à] V. POUSSER III et ENFLAMMER. **6.** [~ qqn contre qqn] *Pourquoi l'exciter ainsi contre sa mère ?* : **dresser**, **monter** ; → SOULEVER*.

◇ **s'exciter** V. SE MONTER LA TÊTE*.

◇ **excitant** **1.** [adj.] *Il a vécu une aventure excitante* : **enivrant**, **passionnant**. *Un livre, une atmosphère excitant(e)* : **troublant**, [en partic.] **voluptueux***. *Une femme très excitante* : **affriolant***, **aguichant**. **2.** [n.] *Prendre des excitants* : **stimulant**, [fam.] ↓ **remontant** ◆ ↓ **tonique** ; → RÉCONFORTANT*.

◇ **excitation** **1.** *L'excitation de la victoire se lisait sur son visage* : **exaltation** ; → ANIMATION*, DÉLIRE, FIÈVRE. *La foule était en pleine excitation : les coureurs arrivaient !* : **effervescence**, **ébullition** ; → BOUILLONNEMENT, FERMENTATION. **2.** V. APPEL.

exclamer (s') *Quelle chance ! s'exclama-t-il* : **s'écrier**, [sout.] **se récrier** (= s'écrier sous l'effet d'une forte émotion) ◆ ↓ **dire**.

◇ **exclamation** *Une exclamation de rage* : **cri***.

exclu V. paria.

exclure **1.** [~ qqn] V. CHASSER, RENVOYER, RAYER et REJETER. **2.** [qqn ~ qqch] V. FAIRE ABSTRACTION DE, S'ABSTRAIRE et EXCEPTER. **3.** [qqch ~] *Son attitude exclut que nous l'admettions parmi nous* : **s'opposer** (à ce que), **interdire** ; → INCOMPATIBLE.

◇ **exclusion** **1.** V. EXPULSION. **2.** *Cette loi vise à réduire l'exclusion des plus démunis* : ↓ **marginalisation**. **3.** *À l'exclusion de. Vous avez le droit de manger normalement, à l'exclusion des mets épicés* : **à l'exception de** ; → EXCEPTÉ. **4.** *Les membres de son parti l'ont frappé d'exclusion* : [sout.] **ostracisme**.

exclusif V. absolu II, unique.

exclusive V. interdit II.

exclusivement V. seulement (*in* seul), uniquement (*in* unique).

exclusivité V. apanage.

excommunication V. communion.

excommunier V. chasser.

excréments [pl.] **1.** *Les excréments humains* [sout.] : **déjections**, **matières fécales**, **fèces**, **selles** ◆ [fam.] **crotte**, **caca** ◆ [vulg.] **merde** ; → SALETÉ. **2.** [en parlant d'animaux] **fiente** (d'oiseaux), **crotte** (de lapin, de chèvre), **crottin** (de cheval), **bouse** (de vache), **chiasse, chiure** (d'insectes).

excrétion V. écoulement (*in* écouler), élimination (*in* éliminer).

excursion V. promenade (*in* promener), campagne I.

excusable V. compréhensible (*in* comprendre II), défendable (*in* défendre I), pardonnable (*in* pardon), supportable (*in* supporter), tolérable (*in* tolérer).

excuse V. prétexte, raison, regret.

excuser V. justifier, pardonner (*in* pardon).

◇ **s'excuser** V. demander* pardon, regretter (*in* regret).

exécrable V. abominable, défavorable (*in* défaveur), maudit (*in* maudire).

exécrer V. détester, vomir.

exécutable V. réalisable (*in* réaliser I).

exécutant Dans un ensemble musical (chorale, orchestre), *exécutant* est un terme générique pour **musicien**, **choriste**, **chanteur** et même parfois **soliste**.

exécuter

I **1.** V. accomplir, procéder III, réaliser I, satisfaire. **2.** V. interpréter (*in* interprète).

II V. supplicier, tuer.

exécuteur V. bourreau.

exécution

I *Les beaux principes sont séduisants : encore faut-il les mettre à exécution* : **mettre en pratique, en application** ; → ACCOMPLISSEMENT*.

II V. INTERPRÉTATION.

III [~ de qqn] V. TUER.

exégèse V. interprétation (*in* interpréter).

exégète V. interprète.

exemplaire
I [n.] 1. V. COPIE I et NUMÉRO. 2. *Voici un bel exemplaire d'amanite phalloïde* : **spécimen** ; → ÉCHANTILLON.
II [adj.] : **parfait*** *Il a été d'une sagesse exemplaire* : **remarquable**. *C'est un élève exemplaire* : **modèle**.

exemple 1. *Ce garçon est un exemple de courage* : **modèle**. *C'est l'exemple même du garçon courageux* : **image, type**. 2. *Cette église est le seul exemple de style roman que je connaisse dans la région* : **spécimen** ; → CAS. *Voici un bel exemple de son idiotie* : **échantillon, aperçu** ; → IDÉE. *Donner l'exemple* : V. MONTRER LE CHEMIN*. *À l'exemple de. Il sera marin, à l'exemple de son grand-père* : **image**, [rare] **à l'instar**, [plus cour.] **comme**. *Sans exemple. Il a été d'une grossièreté sans exemple* : **sans précédent, inouï** ; → EXTRAORDINAIRE. 3. *Par exemple* : V. AINSI II et MAIS I. *Ça par exemple !* : **ça alors !**

exempt 1. *Il est exempt du service militaire* : [plus cour.] **dispensé**. 2. V. NET.

exempter V. alléger, dispenser I.

exemption V. dispense (*in* dispenser I).

exercer 1. [~ qqn] V. ENTRAÎNER II. *Avant les vacances, il faut exercer ses muscles aux efforts physiques* : **habituer**. 2. *Trouvera-t-il un métier où exercer son talent ?* : [plus génér.] **occuper** ; → REMPLIR*. *Exerce-t-il encore ?* (qui se dit en parlant de professions libérales) : [plus génér.] **travailler**.
◇ **s'exercer** 1. V. S'ENTRAÎNER. 2. *Il s'exerce autour de nous de pernicieuses influences* [sout.] : [plus cour.] **se manifester**, [plus fam.] **sentir** (*on sent...*) ; → S'ÉTENDRE*.
◇ **exercé** *Il a l'oreille très exercée* : **fin** (qui n'implique pas qu'il s'agisse du résultat d'une longue pratique) ; → ADROIT.
◇ **exercice** 1. *Son habileté est le fruit d'un long exercice* : **pratique, travail** (*le fruit de beaucoup de travail*) ◆ [plus génér.] **expérience, habitude** ; → ENTRAÎNEMENT II. 2. *Il déteste les exercices de mathématiques* : **devoir** (qui désigne une tâche souvent plus importante, prescrite à un moment donné par un maître à des élèves : *un recueil d'exercices, un cahier de devoirs de vacances*). *Prendre de l'exercice* : V. MOUVEMENT. *Exercice militaire* : V. MANŒUVRE II. *Exercice physique* : V. SPORT. 3. *Est-il encore en exercice ?* : **activité**.

exergue V. inscription.

exhalaison V. effluve.

exhalation V. effluve.

exhaler V. dégager, répandre, suer.
◇ **s'exhaler** V. sortir.

exhaustif V. complet.

exhiber V. étaler II, montrer, présenter.
◇ **s'exhiber** V. se donner en spectacle.

exhibition 1. V. présentation (*in* présenter). 2. V. dépense, étalage (*in* étaler II).

exhibitionniste V. satyre.

exhortation V. encouragement (*in* encourager).

exhorter V. encourager, pousser III, presser II.

exhumer V. déterrer, retirer.

exigé V. obligatoire (*in* obliger I).

exiger 1. [qqn ~] : *Il exige ton départ, que tu partes* : V. DEMANDER, RÉCLAMER et VOULOIR. 2. [qqch ~] *La tempête exige que nous nous arrêtions* : V. COMMANDER I, REQUÉRIR et RÉCLAMER. *La situation exige notre attention* : V. MÉRITER et APPELER I.
◇ **exigeant** 1. *Avoir un caractère exigeant* : **difficile**. *Un homme exigeant* : **sévère***, [péj.] ↑**pointilleux, sourcilleux** (qui se disent en parlant des qualités morales). De qqn qui est *pointilleux*, on dit : [fam.] **il coupe, il fend les cheveux en quatre** ; → STRICT. *Un enfant exigeant* : ↑**tyrannique** ; → DÉLICAT*. 2. *Médecin ? C'est un métier très exigeant !* : ce mot recoupe les divers sens de **absorbant**, ↑**envahissant, délicat, pénible***.
◇ **exigence** 1. V. CONDITION II, DEMANDE et NÉCESSITÉ. 2. *Il faut accepter les exigences de la situation* : **impératif** ; → OBLIGATION.

exigu V. étroit, minuscule, petit.

exiguïté V. étroitesse (*in* étroit).

exil *Être condamné à l'exil* : **déportation** ; les deux termes s'appliquent, en droit, à la peine infamante de ne plus pouvoir séjourner sur le sol natal ; mais le second s'emploie en outre couramment au sens de internement dans un camp à l'étranger (*la déportation des Juifs par les nazis*) ; → DÉPART I, RELÉGATION.
◇ **exiler** [de exil] : **déporter** ; → BANNIR*.
◇ **s'exiler** V. FUIR.

existant V. en vigueur.

existence V. présence (*in* présent I), vie.

exister **1.** *Il existe de nombreuses sortes de sapins* : [en partic.] **on rencontre, on observe, on trouve** ; → AVOIR III, ÊTRE I. **2.** V. SUBSISTER. **3.** V. VIVRE.

exode V. émigration (*in* émigrer).

exonération V. dispense.

exonérer V. alléger, dispenser I.

exorbitant V. inabordable, démesuré.

exorciser *Il s'efforce d'exorciser le mauvais sort qui le poursuit* : **conjurer**.
◇ **exorcisme** Se dit d'une pratique religieuse par laquelle on chasse les démons : **conjuration** (qui peut, en outre, désigner une pratique magique).

exorde V. préliminaire.

expansif V. communicatif, démonstratif (*in* démonstration II).

expansion V. développement I, florissant (*in* fleur).

expatrier (s') V. émigrer.

expectorer V. cracher.

expédié V. mal fini*.

expédient *Il cherche vainement un expédient pour sortir de cette impasse* : [n. f.] **échappatoire** ; → PALLIATIF, RESSOURCE, MOYEN II, ACROBATIE.

expédier **1.** V. envoyer. **2.** V. congédier (*in* congé), se débarrasser.

expéditif **1.** V. prompt. **2.** V. sommaire.

expédition V. campagne II, mission, voyage.

expérience V. observation I, cobaye. *Faire, avoir l'expérience de* : V. apprentissage (*in* apprenti), connaître, essai (*in* essayer), exercice (*in* exercer), goûter I, habitude.

expérimentation V. essai (*in* essayer).

expérimenté V. adroit.

expérimenter V. essayer, tâter, vérifier, goûter.

expert
I [adj.] V. accompli (*in* accomplir), compétent.
II [n.] V. maître II, savant I, spécialiste (*in* spécial).

expertise V. estimation (*in* estimer II), vérification.

expertiser V. estimer II.

expier **1.** *On lui a fait durement expier son imprudence* : **payer*** ; → PUNIR. **2.** [partic.] *Jésus est venu pour expier le péché des hommes* : **racheter** ; → RÉPARER*.
◇ **expiation** *Il a décidé de partir en pèlerinage pour l'expiation de ses péchés* : **rachat, réparation**. On ne confondra pas l'*expiation,* peine imposée et généralement acceptée comme remède à une faute, et le *châtiment,* peine imposée comme sanction d'une faute.

expirer
I *Inspirez, puis expirez !* [didact.] : [cour.] **souffler** ; → ASPIRER I, RESPIRER I.
II V. MOURIR et SE TERMINER.

explicable V. compréhensible (*in* comprendre II).

explication V. expliquer.

explicite **1.** [en termes de droit] *Les deux sociétés sont liées par une convention explicite* : **exprès*** ; → PRÉCIS. **2.** V. CLAIR et NET.

◇ **explicitement** *Le texte dit explicitement que nous sommes en droit de revendiquer cet héritage* : **en toutes lettres**, **formellement** (on dirait aussi : *le texte est formel sur ce point : nous sommes...*), ↓ **clairement**.
◇ **expliciter** *Cette clause est parfaitement explicitée* : ↓ **formulée**.

expliquer 1. *Il nous a expliqué ses intentions* : **exposer** ; → DIRE, DÉVELOPPER III. 2. *Explique-nous comment cet appareil fonctionne* : **montrer** ; → APPRENDRE. *Comment allez-vous expliquer cette absence de plusieurs jours ?* : ↑ **justifier** ; → MOTIVER, ÉCLAIRCIR et INTERPRÉTER.
◇ **s'expliquer** 1. *Elle tentait vainement de s'expliquer : tout l'accablait* : ↑ **se justifier*** ; → SE DÉFENDRE. 2. *Ils se sont expliqués pendant une heure : il y avait de l'orage dans l'air !* : **avoir une explication** ; → DISPUTE.
◇ **explication** 1. *Ce dessin aurait besoin de quelques explications* : **commentaire**, [dans ce contexte] **légende** ; → NOTE. *L'explication d'un texte* : **commentaire** ◆ [partic.] **éclaircissement**, **élucidation** (qui se disent généralement d'explications ponctuelles, particulières) ; → INTERPRÉTATION. 2. V. CAUSE I. 3. V. DISPUTE et RÈGLEMENT DE COMPTE*.

exploit 1. *Comme tous les chasseurs, il aimait à raconter ses exploits* : **prouesse** ◆ **haut fait** (qui ne se dit qu'en parlant des choses de la guerre). 2. *Les championnats d'Europe d'athlétisme ont été marqués par une série d'exploits* : ↓ **performance** (même sens qu'*exploit* : *brillante performance*), **record** (qui implique une constatation officielle enregistrant la performance accomplie). 3. *Être à l'heure, c'est un exploit !* : **prouesse**, **performance**, **tour de force** ; → EXTRAORDINAIRE.

exploitant V. agriculteur.

exploiter
I *Il savait tout l'art d'exploiter une terre pour en tirer le meilleur rendement* : **faire valoir** ; → TIRER PROFIT*.
◇ **exploitation** *Il est à la tête d'une très belle exploitation* : **ferme** (qui se dit d'une exploitation agricole), **plantation** (qui se dit de l'exploitation de bananiers).
II 1. *Il ne sait pas exploiter ses documents* : **utiliser**, **tirer parti de**. 2. *Il faut exploiter la situation* : **tirer parti de**, **profiter**. 3. *Exploiter qqn*, c'est **abuser** de ses forces, de son travail pour en tirer profit ; → VOLER II, FAIRE TRAVAILLER* II.
◇ **exploiteur** *Il disait que tous les intermédiaires étaient des exploiteurs* : ↓ **profiteur**, ↑ **spoliateur**, [fam.] **sangsue**, **vampire**, **vautour**.

explorateur V. voyageur (*in* voyage).

exploration V. étude, voyage.

explorer V. étudier, prospecter.

exploser 1. V. éclater I, péter (*in* pet), sauter. 2. V. fulminer.

explosif 1. [n.] V. poudre. 2. [adj.] V. tendu (*in* tendre III).

explosion 1. V. détonation. 2. V. débordement (*in* déborder II), jaillissement (*in* jaillir).

exportateur V. commerçant (*in* commerce I), intermédiaire.

exportation V. commerce I.

exposer
I [~ qqch] V. ÉNONCER.
◇ **exposé** V. DÉVELOPPEMENT II et JUS.
II [~ qqch] 1. *Exposer la marchandise à vendre*, c'est à la fois **montrer**, **étaler** et **placer** ; → PRÉSENTER*. 2. *Exposer une maison au sud* : **orienter**, [plus génér.] **placer**. *Bien exposé* : V. SITUÉ. *Exposer un métal à la chaleur* : **soumettre**.
◇ **exposition** 1. V. PRÉSENTATION. 2. *Une exposition industrielle, agricole, commerciale* : **foire-exposition**, abrév. **foire**. *Une exposition périodique de peintures* : **salon**. *L'inauguration d'une exposition* : **vernissage**. 3. *Cette maison jouit d'une bonne exposition* : V. SITUATION I.
III [~ qqn] V. COMPROMETTRE, DÉCOUVRIR et JOUER II.
◇ **s'exposer (à)** *En ne lui obéissant pas, il s'expose à des représailles* : [constr. dir.] **encourir**, **risquer** ; → BRAVER, PRÊTER LE FLANC À, ÊTRE EN BUTTE À, DONNER PRISE À.

exprès
I [adj.] *Une interdiction expresse de faire qqch* : **absolu**, **formel**. *Une convention expresse* : V. EXPLICITE.
II [adv.] **1.** V. DÉLIBÉRÉMENT et VOLONTAIREMENT. *Sans le faire exprès* : V. MÉGARDE. **2.** V. SPÉCIALEMENT.

express V. café II.

expressif, expression V. exprimer.

exprimer **1.** V. ÉNONCER. **2.** *Il ne savait comment exprimer sa joie* : **dire** (qui ne se rapporte qu'aux paroles) ◆ **manifester**, **extérioriser** (qui impliquent une expression plus visible, publique) ◆ **traduire** (qui rend visible le sentiment par une expression particulière) ; → REPRÉSENTER.
◇ **s'exprimer** **1.** *Il a beaucoup de mal à s'exprimer en public* : [plus cour.] **parler**. *C'est un homme discret qui aime peu s'exprimer* : **s'extérioriser**. **2.** V. S'ACCOMPLIR.
◇ **expressif** *Un geste expressif* : **significatif** ; → ÉLOQUENT, PARLANT, VIVANT, PITTORESQUE. *Avoir un langage expressif* : **coloré** ◆ ↑ **haut en couleur** ; → MOBILE I.
◇ **expression** **1.** *Voici une expression que je ne connaissais pas : appartient-elle au français courant ?* : **tour**, **tournure** ; → FORMULE. **2.** *On devinait à son expression que son moral était au plus bas* : **mine**, **figure**, **visage** ; → MASQUE, AIR III. *Une musique, une poésie pleine d'expression* : **chaleur**, **vie** ; → FERVEUR. *Sans expression* : V. TERNE. **3.** *La loi est-elle l'expression du peuple ?* : [didact.] **émanation** ◆ ↑ **incarnation**. *Son attitude est l'expression d'un profond désarroi* : **manifestation** ; → EXPRIMER.

exproprier V. chasser.

expulser V. bannir, chasser, sortir.

expulsion *Leur organisation a décidé de mettre de l'ordre dans ses affaires : on ne compte plus les expulsions* : [rare] **éviction** ◆ ↓ **exclusion** (qui n'implique pas l'idée de violence comprise dans les précédents) ◆ **évincement** (qui se dit du fait d'être chassé d'une place convoitée par un autre) ◆ **renvoi**, **mise à la porte** (qui se disent souvent en parlant d'un employé à qui l'on donne son congé, d'un élève chassé d'un établissement scolaire) ; → ÉPURATION.

expurger V. épurer.

exquis V. agréable, délicat, délicieux (*in* délice), succulent.

exsangue V. épuiser, saigner.

exsuder V. suinter.

extase V. ivresse (*in* ivre), ravissement (*in* ravir I). *Être en extase* : V. admirer.

extasier (s') *Chacun s'extasiait devant tant de splendeur* : [sout.] **se pâmer d'admiration** ; → ADMIRER.

extensible V. élastique.

extension V. amplification (*in* ample), développement (*in* développer I).

exténuer V. fatiguer, tuer.

in extenso V. complètement.

extérieur
I [adj.] **1.** *La partie extérieure d'un objet* : **externe**. *Une aide extérieure* : V. ÉTRANGER I. **2.** *Ne vous y trompez pas : son affabilité n'est qu'extérieure* : **superficielle**, **de façade** ; → APPARENT.
II [n.] *C'est un enfant qui aime courir et sauter : il ne se plaît qu'à l'extérieur* : **dehors** ; → PLEIN* AIR.

extérioriser V. exprimer, manifester.

extermination *L'extermination d'une population* : **massacre**, ↓ **destruction*** ; → GÉNOCIDE.

exterminer V. massacrer, tuer.

externe V. médecin.

extinction V. annulation (*in* annuler).

extirpation V. arrachage (*in* arracher).

extirper V. arracher.

extorquer V. arracher, voler II.

extorsion V. concussion.

extra
I [adv.] **1.** V. extraordinaire, supérieur I. **2.** V. aise, bien II.
II [n.] **1.** V. serviteur. **2.** V. dépense.

extraction V. naissance (*in* naître).

extra-dry V. sec.

extraire V. arracher, bannir, dégager, enlever, tirer II.

extrait **1.** *Il nous a lu des extraits de son dernier roman* : **passage**, [plus rare] **fragment** ◆ **citation** (qui se dit d'un extrait placé dans un autre texte) ; → MORCEAU CHOISI*, ABRÉGÉ. **2.** *Voici de l'extrait de lavande* : **essence**.

extraordinaire Cet adjectif sert de superlatif passe-partout à ce qui exprime l'étonnement, la grandeur, la rareté... *Il est d'une force extraordinaire* : **peu commun**, **exceptionnel**. *Vous venez avec nous ! ça c'est extraordinaire !* : **formidable**, **sensationnel**, [fam.] **au poil**, **extra**, **épatant**. *Elle a un courage extraordinaire* : **étonnant**, [fam., antéposé] **sacré** ; → BEAUCOUP ; v. aussi ADMIRABLE, BIZARRE, COLOSSAL, DANTESQUE, TERRIBLE, SANS PRÉCÉDENT*, SURPRENANT, SINGULIER, SUBLIME, À TOUT CASSER*, PRESTIGIEUX, FASCINANT, FORT II, ÉTONNANT, SANS EXEMPLE*, INCROYABLE, INCONCEVABLE, MERVEILLEUX, SPÉCIAL et STUPÉFIANT.
◇ **extraordinairement** *C'est un homme extraordinairement fort* : **exceptionnellement**, **extrêmement** ; → TRÈS.

extrapoler V. conclure.

extravagant V. BIZARRE et ABSURDE I. *Une aventure extravagante* : **rocambolesque**. *Des prix extravagants* : V. INABORDABLE.
◇ **extravagance** *Elle est connue pour son extravagance* : **excentricité** (qui implique qqch de plus ostentatoire dans la conduite) ; → BIZARRERIE, CAPRICE, FOLIE. *Dire des extravagances* : V. ABSURDITÉ.

extrême **1.** V. DERNIER, SUPRÊME. **2.** V. GRAND, LIMITE, PROFOND II. *Sport extrême* : V. DANGEREUX. **3.** [n.] *Son frère et lui sont vraiment les deux extrêmes !* : ↓ **opposé** (qui s'emploie plutôt comme adj. : *deux caractères opposés*) ◆ [express.] ↓ **être à l'opposé de**, ↑ **aux antipodes de** (*son frère et lui sont à l'opposé, aux antipodes l'un de l'autre*). **4.** [adv.] *À l'extrême. Pousser les choses à l'extrême* : **à la dernière extrémité, à la dernière limite** (sing. ou plur.) ◆ [express.] **jusqu'à ce que la corde* casse**.

extrêmement V. on ne peut plus*, au possible, suprêmement (*in* suprême), terriblement (*in* terrible), très.

extrême-onction On dit aussi par euphémisme **derniers sacrements** ; le **sacrement des malades** est administré aux malades qui le demandent sans pour autant être en péril de mort.

extrémiste *Les extrémistes de la politique.* Selon les partis et époques, et selon les mentalités des locuteurs, ce terme peut désigner aussi bien un **anarchiste**, un **communiste**, un **révolutionnaire**, un **gauchiste**, un **réactionnaire** ; → AVANCÉ. Les termes **maximaliste**, **ultra**, **jusqu'auboutiste**, [très péj.] **enragé**, **fanatique**, [rare] **boutefeu** sont de valeur plus générale ; → INTRANSIGEANT.
◇ **extrémisme** **1.** [selon les époques et les partis politiques] **anarchie**, **communisme**, **révolution**, **gauchisme**, **réaction**, **jusqu'auboutisme** ◆ [plus génér.] **maximalisme** ; → FANATISME. **2.** *Il faut en tout fuir les extrémismes* : **excès**.

extrémité **1.** V. bout, pointe I. **2.** V. agonie. **3.** V. retranchement, extrême.

exubérant V. communicatif, débordant (*in* déborder II) et démonstratif (*in* démonstration II).
◇ **exubérance** **1.** V. ABONDANCE. **2.** *Comme beaucoup de Méridionaux, c'est un homme qui vous étonne par son exubérance* : ↑ **truculence** (qui se rapporte aux manifestations verbales), **volubilité** ◆ [sout., souvent péj.] **faconde**.

exultation V. joie.

exulter V. se réjouir, être fou de joie*.

exutoire *Le sport est un bon exutoire pour les gens surmenés* : [fam.] **soupape de sécurité** ◆ ↓ **dérivatif**, **diversion** ; DISTRACTION.

F

fable **1. Apologue** (= petite fable visant toujours à une conclusion morale) ; → CONTE, LÉGENDE. **2.** V. MENSONGE. **3.** *Être la fable de* : **être la risée**.

fablier V. recueil (*in* recueillir).

fabricant : [selon les contextes] **industriel, manufacturier, artisan**.

fabrication V. composition (*in* composer).

fabrique V. usine.

fabriquer **1.** V. produire I, composer I, façonner. **2.** V. faire, trafiquer. **3.** V. inventer.

fabuler : **affabuler** ◆ [plus génér.] **inventer, imaginer** ; → MENTIR.
◇ **fabulation** : **affabulation** ◆ ↑ **mythomanie** (qui se dit d'une fabulation pathologique) ; → MENSONGE.
◇ **fabulateur** [de fabulation] : **mythomane** ; → MENTEUR.

fabuleux **1.** V. imaginaire (*in* imaginer), légendaire (*in* légende). **2.** V. colossal (*in* colosse).

façade V. extérieur I.

face **1.** V. FIGURE I. **2.** *Envisager un problème sous toutes ses faces* : **aspects** (*envisager tous les aspects d'un problème*), [fam.] **sous toutes les coutures** ; → CÔTÉ. *Sauvez la face* : **apparences**. *Regarder qqn en face* : ↑ **droit dans les yeux** ◆ [fam.] **dans le blanc des yeux** ; → REGARD*. *Regarder les choses en face* : V. ÊTRE DÉSABUSÉ*. *Faire face* : **faire front**. *Se faire face* : V. S'OPPOSER. *En face, face à face* : V. TÊTE-À-TÊTE, VIS-À-VIS et PRÉSENCE. *Changer de face* : **prendre une autre tournure, allure**.

facétie V. pitrerie, plaisanterie (*in* plaisanter).

facétieux V. farceur, moqueur (*in* se moquer).

fâcher *Il m'a fâché par sa désinvolture* : [cour.] **contrarier, mécontenter** ; → ATTRISTER, IRRITER.
◇ **se fâcher** **1.** [~ avec qqn] V. PRENDRE MAL II et BROUILLER II. **2.** *Si tu continues, je vais me fâcher !* : **se mettre en colère** ◆ [en partic.] **se vexer*** ; → S'IRRITER.
◇ **fâché** **1.** *Je suis fâché de ce qui vous arrive* : **désolé, navré**. **2.** V. MÉCONTENT.
◇ **fâcherie** *Ils sont très amoureux : leur fâcherie ne durera pas !* : **brouille** ; → BOUDERIE.
◇ **fâcheux** **1.** [adj.] V. DÉSAGRÉABLE, DOMMAGE, REGRETTABLE et MALHEUREUX. **2.** [n.] V. IMPORTUN.

faciès V. figure.

facile
I [qqch est ~] *Aller au sommet de la montagne, par ce temps c'est facile !* : [fam.] **c'est du billard, du gâteau !** ; → AISÉ, COMME II, SIMPLE, ABORDABLE II. *Mener une vie facile* : **doux, tranquille**, [fam.] **se la couler douce**.

◇ **facilité** **1.** *Le problème était d'une facilité surprenante* : **simplicité**. **2.** V. COMMODITÉ et SIMPLICITÉ. **3.** V. LATITUDE.

II [qqn est ~] **1.** V. DOCILE et SOCIABLE. **2.** *C'est une femme facile* : ↑ **légère**, [très fam.] ↑ **marie-couche-toi-là**.

◇ **facilité** **1.** V. DOCILITÉ. **2.** *Il a écrit avec beaucoup de facilité* : **aisance** ; → NATUREL. **3.** [pl.] *Il a beaucoup de facilités pour écrire* : **aptitude**, **disposition**, **prédisposition** ; → CAPACITÉ I.

facilement *Vous y arriverez facilement* : [plus sout.] **aisément**, **sans difficulté**, **sans effort** ◆ [plus fam.] **comme une fleur**, **les doigts dans le nez** ; → LETTRE II, SANS PEINE*, AISE, COMME DU BEURRE*, COMME DES PETITS PAINS*.

facilité V. facile I et II.

faciliter V. aider, mâcher* le travail, simplifier (*in* simple).

façon

I Dans tous les contextes qui suivent, **manière** est un syn. exact de *façon*. *De quelle façon vous habillerez-vous ?* : V. COMMENT et MOYEN. *De cette façon* : V. AINSI II. *De telle façon que*. *Il faut vous habiller de telle façon que vous ne craigniez ni le froid ni la pluie* : **de sorte que**, **de manière que**. *La façon de vivre* : V. GENRE. *En aucune façon* : **jamais** ; → CAS. *Vous ne me dérangez en aucune façon* : **nullement**. *À la façon de*. *Il se conduit à la façon d'un novice* : [plus cour.] **comme***. *Sans façon* : V. SIMPLE. *De la même façon* : V. PAREILLEMENT et AINSI QUE. *Faire des façons* : V. SIMAGRÉE, MANIÈRE II, MINAUDERIE, AIR, CÉRÉMONIE et CONDUITE II.

II [de façonner] *La façon de cette jupe ne me plaît pas beaucoup* : **coupe**, **forme** ◆ [rare] **facture** ; → TRAVAIL I.

faconde V. exubérance (*in* exubérant).

façonner **1.** *Il passait son temps à façonner des branches de noisetier pour en faire des cannes* : **travailler**. **2.** *Cette pièce n'a pas été façonnée dans nos ateliers* : **fabriquer** ◆ [génér.] **faire** ◆ **usiner** (= façonner une pièce sur une machine-outil) ; → ASSOUPLIR, PÉTRIR, SCULPTER.

façonnier V. formaliste (*in* forme II).

fac-similé V. copie.

facteur *Son dynamisme a été un des facteurs importants de sa réussite* : [plus génér.] **élément**, **cause*** ; → AGENT I.

factice **1.** *Ne vous y trompez pas, toutes ces moulures sont factices* : **postiche**, [plus cour.] **faux**, **artificiel**. **2.** *Sa gaieté n'est qu'une gaieté factice* : **artificiel** ◆ [antéposé] **faux** ◆ [sout.] **feint** ◆ ↑ **forcé** ; → AFFECTÉ.

factieux V. révolté (*in* révolter), séditieux.

faction **1.** V. parti I. **2.** V. sentinelle, garde.

factionnaire V. sentinelle.

facture **1.** V. compte. **2.** V. style. **3.** V. travail I, façon.

facultatif *Les matières facultatives sont celles qui ne sont pas obligatoires* : **optionnel**.

faculté

I **1.** *Vous avez échoué, mais vous avez la faculté de vous présenter à la prochaine session* [sout.] : [cour.] **possibilité** ; → POUVOIR I. **2.** V. CAPACITÉ I et POUVOIR II. **3.** *Ne lui en veuillez pas : elle est vieille et n'a plus toutes ses facultés* : [assez fam.] **elle n'a plus sa tête à elle** ◆ [fam.] **elle n'y est plus** ; → FOU.

II Une faculté (abrév. fam. : **fac**) est l'une des cellules de base d'une **université** ; spécifiques de la France, **U.E.R.** (= Unité d'enseignement et de recherche), **U.F.R.** (= Unité de formation et de recherche) remplacent théoriquement *faculté*, mais ils ne sont connus et employés que par les spécialistes.

fada V. fou.

fadaise V. bêtise, fadeur, galanterie, platitude (*in* plat II).

fade **1.** *Un mets fade* (qui manque de piquant et dont la saveur déplaît ainsi au goût) : ↑ **insipide** (se dit de ce qui n'a aucune saveur) ◆ [fam.] **fadasse** ; → DOUX. *Rendre fade* : **affadir** ; *devenir fade* : **s'affadir** ; le résultat est un **affadissement**. **2.** *Son poème est assez fade* : ↑ **insipide** ;

→ PLAT II. *Une couleur fade* : V. PÂLE et TERNE. *Un spectacle fade* : **ennuyeux*** ◆ ↑ **insipide**.

◇ **fadeurs** *Il veut plaire, mais il ne dit que des fadeurs* : [plus cour.] **fadaises** ; → GALANTERIE.

fado V. mélodie.

fafiot V. billet.

fagot 1. *Je ferai rentrer quelques fagots avant l'hiver* : **bourrée**, **javelle** (qui ne s'emploient que dans certaines régions) ◆ **fascine** (= fagot serré servant à combler un fossé, à empêcher un éboulement) ; → BOTTE I. **2.** *Une bouteille de derrière les fagots*, c'est une ↓ **bonne**, **vieille** bouteille.

fagoté V. vêtu.

fagoter V. vêtir.

faible

I [adj.] **1.** [physiquement] *Depuis sa maladie, il est resté très faible* : **affaibli** ◆ **fragile*** (qui se dit de celui qui, en raison de sa faiblesse, se défend mal contre la maladie : *cet enfant est fragile*) ◆ ↑ **débile** (qui se dit de celui qui a une faiblesse congénitale) ◆ **chétif** (qui se dit de celui dont la constitution est restée faible par manque de développement) ◆ ↑ **malingre**, **rachitique** enchérissent sur *chétif* ◆ [didact.] **asthénique** (qui se dit de celui qui est affaibli pour des raisons neuropsychiques) ◆ **anémique** (qui se dit de celui qui est habituellement affaibli par appauvrissement du sang) ◆ **anémié** (qui se dit de celui qui a été rendu anémique) ◆ **déficient** (qui se dit de celui qui est atteint d'une insuffisance physique ou mentale) ; → DÉLICAT, FLUET. **2.** D'un individu faible, manquant de force physique on dit [fam.] **gringalet**, **freluquet**, ↑ **mauviette**, ↑ **avorton**. *Je me sens tout faible, ce matin !* : ↑ **mal** ◆ [fam.] **avoir les jambes comme du coton** ; → MALADE, FATIGUÉ. **3.** [moralement ou intellectuellement] *Il se sentait trop faible pour lutter contre tant de mauvaise foi* : **désarmé**, **impuissant**. *Cet élève reste faible en dépit de ses efforts* : [plus péj.] ↑ **médiocre** ◆ ↑ **mauvais*** I (*mauvais en mathématiques*). **4.** *Un caractère faible* : V. MOU et LÂCHE. **5.** *Une voix faible* : V. BAS I, FLUET et MOURANT. *Une lumière trop faible* : **insuffisant** ; → PÂLE, VAGUE III. *Une faible pente* : V. DOUX. *Un faible bruit* : [postposé] ↑ **imperceptible**. *Une faible quantité d'eau* : [plus cour.] **petit** ; → MAIGRE, FRAGILE. *Le point faible de qqn* : V. FAIBLESSE.

II [n.] **1.** *Son idéal était de défendre les faibles* : **petit** ◆ [partic.] **opprimé**, **pauvre**. *Faible d'esprit* : V. SIMPLE et DÉBILE. **2.** *Avoir un faible pour* : V. PENCHANT et PRÉFÉRENCE.

◇ **faiblement** 1. *Il a protesté beaucoup trop faiblement pour obtenir gain de cause* : **mollement**. **2.** *La lumière éclairait trop faiblement la pièce pour qu'on puisse lire* : **peu***, **insuffisamment**.

◇ **faiblesse** [de faible I] **1. affaiblissement**, **fragilité**, **débilité**, **déficience**, **anémie**, **asthénie**. *Avoir une faiblesse* : V. DÉFAILLANCE. *Faiblesse d'esprit* : V. DÉBILITÉ. **2.** [de faible adj. 2] **impuissance**, **médiocrité**. *Il est bon grimpeur, mais mauvais contre la montre : c'est sa faiblesse* : **point faible** ; → DÉFAUT II, INFÉRIORITÉ. **3.** V. MOLLESSE et LÂCHETÉ. **4.** *La faiblesse de ce roman est consternante* : **pauvreté**, **médiocrité*** ◆ ↑ **insignifiance** ; → INDIGENCE. *Son argumentation est pleine de faiblesses* : ↑ **lacune** ◆ [fam.] **trou** ; → DÉFAUT. **5.** *La faiblesse de ses revenus ne lui permet pas de partir en vacances* : [plus rare] **petitesse**, **médiocrité**. *La faiblesse d'un raisonnement* : **fragilité**, ↓ **point faible**. *Avoir une faiblesse pour* : V. PRÉFÉRENCE.

faiblir 1. [qqch] V. décliner II, lâcher, mollir (*in* mou), se relâcher II. **2.** [qqn] V. défaillir, diminuer, fléchir.

faïence V. céramique.

faille V. défaut II.

faillir V. manquer II.

faillite 1. *En période de crise économique, on assiste à des faillites spectaculaires* : **banqueroute** (qui se dit d'une faillite frauduleuse) ◆ **liquidation judiciaire** (qui n'implique pas que l'on soit dessaisi de son patrimoine, contrairement à ce qui se passe dans une *faillite*) ◆ **krach** (qui se dit d'un grand désastre financier). *Faire faillite* : [fam.] **boire le bouillon** ; → DÉPOSER SON BILAN*. **2.** *Il est au bord de la faillite* : [fam.] **déconfiture**, **débâcle** ; → RUINE. **3.** *Sa ten-*

tative de conciliation s'est soldée par la faillite : **déconfiture** ; → ÉCHEC.

faim 1. **fringale** (qui se dit d'une faim subite et pressante), **boulimie** (qui se dit d'une faim continuelle). *Avoir faim* : ↑ **être affamé** ◆ [fam.] **avoir la dent** ◆ [fam.] ↑ **avoir l'estomac dans les talons**, **avoir l'estomac creux** ◆ [fam.] ↑ **crever de faim** ◆ ↑ [fam.] **avoir très faim**, **avoir une faim de loup** ◆ ↑ [sout.] **avoir grand faim** ; → MANGER DE LA VACHE* ENRAGÉE I. *Cela donne faim* : [fam.] **creuser**. *Ce pays souffre de la faim* : **famine**. 2. *Avoir faim de culture, de tendresse* : **soif** ◆ ↑ **être affamé** ; → DÉSIR.

fainéant V. paresseux (*in* paresse).

fainéantise V. paresse.

faire Ce verbe est, avec *être*, le verbe par excellence : il peut remplacer, étant de sens très général, un très grand nombre de verbes français (*faire, construire une maison ; faire, allumer du feu,* etc.) ; il joue le rôle de pro-verbe (*c'est lui qui élève ses enfants, et il le fait bien)* ; il sert à former des périphrases verbales (*faire de la peinture, peindre ; faire du dessin, dessiner)* ; il entre dans un nombre considérable de locutions (*faire état de, faire semblant de,* etc.). C'est dire qu'il est impossible de recenser ses syn., qui varient considérablement selon les contextes. 1. *Faire un bouquet, un livre* : V. COMPOSER, FAÇONNER, ÉLABORER, PRÉPARER, CRÉER, BÂTIR et PRODUIRE I. *Faire du russe* : V. APPRENDRE et PRATIQUER I. *Faire un enfant* : V. CONCEVOIR. *Faire naître* : V. ENGENDRER. *Faire carrière* : V. RÉUSSIR. 2. *C'est lui qui fait tout le travail* : V. S'ENVOYER, TRAVAILLER I, ACCOMPLIR et S'ENFILER. *Qu'est-ce que tu fais en ce moment ?* : [fam.] **fabriquer**, **ficher**, **foutre** ; → FRICOTER. 3. *Faire les cartes* : V. DONNER. 4. V. CHIER et PISSER. 5. *Il n'a pas pu venir, mais cela ne fait rien* : [plus sout.] **ne pas avoir d'importance**, **n'avoir aucune importance**, [fam.] **qu'est-ce que ça fait ?** 6. *Il y a de quoi faire* : V. S'OCCUPER. 7. *Ils sont faits l'un pour l'autre* : V. NAÎTRE. 8. V. PESER et VALOIR.

◇ **se faire** 1. V. ACCLIMATER et S'ACCOMMODER. 2. *Il se fait vieux* : **devenir**. *Il se fait tard, je me sauve* : **être**. 3. V. SE PRATIQUER.

◇ **s'en faire** 1. V. SOUCI et SE GÊNER. 2. *Il ne s'en fait pas, celui-là !* : [fam.] **il ne se casse pas la tête, ne se fait pas de bile** ◆ [très fam.] **il ne se casse pas la nénette, le cul** ; → SE LA COULER* DOUCE II. 3. V. SE PRATIQUER I.

faire-part V. invitation (*in* inviter).

fair-play *C'est un joueur très fair-play* : **sport***, [plus génér.] **correct**.

faisable V. possible, réalisable (*in* réaliser I).

faisandé V. avancé (*in* avancer II), corrompu (*in* corrompre).

fait

I [adj.] 1. *Il a quarante ans : c'est un homme fait* : **mûr**, **dans la force de l'âge**. 2. *Un homme bien fait* : V. BÂTI. *Une femme bien faite* : [fam.] **balancé** ; → BEAU. 3. *Te voilà fait !* : V. BON I. 4. *Il a été puni ? c'est bien fait !* : **tant mieux !** ◆ [fam.] **tant pis pour lui !** 5. *Les couturières sont très chères : je n'achète que du tout fait* : [plus sout.] **prêt-à-porter**. 6. *Il a des idées toutes faites sur la question* : **préconçu**, **préjugé**.

II [n.] 1. *Un cambriolage ? C'est un fait banal dans le quartier* : **événement**, **incident** (= fait d'ordre mineur). *Un fait observable* : V. PHÉNOMÈNE. *Se heurter aux faits* : **réel**, **réalité** ; → CONCRET. *La chronique des faits divers* : [fam. ; péj.] **chiens écrasés**. 2. *Hauts faits* : V. EXPLOIT. *Faits marquants* : V. ÉVÉNEMENT. *Au fait* : V. À PROPOS. *En fait* : V. PRATIQUEMENT, RÉELLEMENT, CONCRÈTEMENT et VRAI (*à dire vrai*). *En fait de* : V. MATIÈRE II. *De fait* : V. EFFECTIVEMENT et VÉRITABLEMENT. *Tout à fait* : V. ABSOLUMENT et EXACTEMENT. *Sur le fait* : V. DÉLIT (*en flagrant délit*). *Du fait de* : V. VU I.

faite V. comble I, sommet.

faix V. charge.

falbala V. volant II.

fallacieux V. trompeur (*in* tromper).

falloir 1. *Il faudrait que nous allions le voir* : [moins cour.] **être nécessaire**, [sout.] **convenir** (qui implique l'idée de bienséance) ◆ **devoir** (qui implique souvent l'idée d'obligation morale : *nous devrions* *aller le voir)* ◆ [rare] **il y a lieu de** ; → S'AGIR III. **2.** *Peu s'en faut* : V. MANQUER I. *Il faut que* : **suffire**.

falot V. insignifiant.

falsifié V. faux I.

falsifier En tous emplois, [fam.] **truquer**, **trafiquer**. **1.** [concret] *Falsifier un vin* : **frelater**. *Falsifier un texte* : **altérer*** I, **déformer**, **maquiller**, [plus génér.] **changer**. *Falsifier une signature* : **contrefaire**. **2.** [abstrait] *Falsifier des faits, la vérité* : **altérer** ◆ [plus cour.] **fausser**, **dénaturer**, **maquiller**, **travestir** ◆ ↑ **défigurer**.

falun V. sable.

falzar V. pantalon.

famélique V. affamé.

fameux **1.** V. BON I. **2.** *La Bourgogne est une région fameuse pour ses vins* : **célèbre**, **renommé**, **réputé** ; → SUPÉRIEUR I, GLORIEUX. **3.** *Je lui ai donné un fameux coup de pied au derrière !* : [fam.] **sacré**, **méchant** ; → MÉMORABLE, RUDE, GRAND.

familial V. famille.

familier

I [adj.] **1.** *Il reconnaissait avec plaisir des visages familiers* : [plus cour.] **connu** ; → SIMPLE. **2.** V. HABITUEL. **3.** *C'est un homme froid et pourtant il aimerait se montrer plus familier !* : **cordial***, **proche** ; → SOCIABLE. **4.** [péj.] *Avoir des gestes, des propos familiers, une attitude familière* : [le plus souvent précédé d'un adverbe comme « trop », « très », « bien »] **libre*** ◆ ↑ **cavalier**, **grossier** ; → SANS-GÊNE, INSOLENT.

II [n.] *C'est un familier de la maison* : **habitué**.

◇ **familièrement** *Il aimait à s'entretenir ainsi, familièrement, avec les paysans du village* : **simplement** ◆ ↑ **librement**, **à bâtons rompus**.

◇ **familiarité** **1.** [sing.] *Il vit avec eux dans la plus grande familiarité* : ↑ **intimité**. **2.** [sing., parfois péj.] *Il a traité la question avec une familiarité déconcertante* : ↑ **liberté** ◆ [péj.] ↑ **désinvolture***. **3.** [pl.] *Je vous prierai de m'épargner vos familiarités* : ↑ **grossièretés**. **4.** [pl.] *Avoir des familiarités avec une femme* : [sout.] **privautés** ; → INTIME.

◇ **se familiariser** *Ils se sont familiarisés avec leur nouvelle maison* : **s'habituer**, **s'accoutumer** ; → S'ENTRAÎNER.

famille **1.** *Les pensionnaires ont le droit de retourner dans leur famille une fois par mois* [sout.] : [cour.] **chez eux**, **à la maison** ◆ [fam.] **au bercail** ; → LES SIENS*. **2.** *Famille* se dit en parlant des parents et des enfants ; **ménage**, **foyer** se disent surtout en parlant du couple que forment les parents. *La vie de famille* : **familial**. *Le nom de famille* : [didact.] **patronyme** ; → LIGNÉE. **3.** *Alors, comment va la petite famille ?* [fam.] : [cour.] **enfants*** ◆ [sout. ou par plaisant.] **progéniture**. *Ah ! voici Dupont et toute sa famille* : [outre les syn. précédents, péj., fam.] **tribu**, **smala**. **4.** *François Ier appartenait à la famille des Valois* : **maison**, **branche** ◆ **dynastie** (qui désigne la succession des souverains d'une même famille ou une famille connue, célèbre). **5.** *Clytemnestre portait en elle toutes les passions de la famille des Atrides* : **sang**, **race** ◆ **lignée** (qui désigne la descendance, les enfants d'une même famille) ; → CONSANGUINITÉ. **6.** *Avoir un air de famille* : V. SE RESSEMBLER. **7.** *La famille des liliacées* : V. GROUPE.

◇ **familial** *Il supporte de plus en plus mal ses ennuis familiaux* : [sout.] **domestique**. *Une familiale* : V. AUTOMOBILE. *Planning familial* : V. CONTRACEPTION. *La vie familiale* : **de famille**.

famine *Un salaire de famine* : [plus cour.] **misère** ; → DISETTE, FAIM, RARETÉ.

fanal V. lanterne, feu II.

fanatique **1.** [adj.] *On peut être un partisan sans être un partisan fanatique !* (qui se dit de celui qui est animé d'une foi aveugle dans une religion ou une doctrine) : ↓ **intolérant** (qui ne supporte pas que l'on pense autrement que lui), ↑ **sectaire** (qui insiste sur l'idée d'étroitesse d'esprit) ; → DOCTRINAIRE, EXALTÉ, BORNÉ. **2.** [adj.] *C'est un adepte fanatique du nudisme !* : ↓ **fervent**, **passionné**, **enthousiaste**, **convaincu**. **3.** [n.] V. EXALTÉ et EXTRÉMISTE. **4.** [n.] *C'est un fanatique de la pop music* : [abrév. fam.] **fan**, **fana**, **groupie** ◆ ↓ **passionné**.

◇ **fanatisme** 1. [de fanatique 1] **intolérance**, **sectarisme** ◆ ↓ **étroitesse de vue**. 2. V. EXTRÉMISME.

fané V. défraîchi.

faner 1. V. foin. 2. V. flétrir I, sécher I, éteindre.

◇ **se faner** V. dépérir, pâlir (*in* pâle).

fanfare V. musique.

fanfaron *Ne l'écoutez pas : c'est un fanfaron !* : **vantard**, **hâbleur** (= qqn qui aime parler beaucoup, en exagérant les choses) ; → BRAVACHE, FIER.

◇ **fanfaronnade** *Il parle beaucoup, mais ce n'est que pure fanfaronnade* : **forfanterie** ◆ **hâblerie**, **vantardise** ; → EXAGÉRATION, BRAVADE, CHARLATANISME.

fanfaronner V. faire le malin*.

fanfreluche V. ornement (*in* orner), frivolité (*in* frivole).

fange V. boue, ordure.

fangeux V. boueux (*in* boue).

fantaisie 1. *Il lui passe toutes ses fantaisies* : **caprice** ; → DÉSIR. *Elle collectionne les chapeaux : c'est sa nouvelle fantaisie !* : ↑ **lubie**, **folie** ; → MANIE. 2. La fantaisie suppose à la fois l'**imagination***, l'**originalité*** et le goût de la **drôlerie**. *Sans fantaisie* : V. TRISTE et SANS ORNEMENT*. 3. *Vous êtes libre d'agir à votre fantaisie* : **gré**, **goût**, **guise** ◆ [plus cour.] **comme vous le voulez, l'entendez**. 4. V. RIEN II.

◇ **fantaisiste** 1. [n.] *C'est un fantaisiste : il agit toujours autrement que les autres* : **original**, [partic.] **bohème***. *Sérieux, cet étudiant ? vous voulez dire que c'est un fantaisiste !* : [plus fam.] **fumiste** ; → AMATEUR. 2. [adj.] V. ARBITRAIRE.

fantasmagorique V. fantastique.

fantasme V. illusion, vision.

fantasque V. bizarre, capricieux (*in* caprice).

fantassin V. soldat.

fantastique 1. *Sous la lune, le paysage avait quelque chose de fantastique* : **fantasmagorique**, **surnaturel**, **irréel**, **féerique** ; → FANTOMATIQUE. *Avoir une passion pour le fantastique* : **surnaturel** ; → IMAGINAIRE, MERVEILLEUX. 2. V. COLOSSAL.

fantoche V. pantin.

fantôme 1. *Croyez-vous aux fantômes ?*, [terme le plus cour.] : [de même sens, moins employés] **revenant**, **apparition** ◆ **spectre** (qui entraîne toujours l'idée d'effroi) ◆ **esprit** (qui se dit, dans les sciences occultes, de l'âme d'un défunt) ◆ **zombi** (= syn. créole de *fantôme*) ; → VISION. 2. *Je ne le reconnais pas : ce n'est plus que le fantôme de lui-même !* : **ombre**. *C'était un fantôme de discussion !* : **simulacre***.

◇ **fantomatique** *Elle avait, dans cette lumière indécise, quelque chose de fantomatique* : **spectral** ; → FANTASTIQUE.

faquin V. coquin.

faramineux V. étonnant (*in* étonner), prodigieux (*in* prodige).

faraud V. malin.

farce 1. V. attrape (*in* attraper II), tour III. 2. V. comédie. 3. V. plaisanterie (*in* plaisanter).

farceur 1. V. BOUFFON et COMÉDIEN. 2. *Il a l'esprit farceur* : [plus sout.] **facétieux**.

farci V. plein.

farcir (se) 1. V. s'envoyer. 2. V. sauter.

fard 1. Un *fard* est un produit que l'on s'applique sur le visage pour en modifier l'aspect : [partic.] **Rimmel** (= fard pour les yeux), **fond de teint** (= fard pour le visage), **rouge** (= fard pour les lèvres) ; le **maquillage** est l'ensemble de ces produits. 2. [litt.] *Piquer un fard* : V. ROUGIR. *Parler sans fard* : V. AMBAGES.

◇ **farder** 1. V. DÉGUISER et MAQUILLER. 2. *Elle se farde outrageusement* : [plus cour.] **se maquiller** ◆ **se grimer** (qui se dit en parlant d'un acteur).

fardeau V. charge, poids.

farder V. fard.

farfelu V. bizarre.

farfouiller V. fouiller.

faribole V. sornette.

farniente V. oisiveté.

farouche 1. [animal ~] *Le chat n'est pas farouche* : **sauvage** (s'emploie moins en ce sens, notamment parce qu'il tend à former des noms composés avec le substantif qu'il accompagne : *une bête sauvage, un chat sauvage,* etc.) ◆ **indompté** (se dit exactement d'un animal qui n'a pas été dompté) ; → CRAINTIF. 2. [personne ~] *C'est un homme farouche, qui fuit les rapports sociaux* : **sauvage** ◆ [rare] **insociable** ◆ [fam.] **ours** (*c'est un ours !*). 3. *Un farouche défenseur de la libre pensée* : V. CHAUD, SOLIDE et CONVAINCU. *Son ennemi le plus farouche* : V. ACHARNÉ. 4. *Une haine farouche* : V. VIOLENT. *Un combat farouche* : V. ACHARNÉ.
◇ **farouchement** V. DUREMENT et FORTEMENT.

fascicule V. livret.

fascine V. fagot.

fasciner *Il était fasciné par la puissance de son regard, incapable de faire un geste* : **captiver**, ↑ **envoûter** ◆ [didact.] **hypnotiser** ; → CONQUÉRIR, ÉMERVEILLER.
◇ **fascinant** *Elle était d'une beauté fascinante* : ↓ **troublant** ◆ ↑ **envoûtant**. Des termes comme **merveilleux**, **extraordinaire** sont plus plats, bien que de sens plus fort.
◇ **fascination** *Il subissait peu à peu la fascination de cette nature étrange* : ↑ **envoûtement** ◆ ↓ **charme***. *La fascination du pouvoir* : V. SÉDUCTION.

fascisme, fasciste V. national-socialisme, -socialiste.

faste 1. V. favorable (*in* faveur). 2. V. brillant (*in* briller III), luxe, magnificence (*in* magnifier).

fast-food V. restaurant.

fastidieux V. ennuyeux (*in* ennuyer).

fastueusement V. somptueusement (*in* somptueux).

fastueux V. luxueux (*in* luxe), riche, somptueux.

fat V. vaniteux (*in* vanité II).

fatal 1. *Il a reçu un coup fatal* : [plus cour.] **mortel**. *Il a commis une erreur qui risque de lui être fatale* : **funeste** ◆ ↓ **néfaste, nuisible, dommageable**. 2. V. ÉCRIT.
◇ **fatalement** *Ils devaient fatalement se rencontrer : leurs routes se croisaient* : **forcément**, **inévitablement**, **obligatoirement**, **nécessairement**.
◇ **fataliste** *Après tant de déceptions éprouvées en si peu de temps, il était devenu fataliste* : **philosophe** ◆ **résigné** (qui n'implique pas, comme les précédents, la référence à une doctrine philosophique).
◇ **fatalisme** [avec les mêmes nuances] **philosophie**, **résignation**.

fatalité V. destin.

fatiguer 1. [~ qqn] *Cette longue marche nous avait fatigués* : ↑ **épuiser, exténuer** ◆ ↑ **harasser** (qui ne s'emploie guère qu'aux temps composés) ◆ ↑ **éreinter** ◆ [fam.] **claquer**, **crever**, **esquinter**, **lessiver** ; → USER II. 2. [~ qqn] V. ÉTOURDIR et ENNUYER. 3. [intr.] *Le moteur fatigue anormalement dans les côtes* : **peiner** ◆ ↓ **donner des signes de fatigue**.
◇ **se fatiguer** 1. *C'est un homme qui se fatigue beaucoup trop* : ↑ **se surmener** (qui se dit surtout de la fatigue nerveuse) ◆ [fam.] **se claquer**, **se crever** ◆ ↑ **se tuer au travail**. 2. *Voilà quelqu'un qui ne se fatigue pas pour vous rendre service* : [fam.] **se casser**, **se fouler** ; → SE LA COULER* DOUCE, SE CREUSER. 3. [~ à] *Voilà deux heures que je me fatigue à lui répéter que je ne m'appelle pas Dupont !* : **s'échiner**, **s'épuiser** ◆ [en partic.] **s'époumoner**. 4. [~ de qqch] *On se fatigue vite de la solitude* : **se lasser** ; → EN AVOIR ASSEZ*.
◇ **fatigué** 1. *Je me sens assez fatigué en ce moment* : [sout.] **las** ◆ ↑ **harassé**, **brisé**, **broyé**, **fourbu**, **rompu**, **rendu**, **éreinté**, [fam.] **flapi**, **vanné** (qui évoquent la fatigue physique) ◆ ↑ **épuisé**, **exténué**, [fam.] **claqué**, **crevé**, **lessivé**, **pompé** (qui évoquent aussi bien la fatigue physique que la fatigue nerveuse et morale). *Être fatigué* : [fam.] **être sur le flanc, sur les genoux, sur les**

dents, sur les rotules. *Il est fatigué d'avoir marché* : [fam.] **il ne sent plus ses jambes, n'a plus de jambes, en a plein les jambes, a les jambes comme du coton, est vidé**. *Des yeux fatigués* sont souvent **cernés**, *les traits du visage* sont **tirés** ; → À PLAT*, ABATTRE II, MOULU, À BOUT*, MALADE. **2.** *Des vêtements fatigués* : **défraîchi***, ↑ **usé** ; → VIEUX. *Des chaussures fatiguées* : ↑ **usé** ◆ ↓ **usagé** (qui convient dans les deux exemples) ; → DÉFORMER. **3.** *Je suis fatigué de la ville et du travail !* : [sout.] **las** ; → SATURÉ, DÉGOÛTER, EN AVOIR ASSEZ*.

◇ **fatigant** : ↑ **épuisant**, **tuant** ; → DIFFICILE I, ENNUYEUX II.

◇ **fatigue** *Elle redoutait la fatigue du voyage* [génér.] : [sout.] **lassitude** (qui implique autant la fatigue physique que la fatigue morale) ◆ **épuisement**, **éreintement** (qui désignent une grande fatigue physique) ◆ **surmenage** (qui se dit d'une grande fatigue intellectuelle) ◆ [fam.] **coup de pompe** (qui désigne une fatigue physique soudaine et brutale). *Tomber de fatigue* : ↑ **être mort de fatigue** ; → FATIGUÉ, RECRU, COUP DE BARRE*. *La fatigue nerveuse* : V. ABATTEMENT, USURE et APATHIE.

fatras V. amas, désordre, pêle-mêle.

fatuité V. prétention (*in* prétendre II), vanité II.

faubourg V. banlieue.

fauché V. désargenté, misérable, pauvre II, à sec II.

faucher **1.** V. couper. **2.** V. dérober, piquer IV.

fauconnerie V. chasse.

fauconnier V. chasseur I.

faufiler *On faufile un ourlet* : **coudre** (= à grands points avant la couture définitive) ◆ **bâtir** (= assembler à grands points les pièces d'un vêtement ; on peut employer *faufiler* pour *bâtir*, l'inverse n'étant pas toujours vrai : *on faufile un ourlet ; on bâtit, faufile un manteau*).

◇ **se faufiler** V. SE GLISSER.

faussaire V. imitateur.

fausse-couche V. avortement.

fausser **1.** V. abîmer, tordre, voiler II. **2.** V. falsifier.

fausset *Voix de fausset* : V. tête.

fausseté V. faux.

faute **1.** [en termes de religion] *Confesser ses fautes* : **péché**. [en termes de morale] *Commettre une faute contre la morale* : [sout.] **délit** (qui s'emploie aussi en termes de droit) ◆ **peccadille** (qui se dit d'une faute légère) ; → ATTENTAT, OFFENSE, CRIME, SOUILLURE, COUPABLE I. **2.** V. ERREUR et SE TROMPER. **3.** *Faute de* : V. À DÉFAUT*, MANQUE et SANS. *Par la faute de* : V. CAUSE I. *Se faire faute de* : V. MANQUER II. *Sans faute* : V. PARFAIT.

fauteuil **1.** V. rocking-chair, siège I. **2.** V. place I.

fauteur V. instigateur, responsable II.

fautif **1.** [adj.] V. erroné (*in* erreur), vicieux II. **2.** [n.] V. coupable I.

fauve **1.** [adj.] V. JAUNE. **2.** [s'emploie comme n. ou adj.] *Un fauve, une bête fauve* : **féroce**, **sauvage** (qui s'emploient comme adj., avec bête).

faux

I [adj.] **1.** Ce qui n'est qu'une copie, une imitation de la réalité : V. APPARENT, FACTICE et PRÉTENDU. *De faux papiers, de fausses cartes* : [postposé] **falsifié**, [fam.] **truqué** ; → FALSIFIER. **2.** Ce qui est contraire à la vérité : V. ERRONÉ, FICTIF, MENSONGER et TROMPEUR. *Faire courir de faux bruits* : [postposé] **mensonger**. *Entretenir de fausses espérances* : **vain** ◆ [postposé] **mal fondé**. **3.** Ce qui est contraire à telle ou telle norme. *Être dans une situation fausse* : **équivoque**. *Faire fausse route* : V. SE TROMPER. *Un raisonnement faux* : ↓ **boiteux*** ; → INCORRECT, ABSURDE. *Faux bond* : V. RENDEZ-VOUS. *Faux sens* : V. CONTRESENS et ERREUR. *Faux pas* : V. MALADRESSE. *Faux frais* : V. DÉPENSE. *Faire une fausse note* : [fam.] **canard**, **couac**. **4.** [qqn est ~] *C'est un homme faux : ne vous fiez pas à son apparente cordialité* : **fourbe**, **sournois***, **hypocrite** (qui s'emploient aussi comme noms) ◆ [n., fam.] **faux-jeton** ; → DOUBLE I, DÉLOYAL, AFFECTÉ.

◇ **fausseté** *On lit la fausseté sur son visage* : **hypocrisie**, **duplicité** (qui se dit exactement de celui qui joue double jeu) ◆ **fourberie** (qui allie la ruse à la fausseté) ◆ **tartufferie** (= hypocrisie religieuse) ◆ **pharisaïsme** (= ostentation de la dévotion) ◆ **jésuitisme** (= recours systématique à des astuces hypocrites en matière de religion) ; → TROMPERIE, AMBIGUÏTÉ, DISSIMULATION.

II [n.] V. COPIE II.

faux-col V. mousse.

faux-fuyant V. fuite (*in* fuir).

faux-semblant V. simulacre.

faveur

I 1. V. HONNEUR, PRIVILÈGE et SERVICE II. 2. *Il a gagné la faveur de tout son entourage* : **estime**. *C'est un chanteur qui a gagné la faveur du grand public* : **popularité** (*... qui a gagné la popularité*) ; → VOGUE, DÉFAVEUR. 3. [pl.] *Elle lui a accordé les dernières faveurs* : [plus cour.] **elle s'est donnée*** **à lui**. 4. *En faveur de* : V. POUR.

◇ **favorable** 1. [qqn est ~] *Sera-t-il favorable au projet que nous lui avons soumis ?* : [plus cour.] **d'accord avec** ◆ [fam.] **voir d'un bon œil** ; → APPROBATEUR. 2. [qqch est ~] **bon** [génér.]. *Voici un terrain favorable pour planter notre tente* : **propice**. *Attendre le moment favorable* : **propice**, **opportun**. *Vous le voyez ici sous son aspect favorable* : [plus cour.] **sous son bon côté**. *Il n'est pas dans un jour favorable* : **faste**, **heureux**. *Parler de qqn en termes favorables* : V. AVANTAGEUX.

◇ **favorablement** *Son discours a été favorablement accueilli* : **bien**. *Voici une affaire qui se termine favorablement pour vous* : **heureusement** ◆ ↑ **avantageusement**.

II V. RUBAN.

favori

I 1. [adj.] *La pêche est son passe-temps favori* : **préféré**. 2. [n.] *Pierre est le favori de la classe* : **préféré** ◆ [fam.] **chouchou**, **chéri** ; → PROTÉGÉ.

II [n. pl.] *Il a les cheveux longs et porte des favoris* : [plus fam.] **pattes**, **rouflaquettes** ; → MOUSTACHE.

favorisé V. loti (*in* lot), partager (*in* partage), privilégié (*in* privilège).

favoriser 1. V. aider, avantager (*in* avantage), protéger, seconder. 2. V. promouvoir.

favoritisme V. népotisme.

fax V. dépêche.

fébrile V. bouillonnant (*in* bouillon), fiévreux (*in* fièvre), nerveux (*in* nerf).

fébrilité V. agitation (*in* agiter).

fèces V. excrément.

fécond En tous emplois : V. ABONDER. 1. *Les cobayes sont des animaux très féconds* : **prolifique**. *Être fécond* : V. CONCEVOIR. 2. *La Beauce est une région très féconde* : **fertile** ◆ [plus génér.] **riche**, **généreux**, **productif** ; → ARABLE. 3. *Il travaille sur un sujet fécond* : **riche**, ↑ **inépuisable**. 4. *Les pourparlers entre les deux délégations ont été très féconds* : **fructueux**, ↓ **encourageant**. 5. [~ en qqch] *La journée a été féconde en rebondissements* : **riche** ◆ [plus cour.] **plein de**.

◇ **féconder** 1. V. CONCEVOIR. 2. *Toute cette région est fécondée par les alluvions du fleuve* [sout.] : [cour.] **fertiliser** ; → AMÉLIORER.

◇ **fécondité** : **fertilité** (qui se dit d'un sol) ◆ [plus génér.] **richesse**.

fécondation V. conception (*in* concevoir).

féconder, fécondité V. fécond.

fédération Union de plusieurs États en un État fédéral détenant un pouvoir central : **confédération** ; → COALITION, SOCIÉTÉ.

fédérer V. réunir.

feed-back V. rétroaction.

feeling V. sentir I.

féerique V. fantastique, merveilleux (*in* merveille).

feignant V. paresseux.

feindre V. affecter II, dissimuler, jouer II, semblant (*in* sembler), simuler.

feint V. de commande, factice, simulé (*in* simuler).

feinte V. ruse.

feinter V. biaiser, tromper.

fêlé V. fou.

félicité V. bonheur.

féliciter 1. *Nous irons féliciter les jeunes époux* : **complimenter** ◆ **congratuler** (qui s'emploie souvent par plaisanterie). 2. V. APPROUVER et LOUER.
◇ **se féliciter** *Nous nous félicitons de la tournure que prennent les événements* : **se réjouir de**, [plus cour.] ↓ **être content de***.
◇ **félicitations** 1. *Nous lui avons présenté nos félicitations à l'occasion de son mariage* : **compliments**, ↓ **hommages** (qui se disent aussi de simples paroles de politesse). 2. *Il a eu les félicitations de ses supérieurs* : **éloges***, ↓ **compliments**.

félon V. déloyal.

félonie V. déloyauté (*in* déloyal).

fêlure V. cassure.

féminité, féminisme V. féminin.

femme 1. Ce terme n'a pas de syn. quand il a valeur générique, comme dans *le statut de la femme dans la société. Femme célibataire, femme mariée* : V. DEMOISELLE et FILLE. *Devenir femme* : V. DÉFLORER, [génér.] PERSONNE et FÉMININ. 2. *Je vous présente ma femme* : V. ÉPOUSE, MOITIÉ ; v. aussi AMANTE. 3. *J'aime la compagnie de cette femme* : [fam.] **nana**, **minette**, **nénette** (qui se dit en parlant plutôt de jeunes femmes) ◆ **dame** (qui se dit en parlant d'une femme mûre) ◆ [fam., souvent péj.] **bonne femme**, [fam., parfois péj.] **poupée**, **souris** (qui renvoient le plus souvent à la femme objet du désir masculin) ; → FILLE. 4. *Courir les femmes* : **cotillon**, **jupons** ; → COURTISER. 5. Toute une série de syn. évoquent le statut de la femme dans notre société et notre culture ; nous en répertorions quelques-uns ici, en prenant nos distances par rapport aux préjugés que nombre d'entre eux véhiculent : [fam., péj.] **grognasse**, **pétasse**, **poufiasse**, **rombière** (en parlant d'une grosse femme peu agréable) ◆ [fam., péj.] **grande bringue**, **échalas**, **sauterelle**, **grande perche** (en parlant d'une femme ou d'une fille grande et maigre) ◆ [fam., péj.] **boudin** (en parlant d'une femme petite et grosse) ◆ **pin-up**, **vamp**, [sout.] **beauté** (en parlant d'une jolie femme) ◆ **dragon**, **gendarme** (en parlant d'une femme autoritaire et bourrue) ; → GRAND, MAIGRE, GROS, VIRAGO. *Maîtresse femme, femme à poigne* (qui se disent d'une femme énergique affirmant une forte personnalité) : [fam.] **elle porte la culotte** (qui se dit d'une femme commandant dans son foyer). *Femme galante, publique* : V. PROSTITUÉE. *Femme de ménage, de chambre* : V. SERVANTE.
◇ **féminin** 1. *Le charme, les caractéristiques féminines* : **féminité**. *Les revendications proprement féminines* : **féminisme**. 2. *Cet homme a quelque chose de féminin* : [péj.] **il est efféminé** ; → HOMOSEXUEL.

femmelette V. homme.

fenaison V. foin, récolte.

fendiller (se) V. se craqueler.

fendre 1. V. COUPER. 2. *Fendre la foule* : V. ÉCARTER. *Fendre le cœur* : V. DÉCHIRER. *Fendre l'air* : V. COURIR.
◇ **se fendre** 1. V. SE CRAQUELER. 2. *Se fendre de* : V. PAYER.
◇ **fente** 1. *Un mur avec des fentes* : ↓ **fissure** ◆ ↑ **crevasse** ◆ ↓ **faille** ◆ ↑ **lézarde** (qui ne s'emploie, contrairement aux précédents, qu'à propos d'ouvrages de maçonnerie). 2. *La vieille porte de bois avait une fente par laquelle on pouvait apercevoir le jardin* : **jour** ; → VIDE, TROU.

fenêtre *Je voudrais une maison avec de grandes fenêtres* : [vx] **croisée** ◆ **baie** (qui se dit d'une grande et large fenêtre) ◆ **porte-fenêtre** (qui se dit d'une fenêtre qui sert aussi de porte) ; → LUCARNE. *Jeter qqn par la* *fenêtre* : **défenestrer**. *Jeter de l'argent par les fenêtres* : V. DÉPENSER.

fente V. fendre.

fer V. épée. *De fer* : V. bronze, inflexible.
◇ **fers** V. enchaîner.

férié se dit d'un jour où l'on ne travaille pas parce qu'il y a fête ◆ **chômé** se dit plus généralement d'un jour sans travail.

ferme
I [n.] V. EXPLOITATION.
◇ **fermier** Le *fermier* exploite un domaine agricole dont il est, ou non, propriétaire ; le **métayer** fait valoir un domaine qui ne lui appartient pas et partage fruits et récoltes avec le propriétaire ; → AGRICULTEUR, PAYSAN.
II [adj., génér.] V. AFFERMIR. **1.** *De la viande ferme* : V. DUR. **2.** *Marcher d'un pas ferme* : **assuré**, **décidé**, **résolu**. *De pied ferme* : **résolument**. *Être ferme sur ses jambes* : **solide**. **3.** *Un homme ferme* : V. ÉNERGIQUE, VIGOUREUX et IMPASSIBLE. **4.** *Il a toujours été ferme avec le règlement* : ↑**rigoureux**, **inflexible***. *Avoir la ferme intention de* : **être bien décidé à** ; → RÉSOLU. **5.** *Ces actions minières sont des valeurs fermes* : **sûr**, **solide**, **stable**.
III [adv.] *Travailler, taper ferme* : V. FORT III. *Tenir ferme* : V. RÉSISTER.

fermé V. fermer.

fermement V. énergiquement (*in* énergie).

ferment **1.** Désigne une substance qui provoque la fermentation d'une autre : **levain** (qui se dit particulièrement d'une pâte de farine qui a suffisamment fermenté pour faire lever le pain) ◆ **levure** (qui se dit d'une substance utilisée pour faire lever la pâte). **2.** *Ce garçon est un ferment de rébellion dans notre groupe* : [plus cour.] **agent**.
◇ **fermentation** *De fausses nouvelles habilement répandues entretenaient la fermentation des esprits* [sout.] : [plus cour.] **agitation**, **effervescence** ; → TRAVAIL, EXCITATION, FIÈVRE.

fermenter V. bouillonner (*in* bouillon).

fermer **1.** *Il faudra fermer cette porte* : [sout.] **clore** ◆ [partic.] **cadenasser**, **verrouiller**. *Fermer une porte* : **claquer** (= fermer brutalement) ◆ **condamner**, **boucher**, **interdire l'accès**. **2.** *Le chemin était fermé par une barrière* : **barrer** ; → BOUCHER. *Cette pièce est fermée* : **condamner** (qui implique que l'on ne peut plus y accéder) ◆ ↑**interdire** (qui enchérit sur le précédent : [cour.] *une route fermée, interdite à la circulation*). **3.** *Fermer la radio* : V. ÉTEINDRE. *Fermer l'eau, le gaz* : **couper** (qui s'emploie lorsqu'il s'agit de toute l'installation d'une maison, d'un réseau). *Fermer une ceinture* : V. BOUCLER. *Fermer les rideaux* : V. TIRER. *Fermer une lettre* : **cacheter** ; → SCELLER. **4.** V. ENTOURER. **5.** *Il a décidé de fermer les yeux sur leur négligence* (qui se dit lorsqu'on fait comme si l'on n'avait rien vu) : [fam.] **passer l'éponge** (= ne pas tenir compte de ce qui aurait pu entraîner une sanction). *Fermer sa gueule* : V. SE TAIRE et SILENCE.
◇ **fermé** **1.** *Il fréquente un milieu très fermé* : **clos** ◆ [partic.] **snob**, [fam.] **sélect** (qui impliquent une idée de mondanité et de raffinement). **2.** *Un visage fermé* : ↑**hostile**. **3.** *Il est complètement fermé à la musique* : **insensible** ; → REBELLE.
◇ **fermeture** **1.** *La fermeture de la porte ne fonctionne plus* : **cadenas**, **verrou**, **loquet**, **serrure** (qui sont des systèmes particuliers de fermeture). *La fermeture d'un sac* : **fermoir**. *Fermeture à glissière* : [marque dép.] **fermeture éclair** ◆ [anglic.] **zip**. **2.** *Veillez à la fermeture de vos ceintures !* : **bouclage**. **3.** V. CLÔTURE et RELÂCHE.

fermeté **1.** V. dureté (*in* dur). **2.** V. vigueur I. **3.** V. décision (*in* décider), impassibilité, énergie, résolution. **4.** V. solidité.

fermeture V. fermer.

fermier V. ferme I.

fermoir V. fermeture (*in* fermer).

féroce **1.** V. fauve. **2.** V. cruel, sauvage I.

férocité V. brutalité (*in* brutal), cruauté, sauvagerie (*in* sauvage I).

ferraille V. monnaie.

ferrailleur V. bretteur.

fertile V. fécond, riche.

fertilisation V. engrais (*in* engraisser).

fertiliser V. améliorer, féconder (*in* fécond).

fertilité V. fécondité (*in* fécond).

féru V. passionné (*in* passion).

férule V. autorité.

fervent **1.** [adj.] V. enthousiaste. **2.** [n.] V. fanatique, mordu.

ferveur **1.** *Prier avec ferveur* : **dévotion** (qui évoque davantage l'attachement aux pratiques d'une religion) ◆ [plus génér.] **amour** ; → PIÉTÉ. **2.** *Applaudir avec ferveur* : **chaleureusement**, **avec force**. *La ferveur de leur accueil nous a étonnés* : **chaleur** ; → ARDEUR, EXPRESSION.

fesser V. battre I.

fesses V. derrière, sexe.

festif V. fête.

festin *Je vous conseille ce restaurant : j'y ai fait un de ces festins !* : ↓ **repas*** ◆ [fam.] **gueuleton** ◆ [sout.] **agapes** (*participer à des agapes*). *Faire un festin* : ↑ **faire ripaille, bombance** ◆ ↑ **orgie** (*participer à une orgie*) ◆ **beuverie** (qui se dit d'une partie de plaisir où l'on boit beaucoup) ; → DÉBAUCHE, MANGER.

festival V. démonstration.

festivité V. fête.

feston V. broderie.

festoyer V. repas.

fête **1.** V. KERMESSE, BAL, CÉLÉBRATION, PARDON et SOLENNITÉ. *Jour de fête* : V. FÉRIÉ. *Un repas de fête* : [sout.] **festif** ◆ **festivités**, **réjouissances** (= les diverses manifestations d'une fête). **2.** *Faire la fête : ils passent leur temps à faire la fête !* : [fam.] **faire la foire**, **noce**, **vie**, **bombe**, **bamboula** ◆ **faire bamboche**. **3.** *Se faire une fête de* : V. SE RÉJOUIR.

◇ **fêtard** *C'est un fêtard* : **noceur**, **viveur** ; → JOUISSEUR, NOCTAMBULE.

◇ **fêter** *Nous fêterons joyeusement son anniversaire* : **célébrer** (qui implique une cérémonie assez importante, parfois solennelle) ◆ **commémorer** (= rappeler par une cérémonie le souvenir d'un fait ou d'une personne : *commémorer la mort de Molière*) ◆ **sanctifier** (qui ne se dit qu'en termes de religion : *sanctifier le jour du Seigneur*) ◆ **honorer** (= fêter en l'honneur de) ◆ [fam.] **arroser** (= fêter en buvant ensemble).

fétiche V. amulette.

fétichisme V. vénération.

fétide V. écœurant (*in* écœurer).

feu

I **1.** Une **flambée** est un feu vif allumé dans une cheminée, un **brasier** est un feu incandescent où tout est détruit ; **fournaise** peut aussi se dire d'un feu ardent ; → INCENDIE, SINISTRE. *Mettre le feu, mise à feu* : V. ALLUMER et ALLUMAGE. *Être en feu* : **être en flammes**, **flamber** ; → INCENDIE, BRÛLER, BRÛLURE. *Prendre feu* : V. S'ENFLAMMER et ARDENT. **2.** V. FUSIL et REVOLVER. *Faire feu* : V. TIRER. *Avoir le feu au derrière* : V. RISQUE. *Faire long feu* : V. ÉCHOUER. *La part du feu* : V. SACRIFIER. *À feu et à sang* : V. RAVAGER.

II **1.** Source de chaleur ou de lumière : *les feux d'une voiture* : **phare**, [rare] **lanterne** ◆ [en partic.] **veilleuses**, **codes**, **feux rouges**, **feux arrière**. **2.** *Les feux de navigation* : **phare**, **balise lumineuse** ◆ **fanal** (qui se dit d'une **lanterne**, par exemple en haut d'un mât, servant à signaler sa position). **3.** *Feu rouge* : V. SIGNAL. *Donner son feu vert* : V. ACCORD. **4.** *Le feu d'un diamant* : V. BRILLANT. **5.** *Le feu du regard* : **flamme** ; → LUEUR.

III Ce qui brûle, qui est chaud comme le feu. **1.** *Être en feu* : V. FIÈVRE. *Le feu du rasoir, la peau en feu* : V. IRRITATION. **2.** *Répondre avec feu* : V. VÉHÉMENCE et PASSION. *Un tempérament de feu* : **volcanique*** ; → ARDENT. *Dans le feu de la conversation* : V. ENTRAÎNEMENT.

IV [adj.] V. DÉCÉDÉ.

feuillage *Le feuillage d'un arbre* : **feuilles**, [très sout.] **frondaison** ◆ **feuillée** (qui se dit de l'abri naturel que forme le feuillage des arbres) ◆ **ramure** (= ensemble des branches et des rameaux d'un arbre).

◇ **feuillu** *Un arbre très feuillu* : **touffu** (qui se dit d'un arbre dont les feuilles et les branches sont très serrées).

feuillaison V. feuille I.

feuille

I [de feuillage] **foliation** (= développement des feuilles) ◆ **feuillaison** (= renouvellement annuel des feuilles) ◆ [nég.] **défoliation**, **défeuillaison** (= perte des feuilles).

II **1.** *Une feuille de papier* : la langue fam. confond parfois, à tort, ce terme avec **page** (la page est l'un des côtés, **recto** ou **verso**, d'une feuille). **2. Copie** (qui se dit d'une feuille d'écolier) ◆ **rame** (= paquet de 500 feuilles) ◆ **ramette** (= paquet de 500 petites feuilles). **3.** V. BULLETIN.

feuillée V. feuillage.

feuilleter V. consulter.

feuilleton V. roman, série.

feuillu V. feuillage.

feutré *Marcher à pas feutrés* : [moins express.] **silencieux***.

fi *Faire fi de* : V. mépriser (*in* mépris), provoquer.

fiable V. sûr II, exact.

fiancé *Elle nous a présenté son fiancé* : [vx] **promis**, **futur** ; → ÉPOUX ; v. aussi AMANT.

fiasco V. échec.

fibre V. racine III, sentiment II.

fibrome V. tumeur.

ficelé V. vêtu (*in* vêtir).

ficeler **1.** V. attacher I. **2.** V. vêtir.

ficelle **1.** V. CORDE. **2.** *Il connaît toutes les ficelles de son métier* : **astuce**, **truc**. *Faire ficelle* : V. ACCÉLÉRER. **3.** V. GALON.

ficher

I V. enfoncer.

II [fam.] **1.** V. faire, mettre. **2.** *Ficher le camp* : V. fuir, se promener, partir. *Ficher dehors* : V. congédier. *En ficher un coup* : V. travailler. *Ficher par terre* : V. renverser. *Ficher en l'air* : V. déprimer.

◇ **se ficher** **1.** V. se moquer. *Se ficher dedans* : V. se tromper.

fichu

I [adj.] En tous emplois, son syn. très fam. est **foutu**. **1.** V. CONDAMNÉ, FINI, PERDU et USÉ. **2.** *Il a un fichu caractère !* : **sacré** ; → MAUDIT, MAUVAIS. **3.** *Mal fichu* : V. BÂTI, FOUTU et MALADE. **4.** *Être fichu de* : V. CHICHE. *Ne pas être fichu de* : [cour.] **être capable***.

II [n.] *Il fait frais, prends ton fichu* [vx] : [partic.] **carré** (le fichu et le carré couvrent la tête et la gorge) ◆ **châle** (qui est plus grand, destiné à couvrir les épaules) ◆ **écharpe** (= longue bande d'étoffe qui se porte sur les épaules) ◆ **pointe** (= petit fichu triangulaire) ◆ [plus cour.] **foulard** (qui se dit d'un *fichu* ou d'une *écharpe* en soie ou en coton léger de couleurs vives).

fictif **1.** *Des personnages fictifs* : **de fiction**, **imaginaire***. *Ses craintes sont purement fictives* : **imaginaire**. **2.** *Des promesses fictives* : **trompeur*** ◆ [antéposé] **faux**. **3.** V. ARBITRAIRE.

fiction V. conte, roman.

fidèle

I [adj.] **1.** [qqn est ~] V. LOYAL, ÉPROUVÉ, SOLIDE, DÉVOUÉ et SÛR. *Être fidèle à ses engagements* : V. REMPLIR. **2.** [qqch est ~] V. EXACT.

◇ **fidélité** **1.** [de qqn] *C'est un homme qui est connu pour sa fidélité* : **constance** (qui se dit plutôt de la persévérance avec laquelle on demeure dans certains sentiments, certaines affections : ce terme implique l'idée d'opiniâtreté, et *fidélité*, celle d'engagement) ; → DÉVOUEMENT, HONNÊTETÉ. **2.** [de qqch] V. EXACTITUDE.

II [n.] *La foule des fidèles se rendait à Lourdes* : au contraire de **croyant***, qui désigne celui qui a une foi religieuse, quelle qu'elle soit, *fidèle* implique toujours la relation à une Église particulière (catholique, protestante, etc.). On dira ainsi qu'une paroisse a tant de *fidèles*, et qu'une population a tant de *croyants* ; → CHRÉTIEN.

fidèlement V. docilement (*in* docile), exactement (*in* exact), scrupuleusement.

fidélité V. fidèle.

fief V. seigneurial (*in* seigneur).

fieffé V. fini (*in* finir), parfait.

fiel *Des propos pleins de fiel* : **bile**, [plus cour.] **haine** ; → VENIN, AMERTUME.

fielleux V. amer, désagréable, venimeux (*in* venin).

fiente V. excrément.

fier 1. Qui a le respect de soi-même et de son honneur. *J'aime les hommes fiers* : **digne, noble***. 2. Qui se croit supérieur aux autres et le montre. *Il est un peu trop fier* : ↑ **méprisant, dédaigneux** ◆ **hautain**, [sout.] **altier**, qui se disent surtout des manières, des habitudes arrogantes de gens **orgueilleux*** ; → FANFARON, INSOLENT. *Monsieur fait son fier ?* : **important** ◆ **parader*** ◆ [express.] **se donner de grands airs, ne pas se prendre pour rien** ; → SUPÉRIEUR, VANITEUX. ◆ *Ne pas être fier* : **être simple**, [en un autre sens, litote pour] **avoir peur*** (*il fait noir : je ne suis pas fier*). 3. *Fier de. Il est fier des performances de son fils* : ↓ **satisfait**, [rare] **se rengorger** ; → CONTENT, TIRER VANITÉ* DE. 4. *Un fier coquin !* : V. FINI.

◇ **fièrement** 1. [de fier 1] **dignement, noblement**. 2. [de fier 2] **dédaigneusement, orgueilleusement**. 3. *Malgré sa peur, il marchait fièrement à la tête du commando* : **bravement** (qui insiste moins sur la noblesse de l'attitude). *Il lui répondit fièrement que ses insultes ne le touchaient pas* : **crânement**, ↓ **courageusement**. *Moi, Monsieur, je peux marcher fièrement dans la rue !* : **le front haut**.

◇ **fierté** 1. [de fier 1] **dignité, noblesse, amour-propre**. 2. [de fier 2] **mépris, dédain, orgueil*, hauteur**. 3. *Son fils a eu son bac, elle en tire quelque fierté !* : ↓ **contentement, satisfaction** ; → VANITÉ.

fier (se) 1. [~ à qqn] V. CROIRE. *Vous pouvez vous fier à lui* : **s'en remettre à**, [sout.] **avoir foi en** ; → RAPPORTER. 2. [~ à qqch] *Il se fie beaucoup trop à son talent et oublie de travailler* : **compter sur**, [fam.] **tabler sur**.

fier-à-bras V. bravache.

fièrement, fierté V. fier.

fièvre 1. *Cet enfant a de la fièvre* : **température** ◆ **être fiévreux*** ◆ [express.] **être en feu, être chaud, avoir le front en feu**... 2. *Il aimait la fièvre qui régnait dans le port avant le départ des bateaux* : **bouillonnement*** ◆ ↓ **agitation**. *Parler avec fièvre* : **fougue, passion** ; → EXCITATION, FERMENTATION. *Fièvre de. La fièvre de l'argent le dévore* : **soif** ◆ ↑ **rage, folie**, [plus cour.] **passion**.

◇ **fiévreux** 1. *Cet enfant est fiévreux* : [didact.] **fébrile** ; → AGITÉ. 2. V. BOUILLONNANT et INQUIET.

fiévreux V. fièvre.

fifre V. flûte I.

fifty-fifty V. moitié.

figaro V. coiffeur (*in* coiffer).

figé V. figer.

figer 1. *L'air fige le sang* : **coaguler, cailler**. 2. *Il restait là, figé par la peur* : **paralyser, pétrifier**. *Cela vous fige le sang !* : **glacer** ; → PEUR.

◇ **se figer** [outre les pronominaux des verbes précédents] V. SE SOLIDIFIER. *Se figer dans ses habitudes* : V. SE SCLÉROSER.

◇ **figé** *Un sourire figé* : ↓ **contraint** ; → EMBARRASSÉ. *Il reste complètement figé dans ses vieilles habitudes* : ↑ **sclérosé**. *Demeurer figé* : V. IMMOBILE.

fignolé V. fini (*in* finir).

fignoler V. lécher, parachever, parfaire, soigner II, travailler I.

figurant *Il se vante beaucoup, mais il n'était dans cette affaire qu'un figurant* : **comparse**. *Avoir un rôle de figurant* : **faire de la figuration**.

figuration V. figurant.

figure

I 1. *Il avait une figure ronde et bouffie* : [plus sout.] **visage** ◆ **minois**, [fam.] **frimousse** (qui impliquent jeunesse et fraîcheur) ◆ **face** (qui s'emploie surtout dans des contextes descriptifs : *une face ronde, large*) ◆ **physionomie** (qui se dit de l'**expression*** du visage : *juger qqn sur sa physionomie*) ◆ [didact.] **faciès** (= terme de médecine qui désigne l'aspect du visage d'un malade) ◆ [par méton. ; souvent péj.] **tête**, [fam., péj.] **portrait**, **gueule** ◆ [fam. et express.] **trombine**, **binette**, **tronche**, **bille**, **bobine**, **bouille**. **2.** *Napoléon est l'une des grandes figures de l'histoire* : [plus cour.] **personnage**, **personnalité**, [génér.] **nom**. **3.** *Faire figure de* : V. PARAÎTRE I.

II V. ILLUSTRATION et PORTRAIT.

III *Une figure de style* : [didact.] **trope**.

figurer **1.** V. représenter. **2.** V. imaginer. **3.** V. compter II, se trouver.

◇ **se figurer** V. croire, se représenter.

figurine V. sculpture (*in* sculpter), vignette.

fil

I *Cela ne tient qu'à un fil* : V. CHEVEUX. *Fil à couper le beurre* : V. INTELLIGENT. *Le fil des idées* : V. SUITE. *Dans le droit fil* : V. DIRECTION. *De fil en aiguille* : **peu à peu**. *Donner du fil à retordre* : V. EMBARRAS.

II [fam.] *Passer un coup de fil* : [plus fam.] **bigophone**, [cour.] **téléphone** ; → COMMUNICATION.

III V. TRANCHANT I.

filandreux V. compliqué (*in* compliquer).

filasse V. blond.

file **1.** *Une file de manifestants* : **colonne**, [souvent avec une nuance péj.] **procession** ; → RANG, DÉFILÉ, LIGNE. *Une file de clients* : **queue**. *Une file de voitures* : [rare] **noria** (qui implique des allées et venues incessantes). *Des objets en file* : **enfilade**. **2.** *À la file, à la file indienne* : **les uns derrière les autres**, [fam.] **à la queue leu leu**. *Cinq jours à la file* : **d'affilée*** ; → CONSÉCUTIF.

filer **1.** V. partir, fuir. **2.** V. courir, aller vite*. **3.** V. glisser I. **4.** V. suivre. **5.** V. donner I.

filet **1.** *Attraper des animaux avec un filet* : **panneau** (qui ne s'emploie que dans le vocabulaire de la chasse) ; → PIÈGE. **2.** *Prendre qqn dans ses filets* : [sout.] **dans ses rets**, [fam.] **tomber dans le panneau** ; → APPÂT, PIÈGE.

filial V. fils.

filiale V. succursale.

filiation V. lignée.

filiforme V. mince I.

filigrane *Lire en filigrane* : [plus cour.] **entre les lignes**.

filin V. cordage.

fille *Voici ma fille* : **fillette** (qui ne se dit que d'une petite fille). *Il sort avec une jeune fille* : [sout.] **demoiselle*** ◆ [fam.] **tendron** (qui se dit d'une très jeune fille) ◆ **nymphette** (qui se dit d'une adolescente aguicheuse) ◆ [fam.] **poule**, [arg.] **quille**, [fam.] **nana**, **nénette**, [péj.] **donzelle** (qui se dit d'une jeune fille prétentieuse) ; → ENFANT ; v. aussi FEMME et AMANTE. *Vieille fille* : V. CÉLIBATAIRE et DEMOISELLE. *Fille de joie, publique* : V. PROSTITUÉE. *Fille de salle* : V. SERVANTE.

fillette **1.** V. fille. **2.** V. bouteille.

film **1.** [partic.] **long**, **court métrage** ; → CINÉMA. *Un film d'action, d'aventures, d'amour* : **fiction**. *Un film pornographique* : [fam.] **porno**. *Un film documentaire* : [cour.] **documentaire**. *Un film publicitaire* : [fam.] **pub**. *Un mauvais film* : [fam.] **navet**. Un **clip** est un film vidéo conçu pour promouvoir une chanson. **2.** *Le film des événements* : V. DÉROULEMENT. **3.** *Les couvertures sont protégées par un film de plastique* : **pellicule**.

◇ **filmer** : **tourner** (qui s'emploie chez les professionnels).

filon **1.** En général, **filon** se dit des minerais et **veine**, des roches (*un filon d'étain, une veine de charbon*). **2.** *La vie des stars est un filon inépuisable pour les journalistes !* : **mine** ◆ **aubaine**, **bonne aubaine**. *Il a trouvé le filon !* (qui se dit surtout d'une situation lucrative) : [fam.] **planque** (= situation tranquille, où l'on est à l'abri des ennuis et du travail) ◆ [cour.] **bonne place**.

filou V. escroc, pirate, voleur (*in* voler II).

filouter V. voler II.

fils 1. *Je vous présente mon fils* : [fam.] **fiston** (qui ne se dit que d'un fils enfant ou adolescent) ◆ [fam.] **rejeton** (qui s'emploie par plais.) ◆ **petit** (qui ne convient que pour un enfant) ◆ [fam.] **garçon**, **gars** ◆ [fam. et iron.] **héritier** ; → JEUNE, ENFANT, POSTÉRITÉ. 2. *L'amour d'un fils pour ses parents* : amour **filial**. *C'est ton fils spirituel* : **disciple**.

filtrage V. épuration (*in* épurer).

filtrer V. épurer.

fin
I [n.] 1. Arrêt d'un phénomène dans le temps ou dans l'espace. *La fin du jour* : V. CRÉPUSCULE. *Cette rivière marque la fin de sa propriété* : **limite***. *La fin des travaux d'une assemblée* : **achèvement** ; → CLÔTURE, TERME. *La fin de ce roman est assez imprévisible* : **dénouement**. *La fin de son discours est déconcertante* : **conclusion**. *C'est la fin de ses illusions* : V. ENTERREMENT, GLAS, MORT et ÉCROULEMENT. *La fin des activités d'une entreprise* : **cessation**, ↓ **déclin**. *La fin d'un mot* : **terminaison**. 2. *Mettre fin à* : V. FINIR. *Prendre fin* : V. FINIR. *Sans fin* : V. TOUJOURS et INFINI. *Jusqu'à la fin* : V. BOUT. *En fin de compte, que peut-on faire ?* : **au bout du compte**, **finalement**, **en définitive** ; → COMPTE, APRÈS. *Garder pour la fin* : [fam.] **pour la bonne bouche**.
◇ **final** V. DERNIER. *Mettre un point final à* : V. FINIR.
◇ **finalement** [de fin I, 2] : **en fin de compte** ; → DANS L'ENSEMBLE*, APRÈS* TOUT.
II [n.] V. BUT.
III [adj.] 1. [qqch est ~] *De l'or fin* : ↑ **pur**. *L'épicerie fine* : ↑ **de luxe**. *Un repas fin* : **pour les gourmets**, **de gourmets** ; → DÉLICIEUX. *De la cuisine fine* : V. DÉLICAT. *C'est la fine fleur de la société parisienne* : [fam.] **crème**, **dessus du panier**. 2. [qqch est ~] *Il a l'art de discerner les nuances les plus fines* : **ténu**, **subtil**. 3. [qqch est ~] *Avoir la taille fine* : [rare] **délié**, [assez fam.] **avoir une taille de guêpe** ; → MENU, LÉGER, MINCE. *La peau fine* : V. DOUX. *Avoir l'oreille fine* : V. EXERCÉ. *Les chiens ont un odorat très fin* : **subtil**. 4. [qqn est ~] V. CLAIRVOYANT et DÉLICAT. *C'est un esprit très fin* : **délié**, **subtil**, **perspicace** ; → MALIN, SPIRITUEL, SAGACE. *Une fine gueule* : **bec fin** ; → GOURMAND. *Une fine mouche* : V. MALIN. *Avoir le nez fin* : V. CLAIRVOYANCE. *L'oreille fine* : V. SENSIBLE. *Le fin du fin* : **nec plus ultra** ; → MIEUX.
◇ **finement** *Voilà qui est finement joué !* : **astucieusement** (qui se réfère à la finesse intellectuelle) ◆ **adroitement**, **habilement** (qui conviennent aussi à la finesse physique).
◇ **finesse** 1. [de fin III, 1] **pureté**. 2. [de fin III, 2] **ténuité**, **subtilité**. 3. [de fin III, 3] **acuité** (de l'ouïe), **subtilité** (de l'odorat) ; → DOUCEUR. 4. [de fin III, 4] **subtilité**, **perspicacité** ; → CLAIRVOYANCE, ESPRIT, SAGACITÉ, DÉLICATESSE, SEL.

finalité V. but.

finance 1. [sing.] *Il est dans la finance* : [génér.] **affaires**. 2. [pl.] *Les finances publiques* : **deniers** (qui désigne les revenus de l'État) ◆ **fonds** (qui désigne le capital des sommes empruntées par l'État). *L'état de mes finances ne me permet pas d'aller au restaurant tous les dimanches* : [plus fam.] **bourse**, **porte-monnaie**.
◇ **financer** 1. *C'est la Mairie qui finance le club sportif* : [didact.] **commanditer** (qui suppose qu'on ne participe pas à la gestion de la société financière) ◆ **sponsoriser** (= financer à des fins publicitaires) ; → SOUTENIR. 2. *Je veux bien aller au restaurant, mais qui est-ce qui finance ?* [fam.] : [cour.] **payer***.
◇ **financier** [adj.] *Il a des ennuis financiers en ce moment* : **pécuniaire**, [cour.] **d'argent** ; → MATÉRIEL.
◇ **financier** [n.] *Il savait bien que le pouvoir était finalement aux mains des financiers* : [en partic.] **banquier**, **capitaliste**.

financement V. argent.

finasser V. ruser (*in* ruse).

finaud V. entendu (*in* entendre III), malin.

fine V. alcool.

finement, finesse V. fin III.

finir 1. [~ qqch] *Quand pensez-vous finir ce travail ?* : **terminer** ◆ **achever**, **conclure** (qui impliquent davantage l'idée de perfection : c'est mener un travail à bien) ◆ [péj.] **bâcler** ◆ [fam.] **boucler** ; → PARFAIRE, TORCHER ; v. aussi ACCOMPLIR, AMÉLIORER, LÉCHER et METTRE LA DERNIÈRE MAIN*. *Finir son verre* : V. VIDER. 2. [~ de, ~ qqch] *Quand finiront-ils de nous ennuyer ?* : **cesser**, [fam.] **arrêter**. *Finissons cette discussion, s'il vous plaît !* : **mettre fin**, **mettre un terme** ◆ ↑ **mettre un point final à**. *Ne pas en finir* : V. PIÉTINER. *En finir* : V. CONCLURE. *Tu finis par m'ennuyer avec ton cinéma !* : **commencer à** ◆ **à la fin, tu m'ennuies**. *Il se lance toujours dans des explications à n'en plus finir* : [fam.] **à rallonges**. 3. [intr.] *Les vacances finissent le 15 septembre* : **se terminer**, [plus sout.] **prendre fin**, **s'achever**. *Cette pluie va-t-elle enfin finir ?* : **s'arrêter**, **cesser**. 4. [intr.] *Quand les temps seront finis...* : [sout.] **être consommé**, **accompli**. *Le chemin finit ici* : V. ABOUTIR. *Tout cela va mal finir* : [plus fam.] **mal tourner**.

◇ **fini** 1. *Voici du travail bien fini* : [rare] **poli**, [fam.] **fignolé**, **léché** ; → PARFAIT. *Du travail mal fini* : ↑ **bâclé**, [fam.] **expédié** ; **ni fait, ni à faire**. 2. *C'est un menteur fini !* : **fieffé**, [fam.] **sacré**, **fichu**, **méchant** (qui s'emploient devant le nom). 3. *Le calme, l'eau, la pêche, c'est fini tout ça !* : [fam.] **fichu**, [plus rare, fam.] **flambé**, ↑ **mort**, [très fam.] **foutu**. 4. *Après quarante années de travail, vous retrouvez un homme fini !* : **usé**, **épuisé**, [fam.] **fichu**, [très fam.] **foutu**. 5. *Allez, c'est fini !* : V. TOUT II.

finisseuse V. couturière.

fiole 1. V. bouteille. 2. V. tête, figure I.

fioritures V. élégance (*in* élégant). *Sans fioritures* : V. brut.

firmament V. ciel.

firme V. établissement II.

fisc, fiscal, fiscalité V. impôt.

fissure V. cassure, fente (*in* fendre).

fissurer (se) V. se craqueler.

fiston V. fils.

fixer 1. *Où comptez-vous fixer cette applique ?* : [partic.] **visser**, **river**, **clouer**, **lier**, **sceller**, **coller**, **amarrer**, **cheviller** ; → ACCROCHER, SUSPENDRE, COINCER, ATTACHER. *Fixer un bateau par une amarre* : **amarrer**. *Fixer un bateau par une ancre* : **ancrer**. *Il faudrait fixer cette poutre plus solidement* : [rare] **assujettir**. *Fixer un diamant sur une bague* : **sertir**. 2. *Fixer ses regards sur* : V. ARRÊTER I et REGARDER. 3. *Fixer son domicile* : V. ÉTABLIR et SÉDENTARISER. *Fixer une date* : V. ARRÊTER III. *Fixer un rendez-vous* : V. DONNER I. *Ce souvenir reste fixé* : V. IMPRIMER. 4. *Fixer les prérogatives de qqn* : V. DÉLIMITER. *Nous avons fixé ensemble un certain nombre de conditions* : **formuler**, **poser**, **déterminer**, **définir** ◆ ↓ **envisager**, [assez fam.] **se mettre d'accord sur** ; → IMPOSER. *Le gouvernement tente de fixer le prix des denrées alimentaires* : **réglementer**. 5. *Vous a-t-il fixé sur ses intentions ?* : **renseigner*** ◆ [sout.] **mettre au fait de** ; → FIXÉ.

◇ **se fixer** 1. *Il s'est fixé ici voici déjà huit ans* : **s'établir***. 2. [~ sur] V. CHOISIR.

◇ **fixé** *Nous irons peut-être en Corse, mais nous ne sommes pas encore très fixés* : **décidé** ◆ [plus sout.] **nous n'avons pas encore arrêté notre décision**. *Nous sommes maintenant fixés sur sa franchise !* : **savoir à quoi s'en tenir sur**.

◇ **fixe** 1. [adj.] *Il a maintenant un horaire fixe* : **régulier**, **stable**. 2. [adj.] *Idée fixe* : V. IDÉE. 3. [n.] V. SALAIRE.

◇ **fixation** 1. [de fixer 1] **vissage**, **rivetage**, **cloutage**, **scellement**, **collage**, **amarrage**, **accrochage**, **suspension**, **ancrage**, **sertissage**. 2. [de fixer 3] *La fixation d'un emploi du temps* : ↓ **établissement**, **mise au point**, ↑ **arrêt**. *La fixation de certaines conditions* : **formulation**, **détermination**, **définition**, **délimitation**. *La fixation des prix* : ↓ **réglementation***

fixité V. immobilité.

fjord V. golfe.

flacon V. bouteille.

flageller V. battre I.

flageolant V. mou, tremblant (*in* trembler).

flageoler V. chanceler.

flageolet V. flûte I.

flagorner, flagornerie, flagorneur V. flatter.

flagrant V. certain I, criant (*in* crier), évident.

flair **1.** V. odorat (*in* odeur). **2.** V. clairvoyance, instinct.

flairer V. deviner, se douter, pressentir, sentir I, prendre le vent*.

flambant V. neuf.

flambé V. fini (*in* finir).

flambeau V. chandelier, chandelle, torche.

flambée V. augmentation (*in* augmenter), feu I.

flamber V. brûler I, s'enflammer, feu I.

flambeur V. joueur.

flamboyant V. brillant (*in* briller).

flamboyer *Le feu flamboie dans la cheminée* : **rougeoyer** (qui insiste sur la couleur) ; v. aussi BRILLER, BRILLANT, ÉCLAIRER et ÉTINCELER.

flamme **1.** V. feu I, lueur. **2.** V. animation (*in* animer), ardeur (*in* ardent), feu II, lueur. **3.** V. banderole.

flan V. crème.

flanc **1.** V. CÔTÉ. **2.** *Le général voulait renforcer le flanc droit de son armée* : **aile**. *Le bateau a été accroché par le flanc* : **travers**. *Prêter le flanc à. Il prête vraiment le flanc à la critique* : **donner prise à** ; → S'EXPOSER À. *Tirer au flanc* : V. CUL. *Être sur le flanc* : V. FATIGUÉ.

flancher V. abandonner I, craquer, mollir (*in* mou), reculer.

flâner *Il en avait assez de flâner ainsi* : [litt.] **muser**, [fam.] **baguenauder**, [péj.] **battre le pavé** ; → S'AMUSER, TRAÎNER, ERRER.
◇ **flâneur** Se dit de celui qui aime se promener au hasard des rues en prenant son temps : **badaud** (qui se dit de celui que captivent les divers spectacles de la rue : *les soirs de printemps, les boulevards attirent les flâneurs ; un accident de voiture attroupe les badauds*) ◆ [plus génér.] **promeneur**.

flanquer **1.** V. accompagner. **2.** V. appliquer, mettre, donner. **3.** *Flanquer à la porte* : V. congédier.
◇ **se flanquer** *Se flanquer par terre* : V. tomber.

flapi V. fatigué (*in* fatiguer).

flaque V. mare.

flash V. information.

flash-back V. retour* en arrière.

flasque *Son corps flasque, envahi par la graisse, la dégoûtait* : ↓ **mou*** (qui n'est pas forcément péj.).

flatter **1.** [qqn ~ qqn] *Flattez-le un peu et vous verrez comme sa modestie disparaîtra !* : [vx] **caresser**, **cajoler** (= séduire qqn par des manières doucereuses) ◆ [rare] ↑ **louanger**, ↑ **encenser** (= accabler qqn, souvent publiquement, de louanges excessives) ◆ **amadouer** (= flatter qqn pour le fléchir et l'amener à ses fins) ◆ ↑ **flagorner** (= flatter qqn outrageusement et avec bassesse) ◆ [fam.] **faire des courbettes, passer la main dans le dos**, [très fam.] **peloter**, [arg.] **lécher le cul** ; → COURTISER, CHATOUILLER, DORLOTER. **2.** [qqch ~ qqn] *Cette nouvelle robe la flatte beaucoup* : **être très flatteur, faire paraître à son avantage, avantager***. **3.** [qqch ~ qqn] *Je serai très flatté de vous accueillir dans mon établissement* : **honorer**, **avoir grand plaisir à** ; → RAVIR I. **4.** [qqch ~ qqch] *Voici une tapisserie qui flatte le regard* : [moins cour.] **plaire à** ; → CHARMANT.
◇ **se flatter** **1.** *Il se flatte de parcourir cette distance en moins d'une heure* : **se faire fort de**, **se piquer de** ◆ ↑ **se targuer**, **se vanter**. Les syn. les plus courants sont soit **croire**, soit **parier**, suivis d'une complétive (*il croit, parie que*) ; → ESPÉRER, S'ENORGUEILLIR. **2.** V. S'HONORER.
◇ **flatterie** **1.** *Je déteste la flatterie* : ↑ **flagornerie**. **2.** *Toutes ces flatteries nous don-*

nent envie de rire : [fam.] **courbettes, coups d'encensoir**, [au sing.] **pommade**, [fam.] **lèche** ; → CARESSE.

◇ **flatteur** 1. [n.] *Je déteste tous ces flatteurs et leur bassesse* : ↑ **flagorneur** ◆ [sout.] **courtisan** ◆ [fam.] **faiseur de courbettes** ◆ [génér.] **hypocrite***. 2. [adj.] V. AVANTAGEUX, ÉLOGIEUX et LAUDATIF.

flatulence V. borborygme, vent.

fléau V. catastrophe, défaut.

flèche 1. *L'arc se détendit violemment et la flèche fila vers le but* : **carreau** (qui désigne plus spécialement la flèche de l'arbalète) ◆ **trait** (qui est parfois utilisé, surtout dans la littérature classique, pour désigner la flèche) ◆ **fléchette** (qui se dit d'une petite flèche). 2. *Partir comme une flèche* : V. RAPIDEMENT. *La flèche du clocher* : V. POINTE I. *En flèche* : V. AUGMENTER.

fléchette V. flèche.

fléchir 1. [~ qqch] *Fléchir le genou* : [cour.] **plier***. *Le genou fléchi* : **en flexion**, [partic.] **génuflexion** (qui se dit d'une attitude de prière). 2. [~ qqn] *Parviendra-t-il à fléchir ses juges ?* : ↓ **ébranler, toucher** ◆ ↑ **gagner à sa cause** ; → SE CONCILIER. 3. [qqch ~] V. PLIER. 4. [intr.] *Sa colère, le vent ne fléchissait pas* : [cour.] **céder** ; → DÉSARMER. *Il ne fléchira pas, je m'en porte garant !* : [cour.] **céder** est de sens plus étroit : il n'engage que le domaine moral, alors que *fléchir* comme ↓ **faiblir** suppose un renoncement de toute la personne.

fléchissement V. abaissement I.

flegmatique V. paresseux (*in* paresse), impassible.

flegme *Il agissait toujours avec un flegme surprenant* : **décontraction** (qui implique quelque insouciance) ; → IMPASSIBILITÉ, SANG-FROID, CALME.

flémingite V. flemme.

flemmard, flemmarder V. paresseux, paresser.

flemme *J'ai la flemme de me mettre à mon boulot* [fam.] : [iron.] **flémingite aiguë** ◆ [cour.] **ne pas avoir le courage de**. *Il a la flemme !* : V. PARESSE et PARESSEUX.

flétri V. défraîchi.

flétrir

I [~ qqch] 1. *Les chaleurs de juillet ont flétri les fleurs les plus fragiles* : **faner** ; → SÉCHER. 2. *Le chagrin a prématurément flétri son visage* : ↓ **marquer, rider, friper** ◆ ↑ **ravager**.

II [~ qqn] *De tels propos flétrissent la mémoire de notre chef* : ↑ **salir, souiller** ; → TERNIR. *Flétrir la conduite de qqn* : **vouer à l'opprobre** ; → STIGMATISER.

flétrissure V. souillure (*in* souiller).

fleur 1. *En fleur* : **fleuri**. *Le moment des fleurs d'un arbre, d'une plante* : **floraison**. *Le marchand de fleurs* : **fleuriste**. 2. *Comme une fleur* : V. FACILEMENT. *Faire une fleur* : V. FAIRE PLAISIR*. *Couvrir de fleurs* : V. LOUER. *Être fleur bleue* : V. SENTIMENTAL. 3. V. ÉLITE. 4. V. CUIR.

◇ **fleurir** 1. V. S'ÉPANOUIR. 2. *C'est une époque où la peinture florissait* : **être florissant*** ◆ **prospérer** (qui s'emploie davantage en parlant des biens matériels).

◇ **florissant** 1. *Leur entreprise est florissante : elle a doublé son chiffre d'affaires* : **prospère** ◆ ↑ **en pleine expansion** ◆ ↓ **se développer***. 2. *Jouir d'une santé florissante* : [moins express. ; antéposé] **très bon**. *Un teint florissant* : ↑ **resplendissant, splendide*** ; → ÉCLATANT.

◇ **floraison** 1. V. FLEUR et ÉPANOUISSEMENT. 2. *Quelle floraison d'œuvres magnifiques !* : ↑ **luxuriance** ◆ [rare, sout.] **efflorescence** ; → ABONDANCE.

fleurer V. sentir II.

fleuret V. épée.

fleurette *Conter fleurette* : V. courtiser.

fleuri V. brillant (*in* briller I).

fleurir, fleuriste V. fleur.

fleuron V. excellent.

fleuve V. cours d'eau. *Un fleuve de* : V. flot.

flexible V. mou, souple.

flexion V. fléchir.

flibustier V. pirate.

flic V. agent de police, policier, vache II.

flingot V. fusil.

flingue V. fusil, revolver.

flinguer V. tuer.

flipper V. état second*.

flirt V. amant, caprice.

flirter V. courtiser.

flopée V. cargaison.

floraison V. fleur.

flore V. plante.

florilège V. anthologie, recueil (*in* recueillir).

florissant V. fleur.

flot 1. [pl.] V. MER et VAGUE I. 2. *Des pêcheurs se sont laissé prendre par le flot et n'ont été secourus que de justesse* : **flux, marée** (*marée montante*). 3. V. BEAUCOUP. *Verser des flots de larmes* : **ruisseaux, torrents**. *Un flot d'injures* : **fleuve, torrent**. *Un flot de touristes* : V. MULTITUDE. 4. *À flots. Le sang coulait à flots par sa blessure béante* : ↓ **abondamment**. 5. *Mettre, remettre à flot* : **renflouer**.

flottant V. incertain, libre.

flotte

I Désigne un ensemble de navires concourant à une même activité, surtout militaire : [génér.] **forces navales, marine** (qui se disent de la flotte militaire d'un pays : *envoyer la flotte, la marine*) ◆ **escadre** (qui se dit d'une force autonome composée de plusieurs bâtiments) ◆ **flottille** (qui se dit d'une petite flotte).

II V. EAU et PLUIE.

flottement V. hésitation (*in* hésiter).

flotter

I 1. *Son gilet de sauvetage lui permettra de flotter en cas d'accident* : **surnager** (qui implique un effort pour éviter la noyade). 2. *Le drapeau de la balise flotte dans une brise assez forte* : ↑ **claquer** ; → VOLER. *Sa chevelure flotte dans le vent* : [sout.] **ondoyer**. 3. *Il flotte dans ses habits trop grands* : **nager**. 4. *Un sourire flotte sur ses lèvres* : V. ERRER.

II V. PLEUVOIR.

flottille V. flotte.

flou V. vague IV, incertain.

flouer V. tromper.

fluctuant V. incertain.

fluctuation V. changement (*in* changer III).

fluctuer V. incertain.

fluet 1. *C'est un enfant très pâle, aux jambes fluettes* : **grêle** ; → MENU, MAIGRE, MINCE, FAIBLE. 2. *Une voix fluette* : [plus génér.] **faible** ◆ [antéposé] **petit**.

fluide 1. V. LIQUIDE. 2. *Sa pensée est si fluide qu'on ne peut la saisir* [péj.] : **inconsistant, insaisissable** ; → INCERTAIN. *Sa pensée est très fluide : on le suit facilement* : **souple, déliée** ; → CLAIR.

flûte

I 1. *Son frère joue de la flûte* : **piccolo** (= petite flûte traversière) ◆ **fifre** (= petite flûte en bois, utilisée dans la musique militaire) ◆ **chalumeau, pipeau** (= flûte champêtre ; le *pipeau* est encore couramment utilisé, notamment par les enfants) ◆ **flageolet** (= flûte à bec percée de trous, généralement en buis et à clefs). 2. V. JAMBE.

II V. ZUT.

III V. VERRE.

fluvial *Transport fluvial* : V. batellerie.

flux V. flot, mouvement.

focaliser V. concentrer.

fœtus V. embryon.

foi 1. V. CROIRE, CROYANCE, DOUTE et CONFIANCE. *Article de foi* : V. CATÉCHISME. 2. *La foi chrétienne* : **religion*** (se manifeste dans une institution, des rites, une histoire, contrairement à la foi, qui est une affirmation personnelle). 3. *Sur la foi de* : V. LOYAL et LOYAUTÉ. *Avoir foi en* : V. SE FIER.

foies V. peur.

foin 1. **fourrage**. *Faire les foins* : **faner**, **fenaison**. 2. *Foin d'artichaut* : V. POIL. 3. V. TUMULTE et PÉTARD.

foire 1. V. débauche (*in* débaucher II), festin, fête. 2. V. fête foraine* (*in* forain), marché, exposition (*in* exposer II). 3. V. colique.

foirer V. échouer.

foireux V. peureux (*in* peur).

fois 1. V. COUP III. 2. *Chaque fois que* : V. QUAND. *Bien des fois, plusieurs fois, cent fois* : V. SOUVENT. *Une fois* : V. JOUR. *Mille fois* : V. BIEN I. *Dire deux fois* : V. RÉPÉTER. *Si, des fois* : V. QUELQUEFOIS. *Non mais, des fois, vous ne vous payez pas ma tête ?* [fam.] : **non mais**, **sans blague !** ; **non mais, dites donc !** *À la fois. Vous êtes capable de faire tout cela à la fois ?* : **en même temps**, [sout.] **concurremment**, **simultanément**, [plus fam.] **mener de front**.

foison (à) *Des champignons, ici il y en a à foison* : [plus sout.] ↓ **abondamment**, **en abondance**, **à profusion**, [plus fam.] **en masse** ; → BEAUCOUP.

foisonnant V. abondant (*in* abonder).

foisonnement V. abondance I.

foisonner V. aboder I.

folâtre *Il est d'humeur folâtre* : **guilleret**. *Il a l'esprit folâtre* : **vagabond** ; → GAI.
◇ **folâtrer** *Son grand plaisir était de voir ses enfants folâtrer dans l'herbe* : **batifoler**, **s'ébattre**.

foliation V. feuille I.

folichon V. gai.

folie V. fou.

folklore V. tradition.

folklorique V. populaire.

follement V. fou.

fomenter V. allumer.

foncé V. sombre.

foncer 1. V. S'ÉLANCER. 2. *L'ambulance fonçait vers l'hôpital*. Considéré comme fam., ce terme n'a pas de syn. courant ; il équivaut, selon les contextes, à rouler vite, aller vite, marcher vite, etc. : V. VITE. 3. *Il fonce dans le brouillard sans se préoccuper du qu'en-dira-t-on* [fam.] : [cour.] **aller de l'avant**.

fonceur V. battant II.

foncier 1. V. fondamental. 2. V. terrien (*in* terre IV).

foncièrement V. fondamentalement.

fonction

I 1. V. EMPLOI, MÉTIER, MISSION, SERVICE I et PLACE I. *Relever qqn de ses fonctions* : V. DESTITUER. 2. V. UTILITÉ.

II 1. *Faire fonction de. Il manque des pièces à ce jeu d'échecs : mais ces boutons pourront faire fonction de pions* : **faire office de**, **tenir lieu de** ◆ [plus cour.] **servir de** (seuls *faire fonction de, faire office de* s'emploient en parlant de qqn). 2. *Être fonction de* : V. DÉPENDRE I. 3. *En fonction de. Le prix de vente est calculé en fonction du prix de revient* : **par rapport à**, **compte tenu de**.

fonctionnaire V. employé, travailleur II.

fonctionnel V. commode II.

fonctionnement V. travail I.

fonctionner V. aller II, tourner I. *Faire fonctionner* : V. actionner.

fond 1. *Le fond de la mer* : on oppose le **bas-fond**, où la **profondeur** d'eau est importante, et le **haut-fond**. *Envoyer un bateau par le fond* : **couler** ; → S'ABÎMER. 2. *Le fond du problème* : V. MATIÈRE II et SUBSTANCE. *Nous sommes au fond du problème* : **cœur**

◆ **nœud** (*c'est le nœud du problème*). **3.** *Fond de teint* : V. FARD. **4.** *Du fond du cœur* : V. SINCÈREMENT. *Au fond. Au fond, il n'avait pas tort* : V. APRÈS* I TOUT. *À fond. Il faut serrer les freins à fond* : [fam.] **à mort, à bloc**. *Je le défendrai à fond dans cette affaire* : **jusqu'au bout** ; → ABSOLUMENT. *Il connaît le sujet à fond* : [fam.] **sur le bout des doigts***, **comme sa poche***.

fondamental **1.** V. BASIQUE et THÉORIQUE. ◆ [n.] *Les fondamentaux* : V. BASE II. **2.** *Il y a une différence fondamentale entre ce qu'il dit et ce qu'il fait* : **foncier, radical** ; → ÉLÉMENTAIRE, PREMIER II, CAPITAL I, PRINCIPAL, PRIMORDIAL.

◇ **fondamentalement** *Leurs thèses sont fondamentalement opposées* : **foncièrement, radicalement***, **totalement**.

fondateur V. père.

fondation **1.** V. base I, constitution (*in* constituer). **2.** V. donation (*in* donner), établissement I.

fondé *Fondé de pouvoir* : V. délégué (*in* déléguer).

fondement

I V. anus.

II V. base II. *Sans fondement* : V. erroné (*in* erreur), sans consistance*.

fonder **1.** V. ÉTABLIR, CONSTITUER et OUVRIR. **2.** V. APPUYER I et JUSTIFIER.

◇ **se fonder** *Sur quoi vous fondez-vous pour lancer de telles accusations ?* : [plus cour., fam.] **se baser, s'appuyer**.

◇ **fondé** **1.** *Ses plaintes me paraissent fondées* : **légitime** ; → SÉRIEUX, SOLIDE. *Mal fondé* : V. ERRONÉ, CONTESTABLE, FAUX I et INJUSTE. **2.** *Je suis fondé à dire que votre projet ne sera pas accepté* [sout.] : [cour.] **j'ai de bonnes raisons pour**. **3.** *Être fondé sur* : V. REPOSER.

fondre

I **1.** V. liquéfier, délayer, dissoudre. **2.** V. sculpter. **3.** V. maigrir. **4.** *Fondre d'attendrissement* : V. craquer. **5.** *Fondre en larmes* : V. pleurer.

◇ **se fondre** V. assimiler I, disparaître.

II V. s'abattre (*in* abattre I).

fondrière V. trou.

fonds **1.** V. argent. **2.** V. magasin I.

fontaine V. source.

fonte V. fusion.

footing V. course.

forain V. ambulant.

forban V. pirate.

forçat **1.** [pr.] **bagnard**. **2.** [fig.] *Il travaille comme un forçat* : **nègre, galérien** ◆ ↓ **beaucoup***. *Un travail de forçat* : ↓ **pénible***.

force V. FORT. **1.** *Il faut être d'une force extraordinaire pour soulever de telles barres d'acier* : **vigueur** (qui implique que l'on soit en pleine santé, au mieux de son développement physique) ◆ **robustesse** (qui fait penser à la solidité de la constitution physique) ◆ **résistance** (= l'ensemble des qualités physiques et morales qui permettent de surmonter aisément un obstacle comme la fatigue, les privations). **2.** *Force de caractère* : V. ÉNERGIE. **3.** *De même force. Deux joueurs de même force* : **niveau**. *Sans force* : V. CONSISTANCE. *De toutes ses forces* : V. ÊTRE II. *Avec force* : V. ÉNERGIQUEMENT et FERVEUR. **4.** *Que peut-on contre la force d'une passion ?* : ↑ **violence** ; → ENTRAÎNEMENT I, INTENSITÉ, PROFONDEUR, VIVACITÉ. *Méfiez-vous de la force du vent !* : ↑ **violence**. En termes techn., **force** et **vitesse** sont syn. quand on parle de vent, sauf dans le contexte : *un vent de force 4*. *Force de production* : V. CAPACITÉ I. *Perdre sa force* : V. S'ÉMOUSSER. *Tour de force* : V. PROUESSE. *La force de l'âge* : V. MATURITÉ. **5.** *Recourir à la force* : V. CONTRAINTE. *Coup de force* : V. COUP D'ÉTAT. *Il le fera, de gré ou de force* : **qu'il le veuille ou non**. *Il voulait à toute force quitter Paris* : **à tout prix, absolument***. **6.** *Forces de l'ordre* : V. AGENT* DE POLICE.

◇ **forcer** **1.** [~ qqn] V. VIOLER. **2.** *Forcer une porte* : V. ENFONCER. **3.** [~ qqn à] V. ACCULER, CONTRAINDRE, VAINCRE et CONDAMNER. *Se forcer à* : V. SE CONTRAINDRE. **4.** *Forcer une attitude* : V. EXAGÉRER et OUTRER.

◇ **forcé** **1.** *Faire un atterrissage forcé* : ↓ **involontaire**. **2.** *Un sourire forcé* : V. FACTICE. *Je ne suis pas forcé de* : V. CENSÉ. **3.** *Il* *lui arrivera malheur, c'est forcé* [fam.] : [cour.] **forcément** (*il lui arrivera forcément malheur*) ◆ **c'est inévitable*** ◆ **c'était écrit** (qui implique l'idée de fatalité) ; → FATALEMENT.

◇ **forcément** V. FORCÉ.

forcené 1. V. énergumène, furieux (*in* fureur). 2. V. acharné, infernal, passionné (*in* passion).

forcer V. force.

forcir 1. V. grossir. 2. En termes de marine, se dit du vent, **grossir**, de la mer.

forer V. creuser, percer, sonder.

foret V. vrille.

forêt V. bois I.

forfait V. crime. *Déclarer forfait* : V. abandon I, abandonner I, craquer, renoncer.

forfaiture V. concussion.

forfanterie V. fanfaronnade (*in* fanfaron), vantardise (*in* vanter).

forger V. inventer.

formaliser (se) V. s'offenser (*in* offense), se vexer.

formalisme V. formalité.

formaliste V. forme II.

formalité Les formalités font partie des **démarches** administratives, de la **procédure** à suivre. Le **formalisme** est un attachement excessif aux formalités, un abus des formalités. *Ce n'est qu'une simple formalité. Pour vous, cet examen n'est qu'une formalité !* [fam.] : **promenade**, **partie de plaisir** ◆ [plus fam.] **c'est dans la poche**. *Il m'a dit sans autre formalité que* : **sans autre forme de procès***, **sans plus de façons** ◆ [cour.] **sans se gêner*** ; → METTRE DES GANTS*.

format V. dimension, taille I.

formateur, formation V. former.

forme

I 1. *La forme de ces montagnes correspond bien à l'allure des reliefs anciens* : **aspect** ◆ [didact.] **configuration** (qui se dit des plantes, des minéraux, des sols) ◆ **conformation**, **morphologie** (qui se disent de l'anatomie d'un corps humain ou animal) ; → CONTOUR. 2. *La forme d'une jupe* : V. FAÇON. 3. *Un dessin aux formes très pures* : [sing.] **tracé** ◆ **ligne**. *La beauté des formes* : **plastique**. 4. *Nous étudierons différentes formes de sociétés humaines* : **type** ; → STRUCTURE, SORTE. 5. *Prendre forme* : V. CORPS I. 6. *Les formes féminines* : V. RONDEUR.

II [pl.] *Il tient absolument à ce que l'on respecte les formes* : **usages**, **bonnes manières** ◆ [rare en ce sens] **protocole***, **étiquette** (qui se disent des règles à observer dans les cérémonies officielles) ; → METTRE DES GANTS*, CÉRÉMONIE, FORMALITÉ, FORMULE.

◇ **formaliste** *C'est une femme intelligente, mais trop formaliste* (= qui se soucie exagérément des formes à respecter dans les rapports sociaux) : **cérémonieux**, [rare] **façonnier** (qui se disent plus précisément de celui qui multiplie à l'excès les marques de politesse) ◆ **consciencieux***, **scrupuleux**, **tatillon** (= trop attaché au respect des formes) ; → BOURGEOIS.

III Condition physique. *En forme* : V. CONDITION I, REPOSÉ, DISPOS et VALIDE I.

IV Ce qui sert à donner une forme : V. MOULE.

formel 1. V. catégorique, certain I, exprès I, net. 2. V. symbolique (*in* symbole), théorique (*in* théorie I).

formellement V. explicitement (*in* explicite), rigoureusement (*in* rigueur).

former [génér.] **faire***. 1. [Dieu, qqn ~] V. CRÉER. 2. [qqn ~] *Former une société* : V. CONSTITUER et ORGANISER. *Bien, mal former ses phrases* : **bâtir**, **construire**. *Former un vœu, un désir* : V. ÉMETTRE, ÉNONCER et NOURRIR. 3. [~ qqn] V. CULTIVER et ÉDUQUER. *Former qqn à* : V. PRÉPARER. *Former le caractère* : V. ASSOUPLIR. 4. [~ qqch] *Ces arbres forment un bon coupe-vent* : **constituer** ; → DESSINER.

◇ **se former** 1. *Des brouillards se formeront dans les vallées* : **apparaître** ◆ [plus rare] **naître**. *Des relations durables se sont formées entre eux* : **naître**, **se nouer**. 2. *Il continue à se former en suivant des stages* : c'est à la fois **apprendre son métier** et **s'instruire**.

◇ **formation** 1. V. CONSTITUTION. 2. V. ÉDUCATION et ORIGINE. *Formation permanente* : V. ÉDUCATION. 3. *Elle arrive à l'âge de la formation* : [didact.] **puberté**. 4. *La France compte de nombreuses formations politiques* : **parti** ◆ **groupe**, **groupement**, ↑ **groupuscule** (qui se disent généralement de petites formations). *Voici une très bonne formation de jazz* : **orchestre**. 5. *On assistera à la formation de nombreux brouillards* : **apparition**, **naissance** ; → PRODUCTION.

◇ **formateur** 1. [n.] V. ÉDUCATEUR. 2. [adj.] *Ce séjour en Angleterre aura été très formateur pour ces jeunes élèves* : [plus génér.] **utile**, **profitable**.

formidable V. étonnant (*in* étonner), extraordinaire, terrible, fumant.

formule 1. *Le prêtre prononçait les formules rituelles* : **parole**. 2. *Les formules de politesse* font partie des **formes***. 3. *Une formule publicitaire* : **slogan**. *C'est sa formule habituelle pour dire merci !* : **expression***. 4. *On vient de mettre au point une nouvelle formule pour la décantation des eaux usées* : **méthode**, **procédé** ; → MODE II. *Il a trouvé la formule pour ne rien faire !* : [plus fam.] **truc**, **joint**.

◇ **formulaire** *Voudriez-vous remplir ce formulaire ?* : [plus génér.] **questionnaire**.

formuler V. émettre, énoncer, expliciter (*in* explicite), fixer.

fort

I [qqn est ~] 1. *Pierre est assez fort pour porter à lui seul cette armoire normande !* : [rare] **puissant** (qui évoque une force potentielle permanente et importante) ◆ **robuste**, **solide** (qui évoquent surtout la constitution d'une personne) ◆ **vigoureux** (qui évoque la force, alliée à la vivacité, chez une personne en très bonne santé) ◆ [fam.] **costaud** ◆ [très fam.] **balèze**, **baraqué**. *C'est un homme très fort* : [très fam.] **malabar**, **balèze**, **baraque** ◆ **hercule** ◆ ↑ **fort comme un Turc** ; → AVOIR DU MUSCLE*, FORCE. 2. [qqn est ~] V. GROS. 3. [qqn est ~ en qqch] V. EXCELLER, BON I et SAVANT I. 4. *Se faire fort de* : V. SE FLATTER DE et SE VANTER*.

II 1. [qqch est ~] *Un vent très fort* : ↑ **violent*** ◆ [fam.] ↑ **du diable**. *Une forte fièvre* : [postposé] ↑ **violent** ◆ [fam., postposé] ↑ **carabiné**, **de cheval**. *Une lumière forte* : **vif***, **intense** ; → CRU. *Un bruit très fort* : **retentissant** ◆ ↓ **sonore** ; → D'ENFER, ABRUTISSANT. *Du papier fort* : V. ÉPAIS. *Une terre forte* : V. LOURD. *Une sauce très forte* : **épicé**, **relevé** ; → PIQUANT II. *Un café très fort* : [fam.] **serré** ; → TASSÉ. *Une odeur forte* : V. PÉNÉTRANT et ENIVRANT. 2. [un sentiment est ~] V. GRAND. 3. [qqch est ~] *Une forte somme d'argent* : **gros** ◆ [postposé s'il n'y a pas de compl. de n.] **important**. *De fortes chutes de neige* : **abondant**, **important**. 4. [qqch est ~] *Je trouve la plaisanterie un peu forte !* : ↑ **inouï** ◆ [fam.] **costaud**, **raide**, **fort de café** ; → COMBLE I. 5. [n.] *Au plus fort de* : V. CŒUR I. *Le plus fort, c'est qu'il m'accuse de mentir !* : [plus sout.] **extraordinaire**, **incroyable**, **invraisemblable**.

◇ **fortement** [génér.] V. BEAUCOUP et TRÈS. *Serrer fortement* : **vigoureusement**, **fort** ◆ ↑ **violemment** ; → PUISSAMMENT. *Ce papier adhère fortement au mur* : **solidement**. *Il a été fortement commotionné* : ↑ **violemment**. *Être fortement pénalisé* : V. LOURDEMENT. *Il est fortement attaché à sa terre* : ↑ **farouchement**. *J'espère fortement que vous réussirez* : **vivement** ◆ ↑ **profondément**. *Il a des traits fortement accusés* : ↓ **nettement**.

III [adv.] V. FORTEMENT et BEAUCOUP. 1. *Taper fort sur qqn* : [plus fam.] **dur**, **ferme**. *Pleuvoir fort* : [rare] **dru**. *Frapper, serrer fort* : V. FORTEMENT et À TOUT ROMPRE*. *Le vent souffle fort, ce matin* : ↑ **violemment**. *Pourquoi cries-tu si fort ?* : [fam.] **comme un sourd** ; → CRIER. *Parlez plus fort !* : **haut**. *Sentir fort* : V. SENTIR II À PLEIN NEZ*, MAUVAIS et PUER. 2. *Y aller un peu fort* : V. ABUSER II. 3. V. TRÈS.

IV V. FORTERESSE.

forteresse 1. Lieu fortifié destiné à défendre une ville, une région : **place forte** ◆ **citadelle** (= forteresse qui protège une ville) ◆ **fort** (= ouvrage isolé destiné à protéger un endroit stratégique) ◆ **fortin** (= petit fort) ◆ **blockhaus** (= petit ouvrage militaire défensif, abritant généralement des pièces d'artillerie) ; → CHÂTEAU, PLACE II, DÉFENSE III. 2. *Je déteste les gens qui s'abritent derrière la forteresse de leurs bonnes raisons* : **rempart** ◆ ↓ **mur**.

fortifiant *Si vous êtes affaibli, prenez des fortifiants* : **reconstituant** ◆ [fam.] **remontant** ◆ [moins employé] **tonique** (qui se dit surtout de liquides qui excitent l'activité des organes : *les extraits de certains abats d'animaux s'emploient comme fortifiants ; le quinquina est un tonique*) ◆ [sout.] **roboratif** (qui ne s'emploie que comme adj.) ; → EXCITANT, RÉCONFORTANT.

fortification V. bastion, défense III, rempart.

fortifier V. affermir, confirmer, consolider.

◇ **se fortifier** V. endurcir.

fortin V. forteresse.

fortuit V. accidentel.

fortuitement V. accidentellement (*in* accident).

fortune 1. V. CAPITAL II, TRÉSOR, RESSOURCES et RICHESSE. *Faire fortune* : V. AFFAIRE. **2.** V. HASARD. **3.** *Moyen de fortune. Nous nous débrouillerons avec des moyens de fortune* : **les moyens du bord** ; → IMPROMPTU. *À la fortune du pot* : **à la bonne franquette**. *Avoir la bonne fortune de* : V. CHANCE.

fortuné V. heureux, riche.

forum V. colloque.

fosse V. abîme, tombe, trou.

fossé 1. V. RIGOLE et TRANCHÉE. **2.** Tranchée qui entourait une ville ou un château pour la, le protéger ; rempli d'eau, ce fossé s'appelait **douve**. **3.** *Un fossé les sépare* : V. DISTANCE.

fossile [au fig.] *Il ne pouvait plus supporter l'entourage de tous ces vieux fossiles* : **barbe** ◆ [très fam.] **baderne**, **chnoque** (qui sont obligatoirement accompagnés de l'adj. « vieux ») ; → VIEUX.

fossoyeur [au fig.] *Rimbaud est-il le fossoyeur du romantisme ?* : **naufrageur** ◆ [plus génér.] **démolisseur**.

fou 1. [n.] [N.B. : ce terme n'est plus en usage en psychiatrie.] *On ne peut lui en vouloir, c'est un fou* : [en termes de droit, ou sout.] **dément** ◆ [en termes de médecine ou de droit] **aliéné** ◆ [par euph.] **malade** ◆ ↓ **déséquilibré** ◆ **inconscient** (= qui ne se rend pas compte de la portée de ses actes) ◆ [très fam.] **désaxé**, **braque**, **détraqué**, **cinglé**, **fada**, **dingue**. *Fou furieux* : V. ÉNERGUMÈNE, FURIEUX, OBSÉDÉ et MANIAQUE. *C'est un fou de la chasse* : V. OBSÉDÉ. *Courir comme un fou* : V. PERDU. **2.** [adj.] *Devenir fou* : V. PERDRE L'ESPRIT*, ÊTRE DÉRANGÉ*, PERDRE LA BOUSSOLE*, DÉRAISONNER, DÉLIRER et PERDRE SES FACULTÉS*. *Il est devenu complètement fou* : [génér.] **inconscient**, **malade** ◆ **insensé** (= qui agit contrairement au bon sens) ◆ [fam. ou très fam.] **azimuté**, **barjo**, **fêlé**, **fada**, **cinglé**, **frappé**, **loufoque**, **louftingue**, **marteau**, **piqué**, **sonné**, **tapé**, **timbré**, **toc-toc**, **toqué**, **maboul**, **cinoque**, **dingo**, **dingue**. **3.** [adj.] Qui agit sans aucune mesure, sans bon sens. *Vous sortez par ce temps ? mais vous êtes fou !* : [outre les précédents, fam.] ↓ **idiot** ; → ABSURDE II. **4.** *Votre refus l'a rendu fou de rage* : **ivre** ; → FUREUR. **5.** [adj.] *Être fou de. Être fou de qqn, de qqch* : V. RAFFOLER, GOÛTER I et AIMER. *Elle est folle de joie* : [sout.] **éperdu**, **transporté**. **6.** [adj., qqch est ~] *Elle a un regard fou* : ↓ **hagard**, **égaré** ◆ ↑ **halluciné** ; → BIZARRE. *Ce projet est fou !* : [plus sout.] **insensé** ; → ABSURDE, HASARDEUX. **7.** [adj., qqch est ~] *Une course folle* : V. EFFRÉNÉ et VERTIGINEUX. **8.** [adj. à valeur superlative, qqch est ~] *Un chagrin fou* : V. BEAUCOUP, GRAND et TERRIBLE. *Il y avait un monde fou !* : ↓ **beaucoup*** (*il y avait beaucoup de monde*).

◇ **folie** 1. [de fou 1] **aliénation**, **démence** ; → DÉLIRE, FOU. **2.** *Vous allez sortir dans cet état ? mais c'est de la folie !* : ↓ **inconscience**. *La passion l'a plongé dans une sorte de folie* : ↓ **égarement*** ; → ABSURDITÉ, DÉLIRE, EXTRAVAGANCE, AVEUGLEMENT. **3.** *Les petites folies de qqn* : V. FANTAISIE. *Dire des folies* : ↓ **bêtise***. **4.** *Avoir la folie de qqch* : V. FIÈVRE et VERTIGE. *Le jardinage, c'est sa folie !* : V. PASSION.

◇ **follement** *Elle l'aime follement* : **à la folie** ◆ [plus rare] **à la fureur** ◆ [sout.] **éperdument** ; → BEAUCOUP, TRÈS.

foucade V. caprice.

foudre 1. Se dit d'une décharge électrique produite par la rencontre entre deux nuages ou un nuage et le sol, et qui s'accompagne d'une vive lumière, ou **éclair**, et d'une violente détonation, ou **tonnerre**. **2.** *Rapide comme la foudre* : **éclair**. *Coup de foudre* : V. AMOUR.

◇ **foudroyer** 1. [au passif] *Être foudroyé*, c'est être frappé par la foudre. 2. V. REGARDER. 3. *Il a été foudroyé par un infarctus* : **terrasser**.

foudroyant V. fulgurant, soudain I, terrible.

fouet 1. Le *fouet* est formé d'un manche et d'une corde assez longue. La **cravache** est une badine flexible, le plus souvent terminée par une mèche. Le **knout**, le **martinet** sont des sortes partic. de fouets. 2. *Il faudra mener tous ces gaillards-là à coups de fouet* : **cravache** ◆ ↓ **à la baguette**. 3. *Battez les œufs avec un fouet* : **batteur**.

fouetter V. battre I, gifler (*in* gifle).

fougue *Il y avait dans ses paroles toute la fougue du militant* : ↑ **impétuosité**, **emportement**, **véhémence**, **violence** (termes placés dans un ordre croissant) ; → FIÈVRE, MORDANT, ARDEUR.

◇ **fougueux** *Il a le tempérament fougueux de la jeunesse* : ↑ **bouillant**, **impétueux**, **emporté**, **véhément***, **violent** ; → ARDENT.

fouiller 1. [~ qqch] *Après l'attentat, la police a fouillé l'aéroport* : ↓ **inspecter** ◆ [didact.] **perquisitionner** (qui ne se dit que de la visite d'un domicile) ◆ [fam.] **passer au peigne fin, au crible**. *Fouiller l'obscurité* : **balayer**. *Fouiller les bois* : V. BATTRE II. *Fouiller les bagages* : [plus didact.] ↓ **examiner**, **visiter** ; → CHERCHER. *Il faudra fouiller la question* : **creuser*** ; → APPROFONDIR. 2. [~ qqch] *Fouiller la terre* (= creuser pour y chercher qqch) : **fouir** (qui s'emploie en parlant des animaux : *le cochon fouit la terre*) ; → GRATTER I. *Fouiller la terre* (= creuser une terre que l'on cultive) : **retourner**. 3. [intr.] *Je n'aime pas qu'on fouille ainsi dans mes affaires* : [fam.] **fouiner**, **farfouiller**, **trifouiller**, **fourrager**, **fureter**.

◇ **se fouiller** *Tu penses que je te donnerai de l'argent ? tu peux toujours te fouiller !* [très fam.] : **se brosser**, **se gratter** ◆ [fam.] **courir** ◆ [cour.] **il ne faut pas y compter** ; → S'ABSTENIR.

◇ **fouille** [de fouiller 1] 1. **inspection**, **perquisition**, **examen** ; → VISITE. 2. *Des fouilles archéologiques* : V. SITE.

fouillis V. désordre, pêle-mêle.

fouinard V. indiscret.

fouiner V. fouiller.

fouineur V. indiscret.

fouir V. fouiller.

foulard V. fichu II.

foule 1. *C'était la foule du samedi soir, compacte et inquiétante* : **affluence** (qui ne se dit que s'il y a convergence de la foule en un même point) ◆ ↑ **cohue** (qui se dit d'une foule où règnent le désordre et la confusion) ◆ **bousculade** (qui peut se dire aussi d'un groupe moins nombreux) ; → MONDE II, AGITATION. 2. *Les coureurs furent longtemps applaudis par la foule* : **assistance**, **public**. 3. *Il flatte la foule par des propos démagogiques, mais, en réalité, il la déteste* : [sout.] **multitude*** ◆ **masse**, **peuple** (qui ont davantage une résonance politique) ◆ [fam. et péj.] **populo**, **populace** (qui indiquent du mépris). 4. *En foule. On venait en foule pour s'y baigner* : **en masse** ◆ ↓ **en grand nombre**. *Une foule de. Il y avait là une foule de livres* : **amas***, **masse** ; → TAS. On notera que *foule* se dit plus proprement des personnes, et *amas* des choses.

fouler 1. *Il était tout ému de fouler le sol de son pays natal* [sout.] : [cour.] **marcher sur**. 2. *Fouler aux pieds. Si je n'y prenais pas garde, il me foulerait aux pieds pour prendre ma place* : **piétiner**, **passer sur le corps**. *Peut-on ainsi fouler aux pieds les règlements ?* : **bafouer** ◆ ↓ **braver** ; → MÉPRISER.

◇ **se fouler** 1. [~ le pied] V. SE TORDRE. 2. *Ne pas se fouler* : V. SE FATIGUER.

foulure La foulure est une légère **entorse**.

four V. échec.

fourbe V. déloyal, faux I, perfide, rusé (*in* ruse), sournois.

fourberie V. fausseté (*in* faux I), sournoiserie (*in* sournois), trahison (*in* trahir), tromperie (*in* tromper).

fourbi V. désordre.

fourbir V. frotter, polir II.

fourbu V. fatigué (*in* fatiguer), moulu (*in* moudre).

fourche 1. *Quand vous arrivez à la fourche, vous prenez la première route sur votre droite* [vieilli] : [cour.] **bifurcation, embranchement** ; → CARREFOUR. 2. *Fourches patibulaires* : V. GIBET.

fourgon V. wagon.

fouriérisme V. socialisme.

fourmilière V. multitude.

fourmiller V. abonder I.

fournaise V. chaleur, feu I.

fourni 1. V. achalandé. 2. V. abondant (*in* abonder I).

fournir 1. *C'est lui qui fournit notre magasin en légumes* : [moins employé] **alimenter, approvisionner** ◆ **livrer** (qui s'emploie sans compl. ind. : *... qui livre notre magasin*) ; → PROCURER. *Un commerçant, un magasin fournit de la marchandise à un client* : **livrer, vendre** ; → PROCURER. 2. *Fournir des efforts* : V. ACCOMPLIR. 3. *Fournir à la dépense* : V. SUBVENIR.

◇ **se fournir** *C'est dans cette épicerie que nous nous fournissons habituellement* : **s'approvisionner** ◆ [plus cour.] **se ravitailler, faire ses courses**.

◇ **fournisseur** : [cour.] **commerçant, marchand** (s'il s'agit d'approvisionner un simple client) ◆ **grossiste** (s'il s'agit du fournisseur d'un détaillant) ◆ [rare] **approvisionneur, ravitailleur**.

fourrager V. fouiller.

fourré V. buisson.

fourreau 1. V. enveloppe (*in* envelopper). 2. V. robe.

fourrer V. mettre, plonger II.

fourrure V. poil, toison.

fourvoyer (se) V. s'égarer.

foutre [très fam.] V. mettre, déposer II, enfoncer, faire, ficher I. *Foutre à la porte* : V. congédier. *Foutre le camp* : V. partir. *Foutre en l'air* : V. jeter, déprimer. *Aller se faire foutre* : V. voir.

◇ **se foutre de** V. se moquer, égal.

foutu [très fam.] V. FICHU I. 1. [qqn est ~] V. CONDAMNÉ, FINI, PERDU et USÉ. *Mal foutu* : V. BÂTI. *Je suis mal foutu depuis hier* : [moins fam.] **mal fichu** ◆ [cour.] **pas bien, ne pas se sentir d'aplomb*** ◆ ↑ **malade***. 2. *Cette pince est foutue !* : **nase** ◆ [fam.] **fichu** ◆ **bon à jeter à la poubelle** ; → USÉ, ABÎMÉ. 3. [antéposé] *Un foutu caractère* : V. FICHU I et MAUDIT.

foyer

I 1. *Il aimait passer la soirée près du foyer où flambait un bon feu* [sout.] : [litt.] **âtre** ◆ [cour.] **cheminée**. 2. V. CENTRE II et SOURCE.

II V. FAMILLE, INTÉRIEUR II et MAISON I.

fracas V. tapage.

fracassant *Ce chanteur a fait une rentrée fracassante* : ↓ **éclatant** ◆ [fam.] **faire du bruit** (*sa rentrée a fait du bruit*) ; → RETENTISSANT, EXTRAORDINAIRE.

fracasser V. casser I.

fraction V. partie I, portion.

fractionnement V. morcellement (*in* morceau), segmentation.

fractionner V. sectionner, segmenter.

fracture V. cassure.

fracturer (se) V. se casser (*in* casser II).

fragile 1. [qqn est ~] *Comment parvenait-elle à trouver tant d'énergie dans ce corps si fragile ?* : **frêle, vulnérable** ; → TREMBLANT, DÉLICAT, FAIBLE, SENSIBLE I. 2. [qqch est ~] *Son pouvoir me paraît bien fragile* : **précaire, menacé** ◆ ↑ **chancelant**.

◇ **fragilité** 1. [génér.] V. FAIBLESSE. 2. *Il était conscient de la fragilité de son bonheur* : [sout.] **précarité**.

fragment V. débris, extrait, morceau, parcelle, partie I.

fragmentaire V. partiel (*in* partie I).

fragmentation V. segmentation.

fragmenter V. partager (*in* partage).

fragrance V. odeur.

fraîchement 1. V. froidement (*in* froid II). 2. V. récemment.

fraîcheur, fraîchir V. frais.

frais

I 1. [adv.] *Il fait un peu frais ce matin* : [fam.] **frisquet** ; → FROID I. 2. [n.] *Sortons de cette salle enfumée et prenons le frais* : **respirer** (*... et respirons un peu !*).

◇ **fraîchir** *Le temps a bien fraîchi depuis la semaine dernière* : **se rafraîchir**, ↑ **se refroidir**.

II [adj.] 1. V. RÉCENT. 2. *Voici des œufs frais* : ↑ **du jour**. *Du pain frais* : V. TENDRE I. 3. *Elle a un teint très frais* : ↑ **éclatant**, **florissant***; → REPOSÉ. 4. *Ce souvenir est encore frais à ma mémoire* : **vivant**, **présent**. 5. *Te voilà frais, maintenant que tu es renvoyé !* : **dans de beaux draps** ; → PROPRE I.

◇ **fraîcheur** *Elle a un teint d'une fraîcheur extraordinaire* : ↑ **éclat** ; → ÉPANOUISSEMENT. *La fraîcheur d'un sentiment* : V. PURETÉ. *Un texte plein de fraîcheur* : V. NATUREL.

III [n.pl.] 1. V. DÉPENSE. 2. *À peu de frais* : V. SANS MAL* I. *Aux frais de la princesse* : V. GRATUITEMENT et À L'ŒIL. 3. *Faire les frais de* : V. INCONVÉNIENT. 4. *Se mettre en frais. Elle tenait à en imposer à ses invités : elle s'est donc mise en frais* : [fam.] **sortir le grand jeu, tout le tralala** ◆ [cour.] **faire de son mieux***.

fraise V. tête.

franc

I [n.] *Voici mille francs* : [fam.] **balle** ; → ARGENT.

II [adj.] 1. [qqn est ~] *C'est un homme très franc qui dira ce qu'il pense* : ↑ **sincère**, [assez fam.] **direct**. *Franc comme l'or* : V. SPONTANÉ et LOYAL. 2. [qqch est ~] *Un visage franc* : **ouvert**. *Jouer franc jeu* : **loyalement***, **cartes sur table**. *Franc-parler* : V. LIBERTÉ II. 3. *Des couleurs franches* : V. TRANCHÉ. 4. *Une franche crapule* : V. VÉRITABLE et VRAI. 5. [qqch est ~, antéposé] *Il y a entre nous une franche inimitié* : [moins employé] **net** ◆ [postposé] **déclaré**.

◇ **franchement** 1. *Pouvons-nous parler franchement ?* : **en toute franchise**, **à découvert** ◆ [plus rare] **parler clair** ◆ ↑ **sincèrement**, **à cœur ouvert** ; → OUVERTEMENT. *Je vous le dis franchement, votre travail est mauvais* : **tout net** ◆ [assez fam.] **carrément** ; → SANS AMBAGES*, NETTEMENT, TOUT CRU. 2. *Allez-y franchement, vous n'avez pas à avoir peur* : **sans hésiter** ◆ [plus fam.] **carrément**, **franco** ; → LIBREMENT, SIMPLEMENT. 3. *Franchement mauvais* : V. VRAIMENT.

◇ **franchise** 1. *J'aime sa franchise* : **parler-vrai** (qui s'emploie surtout dans le domaine politique ou publique) ◆ ↑ **sincérité** ; → SPONTANÉITÉ, PURETÉ, LOYAUTÉ. 2. *En toute franchise* : V. FRANCHEMENT et LIBERTÉ II.

français *Français moyen* : V. homme* de la rue.

franchement V. franc II.

franchir V. dépasser, parcourir, sauter, traverser.

franchise V. franc II.

franchissement V. passage.

franco V. franc II.

franc-parler V. franc II.

franc-tireur 1. *Les francs-tireurs étaient abattus comme des chiens* : **maquisard**, **partisan**, **résistant**. 2. V. INDÉPENDANT.

frangin V. frère.

franquette *À la bonne franquette* : V. simple, à la fortune* du pot.

frappant V. criant (*in* cri), percutant, saillant (*in* saillir I), spectaculaire.

frappe 1. V. allonge (*in* allonger). 2. V. délinquant.

frappé V. fou.

frapper 1. [~ sur, à, contre qqch] *Cessez de frapper sur la table, cela m'agace !* : [fam.] **taper** ◆ **tapoter** (= frapper à petits coups) ◆ **tambouriner** (= frapper sur qqch en produisant un bruit pareil à celui du tambour) ◆ ↑ **cogner** (= frapper violemment).

Frapper à la porte : [vx, très sout.] **heurter** ◆ [fam.] **cogner** ; → MARTELER. **2.** [~ qqch] *Frapper un texte* : V. TAPER. **3.** [~ qqn] V. PORTER* LA MAIN SUR, PASSER À TABAC*, BATTRE I et CONDAMNER. **4.** [~ qqn] V. IMPRESSIONNER et SAISIR I.

◇ **se frapper** V. S'ÉMOUVOIR.

frasque V. conduite, équipée.

fraternel V. frère.

fraterniser V. s'entendre.

fraternité V. solidarité (*in* solidaire).

fraude **1.** V. SUPERCHERIE. **2.** *Passer en fraude* : **frauduleusement**. *Produit passé en fraude* : **de contrebande** ; → IRRÉGULIÈREMENT.

frauder V. tricher.

fraudeur V. resquilleur.

frauduleusement V. fraude.

frauduleux V. contestable (*in* contester).

frayer V. fréquenter.

frayeur V. effroi, peur, terreur.

fredaine V. équipée, galanterie.

fredonner V. chanter.

frein **1.** *Il faudra mettre un frein à toutes ces dépenses* : **freiner** ◆ [plus cour.] **modérer*** ◆ [peu employé] **ralentir** ; → ARRÊTER, MODÉRER, LIMITE. **2.** *Ronger son frein. Il restait là, à attendre et à ronger son frein* : **bouillir,** ↑ **trépigner d'impatience**.

◇ **freiner** **1.** V. DÉCÉLÉRER. **2.** V. DIMINUER, MODÉRER et ENRAYER.

frelater V. falsifier, trafiquer.

frêle V. fragile.

freluquet V. faible.

frémir **1.** [qqn ~] V. TRESSAILLIR, TREMBLER et FRISSONNER. *Une laideur à faire frémir* : **repoussant** ◆ **horrible**. *Frémir d'impatience, de colère* : V. BOUILLIR. **2.** [qqch ~] *Les arbres frémissaient sous la légère brise* : [sout.] **frissonner** ◆ **bruire** (= faire entendre un bruit confus).

◇ **frémissant** *C'était un être frémissant, que la moindre émotion faisait vibrer* : ↑ **ardent, passionné**. *Être d'une sensibilité frémissante* : [plus cour.] **à fleur de peau**.

◇ **frémissement** **1.** V. BATTEMENT et BRUISSEMENT. **2.** *Un frémissement d'horreur parcourut la foule* : **frisson**.

frénésie V. délire, enthousiasme.

frénétique V. enthousiaste (*in* enthousiasme), passionné (*in* passion).

fréquemment V. beaucoup, communément (*in* commun II), souvent, temps I.

fréquence V. rythme.

fréquent V. commun II, continu (*in* continuer), perpétuel.

fréquentable V. recommandable.

fréquenter **1.** [~ qqch] *Il ne fréquentait que les vieux quartiers de la ville* : [très sout.] **hanter**. *Fréquenter les bals, les magasins* : ↑ **courir**. **2.** [~ qqn] *C'étaient de ces gens que l'on ne fréquente que par politesse* : ↓ **approcher, côtoyer, coudoyer** (qui ne supposent qu'une brève rencontre ou des rencontres épisodiques) ◆ ↑ **frayer,** [fam.] **copiner**, [péj.] **s'acoquiner avec** (qui supposent au contraire des relations assidues) ◆ **courtiser*** (= fréquenter ou chercher à fréquenter qqn en le flattant) ◆ [vieilli] **voisiner** (= fréquenter ses voisins) ; → CONNAÎTRE, SORTIR, VOIR. **3.** *Qqn à fréquenter* : V. RECOMMANDABLE. **4.** *Fréquenter les meilleurs auteurs* : V. LIRE I.

◇ **fréquenté** *Une rue fréquentée* : **passant**. *Des lieux mal fréquentés* : **malfamés** ; → LOUCHE.

◇ **fréquentation** **1.** [sing.] *La fréquentation de certains intellectuels l'avait beaucoup déçu* : [très sout.] **commerce** (*son commerce avec certains...*). **2.** [pl.] V. RELATION II, SOCIÉTÉ et LIAISON I.

frère **1.** *Voici mon frère* : [fam.] **frangin** ◆ [plus fam., plus rare] **frérot**. Le **demi-frère** issu du même père : [didact.] **frère consanguin** , ou de la même mère : [didact.] **frère utérin**. *Avoir des relations de* *frère* : **fraternel**. **2.** V. SEMBLABLE. **3.** V. RESSEMBLER. **4.** *Faux frère* : V. DÉLOYAL.

frérot V. frère.

fresque *Le professeur nous traça une vaste fresque de l'histoire romaine* : **tableau**, **panorama**.

frêt V. cargaison.

frétiller *À ces mots il se mit à frétiller de plaisir* : **se trémousser**.

fretin *Je n'ai pris que du fretin : quelques goujons et des ablettes* : [plus cour.] **blanchaille**, **petit poisson**, [abrév.] **petit**.

freux V. corbeau.

friable V. meuble, tendre I.

friand *Il est très friand de ce genre de spectacle* : **amateur** ◆ ↑ **gourmand**. *Être friand de poésie* : ↑ **avide** (qui évoque celui qui dévore, *friand* celui qui se délecte).
◇ **friandises** *Je vous ai acheté quelques friandises* : **gourmandises** ◆ [rare] **douceurs** ◆ [plus restreint] **sucreries**, **confiseries**.

fric V. argent.

friche Se dit d'une terre non cultivée : [plus partic. à une région ou à un type de terrain, de végétation] **brande**, **lande**, **maquis**, **garrigue**, **gâtine** ◆ **jachère** (qui se dit d'une terre labourable laissée provisoirement au repos). *Pourquoi laisser toutes ces terres en friche ?* : **inculte** ◆ [plus génér.] **à l'abandon**.

frichti, fricot V. repas.

fricoter *Je ne sais ce qu'il fricote en ce moment, mais il a des attitudes bizarres* [fam.] : **mijoter**, **tramer**, **manigancer**, **trafiquer** ; → TRIPOTER, FAIRE.

friction
I *Cette poussière noire est due à la friction du pneu sur le garde-boue* [didact.] : [cour.] **frottement**.
◇ **frictionner** *Son bébé n'aime pas qu'on lui frictionne la peau à l'eau de Cologne* : [fam.] **frotter**.
II *Le moindre incident devenait une cause de friction* : [plus fam.] **accrochage** ◆ [plus sout.] **heurt** ◆ ↑ **conflit** ; → DISPUTE.

Frigidaire V. glacière.

frigide V. froid II.

frigidité V. froideur.

frigo V. glacière, réfrigérateur (*in* réfrigérer).

frigorifié V. froid I.

frigorifier V. intimider, réfrigérer.

frimas V. brouillard.

frime V. comédie.

frimousse V. figure I, visage.

fringale V. faim.

fringant V. agile.

fringue V. vêtement (*in* vêtir).

fringué V. élégant.

fringuer V. nipper (*in* nippes), vêtir.
◇ **se fringuer** V. se saper (*in* saper II).

friper **1.** V. chiffonner. **2.** V. flétrir I.

fripier V. brocanteur.

fripon V. coquin, espiègle.

fripouille V. coquin.

frire V. cuire.

friser
I *Vous avez trop frisé vos cheveux* : ↑ **crêper**, ↓ **boucler** (selon la dimension des boucles) ; → ONDULER.
◇ **frisé** *Elle avait des cheveux frisés* : ↓ **bouclé** ◆ ↑ **crépu**.
II V. APPROCHER, CONFINER II et FRÔLER.

frisette V. boucle.

frisquet V. frais I.

frisson *Frisson de fièvre* : V. TREMBLEMENT. *Frisson de peur* : V. FRÉMISSEMENT. *Frisson sonore* : V. BRUISSEMENT.

◇ **frissonner** 1. *La fièvre le faisait frissonner* : ↑ **grelotter** ; → TREMBLER. 2. *La peur le fit soudain frissonner* : ↑ **frémir, tressaillir**. 3. [qqch ~] V. FRÉMIR.

◇ **frissonnement** *Le frissonnement est un léger* **frisson***.

frite 1. Les **chips** sont une variété de frites, ainsi que les **pommes pailles**. 2. *Avoir la frite* : V. PÊCHE II.

frivole 1. [qqch est ~] *Comment peut-elle attacher de l'importance à des choses aussi frivoles ?* : **futile, insignifiant, superficiel** ◆ ↑ **vain**. 2. [qqn est ~] *C'est un esprit frivole* : **futile, superficiel** (= qui ne s'attache qu'à la surface des choses) ◆ **insouciant, léger** [très fam.], **je-m'en-foutiste** (= qui manque de sérieux) ; → ÉTOURDI. *C'est une femme, un homme frivole* : **volage** ◆ ↑ **léger** ; → INFIDÈLE.

◇ **frivolité** 1. [de frivole 1] **futilité, insignifiance** ◆ [rare] **inanité** ; → VANITÉ I, BABIOLE. 2. [de frivole 2] **légèreté, insouciance**, [fam.] **je-m'en-foutisme**.

◇ **frivolités** *Un magasin de frivolités* : **fanfreluches, colifichets**.

froc 1. V. pantalon. 2. V. robe.

froid

I [adj. et adv.] 1. *Il fait froid ce matin !* : ↓ **frais** ◆ ↑ **glacial** ◆ [fam.] **frisquet** ◆ [très fam.] **ça caille !** ◆ [express.] ↑ **un froid de loup, un froid hivernal, polaire**. 2. *De l'eau froide* : ↓ **frais** ◆ ↑ **glacé**. *Avoir les mains, les pieds froids* : ↑ **gelé**. 3. *J'ai froid !* : ↑ **être transi** ◆ [fam.] ↑ **être gelé, glacé, frigorifié** ◆ [très fam.] **cailler**. 4. *Un film qui donne froid dans le dos* : **glacer le sang** ; → PEUR.

◇ [n.] : [sout.] **froidure** (qui se dit du froid de l'hiver).

II 1. [qqn est ~] V. DISTANT, DÉTACHÉ, IMPASSIBLE, RÉFRIGÉRANT, SEC et SÉRIEUX. 2. [qqn est ~] *Une femme froide* : ↑ **frigide** (qui se dit d'une femme qui n'éprouve pas d'attirance pour les plaisirs sexuels) ◆ [plus génér.] **inhibé**. 3. [qqch est ~] *Ces peintures froides et abstraites le glaçaient* : ↓ **sans chaleur, terne**.

◇ [n.] V. DÉSACCORD. *Être en froid avec qqn* : **en mauvais termes**.

◇ **froidement** *La nouvelle de son arrivée a été accueillie assez froidement* : **fraîchement** ◆ ↓ **avec indifférence** ; → FROIDEUR.

◇ **froideur** 1. V. IMPASSIBILITÉ et INDIFFÉRENCE. 2. *Pourquoi montre-t-il tant de froideur envers nous ?* : ↓ **réserve** ◆ ↑ **hostilité** ; → SÉCHERESSE II. 3. *Sa froideur empêchait leur harmonie sexuelle* : ↑ **frigidité** ◆ [plus génér.] **inhibition**. 4. *La froideur d'un style* : V. SÉVÉRITÉ.

froissé V. offensé (*in* offense).

froisser

I V. CHIFFONNER et PLISSER.

II *Ne lui demandez pas son âge, vous allez la froisser* : [sout.] **désobliger** ◆ ↑ **blesser, vexer***, **heurter** ; → MEURTRIR, OFFENSER, DÉPLAIRE, BRAQUER, ABAISSER II.

◇ **se froisser** V. SE VEXER et S'OFFENSER.

frôler 1. *Ses mains qui la frôlaient la faisaient frissonner* : **effleurer** ◆ ↑ **toucher**. 2. *Il frôlait les murs pour qu'on ne le voie pas* : ↑ **raser**. 3. *Nous avons frôlé la catastrophe* : **friser** ◆ **passer bien près de**. 4. *Son entêtement frôle le ridicule* : **friser** ◆ **être à la limite, frontière de**.

fromage V. sinécure.

froment est un terme d'agriculture pour désigner le **blé** tendre.

froncer V. plisser.

frondaison V. feuillage.

frondeur V. moqueur (*in* se moquer).

front

I *Faire front* : V. FACE. *Le front haut* : V. FIÈREMENT. *Avoir le front de* : V. IMPUDENCE. *De front* : V. À LA FOIS*. *Relever le front* : V. RÉSISTER.

II 1. *Le front de mer. Avoir une maison en front de mer* : [plus génér.] **en bordure de, face à**. 2. *Mourir au front* : **champ de bataille, d'honneur**. 3. V. COALITION.

frontalier V. limitrophe (*in* limite).

frontière 1. *Il habite à la frontière de l'Allemagne et de la France* : **confins** (... *aux confins de...,* qui ne s'emploie que dans ce contexte et n'a pas le sens politique et juridique de *frontière*). **2.** V. LIMITE. *Être à la frontière de* : V. FRÔLER.

frontispice V. vignette.

frottement V. friction I.

frotter **1.** *Elle passe son temps à frotter le parquet* : **astiquer** ◆ **lustrer** (= rendre brillant, notamment en frottant) ◆ [assez fam.] **briquer** ◆ [rare] **fourbir** (qui ne se dit que d'un objet en métal) ; → POLIR II, NETTOYER. **2.** V. FRICTIONNER. **3.** *Frotter qqch de* : **enduire** (*frotter, enduire un rôti de beurre*).
◇ **se frotter** *Il faut qu'il se frotte un peu aux difficultés* : [plus sout.] **s'affronter** ; → SE HEURTER. *Il a mauvais caractère : ne vous y frottez pas !* : **se tenir à l'écart**, **ne pas s'en approcher**. *Se frotter les mains* : V. SE RÉJOUIR.

froufrou V. bruissement.

froussard V. peureux (*in* peur).

frousse V. crainte (*in* craindre), peur.

fructifier V. fruit.

fructueux **1.** V. bon I, fécond, productif (*in* produire II). **2.** V. avantageux (*in* avantage), rentable.

frugal V. sobre, tempérant (*in* tempérance).

frugalité V. sobriété (*in* sobre), tempérance.

fruit **1.** La **baie** est un fruit charnu à pépins, comme la groseille ; un fruit composé est une **grappe**, par ex. de raisin, ou un **régime**, par ex. de bananes. *À fruits* : **fruitier**. **2.** [litt.] *Jésus, le fruit de vos entrailles* : **enfant**. *Le fruit défendu* : [selon la Bible interprétée à la lettre] **pomme**. **3.** *Ce résultat est le fruit d'un long travail* : [moins pr.] **produit**, **résultat**. *Acceptez-vous de perdre ainsi le fruit de tant d'années de travail ?* : **bénéfice**. *Il a suivi avec fruit l'enseignement que vous lui avez donné* : **avec profit**. *Porter ses fruits* : V. EFFET.
◇ **fructifier** *Voici de l'argent qui fructifie, au moins !* : **rapporter** ◆ [fam.] **rendre**.

fruitier V. fruit.

frusques V. vêtement (*in* vêtir).

fruste V. grossier, sauvage I.

frustrer V. priver, tromper.

fugace **1.** V. PASSAGER I. **2.** *Un sourire fugace* : **furtif** ◆ [sout.] **évanescent**.

fugitif **1.** V. errant (*in* errer II), fuyard (*in* fuir). **2.** V. passager (*in* passage I).

fugue V. escapade.

fuir **1.** [qqn ~] *Il a fui en trompant la surveillance de ses gardiens* : **s'enfuir**, **prendre la fuite** ◆ [plus génér.] **s'en aller** ◆ **s'échapper**, **s'évader** (qui insistent sur le fait de briser les liens qui retenaient prisonnier) ◆ [plus fam.] **se sauver*** ◆ [fam.] **prendre la poudre d'escampette**, **la clé des champs** ◆ [fam.] **jouer la fille de l'air**, **prendre la tangente**, **prendre ses jambes à son cou**, **déguerpir**, **détaler**, **filer** (qui insistent sur la rapidité du fuyard) ◆ [très fam.] **ficher**, **foutre le camp**, **se barrer** ◆ **se trisser**, **se débiner** ◆ [très fam.] **se calter**, **se cavaler**, **se carapater** (qui insistent aussi sur la rapidité du fuyard) ; → DISPARAÎTRE, COURIR, FILER À L'ANGLAISE*, SE RETIRER. **2.** [~ qqn] V. ÉVITER et NE PAS APPROCHER. **3.** [~ qqch] V. ABANDONNER I, SE DÉROBER et SE DÉFILER. *Il est parti là-bas pour fuir le monde* : ↑ **s'exiler** ; → SEUL. **4.** [qqch ~] *Le temps fuyait à une vitesse folle* [sout.] : [cour.] **passer** ◆ ↓ **s'écouler**. **5.** [qqch ~] *La barrique fuit* : ↓ **perdre*** ; → COULER I, PISSER.
◇ **fuite** **1.** *Ils se sont aperçus un peu tard de la fuite du prisonnier* : **évasion** ◆ [plus génér.] **disparition**. *La police chargea, et ce fut la fuite générale de tous les manifestants* : **débandade**, ↑ **sauve-qui-peut**, **déroute** (qui impliquent une fuite désordonnée) ◆ ↑ **panique** (qui implique en outre la peur) ; → DÉFAITE, ÉMIGRATION. **2.** *C'est un lâche, qui recherche toujours les fuites pour échapper à ses responsabilités* : **dérobade**, **faux-fuyant** ◆ **subterfuge** (qui implique adresse et ruse) ◆ [sout.] **échappatoire**. **3.** *Fuite de capitaux* : V. HÉMORRAGIE. *Une fuite de courant* : **déperdition**. *Une fuite de liquide* : ↓ **perte**. **4.** V. TROU.
◇ **fuyant** *Je déteste les hommes fuyants qui ne vous regardent jamais en face* : [moins péj.]

insaisissable ◆ [express.] **fuyant comme une anguille** ; → ÉVASIF.
◇ **fuyard** Se confond en tous contextes avec **fugitif** ; l'usage semble néanmoins privilégier l'emploi de *fuyard* pour des soldats qui abandonnent leur poste, et celui de *fugitif* quand il s'agit de hors-la-loi en fuite.

fulgurant *Une rafale, et la vague était sur eux à une vitesse fulgurante* : **foudroyant** ; → RAPIDE.

fulminer *Il fulminait contre tant d'injustice* : **tonner** ◆ [sout.] ↓ **pester** ◆ [moins sout.] **tempêter** ◆ **éclater**, **exploser** (qui se disent d'une protestation violente mais très brève) ; → S'EMPORTER, COLÈRE.

fumant **1.** *Une soupe fumante* : ↓ **bouillant** (qui est moins imagé). **2.** *Il était fumant de colère* : **bouillonnant** ; → COLÈRE. **3.** *Il a réussi un coup fumant* [fam.] : [cour.] **formidable**, **sensationnel**, [abrév. fam.] **sensas** ; → EXTRAORDINAIRE.

fumée V. vapeur.

fumer
I *Tu viens fumer une cigarette ?* : [fam.] **griller**. *Fumer beaucoup* : [fam.] **fumer comme un sapeur**.
II V. ÊTRE EN COLÈRE*.
III V. FUMIER.

fumet V. odeur, parfum, saveur.

fumeux V. abstrait (*in* abstraire), compliqué (*in* compliquer), nébuleux, obscur.

fumier **1.** Le fumier est d'origine végétale et animale, tandis que le **compost** est formé uniquement de végétaux (*fumer*, c'est épandre du fumier ; *fumure* se dit de la quantité de fumier épandue) ; → ENGRAIS, AMÉLIORER. **2.** V. ORDURE et SALAUD.

fumiste V. amateur, fantaisiste (*in* fantaisie), plaisantin (*in* plaisanterie).

fumisterie V. amateurisme (*in* amateur), plaisanterie (*in* plaisanter).

fumure V. fumier.

funambule V. acrobate, danseur.

funèbre **1.** *Un chant, une cérémonie, une veillée funèbre* : **funéraire** (*funèbre* s'emploie généralement avec un substantif abstrait, et *funéraire* avec un substantif concret renvoyant aux usages et aux cérémonies matérielles qui accompagnent les funérailles : *une couronne, un monument funéraire*) ◆ **mortuaire** (qui ne s'applique qu'à ce qui appartient au service funèbre : *maison, drap, chapelle mortuaire*). **2.** *Un employé des pompes funèbres* : [fam.] **croque-mort**. *La voiture funèbre* : **corbillard**. *Cloche funèbre* : **glas**. L'office funèbre catholique ou messe de **funérailles** est souvent suivi d'une prière funèbre, ou **absoute**, dite autour du cercueil. L'estrade funèbre, ou **catafalque**, devient **chapelle ardente** quand s'y trouve le cercueil, entouré de cierges allumés. **3.** *Un ton funèbre* : [litt.] ↑ **sépulcral**. *Il avait une mine funèbre* : [fam.] **tête d'enterrement** ; → LUGUBRE, TRISTE I.

funérailles V. enterrement (*in* enterrer), funèbre.

funéraire V. funèbre.

funeste V. fatal, néfaste, sinistre.

furax V. furieux (*in* fureur).

fureter V. fouiller.

fureur **1.** *L'incurie des services administratifs l'a mis dans une fureur extraordinaire* : ↑ **rage** ◆ ↓ **colère*** ◆ [rare] ↑ **furie** ◆ **emportement** (qui se dit d'un brusque accès de fureur). **2.** *Il travaille avec fureur à ce projet insensé* : ↓ **acharnement** ◆ [plus fam.] **comme un fou***. *Il est gagné par la fureur du jeu* : V. PASSION. **3.** *À la fureur* : V. FOLLEMENT. **4.** *Faire fureur* : V. VOGUE.
◇ **furie** **1.** V. FUREUR. **2.** V. PASSION. **3.** V. ARDEUR. **4.** *Il regardait, fasciné, la mer en furie* : **démonté**, **déchaîné** ; → TEMPÊTE. **5.** *Vous connaissez sa femme ? une vraie furie !* : **harpie**, **mégère**, **dragon** ◆ ↓ **gendarme**.
◇ **furieux** **1.** [adj.] *Nous lui avons annoncé ton refus de le recevoir : il est furieux !* : ↑ **furibond** ◆ [fam.] **furax**, **furibard** ; → COLÈRE, RAGE. **2.** [n.] *Il se démène comme un furieux pour te sortir de là* : [plus cour.] **for-**

cené ◆ ↑ **possédé** (ces trois termes désignant, au sens pr., celui qui ne se maîtrise plus et laisse apparaître les signes de la folie) ; → FOU, ÉNERGUMÈNE. **3.** [adj.] *Une lutte furieuse* : V. ACHARNÉ. *Un vent furieux* : V. VIOLENT.

furibard, furibond V. furieux (*in* fureur).

furie, furieux V. fureur.

furoncle [cour.] : [didact.] **anthrax** ◆ [fam.] **clou**.

furtif *Un regard, un sourire furtif* : **discret** ◆ **rapide** ; → ERRANT, FUGACE, ↑ SUBREPTICE.

furtivement *S'échapper furtivement* : **en cachette** ◆ **à la dérobée** ; → SECRÈTEMENT, SUBREPTICEMENT.

fuschia V. rose.

fusée V. missile.

fuselé *Le corps fuselé de la truite* : [plus techn.] **fusiforme** ◆ [plus génér.] **allongé, oblong, effilé**.

fuser V. jaillir, sortir.

fusiforme V. fuselé.

fusil **1.** *Quel beau fusil de chasse !* : **carabine** (= fusil léger à canon court) ◆ [fam.] **flingue, flingot, pétoire** ◆ [fam. par méton.] **calibre** (= toute arme à feu). *Un coup de fusil* : [plus génér.] **feu**. Une **fusillade** est la **décharge** simultanée de plusieurs fusils. **2.** *C'est le coup de fusil ici !* : V. ÉCORCHER et COUP DE BARRE I.

fusillade V. fusil.

fusiller **1.** V. tuer. **2.** V. abîmer I. *Fusiller du regard* : V. regarder.

fusion **1.** *Ce n'est qu'à cette température que vous observerez la fusion de ce métal* [techn.] : [plus cour.] **fonte, liquéfaction**. **2.** La fusion de deux partis politiques est leur **union*** si intime qu'on ne distingue plus l'un de l'autre. En ce même sens, la fusion de plusieurs systèmes de pensée auxquels on puise le meilleur est [didact.] l'**éclectisme** ; le **syncrétisme** évoque plutôt un mélange peu cohérent d'idées diverses. **3.** *La fusion d'ethnies diverses dans une même communauté* : **assimilation** ◆ ↓ **intégration**. **4.** *La fusion de deux entreprises* : **fusionnement** ; → FUSIONNER, ABSORPTION.

◇ **fusionner** *Ces deux entreprises viennent de fusionner* : **faire fusion** ◆ [plus génér.] **s'unir, se réunir** ; → UNIFIER.

fusionnement V. fusion.

fustiger **1.** V. battre I. **2.** V. critiquer (*in* critique I).

fût **1.** V. tronc. **2.** V. tonneau.

futaie V. bois I.

futaille V. tonneau.

futé V. malin.

futile V. creux I, frivole, insignifiant, superficiel, vain I.

futilité V. frivolité, vanité I.

futur **1.** [adj.] *Pensez-vous que vos futures commandes seront aussi importantes ?* : [postposé] **ultérieur** ◆ **prochain** ; → POSTÉRIEUR. *La vie future* : V. ÉTERNEL I. **2.** *Mon fils ne s'intéresse qu'aux outils et aux machines : c'est un futur mécanicien !* : [postposé] **en herbe** (*un mécanicien en herbe*) ◆ **avoir la graine de** (*il a la graine d'un mécanicien*). **3.** [n.] V. FIANCÉ. **4.** [n.] *Dans le futur* : **plus tard** ; → AVENIR.

futuriste Se dit surtout des objets et de leurs caractéristiques qui paraissent représentatifs du futur imaginable. *Une architecture, un mobilier, une voiture futuriste* : **avant-gardiste** (qui se dit plutôt des idées, des hommes ou de l'art qui sont ou qui se disent être la manifestation d'une avant-garde éclairée : *la poésie avant-gardiste, la peinture avant-gardiste, des musiciens avant-gardistes*).

fuyant, fuyard V. fuir.

G

gabardine V. imperméable.

gabarit **1.** V. dimension, taille I. **2.** V. modèle.

gabegie V. désordre.

gabelou V. douanier.

gâcher **1.** V. SABOTER. **2.** *Il a gâché tout son argent à acheter des babioles* : **gaspiller**. *Gâcher son talent* : **galvauder**. *Gâcher une occasion* : V. MANQUER I.
◇ **gâchis** **1.** *Il y avait à boire et à manger pour douze, ils étaient trois ! quel gâchis !* : **gaspillage**. *Ce n'est pas du travail : c'est du gâchis !* : ↑ **sabotage** ; → MASSACRE. **2.** V. DÉSORDRE.

gadoue, gadouille V. boue.

gadouilleux V. boueux (*in* boue).

gaffe V. maladresse (*in* maladroit). *Faire gaffe* : V. attention I.

gaffeur V. maladroit.

gaga V. enfance (*in* enfant).

gage **1.** V. GARANTIE. **2.** *Il vient de nous porter secours : n'est-ce pas un gage de sa fidélité ?* : [plus génér.] **preuve, témoignage**. **3.** [pl.] V. RÉTRIBUTION et SALAIRE.

gager **1.** V. parier (*in* pari). **2.** V. salarier.

gageure V. pari.

gagnant V. gagner I.

gagne-pain V. travail II.

gagner
I [qqn ~ qqch] **1.** *Gagner sa vie* : **travailler** ; → VIE. **2.** *Il a gagné le gros lot* : [fam.] **décrocher la timbale**. *Il a gagné de grosses sommes d'argent au jeu* : [plus fam.] **encaisser, empocher, ramasser** ◆ [fam.] **palper, rafler** ; → TOUCHER III. **3.** *Gagner la victoire* : V. ENLEVER, REMPORTER et VAINCRE. *Un repos bien gagné* : **mériter**. **4.** *Il a gagné tout le bénéfice de l'affaire* : **recueillir** ◆ [fam.] **ramasser**. **5.** *Gagner en* : V. PRENDRE I. **6.** *N'hésitez pas à accepter cette situation : vous y gagnerez* : **vous gagnerez au change, vous ne le regretterez pas** ; → BÉNÉFICE. *Ne rien gagner à* : V. RÉCOLTER.
◇ **gagnant** **1.** [n.] : **vainqueur** (qui s'emploie en parlant d'une course, d'un combat : *le vainqueur du Tour de France* ; *le gagnant, le vainqueur d'un tournoi de bridge*) ; → PREMIER I. **2.** [adj.] V. VICTORIEUX.
◇ **gain** **1.** *Les intermédiaires réalisent souvent des gains considérables* : **bénéfice, profit*** ◆ [fam.] **boni** ; → RÉTRIBUTION, GRATIFICATION, COMMISSION I, SALAIRE. *L'appât du gain* : **lucre**. **2.** *Un gain de temps* : V. ÉCONOMIE. **3.** *Gain de cause* : V. SATISFACTION.
II [qqn ~ qqn] *Gagner à sa cause, gagner les faveurs de qqn* : V. S'ASSURER, CONVERTIR, SE CONCILIER, FLÉCHIR et RALLIER. *Gagner l'attention* : V. CAPTER.
III [~ un lieu] **1.** [qqn ~ qqch] *Il voulait gagner la frontière le plus vite possible* : **atteindre** ◆ **rejoindre, regagner** (qui

impliquent que l'on revienne à son point de départ). **2.** [qqch ~ qqn] *Il se sentait peu à peu gagné par le sommeil* : ↑ **envahir** ; → S'EMPARER. *La grippe gagne du terrain* : **se répandre** ; → S'ÉTENDRE. *Le rire gagnait peu à peu toute la salle* : **se communiquer à**.

gai **1.** [qqn est ~] *Il chante et rit du matin au soir : c'est un homme très gai* : ↓ **enjoué** ◆ ↑ **joyeux** (qui implique un sentiment plus profond) ◆ [plus partic.] **rieur** ◆ ↑ **jovial** (qui se dit d'une gaieté très franche et communicative) ◆ **guilleret** (qui implique une gaieté franche et vive, est restreint à quelques contextes), [rare] **réjoui** ◆ [plus partic.] **souriant** ; → ALLÈGRE, AMUSANT, BADIN, CONTENT. **2.** *C'est un homme gai* : **bon vivant**, **boute-en-train**, **qui aime rire** ◆ **joyeux luron**, **drille** (qui évoquent en outre une conduite légère). **3.** *Le vin le rend gai* : ↑ **ivre***. **4.** [qqch est ~] *La voici seule, avouez que ce n'est pas gai !* : [plus sout.] **réjouissant** ◆ [plus fam.] **drôle** ◆ [fam.] **folichon**, **marrant** ; → ROSE II. *Son appartement est peint de couleurs très gaies* : [sout.] **riant** ; → VIF.

◇ **gaiement** [de gai 1] : **joyeusement**. *Le travail, il vaut mieux le faire gaiement* : **de bon cœur**, **avec entrain**.

◇ **gaieté** [de gai 1] : **enjouement**, **joie***, **jovialité** ; → ENTRAIN. *De gaieté de cœur* : V. VOLONTIERS. *Une franche gaieté* : ↑ **une folle ambiance**.

gaillard

I [adj.] **1.** *Nos propos un peu gaillards la faisaient rougir, mais rire aussi !* : ↓ **libre**, **léger** ◆ [plus sout.] **leste***, **épicé** ◆ ↑ **cru**, **grivois**, **gaulois**, **égrillard**, **croustillant** ; → ÉROTIQUE, COQUIN, OBSCÈNE. **2.** *C'est un vieillard encore très gaillard* : **vert** ; → DISPOS, VIGOUREUX.

◇ **gaillardise** [de gaillard 1] : [assez fam.] **gaudriole** ◆ ↑ **grivoiserie**, **gauloiserie**.

II [n.] **1.** *C'est un drôle de gaillard* : **lascar**, **bougre**, **luron** ; → COQUIN, HOMME. **2.** *Dis donc, mon gaillard, tu veux que je te tire les oreilles ?* : **gars**, **petit gars**, **bonhomme**.

gain V. gagner I.

gaine **1.** V. enveloppe. **2.** V. corset.

gala V. spectacle.

galant **1.** V. amant. **2.** V. sentimental (*in* sentiment II), galanterie.

galanterie **1.** *Il connaissait toutes les règles de la galanterie* : [plus génér.] **courtoisie** (qui se dit seulement d'une politesse raffinée) ; → POLITESSE, AFFABILITÉ. **2.** *Il savait développer tout le langage d'une galanterie raffinée* : **séduction** ; → COURTISER. **3.** *C'est toute une vie cachée de galanterie qu'elle découvrait soudain* : **aventures galantes**, **histoires d'alcôve** ◆ ↓ **fredaines** ◆ [fam.] **coucheries** ; → AVENTURE. **4.** *Elle écoutait distraitement ses galanteries* : **douceurs** ◆ [très fam., sing.] **baratin** ◆ [très péj.] **fadaises**.

galantine et **ballotine** sont souvent employés l'un pour l'autre ; le second désigne aussi une pièce de viande froide désossée et prise dans la gelée, mais roulée et farcie.

galaxie V. étoile.

galbe V. courbe, contour.

gale *Il est mauvais comme la gale* : **teigne**, **peste**.

galéjade V. plaisanterie (*in* plaisanter).

galéjer V. plaisanter.

galère V. bagne.

galerie **1.** V. passage (*in* passer I), souterrain, vestibule. **2.** V. musée. **3.** V. auditoire, public II.

galérien V. forçat.

galet V. caillou.

galetas V. mansarde, taudis.

galette V. argent.

galimatias *Je ne comprends décidément rien à tout ce galimatias* : **charabia**, **jargon** ◆ [fam.] **baragouin**.

galipette V. cabriole.

galoche V. sabot.

galon 1. V. RUBAN. 2. *Il n'est qu'adjudant, mais il les montre, ses galons !* : [arg. mil.] **ficelle, sardine**. *Depuis qu'il a gagné des galons, il se prend pour un monsieur* : [plus cour.] **monter en grade**.

galop V. allure. *Au galop* : V. vite.

galoper V. courir.

galopin *Cet enfant ? mais c'est un galopin de la pire espèce !* : **garnement, chenapan** ◆ [péj.] ↑ **vaurien** (qui ne s'emploie pas, contrairement aux précédents, sur le mode de l'humour : *attends, petit galopin, que je te tire les oreilles !*) ; → ENFANT.

galoubet V. flûte I.

galure, galurin V. coiffure.

galvaniser V. enflammer.

galvauder V. gâcher.

gambade V. cabriole.

gambader V. sauter.

gambettes V. jambe.

gamelle *Ramasser une gamelle* : V. échouer, tomber.

gamin 1. [n.] *On ne peut demander l'impossible à un gamin de huit ans !* : **gosse** ; → ENFANT. *Un gamin de Paris* : [fam.] **titi**. 2. *Elle a deux gamins d'un premier mariage* [fam.] : [cour.] **enfant***. 3. [adj.] V. ESPIÈGLE.

gaminerie V. espièglerie (*in* espiègle).

gamme *Nous tenons à votre disposition toute une gamme de téléviseurs* : **éventail, palette, panoplie** (qui évoquent aussi la **multiplicité** des choses mais sont d'emploi plus restreint) ◆ **ligne** (qui se dit de produits constituant un ensemble cohérent, partic. en parfumerie).

◇ **haut de gamme** *Nous ne vendons que des produits haut de gamme* (qui se dit de la qualité technologique) : [plus génér.] **supérieur, de luxe** (qui évoquent le raffinement).

gang V. coterie.

gangrener V. corrompre.

gangster *À son âge, on aime les histoires de gangsters* : **bandit** ; → MALFAITEUR, VOLEUR.

ganse V. corde.

gant 1. *Il vient de s'acheter une paire de gants* : **moufle** (= gant sans séparation pour les doigts, sauf pour le pouce) ◆ **mitaine** (= gant qui ne couvre que la première phalange des doigts). 2. *Souple comme un gant* : V. SOUPLE. *Aller comme un gant* : V. ALLER. *On peut le retourner comme un gant, cet homme-là !* : [moins express.] **on peut facilement le faire changer d'avis**. *Relever le gant* : V. DÉFI. *Avec lui, il faut mettre des gants !* : **respecter les formes** ◆ [non express.] **agir avec ménagement** ; → FORMALITÉ.

garage V. remise.

garant V. dépositaire, répondant (*in* répondre), responsable I. *Se porter garant* : V. garantir, répondre de.

garantie 1. V. DÉPÔT. 2. *Vous comprendrez que nous demandions des garanties de votre bonne foi* : **assurance** ; → GARANTIR. *Il nous a donné là une garantie d'amitié* : **gage***. *Avez-vous pris toutes les garanties nécessaires ?* : **précaution**.

◇ **garantir** 1. **donner sa garantie, se porter garant** ◆ **avaliser, cautionner** (= garantir en donnant **son aval, sa caution**, c'est-à-dire s'engager à payer pour qqn en cas de défaillance de sa part ; tous ces termes s'emploient comme syn. au fig.) ; → RÉPONDRE DE. 2. V. ASSURER III, AFFIRMER et CONFIRMER. 3. V. IMMUNISER et PROTÉGER.

garce 1. *Ah ! la vieille garce ! elle a encore fait des siennes !* [fam., péj.] : **chipie, chameau, bique** ◆ [vulg.] **salope** ; → FEMME, MÉGÈRE. 2. *Que voulez-vous faire de cette garce de vie ?* : **chienne**.

garçon 1. V. célibataire, fils. 2. V. cafetier (*in* café I), serveur.

garçonnière V. appartement.

garde

I [n.fém.] V. GARDER I.

II [n.masc.] 1. Ce terme n'est plus employé que dans certains contextes comme *garde champêtre, garde forestier, garde du corps, garde des Sceaux* : V. CHANCELIER. Se dit aussi d'un gendarme de la garde républicaine ou d'un soldat affecté au service d'un souverain ; ailleurs, le terme courant est **gardien***. **2.** *Il était accompagné de ses gardes du corps* : [fam.] **gorille** ◆ [à valeur collective] **protection rapprochée**.

garde-corps, garde-fou V. balustrade.

garde-malade V. infirmier.

garder

I **1.** [~ qqn] *Garder un prisonnier* : ↓**surveiller** ; → VEILLER. **2.** [~ qqn de] *Dieu vous garde des accidents !* : **protéger**. **3.** *Garder la maison* : V. DÉFENDRE I.

◇ **se garder (de)** V. S'ABSTENIR et SE MÉFIER.

◇ **garde** **1.** *Il est chargé de la garde des aiguillages* : ↓**surveillance**. *Qui est le médecin de garde ?* : **de service***. *La garde de la nature* : [plus précis et mod.] **préservation**, **conservation**, **protection**, **défense**. *Vos bagages sont sous bonne garde* : **en sûreté**. **2.** [mil.] *Être de garde* : **en faction** ◆ [fam.] **planquer** (surtout en parlant de policiers). *Un poste de garde* : **guérite**. **3.** *Mettre en garde. Je vous avais pourtant mis en garde !* : **avertir**, **prévenir***. *Être sur ses gardes. Soyez sûr qu'il est sur ses gardes !* : ↑**être sur le qui-vive** ◆ [fam.] **ne dormir que d'un œil** ; → AGUETS, SE MÉFIER. *Prendre garde* : V. FAIRE ATTENTION I.

II **1.** V. CONSERVER. **2.** *Je vous ai gardé les meilleures bouteilles de ma cave* : **réserver***. **3.** *Garder au chaud* : V. LAISSER et TENIR I. *Garder le silence* : **observer**. *Il m'a gardé à dîner* : [plus sout.] **retenir**. *Il faut savoir garder ses distances* : [moins employé] **maintenir**, **tenir**.

garde-robe V. vêtement (*in* vêtir).

gardien **1.** Ce terme s'emploie aujourd'hui de façon plus courante que **garde** ◆ [rare] ↑**cerbère**. **2.** [plus partic.] *Gardien de prison* : **surveillant** ◆ [vieilli ou péj.] **geôlier** ◆ [arg.] **maton**. *Gardien de la paix* : V. AGENT DE POLICE et POLICIER. *Gardien d'immeuble* : V. CONCIERGE. *Gardien de but* : **goal**. **3.** *Être le gardien de* : V. DÉPOSITAIRE.

gare *Sans crier gare* : V. soudain II.

garer *Il a mal garé sa voiture* : [plus génér.] **ranger** ; → REMISER, PARQUER.

◇ **se garer de** V. SE PROTÉGER.

gargariser (se) *Les sots se gargarisent souvent de belles paroles* : [plus sout., moins express.] **se délecter** ; → SAVOURER.

gargote V. restaurant.

gargotier V. cuisinier (*in* cuisine).

gargouillement : **gargouillis** ◆ [rare] **borborygme*** (qui se dit des gargouillements intestinaux).

gargouillis V. borborygme, gargouillement.

garnement V. coquin, galopin, vaurien, voyou.

garni V. garnir.

garnir **1.** *Il faudra garnir la cuisine de tout le nécessaire* : [plus cour. auj.] **équiper***. *Bien garni* : V. PLEIN. **2.** *Elle compte garnir cette table d'un velours vert* : **revêtir** ; → BORDER, ORNER.

◇ **se garnir** V. S'EMPLIR.

◇ **garni** *Ils sont à la recherche d'un garni* : ◆ [plus cour. auj.] **meublé** ; → APPARTEMENT.

garniture **1.** V. ornement (*in* orner). **2.** V. accompagnement (*in* accompagner).

garrigue V. friche.

gars V. fils, gaillard II, homme, type II.

gaspillage V. gâchis (*in* gâcher).

gaspiller V. dépenser (*in* dépense), gâcher, jeter, perdre.

gastrique V. stomacal.

gastronome V. gourmand.

gastronomie V. cuisine.

gâté V. gâter I.

gâteau **1.** Les gâteaux de pâtisserie ou **pâtisseries** (*chou, vacherin*) se distinguent des gâteaux secs ou **biscuits** (*boudoir, gau-*

frette). **2.** V. PROFIT. **3.** *C'est du gâteau* : V. NANAN.

gâter

I **1.** V. ABÎMER et MASSACRER. **2.** V. AVARIER, AIGRIR, MOISIR et POURRIR.

◇ **se gâter** **1.** *Le temps se gâte* : [sout.] **se détériorer** ; → SE BROUILLER I. **2.** *Il prend son air mauvais, ça va se gâter* : [fam.] **barder, mal tourner** ◆ [vulg.] **chier** ; → MAUVAIS II. *Ne laissez pas les choses se gâter ainsi* : **s'envenimer**.

◇ **gâté** *Il faut faire soigner ces dents gâtées* : [didact.] **carié** ◆ [plus génér.] **abîmé** ; → MALADE.

II *Tout cela pour nous ? vous nous gâtez !* : ↑ **combler** ; → POURRIR.

◇ **gâté** [Dans l'expression *enfant gâté*] *Il est l'enfant gâté du patron* : **enfant chéri**. *Se conduire comme un(e) enfant gâté(e)* est un syn. expressif de **être capricieux***.

gâte-sauce V. cuisinier (*in* cuisine).

gâteux V. âgé, déliquescent, enfance (*in* enfant).

gâtine V. friche.

gauche

I *Le côté gauche* : [en termes de marine] **bâbord**. *Passer l'arme à gauche* : V. MOURIR. *Se lever du pied gauche* : V. DE MAUVAISE HUMEUR*.

II **1.** V. TORDU. **2.** V. EMBARRASSÉ, MALADROIT et TIMIDE.

gauchement V. maladroitement (*in* maladroit).

gaucherie V. lourdeur (*in* lourd), maladresse (*in* maladroit), timidité (*in* timide).

gauchir V. déformer, travailler III, se voiler II.

gauchisme V. extrémisme.

gauchissement V. travail III.

gauchiste V. extrémiste.

gaudriole **1.** V. GAILLARDISE. **2.** *C'est un obsédé ! il ne songe qu'à la gaudriole !* [fam.] : ↓ **bagatelle, chose** ; → DÉBAUCHE.

gaule [vieilli] : **canne à pêche** ; → PERCHE.

gaulois V. gaillard I.

gauloiserie V. gaillardise (*in* gaillard I).

gausser (se) V. se moquer.

gave V. cours* d'eau.

gavé V. rassasié.

gaver **1.** V. ENGRAISSER. **2.** *On le gave de bonbons : comment aurait-il de l'appétit ?* : **gorger** ◆ [fam.] **bourrer**.

gay V. homosexuel.

gaz **1.** V. BORBORYGME. **2.** *Intoxiquer volontairement par un gaz nocif* : **gazer**. **3.** *Mettre les gaz* [fam.] : **la gomme** ; → ACCÉLÉRER. **4.** *Ça ne va pas dans le ménage : il y a de l'eau dans le gaz* [fam.] : **il y a du tirage ; de l'orage dans l'air** ; → DÉSACCORD.

gaze V. pansement (*in* panser).

gazer **1.** V. gaz. **2.** V. aller II.

gazette V. journal.

gazier V. soldat.

gazon *Il a choisi pour son jardin un gazon très fin* : [plus génér.] **herbe**. *Ne marchez pas sur le gazon !* : **pelouse**.

gazouillement *Il aime entendre le gazouillement des oiseaux* : **gazouillis** ◆ [terme pr.] **ramage**. *Le gazouillement d'une source* : **murmure**. *Les gazouillements d'un bébé* : **gazouillis** ◆ [sing.] **babil** ; → CHANT.

gazouiller V. chanter, jaser I.

gazouillis V. gazouillement.

géant V. colosse, homme.

géhenne V. enfer.

geignard V. plaintif (*in* plaindre II), pleurnicheur (*in* pleurnicher).

geindre V. se plaindre II, pleurer, pleurnicher.

gel 1. *Des plantes qui craignent le gel* : **gelée** (*ce sont des plantes qui craignent le gel, la gelée*). 2. [didact.] **gélif** se dit d'une pierre ou d'un arbre qui se fend sous l'action du gel ; → GLACE.

◇ **geler** 1. V. SE CONGELER et SE SOLIDIFIER. 2. *Je gèle !* : ↓ **avoir froid***. 3. *Geler des capitaux* : **bloquer**, **immobiliser**.

gelé V. froid I.

gelée V. glace I, gel.

geler, gélif V. gel.

gélule V. cachet.

gémir V. se plaindre II, pleurer.

gémissant V. plaintif (*in* plaindre II).

gémissement V. cri, plainte (*in* plaindre II), pleur (*in* pleurer).

gemme V. pierre.

gémonies *Vouer aux gémonies* : V. honnir.

gênant V. embarrassant (*in* embarrasser), accusateur (*in* accuser).

gendarme 1. *Attention, voilà les gendarmes !* : [arg. et vx] **cogne** ◆ [fam. et vieilli] **pandore** ; → AGENT DE POLICE, POLICIER. 2. V. FEMME, VIRAGO et FURIE.

gendre a pour syn. **beau-fils**.

gêne 1. *L'angine provoque une certaine gêne à avaler* : **difficulté**. 2. *Ils vivent dans la gêne depuis toujours* : **besoin** ◆ [pl.] **privations** ; → PAUVRETÉ, EMBARRAS, CONTRAINTE. 3. *Je crains de vous mettre dans la gêne !* [sout.] : [cour.] **dérangement** ◆ **gêner** (*je crains de vous gêner*). 4. [adj.] **Sans gêne**. *Je trouve qu'il est un peu trop sans gêne, ce petit monsieur !* : ↓**désinvolte** ◆ ↑**effronté** ; → FAMILIER, IMPOLI. 5. [n.] *Sans-gêne* : V. DÉSINVOLTURE.

◇ **gêner** 1. [~ qqn] *Des vêtements gênent* : V. EMBARRASSER et SERRER I. *La fumée vous gêne-t-elle ?* : V. INCOMMODER. *Dormir chez vous ? je crains de vous gêner !* : **encombrer** ; → ENNUYER, DÉRANGER. 2. [~ qqn] *Le mauvais temps nous a gênés* : V. CONTRARIER. *Pourquoi cherche-t-il ainsi à me gêner ?* : **faire obstacle** ◆ [fam.] **mettre des bâtons dans les roues**. 3. *Ses plaisanteries douteuses me gênent horriblement* : **mettre mal à l'aise** ; → EMBARRASSER, SCANDALISER, TROUBLER, GÊNÉ. 4. [qqn ~] V. ÊTRE DE TROP*. 5. [qqch ~] *La voiture gêne la circulation* : [plus sout.] **entraver** ◆ ↑ **bloquer**.

◇ **se gêner** 1. *C'est quelqu'un qui se gêne pour aider les autres* : **se priver**. 2. *Eh bien ! Il ne faut pas se gêner !* : **s'en faire** ◆ **s'ennuyer*** ; → FORMALITÉ.

◇ **gêné** *Tout ce monde l'intimidait : il se sentait gêné* : [assez fam.] **mal dans sa peau** ; → MAL À L'AISE*, CONFUS II, EMBARRASSÉ, CRAINTIF.

◇ **gêneur** *Nous n'avons pas besoin de gêneurs ici !* : [plus sout.] **importun** ◆ [fam.] **empêcheur de tourner en rond**, **casse-pieds** ◆ [très fam.] **emmerdeur** ; → COLLANT, EMPOISONNEUR.

gêné V. gêne.

généalogie V. lignée.

gêner V. gêne.

général 1. *C'est la pratique générale* : V. ORDINAIRE et TOUJOURS. *Un avis général* : ↑ **unanime**. *Le bien général* : V. COMMUN I. *D'une manière générale* : V. GLOBAL et ENSEMBLE II. 2. *Vos remarques sont un peu générales* : ↑**vague***. *La générale* : V. RÉPÉTITION.

◇ **généralement** *Dans cette région, les étés sont généralement très beaux* : **en règle générale**, **en général** (qui se placent de préférence en tête de phrase) ; → COMMUNÉMENT, D'ORDINAIRE, SOUVENT.

◇ **généralité** 1. *Dans la généralité des cas* : V. LA PLUPART*. 2. *Le porte-parole du gouvernement s'en est tenu à des généralités* : [plus péj.] ↑ **banalité**, **lieu commun** ; → ÉVIDENCE.

généralement V. général.

généralisation V. développement (*in* développer II).

généraliser (se) V. s'étendre.

généraliste V. médecin.

généralité V. général.

générateur V. pile I.

génération 1. V. reproduction. 2. V. nouvelle vague* II.

généreusement V. généreux.

généreux 1. V. BON II. 2. *Pas de pourboire ? Monsieur n'est pas très généreux !* : **large** ◆ [rare] **libéral** ; → DÉSINTÉRESSÉ, BON CŒUR* II, PRODIGUE. 3. *Des sentiments généreux* : [plus partic.] **chevaleresque** ; → MAGNANIME, BEAU, NOBLE. 4. *Un sol généreux* : V. FÉCOND. *Une poitrine généreuse* : **opulent***, **plantureux** ◆ [antéposé, souvent péj.] **gros** ; → ABONDANT.
◇ **générosité** 1. V. CHARITÉ. 2. *La générosité d'un capitaine ne compense pas les atrocités de la guerre* : **grandeur d'âme*** ◆ ↑ **magnanimité** (qui ne s'emploie généralement qu'en parlant de hauts personnages) ; → NOBLESSE. *La générosité d'un geste* : V. BEAUTÉ et DÉSINTÉRESSEMENT. 3. *Demandez-lui un peu d'argent : sa générosité est connue* : [plus rare] **largesse** ◆ [péj.] ↑ **prodigalité**. [pl.] *Ses générosités finissent par lui coûter cher !* : **largesses** ◆ [plus rare] **bontés**, **libéralités**. 4. *La générosité d'une poitrine* : V. GROSSEUR.
◇ **généreusement** : **avec générosité***. *Payer qqn généreusement* : [fam.] **grassement** ◆ [plus génér., antéposé] **bien**, **largement**. *Puiser généreusement dans la caisse* : **à pleines mains**. *Donner généreusement* : **en abondance** ; → BEAUCOUP.

genèse 1. V. création. 2. V. origine, apparition I.

génétique V. hérédité, héréditaire.

gêneur V. gêne.

génial V. génie.

génie 1. V. DIEU. 2. *Avoir le génie des affaires* : [fam.] **bosse** ; → CAPACITÉ I, DON. 3. *Le génie d'un peuple* : V. CARACTÈRE.
◇ **génial** 1. *Une invention géniale* : **de génie**, ↓ **ingénieux**. *Une idée géniale* : **lumineux** ◆ ↓ **astucieux**. 2. *C'est génial !* : **super** ; → FORMIDABLE.

genièvre V. alcool.

génisse V. vache I.

génital V. sexuel (*in* sexe).

géniteur V. reproducteur.

génocide Un génocide est l'**extermination** systématique d'un peuple, un **ethnocide** celle d'une ethnie. *Le génocide des Juifs par les nazis* : l'**Holocauste** ◆ [plus rare] la **Shoah** ; → CARNAGE.

genou *Tomber à genoux* : V. s'agenouiller. *Être sur les genoux* : V. fatigué.

genre 1. V. ESPÈCE, ORDRE I, NATURE, TYPE I et SORTE. *Le genre humain* : V. HUMANITÉ. 2. V. AIR. 3. *Je n'aime pas leur genre de vie* : [plus rare] **mode** ◆ **façon** (*... leur façon de vivre*).

gens 1. *La plupart des gens regardent la télévision* (= terme collectif et indéfini) : **personne** (qui est distributif et relatif aux individus ; on emploiera ainsi *gens* dans notre ex., mais *personne* dans : *la plupart des personnes qui regardent la télévision vont moins qu'avant au cinéma*) ; → MONDE. 2. *Gens de lettres* : V. AUTEUR. *Les gens de maison* : **domestiques** ; → SERVITEUR, SERVANTE, PERSONNEL. *Gens du voyage* : V. TZIGANE.

gentil

I [adj.] 1. [qqn est ~] *Il est gentil, cet homme-là !* : **sympathique**, [abrév. fam.] **sympa**, **chic** ; → AIMABLE. 2. [qqn est ~] *Et vos élèves, sont-ils gentils au moins ?* : [plus restreint] **sage**, **obéissant**, **mignon** ◆ [express.] ↑ **gentil comme un cœur**. 3. [qqch est ~] *C'est gentil chez vous !* : **coquet** ◆ [sout.] **charmant** ◆ [fam.] **gentil comme tout** ◆ [assez péj.] **gentillet** ; → MIGNON. 4. [qqch est ~] *Dites, cela fait une gentille somme d'argent !* : **coquet** ◆ [postposé] **rondelet**.
◇ **gentillesse** 1. *Vous êtes vraiment d'une gentillesse extraordinaire !* : **obligeance** (qui caractérise celui qui rend facilement service et aime à faire plaisir) ; → AFFABILITÉ, PRÉVENANCE, DOUCEUR, BONTÉ. 2. [pl.] V. DÉLICATESSE.

II [n.] V. INFIDÈLE II.

gentilhomme 1. V. NOBLE. 2. *Il affecte des manières de gentilhomme, mais c'est un rustre !* : **grand seigneur**, **gentleman**.

gentilhommière V. château.

gentillesse V. gentil.

gentillet V. gentil.

gentleman V. gentilhomme.

génuflexion V. fléchir.

geôle V. cellule.

geôlier V. gardien.

géométrique V. régulier I.

gérant V. régisseur.

gerbe V. botte I.

gercer *À force de travailler dans l'eau froide, ses mains sont gercées* : [plus génér.] **crevasser**.
◇ **gerçure** : **crevasse**.

gérer **1.** V. diriger I. **2.** V. manier, tenir I.

germe **1.** V. embryon. **2.** V. origine.

gestation Ce terme s'applique à toute femelle vivipare ; **grossesse** ne s'applique qu'à la femme et est, dans cet emploi, plus courant que le précédent.

geste **1.** *Dans son état, le moindre geste lui est pénible* : **mouvement**. *En guise d'adieu, il lui fit un geste de la main* : **signe**. *Faire beaucoup de gestes* : **gesticuler**. **2.** *Allons, soyez généreux ! faites un geste !* : **un bon mouvement** (*allons !, un bon mouvement !*) ; → ACTE I.

gesticuler V. remuer.

gestion **1.** V. administration. **2.** V. maniement (*in* manier).

gibecière Sac pour transporter le gibier : **carnier**, **carnassière** ; → SAC.

gibet Instrument de supplice pour un condamné à la pendaison : **potence**. Lieu d'exécution où l'on exposait les cadavres après l'exécution : **fourches patibulaires** ◆ **estrapade** (qui désigne le supplice qui consistait à hisser un condamné au bout d'une corde pour le laisser ensuite brusquement retomber dans l'eau ou à quelques pieds du sol, ainsi que l'instrument de supplice).

giboulée V. pluie.

gicler V. jaillir.

gifle **1.** *Il a reçu une gifle dont il porte encore les marques sur la figure* : [sout.] **soufflet** (qui implique davantage l'idée d'affront que celle de violence) ◆ ↓ **tape** (qui n'emporte pas forcément l'idée d'un châtiment) ◆ [plus fam.] **claque** ◆ [fam.] **baffe, calotte, taloche**, **beigne**, **mornifle**, **tarte**, **mandale**. **2.** V. DÉFENSE.
◇ **gifler** **1.** [de gifle 1] **souffleter**, **calotter**. **2.** *Avoir le visage giflé par la pluie* : **fouetter** ; → BATTRE.

gigantesque V. colossal (*in* colosse), monstrueux (*in* monstre).

gigolo V. amant, homme.

gigot V. cuisse.

gigoter V. remuer.

gilet *Pleurer dans le gilet* : V. se plaindre II.

gin V. alcool.

girafe V. perche.

giron V. sein.

girouette V. pantin.

gisement V. mine II.

gitan V. tzigane.

gîte **1.** V. HABITATION. **2.** Lieu où s'abrite le gibier et, notamment, le lièvre. *Le gîte d'un lièvre* : **terrier** (= gîte du lapin) ◆ **tanière** (= lieu obscur, souterrain ou au moins abrité où se retirent certains animaux sauvages) ◆ **bauge** (= gîte du sanglier) ◆ **antre** (= caverne servant de gîte à un fauve) ◆ [génér.] **repaire** (= lieu, quel qu'il soit, où se retire une bête féroce) ; → ABRI.

givre V. glace.

givré V. ivre.

glabre *Un visage glabre* : **imberbe** (= qui n'a pas encore de duvet, de barbe) ◆ **rasé** (= qu'on a débarrassé de sa barbe).

glace
I 1. La *glace* est de l'eau congelée, la **gelée** le phénomène atmosphérique qui déclenche ce processus ◆ [partic.] **gelée blanche, givre, verglas**. *Voulez-vous de la glace dans votre whisky ?* : **glacon** (*un, des glaçons*). 2. *J'adore la glace !* : **sorbet** (= glace légère, généralement aux fruits). 3. *Un visage de glace* : V. IMPASSIBLE. *Un accueil de glace* : **glacé**, **glacial** ; → FROID II, RÉFRIGÉRANT.
II 1. V. CARREAU et VITRE. 2. *Se regarder dans la glace* : [sout.] **miroir** (qui se dit de toute surface polie réfléchissant la lumière, alors qu'une *glace* est toujours en verre) ◆ **psyché** (= grande glace mobile articulée sur un axe).

glacé 1. V. froid I. 2. V. hostile, glace I.

glacer 1. V. froid I. 2. V. effrayer, figer* le sang, intimider, réfrigérer.

glacial 1. V. froid I, polaire. 2. V. hostile, réfrigérant (*in* réfrigérer), glace I.

glacière Appareil aménagé de façon à conserver de la glace qui permet d'y maintenir une basse température. Dans un **réfrigérateur**, la basse température est obtenue artificiellement (gaz ou électricité). Nom d'une marque, **Frigidaire**, [abrév. fam.] **frigo**, est entré dans la langue courante comme syn. de *réfrigérateur*.

glacis V. talus.

glaçon V. glace I.

glaise V. argile.

glaive V. épée.

glaner V. ramasser, recueillir.

glapir V. crier (*in* cri).

glas *Voilà qui sonne le glas de notre belle aventure !* : **mettre un point final**, [moins express.] **marquer la fin** ; → ENTERREMENT.

glauque 1. V. verdâtre. 2. V. malsain.

glaviotter V. cracher.

glèbe V. terre IV.

glisser
I [qqn, qqch ~] 1. *La voiture a glissé sur une plaque de verglas et est tombée dans le ravin* : **déraper**, **chasser**. 2. *Cela m'a glissé des mains* : V. ÉCHAPPER. *C'est un individu insaisissable : il vous glisse entre les mains comme une anguille* : **filer** ; → SE DÉROBER. 3. *Glisser vers l'alcoolisme* : V. SOMBRER. 4. *Inutile d'insister : glissons sur cette question !* : **passer**.
◇ **glissement** [de glisser 3] *On sent dans ses propos un glissement vers le libéralisme* : **évolution**.
II [qqn ~ qqch] 1. *Il nous a glissé cette lettre pendant que le professeur avait le dos tourné* : [fam.] **filer**, **passer** ◆ [cour.] **donner**, [sout.] **remettre** (qui n'impliquent pas l'idée d'une action adroite et furtive) ; → COULER II. 2. *Glisser à l'oreille* : V. CONFIER II et SOUFFLER.
◇ **se glisser** 1. [qqn ~] *Il est parvenu à se glisser dans la foule et à entrer dans le stade sans payer* : [rare] **se couler** ◆ [plus cour.] **se faufiler**. 2. [qqch ~] *Une erreur s'est glissée dans notre édition d'hier* : **s'insinuer**, **s'introduire**.

glissière V. coulisse.

global *Nous voulons une vue globale de la situation* : **général** ; → ENSEMBLE II. *Le montant global de la facture* : **total** ◆ **dans son entier** (*dans son entier, la facture...*).
◇ **globalement** *Le Parlement a rejeté globalement toutes les propositions d'amendement de l'opposition* : **en bloc**, **l'ensemble de**. *C'est globalement positif* : **dans l'ensemble***.

globe V. monde I.

globe-trotter V. voyageur (*in* voyage).

globuleux V. gros, saillant (*in* saillir I).

gloire 1. *Il pense avoir atteint la gloire, en fait il n'a gagné que l'admiration des sots* : ↓ **célébrité**. *C'est l'une des gloires du pays* : **célébrité** ; → RÉPUTATION. 2. *Les États honorent la gloire des soldats morts* : ↓ **mérite**. *Son père s'est couvert de gloire à Verdun* : [cliché]

lauriers. **3.** [religion] *Contempler Dieu dans sa gloire* : **majesté**. *Rendre gloire à Dieu* est sa **glorification** ; → GLORIFIER.

◇ **glorieux** **1.** *Il ne se lasse pas de relire les glorieux exploits de Napoléon* : **illustre** ◆ [sout., postposé en ce sens] **fameux** ◆ ↓ **célèbre** ; → ÉCLATANT. **2.** V. VANITEUX et VAIN II.

◇ **glorifier** **1.** *Chaque pays glorifie ses héros* : **honorer** ◆ ↓ **rendre hommage à** ◆ ↑ **déifier** ◆ **magnifier**, ↓ **célébrer** (qui se disent plutôt pour une qualité : *magnifier la mémoire de qqn*). **2.** *Certains poèmes de Victor Hugo glorifient l'épopée napoléonienne* : **exalter** ◆ ↓ **chanter** ; → ÉLOGE. **3.** [religion] *Glorifier le Seigneur* : **bénir**, **exalter***, **magnifier**, **louer**, **rendre gloire à**.

◇ **se glorifier de** V. S'ENORGUEILLIR et SE VANTER.

gloriette V. tonnelle.

glorification V. gloire.

gloriole V. ostentation.

glose V. note I.

gloser V. interpréter.

glossaire V. dictionnaire.

glousser V. rire.

glouton *Vous mangez comme un glouton !* : [péj.] **vorace**, **goinfre**, **goulu** (= qui mange avec avidité et sans plaisir) ◆ **gourmand*** (qui n'est pas forcément péj. et implique toujours l'idée de plaisir éprouvé à manger de bonnes choses ; ces termes s'emploient aussi comme adj.).

◇ **gloutonnerie** [de glouton] : **voracité**, **goinfrerie** ◆ **gourmandise**.

gloutonnerie V. glouton.

glu V. colle I.

gluant *La colle est un liquide gluant* : **visqueux**, **poisseux**. *Quand on épluche du poisson, on a les mains gluantes* : **collant**, **poisseux** ; → SIRUPEUX.

gnangnan V. lent.

gnognote V. valoir.

gnôle V. alcool, eau-de-vie.

gnome V. nain.

gnon V. coup.

go (tout de) V. sans ambages*.

goal V. gardien.

gobelet *Les enfants boivent parfois dans un gobelet* : **timbale** ◆ ↓ **godet** ◆ **quart** (= gobelet en aluminium utilisé, notamment, dans l'armée) ; → VERRE.

gobe-mouches V. naïf.

gober V. avaler, croire.

godasse V. chaussure (*in* chausser).

godet V. verre.

godiche V. maladroit.

godillot V. chaussure (*in* chausser).

goémon V. algue.

gogo V. dupe, niais.

gogo (à) V. à discrétion*.

goguenard V. railleur (*in* railler).

gogues V. cabinet II.

goinfre V. glouton.

goinfrer (se) V. manger I.

goinfrerie V. gloutonnerie (dans *glouton*).

golfe *Le golfe du Lion est dangereux pour la navigation* : **baie** (= petit golfe abrité) ◆ **anse** (= petite baie) ◆ **crique** (évoque surtout un refuge naturel où peuvent s'abriter les petits bateaux) ◆ **calanque** (crique provençale ou corse) ◆ **fjord** (= golfe profond de Scandinavie).

gomme **1.** *C'est encore une de ces inventions à la gomme qui ne marchent que dans les mains du démonstrateur !* [fam.] : **à la noix**, **tordu**. ◆ [cour.] **bizarre***, **inutile**. **2.** *Mettre la gomme* : V. VITE et GAZ.

gommer V. effacer.

gond *Sortir de ses gonds* : V. s'emporter, s'irriter.

gondolant V. comique.

gondoler (se) **1.** V. rire. **2.** V. travailler III, se voiler.

gonfler **1.** *Regardez-le gonfler le torse !* : **bomber***, **dilater**. *Avoir le ventre gonflé* : ↑ **boursouflé** ◆ ↑ **bouffi**, **soufflé** (qui impliquent très souvent un excès de graisse) ◆ [didact.] **tuméfié**, **turgescent**. **2.** *Le vent fait gonfler sa robe* : [rare] **bouffer**. *La pluie fait gonfler le bois* : [plus génér.] **travailler**. **3.** *Gonfler un chiffre* : V. EXAGÉRER et MONTER I. *Gonfler la vanité de qqn* : V. EXALTER. **4.** [intr.] *Le ruisseau a brutalement gonflé* : **grossir** ; → MONTER I. *Le bois a gonflé* : **travailler**. *La pâte a gonflé* : [pr.] **lever** ◆ [didact.] **fermenter**.

◇ **gonflement** **1.** [de gonfler 1] : **boursouflure**, **bouffissure**, **tuméfaction**, **turgescence** ; → ENFLURE. **2.** [de gonfler 2] : **bouffant** (qui s'emploie pour une robe). **3.** [de gonfler 3] : **exagération***. **4.** [de gonfler 4] : **grossissement**, **montée** ◆ **travail** ◆ **levée**. *Le gonflement artificiel des prix* : **augmentation***.

gore V. horreur.

goret V. porc.

gorge

I **1.** *Cette injure lui est restée en travers de la gorge* : [fam.] **gosier**, **kiki** ; → AVALER. **2.** *Mettre le couteau sous la gorge* : V. ACCULER. *À gorge déployée* : V. RIRE. *Crier à pleine gorge* : **à plein gosier** ; → CRIER. *Prendre à la gorge* : V. SUFFOQUER. *Faire des gorges chaudes* : **se moquer** (de façon malveillante).

II V. BUSTE.

III V. COL et VALLÉE.

gorgé V. plein.

gorgée *Il buvait à grandes gorgées* : **trait** ◆ [fam.] **lampée**.

gorger V. engraisser, gaver, rassasier.

gorille V. garde II.

gosier **1.** V. GORGE. **2.** *Il a le gosier en pente : il a liquidé toute la bouteille de vin !* [fam.] : [très fam.] **dalle** ; → SOIF.

gosse **1.** V. enfant, gamin. **2.** V. amante.

gouailleur V. moqueur (*in* se moquer).

gouape V. voyou.

goudron V. bitume.

goudronner V. bitumer.

gouffre **1.** V. abîme. **2.** V. dépensier (*in* dépense).

gouine V. homosexuel.

goujat V. grossier.

goulag V. camp.

goulu V. glouton.

goupiller V. combiner.

gourbi V. baraque I.

gourd V. engourdi (*in* engourdir).

gourde V. maladroit, niais.

gourdin V. bâton.

gourer (se) V. se tromper.

gourgandine V. prostituée (*in* prostituer).

gourmand

I **1.** Le *gourmand* est celui qui aime la bonne chère avec excès et manque de sobriété. Le **gourmet** est celui qui apprécie la bonne chère et la goûte avec délicatesse et raffinement : [fam.] **bec fin**, **fine bouche**, [très fam.] **fine gueule** ◆ **gastronome** (qui implique non seulement le goût, mais l'art de faire bonne chère) ; → GLOUTON. **2.** [adj.] V. FRIAND.

II V. BRANCHE.

gourmander V. réprimander.

gourmandise **1.** V. gloutonnerie (*in* glouton). **2.** V. friandises (*in* friand).

gourmé V. affecté II, raide.

gourmet V. gourmand, repas fin*.

gourmette V. bracelet.

gourou V. maître.

gousset V. poche.

goût
I V. saveur.
II *Avoir du goût pour* : V. appétit, désir. *Avoir beaucoup de goût* : V. distinction. *De bon goût* : V. classique. *De mauvais goût* : V. criard. *Suivre ses goûts* : V. penchant. *Au goût de* : V. convenance, fantaisie. *Le goût du jour* : V. mode I. *Avec goût* : V. délicatesse. *Dans le goût de* : V. style.

goûter
I [v.] **1.** [~ qqch] *Goûter un bon vin est pour lui un plaisir incomparable* : **déguster** ◆ ↑ **savourer** ; → JOUIR, SENTIR I. **2.** [~ qqch] *Je goûte assez peu la musique sérielle* [sout.] : [cour.] **aimer**, **apprécier** ◆ ↑ **raffoler de**, **être fou de** ; → APPÉTIT. **3.** [~ à qqch] *Reprenez donc de cette tarte, vous y avez à peine goûté !* : [plus fam.] **toucher**. **4.** [~ de qqch] *Quand on a goûté du pouvoir, il est difficile de s'en passer* [sout.] : **tâter de** ◆ [cour.] **faire l'expérience de**, **expérimenter**.
II [n.] V. COLLATION.

goutte **1.** *L'eau tombe en gouttes du réservoir* : **dégouliner**, **goutter**. *Faire couler goutte à goutte* : **instiller**. **2.** *Une goutte de* : V. PEU et LARME. **3.** V. ALCOOL.

gouvernail V. barre II.

gouvernante **1.** *Dans les familles riches, l'éducation des enfants est parfois confiée à une gouvernante* : **nurse**, **bonne d'enfant** (qui ne s'occupe que des enfants en bas âge ; *nurse* est d'un emploi plus distingué que bonne d'enfant), **nourrice*** (qui n'est pas attachée à une famille). **2.** *La gouvernante du curé était charmante* : [plus fam. et péj.] **bonne**.

gouvernement **1.** V. AUTORITÉ. **2.** *Quel est le type de gouvernement en Australie ?* : **régime politique** ; → ÉTAT IV, POUVOIR III, CABINET I, MINISTÈRE II.

gouverner V. commander II, diriger I, régner (*in* règne), barre II.

grabat V. lit I.

grabataire V. infirme.

grabuge V. bagarre, vilain.

grâce
I **1.** V. AMNISTIE. **2.** V. DON. **3.** *Grâce à. Elle a réussi grâce à son talent* : [plus génér.] **par**, **à cause* de** (qui n'impliquent pas forcément une cause heureuse) ; → À L'AIDE* DE. *Faire grâce de* : V. DISPENSER. *Faire une grâce* : V. PLAISIR. *De grâce, laissez-moi tranquille !* [très sout.] : [cour.] **je vous en prie**. *Rendre grâce* : V. BÉNIR et REMERCIER. *Crier grâce* : V. SUPPLIER. *Faire grâce* : V. PARDONNER. *Grâce à Dieu* : V. HEUREUSEMENT. *Donner le coup de grâce* : **achever**.
II **1.** *Il se dégage des gens et des paysages de ce pays une grâce indéniable* : **charme*** ; → ÉLÉGANCE, LÉGÈRETÉ. **2.** *Il a accepté de bonne grâce votre invitation* [sout.] : [cour.] **volontiers**, **de bon gré** ; → GENTILLESSE. *Vous auriez mauvaise grâce à refuser son invitation !* [sout.] : **être mal venu de** ◆ [plus cour.] **être mal placé pour**.

gracier V. pardonner (*in* pardon).

gracieusement V. gratuitement (*in* gratuit).

gracieux **1.** V. aimable, beau. **2.** V. gratuit.

gracile V. menu I, mince I.

gradation V. progression (*in* progrès).

grade **1.** V. AVANCEMENT et GALON. **2.** *Il vient d'obtenir le grade de docteur ès sciences* : **titre** (qui évoque davantage le diplôme, *grade,* la situation sociale à laquelle on accède). **3.** *En prendre pour son grade* : V. RÉPRIMANDER.

graduation V. division (*in* diviser).

graduel V. progressif (*in* progrès).

graduellement V. peu I, progressivement (*in* progrès).

graduer **1.** V. augmenter. **2.** V. diviser.

graffiti V. inscription (*in* inscrire).

graillon V. graisse.

grain
I **1.** Un *grain* est une **graine** comestible, comme le grain de blé ou de maïs.

2. *Grain de grêle* : V. GRÊLE. **3.** *Un grain* : V. PEU II.

II V. BOURRASQUE, TEMPÊTE et PLUIE.

graine V. grain, semence. *De la graine de* : V. herbe, futur. *En prendre de la graine* : V. imiter.

graisse V. gras, matière* grasse. *Sans graisse* : V. être tout en muscle*.

graisser **1.** V. lubrifier. **2.** V. salir.

graisseux V. gras.

grammairien est parfois employé avec le sens général de **linguiste** : qui s'occupe des problèmes de langue et de langage.

grand **1.** Qui est de taille élevée. D'un homme ou d'une femme *grands,* on dira, fam., que ce sont des **asperges**, **perches**, **échalas** ◆ **(grand) escogriffe** ne se dit que de l'homme ; **dégingandé** se dit de qqn à la fois très grand et d'allure non harmonieuse. **2.** Qui a atteint un certain âge : **grande personne**, **adulte** (qui s'emploient quand on parle à des enfants). **3.** Qui a une grande importance. *Faire de grandes dépenses* : [postposé] **important**, **considérable** ; → EXAGÉRÉ, FOU, DÉMESURÉ. **4.** Qui est de grandes dimensions. *Une grande plaine* : ↑ **vaste** ◆ [postposé] **étendu** ; → AMPLE. **5.** Qui a une intensité supérieure à la moyenne. *Attendre deux grandes heures* : **long**, **bon**. *Employer les grands remèdes* : [postposé] **extrême**. *Un grand cœur, une grande âme* : V. BEAU et NOBLE. *Un grand style* : V. ÉLEVÉ I. *Un grand choix* : V. VARIÉ. *Elle n'aime que les grandes émotions* : [postposé] **fort**. *Un grand chagrin* : ↑ **immense** ◆ [postposé] **infini**, **fou** ◆ [partic.] **incoercible** (qui se dit de ce qui a une si grande force qu'on ne peut le contenir). *Une grande action* : V. NOBLE. *Un grand vin* : [postposé] **noble** ; → FAMEUX. *Un grand nom, un grand homme* : V. ILLUSTRE. *Un grand auteur* : V. CLASSIQUE. *C'est du plus grand comique !* : **haut***. *Le plus grand de* : V. DERNIER et ROI. *Un si grand spectacle* : V. TEL II. **6.** [n.] *Les Grands* : V. PUISSANCE.

◇ **grandement** *Avec cet argent, vous avez grandement de quoi vivre* : **amplement**, **largement** ◆ ↓ **bien**.

◇ **grandeur** **1.** V. DIMENSION et TAILLE I. **2.** V. BEAUTÉ et NOBLESSE. *Grandeur d'âme* : V. GÉNÉROSITÉ. *Grandeur des pensées, des sentiments* : V. DISTINCTION et ÉLÉVATION. **3.** *Elle court après les grandeurs* : **dignités**, **honneurs**. *Avoir la folie des grandeurs* : [didact.] **mégalomanie** (qui implique un comportement pathologique).

◇ **grandiose** *Un spectacle grandiose* : **majestueux**, **imposant*** ◆ [moins express.] **magnifique** ; → BEAU, ROYAL.

◇ **grandir** **1.** *À cet âge-là, on grandit beaucoup* : [assez fam.] **s'allonger** ◆ [plus génér.] **se développer** ◆ [fam.] **pousser** ; → PROFITER, CHANGER III. **2.** V. AUGMENTER. **3.** [~ qqn, qqch] V. ÉLEVER I.

grand-chose V. chose.

grandiloquence V. emphase.

grandiloquent V. ampoulé.

grandiose, grandir V. grand.

grandissant V. croissant (*in* croître).

grand-père, grand-mère : [fam., employé par les enfants] **pépé**, **pépère**, **papi**, **bon-papa**, **mémé**, **mémère**, **mamie**, **bonne-maman**. *Les grands-parents* : V. AÏEUX. *Arrière-grand-père, arrière-grand-mère* : V. BISAÏEUL.

granulé V. pilule.

graphique

I [adj.] *Les arts graphiques* comprennent le **dessin** et la **peinture**.

II [n.] V. COURBE III.

grappe V. fruit.

grappiller V. recueillir.

grappin V. harponner.

gras **1.** Se dit de ce qui est formé de **graisse**, de ce qui en contient. *Un corps gras* : [didact.] **lipide**. **2.** *Il est encore bel homme, mais il est devenu un peu gras* : ↑ **obèse** ◆ [plus péj.] **pansu**, **ventru** (qui se disent seulement du ventre) ◆ **replet**, [plus cour.] **dodu** (qui se disent de qqn qui est bien en chair) ◆ **plantureux** (qui ne se dit par litote que d'une femme ou d'une poitrine féminine) ◆ **potelé** (qui se dit surtout en parlant des jeunes enfants qui ont les membres bien pleins) ◆ **rebondi** (qui se dit en parlant des joues ou du ventre) ◆ **plein** (qui se dit pour les joues) ◆ **grassouillet** (qui se dit souvent des enfants ou des personnes de petite taille) ◆ [péj.] **rondouillard** ◆ **adipeux** (qui ne s'emploie guère qu'en parlant des tissus humains) ◆ **bouffi** (qui se dit du visage) ◆ **étoffé** (qui s'emploie souvent par litote : *il s'est un peu étoffé*) ◆ **corpulent** (qui se dit de l'ensemble du corps, chairs et ossature) ; → ÉPAIS, GROSSIR. *Il est très gras* : [fam., péj.] **gras comme un moine**, ↑ **comme un cochon** ; → GROS. **3.** *Des plaisanteries grasses* : [plus mod.] **grossier** ◆ ↑ **obscène**. **4.** *Avoir les mains grasses* : ↑ **graisseux**, **poisseux**.

grassement V. généreusement (*in* généreux).

grassouillet V. gras.

gratification V. gratifier.

gratifier *Il a gratifié le garçon d'un large pourboire* : [plus génér.] **donner*** (qqch à qqn) ; → DISPENSER I, HONORER. *On a gratifié le personnel de nouveaux bureaux* : ↓ **doter**, **allouer à** (qui n'impliquent pas l'idée de faveurs généreusement attribuées). *La nature l'a gratifié d'un nez trop long* : [plus neutre] **doter** ◆ **douer** (qui s'emploie pour une qualité) ; → NANTIR.

◇ **gratification** Somme d'argent remise à qqn en plus de ses **gains**. On parlera aussi des **étrennes** du facteur, de la **prime** d'un ouvrier ◆ **dessous-de-table** et **pot-de-vin** désignent des gratifications illicites remises à qqn dont on achète les services : dans le même sens, assez cour. auj., **bakchich**.

gratin V. crème, élite, haut I, le meilleur, société I.

gratis V. gratuitement (*in* gratuit).

gratitude *Vous m'avez rendu un grand service : permettez-moi de vous manifester ma gratitude* [assez sout.] : [cour.] **reconnaissance**.

gratte-ciel V. immeuble, tour I.

gratte-papier V. bureaucrate.

gratter

I [qqn ~ qqch] **1.** *Il faudra gratter cette table pleine de taches !* : ↑ **racler**. **2.** *Ce ratier gratte la terre du jardin* : ↑ **fouiller**. **3.** *Lui, musicien ? il gratte du violon, c'est tout !* : [plus péj.] **racler**. **4.** *Il n'arrête pas de gratter du papier* : **noircir** ; → ÉCRIRE, TRAVAILLER II.

◇ **se gratter** V. SE FOUILLER.

II [qqch ~] V. DÉMANGER.

III [qqn ~ qqn] V. DÉPASSER.

gratuit **1.** *Je vous ai rendu ce service à titre gratuit* : **bénévole** ◆ [sout.] **gracieux** (ces deux adj. étant d'emploi beaucoup plus restreint que *gratuit*) ; → DÉSINTÉRESSÉ. **2.** *N'hésitez pas ! l'entrée est gratuite !* : **libre** (qui se dit aussi, contrairement à *gratuit*, de l'entrée d'un magasin). **3.** *Sur quels éléments vous fondez-vous pour lancer des affirmations aussi gratuites ?* : **injustifié** ; → ARBITRAIRE.

◇ **gratuitement** **1.** [de gratuit 1] **gracieusement**, **bénévolement**. **2.** *En achetant deux paquets de gâteaux, on a le troisième gratuitement* : [sout.] **gracieusement** ◆ [fam.] **gratis**, **pour rien** ◆ [très fam.] **à l'œil** ◆ [express., vieilli] **sans bourse délier** ◆ [fam.] **aux frais de la princesse**. **3.** V. PAR JEU* II.

gravats *De ce bel immeuble, il ne reste après l'explosion que des gravats* : **décombres**, **plâtras**, **déblais**.

grave

I **1.** *La situation est grave !* : ↓ **inquiétant**, **sérieux** ◆ ↑ **dramatique**, **tragique**. *La question est grave !* : **sérieux**, **important**. *Une grave négligence* : V. COUPABLE. *Cette décision aura de graves conséquences* : [postposé] ↑ **incalculable** ◆ [fam.] **méchant***. *Une blessure grave* : ↓ **sérieux** ; → GROS, SÉVÈRE. **2.** *Lui fallait-il cet air grave pour nous annoncer sa nomination ?* : **solennel** ; → AFFECTÉ II. *Cet homme si grave est en fait un joyeux drille !* : **digne** ◆ ↓ **sérieux***. *Ces graves demoiselles de la paroisse m'ennuient à mourir* : **digne** ◆ ↑ **austère*** ; → POSÉ.

◇ **gravité** **1.** *La question présente un caractère de gravité* : **urgence**. *La gravité de la situation ne fait aucun doute* : ↓ **sérieux*** ; → SÉVÉRITÉ. **2.** [de grave 2] **solennité**, **dignité**, **austérité** ◆ **componction** (qui

s'emploie le plus souvent avec une nuance iron. : *parler avec componction*).
◇ **gravement** **1.** *Il est gravement blessé* : **grièvement** ◆ ↓ **sérieusement** ; → SÉVÈREMENT. **2.** [de grave 2] **dignement**, **solennellement**.
II V. CAVERNEUX et PROFOND I.

graveleux V. obscène.

gravement V. grave I.

graver V. imprimer.

graveur V. illustrateur (*in* illustration).

gravier V. caillou, sable.

gravir *Ce matin, nous gravirons cette petite colline* : ↑ **escalader** (qui implique des efforts physiques plus conséquents) ◆ [plus fam.] **grimper** ◆ [plus cour.] **monter***.

gravité V. grave I.

graviter V. tourner II.

gravure **1.** L'**eau-forte**, la **lithographie** sont des techniques de gravure. **2.** L'**estampe** est une reproduction d'une gravure ; → ILLUSTRATION, PLANCHE. **3.** *Écouter une vieille gravure* : V. DISQUE.

gré *À son gré* : V. CONVENANCE et FANTAISIE. *De bon gré* : V. GRÂCE II. *Au gré de* : V. CHOIX. *On l'a fait agir contre son gré* : **contre sa volonté**, **malgré lui**. *De son plein gré* : V. LIBREMENT et VOLONTAIREMENT. *De gré ou de force* : V. FORCE. *Savoir gré* : V. REMERCIER I.

gredin V. coquin.

gréer V. équiper.

greffe V. greffer.

greffer C'est faire une **greffe**. Chez l'homme, on parle de **transplantation** lorsqu'il s'agit d'un organe avec ses vaisseaux.
◇ **se greffer** *De nouveaux ennuis sont venus se greffer sur ceux qu'il avait déjà* : [plus cour.] **s'ajouter à**, **augmenter**.

grégaire a pour syn. assez fam. et péjor. **moutonnier**.

grège V. brut.

grêle
I [n.] *Il est tombé de la grêle* : **grêlon** (= un grain de grêle) ◆ **grésil** (= grêle fine et dure) ; → PLUIE, PRÉCIPITATION II.
II [adj.] V. FLUET et MENU I.

grêlon V. grêle I.

grelot V. clochette.

grelotter V. frissonner (*in* frisson), trembler.

grenier *Notre maison a un vaste grenier* : [toujours pl.] **combles** (= partie supérieure d'une maison, aménageable éventuellement en grenier ou en **mansarde**, **pièce mansardée**).

grésil V. grêle I.

grève
I V. BORD et RIVAGE.
II V. ARRÊT. *Les ouvriers de l'usine se sont mis en grève* : **débrayer** (qui marque généralement le début d'une grève) ◆ ↓ **cesser le travail** (qui s'emploie par euph. pour éviter la résonance politique du mot *grève*).

grever V. obérer, hypothéquer. *Grever d'impôts* : V. surcharger.

gribouillage V. barbouillage.

gribouiller V. dessiner (*in* dessin), écrire.

gribouillis V. barbouillage.

grief V. charge, tenir rigueur*.

grièvement V. gravement (*in* grave I), sérieusement (*in* sérieux).

griffe
I **1.** **serre** (qui se dit surtout en parlant des griffes des rapaces). *Donner un coup de griffe* : **griffer**. **2.** *Sa peinture a quelques griffes* [fam.] : [cour.] **griffure** ; → ACCROC. **3.** *Tomber dans les griffes de qqn* : V. POUVOIR II et COUPE II. *Montrer les griffes* : V. MENACER.

II *C'est bien la griffe de mon frère* [fam.] : [cour.] **signature**.

griffer V. griffe.

griffonnage V. barbouillage.

griffonner V. dessiner (*in* dessin), écrire.

griffure V. griffe.

grignoter V. manger I, ronger.

grigou V. avare.

grigri V. amulette.

gril *Sur le gril* : V. impatient.

grille V. clôture.

grillé V. bon I.

grille-pain V. toaster.

griller **1.** V. BRÛLER, CHALEUR, CUIRE et RÔTIR. *Griller une cigarette* : V. FUMER I. **2.** [~ de] *Nous grillons d'aller à la montagne !* : **brûler** ; → ENVIE.

grill-room V. restaurant.

grimace **1.** *Une affreuse grimace lui déformait le visage* : **rictus** (= grimace qui donne au visage l'aspect d'un rire forcé) ; → CONTORSION. **2.** *Quand je lui ai annoncé son échec, il a fait la grimace* : **faire grise mine** ◆ **faire la moue** (qui se dit surtout en parlant de qqn qui boude) ; → BOUDERIE. **3.** [pl.] *En voilà des grimaces pour nous recevoir !* : [plus fam.] **singeries** ; → CÉRÉMONIE, AFFECTER II.

grimage V. maquillage (*in* maquiller).

grimer V. maquiller.
◇ **se grimer** V. farder (*in* fard), se maquiller.

grimpant V. pantalon.

grimper **1.** V. monter I et II, gravir. **2.** V. augmenter.

grimpette V. côte II, montée (*in* monter I).

grimpeur V. coureur, montagnard (*in* montagne).

grincer *Les roues de la charrette grinçaient* : [fam.] **couiner** ◆ [plus restreint] **crisser** (qui se dit en parlant d'objets durs et lisses, qui par frottement émettent un bruit aigu et pénible, comme *les dents*).

grincheux V. acariâtre.

gringalet *Que nous veut ce petit gringalet ?* : [cliché fam.] **moustique** ; → FAIBLE.

grippe V. rhume. *Prendre en grippe* : V. antipathie.

grippe-sou V. avare.

gris **1.** *Elle a des cheveux gris* : **argenté** (qui implique que la chevelure tire plus vers le blanc que vers la couleur naturelle) ◆ [fam.] **poivre et sel** (qui se dit d'une chevelure où le blanc et la couleur naturelle s'équilibrent). **2.** V. TERNE. **3.** V. IVRE et SOÛL.

grisaille V. tristesse.

grisant V. enivrant (*in* enivrer).

griser V. enivrer, monter* à la tête I, soûler (*in* soûl).
◇ **se griser** V. s'étourdir.

griserie V. ivresse (*in* ivre).

grivois V. gaillard I, léger, libre, salé (*in* sel).

grivoiserie V. gaillardise (*in* gaillard I).

groggy V. étourdir.

grognasse V. femme.

grogne V. mécontentement.

grogner V. jurer II, murmurer.

grognon V. bougon, pleurnicheur (*in* pleurer).

groin V. museau.

grolle V. chaussure (*in* chausser).

grommeler V. murmurer.

gronder 1. V. tonner. 2. V. couver. 3. V. réprimander, secouer.

groom V. chasseur II.

gros
I [adj.] 1. [qqn est ~] *S'il n'était pas aussi gros, il serait bel homme* (évoque l'idée de volume, d'épaisseur) : **gras*** (qui évoque l'idée de tissus envahis par la graisse) ◆ **corpulent** (qui s'emploie le plus souvent dans des contextes sout. ou techn. : *une maison spécialisée en vêtements pour personnes corpulentes*) ◆ ↑ **obèse** ◆ [par euphém.] **fort** ◆ [très péj.] **pansu**, **ventru**, **bedonnant**, **ventripotent** (qui insistent sur la grosseur du ventre) ◆ [fam.] ↓ **rond** ◆ **boulot** (qui se dit d'une personne grosse et petite). 2. [une partie du corps est ~] *Avoir de gros yeux* : [postposé] **globuleux**, **saillant**. *De grosses joues* : V. BOUFFI. *Cette femme a une grosse poitrine* : GÉNÉREUX. *De grosses lèvres* : [postposé] **épais***, **charnu**. *Un gros ventre* : V. ENFLÉ I. 3. *Une femme grosse* : V. ENCEINTE. *La jument est grosse* : V. PLEIN. 4. [qqch est ~] *Une grosse fortune* : V. IMPORTANT. *Une grosse somme* : V. FORT II, ÉLEVÉ et ABONDANT. *Un gros rhume* : V. BON I. *Une grosse faute* : [postposé] ↑ **grave**, **énorme**. *Un gros soupir* : V. PROFOND I. *La grosse industrie* : [postposé] **lourd** ; → ÉNORME, GRAND, RICHE, SÉRIEUX, VOLUMINEUX. 5. [qqch est ~] V. GROSSIER et VULGAIRE II.
II [n.] De qqn qui est gros, on dit, péj., qu' *il est gros comme une vache, un cochon*, que c'est un **poussah** si cette personne est, en outre, mal bâtie ◆ **mastodonte** si sa taille et sa grosseur sont extraordinaires ◆ [fam.] **patapouf**, **gros patapouf** (se disent d'un enfant).
III [adv.] *En gros* : V. DANS L'ENSEMBLE*.
IV [n.m.] *Le plus gros est fait maintenant* : **essentiel**, **principal** ; → INDISPENSABLE. *Le gros de* : V. MASSE II.
◇ **grossir** 1. [qqn ~] *Il a beaucoup grossi ces derniers temps* : [plus péj.] **engraisser**, [fam.] **faire du lard** ◆ [plus express.] **s'empâter** ◆ ↑ **enfler** ◆ **bouffir** (qui se dit d'une enflure maladive) ◆ **forcir** (qui s'applique au développement général du corps) ◆ [par litote] **prendre du poids, des kilos** ; → SE DÉVELOPPER II, PROFITER, S'ALOURDIR, EMBONPOINT, GRAS, GROS. 2. [qqch ~] *Avec ces pluies torrentielles, les eaux du fleuve vont grossir* : **monter** ◆ [très génér.] **augmenter** ; → DOUBLER II, GONFLER, FORCIR. 3. [~ qqch] V. EXAGÉRER et AJOUTER.
◇ **grosseur** 1. [de gros 1] : **corpulence**, **obésité**, **rondeur** ; → EMBONPOINT. 2. [de gros 2] *Grosseur des joues* : ↑ **bouffissure**. *Grosseur des lèvres* : V. ÉPAISSEUR. *Grosseur d'une poitrine* : **générosité**, **opulence**. 3. *Avoir des grosseurs autour de la taille* : **bourrelet**. *Une grosseur sur le front* : **bosse**. 4. *La grosseur de qqch fait partie de ses* **dimensions***.

grossesse V. accouchement (*in* accoucher), gestation.

grosseur V. gros.

grossier 1. [qqn est ~] *Il est grossier* : **mufle**, **goujat**, **malotru** (= personne qui manque de savoir-vivre et commet des indélicatesses) ◆ **rustre**, **rustaud** (= personne dont la grossièreté s'accompagne de brutalité) ◆ **butor** (= personne grossière et stupide) ◆ [sout.] **béotien** (= personne qui ignore tout des lettres, des arts et de la culture) ◆ [fam.] **pignouf** (= personne mal élevée et sans-gêne) ◆ **ostrogot** (= personne qui ignore les bienséances) ; → BALOURD. 2. [qqch est ~] *Voici des manières bien grossières !* : **fruste** (qui implique une grossièreté naturelle, un manque d'éducation et de culture) ◆ ↑ **barbare** ◆ [par euph.] **peu élégant** ; → IMPOLI, FAMILIER. 3. [qqch est ~] *Des connaissances grossières* : V. ÉLÉMENTAIRE. *Une ignorance grossière* : V. CRASSE II. *Avouez que le mensonge est tout de même un peu grossier !* : **gros** ◆ [fam.] **cousu de fil blanc** ; → MALADROIT. *Ces artisans travaillent encore avec des instruments grossiers* : **rudimentaire**, **primitif**. *Une ébauche grossière d'une maison* : **rapide**, **rudimentaire** ◆ ↑ **informe**. 4. [qqn, qqch est ~] *Je ne suis pas prude, mais il est si grossier que c'en est révoltant !* : ↑ **ordurier** ; → VULGAIRE. *Des mots grossiers* : [antéposé] **gros** ; → BLASPHÈME, INCONVENANT, POIVRÉ, VILAIN, SALÉ.
◇ **grossièrement** 1. *Voici grossièrement le plan de mon discours* : **sommairement**, **grosso modo**, **approximativement** ◆ [fam.] **à la va-vite** ; → ENSEMBLE II. 2. *S'il croit que je céderai, il se trompe grossièrement !* :

lourdement ◆ [très fam.] **sacrément** ; → BEAUCOUP. **3.** V. VULGAIREMENT I.

grossièreté **1.** V. désinvolture, familiarité (*in* familier), inconvenance (*in* inconvenant). **2.** V. blasphème, malpropreté (*in* malpropre), obscénité (*in* obscène), ordure, saleté (*in* sale), vulgarité (*in* vulgaire II).

grossir V. gros.

grossissement V. augmentation (*in* augmenter), exagération (*in* exagérer), gonflement (*in* gonfler).

grossiste V. commerçant (*in* commerce I), fournisseur, intermédiaire.

grosso modo V. ensemble II, grossièrement (*in* grossier), sensiblement (*in* sensible II).

grotesque *Votre sœur fume le cigare ? Mais c'est grotesque !* : **ridicule** ◆ [rare] **bouffon** ; → ABSURDE I, CARICATURAL.

grotte V. caverne.

grouiller V. abonder I.
◇ **se grouiller** V. accélérer, se dépêcher, se presser II.

groupe **1.** V. ATTROUPEMENT. *Un groupe de coureurs* : **peloton**. **2.** *Cette fleur appartient au groupe des liliacées* : **famille** ; → ESPÈCE, SECTION II. **3.** *Un groupe d'écrivains* : **cercle**, **cénacle** (qui se disent d'un groupe restreint, parfois fermé) ◆ **pléiade** (qui se dit plus partic. d'un groupe de personnes remarquables) ; → FORMATION, SOCIÉTÉ. **4.** V. VOLÉE I.
◇ **grouper** *Nous grouperons les questions importantes* : **regrouper**, **rassembler**, **réunir** ◆ [fam.] **bloquer**.
◇ **se grouper** V. S'ASSOCIER.
◇ **groupement** **1.** *Il faudra procéder au groupement des divers matériaux* : **assemblage** ◆ **rassemblement**, **réunion** (qui impliquent l'idée d'une recherche en vue de réunir des choses éparses) ; → CONCENTRATION. **2.** *Un groupement politique* : V. FORMATION et COALITION.

groupie V. fanatique.

groupuscule V. formation (*in* former).

grue V. prostituée (*in* prostituer).

gruger V. voler II.

grumeler V. coaguler.

gué V. passage.

guelte V. salaire.

guenille *Un mendiant habillé de guenilles* : **hardes**, **haillons** ◆ [plus cour.] **loques** ◆ [rare] **oripeaux** (= vieux vêtements usés, qui portent encore quelques marques de leur ancienne splendeur).

guêpe *Taille de guêpe* : V. fin.

guêpier V. piège.

guère V. autrement (*in* autre I), jamais, peu I.

guéridon V. table I.

guérilla V. guerre.

guérir **1.** [qqn ~] *Il a été très malade, mais il est presque guéri* : **se rétablir**, **se remettre** (= retrouver, en guérissant, ses forces physiques et morales) ; → RECOUVRER LA SANTÉ*, SORTIR* DE MALADIE, ÊTRE DEBOUT, EN RÉCHAPPER. *La plaie guérit* : **se refermer**, **cicatriser**. **2.** [~ qqn] *Allons, ne vous faites pas de souci, nous le guérirons !* : [fam.] **tirer de là** ◆ ↑ **sauver** (qui implique une grave maladie). *Guérir qqn de l'alcool, de la drogue* : **désintoxiquer**. **3.** [~ qqn de] V. CORRIGER II.
◇ **guérison** [de guérir 1] : **rétablissement**, **cicatrisation**.
◇ **guérisseur** Personne qui pratique la médecine sans avoir les titres et qualités de médecin : **rebouteux** (= guérisseur qui s'occupe surtout de luxation, de fractures, de membres démis) ◆ [péj.] **charlatan** ; → MÉDECIN.

guérite V. poste de garde* (*in* garder I).

guerre **1.** *Une grave crise économique peut provoquer une guerre* : contrairement à **conflagration**, qui suppose un **embrasement** général dû à la guerre, **conflit**

(abrév. de **conflit armé**) se dit d'une guerre limitée ou s'emploie, par euph., avec le sens de *guerre* ◆ **hostilités** (= l'ensemble des actes de guerre : *ouvrir, déclencher, cesser les hostilités*) ◆ **guérilla** (= guerre de partisans). *Guerre de position* : V. TRANCHÉE. *Faire la guerre* : V. GUERROYER. *Aller à la guerre* : [fam.] **casse-pipes, boucherie** ; → CARNAGE. **Belligérance** se dit de l'état de guerre, **bellicisme** du culte et de la recherche de la guerre ; → LUTTE, COMBAT. **2.** *Guerre civile* : V. RÉVOLTE. **3.** *Faire la guerre à* : V. COMBATTRE. *De bonne guerre* : V. LOYALEMENT. *De guerre lasse* : V. LASSITUDE.

◇ **guerrier** [adj.] **1.** *Entonner un chant guerrier* : **militaire** (qui se dit de la musique jouée par l'armée). **2.** *Croyez-vous qu'il existe des nations guerrières ?* : **belliciste** ◆ **belliqueux** (qui se dit, plus génér., de celui qui aime se battre). *Un militaire essayant de se donner une allure guerrière* : **martial**. **3.** [n., rare auj.] V. MILITAIRE et SOLDAT. De qqn qui est partisan de la guerre pour régler les conflits, on dit que c'est un **belliciste**, [fam.] un **va-t-en-guerre**.

◇ **guerroyer** *L'art de guerroyer était enseigné très tôt aux jeunes princes* [vieilli, ou litt.] : [cour.] **faire la guerre** ◆ [plus génér.] **se battre, combattre**.

guet V. guetter.

guet-apens V. piège.

guetter **1.** C'est **faire le guet** ; → SURVEILLER, ÉPIER. **2.** *Il guette une bonne occasion pour s'échapper* : **être à l'affût de** ◆ ↓ **attendre** ; → AGUETS.

gueulante *Pousser une gueulante* : V. crier (*in* cri).

gueulard V. bruyant, criard (*in* cri).

gueule **1.** Selon l'animal, on emploie *gueule* ou **bouche**. **2.** [~ de qqn, pop.] V. FIGURE I et TÊTE. **3.** *Une fine gueule* : V. GOURMAND. *Avoir de la gueule* : V. ALLURE et CARACTÈRE I. *Ta gueule !* : V. SILENCE.

gueuler V. aboyer II, crier (*in* cri), tempêter.

gueuleton V. festin, repas.

gueux V. coquin, misérable.

guichet *Il y avait dans la porte un petit guichet grillagé* : **judas**.

guide

I V. RÊNE.

II **1.** *Je ne connais pas Tours, vous y serez mon guide* : [plus partic.] **accompagnateur** ◆ **sherpa** (= dans certains pays, guide ou porteur de montagne) ◆ [rare, par plais.] **cicérone**. **2.** V. CONSEILLER I. **3.** V. SCOUT.

◇ **guider** **1.** *Nous ne connaissions pas Paris, mais nous avions quelqu'un pour nous y guider* : [assez fam.] **piloter**. **2.** *Voici un élève qui aurait besoin d'être guidé : quelle voie doit-il suivre ?* : ↓ **conseiller** ◆ ↑ **orienter**. **3.** *Un bon chien est guidé par son instinct* : [plus génér.] **conduire** ; → MENER I.

◇ **se guider** *Se guider sur qqch* : **prendre pour repère**. *Se guider sur qqn* : **prendre pour exemple**.

guigne V. malchance.

guigner V. convoiter.

guignol **1.** V. marionnette. **2.** V. clown, pantin.

guignon V. malchance.

guilleret V. folâtre, gai.

guillotine V. échafaud.

guillotiner V. couper, trancher I, tête.

guimbarde V. automobile.

guinche V. bal.

guincher V. danser.

guindé V. affecté (*in* affecter II), collet* monté, maniéré (*in* manière II), raide.

guindeau V. treuil.

guingois V. travers I.

guinguette V. bal.

guipure V. broderie.

guise *À sa guise* : V. fantaisie. *En guise de* : V. titre I.

guitare a pour syn. [fam.] **gratte**.

guitoune V. tente.

gus V. soldat.

guttural V. rauque.

gymnastique V. sport.

gynécée Se dit de l'appartement des femmes dans l'Antiquité : **harem** chez les musulmans ◆ en ce sens **sérail** est vieilli.

gynécologue V. accoucheur (*in* accoucher).

H

habile V. adroit, diplomate, élégant, rusé (*in* ruse).

habilement V. finement (*in* fin III), savamment (*in* savant I).

habileté **1.** V. adresse I, capacité I. **2.** V. diplomatie (*in* diplomate).

habiliter [didact.] c'est **donner l'habilitation à, donner qualité pour** ; → AUTORISER.

habillé V. élégant, vêtu (*in* vêtir).

habiller V. vêtir.
◇ **s'habiller** V. se couvrir (*in* couvrir), se préparer (*in* préparer), se saper (*in* saper), se vêtir (*in* vêtir).

habillage V. présentation (*in* présenter).

habit V. tenue* de soirée, vêtement (*in* vêtir).

habitacle V. poste.

habitant V. âme.

habitat V. milieu.

habitation *Il nous a fait visiter sa nouvelle habitation* [génér.] : [plus cour.] **logement** ◆ [vieilli ou sout.] **logis** ◆ **demeure, domicile** (= lieu principal d'habitation) ◆ **maison, appartement***, **manoir** (qui précisent le type d'habitation) ◆ **baraque***, [très fam.] **cambuse, turne, taule** (qui se disent d'une habitation précaire ou mal tenue) ◆ [très sout.] **gîte** (qui s'emploie couramment dans quelques express. : *le gîte et le couvert, revenir au gîte...*) ; → IMMEUBLE, ADRESSE II, BÂTIMENT.

habité V. occupé I.

habiter **1.** V. demeurer, loger I, nicher, séjourner (*in* séjour), vivre II. **2.** V. occuper I, peupler (*in* peuple II).

habitude **1.** *Il ignorait tout encore des habitudes de ce pays* : **coutume, usage** ◆ [pl.] **mœurs, pratiques** (qui s'emploient aussi parfois en ce sens) ; → RITE. **2.** *Il avait une longue habitude de ce genre de travaux* : **expérience** ; → ENTRAÎNEMENT, EXERCICE. *Une mauvaise habitude* : V. PLI III, MANIE et ACCOUTUMANCE. **3.** *Il ne réfléchissait pas et agissait par habitude* : **machinalement** ◆ ↑ **instinctivement** ; → AUTOMATISME. **4.** *D'habitude* : V. COMMUNÉMENT, ORDINAIRE et RÉGULIÈREMENT II.
◇ **habituel** *Ce sont des faits habituels dans ce pays* : **coutumier** ◆ [en partic.] **traditionnel** ◆ [plus génér.] **courant** ; → ORDINAIRE, PERPÉTUEL. *La pêche est sa distraction habituelle* : **familier**. *Il faisait comme chaque matin sa petite promenade habituelle* : [rare] **accoutumé** ◆ [en partic.] **quotidien, hebdomadaire, mensuel, annuel** (si l'habitude est rythmée par une chronologie précise) ; → ÉTERNEL, RITUEL. *C'est le geste habituel en pareille circonstance* : **classique, normal***. *Voici son fournisseur habituel* : ↑ **attitré*** ; → SYSTÉMATIQUE.

habitué V. familier, pilier.

habituel V. habitude.

habituellement V. communément (*in* commun II), normalement (*in* normal), ordinaire, régulièrement II, la plupart du temps* I, toujours.

habituer V. acclimater, exercer.
◇ **s'habituer** V. s'accommoder (*in* accommoder I), se familiariser (*in* familier).

hâblerie V. fanfaronnade (*in* fanfaron), vantardise (*in* vanter).

hâbleur V. fanfaron, menteur (*in* mentir), vantard (*in* vanter).

hache *J'ai besoin d'une hache pour couper le bois* : **cognée** (= grosse hache pour abattre les arbres, fendre le bois) ◆ **hachette** (= petite hache).

haché V. heurté (*in* heurter), saccadé.

hacher V. couper.

hachisch Le hachisch, comme la **marihuana**, provient du **chanvre indien**. Ce mot a pour syn. fam. l'abrév. **hach** et **herbe** ◆ **kif** se dit d'un mélange de chanvre indien et de tabac ; → DROGUE. *Une cigarette de hachisch* : [fam.] **joint**, **pétard**.

hagard V. fou.

hagiographie V. histoire.

haie **1.** Une haie peut servir de **brisevent** ; → CLÔTURE. **2.** V. RANG.

haillon V. guenille, déguenillé.

haine V. hostilité (*in* hostile), ressentiment, fiel, venin.

haineux V. désagréable, venimeux.

haïr V. détester, ne pas pouvoir sentir I.

haïssable V. détestable (*in* détester).

hâlé V. bronzé.

haleine Ce terme et **souffle** sont syn. dans quelques contextes seulement (*retenir son haleine, son souffle pour ne pas faire de bruit* ; *reprendre haleine, son souffle* ; *courir à perdre haleine, le souffle)* ; → SOUFFLER, VITE.

haler V. tirer I.

haletant *Il rentrait haletant de ses courses dans la montagne* : ↓ **essoufflé** ◆ [rare] **pantelant** ; → FATIGUÉ.

haleter V. s'essouffler, respirer, souffler.

hall V. vestibule.

halle V. marché.

hallebardes *Tomber des hallebardes* : V. battant III.

hallier V. buisson.

hallucinant est un syn. expressif de **extraordinaire***, **étonnant***.

hallucination V. délire, vision.

halluciné V. fou, visionnaire (*in* vision).

halte V. arrêt (*in* arrêter I), station.

hameau V. bourg.

hameçon *Mordre à l'hameçon* : V. piège.

hampe V. tige.

handicap **1.** V. infirmité (*in* infirme), inaptitude. **2.** V. difficulté, infériorité.

handicapé *Il faut veiller à la bonne insertion des handicapés* : [partic.] **infirme***, **retardé*** ◆ **inadapté** (qui se dit partic. des enfants présentant des déficiences physiques et mentales) ; → INAPTE.

handicaper V. défavoriser (*in* défaveur), désavantager (*in* désavantage).

hangar V. dépendances (*in* dépendre I), remise II.

hanté V. enchanté (*in* enchanter).

hanter **1.** V. fréquenter, peupler (*in* peuple II). **2.** V. obséder, poursuivre I.

hantise V. obsession (*in* obséder), vision.

happer V. attraper I.

hara-kiri V. suicide, se suicider.

harangue V. discours.

haranguer V. parler.

harassant V. pénible I.

harassé V. fatigué (*in* fatiguer).

harasser V. fatiguer.

harceler V. être après* I, persécuter, poursuivre I, presser II, relancer, talonner (*in* talon), tourmenter (*in* tourment).

hardes V. guenille, nippes, vêtement (*in* vêtir).

hardi 1. [qqn est ~] *Un pilote d'essai doit être hardi sans être téméraire* (= qui se lance sans timidité ni crainte dans une entreprise assez risquée) : ↑ **audacieux**, **intrépide**, **téméraire** (qui impliquent une hardiesse que ne tempère aucune sagesse) ◆ [fam.] ↑ **casse-cou** ◆ [très fam.] ↑ **culotté** ◆ [sout.] **impavide** (qui se dit de celui qui ignore la peur) ◆ **décidé**, **résolu**, ↑ **déterminé** (qui se disent surtout de celui qui n'hésite pas à prendre parti, à affirmer une opinion et à agir en conséquence) ◆ **entreprenant** (qui se dit de celui qui entreprend qqch facilement, avec hardiesse : *pour réussir dans les affaires, il faut être entreprenant)* ◆ **courageux** (qui renvoie plutôt à une qualité morale) ; → MÂLE, VIGOUREUX, CONFIANT, DÉCIDÉ, AMBITIEUX. 2. [qqn est ~] V. IMPUDENT. 3. [qqn est ~] V. ENTREPRENANT. 4. [qqch est ~] *Votre projet me semble trop hardi pour qu'on le retienne* : **audacieux**, **osé**, [plus cour.] **risqué** ◆ ↑ **aventureux** ◆ **casse-cou** ◆ [très fam.] **casse-gueule** ; → HASARDEUX. 5. [qqch est ~] *Ce roman est un peu hardi, ne trouvez-vous pas ?* : **osé** ◆ ↑ **cru** ; → LIBRE, RAIDE, GAILLARD, OBSCÈNE. *Son décolleté est vraiment hardi !* : **provocant** ◆ ↑ **impudique** ; → INDÉCENT.

◇ **hardiesse** 1. [de hardi 1] **intrépidité**, **audace**, **témérité** ; → CONFIANCE, APLOMB, COURAGE, DÉCISION. 2. V. IMPUDENCE. 3. [de hardi 4] **audace** ; → NOUVEAUTÉ. 4. [de hardi 5] *La hardiesse d'un roman* : **audace** ; → OBSCÉNITÉ. *La hardiesse d'un décolleté* : **audace**, ↑ **impudicité** ; → INDÉCENCE.

harem V. gynécée, sérail.

hargne V. aigreur (*in* aigre).

hargneux V. acariâtre, rageur (*in* rage), rogue.

haricot *Courir sur le haricot* : V. ennuyer. *La fin des haricots* : V. comble I.

haridelle V. cheval.

harmonie 1. V. accord III, mélodie, musique. 2. V. communion, entente (*in* entendre III).

harmonieux 1. V. DOUX, MUSICAL, ESTHÉTIQUE et RYTHMÉ. 2. *Elle a un corps très harmonieux* : **bien fait**, **proportionné** ; → BÂTI. *Un esprit harmonieux* : V. COMPLET. *Nous souhaiterions un développement harmonieux de nos deux entreprises* : **équilibré**, **cohérent**.

harmonisation se dit du fait d'**harmoniser*** ou d'être harmonisé. En termes de musique, une *harmonisation* est une mise en harmonie d'un air, d'une mélodie, tandis qu'un **arrangement** est l'adaptation d'un morceau musical à un autre instrument ou ensemble que celui auquel il était destiné.

harmoniser V. accorder I, aller II, s'associer, ensemble.

harnacher V. vêtir.

harpagon V. avare.

harpie V. furie (*in* fureur).

harponner *Je me suis fait harponner à la sortie du bureau* [fam.] : **mettre le grappin dessus** ; → ACCROCHER II.

hasard 1. *Il disait que tout, dans la vie, était conduit par le hasard* : [vieilli] **fortune** ◆ **destin*** (qui implique l'idée d'une loi suprême et entre plus que *hasard* dans le cadre d'une métaphysique). *Heureux hasard* : V. CHANCE. *Malheureux hasard* : V. MALCHANCE. 2. V. COÏNCIDENCE et RENCONTRE. 3. *Par hasard* : V. ACCIDENTELLEMENT et AVENTURE. *Au hasard* : [fam.] **au petit bonheur la chance**.

◇ **hasarder** 1. *Il hasarda une réponse approximative à la question posée* : **risquer** ◆ ↓ **avancer**. *Hasarder une démarche auprès de qqn* : **tenter**. 2. *Il n'hésita pas à hasarder sa vie pour la sauver* : [plus cour.] **risquer** ; → COMPROMETTRE.

◇ **se hasarder** 1. V. S'AVANCER. 2. *Je ne me hasarderais pas à sortir le soir dans ce quartier* : **se risquer**, **s'aventurer** ; → ESSAYER.

◇ **hasardeux** *L'entreprise me semble bien hasardeuse !* : **risqué**, **imprudent** ◆ [très fam.] **casse-gueule** ; → AVENTUREUX, AVENTURÉ, FOU, HARDI.

haschisch V. hachisch.

hâte 1. V. EMPRESSEMENT et PRÉCIPITATION I. 2. *Avoir hâte de* : V. IMPATIENT.

◇ **hâter** V. AVANCER II et ACCÉLÉRER. *Hâter le pas* : **presser**. *Hâter son départ* : ↑ **brusquer**.

◇ **se hâter** V. SE PRESSER et VITE.

◇ **hâtif** 1. *Des légumes hâtifs viennent à maturité plus vite que les autres* : **précoce**. 2. *Ce travail me paraît un peu hâtif* (= fait à la hâte) : [péj.] ↑ **bâclé** ; → IMPROMPTU, RAPIDE. *Une décision un peu hâtive* : **prématuré** ; → RAPIDE.

hâtivement V. rapidement (*in* rapide).

hauban V. cordage.

hausse V. augmentation (*in* augmenter), élévation (*in* élever I), majoration (*in* majorer), montée (*in* monter I), pousser (*in* pousser I).

hausser V. augmenter, élever I.

◇ **se hausser** V. se hisser.

haut

I [adj.] 1. V. ÉLEVÉ. 2. *Les heures de haute mer* : **plein** (*la mer est haute, bat son plein*). *Parler à voix haute* : [plus fam.] **tout haut** ; → FORT II. *Les notes les plus hautes* : **aigu**. 3. [valeur intensive ; toujours antéposé] *Il fait partie de la haute société* : [fam.] **la haute**, **le gratin**, **la crème**. *Un objet de la plus haute valeur* : **grand***. *De hauts faits* : V. EXPLOIT.

II [n.] 1. V. HAUTEUR. 2. V. COLLINE et SOMMET. 3. *Tomber de haut* : V. SURPRENDRE. *Les voisins du haut* : **dessus**.

III [adv.] 1. *Comme ce livre l'indique plus haut, ...* : **supra** ◆ **ci-dessus** (qui implique que l'on fasse référence à ce qui précède immédiatement). *La difficulté est située plus haut* : [rare] **en amont**. 2. *Parler haut* : V. FORT III. 3. *Je vous le dis bien haut : ne comptez pas sur moi !* : [plus fam.] **tout net** ; → AMBAGES. 4. *Le prendre de haut* : V. MÉPRISER.

◇ **hautement** *Il affiche hautement ses choix politiques* : **ouvertement** ◆ [plus génér.] **nettement**, **clairement** ; → VIOLEMMENT.

◇ **hauteur** 1. La hauteur [en géographie] : **altitude**. *Une montagne dont les sommets ont 4 000 m de hauteur, d'altitude, de haut* (théoriquement, *hauteur* se dit de la dimension verticale : *la hauteur d'une montagne*, *altitude* de l'élévation au-dessus du niveau de la mer : *un plateau situé à 2 000 m d'altitude* ; pratiquement, les deux termes s'emploient souvent l'un pour l'autre) ; → DIMENSION. 2. Une hauteur : V. COLLINE. 3. *Ne pas être à la hauteur* : V. DÉPASSER. 4. *Nous consentirons un apport à la hauteur de quelques milliers de francs* : **au niveau de**, **limité à**. 5. V. FIERTÉ et MÉPRIS.

hautain V. fier.

haute-contre V. contre-ténor.

haute couture V. mode I.

hautement, hauteur V. haut III.

haut-le-cœur V. dégoût.

haut-parleur V. enceinte III.

havane V. cigare.

hâve V. maigre, pâle.

havre V. refuge.

hebdomadaire V. périodique (*in* période).

hébergement V. logement (*in* loger I).

hébétement V. abrutissement.

hébéter V. abrutir.

hébétude V. abrutissement (*in* abrutir).

hébreu 1. V. juif. 2. *De l'hébreu* : V. incompréhensible.

hécatombe V. carnage.

hédoniste V. jouisseur (*in* jouir).

hégémonie V. supériorité, suprématie.

hein V. comment.

héler V. appeler I.

hélice V. vrille.

hémorragie 1. V. SAIGNER et SAIGNEMENT. *Hémorragie cérébrale* [didact.] : [plus cour.] **congestion**. 2. *Qui sont les vrais responsables de l'hémorragie de capitaux que la France a connue en 1968 ?* : ↓ **fuite**.

herbage V. pacage, pâturage.

herbe 1. V. GAZON. 2. *Allez ! tous ces garnements, c'est de la mauvaise herbe !* : **graine**. 3. *En herbe* : V. FUTUR. 4. V. HACHISCH.

hercule V. colosse, fort I, homme.

herculéen V. colossal (*in* colosse).

hère V. malheureux (*in* malheur).

héréditaire V. hérédité.

hérédité En biologie, transmission de certains caractères d'un être vivant à ses descendants ; **atavisme** se dit d'une hérédité discontinue, ou apparition chez un être vivant de caractères qui ne s'étaient pas manifestés chez ses parents et qui remontent à une ou plusieurs générations antérieures. La **génétique** est la science de l'hérédité ; → INNÉ.
◇ **héréditaire** : [didact.] **génétique**.

hérésiarque V. apostat.

hérésie *Il boit du vin en mangeant une glace au chocolat, quelle hérésie !* : **sacrilège** ◆ ↓ **faute de goût**.

hérétique V. apostat, infidèle II.

hérisser 1. Dresser ou faire dresser les poils, les plumes : **ébouriffer** (qui implique l'idée de désordre) ◆ **hirsute** (qui ne se dit que des poils). 2. [~ qqn] V. IRRITER.
◇ **se hérisser** V. SE RAIDIR.

héritage V. bien II, legs, succession (*in* succéder).

hériter *Il a hérité de sa mère le goût de l'argent* : **tenir* de** ; → SUCCÉDER.

héritier V. fils.

hermétique 1. Ce terme implique, comme **étanche**, l'idée d'imperméabilité et en outre, contrairement à *étanche*, celle de fermeture : un bateau est étanche, mais non hermétique ; une bouteille est étanche si elle a une fermeture bien hermétique. 2. V. CACHÉ.

hermétisme V. ésotérisme.

héroïne V. personnage.

héroïque V. stoïque.

héroïquement V. stoïquement, vaillamment (*in* vaillant).

héroïsme V. courage.

héros V. personnage.

hésitant V. indécis.

hésiter 1. *Il hésite toujours avant de prendre une décision* : [assez fam.] **flotter, se tâter** ◆ **tergiverser, atermoyer** (= user de détours, de faux-fuyants pour retarder une décision). *Il n'y a pas à hésiter, il faut y aller !* : [fam.] **tortiller, tourner autour du pot**. *Que faire ? J'hésite !* : [fam.] **ne pas savoir sur quel pied danser**. *Sans hésiter* : V. FRANCHEMENT. 2. [~ entre]. *J'hésite entre deux solutions* : [plus rare] **balancer, osciller, flotter**. 3. [~ à] *J'hésite à le déranger pour si peu* : ↑ **avoir scrupule à** ; → CRAINDRE. 4. *Cet enfant hésite vraiment sur beaucoup de mots : il ne lit pas couramment !* : ↑ **trébucher**. *Il commença à parler en hésitant, puis se lança* : **chercher ses mots**. *J'ai beaucoup hésité avant de trouver la bonne solution* : [plus fam.] **tâtonner**. *Ma mémoire hésite tout à coup* : ↑ **chanceler, vaciller**.
◇ **hésitation** : **tâtonnement, flottement, tergiversation, atermoiement, scrupule** ; → RÉTICENCE, CRAINTE, INDÉCISION.

hétéroclite V. divers.

hétérodoxe V. apostat.

hétérogène V. divers.

heure *À l'heure* : V. ponctuel. *De l'heure* : V. actuel. *De bonne heure* : V. TÔT. *Sur l'heure* : V. immédiatement. *Tout à l'heure* : V. bientôt. *La dernière heure* : V. agonie. *Quatre heures* : V. collation. *À l'heure qu'il est* : V. maintenant, actuellement.

heureux **1.** [qqn est ~] *« Heureux au jeu, malheureux en amour », dit le proverbe* : [sout.] **fortuné** ; → CHANCEUX, SATISFAIT. **2.** [qqn est ~] *Heureux les pauvres d'esprit !* : **bienheureux**. **3.** *Je suis heureux de son retour* : V. CHARMER, RAVI, SE RÉJOUIR et BONHEUR. *C'est à la plage que les enfants sont heureux !* : [fam.] ↓ **être à son affaire** ◆ ↓ **content***. *Un visage heureux* : ↑ **radieux** ; → JOYEUX. **4.** [qqch est ~] *Un jour heureux* : V. FAVORABLE. *Quelle heureuse nouvelle* : **bon**. *Une expression heureuse* : V. JUSTE.

◇ **heureusement** **1.** V. FAVORABLEMENT. **2.** *Ils ont eu un accident, heureusement, ce n'est pas grave !* : ↑ **Dieu soit loué, grâce à Dieu, Dieu merci** (qui ne s'emploient généralement que par ceux qui croient en Dieu) ◆ ↓ **par bonheur**.

heurter **1.** [~ qqch] *Il a heurté une voiture de plein fouet* : ↑ **emboutir, percuter, télescoper** ◆ [fam.] **rentrer dans** ; → DEDANS, TAMPONNER. **2.** [~ contre qqch] *Sa tête est venue heurter contre le mur* [sout.] : **donner** ◆ [cour.] **cogner**. **3.** [~ qqn] *Votre remarque l'a visiblement heurté* : [plus cour.] **choquer** ; → BLESSER, FROISSER II. **4.** [~ à] V. FRAPPER.

◇ **se heurter** **1.** [de heurter 1] **se caramboler** (qui se dit généralement en parlant de plusieurs véhicules). **2.** *Il s'est heurté à la porte en voulant sortir* [sout.] : [cour.] **se cogner**. **3.** *Nous nous sommes heurtés à de très vives réticences de sa part* : ↓ **rencontrer** (*rencontrer des réticences*) ◆ [plus fam.] **buter sur** ; → ACHOPPER, SE FROTTER. **4.** *Hier soir encore, ils se sont très violemment heurtés à propos de questions politiques* : ↓ **s'affronter** ◆ [fam.] **se rentrer dedans** ; → SE DISPUTER.

◇ **heurt** **1.** *Le heurt a été si violent que l'une des deux voitures a littéralement éclaté* [sout.] : [cour.] **choc** ◆ **collision, télescopage** (qui ne peuvent se dire que de deux corps en mouvement qui se heurtent) ; → ACCIDENT. **2.** *La vie devient impossible dans leur ménage : les heurts succèdent aux heurts !* : ↓ **affrontement** ◆ [plus fam.] **friction*** ; → DÉSACCORD. **3.** *Sans heurt* : V. À-COUP.

◇ **heurté** *Sa voix avait quelque chose de heurté qui vous tirait des larmes* : **haché, saccadé** ; → ROCAILLEUX.

hiatus V. solution* de continuité.

hic *Le hic* : V. pierre d'achoppement* (*in* achopper).

hideux V. ignoble, laid.

hiérarchie **1.** V. échelle. **2.** V. chef, supérieur II.

hiérarchiser V. classer (*in* classe I).

hiéroglyphe [au fig.] *Parvenez-vous à déchiffrer ces hiéroglyphes ?* : **signe cabalistique** ; → ÉCRITURE.

hilarant V. comique.

hilarité V. rire.

hippodrome : [plus fam.] **champ de courses**.

hirsute Se dit aussi bien de la barbe que des cheveux : **échevelé** (qui ne se dit que d'une chevelure abondante) ; → HÉRISSÉ.

hisser *Hisser un drapeau, un pavillon* : **envoyer**.

◇ **se hisser** **1.** V. MONTER. **2.** *Il était parvenu à se hisser jusqu'à cette situation* : **se hausser** ◆ [plus génér.] **s'élever**.

histoire

I Ce qui concerne l'histoire est **historique**. La **préhistoire** est l'histoire non attestée par des documents. *L'histoire des saints* : **hagiographie**.

II **1.** *J'aime beaucoup cette histoire* : [en partic.] **roman, récit, saga, conte*, légende** ; → AVENTURE, ANECDOTE, ÉVÉNEMENT, MÉMOIRES. **2.** *Tu nous racontes des histoires !* : V. MENSONGE. **3.** *Tu vas avoir des histoires !* : **ennui***. *En faire toute une histoire* : V. AFFAIRE. *Faire des histoires* : V. COMÉDIE et MANIÈRE II. *Pas d'histoire !* : V. DISCUSSION.

historiette V. anecdote.

historique V. histoire.

histrion V. acteur.

hivernal V. froid I.

H.L.M. V. appartement, ensemble II.

hobereau V. seigneur.

hocher V. balancer I, remuer, secouer.

holà *Mettre le holà* : V. ordre I.

holding V. société II.

hold-up V. vol II.

holocauste V. sacrifice I.

homélie V. sermon.

homérique V. épique.

homicide V. meurtrier II.

hommage **1.** *Rendre hommage* : V. GLORIFIER. *Nous rendons hommage ici au talent de l'artiste !* : **saluer** (... *saluons le talent...*). **2.** *Voici ce livre, comme hommage de notre amitié* : **témoignage**, **expression***. **3.** [pl.] *Vous présenterez mes hommages à Madame votre épouse* [très sout.] : **respects** ◆ [rare] **civilités** ; → FÉLICITATIONS, SALUER.

hommasse V. masculin.

homme

I [être humain] *Le commun des hommes* : V. MORTEL et INDIVIDU. *Les hommes* : **humanité**. *Tout homme a besoin de tendresse* : **individu***, **personne***, **homme**, **femme**. [religion] *Dieu aime les hommes* : **ses créatures**. *Se faire homme* : **s'incarner**.

II [individu de sexe masculin] V. MÂLE. **1.** Jeune homme : V. ADOLESCENT. Vieil homme : V. VIEILLARD. **2.** *Mon voisin ? C'est vraiment un drôle d'homme !* : **individu** ◆ [fam.] **bonhomme**, **gars**, **type*** ◆ [très fam.] **pistolet** ; → GAILLARD II. **3.** *« Ce gars-là, c'est mon homme », dit-elle* [fam.] : [cour.] **amant***, **mari** (selon le contexte), [très fam.] **mec** ◆ **gigolo** (= jeune amant entretenu par une femme plus âgée que lui) ; → ÉPOUX. **4.** D'un homme gros et petit, on dit que c'est un **tonneau** ; → GROS. D'un homme ou d'un jeune homme grand et maigre, on dit que c'est une **grande perche**, un **échalas**, un **géant** ; → GRAND. D'un homme grand et fort, on dit que c'est un **hercule**, [fam.] une **armoire à glace**, [fam.] une **baraque** ; → FORT I. D'un homme faible et sans courage, on dit que c'est une **femmelette** ; on dit aussi très péj., en alliant l'idée de faiblesse à celle de déficience sexuelle, que c'est un **eunuque**, un **puceau** ou [très fam.] qu'il **n'a rien dans le pantalon, dans la culotte**, [vulg.] qu'il **n'a pas de couilles au cul**. **5.** *Pierre ? c'est un homme à femmes !* : [plus fam.] **coureur de jupons** ; → SÉDUCTEUR. *Il est homme à faire n'importe quoi !* : **capable de***. *Devant une telle insulte, ils se levèrent comme un seul homme* : [cour.] ↓ **tous**. **6.** [express.] *Homme de la rue* : **Français moyen** ; → MONDE. *Homme de lettres, de plume* : V. AUTEUR. *Homme de troupe* : V. SOLDAT. *Homme de peine* : **domestique** (= personnel de maison) ◆ **manœuvre** (= personnel d'une entreprise privée ou publique) ; → SERVITEUR. *Homme d'Église* : **ecclésiastique** ; → PRÊTRE. *Homme de paille* : **intermédiaire***.

homogénéité V. cohérence, unité (*in* unir).

homologation V. confirmation (*in* confirmer).

homologuer V. confirmer, valider (*in* valide II).

homosexuel **1.** [n.] *Les homosexuels revendiquent leur droit à vivre comme les autres* : [abrév. fam.] **homo** ◆ [didact.] **inverti** ◆ **pédéraste**, [très fam., péj.] **pédé**, **pédale**, **tante**, **tantouse** (qui ne se disent que de l'homme) ◆ **lesbienne**, [très sout.] **tribade**, [très fam.] **gouine** (qui se disent de la femme). **2.** [adj.] *La littérature homosexuelle* : [abrév. fam.] **homo** ◆ [seult pour les hommes] **pédérastique**, **gay**.
◇ **homosexualité** : **inversion**, **pédérastie** ◆ [rare] **saphisme** (qui s'emploie pour les femmes).

honnête **1.** [qqn est ~] *C'est un commerçant très honnête* : [sout.] **probe** ; → SCRUPULEUX. *C'est un magistrat très honnête* : **intègre** ◆ [sans adv. d'intensité] ↑ **incorruptible** ; → BIEN II, CORRECT, LOYAL, CONSCIENCIEUX. **2.** [qqn est ~] *Elle se dit honnête, mais elle trompe son mari* : **fidèle**, **vertueux** ; → CHASTE. **3.** *Le partage est-il honnête ?* :

juste ; V. ÉQUITABLE. **4.** *Le repas était honnête !* : V. CORRECT et ACCEPTABLE.

◇ **honnêteté** **1.** [de honnête 1] **probité, intégrité** ; → LOYAUTÉ. **2.** [de honnête 2] **fidélité, vertu**. **3.** V. AFFABILITÉ et CONVENANCE.

honnêtement **1.** V. conscience II, loyalement (*in* loyal). **2.** V. correctement (*in* correct), décemment (*in* décent).

honnêteté V. honnête.

honneur **1.** *Pensez-vous que je vais engager mon honneur à la légère ?* : ↓ **dignité** ; → MÉRITE, RÉPUTATION. **2.** *Il fera honneur à ses engagements, soyez-en sûr !* : **respecter**. *Il lui avait accordé l'honneur d'être accueilli parmi son entourage* : **faveur, privilège**. **3.** *Le champ d'honneur* : V. FRONT II. *Être en honneur* : V. MODE I. *En l'honneur de* : V. LOUANGE, POUR. **4.** [pl.] *Nous le recevrons avec tous les honneurs dus à son rang* : **égards*** ; → GRANDEUR, DISTINCTION.

◇ **honorer** **1.** V. GLORIFIER, SALUER et FÊTER. **2.** *La générosité est sans doute la qualité que j'honore le plus* : **respecter** ◆ ↑ **révérer, vénérer**. **3.** [~ qqn de qqch] *Il m'a quand même honoré d'un sourire* : **gratifier**. *Être honoré de* : V. FLATTER.

◇ **s'honorer** *Nous nous honorons d'avoir dans notre équipe un médaillé des jeux Olympiques* : **se flatter, s'enorgueillir***.

◇ **honorable** **1.** *Ils font partie des familles honorables de la ville* : **respectable, estimable** ; → HONNÊTE. **2.** V. ACCEPTABLE et SATISFAISANT.

honnir *Nous honnissons cette basse démagogie* [vx, sout.] : [cour.] **mépriser** ◆ ↑ **vomir** ◆ [sout.] ↑ **vilipender, vouer aux gémonies** ; → MÉPRISER, CRITIQUER, DÉSAPPROUVER.

honorable V. honneur.

honorablement V. avantageusement (*in* avantage).

honoraires V. salaire.

honorer V. honneur.

honte **1.** *La honte que lui avait injustement infligée le public lui était insupportable* : ↓ **déshonneur, humiliation** ◆ ↑ **ignominie, opprobre**, [vx] **infamie**. *Se couvrir de honte* : V. SE DÉSHONORER. *Comment peut-on ainsi vivre dans la honte ?* : [outre les précédents] ↑ **turpitude, abomination** ; → BASSESSE. **2.** *Avoir honte de* : V. REGRETTER et ROUGIR. **3.** *Toutes ces fausses hontes ne sont que des sentiments hypocrites* : **fausse pudeur**. *Il étalait sans honte ses fantaisies de nouveau riche* : **pudeur, scrupule, vergogne** ◆ ↓ **retenue, réserve**.

◇ **honteux** **1.** [qqch est ~] *Quel acte honteux !* : **humiliant, ignominieux, infamant, déshonorant*** ; → ABJECT. *Les prix augmentent tous les jours ; c'est honteux !* : **scandaleux** ◆ **c'est un scandale*** ◆ **c'est une honte** ◆ [fam.] **dégoûtant** ◆ [très fam.] **dégueulasse**. *Les maladies honteuses* [vx] : [pr.] **vénérien** ◆ **sexuel**, [didact] **M.S.T.*** *(maladies sexuellement transmissibles)*. *Avoir des désirs honteux* : **coupable, inavouable**. **2.** [qqn est ~] *Il restait là, dans son coin, tout honteux* : **penaud** ; → EMBARRASSÉ. *Je suis honteux d'avoir menti si lâchement* : **avoir honte de** ; → REGRETTER. *Je suis honteux de vous déranger ainsi* [formule de politesse] : ↓ **confus***.

honteusement V. ridiculement (*in* ridicule).

honteux V. honte.

hôpital L'*hôpital* est un établissement public : [abrév. fam.] **hosto**, tandis que la **clinique** est un établissement privé ◆ [sigle] **C.H.U., C.H.R.** *(centre hospitalo-universitaire, centre hospitalier régional)*. *Faire entrer à l'hôpital* : **hospitaliser**.

horaire V. indicateur.

horde V. troupe I.

horion V. coup I.

horizon **1.** V. loin, lointain. **2.** V. perspective.

horizontal V. plat I.

horloge La **pendule*** est une petite horloge destinée à être posée, appliquée, encastrée, etc. (dans une gare, l'heure est indiquée par une *horloge* ; un four à thermostat est souvent réglé par une *pendule*).

Le **carillon** est une horloge ou une pendule dont la sonnerie est particulière.

hormis V. sauf II.

horreur 1. V. EFFROI. *Un film d'horreur* : **épouvante** ; [en part.] **sanglant**, [anglic.] **gore**. *Faire horreur* : **horrifier**, **être horrifiant** ; → DÉGOÛTER. *Avoir en horreur* : V. DÉTESTER. *Les grands embouteillages, c'est l'horreur* : ↑ **enfer**, **cauchemar** ; → ABOMINABLE. 2. *Un crime dans toute son horreur* : **laideur** ◆ ↑ **abjection**, **infamie**, **abomination**, **ignominie**. *Les horreurs de la guerre* : **atrocité** ; → CRIME. 3. [pl.] *Il me dit des horreurs !* : **atrocités** ◆ [moins express.] **obscénités***.

horrible 1. V. laid, vilain. 2. V. abominable, effrayant, effroyable, frémir.

horriblement V. abominablement.

horrifiant, horrifier V. horreur.

horripiler V. énerver.

hors V. en dehors III, excepté. *Hors de soi* : V. colère.

hors-la-loi V. réprouvé.

horticulteur V. jardinier (*in* jardin).

horticulture V. jardinage (*in* jardin).

hospice *L'hospice accueille des vieillards en fin de vie et sans ressources* : [vieilli] **asile** ◆ **service long séjour** (d'un hôpital) ◆ [péj.] **mouroir** ◆ **maison de retraite** (établissement moderne spécialisé).

hospitalier 1. [qqn est ~] *Des amis hospitaliers* : [plus génér.] **accueillant** ◆ [partic.] **convivial** (qui se dit du goût des réunions joyeuses) ; → AFFABLE. 2. [qqch est ~] V. ABORDABLE I.

◇ **hospitalité** [de hospitalier] : **accueil**, **convivialité**. *Il m'a donné l'hospitalité* : [plus cour.] **recevoir chez soi**, **héberger** ; → LOGER.

hospitaliser V. hôpital.

hospitalité V. hospitalier.

hostellerie V. hôtel, restaurant.

hostile 1. [qqn est ~] *Ce pays est entouré de populations hostiles* : ↑ **ennemi*** ; → DÉFAVORABLE, S'OPPOSER. 2. [qqch est ~] *Un visage hostile* : V. FERMÉ. *Il nous a réservé un accueil hostile* : ↑ **glacé**, **glacial*** ; → MALVEILLANT, DISTANT.

◇ **hostilité** 1. V. GUERRE. 2. *Leur hostilité envers nous ne fait pas de doute* : ↓ **opposition** ◆ ↑ **haine** ◆ [partic.] **ostracisme** (qui se dit de l'hostilité d'une collectivité envers un ou plusieurs de ses membres) ; → CRUAUTÉ, FROIDEUR, MALVEILLANCE, DÉFAVEUR.

hosto V. hôpital.

hôte 1. *Nous devons bien des remerciements à notre hôte* : [avec l'art. déf.] **maître de maison** (*... au maître de maison*) ◆ [sout.] **amphitryon** (= hôte qui offre à dîner). 2. V. CONVIVE. 3. *Les murs portent, hélas ! les traces des différents hôtes de cet appartement* [sout.] : [cour.] **occupant** ◆ **locataire** (= celui qui loue).

hôtel *Dans quelle catégorie d'hôtel souhaitez-vous descendre ?* : **palace** (= hôtel de luxe) ◆ **hostellerie**, **hôtellerie**, **château hôtel**, **relais de campagne** (= hôtel-restaurant luxueux situé à la campagne) ◆ **auberge** (= hôtel-restaurant simple situé à la campagne) ◆ **pension de famille** (= hôtel-restaurant où les services ont la simplicité de la vie familiale) ◆ **motel** (= hôtel spécialement aménagé pour recevoir les automobilistes).

◇ **hôtelier** 1. [n.] L'hôtelier tient un hôtel, l'**aubergiste** une auberge. 2. [adj.] *Les activités hôtelières* : **de l'hôtellerie**.

hôtel de ville V. mairie.

hôtelier, hôtellerie V. hôtel.

houle *Il y a de la houle, ce matin !* : **mer** (qui s'emploie dans le langage des marins) ; → VAGUE I.

◇ **houleux** 1. V. AGITÉ. 2. *Un débat houleux* : **orageux** ◆ ↓ **mouvementé** ; → AGITÉ, TUMULTUEUX.

houppe V. touffe.

hourra V. acclamation (*in* acclamer).

houspiller V. malmener, réprimander, rudoyer (*in* rude).

housse V. enveloppe (*in* envelopper).

hovercraft V. aéroglisseur.

hublot V. fenêtre.

huer *L'orateur s'est fait huer* : [sout.] **conspuer** ◆ **siffler** (= marquer sa désapprobation non par des cris mais en sifflant) ; → MALMENER, RAILLER.

◇ **huée** *Il se souvenait encore des huées qui avaient accompagné son premier discours* : [sing.] **tollé** (*un tollé général*) ; → CHAHUT, TAPAGE.

huguenot V. protestant.

huile

I 1. *Huile essentielle* : V. ESSENCE II. *Les saintes huiles* : le **saint chrême**. 2. *Faire tache d'huile* : V. SE PROPAGER. *Mettre de l'huile sur le feu* : V. ATTISER.

II V. LÉGUME et PERSONNAGE.

huiler V. lubrifier.

huissier *Dans les ministères, les huissiers introduisent les visiteurs auprès des hauts fonctionnaires* : **appariteur** (qui se dit surtout d'un huissier exerçant dans une université).

humain V. bon II, sensible I.

humaniser V. polir I.

humanité

I *L'avenir de l'humanité* : **genre humain** ; → HOMME, MONDE II.

II V. BONTÉ, CHARITÉ et SENSIBILITÉ.

humble V. modeste, obscur, pauvre II, populaire (*in* peuple II), timide.

humblement V. modestement (*in* modeste), pauvrement (*in* pauvre II).

humecté V. humide.

humecter V. arroser, baigner I, imprégner, mouiller.

humer V. aspirer, sentir I.

humeur 1. *Je déteste les gens d'humeur belliqueuse* : **caractère, tempérament***. 2. *Être d'humeur à plaisanter* : **avoir envie de** ; → ENCLIN. 3. *Saute d'humeur* : V. CAPRICE.

◇ **mauvaise humeur** *Il est de mauvaise humeur* : ↓ **dans un mauvais jour** ◆ [fam.] **mal luné** ◆ [fam.] **il s'est levé du pied gauche** ◆ ↑ **d'une humeur de dogue, d'une humeur noire** ◆ **en colère*** ; → POIL. (De qqn pour qui c'est l'habitude d'être de *mauvaise humeur*, on dit [fam.] qu'il est **mauvais coucheur**). Employé seul, *humeur* est syn. de « mauvaise humeur » dans le langage soutenu (*des mouvements d'humeur*) ; → COLÈRE.

◇ **bonne humeur** *Il est de bonne humeur* : ↓ **dans un bon jour, dans de bonnes dispositions** ◆ [fam.] **bien luné** ; → GAIETÉ.

humide 1. *Ce mouchoir est encore tout humide de ses larmes* : **humecté** ◆ ↑ **mouillé, trempé** ; → TREMPER I. 2. *Le temps est très humide* : [partic.] **brumeux, pluvieux** ; → POURRI.

◇ **humidité** *Il y a beaucoup d'humidité en ce moment* : ce terme est employé comme syn. génér. de **pluie, brouillard, bruine, brume**. *Le degré d'humidité* : [didact.] **hygrométrique**.

humiliant V. dégradant, vexant (*in* vexer).

humiliation V. honte, offense, vexation (*in* vexer).

humilié V. offensé (*in* offense).

humilier V. abaisser II, offenser (*in* offense), vexer.

◇ **s'humilier** V. s'abaisser II, se mettre à plat ventre.

humilité V. modestie (*in* modeste).

humour V. esprit, ironie.

humus V. terre IV.

huppé V. riche.

hurlement V. cri.

hurler 1. V. aboyer II, crier (*in* cri). 2. V. ne pas aller ensemble I.

hurluberlu V. étourdi I.

hutte V. cabane.

hybride V. métis.

hydraté, hydrique V. eau.

hygiène *L'hygiène corporelle* : [plus génér., pl.] **soin**. *Le gouvernement a dû prendre de nouvelles mesures d'hygiène publique* : **salubrité, santé**.
◇ **hygiénique** **1.** *Cette promiscuité n'a évidemment rien d'hygiénique* : **sain**. **2.** *Une serviette hygiénique* : **périodique**. *Du papier hygiénique* : [fam.] **à waters** ◆ [vulg.] **à cul**. *Une promenade hygiénique* : **de santé**.

hygrométrique V. humidité (*in* humide).

hymen V. mariage (*in* marier I).

hymne V. cantique.

hyperactif V. actif.

hyperbolique V. exagéré (*in* exagérer).

hyperesthésie V. sensibilité.

hypermarché V. magasin I.

hypertension V. tension I.

hypertrophie V. développement I.

hypnose Sommeil artificiel provoqué par **hypnotisme** ou par des médicaments **hypnotiques**. L'*hypnose* peut entraîner un état de **catalepsie**, de **somnambulisme**.
◇ **hypnotique** *Médicament hypnotique* : **narcotique** ; → CALMANT.

hypnotiser V. endormir, fasciner.

hypnotisme V. hypnose.

hypocondriaque : [plus génér.] **neurasthénique** ◆ [plus cour.] **malade imaginaire** ; → ACARIÂTRE.

hypocrisie **1.** *Faire preuve d'hypocrisie* : V. FAUSSETÉ. **2.** [souvent au pl.] *Pourquoi vous laisser séduire par de telles hypocrisies ?* : **mensonge***, **simagrée**.
◇ **hypocrite** **1.** [n.] *Quel hypocrite !* : [péj.] **jésuite** (qui se dit, par allusion à la casuistique, de celui qui use de ruses hypocrites pour se tirer d'embarras). ◆ [partic.] **faux dévôt, tartuffe** ; → BIGOT, COMÉDIEN, SAINTE-NITOUCHE. **2.** [adj.] V. FAUX et SOURNOIS.

hypocritement V. sournoisement (*in* sournois).

hypogée V. tombe.

hypotension V. tension I.

hypothéquer *L'avenir est lourdement hypothéqué par la chute de nos ventes* : **grever** ◆ [plus génér.] **menacer**.

hypothèse V. cas, principe, supposition (*in* supposer).

hypothétique V. douteux, éventuel.

hystérie V. délire.

I

ici *Jusqu'ici* : V. présent III.

ici-bas V. terre II.

idéal
I [adj.] **1.** V. IMAGINAIRE et THÉORIQUE. **2.** V. ACCOMPLI, PARFAIT et TYPE I.
II [n.] **1.** V. ABSOLU I, BIEN III et VALEUR III. **2.** *Avoir pour idéal de* : V. AMBITION. *L'idéal serait de...* : **la meilleure solution** ◆ [plus fam.] **le mieux.**
◇ **idéaliser** *Ce tableau idéalise un peu trop la réalité* : [plus cour.] **embellir** ; → MAGNIFIER, FLATTER.
◇ **idéaliste** [adj.] *Son projet est parfaitement idéaliste !* : **chimérique, irréaliste, utopique.**

idée **1.** *Il aime vivre dans le monde des idées* : **abstraction, concept** ; → ESPRIT, PENSÉE I. **2.** *Quelle idée vous faites-vous de la ville ?* : **opinion** ; → CONCEPTION, NOTION, VUE III. **3.** *Je ne suis pas d'accord avec ses idées* : [didact.] **idéologie** (= système d'idées) ; → DOCTRINE. **4.** *Lisez cela, vous aurez une idée de son orientation politique* : **avant-goût, aperçu** ◆ [souvent péj.] **échantillon** ; → ABRÉGÉ, EXEMPLE. **5.** *L'idée de me trouver seul dans cette ville ne me fait pas sourire* : **pensée** ◆ **perspective** (qui ne s'emploie que dans un contexte tourné vers le futur). *J'ai, moi aussi, mon idée sur la question* : **opinion** ◆ ↑ **théorie** ; → AVIS, EXEMPLE. *Se faire des idées* : V. SE TROMPER. *Quelle est l'idée maîtresse de son discours ?* : [plus génér.] **thème.** *Idée noire* : V. CAFARD III. *Quitter la capitale : voici son idée fixe* : [plus sout.] **obsession, cheval de bataille** (s'il s'agit d'un enjeu pour lequel on se bat). *Idée toute faite* : V. A PRIORI. *Avoir des idées* : V. IMAGINATION. *Changer les idées* : V. DIVERTIR.

identifier V. reconnaître I.

identique V. commun I, même I, pareil, semblable.

identité *Ils sont unis par une profonde identité de pensée* : **communauté.**

idéologie V. idée.

idiome V. langue II, parler.

idiot **1.** [n.] V. dégénéré, innocent. **2.** [n.] V. abruti, cul, imbécile, fou, faire l'enfant*, manche II, sot. **3.** [adj., qqn est ~] V. stupide. [qqch est ~] V. absurde I.

idiotie V. absurdité, bêtise, sottise (*in* sot).

idoine V. approprié, convenable.

idolâtrer V. aimer.

idole V. dieu.

idylle *Elle a l'âge des idylles, non celui de l'amour* : [moins sout.] **amourette.**

ignare V. ignorant (*in* ignorer).

ignition V. combustion.

ignoble 1. V. ABJECT et VIL. 2. *Il était descendu dans un de ces hôtels ignobles que l'on trouve près de la gare* : **sordide*** ◆ **hideux** (qui est aussi de sens fort, mais ne se rapporterait ici qu'à la laideur physique) ◆ [antéposé] **affreux** ◆ [postposé] **innommable.**

ignominie V. bassesse, honte, horreur.

ignominieux V. honteux (*in* honte).

ignorer 1. [~ qqch] : [cour.] **ne pas savoir** (*j'ignore, je ne sais pas si je pourrai venir*) ; → SAVOIR I, IGNORÉ. 2. [~ qqn] *Il ignore superbement ses collègues dans la rue* : [fam.] **faire mine de ne pas voir** ◆ ↑ **mépriser*** ◆ **méconnaître** (c'est exactement *mal connaître*).

◇ **ignorance** 1. *Son ignorance des choses de la navigation est évidente* : ↓ **méconnaissance, lacunes,** ↑ **nullité** (*nullité en matière, dans le domaine de*). 2. *Elle supporte mal l'ignorance des gens qui travaillent avec elle* : [didact.] **inculture** ◆ [en partic.] ↑ **analphabétisme, illettrisme** (= absence ou grave insuffisance d'accès à la culture écrite) ◆ [partic.] **obscurantisme** (qui se dit d'une opposition à la diffusion du savoir). 3. Insuffisance de savoir : **incompétence** (= insuffisance de savoir-faire ; les deux termes se recouvrent dans certains contextes : *son ignorance, incompétence se manifeste dans ses moindres gestes : il ne connaît pas son métier !*) ◆ ↓ **inexpérience.**

◇ **ignorant** 1. [adj.] *Je n'ai autour de moi que des êtres ignorants et grossiers* : **inculte** ◆ [plus péj.] ↑ **ignare** ◆ **incompétent** (= qui manque de savoir-faire). 2. [n.] *Décidément, cette classe est le rendez-vous des ignorants !* : **illettré***, **analphabète*** (qui se disent de ceux qui ne savent ni lire ni écrire) ◆ [très péj., fam.] **âne.** 3. V. PROFANE.

◇ **ignoré** *Que de faits ignorés par l'histoire et qui sont pourtant significatifs !* : ↓ **négligé,** ↑ **passé sous silence.** *Il vivait parmi eux, ignoré, totalement seul* : **inconnu** (s'il s'agit d'une ignorance involontaire) ◆ **méconnu** (s'il s'agit d'une ignorance volontaire, due à ce que qqn n'est pas estimé à sa juste valeur) ; → EFFACÉ. *Atteindre des terres ignorées* : **inexploré, vierge.**

illégal Qui est défendu par la loi : **illicite** (= qui est défendu par la morale ou par la loi) ◆ **irrégulier** (= qui n'est pas conforme à un règlement donné) ; → INCORRECT.

◇ **illégalité** *Un jugement entaché d'illégalité* : ↓ **irrégularité.**

illégalement V. irrégulièrement (*in* irrégulier).

illégitime V. bâtard, coupable I.

illettré Dans l'usage, on tend à employer *illettré* en parlant des sociétés développées, dans lesquelles une partie de la population est illettrée parce qu'elle a été peu ou mal scolarisée, ou qu'elle a perdu l'usage des savoirs acquis ; et **analphabète** en parlant de la population non scolarisée des pays pauvres ; → IGNORANT.

◇ **illettrisme** : [avec la même nuance] **analphabétisme.**

illicite V. coupable I, défendre II, illégal.

illico V. immédiatement (*in* immédiat).

illimité 1. *J'ai en lui une confiance illimitée* : **sans bornes, infini** ◆ [antéposé] **immense, total** ; → GRAND. *Un pouvoir illimité* : V. ARBITRAIRE. 2. *La S.N.C.F. est en grève pour une durée illimitée* : **indéterminé.**

illisible *Son écriture est illisible* : [plus didact.] **indéchiffrable** ; → MAL ÉCRIRE*.

illogique V. absurde I.

illogisme V. absurdité, contradiction (*in* contredire).

illumination V. inspiration (*in* inspirer II).

illuminé V. inspiré (*in* inspirer II), visionnaire (*in* vision).

illuminer V. briller II, éclairer.

illusion 1. *Il crut apercevoir un bateau au loin, mais ce n'était qu'une illusion* : **mirage, vision.** 2. *Elle vivait depuis toujours dans ses illusions* : **chimère, rêve, fantasme.** *Tout cela n'aura été qu'une belle illusion* : **rêve** ◆ [rare] **songe** ◆ ↑ **utopie** ◆ **espérance** (*... qu'une vaine espérance*). *Il ne faut pas le laisser dans une telle illusion : il se trompe !* :

erreur ; → MENSONGE. **3.** *Faire illusion. Il a pu faire illusion, mais cela n'a duré qu'un temps* : **en imposer.** *Se faire des illusions* : V. SE TROMPER. *Faire sortir de ses illusions* : V. DÉGRISER.

illusionner (s') V. se leurrer (*in* leurre), se tromper.

illusionniste V. prestidigitateur.

illusoire V. apparent, vain I.

illustration Les illustrations d'un livre peuvent être faites de **dessins, figures, gravures, images, photographies, planches.**
◇ **illustrateur** De même, un illustrateur peut être **dessinateur, graveur, photographe.**

illustre *L'histoire se réduit-elle vraiment à la vie des hommes illustres ?* : [antéposé] **grand** ◆ ↓ **célèbre** (qui n'implique pas forcément l'idée de dignité ou d'éclat). *Il fait partie d'une famille illustre* : **de grand renom.** *Des exploits illustres* : V. GLORIEUX et LÉGENDAIRE.

illustrer **1.** V. orner. **2.** V. montrer.
◇ **s'illustrer** V. se distinguer.

îlotier V. agent de police.

image **1.** V. ILLUSTRATION. **2.** *Ce n'est pas une image fidèle de la réalité* : **tableau*, reflet, reproduction** ◆ [moins employé] **portrait** ; → VUE III. *À l'image de* : V. EXEMPLE. **3.** *La mer, lion furieux, se lançait à l'assaut des rochers* comprend une *image* ; *la mer se lançait comme un lion furieux...* comprend une **comparaison*** ; *le lion furieux se lançait...*, où il est sous-entendu qu'il s'agit de la mer, comprend une **métaphore.** Un **cliché** est une image, une comparaison ou une métaphore usée, banale. **4.** V. SOUVENIR.
◇ **imagé** [de image 3] : **métaphorique** (qui s'emploie en parlant d'un style) ◆ [plus génér.] **coloré, riche.**

imaginable V. concevable, croyable (*in* croire), possible.

imaginer **1.** *Vous ne pouvez imaginer combien les gens sont malheureux dans ce pays* : [rare] **concevoir** ◆ [plus fam.] **se figurer** ; → CROIRE, JUGER, SE REPRÉSENTER. *Imaginons que...* : V. ADMETTRE II. *Qu'a-t-il encore imaginé comme bêtise ?* : **inventer, trouver** ◆ **manigancer** (qui implique des manœuvres obscures et suspectes). *Je vous veux du mal ? Qu'allez-vous imaginer là !* : **supposer** ◆ [fam.] **chercher** ; → PENSER II, FABULER, RÊVER, VOIR. **2.** V. CRÉER.
◇ **s'imaginer** **1.** *Votre maison, je me l'imaginais plus petite* : [plus fam.] **se figurer.** **2.** *Qu'est-il allé s'imaginer ?* : [fam.] **se mettre dans la tête** ; → CROIRE, SE VOIR.
◇ **imaginaire** *C'était un monde imaginaire où tout se pliait à son désir* : **irréel** ◆ **chimérique, idéal, utopique** (qui insistent sur l'irréalité d'un univers conçu comme parfait) ◆ ↑ **fabuleux, fantastique, mythique, magique*** (qui impliquent davantage l'idée de bizarre, d'étrangeté) ; → FICTIF.
◇ **imagination** **1.** *Plus que des diplômes, nous demandons surtout d'avoir de l'imagination* : [moins employé] **esprit d'invention*, inventivité.** **2.** *Il m'accuse de vol : tout cela n'est que pure imagination !* : **invention** ◆ [sout.] **relever de la plus haute fantaisie*** (... *tout cela relève de la plus haute fantaisie*) ; → BRODERIE, MENSONGE.

imbattable **1.** En parlant de qqn, *imbattable* est plus courant qu'**invincible** ; on parlera ainsi d'une *équipe de football imbattable* et d'une *armée invincible* : ↓ **fort*.** **2.** V. SANS CONCURRENCE*.

imbécile **1.** *Il n'y a vraiment rien à attendre de lui ; quel imbécile !* : **idiot** ◆ [fam.] **croûte** ; → ABRUTI, ENFANT, MANCHE II, NOIX. **2.** *Cesse de gesticuler ainsi et de faire l'imbécile* : **clown, pitre, idiot.**

imbécillité V. bêtise, sottise (*in* sot).

imberbe V. glabre.

imbiber V. absorber I, imprégner, mouiller, tremper I.

imbriqué *Ces deux sujets sont tellement imbriqués que je ne puis traiter l'un sans traiter l'autre* : **entremêlé** ◆ [plus péj.] **enchevêtré** ◆ ↓ **lié.**

imbroglio V. mélange.

imbu V. plein.

imbuvable V. insupportable.

imiter 1. [~ qqn] *Tu es agaçant à toujours m'imiter ainsi !* : [fam.] **singer** ; → MIMER. 2. [~ qqn] *Regarde comme il a progressé : tu ferais bien de l'imiter !* : **prendre pour modèle**, [fam.] **en prendre de la graine**, [fam.] **emboîter le pas à, suivre, s'inspirer de** ; → RESSEMBLER. 3. [~ qqn, qqch] *L'auteur a visiblement imité Corneille* : ↑ **copier** ◆ **s'inspirer de, démarquer,** ↑ **plagier,** ↑ **piller** (= emprunter sans le dire des morceaux entiers de l'œuvre d'un autre) ◆ **pasticher** (= écrire ou peindre avec la manière, le style de son modèle) ◆ **parodier** (= imiter de manière burlesque, avec une intention de dérision). *Il sait parfaitement imiter votre signature* : [didact.] **contrefaire** ; → COPIER, CARICATURER, EMPRUNTER, REPRODUIRE I.

◇ **imitation** [de imiter 3] : **copie, plagiat, pastiche, parodie, contrefaçon** ; → COPIE, EMPRUNT, REPRODUCTION, CARICATURE, ALTÉRATION.

◇ **imitateur** [de imiter 3] : **plagiaire, pasticheur** ◆ [plus partic.] **faussaire, contrefacteur** (= imitateurs frauduleux, coupables de faux) ; → SUCCESSEUR.

immaculé V. blanc I, propre I.

immanquablement V. infailliblement, sûr I.

immatériel V. aérien, spirituel I.

immatriculation *Plaque d'immatriculation* : **minéralogique.**

immature V. enfantin (*in* enfant).

immédiat 1. *Sa réaction a été immédiate : il a téléphoné à la police* : **instantané.** *Le danger est immédiat !* : **imminent** ◆ ↓ **proche.** 2. *Dans l'immédiat, je n'ai pas de travail à vous donner* : **pour l'instant, le moment.**

◇ **immédiatement** 1. *Les pompiers sont intervenus immédiatement* : **aussitôt, tout de suite** ◆ [très sout.] **incontinent** ◆ [rare] **séance tenante, sans délai, sur l'heure** ◆ [plus sout.] **sur-le-champ** ◆ [fam.] **illico** ◆ ↓ **sans tarder.** *Le choc a été très violent, votre frère est mort immédiatement* : **sur le coup.** *Il est arrivé ce matin, nous déclarant immédiatement que l'on se mettrait au travail cet après-midi* : **d'emblée** ; → AUSSI SEC* I, D'ENTRÉE. 2. *Voici mon frère aîné, qui me précède immédiatement* : **directement.**

immémorial V. lointain.

immense *Il a acquis au jeu une immense fortune* : [postposé] **colossal*** ; → DÉMESURÉ. *Des espaces immenses s'offrirent à son regard* : **sans bornes, infini** ◆ [rare] **incommensurable** ; → GRAND, ILLIMITÉ, PROFOND II, INFINI.

immensément V. très.

immensité V. énormité (*in* énorme), espace.

immergé V. sous-marin.

immerger V. baigner I, plonger II.

immérité V. injuste.

immeuble *Ils habitent dans un immeuble très moderne* : **building** (= immeuble moderne de vastes proportions) ◆ [vieilli] **gratte-ciel** (= immeuble très haut), **tour** (qui est le terme courant en France) ◆ **résidence** (= ensemble souvent luxueux de villas ou d'immeubles) ; → ENSEMBLE, BÂTIMENT, HABITATION, APPARTEMENT.

immigrant V. migrant (*in* migration).

immigration V. migration.

immigré V. étranger II, migrant (*in* migration).

imminence V. proximité.

imminent V. menaçant (*in* menace), se préparer, proche.

immiscer (s') V. s'ingérer (*in* ingérer), se mêler.

immixtion V. ingérence (*in* ingérer).

immobile *Immobile* se dit de ce qui ne bouge pas, **immobilisé** de ce que l'on rend immobile. 1. [qqn est ~] *Elle restait là, immobile et muette* : [fam.] **cloué, rivé, figé***

(qui sont souvent suivis d'un compl. : *cloué par...*) ◆ [fam., péj.] **planté.** *Un enfant ne reste pas facilement immobile* : [plus partic.] **inactif** ◆ [plus fam.] **sans bouger.** **2.** [qqch est ~] *L'eau immobile des étangs* : **dormant*.** *Son emploi du temps est immobile* : [plus pr.] **fixe, immuable, invariable.**

◇ **immobilité** : **immobilisation, inactivité, fixité, immuabilité, invariabilité** ; → REPOS.

immobilisation V. arrêt (*in* arrêter), immobilité (*in* immobile).

immobiliser V. arrêter I, coincer, geler (*in* gel).

immobilisme V. inertie, sclérose, s'installer.

immodéré V. démesuré (*in* démesure), effréné.

immolation V. sacrifice I.

immoler V. sacrifier.

immonde V. écœurant (*in* écœurer), sordide.

immondices V. ordure, saleté.

immoral *Un individu immoral* : ↑ **corrompu*.** *On lui interdisait les lectures immorales* : ↓ **dangereux** ; → MAUVAIS, INDÉCENT, OBSCÈNE.

immoralité V. vice I.

immortel **1.** [adj.] *La poésie est immortelle* : **éternel*.** **2.** [n.] *Les Immortels* : [cour.] **académicien** (de l'Académie française).

◇ **immortaliser** *Phèdre immortalise Racine* : ↓ **perpétuer,** [didact.] **pérenniser** (qui supposent pour compl. *le souvenir, la mémoire de...*) ◆ [rare] **éterniser.**

◇ **immortalité** *Croyez-vous en l'immortalité ?* : **la vie future** ; → ÉTERNITÉ.

immotivé V. arbitraire.

immuabilité V. immobilité (*in* immobile).

immuable V. durable (*in* durer), immobile.

immuniser **1.** *Il est immunisé contre la variole* : **vacciner** (= immuniser par le vaccin). **2.** *Cette aventure l'immunisera peut-être contre son habituelle légèreté* : [plus fam.] **vacciner** ◆ [moins express.] **mettre à l'abri, garantir, protéger.**

◇ **immunisation** [de immuniser 1 et 2] : **vaccination** ; → ACCOUTUMANCE.

immunité V. dispense.

impact V. effet.

impair V. maladresse (*in* maladroit).

impardonnable **1.** *Une faute impardonnable* : [didact.] **irrémissible.** **2.** *Sa maladresse est impardonnable* : **inexcusable, injustifiable** ◆ ↓ **grave** ; → COUPABLE, PARDONNER.

imparfait *Ce travail est imparfait* : [plus cour.] **n'être pas parfait*** ◆ [plus partic.] **approximatif** (= qui manque de précision), **défectueux** (= qui présente des défauts), **insuffisant, lacunaire** (= qui présente des manques), **rudimentaire** (= qui manque de finesse), **embryonnaire** (= qui n'en est qu'à ses débuts) ◆ ↑ **mauvais*** ; → FAIBLE.

impartial V. désintéressé, équitable, objectif II.

impartialité V. objectivité (*in* objectif II).

impartir **1.** *Les talents qui nous sont impartis doivent fructifier* : **donner, accorder en partage** ◆ [plus cour.] **donner*, attribuer** ; → AVOIR I. **2.** *Le temps qui vous est imparti suffit-il ?* : [plus cour.] **attribuer.**

impasse **1.** *Cette rue est une impasse* : **cul-de-sac** (qui ne peut avoir la valeur administrative précédente : *il habite impasse des Pavillons*) ; → RUE. **2.** V. CRISE. *Se mettre dans une impasse* : V. S'ÉGARER.

impassible *Il attendait, impassible, le verdict des juges* : ↓ **ferme** ◆ [moins employé] **imperturbable** ◆ [rare] **impavide** (qui se dit exactement de celui que la peur n'atteint pas) ◆ **flegmatique, indifférent** (qui impliquent moins l'idée d'un contrôle de soi et davantage celle d'une qualité de

détachement inhérente à un caractère). *Un visage impassible* : **impénétrable, de glace, de marbre** ◆ ↓ **froid** ; → STOÏQUE, CALME, DÉTACHÉ.
◇ **impassibilité** [de impassible] : **flegme, indifférence,** ↓ **fermeté, froideur, sang-froid** ; → INSENSIBILITÉ.

impatience V. agacement, ronger son frein*.

impatient 1. *C'est un homme impatient qui ne supporte pas d'attendre* : [rare] **nerveux.** 2. *Je suis impatient de connaître le résultat de la course* : [plus cour.] **avoir hâte de** ◆ ↓ **curieux, désireux** ◆ ↑ **avide** ◆ [fam.] **être sur le gril** (qui s'emploie sans compl.) ; → BRÛLER III.
◇ **impatienter** : **faire perdre patience*, énerver*** ◆ [fam.] **faire damner.**
◇ **s'impatienter** : **perdre patience*, s'énerver*** ◆ [sout.] **se départir de son calme** ◆ [fam.] ↑ **sortir de ses gonds, se mettre hors de soi** ; → COLÈRE.

impavide V. hardi, impassible.

impayable V. comique.

impeccable V. irréprochable, net, parfait.

impénétrable 1. V. dense, inabordable. 2. V. incompréhensible, obscur. 3. V. énigmatique (*in* énigme), impassible.

impénitent 1. *Un pécheur impénitent* : **endurci.** 2. *C'est un joueur impénitent* : **invétéré, incorrigible.**

impensable V. incroyable, impossible.

impératif V. exigence (*in* exiger), impérieux.

imperceptible V. faible, léger, insensible.

imperfection V. défaut II, médiocrité (*in* médiocre).

impérial V. imposant (*in* imposer).

impérialisme V. colonialisme.

impérieux 1. *Il est trop impérieux pour qu'on lui résiste* : ↓ **autoritaire** ◆ ↑ **tyrannique** ; → ABSOLU II. 2. *D'une voix impérieuse, il lui dit de se rasseoir* : ↓ **impératif, autoritaire** ; → DOMINATEUR, TRANCHANT. 3. *J'ai un impérieux besoin de solitude* : ↓ **urgent, pressant** ; → INCOERCIBLE.

impérissable V. durable (*in* durer), éternel I.

impéritie V. inaptitude (*in* inapte).

imperméable 1. [adj.] Qui ne laisse pas passer l'eau, le plus souvent naturellement : **étanche** (= qui ne laisse pas passer l'eau ou qui ne fuit pas, le plus souvent artificiellement : *un sol imperméable, une cloison étanche* ; il est rare que ces deux adj. puissent s'employer l'un pour l'autre). 2. [adj.] V. INACCESSIBLE. 3. [n.] *Il va pleuvoir, prends ton imperméable* : [fam.] **imper.** Le **ciré,** le **trench-coat** et la **gabardine** sont des types particuliers d'imperméables.

impersonnel V. neutre.

impertinence V. insolence (*in* insolent).

impertinent V. insolent.

imperturbable V. impassible, stoïque.

impétrant V. bénéficiaire.

impétueux V. fougueux (*in* fougue), véhément.

impétuosité V. ardeur (*in* ardent), fougue, véhémence.

impie 1. [n.] V. ATHÉE. 2. [adj.] *Nous ne lui pardonnerons jamais ce geste impie* [sout.] : [cour.] **sacrilège** ; → BLASPHÉMATOIRE.

impiété V. athéisme (*in* athée), blasphème.

impitoyable V. cruel, dur, sans merci*, sévère.

implacable V. cruel, inflexible, sévère.

implantation V. établissement I.

implanter V. acclimater, établir.

implicite V. tacite.

impliquer 1. V. compromettre, mêler. 2. V. signifier I, supposer.

imploration V. supplication.

implorer V. pleurer, prier II, supplier.

impoli 1. [adj.] *C'est un individu impoli* : [plus cour.] **malpoli, mal élevé** ◆ [fam.] **mal embouché** (= qui dit des grossièretés) ◆ [très sout.] **discourtois** ; → INCONVENANT, MALHONNÊTE, GROSSIER, SANS GÊNE*. 2. [n.] *Monsieur, vous n'êtes qu'un impoli !* : ↑**malappris, goujat, grossier personnage.**

impolitesse V. inconvenance.

import-export V. commerce I.

importance, important V. importer.

importateur V. commerçant (*in* commerce I).

importation V. commerce I, introduction (*in* introduire).

importer

I V. ACCLIMATER.

II 1. *Ce n'est pas ce qu'il dit qui importe, mais ce qu'il fera* : **important** (*l'important n'est pas ce qu'il dit, mais...*) ◆ **importance** (*... qui a de l'importance...*) ◆ [plus cour.] **compter*.** *Ce n'est pas ce qu'il dit qui m'importe, mais ce qu'il fera* : [plus cour.] **intéresser.** *Il importe de* : V. AGIR I. 2. *Que m'importe son avis ?* : [fam.] **qu'est-ce que j'ai à faire de...** ; → ÉGAL. *On ne parle pas ainsi de n'importe qui* : **le premier venu** ; → PERSONNE II. *Ce travail est fait n'importe comment !* : [fam.] **à la va-comme-je-te-pousse** ◆ **ni fait ni à faire** (*ce travail n'est ni fait ni à faire*).

◇ **important** 1. *C'est une affaire importante* : [plus partic.] **sérieuse** ◆ [fam., antéposé] **gros** ◆ [sout.] **conséquent, de conséquence** ; → CAPITAL I, GRAVE I. *C'est important pour moi* : **y attacher de l'importance** ◆ [fam.] **tenir à cœur** (*c'est important pour moi, j'y attache de l'importance, cela me tient à cœur*). *L'armée a entrepris des manœuvres importantes* : **d'envergure.** *Son avis sera important* : ↑**décisif, capital** ; → PRIMORDIAL. 2. *Il a fait des bénéfices importants* : ↓**appréciable** ◆ [plus fam., antéposé] **gros** ; → JOLI I, IMPOSANT, SUBSTANTIEL, FORT. *Des progrès importants* : **net, considérable, sensible*** ; → GRAND. 3. *C'est un personnage important* : **influent** ; → DE MARQUE, RESPECTABLE. 4. *Alors, monsieur fait son important ?* : **jouer au grand seigneur** ; → FIER.

◇ **importance** 1. *Avoir de l'importance* : **importer, être important*** ; → COMPTER II. *Son avis est sans importance* : **sans intérêt.** *Vous rendez-vous compte de l'importance de vos affirmations ?* : **portée, poids.** *Prendre de l'importance* : V. AMPLEUR, SE DÉVELOPPER et PRIX I. *Cela n'a pas d'importance* : V. ÉGAL. *Heureusement, l'incident est sans importance* : [sout.] **conséquence.** 2. V. INFLUENCE. 3. *D'importance. Sa maladresse est d'importance* [sout.] : **de conséquence** ◆ [cour.] **quelle maladresse !, c'est une belle maladresse !** ◆ [fam.] **de taille.**

importun 1. [qqn est ~, adj.] *Je ne voudrais pas être importun* [sout.] : [cour.] **gêner*** ; → DE TROP*, COLLANT, INSISTER. 2. [n.] *Quel importun !* [sout.] : [fam.] **pot de colle** ◆ [très fam.] **emmerdeur** ; → GÊNEUR. 3. [qqch est ~] *Votre présence est importune !* [sout.] : [plus cour.] **indésirable** ◆ ↓**gênant** ◆ [plus neutre] **inopportun*** ; → PESANT.

importuner V. assiéger, déranger, ennuyer.

imposer

I 1. *Il nous a imposé ses conditions* : ↓**fixer** ◆ ↑**dicter** ◆ **prescrire** (= établir avec précision ce que l'on impose). *Il nous impose sa présence tous les matins* : ↑**infliger** ; → COMMANDER II. 2. *Imposer à qqn de* : V. OBLIGER. 3. *C'est un personnage qui en impose* : **impressionner** ◆ **inspirer** (+ un groupe nominal exprimant le sentiment éprouvé : *inspirer le respect, l'admiration*) ; → FAIRE ILLUSION*.

◇ **s'imposer** 1. [qqn ~ de] *Je m'impose de lui faire une visite chaque semaine* : **se faire un devoir, une obligation de** ; → RELIGION. 2. [qqch ~] *Dans ces conditions, la plus grande prudence s'impose* : **être nécessaire, indispensable.**

◇ **imposant** [sens 3 du v.] 1. *Il avait été impressionné par la mise en scène imposante* :

grandiose*. *Son air imposant nous intimidait* : ↑ **majestueux, solennel, impérial** ; → NOBLE. **2.** *La foule était canalisée par un imposant service d'ordre* : **impressionnant** ◆ ↓ **important.**

II *Avez-vous été imposé cette année ?* : **taxer** (qui se dit plutôt des choses sur lesquelles on prélève un impôt : *imposer, taxer les produits de parfumerie*).

◇ **impôt** **1.** Sommes prélevées sur les revenus des particuliers pour subvenir aux dépenses de l'État : **taxe** (= impôt particulier prélevé sur certains produits) ◆ **droit** (= impôt prélevé par la douane sur des produits importés) ◆ **contribution** (les *contributions directes* sont directement prélevées par l'État sur le revenu des particuliers, les *contributions indirectes* sont prélevées sur les produits achetés par les particuliers). Dans la langue fam., on dit parfois *payer ses contributions,* pour *payer ses impôts* : **prélèvements obligatoires** (= ensemble des impôts et des charges sociales) ; → CHARGE. **2.** [pl.] *Frauder les impôts* [fam.] : [cour.] **fisc.** *Je trouve les impôts complexes et pesants !* : **fiscalité, système fiscal.**

impossible La formule négative **pas possible** est souvent employée pour *impossible.* **1.** *Ce projet est impossible* : V. IRRÉALISABLE et IL N'Y A PAS MOYEN*. *Ce contrat est impossible* : [plus précis] **impraticable, inapplicable.** *Promettre l'impossible* : V. LUNE. *Faire l'impossible* : V. ESSAYER. **2.** *Il est impossible de ne pas aimer la mer* : **impensable** ; → CROYABLE, POSSIBLE. *Une heure impossible* : V. INDU. **3.** *Pierre est impossible !* : V. INSUPPORTABLE.

imposteur : **charlatan** (qui se dit surtout de celui qui exploite la crédulité des gens par une fausse science : *le faux dévot et le faux médecin sont des imposteurs, mais seul le second peut être appelé charlatan*) ; → MENTEUR.

imposture V. mensonge, supercherie.

impotence V. infirmité (*in* infirme).

impotent V. infirme.

impraticable **1.** *Avec cette pluie, le chemin est impraticable* : ↓ **malaisé,** [plus cour.] ↓ **difficile.** **2.** V. IMPOSSIBLE.

imprécation V. malédiction.

imprécis V. indistinct, vague III.

imprécision V. vague IV.

imprégner **1.** *Un tissu imprégné d'eau* : **imbiber** ◆ ↓ **humecter** ; → TREMPER. *Imprégner de parfum* : V. PARFUMER. *Imprégner de musique* : V. BERCER. **2.** *Il était imprégné de la noblesse que l'on accordait à sa fonction* : **pénétrer** ; → MARQUER.

◇ **s'imprégner de** **1.** [qqch ~] V. ABSORBER I. **2.** [qqn ~] *Je me suis imprégné de la beauté des lieux* : **se pénétrer* de.**

imprenable *L'ennemi occupe une position imprenable* : [sout.] **inexpugnable** ◆ ↓ **inattaquable.**

impression

I V. ÉDITION.

II V. ÉTAT D'ÂME*. *Ce pianiste a fait grosse impression* : ↑ **sensation** (*... a fait sensation*). *Vous avez lu son livre : quelle est votre impression ?* : [plus sout.] **sentiment*** (= qu'en pensez-vous ?). *Avoir l'impression. J'ai l'impression que vous souffrez* : **sembler** (*il me semble que...*) ; → PENSER. *Donner l'impression. Il donne l'impression de souffrir* : **sembler, paraître.**

◇ **impressionner** c'est **faire impression, être impressionnant.** *Sa maigreur nous a beaucoup impressionnés* : [plus fam.] **frapper** ; → SAISIR I. *Ils essaient de l'impressionner, mais il ne se laissera pas faire* : **intimider*** ; → ÉMOUVOIR, IMPOSER I, TROUBLER.

impressionnable V. sensible I.

impressionnant V. impressionner (*in* impression II), imposant (*in* imposer I), spectaculaire (*in* spectacle).

impressionner V. impression II, intimidant (*in* intimider).

imprévisible Que l'on ne peut prévoir : **imprévu*** (= qui arrive alors qu'on ne l'attendait pas) ◆ **inattendu** (= à quoi l'on ne s'attendait pas) ◆ **soudain*, déconcertant*** (qui sont de sens assez proche).

imprévoyance *Comme à l'habitude, il a été victime de son imprévoyance* : [plus génér.] **insouciance** ; → ÉTOURDI.

imprévu **1.** [adj.] *Le succès de la gauche était totalement imprévu* : **inattendu** ◆ **inespéré** (= que l'on n'espérait pas) ; → IMPRÉVISIBLE. *Son arrivée imprévue a complètement désorganisé nos projets* : **inopiné, à l'improviste** ◆ [rare] **impromptu** ◆ **soudain** (qui n'insiste que sur la rapidité de l'événement) ; → ACCIDENTEL. *De façon imprévue* : **à l'improviste, inopinément.** **2.** [n.] V. ACCIDENT.

imprimé Document imprimé : **brochure*** ◆ **tract** (= imprimé de propagande).

imprimer **1.** *Le souvenir de ce voyage restera à jamais imprimé dans ma mémoire* : **graver, fixer.** **2.** S'emploie parfois abusivement avec le sens de « éditer* ».

improbable V. douteux (*in* douter).

improbité V. malhonnêteté (*in* malhonnête).

improductif *Son activité est totalement improductive* : **stérile.**

impromptu **1.** V. IMPRÉVU. **2.** *Nous ne lui avons pas laissé le temps de la réflexion : il nous a donné une réponse impromptue* [rare] : [cour.] **au pied levé** ◆ **improvisé** (qui peut impliquer un jugement péj.) ◆ **hâtif** (= fait trop vite) ◆ **de fortune** (qui signifie que l'on essaie de faire au mieux avec le peu qu'on a).

impropre **1.** *Une expression impropre* (= qui ne convient pas à son contexte ou n'a pas le sens que l'on voulait lui donner) : **inadéquat** ◆ **incorrect,** ↑ **vicieux** (= qui ne correspond pas à la grammaire de la langue concernée). **2.** *Impropre à...* s'emploie plutôt en parlant des choses, tandis que **inapte** s'emploie en parlant des personnes ; **inadapté** convient aux deux.
◇ **impropriété** [de impropre 1] : **incorrection** ; → ERREUR.

improvisé V. impromptu.

improviste (à l') V. dépourvu II, imprévu.

imprudemment V. étourdiment (*in* étourdi I).

imprudence V. étourderie (*in* étourdi I).

imprudent **1.** [qqn est ~] *Il est trop imprudent pour que je monte dans sa voiture* : ↑ **téméraire** ◆ [fam.] ↑ **casse-cou** ◆ [fam., plus rare] ↑ **risque-tout** ; → LÉGER, ÉTOURDI I, HARDI. **2.** [qqch est ~] V. HASARDEUX. **3.** [n.] *Un imprudent en voiture* : [fam.] ↑ **casse-cou,** ↑ **fou du volant.**

impudent **1.** [adj.] *Comment a-t-il osé vous faire une réponse aussi impudente ?* : [plus cour.] **effronté, insolent*** ◆ [de sens plus restreint] **cynique** (= qui heurte volontairement les idées reçues, les valeurs morales courantes) ◆ ↓ **hardi** ◆ **éhonté** (qui s'emploie pour des personnes ou leurs attitudes). **2.** [n., avec les mêmes nuances] **effronté, insolent** ◆ [rare] **cynique.**
◇ **impudence** [de impudent] : **effronterie, insolence*, cynisme, hardiesse** ◆ [plus rare] **impudeur.** *Avoir l'impudence de* : **avoir le front de** ; → APLOMB.

impudeur V. impudence (*in* impudent), indécence (*in* indécent).

impudicité V. indécence (*in* indécent), impureté, hardiesse (*in* hardi).

impudique V. hardi, indécent, obscène.

impuissant **1.** V. FAIBLE. **2.** *Un homme impuissant* (= celui qui ne peut accomplir l'acte sexuel) : [très péj.] **eunuque.**
◇ **impuissance** V. FAIBLESSE.

impulsion **1.** *Le T.G.V. a donné une nouvelle impulsion à certaines régions* : **élan, essor.** **2.** *Sous l'impulsion de la colère, il ne parvient pas à se contrôler* : **mouvement** (*dans un mouvement de colère*) ◆ **emprise, empire** (qui indiquent une idée de domination) ; → EFFET. *Il cède trop facilement à ses impulsions* : V. PENCHANT.
◇ **impulsif** *C'est un garçon impulsif, mais franc et sans rancune* : [fam.] **soupe au lait**

◆ **emporté,** ↑ **violent** (qui se disent surtout en parlant d'un caractère coléreux) ; → SPONTANÉ, COLÉREUX.

impunément *On ne saurait frauder impunément* : [plus cour.] **sans risque, sans dommage.**

impur V. obscène.

impureté **1.** [souvent pl.] *Il faudra filtrer ce liquide pour le débarrasser de ses impuretés* : [fam.] **saleté** ◆ [très fam.] **cochonnerie, saloperie.** **2.** [au sens moral, sing.] *Messaline vivait dans l'impureté* : **impudicité** ◆ [plus cour.] **luxure** ; → DÉBAUCHE.

imputer **1.** *On m'impute décidément bien des choses : sur quoi fonde-t-on de telles accusations ?* : [plus neutre] ↓ **attribuer** (qui ne suppose pas l'idée de blâme) ◆ **prêter*** (qui se dit aussi bien des bonnes que des mauvaises choses) ; → ACCUSER. **2.** V. AFFECTER I.

◇ **imputation** **1.** *Ces imputations sont fausses* : ↓ **allégation** ◆ ↑ **accusation** ; → CHARGE. **2.** V. AFFECTATION I.

imputrescible V. inaltérable.

inabordable **1.** [un lieu est ~] *En hiver, ce sommet est inabordable* (= que l'on ne peut atteindre en raison d'un obstacle matériel) : **inaccessible** (= à quoi l'on ne peut accéder faute de voie de communication praticable) ◆ **impénétrable** (qui ne peut se dire que d'un lieu où l'on ne peut pénétrer, une forêt, par ex.). **2.** [qqn est ~] *Le nouveau directeur est inabordable* : **inaccessible** (= qu'il est difficile d'aborder en raison de son rang, de son travail). **3.** [qqch est ~] *Les oranges sont inabordables cette année* : **très cher, hors de prix** ◆ [fam.] **on ne peut pas y toucher !** ◆ ↓ **excessif, exagéré** ◆ ↑ **prohibitif, exorbitant, astronomique, extravagant** (qui s'emploient pour qualifier un prix : *le prix des oranges est excessif, astronomique...*) ; → APPROCHER, COUP de BARRE*.

inacceptable *Sa conduite est vraiment inacceptable !* : **inadmissible** ◆ ↑ **intolérable,** ↑ **scandaleux** ; → INCONCEVABLE. *Une telle demande est absolument inacceptable de votre part !* : **inadmissible.** *Votre demande est inacceptable : elle est contraire à la législation en vigueur* : **irrecevable.**

inaccessible **1.** V. INABORDABLE. **2.** *Il est inaccessible à tout sentiment de pitié* : **insensible** ; → FIERTÉ.

inaccoutumé V. inhabituel.

inachevé *Un travail inachevé* (= travail que son auteur peut envisager d'achever) : **en suspens** ; → ARRÊTER I ◆ **incomplet,** [sout.] **lacunaire** (qui se disent d'un travail qui présente des lacunes, bien que son auteur puisse le considérer comme achevé) ; → IMPARFAIT.

inactif *Il est inactif* (par opp. à *actif*) : **désœuvré** ◆ [sout.] **oisif** ◆ [péj.] ↑ **apathique, endormi, mou, indolent, paresseux** ; → IMMOBILE, FATIGUÉ.

◇ **inaction** *Il reste dans l'inaction la plus totale* (= absence de toute action, de tout travail) : **désœuvrement, oisiveté** ◆ ↑ **léthargie.**

inactivité V. immobilité (*in* immobile).

inactuel Qui n'est plus actuel : **anachronique*** (*tenir des propos inactuels, anachroniques*) ; → ANCIEN.

inadaptation V. inaptitude (*in* inapte).

inadapté **1.** [qqn est ~] V. handicapé, caractériel. **2.** [qqch est ~] V. impropre.

inadéquat V. impropre.

inadmissible V. inacceptable, inconcevable.

inadvertance V. distraction, erreur.

inaltérable *Presque tous les matériaux employés par la marine sont inaltérables* : [plus partic.] **inoxydable** (= qui ne s'oxyde pas) ◆ **imputrescible** (= qui ne se putréfie pas). *Une couleur inaltérable* : **grand teint** (qui s'emploie pour les tissus).

inanimé *Elle gisait sur la route, inanimée* (= qui a perdu la vie, ou donne l'apparence de l'avoir perdue) : **inerte** ◆ ↑ **sans vie** ; → MORT II.

inanité V. frivolité (*in* frivole), inutilité (*in* inutile), vide II.

inappétence **1.** Perte de l'appétit : [didact.] **anorexie** ◆ [cour.] **défaut, manque, absence d'appétit** (qui s'emploient aussi pour le domaine sexuel). **2.** [fig.] *Une certaine inappétence pour le travail* : **désintérêt, indifférence, absence de motivation pour.**

inapplicable V. impossible.

inappréciable *Votre appui nous a été d'un secours inappréciable* : **inestimable** ◆ [antéposé] **grand***. *L'amitié est quelque chose d'inappréciable* : **inestimable** ◆ [plus fam.] **qui n'a pas de prix** ; → PRÉCIEUX I.

inapprivoisé V. sauvage I.

inapprochable V. abordable I.

inapte *Il est inapte à accomplir de tels efforts physiques* [rare] : [cour.] **incapable de** ◆ [partic.] **inadapté***.

◇ **inaptitude** *Son inaptitude est flagrante : il faut le renvoyer !* : **incapacité** ◆ ↓ **insuffisance** ◆ [très sout.] **impéritie** (qui ne s'emploie qu'en parlant d'un défaut de capacité dans l'exercice d'une profession) ◆ [partic.] **handicap, inadaptation** ; → HANDICAPÉ.

inassouvi V. insatisfait.

inassouvissable V. insatiable.

inattaquable **1.** V. IMPRENABLE. **2.** *Sa conduite est absolument inattaquable* : **irréprochable** ; → PARFAIT.

inattendu V. accidentel (*in* accident), imprévisible, imprévu, insoupçonné, surprenant (*in* surprendre).

inattentif V. distrait, étourdi I.

inattention V. distraction, étourderie (*in* étourdi I).

inaugurer **1.** Se dit pour tout bâtiment ou monument public : **consacrer*** (qui ne se dit que pour des bâtiments ou monuments religieux). *Inaugurer un nouveau magasin* : [plus génér.] **ouvrir.** **2.** V. COMMENCER.

◇ **inauguration** [de inaugurer 1] : **ouverture** ◆ **vernissage** (qui se dit en parlant d'une exposition de peinture).

inavouable V. honteux (*in* honte).

incalculable V. grave I.

incandescent *Du métal incandescent* : [plus fam.] **chauffé à blanc** ; → ARDENT.

incantation V. enchantement (*in* enchanter).

incapable **1.** [adj.] *Elle est trop petite, elle est incapable de porter ce paquet !* : **ne pas pouvoir, être hors d'état de** ; → INAPTE. **2.** [n.] *C'est un incapable : il ne fera jamais rien de ses dix doigts* : [fam.] **bon à rien** ◆ [péj.] ↓ **médiocre** ◆ ↑ **nullité** ◆ [fam.] ↑ **zéro** ◆ [fam.] **être en dessous de tout.**

incapacité V. inaptitude (*in* inapte).

incarcération V. emprisonnement (*in* emprisonner).

incarcérer V. emprisonner, mettre en prison*.

incarnat V. rouge.

incarnation V. expression, symbole.

incarner V. jouer III, représenter.

◇ **s'incarner** V. se faire homme*.

incartade *Je ne peux plus supporter ses continuelles incartades !* : **écart de conduite.**

incassable V. solide.

incendie *Un incendie a ravagé un pétrolier* : **feu** (qui ne s'emploie guère en ce sens qu'avec l'art. déf. ; avec l'art. indéf., *feu* est de sens moins fort qu'*incendie* : *un feu de forêt*) ◆ [plus génér.] **sinistre*** (= toute catastrophe naturelle, dont les incendies de grande importance ; ce terme est surtout du langage administratif) ◆ **brasier,** [plus rare] **embrasement** (qui insistent sur la violence des flammes).

◇ **incendier** **1.** *On a incendié le village* : **brûler*** ◆ ↓ **mettre le feu à** ◆ [plus génér.] **détruire par le feu.** **2.** V. INJURIER.

◇ **incendiaire** **1.** [n.] : [didact.] **pyromane** (= qui met le feu par impulsion obsédante : *l'incendiaire est un criminel, le pyromane est un malade*). **2.** [adj.] V. SÉDITIEUX.

incertain 1. [qqch est ~] V. AMBIGU, DOUTEUX, ÉVENTUEL. 2. [qqch est ~] *Dans la brume, la côte prenait des formes incertaines* : **flou, indécis, indistinct, vague** ◆ [moins employé] **indéterminé.** 3. [qqch est ~] *Le cours de la livre est assez incertain en ce moment* : **fluctuant, flottant, variable.** *Le temps est incertain* : **changeant, variable** ◆ ↑ **menaçant.** 4. [qqn est ~] V. INDÉCIS.

incertitude V. doute (*in* douter), indécision (*in* indécis), ombre.

incessamment V. bientôt, jour.

incessant V. constant, continu (*in* continuer).

incidemment V. accessoirement.

incidence V. effet.

incident

I [n.] *Il y a eu un incident à la cité universitaire* : [fam.] ↑ **coup dur** ; → ACCROC, FAIT II, COMPLICATION. *Sans incident* : V. SANS ENCOMBRE*.

II [adj.] V. ACCESSOIRE.

incinération V. crémation.

incinérer V. brûler I, crémation.

inciser V. couper.

incisif V. mordant (*in* mordre).

incision V. coupure, entaille.

incisive V. dent.

incitation V. appel (*in* appeler I), encouragement (*in* encourager), invitation (*in* inviter), provocation (*in* provoquer I).

inciter V. disposer, encourager, enseigner, inviter, porter I, pousser III, presser II, provoquer I.

incivisme [tjrs au sing.] manque de respect du bien public ◆ **incivilité** [sing. ou plur.] Se dit d'un manque de respect public des règles de la vie sociale, sans qu'il s'agisse de crime ou de délit ◆ ↓ **inconvenance*** ; → CRIME, INSÉCURITÉ.

inclassable V. unique.

inclémence V. rigueur.

inclinaison V. pente.

inclination V. affection I, appétit, penchant, pente, propension, tendance.

incliner

I [~ qqch] *Inclinez la tête vers le sol* : ↑ **pencher** ; → COUCHER I.

II 1. [qqch ~ qqn à] *Sa gentillesse m'incline à lui pardonner cette peccadille* : [plus cour.] **porter, inciter, pousser.** 2. [qqn ~ à, pour] *J'incline à penser que nous ne le verrons pas aujourd'hui* [sout.] : **être enclin à** ◆ [cour.] **être tenté de** ◆ **croire,** ↑ **être sûr, certain** (*je crois, je suis sûr que...*). *J'inclinerais plutôt pour la sévérité* : **pencher.**

◇ **s'incliner** 1. [qqch ~] *Le bateau s'inclinait dangereusement* : ↑ **pencher** ; → DESCENDRE. 2. [qqn ~] *Nous irons nous incliner sur sa tombe* : ↑ **se prosterner** ◆ [plus génér.] **se recueillir** ; → S'AGENOUILLER. 3. [qqn ~] *Vous êtes le plus fort, je m'incline* : **se soumettre.** *Soit ! je m'inclinerai, mais à contrecœur* : **obéir.** *Il faut savoir s'incliner devant le mauvais sort* : **se résigner** ; → CÉDER I.

inclure 1. *Inclure de l'argent dans une lettre* : **insérer** ◆ [plus génér.] **mettre.** *Inclure un joueur dans une équipe* : **introduire, intégrer à** ; → AJOUTER. 2. *Notre prix inclut la T.V.A.* : [plus cour.] **comprendre** ; → CONTENIR I. *Ci-inclus* : V. joint.

incoercible *Un désir incoercible de solitude l'avait envahi* : **irrépressible** ◆ [plus cour.] **irrésistible, invincible** ◆ [antéposé] ↓ **grand*** ; → IMPÉRIEUX.

incognito 1. [adv.] *Je souhaite voyager incognito* : **de façon anonyme** ◆ [plus génér.] **discrètement,** ↑ **secrètement.** 2. [n.] *Je souhaite garder l'incognito* : **anonymat.**

incohérent *Des propos incohérents* : V. ABSURDE et SANS QUEUE NI TÊTE*. *L'intrigue de ce film est assez incohérente* : **décousu, brouillon*.**

◇ **incohérence** *L'incohérence d'une décision* : **absurdité*.** *L'incohérence d'une intrigue* : **décousu, manque d'unité.**

incolore V. terne.

incomber V. revenir.

incommensurable V. immense.

incommodant V. désagréable.

incommode Qui n'est pas d'usage facile : **pas commode*.** *Cette position incommode finit par la gêner* : **inconfortable.**

incommoder **1.** [qqch ~] *Le bruit et les vapeurs d'essence l'incommodent* : **gêner, indisposer** (qui rendent moins l'idée de malaise physique) ; → ÉTOUFFER, FATIGUER. **2.** [qqn ~ qqn] *À la fin, tu nous incommodes !* [sout.] : [cour.] **ennuyer*.**
◇ **incommodé** *Il est incommodé* : **indisposé** ◆ [plus cour.] **malade*.**
◇ **incommodité** *Le voisinage d'un aéroport ne va pas sans incommodité* [sout.] : [cour.] **inconvénient, gêne, désagrément, désavantage** ◆ [cour., plus génér. ; au plur. en ce sens] **ennui*** ◆ ↑ **sujétion.**

incomparable V. sans égal*, unique, supérieur I.

incompatibilité V. désaccord.

incompatible *Votre goût de l'argent est incompatible avec vos fonctions* : **inconciliable** ; → EXCLURE, OPPOSÉ.

incompétence V. ignorance (*in* ignorer).

incompétent V. ignorant (*in* ignorer).

incomplet **1.** V. INACHEVÉ et PARTIEL. **2.** *Une série de casseroles incomplète* : [pr.] **dépareillé.**

incompréhensible **1.** *Pour moi, les mathématiques, c'est incompréhensible* : [fam.] **de l'hébreu** ; → NE PAS COMPRENDRE*, OBSCUR. **2.** V. DÉCONCERTANT. **3.** *Nous nous heurtons parfois à des phénomènes incompréhensibles qui déroutent les esprits les plus rationalistes* : **inexplicable, mystérieux** ◆ [sout.] **inintelligible.** *Le mystère incompréhensible de Dieu* : **insondable, impénétrable** ; → INCONCEVABLE.

incompressible V. irréductible.

inconcevable Ce qu'on ne peut admettre : **inadmissible** ; → INACCEPTABLE. Ce qu'on ne peut imaginer : **inimaginable.** Ce qu'on ne peut croire : **incroyable*** ◆ **étonnant, surprenant,** ↑ **stupéfiant** (qui conviennent dans tous les sens) ; → EXTRAORDINAIRE. Ce qu'on ne peut comprendre : V. INCOMPRÉHENSIBLE.

inconciliable V. différent (*in* différer II), incompatible.

inconditionnel **1.** V. absolu II. **2.** V. fanatique.

inconfortable V. incommode.

incongru V. inconvenant.

inconnu
I [adj.] **1.** V. ÉTRANGER, IGNORÉ et OBSCUR. **2.** *Un auteur inconnu* : [plus partic.] **anonyme.** **3.** *J'ai découvert dans la musique des joies inconnues* : **nouveau, inédit, neuf** ◆ ↑ **inouï.**
II [n.] **1.** Pour les personnes : V. TIERS. **2.** *Être habité par le besoin d'inconnu* : **neuf, nouveau.**

inconsciemment **1.** *Il a fait ce geste inconsciemment* : **sans en avoir conscience** ◆ [moins employé] **à son insu** ◆ [plus fam.] **sans s'en apercevoir** ; → INSTINCTIVEMENT, CONSCIEMMENT. **2.** *Il est trop prudent pour agir inconsciemment* : [plus cour.] **à la légère.**

inconscience V. folie (*in* fou), irresponsable, irresponsabilité.

inconscient **1.** V. défaillir. **2.** V. instinctif (*in* instinct). **3.** V. fou, irresponsable.

inconséquence V. contradiction (*in* contredire), légèreté (*in* léger).

inconséquent V. absurde I, inconsidéré.

inconsidéré *Sa démarche est totalement inconsidérée : il échouera !* : **irréfléchi, inconséquent** ◆ [didact.] **non pertinent** ; → ABSURDE, STUPIDE.

inconsidérément V. étourdiment (*in* étourdi I), à tort* et à travers.

inconsistant **1.** [qqn est ~] *Ne vous appuyez pas sur lui, c'est quelqu'un d'inconsistant* : **mou, amorphe** ; → LÉGER, INDÉCIS, FRI-

VOLE. **2.** [qqch est ~] *Une pâte inconsistante* : **mou*** ◆ [plus cour.] **sans consistance** ; → FLUIDE. *Un raisonnement inconsistant* : V. LÉGER.

◇ **inconsistance** V. INSIGNIFIANCE.

inconstance **1.** V. INFIDÉLITÉ. **2.** *L'inconstance de son humeur est parfois difficile à supporter* [sout.] : **versatilité** ◆ [cour.] **instabilité, le caractère changeant de ...** ; → MOBILITÉ.

inconstant **1.** V. capricieux (*in* caprice), changeant (*in* changer III). **2.** V. infidèle.

incontestable V. certain I, positif I, rigoureux, vrai.

incontestablement V. assurément.

incontinent

I *Elle n'aime pas les hommes incontinents* : **intempérant** ◆ ↑ **débauché, luxurieux** ; → JOUISSEUR.

◇ **incontinence** **1.** [de incontinent] : **intempérance, débauche*, luxure.** **2.** *Incontinence d'urine* : **énurésie.**

II V. IMMÉDIATEMENT.

incontournable V. classique, inflexible, primordial.

incontrôlable **1.** *Des affirmations incontrôlables* : **invérifiable** ◆ ↓ **peu sûr*.** **2.** *Une situation incontrôlable* : **non maîtrisable, ingouvernable** ◆ **dérive** (peut se dire d'une telle situation : *la dérive des charges sociales*).

inconvenance V. inconvenant.

inconvenant **1.** *Il cherchera à vous choquer par des propos inconvenants* [sout.] : **malséant, malsonnant** ◆ [cour.] **malvenu, déplacé, incorrect,** ↑ **grossier*** ◆ ↓ **incongru** (= qui ne convient pas à une situation donnée) ◆ **indiscret** (= qui manque de retenue) ; → IMPOLI, INOPPORTUN. **2.** V. INDÉCENT, LIBRE et SALE.

◇ **inconvenance** **1.** *Il s'est conduit avec une rare inconvenance* [sout.] : **discourtoisie** ◆ [cour.] **sans-gêne, impolitesse, incorrection,** ↑ **grossièreté, muflerie** ; → FAMILIARITÉ, INCIVISME. **2.** *Vous pourriez éviter de nous accabler de telles inconvenances !* [sout.] : [cour.] **grossièreté,** ↑ **propos ordurier,** ↓ **écart de langage** ; → OBSCÉNITÉ, MALPROPRETÉ.

inconvénient *Cette solution n'a qu'un inconvénient : elle est coûteuse !* : **défaut*** ◆ [assez fam.] **mauvais côté** ; → DÉSAVANTAGE, INCOMMODITÉ, OMBRE* AU TABLEAU. *Je ne vois aucun inconvénient à son départ* : **obstacle** ; → DIFFICULTÉ. *Y a-t-il un inconvénient à le laisser jouer avec des allumettes ?* : ↑ **danger, risque.** *Faites comme vous voulez : c'est vous qui en subirez les inconvénients* : **conséquence** ◆ [fam.] **trinquer, faire les frais de, subir le revers de la médaille, payer les pots cassés.**

incorporer **1.** V. agréger, mélanger. **2.** V. appeler I, rattacher, verser V.

incorrect **1.** V. IMPROPRE. **2.** *Votre réponse est incorrecte : vous n'avez pas compris le problème* : **inexact, faux** ; → MAUVAIS I, ERRONÉ. **3.** V. INCONVENANT et INDÉCENT. **4.** *Ce boxeur est incorrect : il cherche visiblement les coups bas* : **irrégulier** ◆ [plus sout.] **déloyal*.**

◇ **incorrection** **1.** V. IMPROPRIÉTÉ. **2.** V. INCONVENANCE et INDÉCENCE. **3.** [de incorrect 4] **irrégularité, déloyauté.**

incorrigible V. impénitent, irrécupérable.

incorruptible V. honnête.

incrédule **1.** [adj.] *Un air incrédule* : **sceptique.** **2.** [n.] V. ATHÉE.

incrédulité V. athéisme (*in* athée).

increvable V. infatigable, solide.

incriminer V. accuser.

incroyable *Il est d'une incroyable maladresse* : V. ÉTONNANT, PAS CROYABLE*, PRODIGIEUX, SACRÉ II et UNIQUE. *C'est quand même incroyable que vous ne puissiez pas faire valoir vos droits !* : **impensable, inconcevable, inimaginable, invraisemblable** ◆ ↓ **surprenant** ; → FORT II.

incroyance V. athéisme (*in* athée), doute (*in* douter).

incroyant V. athée.

incruster (s') V. prendre racine* I.

incubateur V. couveuse.

inculpé En termes de droit, celui qui est soupçonné d'un délit ou d'un crime : **prévenu** (= celui qui a été reconnu coupable par le juge d'instruction) ◆ **accusé, coupable** (= ceux dont la culpabilité ne fait aucun doute).

inculper V. accuser.

inculquer V. apprendre.

inculte **1.** V. en friche*, sauvage I. **2.** V. ignorant (*in* ignorer).

inculture V. ignorance (*in* ignorer).

incurable **1.** *Il est atteint d'une maladie incurable* : [rare] **inguérissable** ; → CONDAMNÉ. **2.** *Il est d'une bêtise incurable !* : **indécrottable, insondable.**

incurie V. négligence.

incursion **1.** *Des troupes ennemies ont fait une incursion sur notre territoire* : **raid** ◆ **razzia** (qui suppose le pillage) ; → ENVAHISSEMENT. **2.** *Et si nous faisions une incursion en Espagne ?* : **détour,** [fam.] **crochet** (... *un détour, un crochet par...*).

incurvé V. courbe.

indécent **1.** *Votre tenue est vraiment indécente* : ↓ **incorrect** ◆ [sout.] ↓ **inconvenant*** ◆ ↑ **impudique** ; → DÉBRAILLÉ. *Vous n'avez pas honte de ces propos indécents ?* : ↑ **licencieux** ; → MALHONNÊTE, MALPROPRE, SALE, SCANDALE, HARDI, GROSSIER, OBSCÈNE. **2.** V. INSOLENT.
◇ **indécence** *Votre tenue est d'une rare indécence* : ↓ **incorrection** ◆ ↑ **impudeur** ◆ [rare] ↑ **impudicité** ; → OBSCÉNITÉ.

indéchiffrable V. illisible.

indécis **1.** [qqn est ~] *Nous avons voulu savoir quel parti il prendrait, mais il reste indécis* : [moins employé] **irrésolu** ◆ ↓ **hésitant** ◆ **perplexe, embarrassé** (qui se disent exactement de celui qui ne sait que penser devant une situation embarrassante). *C'est un esprit indécis* : **irrésolu** ◆ [plus partic.] **vacillant,** ↑ **timoré.** **2.** [qqch est ~] *Sa venue est indécise* : V. DOUTEUX. *Sa réponse est indécise* : V. VAGUE III. *Dans le brouillard, le paysage est indécis* : V. INCERTAIN.

◇ **indécision** **1.** *Nous sommes dans l'indécision la plus totale quant à l'accueil qui nous sera réservé* : **incertitude** ◆ [plus fam.] **flou, vague.** **2.** *Son attitude me plonge dans l'indécision* : **perplexité** ◆ [peu employé] **irrésolution** ; → DOUTE, HÉSITATION.

indécrottable V. incurable.

indéfectible V. éternel I, solide.

indéfendable V. défendable (*in* défendre I).

indéfiniment V. éternellement (*in* éternel I).

indéfinissable *La nature automnale avait un charme indéfinissable* : [sout.] ↑ **indicible, ineffable** ◆ [cour.] ↑ **inexprimable** ◆ **indescriptible** (qui se rapporte davantage à qqch de physique et a une résonance plus rationnelle que le précédent).

indélébile *Je garderai un souvenir indélébile de ce séjour* : [plus cour.] **ineffaçable, inoubliable, indestructible** ◆ ↓ **mémorable** (= qui est digne d'être retenu dans la mémoire des hommes) ; → ÉTERNEL I, EXTRAORDINAIRE.

indélicat V. malhonnête, inélégant.

indélicatesse V. malhonnêteté (*in* malhonnête).

indemne V. sain, sauf I.

indemnisation V. compensation (*in* compenser).

indemniser V. dédommager.

indemnité V. compensation (*in* compenser).
◇ **indemnités** V. salaire.

indéniable V. certain I.

indéniablement V. assurément.

indépendamment **1.** *Indépendamment de son mauvais caractère, j'apprécie en lui sa franchise* : **abstraction faite de** ◆ [plus cour.] **mis à part,** [abrév. fam.] **à part.** **2.** *Indépendamment de son salaire, il reçoit* *quelques indemnités* : **outre** (*outre son salaire*) ◆ [plus cour.] **en plus de, sans parler* de.**

indépendance V. liberté I et II.

indépendant 1. V. LIBRE et NON-CONFORMISTE. 2. *Le conférencier traita successivement de deux questions indépendantes* : **distinct, séparé.** *Le pouvoir judiciaire doit rester indépendant* : **autonome.**

indépendantiste V. séparatiste.

indescriptible V. indéfinissable.

indésirable 1. [adj.] *Je me sens indésirable, je m'en vais donc !* : [plus cour.] **de trop*.** 2. [n.] *Chassez-moi d'ici cet indésirable !* : **intrus** ; → IMPORTUN.

indestructible V. éternel I, indélébile, inébranlable.

indéterminé V. illimité, incertain, vague III.

index *Mettre à l'index* : V. rejeter.

indicateur 1. V. ESPION et MOUCHARD. 2. *Il me faut consulter l'indicateur des chemins de fer* : [par méton.] **horaire.**

indicatif V. information (*in* informer).

indication V. indiquer.

indice V. indication (*in* indiquer), marque, présomption I, preuve (*in* prouver), signe, symptôme.

indicible V. indéfinissable.

indien *Ils sont allés voir un film d'Indiens* : **Peau-Rouge.**

indifféremment V. indistinctement.

indifférent 1. *C'est indifférent* : V. ÉGAL. 2. *Un indifférent* : V. ATHÉE. 3. *À force de déboires, il est devenu indifférent* : **blasé, résigné** ; → IMPASSIBLE, DÉTACHÉ, PASSIF I, INSENSIBLE. *Ne comptez pas sur sa sympathie : il est très indifférent* : **froid** ; → SEC II, MÉPRISER, PERSONNEL.

◇ **indifférence** 1. V. ATHÉISME. 2. *Avec indifférence* : V. FROIDEMENT, TIÈDEMENT et PHILOSOPHIE. *Ce qui me déconcerte le plus chez mes élèves, c'est leur indifférence* : V. APATHIE, PASSIVITÉ, DÉTACHEMENT, INAPPÉTENCE et DÉSINTÉRÊT. *Son indifférence me glace !* : ↑ **froideur,** ↓ **tiédeur** ; → IMPASSIBILITÉ, MÉPRIS.

indigence V. faiblesse (*in* faible), pauvreté (*in* pauvre II).

indigène [adj. et n.] *L'architecture indigène ; un indigène* : [didact.] **aborigène, autochtone** ; → NATUREL.

indigent V. mendiant (*in* mendier), misérable, nécessiteux, pauvre II.

indigeste V. lourd.

indigestion V. dégoût.

indignation V. révolte (*in* révolter).

indigne 1. [~ de] *Cet individu est indigne de ton amitié* : **ne pas mériter.** 2. [qqn est ~] *C'est un homme indigne* : **méprisable** ◆ **vil,** ↑ **abject*, infâme.** 3. [qqch est ~] V. ODIEUX.

indignement V. bassement.

indigner V. outrer, scandaliser (*in* scandale), révolter.

◇ **s'indigner** V. se révolter.

indignité V. bassesse.

indiquer 1. [qqn ~ qqch] *Pourriez-vous m'indiquer l'adresse d'un bon médecin ?* : **signaler** ; → DONNER, CITER. *Indiquez-moi la direction à suivre* : [plus cour.] **montrer.** *Toutes les directives sont indiquées sur ce papier* : **mentionner, spécifier** ; → SIGNALER. 2. [qqch ~ qqch] *La pendule indique 10 heures* : **marquer.** *La piste à suivre est indiquée par les panneaux* : **signaler.** *Ces traces indiquent que le fugitif est passé par là* : **laisser supposer*** ◆ ↑ **prouver** ; → MANIFESTER, TÉMOIGNER, SIGNIFIER I.

◇ **indication** *Nous n'avons pas la moindre indication pour retrouver le fugitif* : ↓ **indice** ◆ [plus fam.] **piste.** *Les indications que nous a données la S.N.C.F. étaient fausses* : **renseignement** ◆ [fam.] **tuyau** (qui implique l'idée de complicité, d'indication à caractère presque secret) ; → INFORMATION. *Il faut vous soumettre aux indications qui vous ont été données par votre chef* : **directive** ;

→ ORDRE II. *Les indications du médecin* : [didact.] ↑ **prescription** ◆ ↓ **recommandation.**

indirect 1. V. LATÉRAL. *Je n'aime pas cette façon indirecte de nous renvoyer* : **détourné** ; → SOURNOIS. *Il y a toujours dans ses propos quelque chose d'indirect et de faux* : **allusif, insinuant** ; → ALLUSION. 2. *La crise des institutions a été une cause indirecte du marasme actuel* : [didact.] **médiat** ◆ **contrecoup** (*le marasme actuel est le contrecoup de...*) ; → LOINTAIN.
◇ **indirectement** 1. *En accusant mon frère, il était sûr de m'atteindre indirectement* : [plus fam.] **par ricochet** ; → SOURNOISEMENT. 2. V. DE SECONDE MAIN*.

indiscernable V. insensible.

indiscipline V. dissipation (*in* dissiper II), insoumission (*in* insoumis).

indiscipliné V. désobéissant (*in* désobéir).

indiscret 1. [adj.] *Une personne indiscrète* : V. BAVARD. *Une remarque indiscrète* : V. INCONVENANT. 2. [n.] *Je déteste les indiscrets qui viennent fouiller dans nos affaires* : [fam.] **fouineur, fouinard** ; → BAVARD, CURIEUX.
◇ **indiscrétion** 1. [sing.] *Son indiscrétion frise l'impolitesse* : [en partic.] **insistance, curiosité.** 2. [pl.] *Être victime d'indiscrétions* : V. BAVARDAGE.

indiscutable V. certain I, effectif.

indispensable *Nous ferons d'abord les travaux indispensables pour que cette maison soit habitable* : **de première urgence** ◆ ↓ **nécessaire, essentiel** ; → NÉCESSITÉ, UTILE. *Son rôle dans notre équipe est indispensable* : **essentiel** ◆ ↑ **vital** ; → IMPORTANT, PRIMORDIAL. *Il est indispensable de...* : V. S'IMPOSER.

indisposé 1. V. INCOMMODÉ. 2. *Une femme indisposée* : [terme pr.] **réglée.**

indisposer V. accabler I, déplaire, incommoder.

indisposition V. malaise.

indissoluble V. éternel.

indistinct V. incertain.

indistinctement *Nous accueillons indistinctement dans notre établissement les garçons et les filles* : **sans distinction, indifféremment.**

individu 1. *Voici de très beaux individus de champignons* : **exemplaire***. 2. *Chaque individu a droit au respect de tous* : **homme***, **être humain.** *Notre parti défend les droits de l'individu* : **personne*** (= individu en tant qu'il a claire conscience de lui-même). 3. *Qu'est-ce que c'est que cet individu ?* : [plus fam.] **énergumène** ◆ [très fam.] **mec, type** ◆ [fam. et humoristique] **citoyen, paroissien, particulier, personnage, zouave** ; → HOMME. *Quel triste individu !* : **sire.**
◇ **individuel** 1. *Les caractères individuels* : V. PARTICULIER I. *Chacun peut avoir sa façon individuelle d'intervenir* : **personnel, propre.** *La propriété individuelle* : **privé.** 2. *Examinons maintenant les cas individuels* : **particulier** ◆ ↑ **spécial** ; → RARE.
◇ **individualité** 1. *L'individualité d'un artiste* : **originalité.** 2. *Nous avons quelques amis doués d'une forte individualité* : **personnalité** ; → CARACTÈRE I.
◇ **individualiser** 1. *Nous sommes tous semblables : qu'est-ce donc qui nous individualise ?* : **particulariser, distinguer.** 2. *Les nouvelles pédagogies proposent d'individualiser l'enseignement* : **personnaliser, particulariser.**
◇ **individualisation** [de individualiser] : **particularisation, distinction, personnalisation.**

individualisme V. égoïsme.

individualiste V. non-conformiste (*in* conforme).

indocile V. désobéissant (*in* désobéir), rebelle, rétif.

indolence V. apathie, mollesse (*in* mou), paresse.

indolent V. inactif, mou.

indolore V. insensible.

indomptable V. inébranlable.

indompté V. farouche.

indu **1.** V. INJUSTE. **2.** *Il rentre chez lui à des heures indues* : [assez fam.] **impossible** ◆ **tardif.**

indubitable V. certain I, doute (*in* douter), sûr I.

indubitablement V. assurément.

induire V. conclure.

indulgence V. bonté (*in* bon II), complaisance (*in* complaisant), compréhension (*in* comprendre II), tolérance (*in* tolérer).

indulgent Qui pardonne facilement ou qui se montre compréhensif : [sout.] **clément** (qui ne se dit que de celui qui, possédant une autorité, pardonne une faute ou atténue un châtiment) ; → BON II, TOLÉRANT.

indûment V. à tort*.

induration V. durcissement (*in* dur).

indurer V. durcir (*in* dur).

industrie V. usine. *Chevalier d'industrie* : V. escroc.

industriel V. fabricant.

industriellement V. en série*.

inébranlable **1.** *Des fortifications inébranlables* : **indestructible** ◆ ↓ **solide***. **2.** *Un courage inébranlable* : **à toute épreuve, indomptable** ◆ [antéposé] ↓ **solide***. **3.** *Malgré vos menaces, il restera inébranlable* : **inflexible** ; → IMPASSIBLE, INTRANSIGEANT.

inédit V. nouveau, inconnu.

ineffable V. indéfinissable.

ineffaçable V. indélébile.

inefficace *Les mesures prises sont inefficaces* : [rare] **inopérant** ◆ [plus fam.] **ne rien donner.** *Une démarche inefficace* : **infructueux, vain** ◆ [fam.] **pour rien,** [express.] **un coup d'épée dans l'eau*** ; → STÉRILE, INUTILE.

inégal **1.** *Les héritiers ont touché des parts vraiment trop inégales* : ↑ **disproportionné** ◆ [plus génér.] **différent**. *Une société inégale* : V. INJUSTE. **2.** *Un terrain inégal* : V. RABOTEUX. **3.** *Un moral inégal* : [fam.] **en dents de scie** ; → IRRÉGULIER, CAPRICIEUX.

◇ **inégalitaire** V. INJUSTE.

◇ **inégalité** **1.** *En France, l'inégalité des salaires est importante* : **disparité** ◆ ↑ **disproportion** (*disproportion entre les salaires...*) ; → VARIATION. **2.** *Les inégalités d'une surface* : **aspérité.** *Inégalité d'un terrain* : [plus partic.] **dénivellation, cahot, accident** ; → IRRÉGULARITÉ.

inégalable V. sans égal*.

inélégant *Quel geste inélégant !* : ↑ **grossier*** ◆ **indélicat** (qui porte exclusivement sur le jugement moral).

inéluctable V. inévitable.

inénarrable V. comique.

inepte V. absurde I, sot, stupide.

ineptie V. absurdité, bêtise.

inépuisable **1.** V. FÉCOND. **2.** *Sur ce sujet, son père est inépuisable* : **intarissable** ; → ABONDANCE.

inéquitable V. injuste.

inerte V. inanimé, passif I.

inertie *Les syndicats protestent contre l'inertie gouvernementale* : **immobilisme** ; → APATHIE, PASSIVITÉ.

inespéré V. imprévu.

inesthétique V. laid.

inestimable V. inappréciable.

inévitable **1.** *La mort est inévitable* : [sout.] **inéluctable** ◆ ↓ **certain***. **2.** *C'est une conséquence inévitable de ce traitement* : **obligé** ; → LOGIQUE. *C'est inévitable* : V. ÉCRIT et FORCÉ.

inévitablement V. fatalement (*in* fatal), tôt ou tard*.

inexact V. erroné (*in* erreur), incorrect, mauvais I.

inexactitude V. erreur.

inexcusable V. impardonnable.

inexistant V. nul II.

inexorable V. cruel, inflexible.

inexpérience *L'accident est dû à son inexpérience* : **manque d'expérience.** *C'est une enfant : n'abusez pas de son inexpérience* : **naïveté.**

inexpérimenté V. jeune, novice.

inexplicable V. incompréhensible, mystérieux (*in* mystère).

inexploré V. ignoré (*in* ignorer).

inexpressif V. terne.

inexprimable V. indéfinissable.

inexpugnable V. imprenable.

in extenso V. intégralement (*in* intégral).

inextinguible V. insatiable.

infaillible V. efficace, parfait, radical, sûr I.

infailliblement *Sans technique, au bridge, vous perdez infailliblement* : **immanquablement** ◆ [plus cour.] **à coup sûr** ; → ASSURÉMENT.

infaisable V. trapu.

infamant V. honteux (*in* honte).

infâme V. abject, bassement (*in* bassesse), sordide.

infamie V. bassesse, honte, horreur, scandale.

infantile V. enfantin (*in* enfant).

infatigable 1. *C'est un coureur infatigable* : [fam.] **increvable** ◆ ↓ **résistant** ; → ACTIF. 2. [souvent antéposé] *Il l'encourage avec une infatigable bonne volonté* : **inlassable** ; → GRAND.

infatué V. vaniteux (*in* vanité II).

infatuer (s') V. fier.

infécond V. concevoir, stérile.

infécondité V. conception (*in* concevoir).

infect V. écœurant (*in* écœurer), sordide.

infecter 1. V. CORROMPRE et SOUILLER. *La plaie est infectée* : V. ENFLAMMER. 2. *Le malade va infecter toute la classe !* : **contaminer.**
◇ **infection** 1. *Une infection généralisée* : **septicémie.** 2. [de infecter 2] **contamination** ; → ÉPIDÉMIE. 3. V. PUANTEUR.

infectieux V. transmissible (*in* transmettre).

infection V. infecter.

inférer V. conclure.

inférieur [adj.] 1. V. BAS I et DESSOUS II. 2. *Il occupe une situation inférieure* : ↑ **subalterne** ; → MOINDRE.
◇ **inférieur** [n.] *Est-ce une façon de parler à vos inférieurs ?* : ↑ **subalterne** ◆ **subordonné** (qui implique l'idée de dépendance directe dans un système hiérarchique : *le caporal est le subordonné du capitaine*) ◆ [péj.] **sous-ordre,** [fam.] **sous-verge, sous-fifre** (qui s'emploient surtout dans le langage mil.).
◇ **infériorité** *Il ne faut pas les attaquer en situation d'infériorité* : **faiblesse.** *Notre infériorité en ce domaine est indiscutable* : **handicap.** *Maintenir du personnel en situation d'infériorité* : **de subordination, subalterne.**

inférioriser V. abaisser II.

infernal 1. V. DIABOLIQUE. 2. *Ils dansaient sur un rythme infernal, dans un bruit infernal* : **endiablé, démentiel, forcené** ; → ACCÉLÉRÉ, D'ENFER. 3. *Cet enfant est infernal !* : **insupportable, terrible.**

infester V. envahir, ravager.

infidèle

I [adj.] 1. *Sa femme est infidèle* : [plus didact.] **adultère** ◆ [express. cour.] **tromper** (*sa femme le trompe*) ◆ [sout.] ↓ **inconstant** ;

→ TRAHIR. **2.** V. DÉLOYAL et TRAÎTRE. **3.** [qqch est ~] V. MAUVAIS I.

◇ **infidélité** **1.** *Il déplorait l'infidélité de sa maîtresse* : [sout.] ↓ **inconstance.** *Il a fait des infidélités à sa femme* : [plus cour.] **tromper** ◆ [très fam.] **faire cocu, cocufier.** **2.** V. DÉLOYAUTÉ.

II [n.] Ce terme, qui est péj. et connote l'esprit de croisade, est sorti de l'usage chrétien. Il désignait autrefois ceux qui n'étaient pas des fidèles de la religion catholique : aussi bien **païens** qu'**hérétiques** ◆ **gentil** est le nom que les juifs et les premiers chrétiens donnaient aux païens ; → IMPIE.

infiltrer (s') **1.** *En dépit des précautions prises, le vent parvient à s'infiltrer sous les portes* : [plus cour.] **passer, pénétrer.** *Un doute s'infiltre* : V. S'INSINUER. **2.** *Parviendra-t-il à s'infiltrer dans les lignes ennemies ?* : **pénétrer** ◆ [fam.] **passer** ◆ **s'introduire** (qui rend moins l'idée d'un passage furtif). *Il cherche à s'infiltrer dans leur parti* : ↓ **entrer** ◆ ↑ **noyauter.**

◇ **infiltration** [de s'infiltrer 2] : **pénétration, passage, introduction, entrisme, noyautage.**

infime V. léger, minime, petit.

infini **1.** [adj.] *Il s'est lancé dans une discussion infinie* : [plus cour.] **interminable, sans fin** ; → GRAND, ILLIMITÉ, IMMENSE, VASTE. *Une patience infinie* : [antéposé] **immense** ; → GRAND. **2.** [n.] V. ESPACE. **3.** [n.] V. ABSOLU (*l'absolu*).

infiniment V. beaucoup.

infinité V. quantité.

infinitésimal V. petit.

infirmation V. annulation (*in* annuler).

infirme *Il a eu un grave accident et restera infirme toute sa vie* : **impotent** (= qui ne peut se mouvoir) ◆ **invalide** (= qui, en raison de son infirmité, ne peut accomplir normalement son travail) ◆ **grabataire** (= qui ne peut plus se lever) ◆ [didact.] **personne dépendante** (= qui ne peut plus subvenir seule aux actes de la vie courante) ◆ [didact.] **handicapé physique, handicapé mental** ◆ [terme le plus cour. pour tous les précédents] **handicapé** ◆ [plus partic.] ↓ **estropié** (qui se dit de celui qui est atteint à un membre) ; → DIFFORME.

◇ **infirmité** [cf. infirme] : **impotence, invalidité** (qui ne s'emploient qu'au sing., contrairement à *infirmité*) ◆ **handicap** (qui est le terme le plus cour. auj.) ◆ **malformation** (= infirmité congénitale).

infirmer V. annuler.

infirmier, infirmière Celui, celle qui soigne les malades après avoir obtenu certains diplômes ; il (elle) est aidé(e) par l'**aide-soignant(e).** Un(e) **garde-malade** n'a généralement pas de connaissances médicales précises et ne s'occupe que d'un seul malade à la fois ; un(e) **surveillant(e)** (= infirmier[ère]) en chef dans un service hospitalier).

inflammation V. irritation (*in* irriter).

inflation V. multiplication.

inflexible **1.** *Il est d'une sévérité inflexible* : **inexorable, implacable** ; → ABSOLU I. *Une volonté inflexible* : [plus express.] **de fer** ; → FERME II, INÉBRANLABLE. **2.** *Cette règle est inflexible !* : **incontournable, absolu** ◆ [express. cour.] **n'admettre aucune exception** ◆ [péj.] **implacable.**

inflexion V. accent, intonation.

infliger V. appliquer, imposer I.

influence **1.** [~ de qqch] V. EFFET. **2.** *Sous l'influence de* : V. SIGNE et AU CONTACT* DE. **3.** [~ de qqn] *C'est un homme qui a de l'influence* : **avoir du crédit, de l'importance** ◆ ↑ **important** ◆ [fam.] **avoir le bras long** ; → POUVOIR II, AUDIENCE, PUISSANCE, PRESTIGE, PERSONNAGE. *Il exerce son influence sur tous ceux qui le rencontrent* : ↑ **ascendant, emprise** ; → AUTORITÉ, PRESSION.

◇ **influencer** *Un vendeur cherche toujours à influencer son client* : [sout.] **orienter la décision de, peser sur la décision de** ◆ ↓ **conseiller** ◆ ↑ **manipuler**, [sout.] **circonvenir,** [fam.] **embobiner** (qui impliquent la ruse) ; → AGIR I. *Il se laisse facilement influencer* : **influençable** (*il est influençable*) ◆ [fam.] ↑ **c'est une véritable marionnette.**

influent V. important, puissant.

influer V. agir II.

information V. informer.

informe 1. V. grossier. 2. V. laid.

informé *Être informé de* : V. branché, savoir I.

informer 1. *Il faudra l'informer de votre décision* : [plus cour.] **mettre au courant de** ◆ [fam.] **affranchir, mettre au parfum** ; → ANNONCER, PRÉVENIR, FAIRE SAVOIR*, FAIRE PART*, SIGNIFIER II. 2. *Informer qqn sur qqch* : V. DOCUMENTER, ÉCLAIRER et RENSEIGNER.
◇ **s'informer** 1. *S'informer de* : V. S'ENQUÉRIR. 2. *S'informer sur* : V. SE DOCUMENTER et SE RENSEIGNER.
◇ **information** 1. *Si mes informations sont bonnes, le train part à 20 heures* : **renseignement** ◆ [fam.] **tuyau** ◆ [plus partic.] **documentation** (= informations reposant sur un ensemble de documents) ; → COMMUNICATION. 2. *Nous vivons à l'heure de l'information* : ↑ **surinformation**. [pl.] *Je regarde les informations à la télé* : **journal télévisé**. *J'écoute les informations à la radio* : [plus fam.] **nouvelles** ◆ [abrév. fam.] **infos** ◆ **flash** (= informations rapides entre d'autres émissions) ; → ACTUALITÉS. 3. V. ENQUÊTE.

infortune V. malheur.

infortuné V. malheureux (*in* malheur).

infos V. information (*in* informer), actualité (*in* actuel).

infra V. après II, loin.

infraction *Être en infraction avec qqch* : V. TRANSGRESSER. *Ce règlement ne souffre aucune infraction* : **violation, manquement, dérogation.**

infranchissable *Vos difficultés sont grandes, mais non infranchissables* : **insurmontable, irréductible, invincible.**

infructueux V. inefficace.

infusion V. tisane.

ingambe V. agile.

ingénier (s') V. chercher.

ingénieur V. constructeur.

ingénieux V. adroit, génial (*in* génie), inventif (*in* inventer), subtil.

ingéniosité V. adresse I.

ingénu V. candide (*in* candeur), naïf.

ingénuité V. candeur.

ingénument V. naïvement (*in* naïf).

ingérer V. AVALER.

ingérer (s') *Pourquoi sa belle-mère veut-elle s'ingérer dans son ménage ?* : **s'immiscer** ◆ [plus cour.] **intervenir, se mêler de, s'occuper de** ; → S'ENTREMETTRE.
◇ **ingérence** *Nous ne tolérerons aucune ingérence dans les affaires de notre pays* : **intrusion, immixtion, intervention.**

ingestion V. absorption.

ingouvernable V. incontrôlable.

ingrat 1. *Un homme ingrat* : **sans reconnaissance***. 2. *Une terre ingrate* : V. ARIDE et STÉRILE. *Une région ingrate* : **inhospitalier.** 3. *Un travail ingrat* : V. DIFFICILE. 4. *Un visage ingrat* : V. LAID.

inguérissable V. incurable.

ingurgiter V. avaler, boire.

inhabile V. maladroit.

inhabileté V. maladresse.

inhabité V. désert, sauvage II, vide I.

inhabituel *Une odeur inhabituelle* : [moins employé] **inaccoutumé** ◆ [plus génér.] **anormal, rare*** ; → ACCIDENTEL.

inhaler V. aspirer.

inhérent V. intrinsèque.

inhibé V. mal à l'aise*, froid II, timide.

inhibition V. blocage, froideur.

inhospitalier V. ingrat.

inhumain *Ce travail a quelque chose d'inhumain* : ↑ **monstrueux** ; → CRUEL, BRUTAL.

inhumanité V. brutalité, cruauté.

inhumation V. enterrement.

inhumer V. enterrer.

inimaginable V. croyable (*in* croire), inconcevable, incroyable.

inimitable V. unique.

inimitié V. antipathie.

inintelligent V. sot.

inintelligible V. incompréhensible.

ininterrompu V. continu (*in* continuer), permanent.

inique V. injuste.

iniquité V. injustice (*in* injuste).

initial V. originel (*in* origine), premier I.

initialement *Initialement, nous pensions nous installer en Normandie* : [plus cour.] **au début, au commencement** ; → ORIGINELLEMENT, AU PREMIER ABORD*.

initiation V. apprentissage (*in* apprenti).

initiative V. de son propre chef*, décider, mesure II, mouvement.

initier V. apprendre.

injecter *Injecter dans une entreprise un dynamisme nouveau* : **insuffler** (*insuffler à...*) ◆ [plus cour.] ↓ **introduire.**

◇ **injection** Terme médical dont les syn. cour. sont soit **lavement,** soit **piqûre** ; → SHOOT ◆ [en part.] **perfusion, transfusion.**

injonction V. commandement.

injure **1.** *Accabler d'injures* : **insulte** (qui n'implique pas forcément l'idée de grossièreté) ◆ [moins employé] **invective** (qui fait surtout penser à l'idée de violence dans la parole) ; → ÉPITHÈTE, ATTAQUE, BLASPHÈME. **2.** V. OFFENSE.

◇ **injurier** **1.** [de injure 1] **insulter, invectiver** ◆ ↑ **agonir d'injures** ◆ [fam.] ↑ **incendier, traiter de tous les noms** ◆ [iron.] ↓ **baptiser** (*ils m'ont baptisé de tous les noms !*) ; → SOTTISE. **2.** V. OFFENSER.

◇ **injurieux** *Des propos injurieux* : [moins employé] **insultant** ◆ ↓ **grossier*** ; → OFFENSANT, DÉSAGRÉABLE.

injuste **1.** *Une loi injuste* : ↑ **inique.** *Une société injuste* : **inégal** ◆ [plus didact.] **inégalitaire** ◆ [express.] **à deux vitesses** ; → ARBITRAIRE. **2.** *La répartition de l'impôt est injuste* : **inéquitable** ◆ [didact.] **léonin** (qui se dit d'un partage où qqn se réserve la plus grosse part). **3.** *Il a été injuste envers vous* : **partial** (= qui marque une préférence injuste pour qqn ou qqch). **4.** *Ce reproche est vraiment injuste* : **immérité** ◆ [plus didact.] **non fondé, indu.**

◇ **injustice** [de injuste 1] : **partialité, iniquité** ◆ [plus génér.] **abus.**

injustement V. à tort*.

injustifiable V. indéfendable (*in* défendre I).

injustifié V. arbitraire, gratuit.

inlassable V. infatigable.

inlassablement V. toujours.

inné *Il a un penchant inné pour la peinture* : **naturel** ◆ [didact.] **congénital** (qui se dit surtout des défauts physiques ou mentaux) ; → NATIF, HÉRÉDITÉ.

innocemment V. sans songer* à mal.

innocence V. candeur.

innocent **1.** [qqn est ~] *Un homme innocent* : **non coupable*.** **2.** [qqn est ~] V. CANDIDE, NIAIS. *On le prend pour un petit innocent, mais il est retors* : [fam.] **on lui donnerait le bon Dieu sans confession.** *L'innocent du village* : **idiot** ; → SIMPLE D'ESPRIT. *Faire l'innocent* : V. ENFANT. **3.** [qqch est ~] V. INOFFENSIF.

innocenter V. justifier, réhabiliter.

innombrable V. nombreux (*in* nombre).

innommable V. ignoble.

innovateur V. inventeur (*in* inventer).

innovation V. changement (*in* changer III), création (*in* créer), invention (*in* inventer).

innover V. créer, inventer.

inoccupé 1. [qqn est ~] V. OISIF. 2. [qqch est ~] *Ce fauteuil est inoccupé* : [plus cour.] **libre.** *Ce poste est inoccupé* : **vacant.** *Une maison inoccupée* : V. VIDE I.

inoculer V. transmettre.

inoffensif *Ces jeux sont bien inoffensifs, pourquoi vous inquiéter ?* : **innocent, anodin** ◆ [rare] **bénin.**

inondation V. sinistre II.

inondé V. ruisselant.

inonder 1. *La Loire a inondé le village* : ↑ **submerger, noyer.** *Le village est inondé* : **sous les eaux.** 2. V. MOUILLER et TREMPER I. 3. *En août, les touristes inondent les terrains de camping* : [pr.] **envahir, déferler sur** ◆ ↑ **submerger, prendre d'assaut.**

inopérant V. inefficace.

inopiné V. imprévu, surprenant (*in* surprendre).

inopinément V. imprévu.

inopportun *Nous arrivons vraiment à un moment inopportun* : [plus cour.] **mal choisi.** *Votre suggestion est assez inopportune !* : **déplacé, malvenu** ◆ [sout.] **intempestif** ; → IMPORTUN, REGRETTABLE.

◇ **inopportunément** *Il intervient toujours inopportunément* : **à contretemps** ◆ [plus cour.] **mal à propos, au mauvais moment.**

inoubliable V. indélébile, mémorable.

inouï 1. V. INCONNU. 2. *Le succès de ce livre est inouï* : **prodigieux*** ; → EXTRAORDINAIRE, SANS EXEMPLE*, FORT II, UNIQUE.

inoxydable V. inaltérable.

inquiet 1. [qqn est ~] *C'est un homme inquiet de nature* : ↑ **anxieux, angoissé** ◆ [peu employé] **bilieux** ; → CONTRACTÉ, PESSIMISTE, TOURMENTÉ. *Il est inquiet : son fils n'est pas rentré depuis deux jours* : ↑ **anxieux** ◆ ↓ **soucieux** ◆ [fam.] ↑ **aux cent coups** ◆ [en partic.] **apeuré, en proie à la peur*.** 2. [qqch est ~] *Il vit depuis ce matin dans l'attente inquiète de ses résultats* : **anxieux, fiévreux.**

◇ **inquiéter** *Sa maigreur m'inquiète* : ↑ **affoler*** ; → TROUBLER, AGITER, EFFRAYER.

◇ **s'inquiéter** 1. *Il ne faut pas s'inquiéter pour si peu !* : [plus sout.] **s'alarmer** ◆ [plus fam.] **se faire du souci** ◆ [très fam.] **se faire du mouron** ◆ [fam.] **se faire de la bile, du mauvais sang,** ↑ **se ronger les sangs** ; → S'AFFOLER, SE TRACASSER, SE METTRE EN PEINE*. 2. *S'inquiéter de. Qui s'inquiète de ma santé, ici ?* : **se préoccuper de** ; → S'ENQUÉRIR, S'EMBARRASSER, SE SOUCIER.

◇ **inquiétant** 1. *Il a reçu des nouvelles inquiétantes de son père* : [plus sout.] **alarmant,** ↑ **angoissant** ; → GRAVE, SÉRIEUX. 2. *On rencontre parfois dans cette rue des individus inquiétants* : ↑ **louche** (qui se dit de qqn que son allure bizarre rend suspect de mauvaises intentions) ◆ ↑ **sinistre*.** *Une mine inquiétante* : **patibulaire*** ; → MENAÇANT, SOMBRE.

◇ **inquiétude** *Vivre dans l'inquiétude n'est pas une solution* : ↑ **anxiété, angoisse*** ◆ ↓ **souci** ; → CRAINTE, ALARME, MALAISE, TROUBLE II, AFFOLEMENT.

inquisiteur V. soupçonneux (*in* soupçonner), scrutateur (*in* scruter).

insaisissable V. fluide, fuyant (*in* fuir), insensible.

insalubre V. malsain.

insanité V. sottise (*in* sot).

insatiable *Ses besoins d'argent sont insatiables* : [peu employé] **inassouvissable.** *Il est d'une insatiable curiosité* : [postposé] ↓ **avide, dévorant*.** *Une soif insatiable* : [peu employé] **inextinguible.**

insatisfaction V. mécontentement (*in* mécontent).

insatisfait 1. *Il souffre de désirs insatisfaits* : **inassouvi.** 2. V. MÉCONTENT et RÂLEUR.

inscrire 1. *Inscrire son nom sur un registre* : **porter** ◆ [rare, langage administratif] **coucher** ; → ÉCRIRE, NOTER I, MARQUER, RELEVER II. 2. V. ADHÉRER II.

◇ **s'inscrire** 1. *S'inscrire en faux* : V. CONTREDIRE. 2. *Ce sujet s'inscrit parfaitement dans notre plan général* : **s'insérer, entrer** ◆ **cadrer avec.**

◇ **inscription** 1. Ensemble de caractères écrits, gravés ou peints : [plus précis et partic.] **exergue**, **devise**, **épigraphe**, **épitaphe**, **légende**. *Les inscriptions fleurissent sur les murs* : **graffiti** (qui se dit aussi bien d'inscriptions que de dessins) ◆ **tag** (qui constitue à la fois une inscription et un signe de reconnaissance). 2. *Je certifie son inscription au parti socialiste* : **adhésion.**

insécurité *L'insécurité naît du cumul d'actes d'incivilité et de délinquance commis en un même lieu* ◆ [plus génér.] ↑ **danger*** ; → INCIVISME.

insensé V. absurde I, fou, stupide, irresponsable.

insensibilisation se dit d'une **anesthésie partielle, locale.**

insensibiliser V. endormir.

insensible 1. V. INACCESSIBLE, BRUTAL et IMPASSIBLE. *Il est resté insensible à nos arguments* : **sourd, indifférent** ; → FERMÉ. 2. On dit d'une personne qu'elle est *insensible* à la douleur, et d'une blessure, d'une piqûre, qu'elle est **indolore,** si elle ne cause aucune douleur. *Être insensible à* : **ne pas craindre.** 3. [qqch est ~] *Des progrès insensibles* : **imperceptible** ◆ [moins employé] **insaisissable, indiscernable** ; → FAIBLE, LÉGER.

◇ **insensibilité** 1. *Son insensibilité n'est qu'apparente* : **impassibilité*.** 2. V. ACCOUTUMANCE.

insensiblement V. lentement, peu I.

inséparable V. se quitter.

insérer V. ajouter, inclure, mettre.

◇ **s'insérer** V. s'encastrer, se placer (*in* place I), s'inscrire.

insidieusement V. sournoisement (*in* sournois).

insidieux V. sournois, trompeur.

insigne

I [adj.] V. REMARQUABLE.

II [n.] 1. **Marque** honorifique, un insigne peut être une **médaille,** une **décoration** ; → RÉCOMPENSE, RUBAN. 2. **Signe** distinctif : [en partic.] **badge** (= insigne portant une inscription ou un logo).

insignifiant 1. [qqn est ~] *C'était un de ces êtres insignifiants que l'on croise sans les voir* : **quelconque** ◆ ↑ **terne, falot** ; → OBSCUR, MÉDIOCRE. 2. [qqch est ~] *Ne vous attachez pas aux choses insignifiantes !* : **futile** ; → ACCESSOIRE, FRIVOLE, VAIN. *Tout ceci est insignifiant* : **sans intérêt** ◆ [fam.] **il n'y a pas de quoi fouetter un chat*.** 3. [qqch est ~] *Les grévistes n'ont obtenu qu'une augmentation insignifiante* : [antéposé] ↓ **petit*** ; → MINCE I, MALHEUREUX. *Une faute insignifiante* : [didact.] **véniel** ◆ **peccadille** (= faute sans gravité).

◇ **insignifiance** 1. [~ de qqn] **médiocrité, inconsistance.** 2. [~ de qqch] V. FAIBLESSE et FRIVOLITÉ.

insinuant V. indirect.

insinuation V. allusion.

insinuer *On a insinué que vous vous droguiez* : ↓ **laisser entendre,** [rare] **donner à entendre** ◆ ↑ **prétendre** ; → SOUFFLER, DIRE, SUGGÉRER. *Qu'insinuez-vous par là ?* : ↓ **entendre** ◆ [plus cour.] **vouloir dire.**

◇ **s'insinuer** *Un doute s'insinue dans mon esprit* : **s'infiltrer** ◆ [plus génér.] **s'introduire** ◆ ↑ **envahir** ; → ENTRER.

insipide V. ennuyeux, plat II.

insister 1. [~ sur qqch] *Il faut insister davantage sur chaque mot* : **appuyer.** *Il insiste grossièrement sur sa supériorité* : **s'appesantir** ; → METTRE L'ACCENT* SUR, SOULIGNER. 2. *Ne vous découragez pas : il faut insister* : [plus sout.] **s'obstiner, persévérer.** Trop insister, c'est devenir **importun*.** Ne pas insister, c'est **abandonner*.** *N'insiste pas !* : [fam.] **écraser**. *Voici une preuve accablante : faut-il insister ?* : [fam.] **mettre les points* sur les « i », enfoncer le clou*.**

◇ **insistance** [de insister 2] : **obstination, persévérance** ; → INDISCRÉTION.

insociabilité V. sauvagerie (*in* sauvage I).

insociable V. farouche, sauvage I.

insolation V. coup* de soleil II.

insolent 1. *Une allure insolente* : **arrogant** ◆ ↓ **désinvolte.** *Une réponse insolente* : **impertinent** ◆ ↓ **cavalier** ◆ [sout.] **irrévérencieux** ; → IMPUDENT, DÉGAGÉ, FAMILIER, FIER, LESTE. **2.** *Avoir une chance insolente* : **indécent** ; → INCROYABLE, INOUÏ.
◇ **insolence** [de insolent] : **arrogance, désinvolture*, impertinence, irrévérence** ; → IMPUDENCE.

insolite V. bizarre.

insoluble : **sans solution.** Quand on ne peut sortir d'un *problème insoluble,* on dit qu'*on est enfermé dans un* **cercle vicieux,** [sout.] qu'*on s'attaque à la* **quadrature du cercle,** [fam.] **qu'on tourne en rond.**

insomniaque V. éveillé.

insomnie *Avoir des insomnies* : [cour.] **mal dormir,** ↑ **passer des nuits blanches.**

insondable V. obscur, incompréhensible.

insonoriser V. isoler.

insouciance V. frivolité (*in* frivole), imprévoyance.

insouciant V. frivole.

insoumis 1. [adj.] V. REBELLE. **2.** [n.] Soldat qui n'a pas rejoint la destination fixée par son ordre de route : ↑ **déserteur** (qui implique en outre l'idée d'abandon de son poste, voire de trahison).
◇ **insoumission** 1. *Un acte d'insoumission* (qui s'emploie surtout à propos des rapports hiérarchiques non respectés) : [plus génér.] **désobéissance, indiscipline** ; → RÉBELLION. **2.** [de insoumis 2] **désertion.**

insoupçonnable : **au-dessus, à l'abri de tout soupçon.**

insoupçonné *Il cache sous son allure bourrue une tendresse insoupçonnée* : [plus cour.] **inattendu, secret*.**

insoutenable V. défendable (*in* défendre I), insupportable.

inspecter *Quand il arrive chez quelqu'un, il faut qu'il inspecte tout* : ↓ **regarder** ; → FOUILLER, SCRUTER. *C'est lui qui est chargé d'inspecter les travaux* : ↓ **surveiller** ; → CONTRÔLER.
◇ **inspection** : ↓ **surveillance** ; → CONTRÔLE, FOUILLE, REVUE, VISITE.

inspirer
I V. ASPIRER I.
II **1.** [qqch ~ qqch à qqn] *Cela ne m'inspire pas confiance* : [plus fam.] **ne dire rien de bon, rien qui vaille** ; → PLAIRE I. *C'est la pitié qui lui a inspiré ce comportement* : ↑ **dicter, commander** ; → SUGGÉRER, AMENER. **2.** [qqn ~ qqch à qqn] *Un bon médecin doit inspirer la confiance à son malade* : [plus cour.] **donner** (... *confiance à*...). *Inspirer le respect* : V. IMPOSER I.
◇ **s'inspirer** V. IMITER.
◇ **inspiré** 1. [adj.] *Je ne sais si j'ai été bien inspirée de m'adresser à lui* : **avisé** ; → AVOIR RAISON*. **2.** [n.] *Il passe pour un inspiré* : ↑ **illuminé** ◆ [plus partic.] **mystique** (= qui a une intuition et une expérience intenses de Dieu).
◇ **inspiration** 1. *Il attendait l'inspiration divine* : ↑ **illumination.** *Ce livre manque vraiment d'inspiration !* : [plus fam.] **souffle** ◆ [plus génér.] **originalité, talent.** *Ces livres sont de la même inspiration* : **veine. 2.** *Ces travaux ont été entrepris sous son inspiration* : **à l'instigation de** ◆ [plus cour.] **sur le conseil de** ; → SUGGESTION.
◇ **inspirateur** 1. [au fém.] *L'inspiratrice d'un poète* : **muse, égérie. 2.** [de inspiration 2] : **instigateur, conseiller*.**

instabilité *L'instabilité d'une situation* : V. PRÉCARITÉ et MOBILITÉ. *L'instabilité d'un caractère* : [sout.] **inconstance, versatilité.**

instable 1. V. mobile I, précaire. **2.** V. capricieux, caractériel.

installation 1. V. arrangement (*in* arranger), équipement (*in* équiper), plantation (*in* planter), pose (*in* poser). 2. V. établissement (*in* établir).

installer 1. [~ qqn] V. ÉTABLIR et LOGER. 2. [~ qqch] V. ARRANGER, METTRE, MEUBLER, MONTER II, PLACER, PLANTER et POSER.
◇ **s'installer** 1. *S'installer dans un appartement* : **emménager** ; → SE LOGER, S'ÉTABLIR. *S'installer ensemble* : V. COUPLE. *S'installer à table* : V. SE METTRE. *S'installer pour longtemps* : V. PRENDRE RACINE*. *S'installer à une place* : V. SE PLACER. 2. Au sens de se satisfaire d'une situation. *Le danger, c'est de s'installer* : **immobilisme** (*... c'est l'immobilisme*) ◆ [fam.] **ne plus bouger.**

instance V. requête. *En instance* : V. pendant.

instant
I [adj.] V. PRESSANT.
II [n.] *Dans un instant* : V. BIENTÔT et MINUTE. *Pour l'instant* : V. ACTUELLEMENT, PRÉSENTEMENT et DANS L'IMMÉDIAT*. *À tout instant* : V. À TOUT BOUT DE CHAMP*. *À l'instant* : V. TOUT DE SUITE*. *À l'instant où il arrivait, je me préparais à sortir* : **juste au moment, au moment même.** *En un instant* : V. RAPIDEMENT.

instantané V. immédiat, subit.

instantanément V. immédiatement (*in* immédiat).

instar (à l') V. ainsi* que, exemple.

instauration V. établissement I.

instaurer V. établir.

instigateur V. INSPIRATEUR, MOTEUR et ÂME. *L'instigateur d'un complot* : [plus cour.] **meneur** ◆ **fauteur de troubles.**

instigation V. inspiration (*in* inspirer II).

instiller V. goutte.

instinct 1. *Faut-il suivre ou dominer ses instincts ?* [pl.] : [sing.] **nature** ; → PENCHANT. 2. *On peut se fier à son instinct pour trouver les bons coins de pêche* : [fam.] **flair** ◆ [très fam.] **pif.** *Un secret instinct lui fit pressentir le danger* : **intuition.** *Il a l'instinct des affaires* : **sens*** ◆ [fam.] **bosse** ; → DON.
◇ **instinctif** *Sa réaction est instinctive ; elle n'en est que plus révélatrice* : **irréfléchi, involontaire,** ↑ **inconscient.** *Une peur instinctive* : ↑ **animal.** *D'un geste instinctif, il poussa la porte* : **machinal** ; → SPONTANÉ, MÉCANIQUE, NATUREL.
◇ **instinctivement** *Il a agi instinctivement, comme dans un rêve* : **machinalement** ◆ ↑ **inconsciemment** ; → PAR HABITUDE*.

instit V. instituteur.

instituer V. établir.

institut V. école.

instituteur : [abrév. fam.] **instit** ◆ [plus génér.] **maître, maîtresse** (qui sont cour. employés par les enfants et les parents) ◆ [en France] **professeur des écoles** ; → ENSEIGNANT.

institution V. école, établissement.

instruire 1. [~ qqn sur] V. ÉCLAIRER. 2. [~ qqn] V. APPRENDRE et ÉDUQUER. 3. [~ qqn de] V. ANNONCER.
◇ **s'instruire** V. ÉTUDIER.
◇ **instruit** *C'est quelqu'un d'instruit* : **qui a de l'instruction** ◆ [fam.] **calé** ◆ **cultivé** (= qui a une bonne instruction générale) ◆ **éclairé** (qui implique à la fois instruction et esprit critique) ; → SAVANT I.
◇ **instruction** 1. [sout.] *Cet exemple servira à votre instruction* : **édification** ◆ **éclairer*** (*cet exemple vous éclairera*). 2. *Il a de l'instruction* : [fam.] **un certain bagage*** ; → INSTRUIT. *Les problèmes de l'instruction publique* : **enseignement*** ; → ÉDUCATION, SAVOIR II. 3. [pl.] *Les instructions que j'ai reçues sont impératives* : **directives** ◆ [sing. ou pl.] **consigne** (qui implique généralement un domaine d'application plus limité) ◆ [sing. ou pl.] ↑ **ordre.** 4. V. ENQUÊTE.
◇ **instructif** Qui instruit. *Cet exemple est très instructif* : [express.] **plein d'enseignement** ◆ **édifiant** (= qui porte à la vertu) ; → MORAL.

instrument 1. Objet servant à exécuter un travail ou une opération [génér.] : **outil** (= objet qui sert à effectuer une opération déterminée : *les instruments de chirurgien, les* *outils du cordonnier*). **2.** *Un instrument de travail* : **moyen, outil.** *Il a été l'instrument de vos calculs politiques* : **agent** ◆ [très péj.] **âme damnée.**

instrumentiste V. musicien (*in* musique).

insu (à l') V. inconsciemment, secrètement.

insubordination V. rébellion (*in* rebelle).

insuccès V. échec.

insuffisamment *Il travaille insuffisamment* : [plus cour.] **pas assez** (*il ne travaille pas assez*) ; → FAIBLEMENT.

insuffisance **1.** *L'insuffisance de leur alimentation risque de leur nuire* : **pauvreté** ◆ [didact.] **carence.** *Insuffisance en* : **sous-** (*insuffisance en alimentation, équipement : sous-alimentation, sous-équipement*) ; → TROUBLE II. **2.** V. INAPTITUDE et MANQUE.

insuffisant V. faible, imparfait, mauvais I, court, jeune.

insuffler V. injecter.

insultant V. injurieux (*in* injure).

insulte V. injure.

insulter V. injurier (*in* injure), outrager (*in* outrage).

insupportable **1.** [qqn est ~] *Cet individu est vraiment insupportable* : ↑ **invivable** ◆ [fam.] **impossible, imbuvable** ; → INFERNAL, ODIEUX, VILAIN, PÉNIBLE II, TURBULENT. **2.** [qqch est ~] *Un spectacle insupportable* : **insoutenable.** *Une chaleur insupportable* : **intenable** ; → ACCABLANT, INTOLÉRABLE.

insurgé V. révolté (*in* révolter).

insurger (s') V. se cabrer, se révolter.

insurmontable V. infranchissable.

insurrection V. trouble II, révolte (*in* révolter).

insurrectionnel V. révolutionnaire (*in* révolution).

intact **1.** V. sauf I. **2.** V. frais.

intangible *Le droit des peuples à disposer d'eux-mêmes est intangible* : [moins employé] **inviolable** ◆ ↑ **sacré.**

intarissable V. inépuisable.

intégrable V. assimilable.

intégral V. ABSOLU I et ENTIER I.
◇ **intégralement** *Son discours a été cité intégralement* : **en entier, in extenso, dans son intégralité, sa totalité.**

intégration *L'intégration politique de l'Europe se construit lentement* : **unification** ; → ABSORPTION, ASSIMILATION II, FUSION.

intègre V. honnête, probe (*in* probité).

intégrer V. inclure, assimiler II.
◇ **s'intégrer** V. s'assimiler.

intégriste, intégrisme [adj. et n.] Lorsque le terme s'applique aux catholiques, il a pour syn. ↓ **traditionaliste,** de même qu'*intégrisme* a pour syn. ↓ **traditionalisme.** Dans les deux cas, il s'agit d'un conservatisme religieux ; mais les traditionalistes demeurent fidèles aux évêques et au pape, ce qui n'est pas forcément le cas des intégristes ; → CONFORMISTE, CONFORMISME.

intégrité V. honnêteté (*in* honnête), probité.

intellectuel **1.** [adj.] V. MORAL et SPIRITUEL. **2.** [adj.] *Ce film est très intellectuel* : [fam.] **intello** ◆ [plus rare] **cérébral** ◆ [plus génér.] **abstrait***. **3.** [n.] Les intellectuels forment **l'intelligentsia** d'un pays : [plus rare, fam.] **cerveau*** (*la fuite des cerveaux*).

intelligence **1.** V. esprit, matière* I grise, pensée I. **2.** V. clairvoyance, compréhension (*in* comprendre II), connaissance I. **3.** V. complicité (*in* complice).

intelligent *C'est quelqu'un de très intelligent* : [fam.] **c'est une tête*** ◆ [fam.] **astucieux** ; → CLAIRVOYANT, ADROIT, ÉVEILLÉ. *Il n'est pas très intelligent* : [fam.] **il n'a pas**

inventé la poudre, le fil à couper le beurre ; → SOT.

intelligentsia V. intellectuel.

intelligible V. accessible.

intempérance V. incontinence (*in* incontinent I).

intempérant V. incontinent I.

intempérie a pour syn. cour. **mauvais temps*** ◆ [sout.] **rigueur du climat.**

intempestif V. inopportun.

intenable V. insupportable.

intendant V. régisseur.

intense V. fort II, mortel.

intensément V. beaucoup.

intensification V. durcissement (*in* dur).

intensifier V. augmenter.
◇ **s'intensifier** V. s'accentuer (*in* accent).

intensité *L'intensité d'une douleur* : [rare] **acuité** ◆ ↑ **violence.** *L'intensité d'un sentiment* : ↓ **force** ◆ ↑ **véhémence, violence.** *L'intensité d'un son* : V. VOLUME II.

intenter V. attaquer.

intention V. but, esprit, propos III, vue III. *Dans l'intention de* : V. pour, pourquoi, effet. *Avoir l'intention de* : V. compter I, projeter I, plan IV.

intentionnel V. délibéré, prémédité (*in* préméditer), volontaire.

intentionnellement V. délibérément (*in* délibéré), volontairement (*in* volontaire).

interaction V. solidarité (*in* solidaire).

interactivité V. communication.

intercaler *Nous avons intercalé une page blanche entre chaque chapitre* : **mettre, placer entre** ; → INSÉRER.

intercéder V. intervenir.

intercepter V. arrêter II, capter.

intercession V. intervention (*in* intervenir).

interdépendance V. dépendance (*in* dépendre I), solidarité (*in* solidaire).

interdépendant V. solidaire.

interdiction V. défense II.

interdire **1.** *Je vous interdis d'entrer* : **défendre*** ◆ ↓ **ne pas vouloir*** (*je ne veux pas que vous entriez*) ; → EMPÊCHER. *C'est interdit* : **défendu** ; → EXCLURE, PROSCRIRE. *Mon amitié envers vous m'interdit de poursuivre* : **exclure*** (*... exclut que je poursuive*). **2.** *Interdire sa porte* : V. FERMER. *Interdire un roman* : **frapper d'interdit, condamner** ◆ ↓ **censurer** (qui peut se réduire à opérer des *coupures**). *Interdire quelqu'un* : **frapper d'interdiction** (dans l'exercice de ses fonctions), **suspendre.** **3.** *Il n'est pas interdit de penser que* : **on peut** (*on peut penser que...*).
◇ **s'interdire de** V. S'ABSTENIR.

interdit

I [adj.] V. COUPABLE I et TABOU.

II [n.] **1.** *Pourquoi a-t-on jeté l'interdit contre lui ?* : **exclusive** ; → CONDAMNATION. **2.** *Interdit de séjour* : V. REPRIS DE JUSTICE.

III [adj.] V. DÉCONCERTER et STUPÉFAIT.

intéressant V. intérêt.

intéressé **1.** V. branché. **2.** V. avare.

intérêt **1.** V. REVENU. **2.** *Sans intérêt* : V. IMPORTANCE, INSIGNIFIANT et VIDE I. *Avoir intérêt à* : V. AVANTAGE. *Servir les intérêts de qqn* : **faire le jeu de qqn.** *L'intérêt général* : V. BIEN III. **3.** *Il nous a écoutés avec beaucoup d'intérêt* : ↑ **sollicitude** (= intérêt empreint d'affection) ; → COMPRÉHENSION. **4.** *C'est un professeur qui sait éveiller l'intérêt de ses élèves* : [plus partic.] **curiosité** (qui se dit seulement de ce qui pousse qqn à connaître qqch) ; → ATTENTION, PENCHANT.
◇ **intéresser** **1.** V. ASSOCIER. **2.** *Ce livre m'a beaucoup intéressé* : [plus génér.] **plaire** ◆ ↑ **captiver, passionner*** ; → OCCUPER II, IMPORTER II. **3.** V. S'APPLIQUER et VALOIR I.

s'intéresser à V. SUIVRE, SE PENCHER SUR et S'OCCUPER DE.

◇ **intéressant** 1. *Un livre intéressant* : ↑ **captivant, passionnant** ; → ATTRAYANT. *Ce n'est pas très intéressant* : V. PALPITANT. *Une course intéressante* : V. BEAU. *Elle n'est pas belle, mais elle a des traits intéressants* : ↑ **attachant** ; → AVOIR DU CHARME*. 2. *Je me suis fait consentir des prix intéressants* : **attractif** (qui s'emploie davantage en parlant d'une clientèle que d'une personne particulière) ; → AVANTAGEUX, BON I, JOLI I.

intérieur

I [adj.] *La paroi intérieure de l'intestin* : [didact.] **interne.** *Ne vous mêlez pas de mes problèmes intérieurs* : [plus sout.] **intime.**

II [n.] 1. *À l'intérieur* : **dedans**. *À l'intérieur de* : **dans.** 2. *En Bretagne, l'intérieur est également plein d'intérêt* : **arrière-pays.** 3. *Avoir un intérieur, quel bonheur !* : **foyer** ; → MAISON I.

intérieurement 1. V. dedans. 2. V. mentalement (*in* mental), secrètement.

intérim *Assurer un intérim* [didact.] : [cour.] **remplacement.**

◇ **intérimaire** [adj. et n.] : **remplaçant.**

interligne V. blanc II.

interlope V. louche.

interloqué V. ébahi.

interloquer V. déconcerter.

interlude Ce mot et **intermède** ont le même sens, mais le premier s'emploie surtout pour la télévision.

intermède V. interlude.

intermédiaire 1. [adj.] *Cette robe est trop grande, celle-ci est trop petite : vous n'auriez pas quelque chose d'intermédiaire ?* : [fam.] **entre les deux** ; → MOYEN I. *Nous sommes dans une époque intermédiaire* : **transitoire.** 2. [n.] *Il a servi d'intermédiaire dans la négociation* : **négociateur, médiateur** ◆ [fam.] **boîte aux lettres** ◆ [péj.] **homme de paille, prête-nom** (= personne qui trempe dans une affaire malhonnête) ; → INTERPRÈTE I, ENTREMETTEUR, LIEN II. 3. [n., en termes de commerce] : [plus partic.] **courtier, représentant, voyageur de commerce, exportateur, grossiste, mandataire, transitaire.** 4. *Par l'intermédiaire de* : V. CANAL.

interminable V. infini, long.

intermittence V. par à-coups*, intervalle.

intermittent V. discontinu.

internat V. pension.

international V. mondial (*in* monde I).

interne 1. V. intérieur. 2. V. pensionnaire (*in* pension), médecin.

internement V. emprisonnement (*in* emprisonner).

interner *On a dû l'interner* [didact.] : [plus cour.] **emprisonner*** ◆ **enfermer** (*enfermer dans un asile*).

internet : [abrév. fam.] **net** ◆ **web** s'emploie parfois en ce sens ◆ **la Toile** [terme français plus rare].

interpeller V. appeler I, attention.

interposer (s') V. s'entremettre.

interprète 1. *Il s'est fait l'interprète de vos idées auprès du directeur* : **porte-parole** ; → TRADUCTEUR, INTERMÉDIAIRE. 2. *C'est un texte difficile qui a besoin d'être commenté : voulez-vous servir d'interprète ?* : **commentateur** ◆ [didact.] **exégète** (qui se dit surtout en parlant des textes bibliques). 3. Personne qui interprète une œuvre musicale : **pianiste, flûtiste, violoniste...** Personne qui interprète une œuvre vocale, un rôle : V. ACTEUR et CHANTEUR.

◇ **interpréter** 1. [de interprète 2] **commenter** ◆ [didact.] **gloser** ; → ÉCLAIRCIR. *Comment interprétez-vous son refus ?* : **comprendre*, expliquer*.** 2. *Il a interprété cette sonate avec talent* : **exécuter** ◆ [plus cour.] **jouer.**

◇ **interprétation** 1. [de interprète 2] **explication, commentaire, exégèse, glose** ; → VERSION. 2. [de interprète 3] **exécution** (qui se dit seulement pour la musique) ◆ **jeu** (qui se dit aussi du cinéma ou du théâtre ; *jeu* insiste surtout sur la maîtrise technique d'un acteur ou d'un interprète) ◆ **distribution** (qui se dit de la répartition des rôles entre les interprètes d'un film, d'une pièce).

◇ **interprétable** *Le message est-il interprétable ?* : [plus génér.] **clair*, compréhensible*, accessible***.

interroger **1.** [~ qqn] *La police l'a interrogé* : ↑ **questionner** ◆ [fam.] ↑ **cuisiner.** *Un journaliste a interrogé le Premier ministre* : **interviewer** ◆ **sonder** (= tenter de connaître par des questions la véritable pensée de qqn) ◆ [fam.] **mettre sur la sellette,** ↑ **sur le gril** ; → CONSULTER, POSER I, DEMANDER. **2.** [~ qqch] *Le marin interroge l'horizon pour savoir s'il peut prendre la mer* : [plus pr.] **scruter.**

◇ **s'interroger** V. SE TÂTER.

◇ **interrogation** *Il a réussi son interrogation de mathématiques* : [abrév. fam.] **interro** ◆ [plus génér.] **épreuve** ; → QUESTION I, EXAMEN.

interrompre **1.** [~ qqch] V. ARRÊTER, SUSPENDRE II, ROMPRE et TROUBLER. *Être interrompu* : V. VAQUER. **2.** [~ qqn] *Vous m'interrompez sans cesse : c'est agaçant !* : **couper la parole.**

interrupteur V. commutateur.

interruption V. arrêt (*in* arrêter I), pause, solution* de continuité. *Sans interruption* : V. consécutif, d'une seule traite*. *Interruption volontaire de grossesse* : V. avortement.

intersaison Toute période entre deux saisons marquantes. Lorsqu'il s'agit d'une période située hors de la saison touristique : **morte-saison, basse saison.**

intersection a pour syn. cour. **croisement** ; → CARREFOUR.

interstice V. intervalle.

intervalle **1.** Se dit en parlant du lieu ou du temps : **espace** (qui se dit surtout du lieu et n'implique pas forcément, comme *intervalle,* l'idée d'une distance relative : *de grands espaces de pelouse étaient disposés à des intervalles réguliers*) ◆ **interstice** (= très petit intervalle, espace entre des pleins : *des interstices entre les lattes du plancher*) ; → DISTANCE. **2.** *Dans l'intervalle, il était sorti* : **entre-temps.** *On entendait par intervalles le bruit du tonnerre* : **par moments, par intermittence, de temps en temps, de temps à autre, de loin en loin.**

intervenir **1.** *Il est intervenu en votre faveur* : ↑ **intercéder** ◆ [très génér.] **agir*** ; → PRENDRE POSITION*, S'ENTREMETTRE, S'INGÉRER. **2.** *Le chirurgien a décidé d'intervenir* [didact.] : [cour.] **opérer.**

◇ **intervention** **1.** [de intervenir 1] ↑ **intercession** ; → INGÉRENCE, APPUI, ENTREMISE. **2.** *Intervention chirurgicale* [didact.] : [cour.] **opération.**

interversion V. déplacement.

intervertir V. déplacer, permuter.

interview V. article, conversation.

interviewer V. converser (*in* conversation), interroger.

intestin *J'ai mal aux intestins* : [plus cour.] **ventre** ◆ [très fam.] **boyaux, tripes** ◆ [plus génér., didact.] **viscères.**

intime **1.** [adj.] *Sa vie intime ne regarde que lui !* : **personnel*, privé** ; → PARTICULIER I, SECRET I, INTÉRIEUR. *Il a avec elle des relations intimes* : **sexuel** ◆ [cour.] **coucher avec** (*il couche avec elle*) ◆ [plus sout.] **faire l'amour** ◆ [vulg.] **baiser, s'envoyer** ◆ [en partic.] **faire son devoir conjugal** (qui est souvent auj. employé par plais.). *Être en relation intime avec qqn* : V. ÉTROIT. **2.** [n.] V. AMI.

◇ **intimement** *Il est intimement convaincu de votre échec* : **profondément** ; → ÉTROITEMENT.

◇ **intimité** *Elle tient à préserver soigneusement son intimité* : **vie personnelle, privée.** *Ne craignez rien : nous serons dans l'intimité* : **entre amis*** ; → FAMILIARITÉ, AFFECTION, SYMPATHIE.

intimer V. notifier.

intimider *Cette femme l'intimidait* : ↑ **troubler, impressionner*** ; → TIMIDE, INTIMIDANT ◆ ↑ **paralyser, glacer** (qui impliquent un trouble profond qui frise l'angoisse) ◆ [plus fam.] **frigorifier** ; → EFFRAYER.

◇ **intimidant** *Quelle femme intimidante !* : ↑ **troublant** (qui porte davantage sur le charme physique) ◆ ↑ **impressionnant** (qui porte davantage sur les qualités morales ou intellectuelles) ; → IMPOSANT.

◇ **intimidation** *Des manœuvres d'intimidation* peuvent être des **menaces** et se confondent souvent avec le **chantage.**

intimité V. intime.

intitulé, intituler V. titre II.

◇ **s'intituler** V. s'appeler II.

intolérable *Une douleur intolérable* : **insupportable** ◆ ↓ **aigu** ◆ ↑ **atroce.** *Une remarque intolérable* : V. INACCEPTABLE, ODIEUX et SCANDALEUX. *Une chaleur intolérable* : **accablant*** ; → ABOMINABLE.

intolérance V. fanatisme (*in* fanatique).

intolérant V. fanatique, systématique (*in* système).

intonation *Il était sensible aux douces intonations de sa voix* : **inflexion, accent** ; → MÉLODIE.

intouchable *Cette heure est intouchable : c'est celle de mon tennis !* : **sacro-saint.** *C'est mon domaine intouchable* : **c'est mon jardin secret.**

intoxication **1.** V. empoisonnement (*in* empoisonner). **2.** V. endoctrinement (*in* endoctriner), matraquage (*in* matraquer).

intoxiquer V. empoisonner.

◇ **s'intoxiquer** V. se droguer (*in* drogue).

intraitable V. intransigeant.

intransigeant *Je n'ai pu le fléchir : il est encore plus intransigeant qu'à l'habitude* : **intraitable, irréductible** ◆ **rigoriste** (qui ne se dit qu'en matière de morale ou de religion) ◆ **durcir ses positions** (= augmenter son intransigeance) ; → ABSOLU II, TOUT D'UNE PIÈCE* I, NE RIEN VOULOIR SAVOIR* I.

◇ **intransigeance** **rigorisme** : ◆ ↓ **manque de souplesse** ; → SÉVÉRITÉ.

intrépide V. hardi.

intrépidité V. hardiesse (*in* hardi).

intrigue **1.** *Saura-t-il déjouer les intrigues de ses adversaires ?* : **cabale** (= manœuvres concertées contre qqn), [rare] **brigue** (qui fait supposer, en outre, que l'on agit par ambition) ; → AGISSEMENTS, COMPLOT. **2.** V. SCÉNARIO.

intriguer

I *Il n'est pas venu ? Cela m'intrigue* : **sembler, paraître bizarre*.** *Sa conduite avait intrigué ses parents* : ↓ **attirer, appeler* l'attention de.**

II *Il intrigue depuis des semaines pour se faire élire* : **manœuvrer.**

◇ **intrigant** *Les coulisses de la politique regorgent d'intrigants* : **arriviste** (qui se dit d'un intrigant prêt à tout pour réussir dans les affaires, la politique).

intrinsèque *Ces quelques bévues n'enlèvent rien à ses qualités intrinsèques* : **propre** ◆ ↑ **inhérent** (*les qualités inhérentes à la personne*).

introduire **1.** [~ qqn] *Il m'a introduit auprès du directeur* : **présenter à.** *Nous l'introduirons dans l'équipe* : **inclure*.** **2.** [~ qqch] *Introduire des usages nouveaux* : [plus rare] **acclimater*.** *Introduire du dynamisme dans une équipe* : [plus express.] **injecter*.** **3.** [~ une chose dans] V. METTRE, COULER II et PLONGER II.

◇ **s'introduire** V. ENTRER, SE GLISSER III, S'INFILTRER et S'INSINUER.

◇ **introduction** **1.** *L'introduction sur le marché de produits étrangers peut stimuler l'économie* : **entrée** ◆ [en partic.] **importation** ◆ **infiltration** (qui implique qqch de caché ou d'illicite) ◆ [didact.] **intromission** (qui est réservé aux contextes médicaux : *intromission du pénis dans le vagin*). **2.** *Une lettre d'introduction auprès de qqn* : ↑ **recommandation.** **3.** *Voilà une heure qu'il parle, et il n'en est encore qu'à l'introduction !* : **préambule, entrée en matière** ; → PRÉFACE.

intromission V. introduction (*in* introduire).

intronisation V. sacre (*in* sacrer).

introniser V. bénir, sacrer.

introspection a un sens psychologique ; **examen de conscience** un sens moral, **retour sur soi** aussi bien l'un que l'autre.

introuvable V. rare.

intrus V. indésirable.

intrusion V. ingérence (*in* ingérer).

intuition V. connaissance I, instinct, pressentiment (*in* pressentir), sagacité, sens I.

inusable V. solide.

inusité V. rare.

inutile **1.** *Ses beaux discours sont inutiles, qu'il agisse !* : ↑ **vain** ◆ **superflu** (qui se dit de ce dont on aurait pu se passer) ◆ [rare] **oiseux** ◆ [fam.] **ça nous fait une belle jambe !** ; → ACCESSOIRE, INEFFICACE, SERVIR III. **2.** *C'est inutile* : **ce n'est pas la peine** ◆ [plus fam.] **ça ne sert à rien***.
◇ **inutilement** *Il parle inutilement : je ne l'écoute même pas !* : **en vain** ◆ [fam.] **pour rien*** ◆ [sout.] **en pure perte*** ; → SANS NÉCESSITÉ*.
◇ **inutilité** *Il se rendait compte de l'inutilité de ses protestations* : ↑ **vanité*** ◆ [rare] **inanité.**

invalidation V. annulation (*in* annuler).

invalide V. infirme, mutilé (*in* mutiler).

invalider V. annuler.

invalidité V. infirmité (*in* infirme).

invariable V. immobile, permanent.

invariablement V. rituellement (*in* rite), toujours.

invasion V. envahissement (*in* envahir).

invective V. injure.

invectiver V. injurier (*in* injure).

inventaire V. dénombrement, état III, liste, revue II.

inventer **1.** *Qui a inventé l'imprimerie ?* : [plus restreint] **découvrir** (= arriver à connaître ce qui était inconnu ou ignoré : *découvrir l'Amérique, découvrir un nouveau matériau*) ; → CRÉER. *Il nous faut inventer à tout prix, sinon la concurrence va nous couler* : ↓ **innover.** **2.** *Il a inventé ce prétexte pour ne pas travailler* : **forger, fabriquer** ◆ **broder** (qui se dit surtout en parlant d'une histoire, d'un récit) ; → IMAGINER, FABULER, RÊVER.
◇ **inventeur** *Il est l'inventeur de cette machine* : [moins employé] **créateur** (l'*inventeur* donne naissance à des objets nouveaux, le *créateur* à des univers nouveaux : un art, une mode, une science par ex.) ◆ ↓ **innovateur.**
◇ **invention** **1.** [de inventer 1] **découverte, innovation.** L'esprit d'invention, c'est l'**inventivité.** *Faire preuve d'esprit d'invention* : **inventivité** ◆ ↑ **esprit de création***, **créativité** ◆ ↓ **imagination***. **2.** *Cet enfant me tuera ! Connaissez-vous ses dernières inventions ?* : **trouvaille.** **3.** *C'est faux ! tout cela est de la pure invention !* : [sout.] **affabulation** ; → MENSONGE, ROMAN, BRODERIE.
◇ **inventif** *Un architecte, un ingénieur inventif.* Être inventif, c'est avoir l'**esprit d'invention***. ◆ ↑ **créatif,** ↓ **imaginatif** ; → CRÉATION. *C'est un bricoleur très inventif* : [plus cour.] **ingénieux** ◆ [fam.] **astucieux.**
◇ **inventivité** : **imagination***.

inventorier V. compter.

invérifiable V. incontrôlable.

inverse **1.** [adj.] *Aller dans une direction inverse* : [moins employé] **opposé** (qui ne s'emploie pas dans les contextes les plus habituels d'*inverse*, comme *en sens inverse des aiguilles d'une montre*). **2.** [n.] *Sa démonstration va à l'inverse de ce qu'il voulait prouver !* : **à l'opposé*** ; → OPPOSER II. *Mais non ! c'est l'inverse que je voulais dire !* : **le contraire.**
◇ **inversement** *Et inversement !* : **vice versa.**

inverser V. déplacer, renverser.

inversion **1.** V. déplacement (*in* déplacer). **2.** V. homosexualité (*in* homosexuel).

inverti V. homosexuel.

investigation V. examen, recherche (*in* rechercher).

investir **1.** V. assiéger, attaquer. **2.** V. engager, placer (*in* place I). **3.** V. donner* de soi-même.

investissement V. placement (*in* place I).

invétéré V. impénitent.

invincible **1.** V. imbattable. **2.** V. incoercible, infranchissable.

inviolable V. intangible, sacré I.

invité V. convive.

inviter **1.** [~ qqn] *Nous sommes invités à son repas de mariage* : [sout.] **convier** ◆ [très sout.] **prier** (qui implique une invitation à caractère officiel) ; → APPELER I. **2.** [~ qqn à faire qqch] *Je vous invite à modérer vos expressions !* : **engager** ; → DEMANDER, RECOMMANDER. **3.** [qqch ~ à qqch, à faire qqch] *Ces paysages invitent à la rêverie* : **inciter, engager** ; → POUSSER III, PORTER I.
◇ **invitation** **1.** *Je n'ai pas reçu d'invitation pour son mariage* : **faire-part** (= lettre qui fait part d'une nouvelle, d'une cérémonie à laquelle on n'est pas forcément invité). **2.** *Je n'ai agi que sur son invitation* : ↑ **prière** ◆ [plus cour.] **appel*** (*... à son appel*). **3.** *Une invitation à la rêverie* : **incitation.**

invivable V. insupportable.

invocation V. prière.

involontaire V. forcé (*in* force), instinctif (*in* instinct), spontané.

involontairement V. sans le vouloir*.

invoquer **1.** V. appeler I, prier I. **2.** V. citer, évoquer.

invraisemblable *Il nous raconte des histoires invraisemblables* : [fam.] **à dormir debout, qui ne tient pas debout** ◆ [en partic.] **rocambolesque** (qui se dit d'aventures pleines de péripéties étonnantes) ; → INCROYABLE, FORT II, EXTRAORDINAIRE.

invraisemblance V. énormité.

invulnérable V. résistant (*in* résister).

irascible V. coléreux (*in* colère).

ire V. colère.

ironie **1.** Une ironie légère : **moquerie***. Une ironie amère et mordante : **dérision** ; → RAILLERIE, SARCASME. **2.** [express.] *Ça ne manque pas d'ironie !* : **humour** ; → PIQUANT.
◇ **ironique** *Je n'aime pas ses petits sourires ironiques* : **moqueur, narquois** ; → RAILLEUR, SARCASTIQUE.

ironiser V. railler.

irradiation V. rayon.

irradier V. rayonner.

irrationnel V. absurde I.

irrattrapable V. irrécupérable.

irréalisable *Pourquoi se nourrir de projets irréalisables ?* : **impossible** ◆ ↑ **chimérique, utopique.**

irréaliste V. idéaliste (*in* idéal).

irrecevable V. inacceptable.

irrécupérable **1.** *L'échec est total : c'est irrécupérable* : **irrattrapable** ; → DÉFINITIF. **2.** *Ton frère a encore bu ? Il est vraiment irrécupérable* : [plus génér.] **désespérant** ◆ ↓ **incorrigible.**

irrécusable V. certain I.

irréductible **1.** [qqch est ~] *Nos besoins exprimés ici sont irréductibles* : **incompressible.** *La distance d'opinion qui les sépare est irréductible* : **infranchissable***. **2.** [qqn est ~] V. INTRANSIGEANT.

irréel V. fantastique, imaginaire (*in* imaginer).

irréfléchi V. inconsidéré, instinctif (*in* instinct).

irréflexion V. précipitation I.

irréfutable V. accablant (*in* accabler I), certain I.

irrégulier **1.** *Un objet aux formes irrégulières* : [plus express.] **biscornu** ◆ [plus partic.] **dissymétrique, asymétrique** ; → INÉGAL. *Un mouvement irrégulier* : [plus partic.] **saccadé***. *Des pluies irrégulières* : **sporadique.** *Une humeur irrégulière* : **capricieux***. *Un joueur irrégulier* : **inégal***. **2.** V. ARBITRAIRE, ILLÉGAL, JEU et INCORRECT.

◇ **irrégulièrement** **1.** V. À-COUP. **2.** *Il a obtenu ses papiers irrégulièrement* : **illégalement, frauduleusement** ◆ [fam.] **par la bande, en sous-main.**

◇ **irrégularité** **1.** [de irrégulier 1] **asymétrie, dissymétrie, inégalité.** **2.** V. ILLÉGALITÉ et INCORRECTION.

irréligieux D'un individu irréligieux, on peut dire qu'il est un **libre-penseur** (en insistant sur l'affranchissement par rapport au dogme) et, dans le même sens, [vieilli] un **esprit fort** ; ou [péj.] **mécréant** ; → ATHÉE.

irrémédiable V. définitif.

irrémédiablement V. définitivement (*in* définitif).

irrémissible V. impardonnable.

irremplaçable V. unique.

irréparable V. définitif.

irréparablement V. définitivement (*in* définitif).

irrépréhensible V. irréprochable.

irrépressible V. incoercible.

irréprochable *Sa conduite a été irréprochable* : [sout.] **irrépréhensible** ◆ ↑ **parfait** ; → INATTAQUABLE. *Il s'habille toujours de manière irréprochable* : **impeccable.**

irrésistible **1.** [qqch est ~] V. CONCLUANT et INCOERCIBLE. **2.** [qqn est ~] *C'est un homme irrésistible* : ↓ **séduisant***. *Cette enfant est irrésistible* : (fam.) **craquant** ◆ (néol. en ce sens) **trop** ◆ ↓ **adorable, délicieux** ; v. aussi CHARMANT.

irrésolu V. consistance (*in* consistant), indécis.

irrésolution V. indécision (*in* indécis).

irrespirable *L'atmosphère est irrespirable* : **étouffant** (qui s'emploie s'il fait trop chaud, ou au sens fig.) ◆ **délétère** (qui s'emploie s'il s'agit de qqch de toxique) ◆ [partic.] **pollué.**

irresponsable **1.** [adj.] *Une attitude irresponsable* : **insensé** ◆ **c'est de l'inconscience** ; → STUPIDE. **2.** [n.] *C'est un irresponsable* : **inconscient.**

◇ **irresponsabilité** [de irresponsable] : **inconscience.**

irrévérence V. insolence (*in* insolent).

irrévérencieux V. insolent.

irréversible *Il s'est engagé dans un processus irréversible* : **sans retour** ; → DÉFINITIF.

irrévocable V. définitif.

irrévocablement V. définitivement (*in* définitif).

irriguer V. arroser.

irritable V. coléreux (*in* colère).

irritant V. vexant (*in* vexer).

irriter **1.** *Pourquoi chercher à l'irriter ?* : [plus cour.] **mettre en colère** ◆ ↑ **exacerber** ◆ [fam.] ↑ **faire sortir qqn de ses gonds** ◆ ↓ **hérisser, crisper** ; → AIGRIR, PORTER* SUR LES NERFS, ÉNERVER, FÂCHER, METTRE EN BOULE*. **2.** *Ce tissu m'irrite la peau* : [plus fam.] **donner des rougeurs** (... *me donne des rougeurs*) ; → ENFLAMMER.

◇ **s'irriter** : [plus cour.] **se mettre en colère** ; → S'ENFLAMMER, SE FÂCHER, BOULE, BOUILLIR.

◇ **irritation** **1.** V. COLÈRE et AGACEMENT. **2.** *L'irritation du rasoir sur la peau* : **feu** ◆ ↑ **inflammation.** *Ce bébé a de l'irritation* : [plus fam.] **rougeur*** (*avoir des rougeurs*).

irruption V. entrer.

isolation, isolé V. isoler.

isolement V. solitude (*in* solitaire I).

isolément V. séparément (*in* séparer).

isoler **1.** [~ qqn] *On a dû isoler ce malade* : [partic.] **mettre en quarantaine** ; → ÉCARTER. **2.** *On ne peut isoler la pollution de l'industrialisation* : **considérer à part** (... *considérer qqch à part de qqch*) ◆ [didact.] **abstraire** ; → SÉPARER. **3.** *Isoler une pièce, une maison* : [partic.] **insonoriser**.

◇ **isolé** **1.** [qqn est ~] *Je me sens isolé dans mon village* : [plus génér.] **seul***. **2.** [qqch est ~] V. ÉCARTÉ et UNIQUE.

◇ **s'isoler** **1.** V. SE BARRICADER. **2.** V. S'ABSTRAIRE DE.

◇ **isolation** [de isoler 3] : **insonorisation.**

israélite V. juif.

issu V. sortir.

issue **1.** V. aboutissement (*in* aboutir II), résultat, solution. **2.** V. sortie (*in* sortir), porte.

itinéraire V. parcours (*in* parcourir).

itinérant V. ambulant.

itou V. aussi.

I.V.G. V. avortement.

ivoire V. blanc I.

ivre **1.** *Quand on a trop bu, on est ivre* : ↑**ivre mort** ◆ [fam.] ↑**soûl** (qui peut être renforcé par des comparaisons : *soûl comme une bourrique, comme un Polonais, comme un cochon*) ◆ **aviné** (qui se dit de celui qui a bu trop de vin) ◆ [très fam.] ↑**bourré, plein, noir, rond, paf, brindezingue, schlass, givré.** *Être ivre* : ↑**ne plus tenir debout** ◆ ↓**gris, éméché** ◆ [plus fam.] **parti, pompette** ◆ [express. fam.] **avoir un coup, un verre dans le nez** ; → GAI. **2.** [~ de qqch] V. FOU.

◇ **ivresse** **1.** *Bon ou non, le vin mène à l'ivresse* : ↓**ébriété.** L'**alcoolisme** ou **éthylisme** désigne plus exactement la **dépendance alcoolique, éthylique** ou consommation excessive et régulière d'alcool. *État d'ivresse* : [très fam.] **cuite, biture.** **2.** *Cette musique l'avait plongé dans une ivresse délicieuse* : **enivrement, griserie, exaltation** ◆ ↑**extase, ravissement.**

◇ **ivrogne** *Elle a épousé un ivrogne* : [moins péj.] **buveur** ◆ **alcoolique,** [didact.] **éthylique** ◆ [très fam.] **pochard, poivrot, soûlaud.**

J-K

jachère V. friche.

jacquerie V. révolte (*in* révolter).

jacquot V. perroquet.

jactance V. vanité II.

jadis V. anciennement (*in* ancien), avant.

jaillir **1.** *Le sang jaillissait de la blessure* : **gicler** ; → COULER. **2.** *Les bourgeons jaillissaient de la branche* : [plus cour.] **sortir**. *Le clocher jaillissait au-dessus des toits* : [sout.] **pointer**, [moins express.] **s'élever** ; → S'ÉLANCER. **3.** *Des cris jaillissaient de la foule* : **fuser** ; → MONTER. **4.** *La vérité jaillit parfois de la bouche des enfants* : **surgir**, [plus cour.] ↓ **sortir***. *La vérité a jailli et l'affaire est maintenant claire* : **se dégager*** (qui n'implique pas la soudaineté) ; → JOUR.
◇ **jaillissement** **1.** *On voyait des jaillissements de vapeur* : [plus cour.] **jet**. **2.** *Le débat s'animait et c'était un jaillissement d'idées* : **explosion**.

jalon **1.** [pl.] *Quels sont les principaux jalons de votre exposé ?* : **repère**. *Nous avons posé (planté) des jalons pour que ton frère accepte de partir avec nous* : **préparer le terrain**. **2.** [sing.] *Ce n'est que le premier jalon* : **commencement***.
◇ **jalonner** *Beaucoup d'événements importants jalonnaient l'histoire de ce pays* : ↓ **marquer**.

jalouser V. envier (*in* envie).

jalousie **1.** V. envie. **2.** V. persienne, store, volet.

jaloux **1.** V. aimant, envieux (*in* envie), soupçonneux (*in* soupçon). **2.** V. soucieux (*in* souci).

jamais *Riches ? Nous ne le serons jamais !* : [express. fam.] **quand les poules auront des dents, à la saint-glinglin** ; → EN AUCUNE FAÇON. *Si jamais* : V. CAS. *À jamais* : V. ÉTERNITÉ, DÉFINITIVEMENT et TOUJOURS. *On ne le voit presque jamais* : [moins cour.] **guère** (*on ne le voit guère*).

jambage V. montant I.

jambe **1.** *Il est paralysé des deux jambes* : [didact.] **membre inférieur**. *J'ai mal à la jambe* : [fam.] **patte, guibole** ◆ [pl.] **flûtes, quilles**, [fam.] **échasses** (qui ne se dit que de très grandes jambes). *Elle a de belles jambes* : [fam.] **gambettes**. **2.** *Il m'a félicité, cela me fait une belle jambe !* [fam.] : [cour.] **cela ne sert à rien**. *Prendre ses jambes à son cou* : V. PARTIR. *À toutes jambes* : V. VITE. *Par-dessus la jambe* : V. SABOTER et MÉPRIS. *Faire une belle jambe* : V. INUTILE. *Ne plus sentir ses jambes*, [fam.] *en avoir plein les jambes* : V. FATIGUÉ. *Avoir les jambes comme du coton, qui flageolent* [fam.] : [cour.] **être faible**. *Traîner la jambe* : [fam.] **traîner la patte**. *Tirer dans les jambes* : V. NUIRE. *Tenir la jambe* : V. RETENIR. *Faire des ronds de jambe* : **faire des manières***.

jambon V. cuisse.

japper V. aboyer.

jaquette V. couverture (*in* couvrir).

jardin **1.** *Il travaillait chaque jour dans son jardin* : [plus précis] **potager** (= culture des légumes), **verger** (= culture des arbres). *On donnait des concerts dans le jardin public* : ↑ **parc** (= grand jardin privé ou public). ◆ **square** (= jardin toujours public). **2.** *Jardin d'enfants* : **école maternelle** (qui succède au jardin d'enfants) ◆ **garderie** (qui implique seulement l'idée de surveillance et non celle d'éducation). **3.** *Le jardin zoologique s'était enrichi d'espèces rares* : [plus cour.] **zoo**. **4.** *Jeter une pierre dans le jardin de qqn* : **attaquer***.
◇ **jardinage** *Le jardinage occupait ses loisirs* : [didact.] **horticulture** ◆ **arboriculture** (qui concerne la culture des arbres) ◆ **agriculture** (qui s'emploie pour des surfaces importantes et implique que l'activité de culture est une profession).
◇ **jardinier** *Le jardinier taillait ses arbres* : [partic.] **arboriculteur**, **horticulteur**, **maraîcher**, **pépiniériste** ; → AGRICULTEUR.

jargon **1.** *Les jargons ne sont pas compris des non-initiés* : [partic.] **argot**, **langue verte** (= *jargon* des malfaiteurs) ◆ **javanais** (qui désigne un argot où l'on intercale *va* ou *av* dans les mots : *mavariave* pour *mari*). **2.** *La médecine, comme toute profession constituée, a aussi son jargon* : [plus péjor.] **argot**. **3.** V. GALIMATIAS.

jaser
I **1.** *Interrogez-le discrètement pour le faire jaser* [fam.] : [plus cour.] **bavarder***. **2.** *Comment éviter que les gens jasent de votre conduite ?* : **médire**, [plus génér.] **critiquer**.
II *Les moineaux jasaient dans la haie* : [plus cour.] **gazouiller**. *La pie et le geai jasent* : **jacasser**.

jasper V. barioler.

jaspiner V. bavarder (*in* bavard).

jauge V. contenance.

jauger V. juger II.

jaune
I **1.** [adj., n.] *Pouvez-vous distinguer ces différentes sortes de jaune ?* : **jaune d'or**, **jaune citron**, **coing**, **miel**, **mirabelle**, **safran**, **soufre** ◆ **fauve** (qui se dit d'une couleur qui tire sur le roux). *Être jaune comme un citron* : **très jaune**. *Devenir jaune* : V. JAUNIR*. **2.** *Votre plaisanterie l'a fait rire jaune* : **d'un rire forcé**.
◇ **jaunir** *Le papier avait jauni avec le temps* : **devenir jaune** ◆ ↓ **pâlir**.
II [n.] *Les jaunes ont forcé les portes de l'usine* [péj.] : [cour.] **briseur de grève**.

jaunisse *Faire une jaunisse* : V. désappointement (*in* désappointer).

java V. noce.

javelle V. botte, fagot.

javelot V. pique I.

je-m'en-foutisme V. frivolité (*in* frivole).

je-m'en-foutiste V. frivole.

jérémiade V. plainte (*in* plaindre II), pleurnicherie (*in* pleurer).

jéroboam V. bouteille.

jésuitisme V. fausseté (*in* faux I).

Jésus V. dieu.

jet **1.** V. JAILLISSEMENT. **2.** *Le lanceur de disque a réussi un jet magnifique* : **lancer**. *Il a écrit son texte d'un jet, d'un seul jet* : **d'un coup**. *Ce n'est qu'un premier jet, il faudra améliorer cela* : **ébauche**, **esquisse**. *Il débitait ses plaisanteries à jet continu* : **sans s'arrêter**.

jetée V. digue.

jeter **1.** [~ qqch] *Il m'a jeté un verre d'eau à la figure* : **lancer**, **envoyer***, [fam.] **balancer**. *La mer a jeté les navires sur les rochers* : **précipiter** ◆ ↓ **pousser** ◆ ↓ **rejeter** ◆ ↑ **projeter**. *Jeter quelques mots sur le papier* : **noter** ; → ÉCRIRE. *Jeter une lettre à la boîte* : **mettre*** ; → ADRESSER*. *On a jeté un pont sur la rivière* : **construire**. **2.** [~ qqch] *Il faut jeter tous les vieux papiers* : [fam.] **balancer**, **bazarder**, **se débarrasser de**,

se défaire de (qui impliquent que la chose à jeter est, pour telle ou telle raison, encombrante). *Il jette l'argent par les fenêtres* : **dilapider**, **gaspiller** (*il dilapide, gaspille l'argent*). **3.** [~ qqn] *Jeter qqn à terre* : [plus sout.] **terrasser**. **4.** *C'est trop difficile, je jette l'éponge* : **abandonner**, **renoncer**. *Jeter un cri* : V. POUSSER II. *Jeter à la tête* : V. REPROCHER. *Jeter le trouble* : V. SEMER. *Jeter un œil* : V. REGARDER. *Jeter à bas* : V. RENVERSER. *Jeter dehors* : [fam.] **flanquer à la porte** ; → CHASSER*. *En jeter* : V. ALLURE. *Jeter son dévolu* : V. CHOISIR. *Jeter la lumière sur une affaire* : V. RÉPANDRE.

◇ **se jeter** **1.** [~ dans qqch] *Se jeter dans une affaire* : ↓ **s'engager**. *Il s'est jeté à corps perdu dans les affaires* : **se lancer**. **2.** [qqch ~ dans qqch] *Le fleuve se jette dans la mer* : V. ABOUTIR. **3.** [~ sur qqn, qqch] *Le chien s'est jeté sur lui* : ↓ **sauter**. *Se jeter sur sa proie* : V. S'ABATTRE. *Se jeter sur son adversaire* : ↓ **tomber** ; → VOLER DANS LES PLUMES*. **4.** *Il s'est jeté à ses genoux en le suppliant* : **se précipiter** ◆ ↓ **tomber** ◆ [plus génér.] ↓ **se mettre**. *Ils se jetèrent dans les bras l'un de l'autre* : **tomber**, [sout.] **s'embrasser**.

jeteur *Jeteur de sorts* : V. sorcier.

jeton *Faux jeton* : V. faux I.

jeu V. aussi JOUER.

I **1.** *Il se livre à son jeu favori* : **passe-temps** ; → DISTRACTION*. *Les jeux des enfants dans le jardin* : [sout.] **ébats**. **2.** *Il aime les jeux de mots* : **calembour** ; → PLAISANTERIE*.

II *Pour lui, trouver la solution ne fut qu'un jeu, un jeu d'enfant* : **être facile** (*... fut facile*). *Entrer en jeu* : V. JOUER. *Mettre en jeu* : V. RISQUER. *Se piquer au jeu* : V. SE PASSIONNER. *D'entrée de jeu* : V. D'ENTRÉE. *Il a fait cela par jeu* : **gratuitement**.

III *Le jeu d'un acteur* : V. INTERPRÉTATION et MANIÈRE. *Jouer double jeu* : V. DOUBLE. *Faire le jeu de qqn* : V. INTÉRÊT.

IV *Laissez-moi un peu plus de jeu pour agir comme je l'entends* : **marge**, [moins express.] **liberté**.

jeun (à) *Être à jeun*, c'est **ne pas avoir mangé*** ; *rester à jeun*, c'est **ne pas manger***. *Il est à jeun depuis hier* : [fam.] **avoir le ventre* creux, vide**. *Il reste à jeun pour une prise de sang* : **jeûner**.

jeune

I [adj.] **1.** [qqn est ~] *Il est un peu jeune pour se marier* : [péj. ou iron.] **jeunet**, **jeunot**. *Vous êtes bien jeune pour avaler ça !* [fam.] : V. NAÏF. *Il est jeune dans le métier* : **inexpérimenté**, **novice** ; V. TENDRE. **2.** [qqn est ~] *Dupont jeune* : [partic.] **fils**, **junior**. *C'est le plus jeune des deux* : **benjamin**, **cadet** **3.** [qqch est ~] *Un air jeune* : V. JUVÉNILE. **4.** [qqch est ~] *Cette industrie est encore jeune* : **nouveau**. *Des montagnes jeunes* : **récent**. *Un vin jeune* : V. VERT. **5.** [qqch est ~] *C'est un peu jeune comme argument* [fam.] : **court**, [cour.] **insuffisant**, **juste**, **léger**.

II [n. pl.] *Il faut essayer de comprendre les jeunes* : **jeunesse** ◆ **petit** (qui se dit en parlant affectueusement) ; → ADOLESCENT*.

◇ **jeunesse** **1.** V. JEUNE II. **2.** *Mes jambes ont perdu de leur jeunesse* : **vigueur**. *Cet homme a encore beaucoup de jeunesse pour son âge* : [plus sout.] **verdeur**. *En pleine jeunesse* : V. ÂGE.

jeûne *Ces jeûnes successifs l'ont exténué* : **diète** (privation de nourriture par nécessité médicale) ◆ **abstinence** (privation volontaire de nourriture par soumission à une règle religieuse) ; → ASCÈSE.

jeune fille V. adolescent.

jeune homme V. adolescent.

jeûner V. jeun (à).

jeunesse V. jeune II.

jeunet, jeunot V. jeune I.

joaillerie V. bijouterie (*in* bijou).

job V. métier, travail.

joaillier V. bijoutier (*in* bijou).

jobard V. naïf, niais.

jockey V. cavalier.

jogging **1.** V. course. **2.** V. survêtement.

joie **1.** *Éprouver une joie intense, profonde* : ↓ **contentement**, **satisfaction**, **plaisir**

◆ ↑ **allégresse**, **jubilation**, [sout.] **exultation** ; → BONHEUR, DÉLICE. *La joie des retrouvailles* : V. GAIETÉ. **2.** *Tout le monde était dans la joie* : **liesse** (qui se dit d'une joie collective : *en liesse*). **3.** [pl.] *Elle se contentait des petites joies que la vie lui apportait* : **plaisirs**, **satisfactions**, [plus rare] **douceurs**. **4.** *Être fou de joie* : ↑ **exulter**, **jubiler**. *Il fut transporté de joie par la nouvelle* : **être aux anges**. *Votre réussite me met en joie* : **réjouir**. *Joie de vivre* : V. ENTRAIN. *Quand aurons-nous la joie de vous revoir ?* : [plus cour.] **plaisir**. *Rayonnant de joie* : V. RADIEUX. *Fille de joie* : V. PROSTITUÉE.

◇ **joyeux** *Se sentir joyeux* : [fam.] **jouasse** ; → GAI*. *Sa mine joyeuse nous détend* : **réjoui** ◆ ↑ **radieux**, **jovial**. *Joyeux anniversaire !* : **heureux**.

joindre **1.** [~ qqch à qqch] *Leurs deux noms étaient joints l'un à l'autre sur les bagues* : **accoler**, **réunir**, **unir**. *Un pont joint l'île à la côte* : **réunir**, [plus cour.] **relier**. *Joindre un tuyau à un autre* : **raccorder** ◆ [plus précis] **aboucher**. **2.** [qqn ~ qqch] *Joignons nos efforts pour faire triompher notre cause* : **conjuguer**, **unir**. *Joindre ses lettres* : V. LIER. **3.** [~ qqch à qqch] *Veuillez joindre cette pièce à mon dossier* : **annexer** ; → AJOUTER. *Joindre l'imagination à l'intelligence* : **associer** ; → MARIER. **4.** [~ qqch] *Ils ne parviennent pas à joindre les deux bouts* : **à boucler le mois** ◆ ↑ **ils tirent le diable par la queue**. **5.** [~ qqn] V. CONTACTER, TOUCHER et RENCONTRER. **6.** [qqch ~] *Les battants de la fenêtre ne joignent pas très bien* : ↑ **adhérer***.

◇ **se joindre** **1.** *Il s'est joint au cortège* : **se mêler**. *Se joindre à une conversation* : V. S'ASSOCIER. *Il s'est joint à l'association* : [plus cour.] **adhérer**. **2.** V. SE RACCORDER.

◇ **joint** **1.** [adj. ou adv.] *Vous trouverez ci-joint une copie du document* : **ci-inclus**. **2.** [adj.] *Des éléments bien joints* : **uni**. **3.** [n.] *Trouver le joint* : V. FORMULE.

I V. hachisch.

◇ **jointure** *Faire craquer ses jointures* : **articulation**. *La jointure des deux pièces est parfaite* : **charnière** (qui se dit d'une attache articulée).

◇ **jonction** *Notre rendez-vous se trouve au point de jonction des deux chemins forestiers* [sout.] : **point de rencontre**. *Les troupes ont opéré leur jonction* : V. SE REJOINDRE. *La jonction de deux rivières* : [plus cour.] **confluent**.

joli

I [adj.] **1.** [qqn, qqch est ~] V. BEAU, ÉLÉGANT et MIGNON. **2.** [qqch est ~] *C'est une bien jolie robe* : **ravissant**. *Une jolie ville* : V. CHARMANT. **3.** [qqch est ~] *Il a une jolie situation* : [postposé] **avantageux**, **intéressant**. *Il a réalisé de jolis bénéfices* : [fam.] **coquet**, [cour.] **important**.

◇ **joliment** *Il s'est joliment trompé* : [fam.] **drôlement**, [cour.] **bien** ; → BEAUCOUP, TRÈS.

II [n.] *Eh bien ! c'est du joli !* : **propre**.

jonc V. bracelet.

joncher V. couvrir, semer II.

jonction V. joindre.

jongler V. jouer I.

jouasse V. joyeux (*in* joie).

joue (en) *Il mit en joue son fusil* : [plus cour.] **épauler**. *Il tenait, mettait en joue la cible* : **viser**.

jouer

I V. JEU. **1.** [qqn ~] *Elle joue avec sa poupée* : **faire joujou** (qui est du langage enfantin) ; → S'AMUSER. **2.** [qqn ~ avec qqch] *Il joue avec les chiffres* : **jongler**.

II [~ qqch]. **1.** *Jouer sur un cheval* : **miser** ; → PARIER*. *Jouer ses économies à la Bourse* : V. SPÉCULER. **2.** *Il joue sa réputation dans cette affaire* : ↓ **exposer**. *Jouer sa vie* : V. RISQUER. *Jouer son va-tout* : V. SE DÉCIDER. *Il joue sur le velours* [fam.] : [cour.] **à coup sûr**.

III **1.** [~ qqch] *Elle a su jouer ce personnage* : **incarner**. *Jouer une sonate* : V. INTERPRÉTER. *La télévision joue un film* : V. DONNER. *La troupe a joué cette pièce dans notre ville* : **représenter***. *Ce n'est pas la peine de jouer la douleur* : [plus cour.] **feindre***, **simuler*** ; → MIMER*. **2.** [~ à qqch] V. POSER.

IV [~ qqn] *Il ne s'est pas méfié et on l'a joué* [sout.] : **berner**, **duper**, [plus cour.] **tromper***, [fam.] **rouler**. *Se jouer de qqn* : V. S'AMUSER et SE MOQUER.

v [~ de qqch] *Il a joué de son influence pour nous obtenir ces places* : ↓ **user** (qui n'implique pas l'idée d'habileté contenue dans *jouer*).

vi [qqch ~] **1.** *Le bois a joué* : V. TRAVAILLER. **2.** *Les questions d'argent ne jouent pas entre eux* : **intervenir**, **entrer en jeu**.

jouet **1.** *Elle a reçu beaucoup de jouets à Noël* : **joujou** (qui est du langage enfantin). **2.** *Être le jouet de qqn* : V. ESCLAVE.

joueur V. équipier.

joufflu V. bouffi.

joug V. oppression (*in* opprimer).

jouir **1.** *Il faut savoir jouir de la vie* : **profiter de**, **goûter**, **savourer**. **2.** *Cette région jouit d'un ciel très lumineux* : [sout.] **bénéficier de**, [cour.] **avoir** ; → CONNAÎTRE. **3.** Au sens de : éprouver un plaisir sexuel : **avoir, prendre du plaisir**. **4.** *Jouir d'un bien* : V. POSSÉDER.

◇ **jouissance** **1.** *Les jouissances de la vie* : **délices** ◆ ↑ **volupté** ; → PLAISIR*. **2.** *Avez-vous la jouissance de la totalité de cette maison ?* : **usage** ; → POSSESSION.

◇ **jouisseur** *C'est un jouisseur* : [sout.] **épicurien**, **hédoniste** ◆ [cour.] **viveur**, **noceur**, **fêtard**, **bambocheur** (qui évoquent le goût de la fête) ◆ [péj.] **paillard**, **libertin**, **débauché** (qui évoquent le goût des plaisirs sexuels) ; → SYBARITE*, INCONTINENT.

joujou V. jouer I, jouet.

jour

1. *Je l'ai attendu tout le jour, toute la journée ; passer des jours entiers, des journées entières à attendre* : **journée** (qui se dit d'une durée de 24 heures remplie par diverses activités : *on compte les jours, mais on occupe ses journées*). *Le lever du jour* : V. SOLEIL. **2.** *Les températures du jour* : [partic.] **diurne** (*des rapaces diurnes*). **3.** *C'était le jour où j'étais malade* : **fois**. *Je vais noter le jour* : [plus précis] **date***. **4.** [sing.] *C'est clair comme le jour, votre explication* : **évident**. *Mettre, montrer qqch au grand jour* : **aux yeux de tous** ; → LUMIÈRE*. *La vérité commence à se faire jour* : **apparaître**, **se dégager**, [sout.] **transparaître**. *Voir les choses sous un jour nouveau* : V. ÉCLAIRAGE. *Être dans un bon, mauvais jour* : V. HUMEUR. *Des œufs du jour* : V. FRAIS. *Il doit venir d'un jour à l'autre* : **incessamment** ; → BIENTÔT. *On met régulièrement à jour cette encyclopédie* : **actualiser** ; → MODERNISER, REFAIRE, RÉFORMER. *Mise à jour* : V. MODERNISATION. *Elle a donné le jour à des jumeaux* [sout.] : **enfanter** ; → DONNER LA VIE* À, ACCOUCHER. *Cela ne durera qu'un jour* : **moment**. *Il a changé d'avis du jour au lendemain* : **brusquement**. *Les camions roulaient nuit et jour* : **continuellement**, **sans cesse** ; → SANS ARRÊT*. *Voir le jour* : V. COMMENCER. *Au jour le jour* : V. À LA PETITE SEMAINE*. *Un jour ou l'autre* : V. TÔT OU TARD. [pl.] *Voilà des choses qui arrivent tous les jours* : **couramment**. *De nos jours* : V. ACTUELLEMENT. **5.** *Un jour dans un mur* : V. FENTE et VIDE.

◇ **journellement** *Il étudie journellement les cours de la Bourse* : [plus cour.] **quotidiennement**, **toute la journée**, **à longueur de jour** (qui insistent sur la durée de l'action).

◇ **journalier** [rare] *Le travail journalier, les tâches journalières* : [cour.] **quotidien**.

journal **1.** *Lire le journal est une activité importante* : [vx] **gazette**, **quotidien**, [fam.] **canard**, [didact.] **organe** (qui se dit d'un journal d'un parti politique) ; → PÉRIODIQUE. *Il lit les journaux* : **la presse**. *Le journal télévisé* : V. ACTUALITÉS* et INFORMATIONS. *C'est l'heure du journal* : **nouvelles**. **2.** *Journal de bord* : V. LIVRE.

◇ **journaliste** : **reporter** (qui se dit de celui qui recueille à l'extérieur des informations pour son journal) ◆ **chroniqueur** (qui se dit de celui qui tient régulièrement une chronique particulière : mode, littérature) ◆ **rédacteur** (qui est attaché à la **rédaction*** d'un journal) ◆ **pigiste** (qui s'applique à un journaliste rétribué à la ligne) ◆ **correspondant** (qui désigne un journaliste qui transmet au siège du journal des articles du lieu où il se trouve : *un article de notre correspondant à Tokyo*).

journalier V. jour.

journée, journellement V. jour.

joute V. duel, lutte.

jouxter V. voisin.

jovial V. gai.

jovialité V. gaieté (*in* gai).

joyau V. bijou.

joyeusement V. gaiement (*in* gai).

joyeux V. joie.

jubilation V. joie.

jubiler V. être fou de joie*, se réjouir, triompher (*in* triomphe).

jucher (se) V. monter, se percher.

judas V. déloyal, traître.

judicieusement V. à bon escient*, sainement (*in* sain).

judicieux V. bon I, convenable, pertinent, sage.

juger

I 1. *Il appartiendra au tribunal de juger* : **rendre justice, rendre un jugement, une sentence, un verdict** ◆ **statuer** (= prendre une décision sur une affaire en vertu de l'autorité que l'on a : *on statue sur qqch*) ◆ **arbitrer** (= régler une affaire à la demande des parties en conflit). 2. *C'est un cas bien difficile à juger* : ↑ **trancher** ; → RÉSOUDRE*.

◇ **jugement** 1. *Le tribunal a rendu son jugement* : **verdict, sentence** ; → ARBITRAGE*. 2. *Je m'en remets à votre jugement* : **avis*** ; → APPRÉCIATION, IDÉE. 3. *C'est quelqu'un qui ne manque pas de jugement* : [fam.] **jugeote** ; → ESPRIT, FINESSE, CLAIRVOYANCE, BON SENS*.

II 1. [~ qqn] *Je n'admets pas qu'on me juge au premier coup d'œil, sans me connaître* : **jauger** ◆ [plus péj.] **cataloguer, étiqueter** ; → REGARDER*. *Vous êtes bien obligé de juger cet élève* : **estimer la valeur de** ; → EXAMINER*, CRITIQUER. 2. [~ qqn + adj.] *Je ne le juge pas capable d'une telle action* : V. CROIRE et ESTIMER III. *Juger qqn prétentieux* : V. TROUVER. 3. [~ de qqch] *Jugez de mon étonnement !* : **imaginer***, [plus cour.] **se rendre compte de**.

juguler V. arrêter I, enrayer.

juif Se dit de celui qui appartient à la communauté religieuse professant la religion judaïque : **israélite** (à distinguer d'*Israélien* qui désigne l'habitant de l'État d'Israël) ◆ **hébreu** (= nom biblique du peuple juif).

jules V. amant.

jument *Le fermier élevait des juments* : le mot désigne la femelle du **cheval** ; **pouliche** se dit d'une jument qui, tout en n'étant plus un **poulain**, n'est pas encore adulte.

junior V. cadet, jeune.

jupon V. cotillon, femme.

jurement V. blasphème.

jurer

I [qqn ~ qqch] 1. *Je te jure que c'est vrai* : ↓ **assurer**, ↓ **déclarer** ; → AFFIRMER*. *Jurer de bien se tenir* : V. PROMETTRE. 2. *Dites : je le jure* : V. PRÊTER* SERMENT. 3. *On jurerait un tableau de Cézanne* : **croire, dire**.

II [qqn ~] 1. *Il jurait contre le retard* : **pester** ◆ ↓ **grogner**, [sout.] **maugréer**, [fam.] **râler**. 2. *Qu'il est grossier ! Il jure comme un charretier* : **blasphémer** ; → SACRER*.

III [qqch ~ avec] *Ton pantalon jure avec ta veste* : **détonner** ; → ALLER ENSEMBLE*.

juridiction V. tribunal.

juridique, juriste V. droit IV.

juron V. blasphème.

jus [fam.] *Tomber au jus* : **eau**. *Boire un jus* : **café**. *Il n'y a plus de jus* : **courant** ; → ESSENCE. *Son jus était un peu long* [fam.] : **topo**, [cour.] **exposé** ; → DISCOURS. *Ça ne vaut pas le jus* : V. PEINE.

jusant V. reflux.

jusqu'au bout V. à fond.

jusqu'au-boutisme, jusqu'au-boutiste V. extrémisme, extrémiste.

juste

I [qqn, qqch est ~] Conforme à la justice : V. ÉQUITABLE et HONNÊTE. *Vous avez là une juste raison de vous alarmer* [sout.] : [plus cour.] **légitime**.

◇ **justice** *Vous avez agi avec justice* : **équité** ; → DROIT*, DROITURE*, PROBITÉ. *Aimer la justice* : V. BIEN. *Rendons-lui cette justice qu'il a fait ce qu'il a pu* : **avouer, reconnaître**. *Il a fait justice de cette erreur* [sout.] : [plus cour.] **récuser, réfuter**. *Se faire justice* : [en partic.] **se suicider** ; → SE VENGER.

II [qqch est ~] Conforme à une norme. *Une réponse juste* : **adéquat, exact** ◆ ↓ **convenable*** ; → CORRECT. *Une expression juste* : **heureux** ; → PERTINENT. *Le mot juste* : V. PROPRE. *L'heure juste* : **exact**. *Estimer les gens à leur juste valeur* : **vrai, véritable, réel**.

III [adv.] *Que voulez-vous dire au juste ?* : V. EXACTEMENT. *Juste au moment où je partais* : V. À L'INSTANT* OÙ. *Il est arrivé juste* : V. PILE et POINT. *Juste dans* : V. EN PLEIN*. *Il sait tout juste lire* : **à peine** ; → MODESTEMENT. *Il a tout juste vingt ans* : **à peine** ; → SEULEMENT.

◇ **justesse** 1. *La justesse d'un raisonnement* : V. EXACTITUDE. *Reconnaissons la justesse de ses reproches* : **bien-fondé** ; → CORRECTION*, VÉRITÉ*. 2. *La collision a été évitée de justesse !* : **de peu**, [fam.] **d'un cheveu**. *Il a gagné de justesse* : [fam.] **à l'arraché, ric-rac**.

IV [qqch est ~] *Vous n'avez rien à ajouter ? C'est un peu juste* : V. COURT et JEUNE. *Un vêtement juste* : V. ÉTROIT. *Il a réussi, mais c'était juste !* [fam.] : **tangent**.

justement

I *Vous avez apprécié le problème justement* : **correctement** ; → CONVENABLEMENT*. *Il répondait justement à toutes les objections* : **avec pertinence, avec à-propos** ; → RAISON. *Comme il l'a dit justement* : **exactement**.

II *Il me disait justement que vous seriez en retard !* : [moins cour.] **précisément**.

justifiable V. défendable (*in* défendre I).

justification V. plaidoyer.

justifié V. légitime.

justifier 1. [~ qqn] *Nous avons en vain tenté de le justifier* : **disculper** ◆ ↑ **innocenter, mettre hors de cause**, [fam.] **blanchir, couvrir** ; → ACQUITTER, DÉFENDRE, LAVER. 2. [qqn ~ qqch] *N'essayez pas de justifier ses sottises* : ↓ **excuser**. *Justifiez vos critiques* : **fonder, motiver** ; → EXPLIQUER*. 3. [qqch ~ qqch] *Nos espoirs étaient justifiés : le voici guéri !* : **fonder**. *Le temps a justifié nos espoirs* : **vérifier**. *Son revenu ne justifie pas cette dépense* : [plus cour.] **rendre compte**. 4. [qqch ~ qqch] *Une telle interprétation de la loi justifie tous les abus !* : **légitimer**.

◇ **se justifier** 1. [qqn ~] *Se justifier d'une accusation* : **se laver**. 2. [qqch ~] *Ses craintes se justifient* : V. S'EXPLIQUER.

juter V. éjaculer.

juvénile 1. [qqch est ~] *Tous appréciaient son caractère juvénile* [sout.] : [cour.] **plein d'ardeur, d'entrain**, [plus génér.] **jeune**. 2. [qqn est ~] *Malgré le temps cet homme reste très juvénile* [sout.] : [plus cour.] **adolescent**, [cour.] **jeune**.

kapok V. bourrage.

kermesse *C'est la kermesse annuelle à l'école laïque* : [plus génér.] **fête**.

kidnapper V. enlever, voler II.

kidnappeur V. voleur (*in* voler II).

kidnapping V. enlèvement (*in* enlever).

kif V. hachisch.

kif, kif-kif *C'est du kif, c'est kif-kif* : V. équivaloir, même I et II.

kiki V. gorge I.

kilomètre *À des kilomètres* : V. distance.

kinésithérapeute V. soigneur (*in* soigner II).

kiosque V. édicule.

kitsch V. rétro.

klaxon V. avertisseur.

klaxonner V. avertir.

knock-out 1. *Le boxeur a gagné le combat par knock-out* : [cour.] **k.-o.** *Mettre knock-out* : V. ÉTENDRE et VAINCRE. 2. *Trois heures* *de marche et il était knock-out* : [fam.] **k.-o.**, **lessivé**, **vanné** ◆ [cour.] **épuisé**, **très fatigué**. *Être knock-out* : V. ASSOMMÉ.

knout V. fouet.

k.-o. V. knock-out.

krach V. bourse II, faillite.

kraft V. papier épais*.

kyrielle V. quantité, succession (*in* succéder), suite (*in* suivre).

kyste V. tumeur.

L

là 1. V. où. 2. *D'ici là* : V. en attendant (*in* attendre).

label V. certificat.

labeur V. travail.

laborieux 1. *C'était un artisan très laborieux* [rare] : [plus cour.] **travailleur**. *La classe laborieuse* : V. OUVRIER, POPULAIRE et TRAVAILLEUR. 2. *On sentait que son style resterait laborieux* [péj.] : **lourd**.

labourable V. arable.

labourer V. ameublir, défoncer, retourner.

labyrinthe *Comment se retrouver dans le labyrinthe des textes juridiques ?* : **dédale**, [péj.] **maquis** ; → DÉSORDRE. *Un labyrinthe de ruelles* : **dédale**, [sout.] **écheveau**, **lacis**.

lac V. étang.
◇ **lac-réservoir** V. retenue II.

lacer V. attacher.

lacérer V. déchirer.

lacet 1. V. collet, corde, piège. 2. V. contour, virage.

lâchage V. abandon.

lâche
I 1. [qqn est ~] *Faut-il qu'il soit lâche pour avoir ainsi abandonné son poste* : [sout.] **veule** ◆ **couard**, ↓ **faible**, [fam.] **dégonflé**, **foireux**, [très fam.] **péteux** ◆ **qui n'a rien dans le ventre** ; → PEUREUX. 2. [qqch est ~] *Il use des procédés les plus lâches pour asseoir son autorité* : **bas**, [sout.] **vil** ; → ABJECT, LAID.
◇ **lâcheté** 1. *On cède à tous ses caprices par lâcheté* : [sout.] **veulerie** ◆ ↓ **faiblesse** ; → COMPROMISSION, MOLLESSE. 2. *Les troupes ont fui par lâcheté* : [sout.] **couardise** ; → PEUR. 3. V. BASSESSE.
II [qqch est ~] *La corde restait lâche* : **détendu** ; → MOU.

lâcher 1. [~ qqch] *Il faudrait lâcher un peu d'amarre pour que le bateau ne heurte pas le quai* : **donner du mou à**. *Lâcher sa ceinture d'un cran* : [plus cour.] **desserrer**, **relâcher**. 2. [qqch ~] *Attention ! la corde commence à lâcher !* : **céder**, [plus génér.] **casser**, **se casser**, [sout.] **se rompre** ◆ ↑ **faiblir**. 3. [~ qqch] *Il a lâché la pile d'assiettes* : **laisser tomber** ; → LAISSER ÉCHAPPER*. *Il a lâché une parole malheureuse* : **laisser échapper** ; → LANCER. 4. [~ qqch] *Lâcher des bombes sur une ville* : **lancer** ; → LARGUER. 5. [~ qqn] *Elle a lâché son mari* : [fam.] **laisser**, **quitter**, [fam.] **plaquer** ; → ABANDONNER. *Lâcher un concurrent* : V. SEMER. *Lâchez-le avant dix heures, il se lève tôt* [fam.] : [cour.] **laisser partir**.

lacis V. entrelacement (*in* entrelacer), labyrinthe.

laconique V. concis, succinct.

laconisme V. concision (*in* concis).

lacs V. collet, piège.

lacunaire V. imparfait, inachevé.

lacune V. ignorance, omission (*in* omettre), manque, trou, vide II.

lad V. garçon d'écurie*.

ladre V. avare, chiche.

ladrerie V. avarice (*in* avare).

lagune V. étang.

laid **1.** [qqn est ~] *Dieu ! qu'il est laid (comme un pou, à faire peur, à faire fuir) !* : ↑ **hideux**, **affreux**, **horrible**, **monstrueux**, [fam.] **moche** ◆ ↑ **repoussant**, **répugnant** ◆ [sout.] ↓ **disgracié** (*disgracié par la nature*). **2.** [qqch est ~] *Un visage laid* : **vilain**, ↓ **disgracieux**, **ingrat** ; → ANGULEUX. **3.** [qqch est ~] *Ces maisons sont laides dans le paysage* : ↑ **hideux**, **horrible**, [fam.] **moche**, [rare] ↓ **inesthétique**. *C'est un assemblage assez laid de matériaux* : **informe** (qui insiste plutôt sur le caractère inachevé de qqch). **4.** [qqch est ~] *Il a commis les actions les plus laides sans remords* : **bas**, [sout.] **vil**, **méprisable** ; → LÂCHE, ABJECT. **5.** [qqch est ~] *Que c'est laid de sucer son pouce !* : **vilain**.

laideur V. horreur.

laine V. toison.

laïque V. séculier.

laisser **1.** [~ qqn, qqch + inf.] *Maintenant, laissez-le partir* : **permettre de**, [sout.] **consentir** (*consentez à ce qu'il parte*). *Elle laissait voir sa gêne* : **montrer**. *Laisser tomber qqn* : V. ABANDONNER. **2.** [qqn ~ qqch] *J'ai laissé mes clefs chez moi !* : **oublier**. *Laissez le plat au chaud !* : **garder**, [moins cour.] **tenir**. *Laissez votre sac sur la table* : V. DÉPOSER. **3.** [qqn ~ qqch à qqn] *Il me l'a laissé à bas prix* : **céder** ; → VENDRE. *Je vous laisse une part de gâteau* : [plus précis.] **réserver**. *Comme il n'avait pas d'enfants, il a laissé tous ses biens à son neveu* : **léguer** ; → ABANDONNER, CONFIER, REMETTRE, TRANSMETTRE. **4.** [qqn ~ qqn] *Il les a laissés sur le bord de la route* : [fam.] **planter** ; → LÂCHER. **5.** [qqch ~ qqch] *La crue avait laissé des boues dans les prés* : [plus cour.] **déposer**. **6.** *Il y a laissé la vie* : [plus cour.] **perdre**. *Se laisser prendre* : V. DUPE. *Laisser qqch de côté* : **négliger**, **omettre**. *Il s'est laissé aller* : V. SE RELÂCHER.

laisser-aller V. désinvolture, négligence (*in* négliger), relâchement (*in* relâcher I).

laissez-passer [plus partic.] **coupe-file** (= carte officielle de libre circulation) ◆ **sauf-conduit** (= carte délivrée généralement par l'autorité militaire en temps de guerre ou de troubles).

laiteux V. blanc I.

laïus V. discours.

laïusser V. discourir (*in* discours).

lama V. prêtre.

lambeau **1.** V. MORCEAU. **2.** *En lambeaux*. *Il rentra avec ses vêtements en lambeaux* : ↓ **déchiré**.

lambin V. traînard.

lambiner V. s'amuser.

lame V. vague I.

lamentable V. catastrophique, malheureux I (*in* malheur), misérable I, navrant (*in* navrer), pitoyable, sinistre I, triste III.

lamentation V. pleurs (*in* pleurer).

lamenter (se) V. se plaindre II, pleurer.

lampe **1.** V. torche. **2.** *Plein la lampe* : V. manger I.

lampée V. gorgée.

lamper V. boire.

lampiste V. petit II.

lance V. pique I.

lancer

I [v.] **1.** [~ qqch] *Lancer la balle* : V. ENVOYER. *Lancer des projectiles* : [partic.] **catapulter** ; → JETER, LÂCHER. *Lancer un appel* : V. ÉMETTRE. **2.** [~ qqch] *On a lancé le navire cette semaine* : [plus cour.] **mettre à l'eau**. *La troupe lança brutalement une attaque* : **déclencher**. *Lancer une machine* : V. METTRE

EN TRAIN* II. **3.** [~ qqn] *Il ne fallait pas le lancer sur ce sujet* [fam.] : [cour.] **engager**. **4.** [~ qqn, qqch] *Les producteurs ont lancé ce chanteur à coups de publicité* : ↓ **pousser** ; → PATRONNER. *Lancer un nouveau produit* : [moins cour.] **promouvoir**.

◇ **se lancer** **1.** *Se lancer dans une affaire* : V. S'EMBARQUER et SE JETER. **2.** *Elle se lança dans des explications peu convaincantes* : **commencer***, **entamer**.

◇ **lancement** **1.** *Le lancement du film ne fut pas une réussite* : **promotion**. **2.** *Le lancement d'un livre* : **publication**. *Le lancement d'un emprunt* : V. ÉMISSION.

II [n.] V. JET.

lancette V. scalpel.

lancinant V. obsédant (*in* obséder).

landau V. voiture.

lande *Il aimait les landes sauvages de Bretagne* : [régional ou didact.] **brande** ; → FRICHE.

langage **1.** *Ils ne parlent pas le même langage* : **langue** ; → PARLER. **2.** *Un écart de langage* : V. INCONVENANCE. *Le pouvoir du langage* : **verbe**.

lange V. couche I.

langoureux V. tendre II.

langue

I *Tirer la langue* : V. SOIF. *Mauvaise, méchante langue* : V. MÉDISANT. *Ne pas savoir tenir sa langue, avoir la langue bien pendue* : V. BAVARD. *Je n'ai pas encore pris langue avec lui* [rare] : [très sout.] **s'aboucher**, [cour.] **prendre contact**.

II **1.** *Le basque n'est pas un dialecte, mais une langue* : **idiome** (qui se dit de la langue d'une communauté, envisagée dans ses particularités) ; → LANGAGE, JARGON. **2.** V. STYLE.

langueur V. apathie.

languide V. languissant (*in* languir).

languir **1.** [qqn ~] *Ce pauvre vieillard languit dans sa solitude* [sout.] : **se morfondre**. *Il languit depuis des heures* : V. ATTENDRE, MOISIR et SÉCHER. **2.** [qqch ~] *La conversation languissait* [sout.] : [cour.] **traîner en longueur**.

◇ **languissant** **1.** *Il la regardait avec des yeux languissants* : **langoureux**, [très sout.] **languide** ◆ [péj.] ↑ **mourant**. *Des gestes languissants* : [plus cour.] **nonchalant**. **2.** *Il essayait de ranimer une conversation languissante* : ↑ **morne** ; → ENNUYEUX.

lanière V. courroie.

lanterne **1.** *La nuit tombait et le conducteur mit ses lanternes* [vx] : [plus cour.] **veilleuse** ◆ **fanal** (= grosse lanterne devant servir de signal lumineux) ; → FEU. **2.** *Faire prendre des vessies pour des lanternes* : [plus fam.] **prendre les enfants du bon Dieu pour des canards sauvages !** *Éclairer la lanterne de qqn* : V. RENSEIGNER. *C'est la lanterne rouge de la classe* : [plus génér.] **dernier**.

lanterner V. s'amuser, traîner.

lapalissade V. évidence.

laper V. boire, lécher.

lapidaire V. concis.

lapider V. pierre.

lapin V. rendez-vous.

laquais V. serviteur.

laque V. vernis.

laquer V. peindre I.

larbin V. serviteur.

larcin V. vol II.

lard *Faire du lard* : V. grossir (*in* gros).

larder **1.** *Larder de coups* : V. PERCER. **2.** *L'orateur a lardé son discours de citations* [fam.] : **émailler***, **farcir** ◆ ↓ **semer**, [fam.] **bourrer**.

lardon [fam.] V. bébé.

large

I **1.** [adj.] *Elle portait une robe large* : [plus précis.] **évasé** ◆ **ample***, **vague**. **2.** *Le directeur nous a fait de larges concessions* : **important**, ↑ **considérable**. **3.** *Avoir l'esprit large* (= ouvert aux idées nouvelles) : **souple** (= esprit alerte), **tolérant***. **4.** *Un large* *pourboire* : V. ABONDANT. *Il est large* : V. GÉNÉREUX et PRODIGUE.

◇ **largement** *Il est largement midi* : **depuis longtemps** ◆ ↓ **au moins**. *J'ai été largement reçu à l'examen* : **sans difficulté**. *Il sait donner largement* : V. SANS COMPTER*, GÉNÉREUSEMENT, LIBÉRALEMENT. *Il est largement temps* : V. GRANDEMENT.

II [n.] **1. Mer**. **2.** *Il n'avait plus qu'à prendre le large* : [fam.] **décamper**, [cour.] **s'enfuir**.

largesse V. générosité (*in* généreux), libéralité.

largeur V. dimension, envergure. *Largeur d'esprit* : V. compréhension (*in* comprendre II), évolué.

larguer **1.** [~ qqch] *L'avion a largué ses bombes* : [moins précis.] **lâcher***. **2.** [~ qqn] V. ABANDONNER et LAISSER TOMBER*.

larme **1.** *Un visage baigné de larmes* : [très sout.] **pleur** ; → PLEURER. *L'enfant égaré fut retrouvé en larmes* : [moins cour.] **larmoyant**, [sout.] **éploré** (souvent précédé de *tout* : *il est tout éploré*). *Cette épreuve lui a coûté bien des larmes* [sout.] : [cour., au pl.] **souffrances** ◆ ↓ **chagrin**. **2.** *Donnez-moi une larme de calvados* : [plus cour.] **goutte, un peu de**.

larmoiement V. pleurnicherie (*in* pleurer).

larmoyant V. larme.

larmoyer V. pleurer.

larvé V. latent.

las V. fatigué (*in* fatiguer).

lascar V. gaillard II, loustic.

lascif V. sensuel (*in* sens I), suggestif (*in* suggérer), voluptueux (*in* volupté).

lascivité V. sensualité (*in* sens I).

lasser V. ennuyer.
◇ **se lasser** V. se fatiguer.

lassitude **1.** *Par lassitude, j'ai cédé à ses caprices* : **de guerre lasse**. *Il abandonna par lassitude* : [plus cour.] **découragement**. **2.** V. FATIGUE.

latent **1.** *Cette région du monde est un foyer de troubles latents* : **larvé**. **2.** V. CACHÉ.

latitude *Il a toute latitude pour organiser leurs loisirs* : **facilité, liberté** ; → MARGE. *Laisser toute latitude à qqn* : V. CHAMP.

latrines V. cabinet II.

latte V. planche.

laudatif *Les critiques ont accueilli son film en termes laudatifs* : [plus cour.] **élogieux, flatteur**.

lauriers V. gloire.

lavage V. laver I.

lavement V. injection (*in* injecter).

laver

I **1.** [qqn ~ qqch] *Elle a lavé la tache de café* : [plus génér.] **enlever, ôter**. *Elle lavait le linge de la maison chaque samedi* : **nettoyer**, [partic.] **savonner**. *Laver un mur* : [plus précis] **lessiver**. **2.** [qqn ~ qqch] *Le garçon de café lave les verres* : **rincer**. *Il lave la vaisselle dans un restaurant* : **faire la plonge**. **3.** [qqn ~ qqn] *La mère lave la figure du jeune enfant* : [fam.] **débarbouiller** ; → BAIGNER. *Tu vas te faire laver la tête* [fam.] : [fam.] **engueuler**, [cour.] **réprimander**.

◇ **se laver** **1.** *Il se lave soigneusement en rentrant de son travail* : **se nettoyer, faire sa toilette**, [fam.] **se décrasser**. **2.** *Se laver les mains de qqch. Il se lave les mains de tout ce qui peut arriver* : **se désintéresser**.

◇ **lavage** *Le lavage du linge, du sol* : **blanchissage, lessivage, nettoyage**.

◇ **laverie** *Elle porte son linge dans une laverie* : **blanchisserie** (qui ne comporte pas de machines à laver individuelles).

◇ **laveuse** [vx] : [plus cour.] **blanchisseuse**, [vx] **lavandière**.

◇ **lavoir** *L'ancien lavoir était au bord de la rivière* : **buanderie** (= local réservé au lavage).

II **1.** [qqn ~ qqch] *Les nobles lavaient une injure dans le sang* : **effacer**. **2.** [qqn ~ qqch] *Les trafiquants lavaient l'argent de la drogue* : **blanchir**. **3.** [~ qqn de qqch] *L'enquête a lavé le prévenu de tout soupçon* : **disculper**. **4.** [qqch ~ qqch] *Pour les croyants, la confession lave les péchés* : **effacer**.

◇ **se laver** *Se laver d'une accusation* : **se disculper** ; → JUSTIFIER. *Se laver d'une injure* : V. VENGER.

lavette [fam.] *Cet homme est sans énergie, c'est une lavette* : [cour.] ↓ **mou**.

laxatif V. purgatif.

laxisme, laxiste V. liberté.

layon V. chemin.

lazzi V. moquerie (*in* se moquer), pointe IV.

leader V. tête.

leadership V. direction I.

lèche V. flatterie (*in* flatter).

léché V. fini (*in* finir).

lécher **1.** *Le chien lèche la main de son maître* : ↓ **caresser**. **2.** *Le chat a léché tout le lait dans son bol* : [génér.] **laper, boire**. **3.** *Le feu progressait et les flammes léchaient déjà les murs de la maison* : [plus génér.] **atteindre**, ↓ **effleurer**. **4.** *Ce peintre lèche trop ses tableaux* : **fignoler**. **5.** *Lécher les bottes* : V. FLATTER. **6.** *Les badauds léchaient les vitrines* : **regarder avec plaisir**. *S'en lécher les babines, les doigts* : **se délecter, savourer**.

leçon **1.** *L'étudiant a apprécié les leçons du nouveau professeur* : ↓ **cours** ; → CONFÉRENCE. **2.** *Il prend des leçons particulières pour améliorer son anglais* : [rare] **répétition**. **3.** *Les fables s'achèvent souvent par une leçon de morale* : [sout.] **précepte**. **4.** *Il a tiré la leçon de ces événements* : **enseignement** ; → CONCLURE. **5.** *Sa mauvaise conduite méritait une leçon sévère* : [sout.] **admonestation** ◆ ↓ **avertissement** ◆ ↓ **réprimande**. **6.** *Les leçons d'un texte* : V. VERSION.

lecteur, lecture V. lire I.

légal V. légitime, permis (*in* permettre).

légalisation V. confirmation (*in* confirmer).

légaliser *Légaliser une signature* : **authentifier, confirmer**.

légat V. diplomate.

légende
I *La légende de Napoléon* (= récit de faits réels, déformés par l'imagination, ou récit de faits imaginés) : **mythe** (qui met en scène des personnages qui représentent symboliquement divers aspects de la vie humaine ou les forces de la nature : *le mythe de Sisyphe*) ; → CONTE.
◇ **légendaire** *Certains faits historiques sont devenus légendaires* : [vx] **fabuleux**. *Jeanne d'Arc est l'exemple type du personnage légendaire* : ↓ **célèbre**.
II V. INSCRIPTION.

léger **1.** [qqch est ~] *Une légère couche de vernis suffira pour embellir ce meuble* : **fin**. *Il a approuvé d'un léger mouvement de tête* : **petit** ; → INSENSIBLE. *Sa blessure était légère* : **sans gravité**. **2.** [qqch est ~] *Le coureur garde l'estomac léger pendant l'épreuve* : ↑ **creux**, ↑ **vide**. **3.** [qqch est ~] *Par forte chaleur, il est préférable de prendre des repas légers* : **digeste**, [rare] **digestible** ; → SOMMAIRE. **4.** [qqch est ~] *Il fuit les conversations un peu légères* : ↑ **grivois** ; → BADIN et LIBRE. *Ce raisonnement est léger !* : **inconsistant** ◆ [fam.] **ne pas tenir la route**. **5.** [qqn est ~] *C'est quelqu'un d'un peu léger* : **inconsistant**. *Cet homme léger refuse une union stable* : **volage** ; → CAPRICIEUX et FRIVOLE. *Une femme légère* : V. FACILE. **6.** [qqn est ~] *Après une petite promenade, il se sentit plus léger* : ↑ **alerte**, ↑ **dispos**. **7.** [qqn est ~] *C'est être bien léger que de se confier à cet homme* : **imprudent**.
◇ **légèreté** **1.** *Il parle et se conduit toujours avec la plus grande légèreté* : **inconséquence** ; → DÉSINVOLTURE, FRIVOLITÉ. *À la légère* : V. ÉTOURDIMENT **2.** *Il y a dans le style de cet écrivain une légèreté qui séduit* : **aisance, grâce**. **3.** *Voilà une légèreté qui prouve son manque de réflexion* [vx] : [plus cour.] **bêtise, sottise**. **4.** *La légèreté des mouvements* : V. AGILITÉ.

légèrement V. doucement (*in* doux).

légion V. multitude.

légitime **1.** *L'héritier a obtenu que ses droits légitimes sur la succession soient reconnus* : **légal**. **2.** *Votre demande est tout à fait légitime* : ↓ **normal, raisonnable** ; → FONDÉ, JUSTE, PERMIS. **3.** *Dans ce cas, son père a fait preuve d'une sévérité légitime* : [plus cour.] **justifié**.

◇ **légitimité** *Personne n'a contesté la légitimité de ses réclamations* : **bien-fondé, bon droit**.

légitimement V. droit III.

légitimité V. légitime.

legs 1. V. DONATION. 2. *Certains conservent à tout prix le legs du passé* [rare] : [plus cour.] **héritage, tradition**.

◇ **léguer** 1. V. LAISSER. 2. *Les artisans léguaient leur tour de main à leurs enfants* : **transmettre**.

légume [fam.] *Cet homme est une grosse légume dans le gouvernement* : **huile** (= personnage influent dont les avis comptent) ; → DIGNITAIRE, PERSONNAGE.

leitmotiv V. refrain.

lendemain 1. *La peur du lendemain* : V. AVENIR. 2. *Ces décisions sont inutiles, elles n'auront pas de lendemains* : **conséquence, suite***. *Il a changé d'avis du jour au lendemain* : **subitement** ; → SOUDAIN.

lénifier *Lénifier l'aigreur de son esprit* [très sout.] : [plus cour.] **apaiser**.

◇ **lénifiant** 1. *Ses paroles lénifiantes ont apaisé le chagrin de l'enfant* : [plus cour.] **apaisant** ; → OPTIMISTE. 2. V. MOU.

léninisme V. socialisme.

lent 1. *Il est lent dans tout ce qu'il fait* : [fam.] **lambin, traînard** ; → MOU. *Il parlait d'une voix lente* : ↑ **traînant**. 2. *Il faut lui répéter deux fois la même chose tant il est lent à comprendre* : **long**. *On ne peut pas dire autrement, il a l'esprit lent* : **apathique, endormi, engourdi** ◆ ↑ **paresseux**.

◇ **lentement** 1. *L'eau s'écoulait lentement dans l'étang* : **doucement** ◆ ↑ **insensiblement**. *La file de voitures avançait lentement* : **avec lenteur** ; → PAS, ESCARGOT. *Les choses se sont lentement dégradées* : **peu à peu**. 2. *L'acteur disait lentement sa tirade* : **posément**. 3. V. MOLLEMENT.

◇ **lenteur** 1. *Comment vaincre sa lenteur ?* : **apathie** ; → PARESSE. 2. *Avec lenteur* : V. LENTEMENT. 3. [au pl.] *Les lenteurs de l'Administration suscitent la verve des chansonniers* : [plus cour.] **retard**.

lèpre *La corruption s'étend comme une lèpre* : **cancer, peste** (*comme la peste*).

lesbienne V. homosexuel.

léser 1. *Le passage de l'autoroute lésait les commerçants du village* : ↓ **désavantager** ; → NUIRE. 2. V. BLESSER.

◇ **lésion** 1. *Il y a eu lésion dans ce partage* [rare] : [cour.] **dommage, préjudice, tort**. 2. V. PLAIE.

lessivage V. lavage (*in* laver).

lessivé V. knock-out.

lessiver 1. *Lessiver un mur* : V. LAVER. 2. *Se faire lessiver. À la fin de la partie, il n'avait plus un sou : il s'était fait lessiver* [fam.] : [cour.] **dépouiller** ; → NETTOYER. 3. *Être lessivé. Après cette marche, je suis complètement lessivé* [fam.] : **vidé** ; → FATIGUÉ, KNOCK-OUT.

leste 1. *Le ton leste qu'il adopte montre qu'il se moque de vos remarques* : **cavalier, désinvolte** ◆ ↑ **irrespectueux**. 2. *Se sentir encore leste* : V. AGILE. 3. *Ce sont des propos un peu lestes* : [sout.] **libertin** ; → GAILLARD I, OSÉ.

◇ **lestement** *Il a réglé lestement cette affaire* [sout.] : [plus cour.] **rondement** ; → PROMPTEMENT, RAPIDEMENT.

lester V. charger I.

léthargie V. assoupissement, inaction (*in* inactif).

lettre

I 1. *Les lettres de l'alphabet* : V. CARACTÈRE I. 2. *En toutes lettres* : V. EXPLICITEMENT. *Ne suivez pas le règlement à la lettre !* : **littéralement, rigoureusement, scrupuleusement**. *Prendre qqch à la lettre, au pied de la lettre* : V. AU SENS ÉTROIT*. *Ce que vous lui dites risque de rester lettre morte* : **sans effet**. *Les cinq lettres* : [fam.] **merde**.

◇ **littéral** 1. *La traduction littérale n'était pas très satisfaisante* : [plus génér.] **exact**, [plus cour.] **mot à mot**. 2. *Il avait compris le mot dans son sens littéral* : **propre**.

◇ **littéralement** 1. V. EXACTEMENT. 2. *La nouvelle l'avait littéralement assommé* : **absolument, complètement**.

II 1. *Mon voisin reçoit des lettres de tous les pays* : [plus génér.] **courrier**, [très fam.] **babillarde**, **bafouille**, [très sout.] **missive** ◆ **message** (= nouvelle transmise à qqn, mais pas obligatoirement sous forme écrite) ◆ **pli** (= feuille de papier repliée et formant enveloppe) ◆ [sout.] **épître** (qui ne s'emploie qu'ironiquement) ; → CORRESPONDRE. 2. *Il écrit toujours des lettres très courtes* : **billet**, **mot**. *Il n'a pas protesté, c'est passé comme une lettre à la poste !* [fam.] : [cour.] **facilement**. 3. *Une lettre de change* : V. TRAITE.

III [au pl.] V. LITTÉRATURE.

◇ **lettré** *Le curé du village est un homme fort lettré* : **cultivé** ◆ ↑ **érudit**.

leurre 1. V. APPÂT. 2. *Cette publicité prometteuse n'est qu'un leurre* : [plus cour.] **duperie**, **tromperie**.

◇ **leurrer** *Le pauvre homme a été bien leurré par toutes les belles promesses qu'on lui faisait* : [plus cour.] **abuser**, **duper**, **tromper**, **berner**, [fam.] **pigeonner**, **rouler**.

◇ **se leurrer** *Elle se leurre sur la durée de leur accord* : **s'illusionner**.

levain V. ferment.

levant V. orient.

levée

I 1. *Les élèves demandaient la levée de la punition* : [plus cour.] **suppression**. 2. *La levée de la séance* : V. CLÔTURE. 3. *La levée des impôts* : [plus cour.] **perception**. 4. *Le joueur a gagné la partie en ramassant toutes les levées* : **pli**. 5. V. PROTESTATION.

II *Le long du fleuve, la levée préserve le pré des inondations* : [plus partic.] **digue** (qui ne sert pas de chaussée) ; → TALUS.

lever

I [~ qqch, qqn] 1. *On levait les caisses avec une grue* : **enlever**. 2. *Il leva facilement la barrique* : **soulever** ; → ÉLEVER. *Il faut lever l'échelle contre le mur* : **dresser**. 3. *Il lève la tête* : **redresser**, **relever**. 4. *Lever l'ancre* : **appareiller**. *Lever les scrupules de qqn* : **écarter**. *Lever la séance* : **clore**. *Lever le masque* : V. MASQUE. *Lever des difficultés* : **supprimer** ; → APLANIR. *Lever des troupes* : V. MOBILISER. *Lever le cœur* : V. CHAVIRER et ÉCŒURER. *Lever le coude* : V. ENIVRER. *Lever un lièvre* : [plus génér.] **faire partir**. *Lever les impôts* : **percevoir** ; → PRÉLEVER. *Lever une fille* [fam.] : [cour.] **séduire**.

◇ **se lever** 1. V. SE METTRE DEBOUT*. 2. *Il s'est levé de table* : **quitter** (*il a quitté la table*). 3. *Il se lève tôt* : V. LIT.

II [qqch ~] 1. *Le blé d'hiver lève en mars* : [plus génér.] **pousser** ; → SORTIR. 2. *La pâte lève* : V. GONFLER.

◇ **se lever** *Le jour se lève* : V. NAÎTRE.

◇ **lever** [n.] *Le lever du jour* : **aube**.

lève-tôt V. matinal (*in* matin).

lèvre 1. *Elle se léchait les lèvres de plaisir* : [fam.] **babine**, [vx, fam.] **badigoince** ◆ **lippe** (= lèvre inférieure épaisse qui s'avance trop). 2. *Il approuve du bout des lèvres* : **sans conviction** ; → À REGRET*, MOLLEMENT.

levure V. ferment.

lexique *Le lexique de l'informatique est très récent* : **vocabulaire** ; → DICTIONNAIRE.

lézarde V. fente (*in* fendre).

lézarder V. paresser.

◇ **se lézarder** V. se craqueler.

liaison

I 1. *Leur liaison n'était pas très sérieuse* : V. AVENTURE. *Sa nouvelle liaison* : V. CONQUÊTE. *Ce commerçant est obligé d'avoir beaucoup de liaisons d'affaires* [vx] : [cour.] **relation** ; → LIEN. 2. *Cet homme a des liaisons peu recommandables* : ↓ **fréquentation**. 3. *Travailler en liaison avec qqn* : **accord**. *Entrer, rester en liaison avec qqn* : **contact**.

II 1. *L'opinion publique a établi une liaison entre les deux scandales* : **corrélation**, **lien** ◆ ↓ **correspondance** ; → RAPPORT. 2. *On comprend la liaison des idées* : **enchaînement**, **lien**, **suite**, [moins cour.] **connexion** ◆ **transition** (qui se dit plutôt de la manière de lier les parties d'un discours : *la transition entre deux paragraphes*).

liant V. affable, sociable.

liasse V. tas.

libation V. sacrifice I.

libelle [rare] *Des libelles ont ridiculisé les autorités* : **pamphlet** (= écrit aussi violent que le *libelle*, mais n'a pas, comme lui, un caractère diffamatoire) ◆ **satire** (qui attaque qqn ou qqch en s'en moquant).

libellé V. rédaction.

libeller V. écrire.

libéral 1. V. généreux, prodigue. 2. V. tolérant (*in* tolérer).

libéralement V. libéralité.

libéralisme *Il fait preuve de beaucoup de libéralisme* : **tolérance**.

libéralité [sout.] 1. [sing.] *Cet homme a toujours aidé avec libéralité ses amis* : [plus cour.] **générosité** ◆ ↑ **largesse** ; → CHARITÉ, PRODIGALITÉ. 2. [pl.] *Il vit des libéralités de sa famille* : ↓ **don** ◆ ↑ **aumône**, [plus cour.] **largesses** ; → GÉNÉROSITÉ.
◇ **libéralement** *Il donne libéralement tout ce qu'on lui demande* : [plus cour.] **largement** ; → BEAUCOUP.

libérateur V. sauveur (*in* sauver I).

libérer 1. *Le prisonnier a été libéré aujourd'hui* : **relâcher***, [didact.] **élargir**, [abusif] **relaxer** ; → TIRER DE PRISON, AFFRANCHIR, AMNISTIER. *Libérer un otage* : **délivrer** ; → DÉTACHER. 2. *Cette réaction chimique libère un gaz rare* : [plus génér.] **dégager**. 3. *Il a été libéré de toutes ses tâches* : **décharger**, **dispenser*** ; → DÉBARRASSER, DISPENSER. 4. *Il a libéré sa conscience* : [plus cour.] **soulager**.
◇ **se libérer** 1. [~ de qqch] *Il a fini par se libérer de toutes ses dettes* : **s'acquitter**, [plus génér.] **payer** ; → LIQUIDER. *Il se libérait de quelques tâches sur son adjoint* : **se décharger**, **se défausser**. 2. *J'essaierai de me libérer pour vous voir* : [plus fam.] **se dégager**. 3. *Se libérer des traditions* : V. S'AFFRANCHIR et SECOUER.
◇ **libération** 1. *La libération des prisonniers* : **délivrance**, [didact.] **élargissement** ; → ACQUITTEMENT, AMNISTIE. 2. *La libération des esclaves* : [didact.] **affranchissement**. 3. *Lutter pour la libération d'un pays* : V. LIBERTÉ.

liberté

I 1. *Le prisonnier a obtenu sa liberté* : [didact.] **élargissement**, **relaxe** ◆ [vx] **relaxation**. 2. *Des organisations militent pour la liberté de la femme* : ↓ **émancipation**. 3. *Les résistants ont lutté pour la liberté de leur pays* : **libération** ◆ ↑ **indépendance**.

II 1. [sing.] *Il laisse beaucoup de liberté à ses enfants* : **autonomie**, **indépendance** ◆ **laisser la bride sur le cou**, **laisser le champ libre**. *Garder une grande liberté d'esprit* : **disponibilité**. *Avoir toute liberté pour agir* : V. PERMISSION, AVOIR LES MAINS* LIBRES, ÊTRE MAÎTRE* DE. *Liberté de manœuvre* : V. BLANC-SEING. *C'est un homme qui parle avec une grande liberté* : **franchise**. 2. *Il n'a pas renoncé à sa liberté de langage* : **franc-parler**, [partic.] **franchise** ; → FAMILIARITÉ. *Liberté à l'égard des règles* : V. LICENCE. *Il prônait la liberté des mœurs* : **laisser-aller** ◆ [didact.] **laxisme** (= tendance estimée excessive à la tolérance), **être laxiste** (*être laxiste en matière de...*) ◆ **permissivité**, **être permissif**. 3. [pl.] *Prendre des libertés avec une femme* : [moins cour.] **privauté**.
◇ **libertaire** *Les groupes libertaires se sont développés à la fin du XIXe siècle* : **anarchiste** ; → ANTICONFORMISTE.

libertin 1. [n.] V. JOUISSEUR. 2. [adj.] *Ses mœurs libertines ont provoqué le scandale* [sout.] : **dissolu** ; → DÉRÉGLÉ. *Des propos libertins* : V. LESTE, OSÉ ; → GAILLARD.

libertinage V. débauche (*in* débaucher II), licence.

libre 1. [qqn est ~] *Dans le monde antique, les hommes libres étaient rares* [partic.] : **affranchi**. 2. [qqn est ~] *Il se sentait tout à fait libre* : **indépendant**. *L'enfant était libre de faire ce qu'il voulait* : **avoir le droit** ; → LIBERTÉ, MAÎTRE I. 3. [qqch est ~] *Des manières trop libres* : **désinvolte**, **familier** ◆ ↑ **hardi**. *Des propos un peu libres* : **grivois**, **inconvenant**, **léger** ; → FAMILIER, GAILLARD* I. 4. [qqch est ~] *Cet appartement sera libre le mois prochain* : **disponible**, **vacant**. *Une ville libre* : **autonome**. *La route était libre* : **dégagé**. *Une place libre* : V. INOCCUPÉ. *Entrée libre* : V. GRATUIT. *Elle laissait volontiers ses cheveux libres* : **flottant**. 5. *Beaucoup de personnes défendent l'union libre* : **concubinage**, [très fam.] **collage**. *Il donnait libre cours à son chagrin* : **laisser échapper**. *Avoir le champ libre* : V. LIBERTÉ. *En chute libre* : V. ABAISSEMENT I.
◇ **librement** 1. *Il faut que nous nous expliquions librement* : [plus cour.] **carrément**,

franchement*. **2.** *La meilleure discipline est celle que l'on accepte librement* : **de plein gré**. **3.** *Parler librement avec qqn* : V. FAMILIÈREMENT.

licence **1.** *On ne vit pas dans la licence sans en subir les conséquences* [sout.] : **libertinage**, [plus cour.] **débauche** ◆ [plus génér., sout.] **désordre** ; → VICE. **2.** *Les règles de versification interdisaient toute licence aux poètes classiques* : ↑ **liberté**. **3.** *Une licence d'exportation* : [plus génér.] **autorisation** ; → PERMIS.

licenciement V. départ I.

licencier V. congédier (*in* congé), débaucher I, mettre à pied* I, mettre à la porte*, renvoyer, vider.

licencieux V. érotique, indécent, raide, salé, scabreux.

licher V. boire.

licitation V. enchère.

licite V. permis (*in* permettre), possible.

lie **1.** V. dépôt (*in* déposer II). **2.** V. rebut.

lié V. imbriqué, solidaire, uni I.

lied V. mélodie.

lie-de-vin V. violet.

lien

I **1.** *La ficelle, le raphia servent à faire des liens* : **attache** ; → CORDE, COURROIE ◆ [en partic.] **ligature** (en chirurgie notamment). **2.** *L'otage ne pouvait rompre ses liens* (qui se dit de tout ce qui sert à attacher, en particulier à retenir captif) : **chaînes** (qui évoque des liens solides, métalliques) ◆ [vx] **fers** (qui s'emploie avec ce sens dans le contexte : *mettre un prisonnier aux fers*).

II **1.** *Un lien solide unissait les deux amis* : **attachement**. *Il a rompu les liens avec sa famille* : **attache**. **2.** *Le mariage est un lien difficile à rompre* : [moins cour.] **nœud** ◆ ↓ **engagement** ; → UNION. **3.** *Il a servi de lien entre eux* : **trait d'union** ◆ ↓ **intermédiaire**.

III *Un lien entre deux faits* : V. LIAISON et RAPPORT II.

lier

I *Leurs habitudes semblables les avaient vite liés* : ↓ **rapprocher** ; → ATTACHER III.

◇ **se lier** [~ avec qqn] *L'adolescent s'était lié avec le vieux paysan* : ↓ **s'attacher à**.

II **1.** [~ qqn] *Les bandits avaient lié le caissier avec une corde* : **attacher*** ◆ [plus précis.] **ligoter** ; → ENCHAÎNER. **2.** [~ qqch] *Elle lie ses cheveux avec de jolis rubans* : **nouer**, **attacher** ; → FIXER. *Bien lier ses lettres* : **joindre**. *Lier des gerbes* : [plus précis.] **botteler**. **3.** [~ qqch] *Lier une sauce* : **épaissir**.

III **1.** *Voilà un texte où les idées sont bien liées* : **enchaîner**, [moins cour.] **coordonner** ; → UNIR. *Cet écrivain avait l'art de lier les épisodes* : [moins cour.] **agencer**. **2.** *Toute cette histoire est liée à son passé* : **rattacher**. **3.** *Le locataire était lié par son contrat* : [plus sout.] **obliger** ◆ ↓ **engager**.

liesse V. joie, réjouissance (*in* réjouir).

lieu **1.** *Sa présence dans ce lieu ne s'explique pas* : **endroit** ; → PLACE I, SCÈNE. **2.** *Il s'est plaint en haut lieu* : **auprès de personnes influentes**. **3.** *Avoir lieu. La fête annuelle a eu lieu sur la place du village* : **se passer**, **se tenir** ; → S'ACCOMPLIR, AVOIR. *Le tournage du film avait eu lieu à Paris* : **se dérouler**. *Avoir lieu de. Il a lieu de se plaindre* : **avoir sujet**, **avoir l'occasion**. *Il y a lieu de* : **il convient**, **il est opportun** ; → FALLOIR. *Vous ferez de nouvelles démarches s'il y a lieu* : **le cas échéant**. *Donner lieu à. Le premier jour de vacances donnait lieu à des encombrements importants* : [plus cour.] **créer**, **occasionner**, **provoquer**. *Donner lieu de. Cette décision ne vous donne pas lieu de vous réjouir* : **permettre** ; → DONNER MATIÈRE* À. *Tenir lieu de. Une photocopie ne peut tenir lieu d'original* : **remplacer** ; → FONCTION, SERVIR. *Aller sur les lieux* [pl.] : V. SUR PLACE. **4.** *En dernier lieu* : **enfin** ; → ABORD. **5.** *Au lieu de. Employer un mot au lieu d'un autre* : **pour** ; → À DÉFAUT* DE. **6.** *Au lieu que. Il ne pense qu'à se distraire au lieu qu'il devrait préparer son examen* [très sout.] : [cour.] **au lieu de**, **alors que**. **7.** *Ce sont des lieux communs* : **banalité** ; → GÉNÉRALITÉ, PHRASE et PONCIF.

lieutenant V. second II.

ligature V. lien.

ligne
I 1. *Le Rhin forme une ligne qui sépare la France de l'Allemagne* : **limite**, [plus précis.] **frontière**. 2. *Les constructeurs essayaient d'améliorer la ligne de la voiture* : **profil**. *On admirait sa ligne* : **silhouette** ; → FORME. 3. *Elle ne mangeait que des légumes verts pour garder la ligne* : **rester mince** ; → SILHOUETTE. *En ligne droite* : V. À VOL* D'OISEAU.
II 1. *Une nouvelle ligne a été ouverte entre Paris et Berlin* : **voie**. 2. *Quelle que soit la situation, sa ligne de conduite ne varie pas* : **règle** ; → AXE.
III 1. *Il y a trois lignes de pommiers dans le le verger* : [plus cour.] **rangée** ; → FILE. 2. *Tracer une ligne* : V. TRAIT II. 3. *Ils se sont repliés sur leur ligne* : [plus précis.] **base**. 4. *Mettre la dernière ligne à qqch* : **terminer**. *De la première à la dernière ligne* : **complètement**, **entièrement**. *Il a mis cette condition en première ligne* : **rang***. *Entre les lignes* : V. FILIGRANE. *Monter en ligne* : **à l'assaut**. *C'est un joueur hors ligne* : **de grande valeur**, **exceptionnel***. *Il s'est trompé sur toute la ligne* : **complètement**.
IV *Une ligne de produits* : V. GAMME.

lignée [sout.] *Il est mort sans laisser de lignée* : [cour.] **descendance***, **postérité***. *Sa lignée s'est éteinte* : **filiation**, [sout.] **souche** (qui évoque l'origine dans quelques express. : *être de vieille souche, de bonne souche*) ; → FAMILLE. *La lignée des Valois* : **sang** ◆ **race**, **maison** (qui ne se dit qu'en parlant de familles nobles) ◆ **généalogie** (= suite des ancêtres qui établit une lignée : *faire la généalogie d'une famille*).

ligoter V. attacher I, lier II.

ligue V. association (*in* associer), coalition.

liguer (se) V. s'unir.

lilas V. rose II, violet.

limace V. chemise.

limite 1. *Les Alpes sont une limite naturelle entre la France et l'Italie* : **démarcation**, [plus précis.] **frontière** ; → LIGNE. *Autrefois des pierres servaient de limite entre deux propriétés* : [plus précis.] **borne**. *Les Romains avaient installé des détachements jusqu'aux limites de leur Empire* : **confins** ; → FIN I, BORD. 2. *Passé cette limite, vous devrez tout rembourser* : **terme**. 3. *Vous devez rester dans les limites du sujet* : **cadre** ; → MESURE. 4. *Le gouvernement usait de son pouvoir sans limites* : **frein**, **restriction**. 5. *Connaître ses limites* : V. MOYEN II. *Être à la limite de* : V. FRÔLER. 6. *Il a atteint la vitesse limite* : **maximum***. *L'opération était nécessaire dans ce cas limite* : **extrême**.
◇ **limiter** 1. *Une ligne de peupliers limite la propriété* : **borner**, **délimiter**. 2. *Nous avons pu limiter les dégâts* : [sout.] **circonscrire** ; → MODÉRER. *Limiter des investissements* : V. RESTREINDRE. *Limiter ses efforts* : V. MESURER.
◇ **se limiter** *L'orateur s'était limité à rappeler les faits* : **se borner**, **se cantonner**.
◇ **limité** 1. *Les recueils de poésie ont souvent un tirage limité* : **réduit**, **restreint**. 2. *C'est un homme limité* : V. BORNÉ.
◇ **limitation** 1. *La limitation des naissances* : **contrôle***. 2. *Le gouvernement avait imposé des limitations strictes au droit de grève* : **restriction**.
◇ **limitrophe** *Le Bas-Rhin est un département limitrophe de l'Allemagne* : **proche** (qui n'implique pas une frontière commune) ◆ **frontalier** (qui ne vaut que pour la limite entre deux pays) ; → PÉRIPHÉRIQUE.

limitrophe V. limite, périphérique (*in* périphérie).

limoger V. dégommer, destituer, relever III.

limon *Après chaque crue du Nil, un limon se dépose sur ses rives* : [plus génér.] **dépôt** ◆ [au pl.] **alluvions** (qui implique que le débit du cours d'eau est devenu insuffisant) ◆ [génér.] **boue** ; → ARGILE, VASE, SABLE.

limpide V. aérien, clair I, pur I, transparent.

limpidité V. pureté (*in* pur I), transparence (*in* transparent).

linéaments V. abc.

linge 1. V. DESSOUS. 2. *Elle apaisa la douleur en appliquant un linge humide sur son front* : [plus précis.] **compresse**. *Essuyer un meuble avec un linge* : [plus cour.] **chiffon**. *Blanc comme un linge* : V. LIVIDE.

lingerie V. dessous.

lingot V. barre I.

linotte V. étourdi.

lipide V. gras.

lippe V. lèvre.

lipper V. boire.

liquéfaction V. fusion.

liquéfier V. liquide.

liquette V. chemise.

liqueur *Elle adorait les chocolats à la liqueur* [génér.] : [partic.] **Bénédictine**, **cassis**, **curaçao**, **chartreuse**, **cherry**, etc. *Voulez-vous des liqueurs ?* : [sing.] **alcool**, **digestif**.

liquidation V. liquider.

liquide [adj.] 1. *La sauce était trop liquide* : **fluide**. 2. *Chaque semaine, il sortait de l'argent liquide de la banque* : **espèces**, [didact.] **liquidités**, [fam.] **du liquide** ; → ARGENT.

◇ **liquéfier** *La chaleur a liquéfié le goudron* : [vx] **fondre** ◆ ↓ **amollir**.

liquider 1. *La chute de la Bourse a poussé les épargnants à liquider leurs actions* : [partic.] **réaliser**, [plus génér.] **vendre**. 2. *Il a rapidement liquidé l'affaire* [fam.] : [cour.] **régler**. 3. *Le magasin a liquidé ses invendus* : **solder**. 4. *Il a liquidé tous les restes* [fam.] : [cour.] **terminer** ; → FAIRE UN SORT* À. 5. [~ qqn] *Les services secrets liquidaient discrètement les espions dangereux* [fam.] : **se débarrasser**, **éliminer** ◆ [cour.] **tuer**.

◇ **liquidation** 1. *La liquidation des actions* : **réalisation**, **vente**. *La liquidation d'un impôt* : **règlement**. *La liquidation d'un stock* : **solde**. 2. *La liquidation d'un complice* [fam.] : [cour.] **meurtre**.

lire

I 1. [qqn ~] *Il aime bien lire* : [fam.] **bouquiner**. 2. [qqn ~ qqch] *Champollion a été le premier à lire les hiéroglyphes* : [plus précis.] **déchiffrer**, **décrypter**. *Il a fini par lire le message chiffré* : [pr.] **décoder**. *L'acteur lisait le poème d'une voix passionnée* : **dire** (qui implique que le texte a été appris au préalable) ; → RÉCITER. *Il lisait régulièrement les auteurs classiques* : [sout.] **fréquenter**. 3. [qqn ~ qqch] *Elle avait appris à lire la musique* : [partic.] **solfier** (= chanter en nommant les notes). *Il ne sait ni lire, ni écrire* : **être ignorant**. *Lire un livre en diagonale* : **parcourir un livre**.

◇ **lecteur** *C'est un lecteur de romans* : **liseur** (qui désigne qqn qui lit beaucoup) ◆ [fam.] **papivore** (*c'est un papivore*).

◇ **lecture** 1. *La lecture d'une carte d'état-major n'est pas facile* : ↑ **déchiffrage**. 2. *Le texte de loi a été refusé en première lecture* : ↑ **délibération**. 3. *Ce livre est en lecture* : **emprunté**.

◇ **liseuse** *Pour ne pas abîmer ses livres, il utilise une liseuse* : **couvre-livre** ; → COUVERTURE.

◇ **lisible** *Sa signature n'est pas du tout lisible* : [plus précis.] ↑ **déchiffrable**.

II 1. *L'astrologue prétendait lire l'avenir dans les étoiles* : [cour.] **découvrir**, **deviner**, [plus précis.] **prédire**. 2. *Il a su lire les intentions de son adversaire* : ↑ **déchiffrer**, ↑ **pénétrer**, ↑ **percer**.

liseur V. lecteur (*in* lire I).

lisière V. bord.

lisse 1. *Le lac de montagne gardait toujours une surface bien lisse* : **égal**, **uni**. 2. *La mer rejette des galets tout lisses* : **poli**.

liste 1. *Le bibliothécaire a dressé une liste des ouvrages d'histoire* : **catalogue*** (qui implique un classement) ; → NOMENCLATURE. 2. *L'horaire était accompagné d'une liste d'abréviations* : **tableau**. 3. *La liste de ses défauts serait interminable* : **énumération**, **inventaire** ; → DÉNOMBREMENT. 4. *La dévaluation a grossi la liste des mécontents* : **ajouter au nombre des**.

lit
I Meuble destiné au repos ou au sommeil : [littér.] **couche** (*partager la couche de qqn*), [très sout.] **grabat** (= lit très misérable : *le grabat du prisonnier*) ◆ **couchette** (= lit étroit dans un train ou un bateau) ◆ **dodo** (= qui s'emploie pour parler aux enfants : *au dodo, mes petits !*) ◆ [très fam.] **paddock**, **page**, **pageot**, **pieu**, **plumard**, **plume**, **pucier**. *Il se met au lit très tôt* : **se coucher***. *Il a du mal à sortir du lit* : **se lever**. *Il est de mauvaise humeur au saut du lit* : **au réveil**. *Le malade a gardé le lit pendant six semaines* : **garder la chambre**, **rester couché**. *Il voudrait mourir dans son lit* : **mourir d'une mort naturelle**. *Être sur son lit de mort* : **être sur le point de mourir**. *Les enfants d'un premier lit* : **mariage**. *Faire le lit de* : V. PRÉPARER.
II 1. *Un lit de mousse* : **tapis**. 2. *Une partie des eaux de la Seine ont été détournées de leur lit* : **cours** (= mouvement de l'eau).

litanies V. chant (*in* chanter), prière I.

litham V. voile I.

lithographie V. gravure.

litière *Faire litière de* : V. mépriser (*in* mépris).

litige 1. *Le tribunal a tranché le litige* : ↑ **conflit**, ↑ **différend** ; → PROCÈS. 2. *Voulez-vous me rappeler les points en litige ?* : **dispute** ◆ ↓ **discussion**.
◇ **litigieux** *L'affaire litigieuse n'a pu être réglée* : **contesté** ; → CONTESTABLE.

litote V. euphémisme.

litre, litron V. bouteille.

littéral V. lettre I, au sens strict*, textuel (*in* texte).

littéralement V. lettre I, mot à mot.

littérateur V. auteur.

littérature 1. *Il a commencé des études de littérature* : [plus cour.] **lettres**, [vx] **belles-lettres**. 2. *Tout ce que tu racontes, c'est de la littérature* [fam.] : [cour.] **cela manque de sincérité**.

littoral V. bord, côte III, rivage.

liturgie V. rite.

liturgique V. sacré I.

livide 1. *Le cadavre avait vite pris une teinte livide* : **plombé**. 2. *La lumière artificielle rendait les visages livides* : **blême**, [plus cour.] **blafard**, ↓ **pâle***, **blanc***. *La nouvelle l'a rendu livide* : **blanc comme un linge**.

livre 1. Tout assemblage de feuilles reliées ou brochées, sans périodicité : [fam.] **bouquin** (= vieux livre) ◆ **écrit** (= texte littér. ou scientifique : *les écrits de Rousseau*) ◆ **manuel** [ouvrage didact. présentant des notions (*un manuel de chimie*), en partic. celles apprises à l'école : *un manuel scolaire*]. ◆ [génér.] **ouvrage** (*les ouvrages publiés sur la guerre d'Espagne*) ◆ **volume** (= division matérielle du livre : *un dictionnaire en trois volumes*) ◆ **album** (qui implique la présence d'illustrations) ; → BROCHURE, TOME. 2. *Le commerçant tient à jour son livre de comptes* : **registre**. 3. *Elle traduisait le latin à livre ouvert* : **couramment**. *Parler comme un livre* : V. SAVAMMENT. *Il tenait chaque jour son livre de bord* : [plus cour.] **journal**. *Je n'en fais pas mon livre de chevet* : [vx] **bréviaire**.
◇ **livret** 1. *Il a perdu son livret militaire* : **fascicule**. 2. V. TEXTE.

livrer
I [~ qqch] *Le traiteur livre à domicile tous ses produits* : [plus génér.] **porter** ; → FOURNIR.
II [~ à, par] 1. *Le pyromane a été livré à la justice* : [didact.] **déférer** ; → REMETTRE, CONFIER. 2. *Il a été livré par ses amis* : ↓ **dénoncer**, [plus génér.] **trahir** ; → ABANDONNER, DONNER, VENDRE. *Livrer un secret à qqn* : V. CONFIER. 3. *Les douaniers livraient passage après avoir vérifié les bagages* : **laisser passer**. *Ils livrèrent combat* : [plus cour.] **engager** (*ils engagèrent le combat*).
◇ **se livrer** 1. *Il se livrait sans retenue* [sout.] : [cour.] **se confier** ; → S'ABANDONNER. 2. *Les soldats se livrèrent après une nuit de combats* : **se soumettre**, [plus cour.] **se rendre**, **se constituer prisonnier**. 3. *Il s'est longtemps livré à l'étude des serpents* : **s'appliquer à**, **se consacrer à** ; → S'ADONNER À, PRATIQUER. *La police s'est livrée à un interrogatoire poussé du suspect* : **procéder à**.

lobby V. groupe de pression* (*in* presser II).

local 1. [adj.] *Une douleur locale* : **localisé** (qui est plus actif : *bien/mal localisé*). 2. *Restituer la couleur locale d'une région* : ↓ **pittoresque**. 3. [n.] *S'installer dans un grand local* : **bâtiment*** ; → PIÈCE.

◇ **localiser** *Localiser un incendie en forêt* : **repérer** ◆ **circonscrire** (= fixer le lieu à l'intérieur duquel une action est exercée).

locataire V. hôte.

locomotion *Moyen de locomotion* : V. déplacement (*in* déplacer).

locuste V. sauterelle.

logeable V. commode II.

loger

I 1. [qqn ~] *Sa famille logeait dans un vieux quartier* : **demeurer**, **habiter**, [fam.] **percher** ; → OCCUPER, VIVRE, NICHER, RÉSIDER. *Il logeait toujours à l'hôtel* : **descendre**. 2. [qqn ~ qqn] *Il fallait loger les nouveaux clients* : **installer**, **héberger**, [fam.] **caser** ; → METTRE. *Être logé. Il était logé par ses parents* : V. ENTRETENIR. 3. [qqch ~ qqn] *L'internat loge une centaine d'élèves* : **recevoir**.

◇ **se loger** *Il est difficile de trouver à se loger dans Paris* : [plus génér.] **s'installer**.

◇ **logement** 1. *Le prix des logements augmente sans cesse* : [plus précis.] **appartement*** ; → HABITATION, RÉDUIT. 2. *Le soldat a reçu son billet de logement* : **hébergement**.

◇ **logis** syn. vieilli de **logement**. *Rentrer au logis* : **chez soi**.

II [~ qqch] *Comment loger ce canapé dans le salon ?* : [fam.] **caser**, [très génér.] **mettre** ; → PLACER.

logique 1. [n.] *Ce raisonnement manque tout à fait de logique* : **cohérence**, **méthode***. 2. V. PHILOSOPHIE. 3. [adj.] *Je ne trouve pas sa réaction très logique* : **naturel**, **normal***. *Son comportement est la suite logique de ses déclarations* : **conforme** (... *est conforme à...*), **dans le droit-fil** ◆ ↑ **nécessaire**, ↑ **inévitable***. *Un raisonnement logique* : ↑ **serré***, **suivi***, **systématique***.

logiquement V. normalement (*in* normal).

logo, logotype V. marque.

loi 1. *Nul n'est censé ignorer la loi* ; *loi* désigne une prescription d'ordre juridique qui régit les rapports entre les citoyens d'un pays ; le **décret** est un texte émis par le pouvoir exécutif pour faire exécuter une loi ; l'**arrêté** est une décision écrite issue d'une autorité administrative ; l'**édit** désignait une loi royale d'application limitée ; → AUTORITÉ, COMMANDEMENT. 2. *Dans ce différend, les paysans avaient la loi pour eux* : **droit**. 3. *Il se fait une loi de ne rien imposer à ses enfants* : [plus cour.] **règle**. *Il ne fera pas la loi ici* : **commander**. 4. *Les nobles obéissaient aux lois de l'honneur* : [pr.] **code**.

loin 1. *Le temps n'est pas loin où toute la Terre sera polluée* : **éloigné***. 2. *Il est trop exténué pour aller plus loin* : [sout.] **avant** (*aller plus avant*). 3. *La maison se trouvait vraiment loin* : [fam.] **au diable** ; → À DISTANCE, À L'ÉCART*, ÉLOIGNÉ. *Partir très loin* : **aux antipodes***. 4. *Voir plus loin* (= indication donnée dans un ouvrage) : **ci-dessous**, **infra**, **plus bas**, **ci-après**. 5. *Cet enfant ira loin* : **réussir**. *Aller trop loin* : V. EXAGÉRER et S'ÉLOIGNER. *Il réussira parce qu'il voit loin* : **prévoir qqch**. *Voir de loin ce qui se prépare* : **deviner**. 6. *On voyait au loin de gros nuages* : **à l'horizon**, **dans le lointain**. *Elle était restée longtemps au loin* : [plus cour.] **absent**. *Quelques arbres restaient de loin en loin* : **par intervalles**, **de place en place**. *On ne le voyait plus que de loin en loin* : **de temps en temps**. *Loin de là* (qui renforce une négation) : V. AU CONTRAIRE*, À BEAUCOUP PRÈS* et TANT* S'EN FAUT. 7. *Il n'est pas loin de midi* : **à peu près**, **presque**. *De loin* : **de beaucoup**.

lointain 1. [adj.] *Il part pour un pays lointain* : [plus cour.] **éloigné***. *Une époque lointaine* : **reculé**, **immémorial** (= d'une origine si lointaine qu'il n'en reste aucun souvenir). 2. [adj.] *Une ressemblance lointaine entre deux cousins* : **vague**. *Un rapport lointain entre deux faits* : ↓ **indirect**. 3. [n.] *La côte disparaît dans le lointain* : **à l'horizon** ; → AU LOIN*, PLAN.

loisible V. permis (*in* permettre).

loisir 1. *Il a besoin d'un peu de loisir* : [plus cour.] **délassement**. 2. [pl.] *Son travail lui laisse beaucoup de loisirs* : **temps libre**. *À loisir* : V. DISCRÉTION et À TÊTE* REPOSÉE.

lombes V. rein.

lombric V. ver.

long

I [adj.] **1.** *Une longue allée* : **grand***. *Une longue file de voitures* : ↑ **interminable**. **2.** V. LENT. *Le trapéziste avait une longue habitude des exercices périlleux* : **vieille**. *Le coureur buvait à longs traits après l'épreuve* : **grand**. *Votre histoire est un peu longue, non ?* : [fam.] **longuet**. *Être trop long* : **prolixe***, **bavard***. **3.** *Il a le bras long* [fam.] : [cour.] **beaucoup d'influence**. *Nous nous connaissons de longue date* : **depuis longtemps**.

II [n.] **1.** *De long. Le champ a soixante mètres de long* : **longueur**. **2.** *Tomber de tout son long* : [fam.] **s'étaler**. **3.** *À la longue* : **avec le temps**.

III [adv. et loc. adv.] *Il ne voulait rien dire ; il en savait pourtant long sur l'affaire* : **beaucoup**. *Tout au long. Il a relaté les faits tout au long* [sout.] : [cour.] **en détail**. *Tout du long. Chaque soir il lisait son journal tout du long* : **complètement**.

◇ **longueur** **1.** V. LONG. **2.** *La longueur des négociations exaspérait les ouvriers* : **lenteur**. **3.** *Il m'ennuie à longueur de journée* : **tout le temps** ; → DURÉE.

◇ **longuement** *Il a longuement étudié le problème* : **longtemps** (= durée discontinue).

long-courrier, long-cours V. bateau.

longer V. border (*in* bord), côtoyer, raser II, suivre.

longiligne V. mince I.

longtemps **1.** V. LONG et LONGUEMENT. **2.** *Vous ne resterez pas ici plus longtemps* : **davantage**. *Vous n'attendrez pas longtemps* : **beaucoup**. **3.** *Il y a bien longtemps* : [fam.] **belle lurette**, **un sacré bout de temps**. **4.** *Ils sont amis depuis longtemps* : ↑ **de toujours**, [sout.] **de longue date** ; → DEPUIS DES LUSTRES*, DE LONGUE MAIN*.

longuet, longueur V. long.

looping V. boucle, acrobatie (*in* acrobate).

lopin V. champ I.

loquace V. bavard.

loquacité V. éloquence (*in* éloquent).

loque **1.** *Il n'était plus qu'une loque* : **épave** ; → DÉCHET. **2.** V. GUENILLE.

◇ **loqueteux** *Des vêtements loqueteux* [sout.] : **en loques**, **en haillons** ◆ ↓ **déchiré** ; → DÉGUENILLÉ.

loquet V. fermeture (*in* fermer).

lorgner **1.** *Lorgner une place* : **convoiter***, **loucher* sur**. **2.** *Il lorgnait les femmes qui passaient devant sa boutique* : [fam.] **reluquer**, **regarder***.

lorgnon V. lunettes.

lorsque **1.** V. ALORS QUE. **2.** *L'homme traversait la route lorsque la voiture est arrivée* : **au moment où**, [plus cour.] **quand**, [moins cour.] **comme**. *Lorsque vous viendrez nous rendre visite, nous visiterons la région* : [plus cour.] **quand**. **3.** V. SI II.

lot **1.** *La souffrance, le lot commun* : V. APANAGE, PARTAGE et SORT. **2.** *La ferme avait été divisée en trois lots égaux* : [plus cour.] **part**. *Il avait acheté un lot de vieux livres* : **stock**, [moins cour.] **assortiment**.

◇ **loterie** *L'association avait organisé une loterie à la fin de l'année* : **tombola** (= lots en nature) ◆ [anglic.] **sweepstake** (= loterie qui consiste à tirer au sort les chevaux engagés dans une course dont le résultat fixe les gagnants).

◇ **loti** *La nature ne l'a pas bien loti* : [cour.] **favorisé**.

louable, louange V. louer II.

louanger V. flatter.

loubard V. délinquant.

louche **1.** *Il avait vécu longtemps dans le milieu louche des ports* : **interlope**, **suspect***, **trouble***. **2.** *Des manières louches* : V. AMBIGU et INQUIÉTANT.

loucher **1.** *Dès qu'elle ôtait ses lunettes, on voyait bien qu'elle louchait* : [fam.] **bigler**. **2.** *Le promoteur louchait sur des terrains bien situés* : [fam.] **lorgner qqch**, [cour.] **convoiter**, **guigner qqch**.

louer

I **1.** *La société louait des chambres aux jeunes ouvriers* : [didact.] **donner à loyer**, **affer-**

mer (= donner à loyer des terres ou des bois). **2.** *Il loua sa place pour le concert* : [plus cour.] **réserver**.

◇ **se louer** *Certains travailleurs se louent pour la saison des vendanges* : **engager son service, son travail**.

II **1.** *Il le louait chaleureusement des résultats obtenus* : [cour.] **féliciter, complimenter pour**, [fam.] **couvrir de fleurs pour** ; → APPROUVER, PORTER AUX NUES*, ÉLOGE. *Il a longuement loué les charmes de sa province* : [sout.] **exalter**, [cour.] **célébrer, vanter** ◆ ↓ **dire du bien** ; → GLORIFIER. **2.** V. BÉNIR.

◇ **se louer de** *Il ne pouvait que se louer de sa prévoyance* : **se féliciter**, [plus sout.] **s'applaudir**.

◇ **louable** *C'est un vin louable, trop mal connu* : [plus cour.] **estimable**. *Il a fait de louables efforts* : **méritoire**.

◇ **louange** **1.** *Être sensible à la louange* : V. ÉLOGE. **2.** [pl.] *Après son succès, il fut couvert de louanges* : **compliment** ; → ACCLAMATION, ÉPITHÈTE. **3.** *Le ministre prononça un discours à la louange du savant* : **en l'honneur de**.

loufoque V. bizarre, fou.

louftingue V. fou.

loup V. masque.

loup de mer V. marin.

louper V. manquer.

loupiot V. bébé, enfant.

lourd

I [adj.] **1.** *Ses plaisanteries étaient toujours un peu lourdes* : ↓ **gros** ; → GROSSIER. *On reconnaît cet écrivain à ses phrases lourdes* : **embarrassé, gauche**. *Un style lourd* : **laborieux***. *Un esprit lourd* : V. ÉPAIS. *Des formes lourdes* : V. MASSIF. *Une chaleur lourde* : **accablant***. *Il avait une démarche lourde* : **pataud**, [fam.] **lourdaud**. **2.** *La malle était trop lourde* : **pesant**. *Les terres lourdes se cultivent mal* : **compact, fort** ; → DENSE. *De lourds impôts frappaient les petits revenus* : ↑ **écrasant**. *De lourdes charges pèsent sur l'accusé* : ↑ **accablant** ◆ ↓ **grave, sévère***. *Le médecin lui avait déconseillé toute alimentation un peu lourde* : ↑ **indigeste, pesant**, [fam.] **bourratif**. **3.** *Ce qu'il disait était lourd de menaces* : **chargé, plein**.

◇ **lourdaud** **1.** [adj.] *Il était un peu lourdaud* : ↓ **maladroit**. **2.** [n.] *C'est un lourdaud, il manque de délicatesse* : ↑ **balourd** ◆ ↓ **maladroit**.

◇ **lourdement** **1.** *L'augmentation des frais de chauffage grevait lourdement son budget* : **fortement**. **2.** *Se tromper lourdement* : **grossièrement***. **3.** *Il marchait lourdement* : **pesamment**.

◇ **lourdeur** **1.** V. ALOURDISSEMENT. **2.** *La lourdeur de sa démarche prêtait à rire* : **pesanteur** ◆ ↓ **gaucherie**, ↓ **maladresse**.

II [adv.] *Votre intervention ne pèsera pas lourd* : **beaucoup**.

loustic **1.** *On ne peut se fier à lui, ce loustic m'a encore joué un sale tour* : [plus cour.] **farceur, plaisantin** ; → BOUFFON. **2.** *C'est un drôle de loustic* : [fam.] **lascar, type***, [cour.] **homme**.

louveteau V. scout.

louvoyer V. biaiser.

loyal **1.** *C'est un homme loyal* : **équitable** (qui fait référence à l'idée de justice, *loyal* à celle de fidélité). *Il avait toujours été un ami loyal* : **droit, fidèle, dévoué*, sincère***. **2.** *L'homme était un adversaire redoutable, mais loyal* : **régulier** ◆ ↓ **honnête, de bonne foi**.

◇ **loyalement** **1.** *Les deux frères avaient discuté loyalement pour résoudre le différend* : **honnêtement**. **2.** *Il acceptait loyalement son échec* : **de bonne guerre** ; → SINCÈREMENT.

◇ **loyauté** *Tous ceux qui le connaissaient appréciaient sa loyauté* : **honnêteté, droiture*, franchise***.

loyalisme V. dévouement (*in* se dévouer).

lubie V. caprice, envie I, fantaisie.

lubricité V. sensualité (*in* sens I).

lubrifier *Le moteur avait été correctement lubrifié* : [plus génér.] **graisser, huiler**.

lubrique V. sensuel (*in* sens I).

lucarne Petite fenêtre qui donne du jour dans les combles : **œil-de-bœuf** (= lucarne ovale ou ronde) ◆ **tabatière, lucarne à tabatière** (= lucarne dont une partie est fixe tandis que l'autre peut être relevée) ◆ [nom de marque] **Velux** (= fenêtre de toit) ; → FENÊTRE.

lucide V. clairvoyant (*in* clairvoyance), conscient (*in* conscience), net I.

lucidité V. connaissance I, clairvoyance.

lucratif V. payant (*in* payer).

lucre V. gain.

lueur 1. *On voyait au loin une faible lueur* : ↑ **clarté**. 2. *Une lueur de. Il y avait une lueur d'espoir* : **rayon** ; → UN PEU* DE. *Une lueur de colère a passé dans son regard* : **éclair**, [moins cour.] **flamme** ; → ÉTINCELLE.

lugubre 1. *Le glas lugubre annonçait le début des hostilités* : [plus cour.] **funèbre**. 2. *Le paysage lugubre mettait mal à l'aise* : **sinistre** ◆ ↓ **triste** ; → MACABRE*. *Une journée lugubre* : V. MORTEL.

luire *Les eaux du lac luisent au soleil* : [plus partic.] **refléter** (... *reflètent la lumière du soleil*), **briller***.

◇ **luisant** *Le meuble bien ciré était luisant* : **brillant**. *Des vêtements luisants* : **lustré**.

lumière

I [sing.] 1. *Il ne pouvait travailler qu'à la lumière du jour* : **clarté**. *La lumière pour la photographie convenait* : **éclairage**. 2. *Allumer la lumière* : V. ÉLECTRICITÉ. 3. *La lumière d'une pierre* : **brillant***, **éclat***.

◇ **lumineux** 1. *Les boutiques portaient des enseignes lumineuses* : ↓ **brillant**. *Il lut l'heure au cadran lumineux du réveil* : [moins cour.] **phosphorescent**. 2. *Une pièce lumineuse* : **clair***. *Un sourire lumineux* : **radieux**.

◇ **luminosité** *La luminosité du ciel de Provence a inspiré les peintres* : ↓ **clarté**.

II 1. [au pl.] *Il va nous apporter ses lumières sur la question* : **savoir, connaissances***. 2. *Les essais ont mis en lumière les défauts du modèle* : **mettre en évidence, au grand jour**. *Les travaux du savant ont jeté quelque lumière sur le phénomène* : **clarté, éclaircissement**. *Il faut faire la lumière sur cette affaire* : **élucider**. 3. *C'est une lumière de la physique* : [sout.] **sommité***. *Ce garçon n'est pas une lumière* : **sot** (*c'est un sot*).

◇ **lumineux** 1. V. GÉNIAL. 2. *Le raisonnement suivi était tout à fait lumineux* : ↓ **clair*** ; → NET I. 3. *Il a fait une intervention lumineuse* : **brillant**.

◇ **lumineusement** *Expliquer lumineusement son point de vue* : **clairement**.

lunatique V. capricieux (*in* caprice).

lune 1. *Montrer sa lune* : **derrière***. 2. *Il est dans la lune* : **être distrait*** ; → RÊVER. *Ce garçon tombe de la lune* : **tomber des nues** ◆ ↓ **être étonné**. *Il lui promet la lune pour l'avoir dans son équipe* : **promettre des choses impossibles**. *Toutes ces idées sont de vieilles lunes !* : **des idées dépassées, d'un autre temps**. 3. *Passer la lune de miel à Venise* : V. MARIAGE. *Leur lune de miel n'aurait pas duré longtemps* : **bonne entente** ; → ACCORD. 4. *Habitant de la Lune* : **sélénite**.

luné V. humeur.

lunettes *Il porte des lunettes* : [plus rare] **verres**. Dans un usage ancien, on distinguait : **lorgnon** (= lunettes sans branches : *ajuster son lorgnon*), **binocle** ◆ **face-à-main** (= binocle à manche : *regarder qqn derrière son face-à-main*) ◆ **pince-nez** (= binocle qu'un ressort pince sur le nez) ◆ **monocle** (= verre correcteur que l'on fait tenir dans l'arcade sourcilière) ◆ **bésicles** (= lunettes rondes ; ne s'emploie encore que par plais.).

lupanar *La loi a interdit l'ouverture de lupanars* [sout., vx] : [plus cour.] **maison close**, [fam.] **bordel**.

lurette *Il y a belle lurette* : V. longtemps.

luron *C'est un joyeux, gai luron, il aime à s'amuser de tout* : **drille**, [fam.] **bougre, coquin***, **gaillard*** ; → GAI.

lustre 1. *La rénovation des vieux quartiers avait rendu son lustre à la ville* [très sout.] : [plus cour.] **éclat, brillant***. *Depuis des lustres* [sout.] : [cour.] **depuis longtemps**. 2. *Accrocher un lustre* : **suspension***.

lustré V. luisant (*in* luire), satiné.

lustrer V. frotter.

lutin 1. [n.] Dans les légendes, nom d'un esprit malicieux qui apparaît la nuit : **farfadet** ◆ **elfe** (= esprit de l'air dans les légendes écossaises et allemandes), **djinn** (= chez les Arabes), **troll** (= dans les pays scandinaves) ◆ [génér.] **esprit**. 2. [n.] *Ce garçon est un vrai lutin* [vx] : [cour.] **démon**, **diable**. 3. [adj.] *L'esprit lutin de la jeune fille ravissait son entourage* [sout.] : **mutin**, [plus cour.] **espiègle**.

lutte 1. *Plusieurs années de lutte furent nécessaires pour parvenir à la paix* : **combat**, **guerre**. *Les armées défaites abandonnèrent la lutte* : **bataille**. 2. *La lutte entre les deux équipes passionnait le public* : **compétition**, [partic.] **match**. 3. *Ils se répondaient sans cesse et leur lutte n'en finissait pas* : [très sout.] **joute**, **duel***. *Accepter la lutte* : **descendre* dans l'arène**. 4. *Le débat politique devenait le lieu de luttes personnelles* : **rivalité**. *Une lutte d'intérêts* : **opposition**. *Il était en lutte contre son propriétaire* : **en conflit avec**, **être aux prises* avec**.
◇ **lutter** 1. *Il luttait pour se dégager* : **se débattre**. *Le brochet avait cessé de lutter* : **résister**. 2. *Ils luttèrent sans merci* : V. SE BATTRE et COMBATTRE. 3. *Les coureurs luttaient de vitesse* : **disputer*** ; → RIVALISER. 4. *Lutter pour la paix* : [plus génér.] **agir** ◆ [plus précis.] **militer**.

luxation V. déboîtement (*in* se déboîter).

luxe 1. *Dans la période de l'après-guerre, certains nouveaux riches étalaient un luxe choquant* : **faste** ; → APPARAT. 2. *C'est un luxe que je ne peux pas me permettre* : **dépense superflue**. 3. *De luxe. Une voiture de luxe* : **de prix**. *Un objet de luxe* : **chic***, **fin***, **haut de gamme***. 4. *Un luxe de. L'article relate les faits avec un grand luxe de détails* : **abondance**, **profusion de** ◆ ↓ **beaucoup de**. 5. *Se donner, se payer le luxe de dire, faire qqch* : **se permettre de**.
◇ **luxueux** *Le caractère luxueux de l'ameublement* : ↑ **fastueux**, ↑ **somptueux** ; → RICHE.

luxer (se) V. se déboîter.

luxueusement V. richement (*in* riche).

luxure V. impureté, incontinence (*in* incontinent I), vice I.

luxuriance V. floraison (*in* fleur).

luxuriant 1. *À la saison des pluies, la végétation devenait luxuriante* : **surabondant**. 2. *Dans ses textes, l'élève faisait preuve d'une imagination luxuriante* [sout.] : [plus cour.] **exubérant**.

luxurieux V. incontinent I.

lycée *Il a quitté le lycée dès qu'il a pu* : **école***, **établissement*** ◆ [fam.] **bahut**, **boîte**.
◇ **lycéen** *Les lycéens parlaient dans la cour de leur examen* : [fam.] **potache**, **écolier***.

lymphatique V. mou.

lyncher V. écharper.

lyophilisation V. dessèchement.

lyrique 1. V. chant. 2. V. élogieux.

maboul V. fou.

macabre **1.** *Beaucoup de gens appréciaient l'humour macabre du dessinateur* : [plus cour.] **noir**. **2.** *Le ciel couvert accentue le caractère macabre de la scène* : **lugubre, sinistre** ; → TRISTE.

macadamiser V. bitumer (*in* bitume).

macchabée V. décédé, mort II.

macérer

I [en termes de religion] *Macérer son corps* : **mortifier** (qui s'applique autant aux sentiments) ◆ **mater** (qui est employé plus spécialt quand il s'agit de réprimer les désirs charnels).

II [~ qqch] **1.** [surtout au pass.] *Elle offrit des cerises macérées dans de l'eau-de-vie* : [moins précis.] ↓ **tremper**. **2.** *Faire macérer une viande* : V. MARINER. *Faire macérer qqch* : V. BAIGNER II.

mâchefer V. scorie.

mâcher **1.** *Il mâchait du chewing-gum pour éviter de fumer* : **mastiquer**. *Par nervosité il mâchait son crayon* : **mâchonner** ◆ [fam.] **mâchouiller**. **2.** *Le candidat mâchait son échec* : [plus cour.] **remâcher, ruminer**. **3.** *Mâcher le travail de qqn* : **préparer** ◆ ↓ **faciliter**. *Parler sans mâcher ses mots* : V. CRU I.

machin V. affaire, chose I, truc.

machinal V. machine.

machinalement V. automate, par habitude*, instinctivement (*in* instinct), mécaniquement (*in* mécanique I).

machination V. machiner.

machine **1.** [génér.] **bicyclette, automobile**, [vieilli] **locomotive** (qui s'emploient selon le contexte : *le cycliste s'élança sur sa machine*). **2.** *Une machine compliquée* : V. APPAREIL. *Agir comme une machine* : V. AUTOMATE. **3.** *Nous vivons dans le siècle de la machine* : **machinisme**. **4.** *Les terroristes avaient caché une machine infernale dans le magasin* : [plus cour.] **bombe**.

◇ **machinal** *L'automobiliste attacha sa ceinture de sécurité d'un geste machinal* : **automatique** ; → INSTINCTIF, MÉCANIQUE I.

machiner [~ qqch] *Les militaires avaient machiné la perte du gouvernement légal* [vieilli] : [cour.] **comploter** ◆ [sout.] **ourdir, tramer**.

◇ **machination** *Il avait su prévoir les machinations de ses adversaires* [pl.] : [plus génér.] **manœuvre, intrigue** ; → AGISSEMENTS, COMPLOT, RUSE.

machinisme V. machine.

machiste [n. et adj.] *Ce machiste laisse tous les travaux de la maison à son épouse* : **phallocrate** ◆ [fam.] **macho** ◆ [didact.] **sexiste**.

maculer [~ qqch] **1.** *On avait maculé d'encre la première page du livre* : **noircir** ◆ [plus génér.] **barbouiller** ◆ [moins cour.] **mâchurer** ; → SALIR. **2.** *L'enfant rentrait avec son manteau maculé de boue* : [plus cour.] **souiller, tacher**.

madone V. vierge.

madrier V. poutre.

maestria V. adresse I.

mafia V. coterie, crime.

magasin

I **1.** *Il a repris le magasin de ses parents* : **fonds (de commerce)** ◆ [plus génér.] **affaire*** ; → BOUTIQUE. *Acheter des souvenirs dans un magasin du Caire* : [part.] **souk** (= marché des pays arabes). **2.** *Dans les villes, les grands magasins se multiplient* : **grande surface** (= qui implique la vente en libre service) ◆ [spécialt] **supermarché** (d'une surface de 400 à 2 500 m^2) ◆ **supérette** (qui désigne un magasin plus petit que le supermarché) ◆ **hypermarché** (qui désigne une surface plus grande) ◆ [anc.] **bazar** ◆ [anglic.] **drugstore** (= centre commercial où l'on trouve des produits d'hygiène, des journaux et des marchandises diverses).

II **1.** *L'usine garde les pièces détachées nécessaires en magasin* : **entrepôt**. *Il n'y a plus de marchandises en magasin* : **en stock**. **2.** *Les grandes fermes conservent la récolte dans des magasins à blé* : [plus cour.] **silo**. **3.** *Beaucoup de tableaux restaient dans le magasin du musée* : **réserve***.

magazine V. périodique (*in* période), revue I.

mage V. devin (*in* deviner), prêtre.

maghrébin V. arabe.

magie **1.** V. DIVINATION et SORCELLERIE. **2.** *Il a fait disparaître le verre comme par magie* : **enchantement, tour de passe-passe, de prestidigitation** (*... le verre par un tour...*). *Les beaux spectacles exercent toujours leur magie* : [plus cour.] ↓ **charme**, ↓ **séduction**.

◇ **magicien** *Les magiciens sont des personnages communs dans les contes* : **enchanteur** ◆ [didact.] **thaumaturge** (= personne qui fait des miracles) ; → SORCIER, DEVIN.

◇ **magique** **1.** *La baguette magique était un attribut des fées* : **enchanté**. **2.** *Ali Baba ouvrit la caverne grâce à une formule magique* : [moins cour.] **cabalistique**. *Un spectacle magique* : [plus génér.] **merveilleux**.

magistral V. magnifique (*in* magnifier), coup de maître* III.

magistralement V. main* de maître.

magma V. mélange.

magnanime *Il s'est montré magnanime envers son adversaire* : [plus cour.] **clément, généreux**.

magnanimité V. générosité (*in* généreux).

magnat V. potentat, roi.

magner (se) V. se dépêcher (*in* dépêche).

magnétisme V. charme.

magnificat V. chant (*in* chanter).

magnifier **1.** *Magnifier la mémoire d'un grand homme* : V. GLORIFIER. **2.** *Les hommes ont tendance à magnifier leurs souvenirs d'enfance* : **idéaliser**.

◇ **magnifique** **1.** *Un monument magnifique* : **merveilleux*** ; ADMIRABLE, GRANDIOSE et SPLENDIDE. *Une demeure magnifique* : V. RICHE, SOMPTUEUX et SEIGNEURIAL. *Une magnifique improvisation* : V. BRILLANT II. *C'est une invention magnifique* : **remarquable**. *Une offre magnifique* : V. ROYAL. **2.** *Un magnifique revers lui a permis de gagner la partie* : **magistral**.

◇ **magnificence** [sout.] **1.** *Tous les journaux ont rapporté la magnificence des fêtes* : **somptuosité** ◆ ↓ **éclat, faste** ; → BEAUTÉ, SPLENDEUR. **2.** *Le président avait été reçu avec magnificence* : [très sout.] **munificence** ; → BEAUTÉ.

◇ **magnifiquement** **1.** *Le livre était magnifiquement relié* : **somptueusement, superbement**. **2.** *Traiter qqn magnifiquement* : V. ROYALEMENT.

magnum V. bouteille.

magot *Le vieillard est mort sans avoir touché à son magot* [fam.] : **bas de laine** ◆ [cour.] **économies** ; → TRÉSOR.

magouillage V. agissements.

magouille V. agissements, combinaison (*in* combiner), manœuvre I.

magouiller V. ruser (*in* ruse), trafiquer.

maigre 1. [postposé] *Sa longue maladie l'a rendu très maigre* : **amaigri** (... *l'a amaigri*) ◆ ↑ **squelettique**. *Il a toujours eu le visage très maigre* : ↑ **décharné** ◆ [sout.] **hâve, émacié** ; → ANGULEUX, SEC. *Des jambes maigres* : **fluet***. *Il est très maigre :* **on lui voit les côtes** ◆ [fam.] **être maigre comme un clou** ◆ **être sec comme un coup de trique, comme un hareng saur** ◆ **être un sac d'os** ◆ **être une grande bringue** ◆ **n'avoir que la peau et les os**. *C'était un chien maigre* : [plus précis] **efflanqué** ◆ [rare] ↑ **étique**. 2. [antéposé et postposé] *Le travail aux champs est dur pour un maigre salaire* : **médiocre** ◆ ↓ **mince**, ↓ **petit**. *Un maigre pâturage couvrait la montagne* : **pauvre**. *Une terre maigre* : ↑ **aride***. *Voilà bien des efforts pour de maigres résultats !* : **faible** ◆ [plus sout.] **piètre**. *C'est (bien) maigre* : **c'est (bien) peu**.

◇ **maigrelet** [de maigre 1] : [plus fam.] **maigrichon, maigriot**.

◇ **maigreur** 1. V. AMAIGRISSEMENT. 2. *La maigreur de son salaire lui permettait tout juste de vivre* : **minceur, médiocrité**.

◇ **maigrir** 1. *Il a beaucoup maigri ces derniers temps* : [fam.] **décoller** ◆ ↑ **fondre** ; → PERDRE* DU POIDS. *Les privations l'ont maigri* [sout.] : [cour.] **amaigrir**. 2. *Elle a tort de porter un pantalon, cela ne la maigrit pas* : **mincir** ◆ **amincir**.

1. mail V. promenade (*in* promener).

2. mail V. courrier.

maille

I [n.] 1. *Une des mailles de la chaîne s'est rompue* : [plus cour.] **chaînon, maillon**. 2. *C'est simple : une maille à l'envers, une maille à l'endroit* : **point**.

II *Avoir maille à partir avec qqn* : **avoir des démêlés avec qqn**. *Sans sou ni maille* [vx] : [cour.] **sans un centime** ◆ [fam.] **sans un**.

maillot V. pièce I, slip.

main 1. [~ + adj. antéposé]. *Il a appris cela de première main* : **directement, sans intermédiaire**. *De seconde main* : **indirectement**. *Le coup a été préparé de longue main* : **depuis longtemps**. *J'approuve votre idée des deux mains* : **entièrement**. *Il avait la haute main sur l'entreprise* : **commander, diriger** ; → CONTRÔLER. *Mettre la dernière main à un travail* : **achever, finir, terminer**. *Donner à pleines mains* : **abondamment** ◆ **généreusement** ; → POIGNÉE. *Petite main* : V. COUTURIÈRE. 2. [~ + adj. postposé] *Avoir la main heureuse* : **bien choisir**. *Il a toujours la main légère* : **agir avec douceur**. *Avoir la main dure, lourde* : **être brutal**. *Je veux avoir les mains libres pour vous aider* : **avoir toute liberté**. *Vous lui remettrez cette lettre en main propre* : **en personne**. *Le cambrioleur a fait main basse sur tous les bijoux* : **voler**. 3. [~ comme compl. d'un v.] *Il bat des mains à cette idée* : **applaudir**. *Je déteste qu'on me force la main* : **contraindre**. *Ils en viennent aux mains* : **se battre**. *Il porta la main sur le gamin* : **frapper**. *Il n'a plus le temps et perd la main* : **perdre l'habitude**. *S'en laver les mains* : **dégager sa responsabilité**. *Il refuse de se salir les mains dans cette affaire* : **se compromettre**. *Marcher la main dans la main* : V. ENSEMBLE I. *Trop déçu pour continuer, il a passé la main* [fam.] : [cour.] **renoncer** ; → ABANDONNER I. *Passer la main sur qqch* : V. CARESSER. *On reconnaît bien sa main dans ce tableau* : **touche** ◆ [plus cour.] **griffe, patte**. *Serrer la main à qqn* : [fam.] **cuiller, louche, paluche, pince**. 4. [~ précédé d'une prép.] *Il est tombé entre ses mains* : **en son pouvoir**. *Il a agi en sous-main pour régler cette affaire* : **secrètement**. *Je n'ai pas eu en main, entre les mains ces documents* : **en la possession de** ; → DISPOSITION. *Il sait travailler de ses mains* : **manuellement**. *L'avocat a pris en main ses intérêts* : **se charger* de, défendre**. 5. [~ comme compl. d'un n.] *Tu m'as donné un bon coup de main* [fam.] : [cour.] **aider**. *Il acheva le pot en un tour de main* : **très vite**. 6. [~ + compl.] *Les travaux de restauration ont été conduits de main de maître* : **d'une façon remarquable, magistralement**. *Être pris la main dans le sac* : V. DÉLIT. 7. *La main-d'œuvre* : V. PERSONNEL.

maintenant 1. *Maintenant, il sait à quoi s'en tenir* : **à présent** ; → ACTUELLEMENT. 2. [avec le passé composé] *Maintenant, il a passé la frontière* : **à l'heure qu'il est**. 3. [avec un futur] *Maintenant, vous devrez manger sans sel* : **désormais** ; → À L'AVENIR*. 4. *Maintenant que* : V. PUISQUE.

maintenir 1. [qqch ~ qqch] *Maintenir un mur* : V. APPUYER I. *Le nouveau barrage maintient les eaux du lac artificiel* : **retenir** ; → TENIR I. 2. [qqn ~ qqn] *Maintenir un malade* : V. ENTRETENIR. 3. [qqn ~ qqn] *Les policiers maintenaient la foule* : **contenir**. 4. [qqn ~ qqch] *L'Académie française essaie de maintenir ses traditions* : **continuer** ◆ ↑ **sauvegarder** ; → CONSERVER, CONTINUITÉ, POURSUIVRE I. 5. [qqn ~ qqch] *Le ministre a maintenu sa position pendant les négociations* : **soutenir**. *Le témoin maintenait ses accusations* : **confirmer** ◆ ↑ **répéter**.

◇ **se maintenir** *L'armistice se maintient depuis quelques mois* : **durer** ; → SUBSISTER.

◇ **maintien** 1. *Le maintien de la paix exige quelques concessions* : [moins cour.] **conservation**. 2. *En toute situation, il gardait le même maintien* : [plus cour.] **attitude** ; → TENUE. 3. *Il fume pour se donner un maintien* : [plus cour.] **contenance**. 4. *On lui reproche surtout son maintien désinvolte* : [plus cour.] **allure*** ; v. aussi AIR.

mairie *Vous obtiendrez une fiche d'état civil à la mairie* : **hôtel de ville** (= mairie d'une ville importante).

mais

I [conj.] 1. [introduit une restriction] *Il n'était pas d'accord avec son ami, mais il s'est tu* : **pourtant**, **cependant** ◆ [moins cour.] **néanmoins** ; → EN ATTENDANT et SEULEMENT. 2. [marque une oppos.] *Il parle peu, mais ce qu'il dit compte* : **par contre**. 3. [avec une valeur exclam.] *Mais, c'est donc vrai !* : **par exemple**. 4. [n.] *Le ministre avait ajouté un mais* : **objection**.

II [adv.] 1. *Que voulez-vous que j'y fasse, je n'en peux mais* [sout.] : [plus cour.] **je n'y peux rien**. 2. [dans une réponse, précédant oui] *Mais oui, c'est comme cela qu'il faut faire* : [plus sout.] **assurément**.

maison

I 1. *La maison d'un noble* : V. FAMILLE et LIGNÉE. 2. *Il n'a jamais voulu quitter sa maison* : [très fam.] **crèche** ◆ [plus partic.] **chez-soi**, **foyer** ; → DEMEURE, HABITATION, TOIT. *Après des années de voyage, il a regagné sa maison* : [plus cour.] **bercail** ◆ [sout.] **pénates**. 3. *Elle a abandonné la maison paternelle* : [plus cour.] **domicile**. 4. *Cette femme sait tenir sa maison* : [plus précis] **intérieur**, **ménage**. 5. *Les gens de maison* [vx] : **domestiques**.

II 1. *L'employé ne pouvait plus travailler dans cette maison* : [fam.] **boîte**, **boutique**. *Une maison de commerce* : V. ÉTABLISSEMENT II. 2. *Maison close* : V. LUPANAR. *Maison de jeux* : V. TRIPOT. 3. *Une maison de repos* : [moins cour.] **maison de santé***. *Maison de retraite* : V. HOSPICE.

maître

I 1. *Il est le maître d'un important domaine* : **possesseur**, **propriétaire**. 2. *Le président était le maître du pays* : [moins express.] **chef**, **dirigeant**. 3. *Maître de maison* : V. HÔTE. 4. *Mon travail me permet d'être mon maître* : **être indépendant**, **libre**. *Être maître du sort de qqn* : V. ARBITRE. *Il n'hésita pas à décider en maître* : **imposer sa volonté**. *Malgré la panne, le pilote restait maître de lui* : **se dominer**, **se maîtriser** ◆ **garder son sang-froid**, **la maîtrise de soi** ; → S'APPARTENIR. *Cet homme est maître de son temps* : **disposer**. 5. *Vous êtes maître d'accepter cette proposition* [sout.] : [plus cour.] **avoir toute liberté de**, **être libre de**. 6. *Se rendre maître de qqn* : **maîtriser qqn**. *Se rendre maître de qqch* : **s'approprier qqch**.

II [adj.] 1. [masc.] *C'est un maître coquin* [sout.] : **fieffé** ◆ [plus cour.] **sacré**. 2. [fém.] *Les journalistes avaient retenu les idées maîtresses de la conférence* : ↓ **important**. 3. [au fém., antéposé] *Elle avait toujours été une maîtresse femme* : [postposé] ↓ **énergique**. 4. [au fém., postposé] *Voici l'idée maîtresse de mon projet* [sout.] : [plus cour.] **essentiel**.

◇ **maîtrise** 1. *Les sauveteurs n'ont jamais perdu leur maîtrise* : **calme**, **sang-froid** ◆ [anglic.] **self-control**. 2. *La marine anglaise a longtemps eu la maîtrise des mers* : **domination**, **empire**. 3. *Le pianiste prouvait sa maîtrise* : ↑ **virtuosité** ◆ ↓ **habileté** ; → CAPACITÉ I.

◇ **se maîtriser** *Il faut vous maîtriser et ne pas vous emporter à tout propos* : **se contenir**, **se dominer** ; → SE POSSÉDER II.

III 1. V. INSTITUTEUR ; → ENSEIGNANT. 2. *Ce philosophe a été le maître de toute une génération* (qui évoque l'idée d'enseignement) : **modèle** (qui évoque l'idée d'imitation) ◆ **gourou** (qui se dit d'un maître spirituel mais n'implique pas une relation d'enseignement). *C'est l'un des grands maîtres du violon* : **virtuose** (qui n'évoque pas l'idée d'enseignement contenue dans *maître*). 3. *Être passé maître dans qqch. Il est passé maître dans l'art de faire des sottises* : [moins cour.] **expert** (*il est expert...*). *Il a réussi un coup de maître* : **magistral**. *De main de maître* : V. MAIN.

maître de chai V. sommelier.

maître-queux V. cuisinier (*in* cuisine).

maîtresse V. amante, petite* amie.

maîtrise V. maître I.

maîtriser V. commander II, contrôler (*in* contrôle), dominer, maître I.

◇ **se maîtriser** V. maître I.

◇ **maîtrisable** *Non maîtrisable* : V. incontrôlable.

majesté 1. V. beauté (*in* beau). 2. V. sire.

majestueux V. grandiose (*in* grand), imposant (*in* imposer).

majeur 1. *Un empêchement majeur a retardé son voyage* : **insurmontable** ; → CAPITAL I. 2. *La récolte était en majeure partie perdue* : **pour la plus grande partie**. *La majeure partie des spectateurs est sortie avant la fin* : **le plus grand nombre**, **la majorité**, **la plupart**. 3. *Être majeur* : V. ADULTE.

major V. médecin.

majorer 1. *Le prix du lait a été majoré* : [plus cour.] **augmenter**. *Les salaires ont été un peu majorés* : [plus cour.] **relever**. 2. *Vous avez majoré les inconvénients* [fam.] : [cour.] **exagérer**, **surestimer** ◆ [sout.] **surfaire**.

◇ **majoration** *La majoration du tarif des transports a été mal accueillie* : [plus cour.] **hausse**, **augmentation*** ; → RELÈVEMENT.

majorité V. majeur, la plupart.

mal

I [n.] 1. *Avoir du mal à faire qqch* : **difficulté***. *Souffrir d'un mal* : V. DOULEUR et MALADIE. *Avoir mal* : V. SOUFFRIR. 2. *Il ne fait de mal à personne* : ↓ **tort**. *Il n'y a pas de mal* : [fam.] **bobo**. 3. *Le mal* : V. VICE I. 4. *Vos remarques lui ont fait du mal* : ↓ **peine**. 5. [pl.] *Son emportement constant explique tous ses maux* : [plus cour., sing. ou pl.] **malheur**. 6. *Ça me fait mal de voir ça* [fam.] : [cour.] **dégoûter** ◆ [plus précis.] **écœurer**. *Il s'est fait mal en tombant* : **se blesser**. *Ça me ferait mal !* [fam., seult au condit.] : **je ne supporterais pas cela**. *Il s'en est tiré sans mal* : **à peu de frais**. *Il était peu couvert et il a pris mal* : **tomber malade**. *Mettre à mal* : **abîmer** ; → ÉTRANGLER. *L'enfant se donnait un mal de chien pour réussir son cerf-volant* : **se dépenser beaucoup**. *Il ne vous fera pas de mal* : V. MANGER III. *Un mal de tête* : V. MIGRAINE.

II [adj.] 1. *La couleur choisie lui allait mal* : **ne pas convenir** ; → ABOMINABLEMENT, PEU. 2. *On explique mal les causes du conflit* : **difficilement** ; → DE TRAVERS*. *Vous vous y prenez mal* : **maladroitement**. *Il réussit mal ce qu'il entreprend* : **médiocrement**. *Il travaille très mal* : [fam.] **comme un pied**. 3. *L'affaire va mal* : [sout.] **péricliter**. *Prendre mal une remarque* : **se fâcher**. *Elle a failli se trouver mal* : **s'évanouir**.

◇ **pas mal** *On voyait pas mal de costumes différents dans le défilé* [fam.] : [cour.] **beaucoup**.

III [adj. inv.] 1. *Bon an mal an, la ferme lui permettait de vivre* : **l'un dans l'autre**. 2. *Cette maison me convient, elle n'est pas mal* [fam.] : [cour.] **assez bien**.

malabar V. fort I.

malade 1. *Il est malade, ce type* : V. FOU et OBSÉDÉ. 2. *Il a pris froid et est malade depuis une semaine* : ↓ **souffrant** ; → MAL I, DOULEUR, SANTÉ. *Je me sens un peu malade ce matin* : **se sentir tout chose** ◆ [fam.] **mal fichu**, **patraque**, [très fam.] **mal foutu** ; → INCOMMODÉ, MAL EN POINT* IV, FATIGUÉ, INDISPOSÉ. *Être très malade* : [fam.] **être malade comme un chien**, **une bête**, **à crever**. *Devenir malade* : **filer un mauvais coton**. *Se rendre malade* : V. SE TUER. 3. *Il* *hésite toujours à faire soigner ses dents malades* : [plus partic.] **gâté**. **4.** [n.] *Le médecin reçoit les malades l'après-midi* : **patient** ◆ [plus génér.] **client**. *Un malade imaginaire* : V. HYPOCONDRIAQUE.

◇ **maladie** **1.** *La maladie incurable qui le ronge finira par l'emporter* : **mal**, **affection** ◆ [partic.] **pathologie** (= ensemble des manifestations d'une maladie). **2.** *Cet homme a la maladie de la nouveauté* : **manie**. **3.** *Faire une maladie de qqch* : V. DÉSAPPOINTEMENT.

◇ **maladif** **1.** *Le vieillard était maladif* : [vx] **cacochyme** ◆ [rare] **valétudinaire**. **2.** *Malgré les soins, l'enfant restait maladif* : **souffreteux**. **3.** *Sa curiosité maladive gênait son entourage* : **pathologique** ◆ ↑ **morbide**, ↑ **malsain** ◆ [plus génér.] **anormal**.

maladroit **1.** *Il est si maladroit qu'il casse tout ce qu'il touche* : **gauche**, **pataud** ◆ [fam.] **empoté**, **manchot** ◆ [très sout.] **inhabile** ◆ ↓ **malhabile** ; → LOURDAUD. **2.** *Il est un peu maladroit en public* : [fam.] **godiche**, **gourde**, **empoté**. *Un mensonge maladroit* : ↑ **grossier***. *Vos reproches sont vraiment maladroits* : [sout.] **malavisé**. **3.** [n.] *Il ne fallait pas confier cette tâche à un pareil maladroit* : **balourd** ◆ [fam.] **ballot** ; → LOURDAUD.

◇ **maladresse** **1.** V. LOURDEUR. **2.** *Sa maladresse lui interdit tout travail un peu précis* : **gaucherie** ◆ [moins cour.] **inhabileté**. **3.** *C'était une maladresse de faire cette remarque* : **erreur**, **faux pas**, **gaffe** ◆ ↓ **bévue**, ↓ **impair** ◆ [fam.] **bourde**, **boulette**, ↑ **balourdise** ; → BÊTISE. *Commettre une maladresse* : [fam.] **cafouiller**.

◇ **maladroitement** *Il est intervenu maladroitement dans la discussion* : **gauchement** ◆ [peu employé] **malhabilement** ; → S'Y PRENDRE MAL*.

malaise **1.** *Après la longue marche, il souffrait d'un léger malaise* : **indisposition**. *Ça n'est qu'un petit malaise* : **dérangement**. *Il a eu un malaise* : [plus précis.] **évanouissement** ; → CRISE, DÉFAILLANCE, VERTIGE. **2.** *La violence des images provoquait le malaise* : ↑ **inquiétude**, **trouble**.

malaisé [sout.] **1.** *C'est une tâche malaisée que de régler cette affaire à la satisfaction de tous* : **ardu** ; → DIFFICILE. **2.** *Le chemin devenait malaisé* [vieilli] : [cour.] **pénible** ; → DIFFICILE, IMPRATICABLE.

malandrin V. bandit.

malappris V. impoli.

malavisé V. maladroit.

malaxer V. pétrir, tripoter, triturer.

malbouffe V. nourriture (*in* nourrir).

malchance **1.** [sing.] *Nous avons eu la malchance de tomber dans un embouteillage* : ↑ **malheur** ◆ [fam.] **déveine**, **manque de chance** ◆ [très fam.] **manque de pot** ◆ [très fam.] **guigne**, **poisse** (qui s'emploient sans compl. : *quelle guigne !, quelle poisse !*). **2.** [sing.] *La malchance s'acharne sur lui* : **malheur** ; → MALÉDICTION. **3.** [pl.] *Ils ont essuyé une série de malchances* : **mésaventure** ◆ [fam., sing. ou pl.] **tuile**.

malchanceux V. malheureux I.

maldonne V. malentendu.

mâle **1.** *Un enfant de sexe mâle* : **masculin**. **2.** *Il avait pris une mâle résolution* : **énergique**, **courageux** ◆ [postposé] **hardi**. **3.** *Sa mâle assurance entraînait les plus hésitants* : [postposé] **viril**. **4.** [n.] *C'est vraiment un beau mâle* [fam.] : [cour.] **homme**.

malédiction **1.** *Il s'est attiré la malédiction paternelle* [sout.] : ↓ **réprobation** ◆ [très sout.] **imprécation** (qui suppose l'appel à une divinité pour qu'elle envoie tous les maux à qqn) ◆ [vx] **exécration** (qui implique une haine violente pour celui qui est digne de malédiction). **2.** *Quelle malédiction ! je n'arrive à rien* : [plus cour.] ↓ **malchance** ; → MALHEUR.

maléfice V. enchantement (*in* enchanter), sort II.

malencontreux *Son retard malencontreux l'avait obligé à abandonner la course* : **fâcheux**. *Vous auriez dû éviter cette remarque malencontreuse* : [plus cour.] **malheureux***.

malentendu *Ils se sont disputés longtemps avant que ne cesse le malentendu* (= paroles, actions prises dans un autre sens que celui où elles ont été dites, faites) : **méprise** ◆ **quiproquo** (qui se dit quand on prend une personne, une chose pour une autre) ◆ [fam.] **maldonne** (*il y a maldonne*).

malfaçon V. défaut.

malfaisant **1.** *On interdit souvent les ouvrages dont on prétend les idées malfaisantes* : **malsain, pernicieux**. **2.** *Peu d'animaux peuvent être dits malfaisants* : [pr.] **nuisible**. *Cet individu est vraiment malfaisant* : ↓ **mauvais, méchant***.

malfaiteur *Tous les malfaiteurs avaient été mis sous les verrous* : [vieilli] **bandit** ◆ [très fam.] **malfrat** ◆ **escroc** (= celui qui vole en trompant la confiance des gens) ◆ **gangster** (= membre d'une bande organisée) ; → DÉLINQUANT, VOLEUR.

malformation V. infirmité (*in* infirme), monstruosité (*in* monstre).

malgré **1.** *Il a pris cette décision malgré lui* : **à contrecœur** ◆ [plus sout.] **à son corps défendant** ; → LA MORT DANS L'ÂME*, CONTRE SON GRÉ*. **2.** *L'alpiniste a poursuivi son ascension malgré tous les conseils* : **en dépit de, au mépris de** ◆ [vieilli] **nonobstant**. **3.** *Malgré tout* : V. MÊME III.

◇ **malgré que** [+ subj.] *Malgré que cela soit inutile, il lui raconte toute l'histoire* [tour critiqué] : [sout.] **bien que** ◆ [plus cour.] **quoique**.

malhabile V. maladroit.

malhabilement V. maladroitement (*in* maladroit).

malheur **1.** *Dans le malheur, il est resté digne* : **adversité** ; → CATASTROPHE, TRIBULATIONS. *Le malheur le poursuit* : [sout.] ↑ **malédiction** ; → MALCHANCE, DESTIN. *Quel malheur !* : V. PITIÉ. **2.** [pl.] *Tous ces malheurs l'ont profondément marqué* : [sing. ou pl.] **épreuve** ◆ [sout., pl.] **revers** ; → MAL I, PEINE II. **3.** *Il a mal supporté ce grand malheur* : ↓ **infortune, coup du sort**. **4.** *Le malheur des sinistrés était poignant* : [plus cour.] **détresse**. **5.** *Pour comble de malheur, on l'avait chassé de sa maison* : [vieilli] **disgrâce**. **6.** *Ce n'est qu'un petit malheur* : **accident, désagrément, inconvénient**. **7.** *Par malheur* : **malheureusement**. *Ce numéro porte malheur* : **être néfaste** ◆ [fam.] **porter la poisse**. *De malheur. Voilà cette pluie de malheur qui recommence !* [fam.] : [antéposé] **maudit, sacré, satané**.

malheureux

I [adj.] **1.** *Il est moins malheureux qu'il ne le dit* : **éprouvé** ◆ ↓ **contrarié** ◆ [sout.] **infortuné**. *Il est malheureux dans tout ce qu'il entreprend* : [plus cour.] **malchanceux**. **2.** *L'enfant était tout malheureux d'avoir été grondé* : **peiné, triste**. **3.** *Son intervention malheureuse avait irrité tout le monde* : ↓ **fâcheux, malencontreux*** ◆ ↑ **désastreux** ; → REGRETTABLE, MALADROIT. *L'affaire a eu des conséquences malheureuses* : ↓ **désagréable**, ↓ **regrettable**. **4.** *Toute sa vie avait été bien malheureuse* : **misérable, pénible**. **5.** *Vous n'allez pas vous fâcher pour un malheureux bout de papier !* : **insignifiant, misérable*** ; → MÉCHANT I. **6.** *C'est malheureux d'entendre des choses pareilles !* [fam.] : [cour.] **lamentable**.

II [n.] *Le malheureux, en haillons, inspirait de la pitié* : **misérable** ◆ [vieilli] **pauvre hère** ; → DIABLE, PAUVRE I.

malhonnête **1.** *Son associé malhonnête avait détourné une partie des bénéfices* : [moins cour.] **indélicat** ; → DÉLOYAL, MALPROPRE, MISÉRABLE. *Le financier malhonnête a été arrêté* : [plus cour.] **véreux**. **2.** *Il est malhonnête de répondre sur ce ton* [vx] : [cour.] **impoli, malpoli** ◆ ↑ **grossier**. **3.** *Vos paroles malhonnêtes feraient rougir n'importe qui* [vx] : [cour.] **inconvenant, indécent** ; → SALE.

◇ **malhonnêteté** *On a découvert la malhonnêteté de l'homme d'affaires* : [très sout.] **improbité**. *Ses malhonnêtetés seront punies par la loi* [rare] : **indélicatesse, escroquerie**.

malice **1.** *Cet enfant est sans malice* : **méchanceté**. **2.** *Sa réponse pleine de malice nous a amusés* : **esprit, moquerie** ◆ ↑ **raillerie**. **3.** *Ses malices n'étaient guère méchantes* : **espièglerie** ◆ [plus cour.] **taquinerie** ◆ [plus génér.] **tour**.

◇ **malicieux** *Voilà une réponse bien malicieuse !* : [moins cour.] **narquois** ; → ESPIÈGLE. *Avoir l'esprit malicieux* : **taquin** ◆ ↑ **railleur**.

malin **1.** [adj.] *Malin comme il l'est, il se tirera d'affaire* : **fin, finaud, futé** ◆ [fam.] **combinard, roublard** ◆ [très fam.] **mariole** ; → DÉBROUILLARD, DÉGOURDI, ÉVEILLÉ. *Un sourire malin* : V. ENTENDU. **2.** [n.] *C'est un malin qui saura quoi répondre* :

fine mouche. **3.** *Faire le malin* [fam.] : **crâner**, **faire le zigoto** ◆ [très fam.] **faire le mariole** ◆ [vieilli] **faire le faraud** ◆ [sout.] **fanfaronner**. *Ne te vante pas d'avoir réussi ta sauce, ce n'est pas (bien) malin* : **difficile** ◆ [fam.] **sorcier**.

malingre V. faible, rachitique.

malintentionné V. méchant II.

malle **1.** Coffre où l'on range les objets qu'on emporte en voyage : **valise** (= malle légère, tenue à la main par une poignée) ◆ **mallette** (= petite valise) ◆ **cantine** (= malle de soldat) ; → BAGAGE. **2.** *La malle arrière de cette voiture est très vaste* : [plus cour.] **coffre**. **3.** *Tu n'as plus qu'à te faire la malle* [fam.] : [cour.] **partir***.

malléabilité V. docilité (*in* docile).

malléable **1.** *L'enfant avait un caractère très malléable* : **influençable**, **maniable** ; → DOCILE, SOUPLE. **2.** V. PLASTIQUE I.

mallette V. malle, valise.

malmener **1.** *La foule a malmené le prévenu* : ↑ **battre**, ↑ **brutaliser**, ↑ **maltraiter**, ↑ **molester**, ↑ **rudoyer** (qui impliquent que l'on donne des coups ; *malmener* suppose seulement que l'on bouscule qqn) ; → CHAHUTER. **2.** *La critique a malmené l'auteur de la comédie* : ↑ **éreinter**, **étriller** ◆ ↑ **maltraiter** ◆ [fam.] ↑ **esquinter**. **3.** *Chaque fois qu'il voulait parler, tout le monde le malmenait durement* : **houspiller** ; → CHAHUTER, DISCRÉDITER, HUER.

malodorant V. boueux (*in* boue), puant (*in* puer).

malotru V. grossier.

malplaisant V. désagréable.

malpoli V. impoli, malhonnête.

malpropre **1.** [adj.] *Le clochard portait des vêtements malpropres* : **sale** ◆ ↑ **crasseux**. *Le logement malpropre paraissait abandonné* : ↑ **dégoûtant** ◆ [très fam.] ↑ **dégueulasse**. *C'est vraiment un travail malpropre* : [fam.] **de sagouin**. **2.** [adj.] *Elle raconte toujours des histoires malpropres* : **inconvenant**, **indécent** ◆ [plus cour.] **grossier** ◆ ↑ **obscène**. **3.** [adj.] *Personne ne l'a vu accepter des combinaisons malpropres* : **malhonnête***. **4.** [n.] *C'est un malpropre qui a de mauvais procédés* : [fam.] **cochon** ◆ [très fam.] **salaud**, **saligaud**.

◇ **malpropreté** **1.** *Il vit dans la malpropreté* : **saleté***. **2.** [pl.] *Dire des malpropretés* : **inconvenance** ◆ [plus cour.] **grossièreté** ◆ [très fam.] **saloperie**.

malproprement V. salement (*in* sale).

malpropreté V. malpropre.

malsain **1.** *Les autorités municipales avaient décidé de détruire les logements malsains* : **insalubre**. *Un climat malsain* : V. POURRI. *On se demandait comment purifier les eaux malsaines du fleuve* : [plus cour.] **pollué** ◆ ↓ **impur**. **2.** *Le coin est malsain* [fam.] : [cour.] **il y a du danger**. **3.** *Je ne supporte pas cette curiosité malsaine* : [plus sout.] **morbide** ; → MALADIF. *Une atmosphère malsaine* : [fam.] **glauque** ; → ÉTOUFFANT. *Un esprit malsain* : ↑ **pervers** ; → MALFAISANT. *Des gestes malsains* : V. AMBIGU. *Être malsain pour* : V. MAUVAIS I.

malséant *Vos gestes sont malséants dans ce lieu* [sout.] : [plus cour.] **choquant**, **déplacé**, **incorrect** ; → INCONVENANT.

malsonnant V. inconvenant.

maltraiter V. malmener, traiter I.

malveillant *Ces propos malveillants lui ont fait mal* : [postposé] **méchant** ◆ [plus sout.] **hostile**, ↑ **assassin** ◆ ↓ **désobligeant** ; → AIGRE.

◇ **malveillance** *La malveillance d'un propos* : **méchanceté**. *Il regardait avec malveillance tous ceux qui ne l'approuvaient pas* : **animosité**, **hostilité** ◆ [fam.] **l'œil mauvais** (*il regardait, l'œil mauvais, ...*), **un œil mauvais** (*... avec un œil mauvais...*).

malvenu V. inconvenant.

malversation V. compromission (*in* compromettre), concussion.

malvoyant V. aveugle.

maman V. mère.

mamelle V. sein.

mamelon V. butte.

mamie V. grand-mère.

mamours V. caresse.

management V. administration.

manager V. entraîneur (*in* entraîner II).

manche

I [n.f.] *Avoir qqn dans sa manche* [fam. et vieilli] : [fam.] **l'avoir dans sa poche** ◆ [cour.] **en disposer à son gré**. *C'est une autre paire de manches* [fam.] : [cour.] **c'est différent, c'est plus difficile**. *Il se fait un peu tirer la manche pour venir* [fam.] : [cour.] **prier***. *Faire la manche* : V. MENDIER.

II [n.m.] *Quel manche !* [fam.] : **idiot**. *Être, se mettre du côté du manche* : **être, se mettre du bon côté**.

III [n.f.] V. PARTIE IV.

manchette V. titre II.

manchot V. maladroit.

mandale V. gifle.

mandarine *Je préfère les mandarines aux oranges* : **clémentine** (= variété de mandarine à peau lisse) ◆ **tangerine** (= variété de mandarine à peau rouge).

mandat V. mission, pouvoir II, procuration.

mandataire V. délégué, intermédiaire.

mandater V. déléguer.

manège V. agissements.

mangé *Mangé aux vers* : V. vermoulu.

mangeaille V. vivres.

manger

I 1. Mâcher et avaler des aliments : [fam.] **casser la croûte, la graine** ◆ [très fam.] **becqueter, boulotter, briffer, croûter** ◆ **chipoter** (= faire le difficile pour manger), [vieilli] **pignocher**, [rare] **mangeotter** (= manger sans appétit) ◆ **grignoter** (= manger lentement, en rongeant : *grignoter un gâteau*) ◆ **dévorer** (= manger avidement) ◆ [fam.] **bouffer, s'empiffrer, s'en mettre plein la lampe, manger comme quatre** (qui supposent que l'on se bourre de nourriture) ◆ [fam.] **se goinfrer** ◆ [très fam.] **se bâfrer** (= manger gloutonnement et de façon répugnante) ; → APPÉTIT, CONSOMMER, COUP II, AVALER, S'ENFILER, FESTIN, TABLE. 2. *Il m'a invité à manger* : [plus précis] **déjeuner, dîner**. 3. *Il faut que vous mangiez après cette marche* : **se restaurer**, [très sout.] **se sustenter** ; → PRENDRE QUELQUE CHOSE*. *Il faut manger pour vivre* : **s'alimenter, se nourrir**. 4. *Les vaches mangeaient dans le pré* : [plus précis.] **paître**. *Les souris ont mangé les livres* : [plus précis.] **ronger**.

◇ **mangeur** *Il a la réputation d'être un gros, grand mangeur* : **glouton, goinfre** ◆ [très fam.] **bouffeur**.

II 1. *L'homme avait mangé toutes ses économies* : [moins express.] **dépenser** ◆ [plus précis.] **dilapider** ◆ [fam.] **claquer**. 2. *Il a mangé la consigne* [fam.] : [cour.] **oublier**. 3. *Tous ces appareils mangeaient trop d'électricité* [fam.] : [cour.] **consommer***. 4. *La voiture mangeait les kilomètres* : [plus cour.] **avaler**. 5. [qqch est ~] *La grille était mangée par la rouille* : ↓ **attaquer**.

III *Manger qqn des yeux* : **dévorer, regarder avidement**. *Il ne vous mangera pas !* : **il ne vous fera pas de mal**. *Manger le morceau* : V. AVOUER. *On en mangerait !* : **c'est attrayant**. *Dans son projet, il y a à boire et à manger* : **du bon et du mauvais**.

maniable V. manier.

manie 1. *C'est une manie qu'il a de contredire tout le monde* : ↓ **habitude**. 2. *Il a sa manie, il cultive toutes sortes de rosiers* : [fam.] **dada, marotte** ; → MALADIE, FANTAISIE. 3. *Il tousse continuellement ; c'est une manie* : **tic**.

◇ **maniaque** 1. [adj.] *Il apporte un soin maniaque à tous ses rangements* : **pointilleux** ◆ [sout.] **vétilleux** ◆ ↑ **méticuleux**. 2. [n.] *Ce vieux maniaque ne veut voir personne* : ↓ **original**. 3. [n.] *La police a arrêté le maniaque qui incendiait les voitures* : **fou*** ; → OBSÉDÉ.

manier 1. *L'antiquaire maniait l'objet avec précaution* : **manipuler** ; → TÂTER. 2. *L'homme politique savait manier son public* : **manœuvrer, manipuler, mener**. 3. *Le* *potier commença à manier la terre* : [plus précis.] **modeler**, **pétrir**. **4.** *La banque maniait des sommes considérables* : [plus précis.] **brasser**. *Il manie les fonds des épargnants* : [plus précis.] **gérer**. **5.** *L'orateur maniait aisément les mots* : **user de**.

◇ **se manier** **1.** [qqn ~] *Allons, manie-toi !* [très fam.] : **se magner, se magner le train** ◆ [cour.] **se presser** ; → ACCÉLÉRER, SE DÉPÊCHER. **2.** [qqch ~] *Cette automobile se manie facilement* : [plus précis.] **se conduire**.

◇ **maniement** *Le maniement d'un outil, d'une machine* : **usage**. *Le maniement de la langue* : **emploi**. *Le maniement des affaires* : **gestion**.

◇ **maniable** **1.** *Un appareil maniable* : **manœuvrable** ; → COMMODE II. **2.** *Un homme maniable* : **souple*** ; → MALLÉABLE.

manière

I [sing. ou pl.] **1.** *Je n'aime pas la manière de ce peintre* [au sing.] : **genre**, **style**. *Ce cinéaste a eu plusieurs manières* : [plus cour.] **période**. *Les critiques louaient la manière de l'acteur* [rare] : [cour.] **jeu**. **2.** *Je n'ai pas trouvé la manière de résoudre le problème* : **méthode pour**. *Le cuisinier leur apprit les différentes manières de préparer le lapin* : **procédé**. *Une manière sûre* : V. MOYEN II. **3.** *Une manière personnelle* : V. TOUCHE I. *C'est sa manière d'agir* : **habitude**. **4.** *Leur amitié est une manière d'amour* [très sout.] : [cour.] **espèce**, **sorte**. **5.** *En aucune manière* : V. CAS. **6.** *De cette manière* : V. AINSI II. *D'une autre manière* : V. AUTREMENT. *De quelle manière voyez-vous les choses ?* : V. COMMENT. **7.** *De manière à. Il travaillait de manière à ne pas être à la charge de ses parents* : **afin de**, **pour**. **8.** *De (telle) manière que. Il a agi de (telle) manière qu'il a déplu* : **au point que**, **de (telle) sorte que** ; → AINSI QUE, RÉSULTAT.

II [pl.] **1.** *Ses manières ne m'impressionnent pas* : [sing.] **attitude** ; → AIR, CONDUITE II. **2.** *Il ne connaît pas les bonnes manières* : [pl.] **usages** ; → FORME II. *Il manque de manières* : [sing.] **éducation**. **3.** *Il en fait des manières, celui-là !* : [pl.] **façons** ◆ [fam.] **chichis** ◆ [sing.] **chiqué** ◆ [sout.] **embarras*** ; → CÉRÉMONIE, FAIRE DES RONDS DE JAMBE*. *Ne faites pas tant de manières et venez avec nous* : [pl.] **histoires** ◆ ↑ **simagrées**. *Quelle recherche dans les manières !* : V. MINAUDERIE.

◇ **maniéré** **1.** *Le genre maniéré en peinture* [didact.] : **apprêté**, **précieux**. **2.** *Un ton maniéré* : **guindé**, **poseur** ; → AFFECTÉ, PRÉTENTIEUX.

manifestation V. manifester.

manifeste V. apparent, certain I, criant (*in* cri), notoire, visible (*in* voir).

manifestement V. assurément, visiblement (*in* voir).

manifester **1.** [qqn ~] *La pauvre femme a manifesté sa douleur* : **extérioriser** ◆ [plus génér.] **montrer** ◆ ↑ **donner libre cours à** ; → FAIRE, LAISSER PARAÎTRE*, EXPRIMER. **2.** [qqn ~] *Il a manifesté sans ambiguïté ses opinions* : **affirmer**, **déclarer**, **faire connaître** ◆ ↑ **proclamer** ; → EXPRIMER, TÉMOIGNER. **3.** [qqn ~ contre] *La foule a manifesté contre les dirigeants* : ↑ **conspuer** (*... a conspué les dirigeants*). **4.** [qqch ~] *Ses gestes brusques manifestent sa colère* : **révéler**, **traduire** ◆ [plus génér.] **indiquer** ; → DÉNONCER, TRAHIR.

◇ **se manifester** [qqch ~] *La crise se manifeste dans toute son ampleur* : **se révéler**, **se faire sentir**. *Les désaccords se manifestèrent sans équivoque* : ↑ **surgir**, **survenir** ; → SE DÉGAGER. *La vérité s'est enfin manifestée* : **éclater** ◆ ↓ **se dévoiler**. *Son pouvoir s'est manifesté dans ce domaine* : [sout.] **s'exercer**.

◇ **manifestation** *Ces manifestations de sympathie l'ont beaucoup ému* : [moins précis.] **marque**, **témoignage** (qui impliquent qqch de plus discret et, souvent, de plus intime) ; → DÉMONSTRATION II. *La manifestation d'un changement* : V. APPARITION I, EXPRESSION et SIGNE.

manigancer V. combiner, comploter (*in* complot), fricoter, imaginer.

manigances V. agissements, combinaisons (*in* combiner), manœuvre I.

manipulable V. docile.

manipulation V. manœuvre I, mensonge.

manipuler **1.** V. influencer. **2.** V. manier.

manitou V. personnage.

mannequin V. modèle.

manœuvrable V. maniable (*in* manier).

manœuvre
I [n.f.] **1.** *Les manœuvres électorales auxquelles il s'était livré pendant la campagne avaient fait scandale* : **manipulation** ◆ [fam.] **magouille**, **tripotage** ◆ **manigances** (qui n'implique pas la gravité d'une manœuvre) ; → COMBINAISON. **2.** *Les manœuvres d'un adversaire* : V. AGISSEMENTS et MACHINATION.
II [n.f.] *Le régiment avait commencé ses manœuvres* [pl.] : [plus génér.] **exercice** ◆ **déploiement**, **évolution** (qui n'impliquent pas seulement des mouvements en temps de paix) ; → MOUVEMENT.
III [n.f.] *Le marin fixa la manœuvre* [techn.] : [cour.] **câble**, **cordage**.
IV [n.m.] V. HOMME* DE PEINE et OUVRIER.

manœuvrer V. intriguer II, manier, nager, ruser (*in* ruse), tirer I.

manoir V. château, habitation.

manouche V. bohémien.

manque **1.** *Le manque de vitamines entraîne des maladies graves* : **carence** ◆ [didact.] ↓ **déficience** ◆ [moins cour.] **défaut** ; → DÉFICIT, DISETTE, PRIVATION. **2.** *Le manque de main-d'œuvre ralentissait les travaux* : ↓ **insuffisance** ◆ ↑ **pénurie**. **3.** *L'acteur a eu un manque de mémoire* : [plus cour.] **absence** (qui peut aussi être employé seul), **défaillance**, **trou** ; → MANQUE. **4.** *Il y avait beaucoup de manques dans son récit* : **lacune**, **vide** ; → OMISSION. **5.** *C'est un orateur à la manque* [fam.] : **manqué**, **raté** ◆ [fam.] **à la flan**, **à la gomme**, **à la noix**. *Manque de chance* : V. MALCHANCE. *Le blessé est mort par manque de soins* : **faute de**.

manquement **1.** V. infraction. **2.** V. oubli.

manquer
I [qqn ~ qqn, qqch] **1.** *Le tireur a manqué la cible* : [fam.] **louper**, **rater** ; → CÔTÉ. **2.** *Il a l'impression d'avoir manqué sa vie* : [plus cour.] **gâcher**. *Il a tout manqué* : V. ÉCHOUER. **3.** *Il a manqué tous ses cours* : **être absent***, **s'absenter***. **4.** *Vous avez manqué une occasion* : **perdre** ◆ [fam.] **louper**, **rater**. **5.** *Il manquait un point pour que je sois reçu* : [sout.] **s'en falloir de** (*il s'en fallait d'un point...*).
II [qqn ou qqch ~ + prép.] **1.** [qqch, qqn ~ à qqch, à qqn] *Il m'a manqué en cette occasion* [sout.] : **offenser**. *Il a manqué à ses obligations* : **se dérober**, **se soustraire** ; → SE DÉDIRE, OUBLIER. *Vous pouvez être sûr que je n'y manquerai pas* [toujours nég.] : **je le ferai sûrement**. *Il a manqué aux règles de la politesse* : **pécher contre** ; → OUBLIER, ROMPRE. **2.** [qqn ~ de qqch] *Il manquait de patience* : **ne pas avoir**, **être à court de**, **être dénué**, **être dépourvu**. **3.** [qqn ~ (de) + inf.] *Il avait manqué (de) réussir* : [plus cour.] **être sur le point de** ◆ **faillir** (+ inf.) *Il n'avait pas manqué de me le faire remarquer* [toujours nég.] : [plus sout.] **ne pas se faire faute de**.
III [qqn ou qqch ~] **1.** *Depuis plusieurs mois, l'eau manquait* : **faire défaut**. **2.** *L'opération a manqué* : **échouer*** ◆ [fam.] **rater**.

mansarde *Une mansarde au sixième étage* (= chambre située sous le toit d'une maison) : [vx] **galetas** ◆ [pl.] **combles** (= ensemble des logements situés sous le toit : *il a aménagé les combles de la ferme*) ◆ **grenier** (= partie sous le toit qui ne sert pas de logement : *il range les vieux livres au grenier*).

mansuétude **1.** *Il a jugé le fait avec mansuétude* [sout.] : [didact.] **charité** ◆ [plus cour.] **indulgence**. **2.** V. DOUCEUR.

manteau **1.** *Il gèle ce matin, n'oublie pas de mettre ton manteau* : **paletot** (= veste ample qui arrive à mi-cuisse) ◆ **pardessus**, [arg.] **pardoss** (= manteau d'homme) ◆ **cape** (= vêtement de dessus, sans manches, qui protège le corps et les bras) ◆ **caban** (= capote à manches et à capuchon, propre aux marins) ◆ **capote** (= manteau militaire). **2.** *Sous le manteau. Beaucoup de livres se vendent encore sous le manteau* : **clandestinement**.

manuel V. abrégé (*in* abréger), livre.

manuellement V. de ses mains*.

manufacture V. usine.

manufacturier V. fabricant.

manuscrit V. copie I.

maous V. démesuré (*in* démesure).

mappemonde V. carte II.

maquereau V. entremetteur (*in* s'entremettre), souteneur.

maquerelle V. entremetteuse (*in* s'entremettre).

maquette V. modèle I.

maquiller 1. *Elle maquilla sa fille pour le bal* : **farder**. *Il fallait maquiller l'acteur pour ce rôle* : **grimer**. 2. *Maquiller un passeport* : V. FALSIFIER. *Maquiller la vérité* : **déguiser**. *On avait maquillé les résultats* : **truquer**.
◇ **se maquiller** *Une femme se maquille* : **se farder**. *Une actrice se maquille* : **se grimer**.
◇ **maquillage** [de maquiller] : **fard***, **grimage*** ; → DÉGUISEMENT.

maquis 1. V. friche. 2. V. labyrinthe.

maquisard V. franc-tireur.

maraîcher V. jardinier (*in* jardin).

marais 1. *Des travaux avaient permis d'assécher les marais* : **marécage** (qui désigne les lieux où s'étendent les marais) ; → ÉTANG. *Un marais salant* : V. SALINE. 2. *La vie politique était devenue un véritable marais* [sout.] : **marécage** ; → BOUE.

marasme V. crise.

marathon V. négociation (*in* négocier).

maraud V. coquin.

maraudage, maraude V. vol II.

marauder V. dérober, voler II.

marbre (de) V. impassible.

marbrer V. barioler.

marbrière V. carrière I.

marc V. alcool.

marchand 1. *Le marchand avait agrandi son magasin* : [souvent péj.] **boutiquier** ; → AMBULANT, COMMERÇANT, VENDEUR, FOURNISSEUR. 2. *Un marchand de vin* [vieilli] : [fam.] **bistrot**.
◇ **marchander** 1. *Il marchandait les vieux meubles qu'il achetait* : **débattre le prix de**. 2. *Je ne marchanderai pas mon appui* : [vieilli] **chicaner**.
◇ **marchandise** *Ce sont des marchandises de première qualité* : **denrées** (= produits alimentaires) ◆ **pacotille**, [fam.] **camelote** (= marchandise de peu de valeur ou de mauvaise qualité).

marche
I 1. *La marche rapide de la colonne* : **pas**, **train**. *Ralentir la marche* : V. ALLURE. 2. *Malgré la pluie, il poursuivait sa marche* : **chemin** ; → RANDONNÉE. 3. *Les voitures officielles ouvrent la marche* : **venir en tête**. 4. *En marche. Mettre en marche* : V. ACTIONNER. *Le convoi se mit en marche* : **s'ébranler** ; → PARTIR, SE METTRE EN ROUTE*. *Prendre le train en marche* : **en train d'avancer**. 5. *Les mesures prises ont arrêté la marche de cette épidémie* : **progression**, **propagation** ; → AVANCEMENT. 6. *Quelle est la marche à suivre ?* : [moins cour.] **voie** ◆ [plus précis] **méthode**.
II V. DEGRÉ I.

marché 1. *La paysanne venait vendre ses œufs au marché* : **foire** (= grand marché qui se tient à des lieux et à des dates fixes, spécialement en milieu rural ; il désigne souvent un *marché* où l'on vend des bestiaux ou des marchandises précises : *la foire à la ferraille*) ◆ [sing.] **halle** (= marché couvert) ◆ **braderie** (= foire annuelle où les marchandises sont vendues à bas prix) ; → COMMERCE. 2. *Chercher de nouveaux marchés* : V. DÉBOUCHÉ. *Le marché du sucre* : V. BOURSE II. 3. *Les deux États ont conclu un marché important* : **affaire**. 4. *Le constructeur lançait sur le marché un nouveau modèle* : **à la vente**. *Bon marché. Les magasins vendaient des tissus à bon marché* : **à bas prix** ; → POUR RIEN* I, SACRIFIER. *Il s'en tire à bon marché* : **à bon compte**. *Faire bon marché de qqch* : **en tenir peu de compte**, **de cas**. *Meilleur marché* : V. ÉCONOMIQUE. *Par-dessus le marché* : [plus sout.] **en outre**, **de plus**.

Rompre un marché : **accord*** ◆ ↑ **pacte**. **5.** *Étude de marché* : V. ENQUÊTE.

marcher **1.** [qqn ~] *Nous avons marché fort longtemps et avec peine* : [moins cour.] **cheminer** ; → AVANCER I. *Venez donc marcher un peu* : V. DÉGOURDIR. *Marcher à pas rapides* : **trotter** ; → COURIR. *Il marchait à grands pas dans la cour* : **arpenter** (*il arpentait la cour*). *Épuisé, il ne pouvait plus marcher* : [très fam.] **arquer**. **2.** [qqn ~] *La troupe marchait vers la ville* : **se diriger** ; → FAIRE ROUTE*, ALLER I. *Les promeneurs marchaient à l'aventure* : **errer***. *Il marchait dans la ville* : **déambuler** (= marcher sans but précis) ; → FLÂNER. **3.** [qqn ~] *Après cette réprimande, il marche droit* : **obéir**. *L'idée me séduit, je marche avec lui* [fam.] : [cour.] **être d'accord**. *Je ne marche pas, ce n'est pas possible !* [fam.] : [cour.] **accepter** ◆ [plus sout.] **consentir**. **4.** [qqn ~ + « sur »] *L'acteur marchait sur les pas de ses aînés* : **imiter**. *Marcher sur le sol natal* : V. FOULER. *Il a marché sur la punaise pour l'écraser* : [plus précis] ↑ **piétiner**. **5.** [qqch ~] *Les affaires marchent bien* : [plus précis] **prospérer**. *Ma montre ne marche plus* : [plus précis] **fonctionner** ; → ALLER II. *Rien ne marche en ce moment* [fam.] : **tourner rond** ; → ALLER II. *Le TGV marche à 300 kilomètres à l'heure* : [plus précis] **rouler**. *Ça marche* : V. PRENDRE II. **6.** *Faire marcher. Il faisait marcher son monde à la baguette, au doigt et à l'œil* : **mener**. *Il me fait marcher, ce sont des histoires !* [fam.] : [cour.] **tromper***. *Marcher sur les autres* : V. SE BATTRE.

mare Petite étendue d'eau stagnante : **flaque** (= petite *mare*, souvent d'eau de pluie : *il a marché dans une flaque*) ; → ÉTANG.

marécage V. marais.

marée V. flot, reflux.

marge **1.** *N'écrivez pas dans la marge* : [moins précis] **bord** (*sur le bord*). **2.** *On lui avait accordé une marge de réflexion* : **délai**. *La marge de sécurité était très réduite* : **volant**. *Laissez-lui un peu de marge pour qu'il réussisse seul* : **latitude** ; → JEU IV. **3.** *En marge de. Il vivait en marge de la société* : **à l'écart de**.

margelle V. bord.

marginal **1.** [adj.] *Son rôle est resté tout à fait marginal* : **secondaire** ; → ACCESSOIRE. **2.** [n.] *Il ne s'est pas intégré dans la société de consommation et devient un marginal* : **asocial** (qui désigne celui qui, en outre, s'oppose à la société) ◆ **baba, baba-cool** (qui, choisissant d'être marginal, prône la non-violence et est écologiste) ◆ [péj.] **zonard** (surtout en parlant des jeunes des banlieues) ; → PARIA, PAUVRE II, VAGABOND.

marginaliser V. écarter.

margoulin Se dit d'un **commerçant*** malhonnête.

mari V. époux, homme.

mariage

I **1.** *Ils ont fini par célébrer leur mariage* : [vx] **hymen** ◆ [rare, par plais.] **conjungo**. *Souhaitons que leur mariage soit heureux* : **union**. **2.** *Leur mariage a eu lieu dans l'intimité* : [pl.] **noces** ◆ [vx] **épousailles** ◆ **lune de miel** (qui se dit des premiers temps du mariage). **3.** *Enfant d'un premier mariage* : V. LIT I.

II *Le mariage de deux parfums* : **alliance, association** ; → COMBINAISON.

marial V. de la Vierge*.

marié V. uni I.

marier

I [~ qqn] **1.** *Il a encore une fille à marier* : **établir**. **2.** *Ils ne sont pas mariés ensemble !* [fam.] : **ne rien se devoir** (*ils ne se doivent rien*).

◇ **se marier** *Ils se sont mariés hier* : [vieilli] **convoler** ; → ÉPOUSER, S'UNIR.

II **1.** [~ qqch] *L'enfant avait appris à bien marier les couleurs* [sout.] : [plus cour.] **assortir** ; → MÉLANGER. **2.** [~ qqch à qqch] *Elle mariait la gentillesse à la fermeté* : **allier, joindre** ; → UNIR.

◇ **se marier** *Les couleurs se mariaient bien* : **se combiner**.

marihuana V. hachisch.

marin *Il veut être marin pour naviguer* : [sout.] **navigateur** ◆ **loup de mer**, [fam., vx] **marsouin** (= vieux marin plein d'expérience) ◆ **matelot**, [très fam.] **mataf** (= simple soldat de l'armée de mer) ◆ **mousse**, [fam.] **moussaillon** (= celui qui fait son apprentissage de marin).

marine 1. V. flotte. 2. *Bleu marine* : V. bleu I.

mariner 1. *Le lièvre a mariné toute la nuit* : [moins cour.] **macérer** ; → TREMPER, BAIGNER II. 2. *L'homme a mariné en prison* [fam.] : **rester longtemps** ; → ATTENDRE.

mariole V. clown, malin.

marionnette 1. *On présentait pour les enfants un spectacle de marionnettes* : [partic.] **fantoche** (= marionnette à fils) ◆ **marotte** (= marionnette sur bâtons) ◆ **guignol** (= marionnette ancienne de grande taille). 2. *Il est trop influençable, c'est une vraie marionnette* : V. AUTOMATE, INFLUENCER et PANTIN.

marlou V. souteneur.

marmaille V. enfant.

marmelade 1. *Il est sorti du combat avec la figure en marmelade* [fam.] : **en compote** ◆ [moins cour.] **en capilotade**. 2. *Tu nous a mis dans une belle marmelade !* [fam.] : [cour.] **dans l'embarras**.

marmiton V. cuisinier (*in* cuisine).

marmonner *Le moine marmonnait ses prières* : [fam.] **marmotter** ; → MURMURER, BALBUTIER.

marmot V. enfant.

marmotter V. marmonner, murmurer.

marmouset V. enfant.

marner V. travailler.

maronner V. être en colère*.

maroquin V. cuir.

marotte 1. V. manie. 2. V. marionnette.

marque 1. *Le produit porte la marque du fabricant* : [plus précis.] **cachet**, **estampille** ◆ **logotype**, [plus cour.] **logo** (= représentation graphique d'une marque) ; → TAMPON, APPELLATION, SCEAU, VIGNETTE. *Une marque personnelle* : V. MONOGRAMME. *La marque d'une fonction* : V. INSIGNE. *Le bûcheron laisse une marque sur les arbres à abattre* : **signe**. *Une marque d'orfèvre* : [plus précis.] **poinçon**. 2. *Le renard laisse des marques de son passage* [didact.] : **indice** ◆ [cour.] **trace**. *Une marque sur un meuble* : V. TACHE I. 3. *C'est une marque de bon sens* : **preuve** ; → MANIFESTATION, TÉMOIGNAGE. *Des marques extérieures* : V. DÉMONSTRATION II. 4. *Une marque dans un livre* : V. SIGNET. 5. *De marque*. *Un produit de marque* : **de grande qualité**. *Des personnages de marque* : **important** ; → LÉGUME. 6. *À dix minutes de la fin, la marque était deux à zéro* : **score**.

◇ **marquant** *La mort du président fut un événement marquant* : [plus précis.] **mémorable** ; → SAILLANT.

◇ **marquer** 1. *Je vais marquer ton adresse dans mon carnet* : [plus précis.] **inscrire, noter** ; → ÉCRIRE. 2. *Le peintre avait marqué de son influence ses élèves* : **imprégner**. 3. *Il a marqué un but* : [peu employé] **réussir**. 4. *De grands arbres marquaient la limite de la propriété* : **signaler** ; → INDIQUER, JALONNER, MONTRER. 5. *L'anniversaire de sa mort a été marqué par plusieurs cérémonies* : [plus précis.] **commémorer**. 6. *L'orateur marquait son discours de grands gestes* : [plus précis.] **ponctuer**. *Il faut marquer notre différence* : **mettre en évidence**, **faire ressortir**. 7. *C'est un événement qui marque dans une vie* : V. DATER. *Cela l'a marqué* : V. AFFECTER. 8. *Une telle réponse marque bien son caractère* [sout.] : [cour.] **révéler**. *L'âge avait marqué son visage* : ↑ **buriner** ; → FLÉTRIR I. 9. *Marquer le pas* : V. PIÉTINER. *Marquer sa sympathie* : V. TÉMOIGNER.

marqué 1. V. meurtri (*in* meurtrir). 2. V. net I, vif.

marque-page V. signet.

marqueter *Leur chat était marqueté de noir* : [sout.] **diaprer** (= marquer de couleurs) ◆ **barioler*** (= marquer de couleurs vives et assorties de façon inhabituelle) ◆ **tacheter** (= marquer de taches).

marrant V. amusant (*in* amuser), comique, gai.

marre V. assez, comble III.

marrer (se) V. amuser, rire.

marron
I [n.] **1.** *Manger des marrons grillés* : **châtaigne**. **2.** *Recevoir un marron dans la figure* : V. CHÂTAIGNE et COUP I.
II [adj. ou n.] *Il ne portait que des costumes marron, que du marron* : [plus génér.] **brun** ◆ **beige** (= brun clair).

marsouin V. marin.

marteau **1.** V. fou. **2.** V. battant I.

martel *Se mettre martel en tête* : V. souci.

marteler **1.** *Le boxeur martelait son adversaire de ses poings* : **frapper fort** ; → BATTRE II. *Les canons martelaient les lignes ennemies* : **pilonner**. **2.** *Ces mauvais souvenirs lui martelaient la tête* : **obséder** (... *l'obsédaient*). **3.** *Il voulait convaincre et martelait ses mots* : ↓ **accentuer**.

martial V. guerrier, militaire I.

martinet V. fouet.

martyr **1.** *Ce chien était le martyr des enfants* : [plus cour.] ↓ **souffre-douleur**. **2.** *Le malade souffrait comme un martyr* : **beaucoup**.

martyre V. croix, supplice.

martyriser V. faire souffrir*, supplicier, tourmenter (*in* tourment), torturer.

marxisme V. socialisme.

mascotte V. amulette.

masculin **1.** *Cette jeune femme a une silhouette un peu masculine* : **hommasse**. **2.** V. MÂLE.

masque **1.** *Un masque lui couvrait le visage* : **loup** (qui couvre seult sa partie supérieure). **2.** *Il cache sa méchanceté sous un masque affable* [sout.] : **apparence, dehors*** ; → VOILE I. **3.** *Il aimait prendre un masque impénétrable* [sout.] : [cour.] **air, expression**. **4.** *Jeter, lever, ôter le masque* : **se montrer tel qu'on est**. *Arracher, ôter le masque à qqn* : **démasquer** ◆ [sout.] **confondre**.
◇ **masquer** [qqch ~] *Tous les discours ne faisaient que masquer les problèmes* : **camoufler, dissimuler** ; → DÉGUISER, VOILER I. *Un grand mur masquait la vue* : **cacher**, [plus sout.] **dérober** ◆ **faire écran** (= s'interposer entre deux choses : *le mur faisait écran entre la maison et la rivière*).

massacrer **1.** [~ qqn] *La troupe a massacré les habitants* : **exterminer** ◆ ↓ **tuer**. *Le boxeur a massacré son adversaire* [fam.] : ↓ **amocher**, **démolir**, **esquinter** ; → ABÎMER. **2.** [~ qqch] *Les acteurs ont massacré la pièce* : ↓ **défigurer**. *Le paysage a été massacré par les constructions* : ↓ **gâter** ◆ [fam.] **bousiller**. *Les garnements ont massacré le verger* [fam.] : [cour.] **saccager**.
◇ **se massacrer** *Les deux armées se sont massacrées* : **se détruire**.
◇ **massacre** **1.** *Le massacre d'une population* : V. EXTERMINATION. *Le massacre d'une famille* : **tuerie** ; → CARNAGE. **2.** *Ils ont sali toute la maison, quel massacre !* [fam.] : [plus cour.] **gâchis**.

masse
I **1.** *Le bouteur déplaçait la masse de rochers* : ↓ **bloc**. **2.** *La masse d'un bâtiment* : V. POIDS. *Une masse d'air chaud se dirigeait vers le Nord* : [moins cour.] **volume**. **3.** *Il avait transporté la masse de cailloux avec une brouette* : ↓ **tas** ; → AMAS. *La secrétaire triait une masse de documents* : ↑ **monceau**. *Il répond à une masse de lettres* [fam.] : [cour.] **beaucoup de, quantité de** ; → CARGAISON. **4.** *Il n'y en a pas des masses* [fam.] : **pas beaucoup**. *Il s'est écroulé comme une masse* : **pesamment**. *En masse* : V. À FOISON*. *Les pays riches avaient répondu en masse à l'appel de l'O.N.U.* : **massivement**. *Par la masse* : V. NOMBRE.
II **1.** *La masse des électeurs s'était abstenue* : **le gros**. **2.** *Les compétitions sportives plaisent à la masse* : **grand public** ; → FOULE. **3.** [pl.] *Les masses exigeaient des changements profonds* : **les couches populaires**.
◇ **masser** *Les hommes étaient massés dans la cour* : **rassembler** ; → GROUPER.

masseur V. soigneur (*in* soigner II).

massif
I [adj.] *Un bâtiment massif déparait le site* : **lourd, pesant** ◆ [péj.] **mastoc**.
II [n.] *Le parc était orné de massifs de fleurs* : **parterre**.
III [n.] V. MONTAGNE.

massivement V. masse I.

massue V. bâton.

mastiquer V. mâcher.

mastoc V. massif I.

mastodonte V. gros.

mastroquet V. cafetier.

masturber (se) **1.** *Ses parents le surveillaient pour l'empêcher de se masturber* : [fam.] ↓ **se toucher** ◆ [très fam.] **se branler**. **2.** *Il avait beau se masturber le cerveau, il ne trouvait pas de solution* : [plus cour.] **se triturer**.
◇ **masturbation** *Les médecins prétendaient autrefois que la masturbation rend sourd* : [didact.] **onanisme**.

m'as-tu-vu V. prétentieux.

masure V. baraque I.

mat **1.** V. sourd II. **2.** V. terne.

mataf V. marin.

matamore V. bravache.

match V. compétition, rencontre (*in* rencontrer), spectacle.

matelasser V. rembourrer.

matelot V. marin.

mater **1.** [~ qqn] *On va te mater !* : V. ASSOUPLIR et DRESSER II. *Mater un adversaire* : V. TERRASSER. **2.** [~ qqch] *L'armée mata violemment le soulèvement* : **réprimer** ◆ ↓ **étouffer**. **3.** *Avec effort il mata sa fureur* [sout.] : [cour.] ↓ **calmer***. *Mater sa chair* : V. MACÉRER I.

matérialiser (se) V. se réaliser.

matérialisme V. athéisme (*in* athée).

matérialiste V. athée.

matériau V. matériel II.

matériel
I [adj.] **1.** *Il n'avait pas le temps matériel de venir chez ses parents* : **nécessaire** (... nécessaire pour). **2.** *La police avait des preuves matérielles de sa culpabilité* : **concret** ◆ ↓ **palpable**, **tangible**. **3.** *Il a reçu une aide matérielle importante* : **financier**, **pécuniaire** ; → ARGENT. **4.** *C'est un esprit trop matériel* : ↑ **grossier***. **5.** *Le monde matériel* : V. PHYSIQUE I et SENSIBLE II.
II [n.] **1.** *La coopérative a renouvelé son matériel* : **équipement**, **outillage**. **2.** *Les mots constituent le matériel du discours* [didact.] : **matériau**.

matériellement V. physiquement I.

maternelle *École maternelle* : V. jardin* d'enfants.

maternité V. accouchement (*in* accoucher).

mathématique **1.** *Il raisonnait de façon mathématique* : ↓ **précis**, ↓ **rigoureux**. **2.** *Vous ne pouvez pas vous tromper, c'est mathématique* [fam.] : [cour.] **automatique**.

matière
I **1.** *La matière vivante* : V. SUBSTANCE. **2.** *Les matières fécales* : V. EXCRÉMENT. *Le médecin lui interdit les matières grasses* : [pl.] **graisses**. *La matière grise* : V. CERVEAU. *Il manque de matière grise* [fam.] : **intelligence**.
II **1.** *Je n'ai pas compris la matière de son intervention* : [plus précis.] **sujet** ; → SUBSTANCE. *Le latin est une matière à option* : **discipline**. *Nous n'avions pu discuter (de) cette matière* : **question** ◆ [plus restreint] **point**, **article** ◆ [moins cour.] **chapitre**. *Le critique attaquait la matière même du roman* : [plus cour.] **fond**, **sujet**. **2.** *En matière de cuisine, vous n'y connaissez rien* : **en ce qui concerne** (*en ce qui concerne la cuisine...*) ◆ **en** ◆ [plus rare] **en fait de**. *Je ne suis guère compétent dans cette matière* : **domaine**. **3.** *Cela donne matière à réflexion* : **donner lieu à** **4.** *Matière plastique* : V. PLASTIQUE II.

matin **1.** *La lumière du matin* : **matinal**. **2.** *Il ne reçoit que le matin* : **dans la matinée**. **3.** *Il parle du matin au soir* : **sans arrêt**, **continuellement**. *Il se lève de bon, de grand matin* : **très tôt** ◆ [fam.], **c'est un lève-tôt**.

mâtiné V. mêlé (*in* mêler).

matinée **1.** V. matin. **2.** V. séance.

mâtiner V. mêler.

matois V. rusé (*in* ruse).

maton V. gardien.

matou V. chat.

matraquage V. matraquer.

matraque V. bâton.

matraquer 1. *Les policiers matraquèrent les manifestants* : [plus génér.] **frapper***. 2. *La critique a matraqué les acteurs* : [moins express.] **accabler** ◆ [plus génér.] **attaquer**.
◇ **matraquage** *Les partis se livraient à un véritable matraquage du public* : ↑ **intoxication**.

matrice V. moule.

matrone V. mère.

maturation *L'été très sec avait hâté la maturation des fruits* : [moins cour.] **mûrissement**.

maturité 1. *Il a atteint la pleine maturité* : **force de l'âge** ; → ADULTE, PLÉNITUDE. 2. *Malgré son âge, il manque de maturité* : ↑ **sagesse**.

maudire 1. *Il maudissait la guerre* : **haïr** ◆ [sout.] **exécrer** ; → CONDAMNER. 2. *Il maudit cette idée qu'il a eue d'inviter tant de gens* : [plus cour.] **pester contre**.
◇ **maudit** 1. [adj.] *Cette maudite affaire lui donnait des soucis* : **détestable** ◆ [sout.] **exécrable** ◆ [fam.] **damné, sale, sacré, satané** ◆ [très fam.] **fichu, foutu** ; → MALHEUR. 2. [n.] V. RÉPROUVÉ.

maugréer *Il maugréait contre la terre entière* : **pester** ◆ [fam.] **râler, ronchonner, rouspéter** ; → JURER II, SE PLAINDRE II.

maussade 1. *Tout le monde se plaignait de son aspect maussade* : **bourru** (qui implique l'absence d'amabilité) ◆ [très sout.] **chagrin** ◆ ↑ **boudeur**, ↑ **renfrogné** ◆ [vx] **rechigné** ◆ [sout.] **morose** (qui se rapporte plus précisément à l'air du visage) ◆ [plus génér.] **désagréable**. 2. *Ses propos maussades m'avaient surpris* : **désabusé** ◆ ↑ **pessimiste**. 3. *Le temps maussade empêchait toute sortie* : **morose, triste**. *Une couleur maussade* : **terne, triste**.

mauvais
I 1. [qqch ou qqn est ~] *La récolte a été mauvaise* : ↓ **insuffisant**, ↑ **médiocre**. *Les travaux étaient vraiment mauvais* : **défectueux** ◆ [fam.] ↑ **raté**. *Le touriste parlait un mauvais français* : [postposé] **incorrect**. *Sa mauvaise mémoire le gênait* : [postposé] **infidèle** ; → IMPARFAIT. *Il avait effectué un mauvais calcul* : [postposé] **faux, inexact**. *Une mauvaise affaire* : V. VILAIN. *Une mauvaise prononciation* : V. VICIEUX II. *Un mauvais temps* : **un temps de chien** ; → DE MERDE*, SALE, VILAIN. *Une mauvaise lumière* : V. DOUTEUX. *De mauvaises conditions* : V. DÉFAVORABLE. *Ce que vous avez écrit est très mauvais* : **ne rien valoir** ; → FAIBLE, ABOMINABLE. *Cet élève est mauvais en maths* : **faible** ◆ ↑ **nul**. *Un mauvais présage* : V. SINISTRE. 2. [qqch ou qqn est ~] *Ces repas copieux sont mauvais pour votre santé* : **malsain** ◆ [moins sout.] **nuisible à** ; → DOMMAGEABLE, DANGEREUX. *Son imprudence l'avait mis dans une mauvaise situation* : [postposé] ↑ **catastrophique**, ↑ **désastreux** ; → MÉCHANT. *Il n'est pas mauvais, ce vin* : **assez bon, très bon**. *Il est toujours de mauvaise humeur en se levant* : [postposé] ↑ **détestable** ◆ [fam.] **fichu** ◆ **méchant** ◆ ↑ **odieux** ; → DE MAUVAIS POIL*, DÉSAGRÉABLE. *Passer un mauvais moment* : V. DIFFICILE. *Trouver mauvais* : V. SAUMÂTRE. *En mauvais état* : V. PITEUX. 3. [qqch ou qqn est ~] *Sa mauvaise conduite soulevait la réprobation* : **immoral** ; → BAS I. *Il est mauvais comme la gale, comme une teigne* : ↓ **méchant, malfaisant**. *Il eut un sourire mauvais* : ↑ **cruel**. *Un mauvais tour* : V. PENDABLE (*un tour pendable*).
II [adv.] 1. *Cet homme sent mauvais* : **puer**. 2. *Il faut partir d'ici, ça sent mauvais* [fam.] : **se gâter**.

mauve V. violet.

mauviette V. faible.

maximal V. maximum, plafond.

maximalisme, maximaliste V. extrémisme, extrémiste.

maxime V. pensée II.

maximum 1. [adj.] *L'usine tournait avec un rendement maximum* : **maximal**. *Atteindre la vitesse maximum* : **maximal** ; → DE

POINTE* III. *Le prix maximum* : V. PLAFOND. **2.** [n.] *Vous avez le maximum de chances* : **le plus grand nombre**. *Cela vaut cent francs au maximum* : **au plus** ◆ [fam.] **à tout casser**.

méandre V. boucle, contour, courbe, détour, sinuosité (*in* sinueux).

mec **1.** V. amant. **2.** V. individu, type II.

mécanique

I [adj.] **1.** *L'ouvrier reposait la pièce d'un geste mécanique* : **automatique**, **machinal**. **2.** *Je suis en retard, j'ai eu des ennuis mécaniques* [fam.] : **de moteur**.

◇ **mécaniquement** *Il répondait aux questions mécaniquement* : **automatiquement**, **machinalement**.

II [n.] **1.** *La mécanique de cette nouvelle voiture surprend par sa simplicité* : [plus cour.] **mécanisme**. **2.** *Il roule des mécaniques* [fam.] : [cour.] **épaules**.

◇ **mécanicien** *Le mécanicien a trouvé rapidement la cause de la panne* : [fam.] **mécano** ◆ [plus génér.] **dépanneur** ; → AVIATEUR.

◇ **mécanisme** **1.** V. MÉCANIQUE II et SYSTÈME. **2.** *La science a découvert la complexité des mécanismes biologiques* : [didact.] **processus** (qui insiste sur l'aspect dynamique des phénomènes). **3.** *Le mécanisme d'une horloge* : V. MOUVEMENT.

mécanisé V. motorisé (*in* moteur).

mécanisme V. mécanique II.

méchamment, méchanceté V. méchant II.

méchant

I [antéposé] **1.** *Il s'est attiré une méchante affaire* [sout.] : [cour.] **mauvais** ; → MOCHE. **2.** *Il se promenait avec un méchant pardessus, tout râpé* [vieilli] : **malheureux**, **misérable** ◆ [cour.] **pauvre**. **3.** *Un méchant coup* : V. FAMEUX. *Un méchant menteur* : V. FINI. *Il avait acheté une méchante voiture* [fam.] : [postposé] **remarquable**.

II [antéposé ou postposé] **1.** *C'est un homme méchant* : [postposé] **cruel**, **dur**, **sans-cœur** ; → BAS I, MALFAISANT, MAUVAIS. **2.** *Cet enfant est méchant avec ses camarades* : [plus précis.] **brutal** ; → VACHE II, VILAIN, DÉSAGRÉABLE. **3.** *La pancarte portait : chien méchant* : **dangereux**. **4.** *Il éclata d'un rire méchant* : ↑ **diabolique**. *Des propos méchants* : **malintentionné** ; → MALVEILLANT, ROSSE II et VENIMEUX. *C'est une méchante langue* : **une personne médisante**. *Être de méchante humeur* : V. MAUVAIS. **5.** *Vous n'allez pas vous fâcher : ce n'est pas bien méchant* : **grave**.

◇ **méchamment** : **cruellement***, **durement***.

◇ **méchanceté** **1.** V. MALICE, MALVEILLANCE et VENIN. **2.** *Dire des méchancetés* : [très fam.] **vacherie** ◆ ↓ **pique** (*envoyer, lancer des piques*) ; → ROSSERIE. *Faire des méchancetés* : [fam.] **crasse**, **misère** ◆ [très fam.] **saloperie***.

mèche

I **1.** V. TOUFFE. **2.** *Être de mèche avec qqn* : **de connivence** ; → ACCORD I, COMPLICITÉ. *Tu n'y arriveras pas, y a pas mèche* [très fam.] : [cour.] **c'est impossible**. *Il n'a pas su tenir sa langue, il a vendu la mèche* : **trahir** (*trahir un secret*).

II V. VRILLE.

méconnaissable V. différent (*in* différer II).

méconnaissance V. ignorance (*in* ignorer).

méconnaître **1.** *Il méconnaît les règles élémentaires de la politesse* [sout.] : [plus cour.] **ignorer** ◆ ↓ **négliger**. **2.** *On avait méconnu les qualités du président* : **mésestimer*** ◆ [sout.] **méjuger**.

méconnu V. ignoré (*in* ignorer).

mécontent *Il a l'air mécontent* : **fâché**. *Le candidat est mécontent de ses résultats* : ↓ **insatisfait** ; → RÂLEUR.

◇ **mécontentement** **1.** *En ville, les sujets de mécontentement ne manquent pas à l'automobiliste* : **contrariété**, **désagrément** ◆ [fam.] **rouspétance**. **2.** *La politique sociale du gouvernement a provoqué le mécontentement général* : ↓ **insatisfaction** ◆ [fam.] **grogne** ; → DÉCEPTION. **3.** *Il exprima nettement son mécontentement* : ↑ **colère**.

mécontenter V. fâcher.

mécréant V. irréligieux.

médaille V. insigne.

médecin 1. *Pour l'otite de leur fils, ils ont appelé le médecin* [sout.] : [cour.] **docteur** ◆ **généraliste**, [didact.] **omnipraticien**, **praticien** (= celui qui pratique la médecine générale) ◆ **spécialiste** (= médecin spécialisé) ◆ [fam.] **toubib** ◆ **major** (= médecin de l'armée) ◆ [didact.] **clinicien** (= médecin qui étudie les maladies par observation des malades) ◆ **chirurgien**, **neurologue**, **pédiatre** (= spécialistes possédant le titre de docteur en médecine). *L'ensemble des médecins* : **le corps médical**. 2. *Un futur médecin* (= étudiant en médecine) : **externe**, **interne** (*externe, interne des hôpitaux*) ◆ [fam.] **carabin**. 3. *Ce médecin tue ses malades* : [péj.] **charlatan**.

média 1. *Une campagne publicitaire assurée par plusieurs médias* : **multimédia** (*une campagne publicitaire multimédia*) ; → VÉHICULE* (de l'information). 2. *Les médias ont grossi l'affaire* : [partic.] **la télévision**, **la presse**, **la radio***, **les journaux*** ; → CRITIQUE I. *Les nouveaux médias* : [partic.] **informatique**, **bureautique**.

médiat V. indirect.

médiateur *L'intervention d'un médiateur n'a pas suffi au règlement du conflit* : **arbitre**, **conciliateur** ; → INTERMÉDIAIRE.

médiation V. arbitrage (*in* arbitre), entremise (*in* entremettre), office I.

médiatique V. spectaculaire.

médical V. personnel soignant* (*in* soigner).

médicament 1. *Ce médicament contre la toux n'est pas très efficace* : [génér.] **remède** (qui s'applique à tout moyen curatif) ; → SPÉCIALITÉ. 2. *Le tabac, c'est mon seul médicament* : [péj.] **drogue**.

médication V. thérapeutique.

médiocre 1. [qqn est ~] *Un élève médiocre* : V. FAIBLE I et INCAPABLE. 2. [qqch est ~] *Il reçoit un salaire médiocre* : **modeste**, **modique** ; → MAIGRE, MISÉRABLE, MINIME et PAUVRE II. *La pièce était de dimensions médiocres* : [antéposé] **petit**. *Le film était vraiment médiocre* : **insignifiant**, **plat** ; → MAUVAIS I. 3. [qqch est ~] *Il mène une vie médiocre* : **étriqué** ; → PITOYABLE, TRISTE III.

◇ **médiocrité** 1. *Il vit dans la médiocrité* : [plus génér.] **pauvreté**. 2. *La médiocrité d'une œuvre* : **faiblesse**, **imperfection** ; → INSIGNIFIANCE.

médiocrement V. mal II, modestement.

médiocrité V. médiocre.

médire *Il médit de,* [vx] *sur tout le monde : voisins, collègues, amis et ennemis* : [fam.] **débiner** ◆ ↑ **déblatérer (contre)**, **dénigrer** ◆ ↓ **cancaner (sur)** ◆ [vx] **clabauder (sur)**, [fam.] **taper (sur)** [qui ne supposent pas forcément l'intention de nuire] ◆ ↑ **calomnier**, **diffamer** (= mentir pour nuire à qqn) ; → JASER I, DISCRÉDITER.

◇ **médisance** 1. *Personne n'est à l'abri des médisances* : ↑ **calomnie**, **cancan**, **commérage**, **dénigrement**, **racontar**, **ragot** ◆ [fam.] **débinage**. 2. *Dans les milieux fermés sur eux-mêmes, la médisance est fréquente* : ↑ **diffamation**.

◇ **médisant** 1. [n.] *Les médisants font la pluie et le beau temps dans le village* : **mauvaise**, **méchante langue** ◆ ↑ **calomniateur**. 2. [adj.] *Des propos médisants* : ↑ **calomnieux**, ↑ **diffamatoire**.

méditatif V. pensif.

méditation V. pensée I, réflexion (*in* réfléchir I).

méditer V. mûrir, projeter I, réfléchir I.

médusé V. ébahi, stupéfait (*in* stupéfaction).

méduser V. stupéfier.

meeting V. réunion (*in* réunir).

méfier (se) 1. *Je me méfie de mes premières impressions* : **se défier de** ◆ [sout.] **se garder de**. *Se méfier des belles promesses* : **mettre en doute**, **douter**, **soupçonner**. 2. *Méfie-toi, tu pourrais tomber* : V. ATTENTION I.

◇ **méfiance** 1. *Sa méfiance est constante* : **défiance**. 2. *Son attitude équivoque a éveillé* *la méfiance de son entourage* : [pl.] **soupçons** ◆ **suspicion** ; → ATTENTION I.

◇ **méfiant** *Il est d'un naturel méfiant* : **défiant**, **soupçonneux** ◆ [sout., péj.] **cauteleux** ◆ [sout.] **suspicieux**.

méga V. soigné (*in* soin I).

mégalomanie V. grandeur (*in* grand).

mégalopole V. ville.

mégaphone V. porte-voix.

mégarde (par) *Cet enfant a cassé son verre par mégarde* : **sans le faire exprès**, **involontairement** ; → DISTRACTION, ERREUR.

mégère *Il doit supporter la mauvaise humeur de sa femme, une vraie mégère* : [fam.] **chipie** ◆ [fam., péj.] **garce** ; → FURIE, VIRAGO.

mégot *Il a éteint son mégot sur sa semelle* : [très fam.] **clope**.

mégoter V. discuter.

meilleur 1. *Qu'y a-t-il de meilleur ?* : **au-dessus**. *Être meilleur* : V. SUPÉRIEUR I. 2. *Il est meilleur de ne rien dire* : [plus cour.] **préférable**, **mieux vaut** (*mieux vaut ne rien dire*). 3. *Le meilleur, la meilleure. Il s'est comporté de la meilleure façon possible* : **au mieux**. *Le meilleur morceau* : V. PREMIER I. 4. [n.] *C'est la meilleure !* : V. COMBLE I. *Être le meilleur* : V. EXCELLER. *Les meilleurs ont fini par l'emporter* [pl.] : [sing.] **élite**. *Il fréquente le meilleur de la société* : [fam.] **crème**, **gratin**, **top**.

méjuger V. méconnaître, mésestimer.

mél V. courrier.

mélancolie 1. *Il a des accès de mélancolie* [didact.] : **vague à l'âme** ◆ [didact.] **neurasthénie** ; → CAFARD, DÉPRESSION, TRISTESSE. 2. *Il considère son passé avec mélancolie* : **nostalgie** ; → REGRET.

◇ **mélancolique** 1. [n.] *C'est un mélancolique* [didact.] : **neurasthénique** ; → PESSIMISTE. 2. [adj.] *Il est souvent d'humeur mélancolique* : **triste**, **sombre**. *Des vers mélancoliques* : [didact.] **élégiaque**.

mélange 1. *Ce produit est obtenu par mélange* : **brassage**, **coupage** (qui impliquent une altération du liquide) ◆ **amalgame** (qui désigne un alliage de mercure et d'un autre métal) ◆ **magma** (qui s'emploie pour un mélange qui forme une masse épaisse et pâteuse) ; → COMBINAISON. *Le laiton est un mélange de cuivre et de zinc* : **alliage**. 2. *Le confiseur prépare un mélange de bonbons* : **assortiment**. *Le barman confectionne un mélange à base de rhum blanc* : **cocktail** ◆ [souvent péj.] **mixture**. 3. *Son histoire était un mélange de mensonges et de vérités* : **amalgame**, **assemblage**, **tissu** ◆ **imbroglio** (qui ne s'emploie que pour une affaire ou une situation embrouillées). 4. *Cette œuvre est un curieux mélange* : **méli-mélo** ◆ [fam.] **salade**, **salmigondis**. *Un mélange de couleurs* : **bariolage** (qui implique souvent l'absence d'harmonie). *L'orchestre joua un mélange de thèmes* : [plus précis.] **pot-pourri**. 5. *Il éprouvait une joie sans mélange* : **pur**.

◇ **mélanger** 1. *Mélanger les cartes* : V. BROUILLER I. 2. *Mélanger des aliments* : V. MÊLER. *Mélanger des sons* : [plus précis] **mixer**. *Mélanger des couleurs* : **marier**. *Vous mélangez tout* [fam.] : [cour.] **confondre**. *Mélanger des papiers* : V. DÉSORDRE.

◇ **se mélanger** *Les populations s'étaient mélangées* : **se mêler*** ◆ ↑ **fusionner**.

mêler 1. [qqn ~ qqch à] *Mêlez le beurre à la farine* : **mélanger** ◆ [plus précis] **amalgamer**, **incorporer** ; → COMBINER. 2. [qqn ~ qqch à] *Il mêle la gentillesse à la brusquerie* : **allier** ; → MARIER II, UNIR. 3. [qqch ~ qqch] *Au confluent, les deux fleuves mêlent leurs eaux* : **confondre**, **joindre**. 4. [~ qqn à] *La police l'a mêlé à une affaire de mœurs* : **compromettre dans**, **impliquer dans**. 5. [~ qqch] *Il mêle les cartes* : V. BATTRE II et BROUILLER I. *Mêler deux races de chiens* : **croiser** ◆ [plus précis.] **mâtiner**.

◇ **se mêler** 1. *Les laines se sont mêlées* : [cour.] **s'emmêler**, **se mélanger** ; → S'UNIR. 2. *Les peuples se sont mêlés au cours de leur histoire* : **se confondre**. 3. *Ne vous mêlez pas de mes affaires* : [sout.] **s'immiscer** ; → S'INGÉRER, S'OCCUPER. 4. *Je souhaite qu'il se mêle d'être plus sérieux* [sout.] : [plus cour.] **s'aviser** ; → SONGER.

◇ **mêlé** 1. *Ce chien n'est pas de race, il est mêlé* : **mâtiné**. 2. *Lors de l'inauguration, l'assistance était mêlée* : **composite**.

◇ **mêlée** 1. *Il a reçu un mauvais coup dans la mêlée* : **rixe** ; → LUTTE. *Une mêlée sanglante* : V. COMBAT. 2. *On ne distinguait plus rien dans cette mêlée* : [plus cour.] **confusion** ◆ ↑ **chaos**.

méli-mélo V. mélange.

mélo V. mélodrame.

mélodie 1. *Elle fredonnait une mélodie de Poulenc* : [plus cour.] **air** ◆ [plus spécialt] **aria**, **ariette**, **blues**, **cantilène**, **fado**, **lied** ; → CHANSON. 2. *Cette musique manque de mélodie* : **harmonie** (= combinaison des parties dans un morceau) ◆ **rythme** (= disposition des sons). 3. *Mélodie de la voix* : [didact.] **intonation**.

mélodieux V. doux, musical (*in* musique).

mélodrame *À la télévision, c'est la vogue du mélodrame* : [fam.] **mélo** ; → THÉÂTRE.

membre

I 1. *Il faut abattre ce pur-sang qui s'est fracturé un membre* : **patte** ◆ **abattis** (qui sert à désigner les quatre membres des volailles). *Tendre les membres* : [plus précis.] **bras**, **jambe**. 2. V. SEXE.

II *C'est un membre influent de l'association* : [plus partic.] **adhérent**, **sociétaire** ; → ADHÉRER II. *Les membres d'une société commerciale* : [plus précis] **associé**. *Les membres du Pacte atlantique* : [plus précis] **allié**.

même

I [adj.] 1. *Ils ont la même cravate* : [postposé] **identique**, **semblable** (*une cravate identique, semblable*) ◆ **pareil** (*leurs cravates sont pareilles*). 2. *Ils ne touchent pas tous le même salaire* : **égal**, **identique** (... *un salaire égal, identique*). 3. *Ils ont un même but* : **commun***. 4. *Les faits se sont produits en même temps, au même moment* : **simultanément** ; → ENSEMBLE I. *Cet universitaire est en même temps brillant et profond* : **à la fois***. 5. *C'est la même chose* : **pareil** ◆ [fam.] **kif-kif**. *Je leur ai répondu de la même façon* : **la même chose** ; → PAREILLEMENT. 6. *C'est la vérité même* : **exact**, **strict**. *Je vous rapporte les paroles mêmes du prisonnier* : [antéposé] **propre**. 7. *Le ministre est venu lui-même pour l'inauguration* : **en personne**. 8. *Elle a avoué d'elle-même* : **de son plein gré**, **spontanément**, **volontairement**.

II [pron. indéf.] 1. [attribut] *Il n'est plus le même depuis son accident* : **pareil**. *Ce n'est pas le même* : V. AUTRE I. 2. *Cela revient au même* : **c'est pareil**, **c'est tout un** ◆ [fam.] **c'est kif-kif**.

III [adv.] 1. *Ce terrain est ouvert aux campeurs et même aux nomades* : **aussi** ◆ [plus sout.] **qui plus est**. 2. *La fête, c'est aujourd'hui même* : **précisément**. 3. *De même* : V. AUSSI et PAREILLEMENT. *Il en va de même pour lui* : **c'est aussi son cas**. *Quand même. On s'aime quand même* : **malgré tout**. 4. *À même. Il porte son chandail à même la peau* : **directement sur**. *À même de* : V. CAPABLE, ÉTAT I et EN MESURE DE*. 5. *De même que* : V. AINSI* QUE. *Même si* : V. QUAND* MÊME.

mémé, mémère V. grand-mère.

mémoire

I [au fém., toujours sing.] 1. V. SOUVENIR. 2. *De mémoire. Il connaissait ce texte de mémoire* : [plus cour.] **par cœur**. 3. *Cela a suffi pour ternir sa mémoire* : [plus cour.] **réputation** (qui s'emploie à propos d'un vivant ou d'un mort). 4. *Pour mémoire. Je te signale, pour mémoire, un bon film sur le sujet* : **à titre de renseignement**.

II [au masc., sing. ou pl.] *Remettre un mémoire à un client* : V. COMPTE et ÉTAT III. *Un mémoire de physique* : V. TRAITÉ I.

III [au masc. ; toujours pl. et avec une majuscule] 1. *Les Mémoires du président se sont bien vendus* : [pl.] **souvenirs** (qui implique un ouvrage moins étendu) ◆ [sens restreint] **autobiographie** (qui désigne le récit de la vie de l'auteur) ; → JOURNAL. 2. *Les historiens trouvent une riche documentation dans les Mémoires* : **annales**, **chroniques** (qui insistent sur l'énumération des faits dans l'ordre chronologique) ◆ **mémorial** (qui n'apparaît que dans les titres : *le Mémorial de Sainte-Hélène*) ; → TÉMOIGNAGE.

mémorable 1. *Le jour de sa réception à l'Académie reste, pour lui, une date mémorable* : ↓ **important** ◆ ↑ **inoubliable** ; → INDÉLÉBILE, MARQUANT. 2. *Ce combat restera mémorable dans les annales de la boxe* : **fameux** ◆ ↓ **remarquable**.

menace 1. *Les menaces du proviseur sont restées sans effet sur les lycéens* : ↓ **avertissement** ; → INTIMIDATION. 2. *La menace d'un conflit s'est accrue dans les derniers mois* : **danger, risque** ◆ ↑ **spectre**.

◇ **menaçant** 1. *L'orage était menaçant* : ↑ **imminent**. *Un ciel menaçant* : V. SOMBRE. *Un temps menaçant* : V. INCERTAIN. 2. *Son ton menaçant n'intimida personne* : [sout.] **comminatoire**. 3. *Des nouvelles menaçantes pour la paix* : ↓ **inquiétant**.

◇ **menacer** 1. [qqn ~] *Fou de rage, il hurla, il menaça* : [plus fam. et express.] **montrer les dents, les griffes**. *Le créancier menace ses débiteurs* : [plus fam. et express.] **mettre le couteau sous la gorge à...** ; → BRAVER. 2. [qqch ~] *Un orage menace* : V. SE PRÉPARER. 3. [qqch ~ qqch] *La mauvaise gestion menaçait l'avenir* : V. HYPOTHÉQUER. 4. [impers.] *Il fallait attendre, et cela menaçait d'être long* : [plus cour.] **risquer**.

menacé V. fragile.

ménage 1. V. FAMILLE. 2. *Faire le ménage* : V. NETTOYER. *Faire bon, mauvais ménage avec* : [plus cour.] **s'entendre bien, mal**. *Être en ménage* : V. COUPLE.

ménager 1. [~ qqch] *Ménager ses biens* : V. ÉCONOMISER. *Il faut que vous ménagiez vos forces* : **mesurer**. *Vous n'avez pas ménagé le poivre !* [fam.] : [cour.] **mettre trop, beaucoup**. 2. [~ qqch à qqn] *Il va vous ménager un rendez-vous* : [plus cour.] **arranger**. *Ménager une surprise à qqn* : V. RÉSERVER.

◇ **ménagement** *Avec ménagement. Agir avec ménagement* : V. GANT. *Il faut lui apprendre la nouvelle avec ménagement* : **précaution** ; → ÉGARD II. *Sans ménagement. Vous lui avez parlé sans ménagement* : **brutalement**.

ménager (se) V. s'assurer (*in* assurer III).

mendier 1. *Il a tout perdu et mendie dans la rue* : [express.] **faire la manche, tendre la main** ◆ [fam.] **mendigoter** ; → AUMÔNE. 2. *Elle mendiait son pardon* : ↑ **implorer** ◆ [souvent péj.] **quémander**. *Il est encore à mendier des compliments* [péj.] : [fam.] **mendigoter** ; → DEMANDER, QUÊTER, AUMÔNE.

◇ **mendiant** *La crise économique a accru le nombre des mendiants* : [fam., vieilli] **mendigot** ◆ [fam.] **clochard** (= qqn qui vit sans domicile fixe ni travail, en ville) ◆ **indigent** (= personne qui n'a pas de ressources suffisantes) ◆ [plus génér.] **pauvre** ; → VAGABOND II.

menée V. agissement.

mener 1. [qqn ~ qqn] *Chaque dimanche, ils menaient leurs enfants au zoo* : **conduire** ◆ **amener*** (= faire venir avec soi) ◆ **emmener*** (= faire partir avec soi). 2. [qqn ~ qqn] *Il faut le mener plus gentiment* : [plus cour.] **traiter**. *Mener son monde* : V. MARCHER. *Mener en bateau* : **tromper**. 3. [qqn ~ qqch] *Le commissaire a mené l'enquête* : **diriger, conduire*** (qui insistent sur l'activité de commandement) ◆ **effectuer** (qui est plus neutre). 4. [qqn ~ qqch] *Mener à bien* : V. ACCOMPLIR. *Mener la course* : V. ÊTRE EN TÊTE*. *Mener la barque* [fam.] : [cour.] **commander***. *Mener le jeu* : **dominer**. 5. [qqn ~ qqch] *Les alliés menaient l'offensive* : **soutenir**. *Nous mènerons la négociation jusqu'au bout* : **poursuivre**. 6. [qqch ~ qqn] *C'est l'amitié qui te mène dans cette affaire* : [plus cour.] **guider** ; → FAIRE AGIR*. 7. [qqch ~ à qqch] *Cette politique risque de mener l'économie au désastre* : **entraîner**. *Ce chemin mène à la ville* : V. ABOUTIR I, ALLER I et DÉBOUCHER II.

ménestrel V. troubadour.

méninge V. esprit I.

ménopause V. retour (*in* retourner).

mensonge 1. *L'affirmation « La Terre est plate » est un mensonge* : **contrevérité** (insiste sur la fausseté de l'affirmation). *Prétendre que les hommes sont égaux devant la loi est un mensonge* : [sout.] **imposture, tromperie** (impliquent l'intention de tromper) ◆ **désinformation** (= fait de donner une image mensongère ou déformée de la réalité, surtout en parlant des moyens de communication de masse) ◆ **manipulation** (= manœuvre destinée à tromper) ; → ENDOCTRINEMENT, FABULATION, HYPOCRISIE. 2. *Il ne raconte que des mensonges* [pl.] : **histoire** ◆ [fam.] **bobard**, [toujours pl.] **salades** ◆ [sout.] **fable**, [fam.] **craque** (qui se disent plutôt de fictions plaisantes) ◆ [vieilli] **menterie** ; → AMBIGUÏTÉ, CONTE, IMAGINATION, INVENTION. 3. *Beaucoup* *d'hommes ont prétendu que le bonheur est un mensonge* [sing.] : [plus cour.] **illusion**. **4.** *Vivre dans le mensonge* : V. ERREUR. *Sa vie est construite sur le mensonge* : **artifice** ; → DÉGUISEMENT, SUPERCHERIE.

◇ **mensonger** *L'annonce du débarquement des martiens à Paris est une nouvelle mensongère* : [rare] **controuvé** ; → FAUX, ERREUR. *Des propos mensongers* : [sout.] **menteur** ; → TROMPEUR.

menstrues V. règles (*in* règle).

mensualité V. salaire.

mensuel V. périodique (*in* période).

mensuration V. dimension, mesure I.

mental *Son équilibre mental est menacé* : [didact.] **psychique**.

◇ **mentalement** *Le comédien répète mentalement son rôle* : [plus génér.] **intérieurement** ; → DE TÊTE*.

◇ **mentalité** **1.** *Cet historien s'est fait connaître en étudiant la mentalité des années 1900* : [plus génér.] **état d'esprit** ◆ [cour.] **psychologie**, **idéologie** (qui peuvent être employés ici indifféremment). **2.** *On ne peut pas dire que sa mentalité soit irréprochable !* [fam.] : [cour.] **moralité** ; → MORALE.

menterie V. mensonge.

menteur V. mentir.

mentionner V. citer, enregistrer, indiquer, signaler (*in* signal), stipuler.

mentir **1.** [absolt] *Cet enfant ment par plaisir* : ↓**jouer la comédie** ; → VÉRITÉ. **2.** [~ à qqn] *Il vous ment pour se sortir de cette mauvaise situation* : **tromper** (*tromper qqn*) ◆ [très sout.] **en faire accroire** ◆ [fam.] **bourrer le crâne, la caisse, le mou** ; → LEURRER, MYSTIFIER.

◇ **menteur** **1.** *C'est un menteur né* : **comédien***. **2.** *Il est menteur au point de ne plus savoir quand il dit vrai* : [didact.] **mythomane** (= personne qui recourt au mensonge par déséquilibre psychique) ◆ **bluffeur** (= celui qui ment pour impressionner qqn) ◆ [sout.] **hâbleur** (= qqn qui se vante) ◆ **simulateur** (= personne qui feint une maladie, un trouble) ; → TROMPEUR, IMPOSTEUR. **3.** [adj.] V. MENSONGER.

mentor V. conseiller I.

menu

I [adj.] **1.** *Cette fillette a le poignet menu* : **mince** ◆ **fin** (qui implique l'idée d'élégance) ◆ **fluet**, **grêle** (qui comportent un trait maladif). *Elle a la taille menue* : [sout.] **gracile** (qui implique grâce et délicatesse). *La voix menue de ce gros homme surprenait* : **fluet** ◆ [plus péj.] **grêle**. *Son écriture trop menue, en pattes de mouche, est illisible* : **petit**, **fin**. **2.** *Menue monnaie* : **petit**. *Menus frais* : [plus cour.] **léger** ◆ [postposé] **négligeable**. **3.** [n.] *Par le menu* : V. DÉTAIL.

II [n.] *Garçon ! apportez-moi le menu* : **carte** (*menu* et *carte* sont en opposition dans *manger au menu*, le repas étant alors à prix fixe, et *manger à la carte*, où le prix est déterminé par le choix des plats).

mépris **1.** *Il regarde ses subordonnés avec mépris* : ↓**dédain**, ↓**hauteur** ◆ [sout.] **mésestime** ; → FIERTÉ. *Ce cascadeur considère le danger avec mépris* : ↓**indifférence**. *Il traite son travail avec mépris* : [fam.] **par-dessus la jambe** ; → DÉSAFFECTION, FIERTÉ. **2.** *Au mépris de* : V. MALGRÉ.

◇ **méprisant** [de mépris] *Il affiche sa supériorité avec des airs méprisants* : ↓**dédaigneux**, ↓**hautain*** ◆ **fier*** (qui n'implique pas une idée de supériorité affichée).

◇ **mépriser** **1.** [~ qqn] *Ce jeune gradé méprise ses sous-ordres* : ↓**dédaigner**, ↓**snober** ; → FOULER* AUX PIEDS. **2.** [~ qqch] *Il se satisfait de mépriser les règles communes* : **fouler aux pieds** ◆ [sout.] **faire litière de**. *Il méprise les honneurs* : [fam.] **cracher sur** ◆ ↓**être indifférent à** ◆ [vieilli] **faire fi de** ; → HONNIR, SE MOQUER. *Il méprise mes observations* : **prendre de haut**, **ne faire aucun cas** ; → IGNORER.

◇ **méprisable** *Son attitude est méprisable* : [sout.] **vil** ; → ABJECT, INDIGNE, LAID.

méprise V. erreur, malentendu.

mépriser V. mépris.

mer **1.** *Les mers couvrent une grande partie du globe terrestre* : [plus partic.] **océan** (= étendue d'eau salée non isolée géographiquement). **2.** *Le bateau navigue sur la mer* : [très sout.] **flots**. *La mer est forte* : V. HOULE. *De bord de mer* : [plus cour.] **bal-**

néaire. *En pleine mer* : **au large**. **3.** *Ce n'est pas la mer à boire* [fam.] : **insurmontable**. **4.** *Il était découragé devant la mer de documents à dépouiller* : [plus cour.] **abondance, quantité**.

mercanti V. commerçant (*in* commerce I).

mercenaire V. soldat.

merci

I [n. m.] *N'oubliez pas de lui dire un grand merci !* : **remerciement** ; → REMERCIER.

II [n. f.] **1.** *C'est un homme sans merci* : [plus cour.] **impitoyable**. *Dieu merci !* : **grâce à Dieu**. **2.** *Il est à la merci du moindre incident* : **à la discrétion**.

merdaillon V. enfant.

merde [vulg.] **1.** V. EXCRÉMENTS. *Une merde* : [vulg.] **colombin** ◆ [sout.] **étron** ◆ [fam., vieilli] **sentinelle**. **2.** *Il nous a vendu de la merde* : **caca** ◆ [plus cour.] **camelote** ; → SALETÉ. **3.** *Nous sommes coincés, c'est la merde* : [très fam.] **chiasse, merdier**. *Il ne se prend pas pour de la merde* : [cour.] **il est très content de lui**. *Ah ! quel temps de merde !* : **merdeux, merdique** ◆ [cour.] **mauvais**. **4.** *Merde alors !* : [cour.] **mince, zut** ◆ [par euph.] **miel**.

◇ **merder** [vulg.] *Tout ce qu'il projetait a merdé* : **foirer** ◆ [cour.] **échouer**. *C'était trop dur, j'ai merdé en physique* : **merdoyer** ; → VASOUILLER.

◇ **merdier** [vulg.] *Les gamins ont laissé un de ces merdiers !* : ↓**désordre**.

mère *La mère parle doucement à son enfant* : [fam.] **maman** (qui supplante *mère* dans le discours familial, de la part des enfants, voire de l'ensemble de la famille, en partic. comme appellatif) ◆ [fam.] **mater**, [très fam.] **daronne** (qui sont peu employés) ◆ [sout.] **matrone** (qui se dit d'une femme portant les caractères extérieurs de nombreuses maternités) ◆ [vx] **marâtre** (qui se dit d'une mère qui traite mal ses enfants ou bien de la seconde épouse du père).

mérite **1.** *Le jury apprécie les mérites du candidat* : **qualité** ◆ [sing.] **valeur**. **2.** *Il faut bien du mérite pour supporter toutes ces difficultés* : [sout.] **vertu**. *Il a réussi et c'est tout à son mérite* : **honneur**. *Usurper le mérite de qqn* : V. GLOIRE. **3.** *La récompense est revenue à un acteur de grand mérite* : [plus cour.] **talent**. **4.** *Il faudra comparer les mérites de chaque méthode* : [plus cour.] **avantage**.

◇ **mériter** **1.** [qqn ~ qqch] *Il mériterait des coups* : [sout.] **encourir** (qui implique l'idée de subir un inconvénient). *Cet homme mérite les plus grands honneurs* : **être digne de** ; → INDIGNE, GAGNER I. **2.** [qqch ~ qqch] *Cette nouvelle mérite notre attention* : ↑**exiger, réclamer** ; → VALOIR I.

méritoire V. louable (*in* louer II).

merveille **1.** *Ce décor est une merveille de goût et d'intelligence* : [plus sout.] **miracle** ◆ ↑**prodige** (qui exprime un caractère plus spectaculaire encore) ; → BIJOU. **2.** *À merveille* : **parfaitement**. *Il se porte à merveille* : **très bien**.

◇ **merveilleux** **1.** [adj. et n.] *Il aime le merveilleux, les récits merveilleux* : **fantastique, féerique, surnaturel**. **2.** [adj.] *Sa réussite est merveilleuse* : **extraordinaire, mirobolant**, ↓**remarquable**. *Un chant merveilleux* : V. DÉLICIEUX. *Un séjour merveilleux* : V. ENCHANTEUR. *Une beauté merveilleuse* : V. FASCINANT. *C'était un repas merveilleux* : ↓**très bon, excellent**. *Un spectacle merveilleux* : V. ADMIRABLE et MAGIQUE. *Il avait toujours des projets merveilleux* : [fam.] **mirifique** ; → BEAU, MAGNIFIQUE.

merveilleusement V. admirablement (*in* admirable).

merveilleux V. merveille.

mésaventure V. aventure, malchance, tribulation.

mésentente V. désaccord.

mésestime V. mépris.

mésestimer *Vous auriez tort de mésestimer votre adversaire* : [cour., mais plus restreint] **sous-estimer** ◆ [rare] **méjuger de** ; → DÉPRÉCIER, MÉCONNAÎTRE.

mésintelligence V. désaccord.

mesquin *C'est un esprit mesquin, sans générosité* : **étriqué, étroit** ; → PETIT. *Il ne gagne rien à ses calculs mesquins* : ↑ **sordide*** ; → MOCHE. *Être mesquin* : V. CHICHE.

mesquinerie V. petitesse (*in* petit).

mess V. réfectoire.

message **1.** *Votre ami a laissé un message à la concierge* : **commission** (qui peut être orale ou écrite). *Le télégraphiste était porteur d'un message pour vous* : **dépêche** (qui se présente sous forme écrite) ; → LETTRE II. *Le président des États-Unis a prononcé son message sur l'état de l'Union* : **déclaration** (qui est toujours écrite et lue au Congrès) ; → DISCOURS. **2.** *Message publicitaire* : V. SPOT. **3.** *Cet écrivain s'estime porteur d'un message* : ↓ **leçon**.

messager

I **1.** *Le ministre de l'Intérieur a dépêché un messager à la présidence du Conseil* : **envoyé** ◆ **émissaire** (= celui qui est envoyé à des fins tenues secrètes) ◆ [vx] **estafette** (qui est réservé aux emplois mil.) ◆ **porteur**, **commissionnaire** (= messager chargé de missions plus modestes, domestiques ou commerciales) ; → DÉLÉGUÉ. **2.** V. ANGE.

II V. SERPENTAIRE.

messe **1.** V. célébration, office II. **2.** *Messe basse* : V. aparté, conversation.

messie V. sauveur (*in* sauver).

mesure

I **1.** *La précision de cette mesure est au micron* : **évaluation** (= une estimation moins précise). **2.** *Le tailleur prend les mesures de son client* : [didact.] **mensuration** ; → DIMENSION, TAILLE I. **3.** *Versez une mesure de farine* (= par ext. le nom du récipient) : **dose** (= quantité requise) ◆ **ration** (qui est un terme réservé à la nourriture). **4.** *Le métronome donne la mesure* : **cadence**. **5.** *Sa réussite est à la mesure de son ambition* : **à l'échelle de**. *Il est en mesure de vous rendre ce service* : **à même de** ; → ÉTAT I, SAVOIR I. *Vous pouvez lui faire confiance dans une certaine mesure* : **limite**. *Il n'y a pas de commune mesure entre ces deux spectacles* : **rapport**. *Garder la mesure* : V. ÉQUILIBRER. *Par ses propos, il passe (dépasse) la mesure* : **franchir la ligne blanche, jaune**. *Il a pris la mesure de son adversaire* : V. ÉPROUVER. *Une demi-mesure* : V. TERME III. *Dans la mesure où* : V. PUISQUE.

◇ **mesurer** **1.** *Les astronomes ont mesuré la distance de la Terre au Soleil* : [plus précis] **calculer, évaluer**. *Mesurer la capacité d'une barrique* : [techn.] **jauger** (... *jauger la barrique*). *Mesurer la longueur d'un texte* : [techn.] **calibrer** (= évaluer le nombre de signes d'un texte). **2.** *Le pharmacien a mesuré les ingrédients de cette potion* : **doser**. **3.** *Le coureur mesure ses efforts en début de course* : **limiter, proportionner** ; → MÉNAGER.

II **1.** *Il agit toujours avec mesure* : **modération, retenue** ◆ **précaution, prudence** (qui impliquent l'idée de crainte) ◆ **circonspection** (qui implique l'idée de méfiance) ; → SOBRIÉTÉ. *L'insolence de ce garçon passe la mesure* : **passer les bornes, dépasser les limites** ; → ABUSER II. **2.** *Le général a pris ses mesures pour garder l'avantage* : **précautions** (qui implique une attitude défensive) ◆ **initiative** (= choix non imposé de l'extérieur) ; → DISPOSITION. **3.** *Le couvre-feu est une mesure impopulaire* : [plus partic.] **acte, décision** (qui se disent pour insister sur un fait ou sur son origine).

mesuré **1.** *Le cascadeur a pris un risque mesuré* : **calculé**. **2.** V. RYTHMIQUE.

mesurer V. mesure I.

métallurgie La *métallurgie* est l'ensemble des techniques d'extraction et de traitement des métaux. La **sidérurgie** est l'ensemble des techniques d'élaboration et de mise en forme du fer, de la fonte et de l'acier.

◇ **métallurgiste** *Les métallurgistes de la Lorraine sont en grève* : [fam.] **métallo** ◆ [plus partic.] **sidérurgiste**. *Les ouvriers métallurgistes sont distingués d'après leur spécialité* : **ajusteur, chaudronnier, fondeur, forgeron, fraiseur, riveteur**.

métamorphose **1.** *Les métamorphoses successives de Bouddha* (= passage d'un état à un autre) : **avatar** (qui se dit plutôt des états intermédiaires). **2.** *La métamorphose du têtard en grenouille* : **transformation** (qui insiste sur la différence radicale entre les deux états) ◆ **évolution** (qui insiste sur le caractère progressif du passage) ; → CHANGEMENT. *Les alchimistes ont cherché la métamorphose des métaux vils en or* : [pr.] **transmutation**. **3.** *L'amour a opéré en lui une métamorphose* : [plus génér.] **changement***.

métamorphoser V. changer I, transformer.

métaphore V. comparaison (*in* comparer), image.

métaphorique V. imagé (*in* image).

métayer V. fermier (*in* ferme).

méthode **1.** *La méthode expérimentale a triomphé au XIXe siècle* : [plus génér.] **démarche** (qui implique moins l'idée d'un caractère réglé) ◆ [plus partic.] **technique** (qui se dit des applications de la connaissance théorique). **2.** *Il manque de méthode* : **logique** ; → ORDRE II. *Trouver une méthode* : **marche* à suivre** ; → FORMULE. *Ce n'est sûrement pas la bonne méthode pour le convaincre* : **façon**, **manière**. *Une méthode de défense* : V. SYSTÈME.

méthodique V. organisé (*in* organiser), systématique (*in* système).

méticuleux V. consciencieux (*in* conscience II), maniaque (*in* manie), scrupuleux.

métier **1.** *Notre société distingue métiers manuels et métiers intellectuels* : **profession** (*avoir un bon métier ; les petits métiers ; une femme sans profession*). *Mon voisin est maçon de son métier* : [vx] **état** (qui s'applique plutôt à la situation de l'ecclésiastique). *Actuellement, beaucoup de travailleurs sont obligés de changer de métier* : [fam.] **job** ◆ [plus génér.] **travail**. **2.** *Il n'a pas assez de métier pour réaliser ses idées* : **technique** ◆ [plus génér.] **expérience**. **3.** *Ce n'est pas son métier de tout vous expliquer* : [plus cour.] **fonction**, **rôle**.

métis **1.** [en parlant des végétaux] *Le jardinier soigne ses œillets métis* : [plus cour.] **hybride**. **2.** [en parlant des animaux] *Nous avons un chien métis* [rare] : [plus cour.] **métissé** ◆ [très cour.] **bâtard**. **3.** [en parlant des humains] *Alexandre Dumas était un métis* : [rare] **sang-mêlé** ◆ **mulâtre** (qui se dit d'un métis né d'un parent noir et d'un parent blanc) ◆ **eurasien** (qui est né d'un parent européen et d'un parent asiatique) ◆ **créole** (qui se dit des personnes de race blanche nées dans les colonies intertropicales).

métrage (long, court) V. film.

métrique V. versification (*in* vers II).

métropole *Londres et Rome sont de grandes métropoles européennes* : **capitale** (qui se dit d'une ville ayant le rôle de centre administratif et politique d'un État) ; → VILLE.

mets *Le lièvre à la royale est un mets succulent* [sout.] : [cour.] **plat** (qui, comme *mets*, implique une élaboration culinaire) ◆ **aliment** (qui se dit de toute nourriture) ; → SPÉCIALITÉ, CUISINE.

metteur en scène V. cinéaste, réalisateur.

mettre **1.** [qqn ~ qqch] *Il met sa chemise* : **passer**, **enfiler** ; → PRENDRE, REVÊTIR II. *Je mets le verrou pour être tranquille* : **pousser** (qui précise la direction du geste). **2.** [qqn ~ qqn, qqch + indication de lieu] *Où a-t-il mis ses clefs ?* : **placer**, **ranger** (qui impliquent un choix délibéré) ◆ [fam.] **coller**, **ficher**, **flanquer**, **fourrer**, [très fam.] **foutre**. *Il a mis son livre sur la table* : **poser** ◆ **déposer*** (qui se dit d'un acte intentionnel) ◆ **jeter** (qui implique un geste rapide) ; → PORTER. *Mettre du beurre sur du pain* : V. ÉTALER. **3.** [~ qqn, qqch dans qqch] *Nous avons mis des amis dans la chambre du fond* : **installer** ◆ [plus génér.] **loger** ◆ [fam.] **caser**. *Mettre des fleurs dans un vase* : V. DISPOSER. *La secrétaire a mis son nom sur la liste* : [plus précis.] **inclure***, **insérer**, **introduire** ◆ [sout.] **coucher**. *Mettre la main dans sa poche* : V. PLONGER II. **4.** [~ qqch quelque part] V. RÉPANDRE. *Mettre à l'eau un navire* : V. LANCER. **5.** [~ qqch contre, sur, le long de qqch] *J'ai mis le râteau sur la pelouse* : **coucher** (qui ne s'applique qu'à un objet long) ; → APPUYER, DRESSER. **6.** *Mettre qqn au lit* : **coucher**. *Mettre qqn à la porte* : **licencier** ; → CONGÉDIER, SUSPENDRE II. **7.** *Mettre qqch* *en terre* : **enfouir** ; → PLANTER, ENTERRER. **8.** [~ qqch + indication d'un nouvel état] *L'écolier met en hectares la superficie du champ* : [pr.] **convertir**. *Ce texte est à mettre en français* : **traduire** (qui implique que le texte original était en langue étrangère). *Cet élève a mis son devoir au propre* : **copier**. *Il a mis de l'argent sur son compte bancaire* : **déposer**. *Il met la voiture en marche* [fam.] : **faire démarrer**. **9.** *Mettre les voiles, les bouts* [fam.] : [plus cour.] **s'enfuir**. *Mettre le feu* : [plus précis.] **incendier** (qui se dit d'une activité criminelle). *Mettre deux personnes en rapport* : V. CONTACT. *Mettons que je sois président* : [plus sout.] **supposer**. *Mettre d'accord* : V. CONCILIER. *Mettre à jour** : V. MODERNISER, REFAIRE et RÉFORMER. *Mettre à l'écart* : V. ÉCARTER. *Mettre à l'épreuve, à l'essai* : V. ÉPROUVER et ESSAYER. *Mettre au fait de* : V. FIXER. *Mettre à sac* : V. SACCAGER. *Mettre au monde* : V. ENGENDRER. *Mettre bas* : V. BAS III. *Mettre de l'eau dans son vin* : V. S'ADOUCIR. *Mettre des bâtons dans les roues* : V. BÂTON. *Mettre en avant* : V. ARGUER. *Mettre en bouillie* : V. ÉCRASER. *Mettre en circulation* : V. DIFFUSER. *Mettre en pratique* : V. APPLIQUER. *Mettre en garde contre* : V. REPRÉSENTER. *Mettre hors de cause* : V. JUSTIFIER. *Mettre sur la paille* : V. APPAUVRIR. *Mettre sur pied* : V. CONSTITUER. *Mettre au jour* : **découvrir**. *Mettre sous les yeux de qqn* : **faire voir**.

◇ **se mettre** **1.** [~ qqch] *Le marié s'était mis une queue-de-pie* : **enfiler, passer**. **2.** [~ en] *Le pompier se met en uniforme quand il est de service* : [sout.] **revêtir**. *Le car s'est mis en route* : **prendre la route, partir**. *Le patron s'est mis en colère* : V. BOULE et S'ENFLAMMER. **3.** [~ + indication de lieu] *Il est l'heure de se mettre à table* : [moins cour.] **s'installer** ◆ [plus sout.] **prendre place**. *Se mettre au lit* : **se coucher**. **4.** [~ + indication de lieu] *Le truand s'est mis à table* [fam.] : V. AVOUER. *Mettez-vous ça dans la tête* : **enfoncer*** ◆ [fam.] **fourrer**. **5.** [~ + inf.] *De douleur, il s'est mis à hurler* : **commencer à**. **6.** [~ à] *Le plombier s'est mis à ce travail lundi* : **commencer** ◆ [plus sout.] **entreprendre** ; → S'ATTELER, SE JETER. *Cet enfant s'est mis aux mathématiques* : ↑ **attaquer** ◆ [plus génér.] **apprendre***. *Se mettre à genoux* : V. S'AGENOUILLER. *Se mettre d'accord* : V. D'ACCORD. *Se mettre d'accord sur* : V. FIXER. **7.** *Se mettre en quatre* : V. SE DÉMENER.

meuble

I [n.] *Le nouveau locataire a acheté ses meubles à tempérament* : [rare] **mobilier** (qui est un collectif) ◆ **ameublement*** (= ensemble des meubles et objets qui garnissent un logement).

◇ **meubler** **1.** [qqn ~ qqch] *Il a meublé son appartement avec goût* : [plus génér.] **installer** (qui se dit aussi bien des meubles que des agencements fixes). **2.** [qqch ~ qqch] *Un grand lit meublait la chambre à lui seul* : **occuper** ◆ ↑ **encombrer**. **3.** *Il sait meubler sa solitude* [fam.] : **occuper**.

II [adj.] *La terre était suffisamment meuble pour être travaillée* : **friable** (qui s'applique à ce qui se réduit facilement en fragments, en poussière : *une roche, une craie friable*).

meublé V. appartement, garni (*in* garnir).

meubler V. meuble I.

meugler V. mugir.

meule V. tas.

meurt-de-faim V. misérable.

meurtre V. crime, liquidation (*in* liquider).

meurtrier

I [n.] *Le meurtrier est en fuite* : **assassin** (qui implique la préméditation du meurtre) ◆ **criminel** (qui se dit non seult de l'auteur d'un meurtre, mais, plus génér., de l'individu coupable d'un grave délit) ◆ **tueur** (qui se dit de l'assassin professionnel ou récidiviste) ; → BOURREAU.

II [adj.] **1.** *Le mari jaloux avait des intentions meurtrières* : [plus génér.] **criminel** ◆ [didact.] **homicide**. **2.** *Le combat fut meurtrier pour les adversaires* : **sanglant**. *Les guerres modernes sont meurtrières* : **destructeur**.

meurtrir **1.** *Il s'était meurtri les muscles du bras en tombant* : [rare] **contusionner, froisser** ; → METTRE EN COMPOTE*. **2.** *Vos réflexions désagréables l'ont profondément meurtri* : ↓ **blesser***. *Meurtrir le cœur de qqn* : **déchirer** ; → PEINER.

◇ **meurtri** 1. *Le boxeur a le visage meurtri* : ↓ **marqué**. 2. *Les fruits ont été meurtris pendant le voyage* : [rare] **talé**.

meurtrissure V. contusion.

mi V. moitié.

miaou V. miaulement.

miasmes V. effluve.

miaulement *On entend un miaulement dans la rue* : [fam. et dans le langage enfantin] **miaou**.

miauler V. chanter.

micheline V. automotrice.

micmac V. agissement.

microbe 1. *On étudie les microbes développés dans un bouillon de culture* (= être unicellulaire pathogène) : [techn.] **bactérie** (qui se dit de l'ensemble des organismes unicellulaires) ◆ **bacille** (= bactérie en forme de bâtonnet : *le bacille de Koch est dit aussi « BK »*) ; → VIRUS. 2. *Sois sage, microbe !* [fam.] : [très péj.] **avorton** ◆ [cour.] **petit** (qui s'adresse généralement à un enfant).
◇ **microbien** *La défense naturelle contre les affections microbiennes* [didact.] : [plus génér.] **bactérien**.

microphone *Parlez dans le microphone* : [abrév. cour.] **micro**.

micropilule V. pilule.

microscopique V. minuscule, petit.

microsillon V. disque.

midi 1. V. sud. 2. *Midi à quatorze heures* : V. chercher.

midinette *Les midinettes déjeunent sur le banc du square* [vieilli] : [fam.] **cousette** (= jeune couturière) ◆ [rare] **petite-main** (= apprentie couturière) ; → COUTURIÈRE.

mielleusement V. sournoisement.

mielleux doucereux, onctueux, sournois.

miette V. débris, morceau. *Une miette de* : V. un peu* de.

mieux 1. [adv.] *Aller mieux. Notre malade va mieux aujourd'hui* : **être en meilleure santé, se remettre** ; → S'AMÉLIORER. *Au mieux* : V. MEILLEUR. 2. [adj.] *Vous ne trouverez rien de mieux* : **meilleur**. *Ne rien dire est mieux* : **préférable**. 3. [n.] *Le mieux, c'est qu'il ne savait pas ce qu'il disait* : **le plus beau** ◆ [fam.] **bouquet**. *Il y a du mieux depuis qu'il se fatigue un peu* : **progrès**. *Le médecin a constaté un léger mieux chez ce malade* : **amélioration***. *Il change plutôt en mieux* : **à son avantage**. *Le mieux serait que...* : V. IDÉAL. *C'est le mieux* : V. FIN DU FIN. 4. *De mon (ton, son) mieux. Il fait de son mieux* : **son possible, se met en frais*** III.

mièvre V. affecté (*in* affecter II).

mièvrerie V. affectation II.

mignard 1. V. enfant. 2. V. affecté (*in* affecter II), mignon.

mignon 1. [qqn ou qqch est ~] *Elle avait un mignon petit nez* : **gentil, joli** ◆ [litt.] **mignard** ; → CHARMANT. 2. [qqn est ~] *Sois mignon, apporte-moi mon verre* : **gentil*** ◆ [sout.] **complaisant** ; → CHIC II. *Oh ! que tu es mignon !* : [fam., rare] **trognon**.

migraine *Il est resté trop longtemps dans ce bureau enfumé et il a une migraine* (= dans le langage de la médecine, forte douleur qui affecte un côté de la tête) [cour.] : **névralgie** (= douleur ressentie sur le trajet des nerfs, qui peut donc accompagner un mal de tête) ◆ [cour.] **mal de tête** ◆ **céphalalgie, céphalée** (qui sont des termes médicaux pour *mal de tête*).

migration 1. *Les migrations du XIXe siècle ont peuplé les États-Unis* : [plus cour.] **émigration** (qui désigne le fait de quitter son pays pour s'établir dans un autre) ◆ **immigration** (qui désigne l'entrée dans un pays de personnes qui viennent s'y établir). 2. *On arrivait à la saison de la migration des moutons* : [plus cour.] **transhumance**. 3. *Les migrations saisonnières des vacances* : [plus génér.] **déplacement** ◆ [partic.] **chassé-croisé** (qui implique que des personnes échangent leur place).

◇ **migrant** *L'Australie a accueilli beaucoup de migrants* [didact.] : **émigrant**, **émigré**, **immigrant**, **immigré** (qui sont équivalents dans l'usage cour., *immigré* étant le plus fréquent) ; → ÉTRANGER II.

mijaurée V. prétentieux.

mijoter 1. V. cuire. 2. V. fricoter, mûrir, préparer.

milieu

I 1. *Le milieu du terrain* : V. CENTRE I. 2. *Au milieu de. Il s'est arrêté au milieu du chemin* : **à la moitié**. *Au milieu du bois* : V. DANS. *Au milieu des champs* : V. PARMI. *Il est tombé en panne au milieu du voyage* : **pendant**. 3. *Il est arrivé au beau milieu de notre discussion* : **en plein dans***. *Il faut garder un juste milieu* : **moyenne**.

II 1. *L'influence du milieu est importante pour l'équilibre de la vie* : **environnement** ◆ [didact.] **habitat**. 2. *C'est un milieu favorable au repos* : **ambiance**, **atmosphère** ◆ [sout.] **climat** ; → CADRE. 3. *Les policiers ont des indicateurs dans le milieu* [fam.] : **truand** (*chez les truands*) ◆ [cour.] **pègre**. 4. *Il n'est pas de notre milieu* : V. MONDE II, SOCIÉTÉ I. *Le milieu de la finance* : V. SPHÈRE.

militaire

I [adj.] 1. V. GUERRIER. 2. *Les camions empruntent une route militaire* : [techn.] **stratégique**. *Une allure militaire* : **martial**.

II [n.] *Les militaires en permission sortent de la caserne* : [cour.] **soldat*** (qui se dit des hommes de troupe, à l'exclusion des gradés) ◆ [techn.] **appelé** (qui se disait de celui qui accomplit son service militaire sans s'être engagé).

militant 1. [adj.] *Cet ouvrier est un syndicaliste militant* : [plus génér.] **actif**. 2. [n.] *Un militant d'un parti politique, d'un syndicat* : **sympathisant** (= partisan qui n'est pas inscrit au mouvement auquel appartient le militant) ◆ **prosélyte** (= militant nouveau à un parti) ◆ **permanent** (personne rémunérée pour se consacrer uniquement à des activités politiques ou syndicales) ; → PARTISAN.

mille *Taper dans le mille* : V. but.

millénaire V. ancien.

millésime V. date.

mimer 1. [~ qqch] *La fillette mima la peur* : **jouer**. 2. [~ qqn] *Les enfants miment les adultes* : **imiter*** ◆ [fam.] ↑ **singer** (qui implique une intention de moquerie et une exagération des gestes).

mimi V. chat.

mimodrame V. pantomime.

minable V. misérable I, piteux, pitoyable.

minaret V. tour I.

minauderie [pl.] *Elle fait des minauderies avant d'accepter* : [fam.] **chichis** ◆ [plus génér.] **façons**, **manières** ◆ [sout.] ↑ **mines**, ↑ **simagrées** ; → AGACERIES.

mince

I [adj.] 1. [qqn est ~] *Cette jeune fille est mince et élégante* : **élancé**, **svelte*** ◆ [didact.] **longiligne** ◆ [péj.] **fluet**, **filiforme**, **gracile** ; → FIN III, MENU I. 2. [qqch est ~] *La lame mince de ce sabre est coupante* : **effilé**. 3. [qqch est ~] *C'était un prétexte bien mince* : **insignifiant** ; → MAIGRE, LÉGER.

II [interj.] V. MERDE.

minceur V. maigreur (*in* maigre).

mincir V. maigrir (*in* maigre).

mine

I 1. *Avoir une mine dépitée* : V. AIR II, ALLURE, EXPRESSION et VISAGE. 2. *Il fait mine de s'intéresser à mes problèmes* : **faire semblant**. *Tu lui en diras deux mots, mine de rien* [fam.] : [cour.] **sans en avoir l'air**. *Tu as bonne mine avec ce chapeau !* [fam.] : [cour.] **emprunté**, **ridicule**. *Faire grise mine* : V. GRIMACE. *Une drôle de mine* : V. TÊTE. 3. [pl.] V. MINAUDERIE et SIMAGRÉE.

II 1. *On exploitait la mine de charbon depuis un siècle* : **gisement**. 2. *Les archives des notaires représentent une mine importante de documents* : [pr.] **fonds**.

miner 1. [qqch ~ qqch] *Le sol est miné par des galeries* : **ronger**, **saper** ◆ ↓ **creuser**. *Les idées libertaires minent les fondements de la société* [sout.] : ↓ **affaiblir** ◆ ↑ **détruire**. 2. [qqch ~ qqn] *La fièvre le mine*

[sout.] : **consumer** ◆ [génér., cour.] ↓ **affaiblir** ; → USER II. *Le chagrin mine sa belle assurance* : **attaquer** ◆ ↑ **détruire**.
◇ **se miner** V. DÉTRUIRE.

minet V. chat.

minette V. femme.

mineur 1. V. petit I, second I. 2. V. adolescent.

miniature 1. *De nombreuses miniatures ornaient les livres d'heures* : **enluminure** (qui se dit plus partic. des lettres ornées). 2. *En miniature. Ce jouet représente le « Concorde » en miniature* : **réduction**, **modèle réduit** ; → EN PETIT I.

minime *Il n'y a qu'une minime différence d'âge entre eux* : **négligeable** ◆ [plus sout.] **infime** ; → PETIT. *Les gains ont été minimes dans cette partie* : [péj.] **médiocre**, ↑ **dérisoire** ◆ [rare] ↓ **modique** (qui ne se dit que d'une somme d'argent : *un prix modique*) ◆ [sout.] **piètre** ; → MISÉRABLE I.
◇ **minimiser** *Par modestie vous minimisez votre rôle dans cette affaire* : **réduire** (qui est le plus souvent suivi de *à peu de chose*) ◆ [didact.] **minorer** ; → ABAISSER I.

minimum V. moins. *Minimum vital* : V. salaire. *Au minimum* : V. au bas* mot.

minipilule V. pilule.

ministère

I *Le prêtre-ouvrier exerçait son ministère à l'usine* : **sacerdoce** (qui insiste sur la dignité et la vocation de l'ecclésiastique) ◆ [génér.] **mission** ◆ [plus partic.] **apostolat** (qui se dit des tâches de propagation de la foi).

II *Le Premier ministre a formé le ministère* : **gouvernement** ; → CABINET I.

ministre *Ministre de la Justice* : V. chancelier.

minois V. figure I, visage.

minorer V. minimiser (*in* minime).

minot V. enfant.

minuit V. zéro* heure.

minuscule *Elle avait une minuscule verrue sur le bout du nez* : [postposé] **microscopique**. *Le vestibule de l'appartement était minuscule* : ↓ **exigu** (qui ne se dit que d'un lieu fermé) ◆ [fam., péj.] **riquiqui** ; → PETIT I.

minute 1. *J'en ai pour une minute* : **instant**. *Il arrive dans une minute, deux minutes* : **seconde**. *D'une minute à l'autre* : V. BIENTÔT. 2. *Minute, papillon ! J'arrive !* [fam.] : [cour.] **doucement**, **un moment**.

minutie V. soin I.

minutieux V. consciencieux (*in* conscience II), soigné et soigneux (*in* soin I).

mioche V. bébé, enfant.

miracle V. merveille, prodige, vision.

mirage V. illusion, vision.

mirer V. viser I.

mirettes V. œil I.

mirifique V. merveilleux (*in* merveille).

mirobolant V. étonnant (*in* étonner), merveilleux (*in* merveille).

miroir V. glace, reflet.

miroitement V. reflet.

miroiter V. briller I.

miroiterie V. verrerie (*in* verre).

mis V. vêtu (*in* vêtir). *Bien mis* : V. élégant.

misanthrope V. sauvage I.

misanthropie V. sauvagerie (*in* sauvage I).

mise

I 1. *Pour le tiercé, on a fixé un plafond aux mises* : **enjeu**. 2. *Avec le krach, les épargnants ont perdu leur mise, mise de fonds* : [plus génér.] **placement**. 3. *Soigner sa mise* : V. TENUE, TOILETTE I et VÊTEMENT. 4. *Ne pas être de mise. Cette façon de parler n'est pas de mise ici* : [plus cour.] **convenir** (... *ne convient pas ici*).

II 1. *La mise bas des chattes ne nécessite pas l'intervention du vétérinaire* [rare] : [didact.] **parturition**, **délivrance** ◆ **accouche-**

ment* (qui s'est étendu aux animaux) ◆ [plus partic.] **agnelage**, **poulinement**, **vêlage** (qui se disent, respectivement, de la *parturition* de la brebis, de celle de la jument et de celle de la vache). **2.** *Mise sur pied* : V. CONSTITUTION. **3.** *Mise en images, en ondes, en scène* : V. RÉALISATION.

miser V. carte I, jouer II.

misérable

I [adj.] **1.** [qqch est ~, postposé] *La concierge vivait dans une loge misérable* [sout.] : ↓ **pauvre** ◆ [fam.] **minable**, **miteux**. *Le retraité menait une existence misérable* : **lamentable** ◆ ↓ **médiocre***, **pitoyable** ◆ **une vie de chien*** ◆ **besogneux** (qui s'applique à qqn qui travaille beaucoup pour un très bas salaire) ; → MALHEUREUX I. **2.** [qqch est ~, antéposé] *Le tribunal l'a condamné pour un misérable vol à la tire* : ↓ **petit**, **pauvre** ; → MALHEUREUX I. *Un misérable pardessus* : V. MÉCHANT I. **3.** [qqn est ~, postposé] *Des enfants misérables traînent dans le ruisseau* [vieilli] : ↓ **pauvre** ◆ [rare] **indigent** ◆ [sout.] **dénué de tout**, **déshérité**. **4.** [qqn est ~, antéposé] *Votre ami est un misérable individu* : ↓ **malhonnête**, ↓ **triste**, ↓ **sale** (qui ne s'appliquent qu'à de très rares substantifs).

II [n.] **1.** [de misérable I, 3] *Des misérables mendiaient près du porche de l'église* [vieilli] : [vieilli, sout.] **gueux** ◆ [fam.] **paumé**, **pouilleux**, **crève-la-faim**, **fauché** ◆ [sout.] **miséreux**, **traîne-misère** ◆ [génér.] ↓ **pauvre** ◆ [fam.] **meurt-de-faim** ◆ **traîne-savate** (qui implique la paresse) ; → MALHEUREUX II, VA-NU-PIEDS, AFFAMÉ. **2.** [de misérable I, 4] *Ce misérable m'a escroqué* : [vx] **coquin** ◆ [fam.] **crapule** ◆ [vieilli, sout.] **gueux**. [interj.] *Misérable ! tu m'as trompé !* : **bandit**.

misérablement V. pauvrement (*in* pauvre II).

misère **1.** V. méchanceté (*in* méchant), peine II, taquinerie (*in* taquiner). **2.** V. pitié. *Être dans la misère* : V. paille, famine, pauvreté (*in* pauvre II).

miséreux V. misérable I, pauvre II.

miséricorde V. bonté.

miséricordieux V. bon II.

missile *Les grandes puissances disposent de missiles nucléaires intercontinentaux* (= projectile militaire porteur d'une charge explosive) : **fusée** (qui se dit de tout projectile porteur de son combustible).

mission **1.** *Ils avaient pour mission de défendre nos intérêts* : [plus partic.] **mandat** (qui implique le caractère officiel de la charge) ; → TÂCHE. **2.** *Une mission scientifique russe a débarqué sur l'Antarctique* : **expédition**. **3.** *La mission de l'école républicaine est-elle d'assurer l'égalité des chances ?* : **fonction**, **rôle***, **but**, **destination** (qui se disent plutôt de la fonction des choses). *L'enseignement représentait pour lui une mission* : [plus partic.] **apostolat** (qui suppose de l'énergie et le désintéressement) ◆ **vocation** (qui désigne seulement l'inclination pour une profession). **4.** V. MINISTÈRE I.

missive V. lettre II.

mistigri V. chat.

mistral V. vent.

mitaine V. gant.

mité V. usé (*in* user II).

mi-temps V. pause.

miteux V. misérable I.

mithridatisation V. accoutumance.

mitoyen V. toucher I.

mitraille V. argent.

mitraillette *Le policier portait une mitraillette à la bretelle* : [techn.] **pistolet-mitrailleur**.

mixer V. mélanger (*in* mélange).

mixture V. mélange.

mobile

I [adj.] **1.** *C'était un calendrier à feuillets mobiles* : [moins cour.] **amovible**. *Un camp mobile* : V. VOLANT II. **2.** *L'actrice avait une physionomie très mobile* : **animé** (qui insiste sur le changement) ◆ **expressif** (qui implique un rapport du visage aux sentiments, par définition changeants). *Cet écolier a l'esprit mobile* : **vif** (qui se dit de la facilité d'adaptation) ◆ **changeant**, **instable** (qui se disent de la versatilité du sujet) ; → CAPRICIEUX.

◇ **mobilité** *La mobilité des membres* : [didact.] **motilité**. *La mobilité des sentiments* : **inconstance**, **instabilité**.

II [n.] *Le mobile d'un acte* : V. CAUSE I, MOTIF et RAISON II.

mobile home V. roulotte.

mobilier V. ameublement, meuble I.

mobilisation V. rappel.

mobilisé V. mobiliser.

mobiliser **1.** *Tous les citoyens valides ont été mobilisés* : [génér.] **appeler*** ◆ **rappeler*** (qui implique que les mobilisés sont des réservistes) ◆ **lever** (qui ne se dit que d'un collectif) ◆ **enrôler**, **recruter** (qui se disent des volontaires ou du processus administratif d'intégration dans les troupes). **2.** *Les syndicats ont mobilisé les travailleurs* : **alerter** (qui implique l'information et non l'action) ; → BATTRE LE RAPPEL*, ASSOCIER.

◇ **mobilisé** [de mobiliser 1] *Les mobilisés* : **appelé**, **rappelé**, **enrôlé**.

moche [fam.] **1.** V. LAID. **2.** *Il a été moche avec sa femme* : **méchant*** (qui implique un comportement agressif) ◆ **mesquin** (qui indique une absence de générosité). **3.** *C'est moche pour lui cette histoire-là* : [cour.] **désagréable** ◆ [sout.] ↑ **désastreux** ; → MAUVAIS I.

modalité V. condition II, mode II.

mode

I [n.f.] **1.** *Cette élégante suit la mode du jour* : **goût**. *Le jean, c'est une mode persistante* : **vogue** ◆ ↑ **épidémie**. *La décoration était à la mode de 1920* : **dans le style**. **2.** *À la mode*. *Ce genre de coiffure est à la mode* : [sout.] **en honneur** ◆ [fam.] **c'est le dernier cri*** ◆ [anglic.] **c'est le must** (= ce qui est fait pour être à la mode) ; → D'ACTUALITÉ*, BRANCHÉ, RÉPANDU, DANS LE VENT*.

II [n.m.] *Un mode de vie* : V. GENRE. *Quel mode de paiement avez-vous choisi ?* : **formule** ◆ [moins cour.] **modalité**.

modèle **1.** *Des modèles de conjugaison sous forme de tableaux* : [génér.] **type** ◆ **exemple*** (qui se dit au contraire d'un cas particulier illustrant un type). *Cet engin est le modèle d'un nouvel appareil* : **prototype** (qui se dit du premier modèle). **2.** *Sa manière d'agir est un modèle pour tous* : **référence** ; → EXEMPLE et MAÎTRE III. *Cette femme passe pour un modèle de vertu* : [vieilli, très sout.] **parangon**. *C'est le modèle même du bon goût* : **type**. *Un citoyen modèle* : **exemplaire**, **parfait** ; → ACCOMPLI. *Une classe modèle, une usine modèle* : **pilote**. *Prendre pour modèle* : V. IMITER. **3.** *L'ouvrière reproduit le modèle* : [didact.] **patron** (= modèle de vêtement) ◆ **carton** (= modèle de tapisserie et de vitrail) ◆ **maquette** (= original d'une production plastique ainsi que d'un modèle réduit reproduisant à l'échelle un appareil, un véhicule ou une architecture) ◆ **gabarit** (= modèle qui permet de contrôler les dimensions d'un objet). **4.** *Ce peintre travaille devant le modèle* : **motif** (... *sur le motif*). *Le modèle d'un tableau* : V. ORIGINAL I et SUJET II. **5.** *Un modèle de commentaire littéraire* : **canevas**, **ébauche**, **plan** (= modèle inachevé) ◆ **corrigé** (= modèle imposé après coup) ◆ [didact.] **archétype** (= modèle proche de la perfection). **6.** *Il, elle était modèle chez un couturier* : **mannequin** (qui ne s'applique qu'à une femme) ◆ [anglic.] **top-modèle** (= mannequin de renommée internationale).

modeler **1.** V. manier, pétrir, sculpter.

◇ **se modeler** V. se régler (*in* régler I).

modéliste V. dessinateur (*in* dessin).

modérément V. raisonnablement (*in* raison I), sobrement (*in* sobre).

modérer *Il faudrait modérer vos sentiments* : **mettre un frein*** **à**, **freiner**, **réfréner**, **tempérer** ◆ ↑ **réprimer** ◆ **apaiser** (qui se dit surtout de la colère) ◆ **retenir**, ↑ **dominer*** (qui évoquent la maîtrise de soi). *Il a su modérer ses reproches* : **adoucir**, **atténuer** ◆ [fam.] **mettre une sourdine à**. *Pour suivre son régime, il a dû modérer son appétit* : **réprimer** (qui implique un effort plus marqué). *Il faut modérer la vitesse dans les agglomérations* : **ralentir** (... *ralentir dans...*). *Modérer les dépenses de l'Administration* : **limiter** ; → DIMINUER.

◇ **se modérer** *Modérez-vous, vous n'avez plus tous vos esprits* [sout.] : **se contenir**

◆ [cour.] **se calmer** ◆ **se retenir** (qui se dit plus des actes que des sentiments eux-mêmes) ; → S'ADOUCIR.

◇ **modération** *Il a su faire preuve de modération* : [sout.] **circonspection**, **retenue** (qui impliquent un choix délibéré) ◆ **sagesse**, **réserve** (qui impliquent une disposition naturelle) ; → MESURE II, PONDÉRATION. *Avec modération* : V. DOUCEMENT.

◇ **modéré** **1.** [adj.] *La température de cet appartement est modérée* : **doux***, **tempéré**. *Ce magasin pratique des prix modérés* : V. BAS I et RAISONNABLE. *Ce garçon est modéré dans ses ambitions* : **mesuré**. *La majorité des Français manifeste des opinions modérées* : ↑ **conservateur**. *Un ton modéré* : V. SOBRE. **2.** [n.] *En politique, c'est un modéré* : **centriste** ◆ ↑ **conservateur**.

moderne **1.** *S'adapter à la vie moderne* : **actuel**. *L'époque moderne* : V. PRÉSENT II. *L'abstraction est bien antérieure à la peinture moderne* : **contemporain**. *Le béton précontraint est un matériau moderne* : **nouveau**, **récent** (qui se disent de ce qui est apparu depuis peu). **2.** [didact.] On distingue l'*histoire moderne* (= du milieu du XVe siècle à la Révolution française) de l'**histoire contemporaine** (= de la Révolution à nos jours).

◇ **moderniser** *Le gouvernement souhaitait moderniser les structures administratives* : [plus génér.] **adapter** ◆ **réformer**, **rénover*** (= améliorer qqch en le modifiant ou en le remettant à neuf) ◆ **rajeunir** (= donner une apparence nouvelle à qqch) ; → TRANSFORMER. *Moderniser une encyclopédie* : **actualiser**, **mettre à jour***, **réactualiser** ◆ [fam., anglic.] **relooker**.

◇ **modernisation** *La modernisation d'un magasin* : V. RÉNOVATION. *La modernisation d'une encyclopédie* : **actualisation**, **mise à jour***, **réactualisation**.

modeste **1.** [qqn est ~, postposé] *Cet homme modeste n'est pas un timide* : **humble** ◆ **discret**, **réservé** (qui se disent de celui qui fait volontairement preuve de retenue) ◆ ↑ **effacé** (qui est péj.). **2.** [qqch est ~, postposé ou antéposé] *Son modeste salaire lui permet à peine de vivre* : **modique** ◆ ↑ **bas** ; → MÉDIOCRE, PAUVRE II. *Il est d'un milieu modeste* : **humble** ; → SIMPLE. **3.** [qqn est ~, antéposé] *C'est un modeste épicier* : **petit**.

◇ **modestement** **1.** *Il est entré modestement dans le salon* : [plus cour.] **discrètement** ◆ [sout.] ↑ **humblement**. **2.** *Il vit modestement de son salaire* : **médiocrement** ◆ ↑ **chichement**, [plus fam.] **tout juste***.

◇ **modestie** *Sa modestie est plus affectée que naturelle* : **effacement** ◆ ↑ **humilité** ◆ **réserve** (qui n'implique que la discrétion de l'attitude) ◆ [plus génér.] **simplicité**.

modicité V. petitesse (*in* petit).

modification V. altération (*in* altérer I), changement (*in* changer III), correction I, révision (*in* réviser), variation (*in* varier).

modifier V. changer I, rectifier, réviser, transformer.

◇ **se modifier** V. changer III, varier.

modique V. bas I, médiocre, minime, modeste.

modus vivendi V. arrangement.

moelleux **1.** V. doux, douceur, mou et souple. **2.** V. onctueux et tendre I.

mœurs V. caractère I, habitude, morale, usage II, vie.

moi **1.** *Ce n'est pas pour moi* : [fam.] **bibi** ; → POUR MA POMME*. **2.** *Quant à moi, pour moi* : **personnellement**, **pour ma part**. *De vous à moi* : **entre nous**. **3.** [n.] *Peut-on connaître son moi ?* [didact.] : [cour.] **personnalité**.

moindre **1.** [comparatif] *Faire des bénéfices moindres* [rare] : [cour.] **inférieur**, **moins de** (... *moins de bénéfices*). **2.** [superlatif] *Le moindre. C'est le moindre de mes soucis* : **cadet**, **dernier**. *Sans le, la moindre* : **aucun** (*sans la moindre, sans aucune preuve*). *La moindre des politesses* : V. ÉLÉMENTAIRE. *Le moindre de ses gestes* : **le plus petit**.

moine **1.** V. clergé, religieux (*in* religion). **2.** V. gras.

moineau **1.** *Le bruit fit partir tous les moineaux* : [fam.] **pierrot** ◆ **piaf**. **2.** *Manger comme un moineau* : **très peu**. *Un drôle de moineau* [fam.] : **oiseau** ◆ [cour.] **type***.

moins **1.** [comparatif de peu*] *Plus ou moins* : V. PLUS. **2.** *Moins de* : V. MOINDRE. **3.** *Au moins. Si au moins il nous avait prévenus !* : **seulement**. *Du moins. Il n'a rien gagné dans cette affaire ; du moins le prétend-il* : **ou plutôt** (... *ou plutôt il le prétend*). *À moins de...* : V. SAUF II. *Vous ne l'obtiendrez pas à moins de cent francs* : **au-dessous de**. **4.** [n.m.] *C'est le moins qu'on puisse faire pour lui* : **minimum**.

mois **1.** V. date. **2.** V. paye (*in* payer), salaire.

moïse V. berceau.

moisir **1.** *Le pain a moisi à l'humidité* : [plus génér.] **se gâter** ; → POURRIR. **2.** *Faire moisir qqn.* [fam.] *Il m'a fait moisir toute la matinée* : [sout.] **languir**, [fam.] **poireauter** ; → ATTENDRE, RESTER II. *Moisir dans l'oisiveté* : ↑ **croupir** ; → S'ENCROÛTER.

moisson V. récolte.

moissonner V. couper, récolter (*in* récolte).

moiteur V. chaleur, étouffement (*in* étouffer).

moitié **1.** Selon les contextes, **demi** (*la moitié d'un gâteau, un demi-gâteau*). *À moitié* : **à demi** ; → EN PARTIE*. **2.** *À la moitié du chemin* : **à mi-**, **au milieu de**. **3.** *Moitié-moitié* (sous forme de réponse à une question) : **couci-couça** ; [plus sout.] **modérément**. *Partager moitié-moitié* [fam.] : [anglic., fam.] **fifty-fifty** ◆ [cour.] **en deux**. **4.** *Je ne vous ai pas présenté ma moitié ?* [fam.] : [cour.] **épouse**, **femme**.

molaire V. dent.

molarder V. cracher.

môle V. digue.

molester V. malmener.

mollasse, mollasson, mollement, mollesse, mollir V. mou.

mollo V. doucement (*in* doux).

molosse V. chien.

môme **1.** V. bébé, enfant. **2.** V. amante.

moment V. époque, jour, minute, phase, saison, temps I. *Au même moment* : V. instant II. *Par moments* : V. intervalle. *En ce moment* : V. actuellement (*in* actuel). *Pour le moment* : V. immédiat. *Sur le moment* : V. abord II. *À ce moment-là* : V. alors. *À quel moment* : V. quand.

momentané *L'effort du sprinter est momentané* : **bref** ; → PASSAGER, COURT. *C'est un arrêt de travail momentané* : **temporaire** ; → PROVISOIRE.

◇ **momentanément** *L'ascenseur est momentanément hors service* : **provisoirement**, **temporairement**.

mômerie V. simagrée.

monacal **1.** *La vie monacale est soumise à la règle* : **monastique** (qui se dit aussi de la discipline, de la règle, des vœux) ; → RELIGIEUX. **2.** *Il mène une vie monacale* : **ascétique** ; → AUSTÈRE.

monarque *Tous les monarques d'Europe assistaient au couronnement* : **souverain** ◆ **autocrate** (= détenteur du pouvoir absolu) ◆ [cour., plus partic.] **empereur**, **roi** (qui sont des titres) ◆ [plus génér.] **prince** (= celui qui appartient à une famille souveraine) ◆ [vieilli] **potentat** (= celui qui use de son pouvoir de façon despotique) ; → TYRAN.

◇ **monarchie** *La monarchie a été élective avant d'être héréditaire* : **couronne**, **royaume**. *La France a connu la monarchie de droit divin* : **royauté** ◆ **empire** (= régime dans lequel l'autorité politique souveraine est exercée par un empereur).

◇ **monarchiste** Personne favorable au régime et aux principes de la monarchie : **royaliste**, [fam.] **camelot du roi** (= partisan d'un roi).

monastère V. cloître.

monastique V. monacal, religieux (*in* religion).

monceau V. amas, masse I.

monde

I **1.** *La Terre a longtemps été considérée comme le centre du monde* : **Univers** ◆ **cosmos** (= espace intersidéral). **2.** *Il a fait trois* *fois le tour du monde* : **Terre*** ◆ [moins cour.] **globe**. **3.** *Le Nouveau Monde* : **le continent américain, les Amériques** (par opp. à *l'Ancien, le Vieux Monde* qui désignent les continents européen, africain et asiatique, c'est-à-dire le monde tel que les Anciens le connaissaient). *Pays du tiers-monde* : on tend à remplacer cette expression par **pays en voie de développement**, [par méton.] **pays du Sud**. *Tiers-monde, quart-monde* : V. PAUVRE II. **4.** V. CRÉATION. **5.** *Fin du monde* : **apocalypse**.

II **1.** *Les révolutionnaires veulent transformer le monde* : [moins génér.] **humanité, société**. *Le monde socialiste est né dans le premier quart du XXe siècle* : [plus partic.] **régime, société**. **2.** *Le monde de. Le monde du théâtre est en crise* : **milieu**. **3.** [+ adj. antéposé désigne des groupes sociaux] *Le grand monde s'ennuie* : **haute, bonne société**. *Il n'est pas de notre monde* : V. SOCIÉTÉ I. *Le pauvre monde crève la faim* : **les déshérités** ; → MISÉRABLE, PAUVRE. **4.** *Après son malheur, elle a renoncé au monde* : [vieilli] **siècle** (qui s'emploie dans un contexte religieux). **5.** *Le monde est impitoyable* : **les gens**. **6.** [précédé d'un adv. ou d'un partitif] *Il y avait beaucoup de monde à la manifestation* : **foule** (*il y avait foule...*) ◆ [plus fam.] **peuple**. *Il y a du monde ?* : **quelqu'un**. *Il ne fait jamais comme tout le monde* : **les autres**. **7.** *Venir au monde* : **naître**. *Mettre au monde* : **accoucher de** ; → DONNER LA VIE*. *Passer dans l'autre monde* : **mourir***. **8.** *Se faire un monde de* : V. EXAGÉRER. *Il y a un monde entre vos désirs et la réalité* : **abîme**.

◇ **mondial** *L'actualité mondiale intéresse les lecteurs de ce journal* : **international**. *Cette organisation lutte pour la paix mondiale* : **planétaire, universel**.

◇ **mondialement** : **universellement**.

moniale V. religieux (*in* religion).

moniteur V. entraîneur (*in* entraîner II).

monnaie **1.** *Le numismate s'intéresse aux monnaies* : **pièce**. **2.** *Il avait toujours les poches pleines de monnaie* : [fam.] **ferraille** ; → ARGENT. **3.** *C'est monnaie courante* : **fréquent, commun*** (c'est fréquent...). *Rendre à qqn la monnaie de sa pièce* : V. SE VENGER.

◇ **monnayer** *L'intermédiaire monnayait chèrement ses services* : **faire payer**.

monnayable V. vendable (*in* vendre).

monnayer V. monnaie.

monocle V. lunette.

monocorde *Le ministre a lu son discours d'une voix monocorde* [sout.] : [plus génér., moins péj.] **égal** ◆ **monotone, uniforme** (qui ne s'appliquent pas qu'aux sons et présentent une idée d'absence de variété).

monoculture V. culture I.

monogramme *Il avait un mouchoir brodé à son monogramme* : **chiffre** ◆ [plus génér.] **marque**.

monokini V. slip.

monologue *Sa participation à la conversation tourna bientôt au monologue* : [sout.] **soliloque** (qui se dit aussi du *monologue intérieur*) ◆ [sout.] **aparté** (qui suppose qu'un auditeur au moins, au théâtre le public, en dehors de l'interlocuteur, écoute celui qui parle) ; → TIRADE.

◇ **monologuer** *Il ne nous causait plus mais monologuait* : [sout.] **soliloquer** (= se parler à soi-même).

monopole **1.** V. apanage. **2.** société II.

monopoliser V. accaparer I.

monotone V. borné, monocorde, uni II.

monstre **1.** [n.] *Le forain exhibait des monstres* : **phénomène**. **2.** [adj.] *Son discours a eu un succès monstre* [fam.] : [vieilli] **bœuf** ◆ [cour.] **énorme, fantastique, prodigieux**.

◇ **monstrueux** **1.** *Un corps monstrueux* : V. DIFFORME et LAID. **2.** *Les promoteurs ont fait construire des tours monstrueuses dans Paris* : **colossal, démesuré, énorme***, **gigantesque**. *Une tâche monstrueuse* : V. INHUMAIN. **3.** *Un individu monstrueux* : V. ABOMINABLE.

◇ **monstruosité** **1.** *L'hermaphrodisme est une monstruosité* : ↓ **difformité**, ↓ **malformation**. **2.** *Le génocide des tribus indiennes au Brésil est une monstruosité* : **atrocité**.

mont V. montagne.

montage V. monter II.

montagnard V. montagne.

montagne **1.** *Nous avons atteint le sommet de la montagne* : **aiguille, dent, pic, piton** (= cimes aiguës) ◆ **ballon** (= sommet arrondi) ◆ **crêt, puy** (qui sont propres à des formes et à des régions différentes) ◆ **massif** (= ensemble montagneux comportant plusieurs sommets) ◆ **mont** (*le mont Blanc*) ; **colline, rocher** (qui se disent d'éminences moins importantes). **2.** *Nous avons couché en montagne* : **en altitude**. **3.** *Une montagne de. Derrière la maison, il y a une montagne d'immondices* : [vieilli] **amas** ◆ [sout.] **amoncellement** ◆ [cour., moins express.] **tas**. *Il a acheté une montagne de victuailles* : **grande quantité**. *Se faire une montagne de qqch* : V. EXAGÉRER.

◇ **montagnard** *L'étape, avec ses trois cols, favorisait les montagnards* : [plus cour.] **grimpeur**.

montant

I [n.] **1.** *Le montant de la dette s'évalue en milliards* : [moins précis] **chiffre, somme, total**. **2.** *Les montants de la porte sont vermoulus* : [moins cour.] **jambage, portant**.

II [adj.] *Pour atteindre le belvédère, il faut emprunter ce chemin montant* : ↑ **escarpé***.

mont-de-piété V. chez ma tante*.

monte V. monter II.

monte-charge *On livra les paquets par le monte-charge* : **ascenseur** (qui est destiné aux personnes) ◆ [plus génér.] **élévateur** (= engin pour transporter des charges).

montée V. monter.

monter

I [intr.] **1.** [qqn ~] *Les gamins sont montés dans le cerisier* : ↑ **grimper** (qui implique que l'ascension s'est effectuée avec l'aide des mains). *Le petit est monté sur la pointe des pieds pour atteindre le bord de la table* : [plus sout.] **se dresser, se hisser** ; → S'ÉLEVER. *La ménagère est montée sur une chaise pour nettoyer ses vitres* : [rare] **se jucher**. *Les voyageurs sont montés dans le train* : **prendre** (qui se dit aussi bien du choix d'un mode de transport que de l'action). *Voulez-vous monter dans notre voiture ?* : [fam.] **embarquer**. *Ce fonctionnaire a monté dans la hiérarchie de son administration* : **recevoir de l'avancement** ; → AVANCER II. *Monter dans les sondages* : V. AVOIR LE VENT* EN POUPE. **2.** *La Loire monte à la fonte des neiges* : ↑ **être en crue** ◆ [plus express.] **gonfler** ; → S'ÉLEVER, GROSSIR. *L'eau monte dans le bassin* : **s'élever** ; → ARRIVER I, JAILLIR. *Le sentier monte jusqu'aux alpages* : **grimper**. **3.** *Le prix des denrées alimentaires a monté de 1% ce mois-ci* : **augmenter***. **4.** *Le vin lui est monté à la tête* : [plus sout.] ↑ **enivrer*, griser*** ◆ [fam.] ↑ **saouler**.

◇ **montée** **1.** *La montée est dure pour atteindre le col* : ↑ **ascension** ◆ ↑ **escalade**. **2.** *Gravir la montée* : **pente** ◆ ↑ **raidillon** ◆ **rampe** (= partie inclinée d'une rue) ◆ [fam.] **grimpette** ; → CÔTE. **3.** *Après les pluies, on observa une rapide montée des eaux* : ↑ **crue** ; → GONFLEMENT, DÉBORDEMENT. **4.** *Comment arrêter la montée des prix ?* : **augmentation, hausse**.

◇ **se monter** **1.** *L'addition se montait à trente francs* : [moins cour.] **s'élever, atteindre**. **2.** *Il se monte facilement quand on le contrarie* [fam.] : [cour.] **se mettre en colère** ◆ **s'irriter***.

II [trans.] **1.** *Les cyclistes ont monté la côte* : [plus fam.] **grimper** ; → GRAVIR. **2.** *L'étalon a monté la jument* : **couvrir** ; → S'ACCOUPLER. **3.** *Les campeurs montent leur tente* : **dresser, planter**. **4.** *L'armurier a monté la culasse du fusil* : **ajuster**. *Monter une pierre précieuse* : V. SERTIR. **5.** *On a fini de monter la bibliothèque* : [plus sout.] **équiper, installer**. *Les ouvriers montaient l'échafaudage* : **assembler**. **6.** *Son père avait monté une grosse affaire* : V. CONSTITUER. *Ses adversaires ont monté un complot* : **organiser, combiner***. **7.** *Il monta rapidement les vitesses* : **passer**. **8.** *L'acteur a monté une pièce contemporaine* : **mettre en scène**.

◇ **montage** *Le montage de cet appareil exige l'intervention d'un spécialiste* : **assemblage*** (qui s'emploie plutôt à propos des pièces d'un appareil) ; → POSE.

◇ **monte** *Ce haras loue des étalons pour la monte* : **saillie**.

montgolfière V. dirigeable.

monticule V. butte I.

montre
I *J'ai cassé le remontoir de ma montre* : **chronomètre** (= montre de précision) ◆ **montre-bracelet**, **bracelet-montre** (= montre à porter au poignet par opp. à **montre de gousset**, **de gilet**) ◆ [didact.] **chronographe** ◆ [vieilli] **oignon** (= grosse montre de gousset) ◆ [fam., plus génér.] **tocante**.
II *Faire montre de qqch* : V. PARADE.

montrer 1. [qqn ~ qqch] *Le vendeur montre ses tapis à la lumière du jour* : **présenter** ; → EXPOSER II. *Il montra son arme et se mit à crier* : ↑ **brandir** (qui implique la menace). *À la frontière, il faut montrer son passeport ou sa carte d'identité* : [moins cour.] **exhiber**. *Il nous a montré son amitié* : **manifester*** ◆ [sout.] **marquer**, **témoigner**. *Montrer sa naïveté* : V. FAIRE PREUVE* DE. *Cette coquette montre ses jambes* : **découvrir**, **mettre en évidence** ◆ **exhiber** (qui se dit d'un acte délibéré et ostentatoire). *Il vaut mieux montrer sa force que s'en servir* : [sout.] **arborer**, **afficher** ; → ÉTALER II, FAIRE VOIR*, AFFIRMER. 2. *Le romancier montre les défauts de la société* : **représenter** ◆ **décrire**, **dépeindre** (qui impliquent la représentation précise d'un ensemble) ◆ **évoquer** (qui implique la recréation d'une impression générale). 3. *Le professeur montre les mathématiques à ses élèves* : [plus cour.] **apprendre**, **enseigner** ◆ **expliquer*** (qui se dit plutôt d'un point partic. du développement). *Le résultat montre l'efficacité de cette méthode* : **démontrer** (qui se dit de ce qui établit la certitude) ◆ **confirmer** (qui se dit de ce qui la redouble) ◆ **prouver**, **vérifier** ◆ **illustrer** (qui implique l'apport d'un exemple supplémentaire) ; → DÉGAGER. 4. [qqn, qqch ~ qqch] *Un panneau montrait la direction de la ville* : **signaler**, **indiquer*** ◆ **désigner** (qui se dit plutôt du geste de qqn). *Son décolleté montrait sa gorge* : **découvrir**, **dégager** ◆ ↑ **dénuder** ◆ [moins cour.] **révéler**. *Les cernes de ses yeux montrent sa fatigue* : V. ACCUSER. *Ce travail montre une grande habileté* : **prouver**.
◇ **se montrer** 1. [absolt] *Il suffit à ce clown de se montrer pour provoquer les rires* : **apparaître** ; → PARAÎTRE I. 2. [~ + adj.] *L'orateur s'est montré convaincant* : **être**, **se révéler**. 3. *Il s'est montré tel qu'il était, sous son vrai jour* : [plus partic.] **se démasquer** ; → ÔTER LE MASQUE*.

monument V. bâtiment (*in* bâtir).

monumental V. colossal (*in* colosse), prodigieux (*in* prodige).

moquer (se) 1. [~ de qqn, qqch] *Cet enfant s'est moqué de vous* : [fam.] **charrier**, **se ficher de** ◆ [très fam.] **se foutre de** ◆ [sout., vieilli] **se gausser de** ◆ **narguer** (qui implique un défi) ◆ **se jouer de** (qui évoque l'idée de tromperie) ◆ **ridiculiser** (qui se dit d'un affront public) ◆ ↓ **rire de** ◆ **faire des gorges chaudes de**, **faire la nique à**, **se payer la tête de** ◆ [fam.] **mettre en boîte** ; → S'AMUSER, RIRE AU NEZ*. *Il se moque des on-dit* : ↓ **se désintéresser*** ◆ [fam.] **se ficher** ◆ [très fam.] **se foutre de** ◆ [sout.] ↑ **mépriser** ; → BRAVER. 2. [absolt] *Moi, vous comprenez, je m'en moque !* : [fam.] **s'en balancer**, **s'en ficher** ◆ [très fam.] **s'en foutre** ; → CELA M'EST ÉGAL*, S'EN BATTRE L'ŒIL*.
◇ **moquerie** 1. [sing.] *La moquerie ne l'affecte pas* : V. MALICE. 2. [pl.] *Cet excentrique n'est pas sensible aux moqueries de ses voisins* : **plaisanterie** ◆ [sout.] **brocard**, **lazzi**, **raillerie*** ◆ [sout.] **risée** (qui ne se dit que d'une moquerie collective, surtout dans *être la risée de*).
◇ **moqueur** 1. [adj.] *Cette fillette est moqueuse et taquine* : [rare] **facétieux**. *Il nous a regardés d'un air moqueur* : [moins cour.] **narquois**, **railleur** ; → IRONIQUE. *Ce garçon est d'un tempérament moqueur* : [fam.] **blagueur** ◆ [plus rare] **frondeur** (qui implique plus d'impertinence, voire d'insolence) ◆ ↑ **gouailleur**. 2. [n.] *C'est un moqueur* : [fam.] ↑ **blagueur** ◆ ↑ **pince-sans-rire**.

moquette V. tapis.

moqueur V. se moquer.

moral 1. *Chaque religion a ses valeurs morales* : [didact.] **éthique**. *Le sens moral* : V. CONSCIENCE II. 2. *Les histoires morales sont rarement drôles* : **édifiant** ; → INSTRUCTIF. *Il ne se comporte pas de façon très morale* : [plus partic.] **honnête**. 3. *Le courage moral de cet homme est trahi par sa faiblesse physique* : [plus partic.] **intellectuel**, **spirituel**. 4. [n.] *Il n'a pas le moral* : V. CAFARD, COMBATIVITÉ et AVOIR LA PÊCHE*.

morale 1. *Nous vivons sous l'influence de la morale chrétienne* : **éthique, les valeurs* (chrétiennes)** ; → PHILOSOPHIE, DROIT, MORAL. 2. *On parle beaucoup de la morale des jeunes* : **mœurs** (= usages communs à un groupe) ◆ **mentalité, moralité** (= attitude morale, principes). *Faire la morale à qqn* : [sout.] **réprimander** ◆ [rare] **sermonner**. 3. *Quelle morale avez-vous tirée de cette histoire ?* : [plus sout.] **enseignement, leçon** ; → CONCLUSION. *La morale des fables* : **moralité**.

◇ **moralisateur** *Les discours moralisateurs sont aussi vains qu'ennuyeux* : **édifiant**.

moraliser V. prêcher.

moralité V. mentalité (*in* mental), morale.

morbide V. maladif (*in* malade).

morceau 1. *Donnez donc un morceau de sucre à votre chien* : **bout**. *Il ne reste qu'un morceau de pain rassis* : [plus partic.] **croûton** (= extrémité d'un pain long) ◆ **tranche** (= morceau de peu d'épaisseur) ◆ [sout.] **quignon** (= gros morceau de pain) ◆ **miette** (= fragment minuscule) ◆ **bouchée**, [fam.] **lichette** (= petite quantité : *une bouchée, une lichette de pain ; une lichette de vin*) ◆ **brin** (qui ne s'emploie que pour une chose mince et allongée). *La fillette habillait sa poupée avec des morceaux de tissu* : [rare, pl.] **bribes** ◆ **fragment, lambeau**. *Ne vous coupez pas avec ces morceaux de verre* : **débris, éclat***. 2. *Mettre en morceaux* : V. DÉCHIRER et PIÈCE I. *Casser, lâcher, manger le morceau* [fam.] : V. AVOUER. *Manger un morceau* : **faire un repas**. 3. *L'élève feuillette rapidement son recueil de morceaux choisis* : **extrait, texte**.

◇ **morceler** *La terre a été morcelée pour satisfaire les héritiers* : **démembrer, partager**. *Les promoteurs ont morcelé le terrain à bâtir* : [plus partic.] **lotir**.

◇ **morcellement** *Le morcellement de la propriété est caractéristique de certaines régions* : **démembrement, fractionnement** ; → DIVISION, PARTAGE.

mordre 1. *Le chien mord son os* : **mordiller** (qui implique la répétition et la légèreté de la morsure) ◆ **ronger** (= entamer avec les dents) ◆ **croquer** (qui se dit lorsque l'objet est broyé entre les dents). *Il a été mordu par une vipère rouge* : **piquer**. 2. *La scie mord le bois* : **attaquer*, entamer**. 3. V. EMPIÉTER. 4. *S'en mordre les doigts, la langue* [fam.] : **regretter*, se repentir**. *Mordre aux mathématiques* [fam.] : [cour.] **prendre goût à**. 5. *Le froid mord* : V. PINCER.

◇ **mordant** 1. [n.] *Le boxeur a mené son attaque avec mordant* : **vivacité** ◆ ↑ **agressivité**, ↑ **fougue**. 2. [adj.] *Il faisait un froid mordant* : **cuisant, vif**. 3. [adj.] *Il répondit d'un ton mordant* : **aigre, âpre** ◆ ↓ **vif** ◆ ↑ **acerbe***. *Sa réponse fut d'une ironie mordante* : **acéré, caustique, corrosif, incisif, piquant** ; → SATIRIQUE.

◇ **mordu** 1. [adj.] *On ne le voit plus, il est mordu* [fam.] : [cour.] **amoureux** ◆ [sout.] **épris de**. 2. *C'est une mordue de ski* [fam.] : **toqué** ◆ [cour.] **fervent**.

morfondre (se) V. attendre, languir.

morgue V. orgueil.

moribond V. mourant.

morigéner V. réprimander.

morne V. languissant (*in* languir), triste I.

mornifle V. gifle.

morose V. maussade, sombre, taciturne, triste I.

morphine V. drogue.

morphologie V. forme I.

morpion V. enfant.

morsure 1. V. piqûre (*in* piquer I). 2. V. brûlure.

mort

I [n.f.] 1. *La mort du président a été oubliée* : [sout.] **décès** ◆ [très sout.] **trépas**. *Il pleurait la mort de son père* : [par euphém.] **disparition, perte** ; → DÉCÉDÉ, FIN, AGONIE, SOMMEIL. 2. *Cette nouvelle est la mort de nos espérances* : **fin, ruine** ; → ENTERREMENT. 3. *À mort. Il a été blessé à mort* : **mortellement**. *À mort !* : V. À BAS* ! *Freiner à mort* : V. À FOND*. *La mort dans l'âme* : V. ÂME. 4. *Se donner la mort* : **se suicider**. *Entraîner la mort* *de qqn* : **emporter qqn**. *La peine de mort* : **capital**.

II 1. [adj.] *Être mort* : V. DÉCÉDÉ et VIVRE. 2. [n.] *Les sauveteurs ont retiré trois morts des décombres* : **cadavre** (qui se dit aussi bien des animaux que des humains) ◆ [sout.] **dépouille** ◆ [très fam.] **macchabée**, **macab** (qui ne s'appliquent qu'aux personnes) ◆ **charogne** (qui se dit des cadavres des animaux et, péj., de ceux des humains). *Le mort a été enterré, la morte a été enterrée religieusement* : [sout.] **cendres**, **décédé***, **défunt**, **restes** ◆ **regretté*** (qui implique le souvenir de la personne) ◆ **disparu** (qui se dit plutôt de celui dont la mort n'a pas été établie officiellement et s'est étendu à tous les morts) ◆ **victime*** (qui se dit des personnes qui ont eu une mort violente). 3. [n.m.] *La religion des morts n'est pas disparue* : **ancêtres**. *Le jour des morts* : **la Toussaint**. 4. [adj., qqn est ~] *Il est mort de fatigue* : **épuisé** ; → FATIGUE. *Ivre mort* : V. IVRE. 5. [adj., qqch est ~] *Les eaux mortes sont malsaines* : **stagnant**. *Il a dû changer ses pneus complètement morts* [fam.] : V. USÉ. *La ville semblait morte* : **désert**. *Tout est mort entre eux* : V. FINI. 6. *Faire le mort* : V. SE FAIRE OUBLIER*.

mortel 1. [n.] *Le commun des mortels* : **homme** ; → PERSONNE. 2. [adj.] *Sa blessure n'est pas mortelle* : V. FATAL. 3. [adj.] *Nous avons passé une après-midi mortelle à l'attendre* : ↓ **ennuyeux** ◆ ↑ **lugubre**, ↑ **sinistre**. *Il fait un froid mortel* : ↓ **intense**.

mortellement V. mort I.

mortifiant V. vexant (*in* vexer).

mortification V. vexation (*in* vexer).

mortifier V. abaisser II.

mortuaire V. funèbre.

morveux V. enfant.

mosquée V. église.

mot 1. *Il a soigneusement choisi ses mots* : **terme**. *Ce dictionnaire recense environ cinquante mille mots* : [didact.] **vocable**. 2. *Assez de mots ! des actes !* : **discours**, **parole** ; → PHRASE. 3. *Il m'a envoyé un mot* : V. BILLET et LETTRE. 4. *Avoir le dernier mot* : **l'emporter** ; → AVOIR RAISON*. *Toucher un mot* : V. PARLER. *Chercher ses mots* : V. HÉSITER. *En un mot* : V. ABRÉGÉ. 5. *Nous rions parce que notre ami a fait un mot* : **mot d'esprit**, **bon mot** ; → PLAISANTERIE, SAILLIE. *Cet almanach recueille les jeux de mots* : [plus partic.] **calembour** (= combinaison de sons ambigus) ◆ **contrepet**, **contrepèterie** (= effet de sens obtenu par interversion des sons ou des syllabes). 6. *Il a répété mot à mot notre conversation* : **littéralement**, **textuellement**. *Une traduction mot à mot* : [plus sout.] **textuel**.

motel V. hôtel.

motet V. cantique, chant (*in* chanter).

moteur 1. *Des ennuis de moteur* : V. MÉCANIQUE. 2. *Ce personnage est le moteur de l'affaire* : [plus sout.] **âme**, **instigateur**.

◇ **motorisé** *L'agriculture moderne est fortement motorisée* : [plus génér.] **mécanisé**.

motif 1. *Connaissez-vous les motifs de son geste ?* : **mobile**, **raison** ; → CAUSE, POURQUOI. 2. *Il n'y avait aucun motif de plainte* : **sujet** ; → OCCASION. 3. *Reproduire un motif* : V. MODÈLE. *Le tissu portait de nombreux motifs* : **ornement**. 4. *Un motif musical* : V. THÈME.

◇ **motiver** *Votre attitude a motivé notre colère* : **causer**, **déterminer** ◆ ↓ **expliquer**. *Motiver une décision* : V. JUSTIFIER.

motilité V. mobilité (*in* mobile I).

motiver V. motif.

moto, motocyclette V. cyclomoteur.

motocycliste *Le motocycliste a pris son virage un peu vite* : [fam.] **motard** (= motocycliste de profession, agent de police, porteur, coursier, ou, plus génér., possesseur d'une moto par opp. au possesseur d'un vélomoteur).

motoriser V. moteur.

mou 1. [adj., qqch est ~] *Le crémier vend des fromages à pâte molle* : **tendre**. *C'est la mode des cols mous pour les chemises* : **souple**. *Les osiers ont des tiges molles* : **flexible**. *Sous le coup de la peur, je me sens les jambes molles* : **flageolant**. *Depuis qu'il a maigri, il a les joues* *molles* : V. FLASQUE. *En Touraine, le climat est mou* : [moins cour.] **lénifiant** ◆ [didact.] **émollient** ; → DOUX. *Un sol mou* : **spongieux**. **2.** [adj., qqch est ~] *Il n'aime pas les oreillers trop mous* : **moelleux**. *Les molles inflexions de sa voix charmaient l'auditoire* [sout.] : [plus cour.] **doux**, **souple**. *L'accusé n'éleva que de molles protestations* : **faible**. **3.** [adj., qqn est ~] *On ne peut compter sur lui : il est trop mou* : **indolent**, **lymphatique**, **nonchalant** ◆ ↑ **amorphe**, ↑ **apathique**, ↑ **atone**, ↑ **avachi**, ↑ **endormi** ◆ [fam.] **mollasse**, **mollasson** ; → INACTIF, INCONSISTANT. **4.** [n.] *C'est un mou* : [fam.] **chiffe**, **moule**, **nouille** ◆ [sout.] **velléitaire** (qui se dit de qqn qui n'a pas la volonté d'agir selon ses décisions). **5.** [n.m.] *Donner du mou à* : V. LÂCHER.

◇ **mollement** **1.** *Il cherchait mollement ses vêtements* : **sans ardeur**, **sans conviction**, **nonchalamment**. *Il protesta mollement* : **faiblement***, **timidement** ; → TIÈDEMENT. **2.** *La rivière s'étirait mollement dans la plaine* [sout.] : [plus cour.] **lentement**, **paresseusement**.

◇ **mollesse** *Il a cédé par mollesse plus que par conviction* : **faiblesse** ◆ [moins cour.] **indolence**, **nonchalance** ◆ [péj.] ↑ **avachissement** ◆ **lâcheté** (qui implique un jugement moral) ; → APATHIE.

◇ **mollir** **1.** *Le vent mollit au coucher du soleil* : **diminuer**, **faiblir** ◆ ↑ **tomber***. **2.** *Devant les attaques de son adversaire, il mollit* : [plus cour., plus fam.] **flancher** ◆ [plus fam.] **se dégonfler** (qui implique un jugement moral).

mouchard **1.** *Toutes les polices emploient des mouchards* : **indicateur** ◆ [fam., vieilli] **mouche** ◆ [fam.] **mouton** (= indicateur aposté en prison) ; → SOUS-MARIN. **2.** *Les écoliers n'aiment pas les mouchards* : [fam.] **cafard** ; → RAPPORTEUR. **3.** V. CONTRÔLEUR.

mouchardage V. rapportage (*in* rapporter IV).

moucharder V. rapporter IV.

mouche **1.** V. mouchard. **2.** V. appât. *Fine mouche* : V. malin. *Prendre la mouche* : V. s'emporter (*in* emporter).

moucher V. rabattre le caquet*.

moucheté V. tacheté (*in* tache I).

moudre *Il faut moudre le poivre pour la salade* : [plus génér.] **écraser** ◆ **broyer** (= réduire en fragments) ◆ **pulvériser** (= mettre en poudre).

◇ **moulu** *Après cette marche, je suis moulu* : **courbatu**, **éreinté**, **fourbu**, **rendu**, **rompu**, **vanné** ◆ [fam.] **claqué** ; → FATIGUÉ.

moue *Faire la moue* : V. grimace.

moufle V. gant.

mouflet V. enfant.

mouiller **1.** [intr.] *Le tanker a mouillé au Havre* : **faire escale**, **jeter l'ancre** ◆ [didact.] **ancrer**. **2.** [trans.] *La repasseuse mouille son linge* : **humecter** (= mouiller très peu) ◆ **asperger** (= projeter de l'eau en pluie) ◆ **imbiber** (= faire pénétrer le liquide dans un objet). *Il a mouillé le sol de la cuisine* : **éclabousser** (= mouiller indirectement et plutôt par accident) ◆ **inonder** (qui implique qu'une grande quantité de liquide recouvre l'objet mouillé) ; → ARROSER, TREMPER, BAIGNER. *Les larmes mouillaient ses yeux* : [plus précis.] **embuer**. *Vous feriez mieux de mouiller votre vin* : **couper**. **3.** *Se faire mouiller*. *Il pleut, vous allez vous faire mouiller* : **tremper** ◆ ↑ **doucher** ◆ [fam.] **saucer**.

◇ **se mouiller** *Il s'est mouillé en rentrant sous la pluie* : ↑ **se tremper**. *Dans cette histoire, il s'est mouillé* [fam.] : [plus cour.] **se compromettre** ; → PARTI, TREMPER.

◇ **mouillé** **1.** *Le blé mouillé est lourd* : ↑ **trempé** ; → HUMIDE. **2.** *Ce député est mouillé dans le scandale* [fam.] : [cour.] **compromis** ; → BAIN.

mouise V. pauvreté (*in* pauvre II).

moulage V. moule.

moulant V. collant (*in* colle I).

moule

I [n.m.] *Certains objets de verre sont fabriqués dans un moule, et non soufflés* : [moins cour.] **forme** ◆ [didact.] **matrice**. *Il n'y a plus de travailleur de cette trempe ; on a brisé le moule* : V. MODÈLE et TYPE.

◇ **moulage** 1. *On a pris un moulage de ses mains pour le musée de cire* : **empreinte**. *Par précaution, on exposait des moulages et non les originaux* : [plus génér.] **reproduction**.
◇ **mouler** 1. *Un maillot blanc moulait le corps de la trapéziste* : **s'ajuster à** ◆ [moins cour.] **épouser** ; → SERRER. 2. *On avait fini de mouler la statue* : **façonner** (= travailler une matière solide pour lui donner une forme : *façonner un bloc de marbre*) ; → COULER, SCULPTER.
II [n.f.] V. MOU.

moulu V. moudre.

moumoute V. perruque.

mourant 1. [n. et adj.] *Le mourant était dans le coma* (qui implique la perte de conscience) : **moribond** ◆ **agonisant**. 2. [adj.] *Elle m'a parlé d'une voix mourante* : ↓ **faible** ; → LANGUISSANT.

mourir [qqn ~] 1. *Sa femme est morte dans ses bras* : **agoniser** (qui évoque les souffrances qui précèdent immédiatement la mort) ◆ **s'éteindre*** (qui se dit d'une mort calme) ◆ [plus sout.] **expirer, rendre l'âme*, rendre l'esprit, rendre le dernier soupir** ◆ [vieilli] **passer** ◆ [par euph.] **s'en aller** ; → DÉPÉRIR. 2. *Il est mort dans un accident de voiture* : **décéder, disparaître** (qui ont des emplois administratifs) ◆ [sout.] **être emporté, périr** ◆ **succomber** (*il a succombé à ses blessures*) ◆ [vieilli] **trépasser, passer de vie à trépas** ◆ [fam.] **y rester, passer l'arme à gauche, avaler son extrait de naissance** ; → COÛTER* LA VIE. *Le pauvre vieux est allé mourir à l'hôpital* : [fam.] **casser sa pipe** ◆ [très fam.] **claboter, clamecer** ◆ [fam.] **claquer** (qui implique une mort rapide) ◆ **crever** (qui se dit des animaux ou des plantes et très fam. des humains) ; → VIVRE. *Ce soldat est mort au combat* : **tomber** ◆ [plus sout.] **perdre la vie** ; → TUER. 3. *Il meurt d'amour pour une femme qui l'ignore* [sout.] : [plus cour.] **dépérir**. *Nous nous sommes ennuyés à mourir* : [fam.] **crever**. 4. [qqch ~] *Le petit commerce meurt peu à peu* : **disparaître**. *Le feu est en train de mourir* : [plus cour.] **s'éteindre**. *Les bruits mouraient dans le lointain* [sout.] : **s'évanouir** ◆ [plus cour.] **diminuer**.

mouron *Se faire du mouron* : V. s'inquiéter (*in* inquiet).

mouscaille V. pauvreté (*in* pauvre I).

moussaillon V. marin.

mousse
I [n.f.] *Le patron fit tomber la mousse du verre de bière* : **écume** ◆ [fam.] **faux col** (qui ne se dit que de la mousse de bière dans un verre).
◇ **mousseux** *L'eau du torrent était mousseuse* : **écumeux**.
II [n.m.] V. MARIN.

mousser *Se faire mousser* : V. se vanter, se faire valoir* I.

mousseux V. mousse I.

moustache *L'homme retroussa ses moustaches avec assurance* : [fam.] **bacchantes** ◆ **favoris** (= touffe de barbe laissée sur chaque côté du visage) ; → POIL.

moustique V. gringalet.

moutard V. bébé.

mouton
I *Les moutons restaient dans les prés une bonne partie de l'année* : **bélier** (= mouton mâle) ◆ **brebis** (= mouton femelle) ◆ **agneau** (= jeune mouton).
II V. MOUCHARD.

mouvement 1. *L'astronome étudie le mouvement des corps célestes* : **cours** (= mouvement prévisible et régulier) ◆ **déplacement** (qui insiste sur les positions initiales et finales du mobile) ◆ **trajectoire** (qui insiste sur la courbe décrite entre ces positions) ; → COURSE. *Les joueurs suivent les mouvements des pions sur l'échiquier* : **avance, progression, recul** (qui spécifient l'orientation du mouvement). *Les mouvements de l'eau, de la foule* : **flux, reflux** (qui indiquent aussi le sens du mouvement). 2. *Le capitaine du port dirige le mouvement des bateaux* : **circulation, trafic** ◆ **entrée, sortie** (qui spécifient le sens des déplacements). *Les mouvements des troupes sont commentés dans la presse* : **manœuvres**. *Une rue sans mouvement* : **vie** ; → ANIMATION. 3. *Je remonte le mouvement de l'horloge* : **mécanisme**. 4. *La* *carte montre les mouvements de terrain* : V. ACCIDENT. **5.** *Les mouvements du joueur de ping-pong étaient vifs et précis* : **réaction** (= geste déterminé par une action extérieure) ◆ **réflexe** (= mouvement échappant à l'action de la volonté) ; → GESTE, ACTE. *Il devrait prendre du mouvement* : **prendre de l'exercice**. **6.** *Il se laisse souvent aller à son mouvement naturel* : **élan** ◆ ↑ **émotion, sentiment** (= mouvements intérieurs) ◆ **passion** (qui indique la persistance d'un désir, par opp. à **emballement**) ◆ **tendance** (qui se dit de ce qui oriente constamment la vie d'un être). *Il ne se fie qu'à son propre mouvement* : **initiative, inspiration**. *Avoir un bon mouvement* : V. GESTE. **7.** *Le mouvement de cette page entraîne le lecteur* : **vie, vivacité** ; → RYTHME. **8.** *Des peintres du même mouvement* : V. ÉCOLE. *Les mouvements de gauche sont opposés à la politique gouvernementale* : V. ORGANISATION. **9.** *Le mouvement des prix est inquiétant* : **variation** ◆ **hausse, baisse** (qui spécifient le sens de l'évolution). **10.** *Le mouvement du monde* : V. DEVENIR.

mouvementé V. agité (*in* agiter), animé, houleux (*in* houle), orageux, vivant (*in* vivre I).

mouvoir (se) V. pousser III, remuer.

moyen

I [adj.] **1.** *Il valait mieux choisir une solution moyenne* : **intermédiaire**. *La partie moyenne du cerveau* : **médian**. **2.** *C'est un élève moyen en tout* : ↑ **médiocre**. *Il a obtenu des résultats moyens* : **passable**. *Suivre une moyenne* : V. MILIEU.

II [n.] **1.** *Les physiciens ont trouvé le moyen de contrôler la fission de l'atome* : **procédé** (= moyen complexe). **2.** *Trouve un moyen pour réparer la fuite* : **solution** ◆ [fam.] **truc** (= solution astucieuse). *Trouver un moyen pour se sortir d'affaire* : [fam.] **combine*** ; → COMBINAISON, EXPÉDIENT et VOIE. *Un moyen de sélection* : V. INSTRUMENT. *Il n'y a pas moyen de l'arrêter* [fam.] : **il n'y a pas mèche** ◆ [plus cour.] **il est impossible**. **3.** *Il y a un moyen de réussir* : **façon, manière** ; → SYSTÈME. **4.** [pl.] *Elle ne manque pas de moyens* : V. CAPACITÉ. *Il connaît ses moyens* : **limites**. *Ce luxe est au-dessus de nos moyens* : V. RESSOURCE. *Je n'ai pas les moyens de vous tirer d'affaire* : [sing.] **pouvoir**. **5.** *Au moyen de* : **à l'aide* de, avec**.

moyennant V. pour.

moyenne V. milieu I. *La moyenne* : V. normale (*in* normal).

M.S.T. Sigle de *maladie sexuellement transmissible* : **maladie vénérienne** (qui est transmise par les rapports sexuels et dont les conséquences sont diverses) ◆ [partic.] **blennorragie**, [très fam.] **chaude-pisse** ◆ **syphilis**, [fam.] **vérole** ◆ **sida** (= acronyme de *syndrome immunodéficitaire acquis*, qui désigne une maladie transmise aussi par voie sanguine).

muet **1.** *Brutalement interrompu, l'orateur resta muet* : [plus précis.] **aphone** (= qui n'a plus de voix) ◆ [moins cour.] **coi, silencieux*** ; → SANS VOIX*. **2.** *L'« e » muet est caractéristique de la langue française* : [didact.] **caduc** (qui indique qu'il peut ne pas être prononcé) ◆ **sourd** (qui se dit de sa substance sonore).

mufle **1.** V. grossier. **2.** V. museau.

muflerie V. inconvenance (*in* inconvenant).

mugir *Le taureau mugit avec force* : **beugler, meugler**.

mulâtre V. métis.

mule V. chausson (*in* chausser).

multimédia V. média.

multiple **1.** *Les occasions de se réjouir sont multiples* : **nombreux** ; → VARIÉ. **2.** *Les essais ont été faits à de multiples reprises* [antéposé] : **divers** (... *à diverses reprises*).

◇ **multiplication** *La multiplication des maladies cardiaques inquiète les médecins* : ↓ **accroissement, augmentation*** ◆ ↑ **prolifération** ◆ [partic.] **inflation** (= augmentation excessive : *inflation d'informations*) ; → SE MULTIPLIER. *La multiplication des espèces* : V. REPRODUCTION.

◇ **multiplier** *Le chimiste a multiplié les opérations de vérification* : **répéter** (qui implique la similitude des phénomènes ou des actions). *Multiplier par deux* : V. DOUBLER.

◇ **se multiplier** *Les moyens de transport se sont multipliés* : [plus partic.] **s'accroître**, **augmenter**, **croître**, **se développer** ◆ [sout.] ↑ **proliférer**. *Les espèces animales ont la capacité de se multiplier* : [plus partic.] **se reproduire**.

multiplicité V. gamme, multitude.

multiracial V. race.

multitude **1.** *En août, Paris reçoit une multitude de touristes étrangers* : **une foule de**, **un flot de** ◆ ↓ **une (grande) quantité de** ◆ **affluence** (*une grande affluence de...*). *Une multitude de documents* : **amas** ; → TAS. **2.** *Certains s'efforcent de n'avoir rien de commun avec la multitude* [péj.] : **populace** ◆ [plus cour.] **masse** ; → FOULE. **3.** *La multitude des faits empêche d'y voir clair* : **abondance** ◆ **multiplicité** (qui implique dans ce contexte le désordre). *Une multitude de sauterelles s'est abattue sur les champs* : [pr.] **nuée** ◆ **armée** (qui implique plus ou moins l'agression) ◆ [pl.] **légion**.

municipal *Les bâtiments municipaux ont été agrandis* : **communal**.

municipalité V. commune, ville.

munificence V. magnificence (*in* magnifier), prodigalité (*in* prodigue).

munificent V. prodigue.

munir V. armer, équiper, nantir.

mur **1.** *Le maçon monte un mur de briques* : **cloison** (= mur intérieur et de faible épaisseur) ◆ **paroi** (= mur intérieur, face du mur). *Les murs de pierre sèche délimitent les parcelles* : **muret**, **murette** ◆ **clôture*** (= ce qui délimite un espace, qu'il s'agisse d'un mur ou d'une barrière) ; **séparation**. **2.** *Les murs de la vieille ville sont en ruine* : **muraille**, **rempart** ◆ **enceinte** (= mur fermé) ; → FORTERESSE. *Le ministre est dans nos murs* : **en ville**. **3.** *Faire le mur* : **sortir sans permission**. *On l'avait mis au pied du mur* : [plus sout.] **acculer**. *Il se heurte à un mur* : ↑ **obstacle**.

◇ **murer** *Les propriétaires ont muré la fenêtre de la cour* : [rare] **aveugler**, [plus génér.] **boucher** ◆ **condamner** (qui implique seulement que l'on rend l'usage d'une ouverture impossible). *L'éboulement avait muré les alpinistes* : [plus cour.] **emmurer**.

◇ **se murer** *La veuve s'est murée dans sa solitude* : ↓ **se renfermer**.

mûr V. fait I.

muraille V. mur, rempart.

murer, se murer, muret, murette V. mur.

mûri V. prémédité (*in* préméditer).

mûrir **1.** *Il a longuement mûri son affaire* : [sout.] **méditer** ◆ [fam.] **mijoter** ; → PRÉPARER, PRÉMÉDITER. **2.** *Ses aptitudes mûrissaient rapidement* : [plus cour.] **se développer**. *Il a mûri* : V. CHANGER.

mûrissement V. maturation.

murmurer **1.** [trans., qqn ~ qqch] *L'écolier murmure des blagues à son camarade* : **chuchoter** ◆ [rare] **susurrer** ◆ **parler bas**, **à voix basse** (s'emploient sans compl.) ; → SOUFFLER. *On ne le comprend pas, il murmure dans sa barbe* : **marmonner** ; → BALBUTIER. **2.** [intr., qqch ~] *On entend le vent murmurer dans les roseaux* : [sout.] **bruire**. **3.** [intr., qqn ~] *Les élèves ont accepté la punition sans murmurer* : **broncher** ◆ [fam.] **bougonner**, **grogner**, **grommeler**, **râler** ◆ [plus génér.] ↑ **protester** (qui se dit aussi d'une expression plus vive du mécontentement).

◇ **murmure** **1.** [de murmurer 1] *Les murmures des spectateurs troublèrent le spectacle* : ↓ **chuchotement** ◆ [sing.] **bourdonnement**. **2.** [de murmurer 2] *On entendait le murmure des feuilles* : V. BRUISSEMENT. *Le murmure de l'eau* : V. GAZOUILLEMENT. **3.** [de murmurer 3] *Les murmures des contribuables n'ont pas empêché l'augmentation des impôts* : **plainte** ◆ ↑ **protestation**.

musarder V. s'amuser.

muscle **1.** *La natation développe les muscles* : [sing.] **musculature**. **2.** *Être tout en muscles* : **sans graisse**. *Avoir des muscles*, [fam.] *du muscle* : **être musclé** ◆ [fam.] **avoir des biceps** ◆ [plus génér.] **être fort***.

◇ **musclé** 1. V. MUSCLE. 2. *La réponse est arrivée, précise et musclée* : **énergique**, **solide**. 3. *Le régime militaire pratiquait une politique musclée* [fam.] : [cour.] **autoritaire**.
◇ **muscler** V. RENFORCER.

musculature V. muscle.

muse V. inspirateur (*in* inspirer II).

museau 1. *Cet animal s'est blessé le museau* : [plus partic.] **mufle** (qui se dit pour les ruminants) ◆ **groin** (qui se dit pour les porcs) ◆ **truffe** (qui se dit pour les chiens). 2. *Va te laver le museau* [fam.] : **figure*** ; → VISAGE.

musée 1. *Les touristes ont visité les musées de la ville* : [plus partic.] **muséum** (= musée consacré aux sciences naturelles) ◆ **pinacothèque** (= musée d'art plastique) ◆ **galerie** (= salle ou collection du musée, ou bien encore établissement privé exposant des œuvres d'art pour la vente) ◆ [seult dans des loc.] **cabinet** (*cabinet d'objets d'art, cabinet des médailles*, etc.). 2. *Il faut le mettre au musée* : [fam.] **au rancart**.

museler V. réduire au silence*, faire taire*.

muser V. flâner.

musette V. sac I.

muséum V. musée.

musique 1. *La musique du régiment joue dans le jardin public* : **fanfare**, **clique** (qui ne désignent que l'ensemble des cuivres et des percussions d'un orchestre). 2. *Goûtez-vous la musique de ce vers ?* [sout.] : [plus cour.] **harmonie**. 3. *Ne me raconte pas de blagues, je connais la musique* [fam.] : **chanson**. *Encore cette histoire ! Change un peu de musique !* [fam.] : **disque**, **refrain**.
◇ **musical** 1. *Le son de sa voix était musical* : **harmonieux**, **mélodieux**. 2. V. MUSICIEN.
◇ **musicien** 1. *Les musiciens exercent une profession artistique* : [plus partic.] **compositeur** (= auteur d'une musique) ◆ **interprète**, **exécutant***, **instrumentiste** (= musicien qui joue d'un instrument) ◆ **chanteur***, **cantatrice** (= exécutant de la musique vocale) ◆ **chanteuse** (qui est réservé au domaine de la musique dite « légère », ou « de variété ») ; → AUTEUR. 2. *Il a l'oreille musicienne* : **musical**.

must [anglic., fam.] *C'est le must* : V. mode.

muter *L'Administration a muté ce fonctionnaire pour raison de service* : **déplacer** ; → AFFECTER.
◇ **mutation** 1. *La mutation de cet employé s'est faite d'office* : **déplacement** ; → AFFECTATION, CHANGEMENT. 2. *La mutation des techniques* : V. CONVERSION et RÉVOLUTION.

mutiler 1. [qqn est ~] *Il a été mutilé d'une jambe dans l'accident* : **estropier**. 2. [qqch est ~] *Le texte a été fortement mutilé par la censure* : **amputer**, **tronquer** ; → CASTRER, ABRÉGER. *Mutiler la vérité* [sout.] : [cour.] **déformer**. *Des vandales avaient mutilé les statues du parc* : ↓**détériorer**, ↓**endommager**.
◇ **mutilé** *Les mutilés de guerre reçoivent une pension* : **blessé**, **invalide** ; → INFIRME.
◇ **mutilation** *La mutilation de l'article en changeait beaucoup la portée* : **amputation** ◆ ↓**altération**. *La mutilation des faits* [sout.] : [cour.] **déformation**.

mutin
I V. ESPIÈGLE et LUTIN.
II *Les mutins se barricadèrent dans un bâtiment* : **mutiné**, **révolté**.
◇ **se mutiner** *Des soldats se mutinèrent pendant la Première Guerre mondiale* : **se révolter**.
◇ **mutinerie** *La mutinerie des prisonniers fut provoquée par les mauvais traitements* : **révolte** ; → ÉMEUTE.

mutisme V. silence.

mutuel *Le tribunal avait conclu à des torts mutuels* : [plus cour.] **réciproque**.
◇ **mutuellement** *S'aider mutuellement* : **réciproquement**.

myope *Mais vous êtes myope ! c'est juste devant vous* : [fam.] **bigleux**.

myosotis V. bleu I.

myrmidon V. nain.

mystère **1.** *Les mathématiques n'ont plus de mystère pour lui* : **secret**. **2.** *Ne faites donc pas tant de mystère !* : [pl.] **cachotteries**. **3.** *Il fait grand mystère de ce qu'il entreprend* : [cour.] ↓ **cacher**. **4.** V. ÉNIGME.

◇ **mystérieux** **1.** *Personne ne connaissait vraiment cet homme mystérieux* : **secret** ; → ÉNIGMATIQUE. **2.** *Malgré les efforts des enquêteurs, le crime restait mystérieux* : **inexplicable** ; → INCOMPRÉHENSIBLE, TÉNÉBREUX. **3.** V. CACHÉ.

mystifier *Les enfants avaient mystifié leur camarade avec leur histoire de trésor caché* : ↓ **duper** ◆ ↓ **tromper** ; → JOUER.

◇ **mystification** **1.** *Les discours sur la supériorité de la race blanche sont une mystification* : ↓ **tromperie**. **2.** *Préparer une mystification* : V. ATTRAPE, CANULAR et PLAISANTERIE.

mystique V. croyant (*in* croire), inspiré (*in* inspirer II).

mythe V. légende, tradition.

mythique V. imaginaire (*in* imaginer).

mythomane V. fabulateur (*in* fabuler), menteur (*in* mentir).

mythomanie V. fabulation (*in* fabuler).

N

nabot V. nain.

nævus V. tache II.

nager 1. *Les enfants aimaient nager sous l'eau* : **nageotter** (= nager assez mal). *Vous venez nager ?* : **se baigner**. 2. [qqch ~] *Quelques légumes nageaient dans le bouillon* : **baigner, flotter**. 3. V. RAMER. 4. *Nager dans ses vêtements* : **flotter***. 5. *Elle nageait dans la joie* : **baigner**. 6. *Ce ministre a toujours su nager comme il le fallait* : **manœuvrer** ◆ [fam.] **se débrouiller**. 7. *L'épreuve était trop difficile, les candidats nageaient* : [fam.] **patauger** ◆ **perdre pied**.

◇ **nage** 1. *Elle a gagné l'épreuve de nage libre* : [plus cour.] **natation**. 2. *Le cycliste est en nage* : **inondé de sueur**.

◇ **nageur** *Il s'en tire toujours, c'est un nageur* [fam.] : **débrouillard**.

naguère V. anciennement (*in* ancien), avant.

naïf 1. *Elle est jeune et encore naïve* : **ingénu**. *Vous êtes bien naïf pour le croire !* : **jeune** ; → CANDIDE, CONFIANT. *Le procédé est un peu naïf* : **enfantin***, **simple**. 2. *On l'abuse aisément, il a toujours été naïf* : [fam.] **gobe-mouches, jobard** ◆ [très fam.] **poire**. 3. *Vous êtes naïf de prendre pour argent comptant les promesses qu'il fait* : **crédule, niais**.

◇ **naïveté** 1. *Le charlatan profitait de la naïveté du public* : **crédulité** ; → BÊTISE. 2. *Faire preuve de naïveté* : **candeur***, **inexpérience*** ; → SIMPLICITÉ.

◇ **naïvement** *Il avait pensé naïvement que tout s'arrangerait* : **ingénument**.

nain Désigne une personne dont la taille est anormalement petite : [fam., péj.] **nabot** ◆ [péj.] **avorton, gnome** (qui évoquent, en plus de la petitesse, une mauvaise conformation) ◆ [sout., vieilli] **myrmidon, pygmée** (qui désignent un petit homme chétif et insignifiant).

naître 1. *Être né pour. Il est né pour peindre* : **destiné à**. *Ils sont nés l'un pour l'autre* : **fait pour**. *Naître à. Après des années de solitude, il a fini par naître à l'amour* [sout.] : [cour.] **s'éveiller**. 2. *La coopération entre les deux pays est née de longues négociations* [sout.] : [cour.] **résulter**. *L'industrie française est née au* XVIII*e* *siècle* : **commencer***. 3. *Le jour naît* : **se lever**. 4. *Leur brouille naquit d'une équivoque* : **être causé par, provenir**. *Leur amitié est née d'une rencontre* : **commencer** (*leur amitié a commencé par une rencontre*). 5. *Faire naître. L'explosion fit naître la panique* : **provoquer, susciter** ; → ENGENDRER. *Faire naître des troubles* : V. EXCITER et PRODUIRE.

◇ **naissance** 1. *Donner naissance* : V. ACCOUCHER. *Lieu de naissance* : V. BERCEAU. 2. *L'industriel se flattait d'être de haute naissance* [vx] : **extraction, origine**. 3. *La naissance de la grande industrie est récente* : **commencement** ; → ORIGINE, DÉBUT. 4. *La naissance du jour* : **apparition**. *La naissance d'une idée* : [sout.] **éclosion**. *La naissance d'une rivière* : [plus cour.] **source**.

5. *Contrôle des naissances* : V. CONTRACEPTION. *Prendre naissance* : **commencer**.

naïvement, naïveté V. naïf.

nana V. fille, femme.

nanan *C'est du nanan* [fam.] : **c'est du gâteau, de la tarte** ◆ [cour.] **très agréable*** ; → DÉLICIEUX.

nantir *Ses parents l'ont nanti d'argent de poche pour son voyage* [très sout.] : [cour.] **munir, pourvoir**.

nantis V. bourgeoisie (*in* bourgeois).

napperon V. set.

narcissisme V. égoïsme.

narcotique V. drogue, hypnotique.

narguer V. se moquer.

narine V. trou* de nez.

narquois V. ironique (*in* ironie), malicieux (*in* malice), moqueur (*in* se moquer).

narrer *Il a narré son voyage en détail* [sout.] : [cour.] **raconter*** ; → CONTER.

◇ **narration** **1.** *Une narration coupée d'anecdotes* : **récit, relation**. **2.** V. RÉDACTION.

narthex V. portique.

nase **1.** [n.] V. nez. **2.** [adj.] V. foutu.

natation V. nager.

natif **1.** *Il est natif de Lyon* [vieilli] : [cour.] **originaire**. **2.** *Elle avait une peur native de l'eau* [sout.] : [cour.] **inné, naturel**.

nation *L'idée de nation s'est construite au cours des siècles* : **pays** (= territoire d'une nation) ◆ **État** (qui renvoie à la forme d'organisation d'un territoire et de ceux qui l'occupent) ◆ **patrie** (qui implique l'idée d'attachement au territoire habité) ◆ **peuple** (ensemble des individus qui appartiennent à une même communauté : *s'adresser au peuple, à la nation française*) ; → PUISSANCE.

◇ **national** *Service national* : V. SERVICE.

◇ **nationaliser** *Les chemins de fer ont été nationalisés après 1945* : **étatiser**.

◇ **nationalisation** *La nationalisation de la production d'électricité* : **étatisation**.

◇ **nationalisme** *Le nationalisme revendique la prééminence des intérêts nationaux sur tous les autres* : [péj.] ↑ **chauvinisme** ◆ [cour. au Québec, néol. en France] **souverainisme** (= qui défend les intérêts souverains d'un État dans une Fédération) ; → DISSIDENCE, PATRIOTISME.

◇ **nationaliste** [avec les mêmes nuances] ↑ **chauvin, souverainiste** ; → SÉPARATISTE, XÉNOPHOBE.

◇ **national-socialisme** a pour syn. courant **nazisme** ◆ [plus génér.] **fascisme** ; → ABSOLUTISME, EXTRÊMISME.

◇ **national-socialiste** : **nazi** ◆ **nazillon** (= jeune nazi ou **néo-nazi**) ◆ [plus génér.] **fasciste**, [fam.] **facho** ; → ABSOLU I, EXTRÊMISTE.

◇ **nationalité** *Acquérir la nationalité française* : **citoyenneté** (qui concerne les droits et les devoirs civils et politiques).

nativité *Le 25 décembre est, pour les chrétiens, le jour de la Nativité* [didact.] : [cour.] **Noël**.

natte **1.** V. tresse. **2.** V. tapis.

natter V. entrelacer.

nature [n.] **1.** *L'homme et la nature* : V. CRÉATION et UNIVERS. **2.** *Un enfant de nature délicate* : **constitution** ◆ [sout.] **complexion** ; → DISPOSITION. **3.** *Avoir une nature romanesque* : **caractère** ◆ [plus précis] **tempérament** ; → NATUREL. **4.** *C'est une forte nature* : **personnalité**. **5.** *Ce n'est pas avec des arguments de cette nature que vous convaincrez* : **espèce, genre, ordre, sorte** ◆ [fam.] **acabit, calibre**. **6.** *De nature à. La décision était de nature à mécontenter tout le monde* : **propre à**. *Par nature. Il est par nature plutôt discret* : **spontanément**. **7.** [adj.] *C'est un homme très nature* [fam.] : [cour.] **naturel, spontané**.

◇ **naturel** [n.] **1.** *On s'extasie souvent sur le naturel des remarques enfantines* : **fraîcheur, spontanéité*** ; → NAIVETÉ. **2.** *Il jouait avec beaucoup de naturel un rôle difficile* : **facilité** ; → AISE, RONDEUR, ABANDON II. *Être* *plein de naturel* : V. VÉRITÉ. **3.** *Il est d'un naturel enjoué* : **caractère, nature** ; → INSTINCT. **4.** *Les naturels d'un pays* [rare] : [plus cour.] **natif** ◆ [vieilli] **indigène**.

◇ **naturel** [adj.] **1.** *Céder sa place à une personne âgée est tout à fait naturel* : **normal** ; → COMPRÉHENSIBLE, LOGIQUE, RAISONNABLE. **2.** *Les besoins naturels* : **de la nature** ◆ [moins cour.] **corporel**. *Un style naturel* : V. AISÉ. *Un homme naturel* : V. VRAI. *Un talent naturel* : V. INNÉ et NATIF. *De la soie naturelle* : V. BRUT. *Une gaieté naturelle* : **spontané**. **3.** *C'est un enfant naturel* : **bâtard, illégitime**.

◇ **naturellement** **1.** *Cette idée lui était venue naturellement* : **spontanément**. **2.** *Naturellement, tu as déchiré ton pantalon !* : **évidemment**. **3.** *Vous venez, naturellement* : V. DIRE (*cela va sans dire*) et ENTENDU (*c'est entendu*). *Vous venez ? – Naturellement* : **et comment*** !

◇ **naturaliser** **1.** *Il avait appris à naturaliser les plantes et les oiseaux* : **empailler** (qui ne s'emploie que pour les animaux). **2.** *Depuis longtemps on a naturalisé des arbres exotiques* : [plus cour.] **acclimater**.

naufrage *Faire naufrage* : V. sombrer.

naufrageur V. fossoyeur.

nauséabond V. désagréable, écœurant (*in* écœurer), puant (*in* puer).

nausée V. dégoût, envie de vomir*.

navet V. film.

navigant V. volant I.

navigateur **1.** V. marin. **2.** V. aviateur.

navigation *La Marine nationale contrôlait la navigation* : **cabotage** (= navigation marchande le long des côtes, en particulier entre les ports d'un même pays).

naviguer V. faire voile* III.

navire V. bateau I.

navrant V. navrer.

navré V. la mort dans l'âme*, confus II, fâché (*in* fâcher).

navrer **1.** *La joie affectée le navrait* [sout.] : [cour.] **dégoûter**. **2.** *Sa profonde apathie me navre* [sout.] : [cour.] **affliger**, ↓ **désoler** ; → ATTRISTER. **3.** *Être navré. Je suis navré de vous avoir retardé* : **désolé** ◆ ↑ **contrarié** ; → ÂME, REGRETTER.

◇ **navrant** *Ce nouvel échec est vraiment navrant* : **désolant, pénible**. *Ce film est tout à fait navrant* : **lamentable** ; → ATTRISTANT.

nazi, nazillon V. national-socialiste (*in* nation).

néanmoins V. cependant, mais I.

néant V. vanité I, vide II. *Réduire à néant** : V. annuler.

nébuleuse V. étoile.

nébuleux *Il essayait de suivre cette conversation nébuleuse* : **confus, obscur** ◆ [fam.] **fumeux** ; → VAGUE.

◇ **nébulosité** *La nébulosité d'une explication* : [plus cour.] **obscurité**.

nécessaire

I [adj.] **1.** *Il a toutes les qualités nécessaires pour mener à bien le projet* : **requis** ◆ ↓ **désirable** ; → UTILE. **2.** *Les survivants manquaient de ce qui était nécessaire pour combattre les épidémies* : **essentiel** ; → INDISPENSABLE. **3.** *Être la suite nécessaire de qqch* : V. LOGIQUE. *Il est nécessaire que* : V. FALLOIR. *Son intervention est nécessaire* : V. S'IMPOSER. **4.** *Avoir le temps nécessaire pour* : **matériel*** (*avoir le temps matériel de*).

◇ **nécessairement** **1.** *Il doit nécessairement partir avant les grandes chaleurs* : **absolument**. **2.** V. FATALEMENT. **3.** *Pensez-vous qu'il acceptera ? – Pas nécessairement* : **ce n'est pas certain, pas sûr**.

II [n.] *Sa mère lui avait offert un nécessaire de voyage* : **trousse**.

nécessité **1.** *Elle ne croit pas à la nécessité de prendre des sanctions* : **obligation**. *Quelle nécessité y a-t-il de retarder le départ ?* : **besoin**. **2.** *Vous le choquez sans nécessité* : **inutilement**. **3.** *Une partie de la population était dans la nécessité* [sout.] : [cour.] **besoin, dénuement** ; → PAUVRETÉ. **4.** *Les hausses des prix affectaient les produits de première nécessité* : **indispensable**. **5.** [souvent au pl.] *Les grandes entreprises arguent des nécessités de la concurrence pour ne pas augmenter les salaires* : **contrainte, exigence**.

nécessiter V. demander, requérir.

nécessiteux *L'organisation charitable aidait les familles nécessiteuses, les nécessiteux* : **indigent** ; → PAUVRE.

nec plus ultra V. fin III.

nécromancie V. divination (*in* deviner).

nécromancien V. devin (*in* deviner).

nécropole V. cimetière.

nectarine V. pêche I.

nef V. vaisseau II.

néfaste *L'extrême sécheresse fut néfaste pour les récoltes* : [sout.] ↑ **funeste** ◆ [cour.] **désastreux** ; → FATAL, MAUVAIS.

nèfles *Des nèfles* : V. rien I.

négatif **1.** [qqn est ~] *La réunion n'avançait pas, il était trop négatif* : ↓ **critique**. **2.** [qqch est ~] *Les résultats restaient malheureusement négatifs* : **nul**.

◇ **négative** *Il a répondu par la négative à toutes les propositions* : **par un refus**. *Dans la négative, prévenez-moi* : **si c'est non**.

négligé V. négliger.

négligeable V. menu I, minime.

négliger **1.** [~ qqch] *Il néglige sa santé* : ↓ **se désintéresser de**. *Négliger sa maison* : **laisser à l'abandon***, **laisser aller***. *Négliger son intérêt* : **sacrifier**. **2.** *Il néglige tous les avertissements* : ↑ **passer outre**. *Vous n'avez pas à négliger cette proposition* : **écarter**. *Négliger un point* : **faire abstraction***, **méconnaître**. **3.** [~ de faire qqch] *L'alpiniste avait négligé de prendre des précautions élémentaires* : ↓ **omettre**, ↓ **oublier**. **4.** [~ qqn] *Il néglige ses amis* : **laisser de côté** ; → ABANDONNER.

◇ **négligé** **1.** [adj.] *Une tenue négligée* : V. DÉBRAILLÉ et SALE. *Un fait négligé* : **ignoré***. **2.** [n.] *Elle portait toujours des négligés transparents* [sout.] : **déshabillé**.

◇ **négligence** **1.** *Cette négligence dans votre travail est impardonnable* : ↑ **paresse** ◆ ↓ **inattention** ; → OUBLI, RELÂCHEMENT. **2.** *La négligence des pouvoirs publics est à l'origine de la catastrophe* : ↑ **incurie**, ↑ **carence**. **3.** *Il cultivait avec affectation la négligence de sa tenue* : **laisser-aller**.

◇ **négligent** *Cet élève est toujours négligent* : **inattentif** (qui n'implique qu'un manque d'attention).

négoce V. commerce I.

négociable V. vendable (*in* vendre).

négociant V. commerçant (*in* commerce I).

négociateur V. intermédiaire.

négocier

I V. ABORDER II.

II *L'industriel négocia habilement l'affaire* : **traiter**. *Le patronat a refusé de négocier avec les syndicats* : **discuter**, **traiter** ; → DÉBATTRE.

◇ **négociation** *Les négociations ont permis un accord* : **pourparlers** ◆ [plus génér.] **discussion** ◆ **tractation** (souvent péj. au pl.) ◆ **marathon** (= négociation longue et laborieuse) ; → POURPARLERS, CONVERSATION.

nègre **1.** V. forçat. **2.** V. noir.

neige V. précipitation II.

néné V. sein.

nénette V. fille, femme.

néonazi V. fasciste, national-socialiste.

néophyte V. novice.

népotisme [très sout.] Ce terme s'emploie pour désigner l'attitude d'un homme en place qui, par son influence, donne des avantages aux membres de sa famille, à ses amis : **favoritisme** (= tendance à attribuer des avantages sans souci du mérite, quel qu'en soit le bénéficiaire).

nerf **1.** [sing.] *Allons, un peu de courage, ça manque de nerf !* [fam.] : [cour.] **vigueur**. **2.** [pl.] *Son ton a fini par me porter sur les nerfs* : **agacer**, **énerver*** ◆ ↑ **exaspérer**. *Avoir les nerfs en boule, en pelote* [fam.] : **être irrité**. *Je ne sais ce qu'il a aujourd'hui, il a ses nerfs* [fam.] : **être irritable**. *Être à bout de nerfs* : **énervé***.

◇ **nerveux** **1.** *L'attente le rendait nerveux* : **fébrile** ; → AGITÉ, ÉNERVÉ, IMPATIENT, TENDU. **2.** *Vous êtes fatigué ? Vous n'avez pas l'air très nerveux ce matin !* : **vigoureux**. **3.** *Un style nerveux* : **concis***.

◇ **nervosité** **1.** *L'absence de nouvelles expliquait sa nervosité* : [plus génér.] **agitation**. *La longue attente le mettait dans un état de nervosité extrême* : **énervement**. **2.** V. CONCISION.

n'est-ce pas V. non I.

net

I [adj.] **1.** *L'enfant portait des vêtements très nets* : **propre** ◆ ↑ **impeccable** ; → ORDONNÉ, SOIGNÉ. **2.** *Il avait une écriture nette* : **clair**. *Parler d'une voix nette* : **distinct**. **3.** *Il réaffirma sa position en termes nets* : **clair***, **explicite**, **formel** ; → TRANCHÉ, CRU. **4.** *Il y avait une différence très nette entre les deux frères* : **marqué** ; → SENSIBLE II. **5.** *C'était une explication très nette* : **lumineux**. *Il a un esprit net* : **lucide**. *Une opposition nette* : **franc***. *La conscience nette* : **pur***. *Une réponse nette* : **catégorique***, **affirmatif***. *Des preuves nettes* : **certain***. *Des progrès très nets* : **important***. **6.** *Les revenus étaient nets de tout impôt* : **exempt**. **7.** *Après l'avis d'expulsion, les locataires ont dû faire place nette* : [cour.] **vider les lieux**.

◇ **net** [adv.] **1.** *Le conducteur a été tué net* : **sur le coup**. **2.** *Parler net* : **franchement** ; → FRANC II. **3.** *Dire tout net* : V. HAUT III.

◇ **net** [n.] *Il a mis sa copie au net* : **au propre**.

◇ **nettement** **1.** *Il est nettement plus adroit que son père* : **beaucoup**. *Il est nettement le plus fort* : **de beaucoup**. **2.** *Des contours nettement marqués* : **fortement*** ; → SENSIBLEMENT. **3.** *Affirmer nettement une opinion* : **hautement***. *Dites nettement ce que vous pensez* : **clairement**, **franchement**.

◇ **netteté** **1.** *La maison était d'une netteté irréprochable* : **propreté**. **2.** *La netteté de ses propos satisfait ses interlocuteurs* : **précision**.

II [n.] V. internet.

nettoyer **1.** [~ qqch] *Elle nettoyait sa maison du matin au soir* : **faire le ménage** ◆ **balayer** (= nettoyer avec un balai) ◆ **essuyer** (*elle essuie les meubles avec un chiffon de laine*) ◆ [didact.] **curer** (*le cantonnier cure le fossé*) ◆ [plus précis.] **décaper**, **décrasser**, **désencrasser** (*elle décapait, décrassait le parquet en le frottant énergiquement*) ◆ **dégraisser** (*dégraisser des vêtements*) ◆ **astiquer** (*astiquer des cuivres*) ◆ **rincer** (*rincer des bouteilles*) ◆ **épousseter** (*épousseter des meubles*) ◆ **ratisser** (*ratisser une allée*) ; → DÉTACHER, ÉPURER, FROTTER. **2.** [~ qqch] *Nettoyer un grenier* : **vider** ; → DÉBARRASSER. **3.** [~ qqn, qqch] *Il a été complètement nettoyé au casino* [fam.] : **lessiver** ◆ [cour.] **ruiner**. *Il a nettoyé son héritage en trois mois* [fam.] : [cour.] **dilapider**. **4.** [~ qqn] *Cette marche trop longue m'a nettoyé* [fam.] : **vider** ◆ [cour.] **épuiser**, **éreinter** ; → SE TUER.

◇ **nettoyage** **1.** *On a commencé le nettoyage de la maison* : [plus partic.] **balayage** ; → COUP DE BALAI*. *Le nettoyage du linge* : **blanchissage**. *Le nettoyage d'une façade* : [plus précis.] **ravalement** ; → LAVAGE. **2.** *La nouvelle direction prépare le nettoyage du personnel* [fam.] : [cour.] **licenciement**.

nettoyer (se) **1.** V. s'améliorer. **2.** V. se laver (*in* laver I).

neuf

I [adj.] **1.** *Le ministre avait développé des idées neuves* : **nouveau** ◆ ↑ **original**. *Des sentiments neufs* : V. INCONNU I. **2.** *Il était neuf dans ce métier* : **novice**. **3.** *Quoi de neuf ? – Rien de neuf !* : **nouveau**. *Il me reste des cartouches neuves* : **non utilisé**.

II [n.] **1.** *Il y a du neuf dans les négociations* : **nouveau**. **2.** *La vieille ferme devait être remise à neuf* : **rénover**, **restaurer**.

neuneu V. niais.

neurasthénie V. dépression (*in* déprimer), mélancolie, tristesse.

neurasthénique V. hypocondriaque, mélancolique (*in* mélancolie).

neutre **1.** *Il ne donne pas son avis pour rester neutre dans cette querelle* : **impartial** ; → ÉQUITABLE, S'ABSTENIR. *Il relata les faits d'une façon neutre* : ↑ **objectif**. *Un ton neutre* : **impersonnel***. **2.** *Une couleur neutre* : **discret***.

◇ **neutraliser** *Les médicaments neutralisèrent le mal* : ↓ **enrayer**. *Son intervention neutralisa les mots très durs déjà employés* : [sout.] **annihiler**, **compenser**.

◇ **se neutraliser** *Les deux forces se neutralisaient* : **s'annuler**.

◇ **neutralité** V. objectivité (*in* objectif II).

névralgie V. migraine.

névralgique V. sensible I.

névropathe V. caractériel.

névrosé V. caractériel.

nez **1.** [très fam.] **blair**, **blase**, **nase**, **pif**, **tarin**. **2.** *L'élève a copié au nez du professeur* : [cour.] **devant**. *L'expert estima d'abord les dégâts à vue de nez* : **approximativement**. **3.** *Ça sentait le fumier à plein nez* [fam.] : [cour.] **sentir très fort**. *Il est coléreux* *et, pour un rien, il vous ferme la porte au nez* : **ne pas recevoir**, **rebuter**. *Les deux hommes n'arrêtaient pas de se manger, se bouffer le nez* [fam.] : [cour.] **se quereller violemment** ; → SE BATTRE. *Après le vin d'honneur, les invités avaient un verre dans le nez* [fam.] : **être soûl** ◆ [cour.] **être ivre**. *Chaque fois qu'il pleuvait, il ne mettait pas le nez dehors* : **sortir**. *Nous nous sommes trouvés nez à nez avec lui* : **rencontrer brusquement** (*nous l'avons rencontré brusquement*). *Ne cherche pas tes lunettes, tu as le nez dessus, tu les as sous le nez* : **avoir près de soi**. *Malgré tous ses efforts, il s'est encore cassé le nez* [fam.] : [cour.] **échouer**. *Nous sommes passés chez lui, mais nous nous sommes cassés le nez : il n'était pas là* [fam.] : [cour.] **ne pas trouver** (*nous ne l'avons pas trouvé*). *Il nous a ri au nez* : **se moquer** (*il s'est moqué de nous*).

niais 1. [adj.] *Ce garçon un peu niais n'a rien compris à vos explications* : **benêt**, **nigaud** (= excès de simplicité) ◆ [fam.] **dadais**, **gourde** ; → SIMPLE. *Prendre un air niais* : [fam.] **bébête** ◆ ↑ **innocent** ; → CANDIDE. *Une émission un peu niaise* : [fam.] **neuneu** ◆ ↑ **nul**. 2. [n.] *C'est un niais qui se laisse aisément abuser* : **nigaud** ◆ [fam.] **cornichon**, **cruche**, **godiche**, **serin** ◆ [très fam.] **gogo**, **jobard** (celui qui se laisse aisément dépouiller de son argent) ◆ [très fam.] **couenne** ◆ [très sout., vx] **nicodème** ; → NAÏF, BALOURD. *Quelle niaise !* (seult au fém.) : **dinde**, **oie**.

niaiserie V. bêtise, enfantillage (*in* enfant).

nib V. rien I.

niche V. attrape, tour III.

nicher 1. *Les oiseaux nichaient chaque année dans la grange* : [didact.] **nidifier**. 2. *Je me demande où il niche maintenant* [fam.] : **percher** ◆ [cour.] **habiter**, **loger** ; → DEMEURER. 3. *Je ne sais pas où tu as encore niché tes affaires* [fam.] : **caser**.

◇ **se nicher** *Le chaton s'était niché sous le lit* : **se blottir**.

◇ **nichée** *L'hirondelle nourrit sa nichée* : **nid**, **couvée**.

nichon V. sein.

nicodème V. niais.

nicotinisme V. tabac.

nid 1. V. repaire. 2. V. nichée (*in* nicher). 3. *Nid-de-poule* : V. trou.

nidifier V. nicher.

nier 1. *L'accusé a nié tous les faits* : **dénier** (= refuser de reconnaître qqch comme sien : *l'automobiliste dénia toute responsabilité dans l'accident*) ◆ **contester**, **mettre en doute** (= nier la justesse d'un fait, d'un principe : *pour sauver sa tête, il contestait tous les témoignages*) ; → CONTREDIRE. 2. *Je ne nie pas votre bonne volonté* : [sout.] **disconvenir de**.

nigaud V. niais.

night-club V. bal.

nimbe *Le peintre avait représenté un nimbe autour de la tête des personnages* [didact.] : [cour.] **auréole**.

nippes *Le clochard était couvert de nippes malpropres* [fam.] : [sout.] **hardes** ; → VÊTEMENT.

◇ **nipper** : **être nippé**. *Il est toujours mal nippé* [fam.] : [fam.] **fringuer** ◆ [cour.] **habiller** ; → VÊTIR.

◇ **se nipper** [fam.] : [cour.] **s'habiller**.

nique *Faire la nique* : V. se moquer.

nitouche V. sainte-nitouche.

niveau 1. *L'eau arrivait au niveau du premier étage* : **hauteur**. 2. *Il ne sait pas se mettre au niveau de ses collaborateurs* : [moins cour.] **au diapason de** ; → PORTÉE. *C'est au niveau de la région que les décisions sont prises* : **à l'échelon de** ; → ÉTAGE. *Être de même niveau* : V. FORCE et RANG II. *Des niveaux différents* : V. DEGRÉ II.

◇ **niveler** 1. *Niveler un terrain* : **aplanir***. 2. *La crise économique n'avait pas nivelé les conditions* : **égaliser**.

noble [n.] *Autrefois les nobles possédaient des droits exorbitants* : **aristocrate** ◆ **gentilhomme** (= noble attaché à la maison du roi) ◆ [péj.] **nobliau** (= qqn de petite noblesse).

◇ **noble** [adj.] 1. *Il prétend être issu d'une famille noble* : **aristocratique**. 2. *Toute sa* *vie fut emplie d'actions nobles* : [plus génér.] **grand** ; → SUBLIME. **3.** *Ses ennemis lui reconnaissaient un caractère noble* : **élevé*** ◆ [plus cour.] **généreux**. **4.** *Les comédiens avaient une noble allure dans leurs costumes anciens* : ↑ **imposant** ; → BEAU. **5.** *Un style noble* : V. ÉLEVÉ et RELEVÉ.

◇ **noblement** *Il refusa noblement toute aide* [sout.] : [cour.] **dignement**.

◇ **noblesse** **1.** *La noblesse refusait les institutions de la république* : **aristocratie**. **2.** *La noblesse d'un caractère* : **générosité** ; → ÉLÉVATION. *La noblesse d'une action* : **grandeur** ; → BEAUTÉ. *La noblesse d'une réponse* : **dignité**.

noce **1.** *Il a été invité à la noce, aux noces* : **mariage***. **2.** *Ces jeunes gens passent leurs soirées à faire la noce* [fam.] : **nocer** ◆ [fam.] **faire la bombe**, **la fête***, **la java**, **la nouba** ; → DÉBAUCHE.

noceur V. fêtard (*in* fête), jouisseur (*in* jouir), noctambule.

nocif **1.** *Les sociologues estimaient nocive l'influence de la télévision sur les jeunes enfants* : **nuisible**. **2.** *Des gaz nocifs ont été utilisés pendant cette guerre* : **toxique** ◆ [didact.] **délétère**.

noctambule *Les noctambules fréquentent les boîtes de nuit* : [fam. ou péj.] **fêtard**, **noceur**.

Noël V. nativité.

nœud **1.** V. LIEN. **2.** *Les deux gouvernements s'attaquaient au nœud du problème* : **point principal** ; → FOND, MATIÈRE. **3.** *C'est un sac de nœuds* : V. CAS.

◇ **nouer** **1.** *Elle noue ses cheveux avec un ruban* : **attacher**. **2.** *Il nouait la conversation avec le premier venu* : **engager** ; → LIER. **3.** *L'auteur avait un talent particulier pour nouer l'intrigue de ses pièces* : **organiser**. *Nouer un complot* [vieilli] : [vieilli et sout.] **ourdir** ◆ [cour.] **organiser**. **4.** *L'âge lui avait noué les articulations* : **raidir**. **5.** *Nouer des relations* : V. ÉTABLIR.

noir

I [adj.] **1.** *Cet enfant a encore les mains noires* : **sale** ◆ ↑ **crasseux**. **2.** *Il revenait tout noir d'un séjour au bord de la mer* : ↓ **bronzé**. *Des cheveux très noirs* : **noir corbeau***, **de jais**. **3.** *Les rues noires étaient dangereuses* : **obscur**. *L'orage s'approchait et le ciel devenait tout noir* : **sombre**. **4.** *Aimer l'humour noir* : **macabre***. **5.** *Qqn est noir* : **ivre***, **soûl***. **6.** *Une place noire de monde* : **plein***.

II [n.] **1.** *Les enfants ont souvent peur dans le noir* : **obscurité**. **2.** *On ne sait que faire avec lui, il passe sans cesse du blanc au noir* : [plus sout.] **être versatile**. *Depuis la mort de sa femme, il broie du noir* : ↓ **être triste**. *Voir tout en noir* : **être pessimiste**. **3.** *L'Europe s'est enrichie avec la traite des Noirs* : [péj. et souvent raciste] **nègre**. **4.** *Un petit noir* : **café***.

◇ **noirceur** *La noirceur de son crime suscitait l'horreur* : [très sout.] **perfidie**.

◇ **noircir** **1.** [qqch ~] *Le travail à la mine lui noircissait le visage* : ↓ **salir**. **2.** [~ qqn] **discréditer***. **3.** [~ qqch] *Noircir du papier* : **gratter***. *Noircir une feuille* : V. MACULER. **4.** [qqch ~] *Sa peau a noirci* : **brunir**. *Le ciel noircit* : **se noircir**, **s'assombrir**.

◇ **se noircir** **1.** V. NOIRCIR. **2.** *Il s'est noirci au vin rouge* [fam.] : [cour.] **s'enivrer** ; → SOÛLER.

noise *Chercher noise* : V. quereller.

noix **1.** *Donnez-moi une noix de beurre, s'il vous plaît* : **noisette** ◆ **un peu**. **2.** *Quelle noix ! ; c'est une noix* [fam.] : [cour.] **imbécile**. **3.** *Un acteur à la noix* : V. GOMME. **4.** *Une coquille de noix* : V. BATEAU.

nom **1.** *Il a mis son nom au bas de l'acte* : **signature**. **2.** *Le nom de « sage » ne s'applique pas à lui* : **qualification**. **3.** *Il a su se faire un nom* : **réputation**. **4.** *Un grand nom* : V. FIGURE. *On a mis longtemps à savoir qui se cachait sous ce nom de guerre* : [plus cour.] **pseudonyme** ; → SURNOM. *Traiter qqn de tous les noms* : **injurier***. **5.** *Petit nom* : V. PRÉNOM.

◇ **nomination** *Sa nomination au grade de colonel a réjoui sa famille* : **promotion** ; → AFFECTATION.

nomade **1.** V. vagabond. **2.** V. voyage.

nombre **1.** Désigne un symbole qui caractérise une unité ou un ensemble d'unités : **chiffre** (qui désigne les signes qui représentent les nombres : *12 est un nombre* *de deux chiffres).* **2.** *Il a obtenu le suffrage du plus grand nombre des électeurs* : **majorité** ; → DE LA MAJEURE* PARTIE, LA PLUPART*. *Les assaillants l'ont emporté par le nombre* : **masse**. *Un petit nombre de* : V. PEU. **3.** *Il n'était pas au, du nombre des reçus* [sout.] : [cour.] **parmi**. *Il n'était pas du nombre de ceux qui se soumettent* : **faire partie**. **4.** *Ils étaient venus en nombre* : **nombreux**, ↑ **en foule**, **en masse**. **5.** *Ce n'est pas le nombre qui importe* : **quantité***.

◇ **nombreux** **1.** [au sing.] *Une foule nombreuse avait suivi les obsèques* : ↑ **innombrable**, ↑ **sans nombre** ; → ABONDANT, VASTE. *Peu nombreux* : V. SQUELETTIQUE. **2.** [au pl.] *De nombreux spectateurs encourageaient les coureurs* : **beaucoup de**. **3.** *Être les plus nombreux* : V. DOMINER.

nombreux V. nombre.

nomenclature **1.** *La nomenclature des églises romanes françaises* (= énumération méthodique des éléments d'une collection, des objets d'un ensemble) : **liste** (= suite de noms : *la liste de ses amis n'était pas très longue*). **2.** V. VOCABULAIRE.

nommé *À point nommé. Il est arrivé à point nommé pour séparer les adversaires* [sout.] : [cour.] **à propos**.

nommer

I **1.** *Il a voulu nommer son fils Alexandre* [sout.] : **prénommer** ◆ [cour.] **appeler***. **2.** *Le malfaiteur a fini par nommer ses complices* [sout.] : [cour.] **dénoncer**. **3.** *Nommer qqn* : V. CITER.

II **1.** *Nommer qqn à un poste* : V. AFFECTER et APPELER. **2.** *Être nommé. L'avocat avait été nommé d'office* : **désigner** ◆ [didact.] **commettre** ; → DÉLÉGUER. *Il a été nommé chef de bureau* : [fam.] **bombarder**, **parachuter** (qui impliquent une nomination inattendue) ; → PASSER.

◇ **se nommer** V. S'APPELER.

non

I [adv.] **1.** *Il faudra bien que vous cédiez ! – Non !* : [fam.] **des clous**. **2.** [élément de renforcement] *C'est incroyable, non, de se conduire de cette façon ?* [fam.] : [cour.] **n'est-ce pas**. *Tu as fini tes caprices, non ?* : **oui**. **3.** *Il répond non à tout ce qu'on lui propose* : **refuser**. *Je ne dis pas non* : **je veux bien**. *Faute d'éléments suffisants pour me décider, je ne dis ni oui ni non* : **ne pas prendre parti**. *Dites-moi si c'est non* : V. NÉGATIVE.

II [n.] **1.** *Il opposa un non très ferme à toutes les demandes* : **refus**. **2.** *Ils se brouillent pour un oui ou pour un non* : **pour un rien**. *Mais non !* : **pensez*-vous !**

nonce V. diplomate.

nonchalance V. apathie, mollesse (*in* mou), paresse.

nonchalant V. languissant (*in* languir).

non-conformiste V. conforme.

non-croyant V. athée.

non-dit V. allusion.

non-droit (zone de) V. danger.

nonne V. religieuse (*in* religion).

nonobstant V. cependant, malgré.

non pertinent V. inconsidéré.

non-sens V. contresens.

nord *Du nord* : V. septentrional. *Perdre le nord* : V. perdre la boule*, perdre la tête*.

nordique *Nous avons visité les régions nordiques du Canada* : **boréal** ; → SEPTENTRIONAL.

noria V. file.

normal **1.** *Il a dû se passer quelque chose, ce n'est pas très normal, tout cela* : **habituel** ; → NATUREL. *Une erreur normale* : V. COMPRÉHENSIBLE et LOGIQUE. **2.** *Un changement normal* : V. RAISONNABLE. *En temps normal, la foire occupe toute la place de l'hôtel de ville* : **ordinaire**.

◇ **normale** *Les performances du sportif étaient au-dessus de la normale* : **moyenne**.

◇ **normalement** *Normalement, il déjeune près de son bureau* : **habituellement** ; V. RÉGULIÈREMENT. *Cela devrait s'arranger, normalement* : **logiquement**.

◇ **normaliser** **1.** *Les relations entre les deux pays avaient été normalisées* : ↓ **régulariser**. **2.** *Les industriels ont normalisé la production* : **standardiser**, **unifier**.

◇ **normalisation** : **régulation**, **standardisation**.

normatif V. directif.

norme V. principe, règle I.

nostalgie V. mélancolie, regret.

notabilité V. notable, personnage.

notable **1.** [adj.] *La discussion n'avait pas apporté de changement notable à leurs positions* : **appréciable**, **sensible** ◆ ↑ **remarquable** ; → CARACTÉRISTIQUE. **2.** [n.] *Tous les notables de la ville avaient contribué au projet* : **notabilité** ◆ [plus génér.] **personnalité** ; → PERSONNAGE.

notablement V. sensiblement (*in* sensible II).

notamment V. singulièrement (*in* singulier).

note

I **1.** *Il fallait lire les notes pour bien comprendre ce texte ancien* (= commentaire destiné à éclairer un texte, explication en bas de page) : **annotation**, [vieilli] **apostille** (= observation en marge d'un texte, plus qu'un éclaircissement) ◆ **notule** (= courte annotation) ◆ **glose** (= note qui explique les mots d'un texte) ◆ **notice** (= bref écrit qui apporte des indications sommaires sur un sujet : *une notice biographique*) ◆ [didact.] **scolie** (= remarque critique, historique, due à un commentateur de l'Antiquité). **2.** *Le mieux sera d'insérer une note dans les journaux* : [plus partic.] **avis**, **communication***. **3.** *J'ai pris bonne note de votre persévérance* : **se souvenir** (*je me souviendrai de...*) ; → ENREGISTRER. *Prendre note de* : V. TABLETTE.

II *Des notes très critiques* : V. APPRÉCIATION.

III *Demander la note* : V. ADDITION II.

IV *Il a forcé la note, on ne peut pas se moquer impunément de tout* [sout.] : [cour.] **exagérer**. *Il sait observer et relever la note juste* : **détail exact**. *Ses remarques étaient tout à fait dans la note* : **être adéquat**, **être approprié**. *Personne n'entendit la fausse note* : [fam.] **canard**.

noter

I **1.** *J'ai noté qu'il a écouté attentivement votre explication* : **constater**, **remarquer** ; → OBSERVER. **2.** *Il nota l'adresse dans son agenda* : **marquer*** ◆ [moins cour.] **consigner**, **inscrire** ; → ENREGISTRER, RELEVER. *Noter des références* : V. ÉCRIRE. *Le plus simple est de noter en marge vos observations* : **annoter**. *Noter rapidement qqch* : V. JETER. *Vous pourriez noter les passages intéressants* : [plus cour.] **copier**, **relever**. **3.** *Notez les absents* : V. POINTER I.

II *Le musicien composait le morceau en jouant et le notait ensuite* : [didact.] **transcrire**.

notice **1.** V. note I, **2.** V. mode d'emploi* (*in* employer).

notifier *La compagnie notifia un ordre de renvoi à l'équipage* [didact.] : [cour.] **donner** ◆ ↑ **signifier** ◆ **intimer** (= notifier légalement ou avec autorité) ; → ANNONCER.

◇ **notification** *Il attendait la notification du jugement* [didact.] : [plus cour.] **annonce**, **avis** ; → SIGNIFICATION II.

notion **1.** *Il a des notions de grammaire* : **rudiment** ; → ÉLÉMENT, CONNAISSANCE. **2.** *Cette notion a été introduite par les philosophes matérialistes* : **concept**, **idée**.

notoire **1.** *Sa mauvaise foi dans la discussion est notoire* : **manifeste** ; → ÉVIDENT. **2.** *Le fait est notoire* : **public** ; → CONNU. **3.** *C'est aujourd'hui un écrivain notoire* : [cour.] ↑ **célèbre**.

◇ **notoriété** *Ses travaux sur le cancer lui ont donné une notoriété internationale* : **renom**, **renommée**, **réputation**.

notule V. note I.

nouba V. débauche (*in* débaucher II), noce.

nouer V. nœud.

nougat **1.** V. difficile. **2.** V. pied I.

nouille V. mou, sot.

nounou V. nourrice (*in* nourrir).

nourrir **1.** *On nourrissait le convalescent avec du bouillon* : [plus précis.] **alimenter**. *Elle avait nourri tous ses enfants* : [plus précis] **allaiter**. **2.** *Il doit beaucoup travailler pour* *nourrir toute sa famille* : **entretenir**. **3.** *Cette plaine nourrit toute la capitale* : [cour.] **approvisionner**. **4.** *Les taillis très secs nourrissaient l'incendie* [sout.] : [cour.] **alimenter**. **5.** *Ce conteur sait nourrir ses histoires de petites anecdotes* : **étoffer**. *On a souvent dit que la lecture nourrissait l'esprit* : [plus génér.] **former**. **6.** *Nourrir un projet* : V. CARESSER.

◇ **se nourrir** **1.** *Se nourrir de légumes* : V. MANGER. **2.** *Il se nourrissait de rêves* [sout.] : **se repaître** ; → BERCER.

◇ **nourrissant** *Son alimentation était trop peu nourrissante* : [didact.] **nutritif**. *C'est un plat un peu trop nourrissant* : **riche**.

◇ **nourrice** **1.** *Elle a confié ses enfants à une nourrice* : [langage enfantin] **nounou** ◆ **bonne d'enfants**, **nurse**, [vieilli] **nourrice sèche** (qui s'occupent de jeunes enfants sans avoir à les allaiter). **2.** *Par prudence, emportez une nourrice d'essence* : **bidon**.

◇ **nourriture** **1.** *Comment est la nourriture à la cantine ?* (ce que l'on mange ordinairement) : [fam., vieilli] **manger** ◆ [fam., péj.] **mangeaille**, **malbouffe** (= nourriture de mauvaise qualité). ◆ [vieilli, péj.] **pitance** ◆ [très fam.] **becquetance**, **bouffe**, **bouffetance**, **boustifaille**, **croûte**. *Apprécier la nourriture* : V. TABLE I. **2.** V. ALIMENT et VIVRES. **3.** *L'oiseau donne leur nourriture à ses petits* : **becquée** (= quantité de nourriture qu'un oiseau prend dans son bec).

nourrissant V. nourrir.

nourrisson V. bébé.

nourriture V. nourrir.

nous *Entre nous* : V. de vous à moi*.

nouveau

I [adj.] **1.** *C'est une invention nouvelle* : **récent** ; → MODERNE. *De nouvelles pousses* : V. JEUNE I. **2.** *La commission a apporté un point de vue nouveau sur le problème* : **inédit** ◆ ↑ **original** ; → NEUF. *Un nouvel essai* : V. AUTRE. *Un nouveau souffle* : V. SECOND I. **3.** *Des plaisirs nouveaux* : V. INCONNU. **4.** *C'est nouveau, ça !* [fam.] : [cour.] **surprenant**. **5.** *À nouveau, de nouveau* : V. ENCORE.

II [n.] **1.** *Y a-t-il du nouveau ?* : V. NEUF. **2.** *Le nouveau a été bien accueilli* : [arg. scol.] **bizuth** ◆ [fam., génér.] **bleu**.

◇ **nouveauté** **1.** *Tous ces problèmes n'ont pas perdu de leur nouveauté* : [cour.] **actualité**. **2.** *Être contre la nouveauté* : V. CHANGEMENT. **3.** *Le film avait séduit par la nouveauté de son style* : **originalité** ◆ ↑ **hardiesse**.

nouveau-né V. bébé.

nouvelle **1.** *La situation est confuse et chacun commente la moindre nouvelle* : ↓ **bruit** ; → COMMUNICATION. *Suivre les nouvelles* : V. ACTUALITÉ et INFORMATION. *Lire les nouvelles* : V. JOURNAL. **2.** *Fausse nouvelle* : V. CANULAR. *Le journal a publié une nouvelle sensationnelle* : **scoop** ; → PÉTARD. *La bonne nouvelle* : V. ÉVANGILE. **3.** [pl.] *Il n'a pas donné de nouvelles* : **signe de vie** (*il n'a pas donné signe de vie*).

nouvellement V. récemment (*in* récent).

novateur V. révolutionnaire (*in* révolution).

novice **1.** [n.] *Il agissait en vrai novice qui ignorait tout de la vie* : [sout.] **néophyte** ◆ [fam.] **blanc-bec**, **bleu** ◆ [vx] **conscrit** ; → PROFANE. **2.** [adj.] *Le jeune homme était novice dans son métier* : **débutant**, ↑ **inexpérimenté** ; → JEUNE I, NEUF.

noyautage V. infiltration (*in* s'infiltrer).

noyauter V. s'infiltrer.

noyer **1.** V. INONDER. **2.** *Ses protestations furent noyées par les sifflets* : **étouffer**. *La révolte a été noyée dans le sang* : **réprimer**. **3.** *Noyer un problème* : V. DÉLAYER. **4.** *Être noyé. Il faut l'aider, il est noyé en anglais* : **être perdu**.

◇ **se noyer** **1.** *Gêné par les objections, il se noyait dans ses raisonnements* : **se perdre**. **2.** V. SE SUICIDER.

nu **1.** [qqn est ~] *Elle est nue* : [fam.] **à poil**. **2.** [qqch est ~] *Tout le pays était nu* : **désert**. *Un mur nu* : V. VIDE I. **3.** [qqch est ~] *Croyez-moi, c'est la vérité nue* : **pur**. **4.** *Se battre à mains nues* : **sans armes**. *Mettre à nu les agissements de qqn* : **dévoiler**. *Se mettre à nu* : **se devêtir**.

◇ **nûment** *Il écrivait nûment ce qu'il pensait* [très sout.] : [cour.] **crûment**.

nuage 1. *De gros nuages se formaient* : [sout., souvent pl.] **nuée** ◆ [sout., vieilli] **nue** ; → VAPEUR. 2. *Je prends toujours un nuage de lait dans mon thé* : **soupçon**. 3. *Leur bonheur est resté longtemps sans nuages* : **sans soucis, sans trouble**. 4. *Un nuage d'oiseaux* : V. VOL I.
◇ **nuageux** 1. *Votre théorie est un peu nuageuse* [sout.] : [plus cour.] **nébuleux** ◆ ↑ **obscur**. 2. *Un ciel nuageux* : V. COUVERT.

nuance 1. V. couleur, teinte. 2. V. différence (*in* différer).

nubile V. réglé (*in* règle).

nucléaire V. atomique.

nue 1. V. NUAGE. 2. *Les critiques avaient porté aux nues la nouvelle mise en scène* : ↓ **louer**. *Il ne s'attendait pas à ces reproches et tombait des nues* : **être très surpris** ; → SURPRENDRE, LUNE.

nuée 1. V. multitude. 2. V. nuage.

nuire 1. [~ à qqch] *Son bégaiement nuisait à sa carrière* : **desservir** ; → DÉSAVANTAGER, FAIRE TORT*. *Cet empêchement va nuire à notre projet* : **gêner, contrarier** ; → DÉFAVORISER. *Tous ces ragots nuisaient à sa réputation* : ↑ **ruiner**. 2. [~ à qqn] *Il nuit à ses collègues pour obtenir le poste* : **discréditer** (qqn) ◆ [fam.] **savonner la planche, tirer dans les jambes** ; → FAIRE DU TORT*.
◇ **nuisible** 1. *Un animal nuisible* (= parasite, destructeur) : [plus partic.] **dangereux** (= qui constitue un danger pour l'homme) ; → MALFAISANT. 2. *Les excès sont nuisibles à sa santé* : [vieilli] **contraire** ◆ ↑ **fatal** ; → DOMMAGEABLE, MAUVAIS. *Une influence nuisible* : V. NOCIF.

nuit 1. V. obscurité (*in* obscur), soir. 2. *Bonne nuit* : V. adieu.

nul

I 1. [adj. indéf.] *Nous n'avions nulle envie de retourner dans ce pays* : [cour.] **aucun**. 2. [pron. indéf.] *Nul n'est censé ignorer la loi* : [cour.] **personne**.
◇ **nullement** *La solution ne le satisfaisait nullement* : **aucunement** ; → EN AUCUNE FAÇON*, POINT V, EN RIEN* I, PAS DU TOUT* III.

II 1. [adj.] *Malgré ses efforts, il est nul dans tous les domaines* : **inexistant** ◆ [fam.] **nullard, minable** ; → MAUVAIS I, NÉGATIF. *Une émission nulle* : V. NIAIS. 2. *La nouvelle loi avait rendu nuls les privilèges du passé* : [didact.] **caduc**. 3. [n.] *C'est un nul dont on ne peut rien faire* : **nullité, raté** ◆ [fam.] **nullard, zéro**.
◇ **nullard** V. NUL II.
◇ **nullité** 1. V. INCAPABLE et NUL II. 2. *La nullité d'un acte juridique* : [didact.] **caducité**. 3. *Il a prouvé sa nullité* : V. IGNORANCE.

nûment V. nu.

numéraire *Le paiement peut se faire par chèque ou en numéraire* [didact.] : [cour.] **espèces** ◆ [plus génér.] **argent***.

numéro 1. *Il a acheté trois numéros de la revue* : **exemplaire**. 2. *Cet homme est vraiment un numéro !* [fam.] : [cour.] **original** ◆ [sout.] **personne singulière**. 3. *Tirer le bon numéro* : **avoir de la chance**. 4. *Numéro un. Augmenter la production doit être notre objectif numéro un* : **principal**. 5. *Un numéro de cirque* : V. TOUR III. *Vous feriez mieux d'arrêter votre numéro* [fam.] : **cinéma, cirque**.

nu-pieds V. sandale.

nuque V. cou.

nurse V. bonne* d'enfants, gouvernante, nourrice (*in* nourrir).

nutritif V. nourrissant (*in* nourrir).

nymphette V. fille.

O

oasis *Le village restait une oasis de silence* [sout.] : [cour.] **refuge**.

obédience *Beaucoup de pays ont été d'obédience communiste après la Seconde Guerre mondiale* : ↓ **sous la domination**.

obéir 1. *Il obéissait à sa passion du jeu* : **céder à, suivre**. 2. *La troupe a obéi à l'ordre reçu* : **suivre**, [didact.] **obtempérer** ; → MARCHER* DROIT, RESPECTER, SE CONFORMER. 3. *Obéir à son devoir* : V. ACCOMPLIR et SACRIFIER. 4. *Vous n'avez pas obéi à vos parents* : ↓ **écouter**. *Il obéit aveuglément à son parti* : [sout.] **s'inféoder**. 5. *Il est bien obligé d'obéir* : ↑ **se soumettre, s'incliner*** ; → CRAINDRE.

◇ **obéissant** *Le chien obéissant apportait le bâton qu'on lui jetait* : ↑ **discipliné**, ↑ **soumis** ; → DOCILE, GENTIL.

◇ **obéissance** 1. *Pour certains, la première qualité des enfants est l'obéissance* : ↑ **soumission, docilité***. *L'obéissance aux règles* : **observation***. *L'obéissance à la hiérarchie* : **subordination**. 2. *Le vassal, dans l'ordre féodal, devait obéissance à son suzerain* : [didact.] **allégeance** (= soumission et fidélité).

obérer V. hypothéquer.

obèse V. gras, gros.

obésité V. grosseur (*in* gros).

objecter 1. [~ qqch] *Il objectait sa récente maladie pour ne pas sortir* : ↓ **alléguer**, ↓ **prétexter**. 2. [~ que] *On lui a objecté que l'entreprise était trop difficile* ; ↓ **répliquer**, ↓ **rétorquer** ; → DIRE, OPPOSER.

◇ **objection** 1. *Comment discuter avec lui ? il n'accepte aucune objection* : ↓ **critique, opposition*, remarque*** ; → DÉSAPPROBATION, MAIS I. *Vos objections sont lassantes* : V. RAISONNEMENT. 2. *Le projet n'a pas soulevé d'objection* : ↑ **obstacle, difficulté***.

objectif

I [n.] 1. V. BUT et OBJET. 2. *L'artillerie avait pris pour objectif le centre de la ville* : **cible**.

II [adj.] *Le journaliste s'était efforcé de demeurer objectif* : **impartial, neutre*** ; → DÉSINTÉRESSÉ*, ÉQUITABLE*.

◇ **objectivité** *Le débat avait mis en relief le manque d'objectivité des deux parties* : **impartialité**. *Il relatait les faits avec objectivité* : **neutralité**.

objet 1. *Il expliqua brièvement l'objet de sa visite* : **but**. 2. *Quel est l'objet de votre dispute ?* : [plus cour.] **cause**. 3. *On attendait de connaître l'objet de son intervention* : **sujet, thème** ; → SUBSTANCE. 4. *L'objet de cet ouvrage est de montrer les bases irrationnelles du racisme* : **objectif**. 5. *Faire l'objet d'une surveillance attentive* : **subir**. *Avoir pour objet* : V. PORTER.

obligation V. obliger I.

obligatoire V. obliger I.

obligé V. inévitable.

obligeance V. complaisance (*in* complaisant), gentillesse (*in* gentil).

obligeant V. complaisant, serviable.

obliger
I 1. [~ qqn à] *Son infirmité l'avait obligé à se retirer* : **contraindre à***, **réduire à**. *Le tribunal l'a obligé à verser une pension* : **astreindre à, condamner***, **réduire***. *Personne ne vous oblige à venir* : **imposer de** ; → COMMANDER. **2.** V. LIER. **3.** *Être obligé de* : **être tenu* de**.
◇ **obligation** **1.** *Le démarcheur proposait sans obligation d'achat toute la collection des prix Nobel* : **engagement**. **2.** [au pl.] *Le poste qu'il occupait comportait des obligations souvent ennuyeuses* : **contraintes** ◆ ↑ **servitude** ; → CHARGE, DEVOIR. **3.** *Se faire une obligation de* : **s'imposer*** ; → RELIGION. **4.** V. NÉCESSITÉ. **5.** V. VALEUR II.
◇ **obligatoire** **1.** *La présence de tout le personnel est obligatoire* : **exigé**. *Une tenue décente est obligatoire* : **de rigueur**. **2.** V. ÉCRIT.
II 1. [~ qqn] *Vous m'obligeriez beaucoup en m'accompagnant* [sout.] : [cour.] ↓ **rendre service**. **2.** *Être obligé. Je vous serais très obligé de me recevoir* : [sout.] **redevable**, [cour.] **reconnaissant**. *Être l'obligé de qqn* : **débiteur**.

oblique *En oblique. Le fort courant le contraignit à traverser la rivière en oblique* : **en diagonale**.
◇ **obliquement** *Il regardait son voisin obliquement* [très sout.] : [cour.] **de biais, de côté, de travers***.
◇ **obliquer** *Vous obliquerez à gauche pour trouver la ferme* [sout.] : [plus cour.] **tourner**.

oblitérer *Les inscriptions avaient été oblitérées par les intempéries* [sout.] : [cour.] **effacer**.

oblong V. fuselé.

obnubiler V. obséder.

obscène *Il tenait des propos obscènes* : ↓ **dégoûtant**, ↓ **déshonnête**, [fam.] **cochon** ◆ **ordurier** (qui suppose de la vulgarité dans le langage) ◆ **impudique** (qui blesse la chasteté : *l'homme, impudique, se promenait nu sur la plage*) ◆ **impur** (*des mœurs impures*) ◆ **graveleux** (qui suppose des détails grossiers : *des propos graveleux*) ; → ÉROTIQUE, GAILLARD, HARDI, INDÉCENT, MALPROPRE, SALACE, SALE. *La diffusion des films obscènes est réglementée* : **pornographique**, [fam.] **porno**.
◇ **obscénité** **1.** *La censure avait argué de l'obscénité du film pour l'interdire* : ↓ **inconvenance**, ↓ **indécence** ; → HARDIESSE. **2.** *Il se plaisait à choquer son entourage en disant des obscénités* : ↓ **grossièreté**, [fam.] **cochonnerie** ; → ORDURE.

obscur **1.** *Les motifs de son acte restent obscurs* : **embrouillé** (qui indique qu'on ne trouve aucun fil conducteur) ◆ **caché** (qui indique qu'on ignore tout de qqch) ◆ [fam.] **fumeux** ; → AMBIGU, NÉBULEUX, VOILÉ, VAGUE. *Un raisonnement obscur* : **vaseux**. *Elle avait un pressentiment obscur de ce qui se passerait* : [plus cour.] **vague**. **2.** *Il s'était fait une spécialité d'écrire des textes obscurs* : ↓ **difficile**, [sout.] **abstrus, ésotérique, jargonneux, sibyllin**, [très sout.] **amphigourique, abscons** ; → ABSTRAIT, COMPLIQUÉ, INCOMPRÉHENSIBLE. **3.** *Esprit religieux, il croyait aux mystères obscurs de la Providence* : **impénétrable** ◆ ↑ **insondable**. **4.** *Toute sa vie, il occupa un poste obscur* : ↓ **insignifiant** ; → EFFACÉ. **5.** *C'est un écrivain obscur qui a remporté le prix* : **inconnu**. **6.** *Il aimait mettre en avant son origine obscure* : **humble**. **7.** *Une nuit obscure* : **noir***. *Un ciel obscur* : **nuageux***, **sombre***.
◇ **obscurément** *Il sentait obscurément qu'il approchait de la solution* : **confusément, vaguement**.
◇ **obscurité** **1.** *L'obscurité totale interdisait à l'avion d'atterrir* : **nuit** ◆ [sout.] **ténèbres** ; → NOIR. **2.** *L'affaire est incompréhensible, trop de points restent dans l'obscurité* : ↓ **brouillard** ; → AMBIGUÏTÉ, VAGUE.
◇ **obscurcir** **1.** *La fumée des aciéries obscurcissait la vallée* : **assombrir**. **2.** *L'abus de l'alcool obscurcit les idées* : **brouiller**. **3.** V. COMPLIQUER.

obscurantisme V. ignorance (*in* ignorer).

obscurcir (s') V. se couvrir (*in* couvrir), se voiler (*in* voile II).

obscurité V. obscur.

obséder **1.** [qqn ~ qqn] *Il obsédait la jeune fille de ses assiduités* [très sout., vieilli] : [cour.] ↓ **poursuivre** ◆ [fam.] **cramponner**. **2.** [qqch ~] *La crainte d'échouer l'obsédait* : ↓ **tracasser**, ↓ **travailler**, **hanter**, **obnubiler** ◆ [fam.] ↓ **turlupiner**, ↓ **trotter dans la tête**.

◇ **obsédant** *Les Européens ont trouvé à la musique africaine un rythme obsédant* : ↑ **lancinant**.

◇ **obsédé** *C'est un obsédé de la chasse* : **fou**, **maniaque** ◆ [fam.] **malade**.

◇ **obsession** **1.** *Elle avait l'obsession de ne plus plaire* : **hantise**. *C'est vraiment une obsession !* : **idée*** **fixe**. **2.** V. VISION.

obsèques V. enterrement (*in* enterrer).

obséquieux *L'homme, obséquieux, guettait le moindre geste de son chef de service* : **plat**, **rampant**, **servile** ◆ [très sout.] **adulateur** ; → À PLAT VENTRE.

◇ **obséquiosité** *Son obséquiosité lui avait permis d'obtenir un emploi important* : **platitude**, **servilité**.

observance V. observer II.

observateur V. observer I.

observation

I **1.** *Le naturaliste a poursuivi son observation des orchidées pendant des années* : **examen** ◆ **expérience** (= essais pour étudier un phénomène). **2.** *Rester en observation* : **aux aguets***. **3.** [pl.] *Toutes les observations sur la question avaient été réunies en un volume* : ↓ **considérations**, **remarques** ; → RÉFLEXION. **4.** [pl.] *Les policiers procédèrent aux observations d'usage* : **constatations**. **5.** *L'adolescent supportait mal toute observation* : **réprimande**, **reproche** ; → APPRÉCIATION, REMONTRANCE.

II *L'observation stricte du Code de la route est exigée* : **obéissance à**, **respect de**.

observer

I **1.** *Chaque soir, il observait les étoiles* : ↓ **regarder**. *Les médecins observaient les plaques rouges sur la peau du malade* : **examiner**. **2.** *Il observait la jeune fille dans son rétroviseur* : **épier** ; → SCRUTER. **3.** *Vous observerez que je n'ai pas pris part à ce débat* [sout.] : [cour.] **constater***, **noter**, **remarquer** ; → ENREGISTRER. **4.** *On observe que* : V. EXISTER.

◇ **observateur** **1.** [n.] *Il y avait plus d'observateurs que de manifestants dans la rue* : [cour.] **spectateur**. **2.** [adj.] *Il avait l'esprit observateur* : ↓ **attentif**.

II *L'ethnologue devait observer les habitudes des habitants pour s'intégrer dans le village* : [cour.] **adopter** ◆ ↑ **se plier à** ◆ ↓ **suivre** ; → RESPECTER. *Observer un rite* : **accomplir***. *Observer le silence* : **garder***.

◇ **observance** *Les fidèles vivaient dans l'observance des lois de la Bible* [didact.] : [cour.] **soumission** ; → RÈGLE.

obsolète V. vieux.

obstacle **1.** *Aucun obstacle ne l'a gêné : il a réussi tout ce qu'il a entrepris* : **barrage**, **barrière** ; → DIFFICULTÉ, INCONVÉNIENT. *Rencontrer un obstacle* : V. OBJECTION. *Se heurter à un obstacle* : V. MUR. **2.** *L'opposition de ses parents à son projet était un obstacle sérieux* : **écueil**, **entrave** ; → PIERRE D'ACHOPPEMENT*, INCONVÉNIENT. **3.** *Faire obstacle à qqch* : V. CONTRARIER et EMPÊCHER. *Sans rencontrer d'obstacle* : V. SANS ENCOMBRE*.

obstétricien V. accoucheur (*in* accoucher).

obstiner (s') **1.** *Il s'obstine à vouloir tout faire lui-même* : **s'entêter**, **persister** ; → S'ACHARNER, CONTINUER. **2.** *Il faut vous obstiner* : **insister**, **persévérer*** ; → JEU.

◇ **obstination** *Son obstination lui a permis de surmonter toutes les difficultés* : **acharnement**, **persévérance**, **ténacité** ; → CONSTANCE, ENTÊTEMENT, INSISTANCE.

◇ **obstiné** **1.** *Son travail obstiné a porté ses fruits* : **acharné**, **opiniâtre** ; → CONSTANT. **2.** *C'est un homme obstiné qui ne veut écouter personne* : **tenace**, [péj.] **têtu** ; → DÉCIDÉ (*in* DÉCIDER).

obstruer *Le camion obstrue la rue* : ↓ **encombrer**, **boucher*** ; → EMBOUTEILLER.

obtempérer V. obéir.

obtenir **1.** *Il a obtenu son brevet de pilote cette année* : **acquérir**, [génér.] **avoir** ◆ [fam.] **décrocher**, **enlever**. **2.** *Obtenir de l'avancement* : V. RECEVOIR. **3.** *Par des croisements, l'horticulteur obtenait des plantes plus résistantes* : **parvenir à**. **4.** *Obtenir qqch de qqn* : V. ARRACHER et TIRER.

obturer V. boucher I.

obtus V. borné, épais.

obvier (à) V. pallier, remédier (*in* remède).

occasion **1.** *Cette maison est une occasion à ne pas manquer* : **chance, aubaine,** [critiqué] **opportunité.** *Manquer une occasion* : **rater le coche*.** **2.** *Vous aurez bien l'occasion de venir nous voir* : **possibilité.** **3.** *Toutes les occasions lui sont bonnes pour se mettre en valeur* : **circonstance, motif** ; → SUJET II. **4.** *À l'occasion de. Je l'ai rencontré à l'occasion d'une réunion de famille* : **lors de.** **5.** *En pareille occasion* : **en pareil cas*.** *À l'occasion* : **le cas échéant*.**

occasionnel V. accidentel (*in* accident).

occasionner **1.** *La perte de leur passeport occasionna des difficultés sans nombre aux deux touristes* : **attirer, causer, créer, déterminer, susciter** ; → AMENER, ENGENDRER, DONNER LIEU* À. **2.** *Les orages violents occasionnèrent des dégâts importants* : **entraîner, provoquer** ; → DÉCHAÎNER.

occident *La maison était exposée à l'occident* [très sout.] : [cour.] **couchant, ouest.** *Les pays de l'Occident* : **Ouest.**

occulte V. caché (*in* cacher). *Sciences occultes* : V. divination (*in* deviner).

occultisme V. divination (*in* deviner).

occupant **1.** V. envahisseur (*in* envahir). **2.** hôte.

occupation

I [sing.] V. ENVAHISSEMENT.

II [pl.] *Avec ses quatre enfants, elle ne manque pas d'occupations* : **travail** ; → ACTIVITÉ.

occupé

I **1.** *Le poste qu'on lui avait promis était déjà occupé* : **pris.** *Un logement occupé* : **habité.** **2.** *Les journalistes avaient été expulsés des régions occupées* : **envahi.**

II **1.** *J'ai été très occupé et n'ai pu venir vous voir* : **pris,** [fam.] **bousculé** ◆ [fam.] ↑ **débordé** ◆ [partic.] **surmené** (qui implique que l'occupation fatigue excessivement). **2.** *Il a toujours l'allure de quelqu'un de très occupé* : **actif, affairé.**

occuper

I [qqn ~] **1.** *Les pays européens ont occupé une partie de l'Afrique* : [partic.] **envahir** (qui n'implique pas une occupation) ◆ **coloniser*** (qui implique une transformation politique, économique du pays occupé : *la France avait colonisé Madagascar*) ; → PRENDRE POSSESSION*. **2.** *Il occupait cette maison depuis toujours* : **habiter, loger dans.** *Occuper illégalement une maison* : **squatter*.** *Occuper ses loisirs* : V. MEUBLER.

II [~ qqn, qqch] **1.** *Les jours de pluie, on ne savait comment occuper les enfants* : [plus précis.] **distraire, intéresser.** **2.** *Ses fonctions l'occupent entièrement* : **prendre** ; → ABSORBER, EMPLOYER, TENIR. *La nouvelle usine occupait cinq cents personnes* : [plus cour.] **employer.** **3.** *Occuper une fonction* : **exercer*.**

◇ **s'occuper** **1.** [qqn ~] *Cet enfant s'occupe* : **trouver qqch à faire.** *Sa maison est en ruine, il a de quoi s'occuper* : **faire.** *Il tourne en rond sans savoir à quoi s'occuper* : **s'intéresser.** **2.** [qqn ~ de] *Ne t'occupe pas de lui, il s'en tirera tout seul* : **se soucier.** *Il s'occupait de politique depuis sa sortie de l'école* : **se mêler de, s'intéresser à.** *Il n'a jamais eu le temps de s'occuper de ses vieux jours* : **penser à, se préoccuper de** ; → SONGER*. *Le député avait promis de s'occuper de l'affaire* : **se charger* de.** *S'occuper d'un enfant* : V. ENTOURER et VEILLER. *S'occuper de qqch* : **vaquer à.** **3.** *S'occuper des affaires de qqn* : **s'ingérer*.**

occurrence *En l'occurrence. En l'occurrence, personne ne sait quoi faire* [sout.] : [cour.] **dans le cas présent.**

océan V. mer.

ocellé V. tacheté (*in* tache I).

octogénaire V. vieux.

octroi V. attribution (*in* attribuer).

octroyer V. accorder II, concéder.

odeur **1.** Odeur agréable. *Les violettes exhalaient une odeur fraîche* : [litt.] **senteur.** *La pièce était emplie de l'odeur des roses* : **parfum*** ◆ [très sout., rare] **fragrance.**

On apprécie toujours l'odeur d'un bon rôti : [pr.] **fumet**. *L'odeur du café* : [plus précis.] **arôme**, [plus précis.] **bouquet** (*ce vin a du bouquet*). **2.** Odeur désagréable. *Après la fête, la salle gardait des odeurs d'alcool* : **relent** ; → SENTIR. *Une odeur de vieux tabac* : [très sout., vx] **remugle**. *Une odeur infecte signalait la présence de la papeterie* : **puanteur**.

◇ **odorat** *L'excès de tabac lui a fait perdre son odorat* : **flair** (= odorat du chien).

odieux **1.** *Rien ne pouvait justifier sa conduite odieuse* : ↓**indigne**, **détestable***. **2.** *Cet enfant a été odieux avec sa grand-mère* : **désagréable***, **insupportable** ; → MAUVAIS, MÉCHANT.

œcuménique V. universel.

œil

I **1.** [sing.] *Du coin de l'œil* : **discrètement**. *À vue d'œil* : **approximativement**. *Tape-à-l'œil* : **voyant**. *Coup d'œil* : V. VUE. *Il lui fit un clin d'œil langoureux* : **œillade**. **2.** [sing.] *Avoir qqn à l'œil !* : **surveiller**. *Il avait du coup d'œil dans ce genre d'affaires* : **discernement**. *Avoir qqch à l'œil* [fam.] : **à peu de frais** ; → GRATUITEMENT, POUR RIEN*. *Je n'ai pas fermé l'œil de la nuit* : **dormir**. *Avoir l'œil à tout, avoir l'œil* [fam.] : [cour.] **veiller à tout**. *Taper dans l'œil* [fam.] : [cour.] **plaire**. *Tourner de l'œil* : **s'évanouir**. *Ouvrir l'œil, ouvrir l'œil et le bon, ne dormir que d'un œil* : **être attentif, vigilant, tout yeux** ; → ÊTRE SUR SES GARDES*. *S'en battre l'œil* [fam.] : [cour.] **s'en moquer**. *Se rincer l'œil* [fam.] : [cour.] **regarder avec plaisir**. *Obéir au doigt et à l'œil* : **exactement***. **3.** [pl.] *Je ne ferai pas cela pour vos beaux yeux* [fam.] : [cour.] **pour rien**. *Je lui ai dit ce que je pensais entre quatre yeux* : [fam.] **entre quatre-z-yeux**, [cour.] **en tête à tête**. *Ne cherchez pas votre crayon, vous l'avez sous les yeux* : **devant vous**. **4.** [pl.] *Maintenant, vous n'avez plus que les yeux pour pleurer* [fam.] : [cour.] **avoir tout perdu**. *La raison de son départ crève les yeux, saute aux yeux* : **être évident**. *Il peut acheter cette voiture les yeux fermés* : **en toute confiance, sans vérification**. *Je l'ai regardé dans les yeux, dans le blanc des yeux* : **en face***. *Il lui faisait les yeux doux* : **regarder tendrement** (*il la regardait tendrement*) ; → COURTISER. **5.** *Ouvrez vos yeux pour voir cela* : [fam.] **châsses, mirettes**, [vieilli, très fam.] **quinquets**.

II [pl.] *Tailler la vigne à deux yeux* : **bourgeon**.

œil-de-bœuf V. lucarne.

œil-de-perdrix V. cor III.

œillade V. clin d'œil* I.

œillère *Avoir des œillères* : V. borné.

œuf *Le scandale avait été étouffé dans l'œuf* : **avant sa naissance**. *Il a repris de tous les plats et il est plein comme un œuf* [fam.] : [cour.] **repu**. *Avec ce qu'il a bu, il doit être plein comme un œuf* [fam.] : [cour.] **ivre**.

œuvre **1.** *Le fermier est à l'œuvre dès l'aube* [sout.] : [génér.] **en activité**, [cour.] **au travail**. *La rééducation des sourds-muets est une œuvre difficile* : **entreprise**. **2.** *Tu peux être fier de ton œuvre, il faut tout recommencer !* [iron.] : [génér.] **résultat**, [cour.] **travail**. **3.** *L'œuvre capitale de Beethoven est sa neuvième symphonie* : **ouvrage** ; → PIÈCE. **4.** *L'organisation s'occupait d'œuvres charitables* : [plus génér.] **action**.

◇ **œuvrer** *Il avait œuvré pour réussir* [sout.] : [cour.] **travailler**.

offense **1.** *Ce manquement à sa promesse était une grande offense* : ↑**outrage**. **2.** *Il était difficile d'oublier cette offense* : **camouflet**, **gifle** (= parole ou action humiliante) ◆ **injure** (= parole offensante) ◆ **affront** (= offense publique), ↑**humiliation** ◆ **brimade** (= offense qui expose au mépris public) ◆ [sout., vieilli] **avanie**. **3.** *Mon Dieu, pardonnez-nous nos offenses* [terme de religion] : **faute**, **péché**.

◇ **offenser** **1.** *Des graffiti offensaient la mémoire des déportés* : ↑**injurier**. **2.** *Je n'ai pas voulu l'offenser* : ↑**humilier** ◆ ↓**vexer** ◆ ↓**froisser** (= indignation passagère) ; → MANQUER* À QQN, OUTRAGER. **3.** *Offenser Dieu* : **pécher**. **4.** *Offenser la pudeur* : V. BRAVER*.

◇ **s'offenser** *Il s'est offensé de mots qu'il n'a pas compris* : **se blesser**, **se vexer*** (= se croire offensé ou l'être à juste titre) ◆ **se formaliser**, **se froisser**, **se choquer** (= s'offenser de qqch fait contre les règles) ; → SE SCANDALISER.

◇ **offensé** *Je ne pensais pas qu'il allait être offensé* : ↑ **humilié** ◆ ↓ **froissé**.
◇ **offensant** *Il choisissait volontairement des mots offensants* : **blessant** ◆ ↑ **injurieux**, ↑ **insultant**.

offensif *Le retour offensif des gelées gâta les récoltes* : **brutal**, [moins cour.] ↑ **violent**.
◇ **offensive** *L'armée de libération est passée à l'offensive* : **attaque**, **assaut***.

office
I 1. V. FONCTION. 2. *Ces dernières années, les offices de publicité se sont multipliés* : [cour.] **agence**, **bureau**. 3. *Les pays neutres ont proposé leurs bons offices pour régler le litige* [didact.] : [cour.] **médiation**, **entremise***. *Vous recevrez d'office les formulaires nécessaires* : **de façon automatique**.
II *Il a assisté à l'office funèbre* : **service** ◆ [partic.] **messe**.
◇ **officiant** *L'officiant se tourna vers les fidèles* : [didact.] **célébrant**, [cour.] **prêtre**.
III V. CUISINE.

officiel 1. *C'est la tournure officielle qu'il faut employer* : **consacré**. *Prendre un ton officiel* : **solennel***. 2. *Notre club a gagné, c'est officiel* : [cour.] **absolument certain** ; → SÛR.
◇ **officiellement** *Il lui témoigna officiellement son soutien* : **publiquement**.

offrande V. don (*in* donner I).

offrir 1. [qqn, qqch ~ qqch] *Le directeur, l'agence lui offrait un salaire important* : **proposer** ; → PAYER. *Offrir un cadeau* : **donner***. 2. [qqn, qqch ~ qqch] *La boutique offrait quelques occasions* : [plus cour.] **vendre**. 3. [qqn ~ qqch] *Permettez-moi d'offrir ce problème à votre réflexion* [sout.] : [plus cour.] **proposer**, **soumettre**. 4. [qqch ~ qqch] *Cet hôtel n'offre aucun confort* : **présenter**.
◇ **s'offrir** 1. [qqn ~ qqch] *Cette année, je vais m'offrir des vacances* : [fam.] **se payer**. 2. [qqn ~ qqch] V. ACHETER et DONNER. 3. [qqch ~] *Il profitait de tous les plaisirs qui s'offraient à lui* : **se présenter à**, **se rencontrer**.
◇ **offre** 1. *C'était une offre avantageuse qu'il ne refusa pas* : **proposition**. 2. *Une offre de négociation* : V. OUVERTURE.

offusquer V. déplaire.

ogival *L'église se caractérisait par son style ogival* [vx] : [cour.] **gothique**. *Une voûte ogivale* : **en ogive**.

ogive *Ogive nucléaire* : V. tête.

oie V. niais, sot.

oignon 1. V. bulbe. 2. V. montre. 3. *C'est aux oignons* : V. pomme I.

oindre 1. V. graisser. 2. V. sacrer I.

oiseau *Oiseau de proie* : V. rapace.

oiseux V. inutile, stérile, superflu.

oisif *Des gens oisifs participaient aux croisières* : **désœuvré**, **inoccupé** ; → INACTIF.
◇ **oisiveté** *Cette oisiveté finissait par lui peser* : **désœuvrement**, [fam.] **farniente** (= oisiveté agréable) ; → INACTION, PARESSE.

o.k. V. accord I, c'est décidé (*in* décider).

oléoduc V. conduite I.

olifant V. cor I.

olivâtre V. verdâtre.

ombrage
I *La vieille dame passait ses après-midi sous l'ombrage du tilleul* : [cour.] **ombre**.
II *Prendre ombrage de qqch. Il a pris ombrage de ce que je lui ai dit* [sout.] : [cour.] **se vexer**.
◇ **ombrageux** 1. *On supporte mal son caractère ombrageux* : **difficile**, **susceptible***. 2. *Il regardait l'assistance d'un air ombrageux* [rare] : [cour.] **défiant**, **soupçonneux**.

ombre 1. V. OMBRAGE. 2. *L'adolescent portait une ombre de moustache* : **soupçon**, **semblant***. 3. *Vous courez après des ombres* : ↑ **chimères**, **fantôme***. 4. *Cet homme est devenu l'ombre de son père* : **reflet**. 5. *Quelque chose se trame dans l'ombre* : **secrètement**. *L'œuvre de ce peintre est enfin sortie de l'ombre* : **sortir de l'oubli**. *Il vivait à l'ombre de ses parents* : **sous la protection**. *Le ministre avait laissé dans l'ombre le problème le plus important* : **incertitude**. *Votre proposition est séduisante, mais il y a une* *ombre au tableau* : **inconvénient**. *Il a peur de son ombre* : **être très craintif, peureux**.

omettre 1. [~ qqch] *Il a omis quelques détails dans son exposé* : [cour.] **oublier** ◆ **passer sous silence**, **taire** (= omettre volontairement) ; → FAIRE ABSTRACTION* DE, LAISSER, NÉGLIGER. 2. [~ de faire qqch] *Il a omis de nous prévenir de son absence* : [cour.] **oublier**.

◇ **omission** *L'omission du nom de cette personnalité a sûrement une signification* : **absence**, **oubli**. *On relevait dans le compte rendu des omissions gênantes* : **lacune**, **manque**, **oubli** ; → RÉTICENCE.

omnipotent V. absolu I, tout-puissant.

omniscient V. universel (*in* univers).

omnium V. course II.

on V. tout* le monde I.

onanisme V. masturbation (*in* masturber).

onction V. sacre (*in* sacrer I).

onctueux 1. *La cuisinière avait la réputation de préparer des potages onctueux* : **moelleux**, **velouté**. 2. *Ses manières onctueuses cachaient un cœur froid* [sout.] : [rare] **patelin** ◆ [cour.] **mielleux**.

onde

I *Le navire voguait sur l'onde* [sout. et vieilli] : [cour.] **eau** ; → VAGUE I.

II 1. *L'enfant jetait des pierres dans l'eau pour y faire naître des ondes* [didact.] : [cour.] **cercle**, **rond**. 2. *Onde de choc* : V. RETENTISSEMENT. 3. [au pl.] *L'entrevue passera sur les ondes le mois prochain* : **radio** (*à la radio*).

◇ **ondoyer** *Le blé ondoyait sous le vent* [sout.] : [cour.] **onduler** ; → FLOTTER I.

◇ **ondoyant** 1. *La jeune fille avait une démarche ondoyante* : **ondulant** ◆ ↓ **souple**, [sout.] **onduleux**. 2. *Elle avait un caractère ondoyant* : **capricieux***.

◇ **onduler** *Ses cheveux ondulaient légèrement* : ↓ **friser**.

◇ **ondulation** 1. *L'ondulation des vagues* : [sout.] **ondoiement** ◆ **remous** (= vagues produites par un navire en marche). *L'ondulation d'une rivière* : **sinuosité**. 2. *Les ondulations de ses cheveux étaient naturelles* : [partic.] **cran**.

ondée *Les promeneurs ont été surpris par une ondée* : **averse**.

on-dit *Tous ces on-dit sans fondement lui ont causé du tort* : **ouï-dire**, **racontar**, **ragot** ; → BAVARDAGE.

one-man-show V. spectacle.

onéreux V. coûteux (*in* coûter).

onguent *La brûlure n'était pas profonde, un onguent suffirait à la cicatriser* [didact.] : [cour.] **pommade**.

opacité V. épaisseur (*in* épais).

opalin V. blanc I.

opération

I *Subir une opération* : **intervention***. *Table d'opération* : **billard***.

II 1. *Grâce à une adroite opération de publicité, le candidat avait gagné des voix* : [plus cour.] **campagne**. 2. *Le directeur de la banque n'avait pas réussi ses opérations boursières* : **spéculation**. 3. V. ENTREPRISE.

III [pl.] *Il faisait toutes ses opérations de tête* : [plus génér.] **calcul**.

opérer

I 1. [qqn ~] *Le chirurgien a opéré* : V. INTERVENIR. 2. [qqn ~ qqn] *Faute de matériel, le chirurgien a opéré maladroitement le blessé* : [fam.] **charcuter**.

II Accomplir une action. 1. [qqn ~] *Il faut opérer avec douceur* : **procéder**, **s'y prendre**. 2. [qqch ~] *Vos paroles rassurantes ont opéré* : **faire son effet**, **faire de l'effet**. [~ sur qqn, qqch] V. AGIR. 3. [qqch ~ qqch] *Cette longue convalescence a opéré un grand changement sur le malade* : **produire**.

ophidien V. serpent.

opiniâtre V. acharné, constant, obstiné (*in* s'obstiner), tenace, volontaire.

opiniâtreté V. caractère I, constance (*in* constant), entêtement (*in* s'entêter), résolution II, volonté.

opinion 1. *Avoir son opinion sur une question* : **avis***, **idée*** ; → SENTIMENT. *Défendre une opinion* : [plus précis.] **doctrine***. 2. *Les journaux d'opinion ont des difficultés à survivre* : [moins cour.] **tendance**. *Le gouvernement avait su agir sur l'opinion publique* : [fam.] **public**.

opportun 1. *Ce n'est pas un discours opportun* : **de circonstance**. *Son intervention était tout à fait opportune* : **bienvenu**. 2. *Attendre le moment opportun* : **convenable***, **favorable***. *Il est opportun de* : V. ACTUALITÉ et IL Y A LIEU* DE.

◇ **opportunément** *Vous êtes arrivé opportunément pour me tirer de ce guêpier* : **à propos, à point nommé**, [fam.] **pile, en temps utile***.

◇ **opportunité** 1. *Il hésitait sur l'opportunité des mesures à prendre* : **bien-fondé**. *L'opportunité d'une intervention* : **à-propos**. 2. *Profiter d'une opportunité* : **occasion***.

opposer 1. [qqch ~ qqn à qqn] *Une vieille histoire de famille les oppose* : **dresser l'un contre l'autre, diviser***. 2. [~ qqch] *Il a opposé des arguments peu convaincants* : **alléguer**. 3. *Je ne vois pas ce que vous pouvez lui opposer* : **objecter** ◆ ↓ **répondre**. 4. [~ qqch à qqch] *Il fallut opposer une digue aux crues répétées du fleuve* : [plus cour.] **élever contre**.

◇ **s'opposer** 1. [~ à qqch] *Le propriétaire s'oppose au projet* : **être hostile à, contester***, **réagir*** **contre**. *Leurs habitudes s'opposent à tout changement* : **empêcher, exclure***. *Ce parti s'oppose à la réforme* : **contrer, être contre**. 2. [qqn ~ à qqn] *Ils se sont opposés au cours d'un débat télévisé* : **s'affronter**. *Il s'opposait à ses parents* : ↓ **désobéir**. 3. V. DIFFÉRER. 4. *Les deux tableaux s'opposaient dans la grande salle* : [plus cour.] **se faire face**.

◇ **opposant** *C'est un opposant résolu à la dictature* : ↑ **adversaire**. *Un opposant dans un débat* : **contradicteur***.

◇ **opposé**

I [adj.] 1. *Ils ont des opinions opposées sur tous les sujets* : **contraire** ◆ [partic.] **contradictoire** ◆ **ambivalent** (qui se dit de ce qui comporte deux éléments opposés) ; → DIFFÉRENT, INVERSE, INCOMPATIBLE. 2. *L'Église est opposée à la libéralisation du divorce* : **hostile à, contre***, **défavorable*** **à**. 3. *Il a accroché son tableau sur le mur opposé à la porte* : **vis-à-vis de**. 4. *Cherchez tous les mots de sens opposé* : [didact.] **antonyme** (*... tous les antonymes*). 5. *Après les élections, le pays semblait coupé en deux parties opposées* : **adverse**.

II [n.] 1. *Il défendait l'opposé de l'opinion admise* : **contre-pied** (*prendre l'opinion admise à contre-pied*), ↑ **inverse***. *Les deux opposés* : V. EXTRÊME. 2. *C'est tout l'opposé de son frère* : **tout le contraire***. *Il va à l'opposé des opinions reçues* : **à contre-courant, à l'encontre**, [moins cour.] **à rebours**.

◇ **opposition** [terme général] 1. *Cet enfant est en opposition constante avec ses parents* : **conflit** ◆ ↑ **rébellion** ; → LUTTE. *J'irai malgré votre opposition* : **veto** ; → HOSTILITÉ. 2. *Le conférencier ne tenait aucun compte des oppositions* : ↓ **critique**, ↓ **objection**. 3. *Ces deux discours sont en opposition* : [sout.] **antithèse, contradiction***. 4. *Je n'ai jamais pu comprendre leur opposition sur la peinture impressionniste* : **antagonisme, désaccord** ; → DIVORCE. 5. *L'opposition au changement* : **résistance***.

oppresser V. accabler I, étouffer.

oppressif, oppression V. opprimer.

opprimé V. faible.

opprimer 1. *Les pays occidentaux ont longtemps opprimé les peuples de l'Afrique* : **assujettir** (= soumission forcée) ◆ ↑ **tyranniser** ◆ [partic.] **asservir, enchaîner** (= réduire abusivement à un état de dépendance extrême) ◆ **soumettre** (= domination vague) ◆ [partic.] **courber** (*courber qqn sous sa volonté*) ◆ **brimer** (= soumettre à des mesures vexatoires) ; → ACCABLER, DOMINER. 2. *L'armée opprimait la liberté* : [plus cour.] **étouffer**.

◇ **oppression** 1. *Les Français ont vécu des années sous l'oppression nazie* : **joug**. 2. *Les régimes d'oppression sont encore trop nombreux* : ↓ **contrainte** ; → AUTORITÉ.

◇ **oppressif** *Une censure oppressive empêchait la transmission de toute nouvelle à l'étranger* : [didact.] **coercitif** ◆ ↑ **tyrannique**.

opprobre V. honte. *Se couvrir d'opprobre* : V. se déshonorer. *Vouer à l'opprobre* : V. flétrir.

opter V. choisir, se prononcer. *Opter pour* : V. convertir.

optimisme *Les chasseurs pleins d'optimisme espéraient remplir leur gibecière* : ↓ **confiance**.
◇ **optimiste** *Les propos optimistes du président n'avaient convaincu personne* : ↓ **encourageant** ◆ **lénifiant**, **rassurant** (qui impliquent que l'on cherche à rendre la confiance).

option V. choix, conversion (*in* convertir).

optique *Il avait su changer d'optique le moment voulu* : **conception**, [plus cour.] **point de vue**.

opulent **1.** *Ce pays jadis opulent a été ruiné par la sécheresse* : ↓ **riche***. **2.** *Elle avait une poitrine opulente* : **généreux**, **plantureux**.
◇ **opulence** **1.** *Grâce à son héritage, il vit dans l'opulence* : ↓ **aisance**, ↓ **richesse*** ; → AISE. **2.** *L'opulence d'une poitrine* : **grosseur**.

opuscule V. brochure.

or **1.** *Des cheveux d'or* : **blond***. *Jaune d'or* : **jaune***. **2.** *Cette femme est cousue d'or, roule sur l'or* [fam.] : [cour.] **richissime** ; → RICHE. *Il a acheté cette maison à prix d'or* : **prix exorbitant**, **très cher**. *C'est un homme en or* : **parfait**. *Une partie du Moyen-Orient tient sa richesse de l'or noir* : **pétrole**. *Je n'aurais pas accepté pour tout l'or du monde* : **à aucun prix**.

orageux *La séance devenait orageuse, on en venait aux insultes* : **agité**, **mouvementé**, **houleux***, **tumultueux***.

oraison V. prière I.

oral **1.** *Il avait respecté son engagement oral* : **verbal**. **2.** *Médicament à prendre par voie orale* : [cour.] **par la bouche**.
◇ **oralement** *Répondre oralement à une demande* : **verbalement**.

orateur *L'orateur attendait le silence pour parler* : **conférencier** (= orateur traitant d'un sujet qu'il pense être propre à intéresser ses auditeurs) ◆ **tribun** (= orateur qui défend les intérêts des couches sociales exploitées).

oratoire V. église.

orchestre V. ensemble II, formation (*in* former).

orchestrer V. organiser.

ordinaire
I [adj.] **1.** [qqch ~] *On a l'impression que rien ne dérangera l'ordre ordinaire* : **habituel**, **normal***. **2.** [qqch est ~] *Le mur était tapissé d'un papier ordinaire* : **courant**, **banal**, **commun***, **passe-partout**, **de série**. *Ce sont des façons de faire tout à fait ordinaires* : **usuel**. **3.** [qqn est ~] *C'est un homme très ordinaire* : **quelconque** ; → COMMUN*. **4.** *À l'ordinaire. Ils passent leurs vacances à l'étranger, comme à l'ordinaire* : **d'habitude**, [rare] **de coutume** ◆ **ordinairement**, **habituellement** (*ils passent ordinairement, habituellement leurs vacances...*) ; → RÉGULIÈREMENT, COMMUNÉMENT. **5.** *D'ordinaire. L'été est moins ensoleillé que d'ordinaire* : **généralement**, **en général**, **habituellement**.
II [n.] *Acheter de l'ordinaire* : **essence***.
◇ **ordinairement** V. LA PLUPART* DU TEMPS et TOUJOURS.

ordonnance V. ordre I.

ordonné V. ordre I.

ordonner
I [~ qqch] *Le libraire ordonna les livres de façon plus attrayante* : ↓ **arranger**, **ranger** ; → CLASSER.
II [~ qqch à qqn] *Il avait ordonné aux élèves de se lever* : [sout.] **enjoindre**, **sommer** ; → COMMANDER, VOULOIR, DEMANDER. *Le médecin ordonna un régime sans sel* : **prescrire**.
III [~ qqn] V. CONSACRER.

ordre
I **1.** *Dans un autre ordre d'idées, j'aurais beaucoup à vous dire* : **genre**. *Du même ordre* : **de même nature***. **2.** *Il travaille sans ordre et n'arrive à rien* : ↓ **méthode**. *Il a de bonnes idées mais les présente sans ordre* : **organisa-**

tion. **3.** *Le ministre prétendait que les grèves troublaient l'ordre public* : **sécurité**. *La presse défendait l'ordre établi* : **en place**, [anglic.] **establishment**. **4.** *Ces termes sont volontairement mis dans un certain ordre* : **enchaînement**. **5.** *Le chahut devenait constant, les surveillants y mirent bon ordre* : [plus fam.] **mettre le holà**. *L'élève qui n'apprenait pas ses leçons a été rappelé à l'ordre* : **réprimander**. *Voilà un homme d'ordre* : **ordonné**. *Vous admettrez que c'est une question à l'ordre du jour* : **d'actualité**. *C'est une œuvre de premier ordre* : **de premier plan**.

◇ **ordonné** **1.** *La maison était toujours bien ordonnée* : **net** (qui implique la propreté). **2.** *C'était une femme très ordonnée* : [plus génér.] **soigneux**, **soigné**.

◇ **ordonnance** **1.** *L'ordonnance des cérémonies avait été troublée par l'orage* : [cour.] **organisation**. **2.** *Il vous demande de modifier complètement l'ordonnance des mots* : **agencement**. **3.** *L'ordonnance d'un appartement* : [plus cour.] **disposition**.

II **1.** *Il est préférable d'obtenir un ordre écrit* : ↓ **directive** ; → DEMANDE. **2.** *Les manifestants n'avaient pas suivi les mots d'ordre des organisateurs* : **consigne** ; → INSTRUCTION, COMMANDEMENT, RECOMMANDATION. *Donner des ordres* : **commander***.

III V. COMMUNAUTÉ II et CORPORATION.

ordure **1.** [pl.] *Des usines spécialisées traitent presque toutes les ordures* : **détritus** (= matériaux de rebut dont on se débarrasse) ◆ **immondices** (= rebut de l'industrie, des déchets de la vie humaine) ; → DÉCHET. **2.** [sing. ou pl.] *Son livre n'était qu'un amas d'ordures* : ↓ **grossièreté***, ↑ **obscénité***, ↑ **saleté***, [fam.] **cochonnerie**. **3.** [sing.] *L'ordure de cet endroit* : **crasse**, **saleté**, [fam.] **saloperie**. *Il vivait dans l'ordure* [sout.] : **boue**, **fange** ; → DÉBAUCHE. **4.** *Tais-toi donc, ordure !* : [très fam.] **fumier**, **salaud***.

ordurier V. grossier, obscène, sale.

orée V. bord II.

oreille **1.** [pl.] *Ouvrez donc vos oreilles* : [très fam.] **esgourdes**, **portugaises**. **2.** [sing.] *Il n'a pas l'oreille très fine* : **ouïe**. **3.** *Se faire tirer l'oreille* : **prier***. *Montrer le bout de l'oreille* : **se trahir***. *Casser les oreilles* : **étourdir***. *Prêter l'oreille* : **croire***. *Rougir jusqu'aux oreilles* : **comme une pivoine**. *Être dur d'oreille* : **sourd***.

oreiller V. coussin.

orfèvre, orfèvrerie V. bijoutier (*in* bijou).

organe

I **1.** [au pl.] *Il reçut un coup dans les organes génitaux* : **parties**. **2.** *Cet orateur a un organe un peu faible* : [plus cour.] **voix**.

◇ **organisme** *Selon les médecins, l'usage de la drogue détruit peu à peu l'organisme* [didact.] : [cour.] **corps humain**.

II *L'organe d'un parti* : **journal***.

organique V. somatique.

organiser **1.** *Organiser un travail* : ↑ **planifier**, **préparer***. *L'administrateur fut chargé d'organiser les nouveaux services* : ↓ **former**, ↓ **mettre sur pied** ; → DISTRIBUER, ARRANGER, PRÉVOIR. **2.** *Organiser une affaire* : **combiner***, **monter**. **3.** *Organiser une intrigue* : **nouer***. **4.** *Une campagne de presse a été organisée pour lutter contre le tabagisme* : **orchestrer** (= organisation sérieuse pour donner le maximum de retentissement).

◇ **organisé** **1.** *C'est un esprit très organisé* : **méthodique**. **2.** *C'est du vol organisé !* : V. SYSTÉMATIQUE.

◇ **organisation** **1.** *L'organisation des travaux a exigé beaucoup d'imagination* : **mise sur pied** (= idée de démarrage) ◆ **planning** (= idée de déroulement dans le temps) ; → DISTRIBUTION. *Sans organisation* : **sans ordre***. **2.** *Militer dans une organisation politique* : **mouvement**, **parti**. *Une organisation de voyages* : **organisme**. **3.** *On ne connaît pas encore toute l'organisation du corps humain* : [sout.] **économie** ; → STRUCTURE. **4.** *L'organisation d'un tableau* : **composition***. *L'organisation de sons* : **arrangement**. **5.** *Les réformateurs ne voulaient pas bouleverser l'organisation sociale* : **édifice**.

organisme V. organisation (*in* organiser).

orgie V. débauche (*in* débaucher II), festin.

orgueil *Il aime ce qui flatte son orgueil* (= opinion exagérée que l'on a de sa propre valeur, opinion accompagnée de dédain à l'égard d'autrui) : [sout.] **superbe** ◆ [sout.] **outrecuidance** (= confiance excessive en soi) ◆ **amour-propre** (= susceptibilité, crainte des comparaisons avec autrui) ◆ **morgue** (= sentiment de supériorité exprimé par la froideur de l'attitude ou de l'expression) ◆ **présomption**, **prétention*** (= opinion beaucoup trop avantageuse de ses possibilités) ◆ **complaisance** (= sentiment de vanité : *s'écouter avec complaisance*, être satisfait de soi) ; → FIERTÉ, VANITÉ, AFFECTATION, AMBITION, CONFIANCE.

◇ **orgueilleux** *C'est un homme orgueilleux qui méprise tout ce que font les autres* : [sout.] **outrecuidant** ◆ ↑ **présomptueux**, **prétentieux** ◆ [fam.] **se croire sorti de la cuisse de Jupiter**, **bouffi* d'orgueil**, **fier*** ; → AMBITIEUX.

orient *L'escadre se dirigeait vers l'orient* [très sout.] : **levant**, [cour.] **est**.

orienter 1. *Le gendarme orienta le promeneur égaré dans la bonne direction* : [cour.] **diriger**, **guider***. 2. *Orienter un bâtiment au sud* : V. CENTRER et EXPOSER. 3. *Orienter une décision* : V. INFLUENCER. *Orienter la conversation sur* : V. BRANCHER. 4. *Le train a été orienté sur une voie de garage* : [plus précis.] **aiguiller**.

◇ **s'orienter** *Il savait s'orienter au beau milieu d'une forêt* : **se repérer**. *Son regard s'orienta vers* : V. SE TOURNER.

◇ **orienté** 1. *Les journaux d'information sont aussi orientés que les publications d'un parti politique* : **tendancieux**. 2. *Une maison bien orientée* : V. SITUÉ.

◇ **orientation** 1. *Je n'ai pas compris l'orientation de l'orateur* : **tendance**, [plus précis.] **couleur politique** ; → ATTITUDE. 2. *C'est une erreur d'orientation* : **aiguillage**. 3. *Changer d'orientation* : V. CHEMIN et DIRECTION. *L'orientation d'un bâtiment* : **exposition***, **situation***. 4. V. DIRECTION et EXPOSITION.

oriflamme V. banderole.

originaire V. natif.

original

I [n.] 1. *Ce peintre travaillait rarement à partir de l'original* : **modèle**. 2. *Lire Virgile dans l'original* : **texte***.

II 1. [n.] *Il ne fait rien comme les autres, c'est un original* : **excentrique**, [fam.] **numéro**, **phénomène**, **fantaisiste*** ; → MANIAQUE. 2. [adj.] *Une tenue originale* : **bizarre*** ; → PITTORESQUE. 3. [adj.] *Une idée originale* : **neuf***, **nouveau***. *Un avis original sur qqch* : **personnel***, **particulier***. 4. [adj.] *Une édition originale* : V. PREMIER.

◇ **originalité** 1. *Les critiques ont apprécié l'originalité de ce jeune écrivain* : **personnalité**, **caractère***, [sout.] **individualité*** ; → CARACTÉRISTIQUE, SINGULARITÉ. *Cela manque d'originalité* : **inspiration***, **nouveauté***. 2. [au pl.] *Cette vedette a défrayé la chronique par ses originalités* : ↑ **bizarrerie**, ↑ **excentricité**, **fantaisie***.

origine 1. *L'origine de quelqu'un importe peu* : **ascendance** (= générations dont est issue une personne) ◆ [partic.] **extraction** (= origine sociale). 2. *D'innombrables légendes relatent l'origine de l'univers* : **commencement**, **naissance** ◆ [sout.] **genèse** ◆ [sout.] **enfance** (qui s'applique aux débuts) ; → CRÉATION. 3. *On a beaucoup disputé sur l'origine de la Révolution française* : **source** ; → AGENT, CAUSE. *L'origine de la dispute est un banal malentendu* : **base**, **cause**, [sout.] **germe** ; → BASE. *L'origine d'un mal* : **racine***. *On distingue les mots d'origine savante de ceux d'origine populaire* : **formation**. *L'origine d'un mot* : **étymologie***. 4. *Avez-vous repéré l'origine de cet appel ?* : **provenance***. *À l'origine, dès l'origine* : **au début**, **dès le début**.

◇ **originel** *On ignore le sens originel de cette expression* : **initial**, **premier***, **primitif**.

◇ **originellement** : **initialement**, **primitivement**.

oripeaux V. guenille.

orner *Le salon était orné de petits bouquets variés* : **agrémenter**, **décorer**. *Ce vêtement était orné de décorations* : [partic.] **chamarrer**. *Des pots de géranium ornaient les fenêtres* : **garnir**, **parer***. *Fallait-il qu'il orne ainsi son discours pour faire passer le contenu ?* : **enjoliver**, [plus génér.] **enrichir** ; → ÉMAILLER. *Plusieurs peintres avaient orné le recueil de poèmes* : **illustrer**. *Au Moyen Âge, les moines ornaient les manuscrits* : [plus précis.] **enlu-**

miner. *Une vieille carte ornait le mur blanc* : **égayer**.

◇ **ornement** 1. *La cheminée était couverte d'ornements* : **garniture**. *Les ornements d'un vêtement* : [partic.] **broderies**, [péj.] **fanfreluches**. *Les ornements d'un tissu* : **motif***. *S'habiller sans ornement* : **sans fantaisie, sobrement**. 2. *Il ajoutait trop d'ornements à son histoire* : **enjolivure**. *Les ornements du style* : V. ÉLÉGANCE.

◇ **ornemental** *La terrasse était encombrée de plantes ornementales* : **décoratif, d'ornement**.

◇ **ornementer** *Des chapiteaux sont ornementés de feuillages* : **décorer**.

◇ **ornementation** *C'est tout un atelier qui a travaillé à l'ornementation de la cathédrale* : **décoration**.

ornière 1. V. TROU. 2. *Sortir de l'ornière. Cet homme dynamique sort de l'ornière* : **chemins battus, routine**. *Je ne sais si on pourra le sortir de l'ornière* : **de ce mauvais pas** ; → DIFFICULTÉ.

orteil *Gros orteil* : V. pouce.

orthodoxe 1. *C'est un historien orthodoxe qui n'a rien apporté de nouveau à la conception actuelle de l'histoire* : **conformiste***, **traditionnel**. 2. V. CHRÉTIEN.

orthodoxie V. conformisme (*in* conforme).

orthogonal V. perpendiculaire.

orthographier V. écrire.

os 1. V. pierre d'achoppement*, difficulté (*in* difficile), ennui (*in* ennuyer). 2. *Sac d'os* : V. maigre.

oscillation V. vacillation (*in* vaciller), va-et-vient.

osciller 1. V. se balancer. 2. V. hésiter.

oseille V. argent.

oser 1. *Il a osé me frapper !* : **se permettre de**, [fam.] **avoir le culot de**. 2. *Le chirurgien osa l'opération* [sout.] : [cour.] **risquer, tenter***. 3. *Vous n'osez même pas le répéter* : **craindre de**.

◇ **osé** 1. *Le film devait son succès à ses scènes osées* : **libertin** ◆ ↓ **libre, leste, hardi*** ; → ÉROTIQUE, LÉGER. 2. *C'est une démarche un peu osée* : ↑ **audacieux**, ↑ **téméraire** ; → ENTREPRENANT.

ossature 1. *La jeune fille avait une trop forte ossature* : **charpente, squelette*** ; → CARCASSE. 2. *Quelques idées claires formaient l'ossature de son discours* : [sout.] **armature**, [plus cour.] **charpente, structure**.

ossements V. squelette.

ossuaire V. cimetière.

ostensible V. apparent.

ostentation *Il avait étalé ses connaissances par ostentation* : **affectation, gloriole** ; → PARADE.

ostentatoire V. affecté.

ostracisme V. exclusion (*in* exclure), hostilité (*in* hostile).

ostrogot V. grossier.

ôter [génér.] **enlever**. 1. *Si j'ôte 5 de 12, il reste 7* : **retrancher, soustraire** ; [plus génér.] **enlever*** ; → PRENDRE, SUPPRIMER. 2. *Il a ôté son manteau humide* : **retirer, quitter** ; → SE DÉCOUVRIR, TOMBER. 3. *Il faut ôter du texte toute allusion blessante* : **proscrire, bannir***. 4. *Ôtez les mains de vos poches !* : **sortir**. *Il ôte les mauvaises herbes du jardin* : V. ARRACHER* et DÉGAGER*. *Elle parvint à ôter les obstacles* : **balayer***. *Ôter la peau d'un fruit* : **peler***. 5. *Cette aventure m'a ôté mes illusions* : **enlever, faire perdre**.

◇ **s'ôter** *Ôtez-vous de là !* : [fam.] **se pousser**, [très fam.] **se barrer, se tailler** ; [plus sout.] **se retirer**. *Ôtez-vous de mon chemin* : **s'écarter**.

ou [conj.] *Dites-moi tout ou je ne vous parle plus* : **sinon**. *Je viendrai lundi ou mardi* : **soit, soit** (qui souligne davantage les deux termes d'une alternative : *soit lundi, soit mardi*) ; **tantôt, tantôt** (qui marque fortement l'alternance d'états différents : *tantôt il est calme, tantôt il s'agite*).

où [adv.] *Où avez-vous trouvé ce bibelot ?* : **à quel endroit**. *Par où ?* : V. SENS. *Vous irez où vous voudrez* : [moins cour.] **là**.

ouate V. coton.

oubli **1.** *L'acteur a eu un oubli au milieu de sa scène* : **absence** ◆ [fam.] **trou** ◆ **amnésie** (= perte pathologique de la mémoire) ; → MANQUE. **2.** *C'est un oubli inadmissible de ses devoirs* : **manquement à**. **3.** *Il a vite réparé cet oubli* : [partic.] **distraction**, **étourderie***, **négligence**, **omission***. **4.** *Laisser dans l'oubli* : V. OMBRE. **5.** *Ce n'est pas facile de pratiquer l'oubli des injures* : ↑ **pardon**.

◇ **oublier** **1.** [~ qqch] *Il oublie les convenances* ; [sout.] **manquer* à**, **négliger***. **2.** [~ qqch] *Essayez d'oublier vos soucis* : **se débarrasser**. *Oublier son ressentiment* : **faire abstraction* de**. *Oublier les erreurs de qqn* : **pardonner***. **3.** [~ qqch] *Oublier la consigne* : V. MANGER. *Oublier ses clés* : **laisser***. *Oublier un paragraphe* : **omettre***, **passer***, **sauter***. **4.** *Faire oublier qqch* : V. EFFACER. **5.** [~ qqn] *Il n'a oublié personne* : V. EXCEPTER. *Depuis qu'elle s'est mariée, elle a oublié ses amis* : [fam.] **laisser tomber**. **6.** *Se faire oublier. Vous avez été désagréable et gagneriez certainement à vous faire oublier* : [fam.] **faire le mort**. **7.** V. S'ÉTOURDIR.

oubliettes V. cellule.

ouest V. occident.

oui *Viendrez-vous ? – Oui* : **assurément**, **sûrement** (qui peuvent renforcer *oui*, *oui, sûrement* ou se substituer à lui) ; → PARFAITEMENT, PRÉCISÉMENT, VOLONTIERS, D'ACCORD*, EXACTEMENT, NON.

ouï-dire V. on-dit.

ouïe **1.** [sing.] *Les organes de l'ouïe* : **audition**. *Avoir l'ouïe fine* : V. OREILLE. **2.** [pl.] *La couleur des ouïes indique la fraîcheur du poisson* : **branchies** (= appareil respiratoire de beaucoup d'animaux aquatiques, *ouïes* les orifices externes des branchies).

ouïr V. entendre.

ouragan V. vent.

ourdir V. machiner, nouer (*in* nœud), préparer.

ours V. sauvage I.

outil V. ustensile.

outrage **1.** *Je ne supporterai pas un tel outrage* [sout.] : [cour.] ↓ **affront**, ↓ **offense** ◆ ↓ **injure**, **insulte** (= outrages en paroles). **2.** *Il a été poursuivi pour outrage à la pudeur* : **attentat**, **offense***. **3.** *Outrage à Dieu* : **blasphème***, **sacrilège***.

◇ **outrager** *Il m'a outragé par ses paroles blessantes* [sout.] : ↓ **offenser**, [plus cour.] ↓ **injurier**, ↓ **insulter**.

◇ **outrageusement** *Elle était outrageusement fardée* : **excessivement**, **très***.

outre **1.** [prép.] *Outre cette propriété, il possède un immeuble à Paris* : [sout.] **en sus de**, [plus cour.] **en plus de**, **sans parler de** ; → AUSSI, ACCESSOIREMENT, INDÉPENDAMMENT. **2.** *Outre mesure. Il ne s'est pas inquiété outre mesure* : [plus cour.] **trop**. **3.** *En outre. Il n'avait pas de permis de conduire et, en outre, il a insulté le gendarme* [sout.] : [plus cour.] **de plus** ; → PAR AILLEURS, PAR-DESSUS LE MARCHÉ*. *Je ne pourrai pas venir ; en outre, j'ai trop de travail* [sout.] : **au reste**, **au surplus**, [plus cour.] **d'autre part** ; → D'UN AUTRE CÔTÉ*, D'AILLEURS. **4.** *Passer outre* : V. DÉSOBÉIR.

outrecuidant V. orgueilleux.

outrepasser *Il n'avait pas hésité à outrepasser les ordres* : **enfreindre** (= ne pas respecter les ordres) ; → DÉPASSER, TRANSGRESSER. *Outrepasser ses droits* : **abuser***.

outrer **1.** *L'actrice croyait satisfaire le public en outrant son jeu* : **charger***, **forcer**, **exagérer***. **2.** *Votre désinvolture l'a outré* : ↓ **indigner**, **scandaliser***.

◇ **outrance** **1.** V. DÉMESURE et EXAGÉRATION. **2.** *Il était méticuleux à outrance* : **à l'excès**. *Une guerre à outrance* [sout.] : [cour.] **total**.

◇ **outrancier** *Il tenait des propos outranciers* : **excessif**.

ouvert V. ouvrir.

ouverture V. ouvrir.

ouvrage **1.** *Il se mit à l'ouvrage avec ardeur* : **travail***, **tâche**. *Il n'a pas hésité à mettre la main à l'ouvrage* : [fam.] **à la pâte**.

2. *Publier un ouvrage sur l'histoire romaine* : V. LIVRE et ŒUVRE.

ouvragé V. travaillé.

ouvrier *Les ouvriers ne voteront pas pour ce candidat de droite* : **classe ouvrière, classe laborieuse, salarié*, travailleur***.

ouvrir **1.** [qqn ~ qqch] *L'enfant a ouvert fébrilement le paquet* : **déballer**. *Il ouvrait son journal sur la table* : **étaler**. *Le chirurgien a ouvert l'abcès* : **percer**, [didact.] **débrider**. *La congrégation a ouvert plusieurs écoles à l'étranger* : **fonder**. *L'aigle ouvrit ses ailes* : **déployer**. *Elle ouvrait les yeux, surprise* : **écarquiller**. *Ouvrir une brèche dans un mur* : **pratiquer***. *Veux-tu ouvrir le chauffage ?* [fam.] : [cour.] **mettre en marche**. **2.** [qqn, qqch ~ qqch] *La banque a ouvert une nouvelle succursale* : **fonder**. **3.** [qqn ~ qqch] *Ouvrir une discussion* : **commencer***. *Ouvrir la séance* : **inaugurer***. **4.** [qqn ~ qqch] *Je vous ai ouvert ma pensée* : **découvrir**. **5.** [qqch ~ sur qqch] *La fenêtre ouvrait sur un vaste jardin* : **donner sur, s'ouvrir**. **6.** *Elle a ouvert à demi sa fenêtre* : **entrouvrir, entrebâiller**. *Les soldats ouvrirent le feu* : **tirer**. *Le motard ouvrit la route* : **s'engager le premier**. *Vous êtes prié de ne pas l'ouvrir* [fam.] : [cour.] **parler**.

◇ **s'ouvrir** **1.** [qqn ~ à qqn] **se confier***. **2.** [qqch ~] *Les roses s'ouvraient par milliers* : **s'épanouir**. *La terre s'ouvre* : V. SE CRAQUELER.

◇ **ouvert** **1.** [qqn est ~] : **bon*, communicatif*, confiant*, franc*, tolérant***. **2.** [qqch est ~] *Tout étonné, l'enfant restait la bouche ouverte* : ↑ **béant**. *Un chemin ouvert* : **accessible***. *La chasse est ouverte* : **permis**.

◇ **ouvertement** *Le ministre a dit ouvertement pourquoi il démissionnait* : **franchement, simplement*, au vu* et au su de tous** ; → HAUTEMENT.

◇ **ouverture** **1.** *L'ouverture du débat était attendue avec impatience* : **commencement, début**. *L'ouverture d'une exposition* : **inauguration***. **2.** *Le renard entrait dans le poulailler par une large ouverture* : **brèche, trou**. **3.** *On perça une ouverture dans le mur* : [plus précis.] **embrasure**. **4.** *Les ouvertures de l'O.N.U. ont permis l'arrêt des combats* : **offre, proposition**.

ovation V. acclamation (*in* acclamer). *Faire ovation à* : V. acclamer.

ovni V. soucoupe.

oxygéner (s') V. s'aérer.

P

pacage *Les vaches restaient au pacage tout l'été* [vieilli] : [plus cour.] **pâturage ◆ pâture** (= terre qui donne de l'herbe sans culture) **◆ prairie ◆ pâtis** (= lieu qui fournit une nourriture aux animaux, constitué de friches et de landes) **◆ herbage** (= parcelle pâturée par le bétail) **◆ alpage** (= pâturage situé dans les hautes montagnes) ; → PRÉ.

pacifier V. apaiser.

pacifique V. calme, débonnaire, paisible.

pack V. paquet.

pacotille V. marchandise (*in* marchand), sans valeur*.

pacte *Les deux grandes puissances ont signé un pacte de non-agression* : **traité** ; → ACCORD. *Rompre un pacte* : V. MARCHÉ.
◇ **pactiser** [~ avec qqch] *Pour mieux le combattre, les policiers pactisaient avec le crime* : **composer, transiger.**

paddock V. lit I.

paf V. ivre.

pagaille 1. V. ANARCHIE et DÉSORDRE. 2. *En pagaille. Il y avait des bibelots en pagaille dans toutes les pièces* [fam.] : [cour.] **en grande quantité** ; → BEAUCOUP.

page 1. V. feuille II. 2. V. lit I. 3. V. anthologie.

pageot V. lit I.

pager (se) V. coucher II.

paie V. payer.

paiement V. règlement II, versement (*in* verser IV).

païen V. infidèle II.

paillard 1. [n.] V. JOUISSEUR. 2. [adj.] *Il jetait des regards paillards sur toutes les femmes* : ↓ **polisson ◆** [très fam.] **cochon.**

paillasson V. tapis.

paille 1. *La paille servait de litière au bétail* : **chaume, éteule** (qui ne s'emploient que pour la paille restée sur pied) ; → TIGE. 2. *Nous allons le tirer à la courte paille* : **au sort.** *Une paille. Ça coûte trois millions : une paille, quoi !* [fam.] : [cour.] **une bagatelle, un rien.** *Être sur la paille* : **dans la misère.** *Des pommes paille* : V. FRITE.

paisible 1. [qqn est ~] *On n'avait jamais vu cet homme paisible se mettre en colère* : **calme*, placide ◆** ↓ **pacifique ◆** [fam.] **peinard, pépère.** 2. [qqch est ~] *C'était un hameau paisible au milieu des champs* : **tranquille ◆** [fam.] **peinard** ; → CALME.
◇ **paisiblement** *Ils faisaient paisiblement leur petite promenade* : **calmement, tranquillement** ; → DOUCEMENT.

paisiblement V. paisible.

paître 1. *Les moutons paissaient l'herbe rare* : **pâturer ◆** [plus cour.] **brouter** ; → MANGER. 2. *Envoyer paître qqn, qqch* : V. ENVOYER BOULER* QQN, QQCH et ENVOYER PROMENER* QQCH, QQN.

paix 1. *Il appréciait cette paix de la montagne* : **tranquillité** ; → CALME. 2. *Les belligérants ont fait la paix* : **poser les armes.** 3. *La paix, s'il vous plaît !* : **silence !** *Faire la paix* : **se réconcilier** ; → SE METTRE D'ACCORD*. *Être en paix* : V. REPOS.

palabrer V. discourir (*in* discours).

palace V. hôtel.

paladin V. chevalier.

palais V. château.

pâle 1. *Après son long séjour à l'hôpital, le malade restait pâle* : **blafard** (*un teint blafard*) ◆ ↑ **blême** (qui s'applique au visage) ◆ **hâve** (qui ajoute l'idée de maigreur : *un visage hâve*) ◆ **pâlichon, pâlot** (qui s'emploient surtout en parlant des enfants) ; → BLANC I, LIVIDE. 2. *On voyait au loin une lueur pâle* : **faible.** 3. *À la lessive, mon pull est devenu tout pâle* : **décoloré, délavé** ; → TERNE. 4. *Quelle pâle imitation de Rubens !* : **fade, terne.**
◇ **pâlir** 1. *La colère le fit pâlir* : **blêmir** ◆ **changer de couleur** (qui est aussi **blanchir, rougir** ou **verdir** quand le changement est dû à la peur). 2. *Le soir, la lumière pâlissait* : **s'affaiblir.** 3. *Les couleurs ont pâli au soleil* : **se faner** ◆ **passer** ; → JAUNIR.

palefrenier V. garçon d'écurie*.

palefroi V. cheval.

paletot V. manteau.

palette V. gamme.

pâlichon V. pâle.

palier *Par paliers* : V. degré II, progressivement (*in* progrès).

palinodies V. changement (*in* changer III).

pâlir V. pâle.

palis, palissade V. clôture.

pallier 1. *Il faudrait pallier cette faute* [très sout.] : [cour.] ↓ **cacher, couvrir.** 2. *Les secours internationaux n'ont pu pallier les effets de la sécheresse* [sout.] : [très sout.] **obvier à** ◆ [cour.] **atténuer** ; → REMÉDIER, SAUVER.
◇ **palliatif** *Le soutien des cours du blé n'était qu'un palliatif* : **expédient***.

palombe V. pigeon.

pâlot V. pâle.

palpable V. palper.

palpation V. toucher IV.

palper 1. *Le médecin a longuement palpé le ventre du malade* : [plus génér.] **toucher** ; → TÂTER. 2. *Il a beaucoup palpé dans cette affaire* [fam.] : [cour.] **recevoir de l'argent** ; → GAGNER.
◇ **palpable** 1. *Voilà des avantages palpables qui vous satisferont* : **réel, tangible** ; → CONCRET. 2. *Des preuves palpables* : V. CERTAIN I, MATÉRIEL I.

palpitant V. palpiter.

palpitation V. battement* de cœur (*in* battre III), cœur I.

palpiter 1. [qqch ~] *Le cœur palpite* : V. BATTRE. 2. *Le film le faisait palpiter de peur* : **frémir.**
◇ **palpitant** 1. [adj.] *Les élèves suivaient avec passion le récit palpitant* : ↑ **émouvant.** *Votre histoire n'est pas très palpitante* : **intéressant.** 2. [adj.] *Les chasseurs emportent le cerf palpitant* [sout.] : **pantelant.** 3. [n.] *J'ai le palpitant qui bat trop vite* [fam., vieilli] : [cour.] **cœur.**

paluche V. main.

paludier V. salinier (*in* saline).

pâmer (se) *Se pâmer d'admiration* : V. s'extasier.

pamphlet V. libelle, satire.

panacée V. remède.

panache V. plume I.

panacher V. barioler.

panard V. pied I.

pancarte V. écriteau (*in* écrire).

pandore V. gendarme.

panégyrique V. éloge.

panier V. but. *Le haut du panier* : V. élite, fin III. *Le fond du panier* : V. rebut. *Panier percé* : V. dépensier.

panique *La population prise de panique fuyait l'inondation* : ↓ **effroi***, ↓ **peur*** ◆ **terreur** (qui ne suppose pas le caractère irraisonné et le plus souvent collectif de la panique). *Rien n'est prêt, c'est la panique !* [fam.] : V. AFFOLEMENT et FUITE.

paniquer V. s'affoler, avoir peur*.

panne *Panne sèche* : V. essence I.

panneau 1. V. piège. 2. V. signal.

panonceau V. enseigne I.

panoplie V. choix.

panorama 1. *Du haut de la tour, on avait un beau panorama* : ↓ **vue.** 2. *Le panorama d'une société* : V. FRESQUE.

panse *Les invités se sont rempli la panse* [fam.] : [cour.] **ventre***.

◇ **pansu** 1. [qqn est ~] *Un homme pansu* : **ventru** ; → GRAS, GROS. 2. [qqch est ~] *Un vase pansu* : **renflé.**

panser *Le médecin pansa soigneusement le bras blessé* : [plus partic.] **bander** ; → SOIGNER.

◇ **pansement** *Le blessé était couvert de pansements* [génér.] : [plus partic.] **bande, bandage, bandelette, gaze.**

pantalon 1. *Il ôta la ceinture de son pantalon* : **bleu, blue-jean, jean(s)** (= pantalon en toile bleue) ◆ [rare] **knickerbockers** (= pantalon de golf) ◆ [très fam.] **falzar, froc, grimpant** ; → CULOTTE. 2. *Il n'a rien dans le pantalon* : V. HOMME II.

pantelant V. haletant, palpitant (*in* palpiter).

pantin Personne qui gesticule de façon excessive et paraît de ce fait ridicule : **girouette, marionnette** (= personne versatile) ◆ **fantoche** (qui insiste sur l'absence de sérieux) ◆ **guignol, polichinelle** (qui comportent en plus une idée de ridicule marqué) ; → AUTOMATE, BOUFFON, ESCLAVE.

pantois *Laisser pantois* : V. déconcerter.

pantomime 1. *La troupe s'était spécialisée dans les pantomimes* : [didact.] **mimodrame.** 2. *Vous n'avez pas fini votre pantomime !* [péj.] : [plus cour.] **cirque, comédie.**

pantouflard V. bourgeois, casanier, sédentaire.

pantoufle V. chausson (*in* chausser).

papa 1. *La petite fille appelait son papa* : **père** ◆ [fam.] **paternel, vieux.** 2. *À la papa. Faire son travail à la papa* [fam.] : **en pépère** ◆ [cour.] **tranquillement.** *De papa. Ce genre de pièces, c'est le théâtre de papa* [fam.] : [cour.] **périmé** (*..., c'est un théâtre périmé*).

pape 1. *Le pape est le chef suprême de l'Église catholique romaine* : **souverain pontife** ◆ [terme de religion] **Saint-père.** 2. *X... est le pape de cette école de peintres* : ↓ **chef (de file)** ◆ [rare] **pontife.**

◇ **papal** *Accéder au trône papal* [didact.] : **pontifical.**

◇ **papauté** *La papauté a perdu son pouvoir au cours des siècles* : **Saint-Siège, Vatican.**

papegai V. perroquet.

papelard 1. V. doucereux (*in* doux). 2. V. papier.

papi V. grand-père.

papier 1. *Écrire un papier* : V. ARTICLE. 2. *L'escroc avait fait disparaître tous les papiers compromettants* : [plus partic.] **écrit.** *Il avait légué tous ses papiers au musée* : [plus partic.] **document.** 3. [pl.] *Le gendarme examinait ses papiers, ses papiers d'identité* : **pièce** ◆ [fam.] **papelards.** 4. *Sur le papier* : **théoriquement, en théorie.** 5. *Papier peint* : V. TAPISSERIE.

papilloter *Ses yeux papillotaient, éblouis par les phares* : **cligner.**

papivore V. lecteur (*in* lire I).

papotage V. bavardage (*in* bavard).

papoter V. bavarder (*in* bavard).

paquebot V. bateau I.

paquet 1. Réunion de plusieurs objets enveloppés ensemble. *Un paquet de linge* : **colis** (= paquet qui est expédié : *envoyer un colis par la poste*), **ballot** (= petit paquet de marchandises ou de vêtements) ◆ [fam.] **balluchon** (= petit paquet de vêtements enveloppés dans un carré d'étoffe) ◆ **boîte** (*acheter un paquet de sucre, une boîte d'allumettes*). ◆ [anglic.] **pack** (*un pack de bières*). 2. *L'opération a rapporté un paquet d'actions* [fam.] : [cour.] **une grande quantité de** ; → BEAUCOUP. *Des paquets de mer gênaient le départ du voilier* : **de grosses vagues.** 3. *Le prévenu a fini par lâcher le paquet* [fam.] : [cour.] **avouer.**

paquetage V. bagage.

par V. pour.

parachever *Le menuisier parachevait son travail en polissant le bois du meuble* : [fam.] **fignoler** (qui implique l'idée d'un soin excessif) ◆ ↓ **parfaire** (= achever qqch en sorte qu'il ne manque rien) ; → ACCOMPLIR, FINIR.

parachuter V. nommer II.

paraclet V. esprit.

parade 1. V. REVUE. 2. *Sa vanité n'était satisfaite que par la parade* : **ostentation** ◆ [fam.] **esbroufe.** 3. *Il cherchait une parade pour se tirer de ce mauvais pas* : **défense** ; → DIVERSION. 4. *Faire parade de qqch. Il faisait sans cesse parade de ses voyages* : **faire étalage, étaler*** ◆ [sout.] **faire montre de.**

◇ **parader** *Il paradait avec suffisance auprès des jeunes femmes* : **plastronner, se pavaner, faire la roue, le fier*** ; → S'ÉTALER.

paradis 1. *Aller au paradis* : V. CIEL. 2. *Un vrai paradis* : V. DÉLICE. 3. *Au milieu du désert, l'oasis était un paradis de verdure* : **éden.** 4. *Les immigrés avaient cru trouver le paradis dans ce pays neuf* : [moins cour.] **eldorado, pays de cocagne.**

◇ **paradisiaque** *L'agence de voyages promettait un séjour paradisiaque dans les îles grecques* : **enchanteur.**

parages *Vous avez donc une maison dans les parages ?* : [sing.] **voisinage** ◆ [pl.] **environs.**

paragraphe V. alinéa, section II.

paraître

I 1. [avec l'auxil. avoir, qqn ~] *Elle parut et se jeta dans ses bras* : **apparaître** ◆ [plus génér.] **se montrer.** *Il n'a pas paru depuis trois jours* : **venir.** 2. [avec l'auxil. avoir, qqn ~] *Elle paraissait sur scène depuis cinquante ans* : **se produire*.** 3. *Il paraît un homme bien doux* [sout.] : **faire figure de** ◆ [cour.] **passer pour** ; → IMPRESSION, SEMBLER. 4. *Le désir de paraître* : V. BRILLER. 5. [avec l'auxil. avoir, qqch ~] *Peu à peu, le jour parut* : [sout.] **poindre, pointer.** 6. [avec l'auxil. avoir, qqch ~] *Le poison paraissait plus nocif que prévu* : **s'avérer, se révéler.** 7. *Faire, laisser paraître. Il laissait maintenant paraître sa colère* : **manifester.**

II 1. [~ + attribut] *Il paraît très sûr de lui* : **sembler*.** *Il paraît insensible aux reproches* : [plus cour.] **avoir l'air.** 2. *Il paraît que. Il paraît que l'on va manquer de fuel cet hiver* : **on dit que, on prétend que.** *Paraît-il* : V. DIRE. 3. [~ + inf.] *Il paraît bien avoir quarante ans* : [fam.] **faire** (*il fait bien...*).

III [avec auxil. avoir ou être] *L'ouvrage devait paraître au mois d'octobre* : **être publié, être édité** ; → SORTIR. *L'éditeur fait paraître l'ouvrage le mois prochain* : **éditer.**

◇ **parution** *La parution du rapport est attendue* : **publication** ; → SORTIE.

parallèle [n.m.] 1. *Le policier a établi un parallèle entre les deux dépositions* : ↑ **rapprochement.** 2. *Mettre qqch en parallèle avec qqch* : V. COMPARER.

◇ **parallélisme** *Il y avait un parallélisme frappant entre les deux interventions* : ↑ **accord** ; → COMPARAISON.

paralogisme V. sophisme.

paralysé 1. V. engourdi (*in* engourdir). 2. blocage (*faire un blocage*).

paralyser 1. V. arrêter I, figer, intimider. 2. V. engourdir.

paralysie *La crise entraînait la paralysie des entreprises* : **asphyxie** ; → ARRÊT.

parangon V. modèle I.

parapet V. balustrade.

paraphrase *Il entreprit une paraphrase du texte* [didact.] : [plus cour.] **commentaire, explication.**

parapluie 1. *Il a perdu son parapluie dans le métro* : [fam.] **pépin** ◆ [vieilli] **riflard.** 2. *Les opinions divergent sur l'efficacité du parapluie nucléaire* : **protection.**

parasite 1. *Il se faisait inviter chez les uns et les autres, satisfait de sa vie de parasite* : [vieilli] **écornifleur** ◆ [fam.] **pique-assiette** ; → CONVIVE. 2. [pl.] *Des parasites empêchaient de suivre correctement l'émission* : **brouillage** (= perturbations provoquées volontairement).

parasiter V. brouiller.

paravent *Le trafiquant avait un paravent qui lui permettait de dissimuler ses activités* : **couverture.**

parc

I *Garer sa voiture dans un parc de stationnement était devenu onéreux* : **parking** ◆ [rare] **parcage.**

◇ **parquer** 1. *L'armée avait parqué tous les suspects dans un stade* : **entasser.** 2. *Parquer sa voiture* : **garer** ◆ **se parquer** ; → REMISER.

II 1. V. JARDIN. 2. *Un parc naturel a été établi pour protéger la flore* : **réserve.**

parcelle 1. *La mine ne livrait plus que des parcelles d'or* : ↑ **fragment** ; → MORCEAU. 2. *Vous n'avez pas la moindre parcelle de bon sens* : **atome, grain, miette.** 3. *Il a acheté une parcelle* : V. TERRAIN.

parce que *Nous sommes sortis parce que nous avions trop chaud* : **car** ◆ **en effet,** (*... nous avions, en effet, trop chaud*) ; → COMME, PRÉTEXTE. *Il ne voulait rien dire parce qu'il craignait de la blesser* : **étant donné que, attendu que** (qui insistent sur la dépendance causale) ; → PUISQUE.

parchemin 1. *Pour connaître l'histoire de sa famille, il déchiffrait de vieux parchemins* : [plus génér.] **écrit.** 2. V. PEAU* D'ÂNE.

parcimonie *Il leur donna des fruits avec parcimonie* : ↓ **économie** ◆ [fam.] **au compte-gouttes.**

parcimonieusement V. chichement (*in* chiche).

parcourir 1. *L'avion avait parcouru la distance en un temps record* : **franchir** ; → TRAVERSER. 2. *Parcourir la campagne* : V. BATTRE. 3. *L'armée parcourait les rues* : [plus précis.] **patrouiller.** 4. *Parcourir le journal* : V. LIRE.

◇ **parcours** 1. V. DISTANCE. 2. *Le parcours prévu par les organisateurs comptait de nombreuses difficultés* : **itinéraire** (qui implique davantage l'idée de haltes) ◆ **trajet** (qui se dit plutôt du fait de parcourir un certain espace et convient mieux que les deux autres pour parler d'un parcours urbain : *un trajet d'autobus*) ; → CHEMIN, ROUTE.

pardon 1. V. COMMENT et PLAIRE. 2. Grâce accordée après une offense, une faute : **absolution** (= rémission des fautes [terme religieux] ou jugement qui rend libre un individu tout en le déclarant coupable [terme juridique]) ; → AMNISTIE, CONFESSION. 3. *La Bretagne a conservé la tradition des pardons* [seult en Bretagne] : [génér.] **fête religieuse** ◆ [cour.] **pèlerinage.** 4. *Je vous demande pardon, voulez-vous répéter ?* : **s'excuser** ; → REGRET, REGRETTER.

◇ **pardonner** 1. [~ à qqn] *L'empereur pardonna aux officiers traîtres* : **faire grâce, gracier.** *Il faut lui pardonner* : **absoudre** (qui est plutôt un terme de religion). 2. [~ qqch à qqn] *Je te pardonne cette incartade* : [fam.] **passer l'éponge sur** ; → TOLÉRER, PASSER. 3. [~ qqch] *Vous pardonnerez cette intervention, mais je ne suis pas d'accord avec vous* : **excuser.** 4. *Une erreur qui ne se pardonne pas* [fam.] : **irréparable** ◆ **inexcusable.**

◇ **pardonnable** *Vous êtes pardonnable de ne pas l'avoir cru* : **excusable.**

pardosse V. manteau.

paré V. prêt I.

pare-brise V. vitre.

pareil
I [adj.] **1.** *Les villas du lotissement étaient toutes pareilles* : **identique, semblable** ; → MÊME. **2.** *Je n'ai jamais vu un pareil paresseux* : **tel***. **3.** *Il portait une veste pareille à la mienne* : **comme.** **4.** *C'est pareil* : **c'est tout comme.** *Ce n'est pas pareil* : V. DIFFÉRENT.
◇ **pareillement** **1.** *Tous les voiliers étaient pareillement équipés* : **de la même façon, semblablement** ; → MÊME. **2.** *Le ciel était bleu et la mer pareillement* : **aussi, également, de même.**
II [n.] **1.** *C'est un homme sans pareil, une femme sans pareille* : **hors de pair** ◆ [plus cour.] **hors pair, supérieur** ; → SANS ÉGAL*. *C'est du pareil au même* : V. ÉQUIVALOIR. **2.** V. CONGÉNÈRE. **3.** *La pareille. Je lui ai dit ses quatre vérités, mais il m'a bien rendu la pareille* : **payer de retour** ; → RÉCIPROQUE, REMERCIER.

parent *La maison qui appartient à un de mes parents* (= personne avec qui on a un lien de parenté) : **père, mère** ◆ [très fam.] **les vieux** (= le père et la mère) ◆ [didact.] **collatéral** ◆ **frère, sœur** ◆ **ascendant, descendant** ; → PROCHE, AÏEUX, SIEN.

parenté **1.** V. consanguinité, proche. **2.** V. analogie.

parenthèse V. digression.

parer
I **1.** *Parer un coup* : V. ÉVITER. **2.** *Il faut parer à ce danger* : **se protéger de.**
II **1.** [~ qqch] *À la veille de Noël, les enfants avaient paré toute la maison de guirlandes* [sout.] : [plus cour.] **décorer, orner***. **2.** [~ qqn de] *Elle parait son mari de toutes les qualités* : **orner** ◆ ↓ **attribuer.** **3.** [~ qqch] *Vous avez l'art de parer la réalité* [sout.] : [plus cour.] **embellir** ◆ [péj.] ↑ **farder.** **4.** [~ qqch] *Le boucher a soigneusement paré la viande* : [plus cour.] **préparer.**
◇ **se parer** *Elle passait chaque matin une heure à se parer* : **se bichonner** ◆ [péj.] **se pomponner** ◆ [fam.] **s'attifer** (= s'habiller avec mauvais goût) ; → ARRANGER.
◇ **parure** *La vieille dame avait sorti ses plus belles parures* [sout.] : [pl., sout.] **atours.**

paresse *Sa paresse le portait à vivre en parasite* : **fainéantise** ◆ [fam.] **flemme** ◆ [très fam.] **cosse.** *La fortune de ses parents justifiait, disait-il, sa paresse* : ↓ **indolence,** ↓ **mollesse** ; → APATHIE. *Il n'achevait jamais un livre, par paresse* : ↓ **négligence, nonchalance.**
◇ **paresser** *Il paresse toute la journée dans un hamac* : [fam.] **flemmarder, lézarder, se tourner les pouces** ◆ [très fam.] **ne pas en fiche une rame, se les rouler** ; → CUL.
◇ **paresseux** **1.** [adj.] *Il était si paresseux qu'il ne faisait jamais son lit* : **fainéant** ◆ [fam.] **flemmard** ◆ [très fam.] **cossard** ; → INACTIF, LENT. **2.** [n.] *Ce paresseux n'arrive à rien dans son travail* : [fam.] **tire-au-flanc** ◆ **cancre** (qui s'emploie pour un écolier).

paresseusement V. mollement (*in* mou).

parfaire **1.** *L'artisan s'appliquait à parfaire son ouvrage* : **peaufiner** ◆ [fam.] **fignoler** ◆ ↓ **perfectionner** ◆ **ciseler** (qui suppose que l'ouvrage est repris plusieurs fois afin d'être rendu irréprochable) ◆ **châtier** (qui s'applique à un texte dont on rend le style le plus correct possible) ◆ **polir** (= donner de l'élégance, mettre la dernière main) ◆ **ajouter à** (qui ne suppose pas que l'on conduit qqch à la perfection) ; → PARACHEVER, AMÉLIORER, ÉPURER, FINIR. **2.** *Il espère parfaire la somme dans quelques jours* [rare] : [plus cour.] **compléter.**

parfait **1.** [qqn est ~] *C'est un parfait menteur* : **fieffé** ; → ACCOMPLI. **2.** [qqn est ~] *Un homme parfait* : V. MODÈLE II, EN OR*. *Une femme d'une beauté parfaite* : [sout.] **angélique.** **3.** [qqch est ~] *La réparation avait été exécutée de façon parfaite* : **impeccable** ; → IRRÉPROCHABLE. *Leur union était parfaite* : **idéal** ; → RÉUSSI, EXEMPLAIRE. *Le calme parfait de la campagne fut pour beaucoup dans sa guérison* : **complet*, total.** *J'ai une parfaite confiance en lui* : **entier.** **4.** *Vous avez été sages, c'est parfait* : **très bien** ; → AU POIL*. *Ce repas était parfait* : **très bon.** *C'est une pommade parfaite contre les moustiques* : **infaillible.** *Un style parfait* : V. PUR I. *Votre devoir est parfait* : [plus partic.] **sans faute** ; → FINI.
◇ **parfaitement** **1.** *Le décor choisi s'accordait parfaitement au ton de la comédie* : **tout à fait, à la perfection** ; → ADMIRABLEMENT,

EXACTEMENT, À MERVEILLE*, PLEINEMENT. **2.** *Il est parfaitement exact que je ne suis pas venu* : **absolument*, tout à fait** ; → TOTALEMENT. **3.** *Tu voudrais l'épouser ? – Parfaitement, il est très distingué* : **bien sûr, oui.**

parfois *Son frère venait parfois le voir* : **quelquefois, de temps en temps, de temps à autre.**

parfum Odeur agréable. **1.** *Les différents parfums se mêlaient agréablement* : **arôme, senteur** ; → ODEUR, EFFLUVE. **2.** *Le civet de lièvre a un parfum très caractéristique* : [plus précis.] **fumet.** *Le parfum d'un vin* : [plus précis.] **bouquet.** **3.** *Maintenant, il faut le mettre au parfum* [très fam.] : [cour.] **au courant** ; → INFORMER.

◇ **parfumer** **1.** *Des fleurs parfumaient toujours la chambre* : **embaumer.** **2.** *Sa peau était toute parfumée de sel et d'iode* : **imprégner.**

pari **1.** *C'était un pari impossible à tenir* : [sout.] **gageure.** **2.** *Il a touché un pari important* : **enjeu.**

◇ **parier** **1.** *Il avait parié une fortune et avait tout perdu* : [plus génér.] **jouer** ◆ [vx] **gager** ; → CARTE I. **2.** *Je parie qu'il a oublié son rendez-vous* : **mettre sa main au feu, être sûr** ◆ [très fam.] **ficher, foutre son billet.** **3.** V. SE FLATTER* DE.

◇ **parieur** *Un parieur pense toujours gagner une fortune* : **turfiste** (= personne qui parie régulièrement aux courses).

paria *Il a perdu son travail et est devenu peu à peu un paria* : **exclu** ; → DÉFAVORISÉ et PAUVRE II. *Les parias de la société industrielle* : V. MARGINAL.

parier V. pari.

pariétal V. rupestre.

parieur V. pari.

Paris V. État IV.

parité *Il y avait entre eux une parfaite parité de pensées* [sout.] : [plus cour.] **égalité** ; → RESSEMBLANCE.

parjure **1.** V. faux serment*. **2.** V. traître.

parking V. parc I.

parlant V. parler.

parlementaire

I *Le parlementaire est intervenu en faveur de ses administrés* : **député** (= membre de l'Assemblée nationale) ◆ **sénateur** (= membre du Sénat).

II V. DÉLÉGUÉ.

parlementer V. débattre, traiter III.

parler **1.** [qqn ~] *Il parle beaucoup, mais ce qu'il dit n'est pas très intéressant* : **bavarder*** ◆ [fam.] **tchatcher** ; → DISCOURIR. **2.** [qqn ~] *Le chef de bande a fini par parler* : **avouer** ◆ [fam.] **se mettre à table** ◆ [très fam.] **vider son sac.** *Ne vous inquiétez pas, nous saurons bien le faire parler* : [fam.] **tirer les vers du nez** ; → TORTURER. **3.** [qqn ~, au jeu de cartes] *Il n'a pas de jeu pour parler et passe son tour* : **annoncer.** **4.** [~ à qqn] *Il évitait toujours de lui parler* : **adresser la parole, s'adresser à.** *Le délégué syndical parlait avec fougue aux ouvriers de l'atelier* : ↑ **haranguer.** *Je voulais vous en parler* : **toucher un mot.** **5.** [~ avec qqn] *Quand il retrouvait son ami, il n'avait jamais fini de parler avec lui* : **causer** ◆ **conférer** (qui implique l'examen de questions souvent importantes) ◆ [sout.] **deviser** (qui suppose une conversation familière d'une certaine durée) ; → DISCUTER, CONVERSER. **6.** *Il est temps de parler de cette affaire* : **aborder, en venir à, traiter*.** **7.** *Les faits parlent en sa faveur* : **plaider** ◆ ↑ **militer.** *Parler d'or* : **sagement.** *Parler bas* : V. BAS. *Parler à qqn comme à un chien* : **lui parler sans égards.** *On parle de* : V. IL EST QUESTION* DE. *Parler pour qqn* : ↑ **plaider** ◆ [sout.] **intercéder.** *Tu parles !* : V. PENSER. *Parler net* : ↑ **trancher.** *Sans parler de sa mauvaise volonté, ...* : **indépendamment de, pour ne rien dire de** ; → OUTRE. *Je vous en prie, n'en parlons plus* : **laissons cela.** *Pour parler franchement* : V. DIRE.

◇ **se parler** *Ils ne se parlent plus* : V. SE BROUILLER.

◇ **parler** [n.] **1.** *Ce sont les mots du parler quotidien* : [plus cour.] **langage.** **2.** *Dans le Midi de la France, le parler change d'un village à l'autre* : [plus précis.] **dialecte** ◆ [sout.] **idiome.**

◇ **parlant** *L'enfant attira son attention avec des gestes très parlants* : **expressif** ; → ÉLOQUENT. *C'était un portrait très parlant* : [plus cour.] **ressemblant.**

parler-vrai V. franchise.

parlote V. aparté, conversation.

parloter V. bavarder (*in* bavard).

parmi 1. *Parmi tous les emplois qu'on lui proposait, il a choisi celui qui lui permettait de voyager* (suivi d'un pl. ou d'un collectif, indique que qqn ou qqch est distingué d'un ensemble dont il fait partie) : **entre.** 2. *On remarquait beaucoup d'enfants parmi la foule* : [plus cour.] **au milieu de** ; → DANS. 3. *Nous espérons que vous vous trouverez bientôt parmi nous* : **avec** ; → AU NOMBRE* DE. 4. *Cette qualité n'est pas commune parmi les hommes* : **chez.** 5. *On a constaté une rechute parmi cent cas traités* : [plus cour.] **sur.**

parodie V. caricature, imitation (*in* imiter).

parodier V. caricaturer (*in* caricature).

paroi V. mur.

paroisse V. église.

paroissien V. individu.

parole 1. [précédé de la] *L'homme se distingue des autres animaux par la parole* : **langage.** 2. *Il avait toujours des paroles aimables pour chacun* : **propos.** 3. *Avoir la parole aisée* : V. ÉLOCUTION. 4. *Des paroles en l'air* : V. MOT. *Des paroles de politesse* : V. FORMULE. 5. *Je ne fais que rapporter ses (propres) paroles* : **déclaration.** 6. *La parole de Dieu* : **l'Écriture sainte.** *Un homme de parole. On peut compter sur lui, il est de parole* : **sûr.** *Parole !* [fam.] : [cour.] **je le jure !** 7. *Couper la parole* : V. INTERROMPRE. *Donner sa parole* : **promettre** ; → SERMENT. *Reprendre sa parole* : **se rétracter.**

paroxysme V. exacerbation (*in* exacerber). *Porter à son paroxysme* : V. exacerber.

parpaillot V. protestant.

parpaing V. aggloméré, pierre.

parquer V. parc I.

parquet V. tribunal.

parrain V. sponsor.

parrainage V. patronage.

parrainer V. sponsoriser (*in* sponsor).

parraineur V. sponsor.

parsemer 1. *Le conférencier parsemait ses exposés de citations latines* : **émailler.** 2. V. COUVRIR.

part

I 1. *Cette pauvre femme a bien eu sa part de malheurs* : [sout.] **lot*** ◆ **contingent** (= part reçue ou fournie par qqn : *chaque pays a apporté son contingent pour lutter contre la famine*). 2. *Il réservait une part de son traitement à l'achat d'un voilier* : **partie** ; → PORTION. *Une part de gâteau* : V. TRANCHE. 3. *Les élèves avaient organisé un repas et chacun avait payé sa part* : [vieilli] **écot.** 4. *Faire part de qqch* : **faire connaître, informer** ; → CONFIER. *Faire la part du hasard* : **tenir compte de.** *Faire part à deux* : **partager.** *Avoir part à qqch* : **participer.** *Prendre part à qqch* : **participer, jouer son rôle** ; → S'ASSOCIER. *Être quelque part* : V. TIRER. *Pour ma part* : V. DE MON CÔTÉ* et QUANT À MOI*.

II *Autre part. J'achèterai un vase autre part, ici c'est trop cher* : **ailleurs.** *D'autre part* : V. PAR AILLEURS* et EN OUTRE*. *De toute(s) part(s). Les appels venaient de toutes parts* : **de partout** ; → DE TOUS CÔTÉS*.

III *À part. On ne sait comment l'aborder, elle est un peu à part* : **spécial.** *Il prit à part son garçon pour le réprimander* : **en particulier** ; → SÉPARÉMENT. *Le moniteur mit à part les garçons et les filles* : **séparer** ; → DE CÔTÉ*. *À part vous, je n'en ai parlé à personne* : **sauf** (*je n'en ai parlé à personne, sauf à vous*) ; → EN DEHORS* DE, EXCEPTÉ. *À part cela* : V. INDÉPENDAMMENT. *Se mettre à part* : V. S'ABSTRAIRE.

partage 1. *Le partage du domaine s'est effectué sans contestation* : **division en parts, morcellement** ; → DISTRIBUTION. *Accorder en partage* : V. IMPARTIR. 2. *La longue attente était le partage des femmes de marins* [sout.] : **lot** ◆ [cour.] **sort.**

◇ **partager** 1. *Elle a partagé le gâteau en trois* : **diviser** ◆ **fragmenter** (qui suppose des parts petites et souvent inégales) ; → DISTRIBUER, MORCELER, COUPER, SÉPARER. 2. *Les associés partageaient les béné-*

fices : **mettre en commun** ; → FAIRE PART* À DEUX. **3.** *L'adolescent ne partageait pas les idées de sa famille* : [sout.] **embrasser, épouser*.** *Partager la douleur de qqn* : V. S'ASSOCIER. **4.** [qqn est ~] *Devant cette maladresse, il était partagé entre le rire et la colère* : ↑ **écarteler.** *Elle a été bien, mal partagée pour ce qui est de la beauté* : **être favorisé, défavorisé. 5.** [qqch est ~] *Un amour partagé, des torts partagés* : **réciproque.**

partance (en) V. départ.

partenaire **1.** *Je joue toujours avec le même partenaire* : **coéquipier** (qui s'emploie en parlant d'une course, d'un rallye). **2.** *Pour danser la valse, elle changea de partenaire* : [plus précis.] **cavalier. 3.** V. ALLIÉ.

parterre V. massif II.

parti

I Ensemble de personnes défendant les mêmes opinions, souvent politiques. *La plupart des partis ont leur journal* : [sout.] **faction, clan, tendance** (= groupe qui se livre à des activités subversives dans un groupe plus important) ◆ **camp** (qui s'emploie pour parler de groupes qui se combattent : *l'assemblée est partagée en deux camps*) ◆ **bord** (qui s'emploie surtout dans : *être du bord de qqn, il n'est pas de notre bord*) ; → ASSOCIATION, COTERIE, FORMATION, MOUVEMENT, ORGANISATION.

◇ **partisan** [n.] **1.** *Les partisans de la monarchie tenaient leur congrès* : **adepte** ◆ [sout.] **tenant** ◆ **adhérent** (qui donne l'idée d'une adhésion à un parti, mais sans qu'une action dans ce parti soit impliquée) ◆ **affilié** (qui introduit une nuance péj.) ◆ **défenseur,** [vieilli] **champion** (= défenseur d'une cause, politique ou non) ◆ **militant** (qui implique que le partisan lutte activement pour le triomphe de ses opinions) ◆ [sout., péj.] **sectateur** (= personne qui soutient sans réserve les opinions d'un groupe) ; → SUPPORTER, APOLOGISTE, SIEN. **2.** V. FRANC-TIREUR. **3.** *Être partisan de. Je ne suis pas très partisan de partir si tôt* : [fam.] **chaud pour, emballé pour, être pour** ; → D'ACCORD.

II *Prendre parti. Cet homme a toujours pris parti en faveur des opprimés* : **prendre position** ◆ [fam.] **se mouiller.** *Savoir quel parti prendre* : V. DÉCISION. *Prendre le parti de qqn* : V. SOUTENIR et DÉFENDRE. *Prendre son parti de qqch* : **se résigner, se faire une raison.** *Parti pris. Il a beaucoup de parti pris quand il parle de vous* : **partialité** ; → PRÉJUGÉ. *Choisir le meilleur parti. Dans cette affaire délicate, vous avez su choisir le meilleur parti* : **solution** ; → RÉSOLUTION.

III *Tirer parti de* : V. EXPLOITER, TIRER PROFIT* DE et UTILISER.

IV *Être un peu parti* : V. IVRE.

partial V. injuste, subjectif.

partialité V. injustice (*in* injuste), parti II.

participant V. concurrent.

participer **1.** *Tous les ministres participaient à la réunion hebdomadaire* : **assister** (qui implique une attitude plus passive) ; → S'ASSOCIER, PRENDRE PART* À. *Participer à une activité* : **entrer dans le jeu** ; → COLLABORER. **2.** *L'industriel avait participé à des affaires douteuses* : **tremper dans** ◆ [fam.] **être mouillé dans. 3.** *Avez-vous participé aux dépenses ?* : **contribuer. 4.** *Faire participer. L'industriel a fait participer les salariés aux bénéfices de l'entreprise* : [plus précis] **intéresser.**

◇ **participation** **1.** *L'organisateur du festival avait obtenu la participation de la Comédie-Française* : **concours. 2.** *La participation aux frais était modique* : **contribution, quote-part** ; → DÉPENSE. *Le capital fut constitué avec la participation de la famille* : **apport.**

particularisation V. individualisation (*in* individu).

particulariser V. individualiser (*in* individu).

particularisme V. caractère I.

particularité V. caractéristique.

particule

I Toute partie infime d'un corps : **atome** (= plus petite particule d'un élément chimique susceptible de se combiner : *le gaz car-*

bonique comprend un atome de carbone pour deux d'oxygène).

II *Un nom à particule* : [fam.] **à rallonge, à tiroirs.**

particulier

I [adj.] **1.** *La jeune fille avait une façon particulière de se coiffer* : **original*, personnel** ; → SINGULIER. *Ce trait de caractère lui est particulier* : **propre.** **2.** *Le directeur fit appeler sa secrétaire particulière* : **privé.** **3.** *Le culte du sang est particulier à certaines religions* : **spécial, propre, caractéristique de.** **4.** *On a retrouvé la correspondance particulière de ce peintre* : [plus cour.] **intime.** **5.** *L'examinateur interrogea le candidat sur un point particulier* : **précis.** **6.** *Un cas particulier* : V. INDIVIDUEL. **7.** *En particulier. Voulez-vous que nous nous rencontrions en particulier ?* : **en privé** ; → SEUL. *Il aimait les vins, mais en particulier ceux de Bourgogne* : **notamment, particulièrement, spécialement, surtout.**

II [n.] *C'est un drôle de particulier, ton ami* [fam.] : **individu*, type.**

partie

I **1.** *Il recolla les différentes parties de la lettre* : **fragment** ◆ [plus fam.] **morceau, bout.** **2.** *Il ne reçut l'appui que d'une partie de ses confrères* : **fraction** ; → PART, PORTION. *Il n'a recueilli qu'une partie de la conversation* : [pl.] **bribes.** **3.** *Le technicien classait toutes les parties de l'appareil* : [plus précis.] **composant.** **4.** *La dernière partie de son exposé a retenu l'attention des journalistes* : **point.** *La dernière partie de cet opéra est la plus brillante* : [plus précis.] **acte.** **5.** *Les progrès techniques ont modifié les différentes parties de la fabrication* : **phase, stade.** **6.** *Un chant à plusieurs parties* : V. VOIX. **7.** *Faire partie de* : V. ENTRER, CONTENIR et ÊTRE DU NOMBRE* DE. *Il passe la plus grande partie de son temps à écrire* : **le plus clair de.** *Vous avez en partie raison* : **partiellement** ◆ [fam.] **à moitié.**

◇ **partiel** **1.** *Votre relation des faits est partielle* : **fragmentaire, incomplet.** **2.** *Bénéficier d'une autonomie partielle* : V. RELATIF.

II **1.** *Cet artisan est inégalable dans sa partie* : **spécialité** ◆ [fam.] **rayon** ; → DOMAINE. **2.** *Le conférencier présenta les différentes parties de la botanique* : **branche.**

III *Prendre qqn à partie. Ne sachant comment se justifier, il prit à partie l'humanité entière* : **attaquer*, s'en prendre à.**

IV **1.** *Vous n'avez pas encore gagné la partie* : **jeu, manche** ◆ [au tennis] **set.** **2.** *Quitter la partie. Il n'était pas de taille, il quitta la partie* : **se désister, renoncer.** *Gagner, perdre la partie. Il a surmonté toutes les difficultés et a gagné, perdu la partie* : **réussir*, échouer*.**

V [pl.] V. ORGANE I.

parti pris V. prévention II, préjugé.

partir

I **1.** [qqn ~] *Nous sommes en retard, il faut que nous partions maintenant* : **s'en aller*** ◆ [sout.] **se retirer** ; → SE METTRE* EN ROUTE, QUITTER, RETOURNER, ÉMIGRER. *Partir pour* : V. ALLER. **2.** [qqn ~] *Cet endroit est interdit au public, partez vite !* : **décamper, déguerpir, filer** ◆ [très fam.] **se barrer, calter, se carapater, se débiner, se tailler, se tirer, se trisser** ◆ [fam.] **ficher le camp** ◆ [très fam.] **foutre le camp, mettre les voiles** ; → ABANDONNER, S'ABSENTER, DISPARAÎTRE, FUIR, PLIER* BAGAGE, SORTIR, SE FAIRE LA MALLE*, FAIRE SES VALISES*, TOURNER LES TALONS*. *Il fut prié de partir* : [plus sout.] **déloger.** *Il est parti sans laisser d'adresse* : [plus partic.] **déménager.** **3.** [qqn ~] *Après le meeting, les manifestants sont partis sans désordre* : [plus précis] **se disperser.** *Il n'a pas demandé son reste et est parti rapidement* : **prendre ses jambes à son cou** (qui implique une idée de rapidité) ◆ [fam.] **débarrasser le plancher** ◆ **battre en retraite** (qui implique l'idée de recul, de défaite). **4.** [qqch ~] *Sa voiture part difficilement l'hiver* : **se mettre en marche** ; → DÉMARRER. *Tenez bon la bouteille, le bouchon va partir* : **sauter.** *L'enfant ne se lassait pas de regarder les avions partir* : [plus précis] **décoller.** **5.** [qqch ~] *Cette histoire est bien mal partie* : **commencer** ; → EMBARQUÉ. **6.** [qqch ~] *La tache ne part pas facilement* : **s'enlever.** **7.** *Faire partir. Le bruit fit partir tous les oiseaux* : [plus précis] **s'envoler** ; → LEVER.

II *Partir de.* **1.** *Son congé de maternité partait du début des vacances* : **commencer.** **2.** *Il faudrait savoir d'où partent tous ces fils* : **provenir, sortir.** **3.** *Ce geste part d'une bonne intention* : [plus sout.] **procéder de.** **4.** *À partir de* : V. COMPTER.

partisan V. parti I, sien.

partout *Les sauterelles arrivaient de partout* : **de tous côtés** ; → DE TOUTE PART*, TERRE I. *Ça se trouve partout* : **à tous les coins de rue, à chaque coin de rue.**

parturition V. accouchement (*in* accoucher), mise* bas.

parure V. parer II.

parution V. paraître III.

parvenir V. accéder I, arriver I, obtenir.

parvenu V. riche.

pas

I [adv.] **1.** *Il est bavard comme pas un* [fam.] : [cour.] **extrêmement** (*il est extrêmement bavard*) ; → TRÈS. **2.** *Pas assez* : V. INSUFFISAMMENT.

II [n.] **1.** Terme de géographie : V. COL. **2.** *Ils bavardaient sur le pas de la porte* : **seuil. 3.** *Prendre le pas sur qqn* : **précéder.** *Céder le pas à qqn* : **laisser passer devant soi.**

III [n.] **1.** *Il marchait à grands pas* : **enjambée** ; → ALLURE, MARCHE. **2.** *Marcher à pas comptés* : **prudemment.** *Marcher d'un bon pas* : **vite.** *Marcher à pas de géant* : **très vite.** *Avancer pas à pas* : **avec précaution, prudemment.** *Rouler au pas* : **très lentement.** *Marquer le pas* : V. PIÉTINER. *L'enquête avance maintenant à grands pas* : **faire de grands progrès.** *Les premiers pas* : V. COMMENCEMENT. *À deux pas* : V. PRÈS. *Marcher sur les pas de qqn* : **imiter.**

passable V. acceptable (*in* accepter), potable, supportable (*in* supporter).

passablement V. assez, relativement.

passade V. caprice.

passage, passager, passant V. passer I.

passation V. transmission (*in* transmettre).

passe, passé V. passer I.

passe-droit V. privilège.

passe-partout V. banal.

passe-passe (tour de) V. magie.

passer

I **1.** [mouvement dans l'espace, qqn ou qqch ~] *La voiture m'est passée devant très vite* : **dépasser.** *Les soldats passaient devant la tribune* : [plus précis.] **défiler.** **2.** [qqn ~ qqch] *Le nageur a passé la rivière* : [plus précis.] **traverser**. *Passer un obstacle* : [plus précis.] **sauter. 3.** [qqn ~ qqch à qqn] V. GLISSER. **4.** *Passer ses doigts sur des touches* : V. PROMENER. **5.** *Laisser passer* : V. LIVRER* PASSAGE et CÉDER LE PAS*. *Passer très près de* : V. FRÔLER. *Il passe par Londres pour aller au Canada* : [plus précis.] **transiter.** *Passer sur, dessus* : V. FOULER. *Je ne fais que passer* : V. ENTRER* ET SORTIR. **6.** [mouvement dans le temps] *Le temps passe vite* : **s'écouler*** ◆ [sout.] **couler** ◆ [fam.] **filer** ; → FUIR. *Passer des jours heureux* : V. COULER. *Les jours passent* : V. SUCCÉDER. *Un sourire passa sur ses lèvres* : V. ERRER. *La douleur est passée avec le sommeil* : **disparaître.** *Qqn passe* : V. MOURIR. *Passer du temps à faire qqch* : **consacrer*** ; → EMPLOYER.

◇ **se passer** **1.** *L'action se passait en 24 heures* : **se dérouler.** *La scène se passait à Paris* : V. AVOIR LIEU*. **2.** *Sa migraine ne se passait pas* : **cesser, finir. 3.** *Un accident se passe* : V. ARRIVER. **4.** *Ce qui se passe* : V. ACTUALITÉ. **5.** *Se passer une douceur* : V. SE PERMETTRE. **6.** *On se passerait de cette corvée* : **dispenser.** *Se passer de faire qqch* : V. S'ABSTENIR et SE PRIVER.

◇ **passant** **1.** [adj.] *Il habitait un quartier très passant* : **passager** ; → FRÉQUENTÉ. **2.** [n.] *À la tombée de la nuit, on ne rencontrait plus de passants* : **promeneur.**

◇ **passé** **1.** [prép.] *Passé 6 heures, la circulation devenait intense* : **après. 2.** [adj.] *Il est 6 heures passées* : **plus de** (*il est plus de 6 heures*) ◆ [fam.] **bien sonnées. 3.** [adj.] *Des couleurs passées* : V. TERNE. **4.** [n.] *Tout ça, c'est du passé* [fam.] : **de l'histoire ancienne.** *Le vieil homme aimait raconter son passé* : [pl.] **souvenirs.**

◇ **passage** **1.** [génér.] : **boyau** (= passage long et étroit : *les spéléologues ont réussi à franchir le boyau qui ouvre sur la grande grotte*) ◆ **galerie** (= lieu de passage : *une galerie desservait toutes les pièces de l'appartement*) ◆ **défilé** (= passage naturel, étroit et encaissé entre deux montagnes) ; → COL, GORGE. **2.** *Les explorateurs durent se frayer un passage dans la forêt* : **chemin.** **3.** *Le passage d'un fleuve* : **franchissement, traversée.** *Ils cherchaient un passage pour traverser la rivière à pied* : [plus précis] **gué.** **4.** *La censure condamna plusieurs passages du livre* : V. EXTRAIT. **5.** *Un voyageur de passage* : [plus précis.] **en transit.** **6.** *Passage clouté* : V. CLOU I. **7.** *Il y a beaucoup de passage* : V. VA-ET-VIENT. *Saisir au passage* : V. VOL. *Passage obligé* : V. CONDITION.

◇ **passager** **1.** [adj.] *Son bonheur fut passager* : **de courte durée** ◆ [sout.] ↑ **éphémère** ◆ ↑ **fugace, fugitif** ◆ ↓ **épisodique** ; → COURT, PRÉCAIRE. *Le mauvais temps sera passager* : **momentané, provisoire.** **2.** [adj.] V. PASSANT. **3.** [n.] V. VOYAGEUR.

◇ **passe** **1.** *L'accusée dirigeait une maison de passe* : **prostitution.** **2.** V. CANAL. **3.** *Être en passe de. Ses efforts ont abouti, il est en passe de réussir* : **sur le point de** ; → EN VOIE* DE.

◇ **passeur** *Les touristes étaient nombreux et le passeur dut traverser deux fois la rivière* : **batelier** (= celui qui conduit un bateau sur une rivière ou un canal).

II **1.** [~ qqch] *On passe un film comique* : **projeter.** *Passer un concert à la radio* : V. TRANSMETTRE. *Elle passe le café* : **filtrer.** *Le candidat passe sa dernière épreuve* : **subir.** *Elle a passé sa robe* : **enfiler** ; → ESSAYER, METTRE. *Je passe ce paragraphe et lis la suite* : **omettre, sauter.** *Reprends ta lecture, tu as passé une ligne !* : **oublier, sauter.** **2.** [~ qqch à qqn] *Je voudrais que tu me passes ce livre* : **prêter.** **3.** [~ sur qqch] *Passons sur cette faute* : **oublier** ◆ ↑ **pardonner** ; → GLISSER. **4.** [~ qqch à qqn] V. SUPPORTER. **5.** [~ par qqn] *Vous serez obligé de passer par lui* : [plus sout.] **recourir à.** **6.** [qqch ~] *La douleur a passé* : **s'en aller*.** *La loi n'a pas passé* : **être voté.** *Les couleurs ont passé* : V. ÉTEINDRE et PÂLIR. *Son déjeuner n'a pas bien passé* : [fam.] **descendre.** **7.** *Y passer. J'ai bien cru que nous allions tous y passer* [fam.] : **mourir.**

III **1.** *Après deux jours d'interrogatoire, il est passé aux aveux* : **avouer.** *Le traître a été passé par les armes* : **fusiller.** *Passer à tabac* : V. BATTRE. *Passer de la peinture* : V. APPLIQUER. *Passer qqch au crible* : V. ÉPLUCHER. *Passer pour un sot* : V. PARAÎTRE et RÉPUTATION. *Passer chef de bureau* : **être nommé.** *Passer l'éponge* : V. FERMER. *Il a passé au travers de la punition* : **échapper à, éviter.** *Passer outre* : V. TRANSGRESSER.

passerelle V. pont.

passe-temps V. distraction, jeu I.

passible *Être passible de. Vous avez franchi la ligne blanche et êtes passible d'une amende* : [sout.] **encourir** ; → TOMBER* SOUS LE COUP DE.

passif

I [adj.] *Ne restez pas passif, réveillez-vous* : **indifférent** ◆ ↑ **apathique, inerte.**

◇ **passivité** *Il ne pouvait vaincre sa passivité* : **indifférence** ◆ ↑ **apathie, inertie.**

II [n.] V. DETTE.

passion **1.** *La passion du jeu lui a fait tout abandonner* : **fureur** (= passion sans mesure) ◆ ↑ **frénésie, folie** ◆ **furie** (= fureur qui se manifeste) ; → FIÈVRE. **2.** *Il s'exprimait avec passion, cherchant à convaincre* : ↓ **chaleur, feu** ; → ANIMATION, ENTHOUSIASME, ARDEUR, VÉHÉMENCE. **3.** *Il lui témoignait sa passion en lui envoyant des orchidées* : ↓ **amour** ; → AFFECTION, MOUVEMENT* DU CŒUR. **4.** *Il avait cédé à ses passions* : [moins cour.] **entraînement.**

◇ **passionner** *L'histoire des Indiens passionne toujours les enfants* : **captiver.** *Le match n'a pas beaucoup passionné les amateurs* : ↓ **intéresser*** ; → ENTHOUSIASMER, EXALTER.

◇ **se passionner** *Au bout de quelque temps, il se passionna* : ↓ **se piquer au jeu** ; → S'ENTHOUSIASMER. *Il s'est passionné pour la philatélie* : [fam.] **s'emballer** ◆ [très sout.] **s'engouer de.**

◇ **passionné** *Elle est passionnée par l'occultisme* : **féru de** ; → ENTHOUSIASTE, FANATIQUE. *Il s'était livré de façon passionnée à l'étude des insectes* : ↑ **forcené, frénétique** ; → AFFAMÉ. *Un baiser passionné* : V. ARDENT et FRÉMISSANT. *Un ton passionné* : V. VÉHÉMENT et BOUILLONNANT.

◇ **passionnant** *Je n'ai pas trouvé ce livre très passionnant* : ↓ **attachant** ; → EXCITANT, INTÉRESSANT.

passionnel V. affectif.

passionnément V. violemment (*in* violent).

passionner V. passion.

passivité V. passif.

passoire V. tamis.

pastel V. tendre II.

pasteur **1.** V. berger. **2.** V. prêtre.

pastiche V. imitation (*in* imiter).

pasticher V. imiter.

pasticheur V. imitateur (*in* imiter).

pastoral V. campagnard (*in* campagne I).

pastorale *Les pastorales furent très appréciées au XVIII*e *siècle* (= ouvrages qui mettent en scène des bergers et des bergères, représentés de façon conventionnelle) : **églogue, idylle** (= poèmes dont le sujet est pastoral) ◆ **bergerie** (= poème, récit ou pièce de théâtre).

patapouf **1.** V. patatras. **2.** V. gros.

patatras *Il a voulu grimper dans l'arbre et patatras ! le voilà par terre !* : **pouf** ◆ [moins cour.] **patapouf.**

pataud V. lourd, maladroit.

patauger **1.** *Les enfants pataugeaient dans le ruisseau* : **barboter.** *On pataugeait sur la rive après l'inondation* : [fam.] **patouiller.** **2.** *L'élève pataugeait dans son explication* : **s'empêtrer** ◆ ↑ **se noyer** ; → VASOUILLER, NAGER.

pâte *À la pâte* : V. ouvrage.

pâté

I *Elle servit d'abord un beau pâté de canard* : **terrine.**

II *Il commence à écrire et fait beaucoup de pâtés* : **tache d'encre.**

pâtée V. peignée.

patelin **1.** [n.] V. pays I. **2.** [adj.] V. doucereux (*in* doux), onctueux.

patenôtre V. prière I.

patent V. certain I, réel.

patère V. cintre.

paterne V. doucereux (*in* doux).

paternel V. papa.

pathétique V. émouvant (*in* émouvoir), vibrant (*in* vibrer I).

patibulaire V. inquiétant (*in* inquiet), sinistre.

patience **1.** *Le malade supportait avec patience le long traitement* : ↑ **résignation.** **2.** *On ne pouvait que louer la patience du miniaturiste* : **persévérance** (qui implique une volonté à toute épreuve). **3.** *Prendre patience* : **patienter.** *Perdre patience* : **s'impatienter.** **4.** *Elle passa la soirée devant un jeu de patience* : [plus partic.] **casse-tête, puzzle.**

◇ **patienter** *Vous croyez qu'il va patienter jusqu'à midi ?* : [fam.] **poireauter** ; → ATTENDRE, PATIENCE.

patient V. malade, sujet III.

patienter V. patience.

patiner **1.** *La voiture patinait sur le gravier* : **chasser, déraper.** **2.** *Malgré les concessions réciproques, la négociation patinait* : **piétiner.**

pâtir V. souffrir.

pâtis V. pacage.

pâtisserie V. gâteau.

patouiller **1.** V. patauger. **2.** V. tripoter.

patraque V. malade.

pâtre V. berger.

patrie **1.** V. NATION, PAYS et SOL* NATAL. **2.** *Sans patrie* : **apatride.**

◇ **patriote** Celui qui aime sa patrie. *Les patriotes chassèrent les occupants* : **chauvin** (qui suppose toujours une exaltation exagérée de sa patrie et une partialité marquée à l'égard des autres nations) ◆ **cocardier**

(= celui qui exprime son patriotisme par l'amour de l'armée) ◆ [péj.] **patriotard** (= celui qui affiche un patriotisme chauvin).

◇ **patriotisme** *Pendant la Seconde Guerre mondiale, la Résistance était un fait de patriotisme* : **civisme** (qui concerne le respect du bien public) ◆ **nationalisme*** (qui implique un culte excessif de la nation).

◇ **patriotique** *La Révolution française exalta les sentiments patriotiques* : **civique** ◆ [plus partic.] **nationaliste.**

patrimoine V. bien IV, capital II.

patriotard V. patriote (*in* patrie).

patriote, patriotique, patriotisme V. patrie.

patron 1. V. chef, directeur, employeur (*in* employer). 2. V. modèle. 3. V. cafetier (*in* café I).

patronage
I *Le directeur lui accorda son patronage* : [plus cour.] **protection** ◆ ↓ **appui.** *L'exposition est placée sous le patronage de personnalités* : **parrainage** ; → AUSPICES.
II V. ASSOCIATION.

patronner *Ce jeune homme a été patronné par son oncle* : [plus cour.] **protéger, recommander** ◆ [fam.] **pistonner.**

patronyme V. nom de famille*.

patrouille V. détachement (*in* détacher I).

patrouiller V. parcourir.

patte 1. *Les pattes d'un animal* : V. MEMBRE I. 2. *Retire tes pattes* [fam.] : [cour.] **main.** 3. *Se laisser pousser des pattes* : V. FAVORI. 4. *Il va à pattes à l'usine* [fam.] : [cour.] **à pied.** *Être court sur pattes, traîner la patte* : V. JAMBE. *Un bon coup de patte* : V. TOUCHE I. *Graisser la patte* : V. ACHETER.

patte d'oie 1. V. carrefour. 2. V. ride.

pâture V. pacage.

paumé V. misérable II, perdu (*in* perdre).

paumer V. perdre.
◇ **se paumer** V. se perdre.

paupérisation, paupérisme V. pauvreté (*in* pauvre).

pause 1. *L'orateur marqua une longue pause* : **interruption** ◆ [dans ce contexte et en musique] **silence** ; → TEMPS* D'ARRÊT, SOLUTION* DE CONTINUITÉ. *Faire une petite pause* : V. ARRÊT et STATION. 2. [après la première partie d'un match] **mi-temps** ◆ [au cours d'un spectacle] **entracte.**

pauvre
I 1. [seult antéposé] *Le pauvre garçon avait supporté sans broncher les railleries* : **malheureux.** *Un pauvre vêtement* : V. MÉCHANT I et MISÉRABLE I. 2. V. ABRUTI et ESPÈCE* DE.
II 1. *C'était une famille de paysans pauvres* : [moins cour.] **indigent, nécessiteux** ◆ **humble** (qui évoque la condition sociale inférieure) ; → POPULAIRE. *Cet homme vit de peu, il est très pauvre* : **miséreux** ; → MISÉRABLE I. *Les pays pauvres* : [en partic.] **tiers-monde, quart-monde.** 2. *Il a beau gagner sa vie, il est toujours pauvre* : [plus cour.] **sans le sou** (*être sans le sou*) ◆ [fam.] **fauché, n'avoir jamais un rond** ; → DÉSARGENTÉ. 3. *Une terre pauvre* : V. MAIGRE et STÉRILE. *Une pauvre récolte* : **médiocre*** ◆ ↓ **modeste.** 4. [n.] *Prendre le parti des pauvres* : V. FAIBLE II. *Pauvre qui mendie* : V. MENDIANT. *Les sociétés industrielles fabriquent de plus en plus de pauvres* : [plus précis] **nouveau pauvre** (= personne sans emploi qui ne peut subvenir à ses besoins) ◆ [plus génér.] **exclu*** ◆ [collectif] **quart-monde** (= partie la plus pauvre de la population) ◆ [partic.] **sous-prolétariat** (= partie la plus exploitée de la population) ; → MARGINAL.

◇ **pauvrement** *Ils vivaient pauvrement* : ↑ **misérablement** ◆ **humblement** (qui implique une pauvreté vécue discrètement).

◇ **pauvreté** 1. *La pauvreté de ses parents l'avait obligé à quitter l'école* : ↑ **misère** ◆ **indigence, dénuement** (= absence des choses les plus nécessaires) ◆ **gêne*** (= absence de choses utiles) ◆ **besoin** (= absence de ce qui est nécessaire : *il est dans le besoin*) ◆ [très fam.] : **débine, dèche, mouscaille, mouise, purée.** *La pauvreté d'une partie du monde s'est accrue au cours du temps* : **appauvrissement,** [didact.] **paupérisation** ◆ [didact.] **paupérisme** (= état de grande indigence). **2.** *La pauvreté du sol rendait nécessaire l'utilisation d'engrais* : ↑ **stérilité** ; → INSUFFISANCE. **3.** *Son intervention est d'une pauvreté affligeante* : **banalité** ; → FAIBLESSE, MÉDIOCRITÉ.

pavaner (se) V. parader.

pavé V. carreau. *Battre le pavé* : V. flâner.

pavillon **1.** V. drapeau. **2.** V. toit. **3.** V. villa.

pavoiser V. se vanter, crier victoire*.

payer **1.** [~ qqch] *Le locataire payait irrégulièrement son loyer* : [didact.] **acquitter.** *Il vous faut payer* : V. METTRE LA MAIN À LA POCHE*. *Il a fini par payer toutes ses dettes* : **régler, rembourser** ; → SE LIBÉRER. *La banque lui payait des intérêts* : **servir.** **2.** [~ qqch] *Il lui a payé tous ses frais* : [didact.] **défrayer qqn.** *Il n'est pas très bien payé pour ce travail* : **rémunérer, rétribuer.** **3.** [~ qqch] *J'ai payé cinquante francs pour dîner médiocrement* : **dépenser** ◆ [très fam.] **se fendre de.** **4.** [~ qqch] *On a bien mal payé votre dévouement* : **récompenser***. **5.** [qqn ~] *Buvez ce que vous voulez, c'est lui qui paie* : [fam.] **régaler** ◆ [très fam.] **casquer, cracher, raquer** ; → BANQUER, FINANCER. *Vous me payez un verre ?* [fam.] : **offrir.** **6.** [qqn ~] *Payer une faute* : V. EXPIER. *Dans cette affaire, c'est moi qui ai payé* : **faire les frais de** (*c'est moi qui ai fait les frais de cette affaire*) ◆ **payer les pots cassés** ; → INCONVÉNIENT. **7.** [qqch ~] *C'est une opération immobilière qui paie* : **rapporter.** **8.** *Payer de retour* : V. RENDRE LA PAREILLE* et RÉCIPROQUE. **9.** *Se faire payer* : V. MONNAYER et RECEVOIR.

◇ **se payer** **1.** *Il se paie la tête des gens* [fam.] : [cour.] **se moquer de.** **2.** *Tout finit par se payer* : **s'expier.** **3.** *Se payer une voiture* : V. ACHETER et S'OFFRIR.

◇ **payant** *Ses activités n'étaient pas très payantes* [fam.] : [cour.] **lucratif, rémunérateur, rentable.**

◇ **paie** *Il a touché sa paie samedi dernier* : [fam.] **mois** (= paie reçue chaque mois) ◆ **rémunération** (= argent reçu pour tout travail) ; → RÉTRIBUTION, SALAIRE.

pays

I **1.** *Les pays de l'Europe* : V. NATION et PUISSANCE. **2.** *Le pays a clairement exprimé sa volonté* : **peuple.** **3.** Village, région. *Il est du même pays que moi* [vieilli] : [fam.] **coin, patelin** ◆ **village,** [fam.] **bled.** *Ce sont des produits du pays* : **terroir.** **4.** *L'Italie est le pays du bel canto* : **patrie.** **5.** *La Bretagne est un pays de bocage* : [vieilli] **contrée** (= étendue de pays : *une contrée fertile*) ◆ **région** (qui est un terme géographique ou économique : *une région d'élevage*) ; → TERRITOIRE, ZONE. **6.** *Chaque jour la science explore des pays nouveaux* : [plus cour.] **domaine.** **7.** *Voir du pays* : **voyager.**

II V. COMPATRIOTE.

paysage **1.** *On se fatiguait à atteindre le sommet, mais de là on découvrait un paysage inattendu* : **vue** ; → PANORAMA, SITE. **2.** *Le paysage politique n'a pas changé depuis vingt ans* : [plus partic.] **situation.**

paysagiste V. peintre (*in* peindre I).

paysan **1.** *Beaucoup de paysans quittent la terre pour travailler à la ville* : **agriculteur, cultivateur** ◆ **campagnard** (qui indique la vie à la campagne, mais n'implique pas le travail de la terre), [très fam., péj.] **bouseux, croquant, cul-terreux, pécore, pedzouille, péquenot** ; → FERMIER. **2.** *Quel paysan !* [péj.] : **rustre** ◆ [très fam., péj.] **bouseux, péquenot.** **3.** [adj.] *Des origines paysannes* : V. TERRIEN. *Les revendications des syndicats paysans* : **agricole.**

P.-D.G. Sigle de *président-directeur général.* V. directeur, président.

peau **1.** Couche de tissu qui recouvre le corps des vertébrés : **épiderme** (= couche superficielle) ◆ **derme** (= partie profonde) ◆ **couenne** (qui désigne la peau du porc, est un syn. très fam. pour la peau de l'homme) ; → CUIR. **2.** *Il a glissé sur une peau de banane* : **pelure.** **3.** *À fleur de peau* : V. FRÉMISSANT. *La peau !, peau de balle !* [très fam.] : [cour.] **rien*.** *Être mal dans sa peau* : V. GÊNÉ. *Peau d'âne* [fam.] : [cour.] **diplôme** ; → PARCHEMIN. *Avoir qqn dans la peau* [fam.] : [cour.] **aimer passionnément qqn.** *Être dans la peau de qqn* : **être à sa place*.** *Faire peau neuve* : **changer complètement.** *Être bien, mal dans sa peau* : **pouvoir, ne pas pouvoir se supporter.** *Faire la peau à qqn* [fam.] : [cour.] **tuer.** *Jouer, risquer sa peau* : **vie.**

peaufiner V. parfaire.

Peau-Rouge V. indien.

peccadille V. faute, insignifiant.

pêche

I *Voulez-vous des abricots ou des pêches ?* : [plus partic.] **brugnon, nectarine.**

II 1. *Recevoir une pêche* : V. CHÂTAIGNE. **2.** *Se fendre la pêche* [fam.] : **se fendre la pipe** ◆ [cour.] **rire très fort.** **3.** *Avoir la pêche* [fam.] : [fam.] **avoir la frite** ◆ [cour.] **avoir le moral.**

III *Canne à pêche* : V. GAULE et CHASSE.

péché **1.** V. faute, offense. **2.** V. erreur, vice I.

pécher V. manquer II.

pêcher **1.** *Mon voisin a pêché une belle tanche* : [plus génér.] **prendre.** **2.** *Je me demande où il est allé pêcher ce qu'il raconte* [fam.] : **dénicher** ◆ [très fam.] **dégoter** ◆ [cour.] **chercher*, prendre.**

pécore V. paysan.

pécuniaire V. financier (*in* finance), matériel I.

pédagogie V. didactique, éducation (*in* éduquer).

pédagogique, pédagogue V. éducateur (*in* éduquer).

pédale V. homosexuel.

pédaler V. avancer I.

pédant **1.** [n.] *C'est un pédant ennuyeux* : **cuistre.** **2.** [adj.] *Il prit un ton pédant pour ne dire que des banalités* : **doctoral, suffisant** ◆ [sout.] **pédantesque** ; → PROFESSORAL.

pédantisme V. prétention (*in* prétendre II).

pédé, pédéraste V. homosexuel.

pédérastie V. homosexualité (*in* homosexuel).

pedzouille V. paysan.

pègre V. milieu II.

peigne *Passer au peigne fin* : V. fouiller.

peignée *Ses camarades lui ont flanqué une drôle de peignée* [fam.] : [fam.] **dégelée, pâtée, pile, piquette, raclée, rossée, tournée, trempe, volée** ◆ [très fam.] **dérouillée, tripotée** ◆ [sout.] **correction** ; → COUP, DÉFAITE.

peigner V. coiffer.

peignoir V. robe.

peinard V. calme, paisible. *En père peinard* : V. bourgeoisement (*in* bourgeois). *Être peinard* : V. se la couler* douce II.

peindre

I 1. *Il faut peindre les volets pour les protéger* [génér.] : **badigeonner, laquer, ripoliner.** *Les propriétaires ont fait peindre à neuf tout l'immeuble* : **repeindre** (*repeindre tout l'immeuble*). *Peindre les lettres d'une enseigne* : **mettre en couleurs.** **2.** *Il peint à la brosse de très grandes toiles* : **brosser** (*il brosse...*). *Peindre maladroitement* : **barbouiller, peinturer, peinturlurer.**

◇ **peintre** *Ce grand peintre a eu beaucoup de disciples* : [plus génér.] **artiste.** *La galerie ne présentait que des tableaux de mauvais peintres* : **barbouilleur** ◆ **rapin** (qui ajoute l'idée d'une vie de bohème). *Un peintre figuratif* : **portraitiste, animalier, paysagiste** (selon les sujets).

II 1. *Cet écrivain suisse a su peindre la vie à la campagne* : **décrire, dépeindre, représenter.** **2.** *Son attitude peint bien son caractère* : **traduire.**

peine

I 1. V. DIFFICULTÉ et MAL. **2.** *Pour votre peine, la peine* : **en compensation.** *Avec peine, à grand-peine* : **difficilement, péniblement.** *Ça n'en vaut pas la peine* : [fam.] **le jus.** *Ce n'est pas la peine* : V. UTILE. *Sans peine* : **aisément, facilement.**

II 1. *Ses amis essayaient de lui faire oublier sa peine* : **chagrin.** *Je ferai tout pour soulager votre peine* : **tristesse, détresse** ◆ [fig.] **blessure** ; → AMERTUME, CAFARD. *Sa mort soudaine nous a plongés dans une peine profonde* : **douleur** ◆ **affliction** (= peine importante) ; → DÉSOLATION. *Ils ont connu la*

peine des longues séparations : **déchirement, douleur** ; → SOUFFRANCE. **2.** *Il est un âge où les peines s'accumulent* : **malheur, misère.** **3.** *Être, errer comme une âme en peine* : **être très triste.** *Je vous en prie, ne vous mettez pas en peine pour moi* : **s'inquiéter de.**
III **1.** *La sévérité de la peine répondait à l'horreur du crime* : [sout.] **châtiment** ; → PUNITION, SANCTION. **2.** *Pour ta peine, tu resteras là* : **pour te punir.**
IV *À peine* : V. JUSTE, PEU et VAGUEMENT.

peiné V. malheureux (*in* malheur).

peiner
I **1.** *Ce garçon a beaucoup peiné pour obtenir son diplôme* : **se démener*** ◆ [fam.] **en baver, ramer** ; → SUER. **2.** *Le moteur peine* : V. FATIGUER.
II [~ qqn] *Cette nouvelle nous a beaucoup peinés* : **chagriner, affliger** ; → ATTRISTER, ÉPROUVER, NAVRER.

peintre V. peindre I.

peinture
I **1.** V. TOILE. **2.** *La peinture s'était abîmée avec le temps* : **badigeon** (= couleur en détrempe employée pour peindre les murs : *passer un coup de badigeon*). **3.** *Je ne peux pas le voir en peinture* : **supporter.**
II *C'est une peinture très réaliste de la société* : [plus cour.] **description, représentation.**

peinturlurer V. peindre I.

pelage V. poil, robe, toison.

pêle-mêle **1.** [adv.] *L'écolier jeta pêle-mêle ses cahiers sur la table* : **en désordre.** *Il présentait ses idées pêle-mêle* : **en vrac.** **2.** [n.] *La cuisine offrait un pêle-mêle invraisemblable* [sout.] : **fatras** ◆ [cour.] **fouillis** ◆ [très fam.] **bordel*** ; → DÉSORDRE.

peler V. éplucher.

pèlerinage V. pardon.

pelle **1.** *Creuser avec une pelle* (= outil formé d'une plaque ajustée à un manche, dont on se sert pour enlever la terre, déplacer du sable, etc.) : **bêche** (= pelle de jardinier). **2.** *À la pelle. On en trouve à la pelle* : **en grande quantité**. *Remuer l'argent à la pelle* : **être très riche.** *Ramasser une pelle. Le cycliste a dérapé et a ramassé une pelle* [fam.] : [cour.] **tomber.** *Il n'a pas su répondre à la question et a ramassé une pelle* [fam.] : [cour.] **échouer.**

pellicule **1.** V. couche III. **2.** V. film.

peloter V. caresser (*in* caresse), effleurer, flatter.

peloton V. groupe.

pelotonner (se) V. se blottir.

pelouse V. gazon.

pénates V. maison.

penaud V. déconfit, embarrassé (*in* embarrasser), honteux (*in* honte), sot. *Laisser penaud* : V. déconcerter.

penchant **1.** *Il a un penchant marqué pour le cinéma américain* : **goût** ◆ **faible** (seult dans l'express. *avoir un faible pour qqch, qqn*) ; → INTÉRÊT. **2.** *Son penchant à boire lui a fait perdre son travail* : [sout.] **inclination** ; → TENDANCE. *Il a peu de penchant pour ce métier* : **disposition.** **3.** *Il cède facilement à ses penchants* : **impulsion** ◆ [pl.] **appétits** (= besoins organiques : *céder à des appétits naturels*) ◆ [pl.] **vieux démons** (= penchants qu'on croyait disparus : *réveiller ses vieux démons*) ; → DÉSIR.

pencher **1.** V. BAISSER et INCLINER I. **2.** *Il pencha pour la première solution* : ↑ **se prononcer pour** ; → INCLINER II, PRÉFÉRER.
◇ **se pencher** **1.** *Il se pencha pour ramasser la noix* : ↑ **se baisser.** **2.** *Il se penchait sérieusement sur le problème* : [plus cour.] **s'intéresser à.**

pendable *Ce garçon ne cesse de jouer des tours pendables à ses camarades* : [antéposé] **mauvais, vilain.**

pendaison V. corde.

pendant
I [adj.] V. PENDRE.
II [n.] **1.** *Ce grand vase est le pendant de celui qui est dans le salon* : **réplique.** **2.** *Se faire pendant. Les deux tableaux de l'entrée se font pendant* : [didact.] **être symétrique.** **3.** V. PENDENTIF.

III [prép.] **1.** *Je l'ai rencontré pendant son dernier voyage à Paris* : **au cours de** ◆ [sout.] **durant** (qui indique la simultanéité) ; → AU MILIEU* DE. **2.** [loc. conj.] *Pendant que les diplomates négociaient, la guerre se poursuivait* : [sout.] **tandis que** ◆ [très sout.] **cependant que.** *Pierre joue pendant que sa sœur révise son examen* : **alors que, tandis que.** *Pendant que vous y êtes, prenez donc des cigarettes* : **puisque** ; → TANT* QUE.

pendard V. coquin.

pendentif *La jeune femme portait aux oreilles des pendentifs de nacre* : **boucle, pendant** ◆ [parfois péj.] **pendeloque.**

pendre **1.** [qqch ~] *Ses cheveux longs pendaient dans son dos* : **retomber.** *Sa jupe pend* : [fam.] **pendouiller** (qui implique le ridicule ou la mollesse). **2.** [qqn ~ qqch] *Le charcutier pendait les jambons dans le fumoir* : **suspendre*** ; → ACCROCHER. *Pendre le linge* : V. ÉTENDRE. **3.** *Ça lui pend au nez* [fam.] : [plus cour.] **c'est un risque.**

◇ **se pendre** V. SE SUICIDER.

◇ **pendant** **1.** *Le gamin s'était assis sur une branche, les jambes pendantes* : **ballant.** *Les épaules pendantes* : [plus cour.] **tombant.** **2.** *C'était une affaire pendante* : **en instance.**

pendule V. balancier, horloge.

pénétrable, pénétrant V. pénétrer.

pénétration V. clairvoyance.

pénétrer **1.** [qqch ~] *Le liquide pénétrait dans toutes les fissures* : **s'infiltrer*, s'insinuer** ◆ [très génér.] **entrer*** ◆ **imprégner*** (qui se dit d'un liquide qui pénètre un corps complètement). *Les eaux ont pénétré peu à peu dans le sol* : **imbiber** (*imbiber qqch*) ; → IMPRÉGNER. *Des paquets d'eau pénétraient dans le navire* : [plus précis] **embarquer.** **2.** [qqch ~ qqn] *Le froid nous pénétrait* : **transpercer** ◆ [sout.] ↑ **transir.** **3.** [qqn ~ qqch] *Nous avons pénétré ses intentions* : **saisir** ; → COMPRENDRE, LIRE, PERCER, SONDER. *Après des années de recherche, les savants avaient pénétré le mystère de cette écriture* : **découvrir, mettre à jour, percer.**

◇ **se pénétrer de** [qqn ~ qqch] *Il s'est bien pénétré de ses obligations envers sa famille* : **se convaincre** ; → IMPRÉGNER.

◇ **pénétrant** **1.** *On louait son esprit pénétrant* : **profond, subtil** ; → DÉLICAT, CLAIRVOYANT, VIF. *Un regard pénétrant* : V. PERÇANT. **2.** *Une odeur pénétrante* : [plus génér.] **fort.**

◇ **pénétrable** [dans des phrases restrictives ou nég.] *Ses intentions restaient peu pénétrables* : **compréhensible, saisissable.**

◇ **pénétré** *Le ministre prenait un ton pénétré pour répondre aux journalistes* [iron.] : **convaincu*.**

pénible **1.** *Les travaux de la moisson sont pénibles* : **fatigant** ◆ ↑ **épuisant, harassant** ; → DIFFICILE, RUDE, MALAISÉ. *Un travail très pénible* : V. DE FORÇAT*. *Une occupation pénible, qui prend du temps* : V. ASTREIGNANT, CONTRAIGNANT et EXIGEANT. **2.** *Il se remettait mal d'une maladie pénible* : **douloureuse.** *La présence de ses amis l'aidait à supporter ces moments pénibles* : **éprouvant** ; → CRUEL. *Les adieux furent pénibles* : ↑ **déchirant.** **3.** *Un événement pénible* : V. NAVRANT, MALHEUREUX et TRISTE. *Une réalité pénible* : V. AMER et BRUTAL. **4.** *Cela m'est pénible de vous décourager, croyez-le* : **coûter** (*il m'en coûte*). **5.** *Ce sont des enfants pénibles* : ↓ **insupportable.**

péniblement V. peine I.

péniche **1.** V. chaland. **2.** V. chaussure (*in* chausser).

pénis V. sexe.

pénitence V. punition (*in* punir). *Sacrement de pénitence* : V. confession.

pénitencier V. bagne, prison.

pénombre *Lire dans la pénombre* : **clair-obscur, demi-jour.**

pensable V. concevable.

pensant *Bien-pensant* : V. conformiste (*in* conforme).

pensée

I **1.** *C'est par la pensée que l'homme se distingue des animaux* : [plus partic.] **esprit*, intelligence*, raison*, entendement.** **2.** [pl.] *Il était perdu dans ses pensées* : **médi-**

tations, réflexions ◆ [vieilli] **rêveries.** **3.** *L'étude de la pensée de Kant suscite toujours de nombreux ouvrages* : [plus précis] **philosophie.** **4.** *Nous ne partageons absolument pas votre pensée sur ce sujet* [sout.] : [cour.] **point de vue** ; → IDÉE. *Il ne pouvait se sortir cette pensée de la tête* : [plus cour.] ↑ **préoccupation.**

II Vérité morale, exprimée de façon précise et brève. *Lire une pensée de La Rochefoucauld* : **maxime** ◆ **adage** (= maxime pratique, ancienne et populaire) ◆ **aphorisme** (= formule résumant un point de morale ou de science) ◆ **apophtegme** (= parole mémorable tirée d'un auteur ancien et ayant valeur de maxime) ◆ **axiome** (= proposition admise par tout le monde) ◆ **proverbe** (= vérité d'expérience, exprimée en une formule brève) ◆ [vieilli] **sentence** (= pensée morale exprimée de façon littéraire) ◆ **dicton** (= sentence passée en proverbe).

penser

I [qqn ~] *Ce philosophe a appris à toute une génération à penser* : **raisonner.** *Tous ces faits lui donnèrent à penser* : **réfléchir** (= penser longuement à qqch de précis) ◆ [iron.] **cogiter.**

II [qqn ~ qqch] **1.** *Vous n'allez tout de même pas penser que je ne vous aime pas !* : **imaginer** ; → CROIRE, DOUTER, SE DOUTER, ESPÉRER, ESTIMER, PRÉSUMER, TROUVER. **2.** *Que penses-tu de ma sœur ?* : **dire.** **3.** *Tu penses !, vous pensez ! Je savais bien que cette voiture ne valait rien, tu penses !* [fam.] : **tu parles !** **4.** *Penses-tu !, pensez-vous ! Pensez-vous ! nous étions sûrs qu'il n'oserait pas revenir !* [fam.] : [cour.] **allons* donc !, mais non !**

III [qqn ~ à] **1.** *À quoi penses-tu donc ?* : **réfléchir** ◆ **rêver** ◆ **songer** ; → SE SOUVENIR. **2.** *Je n'avais pas pensé à toutes les conséquences de cette intervention* : **envisager.** *Je n'avais pas pensé à ça* : **faire attention, prendre garde** ◆ [plus sout.] **cette pensée ne m'avait pas effleuré.** *Mais non, vous n'avez pas pensé à tout !* : **prévoir** (*vous n'avez pas tout prévu*). **3.** *Avez-vous pensé à votre frère ?* : V. COMPTER. *Je pensais aller à Londres* : **projeter de** ; → CARESSER. **4.** *Penser à son avenir* : **se préoccuper de** ; → S'OCCUPER. **5.** *Faire penser à qqch* : V. RAPPELER et SUGGÉRER.

penseur V. philosophe. *Libre penseur* : V. irréligieux.

pensif *Du haut de la tour, il regardait la ville d'un air pensif* : **méditatif, songeur** ◆ [fam.] **tout chose** (qui implique l'idée de gêne) ; → SOUCIEUX.

pension

I **1.** *Pendant leurs voyages, ils placent leurs enfants dans une pension* : **pensionnat** ◆ **internat** (qui n'implique pas que l'école soit un établissement privé) ; → ÉCOLE. **2.** *Une pension de famille* : V. HÔTEL.

◇ **pensionnaire** *Il est pensionnaire au lycée, il mène une vie plus régulière* : **interne.**

II *Il a été blessé pendant son travail, l'État lui verse une petite pension* : **allocation** ◆ **retraite** (= pension reçue en fin d'activité).

◇ **pensionné** : **retraité.**

pente **1.** *Le chemin qui conduit à la source a une forte pente* : [didact.] **déclivité, escarpement** (= versant en pente raide) ; → CÔTE, MONTÉE. *La pente d'un toit* : **inclinaison.** **2.** *Les pentes de la colline étaient des pâtures* : **versant.** **3.** *Une rue en pente* : **pentu.** **4.** *Suivre sa pente* : [plus cour., pl.] **inclinations** ; → ENTRAÎNEMENT, PENCHANT. *Être sur la mauvaise pente* : **filer un mauvais coton*.**

pénurie V. manque, rareté (*in* rare), vaches* maigres.

pépé V. grand-père.

pépère **1.** [n.] V. grand-père, papa. **2.** [adj.] V. calme, paisible.

pépie V. soif.

pépiement V. chant (*in* chanter).

pépier V. chanter.

pépin **1.** V. difficulté (*in* difficile), ennui (*in* ennuyer). **2.** V. parapluie.

pépinière V. école.

pépiniériste V. arboriculteur, jardinier (*in* jardin).

péquenot V. paysan.

perçant, percée V. percer.

perceptible V. percevoir I.

perception

I V. REPRÉSENTATION.

II *L'informatique a amélioré la perception des impôts* : **recouvrement** ; → LEVÉE.

percer **1.** [~ qqch] *Il a percé le papier avec son crayon* : **perforer, trouer.** *Le mécanicien a percé un trou dans la tôle* : **forer.** *Percer un pneu* : [plus cour.] **crever** ; → PIQUER. *L'architecte perça le mur d'une baie* : **ajourer.** *Percer une voie* : V. OUVRIR. **2.** *Le malheureux avait été percé de coups de couteau* : [plus précis] **larder.** **3.** *Le cri lui perça les oreilles* : **transpercer** ; → DÉCHIRER. **4.** *Un tel spectacle vous perce le cœur* [sout.] : [plus cour.] **crever***. **5.** *Le secret a été bien gardé, rien n'a percé de leur projet* : **transpirer.** *L'enquête n'a pas suffi pour percer le mystère* [sout.] : **déceler, pénétrer** ; → COMPRENDRE. **6.** *L'abcès perce* : **crever.** **7.** *Le jour perce* [sout.] : **poindre** ; → SORTIR. **8.** *Percer les intentions de qqn* : V. LIRE et PÉNÉTRER. **9.** *Cet écrivain a percé* : ↑ **réussir** ; → ARRIVER.

◇ **perçant** **1.** *L'homme avait un regard perçant* : **pénétrant** ◆ [plus partic.] **perspicace** (qui se rapporte plutôt aux qualités de l'esprit). **2.** *Des sons perçants* : **strident** ; → CRIARD, DÉCHIRANT.

◇ **percée** **1.** *Les ouvriers avaient achevé de faire la percée dans la forêt* : **trouée** ; → CHEMIN. **2.** *La crise pétrolière explique la percée du nucléaire* : ↑ **développement.**

percevoir

I **1.** *Elle savait percevoir les nuances les plus fines* : **discerner, saisir.** **2.** *On percevait maintenant les premières lueurs du jour* : **apercevoir.** *Dans la nuit, on percevait le moindre bruit* : [plus génér.] **entendre.**

◇ **perceptible** **1.** *Les bactéries ne sont pas perceptibles à l'œil nu* : **visible** ; → APPARENT. *Les ultrasons ne sont pas perceptibles par l'oreille humaine* : **audible.** **2.** V. SENSIBLE et SENTIR.

II **1.** *Percevoir des impôts* : V. LEVER I. **2.** *Les loyers qu'elle perçoit lui suffisent pour vivre à l'aise* : [plus fam.] **toucher** ◆ [fam.] **empocher, ramasser** ; → RECEVOIR I.

perche **1.** Longue et mince pièce de bois, de fer, utilisée pour atteindre un objet éloigné : **gaule** (= perche utilisée pour faire tomber des fruits qu'on ne peut atteindre à la main). **2.** *Quelle grande perche, ce garçon !* [fam.] : **échalas, girafe** ; → GRAND. **3.** *Tendre la perche à qqn* : [plus génér.] **aider***.

percher [intr., qqn ~] *Sais-tu où perche Paul ?* [fam.] : [cour.] **demeurer** ; → LOGER, NICHER.

◇ **se percher** *Les moineaux se sont perchés sur les hautes branches du cerisier* : [sout.] **se jucher.**

perchiste V. sauteur (*in* sauter).

percussion *Il était devenu un virtuose de la percussion* : [plus partic.] **batterie.**

percutant *Le candidat a réussi à convaincre l'assemblée avec des formules percutantes* : ↓ **frappant.**

percuter V. entrer, heurter, rentrer.

perdant V. vaincu (*in* vaincre).

perdre **1.** [qqn ~ qqch] *J'ai perdu son adresse, voulez-vous me la rappeler ?* : **oublier** (qui n'implique pas la perte). *Il a perdu le livre que je lui avais prêté* : ↓ **égarer** ◆ [fam.] **paumer.** **2.** [qqn ~ qqch] *Il a été mal conseillé et a perdu une somme importante dans l'affaire* : **gaspiller.** **3.** [qqn ~ qqch] *Perdre une mauvaise habitude* : V. SE DÉFAIRE. *Perdre une occasion* : V. MANQUER I. **4.** [qqn ~ qqn] *Il a tout fait pour perdre ses ennemis* : **déconsidérer** ◆ [fig.] **ruiner.** **5.** *Perdre les mœurs de qqn* : V. CORROMPRE. **6.** [qqch ~ qqch] *L'automne est précoce et les arbres perdent déjà leurs feuilles* : [plus sout.] **se dépouiller de.** **7.** [qqch ~] *Ce tonneau perd* : **fuir***. **8.** *Faire perdre qqch à qqn. Vos remarques désagréables m'ont fait perdre mes moyens* : **enlever** ; → ÔTER. *Faire perdre son crédit à qqn* : V. DISCRÉDITER. **9.** *Perdre le nord* : V. S'AFFOLER. *Perdre connaissance* : V. DÉFAILLIR. *Perdre l'esprit* : V. DÉRAISONNER. *Perdre la tête* : V. S'AFFOLER. *Perdre du poids* : V. MAIGRIR. *Perdre la vie* : V. MOURIR. *Cette équipe n'aime pas perdre* : **se faire battre.**

◇ **se perdre** **1.** [qqn ~] *Il s'est perdu plusieurs fois dans les couloirs du métro* : **prendre le mauvais chemin** ◆ [fam.] **se paumer** ; → S'ÉGARER. **2.** [qqn ~] *Elle se perdait dans ses rêveries* : [sout.] **s'abîmer.** *Il se perd dans* *les détails* : **s'embrouiller** ; → SE NOYER. **3.** [qqn ~] *Se perdre dans la foule* : V. DISPARAÎTRE. **4.** [qqch ~] *Les cerises sont en train de se perdre sur l'arbre* : **s'avarier, se gâter***. *Son talent s'est perdu* : V. DÉGÉNÉRER.

◇ **perdu** [adj. et n.] **1.** [qqn est ~] V. ERRANT et NE PLUS SAVOIR OÙ ON EN EST*. **2.** *Ce malade est perdu* : **condamné** ◆ [fam.] **fichu** ◆ [très fam.] **foutu** ; → CONDAMNÉ. **3.** *Il court comme un perdu* : **fou.** **4.** [qqch est ~] *C'est un hameau perdu dans une région encore sauvage* : **isolé** ◆ [fam.] **paumé.**

◇ **perte** **1.** [~ de qqn] *La mère pleure la perte de son enfant* : **mort** ; → DEUIL. *L'ennemi court à sa perte* : **anéantissement** ◆ ↓ **défaite, ruine.** **2.** [~ de qqch] *Sa longue maladie avait provoqué une perte d'énergie* : **déperdition.** *Une perte d'argent* : V. DÉFICIT. *La grêle a causé des pertes* : V. DOMMAGE. *La perte d'un membre* : V. PRIVATION. *La perte d'un bien* : V. SINISTRE II. *Une perte d'eau* : V. FUITE. **3.** *Vous faites cela en pure perte* : **inutilement.**

perdurer V. subsister.

père **1.** V. PAPA. **2.** *Cette société donne au père de famille beaucoup d'autorité* : **chef de famille.** **3.** *Le docteur Freud est le père de la psychanalyse* : **créateur, fondateur.** **4.** [pl.] *Il ne faut pas oublier l'expérience de nos pères* [sout.] : [plus cour.] **ancêtre** ; → AÏEUX.

pérégrinations V. voyage.

péremptoire V. absolu II, catégorique, décisif (*in* décider).

pérenniser V. immortaliser (*in* immortel).

perfectible V. améliorable (*in* améliorer).

perfection V. bien III, parfaitement (*in* parfait), perle II.

perfectionnement V. amélioration (*in* améliorer), progrès.

perfectionner V. parfaire.

perfide **1.** [qqn est ~] V. DÉLOYAL. **2.** [n.] *C'est un perfide* [vx] : [peu cour.] **fourbe, traître.** **3.** [qqch est ~] *Dans la baie, les courants sont perfides* : [plus cour.] **dangereux.** **4.** [qqch est ~] *Le jaloux a lancé des propos perfides* : ↑ **empoisonné** ◆ ↓ **venimeux** ◆ ↑ **machiavélique** (qui s'applique au comportement).

perfidement V. traîtreusement (*in* traître).

perfidie V. déloyauté (*in* déloyal), noirceur (*in* noir).

perforer V. percer.

performance V. exploit, succès.

perfusion V. injection.

péricliter V. dépérir, aller mal* II.

péril V. danger, risque.

périlleux V. acrobatique (*in* acrobate), dangereux (*in* danger).

périmé V. anachronique, à la papa*.

périmètre V. tour II.

période **1.** *Une brève période* : V. DURÉE. *Une période troublée* : V. ÉPOQUE. **2.** *La période d'incubation de la scarlatine est de quarante jours* : **phase.** **3.** *La période bleue de Picasso* : **manière***.

◇ **périodique** **1.** [n.] *Les bibliothèques ont souvent un service des périodiques* : **magazine** (= publication illustrée), **revue** (= publication plus spécialisée) ◆ **journal*** (= toute publication périodique, que l'on distingue d'après les rythmes de publication), **quotidien, hebdomadaire, mensuel.** **2.** [adj.] *Une serviette périodique* : **hygiénique***.

péripatéticienne V. prostituée (*in* prostituer).

péripétie *Les péripéties de la dernière guerre sont maintenant des sujets de littérature* : **épisode** (qui insiste moins sur l'aspect inattendu des incidents survenus).

périphérie **1.** *L'écolier trace la périphérie d'une figure géométrique* [didact.] : [plus cour.] **contour, pourtour.** **2.** *La périphérie d'une ville* : **banlieue***.

◇ **périphérique** **1.** [adj.] *Les zones périphériques des grandes villes sont tristes* : **excentrique** (qui marque l'éloignement par rapport au centre urbain) ◆ **limitrophe** (qui souligne la proximité des limites de la ville proprement dite). **2.** [n.] V. TERMINAL.

périphrase *Que de périphrases pour présenter ses excuses !* : [sout.] **circonlocution** ◆ [plus cour.] **détour**. *Affirmer que l'on n'est pas tout à fait innocent est une périphrase pour avouer sa culpabilité* : **euphémisme** (= adoucissement d'une expression trop dure).

périple V. voyage.

périr V. mourir, tomber. *Faire périr* : V. tuer. *Périr corps et biens* : V. sombrer.

péristyle V. portique.

perle
I *Un rang de perles* : **collier***.
II **1.** [qqn est une ~] *Mon secrétaire est une perle* [fam.] : [cour.] **perfection. 2.** [qqch est une ~] *Les étudiants n'ont pas manqué de relever bruyamment les perles de son cours d'histoire* : **bévue, bourde, erreur***.

permanence V. constance (*in* constant), continuité (*in* continuer).

permanent **1.** [adj.] *Le thermostat maintient une température permanente* : **stable, invariable** ; → CONSTANT. **2.** [adj.] *La surveillance des prix était devenue permanente* : **continu, ininterrompu.** *Notre collaboration pour ce projet devrait être permanente* : **durable** (qui insiste sur la durée). **3.** [n.] V. MILITANT.

perméable *La craie est une matière perméable* : **poreux.**

permettre **1.** [qqn, qqch ~ de + inf., complétive ou n. abstrait] *Il a permis à ses enfants de sortir jusqu'à 6 heures* : **autoriser** (*... a autorisé ses enfants à sortir*) ◆ ↓ **tolérer** (qui marque la condescendance : *il tolère que...*) ◆ ↑ **approuver** (qui manifeste un accord : *il approuve ses enfants de sortir*) ; → ADMETTRE. *Son intervention a permis d'avancer les travaux* : V. AIDER. *Cela permet de* : **donner lieu* à. 2.** [qqn ~ qqch] *Vous permettez un tel bruit ?* : **supporter*. 3.** [pass.] *Il n'est pas permis à tout le monde d'être un artiste* : **être donné. 4.** [dans des formules de politesse] *Si vous le permettez, nous partirons ce soir* : **avec votre permission.**

◇ **se permettre** **1.** [~ de + inf.] : **se payer le luxe* de** ; → OSER. **2.** [~ qqch] *Il s'est permis de petits écarts de régime* : **se passer, s'autoriser.**

◇ **permis** **1.** [n.] *Il a reçu le permis de construire* (= acte officiel écrit) : [génér.] **autorisation** ◆ **licence** (qui s'applique plutôt à l'exercice d'une activité commerciale ou industrielle). **2.** [adj.] *Cette activité est permise* : **autorisé** ◆ **licite** (= autorisé par la loi ou la morale) ◆ **légal** (= autorisé plus partic. par la loi) ◆ **légitime** (= autorisé plus spécialt par la morale) ◆ [vieilli] **loisible** (*il vous est loisible de...*) ; → POSSIBLE.

◇ **permission** **1.** *Le patron ne m'a pas accordé la permission de m'absenter* : **autorisation**, [plus génér.] **liberté** ◆ **consentement, approbation*** (qui ne peuvent se construire avec l'inf.) ; → DROIT, DISPENSE. *Avoir la permission de* : **pouvoir*. 2.** [de permettre 4] *Avec votre permission, je souhaiterais dire quelque chose* : **agrément, accord. 3.** *Ce soldat passe sa permission chez ses parents* : [fam.] **perme.**

permissif, permissivité V. liberté.

permuter *Si vous permutez les deux mots, vous obtiendrez une phrase plus claire* : **intervertir.**

pernicieux V. malfaisant, nuisible (*in* nuire).

péroraison V. conclusion (*in* conclure).

pérorer V. discourir (*in* discours).

perpendiculaire *Tracez deux plans perpendiculaires* : [didact.] **orthogonal.**

perpétration V. consommation.

perpétrer V. accomplir.

perpétuel *Son entourage ne supporte plus ses lamentations perpétuelles* : ↓ **continuel,** ↓ **fréquent,** ↓ **habituel** ; → ÉTERNEL, SEMPITERNEL, CONSTANT.

perpétuellement V. constamment (*in* constant).

perpétuer V. continuer, immortaliser (*in* immortel).

◇ **se perpétuer** V. se reproduire, durer.

perpétuité (à) V. toujours.

perplexe V. indécis.

perplexité V. indécision (*in* indécis).

perquisition V. fouille (*in* fouiller).

perquisitionner V. fouiller.

perroquet 1. *Il existe de nombreuses races de perroquets* : [plus partic.] **ara, jacquot, papegai.** 2. V. BAVARD.

perruque V. cheveux.

persécuter 1. V. TORTURER. 2. *Il est persécuté par son percepteur* [fam.] : [cour.] **harceler** ; → S'ACHARNER, PRESSER.

persévérant V. constant.

persévérer *L'inspecteur devait persévérer dans sa recherche* : **persister** ◆ ↑ **s'acharner,** ↑ **s'obstiner** (qui marquent l'entêtement plus que la volonté) ; → INSISTER, CONTINUER, POURSUIVRE.

◇ **persévérance** *Sa persévérance au travail n'a pas été récompensée* : ↑ **ténacité*** ◆ [plus péj.] **entêtement*** ; → CONSTANCE, INSISTANCE, OBSTINATION, PATIENCE.

persienne *Il faut fermer les persiennes pour se protéger des papillons de nuit* : **volet** ◆ [moins cour.] **contrevent, jalousie** ; → STORE.

persifler V. railler.

persistance V. continuité (*in* continuer).

persistant V. vivace (*in* vif).

persister V. continuer, persévérer, se prolonger (*in* prolonger III), subsister.

personnage 1. *C'est un curieux personnage* : **individu***. *Un grossier personnage* : V. IMPOLI. 2. *Voici un comédien fait pour ce genre de personnage* : **rôle*** (qui s'applique dans cette acception plus partic. au personnage de la scène). *Le personnage principal d'un film* : **héros, héroïne.** 3. *Dans sa ville, c'est un personnage* : [plus partic.] **notable, notabilité** (qui impliquent que la situation sociale détermine l'influence) ◆ **personnalité** (qui insiste sur la représentativité) ◆ ↑ **célébrité*, figure*** (qui insistent sur la notoriété) ◆ **ténor** (qui s'emploie en politique : *un ténor de l'opposition*) ◆ [fam.] **bonze, huile, légume, manitou, ponte.** 4. *Soigner son personnage* : V. PERSONNE.

personnalisation V. individualisation (*in* individu).

personnalisé V. individualisé (*in* individu).

personnalité 1. V. caractère III, individualité (*in* individu), le moi*, originalité (*in* original II), personne I, tempérament II. 2. V. figure I, personnage, sommité.

personne

I 1. *Ce genre de personne m'intéresse* : [sout., plus génér.] **créature** ◆ [moins cour., parfois péj.] **individu*** ◆ **femme** (qui spécifie le sexe) ◆ **homme*** (qui peut valoir pour les êtres humains en génér.) ◆ [pl.] **gens*** (qui se substitue à *personne* derrière les articles déf. ou indéf. : *des, les gens racontent que ; plusieurs, quelques, de nombreuses, deux personnes m'ont raconté que*) ◆ [vieilli] **(être) humain, mortel.** 2. *Il prend soin de sa personne* : **apparence** ◆ [plus génér.] **personnage** (qui inclut l'effet moral et physique). 3. *On ne cesse pas de s'interroger sur la complexité de la personne* [didact.] : **âme.** 4. *Il viendra en personne* : **lui-même*, en chair et en os.** *Remettre qqch en personne* : **en main* propre.** *Vous n'êtes pas une grande personne* : **adulte** ; → GRAND. 5. *Les droits de la personne sont imprescriptibles* : **homme** ◆ **individu** (qui peut s'employer ici sans valeur péj.). 6. *La personne morale est reconnue par la loi* [didact.] : [moins cour.] **personnalité.**

◇ **personnel** [adj.] 1. *Son épouse dispose de sa fortune personnelle* : [antéposé] **propre***. *Il a des idées très personnelles sur le mariage* : **original** ; → PARTICULIER, RELATIF, SUBJECTIF. 2. *Vos affaires personnelles n'intéressent pas l'Administration* : **intime*, privé** ; → PROPRE. *Un cas personnel* : **individuel***. 3. *Ce garçon est très personnel* :

égoïste. **4.** [n.] *Le bureau du personnel m'a convoqué* : [plus partic.] **main-d'œuvre** (d'une entreprise industrielle ou commerciale). *La baronne a congédié son personnel* : [sout.] **domesticité** ◆ [vieilli] **gens.**

II [pron.] V. QUELQU'UN. **1.** *Il le sait mieux que personne* : **n'importe qui, quiconque.** **2.** *Personne d'autre que lui ne peut le dire* : **aucun*** **autre** ; → NUL. *Par personne* : **par tête*** **de pipe.** **3.** *Dans la rue, personne !* : **pas un chat.**

personnellement V. quant à moi*.

personnification V. symbole.

personnifier V. représenter.

perspective **1.** *La grande allée offre une belle perspective* : **vue.** **2.** *Dans cette perspective, nous pouvons nous entendre* : **point de vue** (*de ce point de vue*). *Voilà une belle perspective pour l'avenir* : **horizon** ; → IDÉE. *C'est une perspective inquiétante* : **éventualité.** **3.** V. DÉBOUCHÉ.

perspicace V. clairvoyant (*in* clairvoyance), fin III, perçant (*in* percer), sagace.

perspicacité V. clairvoyance, finesse (*in* fin III), sagacité (*in* sagace).

persuadé V. certain I.

persuader *Saurez-vous les persuader de notre bonne foi ?* : **convaincre.** *Il m'a persuadé de venir* : **décider*** **à.**

persuasif V. éloquent.

persuasion V. conviction (*in* convaincre).

perte V. perdre.

pertinent *Voilà un argument pertinent* : **judicieux** ; → APPROPRIÉ, CONVENABLE, JUSTE.

◇ **pertinence** *Cette analyse est caractérisée par sa pertinence* [sout.] : **à-propos** (qui implique plutôt le choix du bon moment) ◆ **bien-fondé** (qui indique la justesse de la démarche) ; → CORRECTION, ACTUALITÉ.

perturber **1.** *Cette scène pénible l'a profondément perturbé* : **bouleverser** ◆ ↓ **troubler*.** **2.** *Des orages très violents perturbaient la circulation* : ↓ **déranger.**

◇ **perturbation** **1.** *Des perturbations empêchaient de suivre l'émission* : **parasite*.** **2.** *La crise économique entraîna d'importantes perturbations dans la vie sociale* : **bouleversement** ; → CRISE. **3.** *La météo annonce une perturbation* : [didact.] **dépression.**

pervers **1.** [adj. et n.] *C'est un être pervers, un pervers* [sout.] : **dépravé** ◆ [plus cour.] **vicieux*** ; → CORROMPU, MALSAIN, SATYRE, AMBIGU. **2.** [adj.] *Des tortures perverses* : V. DIABOLIQUE.

◇ **perversion** **1.** *La perversion des mœurs a marqué la Régence* : **corruption*** ; → ÉGAREMENT. **2.** *Certains prétendent que l'alimentation carnée est une perversion du goût* [sout.] : [didact.] **anomalie** ; → DÉGÉNÉRESCENCE.

◇ **pervertir** **1.** *La fréquentation de ce milieu l'a perverti* : **corrompre*** ◆ **débaucher, encanailler** (qui impliquent un relâchement des mœurs) ; → ÉGARER. **2.** *L'habitude d'une cuisine très épicée peut pervertir le goût* : **altérer, dénaturer.**

pervertir (se) V. dégénérer.

pesamment V. lourdement (*in* lourd), masse I.

pesant V. peser.

pesanteur V. lourdeur (*in* lourd).

peser **1.** [qqch ~] *Ce poulet pèse deux kilos* : [très génér., fam.] **faire.** **2.** [qqn ~ qqch] *Pesez-moi cette énorme poire* : **soupeser** (= pesée approximative et manuelle). **3.** *Il n'a pas bien pesé les conséquences de son geste* : **apprécier, calculer, évaluer, mesurer.** **4.** [qqn ~ sur qqch] V. APPUYER. *Peser sur une décision* : V. INFLUENCER. **5.** [qqch ~ à qqn] *L'incertitude me pèse* : ↑ **accabler** ◆ ↓ **ennuyer.** **6.** [qqch ~ sur qqn] *Toutes ces responsabilités pèsent lourdement sur lui* : ↓ **retomber.**

◇ **pesant** **1.** *Une malle pesante* : **lourd*.** **2.** *Une atmosphère pesante* : **étouffant*.** **3.** *Un bâtiment pesant* : V. LOURD et MASSIF. **4.** *Sa présence devient pesante* : **importun.**

pessaire V. préservatif.

pessimiste [adj. et n.] **1.** *Depuis son échec, il est pessimiste* : [plus restreint] **inquiet, mélancolique** (qui se disent plutôt de l'humeur ou du caractère) ; → MAUSSADE, NOIR. **2.** *Des propos pessimistes courent sur l'issue de la crise* : ↑ **défaitiste** ◆ **alarmiste** (qui insiste sur l'effet du discours plus que sur son contenu).
◇ **pessimisme** *Votre pessimisme vous rend la vie malheureuse* : **défaitisme** ◆ ↑ **catastrophisme,** ↑ **sinistrose.**

peste V. empoisonneur (*in* empoisonner), gale, plaie, teigne.

pester V. fulminer, jurer II, maudire, maugréer, entrer dans une rage* folle.

pestilentiel V. puant (*in* puer).

pet *Il a lâché un pet* [fam.] : [langage enfantin] **prout** ◆ [sout.] **vent.**
◇ **péter** [fam.] **1.** *Ça va péter !* : [cour.] **exploser** ; → CRAQUER, ÉCLATER. *Si je serre trop ce boulon, il va péter* : [cour.] **casser** ; → ROMPRE. **2.** *Envoyer tout péter* : V. PROMENER.

pétant V. sonnant (*in* sonner).

pétard [fam.] **1.** *Le journal lança un pétard le jour de la rentrée parlementaire* : **bombe** ◆ [cour.] **nouvelle sensationnelle. 2.** *Cette histoire va faire du pétard* : **foin** ◆ [cour.] **bruit** ◆ ↑ **scandale*** ; → TAPAGE, POTIN. **3.** *Sortir son pétard* : **revolver*. 4.** *Être en pétard* : **boule*** ; → COLÈRE. **5.** *Un gros pétard* : **derrière*. 6.** V. HACHISCH.

pétasse V. femme.

péter V. pet.

pète-sec V. sec II.

péteux V. lâche I, peureux (*in* peur).

pétillant V. brillant II.

pétiller **1.** *Les bûches humides pétillaient dans la cheminée* : **crépiter. 2.** *La malice pétille dans son regard* : ↑ **briller***, ↑ **éclater.**

petit
I [adj.] **1.** [antéposé] *Il a une petite verrue sur le nez* : [postposé] ↑ **microscopique, minuscule*.** *Il habite un petit appartement* : [moins cour.] **exigu** ◆ [fam.] **riquiqui** ; → ÉTROIT. *Entre ces deux prix, il n'y a qu'une petite différence* : ↑ **infime** ; → FAIBLE, LÉGER, MINIME. *Une petite écriture* : V. MENU I. *Après un petit instant d'hésitation, il prit une décision* : **court.** *Il touche un petit salaire* : **bas, maigre*** ; → MÉDIOCRE, MISÉRABLE, MODESTE. *Ce n'est qu'un petit écrivain* : [plus cour., postposé] **mineur** ; → INSIGNIFIANT. *C'est vraiment une petite différence* : [postposé] ↑ **infinitésimal. 2.** [antéposé ou postposé] *C'était un homme petit, trapu* : ↑ **minuscule** ; → FLUET. *C'est un esprit petit, sans indulgence* : **étroit, mesquin** ; → BORNÉ. **3.** [antéposé] *Les petits Dupont ont encore fait des sottises* [fam.] : [cour.] **enfant** ; → FILS. **4.** [antéposé] *Il s'est fait construire un petit Louvre* : **en miniature, au petit pied** (*un Louvre en miniature, au petit pied*). **5.** *Le plus petit écart* : **moindre*. 6.** *Petite amie* : **maîtresse.** *Petit ami* : **amant.** *Petit gars* : V. GAILLARD II. *Petit poisson* : V. FRETIN. **7.** *Petit à petit* : **progressivement*.**

II [n.] **1.** *C'est un petit très difficile* : [plus partic.] **garçon, fille** ; → BÉBÉ, ENFANT. *La chatte et ses petits* : **jeune*. 2.** *Ce sont toujours les petits qui trinquent* [fam.] : **lampiste** ◆ [didact.] **défavorisé** ◆ **couches populaires*** (qui appartient plutôt au vocabulaire politique) ; → FAIBLE II. **3.** [en appellatif] V. MICROBE.
◇ **petitesse** **1.** *La petitesse de ses revenus* : [sout.] **modicité** ; → FAIBLESSE. **2.** *Petitesse d'esprit* : **étroitesse d'esprit, mesquinerie.**

petite-main V. midinette.

petitement V. chichement (*in* chiche).

petitesse V. petit.

pétition V. requête.

pétochard V. peureux (*in* peur).

pétoche V. crainte (*in* craindre), peur.

pétoire V. fusil.

peton V. pied.

pétrifié V. ébahi.

pétrifier V. figer.

pétrin V. embarras (*in* embarrasser).

pétrir **1.** *Le boulanger pétrit la pâte à pain* : **malaxer.** *Le sculpteur pétrit l'argile humide* : **façonner, modeler** (qui impliquent une mise en forme) ◆ [plus génér.] **travailler** ; → MANIER. *Il pétrissait de la mie de pain pour occuper ses mains* : [plus fam.] **tripoter** ; → TRITURER. **2.** *Être pétri de. C'est un homme pétri de prétention* : **plein de** ◆ [plus cour.] **très** (*très prétentieux*).

pétrole V. or* noir.

pétulance V. vivacité (*in* vif).

pétulant V. vif I.

peu

I [adv.] **1.** [avec un v.] *Il vient très peu à son bureau* : **rarement.** *Il aime peu ce travail* : **pas beaucoup** ◆ [plus sout.] **ne... guère** (*il n'aime guère...*). *Le lampadaire éclairait peu la pièce* : **à peine** ◆ ↑ **mal** (qui ne se dit pas seulement de l'intensité) ; → FAIBLEMENT. *Je le vois peu* : **rarement.** *Manger peu* : V. SOBREMENT. *C'est peu* : V. MAIGRE. *J'ai manqué la cible de peu* : **de justesse*.** *Il viendra sous peu, avant peu, d'ici peu* : **bientôt*.** *Il est arrivé depuis peu* : **récemment*.** **2.** *Peu à peu. Le bruit montait peu à peu* : **graduellement, insensiblement, progressivement*** ; → DEGRÉ, LENTEMENT. **3.** *Votre ami est peu bavard* : **(ne)... pas très** (*... n'est pas très...*). *Être un peu triste* : V. VAGUEMENT. *Vous ne pensez pas que c'est un peu simpliste ?* [iron.] : [cour.] **trop.**

II [déterminant ou substitut du n.] **1.** *Il reste peu de jours avant l'échéance* : [avec une formule restrictive comme ne... que] **quelques, un petit nombre de** (*il ne reste que peu de jours avant l'échéance*). **2.** *Il manque un peu de sel dans la blanquette* : **un grain, une miette.** *Je prendrais bien un peu de porto* : [plus précis., plus sout.] **un doigt de, une goutte de, un soupçon de** ; → POIGNÉE, POINTE, POIL, TANTINET, LARME.

peuple

I **1.** V. NATION. **2.** *Les musicologues ont enregistré les chants des peuples berbères* : [didact.] **ethnie** ◆ [péj.] **peuplade** ; → RACE. **3.** *On a recensé le peuple français* : [plus cour.] **population.**

II **1.** *Le peuple de Paris a refusé la défaite de 1870* : **masses*, couches populaires** ◆ [péj.] **populace, populaire** ◆ [vieilli, péj.] **plèbe.** *La volonté du peuple* : V. PAYS. **2.** *Il y a du peuple dans la rue* [fam.] : [plus cour.] **monde*** ◆ [péj., fam.] **populo** ; → FOULE.

◇ **peuplé** [adj.] *Cette région est très peuplée* : **populeux.**

◇ **peupler** **1.** *Les colons romains ont peuplé le sud de la France* : ↓ **habiter** (qui n'implique pas l'idée d'installation définitive ni de nombre). *Le jour de la première, une foule de journalistes peuplait le théâtre* [sout.] : [cour.] **remplir.** **2.** [surtout au pass.] *Mes rêves étaient peuplés de visions étranges* [sout.] : **hanter.**

◇ **populaire** **1.** *Un gouvernement populaire a succédé à la royauté* : [plus génér.] **démocratique.** **2.** *Les couches populaires sont les premières touchées par les hausses de prix* : [plus précis.] **laborieux** ; [plus génér.] **pauvre*, petit*** ; → MASSE, PEUPLE. **3.** *Il est d'origine populaire* : [vx] **humble, simple** ◆ [sout.] **plébéien.** **4.** *Les arts populaires sont restés vivants dans ce pays* : **folklorique.** **5.** [n.] V. PEUPLE.

peur **1.** *Devant le danger, la peur le paralyse* : [plus sout.] **crainte*** ◆ ↑ **effroi,** ↑ **frayeur,** ↑ **terreur*** ◆ **angoisse** (qui est plutôt l'effet de la peur) ◆ **appréhension** (qui se dit d'une peur anticipant sur sa cause) ◆ [sout.] **couardise** ◆ [fam.] **frousse, trouille** ; → LÂCHETÉ. *La peur s'est emparée de la foule* : ↑ **panique** (qui implique l'affolement : *la panique..., une peur panique...*) ◆ **trac** (= peur passagère ressentie avant de subir un examen, d'affronter un public). *Une peur bleue* : V. BLEU. *Je ne comprends pas sa peur des lézards* : [plus partic.] **phobie.** **2.** *Avoir peur. Il a peur de tout : de son père, de ses professeurs, de ses camarades* : [sout.] **craindre*,** ↑ **redouter** ; → TREMBLER. *Quand on le menace, il a peur* : [fam.] **avoir la frousse, la trouille, la colique, se dégonfler** ◆ [très fam.] **avoir les chocottes, les foies** ; → S'AFFOLER*, NE PAS ÊTRE FIER*. *Le camion a failli m'écraser : j'ai eu peur !* : [plus express.] **ça m'a donné froid dans le dos, mes cheveux se sont dressés sur ma tête** ; → CULOTTE, FIGER* LE SANG. *Je ne peux m'empêcher d'avoir peur pour lui* : **trembler.** *Elle avait peur de ce premier examen* : [plus sout.] ↑ **redouter.** **3.** *Faire* *peur. Son ombre lui fait peur* : [moins cour.] **effrayer,** ↑ **terroriser** ◆ [plus sout.] ↑ **épouvanter.** *À faire peur. Elle est laide à faire peur* : **très** (*elle est très laide*).

◇ **peureux** [adj. et n.] **1.** [qqn est ~] *Tout le monde est peureux dans certaines situations* : [fam.] **dégonflé, froussard, pétochard, trouillard** ◆ [très fam.] **foireux, péteux** ◆ [vieilli] **poltron, couard** ; → LÂCHE. **2.** *Il est d'un naturel peureux* : [sout.] **craintif** ◆ [très sout.] **pusillanime.**

peut-être [adv.] *Il déjeunera peut-être avec nous* : ↑ **probablement,** ↑ **sans doute** (qui peuvent s'employer fam. en tête de phrase : *peut-être, probablement qu'il viendra la semaine prochaine*).

pèze V. argent.

phalange V. coalition.

phallus V. sexe.

phare V. feu II.

pharisaïsme V. fausseté (*in* faux I).

phase *L'historien expliquait les différentes phases du développement économique* : **étape** ◆ **moment** (qui évoque davantage l'idée de ponctualité) ; → PÉRIODE. *La dernière phase des négociations* : V. PARTIE.

phénix V. génie.

phénoménal V. étonnant (*in* étonner).

phénomène **1.** *La cause de ce phénomène n'a pu être établie* [didact.] : [plus cour.] **fait.** **2.** *Un phénomène de foire* : V. MONSTRE. *C'est un phénomène* : V. EXCEPTION et ORIGINAL.

philanthropie V. charité.

philatéliste V. timbre I.

philosophie **1.** *Chaque philosophie s'élabore contre les conceptions du monde qui l'ont précédée* : [plus génér.] **doctrine, système.** *La philosophie se divise en nombreuses disciplines (scientifiques ou universitaires)* : [plus partic.] **éthique, esthétique, logique.** **2.** *Hegel a posé les principes d'une philosophie du droit* : [plus génér.] **théorie.** **3.** *Mon fils vient de faire sa philosophie* [anc.] : **classe de philosophie** ◆ [fam.] **philo.** **4.** *Cet orateur a exposé sa philosophie* : **conception, vision du monde** ◆ **morale** (qui se dit plus partic. des principes de conduite). **5.** *Il a pris sa mésaventure avec philosophie* : **indifférence** (= absence de réaction) ◆ **résignation** (= acceptation du fait) ; → FATALISME, SAGESSE.

◇ **philosophe** **1.** *Socrate était un philosophe grec* : [plus génér.] **penseur.** **2.** [n. et adj.] *Il est bien philosophe dans cette situation difficile* : **calme** (qui se dit de l'attitude) ◆ **sage** (qui se dit du jugement fondant l'attitude) ; → FATALISTE.

◇ **philosopher** *Ce n'est pas le moment de philosopher* : [péj.] **bavarder.**

phobie V. crainte (*in* craindre), dégoût, peur.

phosphorescent V. lumineux (*in* lumière I).

photo V. photographie, portrait.

photocopie V. copie.

photographe V. illustrateur (*in* illustration).

photographie **1.** *Il a appris la photographie* : **photo.** **2.** *Cette photographie est nette* : [plus cour.] **photo** ◆ [didact.] **cliché, épreuve** (= tirages sur papier) ◆ **diapo, diapositive** (= copie positive à projeter) ; → ILLUSTRATION. *Faire, prendre une photographie, une photo* : **photographier.**

phrase **1.** *La phrase de Rabelais est foisonnante* [didact.] : [plus cour.] **style.** **2.** *Aucune idée dans ce texte, rien que des phrases* : [plus cour.] **cliché, lieu commun.** **3.** *Nous avons besoin d'actes, non de phrases !* : [plus cour.] **discours, mot.**

phraséologie V. style.

phraseur V. bavard.

phtisique V. tuberculeux.

physiologique V. somatique.

physionomie **1.** V. FIGURE et VISAGE. **2.** *La physionomie de nos villes a beaucoup changé depuis vingt ans* : **apparence, aspect, caractère.**

physique

I [adj.] **1.** *Les corps ont des propriétés physiques* : [plus génér.] **matériel.** **2.** *Le plaisir physique a sa place dans l'amour* : [sout.] **charnel, corporel** ◆ [plus cour.] **sexuel.**

II [n.] *Cette fille a un physique agréable* : **corps, physionomie** ; → PHYSIQUEMENT.

physiquement

I *Il est physiquement possible de se poser sur Mars* : **matériellement.**

II *Physiquement, ce garçon est très bien* : **au physique.**

piaf V. moineau.

piaffer V. piétiner I.

piano V. doucement (*in* doux).

pianoter V. tapoter.

piapiater V. bavarder.

piaule V. pièce I.

piauler V. crier (*in* cri).

pibale V. anguille.

pic **1.** V. montagne, sommet. **2.** *À pic* : V. escarpé, à propos* II, tomber III. **3.** V. sommet* de pollution.

picaillon V. argent.

piccolo V. flûte I.

pichenette V. chiquenaude.

pickpocket V. voleur (*in* voler II).

picoler V. boire.

picorer *La volaille picorait les vers sur le tas de fumier* : [plus sout.] **becqueter.**

picotement V. chatouillement (*in* chatouiller).

picoter V. piquer II.

picrate V. vin.

pie V. bavard.

pièce

I **1.** *Ce gamin met tout en pièces* : **morceau.** *Mettre en pièces* : **démolir, briser** ; → CASSER, DÉCHIRER. **2.** *Cela coûte deux francs (la) pièce* : **l'un, l'unité.** *L'éleveur a vendu dix pièces de bétail* : **tête.** *Sur la plage, elle portait un très joli deux-pièces* : [plus génér.] **maillot (de bain).** **3.** *Les pièces d'un jeu* : **pion*.** **4.** *Les pièces d'identité* : **papier* d'identité.** *Pièce à conviction* : V. DOCUMENT. **5.** *Chercher une pièce* : V. MONNAIE. **6.** Partie distincte de l'appartement, destinée à l'habitation, à l'exclusion des espaces de service, entrée, cuisine : **chambre, salle à manger, (salle de) séjour, salon.** *Un trois pièces* : **F 3** (F, abrév. de *familial*). *Il a rangé sa pièce* : [plus précis.] **chambre** ◆ [fam.] **carrée** ◆ [très fam.] **crèche, piaule, turne** ; → APPARTEMENT. **7.** *Ce garçon est tout d'une pièce* : [plus sout.] **intransigeant, entier.**

II *Sa pièce a eu un grand succès dans les théâtres de boulevard* : [plus génér., sout.] **œuvre** ◆ [plus partic.] **comédie, drame, tragédie.**

pied

I **1.** *À force de marcher dans les éboulis, les promeneurs ont mal aux pieds* : [fam.] **peton** (= petit pied) ◆ [fam.] **nougat** ◆ [très fam.] **arpion, panard, paturon, pinceau** ; → PATTE. *Ils y sont allés à pied* : [fam.] **à pinces.** **2.** [sing.] *Au pied levé* : V. IMPROMPTU. *Mettre sur pied* : V. ORGANISER. *Sur pied* : V. DEBOUT. *Sur quel pied danser* : V. HÉSITER. *De pied en cap* : **jusqu'aux dents*.** *Travailler comme un pied* : V. MAL II et SAVATE. *Se lever du pied gauche* : V. HUMEUR. *Mettre à pied* : **licencier** ◆ [moins précis.] **renvoyer.** **3.** [pl.] *Faire des pieds et des mains* : [plus sout.] **se démener** ◆ [fam.] **se défoncer.** *Un casse-pieds* : **gêneur*.** *Casser les pieds à qqn* [fam.] : [cour.] **ennuyer.** *Des pieds à la tête* : V. CAP. *Avoir les pieds sur terre* : V. ÉQUILIBRÉ, RÉALISTE. *Cela lui fera les pieds* : V. DRESSER.

II *Le pied du mur est humide* : V. BASE I. *Au pied de* : V. SOUS.

III *Les premiers textes de la langue française sont en vers de dix pieds* [abusif] : **syllabe** (qui est plus exact, *pied* renvoyant à l'unité métrique du vers grec ou latin).

IV *Au petit pied* : V. PETIT. *Prendre son pied* : V. PLAISIR. *Vivre sur un grand pied* : V. DÉPENSER. *Au pied de la lettre* : **exactement.**

pied-à-terre V. appartement.

piédestal V. base I, socle.

piège 1. *Le braconnier a posé ses pièges dans la forêt* : [plus spécialt] **collet, lacet** ◆ [rare] **lacs** ; → APPÂT, FILET. *Un piège à rats* : **ratière, souricière** ; → TAPETTE. *Prendre le gibier au piège* : **piéger.** *Il est interdit de poser des pièges* : [plus génér.] **braconner.** 2. *Le naïf est tombé dans le piège* : **panneau, traquenard** ◆ [plus sout.] **chausse-trappe, embuscade, guêpier, guet-apens** ◆ **attrape-nigaud,** [très fam.] **attrape-couillon, piège à cons** (= pièges grossiers) ; → RUSE. *Il est pris comme dans un piège* : **étau.** *Il ne craint pas les pièges qu'on a dressés pour lui* : [sout.] **embûche.** *Il s'est laissé prendre au piège* : **mordre à l'appât, à l'hameçon, piéger** (*il s'est laissé piéger*). *La police a monté un piège* : **souricière.**

pierraille V. caillou.

pierre 1. *C'est une pierre calcaire* : [didact.] **roche.** *On creusa la pierre pour tracer la route* : **roc, rocher.** *Les maçons placèrent les pierres de taille* : **parpaing.** *Ils ont jeté des pierres sur les voitures* : [fam.] **caillasser** ; → CAILLOU et PROJECTILE. *Jeter des pierres sur qqn pour le tuer* : **lapider** (*lapider qqn*). 2. *Le joaillier a monté ces pierres à l'ancienne* : **diamant, pierre précieuse** ◆ [plus sout.] **gemme, pierreries.** 3. *Cet homme a un cœur de pierre* : **dur, insensible.** 4. *Pierre à briquet, à fusil* : **silex.** *Pierre d'achoppement* : V. ACHOPPER.
◇ **pierreux** *Le lit pierreux du torrent est à sec* : **rocailleux.**

pierrot V. moineau.

piété V. pieux.

piétiner
I 1. *Cet enfant piétine de rage* : ↑**trépigner.** 2. *Les soldats piétinent en suivant le défilé* : **marquer le pas.** 3. *Les négociations piétinent* : **traîner en longueur, ne pas en finir** ; → PATINER, DURER. 4. *Piétiner qqch* : V. MARCHER.
II V. FOULER* AUX PIEDS.

piètre V. bas I, maigre, minime, sans valeur*.

pieu
I *Il plante des pieux pour mettre un grillage* : **piquet** (= petit pieu) ◆ **poteau** (= gros pieu) ◆ **pilotis** (= pieu qui soutient une construction sur l'eau : *maison sur pilotis*) ; → TUTEUR.
II *Se mettre au pieu* : **se coucher*** ; → LIT I.

pieusement V. précieusement (*in* précieux I).

pieuter (se) V. se coucher (*in* coucher II).

pieux 1. [souvent postposé] *Cet homme pieux passe son temps à l'église* : **dévot** ◆ [péj.] **bigot** ; → CROYANT. 2. [antéposé] *Ne pas révéler au mourant son état était un pieux mensonge* : [postposé] **charitable.**
◇ **piété** 1. *Sa piété est édifiante pour les paroissiens* : **dévotion, ferveur** ; → RELIGION. *Derrière l'église, il y a un magasin d'objets de piété* : [péj.] **bondieuseries.** 2. *Nos sociétés considèrent la piété filiale comme un sentiment naturel* [sout.] : [plus cour.] **respect, amour.**

pif V. nez.

piges V. an.

pigeon 1. *Les pigeons roucoulent sur l'appui de la fenêtre* : [sout.] **colombe** ◆ [région.] **palombe** (= pigeon ramier) ◆ **ramier, tourterelle** (= espèces différentes de pigeons). 2. V. DUPE.
◇ **pigeonnier** *Cette tour ronde est un pigeonnier* : **colombier.**

pigeonner V. leurrer (*in* leurre).

pigeonnier V. pigeon.

piger V. comprendre II, saisir I.

pigiste V. journaliste (*in* journal).

pignocher V. manger I.

pignouf V. grossier, sale type* II.

pilastre V. colonne I.

pile
I [n.] 1. *Il retira un livre de la pile* : **tas** ; → AMAS. 2. *L'eau monte autour de la pile du pont* : [moins précis] **pilier.** 3. *On calcule en volts la force d'une pile* : **générateur.** *Les écologistes refusent l'énergie obtenue par les piles atomiques* : **réacteur nucléaire.**
II [n.] V. PEIGNÉE et RACLÉE.

III [n. et adv.] **1.** *Ils ont tiré à pile ou face* : **au sort***. **2.** [adv.] *La fin de mois est arrivée pile* [fam.] : [cour.] **juste à temps** ; → OPPORTUNÉMENT, PRÉCIS. *La voiture s'est arrêtée pile au feu rouge* : **brusquement.**

piler **1.** *Piler de l'ail dans un mortier* : [plus génér.] **broyer, écraser** ; → TRITURER. **2.** *Notre équipe s'est fait piler sur le terrain adverse* [fam.] : **enfoncer, prendre une pilule*** ◆ [cour.] **écraser** ◆ ↓ **battre.**

pilier **1.** V. COLONNE et PILE. **2.** *Ce député est l'un des piliers de la majorité gouvernementale* : ↓ **appui, soutien.** *C'est un pilier de bistrot* : **habitué** (*un habitué des bistrots*) ; → FAMILIER.

piller **1.** [~ qqch] *La troupe a pillé la région* : ↑ **saccager** (qui insiste davantage sur la destruction que sur le vol) ◆ **écumer** (qui ne s'emploie qu'en parlant d'opérations de grande envergure : *piller un tronc, écumer une région*) ; → VOLER. **2.** *Elle a pillé un roman ancien* : ↓ **plagier** ; → IMITER.
◇ **pillage** *Le pillage de la ville est le fait des occupants* : [sout.] **sac** ◆ ↑ **saccage** (qui insiste sur la violence de l'action et la gravité de ses effets) ; → RAPINE, VOL.

pilonner **1.** *Le cuisinier pilonna les légumes* : [plus génér.] **écraser.** **2.** *Le gouvernement pilonnait l'opinion par la propagande* : [plus cour.] **matraquer** ; → MARTELER. **3.** *Pilonner une position* : **canonner***.

pilote **1.** V. aviateur, conducteur. **2.** *Classe pilote* : V. modèle.

piloter V. diriger II, guider (*in* guide II).

pilotis V. pieu I.

pilule **1.** Médicament de forme sphérique : **comprimé** ◆ **granulé** (= médicament en forme de grain) ; → CACHET. **2.** *A-t-elle pris sa pilule ?* : [plus précis.] **pilule contraceptive, contraceptif** ◆ [spécialt] **minipilule** (qui est faiblement dosée en hormones), **micropilule** (qui ne contient que des progestatifs) ; → PRÉSERVATIF. **3.** *Avaler la pilule* : **se résigner***. *Prendre une pilule* : V. PILER.

pimbêche V. prétentieux.

piment V. saveur, sel.

pimpant V. élégant.

pinacothèque V. musée.

pince **1.** *Passe-moi la pince pour tenir le fil de fer* : [plus génér., sing. ou pl.] **tenaille** (*la tenaille, la pince, les tenailles, la paire de tenailles*). **2.** V. MAIN et PIED.

pinceau **1.** *Le peintre prend son pinceau* : [plus précis.] **brosse** (= pinceau à poils raides) ; → TOUCHE. **2.** V. PIED.

pincer **1.** *Vexée, elle pinça les lèvres* : **serrer.** *Le chat s'est fait pincer la queue dans la porte* : **coincer.** **2.** *Il gèle ; ça pince* [fam.] : [cour.] **piquer, mordre** ; → FROID. **3.** *Les gendarmes ont pincé un cambrioleur* [fam.] : **coincer, épingler, piquer** ◆ [sout.] ↓ **surprendre** ◆ [cour.] **arrêter** ; → PRENDRE. **4.** *En pincer pour qqn* : **aimer***.

pince-sans-rire V. moqueur (*in* se moquer).

pine V. sexe.

pingouin V. type II.

ping-pong V. tennis* de table.

pingre V. avare, chiche, regardant (*in* regarder).

pingrerie V. avarice (*in* avare).

pin-up V. femme.

piocher V. creuser, travailler I.

pion
I *Le joueur avance un pion sur l'échiquier* : [plus génér.] **pièce** (qui se dit au jeu de dames).
II *Le pion a fait monter les lycéens au dortoir* [fam.] : [plus génér.] **surveillant** (qui ne s'applique pas seult, comme pion, aux établissements d'enseignement).

pioncer V. dormir.

pioncette *Faire une pioncette* : V. dormir.

pionnier V. défricheur (*in* défricher).

pioupiou V. soldat.

pipe 1. *Il bourra sa pipe de tabac blond* : [plus précis.] **bouffarde** (= grosse pipe) ◆ **brûle-gueule** (= pipe à tuyau court). 2. V. CIGARETTE. 3. *Par tête de pipe* : V. TÊTE. *Casser sa pipe* : **mourir***. *Se fendre la pipe* : V. PÊCHE.

pipeau V. flûte I.

pipelet V. concierge.

pipeline, pipe-line V. canalisation, conduite I.

pipi 1. V. pisse (*in* pisser). 2. V. incontinent I.

piquant
I [n.] *Enlevez donc les piquants de cette rose* : **épine.**
II [n.] *Cette situation ne manque pas de piquant* : **sel** ; → SAVEUR.
◇ **piquant** [adj.] 1. *Cette sauce aux piments est piquante* : **fort.** 2. *Le chansonnier avait trouvé des mots piquants* : ↑ **caustique** ◆ ↓ **drôle** ; → MORDANT, SATIRIQUE, SPIRITUEL. *Une réponse piquante* : **savoureux** ; → VIF I.

pique
I *Autrefois, certains soldats étaient armés d'une pique* : **lance** (= longue pique) ◆ **javelot, sagaie** (= armes de jet, plus courtes que la lance).
II V. MÉCHANCETÉ.

piqué 1. V. fou. 2. V. vermoulu.

pique-assiette V. convive, parasite.

pique-nique V. campagne.

pique-niquer V. saucissonner (*in* saucisson).

piquer
I 1. *Il faut piquer les saucisses avant de les faire cuire* : **percer.** 2. *Le moissonneur a été piqué par un serpent* : **mordre***. 3. *Le cavalier piqua son cheval des éperons* : **éperonner** (*le cavalier éperonna son cheval*). 4. *Le gamin s'amusait à piquer son canif dans le sol* : **planter** ; → PLONGER. 5. *La couturière a piqué l'ourlet de la robe* : **coudre.** 6. *Faire piquer. Il faut faire piquer votre fils contre la variole* [fam.] : [cour.] **vacciner.** *Le chien était malade, on a dû le faire piquer* [fam.] : [cour.] **tuer.**
◇ **se piquer** 1. *Il se pique* [fam.] : [cour.] **se droguer***. 2. V. S'EMPORTER.
◇ **piqûre** 1. *C'est une piqûre de vipère* : [plus précis.] **morsure.** 2. V. INJECTION. 3. *Ce soulier a des piqûres apparentes* : **coutures.**
II 1. *J'ai dû mettre la main dans les orties : ça me pique* : ↓ **démanger,** ↓ **picoter.** *Le froid pique* : V. PINCER. 2. *Cette histoire avait piqué ma curiosité* : **exciter** ; → ÉVEILLER.
III *Il a piqué une colère* [fam.] : [cour.] **se mettre en colère.** *Surprise, elle a piqué un fard* [fam.] : [cour.] **rougir***.
IV 1. V. PINCER. 2. *Il s'est fait piquer son portefeuille dans le métro* [fam.] : **barboter, chiper, faucher** ; → DÉROBER, VOLER II.
◇ **se piquer de** V. SE FLATTER.

piquet V. pieu I.

piquette V. peignée.

piqûre V. piquer I.

pirate 1. [n.] *Les pirates ont abordé et pillé le navire amiral* (= marin qui pratiquait le brigandage) : **forban** ◆ **corsaire** (= marin qui courait les mers avec l'autorisation de son gouvernement) ◆ [vieilli] **flibustier, boucanier** (= pirates des Antilles). 2. [adj.] *Un bateau pirate* : **corsaire.** *La radio pirate émettait depuis un bateau* : [moins cour.] **illicite.** 3. [n.] *Les pirates de l'immobilier ont fait des fortunes depuis la dernière guerre* [fam.] : **filou, forban, requin** ◆ [cour.] **escroc** ; → BANDIT, VOLEUR.

pire V. dernier.

pirouette 1. V. cabriole. 2. V. changement (*in* changer III).

pis *Au pis aller* : V. rigueur.

pisser [très fam., considéré comme vulgaire] 1. *Il a pissé le long du mur* : [sout.] **uriner** ◆ **faire pipi** ◆ [plus génér.] **faire ses besoins** (qui se dit de l'évacuation des excréments solides ou liquides). 2. *Il faut réparer le robinet qui pisse sans arrêt* : [cour.] **fuir, couler.** *Il a pris un coup de poing et il a le nez qui pisse* : [cour.] **saigner.** 3. V. PLEUVOIR.

◇ **pisse** [fam. et considéré comme vulgaire] *Cette odeur de pisse est insupportable* : [sout.] **urine** ◆ [vieilli] **pissat** (= urine de certains animaux).
◇ **pissotière** *Il y a des pissotières sur les boulevards* [fam.] : **pissoir** ◆ [sout.] **urinoir, édicule** ◆ [vx] **vespasienne.**

pistard V. coureur.

piste **1.** V. chemin. **2.** V. indication (*in* indiquer), trace, voie.

pister V. suivre.

pisteur V. chasseur.

pistolet **1.** V. mitraillette, revolver. **2.** V. homme.

piston *Sans piston, il n'aurait pas obtenu le poste de chef de service* [fam.] : [cour.] **appui*, protection, recommandation*.**

pistonner V. patronner, donner un coup de pouce*, pousser III.

pitance V. aliment, nourriture (*in* nourrir).

pitchoun V. enfant.

piteux **1.** [antéposé] *Après sa chute, sa veste était en piteux état* : ↓ **mauvais.** *Il fait piteuse mine* : **triste.** **2.** [postposé] *Il a obtenu des résultats piteux* : ↑ **lamentable** ◆ [fam.] **minable** ; → MAUVAIS.

pitié *La pitié des autres l'incommode* : ↓ **compassion** ◆ **commisération** (qui implique une certaine supériorité de celui qui s'apitoie) ◆ [moins cour.] **apitoiement** ; → CHARITÉ, SENSIBILITÉ. *Avoir pitié de qqn* : V. ÉMOUVOIR et PLAINDRE. *Quelle pitié de voir une chose pareille !* : **misère** ◆ ↑ **malheur.**

piton V. vis.

pitoyable **1.** *Sa situation est pitoyable* : [plus précis.] **misérable** ◆ **lamentable** (qui se dit du fait en lui-même) ◆ **déplorable** (qui se dit plutôt des sentiments qu'il inspire) ; → TRISTE. **2.** *La diction de ce comédien est pitoyable* : [fam.] **minable** ◆ ↓ **médiocre.**

pitrerie *Les pitreries de ce personnage ne font plus rire personne* [péj.] : **clownerie** ◆ [sout.] **facétie** ; → PLAISANTERIE.

pittoresque **1.** [adj.] *Sa tenue est pour le moins pittoresque* : **bizarre** (qui implique l'étrangeté) ◆ **cocasse** (qui se dit de ce qui est étrange et fait rire) ◆ ↓ **original.** *Son visage est d'une laideur pittoresque* : **expressif** (qui se dit plutôt de l'intérêt qu'inspire le spectacle que de l'amusement qu'il provoque). **2.** [adj.] *Une expression pittoresque* : V. COLORÉ. **3.** [n.] *Le cinéaste avait restitué tout le pittoresque propre à la région* : **couleur locale.**

pivoine *Rougir comme une pivoine* : V. oreille.

pivot V. axe.

pivoter V. tourner I.

placage V. plaquer.

placard **1.** V. affiche. **2.** *Mettre au placard* : V. écarter.

place
I **1.** *Vous trouverez le marchand de journaux à la même place* : **endroit** ◆ [sout.] **emplacement.** *L'assassin a été pris sur place* : [sout.] **sur les lieux.** *La place des meubles ne me satisfait pas* : **position** ◆ **disposition** (qui se dit plutôt de la place des objets les uns par rapport aux autres). *Vous ne manquez pas de place chez vous* : **espace.** **2.** *Avez-vous eu des places à l'orchestre ou au balcon ?* : [plus précis] **fauteuil, strapontin.** *Jusqu'à douze ans, les enfants paient demi-place dans le train* : **demi-tarif.** **3.** *Au lycée, mon fils a une bonne place ce trimestre* : **classement, rang** ; → POSITION. **4.** *Ce chômeur a perdu sa place il y a six mois* : **situation** ◆ [plus partic.] **fonction** ; → EMPLOI. *Une bonne place* : V. FILON et PROFESSION. **5.** *À la place de* : V. PEAU, POUR et REMPLACER. *Remettre à sa place* : V. REPRENDRE. *Être à sa place* : V. ACTUALITÉ. *Sur place* : V. LIEU. *Les voitures faisaient du sur place* : **ne pas avancer.** *De place en place* : **de loin* en loin.** *Prendre place* : V. SE METTRE. *Mettre en place* : V. ÉTABLIR. *Mise en place* : V. ÉTABLISSEMENT. *Ne pas tenir en place* : **avoir la bougeotte*.**
◇ **placer** **1.** *Placez donc les coussins sur le divan* : **disposer*** ◆ [plus génér.] **poser** (qui n'implique pas l'idée de choix comme les précédents) ◆ [plus spécialt] **appuyer*, appliquer*, exposer*.** *Comment placer tous les livres sur une seule étagère ?* : [plus précis]

loger, ranger ◆ **faire tenir,** [fam.] **caser** (qui insistent sur la difficulté du placement) ; → METTRE. *Pourquoi l'architecte a-t-il placé la cuisine sur la façade ?* : **installer.** **2.** *L'auteur a placé l'action de son roman en province* : **situer** ; → CENTRER. **3.** *Cet employé est arrivé à placer sa femme au secrétariat du patron* : [fam.] **caser.** *Placer à la tête de* : V. ÉTABLIR. **4.** *Placer une sentinelle* : V. POSTER. **5.** *Le démarcheur a placé trois postes de télévision aujourd'hui* : [plus précis] **vendre*, louer.** **6.** *La société a placé une partie des bénéfices dans une nouvelle affaire* : **investir.** *Cette famille place ses économies à la caisse d'épargne* : **déposer** (qui n'implique pas que les fonds déposés portent intérêt).

◇ **se placer** **1.** *Les invités se sont placés au hasard* : **s'installer.** **2.** *Cette mesure se place dans une politique d'ensemble* : [sout.] **s'insérer.** **3.** *Il ne s'est placé que second à l'arrivée* : **se classer.**

◇ **placement** *Son patron a fait un excellent placement* : **investissement** ; → MISE I.

II **1.** *L'agrément de cette ville tient à ses grandes places ombragées* : [sout.] **esplanade** ◆ **rond-point** (= place circulaire dont les abords ne sont pas forcément construits) ; → CARREFOUR. **2.** *Place forte. Les bastides du Sud-Ouest sont d'anciennes places fortes* : **ville forte, forteresse*.**

placé *Être mal placé pour* : V. grâce II.

placide V. calme, paisible, tranquille.

placier V. représentant (*in* représenter).

plafond [n. et adj.] *Le prix plafond va être dépassé* [didact.] : [plus cour.] **maximum, maximal.**

plafonner V. progresser (*in* progrès).

plafonnier V. suspension I.

plage V. bord II, rivage.

plagiaire V. imitateur (*in* imiter).

plagiat V. copie II, emprunt, imitation (*in* imiter).

plagier V. imiter.

plaid V. couverture.

plaider V. défendre I, parler.

plaidoyer **1.** *L'avocat a prononcé un plaidoyer en faveur de son client* : [didact., plus précis] **plaidoirie** (= acte juridique). **2.** *Le ministre a pris la défense du gouvernement dans un long plaidoyer* : **justification** ◆ ↑ **éloge,** ↑ **apologie** (qui n'impliquent pas l'idée de défense).

plaie **1.** *À l'hôpital, ses plaies ont été pansées* : [plus génér.] **lésion** ◆ [plus partic.] **brûlure, coupure, déchirure, morsure** ; → BLESSURE, CONTUSION. **2.** [qqch est une ~] *Quelle plaie !* : ↓ **souci, tracas.** **3.** [qqn est une ~] *C'est une plaie* [fam.] : **peste.**

plaindre *Je ne plains pas l'auteur de cet accident* : ↑ **avoir pitié (de)** ◆ [sout.] **compatir (avec)** ; → S'APITOYER* SUR.

◇ **se plaindre** **1.** *Le blessé se plaint sur la civière* : **gémir** ◆ ↑ **se lamenter.** *Il ne cesse de se plaindre* : [fam.] **geindre** (= se lamenter à tout propos) ◆ [fam.] **bêler** ◆ [fam.] **couiner** (= pousser de petits cris) ; → PLEURER. *Comme il avait des ennuis, il est venu se plaindre à moi* : [plus fam.] **pleurer dans le gilet.** **2.** *Devant la montée des prix, les consommateurs se plaignent* : **protester** ◆ [fam.] **râler, rouspéter.** *La cliente s'est plainte auprès du chef de rayon* : **réclamer*.**

◇ **plainte** **1.** *Les plaintes de l'opéré étaient déchirantes* : **gémissement** ◆ ↑ **cri de douleur*** ; → PLEURS. **2.** *Les plaintes de ses voisins l'importunaient* : ↓ **réclamations** ◆ [sout.] **doléances** ◆ **jérémiades** (= plaintes non fondées ou incessantes) ◆ [didact.] **revendication** (= réclamation portant sur un droit politique, syndical ou social) ; → MURMURE. **3.** *Porter plainte* : **accuser.**

◇ **plaintif** *Elle ne supportait plus le ton plaintif de son mari* : ↑ **gémissant** ◆ [très sout., souvent péj.] **dolent** ◆ [péj.] **pleurard, geignard.** *Le chant plaintif du violon émouvait les auditeurs* : **triste*.**

plaire **1.** *Voilà une maison qui me plaît* : ↓ **convenir, être à la convenance de** (qui se disent de ce qui répond à une attente) ◆ [fam.] **botter*** ; → ALLER, INTÉRESSER, CONVENANCE. *Cette situation vous plaît-elle ?* : ↓ **satisfaire** ◆ [sout.] **agréer,** ↑ **combler.** *Ce cadeau lui plaira sûrement* : **faire plaisir.** *Votre projet ne me plaît pas* : ↓ **convenir,** ↓ **ne**

dire rien qui vaille ◆ [sout.] **sourire** ; → REVENIR, TENTER II, AMUSER, ARRANGER, INSPIRER. *Un spectacle qui plaît à l'œil* : V. FLATTER. **2.** *Cette fille lui a plu au premier regard* : ↑ **charmer***, ↑ **exciter,** ↑ **séduire** ◆ [fam.] **taper dans l'œil*** ; → CONQUÉRIR. **3.** *Il y a toutes les chances que ce spectacle plaise* : **réussir, avoir du succès. 4.** [impers.] *Il me plaît de garder mes illusions* : ↓ **convenir** ◆ ↑ **vouloir,** [sout.] **juger, trouver bon** (qui se construisent à la forme pers.). **5.** *S'il vous plaît.* [formule de politesse] *S'il vous plaît, donnez-moi du feu* : [sout.] **je vous prie.** [demande d'information] *S'il vous plaît, je vous ai mal entendu* : [sout.] **pardon** ◆ [sout.] **plaît-il ?** (qui suffit pour demander l'information) ; → COMMENT.

◇ **se plaire 1.** [pron. réciproque] *Ces jeunes gens se plaisent* : ↑ **s'aimer*. 2.** *Il se plaît à lire* : [plus cour.] **aimer*.** *Il se plaît à inventer des mensonges* : [plus précis] **se complaire** ◆ [sout.] **se délecter.**

plaisant

I [V. plaire] *Cet hôtel est très plaisant* : **agréable*.** *Un homme plaisant* : V. AIMABLE. *Un livre plaisant* : V. ATTRAYANT.

II [V. plaisanter] **1.** *Il nous a raconté une histoire plaisante* : **divertissant** ◆ [plus cour.] **amusant, comique*, drôle** ; → RISIBLE. **2.** [antéposé] *Voilà un plaisant personnage* [vieilli] : [plus cour., postposé ou antéposé] ↑ **bizarre.**

plaisanter 1. [intr.] *Ils ont plaisanté toute la soirée* : [fam.] **blaguer** ◆ [plus génér.] **s'amuser** ◆ [région.] **galéjer** ◆ [très sout.] **bouffonner** ; → RIRE. **2.** [intr.] *Il ne plaisante pas là-dessus* : **badiner** ◆ [fam.] **rigoler. 3.** [trans.] *Ses amis l'ont plaisanté sur sa cravate* : **taquiner** ◆ [sout.] **railler*** ◆ [fam.] **blaguer, charrier** ; → SE MOQUER.

◇ **plaisanterie 1.** *Les plaisanteries de ce journaliste ne font pas toujours rire les lecteurs* : [fam.] **blague** ◆ [sout.] **boutade, saillie, badinage** ◆ [péj.] **pitrerie** ◆ [plus précis] **jeu de mots, mot, trait d'esprit** ◆ [très sout.] **bouffonnerie** (qui se dit aussi bien des actes que des mots) ◆ **galéjade** (qui s'emploie, plutôt dans le Midi, pour une histoire inventée ou déformée) ; → MOQUERIE, POINTE. **2.** *Il a été victime d'une plaisanterie de mauvais goût* : **farce, canular, mystification** ◆ [fam.] **blague** ◆ ↓ **taquinerie** ◆ [plus cour.] **facétie** ◆ **attrape** (qui se dit de l'instrument d'une plaisanterie et ne peut s'employer dans ce contexte) ; → MOQUERIE. **3.** *Il est si fort en calcul que de faire cette opération sera pour lui une plaisanterie* : **bagatelle** ◆ [fam.] **rigolade. 4.** *Eux, vivre à la campagne ? quelle plaisanterie !* : [fam.] **blague** ◆ [très fam.] **couillonnade.**

◇ **plaisantin 1.** V. BOUFFON. **2.** *Vous n'allez pas confier cette responsabilité à un plaisantin* : [fam.] **fumiste** ◆ [très fam.] **rigolo.**

plaisir 1. *Certains éprouvent du plaisir à travailler* : ↓ **contentement*,** ↓ **satisfaction*** ◆ ↑ **joie*,** ↑ **bonheur*** ◆ [sout.] ↑ **délectation,** ↑ **jouissance** ; → SATISFACTION. **2.** *Une partie de plaisir !* : **simple formalité*.** *Faire plaisir* : [plus génér.] **du bien** ; → PLAIRE. *Faire plaisir à qqn* : [fam.] **faire une fleur, une grâce** (qui se disent aussi bien d'un service rendu, d'un geste d'indulgence que d'un acte destiné à produire du plaisir) ; → RÉJOUIR, RAVIR et FLATTER. *Prendre plaisir à* : **aimer*** ◆ [fam.] **prendre son pied** ; → JOUIR. *Quel plaisir, cette musique !* : [fam.] **pied.** *Avec plaisir* : **volontiers*.** *Le bon plaisir de qqn* : V. CAPRICE. **3.** *Il ne faut pas confondre l'amour et le plaisir* : **volupté*. 4.** [pl.] *La ville a ses plaisirs* : **distractions** ◆ [plus sout.] **divertissements** ◆ ↓ **agréments** ◆ ↑ **délices.**

plan

I [adj.] *Cette surface plane convient au patinage* : [plus partic.] **uni, égal** (qui indiquent l'absence d'aspérités) ◆ **plat** (qui indique l'absence de courbure de l'ensemble de la surface).

II [n.] **1.** *C'est un comédien de premier plan* : [moins cour.] **importance** ; → ORDRE. **2.** *Faire un gros plan sur un visage* : [anglic., plus partic.] **faire un zoom sur, zoomer sur** (qui impliquent un effet de rapprochements ou d'éloignements successifs).

III [n.] *Sur le plan théorique, votre idée est satisfaisante* : **dans le domaine.**

IV [n.] **1.** *L'état-major avait gardé son plan secret* : **projet** ◆ **intention,** [plus sout.] **dessein** (= projet non encore élaboré). *Un plan de défense* : V. SYSTÈME. *Son plan a échoué* : V. ENTREPRISE. **2.** *Il a préparé le plan de son exposé* (= projet élaboré avant une réalisation) : [moins cour.] **bâti** ◆ **ébauche, esquisse** (= premières étapes de la préparation) ◆ **canevas*** (= support d'une improvisation) ; → MODÈLE.

V [n.] **1.** *Montrez-moi le plan de votre ville* (= représentation à différentes échelles) : **carte.** **2.** *L'architecte trace les plans de notre future maison* : [didact.] **bleu** (= tirage des plans). *Faites-moi le plan de votre installation* : [plus génér.] **dessin, schéma.** **3.** *Laisser qqn en plan. La voiture nous a laissés en plan* [fam.] : **en rade, en carafe** ◆ [cour.] **en panne** ◆ **abandonner***.

planche **1.** *La scierie prépare des planches de toutes dimensions* [génér.] : [plus partic.] **planchette** (= petite planche) ◆ **latte** (= pièce de bois longue et mince) ◆ [vieilli] **ais.** *Le bricoleur a posé des planches dans son placard* : [plus précis] **rayon*.** **2.** *Les planches de ce traité de médecine sont passionnantes* : [plus restreint] **estampe, gravure** ◆ **illustration*.** **3.** *Une planche de salades* : V. CARRÉ. **4.** [toujours pl.] *Il a toujours rêvé de monter sur les planches* : **faire du théâtre.** **5.** *Planche à roulettes* : [anglic.] **skate-board, skate.**

plancher

I [n.] **1.** *La femme de ménage a ciré le plancher* (= sol d'une pièce qui peut être constitué d'un assemblage assez rudimentaire) : **parquet** (= assemblage soigné de lattes ou de lames de bois) ; → SOL. **2.** *Débarrasser le plancher* : V. PARTIR. *Mettre le pied au plancher* : V. ACCÉLÉRER.

II [v.] V. EXPOSÉ.

planchette V. planche.

planer **1.** V. voler I. **2.** V. rêver.

planétaire V. mondial (*in* monde).

planète V. étoile, terre.

planifier V. organiser.

planisphère V. carte II.

planning V. calendrier, organisation (*in* organiser). *Planning familial* : V. contrôle.

planque V. filon.

planqué **1.** [n.] *Il ne prend pas de risque : c'est un planqué* [fam.] : [cour.] **embusqué.** **2.** [adj.] *Il est planqué derrière la porte* [fam.] : [cour.] **caché, embusqué.**

planquer **1.** V. cacher. **2.** V. GARDE (*in* GARDER I).

plante **1.** *La botanique étudie les plantes* : [plus didact.] **végétal** ◆ **flore, végétation** (= ensemble des espèces végétales d'une région : *la flore méditerranéenne*). **2.** *Il se soigne avec des plantes* : [plus sout.] **simples** (= plantes médicinales).

planter **1.** *Le jardinier a planté ses pommes de terre en mars* : V. SEMER. *Il plantera des salades pour l'été* : [plus précis] **repiquer** ◆ **transplanter** (qui s'applique aux arbres que l'on déplace). **2.** *Les Eaux et Forêts ont planté la colline de sapins* : [plus précis.] **boiser.** *Mon voisin a planté un carré de son jardin* : [plus précis] **ensemencer.** **3.** *Planter des piquets* : V. ENFONCER. *Planter un couteau dans* : V. PIQUER. **4.** *Les campeurs ont planté leur tente près de la rivière* : [moins cour.] **dresser** ; → MONTER. *Le couvreur a planté son échelle pour monter réparer la gouttière* : **installer, poser.** **5.** *Son amie l'a planté là* [fam.] : **plaquer, laisser tomber** ◆ [cour.] ↑ **abandonner*.**

◇ **se planter** **1.** *Il s'était planté au milieu de la rue pour arrêter les voitures* : **se poster** ◆ [plus génér.] **se mettre*** ; → SE CAMPER. **2.** *L'élève s'était planté dans ses calculs* [fam.] : [cour.] **se tromper.**

◇ **plantation** **1.** *Les plantations ont souffert du gel tardif* : **culture** ; → EXPLOITATION. *La plantation d'arbres* : **boisement.** **2.** *La plantation du décor a pris une journée* : [plus génér.] **installation, pose.**

planton V. sentinelle.

plantureusement V. beaucoup.

plantureux V. abondant (*in* abonder I), généreux, gras.

plaquage V. plaquer.

plaque V. tablette (*in* table I).

plaquer **1.** *L'ébéniste plaque un panneau avec du chêne* : [plus génér.] **coller.** **2.** *Il plaqua son adversaire contre un arbre* : [fam.] **coincer.** **3.** V. ABANDONNER et PLANTER.

◇ **placage** *Le placage de la table est en acajou* : [plus génér.] **revêtement.**

◇ **plaquage** ou **placage**. V. ABANDON II.

plaquette V. livre.

plasticité V. souplesse.

plastique
I [adj.] *Le mastic est plastique* : **malléable.**
II [n. m.] *Il y a des plastiques de belle apparence* : **matière plastique** ◆ [fam.] **plastoc.**
III [n. f.] *Une belle plastique* : V. FORME.

plastoc V. plastique II.

plastronner V. parader.

plat
I [adj., le plus souvent postposé] **1.** *Le sol était parfaitement plat* : [plus précis] **horizontal** ; → PLAN, ÉGAL. **2.** *Il a les cheveux plats* : ↑ **raide.** **3.** *Les vacanciers restent à plat ventre sur la plage* : [plus génér.] **étendu** (qui ne précise pas la position du corps). *Il est à plat ventre devant ses chefs* [fam.] : [cour.] **s'aplatir, ramper** (*il s'aplatit, rampe devant ses chefs*) ◆ [sout.] **servile,** ↑ **obséquieux*** (*il est servile, obséquieux*). **4.** [qqn est à ~] *Il est à plat* [fam.] : [cour.] **fatigué** (qui se dit surtout d'un épuisement physique) ◆ **déprimé** (qui se dit d'une lassitude morale). **5.** [qqch est à ~] *Son pneu est à plat* : **dégonflé.** **6.** *C'est un poème en rimes plates* [didact.] : **suivi.**
II [adj., peut être antéposé] *Ce discours est bien plat* [fam.] : [cour.] **fade** ◆ [sout.] **insipide** ; → CREUX, MÉDIOCRE. *Une vie plate* : **prosaïque*.**
◇ **platitude** **1.** *La platitude de ses propos ennuie son auditoire* : **banalité.** *L'orateur n'a proféré que des platitudes* : **banalité, fadaise.** **2.** *Elle ne supporte plus la platitude de ce garçon* (= attitude empreinte de servilité) : ↑ **obséquiosité*** ◆ ↑ **bassesse** (= absence de dignité).
III [n.] *Il fait du plat à sa voisine* [fam.] : **baratiner** ; → COURTISER.
IV [n.] **1.** V. METS et SPÉCIALITÉ. **2.** *En faire un plat* : V. AFFAIRE.

plateau **1.** *Nous avons longtemps marché sur le plateau* : [plus partic.] **causse** (= plateau calcaire). **2.** *Posez les ballots sur le plateau du camion* : **plate-forme** ; → WAGON. *Le plateau d'un théâtre* : **scène.**

plate-forme
I **1.** *Un jardin en plate-forme entoure la maison* : **terrasse.** **2.** V. PLATEAU.
II *Le candidat a présenté la plate-forme électorale de son parti* : **programme.**

platement V. prosaïquement.

platine **1.** V. tourne-disque. **2.** V. blanc I.

platiné V. blond.

platitude V. plat II.

platonique *Les amours platoniques ne sont pas de son genre* : **chaste** ◆ [plus sout.] **éthéré.**

platras V. gravats.

plausible *Il a présenté une excuse plausible pour justifier son absence* : **admissible, vraisemblable*** ; → BON. *Le motif plausible de son absence est un accident* : ↑ **probable.**

plèbe V. peuple II.

plébéien V. populaire (*in* peuple II).

plébiscite V. référendum.

pléiade V. plein.

plein **1.** [qqch est ~, plutôt postposé] *Faites attention, la carafe est pleine de vin* : [moins cour.] **rempli.** *À 6 heures, les voitures du métro sont pleines* : [moins cour.] **comble*** ◆ ↑ **bondé** ◆ [fam.] **bourré** ◆ ↑ **complet** (qui se dit d'un espace où il ne reste plus de place disponible) ; → EMPLIR. *Son panier est bien plein* : **garni.** **2.** [qqch est ~] *Il a les joues bien pleines* : [moins cour.] **rebondi** ◆ [plus génér.] **potelé** (qui se dit aussi des membres et du corps) ; → GRAS. *Il appréciait les formes pleines* : **ample.** **3.** [qqch est ~ de] *Son rapport est plein d'inexactitudes* : **rempli** ◆ [fam.] **bourré** ◆ [très fam.] **pourri.** *Il a la figure pleine de boutons* : V. COUVRIR. *La pelouse est pleine d'eau* : [moins cour.] **gorgé.** *Les trottoirs sont pleins de monde* : **noir.** *Son silence était plein de menaces* : V. LOURD. *Plein de surprises* : V. FÉCOND. **4.** [qqn est ~ de] *L'homme est plein de bons sentiments* : **rempli** ◆ ↑ **débordant** ◆ [fam.] **bourré, farci** ; → DÉBORDER II, ÊTRE PÉTRI* DE. *Ce gamin est plein de remords* : [moins cour.] **bourrelé.** *C'est un homme plein de lui-même* :

[moins cour.] **imbu.** **5.** [qqch est ~, antéposé ou postposé suivant les contextes] *Il a donné pleine satisfaction à ses employeurs* : **total, complet, tout.** *Il a pleine confiance en vous* : [plus cour.] **entier** ; → ABSOLU, TOUT. *Il travaille à plein temps* : **à temps complet.** *Il est tombé en plein milieu de notre dispute* : **au beau milieu.** *Il a mordu à pleines dents dans le gâteau* : **à belles dents.** *C'est l'heure de la pleine mer* : **haute* mer.** *J'aime la vie en plein air* : **au grand air, à l'extérieur.** **6.** [en parlant d'un animé, sans compl.] *Il était plein en sortant du bistrot* [très fam.] : **ivre*, soûl*.** **7.** *Il est tombé en plein sur notre problème* : **exactement, juste.** *Ce que vous avez dit a porté à plein* : **pleinement.** *Il a plein de bonbons dans ses poches* : **beaucoup*.** **8.** *Être plein aux as* : V. RICHE. *En avoir plein le dos* [fam.], *le cul* [très fam.] : **par-dessus la tête** ; → ASSEZ. **9.** *Il y a plein de. Il y avait plein d'artistes à cette soirée* [fam.] : [cour.] **beaucoup,** ↑ **une foule de** ◆ [sout.] **constellation, pléiade.**

◇ **pleinement** *Il est pleinement responsable de ses actes* [sout.] : [cour.] **totalement, entièrement.** *Il est pleinement conscient de sa responsabilité* : **parfaitement, très.**

◇ **plénitude** **1.** *L'artiste était dans la plénitude de son talent* [sout.] : [plus cour.] **maturité** ; → ÉPANOUISSEMENT. **2.** *Après le procès, il avait recouvré la plénitude de ses droits* : [plus cour.] **totalité.**

plénipotentiaire V. diplomate.

plénitude V. plein.

pléonasme *C'est un pléonasme que de dire : il recule en arrière* [didact.] : [plus rare] **redondance** ◆ **tautologie** (= définition qui n'apporte pas d'autre information que celle qui est déjà donnée par son sujet).

pléthore V. abondance.

pleurard V. plaintif (*in* se plaindre II), pleurnicheur (*in* pleurer).

pleurer **1.** [intr.] *Pourquoi cet enfant pleure-t-il ?* : [fam.] **chialer, chouiner** (= pleurnicher, en parlant d'un enfant) ◆ **pleurnicher** (= pleurer sans raison ou pour se faire plaindre) ◆ ↓ **larmoyer** (= avoir les larmes aux yeux continuellement) ◆ ↑ **sangloter** (= pleurer bruyamment, avec des spasmes) ◆ **fondre en larmes** (= pleurer abondamment) ◆ [fam.] ↑ **brailler, geindre,** ↓ **couiner** (= pleurer en criant) ; → VERSER* DES LARMES. *Il pleure sur sa jeunesse perdue* : **se lamenter, gémir** ; → S'APITOYER. **2.** [intr.] *Il pleure auprès de votre patron pour une augmentation* : [sout.] **implorer** ; → SE PLAINDRE. *Il pleure après sa mère* [fam.] : ↓ **réclamer.** **3.** [trans.] *Il pleure ses erreurs passées* : [plus sout.] **déplorer** ; → REGRETTER. *Faire pleurer* : **tirer* des larmes.**

◇ **pleurs** [toujours pl. dans son emploi cour.] *Ses pleurs continuels fatiguent son entourage* : [plus sout.] **larmes** ◆ [plus génér.] **gémissements, lamentations, plaintes*** (qui n'impliquent pas l'acte de pleurer) ◆ [souvent pl.] **sanglot** (= respiration bruyante provoquée par des contractions du diaphragme et liée à une crise de larmes : *éclater en sanglots*).

◇ **pleurnicherie** *A-t-il bientôt fini ses pleurnicheries ?* : [moins cour.] **larmoiement, jérémiade.**

◇ **pleurnicheur** *C'est un pleurnicheur, toujours à se plaindre* : **pleurard, pleurnichard** ◆ ↑ **grognon,** ↓ **geignard.**

pleuvoir **1.** [impers.] *Il pleut depuis 6 heures du matin* : [fam.] **flotter** ◆ [très fam.] **pisser** ◆ ↓ **pleuvasser** (= pleuvoir légèrement), [moins cour.] ↓ **pleuviner,** ↓ **pleuvoter,** ↓ **bruiner** (qui se disent des petites pluies fines et serrées) ◆ ↓ **crachiner** (qui s'emploie dans les régions maritimes). **2.** [intr.] *Les coups pleuvaient sur mon visage* : ↓ **tomber** ; → ABATTRE. *Le sang pleut de sa blessure* [sout.] : [cour.] **couler.**

pli

I **1.** *Porter un pli* : **lettre.** **2.** *Faire des plis à un vêtement* : V. PLISSER. **3.** [fam.] *Ça ne fait pas un pli* : [fam.] **c'est sûr.**

II *Faire le dernier pli* : V. LEVÉE.

III *Ce garçon a pris le pli de mentir* : **habitude.** *C'est un mauvais pli* : **une mauvaise habitude.**

plier

I [trans.] **1.** [~ qqch] *Pliez la feuille de papier* : [plus partic.] **replier** (= plier ce qui avait été déplié) ◆ [plus précis] **corner** (= plier le coin d'une feuille). **2.** *Il a plié la tente* : [plus génér.] **ranger.** **3.** *Plier bagage* : [plus cour.] **partir** ◆ [moins cour.] ↑ **déguerpir.** *Plier l'échine* : **se soumettre.** **4.** *L'en-*

fant a plié une branche de frêne pour se faire un arc : [moins cour.] **courber, fléchir.** **5.** [~ qqn] *Elle plie son mari à ses volontés* : [moins cour.] **assujettir, soumettre.**

II [intr.] **1.** [qqch ~] *Les arbres plient sous le vent* : **se courber, fléchir*** ◆ [plus sout.] **ployer.** **2.** [qqn ~] *Il a plié devant votre opposition* : ↑ **céder*** ; → RECULER.

plier (se) V. accomplir.

plissé V. ridé (*in* ride).

plisser **1.** *Elle a donné sa jupe à plisser* : **froncer.** *En dormant dans le train, il a plissé ses vêtements* : [plus cour.] **froisser, faire des plis à** ; → CHIFFONNER. **2.** *De dégoût il a plissé le nez* : [plus cour.] **froncer.**

plomb V. sceau. *De plomb* : V. ardent.

plombé V. livide.

plomber V. sceller.

plongeoir V. tremplin.

plongeon V. chute I.

plonger

I [intr.] **1.** [qqn ~] V. SAUTER. **2.** [qqch ~] *L'avion a plongé pour larguer ses bombes* : **piquer.** **3.** *Les racines de pivoine plongent profondément dans le sol* : **s'enfoncer.**

II [trans.] **1.** [qqn ~ qqch] *Elle plonge sa poupée dans la bassine* : [didact.] **immerger** ; → BAIGNER. *Le chat a plongé sa patte dans la crème* : **tremper.** *Elle a plongé la main dans son sac* : **enfoncer** ◆ [fam.] **fourrer** ◆ [plus sout.] **introduire** ◆ [très génér.] **mettre.** **2.** [qqch ~ qqn] *Son intervention m'a plongée dans le découragement* : **jeter** ◆ ↑ **précipiter** ; → S'ABANDONNER. **3.** *Être plongé dans qqch* : V. VIVRE II.

◇ **plonge** *Il travaillait dans un restaurant pour faire la plonge* : [plus génér.] **vaisselle** ; → LAVER I.

◇ **se plonger** *Il s'est plongé dans l'étude du sanskrit* : **s'absorber** ; → S'ABÎMER.

◇ **plongeur** *Le plongeur resta longtemps sous l'eau* : [spécialt] **scaphandrier** (= plongeur qui, grâce à un dispositif, peut séjourner sous l'eau).

ploutocrate V. riche.

ployer V. plier II.

pluie **1.** *La pluie a détrempé le sol* : **eau*** ◆ [fam.] **flotte** ◆ [plus spécialt] **averse,** ↑ **grain** (= pluie brève et forte) ◆ **ondée** (= pluie de peu de durée) ◆ **giboulée** (= pluie passagère, du printemps et de l'automne surtout) ◆ **bruine** (= petite pluie fine) ◆ **crachin** (= pluie fine et pénétrante) ; → PRÉCIPITATION, BROUILLARD. **2.** [~ de qqch] *Le bal masqué s'est terminé sous une pluie de confettis* : ↑ **avalanche.** *Une pluie de coups s'est abattue sur lui* : **grêle** ◆ [moins cour.] ↑ **déluge** ; → ABONDANCE.

plumard V. lit I.

plume

I [n.f.] **1.** *Le canard lisse ses plumes* : **plumage.** **2.** *Elle portait un chapeau à plumes un peu vieillot* : **aigrette** ◆ **panache, plumet** (= touffe de plumes plus ou moins fournie, surtout sur les coiffures mil.) ; → TOUFFE. **3.** [pl.] *Avec l'âge, il perd ses plumes* [fam.] : **cheveux*.** **4.** *Y laisser des plumes* [fam.] : **perdre des plumes** ◆ [cour.] **essuyer une perte.** *Voler dans les plumes à qqn* [fam.] : [cour.] **se jeter sur, attaquer.**

II [n.f.] *Il n'a pas la plume épique* [sout.] : **style.** *Prendre la plume* : **écrire.**

III [n.m.] V. LIT I.

plumer V. déposséder, voler II.

plumet V. plume I.

plumitif V. auteur.

plupart (la) **1.** [suivi du pl.] *La plupart des électeurs ont approuvé la réforme* : **presque tous, la majorité de, le plus grand nombre de** ; → MAJEUR. *Dans la plupart des cas* : **la généralité.** **2.** *La plupart du temps* : **ordinairement, le plus souvent.**

pluralité V. diversité (*in* divers).

pluriannuel V. vivace (*in* vif).

pluriethnique V. race.

plus [adv.] **1.** *Il en savait assez, et ne voulait pas l'écouter plus* : **davantage.** **2.** *Plus de. Il avait été prévenu plus d'une fois* : ↑ **plusieurs.** *Il était plus de 2 heures quand il est arrivé* : [antéposé ou postposé] **passé.**

3. *Beaucoup plus* : V. AUTREMENT. **4.** *Au plus* : V. MAXIMUM. *De plus* : V. PAR AILLEURS et EN OUTRE. *De plus, qui plus est* : V. MÊME III. *En plus* : V. À CÔTÉ* DE ÇA et OUTRE. *En plus de son salaire, il reçoit souvent des invitations* : [très sout.] **en sus de** ; → INDÉPENDAMMENT, OUTRE. *Et vous voudriez en plus que je vous fasse confiance ?* : **par-dessus le marché*.** *Voir plus bas* : V. CI-APRÈS. *Êtes-vous satisfait ? – Plus ou moins* : **si on veut.** *Il est on ne peut plus bavard* : [plus cour.] **extrêmement.** *Plus que. Il se moque de vous, il ricane plus qu'il ne rit* : **plutôt que**. **5.** [n.m.] *C'est un plus pour vous* : V. AVANTAGE. *Cette voiture offre tous les plus dont vous rêvez* : **amélioration***.

plusieurs **1.** [adj.] *Je l'ai rencontré plusieurs fois cette année* : ↓ **quelques** ◆ [sout.] **maint, bon nombre de** ◆ [fam.] **pas mal de** ; → BEAUCOUP, PLUS. **2.** [pron.] *Plusieurs parmi vous ont avancé une hypothèse contraire à la mienne* : ↓ **certains** ◆ [sout.] **d'aucuns** ; → DIFFÉRENT.

plutôt **1.** *C'est plutôt bien* : V. ASSEZ. **2.** *Il ne comprenait pas ou plutôt il ne voulait pas comprendre* : **en fait, en réalité** ; → DU MOINS*. **3.** *Plutôt que* : V. PLUS* QUE. **4.** V. PRÉFÉRENCE. **5.** *Ce film est plutôt ennuyeux* [fam.] : [cour.] **très.**

pneumatique V. dépêche.

pochard V. ivrogne (*in* ivre).

poche **1.** V. SAC. **2.** *Il prit un mouchoir dans sa poche* : **gousset** (= petite poche de gilet) ◆ **pochette** (= petite poche d'un veston, en haut et à gauche). **3.** *Connaître qqch comme sa poche* [fam.] : [cour.] **en détail, à fond.** *Mettre la main à la poche* [fam.] : [cour.] **payer.** *Avoir qqn dans la poche* : V. MANCHE I. *C'est dans la poche* : V. FORMALITÉ.

poché *Œil poché* : V. œil au beurre* noir.

pochette V. poche.

pochon V. sac.

poêler V. cuire.

poète **1.** V. AUTEUR. *Il voulait devenir poète* : [vieilli] **rimailleur, rimeur, versificateur** (= mauvais poète). **2.** *Victor Hugo a été un grand poète de l'amour* : [vx] **chantre** ; → TROUBADOUR.

◇ **poétique** *Les femmes aimaient son caractère poétique* : **rêveur, romantique.**

◇ **poème** *On ne lit plus beaucoup les poèmes du Moyen Âge* : [plus cour.] **poésie** (qui s'applique plutôt à des œuvres moins longues que le poème).

pognon V. argent.

pogrom V. carnage.

poids **1.** *Une grande partie du poids de l'édifice est supportée par les arcs-boutants* : **charge, masse** ; → POUSSÉE. **2.** *Le poids des redevances est devenu insupportable* : **fardeau.** *Il supporte tout le poids des opérations* : **responsabilité.** **3.** *Ces arguments n'ont aucun poids pour l'employeur* : **valeur** ; → IMPORTANCE. **4.** *Prendre du poids* : **grossir*** ; → PRENDRE. *Perdre du poids* : V. PERDRE. *Vendre au poids* : V. VRAC*.

poids lourd V. camion.

poignant **1.** *Il ressentit une douleur poignante dans le côté* : [plus cour.] **aigu.** **2.** *C'est un moment poignant que celui d'une séparation* : **douloureux** ◆ ↓ **émouvant*** (qui n'implique pas la souffrance) ◆ ↑ **atroce,** ↑ **déchirant.**

poignard *Il a frappé la victime de son poignard* [génér.] : [vx] **dague** ◆ [plus précis] **stylet** (= poignard à lame fine) ◆ **baïonnette** (= arme blanche longue à placer au bout du fusil) ; → COUTEAU, ÉPÉE.

poigne V. énergie.

poignée **1.** *Il n'avait qu'une poignée d'amis* : [plus cour.] **peu de.** **2.** *Il lançait l'argent à, par poignées* : **à pleines mains.** **3.** *Tournez la poignée de la fenêtre* : [plus précis] **espagnolette** ; → BOUTON.

poil **1.** [pour les animaux] *Le chat lustre son poil* : **fourrure** ◆ [sout.] **pelage** ; → ROBE, TOISON. [pour les humains] *Il a la figure mangée par le poil* [génér.] : [plus précis.] **barbe** ◆ **duvet** (= poil fin et doux). **2.** *Il faut enlever les poils du fond d'artichaut* : **foin.**

3. *À poil* : V. NU*. *Être de mauvais, bon poil* [fam.] : [cour.] **mauvaise, bonne humeur.** *Un poil de qqch. Il manque un poil de piment dans votre ragoût* [fam.] : [plus cour.] **un tout petit peu de** ; → CHEVEU. *Au poil !* [fam.] : [plus cour.] **parfait** ; → CHIC, EXTRAORDINAIRE. *C'est au poil* [fam.] : [plus cour.] **satisfaisant, drôle, agréable.**
◇ **poilu** *Elle n'aime pas les hommes poilus* : [plus partic.] **velu.** *Il a le menton poilu* : [plus précis.] **barbu.**

poilant V. comique.

poiler (se) V. rire.

poilu V. poil.

poinçon V. marque.

poindre V. paraître I, percer, sortir.

poing *À poings fermés* : V. profondément (*in* profond). *Coup de poing* : V. ALLONGE.

point
I *Une dissertation se traite généralement en trois points* : **partie*.** *Cette loi comporte douze points* : [plus précis] **article.** *Sur ce point, le règlement est formel* : **question, à ce propos** (*à ce propos, le règlement est formel*) ; → MATIÈRE, SUJET. *Voilà le point principal* : V. NŒUD.
II *Les points d'un pull* : V. MAILLE.
III **1.** *Point de départ* : V. PRÉTEXTE. *Point de rencontre* : V. JONCTION. *Point d'eau* : V. SOURCE. *Point culminant* : V. SOMMET. *Point de vue* : V. AVIS, CONCEPTION, OPTIQUE, PENSÉE, SENS et SENTIMENT. *Sous ce point de vue* : V. PERSPECTIVE. *De ce point de vue* : V. ÉGARD et RAPPORT. *Point du jour* : **aube*.** *Point faible* : **faiblesse*.** **2.** *Mettre les points sur les « i »* : **insister.** *Mettre un point final à qqch* : **terminer.** *Être au point mort* : **stopper.** *Faire le point sur* : V. BILAN. *Être, mettre au point* : V. ÉLABORER.
IV *Le poulet est à point* : **(bien) cuit.** *Il est arrivé à point nommé* : **juste** ; → OPPORTUNÉMENT. *Le moteur est au point* : **réglé.** *L'homme était mal en point* : **malade.** *Qu'il suive en tout point les instructions* : **exactement.** *À un certain point* : V. DEGRÉ. *Sur le point de* : V. BORD, MANQUER, EN PASSE* DE, PRÈS* DE et À LA VEILLE* DE.
V **1.** *Ne... point. Ne l'écoutez point* [vieilli] : [cour.] **pas.** **2.** [dans des réponses] *L'avez-vous rencontré ? – Point du tout* [sout.] : **nullement** ◆ [cour.] **pas du tout.**

pointage V. contrôle.

pointe
I **1.** *Nous sommes allés jusqu'à la pointe de l'île* : [plus cour.] **extrémité** ; → BOUT, CAP. *Il est monté jusqu'à la pointe de l'arbre* : [sout.] **cime.** *La pointe d'un clocher* : [pr.] **flèche.** **2.** *La pointe du jour* : **aube*.**
II **1.** *Il fixe les lattes avec des pointes* : **clou** (dont la grosseur reste constante) ◆ **semence** (= clou à tête plate et à tige courte). **2.** V. FICHU II.
III *L'automobile avait atteint sa vitesse de pointe* : **maximum.** *Votre journal n'est pas à la pointe de l'actualité* : **avant-garde.**
IV *Il supporte mal les pointes de ses amis* [vieilli] : [cour.] **raillerie** ◆ [sout.] **lazzi** ; → MOQUERIE et PLAISANTERIE.
V *De son origine, il gardait une pointe d'accent* : **un soupçon* de, un peu de.**

pointer
I [qqn ~ qqch ou qqn] *Il faut pointer les absents sur la liste* : **cocher** ◆ **relever, noter** (qui supposent que l'on extraie des éléments d'un premier ensemble) ◆ [plus génér.] **contrôler** ; → SIGNALER.
◇ **se pointer** *Il s'est pointé sur le coup de 3 heures* [fam.] : [plus cour.] **arriver.**
II *Pointer une arme vers qqn* : V. BRAQUER et VISER. *Elle pointa l'index vers le groupe de touristes* : **diriger.**
III *Le clocher pointait vers le ciel* : V. S'ÉLANCER et JAILLIR. *Le jour pointe* : **paraître*.** *Le blé pointe* : V. POUSSER.

pointilleux V. exigeant (*in* exiger).

pointu **1.** V. POINTE. *Attention ! ce couteau est pointu* : [plus sout.] **acéré** ◆ **effilé** (qui s'applique à ce qui va en s'amincissant). **2.** *Il parlait d'une voix pointue* [péj.] : [plus neutre] **aigu.**

pointure V. dimension.

poire V. naïf.

poireauter V. attendre, moisir.

poison 1. *Les drogues sont des poisons* : [didact.] **toxique.** 2. *Quel poison !* : V. COLLANT et EMPOISONNEUR.

poisse V. malchance, malheur.

poisser V. salir.

poisseux V. gluant, gras.

poisson *Petit poisson* : V. fretin. *Être comme un poisson dans l'eau* : V. élément.

poitrinaire V. tuberculeux.

poitrine V. sein, torse.

poivre *Poivre et sel* : V. gris.

poivré *Ce comique a dû tout son succès à ses plaisanteries poivrées* : **grossier*, salé.**

poivrot V. ivrogne (*in* ivre).

poix V. colle I.

polaire 1. *L'expédition s'installait un an dans les régions polaires* : **arctique** (qui s'applique aux zones polaires du Nord) ◆ **antarctique** (qui s'applique aux zones polaires du Sud). 2. *Il fait un froid polaire, ici !* : **glacial** ; → FROID.

polar V. policier.

polarisation V. concentration (*in* concentrer).

polariser V. concentrer.

pôle V. centre.

polémique *La polémique à propos de l'avortement emplissait les colonnes des journaux* : **controverse** (qui n'implique pas obligatoirement l'agressivité) ◆ ↓ **débat,** ↓ **discussion.**

polémiquer V. discuter.

poli

I 1. *L'enfant, très poli, céda sa place à la jeune femme* : **bien élevé.** *Il est toujours poli avec les clients* : **aimable** ◆ [moins cour.] **affable, urbain** ; → COMPLAISANT. *Vous pourriez au moins rester poli !* : **courtois.** *Ses manières ne sont pas suffisamment polies* : ↓ **correct** ◆ ↑ **délicat** ; → DÉCENT, DISCRET. 2. *Malpoli* : **impoli*.**

◇ **politesse** *Cet homme manque aux règles les plus simples de la politesse* : [moins cour.] **bienséance** ◆ **savoir-vivre** (= connaissance des règles de politesse) ◆ **correction** (= respect des convenances) ; → RESPECT, USAGE II, AFFABILITÉ, GALANTERIE.

II *Un galet bien poli* : **lisse*.**

III *Du travail poli* : **fini*.**

policer V. civiliser.

polichinelle V. bouffon, clown, pantin.

policier 1. *Deux policiers surveillaient l'immeuble* [génér.] : [fam.] **flic, poulet** ◆ [très fam., vieilli] **bourre, roussin** ◆ [très fam.] **cogne** ◆ **détective, détective privé** (= personne qui se charge d'enquêtes policières privées). 2. *Les policiers avaient dévié la circulation* [génér.] : [spécialt] **agent de police, agent** ◆ [dans les villes, surtout à Paris] **gardien de la paix** ◆ [vx] **sergent de ville** ; → GENDARME. 3. *Il ne lisait que des policiers* : **roman policier** ◆ [fam.] **polar** ◆ [partic.] **roman noir** ◆ [anglic.] **thriller.**

polir

I *Personne n'avait pu polir cet homme aux manières brusques* [vx] : [plus cour.] **humaniser** ; → CIVILISER.

II 1. *Elle avait poli toutes ses casseroles en cuivre* : [plus cour.] **astiquer, fourbir** ◆ [plus génér.] **frotter.**

III *Le journaliste polissait son article* : **parfaire*.**

polisson 1. V. espiègle. 2. V. paillard.

politesse V. poli I.

politique 1. [adj.] *Il a été très politique en acceptant de partager ses responsabilités* [vieilli] : [plus cour.] **diplomate.** 2. [n.] *Vous avez adopté dans cette affaire une mauvaise politique* : **tactique** (qui implique la même idée d'habileté et de clairvoyance, mais se rapporte à des affaires moins importantes ou à plus court terme).

pollen V. poussière.

pollué V. malsain, irrespirable.

polluer V. corrompre, souiller.

polochon V. traversin.

poltron V. peureux (*in* peur).

polyculture V. culture I.

polyphonique V. vocal (*in* voix I).

pommade **1.** V. onguent. **2.** V. flatterie (*in* flatter).

pomme **1.** V. FRUIT. **2.** *C'est aux pommes* [fam., vieilli] : [fam.] **aux petits oignons** ◆ [plus cour.] **c'est bien***. *Tomber dans les pommes* : V. TOMBER III. **3.** *Se sucer la pomme* : **s'embrasser***. *C'est à ma pomme* [très fam.] : [cour.] **moi.**

pommelé V. tacheté (*in* tache I).

pompe

I *Il vaut mieux s'arrêter à une pompe avant d'être en panne* : **poste d'essence, station-service.**

II V. APPARAT et SOLENNITÉ.

III *Avoir un coup de pompe* : V. FATIGUE. *À toute pompe* : V. VITE. *Faire des pompes* : [didact.] **traction** ; → ASSOUPLISSEMENT.

IV [pl.] V. CHAUSSURE.

pompé V. fatigué (*in* fatiguer).

pomper **1.** *L'opération consistait à pomper l'air pour obtenir le vide* : **aspirer*** ; → ABSORBER. **2.** *Sa voiture pompe un peu trop* [fam.] : [cour.] **consommer**. *Quelqu'un pompe* : V. BOIRE. **3.** *J'ai pompé mon devoir et j'ai eu un zéro* [fam.] : [cour.] **copier.**

pompette V. ivre.

pompeux V. ampoulé, solennel.

pomponner (se) V. se parer (*in* parer).

poncif *Son discours n'était qu'un assemblage de poncifs* : **banalité, cliché, lieu commun.**

ponctuel **1.** *C'est un homme très ponctuel dans tout ce qu'il fait* [très sout.] : [plus cour.] **régulier***. **2.** *Son retard est étonnant ; il est toujours ponctuel* : **à l'heure** ; → EXACT.

◇ **ponctualité** **1.** V. EXACTITUDE. **2.** *Il accomplit sa tâche avec ponctualité* : **scrupule** ; → RÉGULARITÉ.

ponctuer *Le candidat ponctuait son discours de gestes sobres* : **souligner.**

pondéré *Les partis d'opposition avaient choisi un homme pondéré pour les représenter* : ↓ **calme** ; → ÉQUILIBRÉ, RÉFLÉCHI, SOBRE.

◇ **pondération** *Seule sa pondération avait permis un accord* : **modération, prudence.** *Il avait agi avec une grande pondération* : ↓ **calme.**

pondre V. écrire.

pont *Un pont permettait de traverser la rivière* : **passerelle** (qui est souvent étroite et réservée aux piétons) ◆ **viaduc** (qui est de grande longueur et permet de franchir une vallée par une route ou une voie ferrée).

pontife *Souverain pontife* : V. pape.

pontifiant V. doctoral, solennel.

pontifical V. papal (*in* pape).

pontifier V. discourir (*in* discours).

pope V. prêtre.

popote **1.** V. cuisine, réfectoire. **2.** V. sédentaire.

popotin V. derrière II.

populace V. multitude, peuple II.

populaire V. peuple II.

populariser V. répandre.

popularité V. faveur, réputation, vogue.

population V. peuple I.

populeux V. peuplé (*in* peuple II).

populo V. foule, peuple II.

porc *Ce fermier breton élève des porcs* : [plus restreint] **cochon** (*élever des cochons ; un rôti de porc*) ◆ [vieilli] **pourceau** (qui ne s'emploie que dans des locutions figées : *des perles aux pourceaux*) ◆ [plus spécialt] **verrat** (= porc mâle) ◆ **truie** (= porc femelle) ◆ **porcelet, goret** (= jeune porc).

◇ **porcherie** *Les porcs étaient engraissés dans la porcherie* : [vx] **soue** ; → ÉCURIE, ÉTABLE.

porcelaine V. céramique.

porcelet V. porc.

porche V. portique.

porcherie V. porc.

poreux V. perméable.

porno 1. [n.] V. film. 2. [adj.] V. obscène.

pornographique V. érotique, obscène.

port

I 1. *Le navire pénétra dans le port* : [plus précis] **rade** (= bassin naturel). 2. *Nous sommes arrivés à bon port* : **à destination***.

II V. COL.

III V. ALLURE.

portail V. porte.

portant V. montant I. *Bien portant* : V. sain.

porte 1. *Le cortège arrivait devant la porte du parc* : **portail** (= grande porte) ; → ENTRÉE. 2. *Avez-vous fermé la porte de la voiture ?* : **portière.** 3. *Il a su se réserver une porte de sortie* : **échappatoire, issue.** *Mettre à la porte. Si vous continuez, vous allez vous faire mettre à la porte* : **chasser, expulser** ◆ [partic.] **licencier**. *Mise à la porte* : V. EXPULSION.

porté V. enclin.

porte-bonheur V. amulette.

porte-bouquet V. vase I.

portée 1. *Ce problème est à la portée d'une intelligence moyenne* : **niveau.** 2. *Vous ne mesurez pas la portée de votre choix* : **effet, conséquence** ; → IMPORTANCE.

porte-fenêtre V. fenêtre.

portemanteau V. cintre.

porte-monnaie V. bourse, finance.

porte-parole V. interprète I.

porter

I 1. [qqn ~ qqch] *Le voyageur portait sa valise à la main* : **tenir** ◆ [fam.] **coltiner, trimbaler** (qui impliquent un déplacement et un effort prolongé). *Le télégraphiste porte les messages téléphonés à domicile* : [plus précis] **apporter** ; → LIVRER. 2. [qqn ~ qqch] *Elle portait une robe d'été* : **avoir***. *L'ancien combattant portait ses décorations avec ostentation* : [plus sout.] **arborer.** 3. [qqch ~ qqch] *Cette étagère peut porter une centaine de livres* : **supporter.** 4. [qqn ~ qqch + circonstance] *Il a porté la main à sa bouche pour étouffer un bâillement* : **mettre***. *Portez son nom sur votre liste* : [plus cour.] **inscrire*** ; → COUCHER. *Il ne faut pas porter la main sur un enfant* : **frapper.** *Le réalisateur a porté le roman à l'écran* : **adapter.** 5. [qqch ~ qqch] *Cet arbre porte des fruits délicieux* : [plus cour.] **donner*, produire.** 6. [qqn, qqch ~ qqn, qqch à] *De mauvais conseils l'ont porté à commettre une faute grave* : **inciter** ◆ [plus sout.] **incliner***. *Une parole irréfléchie a porté sa colère au maximum* : **amener.** *Son adversaire lui a porté un coup bas* : **donner***. *Tout porte à penser que vous avez raison* : **inviter.** 7. *Porter intérêt* : **rapporter.** *Porter tort à qqn* [sout.] : [plus cour.] **faire tort*** ◆ **nuire.** *Porter secours* : [plus génér.] **aider** ; → SECOURIR. *Ne pas porter qqn dans son cœur* : ↑ **détester.** *Porter atteinte à la réputation de qqn* : [plus sout.] **attenter à.** *Porter sur les nerfs de qqn* : [fam.] **taper** (*taper sur les nerfs*) ◆ **agacer, irriter.** 8. *Porter la culotte* : **commander***.

◇ **porteur** 1. V. DÉBARDEUR. 2. *Cet individu était porteur de fausses pièces d'identité* : **détenteur.** 3. V. MESSAGER.

II 1. *Le tablier du pont porte sur deux piles* : **reposer.** 2. *La conversation a porté sur le nouveau cinéma* : [sout.] **avoir pour objet.** *La réforme portera sur l'ensemble des structures* : V. S'ÉTENDRE.

◇ **se porter** 1. *Se porter bien, mal* : V. ALLER. 2. *Se porter candidat à une élection* : **se présenter.**

porteur V. porter I.

porte-voix *Le camelot parlait dans un porte-voix* : [moins cour.] **mégaphone.**

portier V. concierge.

portière V. porte, rideau.

portion 1. *Il a fallu dévier la circulation de cette portion de route en réfection* : **segment, tronçon.** *Une portion importante du revenu familial est consacrée au logement* : **fraction, part, partie.** 2. *Chaque soldat a reçu sa portion de nourriture* : [plus cour.] **ration.** *J'aimerais encore une portion de gâteau* : [plus cour.] **part, tranche.**

portique *Les colonnes du portique étaient sommées de chapiteaux ornés* : [plus précis] **porche** (= portique situé à l'entrée d'une construction) ◆ [didact.] **narthex** (= portique fermé à l'entrée des anciennes églises) ◆ **péristyle** (= colonnade entourant un édifice ou une cour).

portrait 1. *Dans toutes les vitrines, on voyait le portrait du chef de l'État* : [moins cour.] **effigie** ◆ **caricature** (= portrait-charge, soulignant ironiquement les traits caractéristiques du modèle). *Le journal publiait en première page le portrait des négociateurs* : [plus cour.] **photo.** *Un portrait-robot* : V. SIGNALEMENT. *Le portrait manquait d'expression* : [didact.] **figure.** *Cet enfant est tout le portrait de son père* : **ressembler à.** 2. *Dans cette page, le romancier donne le portrait de son héroïne* : [plus génér.] **description.** *Un portrait de la réalité* : V. IMAGE. 3. V. FIGURE.

portraitiste V. peintre (*in* peindre I).

portugaise V. oreille.

poser

I [trans., qqn ~ qqch] 1. *Le voyageur a posé sa valise dans le porte-bagages* : **déposer*** ◆ **placer*** (qui implique un choix du lieu) ; → METTRE, APPUYER, APPLIQUER, ACCROCHER, PLANTER. *Poser ses cartes* : **étaler*.** 2. *Un spécialiste a posé la moquette* : **installer** ◆ **adapter, monter** (qui précisent les conditions de l'installation). 3. *Posons d'abord que vous avez raison* : **supposer** (qui, comme *poser*, se construit avec une complétive, au subj. ou à l'ind., ou un compl. nominal : *posons votre bonne foi*) ◆ ↑ **affirmer** ; → POSTULER. 4. *Il n'arrête pas de poser des questions* : **questionner** ◆ **interroger** (... *de nous interroger*). 5. [qqn, qqch ~] *Cela pose des problèmes* : **soulever.** *Poser un problème* : V. ÉVOQUER. *Poser ses conditions* : V. FIXER.

◇ **se poser** 1. *L'hélicoptère s'est posé* : **atterrir.** 2. *Vous admettrez que le problème se pose* : **exister.**

◇ **pose** *La pose de cet appareil n'a demandé qu'une heure* : **installation** ◆ [plus précis] **montage** (qui ne se dit que d'une opération complexe) ; → PLANTATION.

II [trans., qqch ~ qqn] *Sa nomination l'a posé auprès de ses amis* : **mettre en valeur.**

◇ **se poser** *Se poser en. Il se pose en justicier* : **s'ériger*.**

◇ **posé** *Ce garçon est bien posé pour son âge !* : **sérieux, calme.** *Il avait une expression posée* : **réfléchi*** ◆ ↑ **grave.**

◇ **posément** *Il parle toujours posément* : **calmement** ; → DOUCEMENT, LENTEMENT.

III [intr., qqn ~] *Pourquoi pose-t-il dès qu'il est en présence d'une femme ?* : **faire le beau** ◆ [plus sout.] **se pavaner** ◆ [fam.] **crâner.** *Ne posez pas à l'homme de génie* : **jouer.**

poseur V. prétentieux.

positif

I 1. *C'est un fait positif* : **certain, sûr** ◆ ↑ **incontestable,** ↑ **évident** (qui impliquent l'impossibilité d'une controverse sur la réalité du phénomène) ; → TANGIBLE. 2. *C'est un esprit positif* : **réaliste.**

II *J'ai reçu une réponse positive à ma question* : **affirmatif.**

III *Ses critiques ne sont pas toujours positives* : **constructif.**

position 1. [en parlant des personnes] V. ATTITUDE. 2. [en parlant des choses ou des personnes] *La position des pions sur l'échiquier est déterminée par les règles du jeu* : **place.** *Il faut choisir la position des radiateurs dans cette pièce* : **emplacement** ◆ **disposition** (= position des objets les uns par rapport aux autres) ; → PLACE I. *La position d'un bâtiment* : V. SITE. 3. *La position de ce coureur au classement général n'est pas très bonne* : **place.** 4. *Il est très conscient de sa position sociale* : **condition, situation** ◆ [moins cour.] **rang** (qui insiste sur une conception hiérarchisée de la société) ◆ **standing** (= position aux yeux de l'opinion). *Ce fonctionnaire est en position de détachement* : [plus cour.] **situation.** 5. *Le Sénat a exprimé sa* *position sur les problèmes du désarmement* : **vues, point de vue ◆ conception de** (= position fondée sur une idée générale) ; → ATTITUDE. *Prendre position dans un débat* : **se positionner ◆ ↓ intervenir** ; → ENTRER et PARTI II. *Durcir ses positions* : V. INTRANSIGEANT. **6.** *Se livrer à une guerre de positions* : V. TRANCHÉE. *Une position clé* : V. DOMINANT.

positivement V. affirmativement (*in* affirmer).

possédant V. supérieur I.

possédé V. énergumène, furieux (*in* fureur).

posséder **1.** *Posséder des biens* : V. AVOIR. **2.** *Le moribond possédait encore toutes ses facultés* : **jouir de, être en possession de.** *Il croit posséder la clé de ce problème* : **détenir** ; → TENIR. *Cet ébéniste possède son métier* : **↓ connaître, ↓ savoir.** **3.** *Je me suis fait posséder en achetant cette commode en mauvais état* [fam.] : **avoir, rouler***.

◇ **possesseur** **1.** *Les possesseurs de ce diplôme peuvent se présenter au concours* : **détenteur.** **2.** V. MAÎTRE.

◇ **possession** **1.** *La possession de ces terrains fait de lui un notable* : [plus partic.] **jouissance** (= droit d'usage) ◆ [plus didact.] **usufruit ◆ propriété*** (= possession confirmée par la loi, la *possession* n'indiquant qu'un état de fait). **2.** *La possession d'une seconde langue lui sera utile* : [plus cour.] **connaissance.** **3.** *L'armée prit brutalement possession du pays* : **s'emparer** ◆ [plus partic.] **occuper.** *En la possession de* : **entre les mains* de.** *Être en possession de* : V. POSSÉDER.

◇ **se posséder** *Quand on me trompe, je ne me possède plus* : **se contenir, se dominer, se maîtriser.**

possessif V. aimant.

possibilité **1.** V. capacité I, faculté, pouvoir I. **2.** V. cas, espoir (*in* espérer), occasion.

◇ **possibilités** V. ressources.

possible **1.** [qqch est ~] *Votre projet est possible* : **réalisable.** *Vous parviendrez au sommet, c'est possible* : **faisable ◆ ↑ facile.** *Il est possible d'acheter de l'or* : [plus partic.] **permis, licite.** **2.** [qqch est ~] *Il avait pris toutes les précautions possibles* : **imaginable** ; → CROYABLE. **3.** [qqch ou qqn est ~] *C'est un vainqueur possible* : **éventuel ◆ ↑ probable*** (qui renchérit sur les chances) ; → VIRTUEL. **4.** [qqch est ~] *Ça n'est pas un parti possible* : **acceptable, convenable, envisageable.** **5.** [impers.] *Il est possible, c'est possible* : V. SE POUVOIR. **6.** [n.] *Il fait son possible* : V. MIEUX. *Rentrez tôt dans la mesure du possible* : **autant que vous le pouvez.** *Il est gentil au possible* : **extrêmement** (... *extrêmement gentil*) ; → TRÈS.

poste

I *Avoir un poste important* : V. EMPLOI.

II *Le voisin n'a pas baissé le son de son poste à 22 heures* : [plus précis] **radio, télévision, télé ◆ transistor** (= récepteur radio portatif équipé de transistors) ◆ **tuner** (= récepteur radio sans amplificateur ni haut-parleur) ◆ [plus génér.] **appareil** ◆ [didact.] **récepteur** ; → ANTENNE, TÉLÉVISEUR.

III *Poste d'essence* : **pompe***.

IV *L'équipage entra dans le poste de pilotage* : [plus techn.] **habitacle.**

poster

I *Le chef de section a posté des sentinelles* : [plus génér.] **placer, établir.**

◇ **se poster** V. SE PLANTER.

II *J'ai posté ma lettre hier* : [plus génér.] **envoyer* ◆ adresser** (qui ne peut s'employer dans le même contexte et insiste sur la destination de l'envoi).

postère V. derrière.

postérieur

I [adj.] *Il a remis sa décision à une date postérieure* : **ultérieur** ◆ [moins cour.] **futur, à venir ◆ prochain** (qui précise que le délai sera court).

II [n.] V. DERRIÈRE.

postérité **1.** *Ce vieillard est mort sans postérité* : **descendance, descendants, enfants** ◆ [fam.] **progéniture** ; → LIGNÉE, FILS. **2.** V. AVENIR.

postiche V. factice.

postillon V. salive.

postuler

I *Il postule un emploi à la Poste* : **solliciter*** ◆ [plus génér.] **demander***.

◇ **postulant** *De nombreux postulants se sont présentés pour ce poste* : **candidat** ◆ [rare] **aspirant.**

II *Ce philosophe postule le libre arbitre de l'homme* : [plus génér.] ↓ **supposer,** ↓ **poser.**

◇ **postulat** *Ce postulat est nécessaire à la théorie* : **axiome** ; → PRINCIPE.

posture 1. V. ATTITUDE et TENUE. 2. *L'alpiniste était en mauvaise posture* : **situation.**

pot

I 1. *Elle enleva les fleurs du pot* : **broc** (= récipient à anse et à bec évasé) ◆ **bocal** (= récipient à col très court et à large ouverture) ; → VASE I. 2. *Boire un pot* : V. VERRE. *Offrir un pot* : V. TOURNÉE. *C'est un (vrai) pot de colle !* [fam.] : [cour.] **importun** ; → COLLANT, SANGSUE. *Pot de chambre* : V. VASE I. *Pot aux roses* : V. SECRET III. *Plein pot. Payer plein pot* [fam.] : [cour.] **plein tarif**. *Rouler plein pot* : V. TUBE.

II V. CHANCE.

potable 1. *Pensez-vous que l'eau soit potable ?* : **buvable** (qui peut s'employer en parlant d'autres boissons). 2. *Nous avons eu un temps potable pendant nos vacances* [fam.] : [cour.] **acceptable*, passable.**

potache V. écolier (*in* école), lycéen (*in* lycée).

potager V. jardin.

potasser V. apprendre, étudier, travailler I.

pot-au-feu 1. V. bourgeois, casanier, sédentaire. 2. V. bœuf gros sel*.

pote V. ami, vieux.

poteau 1. V. ami. 2. V. pieu I.

potelé V. gras, plein.

potence V. corde, gibet.

potentat 1. *Il n'existe plus de potentat dans les régimes européens* : **despote** ◆ [sout.] **tyran** ; → MONARQUE. 2. *Les potentats des industries textiles possédaient leurs propres organes de presse* : **magnat.**

potentiel

I [adj.] *La puissance potentielle de cet appareil n'a pas encore été mise en œuvre* [didact.] : [plus cour.] **virtuel*.**

II [n.] 1. *Le courant a subi une forte chute de potentiel* : **tension*.** 2. *Ce pays dispose d'un potentiel énergétique important* : **puissance** (qui se dit moins des capacités futures que de l'état présent).

poterie *L'art de la poterie revit aujourd'hui* : [plus partic.] **céramique.**

potiche V. vase I.

potin

I *Votre radio fait un potin épouvantable* [fam.] : **boucan, ramdam, raffut** ◆ [cour.] **bruit** ◆ [plus sout.] **vacarme.**

II [plus souvent au pl.] *Avez-vous entendu les potins qui courent sur son compte ?* [fam.] : **cancan, ragot** ; → BRUIT.

potomanie V. soif.

poubelle V. boîte I. *Bon à jeter à la poubelle* : V. foutu.

pouce 1. *On voyait son pouce à travers sa chaussette* (désigne à la fois le plus gros des doigts de la main ou du pied) : **gros orteil.** 2. *Manger sur le pouce* : [plus fam.] **casser la croûte.** *Mettre les pouces* : [plus cour.] **céder.** *Se tourner les pouces* : V. PARESSER. *Donner un coup de pouce à qqn* [fam.] : **pistonner** ◆ ↓ **aider.** *Vous avez donné un coup de pouce à votre histoire* [fam.] : [plus cour.] **arranger.**

poudre 1. *La poudre conservée à l'arsenal risque de sauter* : [plus génér.] **explosif** (qui se dit aussi des mélanges détonants qui ne sont pas en poudre). 2. *Il n'a pas inventé la poudre* : **sot** (... *il est sot*). *Jeter de la poudre aux yeux* : V. ESBROUFE.

pouf 1. V. coussin. 2. V. patatras.

pouffer V. éclater II, rire.

poufiasse V. femme.

pouilleux V. misérable II.

poulailler 1. *La volaille rentra au poulailler* : **basse-cour** (= espace réservé à l'élevage de la volaille et non une construction) ; → CAGE. 2. *Les places de théâtre sont chères, même au poulailler* [fam.] : [plus rare] **paradis.**

poulain V. jument.

poule

I 1. *Nos amis avaient préparé une bonne poule au riz* : [plus précis.] **poularde** (= jeune poule engraissée pour la cuisine). 2. *Quand les poules auront des dents* [fam.] : **à la saint-glinglin** ◆ [cour.] **jamais.** *Se coucher avec les poules* [fam.] : [cour.] **très tôt.**

II 1. V. AMANTE et FILLE. 2. V. PROSTITUÉE.

III V. POULET II.

poulet

I *Le chef avait préparé un jeune poulet aux herbes* : [plus précis.] **coquelet** (= jeune coq destiné à l'alimentation).

II *Tu viens, mon poulet ?* [fam.] : **poulot** ◆ **poule, poulette** (qui se disent, par affection, exclusivement à une personne du sexe féminin) ◆ **poussin, poussinet** (qui s'emploient surtout en s'adressant à des enfants).

III V. POLICIER.

pouliche V. jument.

poulinement V. mise* bas.

poulot V. poulet II.

poupard V. bébé.

poupée V. femme.

poupon V. bébé.

pour [prép.] 1. [suivi d'un n. de lieu] *Il est parti pour Paris sans prévenir* : **à** (qui est condamné par les grammairiens dans le contexte *partir pour*, est d'un emploi plus cour.). 2. [suivi d'un n. animé] *Ce livre n'est pas pour les enfants* : [moins cour.] **destiné à** ; → À L'USAGE* DE. *Sa haine pour son oncle est inexplicable* : **envers.** *Les électeurs se sont prononcés pour le candidat de la gauche* : **en faveur de.** *Pour vous, avait-il raison ?* : **selon** ; → D'APRÈS*. *Il a fait tout cela pour vous* : **dans votre intérêt.** 3. [suivi d'un n. de chose, peut marquer le but] *Je ne travaille pas pour le plaisir* : **par** (... *par plaisir*). *Ses parents ont organisé une fête pour son anniversaire* [cour.] : [plus sout.] **en l'honneur de.** *Il prend un sirop pour la toux* [fam.] : [plus cour.] **contre.** *La blanchisserie est fermée pour réparations, décès, travaux* : **pour cause de.** 4. [suivi d'un n. animé] *Il a été puni pour son frère* : **à la place de.** 5. *Il est trop lourd pour sa taille* : **par rapport à.** *J'ai eu ce bibelot pour dix francs* : [moins cour.] **moyennant.** 6. [suivi d'un n. sans détermination] *Il a eu pour professeur un jésuite* : **comme*.** 7. [en tête de phrase, suivi d'un n. ou d'un pron.] V. QUANT* À. 8. [suivi d'un inf.] *J'ai rentré mon bois pour le faire sécher* [cour.] : [plus sout.] **afin de, dans l'intention de** ◆ [sout.] **en vue* de.** *J'ai rentré mon bois pour qu'il sèche* [cour.] : [plus sout.] **afin que.** 9. [~ + adj. + que] *Pour distrait qu'il soit...* : V. QUELQUE... QUE. 10. [n.] *Le pour et le contre* : V. CÔTÉ.

pourboire V. service I.

pourceau V. porc.

pourcentage *Il faut prévoir un pourcentage d'erreurs* : **coefficient, taux.**

pourchasser V. poursuivre I.

pourparlers *Les pourparlers n'ont pas abouti à la solution du différend* : **négociation*** ; → CONVERSATION.

pourpre V. rouge II.

pourquoi 1. [adv. et conj.] *Mais pourquoi est-il venu me voir ?* : **pour quelle(s) raison(s)*** ◆ [plus sout., plus restreint] **dans quelle intention** ; → QUE* NE. 2. *C'est pourquoi* : V. AINSI I. 3. [n.] *Enfin me diras-tu le pourquoi de ta colère ?* : **raison, motif** ; → CAUSE.

pourrir 1. [intr.] *Les fruits tombés sous l'arbre ont pourri sans qu'on les ramasse* : ↓**moisir,** ↓**s'avarier,** ↓**se gâter.** *Une charogne pourrit au bord du fossé* [cour.] : [plus didact.] **se putréfier** ◆ **se décomposer*** (qui implique une apparence répugnante). 2. [intr.] *Le gouvernement a laissé pourrir la situation sociale* : ↓**se détériorer.** *L'innocent a pourri dix ans en prison* : V. CROUPIR. 3. [trans., ~ qqch] *Sous les tuiles cassées,* *l'humidité avait pourri les chevrons* : [plus génér.] **détériorer, abîmer***. *La pluie a pourri la paille* : **gâter** ; → AVARIER. *La gangrène lui a pourri le doigt sous le pansement* : ↓ **infecter.** 4. [trans., ~ qqn] *Le succès a pourri ce comédien* : ↓ **gâter.** *L'argent a pourri ce garçon* : [plus sout.] **corrompre***. *Elle ne devrait pas pourrir son fils* [fam.] : [plus cour.] ↓ **gâter.**

◇ **pourri** 1. [qqch est ~] *Le service des fraudes a détruit la viande pourrie* : ↓ **avarié** ; → CORROMPU. *C'est un climat pourri* : **malsain** ◆ [plus partic.] **humide.** 2. *Une copie pourrie d'erreurs* : **plein***.

◇ **pourrissement** *Le pourrissement de la situation sociale est inquiétant* : **dégradation, détérioration.**

◇ **pourriture** 1. *Une odeur de pourriture monte de cette cave mal entretenue* : **putréfaction.** 2. *La pourriture du régime provoquera sa chute* : **corruption***.

poursuite V. continuation (*in* continuer).

poursuivre

I 1. [qqn ~ qqn] *La police poursuit les malfaiteurs* : [moins cour.] ↑ **pourchasser,** ↑ **traquer***. *Ses créanciers le poursuivent* : **presser** ◆ ↑ **harceler** ; → SERRER* DE PRÈS, SUIVRE, ASSIÉGER. *Il poursuit cette jeune fille* : [fam.] **courir après.** 2. [qqch ~ qqn] *Cette idée fixe le poursuit* : **obséder, hanter** ; → TOURMENTER. 3. [qqn ~ qqch] *Il ne faisait que poursuivre son intérêt* : ↓ **rechercher.**

II 1. *Le coureur poursuit son effort dans la ligne droite* : **maintenir.** *Le conteur poursuit son récit* : **continuer*** ; → PROLONGER. 2. *Poursuivre une négociation* : V. MENER. *Poursuivre une enquête* : V. POUSSER.

pourtant V. en attendant* (*in* attendre), cependant, mais I.

pourtour V. périphérie, tour II.

pourvoi V. appel (*in* appeler II).

pourvoir 1. V. armer, approvisionner, nantir. 2. *Pourvoir à* : V. subvenir. *Se pourvoir de* : **s'assurer.**

pourvu V. achalandé.

poussah V. gros.

pousse V. pousser IV.

pousser

I [trans., ~ qqn ou qqch] *Ne me poussez pas ! il y a de la place pour tout le monde* : **bousculer.** *Le courant d'air pousse la poussière sous les meubles* : **chasser.** *La rivière pousse les bois flottés le long de la rive* : **charrier, entraîner***. *Ils ont poussé les meubles pour pouvoir danser* : [plus génér.] **déplacer.** *Poussez la porte* : [plus précis] **ouvrir, fermer** (qui indiquent le sens du déplacement et le résultat de l'action). *Pousser le verrou* : V. METTRE.

◇ **se pousser** *Vous seriez bien aimable de vous pousser un peu* : **se déplacer** ◆ [plus précis] **s'écarter, se retirer, se reculer** (qui indiquent le sens du déplacement : de côté ou en arrière) ; → S'ÔTER.

◇ **poussée** [n.] 1. *Une bonne poussée l'a projeté en avant* : [plus rare] **bourrade.** *La poussée de la foule a failli renverser ce vieillard* : ↓ **pression.** 2. *Une poussée de fièvre* : **accès***. 3. *Les arcs-boutants s'opposent à la poussée de la voûte* : **poids, charge.** 4. *Le manque d'énergie expliquait la poussée des prix* : **augmentation, hausse.**

II [trans., ~ qqch] 1. *Avec ce froid, il faut pousser la chaudière* : **activer.** 2. *Vous poussez un peu loin la plaisanterie* : [absolt] **exagérer,** [plus fam.] **charrier** (*vous poussez, exagérez, charriez*). 3. *La jeune fille poussa un cri de surprise* : **jeter** ◆ [plus sout.] **émettre** ; → LANCER.

III [trans., ~ qqn] 1. *Il a poussé son frère dans son affaire* [fam.] : **pistonner** ◆ [plus génér.] ↓ **aider***, ↓ **soutenir***. 2. [~ qqn + inf. ou n.] *La faim l'avait poussé à voler* : **inciter, amener***. *Ses imprudences l'ont poussé à la ruine* : **acculer*** ; → CONDUIRE. *Ce n'est pas cette raison qui me pousse* : **faire agir** ◆ [rare] **mouvoir.** *Ses amis l'avaient poussé à poser sa candidature* : ↓ **engager** ◆ [plus sout.] **inviter, exhorter** ◆ ↑ **décider** ; → PROVOQUER, PRESSER, ENCOURAGER, TRAVAILLER. 3. *Le juge poussa l'enquête jusqu'au bout* : **poursuivre, prolonger.** 4. *Pousser qqn à bout* : **exaspérer** ; → METTRE EN COLÈRE*.

IV [intr.] 1. *Les blés poussent vite cette année* : **venir*** ◆ [plus partic.] **pointer, lever*, sortir** (qui se disent des premiers moments de la croissance de la plante au-dessus du sol) ◆ [plus sout.] **croître.** 2. *Le petit a bien* *poussé depuis l'an dernier* [fam.] : [plus cour.] **grandir***.

◇ **pousse** 1. *Les premières pousses des hortensias craignent le gel* : [plus précis] **bourgeon.** 2. *La pousse des feuilles est précoce* : **poussée.**

poussette V. voiture.

poussière 1. *La poussière vole dans un rayon de soleil* : [plus partic.] **poussier** (= poussière de charbon) ◆ [didact.] **pollen** (= poussière fécondante des fleurs). 2. *Réduire en poussière* : **pulvériser***. *Tomber en poussière* : V. DÉLIQUESCENCE. 3. *La boulangère m'a rendu quatre francs et des poussières* [fam.] : [cour.] **et quelques.**

poussiéreux V. sale.

poussin, poussinet V. poulet II.

poutre *Le charpentier a utilisé des poutres de chêne* (= grosse pièce de bois équarrie servant de support dans une construction) : [plus génér.] **madrier** (= planche très épaisse et à usages divers) ◆ **bastaing** (= madrier de sapin) ◆ **chevron** (= pièce de bois équarri sur laquelle sont fixées des lattes) ◆ [par ext.] **solive.**

pouvoir

I [v.] 1. [qqn ou qqch ~] *Pouvez-vous accomplir cette tâche ?* : [moins cour.] **être capable, être en état de, avoir la possibilité, avoir la capacité, avoir la force** ; → SAVOIR, ÊTRE SUSCEPTIBLE* DE. 2. [qqn ~] *Votre fils peut-il sortir ce soir avec moi ?* : **avoir l'autorisation, la permission de.** 3. [qqn ou qqch ~] *Il peut avoir eu un accident de voiture* : **risquer de.** 4. *Continuez sans moi, je n'en peux plus* : **être épuisé.**

◇ **se pouvoir** [impers.] *Il se peut que vous ayez raison* : **il est possible.** *Savez-vous s'il viendra ? – Cela, ça se peut* : **c'est possible.**

II [n.] 1. *Je n'ai pas le pouvoir de prédire l'avenir* : **faculté, capacité** ◆ ↑ **don** (= capacité innée). 2. *Il ne manque pas de pouvoir auprès des autorités locales* : **influence** ◆ ↓ **crédit** (= confiance qu'on inspire) ; → AUTORITÉ. *Il a succombé au pouvoir de la musique* : [plus sout.] **charme*** (= pouvoir magique ou pour le moins mystérieux). *Le pouvoir d'un remède* : V. VERTU II, EFFICACITÉ. *Il est tombé au pouvoir de son pire ennemi* : **dans les griffes** ; → GRIFFE et PUISSANCE. 3. *Une nouvelle majorité a accédé au pouvoir* [génér.] : [plus partic.] **gouvernement** ; → ÉTAT. *Exercer le pouvoir* : V. COMMANDEMENT. 4. *Il m'a donné pouvoir, un pouvoir pour décider en ses lieu et place* [sout.] : **procuration, mandat** ; → DÉLÉGATION. 5. [pl.] *Le préfet a excédé ses pouvoirs* : **attribution.** *Vous avez pleins pouvoirs pour mener l'opération* : **carte blanche** (*vous avez carte blanche...*).

pragmatique V. empirique.

prairie V. pacage.

praticable V. pratiquer II.

pratique

I [adj.] 1. *C'est une invention pratique* : **utilitaire.** 2. *Un moyen pratique* : V. COMMODE II. 3. *Un esprit pratique* : V. CONCRET.

◇ **pratiquement** 1. *Théoriquement vous avez raison, mais pratiquement vous échouerez* : **en fait, en pratique** ; → CONCRÈTEMENT. 2. *Ce travail est pratiquement achevé* [tour critiqué] : **à peu près, presque, pour ainsi dire** ◆ [plus sout.] **quasiment, virtuellement.**

II [n.] 1. *Faut-il opposer la pratique et la théorie ?* : **action** ◆ **praxis** (qui appartient au vocabulaire philosophique). 2. *Avoir une longue pratique* : V. ENTRAÎNEMENT II, EXERCICE et HABITUDE. 3. *Mettre en pratique* : V. EXÉCUTION. *En pratique* : **pratiquement***.

pratiquer

I [trans.] 1. *Il pratique son métier depuis vingt ans* : **exercer** ; → SAVOIR. *Mon fils pratique le football* : [plus cour.] **jouer à.** *Quand il est en vacances, il peut pratiquer ses activités favorites* : **se livrer à** ; → S'ADONNER. 2. *Il ne pratique guère ses principes* : [plus cour.] **appliquer.** 3. *Non, merci, je ne pratique pas l'alcool* [fam.] : [cour.] **consommer.**

◇ **se pratiquer** *Cela se pratique encore* : **se faire.**

II *Le maçon a pratiqué une ouverture dans le pignon* : **ménager.** *On a pratiqué un chemin de la route à la maison* : **frayer, ouvrir***, **tracer** ; → PERCER.

◇ **praticable** *En été, ce chemin de montagne est praticable* (= que l'on peut emprunter) : **accessible** (= que l'on peut atteindre) ; → CARROSSABLE.

praxis V. pratique II.

pré *Les enfants ont mené les vaches au pré* : **prairie** (= terrain de pâturage plus étendu) ; → PACAGE.

préalable 1. [adj.] *Cette question préalable doit être réglée* : **préliminaire.** 2. *Au préalable* : **préalablement, d'abord*** ; → AVANT.

préalablement V. avant, au préalable*.

préambule V. introduction (*in* introduire), préface, préliminaire.

précaire *Cette pile de livres est dans un équilibre précaire* [sout.] : [plus cour.] **instable.** *Il bénéficie d'un calme précaire* [sout.] : **éphémère,** [plus cour.] **passager** (qui insistent sur la brièveté de l'état). *Il est d'une santé précaire* : **fragile*.**

◇ **précarité** *La précarité de sa situation le rend inquiet* [sout.] : [plus cour.] **instabilité** ; → FRAGILITÉ.

précaution 1. V. garantie. 2. mesure II, pas III, prudence (*in* prudent).

précédent

I [adj.] *Dans un chapitre précédent, l'auteur avait expliqué son projet* : [moins cour.] **antérieur.** *Le jour précédent* : **la veille.**

◇ **précédemment** *Nous en avons parlé précédemment* : **antérieurement, auparavant.**

◇ **précéder** *Il l'a précédé dans la carrière diplomatique* : **devancer** ; → PAS. *Précéder qqn en âge* : **dépasser.**

II [n.] 1. *Sans précédent. Cet exploit est sans précédent* : **unique** ◆ ↑ **extraordinaire** ; → SANS EXEMPLE*. 2. [surtout au pl.] *Il n'y a pas de précédents à cette situation* : **antécédents** (= actes appartenant au passé d'une personne : *cet individu a de fâcheux antécédents*).

précepte V. commandement (*in* commander III).

précepteur V. professeur.

prêcher 1. [trans., ~ qqch] *Ce diplomate prêche la prudence* : ↑ **conseiller,** ↓ **recommander.** 2. [~ qqn] *C'est un père blanc qui est parti prêcher les incroyants* : **évangéliser** ; → ANNONCER. 3. [intr.] *Il ne parle pas, il prêche* : **moraliser.**

◇ **prêche** *La famille avait assisté au prêche du dimanche* (= surtout discours religieux protestant) : **sermon,** [didact.] **prône** (= allocution d'un prédicateur catholique).

◇ **prêcheur** 1. *Le prêcheur descend de la chaire* [vx] : [cour.] **prédicateur.** 2. *C'est un vrai prêcheur* [péj.] : [plus fam.] **radoteur, raseur.**

précieux

I [adj., qqn, qqch est ~] 1. *Les objets précieux ne peuvent être déposés au vestiaire* : **de (grand) prix, de valeur** ; → FIN. 2. *Ses services sont précieux* : ↓ **appréciable** ◆ ↑ **inappréciable** ◆ **d'un grand secours*** ; → UTILE. *Son amitié m'est précieuse* : [plus précis.] **cher** (= qui tient à cœur).

◇ **précieusement** *Je garde précieusement son souvenir* : **jalousement, pieusement** (selon la nature des sentiments éprouvés).

II [adj. et n., qqn est ~] V. AFFECTÉ et MANIÉRÉ.

◇ **préciosité** *Le présentateur parlait avec une préciosité qui prêtait à rire* : **affectation** ◆ ↓ **recherche** ; → RAFFINEMENT.

précipice V. abîme.

précipitation

I *Il n'aurait pas dû agir avec tant de précipitation* : **hâte** ◆ [plus partic.] **irréflexion.**

II [surtout au pl.] *On annonce des précipitations pour la nuit* [didact.] : [plus cour. et plus partic.] **pluie, neige, grêle** (*de la pluie, neige, grêle, des pluies*) ; → CHUTE.

précipiter 1. V. accélérer, avancer II, presser II. 2. V. plonger.

précipiter (se) V. s'élancer, s'empresser, se jeter, se ruer II.

précis

I [adj.] 1. *Il a des idées précises sur la question* : **clair*, exact*.** *Il avait reçu des consignes précises* : **détaillé, explicite** ; → STRICT, CIRCONSTANCIÉ, PARTICULIER. *C'est un esprit clair et précis* : **rigoureux*** ; → MATHÉMA-

TIQUE. **2.** *Nous avions rendez-vous à 10 heures précises* : **juste** ◆ [fam.] **pile, sonnant, tapant** ◆ [très fam.] **pétant.**

◇ **précisément** **1.** *Vous devez répondre précisément à ce questionnaire* : **exactement.** **2.** *C'est précisément ici* : V. MÊME. **3.** V. JUSTEMENT. *C'est lui qui vous a écrit ? – Précisément* : **oui** (*précisément* renforce l'affirmation).

◇ **précision** **1.** *Ces calculs valent par leur précision* : **exactitude*.** *La précision de ses arguments m'a convaincu* : **rigueur*** ; → SÛRETÉ. *Cette photographie est remarquable par sa précision* : **netteté*.** **2.** *Son étude apporte des précisions sur la vie des ours* : **détail** ; → DONNÉE.

II [n.] V. ABRÉGÉ.

préciser V. définir, stipuler.

◇ **se préciser** V. se dessiner (*in* dessin).

précoce V. hâtif (*in* hâte).

préconçu V. fait I.

préconiser *La secte préconisait un retour aux préceptes de la Bible* : **recommander** ◆ ↑ **prôner** ; → PRÊCHER.

précurseur V. annonciateur (*in* annoncer), défricheur (*in* défricher).

prédécesseur **1.** *Le ministre a hérité de son prédécesseur une situation difficile* : **devancier.** **2.** [pl.] V. AÏEUX.

prédicant V. prêtre.

prédicateur V. prêcheur (*in* prêcher).

prédiction V. prédire.

prédilection V. préférence (*in* préférer).

prédire *La voyante avait prédit la mort du président* : **deviner** (qui n'implique pas la communication de l'information) ◆ **annoncer** (qui se dit indifféremment, que la nouvelle soit sûre ou improbable, qu'elle concerne le présent ou le futur) ◆ **augurer** (qui s'emploie avec un compl. introduit par de : *j'augure mal de son silence*). *Prédire l'avenir* : V. LIRE. *On peut prédire une crise politique prochaine* : **pronostiquer** (qui se dit d'une prévision établie sur des données statistiques).

◇ **prédiction** *Verrons-nous s'accomplir vos prédictions inquiétantes ?* : **pronostic** (= prévision fondée) ◆ ↑ **prophétie.**

prédisposé V. enclin.

prédisposition V. disposition (*in* disposer), facilité (*in* facile II), tendance.

prédominance V. règne.

prédominer V. dominer, régner (*in* règne).

prééminence V. primauté, suprématie.

préface *La préface précisait les objectifs de l'auteur* : **avant-propos** (= préface brève) ◆ **préambule** (= entrée en matière, appartenant au corps même de l'œuvre) ◆ **prologue** (= première partie d'une œuvre qui présente des faits antérieurs à l'action principale) ◆ **introduction*** (qui implique un contenu didactique) ; → AVERTISSEMENT.

préférable V. meilleur, mieux, il vaut* mieux (*in* valoir I).

préféré V. favori I.

préférer **1.** *Le père préférait son fils cadet* : **aimer mieux.** *Le jury a préféré votre version des faits* : ↓ **pencher pour** ◆ ↑ **adopter** ; → CHOISIR. **2.** *Les oliviers préfèrent un climat chaud* : **aimer.**

◇ **préférence** **1.** *Elle avait une petite préférence pour moi* : **faible, faiblesse.** *Il affiche sa préférence pour les films d'horreur* : ↑ **prédilection.** **2.** *De préférence. Adressez-vous de préférence aux personnes autorisées* : **plutôt.**

préhistoire V. histoire I.

préjudice **1.** *Cette affaire lui a porté préjudice* [sout.] : **tort** ; → DOMMAGE. *Une injustice a été commise à son préjudice* : **détriment.** **2.** *Ce jugement a été rendu au préjudice de la vérité* [didact.] : [plus cour.] **contre.** *Il a été condamné mais sans préjudice de ses intérêts* : [plus cour.] **réserve faite de.**

préjudiciable V. dommageable (*in* dommage).

préjugé *Nous n'avons aucun préjugé pour ou contre cette idée* : **prévention, parti pris** ; → A PRIORI. *Des préjugés tenaces* : **tout fait*** (*des idées toutes faites*) ; → ERREUR.

prélat V. dignitaire.

prélèvement V. prise* III de sang.

prélever *Le service des fraudes a prélevé un échantillon de ce vin, pour analyse* : [moins précis.] **retirer, retenir.** *Les municipalités ne prélèvent plus d'impôt dans les octrois* : [plus cour.] **lever.**

préliminaire **1.** [n. sing.] *L'orateur se lança dans un long préliminaire* : **exorde.** **2.** [n. pl.] *Ces événements sont les préliminaires d'une crise politique grave* : [sing.] **préambule, prélude** ◆ [plus cour.] **commencement** ◆ [rare] **prodrome.** **3.** [adj.] V. PRÉALABLE.

prélude V. préliminaire.

préluder V. annoncer.

prématuré V. hâtif (*in* hâte).

prématurément V. avant terme* I.

préméditer **1.** *Le cambrioleur avait longuement prémédité son coup* : [plus génér.] **calculer, préparer, mûrir** (qui ne supposent pas l'intention de mal faire). **2.** *Nous avions prémédité de venir vous surprendre !* : [plus génér.] **projeter.**

◇ **prémédité** *C'est un acte prémédité* : **calculé, mûri, préparé** ◆ ↑ **intentionnel.**

prémices *Nous avons eu les prémices de son talent* [sout.] : [plus cour.] **la primeur.**

premier

I [adj., le plus souvent antéposé] **1.** *Son premier mouvement fut de crainte* [cour.] : [moins cour., postposé] **initial.** *Sa première enfance fut heureuse* : [rare] **prime** ◆ [plus cour.] **petit.** *Le libraire a sur ses rayons la première édition de ce roman* : [postposé] **original** (qui se dit de la première édition d'un texte inédit) ◆ [didact.] **princeps** (qui se dit de la première édition d'un ouvrage ancien et rare). *À la première occasion, ce prisonnier s'évadera* : **prochain.** **2.** *Dans le premier tome, dans le tome premier, l'auteur a traité cette question* : [postposé] **un** (*dans le tome un...*). *Le journal a mis la nouvelle en première page* : **à la une.** **3.** *Ce cheval est arrivé premier dans la troisième course* : **en tête** ◆ **gagnant.** *Les premiers signes du printemps* : **annonciateur***. **4.** *Le premier venu* : **n'importe qui.**

II [adj., antéposé ou postposé] **1.** *Voici l'idée première de cette théorie* : **fondamental** ◆ ↓ **capital** (qui se dit de l'importance du fait considéré et non de sa valeur de principe). *Il faut d'abord satisfaire aux besoins premiers de l'individu* : **fondamental, primordial, essentiel, vital.** **2.** *Dans son sens premier, arène a signifié sable* : **primitif** ◆ [plus sout.] **originel.**

III [n.] **1.** *Son fils est le premier de la classe* : [plus génér.] **le meilleur.** **2.** *Vous marcherez le premier* : **ouvrir la marche.** *Nous attendons le premier de l'an* : **le nouvel an.** *Le rôle convenait à son physique de jeune premier* : **séducteur.**

IV *En premier* : **d'abord***.

première [n.] **1.** *Les critiques n'ont pas assisté à la première de cette pièce* : **première représentation.** **2.** *Il voyage toujours en première* : **première classe.**

premièrement V. d'abord II.

prémonition V. pressentiment (*in* pressentir).

prémonitoire V. annonciateur.

prémunir V. s'assurer, prévenir II.

prenant V. prendre I.

prendre

I [trans.] **1.** [avec un sujet n. de pers.] *Le boucher prend son couteau* : **saisir** ◆ ↑ **empoigner.** *Il m'a pris l'outil des mains* : **ôter, retirer, enlever*** ◆ ↑ **arracher***. *Un voleur lui a pris son portefeuille* : [fam.] **barboter** ; → VOLER. *Ce gourmand a pris la plus grosse part* [cour.] : [moins cour.] **s'attribuer*** ; → DISPOSER, TOUCHER. *Prendre ses sources* : V. PUISER. **2.** *L'armée ennemie prit la ville* : **s'emparer de.** *Prendre le pouvoir* : V. ACCAPARER. *Mon voleur s'est fait prendre* : **attraper, arrêter** ◆ [plus sout.] **appréhender, capturer, mettre la main au collet** ◆ [fam.] **épingler, coincer** ◆ [très fam.] **choper** ; → PINCER. *Je me suis laissé prendre* : **tromper*** ◆ [fam.] **avoir.** **3.** *Le garagiste me prend trente francs pour recharger ma bat-

terie : **demander.** **4.** *Il a pris son manteau* : [plus précis] **mettre** (qui implique l'utilisation du vêtement) ; → ENFILER. **5.** *Nous avons pris un verre au café d'en face* : [plus sout.] **consommer** ; → BOIRE. *Prendre un remède* : V. ABSORBER. **6.** *La ménagère prend toujours sa viande chez le même boucher* : **acheter** ; → SE SERVIR. **7.** *Le conducteur a pris un sens interdit* : [moins cour.] **s'engager dans** ; → ENTRER. *Prendre un chemin* : V. EMPRUNTER et SUIVRE. *Il a pris le bateau pour aller en Angleterre* : [plus sout.] **emprunter***. *Nous avons pris le virage trop vite* : **aborder***. **8.** *Le patron a pris un collaborateur* : **embaucher, engager** ◆ [plus sout.] **s'adjoindre** ; → ATTACHER. **9.** [qqn ~ qqn, qqch pour] *Je vous ai pris pour mon frère* : **confondre avec.** *Ce prétentieux prend les gens pour des imbéciles* : **considérer comme.** **10.** [avec un compl. d'objet] *Prendre le bateau* : **s'embarquer.** *Prendre la mouche* : **s'enflammer.** *Prendre des précautions* : V. S'ENTOURER. *Prendre une rue* : V. ENTRER. *Prendre un rhume* : **s'enrhumer** ; → CONTRACTER. *Prendre un bain* : **se baigner.** *Prendre le lit* : **s'aliter** ; → COUCHER. *Prendre l'engagement* : **s'engager.** *Prendre la mesure* : **mesurer.** *Prendre la clé des champs, ses jambes à son cou* : V. FUIR. *Prendre la fuite* : **s'enfuir.** *Prendre en photo, une photo* : **photographier.** *Prendre l'air* : V. S'AÉRER. [avec un compl. circonstanciel ou un adv.] *Prendre en compte* : **considérer.** *Prendre à charge* : **se charger de.** *Prendre d'assaut* : V. INONDER. *Prendre fin* : V. FINIR. *Prendre tournure* : V. SE DESSINER. *Prendre garde à* : V. ATTENTION. *Prendre conseil* : V. CONSULTER. *Prendre des coups* : V. RECEVOIR. **11.** *Où a-t-il été prendre cela ?* [fam.] : **pêcher*** ◆ [plus cour.] **trouver.** **12.** [avec un sujet n. de pers. ou n. de chose] *Cet enfant a dû prendre du poids* : [moins cour.] **gagner** ; → GROSSIR. *Cette vieille maison prendra de la valeur après sa restauration* : [plus sout.] **acquérir.** **13.** *Prendre de court* : **surprendre.** **14.** [sujet n. de chose] *La rage l'a pris devant mon ignorance* : **saisir, s'emparer de.** **15.** *L'averse nous a pris sur le chemin du retour* : [plus cour.] ↑ **surprendre.** **16.** *Son travail lui prend tout son temps* : ↑ **absorber, dévorer** ; → OCCUPER.

◇ **se prendre** **1.** *Le gamin s'était pris dans les ronces* : **s'accrocher.** **2.** *S'y prendre. Il s'y prend mal* : [moins cour.] **procéder** ; → OPÉRER. *Il vaut mieux s'y prendre à temps* : **commencer.** **3.** *S'en prendre à. Le chef de service s'en est pris à la dactylo* : [plus sout.] **incriminer** ; → ATTAQUER, PARTIE.

◇ **prenant** *C'est une mélodie prenante* : ↑ **envoûtant.**

◇ **preneur** *L'antiquaire n'a pas trouvé preneur pour ce fauteuil* : **amateur** ◆ [plus précis] **acheteur.**

II [intr., sujet n. de chose] **1.** *La mayonnaise commence à prendre* : **épaissir.** *Le ciment prend vite* : **durcir** ; → SE SOLIDIFIER. **2.** *On lui a raconté une blague ; ça a pris* : [fam.] **marcher.** **3.** *Le jeune arbre a fini par prendre* : **reprendre.**

prénom *Pourquoi m'appelle-t-il par mon prénom ?* : [plus fam.] **petit nom.**

prénommer V. appeler II, nommer I.

préoccupant V. inquiétant (*in* inquiéter).

préoccupation V. souci, pensée I.

préoccupé V. soucieux (*in* souci).

préoccuper V. agiter, ennuyer, tourmenter (*in* tourment).

◇ **se préoccuper** V. s'occuper (*in* occuper II), songer, se soucier (*in* souci), travailler I.

préparé V. prémédité (*in* préméditer).

préparer **1.** [qqn ~ qqch] *La servante avait préparé la chambre* : **faire, arranger*** ◆ [plus sout.] **apprêter.** *Les enfants peuvent préparer la table* : [plus cour.] **mettre** ◆ [plus sout.] **dresser, disposer***. *Nous avons préparé un bon repas* : **faire** ◆ [plus précis] **mijoter** ; → ACCOMMODER, COMPOSER. *Il nous a préparé la route* : [plus sout.] **frayer.** **2.** [qqn ~ qqch] *Le professeur prépare son cours* : **travailler à.** *Préparer le travail* : V. MÂCHER. *Le prisonnier a préparé un plan d'évasion* : [plus précis.] **combiner, échafauder** (qui soulignent la difficulté du projet) ◆ **étudier,** [plus sout.] **élaborer** (qui se disent d'une préparation rationnelle) ◆ **mûrir** (qui insiste sur la durée de l'élaboration du plan) ◆ **organiser** (qui se dit de la préparation concrète du projet) ; → PRÉMÉDITER. *Les terroristes avaient préparé leur action* : [péj.]

machiner ◆ [plus sout.] **concerter.** *Ils avaient préparé un complot* : [rare] **ourdir.** *Ses collègues lui avaient préparé une surprise* : **réserver.** *On lui avait préparé un piège* : **tendre, dresser***. **3.** [qqn ~ qqch] *Le boucher préparait rapidement le rôti* : [plus précis] **apprêter, parer***. **4.** [qqch ~ qqch] *Ce grand vent prépare la tempête* : **annoncer** ◆ [plus sout.] **présager.** *Son erreur a préparé sa chute* : **provoquer** (qui implique l'idée de soudaineté). *Ses erreurs ont préparé la venue de l'opposition* : **faire le lit de** (*ses erreurs ont fait le lit de l'opposition*). **5.** [~ qqn] *L'école prépare ses élèves aux carrières commerciales* : **former.**

◇ **se préparer** **1.** [qqn ~] *Prépare-toi pour le départ* : **s'apprêter** ◆ [plus partic.] **s'habiller** ; → VÊTIR. *Je me préparais à vous répondre* : [plus sout.] **se disposer.** **2.** [qqch ~] *Un orage se prépare* : ↑ **être imminent** ◆ [plus partic.] **menacer** (qui se dit de l'approche d'un danger).

◇ **préparatifs** *Nous avons fait nos préparatifs pour le voyage* : [sout. et vieilli] **apprêts.**

prépondérant V. dominant (*in* dominer).

préposé V. employé (*in* employer).

préposer *Le nouvel employé fut préposé à la tenue des livres de comptes* : **charger* de** ◆ [plus sout.] **affecter, commettre.**

prérogative V. apanage, droit III, privilège.

près

I [adv.] **1.** *Venez donc nous voir ; nous habitons tout près* : **à deux pas** ◆ [plus fam.] **à côté.** **2.** *Il est à peu près certain qu'il viendra* : **presque.** *Il y a à peu près une heure que je l'attends* : **environ** ; → PRATIQUEMENT, SENSIBLEMENT. *Il me doit à peu près cent francs* : **dans* les, autour* de.** *Elle ne paraît pas son âge, à beaucoup près* : [plus cour.] **loin de là.** *La police surveille de près ses activités* : **étroitement***.

II [prép.] **Près de.** **1.** *Elle s'est assise près de son mari* : **à côté de** ◆ ↑ **contre*** ◆ [plus sout.] **auprès de** ; → DISTANCE. *La forêt était près de la ville* : **proche de** ◆ [sout., vieilli] **avoisiner** (*la forêt avoisinait...*) ; → PROXIMITÉ. *La balle est passée très près du but* : **à deux doigts de.** *Il est près de la solution* : **toucher du doigt.** *On est près des vacances* : ↑ **à la veille de.** *Avoir près de soi* : **sous le nez***. **2.** *Il est près de 1 heure* : **presque, bientôt.** *Il y avait près de dix mille manifestants* : **presque, environ.** **3.** [~ + inf.] *Les négociations sont près d'aboutir* : **sur le point de.**

III [n.] *Un à-peu-près* : **approximation***.

présage *Voilà un signe de mauvais présage* : **augure.** *Les présages d'une crise* : V. SIGNE et SYMPTÔME.

présager **1.** V. annoncer, augurer, préparer. **2.** *Laisser présager* : promettre.

prescience V. pressentiment (*in* pressentir).

prescription **1.** V. commandement (*in* commander II). **2.** V. indication (*in* indiquer).

prescrire V. commander II, imposer, ordonner II, vouloir.

présent

I [adj., postposé] *Être présent. Nous étions présents à l'inauguration* : **assister à** ◆ [plus partic.] **être témoin de, spectateur de** (qui excluent toute intervention active dans l'action).

◇ **présence** **1.** *Les physiciens ont constaté la présence d'une nouvelle particule dans le noyau* : [plus génér.] **existence** (qui n'implique que le fait d'exister sans préciser le lieu). **2.** *Apprécier la présence de qqn* : V. COMPAGNIE. **3.** *Les deux adversaires se sont retrouvés en présence* : **face à face.** *Il ne manque pas de présence d'esprit* : [plus génér.] **vivacité.**

II [adj.] **1.** [postposé] *C'est un souvenir encore présent dans toutes les mémoires* : V. FRAIS. **2.** [postposé] *Les temps présents ne favorisent pas l'optimisme* : **moderne.** **3.** [antéposé ou postposé] *Les difficultés présentes de notre économie étaient prévisibles* : **actuel***. *Le présent règlement ne remet pas en cause les dispositions antérieures* : [postposé] ↑ **en vigueur** (qui se dit d'une loi ou d'un règlement actuellement en application).

◇ **présentement** *Présentement, le ma-*

lade n'est pas en état de recevoir des visites [vieilli] : [plus cour.] **actuellement, pour l'instant.**

III [n.] *À présent. À présent, il sait tenir sa langue* : **maintenant*** ; → ACTUELLEMENT. *Il ne nous a rien dit jusqu'à présent* : **jusqu'ici.**

IV [n.] *Les présents qu'il a reçus pour son anniversaire l'ont comblé* : [plus cour.] **cadeau** ; → DON.

présentateur V. animateur (*in* animer), speaker.

présentation V. présenter.

présentement V. présent II.

présenter 1. [qqn ~ qqch] *Le bijoutier présente sa collection de pierres à une cliente* : [plus cour.] **montrer*** ◆ **proposer** (= faire connaître en vue d'un choix) ; → SOUMETTRE. *Il a fallu présenter ses papiers à la frontière* : [didact.] **exhiber** ; → PRODUIRE III. *La galerie présente de nouvelles toiles, un jeune peintre* : **exposer.** *Un comique présentait l'émission de jeux* : **animer***. 2. [qqn ~ qqn à qqn] V. INTRODUIRE. 3. [qqch ~ qqch] *Votre suggestion présente des inconvénients* : **offrir** ◆ [très génér.] **avoir.**

◇ **se présenter** 1. [qqn ~] *Le témoin devait se présenter devant le tribunal* : **comparaître** ; → VENIR. *Se présenter aux élections* : **se porter* candidat.** *Il se présentait comme un juge suprême* : **s'ériger* en.** 2. [qqch ~] *Une autre occasion se présentera bien* : **s'offrir*** ◆ [plus sout.] **survenir.** *Cela ne se présente pas tous les jours* : [plus cour.] **se produire, se voir.** *La première idée qui se présente* : **traverser*** (... *qui traverse l'esprit*).

◇ **présentation** 1. *La présentation des grands fauves a réjoui les spectateurs* : **exhibition.** *La présentation des nouveaux modèles de voitures* : **exposition.** 2. *La présentation d'un produit contribue à son succès* : **habillage** ◆ [plus génér.] **conditionnement.**

préservatif *Le ministère de la Santé encourage l'usage des préservatifs pour éviter les maladies vénériennes* : [didact.] **condom** ◆ [fam.] **capote (anglaise)** ◆ [génér.] **contraceptif*** ◆ [partic.] **diaphragme, pessaire, stérilet** (= contraceptifs féminins) ; → PILULE.

préservation V. garde (*in* garder I).

préserver 1. V. assurer, protéger, sauver. 2. V. conserver, sauvegarder.

présider

I [trans., qqn ~] *Le maire a présidé la réunion* : [plus génér.] **diriger*** (*diriger les débats de*) ; → ANIMER.

◇ **président** 1. *Le président du Conseil* [anc.] : **Premier ministre, chef du gouvernement.** *Le président de la République* : [génér.] **chef de l'État** (qui s'applique quel que soit le régime du pays considéré). 2. *Président-directeur général* : **P.-D.G.**

II [trans. indir., qqch ~] *Un esprit de franche cordialité a présidé à la rencontre* : **régner sur.**

présomption

I *La police a quelques présomptions contre cet individu* [sout.] : [plus cour.] **soupçon*** ◆ **indice** (qui se dit de signes concrets) ◆ ↑ **charge** (qui se dit d'un fait certain).

II *Agir par présomption* : V. ORGUEIL.

présomptueux V. ambitieux (*in* ambition), orgueilleux (*in* orgueil), prétentieux.

presque 1. *Le pilote était presque sorti d'affaire, quand la voiture a pris feu* : [moins cour.] **quasi** ◆ [fam., vieilli] **quasiment** ; → PRÈS, PAS LOIN* DE. 2. *La presque totalité des fonds a été fournie par sa famille* : [plus sout.] **quasi-totalité.** *Ce livre ancien n'est presque pas abîmé* : **très peu, à peine** (... *est à peine abîmé*). *Il a presque réussi* : **il a failli réussir** ◆ [fam.] **à un poil près** (*à un poil près, il réussissait*) ◆ **il s'en est fallu d'un rien** (*il s'en est fallu d'un rien pour qu'il réussisse*).

presse V. journal.

pressentir 1. [~ qqch] *Nous avions pressenti les difficultés de l'entreprise* : **entrevoir** ◆ [plus précis] **prévoir** (qui se dit d'une connaissance plus rationnelle) ◆ [plus génér.] **deviner** ◆ [fam.] **flairer, se douter* de** (qui se disent aussi bien d'une prévision – pour le futur – que de la connaissance d'un événement présent) ; → SENTIR I. 2. [~ qqn] V. SONDER.

◇ **pressentiment** *Il avait eu le pressentiment d'une catastrophe* : [moins cour.] **prémonition, prescience** ◆ [plus génér.]

intuition (qui se dit aussi bien du sentiment que l'on a de ce qui existe, mais n'est pas vérifiable, que de la prévision du futur) ◆ [partic.] **avoir des antennes** (= avoir de l'intuition : *il a tout compris, il a des antennes*) ; → CONVICTION.

presser

I *Le liftier a pressé sur le bouton du troisième étage* : **appuyer***. *Il faut presser l'artère pour arrêter l'hémorragie* : **comprimer.** *La ménagère pressait son linge à la main avant de l'étendre* : **tordre** ◆ [plus partic.] **essorer** (qui indique que la pression est exercée pour exprimer le liquide du tissu). *La mère pressa son enfant contre elle* : **serrer** ◆ [plus sout.] **étreindre** ; → EMBRASSER.

◇ **se presser** 1. *Les voyageurs se pressent dans le couloir du wagon* : ↑ **se tasser,** ↑ **s'entasser*** ◆ **se bousculer** (qui implique de plus un mouvement de la foule) ; → ASSIÉGER. 2. *Les oisillons se pressent contre la mère* : **se blottir.**

II [trans. et intr.] 1. [qqn ~ qqn] *Son père le pressait de poursuivre ses études* : **pousser à, encourager à** ◆ [plus sout.] **exhorter à,** ↓ **inciter à.** *Il était pressé par ses débiteurs* : ↑ **harceler,** ↑ **persécuter** ; → POURSUIVRE I. 2. [qqn ~ qqch] *Le marcheur pressa la cadence, le pas* : **accélérer*** ◆ ↑ **précipiter, activer** ; → ALLONGER. 3. [qqch ~] *Ça presse* : **être urgent** ◆ [très fam.] **urger.**

◇ **se presser** 1. *Il se pressait pour attraper son train* : **se dépêcher** ◆ [plus sout.] **se hâter, allonger le pas*** ◆ [très fam.] **se grouiller, se manier*** (*se manier, se manier le train, le popotin, le cul*) ; → ACCÉLÉRER, VITE. *Ne pas se presser* : **prendre son temps*.** 2. V. BOUILLONNER et S'EMPRESSER.

◇ **pressant** *Il avait un besoin pressant de sortir* : **urgent** ◆ [plus sout.] **impérieux*.** *Ses démarches pressantes ont abouti* : [rare] **instant** (*ses démarches instantes...*).

◇ **pressé** 1. [qqch est ~] *Dépêchez-vous, c'est pressé* : **urgent** ; → PRESSANT. 2. [qqn est ~] *Il n'a fait que passer ; il était pressé* : [fam.] **avoir le feu au derrière** ◆ [très fam.] **avoir le feu au cul.**

◇ **pression** 1. *Il n'aurait pas dû céder à la pression de son entourage* : ↑ **chantage** ◆ ↓ **influence*** (qui n'implique pas le dessein déterminé de l'agent). *La pression sociale s'est exercée sur lui* : **contrainte.** *Des groupes de pression ont obtenu des mesures en leur faveur* : [anglic.] **lobby.** 2. V. POUSSÉE. 3. *Pression artérielle* : **tension*.**

pressurer *Les collecteurs d'impôts pressuraient le tiers état sous l'Ancien Régime* : **saigner (à blanc).**

◇ **se pressurer** *J'ai beau me pressurer la cervelle, je ne trouve pas d'idée* [fam.] : **se torturer les méninges** ◆ [cour.] ↓ **réfléchir.**

prestance V. allure.

preste V. agile.

prestement V. vivement (*in* vif).

prestidigitateur *Le prestidigitateur a fait son tour au music-hall* : **illusionniste** ◆ [rare] **escamoteur.**

prestidigitation V. magie.

prestige 1. *Ce professeur a un certain prestige auprès de ses élèves* : ↑ **autorité*,** ↓ **influence** (qui évoquent moins l'idée d'admiration, et davantage celle de respect pour une position sociale). *Le prestige des vins français* : **renommée** ◆ [plus génér.] **réputation.** 2. *Les prestiges de l'Orient ne se sont pas évanouis, bien au contraire* : **attrait.**

◇ **prestigieux** *Le public attendait dans le silence l'entrée de ce prestigieux pianiste* : [plus cour.] **extraordinaire.**

présumer *Je présume que vous êtes de mon avis* : [plus cour.] **supposer** ◆ [plus génér.] **penser** ; → CROIRE, COMPTER, CONCLURE. *Cela ne présume rien de bon* : **augurer*.**

prêt

I [adj.] *Il était prêt à vous aider* : [moins cour.] **disposé** ◆ **décidé** (qui insiste sur la résolution plus que sur la disposition) ; → RÉSOLU. *Êtes-vous prêt pour le départ ?* : [moins cour.] **paré** (= qui est prêt à faire face à une difficulté : *le bois est rentré ; nous voilà parés pour l'hiver*).

II 1. [n.] V. EMPRUNT. 2. V. SOLDE.

prêt-à-porter V. fait I.

prétendre

I [trans.] 1. V. AFFIRMER, INSINUER et SOUTENIR. *Il prétend tout savoir* : V. SE VANTER. *On prétend que* : V. PARAÎTRE II. **2.** *Prétendre plaire à tous* : V. VOULOIR.

◇ **prétendu** *La prétendue crise économique est une crise financière* : **faux** ◆ **supposé** (qui n'implique pas l'inexactitude du fait comme les précédents) ◆ [inv.] **soi-disant** (qui ne s'applique qu'aux personnes) ; → APPARENT.

II [trans. indir.] *Il prétend à la députation* [sout.] : [plus cour.] **aspirer à** ; → AMBITIONNER.

◇ **prétention** **1.** [le plus souvent au pl.] *De nombreux États ont des prétentions sur ce territoire* : **visée.** *Ce garçon a des prétentions* : [fam.] **avoir les dents longues** ; → AMBITION. *Donner ses prétentions* : V. CONDITION. **2.** [sing.] *La prétention de ce personnage est exaspérante* : [plus sout.] **fatuité, présomption** ◆ [plus partic.] **pédantisme** (= prétention d'ordre intellectuel) ; → ORGUEIL, VANITÉ.

prête-nom V. intermédiaire.

prétentieux **1.** [qqn est ~] *Pourquoi est-il si prétentieux ?* : **vaniteux, poseur** ◆ [fam.] **bêcheur, crâneur, m'as-tu-vu** ◆ [plus sout.] **présomptueux** (qui se dit d'un personnage qui surestime ses possibilités) ; → ORGUEILLEUX, AMBITIEUX. *Pour avoir de telles exigences, il est bien prétentieux* : [sout.] **présomptueux** ◆ [fam.] **ne pas se moucher du coude ; avoir la grosse tête*.** **2.** [qqch est ~] *Ce conférencier parle d'un ton prétentieux* : **maniéré, affecté*** ; → DOCTORAL. **3.** *Cette jeune prétentieuse ne me dit plus bonjour* : [fam.] **bêcheuse** ◆ [vieilli] **pimbêche, mijaurée.**

prêter

I *Prêter qqch* : V. AVANCER II, DISPOSITION et PASSER II.

II **1.** [avec des n. sans art.] *Prêter asile, assistance, main-forte, secours* : **donner.** *Prêter serment* : **jurer.** *Prêter attention* : **faire attention.** **2.** [avec des n. déterminés] *Prêter la main* : V. SOUTENIR. *Prêter l'oreille* : **tendre, dresser l'oreille.** *Prêter le flanc à la critique* : **s'exposer.**

◇ **se prêter** **1.** *Son mari se prête à tous ses caprices* : **consentir.** **2.** *Se prêter assistance* : V. SE SOUTENIR.

III *Ses ennemis lui prêtent des intentions qu'il n'a jamais eues* : **attribuer, supposer** ; → IMPUTER.

prétexte **1.** *Vous n'avez pas besoin de prétextes pour vous absenter* : [rare] **échappatoire** ◆ [plus génér.] **excuse** (= justification qui peut être vraie ou non). *Sa migraine n'est qu'un mauvais prétexte* : **alibi** ; → RAISON II. **2.** *Ce fait divers a servi de prétexte au romancier* : **point de départ.** **3.** *Sous prétexte de* : [sout.] **sous couleur de.** *Sous (le) prétexte que* : [plus génér.] **parce que** (qui s'emploie pour introduire une cause effective). *Sous aucun prétexte* : **en aucun cas.**

◇ **prétexter** *Elle prétexta une migraine pour justifier son absence* : [plus sout.] **alléguer** ; → OBJECTER. *Prétexter de* : **arguer*.**

prêtre Ministre d'une religion. *Le prêtre a célébré le culte* [génér.] : [plus partic.] **ecclésiastique** (qui ne se dit que dans le cadre de la religion chrétienne) ◆ **aumônier** (= ecclésiastique chargé de l'instruction religieuse ou de la direction spirituelle d'une communauté ou d'un établissement : *aumônier militaire*) ◆ **curé, abbé, vicaire** (qui se disent de fonctions particulières dans la religion catholique romaine) ◆ **pasteur** (qui est soit un terme génér. pour désigner la fonction du prêtre auprès de ses ouailles dans un langage religieux ou sout., soit communément le terme désignant les ministres des religions réformées) ◆ [vx] **prédicant** (= prédicateur protestant) ◆ **pope** (= ministre de la religion orthodoxe) ◆ [fam., péj.] **corbeau, ratichon, cureton** ; → OFFICIANT. Ministre et célébrant de cultes particuliers, modernes ou antiques : **augure, mage, rabbin, bonze, lama** ; → CLERGÉ.

prêtrise V. sacerdoce.

preuve V. prouver.

preux V. vaillant.

prévaloir V. dominer.

prévaloir (se) V. arguer, citer.

prévarication V. concussion.

prévenance V. prévenir III.

prévenant V. aimable, complaisant, dévoué (*in* se dévouer).

prévenir
I [qqn ~ qqn] **1.** *La banque a prévenu ses clients des jours de fermeture* : **avertir** ◆ [plus sout.] **aviser** ; → SIGNALER. *Si vous ne pouvez pas venir, prévenez le secrétariat* : **informer, faire savoir** (*faites-le savoir au...*). **2.** *Le président du tribunal a prévenu l'assistance trop bruyante* : **mettre en garde***.
II [qqch ~ qqch] *De nouveaux vaccins doivent prévenir la grippe* : **prémunir contre** ; → ÉVITER.
III *Il m'est agréable de prévenir tous ses désirs* : **aller au-devant de** ; → DEVANCER.
◇ **prévenance** [souvent pl.] *Il avait pour son amie toutes les prévenances* : **attention(s)** ; → DÉLICATESSE, COMPLAISANCE, SOIN.

prévention
I *Le ministre a réfléchi sur la prévention des accidents de la route* : **mesure préventive** (*les mesures préventives contre...*).
II *Voyez d'abord les faits et jugez sans prévention* : [plus courant] **parti pris, préjugé.**

préventorium V. sanatorium.

prévenu V. inculpé.

prévisible (être) V. se sentir (*in* sentir I).

prévision V. calcul, estimation (*in* estimer II), pronostic.

prévoir **1.** *Nous n'avions pas prévu la catastrophe* : **pressentir*** (= prévoir vaguement) ◆ [sout.] **prophétiser.** *On pouvait prévoir l'augmentation des prix* : **pronostiquer*** (qui implique l'annonce de la prévision) ◆ ↑ **calculer** (qui suppose une évaluation du phénomène) ◆ ↓ **envisager** (= faire une hypothèse) ; → VOIR, LOIN. **2.** *L'État n'a pas prévu le financement de la réforme* : **préparer** ◆ [plus génér.] **organiser** (qui ne s'applique pas seulement à l'avenir). **3.** *Laisser prévoir* : V. PROMETTRE.

prévoyance V. prudence (*in* prudent).

prévoyant V. prudent.

prier
I **1.** [trans.] *Il prie Dieu en toute occasion* : [plus partic.] **invoquer** (= appeler à l'aide par des prières). **2.** [intr.] *Il priait avec ferveur* : [plus génér.] **se recueillir** (= se concentrer sur la vie intérieure en s'isolant du monde extérieur, dans une attitude de prière ou non).
II [trans.] **1.** [~ qqn de faire qqch] *Je vous prie de répondre favorablement à mon appel* : ↓ **demander*** ◆ ↑ **supplier** ◆ [plus sout.] **conjurer,** ↑ **implorer** ◆ ↑ **adjurer** (qui renchérit encore sur les précédents). **2.** [~ qqn à, de] *Vous êtes priés de vous faire connaître* : **inviter* à.** **3.** *Je vous prie, je vous en prie* (= formules de politesse ou injonctions d'autorité) : **s'il vous plaît** ◆ [plus sout.] **pour l'amour de Dieu** ; → GRÂCE. **4.** *Se faire prier. Le voleur ne s'est pas fait prier pour déguerpir* : [fam.] **tirer l'oreille, ne pas attendre son reste.**

prière
I [de prier I] *Elle allait suivre les prières aux vêpres du dimanche* : [plus partic.] **oraison** (= terme de liturgie) ◆ [vieilli] **litanies** (= courtes invocations) ◆ [sout.] **patenôtre** (= prière) ◆ [plus partic.] **invocation** (qui implique une demande) ; → PRIER.
II [de prier II] **1.** *Il céda aux prières de ses amis* : **sollicitation** ◆ ↓ **demande** ◆ ↑ **adjuration, supplication** ◆ **requête, supplique** (qui s'adressent plutôt à des autorités ou personnages officiels). **2.** *À la prière de ses parents, il renonça à interrompre ses études* : V. INVITATION et VŒU. *Prière de faire silence* : **vous êtes prié de, on vous demande de.**

prieur V. supérieur II.

prieuré V. église.

primaire V. simpliste (*in* simple).

primauté *La primauté de l'esprit sur la matière n'est pas une idée nouvelle* [didact.] : **primat, prééminence** ; → SUPRÉMATIE.

prime **1.** V. gratification, salaire. **2.** V. premier I. **3.** *De prime abord* : V. d'abord II.

primer
I *La force prime toujours le droit* : [plus cour.] **l'emporter sur.**
II *Primer un animal* : **récompenser***.

primesautier V. spontané.

primeur V. prémices.

primitif **1.** V. sauvage I. **2.** V. originel (*in* origine), premier II. **3.** V. grossier.

primitivement V. originellement (*in* origine).

primo V. d'abord II.

primordial **1.** *Le rôle de l'armée a été primordial dans la préparation du coup d'État* : **capital*, essentiel, fondamental*.** *Il est primordial que vous veniez à la réunion* : **indispensable*.** **2.** *Supprimer les inégalités sociales est la tâche primordiale du gouvernement* : **incontournable, principal** ; → PREMIER.

prince V. seigneur.

princeps V. premier I.

princier V. seigneurial (*in* seigneur).

principal

I [adj., antéposé ou postposé] *Il détient le poste principal dans son administration* : **essentiel** ◆ ↑ **clef.** *Le thème principal de son discours ne vous a pas échappé* : **dominant, fondamental** ◆ ↑ **capital** ◆ [très sout.] **cardinal** (*les quatre vertus cardinales*) ; → PRIMORDIAL, ÉLÉMENTAIRE. *Le principal facteur de sa réussite est connu* : [postposé] **déterminant, décisif.**

II [n.] **1.** *Le principal est que vous ayiez compris le problème* : **essentiel** ◆ [sout.] **il importe au premier chef.** **2.** *Vous avez fait le principal du travail* : **le plus gros*.**

principalement V. singulièrement (*in* singulier), surtout.

principe **1.** *Toute sa théorie repose sur un principe inacceptable* : **postulat** ◆ **hypothèse** (qui peut n'être que secondaire) ; → BASE. **2.** [pl.] *Cet individu ne respecte pas les principes élémentaires de la politesse* : **règle.** *Il refuse de manquer à ses principes* : [sing.] **morale** ◆ [moins cour.] **norme.** **3.** *En principe. En principe, il sait conduire, mais pratiquement il ne prend jamais le volant* : **théoriquement** ; → RÉGULIÈREMENT.

◇ **principes** [pl.] *Il faut commencer par bien connaître les principes de la physique* : [plus cour.] **éléments, rudiment.**

printemps **1.** V. an. **2.** renouveau.

priorité (en) V. abord II.

prise

I **1.** *Le judoka place une prise à son adversaire* : [plus partic.] **clé.** **2.** *Donner prise à* : **s'exposer** ◆ **prêter le flanc* à.** *Être aux prises avec qqn, qqch* : **être en lutte contre.** *Être aux prises avec des difficultés* : **être en butte.**

II **1.** *La prise de la ville s'opéra dans la violence* : V. CONQUÊTE et ENLÈVEMENT. *Les prises des pirates* : **butin*.** **2.** *Une belle prise, ce poisson !* : V. CAPTURE.

III *Une prise de bec* : **dispute*.** *Une prise de sang* : **prélèvement.** *Une prise de son* : **enregistrement.** *Une prise de vues* : **tournage.**

priser V. estimer I.

prison *Son mari est en prison depuis six mois* : [très fam.], **cabane*, taule** ◆ [plus partic.] **pénitencier** (= prison où se purgent les peines de réclusion, autrefois de travaux forcés) ◆ [anc.] **bagne** ◆ [sout.] **bastille** (= lieu où l'on est enfermé pour ses opinions) ; → CELLULE. *Être en prison* : [très fam.] **bloc, trou*** (*être au bloc, trou*). *Il a été mis en prison pour une peccadille* : **emprisonner, incarcérer** ; → DEDANS, EMPRISONNEMENT.

◇ **prisonnier** **1.** [n.] *Les prisonniers ont droit à la promenade* : [moins cour.] **détenu** (qui se dit uniquement des personnes en prison) ◆ **captif** (qui se dit aussi des prisonniers de guerre) ◆ [très fam.] **taulard** ◆ **bagnard** (qui se disait de qqn qui purgeait une peine de bagne). **2.** [adj.] *Il est prisonnier de ses principes* : ↓ **soumis à,** ↑ **esclave* de** ; → EMPRISONNER.

privation V. priver.

privauté V. familiarité (*in* familier), liberté II.

privé 1. V. individuel (*in* individu), intime, particulier I, personnel (*in* personne I). 2. *Privé de* : V. sans. 3. V. enseignement.

priver *Pourquoi priver cet enfant de son plaisir ?* : [plus sout.] **frustrer.** *Priver d'alcool, de drogue* : **sevrer.** *La crainte de ne pas réussir le prive de tous ses moyens* : **enlever** (... *lui enlève*) ; → DÉPOSSÉDER.

◇ **se priver** *On ne peut pas se priver de tous ses plaisirs* : **se refuser** ; → RENONCER. *Se priver de qqch* : **se serrer* la ceinture** ; → SE GÊNER. *Je ne peux me priver de ses services* : **se passer.** *Il pourrait se priver de faire des réflexions désagréables* : **s'empêcher de** ◆ ↓ **se retenir de** ; → S'ABSTENIR.

◇ **privation** 1. *Il supporte mal la privation de la vue* : **perte.** *On ne peut résister longtemps à la privation d'air* : **manque***. 2. [pl.] *Il s'est imposé de sévères privations* : [sing.] **abstinence** ; → SACRIFICE. *Vivre dans les privations* : V. DÉPOUILLEMENT et GÊNE.

privilège 1. *Nul ne doit avoir de privilège devant la loi* : **passe-droit, faveur, prérogative** ; → DROIT III. 2. *J'ai le privilège de vous voir souvent* : **avantage** ; → APANAGE, BÉNÉFICE. *Je n'ai pas eu le privilège de lui être présenté* : **honneur***.

◇ **privilégié** [adj. et n.] *Les privilégiés de la société* : **favorisé.**

privilégier V. avantager (*in* avantage).

prix

I 1. *Quel est le prix du mètre de tissu ?* : [plus sout.] **coût** (qui se dit du point de vue de l'acheteur) ◆ [plus génér.] **valeur** (qui dépend à la fois de l'utilité de la marchandise, du travail qu'elle nécessite et du rapport entre l'offre et la demande). *Le prix des céréales a encore monté* : **cours, cote** (qui se disent aussi bien des marchandises négociées que des titres cotés en Bourse ou des monnaies). *À quel prix avez-vous obtenu ce meuble ?* : **condition***. 2. *Pourquoi attachez-vous tant de prix à la toilette ?* : **importance.** 3. *C'est un cadeau de prix* : [plus partic.] **coûteux*** (qui se dit de la dépense engagée et non de la valeur de l'objet). *Il me faut cette place à tout prix* : **coûte que coûte, absolument** (*il me faut absolument...*) ; → FORCE. *Je ne ferai cela à aucun prix* : **en aucun cas** ◆ **pour tout l'or* du monde.** *À bas prix* : **bon marché*, pour une bouchée de pain***. *De grand prix* : **précieux***. *Pour prix de* : **en échange***. *Mettre à prix* : **aux enchères.** *Hors de prix* : **coûteux*, inabordable***. *Casser les prix* : **brader.** *Cela n'a pas de prix, c'est sans prix* : **inappréciable***.

II V. RÉCOMPENSE.

probable 1. [adj.] *Il est probable que l'on parvienne maintenant à un accord* : **vraisemblable** ◆ ↓ **possible** ◆ [plus sout.] **plausible** ; → CHANCE. *Cela est peu probable* : V. DOUTEUX. *Le caractère probable d'un événement* : V. VIRTUEL. 2. [adv.] *Tu iras à cette réunion ? – Probable* [fam.] : **possible** ◆ [cour.] **probablement, sans doute, vraisemblablement.**

◇ **probabilité** 1. *La probabilité de cette hypothèse est discutée* : **vraisemblance.** 2. [pl.] *Vous raisonnez à partir de probabilités* : **conjecture** (= supposition fondée sur des probabilités).

◇ **probablement** V. PEUT-ÊTRE et PROBABLE.

probant *Les raisons qu'il a données n'ont pas paru très probantes* : **concluant*, convaincant.** *Les chiffres sont probants* : **éloquent***.

probité *Il est d'une probité exemplaire dans son travail* : **intégrité** ; → HONNÊTETÉ.

◇ **probe** *Un homme probe* [très sout.] : [plus cour.] **intègre** ; → HONNÊTE.

problématique *L'existence de la ville de Troie a longtemps été problématique* : **douteux*, incertain***.

problème 1. *Vous aurez quelques problèmes avant d'obtenir un résultat* : **difficulté.** 2. *Vous pourrez vraiment le décider ? – Il n'y a pas de problème* [fam.] : [cour.] **certainement.** 3. *Exposer son problème* : V. CAS. 4. *Cerner le problème* : V. QUESTION et SUJET. 5. *Cette affaire est un problème* : **casse-tête** ; → ÉNIGME.

procédé V. formule, moyen II, secret III, truc.

procéder

I [intr.] *Les thèmes de la littérature classique procèdent de l'Antiquité* : [plus cour.] **provenir, venir.**

II [intr.] *Procéder méthodiquement* : V. OPÉRER.

III [~ à] *L'entreprise procéda à de longs travaux préparatoires* : **effectuer, exécuter** ; → SE LIVRER.

procédure V. formalité.

procès **1.** *L'avocat suivait le procès* : [plus génér.] **affaire** ◆ **litige** (qui n'implique pas qu'une juridiction intervienne). **2.** *Les journaux firent le procès du maire* : **attaquer, mettre en cause.** *Il fut licencié sans autre forme de procès* : **sans formalité*.**

procession V. défilé I, file, succession (*in* succéder).

processus *Le processus économique n'est pas toujours bien analysé* [didact.] : [plus cour.] **dynamique** (qui insiste sur l'orientation des phénomènes) ◆ [plus génér.] **évolution** ; → MÉCANISME.

procès-verbal **1.** V. contravention **2.** V. rapport I.

prochain

I [adj.] **1.** *Vous trouverez un garage au prochain bourg* [vieilli] : [plus cour., postposé] **voisin.** **2.** *À la prochaine occasion* : V. PREMIER. **3.** *Les jours prochains* : **à venir*.**

II [n.] *Médire de son prochain* : V. AUTRUI, SEMBLABLE et VOISIN.

prochainement V. bientôt, temps I.

proche **1.** [proximité dans le temps] *L'arrivée du navigateur était maintenant proche* : **imminent.** **2.** [proximité dans l'espace] *Il avait acheté une maison proche de celle de ses parents* : **voisin de** ◆ [plus sout.] **avoisinant** ◆ **adjacent à, attenant à, contigu à** (qui impliquent que les deux objets se touchent) ; → LIMITROPHE, PRÈS, PROXIMITÉ. *Le paysan ramassait des champignons dans les prairies proches de sa ferme* : **environnant** (*... dans les prairies environnantes*). **3.** *Ce que vous racontez est proche de ce que j'ai appris hier* : **approchant, voisin.** **4.** [n., pl.] *Il a perdu tous ses proches dans la catastrophe* : **parent, parenté, les siens** ; → FAMILIER, VOISINAGE.

proclamer *Sachez que la vérité sur cette affaire sera proclamée* : **divulguer** ; → ANNONCER, DÉCLARER. *Proclamer son innocence* : **crier*.** *Proclamer ses opinions* : V. MANIFESTER et RÉVÉLER. *Nous ne cesserons pas de proclamer que la paix est possible* : [sout.] **professer** ; → DIRE.

◇ **proclamation** *La proclamation des militaires visait à renverser la monarchie* : [plus génér.] **déclaration** ◆ **appel** (qui implique que l'on exhorte le public concerné à faire qqch).

procréation V. conception (*in* concevoir).

procréer V. concevoir, engendrer.

procuration *La procuration donnée à un délégué* : **mandat** ; → DÉLÉGATION, POUVOIR.

procurer **1.** *Les pays occidentaux procuraient des armes aux belligérants* : **fournir, approvisionner** (*... approvisionnaient les belligérants en armes*). *Il lui a procuré un emploi* : **trouver.** **2.** *Ce spectacle nous a procuré beaucoup de plaisir* : [plus génér.] **donner** ; → VALOIR, ASSURER.

◇ **se procurer** **1.** *Il a réussi à se procurer un carton d'invitation* : [plus génér.] **trouver.** **2.** *Je me suis procuré un buffet ancien chez un brocanteur* : **acquérir, acheter** (*j'ai acquis..., j'ai acheté...* ; qui n'impliquent pas la même idée d'effort pour obtenir qqch).

prodige **1.** *Autrefois, beaucoup de faits inexplicables étaient considérés comme des prodiges* [sout.] : [cour.] **miracle.** **2.** V. MERVEILLE.

◇ **prodigieux** **1.** *Ce livre atteint des chiffres de vente prodigieux* : **inouï, incroyable** ; → ÉTONNANT. *Un succès prodigieux* : **inouï*, monstre*.** **2.** *Un courage prodigieux* : V. ADMIRABLE. *Il est d'une sottise prodigieuse* : **monumental** ◆ [fam.] **faramineux.**

prodigieusement V. admirablement (*in* admirer).

prodigue **1.** *Il a toujours été prodigue avec ses amis* : ↓**généreux,** ↓**large** (qui n'impliquent pas que les dépenses soient injustifiées) ◆ [vieilli] **libéral** ◆ [litt.] **munificent** ; → DÉPENSIER. **2.** *Être prodigue de* : V. ABONDER III.

◇ **prodigalité** **1.** *Sa prodigalité a fini par le ruiner* : [plus cour.] **goût des dépenses** ◆ [litt.] **munificence** ; → LIBÉRALITÉ. **2.** *Quelle prodigalité de couleurs chez ce peintre !* [très sout.] : [cour.] **profusion, surabondance.**

◇ **prodiguer** **1.** *Il a prodigué bien vite la fortune de son grand-père* [sout.] : [cour.] **dilapider, dissiper** ; → DÉPENSER. **2.** *Savoir prodiguer ses bienfaits* : V. RÉPANDRE.

prodrome V. préliminaire, symptôme.

producteur V. cinéaste, réalisateur.

production V. produire I.

productivité V. travail II.

produire

I **1.** *La firme produit une large gamme de camions* : **fabriquer.** *Il a produit beaucoup de vin cette année* : [plus génér.] **faire*.** **2.** *Ces terres ne produisent pas* : **rendre, rapporter** ; → DONNER, PORTER. *Produire une œuvre* : V. ACCOUCHER (DE). **3.** *Le bouleversement de l'économie a produit des troubles sociaux* : **causer, faire naître.**

◇ **produit** **1.** *Le produit de ses immeubles lui suffit pour vivre* : **profit, rapport** ; → FRUIT. *C'est le produit d'un travail important* : V. FRUIT. **2.** V. RÉSULTAT.

◇ **production** **1.** *Il observait avec intérêt la production du gaz dans l'éprouvette* : **formation.** **2.** *Ces terres ont une production médiocre* : [plus partic.] **rendement.** *Production industrielle* : V. USINE.

◇ **productif** *Les investissements s'étaient révélés productifs* : **fructueux.**

II *Le chanteur a produit une forte impression sur les spectateurs* : **créer, provoquer** ; → OPÉRER II. *Votre intervention ne produira rien de bon* : [plus génér.] **donner*** ; → ENGENDRER.

◇ **se produire** **1.** *L'accident s'est produit de façon imprévisible* : **avoir lieu** ; → ARRIVER. **2.** *Cet artiste se produit en ce moment sur la scène de l'Olympia* : **jouer, chanter** (selon le spectacle que l'on donne) ◆ [moins cour.] **paraître.**

III **1.** *L'agent vous avait seulement demandé de produire votre permis de conduire* [didact.] : [plus cour.] **présenter.** **2.** *Produire des témoins* [didact.] : **citer*.**

proéminent V. saillant (*in* saillir).

prof V. professeur.

profanation V. sacrilège.

profane [adj.] *Je suis tout à fait profane en cette matière, je ne demande qu'à apprendre* : **ignorant.**

profaner **1.** *Il a profané son talent en écrivant ce livre* : ↑ **avilir,** ↑ **dégrader.** **2.** *Profaner une sépulture* : **violer*.**

proférer V. dire, prononcer I.

professer

I **1.** *Le parti monarchiste professe son opposition à la démocratie* [très sout.] : [plus cour.] **afficher.** **2.** [~ que] V. PROCLAMER.

II *Il professait l'anglais depuis vingt ans* [sout.] : [cour.] **enseigner, apprendre*.**

professeur *Nous avons changé trois fois de professeur au cours du trimestre* : [abrév. fam.] **prof** ◆ **répétiteur** (= personne qui donne des leçons particulières) ◆ **précepteur** (= professeur privé) ; → ENSEIGNANT.

◇ **professoral** *Son ton professoral amusait l'assemblée* [iron.] : ↑ **doctoral, pédant.**

profession *L'adolescent hésitait à choisir une profession* : **carrière** (= profession qui présente des étapes) ◆ [vieilli] **état** ◆ **situation, place** (= emplois stables et rémunérateurs) ; → MÉTIER, EMPLOI.

professionnel **1.** V. carrière II. **2.** V. spécialiste (*in* spécial).

professionnelle V. prostituée (*in* prostituer).

professoral V. professeur.

profil **1.** V. ligne I, section I. **2.** V. silhouette.

profiler (se) V. se découper (*in* découper), se silhouetter (*in* silhouette).

profit 1. *Il faudra que chacun ait sa part du profit* : **bénéfice*** ◆ [fam.] **gâteau** ; → GAIN. 2. *Le profit d'une terre* : V. FRUIT, PRODUIT et REVENU. 3. *Tirer profit de. Elle a su tirer profit de sa silhouette* : **profiter** ◆ ↑ **exploiter.** *Tirer profit d'une situation* : **tirer parti de** ; → FAIRE SON BEURRE*. *Le physicien a versé le montant de son prix Nobel au profit de l'Unesco* : **au bénéfice de.** *Les vêtements qu'elle cousait faisaient beaucoup de profit* : **durer, servir* longtemps.** *Avec profit* : V. AVANTAGEUSEMENT.
◇ **profiter** 1. [qqn ~ de] V. EXPLOITER et TIRER PROFIT* DE. 2. [qqn ~ de] *J'ai profité de l'occasion* : **saisir** ; → JOUIR. *Profiter d'une loi* : V. S'ABRITER. 3. [qqch ~ à qqn] *Vos leçons ont beaucoup profité aux élèves* : **servir, être utile.** 4. [qqn ~ bien] *Vraiment, votre fils a bien profité !* [fam.] : [cour.] **grandir, grossir** (qui s'emploient selon le contexte).
◇ **profitable** 1. *J'espère que ces remarques vous seront profitables* : **utile** ; → SALUTAIRE. *C'est une discussion très profitable* : **enrichissant.** *Un séjour profitable* : V. FORMATEUR. 2. *Ce placement est très profitable* : **avantageux.**

profiteur V. exploiteur (*in* exploiter).

profond
I [n.] *Le hameau avait été construit au plus profond de la forêt* : **au cœur de.**
II [antéposé ou postposé] 1. *C'est trop profond pour lui, parle plus simplement* : **difficile.** *Une intelligence profonde* : **pénétrant*.** 2. *Il vivait dans une profonde solitude* : **absolu, complet, extrême, total.** 3. *En dehors de sa spécialité, il était d'une ignorance profonde* : [fam.] **crasse** ; → GROSSIER. 4. *Sa foi profonde l'aidait à supporter tous les maux* : **ardent.** *J'ai une profonde admiration pour ce savant* : **immense** ◆ ↓ **vif** ; → GRAND. 5. *Des sentiments profonds* : V. DURABLE. 6. *Elle poussa un profond soupir* : ↓ **gros.** *Sa voix profonde résonnait sous les voûtes* : **grave.**
◇ **profondément** 1. *Je suis profondément écœuré par toutes ces manœuvres* : **complètement** ; → FORTEMENT. *Il espérait profondément que son ami surmonterait cette épreuve* : **ardemment** ; → VIVEMENT. 2. *Après l'opération, le malade dormait profondément* : [fam.] **à poings fermés.** 3. V. INTIMEMENT.
◇ **profondeur** 1. V. DIMENSION et FOND. 2. *On ne pouvait nier la profondeur de ses sentiments* : **force.**

profondément, profondeur V. profond II.

profusion *À la veille de Noël, une profusion de couleurs égaie les vitrines* : **débauche** ; → ABONDANCE, LUXE, PRODIGALITÉ.
◇ **profusion (à)** *Le jardin offrait au visiteur des fleurs à profusion* : **à foison*** ; → BEAUCOUP.

progéniture *Il se déplaçait toujours avec toute sa progéniture* [fam., iron.] : [pl.] **enfants** ; → FAMILLE.

programme 1. *Exposer un programme politique* : **plate-forme*** ; → SYSTÈME. *Un programme de travaux* : V. PROJET. 2. *Avez-vous regardé le programme, hier soir ?* : **émission.** 3. *Le programme est un peu lourd cette semaine* : **emploi du temps*.**

progrès 1. *Cette voiture bénéficie des derniers progrès de la technique* : **perfectionnement** ; → AMÉLIORATION. *Faire des progrès. La lutte contre le cancer fait des progrès* : **progresser** ◆ **avancer à grands pas*.** *Il y a eu des progrès, mais le conflit n'est pas réglé* : **avancée** (*une avancée, des avancées*) ◆ [dans un contexte plus large] **mieux*** (*du mieux*). 2. *Les progrès de l'épidémie n'ont pu être enrayés* : [sing.] **propagation.** 3. *Les progrès de la maladie* : [sing.] **développement, progression** ◆ ↑ **aggravation.** 4. *Croire au progrès* [sing.] : V. CIVILISATION.
◇ **progression** 1. *Le musicien vous conduisait par une lente progression à un plaisir extrême* : **gradation.** 2. *Je ne saisis pas très bien la progression de vos idées* : **cheminement.** 3. *La progression d'un mal* : V. ÉVOLUTION et PROGRÈS. 4. *La progression des travaux* : V. AVANCEMENT. 5. *La progression des troupes* : **avancée** ; → MARCHE et MOUVEMENT.
◇ **progresser** 1. *Les soins avaient tardé, la maladie progressait très vite* : **se développer** ◆ ↑ **s'aggraver,** ↑ **empirer** ; → PROGRÈS. 2. *Les travaux progressent* : V. AVANCER. 3. [qqn ~] *Il fait ce qu'il peut mais il ne progresse plus* : **plafonner** (*il plafonne*).

◇ **progressif** *Le problème propose des difficultés progressives* : [moins cour.] **graduel.**
◇ **progressivement** *Il en était venu progressivement à ne plus voir personne* : **graduellement, petit à petit, peu* à peu** ◆ [plus rare] **par degrés, par paliers.**

progressiste V. avancé (*in* avancer II).

prohiber V. condamner, défendre II.

prohibitif V. inabordable.

prohibition V. condamnation (*in* condamner), défense II.

proie V. victime. *Être en proie* : V. s'abandonner, tourmenté (*in* tourmenter).

projecteur V. spot.

projectile *Le projectile atteignit sa cible* (= corps lancé à la main ou au moyen d'une arme) : [spécialt] **balle, bombe, pierre.**

projeter
I *Il était toujours à projeter mille entreprises* : **échafauder** (qui se dit de projets hâtifs et fragiles) ◆ **méditer** (qui implique une longue réflexion). *Nous avons projeté de partir pour l'étranger* : [plus génér.] ↓ **avoir l'intention de, se proposer de** ; → AMBITIONNER, COMPTER, SONGER, PRÉMÉDITER.
◇ **projet** 1. *Les projets de travaux prévoient l'aménagement du fleuve* : **programme** (= projet arrêté) ; → PLAN IV, BUT, CANEVAS. 2. *Faire le projet de* : **se promettre*.** *Ce n'est pas dans mes projets* : [fam.] **dans mes cartons** ; → VUE III.
II 1. *Projeter de la fumée* : V. CRACHER et JETER. 2. *Projeter un film* : V. PASSER.

prolétaire V. ouvrier, travailleur II.

prolétariat V. travailleur II.

prolifération V. abondance I, multiplication (*in* multiplier II), reproduction (*in* reproduire).

prolifique V. fécond.

prolixe *Vous êtes trop prolixe, il faut réduire cet article* : [plus cour.] **bavard, long** ◆ [péj.] **verbeux** ; → DIFFUS.

prolo V. ouvrier.

prologue V. préface.

prolongation V. continuation (*in* continuer), délai.

prolongement V. prolonger I.

prolonger
I *Ne prolongez pas son attente* : **faire durer.** *Prolonger une rue* : **allonger.**
◇ **prolongement** *Le prolongement d'une voie ferrée* : **allongement** ; → AUGMENTATION. *Son erreur eut des prolongements* : **suite*.** *Le prolongement d'une maladie* : V. CONTINUATION.
II 1. *Nous avons prolongé la discussion une partie de la nuit* : **poursuivre.** *Prolonger une enquête* : V. POUSSER III. 2. *Prolonger un malade* : V. ENTRETENIR.
◇ **se prolonger** *Les conséquences de la crise économique se prolongent* : **persister** ; → CONTINUER.

promener 1. *Il promenait ses doigts sur la statuette d'ivoire* : **passer.** 2. *Envoyer promener qqn* : [sout.] **rabrouer.** *Tout envoyer promener* [fam.] : **envoyer tout au diable, sur les roses, paître, valser** ◆ [très fam.] **envoyer péter** ◆ [cour.] **renoncer** ; → ENVOYER BOULER*.
◇ **se promener** 1. *Il est parti se promener en forêt* : [fam.] **se balader** ; → SORTIR. 2. *Cela suffit maintenant, va te promener !* [fam.] : **va au diable, fiche le camp** ◆ [cour.] **va-t'en.**
◇ **promenade** 1. *La promenade était bordée de vieux platanes* [vieilli] : [plus génér.] **avenue*** (= voie bordée d'arbres) ◆ **cours, mail** (= avenue qui sert de promenade). 2. *Ils sont partis faire une promenade* : [fam.] **balade, vadrouille** (*partis en vadrouille dans...*) ◆ [fam.] **virée** ; → SORTIE. *Ils passent leurs vacances en promenades dans la région* : [plus précis] **excursion** ; → TOUR II, COURSE I. 3. *Ce travail, c'est une promenade !* : **une simple formalité*.**

promeneur V. flâneur (*in* flâner), passant (*in* passer I).

promettre 1. *Il faut me promettre de ne plus recommencer, que tu ne recommenceras plus* : **jurer** (= promettre par un serment) ; → PAROLE. 2. *L'entrepreneur a promis de terminer les travaux cette semaine* : **s'engager**

à. **3.** *Ces gros nuages ne promettent rien de bon* : **laisser présager, laisser prévoir**. *La météo a promis du beau temps pour dimanche* : **annoncer.**

◇ **se promettre** [~ de + inf.] *Le marin s'était promis de finir ses jours dans son village* : ↓ **faire le projet de** ; → ESPÉRER.

◇ **promesse** **1.** [surtout au pl.] *Peut-on se fier à vos grandes promesses ?* : **serment** (= promesse solennelle) ; → ENGAGEMENT. **2.** [terme de religion] V. ESPÉRANCE. **3.** *Ce premier roman est plein de promesses* : **prometteur.**

◇ **promis** **1.** [adj.] *Il était promis à un grand avenir* : **voué à.** **2.** [n.] V. FIANCÉ.

promiscuité V. cohabitation.

promontoire V. cap.

promotion **1.** V. avancement (*in* avancer II). **2.** V. lancement (*in* lancer I).

promouvoir **1.** [~ qqn] V. ÉLEVER I. **2.** *L'État cherchait à promouvoir la recherche* : **favoriser, soutenir** ; → PROTÉGER. *Promouvoir un produit* : **lancer***.

prompt **1.** *Les commentateurs s'interrogeaient sur ce prompt changement de politique* : [plus cour.] **brusque, soudain.** *J'espère qu'après une prompte guérison vous reviendrez parmi nous* : [plus cour.] **rapide.** **2.** *L'affaire traînait, notre ami a été prompt à tout achever* : **expéditif** (*... a été expéditif*).

◇ **promptement** *Il a agi promptement et a satisfait tout le monde* : [plus cour.] **rapidement, vite** ◆ [plus rare] **rondement** ◆ **en un rien* de temps, en peu de temps*** ; → VIVEMENT.

◇ **promptitude** *La promptitude de son rétablissement* : [plus cour.] **rapidité.** *La promptitude de son jugement* : **rapidité.** *La promptitude d'un geste* : **vivacité** ; → AGILITÉ.

promu *Être promu à* : V. accéder I.

promulguer *Malgré les oppositions, la loi d'aide aux chômeurs avait été promulguée* [didact.] : [cour.] **publier.**

prône V. prêche (*in* prêcher).

prôner V. préconiser.

prononcer

I **1.** [v. t.] *Devant la foule qui l'acclamait, il ne pouvait plus prononcer un mot* : **articuler** ◆ [sout.] **proférer** ; → DIRE. **2.** *Prononcer une sentence* : V. RENDRE I.

◇ **prononciation** *L'acteur avait conservé la prononciation de sa province* : [plus cour.] **accent.** *Il avait une excellente prononciation* ; [plus partic.] **articulation.**

II [v. i.] *Je ne peux vraiment pas prononcer entre vous deux* [très sout.] : [cour.] **choisir.**

◇ **se prononcer** *La population s'est prononcée pour la monarchie* : **opter** ; → SE DÉCLARER, PENCHER.

pronostic *Les économistes avaient fait des pronostics démentis par les faits* : [plus génér., souvent pl.] **prévision** ; → PRÉDICTION.

◇ **pronostiquer** *Quelques parieurs avaient su pronostiquer la défaite du favori* : [plus génér.] **prévoir** ; → PRÉDIRE.

pronunciamento V. coup d'État.

propagande *Toute la propagande du régime militaire visait à tromper la population* : ↑ **bourrage de crâne** ; → ENDOCTRINEMENT.

propager **1.** *Les organisations féminines avaient propagé des idées nouvelles* : **diffuser** ; → RÉPANDRE, SEMER, VULGARISER. **2.** *Après la réunion, les délégués propagèrent la nouvelle* : [souvent péj.] **colporter** ; → ACCRÉDITER.

◇ **se propager** *Le bruit de la maladie soudaine du président s'est vite propagé* : **se répandre, faire tache d'huile** ; → CIRCULER. *L'incendie se propage* : **s'étendre***. *Les ondes se propagent* : V. SE TRANSMETTRE. *Une culture se propage* : V. RAYONNER.

◇ **propagation** *Tous les moyens étaient employés pour empêcher la propagation des nouvelles* : **diffusion.** *La propagation d'une maladie* : V. MARCHE I, PROGRÈS et CONTAGION. *La propagation d'une espèce* : V. REPRODUCTION. *La propagation d'une onde* : V. TRANSMISSION.

propension *Votre propension à l'indulgence n'aidera pas cet enfant à se corriger* [sout.] : **inclination** ◆ [plus cour.] **tendance.**

prophète V. devin (*in* deviner).

prophétie V. prédiction (*in* prédire).

prophétiser V. prévoir.

propice V. convenable, favorable (*in* faveur I).

proportion 1. [pl.] *On a mal apprécié les proportions des dégâts* : [sing.] **étendue.** *Les proportions d'un monument* : V. DIMENSION. 2. *La proportion des pièces défectueuses est trop élevée* : [plus précis] **pourcentage.** 3. *Les mineurs prétendaient que leur salaire était faible en proportion du risque encouru* : **en raison de, relativement à, proportionnellement à** ◆ [très sout.] **eu égard à** ; → VU I. *Le partage des bénéfices s'est fait en proportion du capital investi* : **au prorata de.**

proportionné V. équilibré (*in* équilibre), harmonieux.

proportionnellement V. proportion.

proportionner V. mesurer (*in* mesure).

propos
I 1. *Ce sont là des propos que je préfère oublier* [sout.] : [vieilli] **discours** ◆ [plus cour., pl.] **paroles*** ; → AFFIRMATION. *Ne vous fiez pas à ses propos* : [rare, pl.] **dires** ◆ [très péj.] **boniment** (qui implique l'idée de tromperie) ; → CHANSON. 2. *Des propos orduriers* : V. INCONVENANCE.
II 1. *Arriver à propos* : [fam.] **à pic** ◆ **à point nommé*.** *Mal à propos* : V. CONTRETEMPS. *De propos délibéré* : V. DÉLIBÉRÉMENT. 2. *À propos, serez-vous absent demain* (marque une transition ou introduit une idée nouvelle) : **au fait.** 3. [n.] *L'à-propos d'une demande* : **pertinence*** ; → OPPORTUNITÉ. *Son à-propos lui a sauvé la vie* : [plus cour.] **présence d'esprit.** 4. *À ce propos* : **sur ce point*.** *À propos de* : V. SUR. 5. *Hors de propos* : **à contretemps.**
III *Il n'est pas dans mon propos de vous convaincre* : **intention** ◆ [sout.] **dessein.**

proposer 1. *J'ignore si le projet qu'il va me proposer me conviendra* : **soumettre** ; → PRÉSENTER. 2. *Proposer une récompense* : V. DONNER et OFFRIR.
◇ **se proposer** V. PROJETER.

proposition V. offre (*in* offrir), ouverture (*in* ouvrir), suggestion (*in* suggérer).

propre
I [postposé] 1. *Du linge très propre* : ↑ **immaculé** (= sans une tache) ; → NET I. *Un petit jardin bien propre* : **propret.** *Être très propre* : V. SOIGNÉ. *Une maison propre* : **bien tenu*.** 2. *C'est du propre !* : V. JOLI. 3. *Une panne au milieu de la nuit ! nous voilà propres !* : [fam.] **frais, dans de beaux draps.**
◇ **propreté** 1. *Manger avec propreté* : **proprement**. 2. V. NETTETÉ.
II 1. [antéposé, avec un poss.] V. MÊME. 2. [postposé] *Il a des qualités propres qu'on ne peut lui dénier* : **personnel** ; → INDIVIDUEL, INTRINSÈQUE. *Être propre à qqn* : V. PARTICULIER. 3. *Vous avez trouvé le mot propre* : **exact, juste.** *Le sens propre* : **littéral*.**
◇ **proprement** 1. *C'était proprement une faute impardonnable* : [plus cour.] **véritablement.** 2. *Vous le lui avez proprement dit* [sout.] : [cour.] **bien.** 3. *À proprement parler, je ne m'y attendais pas* : **à vrai dire.**
III *Propre à* [+ inf.]. *Cela est propre à vous plaire* : **de nature* à** ; → CAPABLE.
IV [n.] V. APANAGE.

propriétaire 1. *Le propriétaire refuse de faire réparer le toit* : [fam.] **proprio.** 2. V. MAÎTRE. 3. *Être propriétaire de* : V. AVOIR.

propriété 1. V. bien IV. 2. V. vertu II.

proprio V. propriétaire.

propulser V. faire avancer*.

prorogation V. renouvellement (*in* renouveler).

proroger V. renouveler.

prosaïque *Vous vous satisfaisiez aisément de votre vie prosaïque* : **commun** ; → BOURGEOIS. *Des remarques prosaïques* : **plat.** *Une réalité bien prosaïque* : **vulgaire*.**
◇ **prosaïquement** *Il parlait bien prosaïquement* [sout.] : [cour.] **platement.**

prosateur V. auteur.

proscrire 1. V. BANNIR. 2. *Il faut proscrire toute allusion blessante pour nos invités* [sout.] : [plus cour.] **éliminer** ; → ENLEVER.

Les autorités ont longtemps proscrit certains livres [sout.] : [cour.] **interdire.**

prosélyte V. militant.

prosodie V. versification (*in* vers II).

prospecter *Les ingénieurs prospectaient la région pour découvrir de l'uranium* : [plus génér.] **explorer.**

prospection V. recherche (*in* rechercher).

prospectus *Il gagnait sa vie en rédigeant des prospectus pour un magasin* : [plus précis] **réclame** ; → BROCHURE.

prospère *La vie à la campagne vous réussit, vous avez une mine prospère* : **resplendissant** ; → FLORISSANT.

◇ **prospérité** *J'espère que vous connaîtrez longtemps cette prospérité* : **richesse** (= état favorable quant à la fortune) ◆ **succès** (= état favorable quant à l'ensemble de la vie) ; → BIEN, BONHEUR, SPLENDEUR. *La prospérité d'une industrie* : V. ACTIVITÉ. *Des années de prospérité* : **de vaches* grasses.**

prosterner (se) V. s'agenouiller.

prostituer *Vous prostituez votre art en exposant de telles toiles* [très sout.] : [plus cour.] **déshonorer** ◆ [sout.] **avilir.**

◇ **se prostituer** *Cette femme se prostitue* : [fam.] **faire le trottoir** ◆ [très fam.] **faire le tapin**.

◇ **prostituée** Femme qui vend ses faveurs : [plus génér.] **professionnelle** ◆ [fam.] **grue** ◆ [très fam.] **poule, putain, pute** ◆ [sout.] **courtisane** ◆ [sout., par plais.] **péripatéticienne** ◆ [vx] **femme, fille de mauvaise vie, de mauvaises mœurs, fille de joie, fille publique, femme galante, publique** ◆ [fam., vx] **catin, fille, gourgandine, cocotte**.

prostitution V. passe (*in* passer I).

prostration V. abattement (*in* abattre).

prostré V. effondré.

protagoniste V. acteur.

protecteur V. protéger.

protection V. protéger.

protège-cahier V. couverture.

protéger **1.** [~ qqn] *Sa famille le protégea très longtemps* : **garder, mettre sous son aile** ; → COUVER, VEILLER. *Un garde le protégeait* : V. ACCOMPAGNER. *Que Dieu vous protège !* : V. BÉNIR et GARDER. *On l'a protégé pour qu'il réussisse si rapidement* : **appuyer, recommander** ; → AIDER et PATRONNER*. **2.** [~ qqn] *Les mesures prises protégeaient les épargnants contre une dévaluation* : **garantir** ; → DÉFENDRE. **3.** [~ qqn, qqch de] *Protéger d'un danger* : **préserver** ◆ **soustraire*** (*soustraire à*). *Protéger de la sottise* : V. IMMUNISER. *Protéger d'une attaque* : V. ASSURER. **4.** [~ qqch] *Des mécènes protégeaient le théâtre* : [plus cour.] **favoriser, promouvoir.** **5.** [~ qqch] *L'obscurité permet de protéger certains produits* : [plus précis] **conserver.** *Protéger ses intérêts* : **préserver** ; → SAUVEGARDER.

◇ **se protéger** *Au cours de l'altercation, il n'a pas su se protéger contre les coups* : **se garer de** ; → SE DÉFENDRE.

◇ **protégé** *On s'adressait au protégé du ministre pour obtenir des renseignements* : [sout.] ↑ **créature** ; → FAVORI.

◇ **protecteur** **1.** [n.] *Cet industriel a voulu être le protecteur de la musique* : **mécène.** *Un protecteur des faibles* : V. DÉFENSEUR. *Le protecteur de qqn* : V. ANGE. **2.** [adj.] *Je n'apprécie guère votre air protecteur* : **condescendant** ◆ ↑ **dédaigneux.**

◇ **protection** **1.** *Il demanda la protection de la police* : ↓ **aide.** *Protection rapprochée* : V. GARDE II. **2.** *Le musicien avait obtenu la protection d'un mécène* : **appui*, patronage*.** *Se chercher des protections* : V. RECOMMANDATION. *Être sous la protection de* : V. AUSPICES et OMBRE. **3.** *Beaucoup d'églises sont sous la protection de la Vierge* : [plus précis] **invocation.** **4.** *La protection des chars avait été améliorée* : [plus précis] **blindage.** *La protection nucléaire* : V. PARAPLUIE. *Beaucoup d'animaux ont une protection efficace contre les prédateurs* : **défense*** ◆ [plus partic.] **armure, carapace.** **5.** *La protection de la nature* : V. GARDE (*in* GARDER I).

protestant Chrétien qui appartient à la religion réformée : [anc.] **huguenot** ◆ [vx, péj. ou par plais.] **parpaillot** ; → CHRÉTIEN.

protester 1. *La presse a protesté contre le verdict trop sévère* : **se récrier** ◆ ↑ **s'élever** ; → MURMURER, SE RÉVOLTER. *Cela ne sert à rien de protester* : **réclamer** ◆ [fam.] **râler, rouspéter** ◆ [très fam.] **la ramener** ; → SE CABRER, SE PLAINDRE. 2. *Vous avez beau protester, vous avez mal agi* : ↓ **dire** ◆ [fam.] ↑ **ruer dans les brancards.** 3. *Protester de sa bonne foi* : V. AFFIRMER.

◇ **protestation** 1. *L'arrestation des jeunes gens entraîna une protestation unanime* : **levée*** **de boucliers** ; → MURMURE, TEMPÊTE. *Leurs protestations n'empêchèrent rien* : V. DÉNÉGATION. 2. *Cette belle protestation d'honnêteté nous a convaincus* [sout.] : [cour.] **témoignage** ; → DÉMONSTRATION, SERMENT.

protocole *Le nouveau président abandonnait une partie du protocole* : **étiquette, cérémonial** ; → FORME, APPARAT, CÉRÉMONIE.

prototype V. modèle.

protubérance V. saillie.

prouesse V. exploit.

prout V. pet.

prouver 1. [qqn ~] *Il faudrait quand même prouver ce que tu affirmes !* : **démontrer, établir.** *L'existence des soucoupes volantes n'a pas été prouvée* : **vérifier.** 2. [qqn ~] *Elle s'ingéniait à lui prouver sa reconnaissance* : **témoigner** ◆ ↓ **faire voir** ; → AFFIRMER. 3. [qqch ~] *Ces marques prouvent l'ancienneté de l'habitation* : [sout.] **attester** ; → CONFIRMER, INDIQUER.

◇ **preuve** 1. *Le physicien étayait son hypothèse de plusieurs preuves* : **démonstration.** *C'est une preuve qui ébranle mes convictions* : **argument.** 2. *Ses paroles étaient une preuve de sa culpabilité* : **confirmation** ◆ **indice** (qui indique seulement la probabilité) ; → SIGNE. 3. *C'est une preuve d'amitié* : V. GAGE, GARANTIE et MARQUE. 4. *Ils ont fait preuve d'une singulière naïveté* : **montrer.** *À preuve* : V. TÉMOIN. *La preuve* : **à telle enseigne***.

provenir 1. *Les rois prétendent souvent que leur autorité provient de Dieu* : [sout.] **émaner** ; → PROCÉDER, TIRER II. 2. *Les craintes qu'il manifeste actuellement proviennent d'une enfance difficile* : **découler, résulter** ; → TENIR II, VENIR.

◇ **provenance** *On ignorait la provenance de cette coutume* : **origine***.

proverbe V. pensée II.

proverbial V. connu (*in* connaître).

providence V. destin, dieu.

provision

I 1. *Il a rentré une grande provision de bois* : **réserve** ; → CARGAISON, STOCK. 2. *Les paysans tuent encore un cochon pour avoir des provisions* [pl.] : **vivres*, ravitaillement** ◆ **aliment** (= toute substance susceptible de servir de nourriture aux êtres vivants). *Elle est partie au marché faire ses provisions* [pl.] : **commissions, courses.**

II *L'avocat demanda une provision pour s'occuper de l'affaire* : [plus cour.] **avance** ; → ACOMPTE, DÉPÔT.

provisoire *Les dispositions prises ne sont que provisoires* : **momentané, transitoire** ; → PASSAGER. *Être provisoire* : **n'avoir qu'un temps***.

provisoirement V. en attendant (*in* attendre), momentanément (*in* momentané).

provocant V. provoquer I.

provocateur V. agent II.

provoquer

I [~ qqn] 1. *On l'a provoqué à la désobéissance* : **pousser** ◆ ↓ **inciter** ; → AMENER. 2. *Ne le provoquez pas, il est trop irritable* : [moins cour.] **braver, défier.** 3. V. ALLUMER.

◇ **provocant** *Comment expliquer son attitude provocante en de telles circonstances ?* : **agressif.** *Une pose provocante* : **aguichant** ; → HARDI.

◇ **provocation** *Nous punirons toute provocation à la désobéissance* : ↓ **appel,** ↓ **incitation.**

II [~ qqch] *La sécheresse prolongée a provoqué des troubles* : **occasionner, susciter** ◆ **donner lieu*** **à** ; → AMENER, PRODUIRE. *Provoquer l'enthousiasme* : **enthousiasmer** ; → FAIRE NAÎTRE* et SOULEVER. *Provoquer la chute* : V. PRÉPARER.

proxénète V. entremetteur (*in* s'entremettre), souteneur.

proximité 1. *La proximité de l'orage énervait les animaux* : **approche** ◆ ↑ **imminence.** 2. *La proximité de la ville convenait aux jeunes mariés* : **voisinage.** *La proximité de deux maisons* : **contiguïté** (qui implique que deux choses se touchent). 3. *L'école était à proximité du parc* : **proche de, tout près de.**

prude *Cette femme prude détonnait dans le quartier* [vieilli] : **pudibond** (= qui a une pudeur exagérée mais sans ostentation) ◆ **puritain** (= qui montre un strict respect des principes moraux pour soi et les autres) ◆ **austère** (= qui vit de façon très sévère) ◆ **délicat** (= qui montre une grande sensibilité) ; → CHASTE, VERTUEUX, DÉCENT. *Il n'est pas si prude qu'il le paraît* [sout.] : [cour.] **bégueule.**

◇ **pruderie** *La pruderie dissimule parfois des désirs non satisfaits* : ↑ **pudibonderie.**

prudent 1. *Il reste prudent, en attendant de recevoir d'autres renseignements* : ↑ **circonspect.** *Vous n'avez pas été très prudent de lui confier votre secret* : **avisé, prévoyant.** 2. *Ce n'est pas très prudent de sortir torse nu* : **sage.** *Il faut être prudent, la route est dangereuse* : [plus fam.] **faire attention.**

◇ **prudemment** 1. *J'ai prudemment retenu ma place* : **sagement.** 2. *Avancer prudemment* : **pas* à pas.**

◇ **prudence** 1. *Sa prudence lui permit d'éviter la faillite* : **prévoyance** ◆ ↑ **circonspection** ; → PONDÉRATION. 2. *La nouvelle pourrait lui être fatale, parlez-lui avec prudence* : **précaution** ; → MESURE.

pruderie V. prude.

pruneau V. balle II.

prune *Pour des prunes* : V. vain I.

psalmodier V. chanter.

psaume V. cantique.

pseudo V. surnom.

pseudonyme V. nom, surnom.

psyché V. glace II.

psychique V. mental.

psychologie V. mentalité (*in* mental).

puant V. puer.

pub V. film, publicité, spot.

puberté V. âge, formation (*in* former).

public

I [adj.] 1. *Il vous faut un acte public pour prouver votre droit de propriété* [didact.] : [plus cour.] **authentique.** 2. *L'intérêt public* : V. COMMUN I. 3. *Un fait public* : V. ÉVIDENT, NOTOIRE. *Un hommage public* : V. SOLENNEL. 4. *École publique* : V. ÉTAT.

II [n.] 1. V. OPINION. 2. *Passionner son public* : **auditoire*.** *Il fait cela pour amuser le public* : **galerie** (*il fait cela pour la galerie*). 3. *Le grand public* : V. FOULE et MASSE II. 4. V. SERVICE I.

III *En public. Il a dû s'expliquer en public* : **publiquement.**

publication V. lancement (*in* lancer), parution (*in* paraître III), sortie (*in* sortir).

publiciste V. annonceur.

publicitaire V. affiche.

publicité 1. *C'était l'heure de la publicité et il changea de chaîne* : [moins cour.] **message publicitaire** ◆ [fam.] **pub** ; → RÉCLAME, SPOT. *Les murs étaient couverts de publicités* [pl.] : [moins cour.] **placard publicitaire** ; → AFFICHE. *On a fait beaucoup de publicité autour de ce film* : [fam.] **battage** ; → PROPAGANDE. 2. *Vous n'avez pas donné une publicité suffisante à votre décision* [sout.] : [plus cour.] **retentissement.**

publier 1. V. annoncer, divulguer, promulguer. 2. V. accoucher, écrire, éditer, paraître III, sortir.

publiquement V. public III.

puceau V. homme, vierge.

pucelage V. virginité (*in* vierge).

pucelle V. vierge.

pucier V. lit I.

pudeur 1. *Faire preuve de pudeur* : V. DÉCENCE. *Sans pudeur* : **scrupule** (*sans scrupule*) ; → HONTE. 2. *Ayez au moins la pudeur de ne pas montrer votre triomphe* : **délicatesse.**

◇ **pudique** 1. *Il employait des termes pudiques pour ne gêner personne* : **décent*** ; → CHASTE. 2. *Il évoqua de façon pudique sa gêne matérielle* [sout.] : [plus cour.] **discret.**

pudibond V. prude.

pudibonderie V. pruderie (*in* prude).

pudique V. pudeur.

puer [qqn, qqch ~ ; toujours péj.] *Vous puez, vous ne vous lavez donc jamais !* : [plus sout.] **empester** ◆ [fam.] **ne pas sentir la rose** ◆ [très fam.] **cocoter.** *L'hôpital puait l'éther* : [cour.] **sentir mauvais*** ◆ [sout.] **empoisonner** ; → SENTIR II.

◇ **puanteur** *La puanteur des poubelles accumulées* : **infection** ; → ODEUR.

◇ **puant** 1. *On trouvait encore dans la cour des fermes un fumier puant* : [plus sout.] **nauséabond** ◆ ↓ **malodorant** ◆ ↑ **pestilentiel** ; → BOUEUX, ÉCŒURANT. 2. *C'est un homme puant* : V. VANITEUX.

puéril V. enfantin (*in* enfant).

puérilité V. enfantillage (*in* enfant).

pugilat V. bagarre.

pugiliste V. boxeur.

puîné V. cadet.

puis 1. *L'enfant a bien réfléchi, puis il a demandé une grenadine* [en tête d'une proposition] : **ensuite.** 2. *Je n'ai pas le temps d'y aller, et puis, je n'en ai pas très envie* : **au reste** ◆ **d'ailleurs***.

puiser *Il a puisé ses sources sur les lieux mêmes de l'histoire* [sout.] : [plus génér.] **prendre** ; → EMPRUNTER.

puisque 1. *Puisque vous êtes là, vous allez couper les bûches* (introduit la cause qui explique l'énonciation de la principale) : **étant donné que, dans la mesure où, comme.** 2. *Puisque vous êtes heureux d'être revenu, pourquoi voulez-vous repartir ?* [valeur causale] : [valeur temporelle] **maintenant que.** 3. *Je ne vous dirai plus rien puisque vous ne savez pas tenir votre langue* (insiste sur la relation causale) : **parce que.** 4. V. PENDANT* QUE.

puissant 1. *Il s'était adressé à un homme puissant pour obtenir gain de cause* : ↓ **influent.** 2. *Un vent puissant arracha les tuiles* : **violent** ; → FORT. *Un corps puissant* : V. VIGOUREUX. 3. *Un remède puissant* : V. EFFICACE.

◇ **puissamment** *Cet État a puissamment contribué à maintenir la paix* : **fortement** ; → BEAUCOUP.

◇ **puissance** 1. *L'argent donne aujourd'hui la puissance* : **pouvoir** ; → AUTORITÉ. 2. *Votre puissance ne suffira pas à le tirer de ce mauvais pas* : ↓ **influence,** ↓ **crédit** ; → POUVOIR. 3. *La puissance de faire qqch* : V. CAPACITÉ et FACULTÉ. 4. *Grande puissance. Les grandes puissances décident pour les pays pauvres* : **les grands** ◆ **nation, pays** (qui n'évoquent pas forcément l'idée de puissance économique) ◆ ↑ **superpuissance.**

pull-over V. chandail.

pulluler V. abonder, envahir.

pulpe *Elle épluchait la figue pour n'en manger que la pulpe* : **chair** (qui n'implique pas un caractère moelleux).

pulsation V. cœur I.

pulsion V. tendance.

pulvérisateur V. vaporisateur.

pulvériser 1. *Il fallait pulvériser le liquide dans toutes les fentes pour se débarrasser des insectes* : **vaporiser.** 2. *Les lignes arrière ont été pulvérisées* : [plus sout.] **anéantir, écraser** ; → DÉTRUIRE. 3. *Pulvériser une pierre* : V. BROYER et MOUDRE.

punch V. allonge (*in* allonger).

punir 1. [~ qqn] *L'enfant était puni pour la moindre vétille* : [sout.] **châtier** ; → CORRIGER II. *Le criminel doit être puni* : [plus sout.] **expier** (*le criminel doit expier*). *Ne continue pas à m'agacer, tu vas te faire punir !* : [fam.] **taper sur les doigts** ◆ [fam.] **écoper, trinquer** (*il a bien écopé, trinqué*). 2. [~ qqn] *Le* *tribunal a durement puni le meurtrier* : **condamner.** **3.** [~ qqch] *Les gendarmes punissaient toute infraction* : **sanctionner, réprimer** ; → SÉVIR. **4.** *Pour te punir* : **pour ta peine*.**

◇ **punition** *Les punitions sont trop sévères dans cet établissement* : **sanction.** *La punition est-elle proportionnée au délit ?* : **peine** ◆ ↑ **châtiment.** *Pour ta punition, tu ne regarderas pas la télévision* : [partic.] **pour ta pénitence.**

pupitre V. table I.

pur

I [postposé] **1.** [qqn, qqch est ~] *Ses intentions sont pures* : **désintéressé.** *J'ai la conscience pure !* : **net, blanc comme neige, sans tache.** *Peut-on dire qu'il a l'âme pure ?* : [sout.] **angélique.** **2.** [qqch est ~] *Une eau pure* : **clair*.** *De l'or pur* : **sans mélange*** ; → FIN III. *La vérité pure* : V. NU. *Le texte était écrit dans un style pur* : **parfait.** *Des sons très purs* : V. AÉRIEN. **3.** [qqn est ~] *Une jeune femme pure* : V. CHASTE et VERTUEUX. **4.** [qqch est ~] *Les mathématiques pures* : V. THÉORIQUE.

◇ **pureté** *La pureté du regard* : **franchise, droiture.** *La pureté d'une jeune fille* : **chasteté.** *La pureté d'un sentiment* : **fraîcheur.** *La pureté d'un dessin* : **délicatesse** ; → FINESSE. *La pureté de l'air* : **limpidité.**

◇ **purifier** *Ouvrir les fenêtres pour purifier l'air* : **assainir.** *L'eau avait été purifiée* : **clarifier** ; → ÉPURER.

II [antéposé] *C'était par pur hasard qu'ils s'étaient rencontrés* : **simple*.**

◇ **purement** *Son intervention était purement d'opportunité* : **simplement, uniquement.**

purée V. pauvreté (*in* pauvre II).

purement V. pur II.

pureté V. pur I.

purgatif *L'abus du chocolat l'obligeait à prendre des purgatifs* (= toute substance qui stimule les évacuations intestinales) : **purge** ◆ **dépuratif** (= ce qui purifie l'organisme de ses toxines) ◆ **laxatif** (= purgatif léger).

purge **1.** V. purgatif. **2.** V. épuration (*in* épurer).

purification V. épuration (*in* épurer).

purifier V. pur I.

puritain V. prude, sévère.

pusillanime V. craintif (*in* craindre), peureux (*in* peur), timide.

putain, pute V. prostituée (*in* prostituer).

putréfaction V. corruption (*in* corrompre), pourriture (*in* pourrir).

putréfier (se) V. pourrir.

putrescible V. corruptible (*in* corrompre).

putsch V. coup d'État.

puy V. montagne.

puzzle V. patience.

P.-V. V. contravention.

pygmée V. nain.

pyromane V. incendiaire (*in* incendie).

Q

quadrature *Quadrature du cercle* : V. insoluble.

qualification V. nom.

qualifié V. compétent, valable (*in* valoir).

qualifier *Ce lieu vétuste et poussiéreux mérite-t-il vraiment d'être qualifié de bureau de travail ?* : **dénommer, appeler**. *Croyez-vous que je vais me laisser qualifier d'incapable ?* : **traiter**.

qualité **1.** *Voulez-vous que je vous énumère ses qualités ?* : **attribut** (qui se dit en parlant de choses) ◆ **mérite, vertu** (qui se dit pour les personnes) ; → CAPACITÉ, CARACTÈRE, BONS CÔTÉS*, DON. **2.** *Un produit de qualité* : **de choix, de premier choix*, de marque*, de valeur*, supérieur***. **3.** *Il ne supportait pas sa qualité de fonctionnaire* : [plus cour.] **condition**. *Étant donné sa qualité* : **rang***. **4.** *Deux qualités de café* : **espèce***. **5.** *En qualité de* : **comme*, en tant* que**.

quand

I [conj.] **1.** *Quand tu nous rends visite, les enfants sont joyeux* : **chaque fois que, lorsque***. **2.** *Vous vous amusez bien quand vous devriez vous préoccuper de votre sort* : [plus cour.] **alors que**. *Quand bien même tu me dirais le contraire, je ne te croirais pas* : **même si, si***.

II [adv.] *Quand viendrez-vous ?* : **à quel moment**.

quant à **1.** [qqch] *Quant à ses résultats, nous n'en parlerons pas* : **pour ce qui est de**. **2.** [qqn] *Quant à moi, je refuse ce marché* : **de mon côté*, pour mon compte***.

quantième V. date.

quantité **1.** *À la suite de son appel, il a reçu une quantité d'offres* : **kyrielle** (= suite interminable) ◆ **avalanche, infinité** (= quantité considérable) ◆ [fam.] **ribambelle, tas, cargaison** ; → MASSE, MER, MONTAGNE, MULTITUDE, PAQUET, RÉGIMENT. **2.** *En grande quantité* : **en pagaille*** ; → À LA PELLE*. *Prenez-en beaucoup : dans la quantité, il y en aura bien qui iront !* : **nombre***. *Une quantité d'argent* : V. SOMME I.

quarantaine *Le pays, pratiquant la discrimination raciale, a été mis en quarantaine* : **boycotter**. *Mettre en quarantaine un malade* : **écarter*, isoler***.

quart

I **1.** *L'officier de quart descendit sur le pont* : **service**. **2.** *Les trois quarts du temps, sa voiture ne démarre pas* : **le plus souvent**. *Au moins, il comprend au quart de tour* : [cour.] **du premier coup, sans difficulté**.

II V. GOBELET.

quartaut V. tonneau.

quarté V. course II.

quartier 1. *Il habitait dans un quartier central de Paris* : **arrondissement** (= division administrative, en parlant de Paris, Lyon et Marseille). *La crèmerie du quartier* : **coin***, **voisinage***. 2. [au pl.] *Les quartiers d'une troupe* : **camp***.

quart-monde V. pauvre II.

quasi V. presque, semi.

quasiment V. presque.

quatre *Manger comme quatre* : V. manger. *Se mettre en quatre* : V. se démener, s'empresser.

que [adv.] 1. *Que tu es maladroit !* : **comme**. 2. [~ de + nom] *Que de longues journées nous avons passées ici !* : **combien de**. 3. [~ ne] *Que ne m'avez-vous rien demandé ?* [sout.] : [cour.] **pourquoi***.

que dalle V. rien I.

quelconque V. commun II, insignifiant, ordinaire.

quelque *Elle avait alors quelque soixante ans* [sout.] : [cour.] **dans les, environ**.

quelque... que *Quelque adroit que tu sois, tu ignores tout du métier* [très sout.] : **si... que, pour... que** ◆ [plus cour.] **bien que** (*bien que tu sois adroit*).

quelquefois *Il y avait quelquefois motif à s'emporter* : **parfois*** ◆ [fam.] **des fois**. *La vieille dame évoquait quelquefois son enfance* : **de temps* à autre**.

quelques V. beaucoup, plusieurs, poussière, peu II.

quelqu'un 1. *Je crois que quelqu'un a frappé* : **on**. *Il y a quelqu'un* : **du monde*** ; → PERSONNE II. 2. *Il ne nous a même pas avertis, c'est quelqu'un !* [fam.] : **c'est quand même quelque chose !** ◆ [cour.] **c'est extraordinaire**.

quémander V. demander, mendier.

quémandeur V. solliciteur (*in* solliciter).

quenotte V. dent.

quéquette V. sexe.

querelle *La querelle conduisit vite à un violent conflit* : **désaccord, dispute*, scandale*, scène***. *Chercher querelle* : V. CONTESTER.

◇ **quereller** *Il querelle ses voisins au moindre prétexte* [vx] : [cour.] **chercher noise à** ◆ [plus fam.] **faire la vie à qqn** (= se conduire avec lui de façon insupportable). *Ne querellez pas votre fils, il n'y est pour rien* [sout.] : [cour.] **gronder, réprimander***.

◇ **se quereller** *Ces deux frères se querellent pour un oui ou pour un non* : [plus cour.] **se disputer*** ◆ [fam.] **se chamailler, se manger le nez** ◆ [très fam.] **se bouffer le nez**.

◇ **querelleur** *Rien n'y faisait, le garçon restait toujours querelleur* : ↑ **batailleur** ◆ [fam.] **chamailleur** ◆ **hargneux** (qui implique surtout une mauvaise humeur constante, plus ou moins teintée de méchanceté) ; → ACARIÂTRE.

question

I *Son silence prolongé valait une question* : ↑ **interrogation**. *Une question difficile* : **colle***. *Il n'arrête pas de me poser des questions* : **questionner** (*de me questionner*). *Mettre à la question* [vx] : **torturer***.

II 1. *Les journalistes ont essayé de cerner la question* : **affaire*, problème, point*, sujet***. *Discuter une question* : **matière***. 2. *Il est question de le limoger* : **on parle de, s'agir de***. *Votre intervention remet en question notre décision* : **remettre en cause, compromettre**.

questionnaire V. formulaire (*in* formule).

questionner V. demander, poser des questions* I, tirer* les vers du nez.

quête *Le produit de la quête est destiné aux sinistrés* : **collecte**. *En quête de* : **recherche***. *Se mettre en quête* : **chercher***.

◇ **quêter** *Il quêtait le soutien de ses parents* : **demander*, mendier, solliciter**.

queue 1. V. tige. 2. V. sexe. 3. *À la queue leu leu* : V. file.

quiconque V. personne II.

quiétude V. calme, tranquillité (*in* tranquille).

quignon V. morceau.

quille **1.** V. jambe. **2.** V. fille.

quinquets V. œil I.

quinteux V. acariâtre, rétif.

quinzaine V. salaire.

quiproquo V. erreur, malentendu.

quitte **1.** *N'imaginez pas que vous êtes quitte de ce travail* : **dispensé, débarrassé.** **2.** *Je n'essaierai pas de tout terminer, quitte à vous décevoir* : **au risque de**. *Dans cette affaire, je joue à quitte ou double* : **risquer le tout pour le tout.**

quitter **1.** *Nos amis nous ont quittés assez tard hier soir* : **partir, prendre congé**. *Il nous a quittés sans nous prévenir* : **fausser compagnie, lâcher*, laisser tomber***. **2.** *Tous les passagers durent quitter l'avion* : [plus précis.] **abandonner*, évacuer, sortir***. **3.** *Quitte donc ton manteau !* : [plus cour.] **se débarrasser** ; → ENLEVER, ÔTER, RETIRER. **4.** *Quitter la table* : **se lever***. *Ne pas quitter la chambre* : **tenir**. **5.** *Quitter un emploi* : V. RÉSIGNER.
◇ **se quitter** *Depuis trois mois, ils ne se quittent plus* : **être inséparables** ; → SE SÉPARER.

qui-vive V. garde (*in* garder).

quoi **1.** *Suivez ses directives, sans quoi il se fâchera* : **sinon**. **2.** *Quoi !* : **comment**. **3.** *Après quoi* : V. APRÈS. **4.** *Quoi qu'il arrive* : **coûte que coûte** ; → COÛTER.

quoique *On dirait un vieillard, quoiqu'il n'ait pas cinquante ans* : **bien que, encore que*, malgré que***.

quolibet V. raillerie (*in* railler).

quote-part V. participation (*in* participer).

quotidien **1.** [adj.] V. habituel (*in* habitude), journalier (*in* jour). **2.** [n.] V. journal, périodique (*in* période).

quotidiennement V. journellement (*in* jour).

quotient V. résultat.

R

rabâcher **1.** [qqn ~] *Le pauvre homme rabâche, on ne l'écoute plus* : **radoter.** **2.** [qqn ~ qqch] *Les orateurs rabâchaient leur programme pour gagner les élections* : **ressasser.** *Il rabâche toujours la même histoire* : **redire, répéter*.** **3.** V. APPRENDRE.
◇ **rabâchage** *Le rabâchage de vos souvenirs n'intéresse personne* : **radotage.**
◇ **rabâcheur** *Faites attention, c'est un rabâcheur qui va vous retenir toute la matinée !* : **radoteur** ◆ [rare] **ressasseur.**

rabais *Le tailleur m'a consenti un gros rabais sur ce costume* : **diminution*, réduction, remise, ristourne** ◆ [anglic.] **discount.**

rabaisser **1.** *Je n'aime pas que l'on rabaisse les mérites des absents !* : **déprécier, dévaluer** ◆ ↓ **diminuer** ; → CRITIQUER, RAVALER II. *La presse à scandale l'a rabaissé par ses calomnies* : ↑ **avilir** ; → ABAISSER. **2.** *Il est trop fier : il faudra qu'il en rabaisse un peu !* : **rabattre.** *Rabaisser ses exigences* : V. RABATTRE.

rabat-joie [adj., n.] *Ne les invitez pas, ce sont des rabat-joie* : **trouble-fête** (= personne importune qui s'introduit à mauvais escient dans une réjouissance).

rabatteur V. chasseur I.

rabattre **1.** V. RAMENER. **2.** *Il faudra bien que vous rabattiez vos exigences* [sout.] : [plus cour.] **diminuer*, rabaisser.** *En rabattre* : V. S'ADOUCIR, DÉCHANTER et RABAISSER.

rabbin V. prêtre.

rabe V. supplément.

rabibocher V. réconcilier.

rabiot V. supplément.

râble *J'ai gardé le râble du lapin pour en faire un pâté* : [plus génér.] **dos.** *Ils étaient quatre à lui tomber sur le râble* [fam.] : **dos.**

râblé V. trapu.

raboteux **1.** *Une surface raboteuse* : **rugueuse** ◆ ↓ **inégal** ◆ **rêche** (qui ne s'emploie qu'à propos de choses souples : *une laine rêche*). **2.** *Les critiques jugeaient son style trop raboteux* [très sout.] : **rocailleux** ◆ [cour.] **rude.**

rabougri *Rien d'autre ne poussait que des arbres rabougris* : **rachitique** ◆ [sout.] **chétif.** *L'âge l'avait rendu tout rabougri* : **ratatiné.**

rabrouer V. remiser (*in* remise II), envoyer promener*, repousser.

racheter V. reprendre I.

raccommodage V. réparation (*in* réparer).

raccommodement V. réconciliation.

raccommoder **1.** *Elle raccommoda soigneusement le blouson déchiré* : **repriser,** [rare] **ravauder,** [fam.] **rapetasser** (= raccommoder sommairement) ◆ **rapiécer** (= coudre une pièce : *rapiécer un pantalon*)

◆ **recoudre** (= coudre ce qui est décousu ou déchiré). **2.** *Raccommoder des personnes* : **réconcilier*** ; → CONCILIER.

raccompagner V. ramener.

raccorder *Le chemin a été raccordé à la route* : **rattacher, relier.** *Le passage souterrain raccordait les deux magasins* : [plus cour.] **réunir** ; → JOINDRE.

◇ **se raccorder** **1.** *Ce que vous me dites ne se raccorde pas à l'histoire* : **se raccrocher, se relier.** *Les deux bouts ne se raccordent pas* : **se joindre. 2.** *Se raccorder au réseau* : **se connecter**.

raccourcir *Essayez de raccourcir un peu votre exposé* : **réduire** ◆ [plus sout.] **abréger*, écourter.** *Raccourcir la longueur* : V. DIMINUER. *Dès juillet les jours raccourcissent* : **diminuer**, **rapetisser** ; → ABAISSER I.

◇ **en raccourci** *Le film présente en raccourci l'histoire du pays* : **en abrégé.**

raccourcissement V. diminution (*in* diminuer).

raccrocher **1.** V. RACOLER. **2.** *Il faut maintenant raccrocher ces idées à votre projet* : **rattacher.**

◇ **se raccrocher** **1.** *Toutes les suggestions faites se raccrochaient mal au canevas qu'il avait préparé* : **se rattacher** ; → SE RACCORDER. **2.** *Heureusement, il a pu se raccrocher à une branche* : **se rattraper.**

race **1.** *La race des Capet s'est éteinte* : [sout., rare] **sang** ; → FAMILLE, LIGNÉE. **2.** *La race blanche, la race jaune, la race noire* : ce terme suppose une distinction des groupes humains selon des critères anatomiques héréditaires ◆ **ethnie*** (qui distingue les groupes humains selon des critères culturels, économiques et sociaux) ; → PEUPLE. **3.** *Les mouchards, quelle sale race !* [fam.] : [sout.] **engeance**. *Quelle race d'homme êtes-vous donc ?* : [plus cour.] **espèce**. **4.** *Avoir de la race* : **être racé**.

◇ **racial** V. ETHNIQUE. Les adjectifs composés **multiracial** et **pluriethnique** s'appliquent aux sociétés et aux groupes comportant des origines ethniques différentes.

◇ **racisme** **1.** *Le racisme n'a jamais pu trouver de bases scientifiques.* L'**antisémitisme** désigne le racisme dirigé contre les Juifs ; l'**apartheid**, autrefois en Afrique du Sud, désignait la ségrégation des gens de couleur. **2.** *Le racisme vis-à-vis des femmes* : [plus précis.] **sexisme**.

◇ **raciste** adj. et n. *La propagande raciste est punie par la loi* : [partic.] **antisémite** ; → XÉNOPHOBE.

rachat V. salut II.

racheter **1.** V. affranchir. **2.** V. compenser. **3.** V. expier, sauver I.

◇ **se racheter** V. se réhabiliter.

rachitique **1.** *Un enfant rachitique* : **chétif** ◆ ↑ **débile** ◆ ↓ **malingre** (qui se dit de celui qui a une constitution faible) ; → FAIBLE, FRAGILE. **2.** V. RABOUGRI.

racine

I **1.** *Cet homme n'a de racine nulle part* [sout.] : [plus cour.] **attache.** *Il faut découvrir les racines du mal* : **origine. 2.** *Prendre racine. Ces gens-là vont prendre racine chez vous* : **s'incruster** ◆ ↑ **s'installer.**

II V. BASE.

III *Il convainquait son auditoire en jouant sur la racine patriotique* [sout.] : [plus cour.] **fibre.**

raclée **1.** *Le pauvre gosse ! Il a ramassé une raclée !* [fam.] : **tannée, tournée, trempe, volée** ◆ [cour.] **correction** ; → PEIGNÉE. **2.** *Notre équipe de football a pris une raclée* [fam.] : [moins cour., fam.] **pile** ; → DÉFAITE.

racler V. gratter I.

racoler **1.** V. ENGAGER. **2.** *Elle racolait près du métro* : [fam.] **draguer** (qui n'implique pas la vénalité) ◆ [vieilli] **raccrocher** (*elle raccrochait les passants*) ; → ABORDER.

◇ **racolage** *Le racolage est légalement réprimé* : [très fam.] **retape.**

raconter **1.** *On m'a raconté votre aventure* : [plus sout.] **rapporter** ; → DIRE ◆ [sout., plus précis.] **relater,** [sout.] **narrer** ◆ **retracer** (= raconter de façon imagée) ; → CONTER. **2.** *Vous ne pouvez pas imaginer ce que l'on a raconté sur son compte* : **débiter** (= dire des choses incertaines), [plus génér.] **dire** ; → RÉPÉTER, SORTIR. *Qu'est-ce que tu racontes ! ce sont des histoires !* : [fam.] **chan-**

ter ; → CONTER. **3.** *Balzac a raconté toute une société* : [plus cour.] **décrire, dépeindre.**
◇ **racontar** *Il passait son temps à colporter des racontars* : **cancan, ragot** ; → BAVARDAGE, CONTE, MÉDISANCE, ON-DIT.

racornir (se) V. sécher I.

rade
I V. PORT I.
II *Laisser qqn en rade. Il m'a laissé en rade au beau milieu de la réunion* [fam.] : **laisser choir, laisser tomber, plaquer** ; → ABANDONNER, LAISSER EN PLAN*.

radical **1.** *Son séjour à l'étranger a apporté un changement radical dans ses habitudes* : **fondamental*, total.** **2.** *Je connais un moyen radical pour nous en débarrasser* : **infaillible.**
◇ **radicalement** *Vous serez convaincu radicalement du bien-fondé de ses dires* : **absolument, fondamentalement*, totalement.** *Les bains de mer l'ont guéri radicalement* : **complètement.**
◇ **radicaliser** V. DURCIR.

radier V. rayer (*in* raie).

radiesthésiste V. sourcier (*in* source).

radieux **1.** [qqch est ~] *Il cherchait une région au soleil toujours radieux* : **éclatant*, lumineux*.** *Une journée radieuse* : **splendide.** **2.** [qqn est ~] *L'enfant, radieux, contemplait le sapin décoré* : **rayonnant** ◆ ↓ **ravi,** ↓ **plein de joie, épanoui*, heureux*, joyeux*** ; → GAI.

radinerie V. avarice (*in* avare).

radio
I **1.** *Il écoute la radio dans sa chambre* : [vx] **T.S.F.** ◆ **autoradio** (= radio installée dans une automobile) ; → ONDE II, POSTE II. **2.** *Je reste en contact avec lui grâce à la radio* : **C.B.** (= abrév. de l'anglais *citizen band*, désigne une bande de fréquence qui permet la communication entre particuliers) ◆ **bande publique** (= forme fançaise recommandée pour éviter C.B.).
II *Il vaut mieux passer à la radio pour être sûr que rien n'est cassé* : **radiographie, radioscopie.**
III V. AVIATEUR.

radiodiffuser V. émettre.

radiodiffusion V. émission (*in* émettre).

radotage V. rabâchage (*in* rabâcher).

radoter **1.** V. déraisonner. **2.** V. rabâcher, se répéter (*in* répéter).

radoteur V. prêcheur (*in* prêcher).

radoucir (se) V. s'adoucir.

rafale V. bourrasque.

raffermir **1.** *Les exercices quotidiens raffermissaient ses muscles* : **affermir*,** ↑ **durcir.** **2.** *On concluait des résultats des sondages que la situation du gouvernement était raffermie* : **consolider, renforcer.**

raffiné V. délicat.

raffinement *Le raffinement de ses manières était agaçant* : ↑ **affectation, délicatesse*,** ↑ **préciosité.**

raffiner V. épurer.

raffoler [~ de] **1.** *Ce chanteur doit son succès aux vieilles dames qui raffolent de lui* : ↓ **adorer.** *Passez encore cette face du disque, j'en raffole* : **être fou de.** **2.** *Raffoler d'un plat* : V. AIMER et GOÛTER.

raffut V. potin I, tapage.

rafiot V. bateau.

rafistoler V. réparer.

rafle *Des revendeurs de drogue ont été pris dans une rafle* : **descente de police** ◆ **arrestation** (qui n'implique pas une opération faite à l'improviste).

rafler V. accaparer I, s'attribuer, gagner I, voler II.

rafraîchir V. refroidir.

rafraîchir (se) V. fraîchir (*in* frais).

ragaillardir V. remonter.

rage **1.** *Un cri de rage* : V. FUREUR. **2.** *Il s'est aperçu qu'on se moquait de lui et est entré dans une rage folle* : **écumer de rage, être**

furieux ◆ [sout.] **pester** ◆ [fam.] **fumer de rage, être en rogne.** *Sur la mer, la tempête fait rage* : **se déchaîner.** **3.** *La rage de* : V. FIÈVRE.

◇ **rager** *Je suis arrivé sans rien savoir et cela m'a fait rager* : **enrager** ◆ [fam.] **bisquer, râler** ◆ [très fam.] **rogner.**

◇ **rageant** *Il me manquait un point pour réussir ; c'est rageant !* : **exaspérant** ; → VEXANT.

◇ **rageur** *Quel homme désagréable, toujours rageur !* : **coléreux.** *Il répondit d'un ton rageur* : **hargneux.**

ragot V. bavardage (*in* bavard), conte, médisance (*in* médire), on-dit, potin II, racontar (*in* raconter).

ragoûtant V. appétissant.

raid *Les raids se multipliaient sans que les organisations internationales interviennent* : **coup de main** ; → ASSAUT, INCURSION.

raide **1.** *Il restait les membres raides de fatigue* : ↑ **engourdi.** *J'ai dormi dans une mauvaise position, mon bras est tout raide* : [didact.] **ankylosé.** **2.** *Il fallait que les fils soient bien tendus, raides* : **rigide.** *Des cheveux raides* : V. PLAT. **3.** *On accédait au château par un sentier très raide* : **abrupt** ; → ESCARPÉ. **4.** *Ne soyez donc pas si raide !* : [sout.] **collet monté, gourmé, guindé, rigide** ; → AUSTÈRE. **5.** *Le ton raide du contremaître exaspérait les ouvriers* : **autoritaire.** **6.** *Nous ne demandons qu'à vous croire, mais avouez que c'est quand même un peu raide* [fam.] : [cour.] **étonnant, fort*, surprenant.** **7.** *La pièce présentait des scènes si raides que le ministre l'a interdite* [fam.] : [plus cour.] **hardi*,** ↑ **licencieux.** **8.** *Être raide* : **désargenté*.**

◇ **raideur** *La raideur des membres* : **ankylose** ◆ ↑ **engourdissement.** *La raideur d'un cadavre* : **rigidité.**

◇ **raidir** *Il a raidi tous ses muscles pour soulever la pierre* : **bander, tendre** ; → CONTRACTER, DURCIR, NOUER.

◇ **se raidir** *Parlez-lui gentiment sinon il va se raidir* : ↑ **se hérisser.**

raidillon V. côte II, montée (*in* monter I).

raie *Elle portait une robe bleue avec des raies blanches* : [plus cour.] **rayure.** *Le maçon traça des raies sur le sol* : [plus cour.] **trait.**

◇ **rayure** **1.** V. RAIE. **2.** *On reconnaissait l'animal à la disposition des rayures sur le pelage* : **zébrure.** *La surface du mur était marquée de rayures* : **strie** (= marques parallèles) ; → ACCROC, ENTAILLE.

◇ **rayer** **1.** *Tu peux rayer la phrase et recommencer* : **barrer, biffer, raturer** ; → EFFACER. **2.** *Cet homme a été rayé des cadres de l'armée* : **exclure, radier** ; → BANNIR.

rail V. communication, voie.

railler *Le journal raillait avec talent les hommes politiques* : [sout.] **persifler,** [très sout., rare] **satiriser,** [très sout., vieilli] **brocarder, dauber sur,** [fam.] **mettre en boîte.** *Vous raillez tout le monde sans beaucoup d'esprit* : **ridiculiser** ◆ ↓ **se moquer de*,** ↓ **plaisanter** ◆ **ironiser sur** ◆ ↑ **bafouer** (= raillerie méchante) ◆ [fam.] ↓ **blaguer, charrier** ; → HUER.

◇ **raillerie** *Vous n'apprécierez pas sa raillerie piquante* [vx] : [plus cour.] **ironie** (= manière de railler qui consiste à dire le contraire de ce qu'on veut faire entendre) ◆ ↓ **esprit.** *Les railleries de l'humoriste ont atteint leur cible* : **trait,** [très sout., vieilli] **brocard.** *Je n'aime pas vos railleries* : [sout.] **quolibet** ◆ [cour.] **moquerie, ironie** (au singulier : *je n'aime pas votre ironie*) ; → POINTE. *Il a dit cela par raillerie* : **dérision** (qui implique le mépris) ; → MALICE, PLAISANTERIE, SARCASME.

◇ **railleur** [adj.] *Votre ton railleur irrite plus qu'il n'amuse* : **ironique, goguenard, narquois** ; → MALICIEUX, MOQUEUR.

rainure *La cloison mobile glissait facilement dans la rainure* : **coulisse** (= pièce comportant une rainure). *Le fût de la colonne présentait des rainures* : [didact.] **cannelure** ◆ [moins précis.] **entaille*.**

raison

I **1.** *Il prétendait convaincre en faisant appel à la raison* : **bon sens.** *En abandonnant la partie, vous suivez la voie de la raison* : **sagesse.** **2.** V. PENSÉE. *Perdre la raison* : **tête.**

◇ **raisonnable** **1.** *Pourquoi le tenir à l'écart ? il se conduit de façon raisonnable* : **sensé.** *Votre décision raisonnable vous honore* : **judicieux, sage*.** *L'organisation pro-

posée est raisonnable : **rationnel.** **2.** *Il est tout à fait raisonnable de vouloir un monde meilleur* : **légitime*, naturel, normal, sain*.** **3.** *C'est une offre raisonnable* : **acceptable*, convenable.** *Un prix raisonnable* : **décent*, modéré.**

◇ **raisonnablement** *Tenez-vous raisonnablement* : **convenablement, bien** ; → DÉCEMMENT. *Il craint d'avoir un cancer, aussi fume-t-il raisonnablement* : **modérément.** *Vivre raisonnablement* : **sainement*.**

II **1.** *Les raisons politiques de son refus ne sont pas claires* : **cause*, mobile, motif*, sujet*.** *Personne ne pouvait expliquer la raison de l'accident* : **cause, pourquoi.** **2.** *Les raisons que vous invoquez pour justifier votre absence me semblent un peu légères* : **excuse** ◆ [péj.] **prétexte*.** **3.** *Il a de bonnes raisons pour ne pas se lancer à la légère* : **argument.** *Vous avez beau dire, ce n'est pas une raison pour refuser* : [moins cour.] **critère.** **4.** *Il veut toujours avoir raison* : **avoir le dernier mot** ; → INSPIRÉ. *Il a eu raison de toutes les difficultés* : **venir à bout de.** *Il a raison* : **être dans le vrai*.** *C'est avec raison qu'il a réduit ses activités* : **à juste titre.** *Il fait toutes les bêtises, mais on lui donne toujours raison* : **soutenir.** *Raison de vivre* : V. BUT. *Se faire une raison* : **en prendre son parti*.** **5.** *En raison des circonstances, nous interrompons l'émission* : **vu,** [sout.] **eu égard à, à cause de*.** *En raison de* : V. EN PROPORTION* DE.

◇ **raisonnement** **1.** [sing.] *Je saisis votre raisonnement* : **argumentation,** [partic.] **démonstration** (qui implique qu'on établisse une affirmation par un raisonnement). **2.** [pl.] *Cessez de me contredire, j'en ai assez de tous vos raisonnements* : **réplique, objection** ◆ [fam.] **rouspétance.**

rajouter V. ajouter, enjoliver, en remettre*.

ralentir **1.** V. DÉCÉLÉRER, METTRE UN FREIN* et MODÉRER. **2.** V. DIMINUER. **3.** *La saison des pluies ralentissait l'avance de l'expédition* : ↑ **retarder*.**

râler *Son échec l'a fait râler* : **enrager** ◆ [cour.] **rager** ◆ ↓ **grogner** ; → JURER. *On l'entend toujours râler* [fam.] : **rouspéter** ◆ [sout.] **récriminer** ; → MURMURER, SE PLAINDRE, PROTESTER.

◇ **râleur** *L'Administration n'aime pas les râleurs* [fam.] : **rouspéteur** ◆ [plus sout.] **insatisfait** ◆ **mécontent** (qui n'implique pas l'expression du désaccord) ; → BOUGON, COLÉREUX, RAGEUR.

ralliement V. conversion (*in* convertir).

rallier **1.** *Rallier ses troupes* : **rassembler** ; → BATTRE LE RAPPEL*. **2.** *Le projet rallia l'ensemble du conseil d'administration* : **gagner** ; → ADHÉRER II, ASSEMBLER, CONVERTIR. **3.** *Les avions rallièrent leur base après l'attaque* : **regagner, rejoindre.**

◇ **se rallier** *Je me rallie aux décisions de la majorité* : **adhérer*, se ranger.**

rallonge *Il a obtenu une rallonge de crédits* [fam.] : [cour.] **augmentation, supplément.** *Un nom à rallonge* : **particule** ; → À N'EN PLUS FINIR*.

rallonger *Les jours rallongent* : **s'allonger, allonger*.**

rallumer V. ranimer.

rallye V. course.

ramage V. gazouillement.

ramas V. ramassis.

ramassage V. enlèvement (*in* enlever).

ramasser **1.** *Les éboueurs ramassent les ordures ménagères* : [plus précis.] **enlever.** **2.** *Les gamins ramassaient les épis oubliés* : [plus précis.] **glaner.** *Elle mettait en conserve les cèpes qu'elle avait ramassés* : **cueillir.** **3.** *Il a ramassé pas mal de preuves* : **amasser, recueillir, assembler*.** *Ramasser de l'argent* : V. PERCEVOIR. **4.** *La police a ramassé tous les clients de ce bar* [fam.] : **cueillir** ◆ [cour.] **arrêter*.** **5.** *Ramasser une bûche* [fam.] : **se ramasser** ◆ [cour.] **tomber.** *Ramasser une veste* : **échouer*.** *Ramasser de l'argent* : **gagner.** *Ramasser une sale maladie* [fam.] : **contracter.**

◇ **ramassé** **1.** *Il était assez petit, mais très ramassé ; tout en muscles !* : **trapu, épais*.** **2.** *Il résuma la situation en quelques formules ramassées* : **concis.**

ramassis *Le brocanteur vendait un ramassis de vieux objets* : [péj., vx] **ramas, amas*.**

rambarde V. balustrade.

ramdam V. potin II, tapage.

rame
I 1. *L'adolescent maniait les rames avec adresse* : [didact.] **aviron** ◆ [partic.] **pagaie.** 2. *Ne pas en fiche une rame* [fam.] : **paresser*.**
◇ **ramer** 1. *Il va falloir ramer jusqu'à la côte* : [partic.] **godiller, pagayer** ◆ [didact.] **nager.** 2. V. PEINER.
II 1. *Une rame de papier* : V. FEUILLE. 2. *J'ai manqué la dernière rame* : **métro, train** ; → CONVOI.
III *Mettre des rames à ses haricots* : **tuteur*.**

rameau V. branche.

ramener 1. *Venez donc avec nous, nous vous ramènerons chez vous* : **reconduire, raccompagner, remmener.** 2. *La jeune femme ramena sur ses jambes les pans de sa robe de chambre* : **rabattre, tirer.** 3. *On lui fit respirer des sels ; cela le ramena à la vie* : **ranimer, rappeler à la vie.** *Il ne veut rien entendre, aidez-moi à le ramener à la raison* : **rappeler qqn à la raison, faire entendre raison à qqn.** 4. *L'armée a ramené l'ordre en ordonnant le couvre-feu* : **rétablir, restaurer.** 5. *Il ne peut s'empêcher de la ramener* [très fam.] : V. PROTESTER. 6. *Ramener qqch à qqch* : V. ASSIMILER et RAPPORTER. 7. *Vous pouvez en fait ramener les deux projets à un seul* : **réduire à.**
◇ **se ramener** 1. [qqch ~] *Tous leurs discours se ramènent à ceci* : **se réduire.** 2. [qqn ~] *Je t'attends depuis deux heures, tu te ramènes, oui ou non ?* [fam.] : [fam.] **rappliquer** ◆ [cour.] **venir*.** *Il se ramenait à des heures impossibles* [fam.] : [cour.] **rentrer.**

ramette V. feuille II.

ramier V. pigeon.

ramolli V. déliquescent.

ramollir V. amollir.

rampant V. obséquieux.

rampe V. balustrade, montée (*in* monter I).

ramper V. se mettre à plat ventre*.

ramure V. branche, feuillage.

rancard, rancart 1. V. rendez-vous. 2. V. renseignement (*in* renseigner).

rancarder V. renseigner.

rancart V. rebut.

rancœur *Ce qu'il a dit ne me dispose pas à oublier ma rancœur* : ↑ **rancune** (= implique un désir de vengeance) ◆ [très sout.] ↑ **ressentiment** ; → AIGREUR, AMERTUME. *Remplir de rancœur* : V. AIGRIR.

rancune V. rancœur, ressentiment.

rancunier *Un tempérament rancunier* : **vindicatif.**

randonnée *Ils profitèrent du beau temps pour entreprendre des randonnées dans la région* : [plus génér.] **promenade** ◆ **marche** (= randonnée pédestre) ◆ **équipée** (= souvent ironique, désigne une sortie en toute liberté) ; → COURSE, TOUR.

rang
I 1. [sing.] *Tout le rang de fauteuils d'orchestre avait été loué* : **rangée** (= suite en largeur) ; → LIGNE. *Placez-vous en un seul rang devant moi* : **file** (= suite en longueur). *Les policiers formaient un rang qui protégeait le cortège* : **haie.** 2. [pl.] *Pour rentrer dans nos rangs, il vous faudra faire vos preuves* : **groupe*, organisation*, société*.**
II 1. *On ne voyait à la tribune que les hommes du plus haut rang* : **échelon.** *Cet officier d'un haut rang a été chargé d'une mission délicate* : **grade.** *Un homme de son rang doit-il vraiment afficher tant de vanité ?* : **condition, qualité** ◆ [rare] **état,** [génér.] **catégorie** ; → PLACE*, POSITION*, SITUATION. 2. *Vous confondez tout en mettant cela au même rang* : **niveau.** *Pour moi, ces élèves sont de même rang* : **valeur** ; → DEGRÉ. 3. *Mettre au rang. Je vous mets, bien sûr, au rang de mes amis* : **compter parmi, ranger parmi.**

rangé V. réglé (*in* régler), sérieux, bien tenu*.

rangée V. ligne III, rang I.

rangement V. classement (*in* classe).

ranger

I *L'enfant passait son temps à ranger ses soldats de plomb* : [plus cour.] **aligner, mettre en rang.**

II 1. *Vous rangerez ces ouvrages par ordre chronologique* : **replacer** ◆ [plus précis] **classer***, **mettre en ordre, ordonner*** ; → ARRANGER, GROUPER, PLACER. 2. *Ranger sa voiture* : **garer, rentrer.** *Ranger ses affaires* : **plier.** 3. *Ranger parmi* : V. RANG.

◇ **se ranger** 1. V. SE RALLIER. 2. *Il se rangera après son mariage* : **s'assagir, se calmer.**

ranimer 1. V. RAMENER* À LA VIE. 2. *Tout semblait oublié quand un mot malheureux ranima sa haine* : **réveiller, rallumer.** *Les vieilles photographies ranimaient ses souvenirs* : **raviver, vivifier***. 3. *Elle soufflait doucement sur les braises pour ranimer le feu* : **raviver, attiser.** 4. *Le succès ranima le courage des troupes épuisées* : **raviver, redonner, revigorer** ◆ [fam.] **ravigoter** (*ravigoter les troupes*) ; → ANIMER.

rapace 1. [adj.] *Un usurier rapace* : **âpre** (*âpre au gain*), **avide, cupide.** 2. [n.] *Les rapaces sont des espèces protégées* : **oiseau de proie** ◆ [génér.] **prédateur.**

rapacité V. avarice (*in* avare), convoitise (*in* convoiter).

râpé V. usé (*in* user II).

rapetasser V. raccommoder.

rapetisser V. diminuer, raccourcir.

râpeux V. âpre, rude, rugueux.

rapiat V. chiche.

rapide 1. *C'est un des coureurs les plus rapides de sa génération* : [rare] **véloce** ◆ [didact.] **vite** ; → ACCÉLÉRÉ, ACTIF. 2. *La descente était très rapide et l'on devait avancer avec précaution* : **raide, sec***. 3. *On ne peut s'empêcher de penser que la décision a été trop rapide* : **hâtif***, **précipité, prompt***, **soudain** ; → FULGURANT. *Un jugement rapide* : **expéditif, sommaire***. *Une ébauche rapide* : V. INFORME. 4. *Il jeta un coup d'œil rapide dans le magasin* : **furtif.**

◇ **rapidement** *Il a expédié rapidement toutes les affaires courantes* : **promptement***, **en moins de rien***, **en peu de temps***, **rondement, vivement** ; → TAMBOUR BATTANT*. *Ils ont été pris au dépourvu et ont déménagé rapidement* : **hâtivement.** *Ils marchaient rapidement pour éviter l'orage* : **bon train, vite.** *Il est parti très rapidement* : **comme une flèche** ◆ [fam.] **en cinq sec.** *Il trouva rapidement la réponse* : ↑ **en un instant** ◆ **vite.** *Passer rapidement* : **en coup de vent***. *Il arrivera rapidement* : **bientôt***.

◇ **rapidité** 1. *La rapidité du lévrier* : **vitesse** ◆ [rare] **vélocité.** 2. *La rapidité est la principale qualité exigée du garçon de courses* : [plus rare] **célérité, diligence** (qui indiquent en outre de l'empressement) ; → PROMPTITUDE. *La rapidité de sa réaction m'a surpris* : **vivacité** (qui marque en plus la violence) ; → SOUDAINETÉ. 3. V. AGILITÉ.

rapiécer V. raccommoder.

rapière *L'antiquaire vendait principalement d'anciens pistolets et de vieilles rapières* : [plus génér.] **épée.**

rapin V. peintre.

rapine *Les rapines des soldats affamaient la population* : **vol*** ◆ **brigandage** (qui s'applique plutôt aux bandes de malfaiteurs) ◆ **déprédation** (qui implique que le vol s'accompagne de dégâts).

rappel 1. *La loi prévoit le rappel de la réserve en cas de guerre* : **mobilisation.** *Battre le rappel. Le candidat a battu le rappel de ses partisans* : **faire appel à, rallier, regrouper** ◆ **mobiliser** (qui implique un projet d'action) ; → APPELER. 2. *Le rappel du passé* : **évocation*** ◆ [partic.] **souvenir.**

rappeler

I *Rappeler quelqu'un à la vie* : **ramener***. *Rappeler un acteur en scène* : **acclamer***. *Rappeler les réservistes* : **mobiliser***.

II 1. *Tous ces vieux jouets ne me rappellent rien* : **évoquer, éveiller*** ◆ ↓ **dire.** *Votre histoire me rappelle un roman* : **faire penser à, ressembler à.** *Il lui rappelait leurs longues promenades* : [sout.] **remémorer.** 2. *Il lui rappelle sa promesse* : **redire***, **répéter***.

◇ **se rappeler** *Je ne me rappelle pas l'avoir vu avec vous* : **se souvenir de*** ◆ [sout.] **se**

remémorer. *Je ne me rappelle pas du tout cet endroit* : **reconnaître** ; → SE REMETTRE.

rappliquer V. venir. *Se rappliquer* : V. se ramener.

rapport

I [rapporter II] *Vous nous ferez un rapport après la réunion* : **compte rendu** ◆ **procès-verbal** (= rapport officiel écrit) ◆ [partic.] **constat** (= enregistrement d'un fait, d'une situation, à des fins juridiques ou administratives). *Le rapport des voisins était accablant pour l'accusé* : [plus précis.] **témoignage.**

II [rapporter III] **1.** *La police a établi le rapport entre les deux faits* : **liaison, lien, relation** ◆ [sout.] **concordance, corrélation.** *Expliquez-moi quels rapports vous établissez entre ces deux périodes* : ↑ **correspondance, rapprochement, analogie*** ; → ACCORD*, COMMUNE MESURE*, CONVENANCE*, DÉPENDANCE*. *Mettre en rapport* : V. RAPPROCHER. *Se mettre en rapport avec quelqu'un* : **en relation** ◆ [moins cour.] **s'aboucher** ; → CONTACT. *Avoir des rapports avec qqch* : V. SE RAPPROCHER. **2.** *Je n'ai pas étudié la question sous ce rapport* : **aspect, angle, point de vue** (*de ce point de vue*) ; → À CET ÉGARD*. **3.** *Je préfère ignorer quels rapports vous entretenez avec elle* [au pl.] : **relations** ◆ [très sout.] **commerce.** *Avoir des rapports sexuels avec qqn* : **relations. 4.** *Par rapport à* : V. COMPARAISON, POUR, COMPARER, AU REGARD* DE, PAR RÉFÉRENCE* À et FONCTION.

III *C'est une terre d'un bon rapport* : **rendement** ; → PRODUIT.

rapporter

I [qqn ~ qqch] *Vous devez rapporter ce livre à la bibliothèque dans quinze jours* : **rendre** ◆ [fam.] **ramener** ; → REMETTRE.

II [qqn ~ qqch] **1.** *Le journaliste avait rapporté en détail les épisodes du coup d'État* : [sout.] **relater** ◆ [fam.] **raconter*.** *Rapporter les paroles de qqn. Vous lui rapporterez mes paroles sans rien y changer* : **redire, répéter** ; → CITER.

III [qqn ~ qqch à] *L'historien rapportait la décadence de l'empire à la dissolution des mœurs* : **attribuer, mettre en relation.**

◇ **se rapporter 1.** [~ à qqch] V. S'APPLIQUER et CORRESPONDRE. **2.** *Je m'en rapporte à vous pour régler les détails* : **se fier, s'en remettre** ◆ **faire confiance** (*je vous fais confiance*).

IV [qqn ~] *Ses camarades ne lui parlent plus, il est toujours à rapporter* : [fam.] **cafarder, moucharder** ◆ ↑ **dénoncer** (*il est toujours à dénoncer ses camarades*).

◇ **rapportage** *Les rapportages d'un élève au professeur* [vx] : [fam.] **cafardage, mouchardage.**

◇ **rapporteur** *Nous n'aurons plus jamais confiance en toi, tu n'es qu'un rapporteur* : [fam.] **mouchard, cafard.**

V *Rapporter une mesure* : V. ANNULER.

VI *Une terre rapporte* : [rare] **porter intérêt, fructifier*, produire*** ; → DONNER. *Un capital qui rapporte* : V. PORTER.

rapprocher *Vous rapprocherez ces deux opinions et les discuterez* : **mettre en rapport, lier*** ◆ ↑ **comparer** ; → ASSIMILER.

◇ **se rapprocher 1.** *L'alpiniste se rapprochait du sommet* : **approcher, s'approcher** ; → VENIR. **2.** *Après une longue brouille, il se rapprocha de sa famille* : ↑ **se réconcilier avec. 3.** *Sa peinture se rapproche de celle des impressionnistes* : **avoir des rapports avec, s'apparenter à** ◆ ↑ **ressembler à. 4.** V. SE SERRER. **5.** V. TIRER.

◇ **rapprochement 1.** *Il a passé sa vie à prôner le rapprochement de la France et de l'Allemagne* : ↑ **réconciliation. 2.** V. PARALLÈLE et RAPPORT.

rapt V. enlèvement (*in* enlever).

raquer V. payer.

rare 1. *J'ai découvert cette édition rare chez un brocanteur* : **recherché** (qui s'emploie de préférence avec un adv. d'intensité : *très, assez*) ◆ ↑ **introuvable,** ↑ **rarissime.** *L'expression était rare et appelait des commentaires* : **inusité, inhabituel*** ◆ **singulier*. 2.** *Ce cas est assez rare : je ne l'avais jamais rencontré* : **étonnant, surprenant, curieux*** ; → EXCEPTIONNEL. **3.** *L'ébéniste avait prouvé une rare adresse dans la restauration des meubles* : **remarquable** ; → EXCEPTIONNEL. **4.** *Il a le cheveu rare* : ↓ **clairsemé.**

◇ **rareté** *La rareté du papier explique le prix élevé des livres* : ↑ **manque de,** ↑ **pénurie de.** *La rareté des vivres* : **disette** ◆ ↑ **famine.** *Une (des) rareté(s)* : **curiosité(s).**

rarement V. peu I.

ras V. court.

rasant V. ennuyeux (*in* ennuyer).

rasé V. glabre.

raser
I 1. V. TONDRE. 2. [fig.] V. ENNUYER.
II *D'énormes bouteurs rasaient tout le quartier* : ↓ **abattre,** ↓ **démolir, démanteler*.**
III *Il s'éloigna en rasant les murs* : **longer, frôler*, serrer*.**

raseur V. ennuyeux (*in* ennuyer), prêcheur (*in* prêcher).

ras-le-bol V. assez.

rasoir V. ennuyeux (*in* ennuyer).

rassasier *Vous qui aimez les vieilles pierres, voilà de quoi vous rassasier !* : **combler, assouvir*** ◆ ↓ **contenter.** *Il a mangé du foie gras jusqu'à en être rassasié* : [sout.] **gorger** ◆ [fam.] **gaver*.**
◇ **rassasié** *Les convives étaient rassasiés* : **repu** ◆ [fam.] **bourré, gavé.**

rassemblement V. attroupement (*in* attrouper), concentration (*in* concentrer), groupement (*in* groupe), réunion.

rassembler 1. *Les invités étaient rassemblés dans le jardin* : **réunir, assembler*, grouper*, masser*** ; → CONCENTRER, RALLIER. *L'inspecteur rassemblait tous les témoignages* : **réunir** ◆ ↓ **recueillir** ◆ ↑ **accumuler.** *Il rassemble tous les bibelots possibles* : **collectionner.** 2. V. CONSTITUER.

rasséréner V. apaiser, tranquilliser (*in* tranquille).

rassis 1. V. dur, sec I. 2. V. réfléchi (*in* réfléchir I).

rassurant V. optimiste (*in* optimisme).

rassurer *Il parla très doucement pour rassurer l'enfant apeuré* : **apaiser, tranquilliser*** ◆ [sout.] **sécuriser** ; → CONSOLER.

rat 1. V. chiche. 2. *Petit rat* : V. danseur.

ratage V. échec.

ratatiné V. rabougri.

ratatiner (se) V. se tasser.

raté 1. V. à côté*. 2. V. à-coup, à la manque*, mauvais. 3. V. nullard.

râteler V. ratisser.

rater V. échouer, manquer I et III.

ratiboiser V. s'attribuer, voler II.

ratière V. piège.

ratification V. assentiment.

ratifier *Les députés ratifièrent la décision* : [didact.] **entériner, sanctionner** ; → VOTER.

ratiociner V. discuter.

ration V. mesure I, portion.

rationnel V. raisonnable (*in* raison I).

ratisser 1. *Le jardinier ratisse les allées* : **nettoyer*, aplanir** ◆ **râteler** (*râteler le foin, l'herbe*, c'est ramasser à l'aide d'un râteau). 2. *Il s'est fait ratisser au casino* [fam.] : **nettoyer.**

rattachement V. réunion (*in* réunir).

rattacher 1. *La Savoie a été rattachée à la France en 1860* : ↑ **incorporer** ; → RÉUNIR. 2. V. LIER, RACCORDER et RACCROCHER.

rattraper
I 1. *Il court trop vite, je ne pourrai plus le rattraper* : **atteindre, rejoindre.** 2. V. REGAGNER.
◇ **se rattraper** *Se rattraper à quelque chose* : V. SE RACCROCHER et SE RETENIR.
◇ **rattrapage** *Le rattrapage des salaires* : **réajustement.** *Un cours de rattrapage* : **repêchage, cours de soutien, remise à niveau.**
II 1. *Il est temps de rattraper vos erreurs* : ↑ **réparer.** 2. *Comment rattraper la maille de mon chandail* : **reprendre.**
◇ **se rattraper** *Il a fait une bourde, mais il a su se rattraper à temps* : **se reprendre.**

rature V. correction.

raturer V. effacer, rayer (*in* raie).

rauque *Il avait la voix rauque* : **éraillé** ◆ ↓ **voilé** ◆ **enroué** (qui implique le plus souvent un défaut accidentel et passager) ◆ **guttural** (qui s'applique à une voix qui vient du fond de la gorge) ; → ROCAILLEUX.

ravage V. dégât, destruction (*in* détruire), saccage.

ravager **1.** *Le feu ravageait la forêt* : **dévorer.** *La guerre durait et ravageait le pays* : **dévaster, faire des ravages, mettre à feu et à sang** ◆ ↓ **désoler** ; → APPAUVRIR. *Les doryphores ont ravagé les pommes de terre* : **infester** ◆ ↓ **envahir.** *Les pluies torrentielles ont ravagé les récoltes* : ↑ **anéantir** ◆ [sout.] **ruiner, abîmer*, saccager*** ; → FAIRE DES DÉGÂTS*, DÉTRUIRE. **2.** V. FLÉTRIR.

◇ **ravagé** **1.** *C'est une région ravagée après la disparition de son industrie sidérurgique* : **sinistré.** **2.** *Un visage ravagé par la maladie* : **torturé*** ◆ ↓ **tourmenté.**

ravaler

I *Il a fallu ravaler ce mur lézardé* : **restaurer, mettre à neuf*.**

◇ **ravalement** *Le ravalement des façades* : [partic.] **blanchiment, recrépissage, sablage** (= opérations de ravalement) ; → NETTOYAGE.

II *Les tortionnaires voulaient ravaler l'homme au niveau de la bête* : **rabaisser** ; → ABAISSER II.

◇ **se ravaler** *Ce n'est pas se ravaler que de travailler de ses mains* [sout.] : **déchoir, s'avilir.**

III *Ravaler ses larmes* : **retenir*.**

ravauder V. raccommoder.

rave V. bal.

ravi V. radieux. *Être ravi* : V. avoir du plaisir*.

ravigoter V. ranimer, remonter.

ravin V. précipice.

raviné V. ridé (*in* ride).

ravir

I *Ce spectacle m'a ravi* : **enchanter, charmer*.** *Être ravi de. Je suis ravi de vous revoir ici* : **enchanté** ◆ ↓ **heureux** ; → CONTENT, FLATTÉ, AVOIR DU PLAISIR* À.

◇ **ravissement** *Il espérait que ce ravissement ne cesserait jamais* [sout.] : [plus cour.] **extase, délice*, ivresse*.**

II V. ARRACHER, S'ATTRIBUER et ENLEVER.

raviser (se) V. se dédire.

ravissant V. beau, charmant (*in* charme), joli I.

ravisseur V. voleur (*in* voler II).

ravitaillement V. provision I.

ravitailler V. approvisionner, se fournir.

ravitailleur V. fournisseur (*in* fournir).

raviver V. animer, ranimer, renouveler.

rayer V. raie.

rayon **1.** V. corde, domaine, partie II. **2.** V. planche, tablette (*in* table I).

rayonnage *Des milliers de livres étaient rangés sur les rayonnages* : [plus génér.] **étagère** ; → TABLETTE.

rayonnant V. brillant II, radieux.

rayonner

I *Le soleil rayonne* : **irradier, briller*.**

II *La culture française a autrefois rayonné dans le monde entier* : **se propager.**

rayure V. entaille, raie.

razzia V. incursion.

réaction **1.** *Quelle a été sa première réaction ?* : **réflexe, mouvement*.** *Un avion à réaction* : **jet.** **2.** *La réaction s'oppose à ces mesures sociales* : **droite,** [moins cour.] **conservatisme** ; → EXTRÉMISME.

◇ **réactionnaire** [adj. et n.] *Un programme réactionnaire* : ↓ **conservateur,** ↓ **rétrograde** (toujours adjectifs), [abrév. fam.] **réac** ; → EXTRÉMISTE.

◇ **réacteur** V. pile.

réactiver V. relancer.

réactualisation V. modernisation (*in* moderne).

réactualiser V. moderniser (*in* moderne).

réadaptation *La réadaptation d'un muscle atrophié* : **rééducation.** *La réadaptation d'un ancien détenu à la vie active* : [plus précis.] **réinsertion.**

réagir **1.** *Les ouvriers ont réagi contre les mesures de licenciement* : **s'opposer à** ◆ ↑ **résister à,** ↑ **lutter contre** ; → PROTESTER. *Bien réagir à un médicament* : V. TOLÉRER. **2.** *Réagissez donc ! vous avez toute la vie pour vous consoler !* : **reprendre le dessus,** [plus fam.] **se secouer.** **3.** *Toutes les propositions nouvelles ont réagi sur l'assemblée* : **se répercuter.** *Réagir vivement. Il a réagi vivement quand je l'ai appelé* : **bondir, sursauter.**

réajustement V. rattrapage (*in* rattraper I).

réalisateur *Le réalisateur d'un film ou d'un téléfilm* : **metteur en scène** ◆ [plus précis] **cinéaste***, **vidéaste.** *Le réalisateur d'une émission radiophonique* : **producteur,** [rare] **metteur en ondes.**

réalisation

I **1.** *La réalisation du projet intéresse tout le village* : **exécution, accomplissement***. *Les réalisations de la technologie* : **création.** **2.** *La réalisation d'un film, téléfilm, programme radiophonique* : **mise en scène, en images, en ondes.**

II *La réalisation de ses biens* : V. LIQUIDATION.

réaliser

I *Les insurgés ont réalisé entièrement leurs projets* : **exécuter, accomplir***.

◇ **se réaliser** **1.** *Je ferai tout pour que ce rêve se réalise* : **se concrétiser, se matérialiser, s'accomplir***. *J'ai confiance, ça se réalisera peut-être* : **arriver, se produire.** **2.** *Cette femme peut bien se réaliser pleinement sans être mère* : **s'épanouir.**

◇ **réalisable** *La réforme est réalisable dans les prochaines années* : **exécutable,** ◆ **possible***, [plus fam.] **faisable.**

II *Je n'ai pas réalisé que l'épreuve serait si longue* (anglicisme parfois critiqué) : [cour.] **se rendre compte, saisir, comprendre*** ; → ÉPROUVER.

III *Réaliser des biens* : V. LIQUIDER.

réaliste **1.** V. concret, sens 1. **2.** V. désabusé.

réalité V. réel.

réaménager V. restructurer.

réapparition V. retour (*in* retourner).

rébarbatif **1.** *L'épicier avait une mine si rébarbative qu'il perdait sa clientèle* : **revêche** ; → ACARIÂTRE, REBUTANT. **2.** *C'est un travail rébarbatif et je ne parviens pas à le commencer* : **ennuyeux, aride***.

rebattre *Rebattre les oreilles* : V. répéter.

rebattu *Ces arguments rebattus ne convainquent plus personne* : **banal, éculé, commun***, **usé***.

rebelle **1.** [adj. et n.] *Tous les éléments rebelles à l'autorité centrale, tous les rebelles seront arrêtés* : **insoumis** ; → COMPLOTEUR, RÉVOLTÉ. **2.** [adj.] *Les parents voulaient mater leur fils rebelle* [sout.] : ↓ **indocile** ◆ ↓ [plus cour.] **désobéissant.** *Son caractère rebelle lui vaudra des ennuis* : ↓ **récalcitrant, rétif***. **3.** *Quoi qu'on fasse, il est rebelle à toute observation* : **fermé, réfractaire.**

◇ **rébellion** *Le gouvernement a puni la rébellion des généraux* : **insubordination, insoumission** (= action violente d'un groupe qui refuse l'autorité légale) ◆ **révolte, sédition** (= intention de détruire l'autorité) ◆ **soulèvement** (qui suppose un mouvement massif) ; → OPPOSITION, COMPLOT.

rebeller (se) V. désobéir, révolter (se).

rebiffer (se) V. se cabrer, résister.

reboiser V. repeupler.

rebondi *La jeune femme avait des fesses bien rebondies* : **dodu, plein***, **rond*** ; → GRAS*.

rebondir **1.** V. ricocher. **2.** V. reprendre I.

rebondissement V. coup de théâtre*.

rebord V. bord.

rebours (au) V. contresens, contraire.

rebouteux V. guérisseur (*in* guérir).

rebrousser *Rebrousser chemin* : V. revenir* sur ses pas.

rebuffade V. vexation (*in* vexer).

rebut 1. *Vous ne me proposez que le rebut !* : **fond du panier** ; → DÉCHET. *Le rebut de la société* : **lie.** 2. *Mettre au rebut* : [fam.] **mettre au rancart.**

rebuter *Sa brusquerie rebutait les timides* : ↓ **déplaire à, arrêter*, décourager*.**
◇ **rebutant** *Ne soyez pas trop surpris par ses manières rebutantes* : **désagréable, décourageant** ◆ ↑ **repoussant.**

recadrage *Le recadrage de notre politique sociale* : **recentrage, restructuration***.

recalage V. élimination (*in* éliminer).

récalcitrant 1. *L'âne récalcitrant refusait d'avancer d'un pas* : **rétif.** 2. V. REBELLE.

recalé *Être recalé* : V. échouer.

recaler V. ajourner, éliminer, refuser.

récapituler V. résumer, passer en revue*.

receler 1. *Ce bijoutier recelait des joyaux volés* : ↓ **détenir** (qui n'implique pas comme *receler* l'illégalité de l'acte). 2. *La maison recelait un mystère* [sout.] : [plus cour.] **renfermer, cacher*, contenir***.

recensement V. dénombrement, revue II.

recenser V. compter.

récent *Une nouvelle toute récente* : **frais.** *Claire ? c'est une connaissance récente* : **de fraîche date.** *L'architecte utilise des matériaux récents* : **nouveau, moderne.** *Des montagnes récentes* : **jeune.**
◇ **récemment** *J'ai appris votre départ récemment* : **depuis peu*, dernièrement** ; → AVANT, TEMPS (*il y a peu de temps*). *L'élève s'était récemment inscrit dans l'établissement* : [sout.] **nouvellement.**

recentrage V. recadrage.

récépissé V. reçu (*in* recevoir I).

récepteur V. poste II.

réception V. recevoir II.

réceptionner V. recevoir.

réceptivité V. sensibilité.

récession V. crise.

recevoir
I [qqn ~ qqch] 1. *Les ouvriers faisaient grève pour recevoir une prime de risque* : [plus fam.] **se faire payer, toucher,** [plus génér.] **obtenir.** *La propriétaire voulait recevoir le montant du loyer* : **percevoir, encaisser.** *Dans cette affaire, il a reçu la forte somme* : [fam.] **empocher, palper***. *Recevoir une livraison* : **réceptionner.** 2. *J'ai voulu les séparer et j'ai reçu des coups* : [fam.] **déguster,** [avec ou sans compl.] **écoper, prendre***. 3. *Vous ne voudriez pas que je reçoive des injures sans rien dire ?* : [sout.] **essuyer.** 4. *Il ne m'est pas possible de recevoir vos excuses* : [plus cour.] **accepter***.
◇ **recevable** *Je suis désolé pour vous, votre demande n'est pas recevable* : **admissible** (qui implique souvent un jugement moral) ; → ACCEPTABLE, VALABLE.
◇ **reçu** *Le caissier lui donna un reçu pour son versement* : **acquit, récépissé** ◆ **quittance** (*pour le règlement d'une dette*).
II [qqn ~ qqn] 1. *Aux vacances scolaires, je reçois mes neveux* : [plus précis.] **donner l'hospitalité à, accueillir*** ; → LOGER. 2. *Je ne le reçois plus* : V. VOIR. *Ne pas recevoir* : V. FERMER LA PORTE AU NEZ*. 3. *Être reçu au concours* : **admettre***.
III [qqch ~ qqch] V. CONTENIR.
◇ **réception** 1. *Tout est prêt pour la réception des touristes* : **accueil***. 2. V. SOIRÉE.

rechange (de) V. de secours*.

réchapper 1. V. ÉCHAPPER. 2. *En réchapper. Personne ne croyait qu'il en réchapperait* : [plus génér.] **guérir** ; → SURVIVRE. *Non, je sais bien que je n'ai aucune chance d'en réchapper* : [fam.] **s'en sortir, s'en tirer.**

recharge V. cartouche.

réchauffement V. serre (effet de).

réchauffer V. chaud.

rêche V. raboteux, rude.

rechercher 1. *Rechercher la vérité* : V. CHERCHER, POURSUIVRE et S'ENQUÉRIR. 2. *Cet acteur recherche les applaudissements* [péj.] : [plus fam.] ↑ **courir après** ; → SOLLICITER. 3. *Que recherchez-vous en racontant toutes ces histoires ?* : ↑ **viser.** 4. *Rechercher son intérêt* : V. REGARDER.

◇ **recherché** 1. *Voici une édition très recherchée que je vous recommande* : ↑ **rare*.** 2. *La marqueterie était très recherchée et faisait la valeur de l'armoire* : **travaillé** ◆ ↓ **soigné** ; → DÉLICAT, SOPHISTIQUÉ.

◇ **recherche** 1. *Les inspecteurs commencèrent leurs recherches dans les décombres de l'immeuble* : [plus précis.] **enquête** ◆ ↑ **investigation** ; → EXAMEN. 2. *La recherche des maladies nouvelles* : **dépistage.** 3. *La recherche de gisements pétrolifères en mer se développe* : **prospection.** 4. *Être habillé avec recherche* : **de façon recherchée** ; → AFFECTÉ, DÉLICATESSE, PRÉCIOSITÉ. *Les marchands d'armes sont toujours à la recherche de nouveaux clients* : **en quête de.**

rechigné V. maussade.

rechigner *Cet enfant est toujours à rechigner sans motif* [vieilli] : [plus cour.] **bouder** (qui indique le mécontentement marqué par l'expression du visage ou le silence). *Rechigner à faire quelque chose* : **renâcler à, répugner à*** ; → PROTESTER.

rechute V. répétition (*in* répéter).

récidive V. répétition (*in* répéter).

récidiviste V. repris de justice.

récif V. écueil, rocher.

récipient V. boîte I, ustensile, vaisselle.

réciproque 1. [adj.] *La convention réciproque mettait fin au conflit* : **bilatéral.** 2. [adj.] *Des sentiments réciproques* : V. MUTUEL et PARTAGER. 3. [n.] *Vous êtes désagréable avec moi, je vous rendrai la réciproque* : [plus cour.] **la pareille.**

◇ **réciproquement** 1. V. MUTUELLEMENT. 2. *Il passait sans arrêt de la plus grande indulgence à l'extrême sévérité, et réciproquement* : **vice versa.**

récit V. conte, histoire, narration (*in* narrer), roman, tableau.

récital V. concert.

récitatif V. chant.

réciter *L'adolescent aimait à réciter des vers* : **déclamer** (qui implique parfois quelque grandiloquence) ; → DIRE, LIRE.

réclamation V. demande (*in* demander), plainte (*in* plaindre II).

réclame *Cette revue contient trop de réclame* [vx] : [cour.] **publicité** ; → PROSPECTUS.

réclamer 1. [qqn ~ qqch] *Je me borne à réclamer ce qui me revient* : ↑ **revendiquer,** ↑ **exiger** ; → DEMANDER. *L'avocat général a réclamé la peine de mort* : **requérir.** 2. *La situation réclame que* : V. APPELER. 3. [qqn ~] *Vous n'êtes jamais satisfait, toujours à réclamer !* : **se plaindre*,** [fam.] **rouscailler** ◆ **pleurer* après** ; → PROTESTER. 4. [qqch ~ qqch] V. MÉRITER.

◇ **se réclamer de** *Ne vous réclamez pas de lui pour obtenir une audience* : [plus cour.] **se recommander de.**

reclassement V. reconversion.

réclusion V. emprisonnement.

recoin V. coin, repli (*in* replier).

récolte Syn. variés selon les contextes. *La récolte du blé* : **moisson.** *La récolte du foin* : **fenaison.** *La récolte des fruits* : **cueillette.** *La récolte du raisin* : **vendange.** *La récolte des pommes de terre* : **arrachage.**

◇ **récolter** 1. Même sens général que **récolte**. *Récolter les pêches* : **cueillir.** *Récolter les raisins* : **vendanger.** *Récolter le blé* : **moissonner.** *Récolter des pommes de terre* : **arracher*.** 2. *Ne vous mêlez pas de ses affaires, vous ne récolterez que des ennuis* [assez fam.] : [cour.] **avoir, y gagner.** 3. *Récolter des fonds pour une œuvre* : [plus sout.] **recueillir** ◆ **collecter.** 4. *L'abeille récoltait le pollen* : [plus précis] **butiner.**

recommander 1. *Je vous recommande cette plage très isolée* : ↓ **conseiller** ; → DIRE, PRÊCHER, PRÉCONISER, INVITER. 2. *Son beau-*

père l'a recommandé auprès du directeur : **appuyer,** [fam.] **pistonner** ; → PATRONNER, PROTÉGER. **3.** *Je vous recommande le silence* : **exhorter à, demander.**

◇ **recommandation** **1.** *Les enfants n'ont pas écouté les recommandations de leur maman* : ↓ **conseil,** ↓ **avis** ◆ ↑ **commandement*,** ↑ **ordre** ; → AVERTISSEMENT. **2.** *Vous ne pouvez visiter ce château que si vous avez une recommandation du ministre* : **appui, protection,** [fam.] **piston** (*si vous avez du piston*) ; → CERTIFICAT, INTRODUCTION.

◇ **recommandable** *Ce n'est pas un homme, un endroit recommandable* : **fréquentable, à fréquenter** ◆ **estimable** (qui ne convient que pour les personnes).

◇ **se recommander** V. SE RÉCLAMER.

recommencer *Vous n'avez pas compris ? Je recommence tout depuis le début* : **reprendre.** *Pour obtenir un résultat, il fallait recommencer plusieurs fois les essais* : **répéter,** [plus génér.] **refaire*.** *Recommencer une classe* : **redoubler, doubler*.** *Je croyais que la pluie allait cesser, mais voilà que ça recommence* : **se reproduire,** [fam.] **ça remet ça, c'est reparti** (*c'est reparti pour un tour*). *La même scène recommence* : **se renouveler*.** *La douleur recommence* : **se réveiller*.**

◇ **recommencement** *Malgré la signature du traité, on assistait au recommencement des hostilités* : **relance, reprise, retour, réveil.**

récompense *Le lauréat a reçu une récompense* : [plus précis.] **prix, accessit** ◆ **décoration** (= insigne d'un ordre honorifique), **gratification** (= somme d'argent) ; → DISTINCTION. *La récompense d'un travail* : V. SALAIRE.

◇ **récompenser** *Être récompensé de ses efforts* : V. PAYER. *Les vaches du fermier ont encore été récompensées cette année* : [plus cour.] **primer** ◆ ↑ **couronner,** ↓ **distinguer,** ↓ **citer.**

recomposition V. restructuration (*in* restructurer).

réconcilier *Ce n'est pas sans mal que nous avons réconcilié les deux frères* : **remettre d'accord,** [plus fam.] **raccommoder,** [fam.] **rabibocher** ; → ACCORDER, CONCILIER.

◇ **réconciliation** *Je fais tout pour que la réconciliation soit complète* : [assez fam.] **raccommodement** ◆ **replâtrage** (qui s'emploie pour une réconciliation jugée éphémère) ; → RAPPROCHEMENT. *Le sacrement de réconciliation* : V. CONFESSION.

◇ **réconcilier** V. RACCOMMODER.

◇ **se réconcilier** V. FAIRE LA PAIX* et SE RAPPROCHER.

reconductible V. renouvelable (*in* renouveler).

reconduction V. renouvellement (*in* renouveler).

reconduire V. ramener, renouveler.

réconfort *Vos visites sont un grand réconfort pour cette malade* : **consolation** ◆ ↑ **secours.**

◇ **réconfortant** **1.** [n. ou adj.] *Prenez pendant quelques jours ce remède ; c'est un réconfortant* : [vx] **cordial, stimulant, remontant** ◆ ↑ **excitant** ; → TONIQUE, FORTIFIANT. **2.** [adj.] V. CONSOLANT.

réconforter V. consoler, remonter, soutenir.

reconnaissance V. gratitude.

reconnaissant V. obliger II.

reconnaître

I **1.** [~ qqn] *L'homme ne fut pas difficile à reconnaître dans la foule* : [plus didact.] **identifier.** *Je ne sais pas comment j'aurais pu vous reconnaître, vous avez tellement changé !* : [fam.] **remettre** ; → SE RAPPELER, SE SOUVENIR. **2.** [~ qqn à qqch] *Je l'ai reconnu à ses cheveux blancs* : [plus didact.] **identifier.**

◇ **se reconnaître** *Le quartier avait été reconstruit, on ne s'y reconnaissait plus* : **se retrouver.**

II **1.** [~ qqch] *Reconnaître un délit* : **avouer*.** **2.** *Je reconnais que je m'étais trompé* : **avouer, admettre*, convenir*** II ; → CONSTATER*, CONCÉDER*, JUSTICE, ACCORDER. **3.** *La petite troupe a reconnu les abords du fleuve* : ↑ **explorer** (qui ne se dit que pour une région peu ou mal connue que l'on reconnaît avec soin).

reconstituant V. fortifiant.

reconstruction V. rénovation.

reconstruire V. relever I.

reconversion *La reconversion des licenciés économiques* (= changement d'activité professionnelle) : **reclassement ◆ recyclage** (= formation pour permettre l'adaptation à de nouvelles conditions de travail) ; → CONVERSION, RÉADAPTATION.

reconvertir (se) V. adapter (s').

recopier V. copier (*in* copie).

record V. exploit.

recoudre V. raccommoder.

recourir *Il a recouru à des amis pour louer sa maison* : **s'adresser à, avoir recours à.** *J'ai dû recourir à un ouvrage spécialisé pour me mettre au fait* : **se référer** ; → EMPLOYER.

◇ **recours** 1. V. APPEL et RECOURIR. 2. *Je n'ai plus aucun recours, tous m'abandonnent* : **ressource.** *C'était son dernier recours* : [fam.] **atout, cartouche.**

recouvert V. vêtu (*in* vêtir).

recouvrement V. perception (*in* percevoir II).

recouvrer V. regagner, reprendre I, retrouver.

recouvrir 1. V. CHARGER et COUVRIR. 2. *Recouvrir un mur de papier* : [plus précis] **tapisser.** *Recouvrir une façade de crépi* : [plus précis] **enduire.** *La brume recouvre le paysage* : V. ENVELOPPER. 3. *Son étude recouvrait l'ensemble de la préhistoire* : **embrasser.**

récréation *Vous prenez vraiment la culture comme une récréation* : **amusement, délassement** ; → DISTRACTION. *La cour de récréation de l'école* [abrév. fam.] : **récré.**

◇ **récréer** *Se récréer au cirque* [très sout.] : [plus cour.] **amuser** ; → DIVERTIR.

récrier (se) V. s'exclamer, protester.

récrimination V. protestation (*in* protester).

récriminer V. protester, râler.

récrire V. copier (*in* copie).

recroqueviller (se) V. se tasser.

recru *Recru de fatigue. Les enfants, recrus de fatigue, s'endormaient debout* [sout.] : **harassé,** [fam.] **éreinté, vanné** ; → FATIGUE.

recrudescence V. exacerbation.

recrue V. soldat.

recruter V. engager, mobiliser.

recteur V. chancelier.

rectifier 1. *La caissière rectifia son opération* : **corriger.** *Rectifier une erreur* : **redresser.** 2. *Un alcool rectifié* : V. ÉPURER. *Il a fallu rectifier le tracé de la voie* : **modifier** (qui se dit d'un simple changement). 3. *Il s'est fait rectifier dans un règlement de comptes* [fam.] : **descendre** ; → TUER.

◇ **rectificatif** [n.] *Le journal publia un rectificatif* : **correctif, rectification.**

rectitude V. exactitude, rigueur.

reçu V. recevoir I

recueillir 1. V. ASSEMBLER, RAMASSER, RASSEMBLER, RÉCOLTER et RÉUNIR. 2. *Il interrogeait tout le monde pour recueillir des renseignements* : **glaner, grappiller** (qui indiquent que l'on ne recueille que des bribes dont on compte tirer parti) ; → ENREGISTRER. 3. *Il a recueilli tout le bénéfice de l'affaire* : **retirer,** ↑ **tirer,** [fam.] **ramasser*** ; → GAGNER*.

◇ **se recueillir** 1. *Si je parviens à me recueillir, je trouverai une solution* : **se concentrer.** 2. V. S'INCLINER et PRIER.

◇ **recueil** *Un recueil de poèmes choisis* : **anthologie.** *Un recueil de fables* : **fablier.** *Un recueil de sottises* : **sottisier ◆ choix, florilège,** [didact.] **spicilège** (= recueil de documents) ; → LIVRE. *Le recueil des sujets du baccalauréat* : **annales** (= recueil périodique d'articles, de sujets d'examen).

recul V. reculer.

reculé V. écarté, éloigné, lointain.

reculer 1. [intr.] *L'armée recula sur ses positions de départ* : **battre en retraite, se replier*** ; → PERDRE DU TERRAIN*. 2. *J'ai* *reculé devant toutes les difficultés* : **se dérober** ◆ ↑ **renoncer,** [fam.] **flancher,** ↑ **craquer,** [très fam.] **caner** ; → ABANDONNER, PLIER. **3.** *Les dialectes reculent en France depuis un siècle* : **être en recul, régresser.** **4.** [trans.] *Vous ne pouvez pas reculer toujours la décision* : **ajourner, différer, retarder, remettre.** *Reculer la main* : V. RETIRER. **5.** *Se reculer* : V. SE POUSSER.

◇ **recul** **1.** *Le recul de l'armée* : [plus précis] **repli** (qui implique un recul sur des positions précises) ◆ **retraite** (qui indique le départ d'une position où l'on ne peut se maintenir) ; → MOUVEMENT. **2.** *Être en recul* : **régression** ; → RECULER.

récupération *La récupération des vieux papiers* : **recyclage.**

récupérer V. regagner, reprendre (se), refaire (se), retrouver.

récuser V. contester, faire justice* de.

recyclage V. éducation (*in* éduquer), reconversion, récupération.

rédacteur V. journaliste (*in* journal).

rédaction **1.** *L'exercice scolaire de la rédaction* : **narration, dissertation, composition*.** *La rédaction d'un acte juridique* : **libellé** ◆ [plus génér.] **texte.** **2.** *La rédaction d'un procès-verbal* : V. ÉTABLISSEMENT. **3.** *La rédaction du magazine* : **journaliste** (les journalistes).

reddition V. capitulation.

redémarrage V. reprise.

redémarrer V. reprendre I.

rédempteur V. sauveur (*in* sauver).

rédemption V. salut.

redevable V. obliger II, devoir.

rédiger V. écrire.

rédimer V. affranchir.

redire

I **1.** V. RABÂCHER. **2.** *Redites-lui cela* : **rapporter*, dire*, rappeler, répéter.**

◇ **redite** *Il y a trop de redites dans cet article* : [plus cour.] **répétition** ◆ **redondance** (qui n'implique pas une reprise littérale).

II *Vous allez sans doute trouver à redire* : **critiquer*,** ↑ **censurer, répliquer*.**

redondance V. redite (*in* redire I), pléonasme.

redondant V. diffus, superflu.

redonner V. ranimer, rendre I.

redoublement V. augmentation (*in* augmenter), exacerbation (*in* exacerber).

redoubler V. augmenter, doubler I.

redoutable V. dangereux, rude.

redouter V. craindre, s'effrayer, avoir peur.

redressement V. relèvement (*in* relever I).

redresser V. dresser I, lever I, rectifier, relever I.

◇ **se redresser** V. se relever.

réducteur V. simpliste.

réduction V. réduire.

réduire **1.** *Réduire un texte* : **abréger*, diminuer*, raccourcir*.** *Réduire un discours, un exposé* : **écourter.** **2.** *Vous réduisez le résultat de mes travaux* : **amoindrir, minimiser*.** *Cette entreprise a réduit ses activités* : **restreindre.** *L'inflation a réduit ses revenus* : **laminer.** **3.** *Réduire à. Sa position le réduisait au silence* : **contraindre, obliger*, acculer*.** **4.** *L'incendie avait réduit à rien tous ses efforts* : **anéantir,** [sout.] **annihiler.** *Réduire en bouillie, en miettes* : V. ÉCRASER. **5.** *Réduire un ennemi* : V. SOUMETTRE.

◇ **se réduire** V. SE RAMENER.

◇ **réduction** **1.** *La réduction des taux d'escompte* : **diminution*.** *La maison consent des réductions* : **rabais*.** **2.** *Une réduction des effectifs* : **compression.** **3.** *En réduction* : V. MINIATURE.

réduit

I [adj.]. V. LIMITÉ et SQUELETTIQUE.

II [n.]. *Cet appartement possède un réduit qui peut servir de débarras* : **cabinet** (= pièce réservée à des usages particuliers : *cabinet de toilette*) ◆ [plus précis] **soupente** (= espace ménagé dans la hauteur d'une pièce, sous un escalier ou sous la pente du toit) ◆ [fam.] **cagibi** ; → LOGEMENT, LOGIS.

rééchelonnement V. délai.

réédition *La réédition des œuvres de Hugo* : **réimpression, republication** (qui ne comportent pas obligatoirement la modification du texte).

rééducation V. adaptation.

réel 1. [adj.] *Vous ne nierez pas que ces faits sont bien réels* : **authentique** ◆ **établi** (qui implique un examen des faits) ◆ **patent** (qui implique l'évidence des faits) ; → VRAI. 2. [adj.] *Il a tiré de la situation de réels avantages* : **tangible, effectif*** (toujours postposé), **palpable***. *Une amitié réelle* : **sincère***. 3. V. JUSTE. 4. [n.] *Elle vit dans le réel et non dans vos chimères* : **réalité** ; → CONCRET, SE HEURTER AUX FAITS*.

◇ **réellement** *Ces vieilles images me convainquent que cela s'est réellement passé* : **effectivement, vraiment***. *Réellement, je ne croyais pas vous gêner* : **en fait, vraiment** ; → VÉRITABLEMENT.

◇ **réalité** 1. V. RÉEL. *Ramener à la réalité* : V. DÉGRISER. 2. V. CHOSE. 3. *En réalité. Il plaisante souvent, mais en réalité il n'est pas très heureux* : **en fait** ; → PLUTÔT.

◇ **réaliste** [adj.] 1. *Les journaux donnent des détails réalistes sur les effets de la drogue* : ↑ **cru** ◆ ↑ **grossier** ; → BRUTAL. 2. *Dans la vie, il faut être réaliste* : **concret***, **positif***, **avoir le sens des réalités,** [fam.] **avoir les pieds sur terre.**

réexpédier V. retourner.

refaire 1. *Il a trouvé des chaises anciennes qu'il a fait refaire* : [plus précis.] **réparer***. *C'est une vieille maison : tout est à refaire* : [plus précis.] **restaurer.** 2. *La dernière édition de l'atlas est entièrement refaite* : **refondre** ◆ ↓ **mettre à jour** ◆ [plus partic.] **renouveler***. *Tout est à refaire* : **recommencer.** 3. *C'était un marché de dupes, notre ami a été refait* [fam.] : [cour.] **tromper,** [sout.] **duper.** *On lui a refait sa montre quand il était au magasin* [fam.] : [cour.] **voler.**

◇ **se refaire** 1. *Ce n'est pas une semaine de repos qui lui permettra de se refaire* [fam.] : **se retaper, se remplumer** (qui indique que l'on reprend du poids) ◆ [cour.] **se rétablir, récupérer.** 2. *Je sais bien qu'on ne se refait pas* : **changer, se transformer***.

réfection V. réparation (*in* réparer).

réfectoire *Le réfectoire de l'école* : **cantine** (qui désigne, outre le lieu, le service chargé de la préparation des repas) ◆ [fam., péj.] **popote** ◆ **mess** (qui désigne un réfectoire militaire pour les sous-officiers et officiers) ; → RESTAURANT.

refendre V. scier (*in* scie).

référence [sing. et pl.] 1. *Avez-vous lu la référence bibliographique qui figure en bas de page ?* : **renvoi.** *Une augmentation des salaires a été consentie par référence à la hausse des prix* : **par rapport.** 2. V. MODÈLE. 3. [au pl.] *Une lettre de références* : **recommandations***, **certificat***.

référendum 1. *En 1969, les Français ont rejeté le principe de la régionalisation par référendum* : **plébiscite** (= vote direct destiné à accorder ou refuser la confiance à un homme pour la direction de l'État) ; → CONSULTATION. 2. *Ce magazine a organisé un référendum auprès de son public* : **sondage d'opinion** ; → ENQUÊTE.

référer (se) V. recourir.

refermer V. repousser.

◇ **se refermer** V. guérir.

réfléchir

I 1. *Il a longuement réfléchi* : ↑ **se concentrer,** [fam.] **carburer.** *Il ne pouvait réfléchir que dans le silence* : ↑ **méditer** (qui suppose une longue réflexion) ; → PENSER, SE PRESSURER* LE CERVEAU, SONGER. *Sans réfléchir* : V. ÉTOURDIMENT et TÊTE* BAISSÉE. 2. *Le conseil municipal a sérieusement réfléchi au projet* : **étudier, examiner** (*étudier, examiner le projet*). *Réfléchissez à ce que vous faites* : [moins cour.] **songer, penser*** ; → CHERCHER.

◇ **réfléchi** *C'est un garçon réfléchi pour son âge* : **posé, pondéré,** [souvent péj.] **rassis, responsable***, **sérieux***.

◇ **réflexion** 1. *Il était perdu dans ses réflexions* : [plus précis.] **méditation.** *Il était en pleine réflexion* : **concentration.** 2. *Faites-moi toutes les réflexions qui vous viennent à l'esprit* : **observation** ◆ ↓ **remarque.** 3. V. PENSÉE et DÉLIBÉRATION.

II *Réfléchir une image* : **renvoyer***.

reflet 1. *À cet endroit, on venait admirer le reflet des eaux* : **miroitement** ◆ **chatoiement** (qui impliquent que les reflets sont changeants). 2. *La façon de vivre est souvent le reflet de l'éducation* : **miroir, image*** ; → OMBRE.

◇ **refléter** *Le compte rendu ne reflète pas les débats* : **reproduire** ◆ ↑ **traduire.** *La rougeur de son visage reflète une émotion violente* : **être le signe de** ◆ ↑ **trahir.**

réflexe V. automatisme, mouvement.

réflexion V. réfléchir I.

refluer V. se retirer.

reflux *Veux-tu que je t'explique les causes du flux et du reflux des eaux ?* : **marée** (*montante* pour le flux, *descendante* pour le reflux) ◆ [didact.] **jusant** ◆ [plus génér.] **mouvement***.

refondation V. rénovation.

refondre V. refaire.

refonte V. réforme.

réforme *La réforme du calendrier scolaire est à l'ordre du jour* : **remaniement** ◆ ↑ **refonte** ◆ ↓ **amélioration,** [plus génér.] ↓ **changement** ; → RÉVOLUTION.

◇ **réformer** *Les changements de mœurs obligent à réformer la législation* : **amender, mettre à jour, revoir, moderniser***, **remanier.**

◇ **réformateur** *Un réformateur de la société* : **rénovateur.**

◇ **réformiste** [adj., n.] Le *réformiste* est partisan de changements politiques et sociaux, le **révisionniste** de modifications de doctrines ou d'institutions.

refouler 1. V. CHASSER. 2. *Il s'appliquait à refouler tous ses désirs* : **étouffer***, **réprimer.** *L'enfant refoulait difficilement ses larmes* : **contenir, retenir** ; → RENTRER, REPOUSSER.

réfractaire V. rebelle.

refrain 1. V. CHANSON et COUPLET. 2. *Encore ce commentateur ! avec lui c'est toujours le même refrain !* : **chanson***, **rengaine, ritournelle** ◆ **leitmotiv** (qui indique qu'une formule revient sans cesse : *c'est un leitmotiv chez lui*) ; → CHANGER DE MUSIQUE*.

réfréner V. modérer, réprimer.

réfrigérer 1. *Chaque année, la fermière réfrigérait un cochon entier* : [plus cour.] **congeler, frigorifier** ◆ ↑ **surgeler.** 2. *Il choisissait les mots qu'il fallait pour vous réfrigérer* : **glacer** ◆ ↓ **refroidir***.

◇ **réfrigérateur** *On vend des réfrigérateurs en solde dans ce magasin* : [fam., cour.] **frigo** ; → GLACIÈRE.

◇ **réfrigérant** *Un accueil réfrigérant comme celui-là, je ne suis pas près de l'oublier !* : **froid, glacial.**

refroidir 1. *Laissez refroidir la soupe* : ↓ **tiédir.** *Faites refroidir ce vin* : [plus précis.] **rafraîchir.** 2. *Leur façon de nous parler de haut nous a refroidis* : ↓ **décourager,** ↓ **doucher** ◆ ↑ **réfrigérer***.

refroidissement V. rhume.

refuge *Il avait trouvé dans cette vallée un refuge pour méditer* : **abri***, **asile, retraite** ◆ [sout.] **havre** ; → OASIS. *La prière est son dernier refuge* : **ressource***.

réfugié V. étranger II.

réfugier (se) V. se mettre à l'abri*, s'abriter, se blottir, se retirer.

refus V. ajournement, élimination (*in* éliminer), réponse négative*, non, rejet*.

refuser 1. *Il a refusé mon offre* : [sout.] **décliner** ◆ **rejeter***, **répondre non***. *Il refuse de venir* : V. NE PAS VOULOIR. *L'homme refusa la décision* : **repousser** ; → CONTESTER. 2. *C'est la première fois qu'il est refusé à un examen* : [fam.] **blackbouler** ◆ **recaler, ajourner***, **éliminer***.

◇ **se refuser** V. SE PRIVER.

réfutation V. contradiction (*in* contredire).

réfuter 1. V. contredire. 2. V. faire justice* de.

regagner

I *Le coureur a réussi à regagner le temps perdu* : **rattraper.** *La vente de ses terres ne lui faisait pas regagner l'argent dissipé* : **récupérer,** [moins cour.] **recouvrer.**

II *Regagner sa place* : V. GAGNER, RALLIER, RETOURNER et REVENIR.

regain V. renouveau.

régal V. délice.

régaler **1.** V. payer. **2.** V. traiter.
◇ **se régaler** V. savourer.

regarder **1.** *Amateur d'armes anciennes, il regardait sous toutes les coutures l'étrange épée* : **considérer, examiner, inspecter*, observer*.** *Pourquoi me regardez-vous de cette façon ?* : [plus précis.] **dévisager** ◆ ↑ **fixer** ◆ **toiser** (= regarder de haut en bas pour évaluer). *Regarder la cible* : [plus précis.] **viser** (= fixer comme un but). *Il regarda autour de lui pour s'assurer que personne ne le voyait* : **jeter un coup d'œil.** *La vendeuse regarda le catalogue pour renseigner le client* : [plus précis.] **consulter.** *Il regarda enfin la pierre qu'on lui montrait* : **diriger son attention sur.** *Regarder une émission* : ↓ **voir*.** *Regarder la mer* : ↑ **contempler** (qui implique une participation affective). *Sans regarder* : **tête baissée*.** **2.** *Pourquoi voudriez-vous que je ne regarde pas mon intérêt ?* : **considérer, envisager** ◆ ↑ **rechercher.** **3.** *Une fois pour toutes, occupez-vous de ce qui vous regarde !* : **toucher, concerner*.** *Cette remarque regarde tout le monde* : [plus cour.] **viser.** **4.** *Je le regarde avec quelques préjugés* : **juger.** **5.** *Regarder comme. Peut-on le regarder comme honnête homme ?* [sout.] : [plus cour.] **estimer, tenir pour.** *Regarder du coin de l'œil sa voisine* : [fam.] **bigler, lorgner, reluquer.** *Regarder avec envie la tarte aux pommes* : ↑ **dévorer des yeux, couver des yeux, guigner** (= regarder avec envie mais à la dérobée) ; → MANGER* DES YEUX. *Regarder avec plaisir* : V. SE RINCER L'ŒIL*. *Regarder avec haine* : **fusiller, foudroyer du regard.** *Regarder avec mépris* : **toiser.** **6.** *Regarder à. Vous regardez un peu trop à vos préjugés pour être objectif* : [plus cour.] **tenir compte de.** *À votre place, j'y regarderais à deux fois avant de dire oui* : **faire très attention.** *Regarder à la dépense* : V. ÉCONOMISER.

◇ **regard** **1.** *J'estime avoir droit de regard sur ce que vous faites* : **pouvoir contrôler.** *Elle jeta un regard sur l'album* : [plus fam.] **jeter un œil** ◆ **regarder*.** *Elle le jugea au premier regard* : **au premier coup d'œil.** **2.** *En regard. La traduction de Freud était publiée avec le texte original en regard* : **en face, vis-à-vis.** **3.** *Au regard de. Vous êtes en défaut au regard de la morale commune* : **par rapport à.** **4.** *S'offrir au regard* : V. VUE.
◇ **regardant** *C'était un homme regardant, toujours à économiser* : **pingre** ◆ ↓ **économe,** [rare] **chiche*** ; → AVARE.

regate V. course.

régenter V. diriger, régner (*in* règne).

régie V. société II.

regimber V. résister.

régime

I V. GOUVERNEMENT, MONDE et SYSTÈME.

II *Son médecin l'a mis au régime* : ↑ **diète** (= privation presque totale de nourriture : *être à la diète, mettre à la diète*).

III *Le régime d'un moteur* : V. VITESSE.

IV *Un régime de bananes* : V. FRUIT.

régiment **1.** *Il a fait son régiment* : [cour.] **service militaire.** *Être au régiment* : **à l'armée.** **2.** *Dans la cuisine, il y avait tout un régiment de casseroles* [fam.] : **armée, ribambelle** ◆ [cour.] **beaucoup* de** ; → QUANTITÉ.

région V. pays, zone.

régionalisation *Une politique de régionalisation* : [plus génér.] **décentralisation.**

régisseur *Le propriétaire de ce domaine cherche un régisseur* : **intendant** (= employé qui administre la maison) ◆ **gérant** (= celui qui tient un commerce).

registre V. livre.

règle **1.** *Il observait scrupuleusement les règles de sa religion* : **commandement*, loi*, principe*, précepte** (= formule qui traduit une règle), [sout.] **norme,** [didact.] **canon.** *S'imposer une règle morale* : **discipline.** *Avoir une règle de conduite* : V. LIGNE.

Une règle d'utilisation : V. MODE D'EMPLOI*. **2.** *La règle des Bénédictins a été plusieurs fois réformée* : [didact.] **observance. 3.** *En règle générale* : **généralement*.** *Un examen en règle de la question* : **systématique*.**

◇ **règles** [pl.] *Elle a ses règles* : [didact.] **menstrues** ; → INDISPOSÉ.

◇ **réglée** [adj. fém.] *Elle a été réglée très jeune* : [didact.] **nubile.**

règlement

I [pl.] *L'association s'était formée en adoptant les règlements habituels* : **statuts** ◆ **code** (= ensemble de règles et de prescriptions : *le code moral*) ; → DISCIPLINE.

◇ **réglementation** *Le gouvernement avait décidé d'imposer la réglementation des prix alimentaires* : **fixation, taxation.**

◇ **réglementer** *Il faut réglementer la circulation* : **codifier,** [plus génér.] **fixer*.**

II [sing.] **1.** *Le règlement de l'affaire a été satisfaisant pour les deux parties* : **conclusion. 2.** *Le règlement d'une somme due* : **acquittement, paiement** ; → LIQUIDATION.

régler

I **1.** *Ses parents avaient réglé le programme de chaque journée* : [plus cour.] **établir. 2.** *Il réglait sa vie sur les hasards des jours* : **conformer à. 3.** *Les circonstances ont réglé son choix* : **dicter.**

◇ **réglé** [adj.] **1.** *Il mène une vie bien réglée* : ↓ **organisé, sérieux*. 2.** *Un moteur réglé* : **au point*.**

◇ **se régler** *Il se réglait sur son frère* : [sout.] ↑ **modeler.**

II **1.** *L'avocat a réglé l'affaire en faisant triompher les droits de son client* : **conclure** ; → TRANCHER. *Les rivaux ont réglé leur querelle* : **vider. 2.** *Vous réglerez votre loyer chaque trimestre* : **acquitter, payer*. 3.** *Je ne sais comment ils régleront leur querelle* : **vider. 4.** *Régler une affaire* : V. LIQUIDER.

règles V. règle.

règne 1. *Pendant longtemps, on assista au règne des intérêts les plus sordides* : **domination, prédominance. 2.** *Les règnes de la nature* [didact.] : V. DIVISION.

◇ **régner 1.** *Le vieil homme régnait sur toute la maison* : **dominer, régenter,** [fam.] **mener à la baguette.** *Il a régné sans partage pendant trente ans* : ↓ **gouverner. 2.** *C'est la mode écossaise qui règne en ce moment* : **prédominer.** *Régner sur* : V. PRÉSIDER.

regorger V. abonder II.

régresser V. décliner II, reculer.

régression V. recul.

regret 1. *Son dernier roman a pour thème le regret de son île natale* : **nostalgie. 2.** *Vos regrets sont tardifs, vous l'avez profondément offensé* : ↑ **repentir,** ↑ **remords. 3.** *Je vous exprime mes regrets* : ↓ **excuses** ◆ ↑ **pardon** (*je vous demande pardon*) ; → REGRETTER. **4.** *À regret. Elle accepta à regret l'invitation* : [plus fam.] **du bout des dents, des lèvres** ◆ ↑ **à contrecœur.**

◇ **regretter 1.** [~ de] *Je regrette de m'être déplacé pour un si mauvais spectacle* : **s'en vouloir,** [fam.] **se mordre les doigts** ◆ ↑ **se repentir de.** *Elle regrettait d'accueillir ses invités au milieu des travaux* : ↑ **avoir honte** ; → HONTEUX. **2.** [~ qqch] *Tous ses collègues regrettaient son départ* : ↑ **déplorer** ; → PLEURER. *Je regrette de ne pouvoir vous recevoir* : **être navré, au regret.** *Je regrette, mais je ne peux vous recevoir* : **excusez-moi.**

◇ **regrettable** *Cet incident regrettable gâcha la soirée* : **désagréable, fâcheux** ◆ ↑ **déplorable** ; → DOMMAGE, MALHEUREUX.

regretté V. mort II.

regroupement V. concentration (*in* concentrer).

regrouper V. assembler, associer, concentrer, grouper (*in* groupe), battre le rappel*.

régularisation V. normalisation.

régulariser V. normaliser.

régulier

I **1.** *Il essayait de maintenir une vitesse régulière* : ↑ **uniforme, égal*, constant*.** *Un effort régulier* : **suivi*. 2.** *Je n'aime pas ces façades régulières, comme figées dans la pierre* : **géométrique** ◆ [partic.] **symétrique. 3.** *Il a été si régulier dans son travail qu'il a reçu une médaille* : **assidu** (qui est régulièrement présent) ◆ **ponctuel*** (qui est à l'heure). **4.** V. FIXE.

◇ **régularité** *On a toujours vanté la régularité dont il a fait preuve dans son travail* : **assiduité, ponctualité** ; → CONSTANCE.

II *Être régulier en affaires* : [abrév. fam.] **réglo** ◆ [cour.] **correct*, loyal*.**

régulièrement

I **1.** *Le carreleur a posé son mortier très régulièrement* : **uniformément. 2.** *Il se rendait régulièrement au bureau* : **assidûment, rituellement*. 3.** V. CORRECTEMENT.

II *Régulièrement, l'équipe de France devrait l'emporter* : **normalement, en principe, théoriquement.** *Régulièrement, il paie ce qu'il doit* : **d'habitude, habituellement, d'ordinaire.**

réhabiliter **1.** *Victime d'une erreur judiciaire, il a été réhabilité* : [fam.] **blanchir** ◆ **innocenter** (qui n'implique pas qu'une condamnation a été prononcée). **2.** *Le vieux quartier a été réhabilité* : **rénover.**

◇ **se réhabiliter** *Il s'est maintenant réhabilité aux yeux de tous* : **se racheter.**

rehausser V. relever I, faire ressortir*.

réimpression V. réédition.

rein *Avoir mal aux reins* : [didact.] **lombes**.

reine *Petite reine* : V. bicyclette.

réinsertion V. réadaptation.

réintégrer V. rétablir, retourner.

réitérer V. renouveler, répéter.

reître V. soldat.

rejaillir **1.** *La boue rejaillit sur les promeneurs* : **éclabousser** (*la boue éclaboussa les promeneurs*). **2.** *Le scandale a fini par rejaillir sur tous les collaborateurs du négociant* : **éclabousser** (*éclabousser les collaborateurs...*) ◆ ↓ **retomber sur.**

rejeter **1.** *L'enfant rejetait dans l'eau les petits crabes* : **relancer*, renvoyer** ; → JETER. **2.** *Il ne digéra pas la sauce du lapin et rejeta tout son repas* : **rendre, vomir*** ; → CRACHER. **3.** *Rejetons à la fin de la réunion les questions diverses* : [plus cour.] **reporter** ; → REMETTRE. **4.** *L'amendement au projet a été rejeté* : **écarter, repousser** ◆ [fam.] **retoquer** ; → REFUSER. *Ce pays a été rejeté des organisations internationales* : **chasser, écarter, exclure*** ◆ [plus sout.] **mettre à l'index, bannir*. 5.** *Les vieux meubles avaient été rejetés au grenier* : **reléguer.**

◇ **rejet** **1.** *Le rejet d'une proposition* : **refus** ◆ ↓ **abandon. 2.** V. TIGE. **3.** [didact.] En poésie lorsqu'une unité syntaxique déborde du vers, de l'hémistiche : **enjambement, contre-rejet.**

rejeton V. fils.

rejoindre **1.** *Rejoindre sa base* : V. GAGNER, RALLIER et REGAGNER. **2.** *Rejoindre à la course* : **rattraper*. 3.** *Rejoindre qqn quelque part* : **retrouver*.**

◇ **se rejoindre** **1.** *Les deux divisions se rejoindront à l'endroit prévu* : [moins cour.] **converger vers,** [didact.] **opérer une jonction. 2.** V. SE REJOINDRE et RÉUNIR.

réjoui V. épanoui (*in* épanouir), gai, joyeux (*in* joie).

réjouir *Voilà un menu qui me réjouit !* : **faire plaisir, remplir de joie*.**

◇ **se réjouir** *Il se réjouissait à l'idée de retrouver sa famille* : **se faire une fête, se frotter les mains** ◆ ↑ **jubiler.** *Je me réjouis de votre nomination* : **être heureux** ; → FÉLICITER. *Il se réjouissait de vous voir enfin réconciliés* : ↑ **exulter** (qui implique une joie extrême qui ne peut être dissimulée) ◆ [fam.] **pavoiser** (= manifester sa joie).

◇ **réjouissance** *La fin de la sécheresse fut une occasion de réjouissance* : [sout.] **liesse** (qui implique une joie collective) ; → FÊTE.

relâche **1.** *Un moment de relâche* : [cour.] **repos*.** *Le théâtre fait relâche le dimanche soir* : **fermer.** *C'est jour de relâche* : **fermeture. 2.** *Il travaille sans relâche à restaurer sa maison* : **sans trêve,** [plus cour.] **continuellement, sans répit, sans repos, sans arrêt*** ; → TOUJOURS.

relâché *Des mœurs relâchées* : **dissolu** ; → CORROMPU.

relâcher

I *Il relâcha un peu le lien qui immobilisait l'animal* : **détendre, desserrer, lâcher***.

◇ **se relâcher** *Avec la fatigue, son attention se relâchait* : **faiblir.** *Se relâcher dans son travail* : **se laisser aller.**

◇ **relâchement** *Elle déplorait le relâchement de ma tenue* : **laisser-aller, négligence.**

II *Le détenu a été relâché avant le terme de sa peine* : **libérer*** ◆ [didact.] **élargir, relaxer** ; → ACQUITTER.

III *Le navire doit relâcher dans ce port* : **faire escale, mouiller***.

relais 1. V. course. *Prendre le relais* : V. relever III. 2. *Relais de campagne* : V. hôtel.

relance V. recommencement (*in* recommencer), reprise (*in* reprendre I).

relancer 1. *Il relance la balle* : **renvoyer, rejeter***. 2. *L'emprunt de l'État devait relancer l'économie* : **faire repartir, réactiver.** 3. *Elle n'arrêtait pas de le relancer* [fam.] : ↑ **harceler** ; → POURSUIVRE.

relater V. raconter, rapporter II.

relatif 1. *Cette opinion n'a qu'une valeur relative* : ↑ **subjectif** ◆ **personnel** (qui insiste sur l'aspect individuel). 2. *Il vit encore dans une relative aisance* : **honnête.** *Depuis son accident, il n'a qu'une autonomie relative* : **partiel.**

◇ **relativement** 1. *L'objection est relativement fondée* : **passablement.** 2. *C'est un objet relativement rare* : **assez***. 3. *Relativement à* : **en comparaison* de, en proportion de.**

relation

I V. NARRATION.

II 1. *Il tire profit de ses relations avec les milieux d'affaires* [au pl.] : **accointances, attaches** ; → APPUI*. *Il a des relations peu recommandables* : **fréquentation, ami*, contact*** ; → LIAISON*. *Être en relation* : **communication** ; → CORRESPONDRE. 2. *Ces deux familles ne sont plus en bonnes relations* : **termes.** 3. *Relations sexuelles* : V. RAPPORT. 4. *La relation entre deux faits* : **rapport, liaison** ; → ANALOGIE.

relax V. aise.

relaxe V. liberté I.

relaxant V. reposant (*in* reposer).

relaxation 1. V. liberté I. 2. V. repos.

relaxé V. calme.

relaxer V. libérer, relâcher II.

◇ **se relaxer** V. se reposer.

relayer (se) V. alterner.

relégation V. exil.

reléguer V. confiner, rejeter.

relent V. odeur.

relève V. remplacement (*in* remplacer).

relever

I 1. *Le mur fut relevé d'un mètre* : **rehausser** ; → ÉLEVER. *La maison en ruine a été relevée* : **reconstruire** ; → RÉPARER. *Relève la vitre, s'il te plaît* : **remonter*** ; → SOULEVER. *Il releva ses manches et se saisit de la pioche* : **retrousser***. *Quand il entendit son nom, il releva la tête* : **redresser** ; → LEVER. 2. *Le taux de l'escompte a été relevé* : **rehausser.** *Relever les salaires* : [moins cour.] **revaloriser** ; → MAJORER, AUGMENTER. 3. *Le cuisinier releva la sauce avec du piment* : **épicer.** 4. *Relever de maladie* : V. SORTIR.

◇ **se relever** *Elle s'est lentement relevée de son immense chagrin* : ↓ **se remettre.**

◇ **relevé** [adj.] 1. *Il aimait le style relevé de ces tragédies* [vieilli] : [plus cour.] **noble** ; → ÉLEVÉ. 2. *Une sauce relevée* : **fort***. 3. *La jupe relevée* : **retroussé.**

◇ **relèvement** 1. *Toute la population participa au relèvement de l'économie* : **redressement.** 2. *Les syndicats exigeaient le relèvement des salaires* : **augmentation*, majoration***.

II 1. *On a relevé des traces d'habitation dans cette vallée perdue* : **découvrir***. 2. *Avez-vous relevé tous les renseignements utiles ?* : **enregistrer, inscrire, noter*** ; → POINTER.

◇ **relevé** [n.] *Un relevé de banque* : V. COMPTE. *Un relevé d'opérations commerciales, administratives* : **bordereau.**

III 1. *Les mineurs attendaient pour relever leurs camarades* : **prendre le relais de,**

relayer, remplacer. **2.** *Il a immédiatement été relevé de ses fonctions* : **licencier, limoger, révoquer** (*il a été licencié, limogé, révoqué*) ; → DESTITUER, VIDER.
IV **1.** *Votre demande ne relève pas de ce tribunal* : [didact.] **ressortir à, être du ressort de** ; → DÉPENDRE. **2.** V. APPARTENIR.

relief **1.** *Les reliefs d'un repas* [vx] : [cour.] **restes***. **2.** *La lumière s'accrochait aux reliefs de la paroi* : **aspérité, bosse, saillie***. **3.** *Mettre en relief* : **faire valoir, faire ressortir*, souligner** ; → ACCENT.

relier V. joindre, raccorder, unir.
◇ **se relier** V. se raccorder.

religieusement V. exactement.

religion **1.** *Il a toujours eu beaucoup de religion* : **dévotion** (= attachement que l'on a à la religion) ◆ **piété** (= attachement très fort à la religion et à ses pratiques) ; → FOI. **2.** *Il respecte toutes les religions* : **confession, culte** ; → ÉGLISE, RITE. **3.** *Se faire une religion de* [sout.] : [plus cour.] **s'imposer, se faire une obligation absolue.**
◇ **religieux** **1.** *La musique religieuse* : V. RITUEL et SACRÉ. *La vie religieuse* : [plus partic.] **claustral, conventuel, monacal, monastique.** *Un édifice religieux* : V. ÉGLISE. **2.** V. CROYANT. **3.** [n.] *Une communauté de religieux* : **moine** (= religieux vivant dans un monastère). *Une communauté de religieuses* : **sœur, nonne** ◆ [fam.] **bonne sœur** ◆ **moniale** (= religieuse vivant dans un couvent) ; → CLERGÉ. *Se faire religieuse* : **prendre le voile***. **4.** [adj.] *Il apporte un soin religieux à tout ce qu'il fait* : **scrupuleux.**

reliquat V. reste (*in* rester I).

relire V. revoir.

relooker V. moderniser.

reluire V. briller I.

reluisant V. brillant II.

reluquer V. lorgner, regarder.

remâcher V. mâcher.

remake V. version.

remaniement V. réforme.

remanier V. réformer, reprendre.

remarquer **1.** [~ qqch, que + ind.]. *Vous remarquerez le bon état de la charpente* : ↓ **constater** ; → NOTER, OBSERVER. *Avez-vous remarqué qu'il critiquait tout sans en avoir l'air ?* : **s'aviser** ; → VOIR. **2.** *Faire remarquer qqch* : V. SOULIGNER. *Se faire remarquer* : **se singulariser** ◆ ↓ **se signaler** ; → SE METTRE EN ÉVIDENCE*.
◇ **remarque** **1.** *Faire une remarque à qqn* : ↑ **objection,** ↑ **critique** ; → OBSERVATION, RÉFLEXION, REPROCHE. **2.** *Le texte était accompagné de nombreuses remarques* : **commentaire** ; → NOTE.
◇ **remarquable** **1.** *Quelque chose de remarquable* : V. ÉTONNANT, MAGNIFIQUE, MERVEILLEUX et MÉMORABLE. *Un fait remarquable* : V. EXEMPLAIRE et NOTABLE. *Une édition remarquable* : V. RARE. *Une faveur remarquable* : [rare] ↑ **insigne** ; → EXTRAORDINAIRE. *D'une façon remarquable* : **de main* de maître.** **2.** *Un homme remarquable* : [vieilli] **considérable** ◆ [fam.] **épatant** ; → ACCOMPLI, BON, BRILLANT, ADMIRABLE, ÉMÉRITE.

rembarrer V. remiser (*in* remise II), repousser, reprendre.

remblai *Le remblai de la voie ferrée* : [plus précis] **ballast** (qui est fait de pierres concassées) ; → TALUS.

rembourrer *Elle démonta le fauteuil pour le rembourrer* : **matelasser** (= rembourrer à la manière d'un matelas) ◆ **capitonner** (= rembourrer en pratiquant des piqûres régulières et apparentes).

rembourser V. s'acquitter (de), payer, rendre I.

remède **1.** *Le médecin a donné un remède* : **médicament** ◆ **soins** (= traitement d'une maladie) ◆ [spécialt] **antidote, contrepoison*** ; → MÉDICAMENT, SPÉCIALITÉ, THÉRAPEUTIQUE. *Remède universel* : **panacée.** **2.** *Il faut trouver un remède à la crise* : **solution.**
◇ **remédier** *Il faut remédier à cette situation* : [très sout.] **obvier à** ◆ **pallier qqch**

(= apporter une solution boiteuse ou provisoire) ; → RÉPARER.

remémorer (se) V. rappeler II, se rappeler, se souvenir.

remerciement V. merci.

remercier
I 1. [~ qqn de qqch] *Elle remerciait Dieu de l'avoir guérie* : **rendre grâce(s) à.** *Soyez remerciée, déesse de l'amour ! vous m'avez exaucée !* : **bénir.** *Je vous remercie d'être intervenu* : [sout.] **savoir gré** ◆ [plus fam.] **merci** 2. Ce verbe peut aussi avoir le sens de **dédommager** ◆ [fam.] **rendre la pareille.**
II *Remercier un employé* [par euph.] : **donner (son) congé (à)** ◆ **révoquer, destituer*** (qui s'emploient pour un fonctionnaire ou un magistrat) ; → CONGÉDIER, RENVOYER, VIDER.

remettre 1. *J'ai remis vos papiers sur le bureau* : [plus précis.] **replacer.** *Remettre quelqu'un à sa place* [fig.] : V. REPRENDRE II, REMISER. 2. *Il faut remettre vos livres au jour dit* : **rapporter, rendre, restituer.** *Je vous remets mon chat pendant les vacances* : **laisser** ◆ [plus cour.] **confier.** *Se faire remettre un acte* : **délivrer*.** *Les déserteurs ont été remis aux autorités* : **livrer** ; → DÉLÉGUER, DONNER, GLISSER. 3. *Il faut remettre notre rendez-vous* : **ajourner, différer, renvoyer, reporter, retarder*** ; → RECULER. 4. *Remettre ça* [fam.] : **recommencer*.** 5. *Remettre qqn* : **reconnaître*** ; → SE SOUVENIR. 6. *Vous en remettez !* : V. ENCHÈRE, RAJOUTER et EXAGÉRER.
◇ **se remettre** 1. *Maintenant, je me remets très bien l'allure qu'il avait* [sout.] : [cour.] **se rappeler.** 2. *Il est long à se remettre* : V. GUÉRIR, SE RÉTABLIR et MIEUX. 3. *Remettez-vous !* : **reprendre* ses esprits.** *Se remettre d'une peine* : V. SE CONSOLER et SE RELEVER. 4. *Se remettre à* : V. SE REPRENDRE. 5. *S'en remettre à qqn* : V. APPELER, SE FIER et SE RAPPORTER.

réminiscence V. souvenir.

remis V. valide I.

remise
I 1. *La remise des débats* : **renvoi** ◆ **suspension** (= interruption momentanée) ; → AJOURNEMENT. 2. *Une remise sur un article* : **escompte** (= prime accordée à un acheteur payant au comptant ou avant terme) ; → COMMISSION, DIMINUTION, RABAIS. 3. *Une remise de prix* : **distribution*.**
II *Il a fait bâtir une remise pour les tracteurs* : [plus génér.] **hangar** ◆ [plus partic.] **garage.** *Ranger la bicyclette dans la remise* : **débarras, resserre** ; → DÉPENDANCES.
◇ **remiser** 1. *Toutes les machines agricoles étaient remisées dans un vaste hangar* : **garer.** 2. *S'il insiste encore pour venir ici, je vais le remiser* [fam.] : **rembarrer** ◆ [cour.] **rabrouer, remettre à sa place.**

rémission V. calme, répit.

remmener V. ramener.

remodeler V. restructurer.

remontant V. excitant (*in* exciter), réconfortant.

remonte-pente V. téléski.

remonter 1. *Les faits remontent à deux ans* : V. DATER. 2. *Remonter la vitre* : **relever*.** 3. *Ses paroles apaisantes m'ont bien remonté* : **réconforter** ◆ [fam.] **retaper** ; → SOUTENIR, CONSOLER, AIDER. *Il a su remonter mon courage* [sout.] : [plus cour.] **affermir.** *Ce petit verre va me remonter* : **ragaillardir** ◆ [fam.] **requinquer.** 4. *Remonter une rivière* : V. SUIVRE.

remontrance *Cet enfant n'accepte aucune remontrance* : **réprimande, reproche** ◆ ↓ **observation** ◆ ↑ **semonce** ; → SERMON.

remords V. regret, repentir.

remorquer V. tirer I.

remous 1. *Les barques étaient agitées par les remous* : ↑ **tourbillon** ◆ **sillage** (= remous créé par la trace de l'arrière du bateau en marche). 2. *Ce scandale va provoquer des remous dans la société* : [fam.] **faire des vagues** ; → AGITATION et TROUBLE.

rempart 1. *La ville était autrefois protégée par un épais rempart* : **enceinte** ◆ [pl.] **fortifications** ◆ ↓ **muraille** ; → BASTION, FORTERESSE, MUR. 2. *Faire à qqn un rempart de son corps* [sout.] : [plus cour.] **bouclier.**

remplacer 1. *Il faudra remplacer toutes les vitres* : **changer*** ; → RENOUVELER. 2. *L'acteur dut être remplacé au dernier moment* : [plus précis.] **doubler.** *C'est assez fatigant, voulez-vous que je vous remplace ?* : **relayer** ; → SUCCÉDER. *Il remplacera le directeur pendant un mois* : **suppléer, tenir lieu de** ; → RELEVER, PLACE. *Pendant longtemps, la chicorée a remplacé le café* : [fam.] **servir de** ; → SUBSTITUER À, SUPPLANTER.

◇ **se remplacer** V. ALTERNER.

◇ **remplacement** *Comment assurer le remplacement de cet homme exceptionnel ?* : **relève** ; → INTÉRIM. *Cet instituteur a effectué un remplacement* : [didact.] **suppléance.** *Un produit de remplacement* : **succédané***, **ersatz**. *Le remplacement d'une chose par une autre* : V. SUBSTITUTION.

◇ **remplaçant** *Le député, nommé ministre, céda la place à son remplaçant* : **suppléant** ; → SUCCESSEUR. *Le remplaçant d'un comédien* : [spécialt] **doublure** ◆ [didact.] **substitut** (= magistrat suppléant) ◆ [fam., génér.] **bouche-trou** ; → INTÉRIMAIRE.

remplir

I 1. V. EMPLIR et PLEIN. 2. *Les demandes d'emploi remplissent les colonnes des petites annonces* : ↓ **abonder dans** ; → COUVRIR, PEUPLER. *Les murs sont remplis d'affiches* : **couvrir.** 3. [~ qqn de qqch] *Remplir d'enthousiasme* : **enthousiasmer***. *Remplir de joie* : **réjouir***. 4. *Sa copie est remplie de ratures* : ↑ **surcharger.** 5. *J'ai bien rempli mon temps !* : **employer***.

◇ **rempli** 1. *La salle de spectacle est remplie* : **plein***. *Les arbres du square sont remplis d'oiseaux* : **couvert** ◆ [moins cour.] **peuplé.** 2. *Un homme rempli de son importance* : **enflé, gonflé** ; → PLEIN.

II [qqn ~ qqch] *Avez-vous rempli vos obligations militaires ?* : **s'acquitter de** ; → ACCOMPLIR. *Il faut d'abord que vous remplissiez vos engagements* : **tenir, être fidèle à.** *Il remplit parfaitement ses fonctions* : **exercer.** *Je ne suis pas fait pour ce travail, je ne remplis pas les conditions demandées* : **satisfaire à.**

remplumer (se) V. se refaire.

remporter 1. *Remportez tout cela, c'est trop cher pour ma bourse* : **reprendre.** 2. *L'équipe de France a-t-elle remporté le match ?* : **gagner** (*gagner, remporter une coupe, un match, un trophée ; remporter une victoire*) ◆ **vaincre** (*l'équipe de France a vaincu*).

remuer 1. *Cesse donc de remuer les bras quand tu parles !* : [plus fam.] **bouger** ◆ **agiter*** (= remuer vivement). *Remuer la tête* : **hocher** (= remuer verticalement) ◆ **dodeliner** (= laisser osciller : *dodeliner de la tête*) ; → BALANCER, SECOUER. 2. *Ils ne réussirent pas à remuer la vieille armoire* : **bouger, déplacer.** 3. *Il remue les braises pour ranimer le feu* : **retourner.** *Remuer la sauce* : [fam.] **touiller** ; → TOURNER. 4. *C'est un homme qui remue des millions* : **brasser.** 5. *La scène des retrouvailles remuait toujours les spectateurs* : **toucher** ◆ ↑ **bouleverser** ; → ÉMOUVOIR. 6. *Il ne reste pas en place, il faut qu'il remue* : **bouger** ◆ [plus sout.] **s'agiter** ◆ **gesticuler** (= faire de grands gestes désordonnés) ◆ [fam.] **gigoter** (= agiter tout son corps). 7. *Les feuilles remuent* : V. TREMBLER.

◇ **se remuer** 1. *Je suis si fatigué que je ne peux même plus me remuer* : [sout.] **se mouvoir** ◆ [plus fam.] **bouger.** 2. *Il s'est beaucoup remué pour lui trouver cette situation* : **se démener, se dépenser** ; → AGIR. 3. V. SE RÉVEILLER.

◇ **remuant** *Les parents n'aiment pas les enfants remuants* : ↑ **turbulent** ; → VIF, AGITÉ.

◇ **remue-ménage** *Au printemps, on nettoie toute la maison ; quel remue-ménage !* : [moins cour.] **branle-bas** ; → TROUBLE, CONFUSION.

◇ **remue-méninges** [recomm. off.] : [anglic.] **brainstorming.**

remugle V. odeur.

rémunérateur V. lucratif, payant (*in* payer).

rémunérer *L'entrepreneur au bord de la faillite ne rémunérait plus les ouvriers* : **rétribuer** ; → PAYER.

◇ **rémunération** *Toucher une forte rémunération* : **rétribution** ; → SALAIRE.

renâcler 1. V. aspirer I. 2. V. rechigner, répugner.

renaissance V. renouvellement (*in* renouveler).

renaître V. se réveiller, revivre.

rencard 1. V. rendez-vous. 2. V. s'enquérir, renseignement (*in* renseigner).

rencarder V. renseigner.

renchérir V. enchérir (*in* enchère).

rencontrer 1. *Vous avez dû le rencontrer, il sort d'ici* : **croiser** ◆ ↓ **apercevoir.** *Je l'ai rencontré par hasard* : [fam.] **tomber sur, se trouver nez*** **à nez avec** ; → TROUVER, VOIR. *J'essaie de le rencontrer pour régler cette affaire* : **contacter, toucher** ◆ ↓ **joindre** ; → TROUVER. *J'aimerais le rencontrer* : **connaître, faire connaissance.** 2. *Rencontrer un obstacle* : V. SE HEURTER. *Rencontrer des difficultés* : V. ÉPROUVER. *On rencontre de tels cas* : **exister*** (*il existe...*).
◇ **se rencontrer** 1. *Les deux automobiles se sont rencontrées à un carrefour* : [plus précis] **se heurter.** 2. V. S'OFFRIR et SE VOIR. 3. *Nous nous sommes rencontrés il y a longtemps* : **se connaître.**
◇ **rencontre** 1. *C'était une rencontre pour le moins surprenante* [sout., vieilli] : [plus cour.] **coïncidence, hasard.** 2. *La rencontre des deux ambassadeurs dura toute la matinée* : **entrevue.** *Une rencontre internationale* : [plus précis] **réunion.** *Une rencontre au sommet* : **sommet** ; → CONFÉRENCE. 3. *Un point de rencontre* : V. JONCTION. 4. *On attendait la rencontre des deux équipes* : [plus précis] **match.** *Une rencontre de boxe* : **combat***. 5. *À la rencontre de* : V. VERS.

rendement V. efficacité, production (*in* produire I), travail I et II.

rendez-vous *Elle m'a donné rendez-vous devant la gare* : [très fam.] **rancart** (**rancard, rencard**) ; → AUDIENCE. *Un rendez-vous manqué* : [fam.] **lapin** ◆ **faux bond** (*faire faux bond*).

rendre
I 1. *Vous me rendrez ce que vous n'utiliserez pas* : **redonner** ; → RENVOYER. *Les bagues volées ont été rendues au joaillier* : **restituer** ; → REMETTRE. *Je te rendrai tes cent francs la semaine prochaine* : **rembourser.** 2. *La cour d'appel a confirmé le jugement que le tribunal avait rendu* : **prononcer.** 3. *Rendre un repas* : V. REJETER et VOMIR. 4. *Ces oranges rendent beaucoup de jus* : **donner.** 5. *Le peintre avait su rendre toute l'horreur de la scène* : **traduire, représenter** ; → REPRODUIRE I. 6. *Rendre un salut* : V. RÉPONDRE. 7. *Rendre l'âme* : V. ÂME. 8. *Rendre compte de* : V. ANALYSER.
◇ **se rendre** 1. *Les terroristes ont refusé de se rendre* : **capituler** ; → CÉDER, SE LIVRER. 2. *Se rendre quelque part* : V. ALLER. 3. *Se rendre compte* : **prendre conscience*** ; → COMPRENDRE, JUGER.
II *Une terre qui rend* : V. FRUCTIFIER, PRODUIRE et DONNER.

rendu V. fatigué (*in* fatiguer), moulu (*in* moudre).

rêne *Le cavalier tira sur les rênes pour ralentir l'allure du cheval* [pl.] : **bride, guides.**

rénégat V. apostat, déloyal.

renfermé 1. V. confiné (*in* confiner). 2. V. secret II, taciturne.

renfermer (se) V. se murer, se replier.

renflé V. bombé, pansu, ventru.

renflouer V. remettre à flot*.

renforcement V. durcissement (*in* dur).

renforcer 1. *Renforcer une construction* : **consolider, étayer, soutenir.** 2. *Renforcer son pouvoir* : ↑ **muscler** ; → AFFERMIR et RAFFERMIR. *Son geste a renforcé notre amitié* : **fortifier, confirmer.** *Renforcer l'aide humanitaire* : **accroître, développer.** 3. *Renforcer les noirs d'une gravure* : V. ACCENTUER.

renfort V. secours.

renfrogné V. maussade.

rengaine V. chanson, couplet, refrain, scie.

rengorger (se) V. fier (faire le fier).

renier 1. *Après deux ans de séminaire, il a renié sa foi* : [avec ou sans compl.] **abjurer** (= renoncer solennellement à sa foi) ◆ [didact., rare, intr.] **apostasier** (= renier sa foi) ◆ [plus génér.] **renoncer à** ◆ [plus sout.] **répudier.** 2. *Il a renié sa signature* [sout.] : [plus cour.] **désavouer.** *Au dernier* *moment, il a renié ses promesses* : **se dérober à.**

◇ **reniement** *Le reniement de la foi* : **abjuration** ◆ [didact.] **apostasie.** *Le reniement d'une promesse* : **désaveu** ; → ABANDON, RÉTRACTATION.

renifler **1.** V. aspirer. **2.** V. sentir I.

renom V. illustre, notoriété (*in* notoire), prestige, réputation.

renommé V. fameux, réputé.

renommée V. notoriété (*in* notoire), réputation.

renoncement V. dépouillement (*in* dépouiller).

renoncer **1.** *Renoncer à un bien* : **se priver** (qui souligne le caractère volontaire de la renonciation) ◆ [sout.] ↑**se dépouiller,** ↑**se dessaisir.** *Renoncer à un droit* : [sout.] **se départir de.** *Le roi de Grèce a renoncé au pouvoir* : **abdiquer** (*il a abdiqué le pouvoir*). *Je ne parviendrai pas à lui faire entendre raison, j'y renonce* : **déclarer forfait** ◆ **jeter* l'éponge, passer la main*, quitter la partie*** ; → ABANDONNER, SE RÉSIGNER. **2.** *Il ne veut pas renoncer à ses idées* : [plus express.] **démordre de** (qui implique de l'entêtement) ; → RENIER, DÉSARMER. **3.** *Ces moines ont renoncé à la vie dans le monde* [didact.] : [plus cour.] **se détacher de** ◆ [sout.] ↑**répudier qqch.** **4.** *Renoncer devant une difficulté* : [fam.] **envoyer tout promener*** ; → RECULER. **5.** *Je n'y arriverai jamais : je renonce !* [absolt] : **abandonner*** ◆ [fam.] **baisser les bras** ; → S'ABSTENIR.

renonciation V. abandon I.

renoncule V. bouton-d'or.

renouveau *Certaines chansons anciennes connaissent un renouveau de succès* : **regain** ; → RENOUVELLEMENT. *Le renouveau* : **printemps, retour du printemps.**

renouveler **1.** *Si vous n'avez pas de réponse, renouvelez votre demande* : [plus génér.] **refaire*** ◆ [sout.] **réitérer.** **2.** *Ces jeunes auteurs ont renouvelé le théâtre de boulevard* : ↓**rajeunir** ; → MODERNISER, AMÉLIORER. **3.** *La pluie renouvelait ses vieilles douleurs* [sout.] : [plus cour.] **raviver, réveiller***. **4.** *Votre bail peut être renouvelé pour trois ans* : **reconduire** ◆ **proroger** (= faire durer au-delà de la date d'expiration). *Elle a renouvelé son mobilier* : **changer***.

◇ **se renouveler** *Les mêmes scènes de violence se renouvelaient* : **recommencer, se répéter, se reproduire.**

◇ **renouvelable** *Un bail renouvelable* : **reconductible.**

◇ **renouvellement** **1.** *Il a obtenu le renouvellement de sa carte de séjour* : **reconduction, prorogation.** **2.** *On assiste au renouvellement des travaux sur la préhistoire* : **renaissance, renouveau.**

rénovateur V. réformateur (*in* réforme).

rénovation *La rénovation d'un immeuble ancien* : **restauration** (qui suppose le respect de la forme originelle) ◆ **reconstruction** (qui implique une destruction antérieure). *La rénovation d'un parti* : **refondation, modernisation** ◆ [plus génér.] **transformation*** ; → AMÉLIORATION.

rénover V. améliorer, moderniser (*in* moderne), remettre à neuf*, réhabiliter.

renseigner *Renseignez-moi là-dessus* : **informer** ◆ [plus fam.] **éclairer sa lanterne** ◆ [fam.] **tuyauter** ◆ [très fam.] **rencarder** ; → ÉCLAIRER, ÉDIFIER, FIXER.

◇ **renseignement** *La police recherche des renseignements* : [fam.] **tuyau** ◆ [très fam.] **rancart (rancard, rencard)** ; → INDICATION, INFORMATION, DONNÉE. *À titre de renseignement* : **pour mémoire***.

rentable V. payant (*in* payer).

rente V. revenu.

rentrée V. retour (*in* retourner).

rentrer **1.** *Rentrer dans une pièce* : **entrer*** ; → SE RAMENER. **2.** *Le camion est rentré dans le mur* : **percuter** (= heurter violemment) ; → HEURTER. *Rentrer dans le chou* : **rentrer dedans***. **3.** *L'automne venant, il rentrait son bois* : **mettre à l'abri** ◆ [plus génér.] **ranger.** **4.** *Il rentra ses larmes* : **refou-**

ler. **5.** *Rentrer chez soi* : V. RETOURNER et REVENIR. **6.** *Croyez-vous que cette clé rentrera dans la serrure ?* : [très génér.] **aller.**

renverser **1.** *Son adversaire le renversa d'un seul coup de poing* : [plus sout.] **terrasser** ◆ [fam.] **ficher par terre.** *Le gouvernement a été renversé* : [fam.] **culbuter.** *Les bouteurs renversaient les vieilles maisons* : **abattre, jeter à bas.** *Il a renversé son café sur la table* : [plus sout.] **répandre** ; → FAIRE TOMBER*. *Se faire renverser par une voiture* : V. ÉCRASER. *Être renversé* : V. TOMBER. **2.** *Ce que vous me dites me renverse* [fam.] : [cour.] **étonner, surprendre.** *Avez-vous appris la nouvelle de son accident ? j'en suis encore tout renversé* [fam.] : **retourner** ◆ [cour.] **bouleverser.** **3.** *Tout va mal, il est temps de renverser la vapeur* : **inverser.**

◇ **se renverser** *La barque s'est renversée au milieu du lac* : **chavirer, se retourner.** *Une voiture s'est renversée* : **se retourner** ◆ [moins cour.] **capoter** ; → SE COUCHER, VERSER I.

◇ **renversement** **1.** *Le renversement des valeurs en place* : **bouleversement** ; → CHUTE. **2.** *Comment expliquez-vous ce brusque renversement de la situation ?* : **retournement.**

◇ **renversé** *Je ne sais quoi vous dire, je suis renversé* [fam.] : [cour.] **stupéfait, retourné** ◆ ↓ **surpris** ; → ÉMU.

◇ **renversant** *La nouvelle était si renversante que personne ne voulait y croire* [assez fam.] : [cour.] **stupéfiant** ; → ÉTONNANT.

renvoi **1.** V. éructation (*in* éructer). **2.** V. ajournement (*in* ajourner), remise I. **3.** V. expulsion.

renvoyer **1.** *L'usine a fermé ses portes et les ouvriers ont été renvoyés* : **licencier, mettre à pied*** ◆ [très fam.] **sacquer, vider** ; → CONGÉDIER. *Le chauffeur a été renvoyé* : [par euph.] **remercier.** *Les deux élèves furent renvoyés du lycée pour avoir distribué des tracts* : **exclure.** **2.** *Je n'accepte pas son cadeau, je vais le lui renvoyer* : [plus génér.] **rendre** ; → RETOURNER. **3.** *Le miroir lui renvoyait une image floue* : **réfléchir** (*le miroir réfléchissait une image floue*). *La vallée était très étroite et l'écho renvoyait longtemps les sons* : **répercuter.** **4.** *Renvoyer un rendez-vous* : V. REMETTRE. **5.** *Renvoyer qqch* : V. REJETER et RELANCER.

réorganisation V. restructuration (*in* restructurer).

réorganiser V. restructurer.

repaire **1.** *L'animal s'enfuit pour rejoindre son repaire* : **antre, tanière, gîte*** ; → ABRI. **2.** *La police prétend que ce quartier est un repaire de brigands* : **nid.**

repaître (se) V. se nourrir.

répandre **1.** *Répandre un liquide* : **renverser*.** *Tu peux manger de la confiture sans en répandre partout !* : [plus fam.] **mettre.** *Des pétales répandus par le vent* : **éparpiller.** *Répandre une couche de sable sur l'allée* : **étaler, étendre** ; → SEMER. **2.** *Le parterre d'œillets répandait une forte senteur* : **exhaler** ; → DÉGAGER, ÉMETTRE. *Répandre une lumière* : V. JETER et VERSER. **3.** *Il répandait ses bienfaits sans compter* : **prodiguer** ◆ ↓ **dispenser** ; → DISTRIBUER. **4.** *L'épidémie soudaine a répandu la terreur* : **jeter** ; → SEMER. **5.** *La télévision pourrait répandre ces idées nouvelles* : **diffuser, populariser, propager** ; → DIVULGUER, VULGARISER.

◇ **se répandre** **1.** *L'eau s'est répandue sur le sol* : **couler, courir** ◆ [moins cour.] **ruisseler.** *Le lait s'est répandu sur la plaque chauffante* : **déborder.** **2.** *Des bruits se répandent* : **circuler*, se propager*.** *Se répandre largement* : **gagner* du terrain, faire tache* d'huile** ; → S'ÉTENDRE. **3.** *Il claqua la porte et se répandit en injures* [sout.] : **déverser** (*déverser des injures*) ◆ [plus cour.] **éclater.** **4.** *Après le match, la foule se répandit sur le terrain* : **envahir** (*envahit le terrain*) ◆ ↑ **déferler.**

◇ **répandu** *C'est un milieu où les idées d'extrême droite sont assez répandues* : **courant** ◆ [assez péj.] **à la mode** ; → COMMUN. *C'est un procédé répandu* : **connu.**

réparer **1.** *Il a réparé lui-même son vélomoteur* : **remettre en état** ◆ [fam.] **bricoler** ; → ARRANGER, DÉPANNER. *Il a fallu réparer le mur de la grange qui s'écroulait* : **relever** ◆ [génér.] **refaire** ◆ [fam.] **rafistoler** (= réparer de façon sommaire) ◆ [fam.] **retaper** ; → AMÉLIORER, RESTAURER. *Réparer une* *montre* : [didact.] **rhabiller.** *Réparer des chaussures* : [plus précis] **ressemeler** ; → RACCOMMODER. **2.** *Il fit son possible pour réparer son erreur* : **corriger** ◆ [plus sout.] **remédier à** ; → RATTRAPER, SUPPLÉER. *Il se confessait afin de réparer ses fautes* : **effacer** ◆ **expier*** (= réparer une faute en subissant un châtiment, une peine) ; → COMPENSER.

◇ **réparation** **1.** *La réparation du mur avait demandé une semaine* : **réfection, remise en état** ◆ **consolidation** (qui signifie qu'on rend plus solide) ; → AMÉLIORATION. *La réparation d'une paire de chaussures, d'un vêtement...* : [plus spécialt] **ressemelage, raccommodage, reprise.** **2.** *Donner, obtenir réparation* : V. SATISFACTION. **3.** *La réparation d'une faute* : V. EXPIATION.

reparler V. voir.

reparti *C'est reparti* : V. recommencer, reprendre I.

repartie V. réplique II, riposte.

repartir V. recommencer, reprendre I. *Faire repartir* : V. relancer.

répartir V. balancer, classer (*in* classe I), dispenser, distribuer, trier.
◇ **se répartir** V. s'étaler III.

répartition **1.** *Un service avait été créé pour assurer la répartition des vivres* : [didact.] **ventilation** ◆ [anglic.] **dispatching** (= distribution) ◆ **contingentement** (= limitation des parts) ; → DISTRIBUTION. **2.** *La répartition des arbres dans le parc* : **disposition.**

repas **1.** *Je prends mes repas à l'hôtel* : [plus spécialt] **déjeuner** (= repas du midi) ◆ **dîner** (= repas du soir) ◆ **souper** (qui se prend après le spectacle, tard le soir). **2.** *Un repas copieux* : [fam.] **gueuleton.** *Un repas de fête, de cérémonie* : **banquet** ◆ **réveillon** (= repas pris la nuit de Noël, du jour de l'an) ; → FESTIN. *Un repas froid* : **buffet.** *On nous servit les restes d'un repas* : **relief** ◆ [fam., péj. et surtout pl.] **rogatons.** *Faire un repas* : **manger un morceau*.** *Faire un bon repas* : **banqueter, faire bonne chère** ◆ [moins précis] **festoyer.** **3.** *Il prépare rapidement un repas* : [fam.] **frichti, fricot** (= plat rapidement cuisiné).

repasser **1.** V. affiler. **2.** V. apprendre, initier à. **3.** V. revenir, revoir.

repêchage V. rattrapage.

repêcher V. retirer.

repeindre V. peindre I.

repentant V. contrit.

repentir (se) *Je me repens bien de ne pas vous avoir accompagnés* : **s'en vouloir** ◆ ↓ **se reprocher** ; → REGRETTER.

◇ **repentir** [n.] *Je ne sais pas si votre repentir est sincère* : ↑ **remords** (qui implique un sentiment de honte) ◆ [didact.] **attrition, componction,** [plus cour.] **contrition** (qui se disent du regret et de la crainte d'avoir offensé Dieu) ; → REGRET.

répercussion V. retentissement.

répercuter V. renvoyer.
◇ **se répercuter** V. réagir sur.

repère **1.** V. amer, jalon. **2.** V. valeur III.

repérer (se) V. découvrir, localiser, s'orienter.

répertoire V. catalogue.

répertorier V. enregistrer.

répéter **1.** *Il ennuie ses élèves à toujours répéter la même chose* : [fam.] **rabâcher, ressasser, seriner** ◆ **rebattre** (*il nous rebat les oreilles de cette histoire*). **2.** *Il ne sera pas nécessaire de lui répéter de venir* : **dire deux fois, redire** ; → RAPPELER. *Le chansonnier voulut bien répéter son couplet* : **bisser, reprendre.** **3.** *Il répète tout ce qu'il devrait garder pour lui* : **raconter, rapporter*.** **4.** *Vous êtes obligé de répéter votre demande* : [sout.] **réitérer** ; → MAINTENIR, RENOUVELER. **5.** V. MULTIPLIER et RECOMMENCER.

◇ **se répéter** **1.** *Il restait près de la cheminée, à se répéter sans cesse* : [fam.] **radoter.** **2.** V. SE RENOUVELER.

◇ **répétition** **1.** V. REDITE. **2.** V. LEÇON. **3.** *Ce qui se passe, c'est la répétition de ce que nous avons connu l'an dernier* : **reproduction** ◆ [sout.] **antienne, refrain***

(= chose répétée : *ce sera encore la même antienne, le même refrain : il va nous répéter que nous ne sommes pas assez patients*). **4.** *La sécheresse va provoquer la répétition du désastre* : **retour.** *La répétition d'une maladie* : **rechute.** **5.** *La répétition d'une pièce, d'un spectacle* : **couturière, générale** (= dernières répétitions).

répétiteur V. professeur.

répétition V. répéter.

repeupler *On a repeuplé l'étang* : [didact.] **empoissonner.** *Repeupler une forêt* : [plus précis.] **reboiser.**

repiquer V. enregistrer, planter.

répit **1.** *La malade espérait le répit de ses douleurs* : **rémission** ◆ [plus gén.] **cessation** ; → FIN I. **2.** *Demander un répit pour payer ses dettes* : **sursis** ; → DÉLAI. **3.** *Sans répit* : **sans relâche*, sans arrêt*.**

replacer V. ranger II, remettre.

replet V. gras.

repli V. recul (*in* reculer).
◇ **replis** V. replier I.

replier *Repliez vos manches pour ne pas salir votre chemise* : **retrousser*, rouler** ; → PLIER.
◇ **replis** [pl.] *Il tentait de décrire les replis du cœur de l'homme* : **recoin** ; → SECRET.
◇ **se replier** **1.** *Les troupes se repliaient en bon ordre* : [moins précis.] **reculer*.** **2.** *Ces événements l'ont bouleversé ; il ne voit plus personne et se replie sur lui-même* : **se renfermer** (= ne rien livrer de soi).

réplique
I *C'est une réplique du Scribe accroupi* : **copie, reproduction*** ; → PENDANT.
II **1.** *Il trouvait des répliques qui laissaient muet son interlocuteur* : **riposte, repartie** ◆ [plus génér.] **réponse** (qui n'implique pas d'opposition à l'autre). **2.** *Faites ce qu'il veut, et pas de réplique pour une fois !* : ↓ **discussion** ; → RAISONNEMENT.
◇ **répliquer** *Vous avez entièrement raison, je n'ai rien à répliquer* : ↓ **redire,** ↓ **répondre** ◆ ↑ **riposter,** ↑ **rétorquer** (= retourner des arguments contre qqn) ; → OBJECTER.

répondre **1.** *Je ne répondrai rien à vos arguments* : V. OPPOSER et RÉPLIQUER. *Je n'aime pas les enfants qui répondent* : [plus rare] **raisonner.** **2.** [qqn ~ à qqch] *Il a répondu à mon salut* : **rendre** (*il m'a rendu mon salut*). **3.** [qqch ~ à qqch] *Les muscles de l'animal répondaient aux excitations électriques* : **réagir à.** **4.** *Ces nouvelles constructions ne répondent pas aux besoins de la population* : **satisfaire*** ; → CORRESPONDRE. **5.** [qqn ~ de qqch] *Je réponds de cette voiture : je l'ai fait entièrement réviser* : **garantir qqch** (*garantir cette voiture*). *Ses parents ont répondu de sa bonne foi* : **se porter garant.** **6.** *Je vous en réponds* : V. AFFIRMER. **7.** *Répondre à* : **donner suite* à.**
◇ **répondant** *Servir de répondant à quelqu'un* : **caution, garant** ; → APPUI.

réponse V. réplique II.

report V. ajournement (*in* ajourner).

reportage V. article.

reporter [n.] V. journaliste (*in* journal).

reporter [v.] **1.** V. rejeter. **2.** V. remettre.

reposer **1.** [qqn ~] V. DORMIR. **2.** [qqch ~] *L'échelle repose contre le mur* : V. APPUYER. *Toute l'argumentation repose sur des données inexactes* : **être fondé** ◆ ↓ **s'appuyer** ; → PORTER. *Tout repose maintenant sur votre décision* : **dépendre de.**
◇ **se reposer** **1.** *Après ce long effort, il se repose dans le jardin* : **se relaxer** ; → SE DÉLASSER, SOUFFLER, DORMIR. **2.** *Je me repose sur vous pour régler les détails* : [plus cour.] **compter sur, faire confiance à.**
◇ **repos** **1.** *Il ne savait pas s'arrêter et prendre un moment de repos* : **détente, délassement** ; → RELÂCHE, RELAXATION, SE METTRE AU VERT. *Après son opération, elle a eu droit à une semaine de repos* : [plus précis.] **convalescence.** *Le repos de fin de semaine* : **week-end** ; → VACANCES. **2.** *Ces coups de téléphone troublent sans cesse mon repos* : **tranquillité*.** **3.** *Sans repos* : **sans relâche*.** *Avoir l'esprit en repos* : **en paix, tranquille.** **4.** *Une affaire de tout repos* : **sûr*, sinécure*.**
◇ **reposant** *Un séjour reposant à la campagne* : [moins cour.] **délassant, relaxant**

◆ **apaisant** (qui indique un retour au calme après une période de tension).

◇ **reposé** *Après cette sieste, je me sens reposé* : **frais, en forme** ◆ [sout.] **délassé.**

repousser 1. *L'ennemi fut repoussé* : [moins cour.] **refouler, chasser** ◆ ↑ **culbuter.** *Elle repousse toutes les offres de mariage* : **dédaigner** (= repousser avec mépris) ; → ÉCARTER. *J'ai repoussé toutes les invitations* : **décliner** ; → REFUSER, REJETER. *Repousser les avances de quelqu'un* : V. RÉSISTER. 2. *Elle voulait l'aider, mais il l'a repoussée méchamment* : **rabrouer** ◆ [fam.] **rembarrer** ◆ [sout.] **éconduire** (= repousser qqn qui demande qqch) ; → ENVOYER PROMENER*. 3. *Repoussez ces idées sombres* : **chasser** ◆ **éliminer** (= faire disparaître). 4. *Repousser à plus tard* : V. RETARDER. 5. *Repousser qqch loin de soi* : **éloigner, reculer.** *Repousser une fenêtre, un tiroir* : **refermer.**

◇ **repoussant** 1. *Les murs de la cuisine étaient d'une saleté repoussante* : **dégoûtant*, répugnant** ; → SORDIDE. 2. *Un visage repoussant* : V. LAID et REBUTANT.

répréhensible V. blâmable.

reprendre

I 1. *Ils ont repris le fuyard* : **rattraper*.** 2. *Laissez-moi reprendre mon souffle* : **retrouver** ◆ [litt.] **recouvrer.** 3. *Reprendre ses esprits* : **revenir à soi.** *Eh bien ! reprenez vos esprits !* : **remettez-vous !** *Reprendre des forces* : **se rétablir** ; → RÉCUPÉRER. 4. *Reprenez votre marchandise* : V. REMPORTER. 5. *Cet arbre a bien repris* : V. PRENDRE. *La guerre reprend* : **recommencer*.** *Sa douleur le reprend* : V. SE RÉVEILLER. 6. *Il faut reprendre votre article* : **remanier, retoucher, réviser*, revoir** ; → CORRIGER. 7. *L'activité économique reprend* : **repartir, redémarrer.** *La discussion a repris* : ↑ **rebondir.** 8. V. RÉPÉTER. 9. *Reprendre une entreprise* : **racheter.**

◇ **se reprendre** 1. *Il a su se reprendre* : V. SE RATTRAPER. 2. *Il faillit perdre contenance, mais il se reprit* : **se ressaisir.** 3. *Il se reprit à évoquer ses souvenirs* : [plus cour.] **se remettre** ; → RECOMMENCER.

◇ **reprise** 1. *La reprise des affaires* : ↑ **relance, redémarrage.** 2. *Le boxeur tomba à la troisième reprise* : **round.** 3. *La reprise des combats* : V. RECOMMENCEMENT. *À de nombreuses reprises* : **souvent*.** 4. V. RÉPARATION.

II [qqn ~ qqn] 1. *On doit le reprendre sans arrêt, mais cela ne le corrige pas* : ↑ **blâmer,** ↑ **réprimander.** 2. *Il l'a repris sèchement* : **remettre à sa place** ◆ [fam.] **rembarrer.**

représailles V. répression (*in* réprimer II), riposte, vengeance.

représentatif V. caractéristique.

représentation 1. V. perception (*in* percevoir I). 2. V. peinture II. 3. V. spectacle.

représenter 1. *La croix représente la rédemption* : **symboliser.** *Cet instituteur représente bien les classes moyennes* : **incarner, personnifier.** 2. *Le tableau représentait une fête villageoise* : **reproduire*.** *Le peintre l'avait représentée avec un costume de bergère* : **figurer** ; → PEINDRE, RENDRE I. *Comment représenter ces passions mêlées ?* : **évoquer, exprimer.** 3. *Je suis obligé de vous représenter tous les inconvénients de votre décision* [sout., vieilli] : [cour.] **mettre en garde contre** ◆ ↓ **avertir de.** 4. *Cet achat représente pour moi un gros sacrifice* : **constituer, correspondre à, être** ◆ [moins cour.] **équivaloir à.** 5. *La Comédie-Française représentait une pièce de Marivaux* : [plus génér.] **donner** ; → JOUER, INTERPRÉTER.

◇ **se représenter** 1. *Je ne me représente pas ce que sont ces pays* : **s'imaginer** ◆ [plus génér.] **voir.** 2. *Représentez-vous ma joie de les retrouver sains et saufs* [sout.] : **juger de** ◆ [plus cour.] **se figurer, imaginer.**

◇ **représentant** 1. *Le gouvernement a rappelé ses représentants* : **envoyé** ◆ **délégué*** ◆ [plus partic.] **diplomate, ambassadeur, chargé d'affaire, consul, attaché** (= envoyés du gouvernement à l'étranger, de différents grades). *Les représentants du Saint-Siège* : **nonce, légat.** 2. *Les représentants du peuple* : **parlementaire** ◆ [gén.] **délégué*** ◆ **député, sénateur** (selon leur appartenance à l'une des deux chambres du Parlement français). 3. *Son mari est représentant pour une grosse firme* : **voyageur de commerce** ◆ **voyageur-représentant-placier,** [abrév.] **V.R.P.** ◆ [néol.] **agent technico-commercial** ; → INTERMÉDIAIRE, PLACIER.

répressif V. tyrannique.

répression V. réprimer II.

réprimande V. observation I, remontrance, reproche.

réprimander *L'enfant avait arraché toutes les fleurs, ses parents l'ont réprimandé* : **gronder** ◆ [sout.] **blâmer, chapitrer, morigéner, quereller** ◆ [très sout.] **tancer** ◆ [fam.] **attraper, emballer, disputer** ◆ **admonester** (= réprimer sévèrement) ◆ [sout.] **gourmander** (= adresser des reproches sévères) ◆ **houspiller** (= maltraiter en paroles) ◆ **faire la morale*, rappeler à l'ordre*** ; → DÉSAPPROUVER, ENGUEULER, REPRENDRE. *L'enfant s'est fait réprimander* : [fam.] **en prendre pour son grade, se faire tirer les oreilles.**

réprimer

I *Il réprima difficilement sa colère* : **contenir, réfréner** ◆ [rare] **comprimer.** *Réprimer ses sentiments* : V. COMMANDER. *Réprimer ses larmes* : **retenir** ; → MODÉRER, REFOULER, RÉSISTER.

II *Réprimer une rébellion, une révolte* : **noyer* dans le sang** ; → DISPERSER, ÉTOUFFER, MATER, PUNIR, SANCTIONNER, SÉVIR, TERRASSER.

◇ **répression** *La répression du crime* : [plus cour.] ↓ **punition** ; → SANCTION.

repris de justice *Un repris de justice* : **récidiviste** ◆ [fam.] **cheval de retour** ◆ [plus génér.] **condamné** ◆ **interdit de séjour** (= condamné libéré banni temporairement de certains lieux).

reprise V. reprendre I.

repriser V. raccommoder.

réprobation V. condamnation (*in* condamner), désapprobation (*in* désapprouver), malédiction.

reproche *Si c'est un reproche que tu veux me faire, sois clair* : **critique** ◆ ↑ **blâme** (qui est plus moral). *Je ne voudrais pas te faire des reproches, mais tu as été maladroit* : **observation*, remontrance*, réprimande** ; → ATTAQUE. *Vos reproches ne sont pas justifiés* : ↑ **accusation.** *Un regard de reproche* : **accusateur*** ; → DÉSAPPROBATION.

◇ **reprocher** [~ qqch à qqn] *Il lui reproche sa négligence constante* : **accuser de** (*il l'accuse d'être constamment négligent*). *Elle lui a reproché son passé peu brillant* : ↑ **jeter à la tête** ◆ [sout.] **faire grief de.**

◇ **se reprocher** *Je me reproche d'avoir négligé vos avertissements* : [fam.] **s'en vouloir de** ; → SE REPENTIR.

reproduire

I *Le tableau reproduit fidèlement l'original* : **copier, imiter** ; → REPRÉSENTER, REFLÉTER.

◇ **reproduction** *C'est une assez pâle reproduction de l'original* : **copie, imitation** ; → IMAGE, MOULAGE, RÉPÉTITION, RÉPLIQUE.

II *Chaque couple peut reproduire un être de même organisation* : **engendrer.**

◇ **se reproduire** *Cette espèce se reproduit facilement* : **se multiplier*, proliférer** ◆ [sout.] **se perpétuer** ; → S'ACCOUPLER.

◇ **reproducteur** *Un cheval reproducteur* : **étalon** ◆ [plus génér.] **géniteur** (= mâle destiné à la reproduction).

◇ **reproduction** *La reproduction d'une espèce* : [didact.] **génération** ◆ **prolifération, propagation** (qui impliquent une augmentation en nombre) ◆ [plus génér.] **multiplication.**

reproduire (se) **1.** V. recommencer, se renouveler. **2.** V. reproduire II.

réprouvé **1.** *Selon beaucoup de religions, les hommes se partagent en élus et en réprouvés* [didact.] : [plus cour.] **damné, maudit.** **2.** *Vivre en réprouvé* : **hors-la-loi.**

réprouver V. condamner, désapprouver, détester, maudire.

repu V. plein comme un œuf*, rassasié.

republication V. réédition.

répudiation V. divorce.

répudier V. renier, renoncer.

répugnance **1.** *Il ne put dissimuler sa répugnance* : **répulsion** ; → DÉGOÛT, ANTIPATHIE. *Avoir de la répugnance pour* : **être allergique à.** **2.** *L'avocat accepta avec* *répugnance de défendre l'accusé* : **à contrecœur.**

◇ **répugnant** *Monsieur, sortez ! vous êtes répugnant !* : **abject** ; → ÉCŒURANT, LAID, REPOUSSANT, SALE, SORDIDE, IGNOBLE.

◇ **répugner** *La compagnie de cet homme me répugne* : ↓ **déplaire*** ; → DÉGOÛTER. *Il répugne à user de sa force* : [moins cour.] **rechigner, renâcler.**

répulsion V. dégoût, répugnance.

réputation **1.** *Il ne tenait pas, même pour une si grosse somme, à perdre sa réputation* : **crédit** ◆ [plus partic.] **honneur*** ◆ **considération** (= estime qu'on a pour qqn de bonne réputation). *Se faire une réputation* : **nom*.** **2.** *Ses nouvelles expériences ont confirmé sa réputation* : **célébrité, popularité** ; → NOTORIÉTÉ, GLOIRE. **3.** *Avoir la réputation de* : **passer pour.** **4.** *Une réputation internationale* : **renommée** ; → PRESTIGE. *Ce cognac mérite sa réputation* : **renom.**

◇ **réputé** *C'est un médecin réputé* : ↑ **célèbre.** *Voilà un fromage réputé depuis des siècles* : **renommé** ◆ ↓ **connu** ; → FAMEUX.

requérir **1.** *La situation requiert des mesures d'urgence* [sout.] : [plus cour.] **exiger, nécessiter** ; → APPELER I, DEMANDER, RÉCLAMER. *Requérir une aide* : **solliciter.** **2.** *Requérir des civils* : **réquisitionner** ◆ [plus partic.] **mobiliser*.**

requête *Le prévenu adressa une requête au juge* [didact.] : [cour.] **demande** ◆ **sollicitation** (= demande instante) ◆ **pétition** (= demande écrite généralement collective) ◆ **supplique** (= demande pour obtenir une grâce) ◆ [génér. pl.] **instance** (= demande pressante : *sur, devant les instances de qqn*) ; → DEMANDE, PRIÈRE.

requiem V. chant (*in* chanter).

requin V. pirate, voleur (*in* voler II).

requinquer V. remonter.

requis V. nécessaire.

réquisitionner V. requérir.

rescapé *Les rescapés du naufrage* : ↑ **survivant** ◆ [par hyperbole] ↑ **miraculé.**

rescinder V. annuler.

rescousse (à la) V. aide.

réseau V. filet.

réserve

I **1.** *Dans une cache, les gendarmes trouvèrent une réserve d'armes* : **stock*** ◆ [plus partic.] **arsenal** ; → CARGAISON, PROVISION. **2.** *En réserve. Il a toujours une bonne bouteille en réserve* : **de côté.**

II **1.** *Montrer de la réserve* : V. DÉCENCE, DISCRÉTION, FROIDEUR, HONTE, MODÉRATION, MODESTIE, SOBRIÉTÉ et RETENUE. **2.** *Sous réserve* : V. CONDITION et SAUF. *Sans réserve. Vous pouvez compter sur un appui sans réserve* : **total** ; → SANS RESTRICTION*. **3.** *Les astronomes font des réserves sur l'existence des soucoupes volantes* : **restriction*.**

III **1.** *Je n'ai plus cet article en boutique : je vais aller voir à la réserve* : **magasin*** ◆ **dépôt** (= réserve importante comme celle d'un grand magasin) ; → STOCK. **2.** *Une réserve naturelle* : V. PARC, TERRITOIRE.

réservé

I [de réserve II] *Un homme réservé* : V. DÉCENT, DISCRET, DISTANT, MODESTE, RÉTICENT et SECRET.

II [de réserver] *Des pancartes indiquaient que c'était une pêche réservée* : **gardée.** *Réservé à* : **à l'usage* de.**

réserver **1.** *Réserver une place* : V. GARDER. *L'agence se chargeait de réserver votre chambre d'hôtel* : **retenir.** **2.** *Elle nous a réservé une surprise pour la fin du repas* : **ménager.** **3.** *Réserver ses forces* : **économiser** ◆ [plus sout.] **épargner.**

◇ **se réserver** **1.** *Elle se réserve les tâches les plus fastidieuses* : **se charger de.** **2.** *Se réserver pour une meilleure occasion* : **attendre.**

◇ **réservoir** *Un réservoir recueillait les eaux de pluie* : **citerne** ; → RETENUE* D'EAU. *Un réservoir à grains* : **silo.** *Il élevait des tanches dans un réservoir* : [plus précis] **vivier.**

résider **1.** *Résider dans une grande ville* : **demeurer*** ; → SE TROUVER, VIVRE, LOGER. **2.** *Toute la difficulté réside dans la lec-*

ture correcte de l'énoncé : **consister** (... *consiste à lire correctement*) ◆ **se trouver.**

◇ **résidence** 1. V. IMMEUBLE. 2. *Il a fixé sa résidence près de l'autoroute* [didact.] : [cour.] **domicile** ; → DEMEURE.

résidu V. déchet.

résignation V. se résigner II.

résigné V. fataliste (*in* fatal), indifférent.

résigner *Il a été obligé de résigner son emploi* [sout.] : **se démettre de** ◆ [cour.] **démissionner de, quitter, renoncer à** ; → ABANDONNER.

◇ **se résigner** *Il faut bien se résigner quand on ne peut plus rien faire* : **subir** ◆ **faire son deuil*** **de** ◆ **prendre son parti*** **de** ; → ABDIQUER, AVALER LA PILULE*, S'INCLINER, CÉDER. *Se résigner à son sort* : ↑ **se soumettre** ◆ ↓ **s'accommoder de** ; → ACCEPTER.

◇ **résignation** *Fallait-il attendre avec résignation qu'ils nous volent ?* : ↑ **soumission** ; → FATALISME, PHILOSOPHIE, PATIENCE.

résiliation *La résiliation d'un contrat* [didact.] : [cour.] **rupture** ; → ANNULATION, RÉSOLUTION.

résilier V. annuler I, rompre, résoudre I.

résineux *Une forêt de résineux* : [plus partic.] **conifère.**

résister 1. *Il résistait à son adversaire* : **tenir ferme, bon** (*tenir bon contre*) ; → SE DÉFENDRE, FAIRE FRONT*, LUTTER, SOUTENIR* UN ASSAUT. 2. *Je résisterai aux pressions de toutes sortes* : **se rebiffer, regimber** (= résister par le refus : *je ne céderai pas, je me rebifferai, je regimberai*) ; → RÉAGIR, SOUTENIR. *Résister aux volontés de quelqu'un* : [plus cour.] **s'opposer, contrarier*** (*contrarier qqn, ses volontés*). 3. *Cette morale apprend à résister à ses désirs* : **repousser, réprimer** (*cette morale apprend à repousser, réprimer ses désirs*). 4. *L'hiver a été rude, mais les jeunes arbres ont bien résisté* : **tenir** ◆ [fam.] **tenir le coup.** 5. [qqn ~ à qqch] V. SUPPORTER.

◇ **résistance** 1. *Malgré son âge, il avait prouvé sa résistance en terminant la course* : **endurance** ; → FORCE, ENDURCISSEMENT. 2. [pl.] *Il avait patiemment vaincu toutes les résistances* : **opposition** ◆ [plus génér.] **difficultés** ; → OBSTACLE. 3. *La résistance d'un matériau* : V. SOLIDITÉ. 4. *Le pays a organisé la résistance à l'invasion* : V. DÉFENSE.

◇ **résistant** [adj.] 1. *Le vieil homme était aussi résistant qu'à cinquante ans* : **robuste, solide, vert** ◆ [plus génér.] **vigoureux** ◆ **endurant** (= qui résiste à la fatigue) ◆ [fam.] **dur* à cuire** (qui s'emploie davantage comme n. : *c'est un dur à cuire*) ; → FORT, INFATIGABLE, SOLIDE. 2. *Sous ce climat, il faut des plantes résistantes* : **robuste, rustique** ; → VIVACE. 3. *Un résistant* : V. FRANC-TIREUR.

résolu *Un homme résolu à lutter* : ↓ **prêt** ; → DÉCIDÉ. *Quelqu'un de résolu* : **énergique*** ; → HARDI. *Un ton résolu* : **ferme** ◆ ↑ **tranchant** ; → CONVAINCU.

résolument V. délibérément (*in* délibéré), de pied ferme*.

résolution

I 1. *La résolution d'un abcès* [didact.] : **résorption.** 2. *La résolution d'un bail* [didact.] : **résiliation** ; → ANNULATION. 3. *La résolution d'un problème* (= opération par laquelle on le résout) : **solution** (= résultat atteint).

II 1. *Sa résolution était prise* : **décision, parti** ◆ [sout.] **dessein, détermination** ◆ **intention** ; → PLAN. 2. *L'assemblée a voté une résolution* : **motion** ; → VŒU. 3. *Il a agi avec résolution* : **décision, détermination, fermeté** ◆ **opiniâtreté** ◆ **audace** (qui implique de la hardiesse) ; → ÉNERGIE, VOLONTÉ.

résonance V. résonner.

résonner 1. *Le bruit des marteaux résonnait* : **retentir.** 2. V. SONNER et TINTER.

◇ **résonance** *L'intervention du secrétaire de l'O.N.U. eut une forte résonance parmi les délégués* [sout.] : [plus cour.] **retentissement** ◆ ↓ **écho.**

résorption V. résolution I.

résoudre

I 1. *L'entreprise a résolu ses difficultés de trésorerie* : **trancher.** 2. *Les héritiers firent résoudre la vente* [didact.] : [plus cour.] **résilier** ; → ANNULER.

II *Il a résolu d'aller travailler à la ville* : [plus cour.] **décider.**

respect 1. *Cette personne inspire du respect* : ↓ **considération** ◆ ↑ **déférence** ; → ESTIME. *Inspirer le respect* : **en imposer***. 2. *Un manque de respect* : **politesse, courtoisie, égard.** *Par respect pour...* : V. ÉGARD. 3. *Le respect filial* : V. PIÉTÉ. *Par respect de soi-même* : **amour-propre.** 4. *Le respect de l'étiquette* : V. OBSERVATION.

◇ **respects** [pl.] *Présenter ses respects à quelqu'un* : **hommages***.

◇ **respecter** 1. *Respecter ses parents* : [sout.] **honorer** ◆ ↑ **vénérer** ; → CRAINDRE. 2. *Respecter sa promesse* : **honorer***. *Respecter la consigne* : **obéir à.** 3. *Ne pas respecter qqch. Vous ne respectez pas le règlement* : **faire une entorse à** ; → SE CONFORMER, OBSERVER, SUIVRE.

◇ **respectable** 1. *C'est un personnage respectable* : **estimable*, honorable*** ◆ **comme* il faut** ; → SAINT, VÉNÉRABLE. *Un respectable vieillard* : **digne** ◆ [plus sout., vieilli] **auguste.** *Un âge respectable* : **canonique.** 2. *Il a touché une somme respectable* : **conséquent** ◆ **important.**

◇ **respectueux** *Elle est assez peu respectueuse vis-à-vis de ses aînés* : [sout.] **révérencieux** ◆ ↓ **poli.**

respiration V. souffle (*in* souffler).

respirer

I 1. *En sortant de l'eau, il respira profondément* : **aspirer** (= faire entrer l'air dans ses poumons) ◆ **haleter, souffler** (= respirer avec difficulté et bruyamment) ; → REVIVRE, EXPIRER. 2. V. S'AÉRER et PRENDRE LE FRAIS. 3. *Il a respiré des vapeurs de soufre* : [didact.] **inhaler** ◆ ↓ **humer.**

II *Toute son allure respirait la santé* : **exprimer.**

resplendir V. briller I.

resplendissant V. brillant (*in* briller I), éclatant, florissant, prospère.

responsabilité V. commandement (*in* commander II), devoir I, poids, soin I.

responsable

I [adj.] 1. *Être responsable de ses actes* : **comptable*** ◆ **garant** (qui ne s'applique qu'aux choses ou aux actes d'autrui : *être garant des avaries ; se porter garant de l'honneur de qqn*). 2. *Je ne suis pas responsable de cette faute* : **coupable***. *Il se sent responsable* : **culpabiliser.** 3. *C'est un garçon très responsable* : **réfléchi, sérieux** ; → CONSCIENT.

II [n.] 1. *Connaissez-vous le responsable des dégâts ?* : **auteur.** *Le responsable des troubles* : **fauteur** (*fauteur de troubles*). 2. *J'ai à me plaindre auprès des responsables de cette organisation* : **dirigeant.** *Le responsable des fonds* : **dépositaire***.

resquiller V. tricher.

resquilleur *Le contrôleur a repéré un resquilleur* [fam.] : **fraudeur.**

ressaisir (se) V. se dresser, se reprendre.

ressasser V. rabâcher, répéter.

ressasseur V. rabâcheur (*in* rabâcher).

ressemblance V. ressembler.

ressemblant V. semblable, vivant (*in* vivre I), voisin.

ressembler 1. *Il avait voulu que son jardin ressemble au parterre d'un château* : [rare] **imiter** (*... imite le parterre...*) ; → RAPPELER, SE RAPPROCHER. *Cela commence à ressembler à qqch* : **prendre corps***. 2. *Le suspect ne ressemble pas au portrait-robot* : V. CORRESPONDRE. 3. *Ne pas ressembler* : V. DIFFÉRER. 4. *Il ressemble à son oncle* : ↓ **tenir de.** *Il lui ressemble énormément* : [fam.] **comme un frère, comme deux gouttes d'eau** ◆ **c'est son frère tout craché** ◆ **c'est le portrait* de son frère.**

◇ **se ressembler** *Elles se ressemblent* : **avoir un air de famille.**

◇ **ressemblance** 1. *Il y a entre le frère et la sœur une ressemblance parfaite* : **similitude** (qui indique la relation qui unit deux éléments identiques). *Un portrait d'une grande* *ressemblance* : **exactitude.** **2.** V. ANALOGIE. **3.** V. VÉRITÉ.

ressemelage V. réparation (*in* réparer).

ressemeler V. réparer.

ressentiment **1.** *Je garde de ses procédés un ressentiment profond* [sout.] : [plus cour.] **rancœur** ◆ **rancune** (qui implique un désir de vengeance) ◆ [fam.] **avoir une dent** (*j'ai une dent contre...*). **2.** *Je n'ai pas voulu l'écouter et me suis attiré son ressentiment* : **animosité** (qui désigne un sentiment de malveillance) ◆ ↑ **haine** (= sentiment d'hostilité profonde).

ressentir *Il ne ressentait qu'un peu d'amour pour elle* : **éprouver** ◆ [très génér.] **avoir** ; → SENTIR.

resserre V. remise II.

resserré V. étroit.

resserrer **1.** *Cette lotion resserre les pores de la peau* : **contracter***. **2.** *Resserrez le développement de votre récit* : **condenser** ; → ABRÉGER.

◇ **se resserrer** *À cet endroit, la vallée se resserre et le paysage devient impressionnant* : ↑ **s'étrangler.**

ressort V. énergie. *Être du ressort de* : V. corde, dépendre, domaine. *En dernier ressort* : V. ressource.

ressortir

I *Ressortir à* : **relever* de** ; → DÉPENDRE.

◇ **ressortissant** *Le consul américain a fait évacuer ses ressortissants* : **citoyen.**

II **1.** *La gravure ressortait bien sur le mur blanc* : **se détacher, trancher***. *Il ressort de l'examen de votre affaire que vous avez eu tort* : V. SE DÉGAGER. **2.** *Faire ressortir. L'absence de bijoux faisait ressortir sa beauté simple* : **rehausser, faire valoir, mettre en évidence** ; → METTRE L'ACCENT*. *La sauce faisait agréablement ressortir le fumet propre du gibier* : **mettre en valeur** ◆ ↓ **souligner.**

ressource **1.** *La prière était devenue sa seule ressource* : **secours** ◆ [plus express.] **refuge** ◆ ↓ **soutien** ; → RECOURS. *Je n'ai que cette ressource pour éviter la faillite* : **moyen** ◆ **expédient** (= moyen peu sûr ou douteux). **2.** *Nous l'appellerons en dernière ressource* : **recours, ressort.**

◇ **ressources** [pl.] **1.** *Je veux bien intervenir pour vous, mais vous n'êtes quand même pas un homme sans ressources* : **possibilités, moyens** ◆ [plus précis.] **fortune** ; → RICHESSE. *Sans ressources* : **à la rue***. **2.** *Le pays ne disposait pas de beaucoup de ressources naturelles à mettre en exploitation* : **richesses.**

ressusciter V. réveiller, revivre.

restant V. reste (*in* rester I).

restaurant *Il déjeune dans un restaurant près de son bureau* : [abrév. fam.] **resto** ◆ **brasserie** (= grand café-restaurant) ◆ **buffet** (= café-restaurant installé dans une gare) ◆ **gargote** (= restaurant bon marché où la cuisine est médiocre) ◆ **grill-room** (= restaurant qui sert des grillades) ◆ **auberge, hostellerie, rôtisserie, taverne** (= restaurants dans le goût traditionnel ou rustique) ◆ **cantine** (= restaurant d'une école, d'une usine), **réfectoire** (= salle de repas d'un couvent, d'une école) ◆ [anglic.] **snack, snack-bar, fast-food** (= établissements de restauration rapide) ◆ [plus génér.] **self(-service)** (= établissement où le client se sert lui-même) ◆ **Restoroute** (= restaurant destiné aux automobilistes) ; → CAFÉ, CABARET, TABLE.

restaurateur V. marchand* de soupe.

restauration V. amélioration (*in* améliorer), rénovation.

restaurer **1.** *Les monuments historiques ont fait restaurer cette chapelle romane* : [plus génér.] **refaire, réparer** (qui ne supposent pas le respect des formes anciennes) ◆ **ravaler** (= nettoyer ou réparer sans toucher le gros-œuvre) ; → AMÉLIORER, REMETTRE À NEUF*. **2.** *La politique de désarmement devrait restaurer la paix* : **ramener, rétablir.**

restaurer (se) V. manger I.

rester

I *Voilà ce qui reste de sa fortune* : **subsister*** ; → ÊTRE À DISPOSITION.

◇ **reste** **1.** *Vous me réglerez le reste la prochaine fois* : **restant** ◆ [didact.] **reliquat,**

solde ; → DIFFÉRENCE. **2.** *Il a mangé un potage, du pâté, du ragoût, et le reste* : **et cætera** ◆ [fam.] **et tout le bazar, et tout le saint-frusquin** ; → S'ENSUIVRE. **3.** *Des restes de monument* : **vestige*** ; → TRACE. **4.** *Au reste* : **à côté* de ça, en outre*** ; → PUIS. *Du reste* : **d'ailleurs***. *Ne pas attendre son reste* : V. NE PAS SE FAIRE PRIER*. **5.** *Le reste d'une soustraction* : V. RÉSULTAT.

◇ **restes** **1.** *Les restes du repas de la veille* : [moins cour.] **reliefs** ◆ [rare] **débris.** **2.** *La famille s'est recueillie devant les restes du défunt* : **cendres** ; → MORT II.

II **1.** *Je ne peux pas rester plus longtemps* : **s'attarder** ◆ **attendre** ◆ [fam.] **s'éterniser, moisir** ; → DURER, MARINER. **2.** *Rester dans un lieu* : V. DEMEURER et SÉJOURNER. *La voiture est restée trois jours dans la rue* : **stationner.** **3.** [~ + adj.] *Il reste immobile* : V. SE TENIR. **4.** *Il vaut mieux en rester là* : **s'en tenir.** **5.** *Y rester* : **mourir***.

restituer V. remettre, rendre I.

resto, Restoroute V. restaurant.

restreindre *La crise économique a obligé l'État à restreindre les investissements* : **diminuer, limiter, réduire.**

◇ **restriction** **1.** *La restriction des investissements* : **diminution, réduction** ; → LIMITE, LIMITATION. **2.** *Je vous approuve sans restriction* : **entièrement, sans réserve*** ; → RÉTICENCE.

◇ **se restreindre** V. se réduire.

restreint V. étroit, limité.

restriction V. restreindre.

restructuration V. restructurer.

restructurer *Il a fallu restructurer cette administration* : **réorganiser.** *Le centre-ville a été restructuré* : **réaménager, remodeler.**

◇ **restructuration** *La restructuration d'un secteur industriel* : **recomposition, réorganisation.**

résultat **1.** *Quel sera le résultat de cette affaire ?* : **issue** (qui se dit souvent de la façon dont qqn se sort d'affaire) ; → EFFET, FRUIT. *Il est fier de ce brillant résultat* : [plus précis.] **réussite, succès** (= résultats positifs) ; → ŒUVRE. **2.** *Il a voulu partir seul ; résultat, il s'est perdu* [fam.] : **total** ◆ [sout.] **si bien que, de telle manière que.** **3.** *Cela a eu pour résultat de le fâcher* : **aboutir à** ; → ABOUTISSEMENT. **4.** *Calculer le résultat d'une opération* : **somme** (qui s'emploie pour une addition) ◆ **reste** (pour une soustraction) ◆ **produit** (pour une multiplication) ◆ **quotient** (pour une division).

◇ **résulter** *Il résulte de cela que l'on obtient un accroissement de chaleur* : **s'ensuivre** ◆ **découler** (qui indique que le résultat vient par développement naturel). *Qu'est-il résulté de vos recherches ?* : **advenir.** *La conclusion résulte des prémisses* : **dériver de** ◆ [didact.] **procéder de** ; → DÉPENDRE. *Son épuisement résulte de son travail excessif* : **être consécutif à, venir de** ; → NAÎTRE, PROVENIR, SORTIR, TENIR.

◇ **résultante** *Ce succès est la résultante de nos efforts* : **conséquence, produit.**

résumé V. résumer.

résumer **1.** *Résumer un texte* (= n'en retenir que l'essentiel) : **abréger*** (= rendre plus court). **2.** *Résumons tout ce qui a été proposé* : **récapituler.**

◇ **résumé** **1.** *Il vous faut un bon résumé de géographie pour vos révisions* : **aide-mémoire, précis** ; → ABRÉGÉ, SOMMAIRE. **2.** *En résumé, nous souhaitons que vous partiez* : **en bref** ; → SUBSTANCE.

◇ **se résumer** *Cela se résume en peu de mots* : **tenir***.

retable V. tableau.

rétablir **1.** *Après le passage du cyclone, les communications n'ont pu être rétablies* : **arranger, remettre en l'état** ; → RÉPARER. **2.** *Rétablir l'ordre* : V. RAMENER. **3.** *Le syndicaliste a été rétabli dans son emploi* : **réintégrer.** **4.** *Ce groupe d'extrême droite rêve de rétablir la monarchie* : **restaurer.**

◇ **se rétablir** **1.** *Peu à peu, le silence s'est rétabli* : **revenir.** **2.** *Il se rétablit à la campagne* : **se remettre, reprendre des forces** ◆ [fam.] **se refaire** ; → GUÉRIR.

rétablissement V. guérison (*in* guérir).

retape V. racolage (*in* racoler).

retaper V. remonter, réparer.
◇ **se retaper** V. se refaire.

retard, retardataire V. retarder.

retardé 1. V. RETARDER. 2. *Un enfant retardé* : [moins employé] **attardé** ◆ **arriéré***, **débile (mental),** [fam., péj.] **demeuré** (qui supposent une déficience intellectuelle) ◆ [plus génér.] **handicapé** (qui s'applique à toute déficience) ; v. aussi SIMPLE.

retarder 1. *Retarder une décision* : **ajourner, différer, repousser** ◆ **atermoyer** (= rechercher des faux-fuyants pour retarder qqch : *cessez d'atermoyer*) ; → RECULER, ÉLOIGNER, REMETTRE. 2. *La date de la rentrée a été retardée* : V. DÉCALER. 3. *De nombreux appels téléphoniques ont retardé ce travail* : **ralentir, faire traîner.**
◇ **retard** 1. *Répondez-nous sans retard* : **délai** ◆ [sout.] **atermoiement.** 2. *Un pays en retard socialement* : **arriéré, sous-développé.**
◇ **retardataire** 1. [n.] *Les retardataires n'ont pas eu de place* : [moins cour.] **attardé.** 2. [adj.] *Des méthodes retardataires* : **désuet, conservateur** ◆ ↑ **archaïque.**

retenir 1. *Elle m'a retenu tout l'après-midi avec ses histoires* : [fam.] **tenir la jambe** ; → ARRÊTER, GARDER, ACCAPARER, TENIR. 2. *L'enfant retenait ses larmes* : **contenir, ravaler** ; → ÉTOUFFER, REFOULER, RÉPRIMER. *Retenir ses élans* : V. MODÉRER. 3. *Retenir l'attention* : **accrocher*** ; → MAINTENIR. 4. *Retenir sa place* : **réserver***. 5. *Retenir des nouveautés* : V. CHOISIR et PRÉLEVER. 6. *La terre retient l'eau* : V. ABSORBER.
◇ **se retenir** 1. *Il s'est retenu à une branche* : **se rattraper** ◆ ↑ **s'agripper,** ↑ **se cramponner.** 2. V. S'ABSTENIR, SE CONTRAINDRE, S'EMPÊCHER, SE MODÉRER et SE PRIVER.

retentir V. éclater, résonner.

retentissant 1. *La tournée a eu un succès retentissant* : **éclatant** ◆ [antéposé] **ample** ◆ ↑ **fracassant.** 2. *Une voix retentissante* : **sonore, vibrant** ◆ ↑ **assourdissant,** ↑ **tonitruant.**
◇ **retentissement** 1. *Les résultats de la réunion auront un grand retentissement* : **répercussion** ; → CONSÉQUENCE. 2. *Cette affaire a eu un grand retentissement dans l'opinion* : **provoquer une onde de choc** ; → AUDIENCE, PUBLICITÉ, RÉSONANCE.

retenue
I *Il conservait son calme et sa retenue* : **réserve** ◆ ↑ **dignité** ; → DISCRÉTION, MESURE, MODÉRATION, SOBRIÉTÉ. *N'avoir aucune retenue* : V. HONTE et DÉCENCE.
II 1. *Deux heures de retenue* : **colle***. 2. *Une retenue d'eau* : **réservoir, lac réservoir.**

réticence *Les réticences de l'orateur n'ont échappé à personne* : **omission, silence** ◆ **hésitation** ◆ **restriction** ◆ **sous-entendu** (= ce qu'on laisse à entendre sans le dire).
◇ **réticent** *Le public était réticent* : **réservé** ◆ ↑ **froid.**

rétif *Un cheval rétif* : **difficile, indocile, récalcitrant** ◆ [didact.] **quinteux** ◆ **capricieux, vicieux** (qui se disent d'une bête dont le comportement est imprévisible). *Un enfant rétif* : **désobéissant, rebelle***.

retiré V. écarté (*in* écarter), solitaire I.

retirer 1. [~ qqch (à qqn)] *Il a retiré sa veste* : **ôter*, quitter** ; → ENLEVER. *Pourquoi retirer son jouet à cet enfant ?* : **confisquer** ; → PRENDRE, REPRENDRE. 2. [~ qqch ou qqn d'un lieu] *Retirer son porte-monnaie de sa poche* : **tirer***. *Retirer de l'argent de son compte bancaire* : V. PRÉLEVER. *Retirer un objet ou une personne de l'eau* : **repêcher.** *Retirer de la terre* : **déterrer** ◆ [didact.] **exhumer.** *Retirer une plante du sol* : **arracher, déraciner.** *Retirer pour libérer* : V. DÉGAGER. 3. *Retirer sa main* : **reculer,** ↑ **éloigner.** 4. *J'ai retiré ma plainte* : **annuler** ; → SUPPRIMER. *Il a retiré ses aveux* : **rétracter***. *Retirer ce qu'on a dit* : **se rétracter.** 5. *Retirer un bénéfice* : **recueillir*** ; → GAGNER.
◇ **se retirer** 1. [~ d'un lieu] *Les invités se sont retirés les uns après les autres de la fête* : **partir, s'en aller** ◆ ↑ **disparaître** ◆ [sout.] **s'éclipser** (qui se dit d'un départ discret). *Retirez-vous de là* [sout.] : [plus cour.] **partir** ◆ [fam.] **s'ôter*** (*ôtez-vous de là*), **se pousser*** (*pousse-toi de là*). *Les combattants se retirent en désordre* : ↑ **fuir,** ↑ **s'enfuir** ◆ [fam.] ↑ **décamper,** ↑ **déguerpir.** 2. [~ d'une

activité] *Les membres du conseil se sont tous retirés* : **démissionner**. *Le candidat s'est retiré* : **se désister*** ; → ABANDONNER. **3.** [dans un lieu] *Ce retraité s'est retiré à la campagne* : ↑**se réfugier**, ↑**s'enterrer.** **4.** En parlant des eaux. *La mer se retire* : **refluer** ; → DESCENDRE.

retombée V. conséquence, suite.

retomber **1.** [qqn ~] *Il est mal retombé sur le dos* : **se recevoir, tomber**. **2.** [qqn ~] *Nous retombons toujours sur le même problème* : **revenir.** **3.** [qqch ~] V. PENDRE. **4.** [qqch ~] *Le scandale retombe sur lui* : **rejaillir*** ; → PESER. **5.** V. SE RETOURNER.

retoquer V. rejeter.

rétorquer V. objecter, répliquer (*in* réplique II).

retors *C'est un maquignon retors qui sait marchander* : **rusé*** ◆ [vieilli] **madré.**

retoucher V. reprendre I.

retoucheuse V. couturière.

retour V. retourner.

retourné V. renversé (*in* renverser).

retournement V. renversement (*in* renverser).

retourner **1.** *Elle retourne son matelas tous les matins* : **tourner.** *Retourner la salade* : **tourner, brasser, remuer,** [fam.] **touiller** ◆ [fam., vieilli] **fatiguer.** *Retourner des braises* : V. REMUER. *Retourner la terre* : **bêcher** (avec une bêche) ◆ **labourer** (avec une charrue) ; → AMEUBLIR, CULTIVER, FOUILLER. *Le facteur a retourné la lettre à la banque* : **réexpédier, renvoyer.** **2.** *Cette histoire m'a retourné* : **bouleverser** ◆ ↑**renverser,** ↑**révulser** ; → CHAVIRER, ÉMOUVOIR, TROUBLER. **3.** *Il retourne chez ses parents pour déjeuner* : **rentrer, revenir.** *Il retourne à un projet de film qu'il avait abandonné* : **revenir.** *Retournons à notre cachette* : **regagner, réintégrer** (*regagnons, réintégrons notre cachette*). **4.** *Il retourne longuement son échec dans sa tête* : **remâcher, ruminer.**
◇ **se retourner** **1.** *Une voiture se retourne* : **capoter** ; → SE RENVERSER. **2.** *Il s'est retourné pour regarder derrière lui* : V. SE TOURNER. *S'en retourner. Je n'ai plus rien à faire ici, je m'en retourne* : **s'en aller, repartir.**
◇ **retour** **1.** *Le retour des mêmes faits* : **réapparition** ; → RECOMMENCEMENT, RÉPÉTITION. **2.** *Sans retour* : V. IRRÉVERSIBLE. *En retour* : **en échange*, en revanche*.** *Retour en arrière* : [anglic.] **flash-back.** **3.** *Faire son retour sur la scène* : **rentrée** ◆ [anglic.] **comeback.** **4.** *Être sur le retour* : V. VIEUX. *Retour d'âge* : **ménopause.** *Un retour sur soi-même* : **introspection*.**

retracer V. raconter.

rétractation V. rétracter.

rétracter *L'accusé a rétracté tout ce qu'il avait dit* : **retirer, revenir sur.**
◇ **se rétracter** *Devant le juge, il s'est rétracté* : **se dédire*** ; → RETIRER.
◇ **rétractation** *Il en est arrivé à la rétractation de ses promesses* : **désaveu, reniement***.

retrait *La signature des accords permit le retrait de l'armée étrangère* : **départ** ◆ **désengagement** (qui n'implique que la cessation des actions, et non le déplacement des troupes).

retraite **1.** V. abri, refuge, repli. **2.** *Battre en retraite* : V. partir, perdre du terrain*, reculer. **3.** V. pension II.

retraité V. pensionné (*in* pension II).

retranché *Camp retranché* : V. bastion, défense I.

retranchement **1.** *Pousser qqn dans ses derniers retranchements* : **à la dernière extrémité.** **2.** *La brigade a été attaquée dans ses retranchements* : V. DÉFENSE et TRANCHÉE.

retrancher *L'employé retrancha de la somme tous ses frais de transport* : **déduire, défalquer** ; → ÔTER, SOUSTRAIRE, SUPPRIMER.
◇ **se retrancher** *Se retrancher dans une maison* : **se barricader*** ; → S'ABRITER.

retransmission V. transmission (*in* transmettre).

rétréci *Une intelligence rétrécie* : **borné, étriqué.**

rétrécir V. rapetisser.

rétrécissement V. étranglement (*in* étrangler).

rétribuer V. rémunérer.

rétribution *La rétribution était plutôt maigre pour le travail demandé* : **cachet** (*l'acteur reçoit son cachet*) ◆ **émoluments** (*les émoluments d'un huissier, d'un avoué pour un acte*) ◆ [vieilli] **gages** (*les gages d'un domestique*) ◆ **paie, salaire** (= rétribution des ouvriers) ◆ [didact.] **prêt, solde*** (= rétribution des militaires) ◆ **traitement** (*les traitements de la fonction publique ont été augmentés*) ; → RÉMUNÉRATION, COMMISSION, GAIN.

rétro *La mode rétro* : [moins cour.] **kitsch.**

rétroaction *Le système nerveux contrôle les mouvements qu'il produit par rétroaction* : [anglic.] **feed-back** ◆ **autorégulation** (dont les effets sont toujours positifs).

rétrocéder V. revendre.

rétrograde V. arriéré, réactionnaire (*in* réaction).

rétrograder 1. *Il a rétrogradé dans le classement* : **reculer.** 2. *Rétrograder de quatrième en troisième :* **changer de vitesse** (en passant la vitesse inférieure).

retroussé *Elle a le nez retroussé* : **relevé, en trompette.**

retrousser *Il a retroussé ses manches* : **rouler*** ◆ [moins cour.] **trousser** ; → RELEVER, REPLIER.

retrouvailles V. réunion.

retrouver 1. *Le convalescent a retrouvé toutes ses forces* : [sout.] **recouvrer.** *La police a retrouvé les tableaux chez un receleur* : **récupérer.** 2. *Je vous retrouve dans le hall tout à l'heure* : **rejoindre.** 3. *Retrouver son souffle* : V. REPRENDRE.

◇ **se retrouver** 1. *Quand se retrouve-t-on ?* : **revoir.** *Se retrouver entre amis* : V. SE RÉUNIR. 2. *S'y retrouver* : V. SE RECONNAÎTRE.

rets V. filet.

réunir 1. *Le gouvernement a réuni quelques îles à la France* : **annexer** ; → ASSEMBLER, FÉDÉRER, RASSEMBLER. 2. *L'état-major réunit toutes ses réserves* : **concentrer.** *Tous les renseignements étaient réunis au ministère* : [plus précis.] **centraliser** ; → GROUPER. *L'organisation réunissait des fonds pour lutter contre la famine* : **collecter, recueillir.** *Ce personnage réunit en lui-même des caractères opposés* : **cumuler.** 3. *Réunir des personnes pour faire qqch* : V. ASSOCIER et UNIR. 4. *Réunir deux tuyaux* : V. JOINDRE et RACCORDER. 5. *Réunir des gens* : V. MASSER.

◇ **se réunir** 1. *La Seine et l'Oise se réunissent à Conflans* : [didact.] **confluer.** 2. *Les deux sociétés industrielles se sont réunies* : **fusionner.** 3. *Il est agréable de se réunir entre amis* : **se retrouver.** *Le mariage de votre fils va vous permettre de vous réunir* : [vieilli] **se rejoindre.**

◇ **réunion** 1. *Le président souhaitait la réunion de la population autour de lui* : **rassemblement.** 2. *Le secrétariat a assuré la réunion des pièces de ce dossier* : **centralisation.** *La réunion de nos efforts* : **conjonction** ; → COALITION. 3. *La grande puissance avait obtenu la réunion des deux îles à son territoire* : **annexion, rattachement.** 4. *Le parti de l'opposition organisa une importante réunion* : **meeting** ◆ [vieilli] **assemblée** ◆ **congrès** (= réunion où l'on se communique des résultats de travaux : *les spécialistes des maladies cardiaques ont tenu leur congrès*) ◆ **colloque** (= réunion qui compte moins de participants qu'un congrès) ◆ **concile, synode** (= assemblées de dignitaires religieux) ; → CONFÉRENCE, RENCONTRE. 5. *Après une trop longue séparation, les amoureux fêtèrent leur réunion* : **retrouvailles.** 6. *Une réunion hippique* : **course*.**

réussir 1. *L'affaire a réussi* : (**bien**) **marcher** ; → ABOUTIR. 2. *Ce livre réussit* : **avoir du succès** ; → PLAIRE. 3. *Son commerce réussit* : **prospérer.** 4. *C'est un enfant qui réussira* : **avoir de l'avenir.** *Mon épicier a agrandi sa boutique ; il réussit* : **faire du, son chemin** ◆ **aller loin*** ◆ ↑ **gagner la partie*** ◆ ↓ **s'en tirer*** ; → ARRIVER, PERCER. 5. *Réussir en dessin* : **être bon* en.** 6. *Il a réussi à parler au chef* : **parvenir, arriver.**

◇ **réussi** *C'est une mise en scène réussie* : **bien venu, brillant, parfait.**

◇ **réussite** *Tous ses amis étaient fiers de sa réussite* : **succès** ◆ ↑ **triomphe,** ↑ **victoire** ; → RÉSULTAT.

revaloriser V. relever I.

revanche *Une belle revanche* (= avantage repris) : **vengeance** (= punition ou réparation à la suite d'une offense). *À charge de revanche* : **en contrepartie, en retour.** *En revanche. J'ai beaucoup aimé la pièce, en revanche certains acteurs sont médiocres* : [plus cour., tour critiqué] **par contre** ; → COMPENSATION.

rêvasser V. rêver.

rêvasseur V. rêveur (*in* rêver).

rêve V. rêver.

revêche V. acariâtre, anguleux, rébarbatif, rude.

réveil V. lit I, recommencement (*in* recommencer).

réveille-matin *Mon réveille-matin ne sonne pas assez fort* [vieilli] : [cour.] **réveil** ; → HORLOGE.

réveiller 1. V. ÉVEILLER. 2. *Ce film a réveillé en moi de tristes souvenirs* : **rappeler** (*... m'a rappelé...*) ◆ ↑ **ressusciter** ; → RANIMER, RENOUVELER. 3. *Il prétendait qu'un verre de whisky réveille l'appétit* : ↑ **exciter,** ↑ **stimuler.** 4. *Le général essayait de réveiller le courage des troupes* : ↑ **exalter.**
◇ **se réveiller** 1. *Allez, réveille-toi, c'est presque fini !* : **se secouer, se remuer.** 2. *Dès qu'il pleut, ses douleurs se réveillent* : **recommencer, renaître, revenir** ◆ **reprendre** (*... le reprennent*).

réveillon V. repas.

révélateur V. significatif.

révéler 1. *Le complot était bien préparé, mais un conspirateur a tout révélé* : [fam.] **vendre la mèche** ; → DIVULGUER, TRAHIR. 2. *Le ministre ne voulait pas révéler ses projets* : **dévoiler** ; → DÉCLARER, DÉCOUVRIR. 3. *Sa démarche révèle son épuisement* : **indiquer*** ; → ACCUSER, MANIFESTER. 4. *Révéler qqch à qqn* : V. ENSEIGNER. *Sa robe largement décolletée révélait un dos superbe* : **dénuder** ; → DÉCOUVRIR, MONTRER, FAIRE SENTIR.
◇ **se révéler** 1. V. SE MANIFESTER, SE MONTRER et PARAÎTRE. 2. *Cela se révèle plus difficile qu'on ne l'imaginait* : **s'avérer.**
◇ **révélation** *La révélation d'un secret* : **divulgation.** *Faire une révélation à quelqu'un* : **aveu** ◆ **mettre dans la confidence, au courant.** *Les révélations miraculeuses* : V. VISION.

revenant V. fantôme.

revendication V. plainte (*in* se plaindre II), demande (*in* demander).

revendiquer V. réclamer.

revendre *La police l'a surpris à revendre* : [amér.] **dealer** (s'utilise pour le trafic de drogue).
◇ **revendeur** 1. V. BROCANTEUR. 2. *Revendeur de drogue* : **dealer** ; → DÉLINQUANT.

revenir 1. *Il n'est pas là ? Je reviendrai demain* : **repasser.** *Revenir chez soi* : **rentrer, retourner.** *Revenir à sa place* : **regagner** (*regagner sa place*). 2. *Il revint à son sujet* : V. RETOURNER. *Nous revenons sur le même sujet* : V. RETOMBER. 3. *Revenir sur ses pas* : **rebrousser chemin, tourner bride, faire demi-tour.** 4. *Le calme est revenu* : V. SE RÉTABLIR. 5. *La charge de prévenir ses parents vous revient* : **incomber** ; → APPARTENIR. *Les impôts réglés, une somme importante vous revient* : [rare] **échoir.** *Ce repas au restaurant me revient cher* : **coûter*.** 6. *Cela revient au même* : V. ÉQUIVALOIR. 7. *Revenir sur sa parole* : V. SE RÉTRACTER. 8. *Revenir à soi* : **reprendre* ses esprits.** 9. *Sa peine revient* : V. SE RÉVEILLER. 10. *Vraiment, ses manières ne me reviennent pas* [fam.] : [cour.] **plaire.** 11. *Il fait comme s'il était revenu de tout* : **être blasé, désabusé.** *Je n'en reviens pas !* : **être surpris.** 12. *Faire revenir de la viande* : V. SAUTER.

revenu *Ses revenus sont peu élevés* : **gain*** ; → PROFIT. *Les revenus d'un capital* : **intérêt, rente.** *Le revenu du travail* : V. SALAIRE.

rêver 1. [qqn ~] *Cet élève passe son temps à rêver au lieu de travailler* : **rêvasser.** *Il rêve, comme d'habitude !* : [fam.] **être dans la**

lune, bayer aux corneilles ◆ planer. **2.** *Que je te donne mille francs ? Non mais, tu rêves !* : **ne pas songer à** (*tu n'y songes pas !*). **3.** [qqn ~ qqch] *Vous avez rêvé cela, relisez ce que je vous ai écrit !* : **imaginer, inventer.** **4.** [qqn ~ de] *Le couple rêvait d'une petite maison* : **désirer ◆ ↓ souhaiter** ; → BRÛLER* DE. **5.** [qqn ~ à] *Laissez-moi un peu rêver à votre affaire* [sout.] : [plus cour.] **songer** ; → PENSER.

◇ **rêve** **1.** *L'enfant s'est réveillé, il faisait un mauvais rêve* : ↑ **cauchemar ◆** [vieilli] **songe.** **2.** *Son rêve est d'être aviateur* : V. AMBITION, DÉSIR. **3.** *Ce ne sont que des rêves* : V. ILLUSION.

◇ **rêveur** [n. et adj.] **1.** Le **rêveur** est soit celui qui rêve, soit celui qui se laisse aller à la rêverie comme le **rêvasseur.** L'**utopiste** est celui qui rêve d'un système politique ou social idéal. **2.** *C'est un garçon à l'esprit rêveur* : [plus précis.] **romanesque** (qui se dit de celui qui imagine la vie comme dans les romans). **3.** V. POÉTIQUE.

réverbérer V. réfléchir II.

révérence V. salutation (*in* saluer), vénération (*in* vénérable).

révérencieux V. respectueux (*in* respect).

révérer V. honorer (*in* honneur), vénérer (*in* vénérable).

rêverie V. pensée (*in* penser I).

revers

I *Les troupes avaient essuyé de graves revers* : [sing.] **défaite** ; → ÉCHEC. *Les revers de la vie* : V. ACCIDENT.

II **1.** *N'écrivez pas au revers de la feuille* [rare] : [plus cour.] **dos, verso.** *Elle examina avec attention le revers de la tapisserie* : **envers.** **2.** *Le revers de la pièce portait des inscriptions bizarres* : **côté pile.**

réversible V. double I.

revêtement V. placage (*in* plaquer).

revêtir

I *Revêtir un siège* : V. COUVRIR et GARNIR.

II **1.** *Le professeur a revêtu son habit de cérémonie* [sout.] : **endosser ◆** [moins précis] **mettre*** ; → SE VÊTIR. **2.** *La discussion commençait à revêtir un caractère désagréable* [sout.] : [cour.] **prendre.**

rêveur V. rêver.

revigorer V. remonter.

revirement V. changement (*in* changer III).

réviser **1.** *Il faudrait réviser cet article de la Constitution* : **modifier** ; → REPRENDRE. *Réviser un procès* : **rouvrir.** *Réviser un texte* : **vérifier, corriger** ; → AMÉLIORER, REVOIR. **2.** *Il révisait ses cours d'histoire* : **repasser** ; → APPRENDRE, REVOIR.

◇ **révision** **1.** *La révision du statut des fonctionnaires* : **modification** ; → AMÉLIORATION. *Le garagiste a effectué la révision de notre voiture* : **vérification, contrôle.**

réviseur V. correcteur (*in* correct).

révision V. réviser.

révisionniste V. réformiste (*in* réforme).

revitaliser V. faire revivre.

revivre **1.** *Certaines personnes pensent qu'elles revivront après leur mort* : **ressusciter** (= reprendre vie). *Après toutes ces émotions, je revis* : **respirer.** **2.** *Comment voulez-vous que l'artisanat revive si l'on n'aide pas les artisans ?* : **renaître.** **3.** *Faire revivre. Il faisait revivre tout son passé* : **évoquer.** *Faire revivre un secteur économique* : **revitaliser.**

révocation V. annulation (*in* annuler).

revoir

I **1.** *Le texte d'un livre est revu avant d'être imprimé* : **réviser ◆ ↓ relire** ; → AMÉLIORER, REPRENDRE, RÉFORMER. **2.** *Revois donc ta leçon, tu ne la sais pas* : **repasser, réviser** ; → APPRENDRE. **3.** *On se revoit demain* : **se retrouver*.**

II *Au revoir* : V. ADIEU, PRENDRE CONGÉ* et SALUER.

révoltant V. criant (*in* cri), scandaleux (*in* scandale).

révolter *L'injustice me révolte* : **indigner, scandaliser** ◆ ↓ **choquer** ◆ [fam.] **dégoûter, écœurer.**

◇ **se révolter** 1. *Cet enfant se révolte contre ses parents* : **s'insurger, se rebeller** ◆ ↓ **se dresser,** ↓ **s'indigner** ; → SE CABRER. 2. *Les troupes se révoltaient contre le commandement* : **s'insurger, se soulever** ; → DÉSOBÉIR, SE MUTINER.

◇ **révolte** 1. *Les délégués eurent un mouvement de révolte contre tant d'injustice* : ↓ **indignation.** 2. *La révolte avait gagné les campagnes* : **émeute** (= soulèvement non organisé) ◆ **jacquerie** (= soulèvement paysan) ◆ **insurrection** (= tentative de destruction du pouvoir établi) ◆ **guerre civile** (= lutte armée entre citoyens du même pays) ; → MUTINERIE, RÉBELLION, COUP D'ÉTAT, DÉSORDRE, DISSIDENCE.

◇ **révolté** [n.] *Les révoltés se sont emparés des bâtiments de la radio et de la télévision* : **insurgé** ◆ **émeutier** (qui est aussi bien celui qui participe à la révolte que celui qui la suscite) ◆ **factieux** (= celui qui tente de provoquer des troubles contre le pouvoir établi) ; → COMPLOTEUR, MUTIN, REBELLE.

révolu V. accompli, sonné (*in* sonner).

révolution 1. *La révolution de 1789 a changé les mœurs* : **réforme** (= changement apporté dans une institution, dans les mœurs, sans modification des principes). 2. *L'industrie a subi une véritable révolution avec l'introduction des ordinateurs* : [didact.] **mutation** ◆ ↓ **bouleversement** ; → CHANGEMENT. 3. *Toute l'usine est en révolution à l'annonce des licenciements* : **ébullition** ◆ ↓ **effervescence** ; → BARRICADE.

◇ **révolutionnaire** 1. [n.] *Les révolutionnaires se sont emparés du siège du gouvernement* : [souvent péj.] **agitateur** (= celui qui entretient une agitation politique) ; → EXTRÉMISTE, RÉVOLTÉ. 2. [adj.] *C'est une technique révolutionnaire* : **novateur** ; → AVANCE.

◇ **révolutionner** 1. *La transformation du quartier a révolutionné les habitants* : **émouvoir, troubler.** 2. *Cette innovation va révolutionner l'entreprise* : **bouleverser** ◆ [fam.] **chambarder.**

revolver *Le gangster a brandi son revolver sous le nez du caissier* : [plus génér., fam.] **calibre** (= toute sorte d'arme à feu) ◆ **pistolet** (= arme à feu qui n'est pas à répétition), **browning** (= pistolet automatique à chargeur) ◆ **colt** (= pistolet à barillet ou à chargeur) ◆ [fam.] **feu, flingue, pétard.**

révoquer V. annuler, destituer, relever III.

revue

I *Le résultat du sondage avait été publié dans une grande revue* : **magazine** ; → PÉRIODIQUE.

II 1. *Beaucoup de badauds regardaient la revue du 14 juillet* : **défilé, parade.** *Faire la revue de ses erreurs* : **inventaire** ◆ **recensement** (qui se dit plutôt pour les êtres ou les choses). 2. *Passer en revue. Le journal passait en revue les différents moments de la négociation* : **récapituler.** *Le contrôleur a passé en revue tous nos services* : **faire l'inspection de** ; → CONTRÔLER, ÉPLUCHER.

révulser V. chavirer, dégoûter, retourner.

rhabdomancien V. sourcier.

rhabiller V. réparer.

rhétorique V. éloquence, style.

rhinite, rhinopharyngite V. rhume.

rhum V. alcool.

rhumatisme *Ce vieillard est perclus de rhumatismes* : [abusif, cour.] **douleurs** ◆ [didact.] **arthrite, arthrose** (= formes de rhumatismes les plus connues).

rhume *Avec cette pluie, j'ai attrapé un rhume* : [didact.] **rhinite, rhinopharyngite,** [plus rare] **coryza** ◆ [plus génér.] **catarrhe** (= inflammation aiguë ou chronique des muqueuses) ◆ **grippe** (qui est souvent accompagnée d'un rhume).

riant V. aimable, gai.

ribambelle V. quantité, régiment, suite (*in* suivre).

ribote V. débauche (*in* débaucher).

ricaner V. rire.

richard V. riche.

riche [adj.] **1.** [qqn est ~] *Sa famille a spéculé en Bourse et il est riche* [génér.] : [sout.] **fortuné** ◆ ↓ **aisé** (qui indique que la fortune suffit pour vivre sans gêne) ◆ **cossu** (qui indique une large aisance) ◆ ↑ **richissime** ◆ [fam.] **argenté, rupin** ◆ [fam.] **remuer l'argent à la pelle*** ; → OPULENT. *C'est un armateur très riche* : **riche comme Crésus** ◆ **nabab** (*cet armateur est un nabab*) ◆ [fam.] **capitaliste** (*cet armateur est un capitaliste*) ◆ [moins cour.] **ploutocrate** ; → GROS, OR. *Devenir riche. Il est devenu riche en vendant des canons* : **s'enrichir.** *Il était reçu par les familles riches de la ville* : [plus génér.] **huppé** ◆ **de la haute*** ; → BOURGEOIS. **2.** [qqch est ~] *Le château renfermait des meubles anciens et de riches tapisseries* : **luxueux** ◆ ↑ **magnifique,** ↑ **somptueux*** ◆ **coûteux** (qui ne porte que sur le prix). *La riche mise en scène de l'Opéra fut fort applaudie* : **fastueux.** *Un style riche* : **imagé*.** *Un repas riche* : **copieux** ; → NOURRISSANT, SUBSTANTIEL. **3.** [qqch est ~] *La Beauce est une plaine riche* : **fertile.** *Riche en sucre* : V. ABONDANT. *Riche en faits* : V. FÉCOND. *Une riche moisson d'histoires* : V. AMPLE. **4.** [n.] *Il n'aime pas les riches* : [fam., péj.] **richard** ◆ **parvenu** (= nouveau riche).

◇ **richement** *L'appartement était richement décoré* : ↑ **luxueusement,** ↑ **somptueusement*.**

◇ **richesse** **1.** *Tout ce qu'il souhaite est de vivre dans la richesse* : ↓ **aisance,** ↓ **abondance** ; → OPULENCE, PROSPÉRITÉ. *Il ignorait le montant de ses richesses* [pl.] : **biens, fortune.** *Les richesses d'un pays* : **enrichissement** (= acquisition ou augmentation des biens) ; → RESSOURCES, AVOIR, CAPITAL. **2.** *La richesse d'un procédé* : **fécondité*.**

richissime V. riche, cousu* d'or.

ricocher *La pierre ricocha sur l'eau* : [moins précis.] **rebondir.**

ricochet (par) V. indirectement.

ric-rac V. juste III.

rictus V. grimace.

ride *Avec l'âge, les rides s'accumulent sous ses yeux* : [fam.] **patte-d'oie** (= rides qui se forment à l'angle externe de l'œil). *Ne pas avoir pris une ride* : V. VIEILLIR.

◇ **ridé** *Son visage était tout ridé* : **plissé** (qui s'applique aux rides d'expression) ◆ **raviné** (qui se dit de rides profondes).

rideau **1.** *Voulez-vous tirer les rideaux ?* : **voilage** (= rideau de fenêtre transparent) ◆ **double-rideau** (= tissu épais par-dessus le voilage) ◆ **portière** (= tenture masquant une porte) ; → STORE. **2.** *Le magasin avait abaissé son rideau (de fer)* : **tablier.**

rider V. flétrir.

ridicule **1.** *Ses grimaces ridicules amusaient les enfants* : **bouffon** ◆ **comique** (qui n'implique pas l'idée de moquerie) ; → GROTESQUE. *Ce personnage est ridicule* : **risible** ; → MINE, CARICATURAL. **2.** *C'est une idée tout à fait ridicule !* : **sot** ◆ ↑ **absurde*** ◆ **saugrenu** (qui dénote le caractère inattendu) ◆ ↑ **burlesque** (qui implique une idée de comique) ; → ABSURDE. *Vos prétentions sont ridicules* : **déraisonnable** ◆ **excessif** (= ridiculement élevé). **3.** *Les dons étaient ridicules* : **dérisoire** (= ridiculement insuffisant). **4.** [n.] *La comédie fustigeait les ridicules des hommes* [sout., vieilli] : [plus cour.] ↓ **défaut** ◆ [sout.] **travers** ◆ ↑ **absurdité*.** *Tourner en ridicule* : V. CARICATURER.

◇ **ridiculement** *C'est une offre ridiculement basse* : ↑ **honteusement.**

ridiculiser V. se moquer, railler.

rien

I [pron. indéf.] **1.** *Il est resté debout, sans rien dire* : **quoi que ce soit** (*... sans dire quoi que ce soit*). *Tu peux toujours attendre, tu n'auras rien* : [fam.] **des clous, des nèfles** (*... tu auras des clous, des nèfles*), **tintin** (*tu feras tintin*) ; → PEAU* DE BALLE. *N'achète pas cette voiture, elle ne vaut rien* : ↓ **pas grand-chose** ◆ [fam.] **pas un clou** (*elle ne vaut pas un clou*) ◆ [très fam.] **que dalle** (*ça vaut que dalle*). *Tu n'y comprends rien, mon ami !* : [très fam., vieilli] **nib** (*tu y comprends nib*). *Je n'y peux rien* : **n'en pouvoir mais*.** **2.** *Elle n'était rien moins que satisfaite* [sout., vieilli] : [plus cour.] **pas du tout, aucunement, nullement.** *Je n'ai pas pensé à vous rapporter des cigarettes. – Cela ne fait rien* : **cela n'a aucune importance, tant pis.** *Votre travail est plus que médiocre, c'est moins que rien* : **c'est nul.** *Ce n'est rien* : **du**

vent*. *Elle acheva les préparatifs en moins de rien, en un rien de temps* : **très rapidement, très vite.** *Pour rien* : **pour un oui ou pour un non*** ; → VAIN. *Il est venu pour rien* : **inutilement** ◆ [fam.] **pour des prunes.** *Travailler pour rien* : **à l'œil*** ; → GRATUIT. *Il a obtenu le reste pour rien* : **gratuitement, bon marché.** *Pour rien au monde* : **pas pour un empire*.** *Un rien !* : **une paille*.** *C'est un bon à rien* : V. INCAPABLE. *Réduire à rien* : V. ZÉRO.

II [n.] **1.** *Il se vexe vraiment pour un rien* : **bagatelle, broutille, vétille** ; → PAILLE. *Ce sont ces riens que l'on offre qui font plaisir* : **petite chose** ; → BABIOLE. *Il passe son temps à des riens* [pl.] : **bêtise.** **2.** *Il arriva en un rien de temps* : [sout.] **promptement** ; → TEMPS.

rieur V. gai.

riflard V. parapluie.

rigide V. austère, raide, rigoureux (*in* rigueur), sévère.

rigidité V. raideur (*in* raide), rigorisme.

rigolade V. plaisanterie (*in* plaisanter).

rigole *Le jardinier aménagea une rigole pour évacuer l'eau de pluie* : **caniveau,** [anc.] **ruisseau** (= canal d'évacuation des eaux le long d'une chaussée) ◆ **cassis** (= rigole creusée en travers d'une route) ◆ **fossé, tranchée** (qui supposent que l'on a creusé assez profondément).

rigoler V. plaisanter, rire. *Faire rigoler* : V. amuser.

Rigollot V. sinapisme.

rigolo V. amusant (*in* amuser), plaisantin (*in* plaisanter).

rigorisme *Le rigorisme de ses principes* : **austérité, intransigeance, rigidité** ◆ ↓ **rigueur.**

◇ **rigoriste** *C'est par son attitude rigoriste qu'il s'est fait remarquer* : ↓ **rigoureux, sévère** ; → AUSTÈRE, INTRANSIGEANT.

rigueur **1.** *Après un automne trop tiède, on craignait la rigueur de l'hiver* : **rudesse, dureté** ◆ [sout.] **âpreté, inclémence.** **2.** *Tenir rigueur de qqch à qqn* : **faire grief** ◆ [fam.] **en vouloir à** (*on lui en voulait de*). **3.** *Les rigueurs de la destinée* [pl., vieilli] : V. CRUAUTÉ. **4.** *C'est par la rigueur du raisonnement qu'il est parvenu à un résultat* : **précision, rectitude** ; → EXACTITUDE, VALIDITÉ. **5.** V. RIGORISME. **6.** *À la rigueur, à l'extrême rigueur* : ↑ **au pis aller** ◆ ↓ **en cas de besoin.** *De rigueur* : **obligatoire*.**

◇ **rigoureux** **1.** *Des principes moraux rigoureux* : **rigide** ; → AUSTÈRE, FERME, RIGORISTE. *Les mutins subirent des sanctions rigoureuses* : **draconien** ; → ÉNERGIQUE, SÉVÈRE. **2.** *Un hiver rigoureux* : **rude** ; → DUR. **3.** *Le respect rigoureux des règlements est exigé* : **strict** ; → ÉTROIT. **4.** *L'opposition a fait une analyse rigoureuse de la situation économique* : **serré** ◆ ↓ **précis** ◆ ↑ **incontestable,** ↑ **implacable** ; → EXACT. *Un esprit rigoureux* : V. MATHÉMATIQUE.

◇ **rigoureusement** **1.** *L'accès des bâtiments est rigoureusement interdit à tout personnel civil* : **formellement, strictement.** **2.** *Suivre rigoureusement le mode d'emploi* : **scrupuleusement** ; → ÉTROITEMENT. **3.** V. EXACTEMENT et À LA LETTRE.

rimailleur V. poète.

rimer V. versifier (*in* vers II), sens II.

rimeur V. poète.

Rimmel V. fard.

rincer V. laver, nettoyer. *Se faire rincer* : V. douche.

ringard **1.** [adj.] V. anachronique. **2.** [n.] V. tisonnier.

ripaille V. festin.

riposte **1.** *Il n'attendit pas longtemps pour entreprendre une vive riposte* : [pl.] **représailles** ; → DÉFENSE. **2.** *Une riposte cinglante* : **repartie** ; → RÉPLIQUE.

◇ **riposter** **1.** *Les maquisards ripostèrent en bombardant l'aéroport* : **contre-attaquer** (= opérer un mouvement offensif soudain). **2.** V. RÉPLIQUER.

riquiqui V. minuscule, petit.

rire [v.] **1.** *La moindre plaisanterie le fait rire* : **s'esclaffer** (= éclater de rire) ◆ **glousser** (= rire en poussant de petits cris)

◆ ↓ **pouffer** (= rire en se contenant ou en se cachant) ◆ ↓ **se dérider** (= se laisser aller à manifester sa joie) ◆ ↓ **sourire** (= prendre une expression rieuse) ◆ ↓ **ricaner** (= rire de façon méprisante) ◆ [fam.] ↑ **se marrer** ◆ [fam.] **rigoler** ◆ [très fam.] **se bidonner** ◆ **rire à gorge* déployée, aux éclats, aux larmes, à s'en tenir les côtes*** (= rire très fort) ◆ [fam.] **se gondoler, se poiler, se tordre, se dilater* la rate, s'en payer une tranche*, se fendre la pêche*** ◆ [très fam.] **se taper le cul* par terre.** *Faire rire* : V. AMUSER. **2.** *J'espère que tout ceci n'est pas sérieux ; vous voulez rire ?* : **plaisanter** ◆ [sout., rare] **badiner. 3.** *Rire de* : V. SE MOQUER. **4.** *Sans rire* : **sérieusement*.**

◇ **rire** [n.] *Les mimiques du clown provoquaient le rire du public* : [moins cour.] **hilarité** ◆ ↓ **sourire** (= rire silencieux).

◇ **risible 1.** [qqch est ~] *La situation est plutôt risible* : **drôle** ◆ ↑ **cocasse** ◆ ↓ **amusant,** ↓ **plaisant** ; → COMIQUE. **2.** [qqn est ~] V. RIDICULE.

risée 1. V. moquerie (*in* moquer). **2.** V. vent.

risible V. rire.

risquer 1. *Risquer sa vie* : **aventurer** ◆ **mettre ses jours en danger*** ; → EXPOSER, HASARDER. *Il a risqué tout ce qu'il avait dans cette affaire* : **jouer*, mettre en jeu** ◆ **jouer à quitte* ou double** ; → OSER. **2.** *Risquer sa réputation* : V. COMPROMETTRE. *Cet arbre risque de tomber* : **menacer*** ; → POUVOIR.

◇ **se risquer** V. AVANCER I, S'AVENTURER et SE HASARDER.

◇ **risque 1.** *Le projet était intéressant mais plein de risques* : [sout.] **péril** ◆ [sout.] **aléa** (= inconvénient non prévisible) ; → DANGER, MENACE, INCONVÉNIENT. *Sans risque* : V. IMPUNÉMENT. *À risque* : *C'est un poste à (haut) risque* : **exposé** ; → DANGEREUX. **2.** *Il prend des risques* : **jouer avec le feu** ; → S'AVANCER. **3.** *C'est un risque* : **ça lui pend* au nez. 4.** *Au risque de* : **quitte* à.**

◇ **risqué** *Cette escalade est vraiment trop risquée* : **dangereux** ◆ [très sout.] **scabreux** ; → AVENTURÉ, HARDI, HASARDEUX.

risque-tout V. imprudent.

rissoler V. cuire, faire sauter*.

ristourne V. diminution (*in* diminuer), rabais.

rite 1. [au sing.] Le *rite* désigne la nature et l'organisation de l'ensemble des **cérémonies** en usage dans un **culte** religieux : *dans le culte catholique, le rite n'est pas le même que dans le culte orthodoxe.* Le **rituel** est un livre où est récapitulé le **rite** : les deux mots sont souvent pris l'un pour l'autre. La **liturgie** désigne, dans les religions chrétiennes, l'organisation particulière des cérémonies : *la liturgie du baptême catholique* ; → RELIGION ; v. aussi CÉLÉBRATION. **2.** [sing. ou pl.] *Toute religion a ses rites* : **rituel** (au sing.) ◆ [plus génér.] **cérémonie. 3.** *C'est devenu un rite, ces promenades dominicales au bois* : **coutume, habitude.**

◇ **rituel 1.** [n.] *Un rituel* : **rite*. 2.** [adj.] *Les cérémonies rituelles* : [plus partic.] **religieux** ◆ [rare] **cultuel.** *Il se prépare avec les gestes rituels* : **habituel, accoutumé.**

◇ **rituellement** *Il partait rituellement de chez lui à huit heures* : **invariablement, traditionnellement** ◆ ↓ **régulièrement.**

ritournelle V. refrain.

rituel, rituellement V. rite.

rivage *Le voilier quitta rapidement le rivage* : [didact.] **littoral** ◆ **rive** (qui s'emploie pour une rivière : *la rive droite de la Loire*, ou pour la mer : *les rives de la Méditerranée*) ◆ **plage,** [rare] **grève** (= rivages presque plats, couverts de sable ou de galets) ; → BORD, CÔTE.

rival 1. *Il n'obtiendra ce titre qu'en éliminant ses rivaux* : **adversaire, concurrent*** ; → ENNEMI. **2.** *Il a été mon rival, il est resté mon ami* : [sout.] **émule** (= celui qui cherche à surpasser qqn en bien) ; → CONCURRENT.

◇ **rivalité 1.** *La rivalité entre les grandes puissances n'a pas permis la signature des accords* : ↑ **antagonisme** ; → LUTTE, DUEL. **2.** *Les grands magasins entraient en rivalité avec le petit commerce* : **concurrence** ; → ÉMULATION.

◇ **rivaliser** [~ de qqch avec qqn] *Il rivalisait d'esprit avec son ami pour séduire la jeune fille* : **faire assaut de** ◆ [sout.] **mar-**

cher sur les brisées de ; → APPROCHER, DISPUTER, LUTTER.

rive V. bord, rivage.

rivé V. immobile.

river V. attacher I, fixer.

rixe **1.** V. bagarre, mêlée (*in* mêler). **2.** V. scandale.

robe **1.** Vêtement féminin. *Elle portait une robe étroite* : **fourreau.** **2.** Vêtement distinctif de certaines professions. *La robe du prêtre* : [plus précis.] **soutane** ◆ **aube** (= vêtement ecclésiastique de cérémonie). *La robe du moine* : [vieilli] **froc.** *La robe d'un professeur d'université est portée dans certaines cérémonies* : [plus précis.] **épitoge** ◆ [plus cour.] **toge.** **3.** *Robe de chambre. Il, elle restait en robe de chambre longtemps* : **peignoir** ◆ **déshabillé** (= vêtement féminin porté à la sortie du lit) ◆ [moins cour.] **saut-de-lit.** **4.** *Ce chien de race est réputé pour la couleur fauve de sa robe* : [plus cour.] **pelage.**

robert V. sein.

roboratif V. fortifiant.

robot V. automate.

robuste **1.** [qqn est ~] *Il fallait être très robuste pour faire ce travail* : **vigoureux** ◆ [fam.] **costaud** ; → FORT, RÉSISTANT. **2.** [qqch est ~] *On a besoin de machines agricoles robustes dans ce pays au climat rude* : **solide***. *Un animal robuste* : V. VIVACE.
◇ **robustesse** **1.** *La vie au grand air lui avait donné une robustesse peu commune* : **vigueur** ; → FORCE, RÉSISTANCE. **2.** *La robustesse d'un moteur* : V. SOLIDITÉ.

roc V. pierre.

rocade V. autoroute.

rocaille **1.** *C'était une région au sol pauvre : partout de la rocaille* : **pierraille.** **2.** [adj.] *Style rocaille* : [plus gén.] **rococo.**
◇ **rocailleux** **1.** V. PIERREUX. **2.** *L'acteur prit une voix rocailleuse* : **rauque***. *Les critiques s'attaquaient au style rocailleux de l'écrivain* : **heurté, rude.**

rocambolesque V. extravagant, invraisemblable.

roche V. pierre, terrain.

rocher **1.** V. PIERRE. **2.** *Les navires faisaient un détour pour éviter les rochers qui affleuraient* : [plus précis.] **brisant, écueil***, **récif** ◆ [didact., en termes de marine] **caillou.**

rocking-chair *Grand-père se balançait dans son rocking-chair* : **fauteuil à bascule.**

rococo V. rocaille.

rôder *Ils rôdaient toute la journée dans les rues* : **traîner, vagabonder** ◆ [fam.] **traînailler, traînasser** ; → ERRER.
◇ **rôdeur** *La presse attribuait le crime à des rôdeurs* : **vagabond*** (= personne qui n'a pas de domicile fixe ; le mot n'implique plus d'intentions louches).

rodomontade V. vantardise (*in* vanter).

rogatons V. débris, repas.

rogne V. être en boule*, colère, rage.

rogner V. diminuer.

rognure V. déchet.

rogue *Un ton rogue* : **arrogant, hargneux.**

roi **1.** V. MONARQUE. **2.** *Vous êtes vraiment le roi des imbéciles* : **le plus grand.** *Un roi du pétrole* : **magnat.** *Un petit roi* : [péj.] **roitelet.** *Le Roi des rois* : V. DIEU.
◇ **royal** **1.** *Il s'est fait construire une demeure royale* : **grandiose, somptueux.** *C'était une offre royale* : **magnifique.** **2.** *Il manifestait une indifférence royale à tout ce qui pouvait arriver* : **parfait, total***.
◇ **royalement** *Il nous a reçus royalement dans sa nouvelle maison* : **magnifiquement, somptueusement.**

rôle **1.** *Cette actrice excellait dans les rôles de soubrette* : **emploi, personnage***. *Il avait réussi à décrocher un petit rôle dans un film* : [argot] **panne.** **2.** *Le missionnaire considérait que son rôle était d'aider les plus démunis* : ↑**vocation** ; → MISSION. **3.** *Jouer son rôle dans qqch* : **prendre part* à.** **4.** *Ce n'est pas mon rôle de...* : **dans mes**

attributions ; → MÉTIER, TÂCHE. **5.** *À tour de rôle* : **successivement***.

roman **1.** Œuvre littéraire en prose : [plus partic.] **récit, chronique, nouvelle, conte, fable.** *Un roman-feuilleton* : **feuilleton.** *Un roman policier* : V. POLICIER. **2.** *Votre vie, c'est un roman* : **histoire invraisemblable, de la fiction** ; → INVENTION.

romance La *romance* est une **chanson*** sentimentale. La **cantilène** et la **ballade** sont des chants narratifs.

romancier V. auteur.

romanesque **1.** [qqn est ~] *Ce jeune homme romanesque ne voit rien de la vie telle qu'elle est* : **rêveur*** (qui indique que l'on se complaît dans ses imaginations) ◆ **sentimental*** (qui indique que l'on accorde beaucoup d'importance aux sentiments). **2.** [qqch est ~] *Il a eu une vie tout à fait romanesque* : [plus génér.] **extraordinaire** ◆ **aventureux** (qui implique des risques).

romano, romani, rom V. tzigane.

romantique V. poétique (*in* poète).

rombière V. femme, vieux.

rompre **1.** *D'un coup sec, il a rompu la branche* : [cour.] **casser**. *Le flot a rompu les digues* : [sout.] **enfoncer.** **2.** *Ils ont rompu la semaine dernière* : **se séparer** ◆ ↓ **se brouiller** ◆ **briser ses liens*** ; → DIVORCER. **3.** *Une personne au fond de la salle a rompu le silence* : **interrompre.** *Sans que rien ne le laisse prévoir, les deux pays ont rompu le traité* : **dénoncer.** *Le négociant a rompu le contrat* : **résilier.** *Rompre un serment* : **manquer à.** **4.** *À tout rompre. Les spectateurs applaudissaient à tout rompre* : **très fort** ; → AVEC ENTHOUSIASME*.

◇ **se rompre** **1.** *La digue s'est rompue* : V. CREVER. **2.** *Le chien a tellement tiré sur sa chaîne qu'elle s'est rompue* [sout.] : [plus cour.] **céder, lâcher** ◆ [fam.] **claquer** ◆ [très fam.] **péter** ; → SE CASSER. *Attention, la branche va se rompre !* : **craquer** ; → SE CASSER.

◇ **rupture** **1.** *Une mauvaise préparation physique peut entraîner la rupture d'un tendon si vous courez trop longtemps* : [plus précis.] **déchirure** ; → ARRACHEMENT, CASSURE. **2.** *Ils en sont venus à la rupture, ils ne s'entendaient plus* : **séparation** ; → CRISE, DÉSACCORD, DIVORCE. **3.** *Il a été condamné pour cette rupture de contrat* : **dénonciation*, résiliation.** **4.** *Le présent est une rupture entre le passé et l'avenir* [fig.] : **solution de continuité.**

rompu **1.** V. entraîné (*in* entraîner). **2.** V. fatigué, moulu (*in* moudre).

ronces, roncier V. buisson.

ronchon V. bougon.

ronchonner V. maugréer, murmurer.

ronchonneur V. bougon.

rond [adj.] **1.** *Le banquier était un petit homme tout rond* : [fam.] **rondouillard.** *Des joues bien rondes* : **rebondi*.** *C'est une femme un peu trop ronde* : [fam.] **boulot, rondelet.** **2.** *Être rond* : **ivre*.**

◇ **rond** [n.] **1.** *Il traça plusieurs ronds sur le tableau* : [plus cour.] **cercle** ◆ **circonférence** (= limite extérieure d'un cercle). **2.** *Des ronds dans l'eau* : V. ONDE II. **3.** *Avoir des ronds* : V. ARGENT. *N'avoir jamais un rond* : V. DÉSARGENTÉ et PAUVRE II. *Tourner en rond* : V. INSOLUBLE. *Un empêcheur de tourner en rond* : **gêneur*.**

rond-de-cuir V. bureaucrate.

ronde (à la) V. autour.

rondelet V. rond. *Une somme rondelette* : V. gentil.

rondement V. tambour battant* II, lestement (*in* leste), promptement (*in* prompt), rapidement (*in* rapide).

rondeur **1.** *Elle a pris de la rondeur* : **embonpoint, des formes** ; → CONTOUR, GROSSEUR. **2.** *Il a parlé avec beaucoup de rondeur* : **bonhomie, simplicité, naturel.**

rondouillard V. gras, rond.

rond-point V. carrefour, place II.

ronflant V. ampoulé, sonore.

ronflement V. vrombissement.

ronfler **1.** V. dormir. **2.** V. vrombir.

ronger **1.** [~ qqch] *Les souris avaient rongé quelques livres* : **grignoter** ; → MANGER. **2.** [~ qqch] *Le graveur travaillait avec des acides qui rongeaient le métal* : [didact.] **corroder** ◆ ↓ **entamer** ; → ATTAQUER, MORDRE. *Le vent avait rongé la falaise* : **éroder** ; → SAPER, USER. **3.** [~ qqn] *Le remords le rongeait* : **dévorer, tourmenter** ; → MINER. **4.** *Se ronger les sangs* : **s'inquiéter*.**

ronronnement V. vrombissement.

roquet V. chien.

rosace V. rose.

rosaire V. chapelet.

rose
I [n.] **1.** *Les grandes roses de la cathédrale* : [plus cour.] **rosace. 2.** *Envoyer qqn sur les roses* : **envoyer qqn bouler***. *Ne pas sentir la rose* : V. PUER.
II [adj.] **1.** *La mode était aux chemises roses* : [adj. inv.] **saumon** (= rose tendre) ◆ **fuschia** (= rose vif) ◆ **lilas** (= couleur violette tirant sur le rose). **2.** *La vie n'est pas toujours très rose* : **gai** ◆ ↑ **drôle.**

rosette V. ruban.

rosse
I V. CHEVAL.
II **1.** [adj.] *Il a été rosse avec moi en me laissant revenir à pied* [fam.] : [cour.] **méchant** ◆ [très fam.] **vache. 2.** [n.] *Tu es une sale rosse !* [fam.] : ↓ **chameau.**
◇ **rosserie** *Ce critique dit des rosseries avec le sourire* [fam.] : [cour.] **méchanceté** ◆ [très fam.] **vacherie.**

rossée V. peignée, raclée.

rosser V. battre.

rosserie V. rosse II.

rot V. éructation (*in* éructer).

rotation V. roulement (*in* rouler).

roter V. éructer.

rôtie V. toast II.

rôtir *Rôtir de la viande* : V. CUIRE. *Rôtir du pain* [didact.] : [cour.] **griller.**

rôtisserie V. restaurant.

rotules *Sur les rotules* : V. fatigué.

roublard V. malin, rusé (*in* ruse).

roublardise V. ruse.

roucoulement V. chant (*in* chanter).

roucouler V. chanter.

roue *Faire la roue* : V. parader.

roué V. rusé (*in* ruse).

rouer *Rouer de coups* : V. battre, passer à tabac*.

rouerie V. ruse.

rouflaquette V. favoris.

rouge
I [adj.] **1.** *Il avait le visage tout rouge d'avoir couru si vite* : **enflammé** ◆ **congestionné** (qui indique qu'il y a un afflux de sang important) ◆ **coloré** ◆ **écarlate** (qui désigne un rouge éclatant : *l'abus de la boisson lui donnait un teint écarlate*) ◆ [plus précis.] **rougeaud, rubicond. 2.** *Vin rouge. Il aimait bien boire un petit verre de vin rouge* : [fam.] **rouge** (*un petit rouge*). **3.** *Une viande rouge* : **saignant*.**
II [n.] **1.** *Le rouge convenait fort bien à son teint* : **cramoisi, pourpre** (= rouge qui tire sur le violet) ◆ **incarnat** (= rouge clair et vif) ◆ **rubis** (= rouge brillant) ◆ **vermillon** (= rouge tirant sur l'orange) ◆ **carmin** (= rouge vif). **2.** *Un bon coup de rouge* : **vin rouge.** *Elle avait mis du rouge pour la soirée* : V. FARD. **3.** *Le ministre disait qu'il lutterait contre les rouges* [péj.] : [cour.] **communiste.**
◇ **rougir** *Il rougissait de sa maladresse* : **s'empourprer** ◆ [fam.] **piquer un fard, un soleil** ◆ ↑ **avoir honte.**
◇ **rougeur** *Elle a des rougeurs sur le visage* [cour.] : [didact.] **érythème** ◆ ↓ **couperose** ; → BRÛLURE, IRRITER.

rougeaud V. rouge.

rougeoyer V. flamboyer.

rougeur, rougir V. rouge.

rouille V. roux.

rouillé V. engourdi (*in* engourdir).

roulade V. rouler I.

roulant **1.** V. ambulant. **2.** V. comique.

rouleau **1.** *Un rouleau de pellicule* : **bobine**. **2.** *Rouleau compresseur* : V. DÉCIDÉ.

roulé-boulé V. roulade (*in* rouler I).

rouler
I **1.** [qqch ~] *Une voiture roule* : V. ALLER, AVANCER, FONCER et MARCHER. **2.** [qqn ~] *Il trébucha et roula dans l'escalier* : **dégringoler** (*dégringoler l'escalier*) ; → TOMBER. **3.** [~ qqch] *La cuisinière roula les quartiers de pomme dans la farine* : **enrober de** (*... enroba les quartiers... de farine*). *Rouler ses manches* : **retrousser*** ; → REPLIER. **4.** *Ça roule !* [fam.] : [cour.] **ça va, ça marche.** *Rouler sur l'or* : **être riche.** *Rouler sa bosse* : [fam.] **bourlinguer.** *Se les rouler* : V. PARESSER.
◇ **se rouler** *Il se roula dans son duvet et s'endormit* : **s'enrouler.**
◇ **roulade** *Il fit une roulade sur le tapis* : **galipette, roulé-boulé.**
◇ **roulement** **1.** *Un roulement de tambour* : **battement.** **2.** *Le roulement des capitaux* : **circulation.** **3.** *Le roulement du personnel* : **rotation** ; → ALTERNER.
II *Je me suis fait rouler* [fam.] : **avoir, posséder***. *On la roule comme on veut* [fam.] : [cour.] **tromper*** ◆ [sout.] **duper** ; → LEURRER, JOUER. *Ce bibelot ne vaut rien, vous vous êtes fait rouler* [fam.] : [cour.] **voler***.

rouleur V. coureur.

roulotte *On loue aujourd'hui des roulottes pour le tourisme* : [plus restreint] **caravane** (qui est tractée par une automobile) ◆ [anglic.] **mobile home,** [recomm. off.] **autocaravane** ◆ **camping-car** (= fourgonnette aménagée pour s'y loger).

round V. reprise (*in* reprendre).

roupiller V. dormir.

roupillon V. sommeil.

rouquin V. roux.

rouscailler V. réclamer.

rouspétance V. raisonnement.

rouspéter V. maugréer, se plaindre II, protester, râler.

rouspéteur V. râleur (*in* râler).

roussin **1.** V. cheval. **2.** V. policier.

roussir V. brûler.

rouste V. volée III.

routard V. voyageur.

route **1.** *Couchez-vous tôt ; demain, la route sera longue* : **parcours, trajet** ; → ÉTAPE. *Il ne reste plus qu'à vous souhaiter une bonne route* : **voyage.** *Chercher sa route* : **chemin** ; → DIRECTION. *Préparer sa route* : **itinéraire.** *Ils ont repris la route de la capitale* : **revenir vers.** *Se mettre en route* : **partir** ; → DÉMARRER. *Faire route. Le paquebot faisait route vers le Brésil* : [didact.] **cingler** ◆ **faire voile*** ; → ALLER. **2.** *La route a été goudronnée* : **chaussée** ; → VOIE, COMMUNICATION, RUE. *Je vous donne la route à suivre* : [plus cour.] **marche.** *Être sur la bonne route* : **en bonne voie.** *Faire fausse route* : **s'égarer***.

routier **1.** V. camionneur. **2.** V. scout. **3.** *Vieux routier* : V. ancien. **4.** V. coureur.

routine *Une routine fatigante* : **train-train.**

rouvrir V. réviser.

roux **1.** [n.] *C'était un grand roux à la peau très blanche* : [fam.] **rouquin.** **2.** [adj.] *Des cheveux châtain roux* : **auburn** ◆ **rouille, brique** (qui s'emploient pour qualifier un tissu).

royal, royalement V. roi.

royaliste V. monarchiste.

royaume, royauté V. monarchie.

ru V. ruisseau, cours d'eau.

ruban **1.** *Le paquet était orné d'un ruban* : **faveur, bolduc.** *Elle retenait ses cheveux par un nœud de ruban* : **catogan** ◆ [moins cour.] **coque.** *Une robe agrémentée de rubans* : **galon.** **2.** *Il arborait le ruban de la Légion d'honneur* : **décoration, rosette.**

rubicond V. rouge.

rubis **1.** V. rouge. **2.** *Rubis sur l'ongle* : V. cash.

rubrique V. article.

rude **1.** *Cette toile neuve est un peu rude* : **râpeux, rêche, rugueux.** *Une barbe rude* : [plus cour.] **dur*.** **2.** *Les travaux de la moisson étaient très rudes* : **pénible.** *Un hiver rude* : V. RIGOUREUX. *Un coup rude* : V. BRUTAL. *Il avait un caractère rude, peu conciliant* : **bourru, revêche** ; → AUSTÈRE. *Une rude semonce* : V. VERT. **3.** *Un style rude* : **rocailleux*.** **4.** *Il était en colère et parlait d'une voix rude* : **âpre.** **5.** *C'est un rude négociateur* [antéposé] : **redoutable.** **6.** *Vous avez eu une rude chance de vous en tirer sans plus de mal !* [antéposé] : **fameux, sacré** ◆ **rudement** (*... rudement eu de la chance*) ; → BEAUCOUP.

◇ **rudement** **1.** *Elle le frappa rudement* : **brutalement, durement** ◆ ↑ **violemment.** **2.** *La mort de ses parents l'a touchée rudement* : **cruellement.** *Ne lui parlez pas si rudement* : **abruptement, sèchement** ; → VERTEMENT. **3.** *J'étais rudement content que vous arriviez* [antéposé, fam.] : **drôlement** ◆ [cour.] **très** ◆ [rare] **diablement.**

◇ **rudoyer** *Ce n'est pas en rudoyant cet enfant que vous réglerez les difficultés* : **brusquer, gronder, houspiller, malmener** ◆ ↑ **brutaliser** ◆ [fam.] ↓ **tarabuster.**

rudesse V. aigreur (*in* aigre), aménité (*sans aménité*), rigueur.

rudiment V. élément, notion, principe.

rudimentaire V. élémentaire (*in* élément), grossier, imparfait.

rudiments V. ABC.

rudoyer V. rude.

rue **1.** *Toute la rue avait été interdite à la circulation automobile* : [plus génér.] **artère** ◆ **avenue** (= voie urbaine large : *l'avenue des Champs-Élysées*) ◆ **boulevard** (qui est génér. construit sur l'emplacement d'anciens remparts) ◆ **ruelle,** [vieilli] **venelle** (= petite rue) ◆ **impasse, cul-de-sac** (= rue sans issue) ; → VOIE. **2.** *Être à la rue* : **sans abri, sans ressources.** *À tous les coins de rue, à chaque coin de rue* : V. PARTOUT.

ruer *Ruer dans les brancards* : V. PROTESTER.

◇ **se ruer** *Les spectateurs se ruèrent vers le terrain pour embrasser les joueurs* : **se précipiter** ; → S'ÉLANCER. *Il se rua sur son adversaire* : ↓ **se jeter sur.**

◇ **ruée** *La ruée des vacanciers sur les plages* : **afflux** ◆ [anglic.] **rush.**

rugir V. crier (*in* cri), vrombir.

rugissement V. vrombissement.

rugueux *Le chat le léchait de sa langue rugueuse* : **râpeux** ; → RUDE, RABOTEUX.

ruine **1.** *On trouvait des cadavres dans les ruines de la ville* [plus cour. au pl.] : **décombres** ; → VESTIGES, DÉBRIS, DÉGÂT. *La ruine du pays* : **désolation.** **2.** *La ruine des valeurs morales* : V. CHUTE, DÉCADENCE, DÉLIQUESCENCE, DISSOLUTION et FAILLITE. **3.** *La ruine du banquier n'a surpris que les naïfs* : **déconfiture** ; → APPAUVRISSEMENT. *Être au bord de la ruine* : V. ABÎME et PERTE. *La ruine du négoce* : V. MORT. **4.** *La maison tombait en ruine* : **s'effondrer** ; → CROULER.

◇ **ruiner** **1.** [~ qqch] *La grêle a ruiné les récoltes* [sout.] : **dévaster, ravager** ◆ ↑ **détruire,** ↑ **anéantir.** *Le temps a ruiné ce monument* : **détériorer** ; → ABATTRE, NUIRE* À, SABORDER. **2.** *Sa réputation a été ruinée par ce scandale* : **saper.** *La crise avait ruiné les rentiers* : **appauvrir** ◆ [fam.] **nettoyer** ; → DÉSARGENTÉ, ÉTRANGLER, PERDRE.

◇ **se ruiner** *Il s'est ruiné au jeu* : **se mettre sur la paille** ; → PERDRE. *Je me ruinerai pour vous* : **se dépouiller.**

ruineux V. coûteux.

ruisseau *Un ruisseau court au bas de la prairie* : **ruisselet** ◆ [vx] **ru** ; → COURS D'EAU, RIGOLE. *C'était des ruisseaux de larmes, des pleurs à n'en plus finir* : ↑ **torrent** ; → FLOT.

ruisselant *Tous les murs de la vieille bâtisse étaient ruisselants d'eau* : ↓ **dégouttant,** ↓ **dégoulinant.** *Il avait travaillé toute la journée au soleil et revenait ruisselant de sueur* : **inondé, trempé.**

ruisseler V. couler, suinter.

ruisselet V. ruisseau.

rumeur V. bruit, murmure, nouvelle.

ruminer V. mâcher, retourner.

rupestre *La grotte est couverte de peintures rupestres* : [didact.] **pariétal.**

rupin V. riche.

rupture V. rompre.

rural V. campagnard (*in* campagne).

ruse 1. *Toutes vos ruses ont été découvertes* : [sout.] **feinte** ◆ ↑ **subterfuge** ◆ [fam.] ↓ **truc** ◆ **artifice** (= moyen trompeur utilisé pour déguiser la vérité) ◆ [vieilli] **astuce** (= moyen pour tromper) ◆ [sout.] **stratagème** (= ruse adroite) ; → DÉTOUR, MANŒUVRE, PIÈGE. 2. *Il prétendait que la ruse était une qualité en politique* : **rouerie** (= habileté sans scrupule) ◆ [fam.] **roublardise** ; → ADRESSE.

◇ **ruser** *Il rusa et obtint ce qu'il désirait* : **finasser** ◆ ↓ **manœuvrer** ◆ [fam., péj.] **magouiller.**

◇ **rusé** *C'est un homme rusé qui sait tromper son monde sans qu'il y paraisse* : **habile, adroit, subtil,** ↑ **roué** (qui n'impliquent pas l'idée de tromperie) ◆ **fourbe, perfide** (qui insistent sur l'intention de nuire) ◆ [sout.] **matois** ◆ [fam.] **roublard** ; → RETORS.

rush V. ruée.

rustaud V. balourd, grossier.

rustique 1. V. campagnard (*in* campagne). 2. V. résistant.

rustre 1. V. balourd, grossier. 2. V. paysan.

rut (en) V. chaleur (*in* chaud).

rutilant *Les cuivres bien fourbis étaient rutilants* : **éclatant, étincelant** ; → BRILLANT.

rutiler V. briller I.

rythme *Le rythme de la prose de Chateaubriand est très caractéristique* : **cadence, mesure** ◆ [plus gén.] **mouvement** ◆ **balancement** (qui indique qu'il y a équilibre entre les parties d'une période) ; → MÉLODIE. *J'aime bien le rythme de ce blues* : **tempo.** *Laisse-le aller à son rythme* : **mesure.** *Le rythme des saisons* : **alternance*.** *Le rythme des réformes* : **fréquence.** *Au rythme de* : V. SON.

◇ **rythmé** *Une diction bien rythmée* : **harmonieux.** *Une musique rythmée* : **entraînant.**

◇ **rythmique** *Une prose rythmique* : **rythmé, mesuré, cadencé, balancé.** *Le mouvement rythmique de la houle* : **alternatif, régulier.**

rythmer V. bercer, scander.

S

sable *Le jardinier a couvert ses allées de sable* : [plus partic.] **falun** (= sable coquillier) ◆ **gravier** (qui est composé de petits cailloux et non de grains).
◇ **sableux** *Ce sol est sableux* : **sablonneux** (qui qualifie aussi bien un terrain couvert de sable qu'une terre mêlée de sable).

sablière V. carrière I.

sablonneux V. sableux (*in* sable).

saborder **1.** *La flotte avait sabordé ses vaisseaux* : **couler, envoyer par le fond***. **2.** *Le patron a sabordé cette entreprise* : **couler** ; v. aussi RUINER.

sabot *Il fait sonner ses sabots sur les cailloux du chemin* : **galoche** (= sabot à dessus de cuir).

sabotage V. gâchis (*in* gâcher).

saboter **1.** *Par lassitude, il avait saboté son travail* : **bâcler** ◆ **gâcher*** (qui se dit plutôt de la mauvaise utilisation des matières premières). *Saboter un travail* : [fam.] **faire à la diable, par-dessus la jambe.** **2.** *Les partisans avaient saboté la voie ferrée* : **détériorer volontairement** ; → DÉTRUIRE.

sabre **1.** V. ÉPÉE. **2.** *Traîneur de sabre* : [fam., vx] **bravache** ; → FANFARON.
◇ **sabrer** **1.** *Le rédacteur en chef avait sabré ce long article* : **couper, censurer.** **2.** *Le jury a sabré les candidats* : [fam.] **sacquer.**

sac
I **1.** *L'épicier met les légumes en petits sacs* : **sachet** ◆ **poche,** [région.] **pochon** (= petits sacs génér. en papier) ; → EMBALLAGE. *L'ouvrier emportait sa gamelle dans son sac* : **musette, sacoche** (qui sont munies d'une bretelle). *L'enfant a préparé son sac pour l'école* : [plus partic.] **cartable, serviette***. *Le chasseur a rangé le gibier dans son sac* : [plus précis.] **gibecière, carnassière** (qui se portent en bandoulière). **2.** *Sacs de voyage* : V. BAGAGE. *Sac à provisions* : **cabas** (= sac à provisions ou panier souple). *Le campeur a déroulé son sac de couchage* : **duvet.** **3.** *Cul-de-sac* : V. IMPASSE. **4.** *Il aurait mieux fait de vider son sac que de se taire* [fam.] : **se mettre à table** ◆ [cour.] **avouer** ; → SE CONFIER, PARLER.
II V. PILLAGE, SACCAGER.

saccade *À certains moments, le moteur toussait et la voiture avançait alors par saccades* : **à-coup, soubresaut** ; → SECOUSSE.
◇ **saccadé** *Des mouvements saccadés* : **brusque, convulsif, irrégulier, discontinu** ; → HEURTÉ. *Sous le coup de la colère, il parle d'une voix saccadée* : **entrecoupé, haché.**

saccager **1.** V. PILLER. **2.** *Les cambrioleurs ont saccagé l'appartement de fond en comble* : **ravager, mettre à sac** ◆ ↓ **bouleverser** ◆ [fam.] ↓ **chambarder,** ↓ **chambouler** ; → ABÎMER, MASSACRER.

◇ **saccage** 1. V. PILLAGE. 2. *Quel saccage dans le champ après le passage des chasseurs !* : **dévastation, ravage** ◆ ↓ **dégât***.

sacerdoce *Exercer un sacerdoce* : V. MINISTÈRE. *La vocation du sacerdoce devient rare* : [plus partic.] **prêtrise** (qui s'applique uniquement au clergé catholique, est d'emploi plus cour. pour désigner plus génér. la fonction du prêtre).

sachet, sacoche V. sac.

sacquer 1. V. congédier (*in* congé), renvoyer, vider. 2. V. couper, sabrer.

sacre V. sacrer.

sacré

I [postposé] 1. *Un festival d'art sacré a été organisé* : **religieux.** *Le calice est un vase sacré* : **liturgique** (qui se dit partic. de ce qui a rapport au culte) ; → SAINT. 2. *Le secret professionnel est sacré* : **inviolable** ◆ [par plais.] **sacro-saint, tabou** ◆ [plus sout.] **intangible***.

II [antéposé] *Il a un sacré toupet de se présenter devant nous après tout ce qu'il nous a fait* [fam.] : [cour.] **incroyable, extraordinaire*** ; → MALHEUR, MAUDIT, FINI, FAMEUX, FICHU, RUDE, VACHE.

sacrement *Derniers sacrements* : V. extrême-onction.

sacrément V. beaucoup, grossièrement (*in* grossier).

sacrer

I *Les rois de France étaient sacrés à Reims* : [plus partic.] **couronner** (qui se dit de la proclamation du souverain) ◆ **bénir, oindre** (qui se disent des actes religieux qui accomplissaient le sacre) ◆ **introniser** (qui se dit de l'installation sur le trône royal ou épiscopal) ; → CONSACRER.

◇ **sacre** *Le sacre de Charles VII* : [plus cour.] **couronnement, bénédiction, onction, intronisation.**

II *Écumant de rage, il sacrait comme un charretier* : **jurer*** ◆ **blasphémer** (= jurer en insultant la divinité ou la religion).

sacrifice

I *Le sacrifice est une très ancienne pratique religieuse* : [plus génér.] **offrande** (qui n'implique pas la destruction ou l'abandon de la chose offerte) ◆ [plus partic.] **immolation, holocauste** (qui impliquent le sacrifice d'une ou plusieurs vies) ◆ **libation** (= geste symbolique de verser le lait ou l'alcool en offrande).

II 1. *Ils ont accepté beaucoup de sacrifices pour l'éducation de leurs enfants* : ↓ **privations** ◆ **dépenses** (= sacrifices exclusivement financiers) ; → EFFORT. 2. *L'esprit de sacrifice* : ↑ **abnégation** ◆ ↓ **dévouement.**

sacrifier 1. [~ qqn ou qqch] *Cet homme sacrifie les siens* : ↓ **abandonner.** *Le metteur en scène a sacrifié le rôle du jeune premier* : ↓ **négliger.** *Sacrifier un article* : **brader, vendre à bon marché** ; → SOLDER. *Sacrifier qqch pour sauver le reste* : **faire la part du feu.** 2. [~ qqn, qqch à qqn, qqch] *Il sacrifie ses loisirs à la philatélie* : ↓ **consacrer.** 3. [~ à qqch] *Nous sacrifions tous à la mode dans les domaines les plus divers* : **se soumettre** ◆ ↑ **obéir.**

◇ **se sacrifier** *Il s'est sacrifié au bonheur des siens* : **se dévouer** ◆ ↑ **s'immoler.**

◇ **sacrifié** *Marchandises sacrifiées* : **bradé, vendu à perte, à bas prix** ◆ ↓ **soldé.**

sacrilège

I [n.] *Les vols d'objets sacrés sont des sacrilèges* : **profanation** ◆ **blasphème** (= sacrilège par la parole) ; → HÉRÉSIE.

II [n. et adj.] V. BLASPHÉMATOIRE et IMPIE.

sacripant V. vaurien.

sacristain *Le sacristain ouvrit les portes de l'église* : **bedeau, suisse.**

sacristie *Punaise de sacristie* : V. bigot.

sacro-saint V. intouchable, sacré I, tabou.

sadique *Cet homme est sadique* [cour.] : **cruel***. *Un plaisir sadique* : [plus génér.] **pervers** ; → DIABOLIQUE.

◇ **sadisme** *Son sadisme me révolte* : [plus génér.] **cruauté***.

safari V. chasse.

safran V. jaune I.

saga V. histoire.

sagace *C'est un esprit sagace* : **perspicace** ◆ ↓ **fin,** ↓ **subtil** ; → CLAIRVOYANT.
◇ **sagacité** *Il a fait preuve de sagacité devant cette énigme* : **perspicacité** ◆ ↓ **intuition,** ↓ **finesse,** ↓ **pénétration** ; → CLAIRVOYANCE.

sagaie V. pique I.

sage **1.** [adj., antéposé] *C'est une sage décision* : [postposé] **avisé, judicieux, sensé** ◆ ↓ **prudent*** ◆ [plus génér.] **bon** ; → RAISONNABLE. *Un discours sage* : V. DÉCENT. **2.** [adj., postposé] *Cet enfant est presque trop sage* : **docile*, obéissant** ◆ ↑ **gentil*** (qui implique en plus une conduite agréable) ; → TRANQUILLE, SÉRIEUX. **3.** [n.] *Votre décision est celle d'un sage* : V. PHILOSOPHE. **4.** *Elle a été sage jusqu'à son mariage* : **chaste** ◆ ↑ **pur** (qui implique que même les intentions étaient sages).
◇ **sagement** *Le malade attend sagement son tour dans l'antichambre* : **tranquillement.** *Vous avez parlé sagement* : **raisonnablement** ; → PARLER* D'OR, PRUDEMMENT.
◇ **sagesse** **1.** *Dans ces circonstances difficiles, il a manœuvré avec sagesse* : **circonspection, prudence** ; → MODÉRATION. *Il a accepté cette perte avec beaucoup de sagesse* : **philosophie** ; → RAISON*, BON SENS*. **2.** *Cet enfant est d'une sagesse rare* : V. DOCILITÉ. **3.** *Nous avons été surpris de la sagesse de ses prétentions lors des discussions que nous avons eues avec lui* : **modestie.**

sage-femme V. accoucheuse.

sagement, sagesse V. sage.

sagouin V. malpropre.

saignant V. saigner.

saignement V. hémorragie.

saigner **1.** [intr., qqn ~] *Le blessé a saigné pendant son transport à l'hôpital* : [didact.] ↑ **avoir une hémorragie.** *Ça saigne* : V. PISSER. **2.** [trans.] *On a saigné le porc* : **égorger** (qui s'emploie plutôt pour un acte criminel que pour l'abattage d'un animal) ; → TUER. *La guerre a laissé vainqueurs et vaincus saignés à blanc* : [plus génér.] ↓ **épuisé** ◆ [rare] **exsangue.** *L'usurier saignait ses créanciers* : **dépouiller.**
◇ **saignant** **1.** V. ENSANGLANTÉ. **2.** *J'aime la viande saignante* : ↑ **bleu** ◆ [plus génér.] **rouge** (qui se dit aussi bien de la nature de la viande, bœuf, mouton, par opp. aux viandes blanches, veau, que de son degré de cuisson).

saillie
I [de saillir I] **1.** *L'écorce de ce chêne présente des saillies bizarres* : **relief*** ◆ [didact.] **protubérance.** *Faire saillie* : **saillir*.** **2.** *Sa conversation est riche en saillies* : **boutade, mot, trait d'esprit** ; → PLAISANTERIE.
II [de saillir II] *La saillie de la jument par un étalon* : [plus génér.] **accouplement** ◆ [plus génér., didact.] **copulation** ; → MONTE.

saillir
I *Une corniche saillait à la hauteur du premier étage de la façade* : **faire saillie** ◆ [plus cour. et plus génér.] **dépasser, avancer** ; → SORTIR.
◇ **saillant** **1.** *Les parties saillantes de la façade sont dégradées* : **proéminent.** *Il a les yeux saillants* : [moins cour.] **globuleux** ◆ **gros*** (*de gros yeux*). **2.** *Un fait saillant* : **marquant*.** *Le trait saillant de son caractère est une gentillesse poussée à l'extrême* : **frappant, remarquable** ◆ ↑ **saisissant.**
II *L'éleveur a fait saillir sa jument par l'étalon du haras* : **couvrir** ; → S'ACCOUPLER.

sain **1.** [en parlant d'une personne ou d'un animal] *Parmi ces éclopés, un seul homme sain !* : **en bonne santé** ◆ **valide** (qui se dit des personnes qui peuvent exercer leur activité). *Ce garçon est parfaitement sain d'esprit* : V. ÉQUILIBRÉ. *Sain et sauf* : [moins cour.] **indemne** (= qui a échappé à un danger). **2.** [en parlant de qqch] *Une maladie des bronches l'oblige à vivre sous un climat sain* : ↑ **tonique** ◆ [moins cour.] **salubre** ; → SALUTAIRE. *Un jugement sain* : **clair.** *Une nourriture saine* : V. HYGIÉNIQUE. **3.** *Voilà de saines idées sur la mode* : **raisonnable.**
◇ **sainement** *Il juge sainement de ses expériences passées* : **raisonnablement, judicieusement** ; → À BON ESCIENT*.

saint **1.** [adj.] *Aujourd'hui, les choses les plus saintes sont bafouées* : **sacré, vénérable** ◆ ↓ **respectable.** **2.** [n.] *Les saints du paradis* : [plus génér.] **élu** (= celui qui jouit de la félicité éternelle, que l'Église lui rende ou non des honneurs publics) ◆ [plus partic.] **bienheureux** (= celui qui a été béatifié, sans qu'un culte lui soit dédié). **3.** *Ce n'est pas un petit saint* : **un enfant de chœur.** *Le saint des saints* : **sanctuaire.** *Le saint-père* : V. PAPE. *Le Saint-Siège* : V. PAPAUTÉ. *Le Saint des Saints* : V. DIEU. *Le Saint-Esprit* : V. ESPRIT.

sainte-nitouche *Cette petite sainte-nitouche a trompé tout le monde* : **hypocrite, nitouche.**

sainteté V. bien III.

saint-frusquin V. reste (*in* rester I).

saint-glinglin (à la) *Il reviendra à la saint-glinglin* : **la semaine des quatre jeudis, ne... jamais** (*il ne reviendra jamais*) ◆ [fam.] **quand les poules auront des dents** ◆ [moins cour.] **aux calendes grecques.**

saint-simonisme V. socialisme.

saisir

I **1.** [~ qqn ou qqch] *Il saisit une branche à deux mains pour grimper à l'arbre* : **s'accrocher à, s'agripper à, attraper*** ◆ [moins cour.] **empoigner** ; → S'EMPARER, PRENDRE. **2.** [qqn ~ qqch] *J'ai bien saisi votre idée* : **comprendre*** ◆ [fam.] **piger** ; → ENTENDRE, PÉNÉTRER, VOIR. *Il n'est pas facile de saisir les intentions de ce personnage silencieux* : **discerner** ; → PERCEVOIR. *Saisissez-vous ce qu'il veut faire ?* : [plus sout.] **concevoir**. *Avez-vous saisi votre rôle ?* : V. RÉALISER. *Saisir une occasion* : V. PROFITER. **3.** [qqch ~ qqn] *Le froid a saisi le baigneur à la sortie de l'eau* : ↓ **surprendre.** *Le spectateur a été saisi par la puissance des images* : **frapper, transporter** ◆ [moins cour.] **captiver** ◆ ↓ **impressionner,** ↓ **émouvoir.**

◇ **se saisir** *Les policiers se sont saisis du perturbateur* : **arrêter** ◆ [moins cour.] **appréhender, empoigner** ; → S'EMPARER.

II *On a saisi ses meubles* : [plus génér.] **confisquer** (= déposséder qqn par un acte d'autorité quelconque, alors que *saisir* est un acte juridique).

◇ **saisie** *La saisie des marchandises entrées en fraude est opérée par les douaniers* : **confiscation** ◆ [didact.] **séquestre** (= mise en dépôt provisoire auprès d'un tiers) ; → SÉQUESTRATION.

saisissable V. pénétrable (*in* pénétrer).

saisissant V. criant (*in* cri), émouvant (*in* émouvoir), saillant (*in* saillir I), surprenant (*in* surprendre).

saisissement V. émotion (*in* émouvoir).

saison *La saison a été belle* : **arrière-saison** (= fin de l'automne, ou de la belle saison). *Ce n'est pas encore la saison des vacances* : **moment** ; → ÉPOQUE. *Ce langage n'est plus de saison* : **de circonstance.** *La morte, basse saison* : V. INTERSAISON.

salace V. obscène.

salade **1.** V. mélange. **2.** V. agissements. **3.** V. mensonge.

salaire *Les salaires n'ont pas augmenté aussi vite que les prix* (= somme perçue régulièrement par un employé) : [moins cour.] **appointements** (= rétribution pour un emploi régulier) ◆ [plus génér.] **gain** (= toute sorte de profit : *gain d'un ouvrier, d'un patron, au jeu*) ◆ **rémunération*** (= tout argent reçu en échange d'un service ou d'un travail) ◆ **émoluments** (= rétribution variable ou fixe des employés d'administration) ◆ **honoraires** (= sommes perçues par les membres des professions libérales : médecins, avocats) ◆ **indemnités** (= compensation des frais) ◆ **traitement** (= rémunération mensuelle d'un fonctionnaire) ◆ **gages** (= salaire d'un domestique) ◆ **solde** (= allocation des militaires) ◆ **commission,** [plus rare] **guelte, prime*** (= gratifications constituant un supplément de salaire ou une rémunération irrégulière pour les employés de commerce) ; → RÉTRIBUTION, PAIE. *As-tu touché ton salaire ?* : [par méton., plus fam.] **mois, quinzaine, semaine** (selon le mode de paiement) ◆ **mensualité** (= toute somme perçue mensuellement et donc salaire mensuel). *Le salaire minimum interprofessionnel de croissance est indexé sur les prix* : **smic** *Toute peine mérite salaire* : **récompense***.

◇ **salarié** [n.] *Les salariés de cette entreprise ont posé leurs revendications* : [sing. collectif] **personnel, employés** ◆ **ouvrier** (= celui qui effectue un travail manuel) ◆ **smicard** (= celui qui perçoit le smic).

◇ **salarier** *Salarier un domestique* : **appointer** ◆ [vx] **gager** ; → RÉMUNÉRER.

salaison V. salé (*in* sel).

salamalecs V. salutation (*in* saluer).

salarié, salarier V. salaire.

salaud **1.** Terme injurieux, vulg. *Le dénonciateur est un salaud* : **charogne, crapule, fumier, salopard, saligaud** ◆ **sale* type** ; → ANIMAL, ORDURE. *Quel est le salaud qui a laissé les lieux dans cet état ?* : **cochon** ◆ [très fam.] **dégueulasse** ; → MALPROPRE. **2.** Sans valeur injurieuse, fam. *Bien, mon salaud* : **mon cochon.**

sale **1.** [postposé] *Il ne se lave jamais, il est sale* : **dégoûtant** ◆ ↓ **négligé** ◆ ↑ **répugnant** (qui implique l'effet produit sur les autres) ◆ [très fam.] **dégueulasse, crasseux, crado, cracra** ; → MALPROPRE, SORDIDE. *En rentrant du jardin, enlève tes chaussures sales* : [plus partic.] **poussiéreux, boueux, crotté, terreux** ◆ [plus sout., plus génér.] **souillé.** *Il a les mains toutes sales* : V. NOIR. *Des eaux sales* : **usé***. **2.** [postposé] *Ses histoires sales ne sont pas toujours drôles* : ↓ **grivois,** ↓ **salé,** ↓ **corsé** ◆ ↑ **obscène,** ↑ **ordurier** (qui impliquent une condamnation) ◆ [par euph.] **malhonnête** ◆ [sout.] **inconvenant, indécent** ; → SCABREUX. **3.** [antéposé] *Votre voisin a vraiment une sale tête* : [postposé] **antipathique, désagréable.** *Quel sale individu !, type !* : [fam.] **salaud*, crapule** ; → MISÉRABLE, TRISTE. **4.** [antéposé] *Voilà un sale travail* : [postposé] **désagréable,** [plus partic.] **difficile** ; → MAUDIT. *Quel sale temps ! il pleut depuis huit jours* : ↓ **mauvais** ◆ [fam., postposé] **de chien, dégueulasse** ; → VILAIN.

◇ **salement** **1.** *Cet enfant mange salement* : **malproprement** ◆ [fam.] ↑ **comme un cochon.** **2.** *J'ai été salement surpris* [fam.] : **vachement** ; → RUDEMENT, TRÈS.

◇ **saleté** **1.** *La saleté de ce logement me répugne* : **crasse** ; → MALPROPRETÉ. **2.** *Ce liquide est plein de saletés* : V. IMPURETÉ. *Cette cave est pleine de saletés* : V. ORDURE, CRASSE. **3.** *Ne laissez pas votre chien faire ses saletés dans l'escalier* : **crotte** ◆ [plus sout.] **excrément*** ◆ ↑ **immondices** ◆ [grossier] **merde.** **4.** *Il raconte toujours des saletés* : **grossièreté** ◆ [fam.] **cochonnerie, saloperie** ; → ORDURE, OBSCÉNITÉ. **5.** *Il m'a fait une saleté* [fam.] : **crasse*, saloperie, vacherie** ◆ [plus cour.] ↓ **tour***.

salé, saler V. sel.

saleté V. sale.

saligaud **1.** V. malpropre. **2.** V. salaud.

salin V. salé (*in* sel).

saline *Les salines de Provence* : **marais salant.**

◇ **salinier** *Le métier de salinier se perd* : **paludier.**

salir **1.** [~ qqch] *En ramonant la cheminée, il a sali son visage et ses mains* : [plus sout.] **souiller** ◆ **tacher,** [sout.] **maculer** (= salir par places) ◆ **barbouiller** (= enduire largement, surtout le visage, d'une substance salissante) ◆ [plus partic.] **poisser, graisser.** *La suie a sali les conduits* : ↓ **culotter** ◆ ↑ **encrasser** (= salir au point d'empêcher le fonctionnement) ; → NOIRCIR. *Le mazout a sali les plages* : [moins cour.] **polluer***. **2.** [~ qqch, qqn] *Pourquoi salir le souvenir de cette heureuse époque ?* : **abîmer*, ternir** ; → CORROMPRE. *Sa réputation a été salie par cette regrettable histoire* : **entacher.** *On a sali cet homme* : **calomnier, déshonorer, diffamer** ; → DISCRÉDITER, FLÉTRIR.

salive *La salive lui coulait du coin de la bouche* : **bave, écume** (= salive mousseuse de certains animaux). *Jets de salive* : **crachat, postillon.**

◇ **saliver** *Ce chien salive devant sa pâtée* : **baver.** *Je salive au souvenir de cette blanquette de veau* : **avoir l'eau à la bouche.**

salle **1.** V. pièce. **2.** V. auditoire. *Salle obscure* : V. cinéma.

salmigondis V. mélange.

salon **1.** V. pièce. **2.** V. exposition.

salopard V. salaud.

salope V. garce.

saloperie [fam.] **1.** *L'eau est pleine de saloperies* : **saleté*** ◆ [sout.] **impureté** ; → MALPROPRETÉ, ORDURE. **2.** *Cet outil, c'est une saloperie, de la saloperie* : **camelote, cochonnerie** ; → SALETÉ. **3.** *Il m'a fait une saloperie* : **vacherie** ◆ [cour.] **méchanceté** ; → SALETÉ. *Faire des saloperies auprès du chef* : V. BASSESSE et COMPROMISSION.

salopette V. cotte.

saltimbanque *Des saltimbanques ont monté leur baraque sur le boulevard* : **baladin, bateleur** ; → ACROBATE.

salubre V. sain, salutaire.

salubrité V. hygiène.

saluer **1.** *Il a salué ses amis* : **dire bonjour** (à l'arrivée) ◆ **au revoir, adieu** (au départ). *Le ministre a été salué à son arrivée par les notables* : V. ACCUEILLIR. **2.** *Nous saluons son grand dévouement* : **honorer, rendre hommage, donner un coup de chapeau à.**
◇ **salutation** *Sa fille nous fait toujours de grandes salutations* : ↑ **révérence** (= mouvement cérémonieux et conventionnel de respect) ◆ ↑ **courbette** (qui implique une certaine obséquiosité) ◆ [fam.] **salamalecs** (= salutations exagérées).

salut
I Formule de politesse. *Salut aux amis !* : **bonjour, bonsoir, au revoir, adieu*** (suivant l'heure ou la situation).
II **1.** *Il a cherché son salut dans la fuite* : **sauvegarde.** *Planche de salut* : V. APPUI. **2.** [dans la religion chrétienne] *Le mystère du salut* : **Rédemption** ◆ [plus rare] **rachat.**

salutaire *Le grand air lui sera salutaire* : **sain** ◆ [moins cour.] **salubre** ; → SANTÉ. *Ses conseils vous seront salutaires* : **profitable, utile*** ; → BIEN III (faire du bien).

salutation V. saluer.

salve V. tempête, vague II, volée II.

sanatorium *Les sanatoriums sont des établissements de cure pour les tuberculeux* : [abrév.] **sana** ◆ **préventorium** (qui accueille des patients au premier stade de la maladie).

sanctifier V. fêter (*in* fête).

sanction **1.** *Le projet a reçu la sanction des autorités scientifiques* : **approbation*** **2.** *De sévères sanctions ont frappé les coupables* : **condamnation** (= jugement qui décide de la punition) ◆ **amende, peine** (= modalités d'application) ; → PUNITION. *La sanction du crime* : **répression.** **3.** *Sanctions commerciales, économiques* : V. EMBARGO.
◇ **sanctionner** **1.** *L'usage a sanctionné l'emploi de ce mot* : **consacrer** ; → RATIFIER, CONFIRMER, APPROUVER. *Cette décision a été sanctionnée par un décret ministériel* : **entériner.** **2.** *La loi sanctionne tous les délits* : **réprimer** ; → PUNIR, SÉVIR.

sanctuaire V. église, saint* des saints.

sandale *L'été, il ne porte que des sandales* : **spartiate, nu-pieds** ; → CHAUSSURE.

Sandow V. tendeur (*in* tendre).

sandwich *Un sandwich au jambon* : [plus génér., fam.] **casse-croûte, casse-graine** ◆ [très fam.] **casse-dalle.**

sang V. consanguinité, famille, lignée, race. *Se faire du mauvais sang* : V. s'inquiéter (*in* inquiet). *Payer de son sang* : V. vie.

sang-froid *Il ne perd jamais son sang-froid* : [moins cour.] **flegme** ◆ **aplomb** (qui se dit des marques extérieures du sang-froid) ; → CALME, IMPASSIBILITÉ, MAÎTRISE* DE SOI.

sanglant V. ensanglanté, horreur, meurtrier.

sangle V. courroie.

sanglier V. solitaire II.

sanglot V. pleurs (*in* pleurer).

sangloter V. pleurer.

sang-mêlé V. métis.

sangsue **1.** V. EXPLOITEUR. **2.** *Il est du genre sangsue* [fam.] : **collant, pot*** **de colle.**

sanguinaire V. cruel.

sanguinolent V. ensanglanté.

sans **1.** Exprime la privation. *Il était sans argent* : **manquer de** ◆ [moins cour.] **dépourvu de** ; → DÉMUNIR. Exprime l'absence. *Sans faucille, il n'a pu couper l'herbe* : [moins cour.] **faute de, privé de.** *Des rues sans voitures* : V. VIDE. **2.** Peut introduire une condition négative sous la forme d'un groupe nominal. *Sans cet heureux hasard...* : **s'il n'y avait pas eu....** **3.** *Sans quoi* : V. AUTREMENT. *Sans doute* : **sûrement*, certainement.** *Sans cesse* : **constamment*.** *Sans cela* [fam.] : [plus cour.] **sinon*.**

sans-abri *On manque de structures d'accueil pour les sans-abri* : **sans-logis** ◆ [abrév.] **S.D.F.** (*sans domicile fixe*) ; → SINISTRÉ.

sans-cœur V. méchant II.

sans-culotte V. révolutionnaire (*in* révolution).

sans-emploi V. chômeur, sans-travail.

sans-gêne V. désinvolture, inconvenance.

sans-le-sou V. pauvre.

sans-logis V. sans-abri.

sans-papiers V. étranger II.

sans-patrie *C'est un sans-patrie* : **apatride** (qui désigne un statut plutôt qu'un état).

sans(-)soin *Pour ce travail, on ne peut employer une personne sans soin* : **négligent.**

sans-souci V. tranquille.

sans-travail *Le nombre de sans-travail a largement dépassé trois millions dans le pays* : **sans-emploi** ◆ [plus cour.] **chômeur.**

santé *Il est plein de santé* : ↑ **vitalité** ; → VIE. *Il a une bonne santé* : V. ÉQUILIBRE. *C'est bon pour la santé* : **sain, salutaire.** *Être en bonne santé* : **valide.** *Mauvais pour la santé* : **malsain.** *Être en mauvaise santé* : **malade*.** *Recouvrer la santé* : **guérir, aller mieux, se remettre.** *Boire à la santé de qqn, à qqch* : **porter un toast*.** *À ta santé* : **à la tienne.** *Une maison de santé* : [plus cour.] **maison de repos.**

saoul, saouler V. soûl.

sape V. vêtement (*in* vêtir).

sapé V. élégant.

saper **1.** *Les vagues sapent la falaise* : **attaquer, ronger** ; → DIMINUER, MINER, ÉBRANLER. **2.** *Saper le moral de qqn* : **démoraliser qqn** ; → DÉCOURAGER, ABATTRE.
◇ **se saper** *Il est bien sapé* [fam.] : **se fringuer** ◆ [plus cour.] **s'habiller.**

saphir V. bleu I.

saphisme V. homosexualité.

sarabande V. sérénade, tapage.

sarcasme *Il répondit à la critique par des sarcasmes* [surtout pl.] : [plus cour.] ↓ **moquerie** ; → IRONIE.
◇ **sarcastique** *Un sourire sarcastique* : **sardonique** ◆ ↓ **ironique.**

sarcler *Il faudra sarcler le jardin au printemps* : [plus génér.] **désherber** (= enlever l'herbe avec ou sans outil) ◆ **biner** (= désherber et ameublir le sol).

sarcophage V. tombe.

sardine V. galon.

sardonique V. sarcastique (*in* sarcasme).

sarrasin *Des galettes de sarrasin* : **blé noir.**

sarrau V. blouse.

sas V. tamis.

sasser V. tamiser.

satan V. diable.

satané V. maudit (*in* maudire), de malheur*.

satanique V. diabolique (*in* diable).

satellite V. allié.

satiné 1. *Ce tissu satiné fera très bien pour les rideaux* : **lustré** ◆ ↑ **brillant.** 2. *Une peau satinée* : **doux***.

satire *Ce polémiste a fait une satire violente contre un politicien véreux* : **pamphlet** ◆ ↑ **diatribe** ◆ **épigramme** (= trait satirique très bref) ; → LIBELLÉ.

◇ **satirique** *Depuis quelques années, la gauche a retrouvé une certaine verve satirique* : **mordant***, **caustique*** ◆ ↓ **piquant***.

satiriser V. railler.

satisfaire 1. [~ qqn] *Le service de cet hôtel m'a satisfait* : ↑ **combler,** ↑ **exaucer** ; → CONTENTER, PLAIRE. 2. [~ qqch] *L'automobiliste a dû s'arrêter pour satisfaire sa soif* : ↓ **calmer** ◆ [moins cour.] **apaiser, étancher** ; → ASSOUVIR. 3. [~ à qqch] *Le candidat a satisfait aux épreuves qui lui étaient imposées* : ↓ **exécuter** (*exécuter les épreuves*) ; → ACCOMPLIR. *La maison ne peut plus satisfaire à la demande des clients* : **répondre*, suffire** ◆ **donner suite* à.** *Le patron a dû satisfaire aux revendications de ses ouvriers* : **céder.** *Satisfaire à une condition* : **remplir.**

◇ **se satisfaire** *Elle sait se satisfaire de peu* : **se contenter** ◆ **s'accommoder* de.**

◇ **satisfaction** 1. *Après son succès, il laissa éclater sa satisfaction* : **contentement, plaisir** ◆ ↑ **bonheur,** ↑ **joie***. *Il ne se préoccupe que de la satisfaction de ses désirs* : [plus sout.] **assouvissement.** 2. *Grâce à leur grève, les ouvriers ont obtenu satisfaction* : **gain de cause** ; → CONTENTEMENT. *En me plaignant auprès de l'Administration, j'ai obtenu satisfaction* : **réparation*.** 3. *Il se regarde dans la glace avec satisfaction* : **complaisance***.

◇ **satisfaisant** *Le travail de cet élève est satisfaisant* : ↓ **acceptable** ◆ ↓ **convenable***, ↓ **correct,** ↓ **suffisant.** *C'est un résultat satisfaisant* : ↓ **honorable** ; → AU POIL*.

◇ **satisfait** 1. *Je suis très satisfait de votre succès* : **content*** ◆ ↑ **heureux.** *Un air satisfait* : ↑ **béat** ; → FIER. 2. *Voici une demande satisfaite* : ↑ **comblé, exaucé.** 3. *Être satisfait de soi* : **plein de soi-même** ; → COMPLAISANT, VANITEUX.

satisfecit V. approbation.

saturation V. engorgement (*in* engorger).

saturé 1. *Le marché est saturé de nouveaux produits* : ↓ **encombré.** 2. *Ce sportif est saturé de compétitions* : **écœuré, dégoûté, fatigué.**

saturer V. engorger.

satyre 1. *Les satyres poursuivaient la nymphe* [littér.] : **faune, silène.** 2. *La police a arrêté un satyre* : [partic.] **exhibitionniste, voyeur** ◆ [plus génér.] **pervers.**

sauce, saucée V. douche.

saucer *Se faire saucer* : V. mouiller, prendre une douche*.

sauciflard V. saucisson.

saucisse *Saucisse sèche* : V. saucisson.

saucisson *Une rondelle de saucisson* : [fam.] **sauciflard.**

◇ **saucissonner** 1. *Avec l'été, nous pourrons aller saucissonner au bois* [fam.] : [plus cour.] **pique-niquer.** 2. V. COUPER. 3. *Les cambrioleurs ont saucissonné leur victime* [fam.] : [cour.] **ligoter** ; → ATTACHER. *Saucissonné dans une veste trop étroite* : **boudiné.**

sauf

I [adj.] *Sain et sauf* : **indemne** ; → ÉCHAPPER. *L'honneur est sauf* : **intact.**

II [prép.] 1. *Tous mes amis sont venus, sauf Paul* : **excepté*, à l'exception de** ◆ [plus sout.] **hormis** ◆ **à part*** ◆ **à l'exclusion* de.** 2. *Sauf avis contraire, votre demande sera satisfaite* : **à moins de, sous réserve de** (*à moins, sous réserve d'un avis contraire...*). 3. *Sauf que* : **si* ce n'est que, excepté que** ; → SINON.

sauf-conduit V. laissez-passer.

saugrenu V. absurde I, ridicule.

saulaie *Une saulaie près de la rivière* : [moins cour.] **saussaie.**

saumâtre 1. *J'en garde un souvenir saumâtre* : **amer, désagréable.** *C'était une plaisanterie, mais il l'a trouvée saumâtre* : **mauvais** ; → FORT. 2. V. SALÉ.

saumon V. rose II.

sauna V. bain de vapeur.

saussaie V. saulaie.

saut V. sauter.

saut-de-lit V. robe.

saute *Saute d'humeur* : V. variation (*in* varier).

sauter 1. [intr., qqn ~] *Il a sauté sur une chaise en jouant à chat* : [moins cour.] **bondir.** *Il est tout le temps à sauter d'une jambe sur l'autre* : **sautiller** (qui implique la répétition de l'acte de sauter) ◆ **gambader** (= sauter pour s'ébattre ou manifester sa joie). *J'ai sauté du train avant son départ* : **descendre***. *Le clown a sauté dans l'eau tout habillé* : [plus partic.] **plonger.** *Sauter sur* : **se jeter* sur.** 2. [qqn ~] *Sauter à la gorge de qqn* : **agresser, attaquer** (*sa femme l'a agressé, attaqué*). *Sauter au cou* : V. EMBRASSER. *Sauter d'un sujet à l'autre* : **passer du coq à l'âne.** 3. [intr., qqch ~] *La grenade va sauter d'un instant à l'autre* : **exploser, voler en éclats** ; → ÉCLATER. *Faites sauter le bouchon de cette bouteille de champagne* : V. PARTIR. *Et que ça saute !* [fam.] : [plus cour.] **dépêchez-vous, vite.** *Sauter aux yeux* : V. CREVER. 4. [intr., qqch ~] *Faites sauter le poulet à la cocotte* : **revenir, rissoler** ; → CUIRE. 5. [trans.] *Le coureur a sauté les premiers obstacles* : [plus génér.] **franchir** ; → PASSER. 6. [trans.] *Il a sauté sa petite collègue* [fam.] : [très fam.] **s'envoyer, se farcir** ◆ [sout.] **séduire.** 7. [trans.] *Le comédien a sauté une réplique* : **oublier** ◆ [moins cour.] **omettre** ◆ [fam.] **avaler** ; → PASSER. 8. *On n'a pas mangé depuis deux jours ; on la saute* [fam.] : **crever** (*la crever, crever la faim*). 9. *Il faudra bien qu'il saute le pas* : [plus cour.] **se décider.**

◇ **saut** 1. *D'un saut prodigieux, il a franchi le fossé* : **bond.** *Dans sa joie, l'enfant fit de petits sauts* : **cabriole** (= saut désordonné) ◆ **sautillement** (= suite de petits sauts). *Saut périlleux* : V. ACROBATIE. *La moto a fait un saut dans le ravin* : **chute.** 2. *L'économie nationale a fait un saut dans les dernières années* : [plus cour.] **bond, boom.** 3. *Le saut du Doubs* : V. CHUTE.

◇ **sauteur** *Un sauteur à la perche* : **perchiste.**

sauterelle 1. *Des sauterelles vertes ont envahi notre jardin* : [moins cour.] **locuste** ◆ [abusif] **criquet** (qui, génér. gris ou brun, n'a jamais de tarière comme la sauterelle). 2. V. FEMME.

sauterie V. bal.

sauteur V. sauter.

sautillement V. saut (*in* sauter).

sautiller V. sauter.

sautoir V. collier.

sauvage

I [adj. et n.] 1. [en parlant des bêtes] *Les animaux sauvages vivent en liberté* : [moins cour., didact.] **inapprivoisé** ; → FAUVE. 2. [en parlant des humains] *Les peuples sauvages, les sauvages* (vieilli) : **primitif** (ce terme, comme le précédent, implique un jugement ethnocentrique : *les sauvages, les primitifs*) ◆ [vx] **barbare.** 3. *Ce personnage est d'un caractère sauvage* : **insociable** ◆ **craintif*, agressif** (qui indiquent des sources opposées à l'insociabilité, respectivement la peur et l'hostilité) ; → FAROUCHE. *Mon mari est un sauvage* : **ours** ◆ [plus sout.] **misanthrope** (= qui déteste toute compagnie) ◆ **brute** (qui se dit d'un homme violent, brutal : ... *une brute*). *Un enfant sauvage* : **sauvageon, sauvageonne** ; → SOLITAIRE. 4. *Il me regarda d'un air sauvage* : ↑ **bestial,** ↑ **féroce** ; → CRUEL. *Ses manières sont restées sauvages* : **barbare, grossier, inculte** ◆ [moins cour.] **fruste** ; → BRUT.

◇ **sauvagement** *Son adversaire le frappa sauvagement* : ↑ **cruellement** ◆ **brutalement***.

◇ **sauvagerie** 1. *La sauvagerie de nos mœurs surprendra peut-être nos descendants* : **barbarie** ◆ ↑ **cruauté,** ↑ **férocité** ; → BRUTA-

LITÉ, CRUAUTÉ. **2.** *C'est par sauvagerie qu'il n'adresse la parole à personne* : **misanthropie, insociabilité** ◆ **timidité** (qui implique en outre le manque d'assurance).

II [adj., en parlant d'un lieu] *Il reste encore des coins sauvages dans l'île* : [moins cour.] **inhabité** ◆ ↑ **désert,** ↑ **abandonné** ◆ ↓ **retiré** ◆ [vieilli] **agreste.**

sauvegarde V. auspice, défense I, salut.

sauvegarder *Il faut sauvegarder les intérêts de la communauté* : **préserver, protéger** ◆ **défendre** (qui implique une intervention plus active) ; → SAUVER. *Sauvegarder l'ordre* : V. CONSERVER et MAINTENIR.

sauve-qui-peut *L'incendie a provoqué un sauve-qui-peut général* : **débandade** ; → PANIQUE, FUITE.

sauver **1.** [~ qqn] V. GUÉRIR. **2.** *Les pompiers ont sauvé plusieurs personnes en danger* : [moins cour.] **préserver** (*préserver qqn d'un danger*). *Ses amis l'ont sauvé de la misère* : **tirer de** ◆ [sout.] **soustraire à** ; **arracher*** (*arracher à la misère*). **3.** [~ qqn] *Les hommes ont été sauvés par le Rédempteur* [dans la religion chrétienne] : **racheter.** **4.** [~ qqch] *Il ne suffisait pas de préserver leur vie, il fallait aussi sauver leurs biens* : [moins cour.] **sauvegarder, mettre en sûreté.** *La forme sauve le fond* : **racheter** ◆ [sout.] **pallier.**

◇ **sauveur** **1.** [dans la religion chrétienne] *Le Sauveur a racheté l'humanité* : **Rédempteur, Messie** ; → ANGE. **2.** *Un peuple qui a besoin de sauveur n'est pas un peuple libre* : ↓ **bienfaiteur** ◆ ↑ **libérateur.**

◇ **se sauver** *L'enfant s'est sauvé de chez lui* : [plus sout.] **s'enfuir** ◆ [fam.] **se tirer** ◆ [plus partic.] **s'évader** (qui ne se dit que de celui qui recouvre sa liberté) ; → FUIR.

sauvetage V. secours.

sauvette (à la) V. discrètement (*in* discret).

sauveur V. sauver.

savant

I [adj. et n., qqn est ~] **1.** *C'est un savant personnage que l'on consulte fréquemment* : [moins cour.] **docte** (qui introduit souvent une nuance péj. de pédantisme) ◆ [postposé] **érudit, lettré** (qui se disent surtout des personnes témoignant de connaissances encyclopédiques) ◆ ↓ **instruit.** *Un congrès de savants s'est réuni pour faire l'état de la question* : [plus partic.] **scientifique** (qui se dit des spécialistes des sciences humaines ou exactes) ◆ **spécialiste** (qui n'a pas la même nuance laudative que savant) ◆ [plus génér.] **chercheur** (qui se dit de ceux qui se consacrent à la recherche scientifique). **2.** *Notre ami est savant en géographie* : **fort** ◆ [fam.] **calé** ◆ ↓ **compétent** ◆ [plus sout.] **éclairé, versé dans, expert** (qui ne peuvent prendre les degrés de comparatif et de superlatif). *Être savant en la matière* : [vieilli] **être grand clerc.**

◇ **savamment** **1.** *Notre confrère a savamment parlé* : **doctement** ◆ [plus fam.] **comme un livre.** **2.** *Je vous en parle savamment, moi qui étais présent* : **en connaissance de cause.** **3.** *L'avocat a savamment utilisé les témoignages* : **habilement.**

II [adj., qqch est ~] **1.** *Cette revue savante est d'une haute tenue* : [plus partic.] **scientifique.** **2.** *Votre discussion est trop savante pour moi* : [plus génér.] **difficile, compliqué** ◆ [plus sout.] **ardu** ◆ [plus partic.] **érudit** (= qui fait appel à de vastes connaissances) ; → ABSTRAIT.

savate **1.** V. CHAUSSON. **2.** *Votre ami danse comme une savate* [fam.] : **pied.** **3.** *Pour me défendre, je pratique la savate* : **boxe française.**

savetier V. cordonnier.

saveur **1.** *Certains apéritifs ont une saveur amère* : **goût** ◆ [plus partic.] **fumet** (qui se dit surtout de l'arôme des viandes et des vins) ◆ **bouquet** (= parfum des vins). **2.** *Notre ami a fait une remarque pleine de saveur* : **piment, piquant, sel** ; → AMUSANT.

◇ **savourer** **1.** *Le vigneron savourait son vin* : [plus partic.] **déguster, goûter*.** **2.** *Il savourait les paroles élogieuses de son chef* : **se délecter de** ◆ [moins cour.] **se gargariser de** ; → BOIRE, JOUIR. *Le connaisseur savoura son foie gras* : [plus cour.] **se régaler de** ◆ **se lécher* les babines, les doigts.**

◇ **savoureux** *Le repas se termina par une savoureuse tarte au citron* : **succulent*, délicieux** ◆ ↓ **agréable*** ◆ [plus sout.] **délec-**

table ◆ ↓ **appétissant** (= qui donne envie de manger).

savoir
I [trans.] **1.** [~ qqch ou que + proposition complétive] *Nous savons vos difficultés à trouver du travail* : **être informé de, être au courant de, ne pas ignorer** ◆ **connaître*** (*nous savons que vous avez du mal à trouver du travail ; nous connaissons vos difficultés...*) ; → VOIR. **2.** [~ qqch ou inf.] *Notre ami sait plusieurs langues* : ↑ **pratiquer** (qui implique un usage et non une simple connaissance) ◆ **connaître** (*notre ami sait parler plusieurs langues ; ... pratique, connaît plusieurs langues*) ; → POSSÉDER. *Ne pas savoir* : V. IGNORER. **3.** [~ + inf.] *Il faut savoir se défendre* : **être capable de, être en mesure de.** **4.** *Faire savoir. La direction fait savoir à son aimable clientèle qu'une nouvelle succursale sera ouverte* : **annoncer, informer** (*... informe sa clientèle que...*) ; → PRÉVENIR, SIGNALER. *On nous a fait savoir la date du concours* : **faire connaître** ◆ **apprendre*, aviser de, communiquer** ; → SIGNIFIER. **5.** *Le directeur m'a refusé un congé, il ne veut rien savoir* : **être intransigeant.** *Il n'aime que deux choses, à savoir sa pipe et ses pantoufles* : **c'est-à-dire.** **6.** *Je ne saurais vous dire quand il viendra* : ↑ **pouvoir** (*je ne peux vous dire...*). *Les contretemps ne sauraient le décourager* : **parvenir à** (*... ne parviendront pas à...*).
◇ **se savoir** *Un tel scandale se saura bien vite* : **être connu, s'ébruiter.**
II [n.] *Notre savoir a des limites* : **connaissance*** ◆ **science** (= domaines du savoir, limités et constitués) ◆ **érudition** (= accumulation de connaissances acquises) ◆ **culture, culture générale** (= information intellectuelle, artistique ou scientifique, à l'exclusion des connaissances pratiques) ◆ **instruction** (= savoir acquis dans le cadre de l'enseignement) ; → LUMIÈRE.

savoir-faire V. adresse I, tour* de main III.

savoir-vivre *Ce garçon n'a pas de savoir-vivre* : **éducation** ◆ [plus partic.] **correction** (= respect des convenances) ◆ **tact, délicatesse** (= sentiment des convenances dans les rapports avec autrui) ◆ **doigté** (= habileté, savoir-faire) ; → POLITESSE, CONVENANCE.

savon **1.** *Se laver les mains avec du savon* : **savonnette** (= petit savon de toilette). **2.** *Il s'est fait passer un bon savon par son père* [fam.] : **engueulade** ◆ [plus sout.] **réprimande** (*recevoir une réprimande*) ; → ENGUEULER, REMONTRANCE.
◇ **savonner** **1.** V. LAVER. **2.** *Savonner la tête à qqn* [fam.] : [plus vulg.] **engueuler** (*engueuler qqn*) ; → DISPUTER. *Savonner la planche à quelqu'un* : V. NUIRE.

savourer, savoureux V. saveur.

saynète V. sketch.

sbire V. policier.

scabreux **1.** *Vous vous engagez dans une entreprise scabreuse* : **dangereuse*** ; → RISQUÉ, DÉLICAT. **2.** *Des histoires scabreuses* : **licencieux** ◆ ↓ **corsé** ; → SALE.

scalpel *Une incision au scalpel* : **bistouri** ◆ [vx] **lancette** (qui servait autrefois aux saignées).

scandale **1.** *Son discours provoqua un scandale sans précédent* : **esclandre** ◆ [fam.] **tapage, barouf, foin** (*... fit du tapage, du barouf, du foin*) ; → ÉCLAT, PÉTARD. *Un tel luxe est un scandale* : **être indécent.** **2.** *Il a été poursuivi pour scandale sur la voie publique* : [formule administrative] **tapage** ◆ ↑ **querelle** ◆ ↑ **rixe** (qui implique un affrontement entre individus). **3.** *Cette nomination est un scandale* : **honte*** ◆ [sout.] **infamie.** *Le scandale des fausses factures* : **affaire*.**
◇ **scandaleux** **1.** *Ce garçon a des mœurs scandaleuses* : ↓ **choquant,** ↓ **déplorable** ◆ ↑ **révoltant** ◆ ↑ **épouvantable.** **2.** *Une scandaleuse décision* : **honteux*, inacceptable*** ; → CRIANT.
◇ **scandaliser** *Il eut un geste qui scandalisa tout le monde* : ↓ **choquer,** ↓ **gêner** ◆ [moins cour.] **outrer.** *La condamnation trop sévère de l'inculpé n'a scandalisé personne* : **indigner** ; → RÉVOLTER.
◇ **se scandaliser** : ↓ **s'offenser.**

scander 1. *Le marcheur scandait son pas d'un air entraînant* : **rythmer.** 2. *L'orateur scandait ses mots d'une voix forte* : **ponctuer, souligner.**

scaphandrier V. plongeur.

scarification V. entaille.

sceau 1. *La secrétaire apposa le sceau de l'administration sur le certificat* : [plus génér.] **cachet** (qui ne comporte pas forcément les armes, la devise ou l'effigie qui caractérisent le sceau) ◆ [pl.] **scellés** (= ensemble formé par une bande de papier ou d'étoffe et le sceau qu'elle porte) ◆ **plomb** (= sceau fait de ce métal). 2. *Son œuvre porte le sceau du génie* : [plus cour.] **marque, empreinte.**

scélérat V. coquin.

scélératesse V. déloyauté (*in* déloyal).

scellement V. fixation.

sceller 1. *Cette lettre a été scellée pour être expédiée* : [plus partic.] **cacheter** ; → FERMER. 2. *La douane a scellé un wagon en provenance de l'étranger* : **plomber.** 3. *Sceller un barreau* : V. CIMENTER et FIXER. 4. *Sceller un accord* : [moins express.] **confirmer, marquer.**

scellés V. sceau.

scénario 1. *Le scénario d'une comédie lyrique* : **canevas** ◆ **intrigue** (= enchaînement des situations dramatiques). 2. *Le scénario d'un film* : [didact.] **script** ◆ **synopsis** (= ébauche du scénario) ◆ **découpage** (= présentation des séquences à filmer avec les indications techniques) ◆ [anglic.] **story-board,** [recomm. off.] **scénarimage** (= suite des dessins représentant les plans du film).

scène 1. *L'actrice traversa la scène* : **plateau*.** *C'est la première fois qu'elle montait sur la scène* : [fam.] **planches** ◆ [vieilli] **tréteaux.** *La scène représente une forêt* : **décor.** *Quitter la scène* : **abandonner le théâtre.** *Mettre en scène* : V. MONTER. 2. *L'assassin n'est pas revenu sur la scène du crime* : **lieu.** 3. *La télévision nous a montré une scène émouvante* : **spectacle** ; → TABLEAU. 4. *Il ne supporte plus ces scènes épouvantables* : [plus sout.] **querelle, algarade** ◆ **esclandre** (= scène faite en public) ; → COMÉDIE, DISPUTE, SÉANCE. 5. *L'acte II comportait six scènes* (= subdivision de la pièce de théâtre correspondant aux entrées et sorties des personnages) : **tableau** (= subdivision d'un acte marqué par un changement de décor).
◇ **scénique** *L'auteur avait un sens assuré des effets scéniques* : **de théâtre** ◆ [plus partic.] **comique, dramatique, tragique.**

scepticisme V. athéisme.

sceptique V. athée, doute (*in* douter), incrédule.

schéma V. abrégé, diagramme, plan V.

schématique V. simplifié, simpliste, sommaire I, succinct.

schématiser V. simplifier (*in* simple).

schismatique V. apostat, dissident (*in* dissidence).

schisme V. déviation (*in* dévier), dissidence.

schlass V. ivre.

schnaps V. alcool.

schnouf V. drogue.

scie 1. *Il me faut une scie pour découper cette planche* : [plus partic.] **égoïne, tronçonneuse.** 2. *Cette chanson est la scie à la mode* : **rengaine, tube.**
◇ **scier** 1. *Cette machine sert à scier les troncs en planches* : [plus précis.] **tronçonner** (= scier à la tronçonneuse) ◆ **refendre** (= scier en long). *Scier un arbre sur pied* : V. ABATTRE. 2. *Votre histoire m'a scié* : **suffoquer** ◆ ↓ **surprendre.**

sciemment V. consciemment (*in* conscience I).

science V. connaissance, savoir II.

scientifique 1. V. didactique, savant II. 2. V. savant I.

scier V. scie.

scinder (se) *Ce mouvement politique s'est scindé en petits groupuscules* : **diviser ◆ faire scission** (... *a fait scission*) ; → DÉCOMPOSER.

scintiller V. étinceler, pétiller.

scission V. dissidence. *Faire scission* : V. scinder.

sciure V. débris.

sclérose **1.** *Le médecin a diagnostiqué une grave sclérose* [didact.] : **artériosclérose.** **2.** *La sclérose de ce parti limite ses initiatives* : [plus partic.] **immobilisme** (= résultat de la sclérose d'un mouvement politique) ◆ **vieillissement** (qui passe pour l'une de ses causes).

◇ **se scléroser** *Ce vieux garçon s'est sclérosé dans ses habitudes* : **se figer** ◆ [fam.] **s'encroûter.**

sclérosé V. figé (*in* figer).

scolaire V. simpliste (*in* simple).

scolie V. note.

scoop V. nouvelle.

scooter V. cyclomoteur.

score V. marque.

scorie *Le paysage était défiguré par les amas de scories* : **mâchefer** ; → DÉCHET.

scotch V. whisky.

scout *Une troupe de scouts* : [vieilli et souvent péj.] **boy-scout** ◆ [plus partic.] **louveteau, routier, guide** ◆ **éclaireur** (= membre d'associations scoutes d'obédiences diverses : laïque, israélite, protestante).

scriban V. secrétaire.

scribouillard V. bureaucrate.

script V. scénario.

scrotum V. testicule.

scrupule V. hésitation (*in* hésiter), ponctualité (*in* ponctuel), pudeur.

scrupuleux **1.** [qqn est ~] *Cet employé est trop scrupuleux pour distraire le moindre objet* : ↓ **honnête** ; → CONSCIENCIEUX. **2.** *Un soin scrupuleux* : **méticuleux** ◆ [sout.] **religieux*** ; → ÉTROIT et FORMALISTE.

◇ **scrupuleusement** **1.** *Agir scrupuleusement* : **honnêtement, avec rigueur.** **2.** *Le directeur applique scrupuleusement le règlement* : **strictement** ◆ **à la lettre*** ; → DOCILEMENT, RIGOUREUSEMENT. *Il suivait scrupuleusement le mode d'emploi* : **fidèlement** ; → EXACTEMENT.

scruter **1.** [~ qqch de concret] *Le chasseur scruta le sous-bois du regard* : [plus génér.] **inspecter** ◆ ↓ **observer** ; → REGARDER. **2.** [~ qqch d'abstrait] *Scruter les intentions de vote* : **sonder** ; → INTERROGER.

◇ **scrutateur** [adj.] *Un air scrutateur* : ↑ **inquisiteur.**

scrutin V. suffrage, vote.

sculpter **1.** *L'artiste sculptait un buste* : [plus partic.] **tailler** (qui se dit du travail direct de la pierre, souvent effectué non par le sculpteur mais par un praticien reproduisant la figure modelée) ◆ **fondre, mouler** (qui renvoient à la réalisation de l'œuvre, et non à sa conception) ◆ **modeler** (qui se dit du travail sur une substance molle). **2.** *La mer a sculpté la falaise* : **façonner.**

◇ **sculpteur** *Le sculpteur travaillait une structure métallique* : [plus partic.] **statuaire** (qui ne fait que des statues).

◇ **sculpture** *Avez-vous vu la sculpture qui orne la façade de l'hôtel de ville ?* : [plus partic.] **bas-relief** (qui est fixé à un fond sur lequel il ne fait qu'une faible saillie) ◆ **statue*** (= ouvrage en ronde bosse figurant un être vivant) ◆ **statuette, figurine** (= représentations de petite dimension).

S.D.F. Sigle de *sans domicile fixe* : **sans-abri*** ; v. aussi PAUVRE.

séance **1.** *La dernière séance du Sénat a été houleuse* : **débats** ◆ **session** (= ensemble des séances pour une durée déterminée). *Le tribunal a suspendu sa séance* : [plus pr.] **audience.** *Tenir séance* : V. SIÉGER. **2.** *Une séance récréative* : **spectacle** ◆ [plus partic.] **matinée, soirée.** **3.** *Il nous a fait une belle colère : quelle séance !* : **scène.** **4.** *Séance tenante* : **sur-le-champ** ◆ **immédiatement*.**

seaux *Il pleut à seaux* : V. battant III.

sec

I [adj., qqch est ~] **1.** [en parlant du sol] *Ce sont des terrains secs et pauvres* : ↑ **aride** ; → STÉRILE. **2.** [en parlant d'un organe] *Quand il voulut parler, il avait la gorge sèche* : **desséché. 3.** [en parlant des aliments] *Les légumes et les fruits secs* : **séché** ◆ [moins cour.] **déshydraté.** *Je n'aime pas le pain sec* : **rassis** (qui ne se dit que du pain qui n'est plus frais). *On avait mis cet enfant au pain sec* : **sans accompagnement.** *Un vin blanc sec* : **demi-sec, brut**, [anglic.] **dry, extra-dry** (qui se disent des champagnes et de certains alcools, selon qu'ils sont plus ou moins secs). **4.** *Une panne sèche* : [plus cour.] **d'essence. 5.** *Ce boxeur donnait de petits coups secs* : ↓ **rapide,** ↓ **vif** (qui n'impliquent pas, comme *sec*, la force du coup). **6.** *Le puits est à sec à la fin de l'été* : **sans eau** ◆ [plus sout.] **tari.** *Mettre à sec* : **assécher, vider** ; → ÉPUISER, VIDE. *Répondre aussi sec* [fam.] : [plus cour.] **immédiatement.** *Démarrer sec* [fam.] : [plus cour.] **brutalement*** ◆ ↓ **rapidement.** *En cinq sec* : V. VITE.

II [adj. ou n., qqn, son comportement est ~] **1.** *C'est un grand sec qui flotte dans sa veste* : **maigre*. 2.** *Le chef de service était un homme sec dans ses rapports avec ses subordonnés* : **froid** ◆ ↓ **indifférent** ◆ [fam.] ↑ **pète-sec** ◆ ↑ **dur** (qui implique non seulement une attitude, mais aussi une action) ; → ENDURCIR. *Le policier s'adressa à lui d'une voix sèche* : **cassant, autoritaire. 3.** *En fin de mois, il est toujours à sec* [fam.] : **fauché, sans un (sou, rond)** ◆ [plus cour.] **sans argent.** *Rester sec* : **silencieux, muet. 4.** [adv.] *Je bois mon whisky sec* : **sans eau.** *Il boit sec* : **beaucoup.** *L'avoir sec* [fam.] : [plus cour.] ↓ **être déçu.**

sécession V. dissidence.

sécessionniste V. dissident (*in* dissidence), séparatiste.

sèche V. cigarette.

séché V. sec I.

sèche-cheveux, sèche-linge V. séchoir (*in* sécher I).

sèchement V. rudement (*in* rude).

sécher

I **1.** [trans.] *Le vent m'a séché la gorge* : **assécher, dessécher.** *L'été a séché l'herbe de la pelouse* : **flétrir, faner.** *La chaleur a séché les puits du désert* : **assécher, tarir. 2.** [trans.] *Le gamin était triste ; son père a séché ses larmes* : [très sout.] **étancher. 3.** [intr.] *Les fleurs ont séché sur pied* : **se flétrir, se faner.** *La viande a séché* : **se racornir.**

◇ **séchoir** *Le séchoir de la salle de bains n'est pas très commode* : **sèche-linge.** *Un séchoir électrique* : **sèche-cheveux.**

II **1.** [trans.] *Ce cancre a séché le lycée depuis un mois* [fam.] : [plus cour.] **manquer*. 2.** [intr.] *En mathématiques, le candidat a séché* : **rester sec*. 3.** [intr.] *Abandonnée par son fiancé, cette jeune fille sèche sur pied* [fam.] : **languir, dépérir.**

sécheresse

I *La sécheresse du sol interdit toute culture* : ↑ **aridité.**

II *Il a répondu avec sécheresse* : **froideur, dureté** ; → SÉVÉRITÉ, BRUTALITÉ.

second

I [adj., génér. antéposé] **1.** *C'est la seconde fois* : **deuxième** (qui s'inscrit dans une série plus longue : *le premier, le second Empire ; prenez la deuxième rue à droite*). *Le bibliophile recherche le second tome, le tome second de cet ouvrage* : [toujours postposé] **deux. 2.** *Le coureur a trouvé un second souffle* : **nouveau.** *Il rêve de vivre une seconde vie* : **autre. 3.** *De second ordre* : **mineur.** *Voyager en seconde classe* : **seconde.** *De seconde main* : **d'occasion.** *En second lieu* : **deuxièmement** ◆ [plus génér.] **ensuite, après.** *Être dans un état second* : **pathologique** ◆ [plus génér.] **anormal** ◆ [fam.] **flipper.**

◇ **secondaire 1.** [n.] *Le professeur enseigne dans le secondaire* : **second degré. 2.** [adj.] V. ACCESSOIRE, MARGINAL.

II [n.] *C'est un excellent second pour le patron* : **adjoint, assistant, bras droit, lieutenant** ◆ [plus génér.] ↓ **collaborateur,** ↓ **auxiliaire.**

◇ **seconder 1.** *Le chirurgien est secondé par son équipe* : **aider, assister** (qui s'emploient avec des compl. désignant des personnes) ◆ **collaborer** (*le chirurgien et son équipe collaborent ; collaborer avec qqn, à qqch*). **2.** *La chance a secondé ses désirs* : **favoriser.**

seconde V. moment.

secondement V. deuxièmement.

seconder V. second II.

secouer **1.** [~ qqn, qqch] *Le vent secoue les feuilles des arbres* : **agiter*.** *La détonation secoua la maison* : **ébranler.** *Les voyageurs sont secoués* : **ballotter, cahoter.** *Il secoua la tête vivement* : [moins cour.] **hocher** (qui se dit plutôt d'un mouvement vertical de la tête). **2.** [~ qqch] *Il nous faut secouer cette autorité trop pesante* : **se libérer de, s'affranchir de.** **3.** [~ qqn] *La nouvelle de l'accident l'a secoué* : ↑ **traumatiser** ; → COMMOTIONNER. **4.** [~ qqn] *Son père l'a un peu secoué pour sa dernière incartade* : ↓ **gronder** ◆ ↑ **bousculer.**

◇ **se secouer** [qqn ~] **1.** *Le cheval se secoue pour se débarrasser des mouches* : **s'ébrouer** (qui implique en outre que la bête souffle bruyamment). **2.** V. RÉAGIR et SE RÉVEILLER.

◇ **secousse** **1.** *Une violente secousse ébranla les passagers du train* : **choc** ◆ **ébranlement** (= vibration produite par un choc) ◆ ↓ **cahot, saccade*** (= secousse répétée et de faible amplitude). *La voiture est partie sans secousse* : **à-coup*.** *Une secousse sismique ou tellurique* : **séisme*.** **2.** *Il a eu une grande secousse en apprenant le départ de sa femme* : **choc** ◆ ↑ **commotion** ; → CONVULSION. **3.** *Tu n'en fiches pas une secousse* [fam.] : [plus cour.] **ne rien faire.**

secours **1.** [sing.] *Il a fallu apporter un secours aux sinistrés* : **aide, assistance, soutien*** ; → RÉCONFORT, SOINS. *Au secours !* : **à l'aide*.** *Porter secours* : V. DÉFENDRE et SECOURIR. **2.** [pl.] *Des secours ont été distribués aux sans-abri* : **dons** ◆ **subvention, subside*, allocation** (= secours d'origine publique) ; → AUMÔNE. **3.** *Les dames de la paroisse avaient fondé une organisation de secours* : **bienfaisance.** *Au siècle dernier, les ouvriers ont fondé des caisses de secours mutuel* : **entraide.** **4.** *La troupe en ligne attendait des secours* : **renforts.** **5.** *Le secours en mer* : **sauvetage.** *D'un grand secours* : **précieux** ◆ ↓ **utile, d'une grande utilité.** *Une roue de secours* : **de rechange.**

◇ **secourable** *Un homme secourable* : **charitable** ◆ ↓ **obligeant** ◆ **un bon samaritain** ; → BON.

◇ **secourir** *Les premiers venus ont secouru les blessés* : **porter secours à, assister.** *Comment secourir les déshérités* : **aider*** ; → DÉFENDRE, SERVIR, SOULAGER.

secousse V. secouer.

secret

I [adj., qqch est ~] **1.** *Des menées secrètes menacent, paraît-il, l'ordre de la société* : **clandestin** ; → SOURD. *Des mémoires secrets* : **intime.** *Le cabinet du ministre a reçu des renseignements secrets* : **confidentiel.** **2.** *Certaines sectes procèdent à des rites secrets* : **ésotérique.** *C'est un langage secret* : **hermétique** ◆ **chiffré** (qui suppose qu'il s'agit d'un code). *Il prend des airs secrets* : **mystérieux*.** *J'ignore le motif secret de sa démarche* : **caché*.** *Les causes secrètes d'une affaire* : **dessous.** **3.** *Un passage secret* : **dérobé.**

◇ **secrètement** *Certains organismes financent secrètement le candidat aux élections* : **en sous-main, clandestinement** ; → DANS L'OMBRE*. *Il m'a prévenu secrètement de l'imminence de sa nomination* : **confidentiellement.** *Il s'est introduit secrètement dans la maison* : **en cachette, furtivement, en catimini, à la dérobée** ◆ [sout.] **à mon, ton insu** ◆ [fam.] **en douce** ; → INCOGNITO, DISCRÈTEMENT.

II [adj., qqn est ~] *Mon mari est trop secret : il ne se confie jamais* : **renfermé** ◆ ↓ **cachottier** (qui cache les choses par jeu) ◆ ↓ **réservé** ◆ [péj.] ↓ **dissimulé** (qui se dit d'une personne ou d'un comportement sournois) ; → DISCRET.

◇ **secrètement** *Il ruminait secrètement sa rancune* : **intérieurement, en lui-même.**

III [n.] **1.** *Il fait de petits secrets de tout* : **cachotterie** ; → MYSTÈRE. *L'agent immobilier trompait ses clients : ils ont découvert le secret* : **pot aux roses.** *A-t-il découvert le secret de fabrication de ce produit ?* : **procédé** ◆ [fam.] **truc** ◆ [vieilli, surtout pl.] **arcane.** **2.** *Quel est le secret de sa réussite ?* : **clé** ; → CONDITION. **3.** *Je n'ai pas su lire dans le secret de sa conscience* : [sout.] **replis, tréfonds.** *Le* *secret est de règle* : V. SILENCE. **4.** *En secret* : V. CONFIDENCE et COULISSE. *Tout le monde était dans le secret* : **au courant** ◆ [fam.] **au parfum.**

secrétaire

I *Elle s'assit à son secrétaire pour ranger ses papiers et répondre au courrier* : **bureau** (= table pour écrire, munie ou non de tiroirs) ◆ **bonheur-du-jour** (= petit bureau de dame, à tiroirs) ◆ **scriban, scribanne** (= secrétaire surmonté d'un corps d'armoire) ◆ **écritoire** (= nécessaire contenant ce qu'il faut pour écrire).

◇ **secrétariat** *Prière de s'adresser au secrétariat pour les inscriptions* : **bureau.**

II V. SERPENTAIRE.

secrètement V. secret.

sécréter *Ce personnage sécrète l'ennui* : **distiller.**

sécrétion V. écoulement (*in* écouler).

sectaire V. doctrinaire (*in* doctrine), fanatique.

sectarisme V. fanatisme.

secte V. coterie.

secteur V. branche, électricité, domaine, zone.

section

I *Cette ferrure présente une section en T* : **coupe, profil.**

II **1.** *La section d'un syndicat, d'un parti, d'un mouvement politique* : **cellule, groupe** (suivant les conventions en usage dans chaque organisation). **2.** *Les sections d'un chapitre* : **paragraphe.** *Les sections d'un livre* : **partie.** **3.** [en termes militaires] *Une section du bataillon* : V. UNITÉ et TROUPE.

sectionner **1.** *L'Administration a sectionné le département en circonscriptions* : **diviser, fractionner** ; → SEGMENTER. **2.** V. COUPER et TRANCHER.

séculaire *Le chemin passe près d'un chêne séculaire* : [plus cour.] **centenaire** ; → ANCIEN.

séculier *L'Église a longtemps gardé une certaine autorité face au pouvoir séculier* : **laïque, temporel.**

secundo V. deuxièmement.

sécurité **1.** *J'éprouve un sentiment de grande sécurité dans mon refuge* : **confiance, tranquillité, sérénité, sûreté** ; → CALME. *En voiture, je ne me sens jamais en sécurité* : **en sûreté, à l'abri, en confiance** ; → SÛR. **2.** *La police a pour tâche d'assurer la sécurité intérieure de l'État* : V. ORDRE. **3.** *La Sécurité sociale a été instituée en France après la Seconde Guerre mondiale* : [anc.] **assurances sociales.** **4.** *Le cran de sécurité d'une arme* : **sûreté.**

◇ **sécuriser** *Notre voisinage le sécurise* : **rassurer** ; → APAISER.

◇ **sécurisant** *La confiance de ses proches est sécurisante* : **apaisant, rassurant.**

sédatif V. calmant.

sédentaire *Depuis qu'il est marié, il est devenu bien sédentaire* [péj.] : **casanier*** ◆ [fam.] **pantouflard, pot-au-feu, popote.**

◇ **sédentariser** *Le gouvernement voulait sédentariser les nomades* : **fixer.**

sédiment *Le sol de cette vallée est constitué de sédiments fluviaux* : **alluvion** ◆ [plus génér.] **dépôt.**

séditieux **1.** [adj. et n.] *Le gouvernement pourchassera les séditieux* : **factieux, agitateur** ◆ ↑ **émeutier** ; → RÉVOLUTIONNAIRE. **2.** [adj.] *Le jeune homme tenait des propos séditieux au milieu de l'attroupement* : **incendiaire** ◆ ↓ **contestataire.**

sédition V. émeute, rébellion.

séduire **1.** [qqn ~ qqn] *Son passe-temps, c'est de séduire les filles* : [fam.] **emballer, lever*, tomber** ◆ [sout.] ↑ **abuser de,** ↑ **débaucher,** ↑ **déshonorer,** ↑ **suborner** (qui impliquent une condamnation morale des relations sexuelles hors du mariage) ; → SAUTER, VIOLER. **2.** [qqn, qqch ~ qqn] *Le sourire de cette jeune femme l'avait séduit* : [rare] **enjôler** ; → AFFRIOLER, CHARMER, CONQUÉRIR, CONQUÊTE, PLAIRE. *Il s'est laissé séduire par la promesse d'un gain important* : [moins cour.] **circonvenir** ◆ ↓ **tenter** ◆ [fam.] **entortiller** ; → APPÂTER, CORROMPRE.

◇ **séducteur** **1.** [adj. et n.] *Méfiez-vous de notre ami ; c'est un séducteur* : **don Juan, enjôleur, homme à femmes** ◆ [fam.] **baratineur, tombeur** ◆ [par plais.] **bourreau des cœurs** ◆ [sout.] **suborneur** (qui induit l'idée de corruption). *Une séductrice* : **vamp** ◆ ↓ **aguicheuse, allumeuse** (= femme qui excite le désir sans vouloir le satisfaire). **2.** [adj.] *Elle avait un sourire séducteur* : **cajoleur, tentateur** ; → SÉDUISANT.

◇ **séduction** *Je suis sensible à sa séduction* : **charme*** ◆ ↓ **agrément** ; → GALANTERIE. *Il ne s'est pas laissé corrompre par la séduction du pouvoir* : **fascination, tentation** ; → MAGIE.

◇ **séduisant** **1.** *Je n'ai jamais connu d'être aussi séduisant* : **charmant** ◆ ↑ **séducteur,** ↑ **désirable, charmeur** ◆ **beau** (qui ne se dit que des qualités physiques) ; → IRRÉSISTIBLE. **2.** *Voilà une proposition séduisante* : **alléchant** ◆ ↓ **tentant** ; → ATTRAYANT, AFFRIOLANT. *Un raisonnement séduisant* : **captieux, spécieux, trompeur***.

segment V. portion.

segmenter *La machine segmentait la tige de métal en portions égales* : **fractionner, diviser, sectionner** ; → COUPER.

◇ **segmentation** *On a obtenu ces échantillons par segmentation* : **division, fractionnement, fragmentation.**

ségrégation *Certains États pratiquent une politique de ségrégation raciale* : **discrimination** ◆ **apartheid** (qui est un mot afrikaans).

seiche : **calmar, encornet** (qui sont des mollusques voisins).

séide V. serviteur.

seigneur **1.** *Au Moyen Âge, le seigneur et son vassal étaient liés par des relations personnelles* : [moins cour.] **suzerain** ◆ **châtelain** (= seigneur d'un château) ◆ [péj.] **hobereau** (= petit noble campagnard). *Le Seigneur* : V. DIEU. **2.** *Un grand seigneur* : **prince** ; → GENTILHOMME. *Jouer au grand seigneur* : V. DÉPENSER et IMPORTANT.

◇ **seigneurial** *Le repas fut un festin seigneurial* : **princier, magnifique.** *Une terre seigneuriale* : **fief, seigneurie.**

sein **1.** *Elle montre ses très jolis seins quand elle se penche* : [sing.] **gorge** ◆ [fam.] **téton, nichon, néné, robert** ◆ **mamelle** (qui ne s'emploie que pour les femelles animales) ; → BUSTE. *Donner le sein* : **allaiter, nourrir.** **2.** *Elle serra son enfant contre son sein* [vieilli] : [plus cour.] **poitrine** ◆ [vieilli] **giron.** **3.** *Au sein de* : **dans***.

séisme *Le séisme a atteint sa pleine amplitude dans cette région montagneuse* : [plus cour.] **tremblement de terre** ◆ [didact.] **secousse tellurique** ◆ [plus génér.] **cataclysme** (= tout bouleversement de la surface terrestre, inondation, cyclone).

séjour **1.** *Notre séjour dans cet hôtel a été bien agréable* : [moins cour.] **villégiature** (= séjour de repos). **2.** *Salle de séjour* : V. PIÈCE. **3.** *Interdit de séjour* : **interdit de résidence.**

◇ **séjourner** **1.** [qqn ~] *Nous comptons séjourner quelque temps dans cette ville* : [plus cour.] **rester** ◆ **habiter, demeurer*** (qui impliquent qu'on s'installe durablement dans un lieu) ◆ **camper*** (qui implique qu'il s'agit d'une installation provisoire de camping) ; → S'ARRÊTER. **2.** [qqch ~] *N'utilisez pas cette eau qui a séjourné dans la mare* : **stagner** ◆ ↑ **croupir** (qui impliquent de plus la décomposition de la matière immobilisée).

sel **1.** *Bœuf gros-sel* : **bouilli, pot-au-feu.** *Mettre du sel* : **saler.** **2.** *Voici une plaisanterie qui ne manque pas de sel* : **piment** ◆ **finesse, esprit** (qui insistent moins sur l'effet produit que sur la qualité intrinsèque du propos) ; → PIQUANT, SAVEUR.

◇ **salé** **1.** *Cette eau a un goût légèrement salé* : [moins cour.] **salin, saumâtre.** *Viandes, conserves salées* : **salaisons.** **2.** *Les plaisanteries salées ne nous choquent pas* : **corsé, grivois** ◆ [plus sout.] **licencieux** ◆ ↑ **grossier*** ; → POIVRÉ. **3.** *L'inculpé a écopé d'une condamnation particulièrement salée* [fam.] : [plus cour.] **sévère*** ◆ ↑ **excessif** (= qui passe la mesure) ; → SOIGNÉ.

sélect V. chic, fermé (*in* fermer).

sélecteur V. commutateur.

sélectif *Un recrutement sélectif* : ↑ **élitiste.**

sélection V. choix.

sélectionner V. choisir, trier.

sélénite V. lune.

self-control V. maîtrise.

self-service V. restaurant.

selle 1. *Sans selle* : V. CRU (à cru). 2. *Aller à la selle* : V. CHIER.
◇ **selles** V. excrément.

sellerie V. sellier.

sellette *Mettre sur la sellette* : V. INTERROGER.

sellier *Le sellier fabrique les selles et les harnais* : [plus génér.] **bourrelier** (= artisan qui travaille le cuir).
◇ **sellerie** *Des articles de sellerie* : [plus génér.] **bourrellerie.**

selon 1. *Le carreleur a fait son travail selon nos désirs* : **suivant** ◆ [moins cour.] **conformément à.** 2. *Selon moi, vous auriez dû accepter ce poste* : **d'après***. *C'est selon* : V. DÉPENDRE.

semailles V. semer I.

semaine V. au jour* le jour, salaire.

semblable 1. [adj., postposé] *J'ai eu une veste tout à fait semblable à la vôtre* : **identique à** ◆ ↓ **ressemblant à** ◆ **même*** (*j'ai eu la même veste que vous*) ; → PAREIL, COMME. *Les laitages et produits semblables* : **assimilé.** *Dans des circonstances semblables, j'aurais eu très peur* : [moins cour.] **similaire** ◆ ↓ **analogue** (qui n'implique qu'une similitude de détail) ; → MÊME, VOISIN. *Ils ont des goûts semblables* : **commun** ; → MÊME. *Il ne retrouvera jamais une situation semblable* : ↓ **comparable,** ↓ **approchant** ; → ÉQUIVALENT. *Votre signature n'est pas semblable au modèle déposé* : **conforme***. 2. [adj., antéposé] *On n'a pas idée de tenir de semblables propos* : **tel.** 3. [n.] *La religion et la morale nous disent l'une et l'autre d'aimer nos semblables* : **prochain, autrui** (... *aimer autrui, aimer son prochain*) ◆ ↑ **frère** (... *aimer ses frères*) ; → CONGÉNÈRE.

semblablement V. pareillement (*in* pareil).

sembler [intr.] 1. [qqn, qqch ~ + attribut] *Vous semblez en pleine forme* : **avoir l'air, paraître, donner l'impression*** **d'être.** *Arrivé au sommet, l'air lui sembla plus léger* : **paraître***. 2. [impers.] *Il me semble inutile de vous dire mon avis* : **paraître***. *Vous vous êtes trompé, me semble-t-il, il me semble* : **à mon avis.** *Comme bon vous semblera* : **comme il vous plaira.** *Il m'a semblé que nous étions dans la bonne voie* : **croire, avoir l'impression** (*j'ai cru, j'ai eu l'impression...*).
◇ **semblant** 1. *Faire semblant. Il a fait semblant de ne pas nous connaître* : [moins cour.] **feindre, faire mine*** **de** ; → AFFECTER. 2. *Il n'y a pas un semblant de vrai là-dedans* : **ombre, soupçon.** *Un faux-semblant* : **apparence, simulacre*, trompe-l'œil.**

semelle V. bifteck, dur.

semer
I *Le jardinier avait semé son persil trop tôt* : **planter*** (qui se dit non des graines, mais des plants que l'on repique) ◆ **ensemencer** (*ensemencer la terre, le champ*).
◇ **semailles** [pl.] *C'est la saison des semailles* : **semis** ◆ [plus didact., sing.] **ensemencement.**
◇ **semence** 1. *J'ai acheté de la semence de laitue* : **graine** (*de la graine, des graines*). 2. *Le laboratoire recueille la semence des espèces animales rares* : [plus partic.] **sperme.** 3. *De la semence de tapissier* : V. POINTE II.
II 1. *Le garçon de café avait semé de la sciure sur le carrelage* : **répandre***. *Le sol était semé de débris de verre* : **couvrir, joncher** ; → DISPERSER. 2. *Il sème son argent* : **jeter par les fenêtres, dilapider**. 3. *Son intervention sema le trouble dans l'assemblée* : **jeter.** *Les mauvaises langues avaient semé de fausses nouvelles* : **répandre, propager***.
III [fam.] *C'est un casse-pied, il faut que je le sème* : [cour.] **se débarrasser de.** *Le maillot jaune avait semé ses principaux adversaires* : **lâcher** ◆ [cour.] **distancer.**

semi 1. *Ce n'est pas une réussite, c'est un semi-échec* : **quasi** ◆ **demi** (qui signifie plus précisément la moitié de). 2. *Semi* et **demi** forment des composés qui se répartissent dans différents domaines spécialisés (*un camion semi-remorque, un demi-cercle*).

sémillant V. agile, vif.

séminaire V. cours.

semi-remorque V. camion.

semis V. semailles (*in* semer I).

semonce V. remontrance.

sempiternel *Ses sempiternelles jérémiades me fatiguent* [péj.] : **continuel, perpétuel** ; → ÉTERNEL.

sénateur V. parlementaire, représentant.

sénescence V. vieillissement (*in* vieux).

sénile V. âgé.

sénilité V. vieillesse (*in* vieux).

sens I
1. *Il a perdu l'usage de ses sens* : [plus partic.] **goût, odorat, ouïe, toucher, vue** (considérés comme les cinq sens de l'homme). **2.** *Il n'a pas le sens du rythme* : V. INSTINCT. *Avoir le sens des réalités* : **être réaliste. 3.** [toujours pl.] *Il n'apprécie que les plaisirs des sens* : **chair** (*les plaisirs de la chair*) ; v. aussi ÉROTIQUE, SENSUEL, SENSUALITÉ. *Reprendre ses sens* : **reprendre connaissance***.
◇ **sensualité** *Sa sensualité n'est jamais satisfaite* : [plus partic., péj.] **concupiscence, lascivité, lubricité** (qui appartiennent uniquement au domaine sexuel) ; → ÉROTISME, TEMPÉRAMENT, DÉSIR.
◇ **sensuel** **1.** [adj.] *Elle avait une voix sensuelle qui me troubla* : [péj.] **lascif** ◆ [péj.] ↑ **lubrique** (*un regard lubrique*) ; → ÉROTIQUE. **2.** [adj. et n.] *Mon beau-frère est un sensuel* : **voluptueux** ◆ **épicurien** (qui se dit improprement de ceux qui pratiquent une morale du plaisir).

sens II
1. *Il n'avait pas le sens de ce qu'il fallait faire* : **intuition** ; → ESPRIT. *Avoir du bon sens* : [moins cour.] **discernement, jugement** ; → RAISON, SAGESSE. **2.** *À mon sens, il a eu tort de rester* : **d'après* moi, avis, sentiment, point de vue. 3.** *Vos paroles n'ont aucun sens pour moi* : **signification, ne rimer à rien** ◆ **valeur** (qui renvoie davantage à un contenu moral qu'intellectuel). *Le sens du texte* : V. COMPRÉHENSION. *Ce mot a plusieurs sens* : [plus didact.] **acception** ◆ **signifié** (qui ne s'utilise que dans le cadre de certaines théories du signe).

sens III
Dans quel sens est-il parti ? : **direction, côté** (*de quel côté ?*) ; → BUT. *Sens dessus dessous, sens devant derrière* : **à l'envers**.

sensass V. fumant.

sensation **1.** *Ce garçon aime les sensations fortes* : **émotion** ; → IMPRESSION. **2.** *Faire sensation* : **faire son effet*** ◆ ↓ **étonner*** ◆ **avoir de l'audience***.

sensationnel V. étonnant (*in* étonner), extraordinaire, fumant, spectaculaire.

sensé V. raisonnable (*in* raison I).

sensibilité **1.** *La sensibilité d'un organe* [didact.] : **excitabilité, réceptivité** ◆ ↑ **hyperesthésie** (qui est pathologique). **2.** *Un cri a trahi sa vive sensibilité* : **émotivité.** *Ce garçon n'a aucune sensibilité* : **humanité** ◆ **cœur** (*... n'a pas de cœur*) ◆ **tendresse, pitié** (= dispositions plus particulières à l'affection ou à la compassion) ; → BONTÉ. *Voici des pages pleines de sensibilité* : **émotion, sentiment*** ◆ [péj.] **sentimentalité, sensiblerie** (qui marquent l'excès).

sensible
I [sens actif] **1.** *Avoir l'oreille sensible* : **fin.** *Il a les pieds si sensibles qu'il ne porte que des espadrilles* : **fragile, délicat. 2.** *Vous m'avez fait mal en touchant ce point sensible* : ↑ **douloureux***. *C'est le point sensible de la situation* : **névralgique.** *Un dossier sensible* : **délicat*, chaud** ; → DANGEREUX. **3.** *Ce garçon est trop sensible ; il crie dès qu'on le touche* : **douillet. 4.** *Certains êtres sont trop sensibles* : **impressionnable, émotif** ◆ ↑ **écorché* vif.** *Un cœur sensible* : **tendre** ◆ ↑ **vulnérable.** *Quelqu'un de sensible* : **compatissant, humain** ; → BON. *Mon patron n'a pas été sensible à mes doléances* : **accessible** ◆ ↑ **attentif.**
II [sens passif] **1.** *Nous vivons dans un univers sensible* : **matériel.** *Les ultrasons ne sont pas sensibles à l'oreille humaine* : **perceptible par. 2.** *Il n'y a pas de différence sensible*

entre ces deux parfums : **appréciable, net, marqué, tangible** ◆ ↑ **évident** ; → APPARENT. *Les prix ont subi une hausse sensible* : **notable** ◆ ↑ **important***.

◇ **sensiblement** 1. *La température n'a pas sensiblement varié* : **notablement, nettement.** 2. *Ils avaient sensiblement le même poids* : **à peu près, presque, grosso modo.**

sensualité, sensuel V. sens I.

sente V. chemin.

sentence 1. *La sentence de la cour* : **verdict** ◆ **arrêt** (qui est fixé par une haute juridiction) ; → ARBITRAGE, JUGEMENT. 2. *Les sentences d'un moraliste* : V. PENSÉE.

sentencieux V. solennel.

senteur V. odeur, sentir II.

sentier V. chemin.

sentiment

I 1. *Le sentiment de mon impuissance était insupportable* : **conscience.** *J'ai le sentiment d'avoir été trompé* : **impression***. 2. *Voulez-vous mon sentiment ?* [sout.] : [plus cour.] **opinion, point de vue** ; → AVIS.

II 1. *Il éprouvait vivement certains sentiments* : ↑ **passion** ◆ **émotion** (qui est plus physiologique qu'affectif) ; → AFFECTIVITÉ, ÉTAT D'ÂME*, MOUVEMENT. *Le général avait le sentiment patriotique* : **fibre, sens** (*le sens de la patrie*). 2. *Je lui ai déclaré mes sentiments, et elle les partageait* : **amour*** ◆ ↓ **affection,** ↓ **attachement,** ↓ **tendresse.**

◇ **sentimental** 1. *La vie sentimentale des vedettes m'intéresse peu* : [plus génér.] **affectif** ◆ [plus partic.] **amoureux, galant.** 2. *Il est plus sentimental que sensuel* : **fleur bleue, romanesque.**

sentimentalité V. sensibilité.

sentinelle 1. *Le lieutenant avait posté deux sentinelles devant la porte* : [plus rare] **factionnaire, planton.** *Être en sentinelle* : **en faction.** 2. V. MERDE.

sentir

I [trans., qqn ~ qqch ou que + complétive, ou qqch + inf.] 1. *Torse nu, il sentait le vent sur son dos* : **percevoir.** 2. *Dans la cuisine, on sentait l'odeur d'un bon pot-au-feu* : **renifler** (= aspirer bruyamment par le nez) ◆ **flairer** (qui se dit plutôt d'un animal qui cherche à distinguer une odeur d'une autre) ◆ [sout.] **humer** (= aspirer l'air ou un liquide pour sentir) ; tous ces verbes supposent une insistance, un effort dans l'acte de sentir. 3. *Il sentit l'hostilité de son auditoire* : **deviner, discerner** (= sentir quelque chose de caché ou de peu distinct) ◆ **pressentir,** [plus sout.] **subodorer** (= prévoir quelque chose sans indice net) ◆ ↑ **éprouver,** ↑ **ressentir** (= recevoir des marques tangibles de l'existence d'un phénomène) ; → FEELING. 4. *Avez-vous bien senti le sel de cette plaisanterie ?* : **apprécier, goûter.** 5. *Je ne peux pas sentir mon beau-frère* : **détester** (*je déteste...*) ◆ [fam.] **ne pas encadrer, ne pas encaisser** ◆ [très fam.] **ne pas blairer, ne pas piffer** ◆ [cour.] **ne pas supporter, ne pas pouvoir souffrir** ◆ [sout.] **haïr** (*je hais...*) ; → VOIR.

◇ **se sentir** 1. *Il se sent capable de venir à bout de ce travail* : **s'estimer, se juger, se trouver.** 2. *Mon beau-frère et moi, on ne peut pas se sentir* : ↓ **ne pas s'entendre** (qui marque un simple désaccord et n'implique pas d'hostilité). 3. *Ne plus se sentir* : **perdre la tête, se laisser aller.** *Il va faire de l'orage : ça se sent* : [moins cour.] **être perceptible, être prévisible.** *Qqch se fait sentir* : V. SE MANIFESTER.

II [trans.] 1. [avec compl. ou en emploi absolu] *Votre cave sent (le moisi)* : [toujours péj.] **puer.** *Les draps sentent la lavande* : [toujours en bonne part] **embaumer** ◆ [plus rare] **fleurer** ; → DÉGAGER. *Ce fromage sent fort* : **avoir de l'odeur, une forte odeur.** 2. *Sa plaisanterie sent le pédant* : **révéler.** 3. *Ça sent le roussi* [fam.] : **ça tourne mal.**

◇ **senteur** *La senteur de ce bouquet est exquise* : [plus cour.] **parfum*** ; → ODEUR.

seoir V. aller I.

séparation V. séparer.

séparatisme V. dissidence.

séparatiste *Les séparatistes ont proclamé l'indépendance de leur pays* : **indépendantiste, autonomiste, sécessionniste** ; → DISSIDENT.

séparé 1. V. indépendant. 2. V. divorcé.

séparer 1. [qqn ~ des êtres ou des choses] *Il faut séparer les mâles du troupeau* : **isoler** ◆ **mettre à part***. *Le coiffeur sépare les cheveux par une raie* : [plus partic.] **partager** (= répartir en parts égales) ; → DIVISER. *À l'aide d'un crible, il a séparé le grain et la balle* : **trier***. *Vous devez séparer ces deux problèmes pour les résoudre* : **disjoindre, dissocier, distinguer.** 2. [qqn ~ qqch de qqch ou d'avec qqch] *Pour l'utiliser, il a fallu séparer le minerai de sa gangue* : **extraire, tirer.** *Pour préparer un pâté de lapin, il faut séparer la chair d'avec les os* : **détacher, décoller** (*détacher, décoller la chair des os*). *Il faut séparer les éléments pertinents de ce problème complexe* : **abstraire, analyser, distinguer, discerner.** 3. [qqch ~ des personnes] *Une grande différence de goûts a séparé le mari et la femme* : **diviser** ◆ ↑ **désunir** ◆ ↑ **brouiller*** (qui implique l'hostilité, mais pas forcément l'éloignement des deux membres du couple) ◆ ↓ **éloigner** ; → ÉCARTER.

◇ **se séparer** 1. [qqn ~] *Nous nous sommes séparés bons amis* : **se quitter.** *Je me suis séparé de mon chien* : ↑ **abandonner*** (= se séparer de quelqu'un ou de quelque chose sans plus s'en préoccuper). 2. [qqn ~] *Les époux se sont séparés* : ↑ **divorcer*** (qui se dit de l'acte légal par lequel la séparation est juridiquement reconnue) ; → ROMPRE. 3. [qqch ~] *Une branche s'est séparée du tronc* : **se détacher.** *Le chemin se sépare en deux sentiers* : **se diviser.**

◇ **séparation** 1. [~ des choses] *La séparation des éléments constituant un ensemble* : **désagrégation, dislocation, dispersion** ◆ [didact.] **disjonction, dissociation.** 2. [~ de l'espace] *Dans cet appartement, on a établi une séparation entre la salle à manger et la salle de séjour* : **cloison** ; → MUR. *Une ligne de séparation signale la zone interdite* : **démarcation.** 3. *Ce débat a provoqué une séparation de la majorité en deux clans* : **division** ◆ [moins cour.] **clivage** ; → CASSURE. *Leur séparation a surpris tout le monde* : **rupture*** ◆ ↓ **brouille** (qui peut désigner une simple dispute). *La séparation de corps* : V. DIVORCE. *Il supportait mal la séparation* : V. ABSENCE et ÉLOIGNEMENT.

◇ **séparément** *Il m'a pris séparément pour me confier ses ennuis* : **à part, en particulier.** *Les deux corps de troupes ont attaqué séparément l'ennemi* : **isolément.**

septentrional *Une vague de froid vient d'atteindre l'Europe septentrionale* [didact.] : [plus cour.] **du nord** ◆ **nordique** (qui s'emploie plutôt pour qualifier les ensembles de géographie humaine : *les pays, les peuples, les langues nordiques*).

septicémie V. infection.

sépulcral V. caverneux, funèbre.

sépulcre, sépulture V. tombe.

séquelle V. effet, suite (*in* suivre).

séquestration *La séquestration à vie est une peine inhumaine* : **emprisonnement*** (qui ne se dit que de la séquestration des personnes par les voies juridiques). *Le tribunal a décidé la séquestration de ses biens* [rare] : [didact.] **séquestre** ◆ **saisie** (qui se dit de la procédure légale).

séquestrer V. voler II.

sérail 1. *Le sérail du sultan* : [plus génér.] **palais** ◆ [abusif] **harem** (= gynécée). 2. *Appartenir au sérail, être du sérail* : **milieu** ; → SOCIÉTÉ, MONDE.

séraphin V. ange.

séraphique V. pur.

serein V. calme, clair, tranquille.

sérénade 1. *La coutume voulait qu'on donne une sérénade à sa belle* (= concert donné la nuit sous les fenêtres de qqn) : **aubade** ; → CHANT. 2. *Rentré chez lui en retard, il a eu droit à une belle sérénade* [fam.] : [très fam.] **engueulade.** 3. *Les chats du voisinage, quelle sérénade ils ont menée cette nuit* : **tapage*** ◆ [vieilli] **sarabande.**

sérénité V. calme.

serf V. esclave.

sergent de ville V. agent* de police, policier.

série 1. *Une série d'incidents a troublé la séance* : **chapelet** ◆ ↑ **cascade** ; → AMAS, SUITE, SUCCESSION, VAGUE. 2. *Une série de tabatières anciennes* : **collection** ; → CHOIX. *Il a acheté toute une série de casseroles* : **jeu.** 3. *Joueur classé en première série* : **catégorie, division.** *C'est un personnage hors série* : **hors du commun** ; → REMARQUABLE. *C'est de la céramique de série, faite en série* : **industriellement** ; → ORDINAIRE ◆ [plus partic.] **à la chaîne.** 4. *Une série télévisée, radiodiffusée* : **feuilleton.**

sériel *La musique sérielle* : **dodécaphonique** (qui utilise la série de douze sons).

sérier V. classer (*in* classe I).

sérieux [adj.] 1. [postposé] *Cette affaire est sérieuse, car il y joue sa réputation* : **important***. *Une situation sérieuse* : **critique.** *Le malade a fait une rechute sérieuse* : **dangereux, inquiétant** ; → GRAVE. 2. [postposé] *C'est un homme sérieux* : **réfléchi*, posé*** ; → ADULTE, RESPONSABLE. *Mon fils est un élève sérieux* : **appliqué***. 3. [postposé] *Voici un travail sérieux* : **solide, sûr** ; → SOIGNEUX. *Une vie sérieuse* : **réglé***. 4. [postposé] *Je connais une jeune fille sérieuse* : **sage, rangé** ; → BIEN. 5. [postposé] *A-t-il toujours cet air sérieux et distant ?* : **grave*** ◆ ↑ **froid,** ↑ **sévère.** 6. [antéposé ou postposé] *Il a eu de sérieux ennuis avec la police* : **grave*** ◆ [toujours antéposé] **gros.** *Avez-vous de sérieux motifs d'absence ?* : [postposé] **valable, fondé** ; → BON.

◇ **sérieux** [n.] 1. *Le sérieux de ce garçon n'est pas feint* : **gravité** (qui peut être extérieure sans être affectée pour autant). 2. *Le sérieux de ce projet m'a rassuré* : **solidité.** *Un travail effectué avec sérieux* : V. SOIN. 3. *Il n'a pas pris au sérieux mes avertissements* : **croire à, tenir compte de.**

◇ **sérieusement** 1. *Il a raconté sérieusement une histoire drôle* : **sans rire** ; → GRAVEMENT. 2. *A-t-il pensé sérieusement à la quitter ?* : **pour de bon, vraiment.** 3. *Son frère a été sérieusement blessé dans l'accident* : ↑ **grièvement** ; → GRAVEMENT. *Il va falloir intervenir sérieusement dans cette affaire* : **activement, vigoureusement.**

serin 1. *Le serin chante dans sa cage* : **canari** (= serin des îles Canaries). 2. V. NIAIS.

seriner V. répéter.

serment 1. *Je n'ai pas confiance dans son serment* (= affirmation solennelle) : **parole** ◆ **engagement, promesse** (qui n'ont pas le même caractère solennel). *Un faux serment* : **parjure.** 2. *Ces serments n'ont convaincu personne* : **protestation** (qui est génér. suivi d'un compl. : *protestations d'innocence*).

sermon 1. [dans la religion chrétienne] *Le prêtre avait soigneusement choisi le sujet de son sermon* : **prédication** ◆ **homélie** (= sermon de ton familier) ◆ **prône** (= discours de piété ou annonce faite à la messe paroissiale) ◆ **prêche** (= discours religieux prononcé par un pasteur protestant ou un prêtre catholique) ; → DISCOURS, CONFÉRENCE. 2. *Les sermons de ma mère ne m'ont pas corrigé* : **remontrance.**

◇ **sermonnaire** *Les grands sermonnaires des siècles classiques* (= auteur de sermons) : **prédicateur** (= celui qui les prêche en chaire) ; → PRÊCHEUR.

sermonner V. faire la morale*, prêcher.

sermonneur V. moralisateur, prêcheur (*in* prêcher).

séropositif V. V.I.H.

serpent *Les serpents sont nombreux sur ce coteau* : [didact.] **ophidien.** *Charmeur de serpents* : [rare] **psylle.**

◇ **serpentaire** *Le serpentaire se nourrit de serpents* (= oiseau d'Afrique) : **messager, secrétaire.**

◇ **serpenter** *Le ruisseau serpente au pied de la colline* : **zigzaguer** ◆ [rare] **sinuer.**

serpillière *Passez la serpillière sur le sol de la cuisine* : **wassingue** ; → TOILE.

serre 1. V. griffe I. 2. *Effet de serre* : **réchauffement** (des climats).

serrer 1. *Il serra le marteau dans sa main* : **empoigner** ; → TENIR. 2. *Cette vis doit être serrée* : ↑ **bloquer** (= serrer à fond). *Les deux tuyaux auraient dû être serrés* : [didact.] **brider.** 3. *Il serra son fils dans ses bras* : **éteindre** ; → EMBRASSER, PRESSER. *Il m'avait serré contre un mur pour mieux me frapper* :

coincer. *Serrer le kiki* : V. ÉTRANGLER. **4.** [qqch ~] *Le chagrin lui serra la gorge* : **angoisser.** **5.** [qqn ~ qqch] *Il serra les lèvres* : **pincer***. *Il serrait les mâchoires pour résister à la souffrance* : **contracter*, crisper.** **6.** [qqch ~ qqn] *Sa cravate le serre* : ↓ **gêner.** *Sa ceinture lui serrait la taille* : **comprimer.** *Sa robe serre ses formes généreuses* : **épouser, mouler, sangler.** **7.** *Serrer le trottoir* : **raser.** *Serrer qqn de près* : **poursuivre** ; → TALONNER. *Serrer une question* : [plus génér.] **examiner.** *Serrer un texte* : **abréger***.

◇ **se serrer** **1.** *L'enfant se serra contre sa mère* : **se blottir***. *Les passagers de l'ascenseur durent se serrer* : **se tasser** ◆ ↓ **se rapprocher.** **2.** *Il n'est pas habitué à se serrer la ceinture* [fam.] : [plus cour.] **se priver.** *Dans l'adversité, ils durent se serrer les coudes* : **s'entraider, se prêter la main.**

◇ **serré** **1.** *Votre col est trop serré* : **ajusté** ; → ÉTROIT. **2.** *Cette année, les blés seront serrés* : **dru.** *Une foule serrée attendait le passage des coureurs* : **compact, épais** ◆ [moins cour.] **dense.** *Il prend son café serré, à l'italienne* : **fort*, tassé***. **3.** *Un raisonnement serré* : ↓ **logique** ; → RIGOUREUX. **4.** *Nous sommes un peu serrés en fin de mois* : **gêné.**

serre-tête V. bandeau.

serrure V. fermeture.

serrurier *Il est serrurier* (= artisan qui fabrique et pose des clefs, serrures et ouvrages en fer forgé) : [plus génér. et didact.] **métallier.**

◇ **serrurerie** : **métallerie.**

sertir *L'orfèvre sertissait une pierre dans le chaton de la bague* : **enchâsser, monter** ◆ [moins partic.] **fixer.**

sérum **1.** Le *sérum* est le liquide qui se sépare du caillot après coagulation du sang. Le **plasma** est du sérum sans fibrine. **2.** *Sérum de vérité* : **pentothal** (qui est le nom d'une spécialité pharmaceutique).

servage V. servitude.

servante Terme aujourd'hui vieilli. *La servante prépara le repas* : [plus cour.] **bonne, bonne à tout faire** ◆ [fam., péj.] **bonniche** ◆ [plus génér.] **domestique,** [euph.] **employé de maison** (qui se disent aussi bien du personnel masculin) ◆ [plus partic.] **femme de chambre,** [vx] **chambrière,** [rare] **camériste** ◆ **soubrette** (= femme de chambre de comédie) ◆ **femme de ménage, de charge, de peine** (= femme employée à temps limité pour les travaux d'entretien) ◆ **fille de salle, fille de service** (= agent d'établissements collectifs, hôpitaux, cantine) ◆ **serveuse, barmaid** (= employée d'hôtellerie chargée du service en salle et du bar).

serveur, serveuse *Le serveur apporta les demis sur un plateau* : [plus cour.] **garçon** ◆ [plus partic.] **barman, barmaid** (s'il s'agit d'une femme) ; → SERVANTE.

serviabilité V. complaisance (*in* complaisant).

serviable V. complaisant.

service

I **1.** *Le service des eaux est installé à la mairie* : **département** ◆ [plus génér.] **administration** (qui peut comprendre plusieurs services). *Les sociétés de services ou les services* : **secteur tertiaire.** *Le service public* : **public** (par opp. à **privé**). **2.** *Les services de la préfecture sont fermés* : **bureau.** **3.** *Cet engin rend de grands services* : **fonction** (*... a de multiples fonctions*) ; → OFFICE. *Cette machine est hors service* : [plus cour.] **hors d'usage.** **4.** *Faire son service* : **service militaire, national** ◆ **coopération** (= service national accompli sous forme de mission culturelle ou technique : *il a fait son service en coopération*) ; → RÉGIMENT. **5.** *Le pompier de service était à son poste* : **de garde*** ◆ **de quart*** ; → TRAVAIL. *Ce médecin est de service* : [moins cour.] **d'astreinte.** **6.** *Le service divin* : **office, office divin** ◆ [dans la religion catholique] **messe** (qui est souvent employé abusivement pour toutes les cérémonies du culte). **7.** *Le service est compris* : **pourboire** (qui est toujours en sus). **8.** *Ce joueur a un excellent service* : **engagement** ◆ [plus partic., au tennis] **première, seconde balle.**

II *Ce n'est pas toujours agréable de demander un service à un ami* : [plus partic.] **aide, appui, soutien** (qui peuvent être d'ordre matériel ou moral) ◆ ↑ **faveur** (qui s'entend comme une préférence accordée) ◆ **concours, collaboration** (= participation à une entreprise commune) ; → OBLIGER. *Un service n'est jamais perdu* : **bienfait.**

serviette

I *Les serviettes sont accrochées à côté du lavabo* : [plus partic.] **essuie-mains.**

II *Sa serviette était pleine de dossiers* : **porte-documents** (= serviette très plate) ◆ **attaché-case** (= mallette rigide pour le même usage) ; → SAC.

servile V. complaisant, obséquieux, plat I.

servilement V. bassement (*in* bassesse).

servilité V. bassesse, obséquiosité (*in* obséquieux), complaisance (*in* complaisant).

servir

I [trans.] **1.** *Il a servi le baron comme valet de chambre* : **être au service de.** **2.** *Voulez-vous me servir à boire* : **donner, verser*.** *À qui de servir (les cartes) ?* : **distribuer, donner.** **3.** *C'est toujours la même histoire qu'il nous sert* [fam.] : [plus cour. et plus précis.] **raconter.** **4.** *Le champion servit (la balle) le long de la ligne* : [absolt] **engager.** **5.** *Il sert régulièrement une rente à ses parents* : [plus cour.] **verser.** *Servir des intérêts à qqn* : V. PAYER.

II [trans.] **1.** [qqn ~] *Servir ses amis est un plaisir* : **rendre service à** ◆ **aider, secourir** (qui supposent que le bénéficiaire est en difficulté). *Il a servi son cousin auprès du patron* : [plus cour.] **appuyer, soutenir** ; → RECOMMANDER. *Le notaire préférait servir ses intérêts que ceux de ses clients* : **se dévouer à.** **2.** [qqch ~] *Sa ténacité l'a bien servi dans sa carrière* : **être utile à.**

III [trans. indir., ~ à qqn de qqch] **1.** *Cette pièce me servira de cabinet de travail* : [plus sout.] **tenir lieu de** ; → FONCTION. *Il a servi de prête-nom à un escroc* : **être utilisé par** (*il a été utilisé comme prête-nom par un escroc*). *Ce couteau va me servir de tournevis* : V. REMPLACER. **2.** *Ce vêtement lui a beaucoup servi* : **faire de l'usage** (... *lui a fait beaucoup d'usage*) ; → PROFIT. **3.** *Ça ne lui sert à rien de se mettre en colère* : **c'est inutile, ça lui fait une belle jambe.**

◇ **se servir de** *Je me sers toujours d'un crayon pour écrire* : **utiliser, prendre** ; → EMPLOYER. *Se servir d'un parapluie* : **utiliser*** ; → S'ABRITER. *Il s'est trop servi de son influence* : **user de** ; → DISPOSER* DE.

serviteur **1.** *La marquise a du mal à garder ses serviteurs* [sout.] : [plus cour.] **domestique** ◆ **employé de maison,** [collect.] **gens de maison** (qui se dit dans le langage administratif ou par euph.) ◆ [fam., péj.] **larbin** ◆ [plus partic.] **valet, valet de chambre, valet de chiens, homme de peine** ◆ **femme de chambre, cuisinière** (qui précisent la fonction de l'employé et sont d'un usage beaucoup plus répandu que les termes génériques) ◆ **extra** (= domestique engagé temporairement pour compléter le personnel de service) ◆ [anglic.] **boy** (= serviteur homme dans les pays coloniaux ou les anciennes colonies) ; → ESCLAVE, CHASSEUR. **2.** *Il a toujours été un fidèle serviteur de l'État* : [péj.] **domestique, valet, laquais** (= ceux qui prêtent leurs services à mauvais escient) ◆ **séide** (= homme d'un dévouement fanatique) ◆ **suppôt** (= complice des mauvais desseins de qqn : *domestique d'une puissance étrangère ; valet, laquais de l'impérialisme, suppôt du diable*) ; → SOLDAT.

servitude **1.** *Certaines sociétés tiennent la femme dans un état de servitude* : **sujétion** ◆ ↑ **soumission** (qui implique le consentement ou au moins la résignation de la victime). *Ce peuple a mis des années à sortir de la servitude* : **esclavage** ◆ ↓ **assujettissement,** ↓ **dépendance.** **2.** *Il n'a pas voulu supporter plus longtemps les servitudes de sa charge* : **contrainte** ; → OBLIGATION.

session V. séance.

set **1.** *Il a gagné la partie en trois sets* [au tennis] : **manche** ; → PARTIE. **2.** *Un set de table* [très cour.] : **napperon.**

seuil **1.** *Il franchit le seuil de la porte* : **pas*** ; → ENTRÉE. **2.** *Au seuil de cette année nouvelle, je vous présente mes vœux* [sout.] : [plus cour.] **début, commencement.** **3.** *Dépasser le seuil critique* : **point.**

seul **1.** [comme épithète, antéposé] *La bibliothèque conserve le seul exemplaire de ce texte* (= dont il n'existe plus d'autre modèle) : **unique*** (qui peut être postposé, implique qu'il n'a jamais existé qu'un seul objet). *Il ne reste plus une seule place à l'orchestre* : **aucun.** *Un seul mot de sa part aurait pu me faire renoncer à mon projet* : **simple.** *Pas un seul mot* : V. TRAÎTRE. **2.** [comme épithète, postposé] *Un homme seul s'ennuierait dans cette grande maison* : **isolé*.** *C'est un homme seul, qui supporte mal son isolement* : [rare] **esseulé** ◆ [plus partic.] **abandonné** (qui implique qu'il n'a pas toujours été seul) ; → CÉLIBATAIRE. **3.** [comme attribut] *Depuis que ses parents sont morts, il vit (tout) seul* : **solitaire*** (qui peut impliquer un goût de la solitude) ◆ [moins cour.] **en ermite.** *Il aime à boire seul* : **en suisse.** *Je voulais lui parler seul à seul* [accord facultatif] : **en tête à tête** ◆ [inv.] **en particulier.** **4.** [à valeur adv., en tête de phrase ou après un n. ou un pron. accentué] *Seule la chance peut le tirer de là* : **il n'y a que** (*il n'y a que la chance qui peut, puisse le tirer de là*). *Lui seul peut réussir* : **seulement, uniquement.** *Maintenant, ça va marcher tout seul* : **sans difficulté.**

◇ **seulement** **1.** *Le charcutier vend seulement du porc* : **uniquement** ◆ **ne ... rien que** (*... ne vend rien que du porc*). *Il lit seulement des romans* : **uniquement, ne... que, exclusivement.** *Il n'a pas de mal ; il est seulement étourdi* : **ne... que, simplement.** **2.** *Nous commençons seulement à manger* : **juste.** **3.** *Si seulement* : **si encore*** ◆ **si au moins*.** **4.** [en tête de proposition] *Il est venu, seulement je n'étais pas là* : **mais.**

sève V. vitalité.

sévère **1.** [qqn est ~] *Son père était sévère et il en a beaucoup souffert* : ↓ **exigeant** ; → VACHE, DUR. *Le juge était sévère pour les uns, indulgent pour les autres* : ↑ **impitoyable,** ↑ **implacable.** *Être sévère* : **n'être pas commode*** ◆ [fam.] **avoir la dent dure.** **2.** [qqch est ~] *Le gouvernement a pris des mesures sévères contre les fraudeurs* : **rigoureux** ◆ ↑ **draconien** ; → SÉRIEUX, STRICT. *Les pertes de l'ennemi ont été sévères* : **lourd.** *La note était sévère* : [moins express.] **élevé** ◆ [fam.] **salé.** **3.** [qqch est ~] *Les palais florentins ont une architecture sévère* : **dépouillé** ; → AUSTÈRE, TRISTE. *C'est une œuvre sévère* : **ardu, difficile, grave.** *Une morale sévère* : **rigide** ◆ ↑ **puritain** ; → RIGORISTE.

◇ **sévèrement** **1.** *Il a été élevé sévèrement* : ↑ **durement** ◆ [fam., postposé] **à la baguette.** **2.** *Il a été sévèrement touché dans la bagarre* : **gravement.**

◇ **sévérité** **1.** *Sa sévérité n'était pas comprise* : **dureté** ◆ ↑ **intransigeance.** **2.** *La sévérité de la condamnation indigna la foule* : **gravité.** **3.** *La sévérité de son style ne facilite pas la lecture* : **austérité, sécheresse, froideur.**

sévices V. violence (*in* violent).

sévir **1.** *Le professeur menaça de sévir* [sout.] : **châtier** ◆ [plus cour.] **punir.** *Le gouvernement devrait sévir contre la fraude fiscale* : **réprimer, sanctionner** (*réprimer, sanctionner la fraude*). **2.** *La tempête sévit sur nos côtes* : **faire rage, se déchaîner.**

sevrer V. priver.

sex-appeal V. attrait II.

sexe **1.** *Le sexe est depuis peu l'objet de nombreux débats* : **sexualité.** *Leur problème, c'est une histoire de sexe* : [très fam.] **cul*, fesse.** *Les plaisirs du sexe* : V. CORPS, ÉROTIQUE. **2.** *On lui voyait le sexe* : [didact.] **organes génitaux** ◆ **parties sexuelles.** Alors que le tabou sexuel impose au langage cour. des termes métaph. de faible usage, **membre, verge,** [didact.] **pénis, phallus,** pour les organes masculins (il n'y a pas de terme génér. cour. pour le sexe de la femme), il existe de nombreuses dénominations fam. : **zizi, bistouquette, quéquette** ◆ [très fam. ou arg.] **bite, pine, queue** (pour le sexe de l'homme) ◆ [vulg.] **con, chatte** (pour le sexe de la femme).

◇ **sexisme** *Dans la plupart des sociétés actuelles, le sexisme limite le rôle politique des femmes* : **phallocentrisme, machisme** (qui précisent l'orientation dominante des idéologies sexistes) ; → RACISME.

◇ **sexiste** : **phallocrate,** [abrév. fam.] **phallo, machiste,** [fam.] **macho.**

◇ **sexuel** **1.** [didact.] *Les organes sexuels* : **génital** ; → HONTEUX. **2.** *Les pratiques sexuelles* : V. ÉROTIQUE. *Ils ont eu des rapports* *sexuels* : V. INTIME et CHARNEL. *Le plaisir sexuel* : **physique** ; → CORPS, SENS.

sexy V. affriolant (*in* affrioler).

seyant V. élégant.

sherpa V. guide.

shit V. hachisch.

Shoah V. génocide.

shoot 1. *Un shoot détourné par le gardien de but* [anglic.] : **tir** ◆ [fam.] **boulet.** 2. *Un shoot d'héroïne* [arg.] : [cour.] **injection** ◆ [plus génér.] **dose** ; → DROGUE.

◇ **shooter** *Shooter au but* : V. BOTTER et TIRER.

◇ **se shooter** V. SE DROGUER et SE PIQUER.

shopping V. achat, commission II.

short *Elle portait un short pour la randonnée* : **culotte*** ◆ **bermuda** (qui est plus long qu'un short).

show, show-biz, show-business V. spectacle.

si

I [adv.] 1. [adv. d'affirmation] *Il ne t'a rien dit ? – Si, mais je ne l'ai pas écouté* : (= réponse positive à une question ou à un énoncé nég.) : **oui** (= réponse positive à une question de forme positive). 2. [adv. de quantité, marquant l'intensité sans corrélation] *Il est devenu si prétentieux depuis sa réussite !* : **tellement.** *Jamais je n'ai vu une fille si belle* : **aussi***. 3. [adv. de quantité en corrélation avec un *que* consécutif introduisant une proposition à l'ind.] *Il est si rusé qu'il a trompé tout le monde* : **tellement.** 4. [adv. de quantité en proposition interr. ou nég., en corrélation avec un *que* compar.] *Il n'est pas si bête qu'on le dit* : **aussi.** 5. [en relation avec un *que*, *si* peut introduire une subordonnée concessive au subj.] *Si malin qu'il soit, il ne se tirera pas de cette situation* : **aussi** ◆ [plus sout.] **pour... que, quelque... que** ; → TOUT.

II [conj.] 1. [dans un système hypothétique au présent ou au passé] *Si le télégraphiste passe, donnez-lui une pièce* : **au cas où** (qui est suivi d'un condit.) ◆ **à supposer que** (qui est suivi d'un subj.) *Il peut encore gagner s'il ne se décourage pas* : **à condition que** (qui est suivi d'un subj.) ◆ **à condition de** (qui est suivi d'un inf. : *à condition de ne pas se décourager*). 2. [introduisant une hypothèse à l'imp. ou au plus-que-parfait] *S'il était venu, il ne m'aurait pas trouvé* : **au cas où** (qui est suivi d'un condit.). 3. [dans un système hypothétique de valeur temporelle à l'imp. ou au plus-que-parfait] *S'il n'avait pas compris, le précepteur reprenait son explication* : **à chaque fois que, toutes les fois que** ◆ [plus cour.] **quand, lorsque.** 4. [en système non hypothétique au présent ou au passé, exprime la concession] *S'il n'a pas eu d'ennuis, moi je m'en suis tiré moins facilement* : une tournure équivalente serait deux propositions coordonnées par **mais** (*il n'a pas eu d'ennuis, mais moi je m'en suis tiré...*). 5. [en indépendante exclam.] *Si je pouvais me reposer !* (qui exprime un souhait) : **pourvu que** (suivi d'un subj. qui indique la crainte qu'il n'arrive le contraire : *pourvu que je puisse me reposer !*). 6. *Il ne m'a rien dit, si ce n'est que vous aviez tort* : **sinon que** ◆ [plus fam.] **sauf que, excepté que.** *Je n'avais voulu le dire à personne, si ce n'est à ma femme* : **sinon, sauf, excepté.** *Il ne vous en voudra pas, si tant est qu'il l'apprenne* : **en admettant que.**

sibyllin V. ambigu, obscur.

sida V. M.S.T.

side-car V. cyclomoteur.

sidéral *Des observations sidérales* [didact.] : **astral** (qui est plutôt un terme d'astrologie et n'est syn. de *sidéral* que dans des emplois litt. : *une lumière sidérale, astrale*).

sidérant V. stupéfiant (*in* stupéfaction).

sidéré V. ébahi.

sidérer V. stupéfier (*in* stupéfaction).

sidérurgie V. métallurgie.

sidérurgiste V. métallurgiste (*in* métallurgie).

siècle V. époque, monde II.

siège

I *Prenez un siège confortable* [génér.] : [plus partic.] **chaise, fauteuil, tabouret...** *Il fau-*

drait nettoyer le siège arrière de la voiture : **banquette.**

◇ **siéger** *Les députés ont siégé tard dans la nuit* : **tenir séance.**

II *Le siège de la maladie* : V. CENTRE.

III *Mettre le siège* : **assiéger*.** *Lever le siège d'une ville* : **blocus** (qui a pour seul but d'interdire les communications avec l'extérieur).

sien [n.] **1.** *S'il y avait mis du sien, on l'aurait accepté* : **bonne volonté. 2.** [pl.] *Il avait quitté les siens dès sa majorité* : **famille, parents, proches** ◆ **amis, partisans. 3.** [fém. pl.] *Faire des siennes* : **bêtises, sottises.**

sieste V. méridienne, sommeil.

siffler **1.** [trans.] *Siffler un air* : V. CHANTER. **2.** [trans.] *Le chasseur siffle son chien* : [plus génér.] **appeler. 3.** [trans.] *Les spectateurs, déçus, sifflèrent les comédiens* : [plus sout. et plus génér.] **conspuer** ; → HUER. **4.** [trans.] *Siffler un verre* [fam.] : **boire*. 5.** [intr.] *Le gaz sifflait en s'échappant du tuyau crevé* : [plus sout.] **chuinter.** *La bouilloire siffle* : **chanter.**

◇ **sifflement** **1.** *Le sifflement du merle* : **chant** ◆ [didact.] **stridulation** (qui s'emploie pour les insectes : criquets, grillons). **2.** *Le sifflement des pneus sur la chaussée* : **chuintement, crissement.**

sigle V. abréviation.

signal **1.** V. SIGNE. **2.** *Les signaux routiers* : **panneau** ◆ [plus partic.] **feu.** *Avez-vous fait vérifier les signaux de votre voiture ?* : [plus partic.] **stop** (qui indique le freinage de l'automobile) ◆ **feux de position** (qui indique la présence du véhicule la nuit) ◆ **clignotant** (qui indique les changements de direction) ◆ **feux de détresse** (qui indique que le véhicule est en difficulté). *Les signaux de l'entrée du port* : [plus partic.] **balise** (qui signale le trajet à suivre par des moyens optiques, sonores, radioélectriques).

◇ **signaler** **1.** [qqn ou qqch ~] *Une plaque signalait la sortie de l'autoroute* : **indiquer*** ; → ANNONCER. *Une borne signale la limite de son champ* : **marquer*. 2.** [qqn ~] *Il faut signaler l'intérêt de cet ouvrage* : ↑ **souligner** ; → MONTRER. *Quelqu'un a signalé une faute dans le texte* : **pointer.** *Il faut signaler ici le nom de l'auteur* : **mentionner** ; → CITER. *L'indicateur a signalé un truand à la police* : **dénoncer. 3.** [qqn ~] *Je vous signale que vous avez été dénoncé* : **faire savoir, avertir, prévenir.**

◇ **se signaler** V. SE DISTINGUER et REMARQUER.

◇ **signalement** *La police dispose du signalement d'un suspect* : **description** ◆ [didact.] **fiche signalétique, fiche anthropométrique** (= document administratif) ◆ **portrait-robot** (= représentation reconstituée d'après des témoignages).

signalétique *Fiche signalétique* : V. signalement (*in* signal).

signaliser *La sécurité routière a fait signaliser cette route* : [plus partic.] **baliser** (= marquer le tracé d'une voie). *Signaliser une piste cyclable* : **matérialiser** (par des lignes tracées sur le sol).

◇ **signalisation** *La signalisation d'un aérodrome* : **balisage.**

signature V. signer.

signe **1.** *Voici les hirondelles : c'est le signe que le printemps arrive* : **indice** ◆ ↑ **preuve** (= signe considéré ou présenté comme certain). *Cette lettre est le signe d'un changement dans son attitude* : **indication, manifestation** ; → MARQUE, SYMBOLE, SYMPTÔME, REFLÉTER. *Cet objet ne présente aucun signe distinctif* : **trait, caractère** ; → CARACTÉRISTIQUE. *Cette chaleur étouffante est le signe d'un orage* : **annonce, présage.** *C'est un signe inquiétant de l'aggravation de son état* : **symptôme. 2.** *Il a fait un signe affirmatif* : **geste*.** *Il fit un signe pour donner le départ* : **signal. 3.** *Des signes algébriques* : **symbole.** *L'équerre est un signe maçonnique* : **emblème. 4.** *Sous le signe de Saturne* : **sous l'influence de.**

signer *Le directeur a signé le courrier du matin* : **parafer** (= signer en abrégé) ◆ **émarger** (= signer en marge d'un acte ou d'un compte).

◇ **se signer** V. FAIRE LE SIGNE DE CROIX*.

◇ **signature** 1. *Votre signature est illisible* : [plus sout.] **parafe** (= signature abrégée ou bien des ornements accompagnant l'écriture du nom) ; → NOM, GRIFFE. *Cette lettre doit être proposée à la signature* : [moins cour.] **émargement** (= signature officielle ou autorisée). 2. *Il a honoré sa signature* [terme administratif ou juridique] : **engagement, écrit.**

signet *J'ai laissé un signet entre les pages du livre* : **marque, marque-page.**

significatif 1. *Son silence était significatif* : **expressif*** ◆ ↑ **éloquent** ; → ÉVOCATEUR. *Une modification significative* : V. TANGIBLE. 2. [~ de qqch] *L'intervention du ministre est significative d'un changement d'orientation de la politique gouvernementale* : **révélateur, typique.**

signification
I *Ce mot a une signification précise* : **sens*** ◆ **acception** (= sens d'un terme dans un emploi donné).
II *Le propriétaire a reçu signification de notre congé* : **notification.**

signifié V. sens II.

signifier
I [qqch ~] 1. *Je ne sais pas ce que signifie ce mot, ce regard, ce geste* : **vouloir dire*** ◆ [didact.] **dénoter** ; → EXPRIMER. *Son choix signifie-t-il qu'il exclut une autre possibilité ?* : [plus sout.] **impliquer** ; → ÉQUIVALOIR. 2. *L'arrivée des hirondelles signifie que le printemps est proche* : **indiquer, annoncer** (*annonce le printemps*).
II [qqn ~] *L'huissier nous a signifié notre expulsion* [dans le langage juridique] : **notifier***. *On m'a signifié que vous vouliez me voir* : [plus cour.] **faire savoir, avertir, informer** (qui n'ont pas le même caractère impératif).

silence 1. *Le silence de mon voisin de table est gênant* : ↑ **mutisme.** *Je dois faire silence sur cette affaire* : **se taire, faire le black-out.** *J'ai du mal à interpréter ses silences* : V. RÉTICENCE. *En silence* : **silencieusement***. 2. *Le silence est de règle dans cette profession* : **secret.** *Passer qqch sous silence* : **taire** ; → FAIRE ABSTRACTION* DE, OMETTRE. *Réduire au silence* : ↑ **bâillonner,** ↑ **museler.** 3. [interj.] *Silence ! j'aimerais entendre les informations* : **chut** ◆ [fam.] **ta bouche** ◆ [très fam.] **ta gueule, la ferme** ; → LA PAIX*, SE TAIRE. 4. *Il y a eu un silence dans la conversation* : V. PAUSE. *J'aime le silence de cette campagne* : [plus génér.] **calme, paix** ; → TRANQUILLITÉ.

◇ **silencieux** 1. *Notre ami a été silencieux toute la soirée* : **muet.** *C'est un garçon silencieux* : [moins cour.] **taciturne** (= qui aime peu parler, communiquer) ◆ ↓ **discret** (= qui observe à bon escient une certaine retenue) ; → TRANQUILLE, RÉSERVÉ, SECRET. *Rester silencieux sur une question* : V. SEC. 2. *À pas silencieux* : **feutré.**

◇ **silencieusement** *Il nous observait silencieusement* : **en silence.** *Il marchait silencieusement* : **à pas feutrés.**

silène V. satyre.

silex V. pierre.

silhouette 1. *J'aime la silhouette élégante de cette jeune femme* : **ligne*** ◆ [plus génér.] **allure** (qui se dit aussi bien de la forme du corps que de ses mouvements). 2. *On ne voyait que la silhouette du clocher dans le brouillard* : **profil** ◆ [plus génér.] **forme.**

◇ **se silhouetter** *Les pins se silhouettaient sur l'horizon* [rare] : [plus cour.] **se découper, se profiler.**

sillage V. remous.

sillonner V. parcourir.

silo V. magasin II, réservoir (*in* réserver).

simagrée *Ses simagrées pour nous séduire ne m'amusent pas* : **chichis, mômeries** ; → HYPOCRISIE. *Faire des simagrées* : **mine, façon** ; → MANIÈRE, MINAUDERIE, GRIMACE.

similaire V. semblable.

similitude *Leurs comportements présentent certaines similitudes* : **analogie*** ; → RESSEMBLANCE. *Une similitude de goûts* : **communauté** ; → IDENTITÉ.

simoun V. vent.

simple 1. [qqch est ~] *Connaissez-vous le tableau des corps simples ?* : **élémentaire.** *Corps simple* : **élément chimique.** 2. [qqch est ~] *Ce problème est trop simple pour vous* : **facile** ◆ [fam.] **bête comme chou, bonjour** (qui s'emploient absolt) ;

→ ENFANTIN. *Il y a un moyen bien simple de savoir s'il dit la vérité* : **commode.** **3.** [qqch est ~] *Il fit un discours très simple, sans effets de style* : **dépouillé** ◆ ↑ **familier.** *Les origines de ce garçon sont très simples* : V. POPULAIRE. *Ce sera un repas très simple* : **sans façon** ◆ [fam.] **à la bonne franquette.** **4.** [antéposé] *Ce n'est pas un simple hasard si je suis ici* : **pur***, **vulgaire.** *Un simple geste aurait suffi* : V. SEUL. **5.** [qqn est ~] *C'est un garçon très simple : il ne fait pas de manières* : ↑ **sans façon** ◆ [fam.] **pas fier** (*ne pas être fier*). *Il est resté très simple après son succès* : **modeste.** **6.** *Vous êtes un peu trop simple d'accepter ses excuses* : **crédule, naïf** ◆ ↑ **niais,** ↑ **simplet** ; → CANDIDE. **7.** [n.] *C'est un simple d'esprit* : **innocent, débile, faible** (*faible d'esprit*) ◆ ↑ **arriéré (mental).**

◇ **simplement** *Pourquoi ne pas nous dire simplement de quoi il est question ?* : **franchement, tout bonnement, ouvertement** ◆ [plus sout.] **tout uniment, sans ambages.** *Il a simplement oublié ce qu'on lui avait dit* : V. PUREMENT. *Il nous a reçus simplement* : **sans cérémonie*** ; → SOBREMENT. *Il parla simplement* : **familièrement***.

◇ **simplicité** **1.** *La simplicité d'un problème* : **facilité** ; → FACILE. **2.** *Le président a entretenu ses invités avec beaucoup de simplicité* : **bonhomie** (qui implique parfois une fausse simplicité) ◆ **rondeur** (qui implique un bon naturel) ; → MODESTIE, SOBRIÉTÉ. **3.** *Vous n'aurez pas la simplicité de le croire* : **naïveté.**

◇ **simplifier** *Vos scrupules ne vous simplifient pas l'existence* : **faciliter** ; → APLANIR. *Vous simplifiez la situation* : **schématiser.** *Nous simplifierons la cérémonie* : **abréger** (= diminuer la durée).

◇ **simplifié** *Des figures simplifiées* : **schématique.** *On a distribué des questionnaires simplifiés* : **abrégé** ◆ [souvent péj.] **sommaire***.

◇ **simpliste** [péj.] *C'est un esprit simpliste* : **schématique, primaire, réducteur** ◆ **scolaire** (qui insiste plutôt sur l'absence d'originalité).

simples V. plante.

simulacre *Ce match de catch n'est qu'un simulacre de combat* : **semblant, faux-semblant** ; → CARICATURE. *Un simulacre de débat* : V. FANTÔME.

simulateur V. menteur.

simuler *J'ai simulé l'ivresse pour ne pas être pris au sérieux* : **feindre** ◆ **jouer** (qui ne peut entrer que dans certains contextes : *j'ai joué l'étonnement*) ◆ **singer** (= feindre grossièrement) ; → AFFECTER.

◇ **simulé** *J'ai accueilli sa proposition avec un enthousiasme simulé* : **feint, de commande***.

◇ **simulation** *Son chagrin, c'est de la simulation* : **comédie*** ◆ [fam.] **singerie** (qui implique une outrance due à la maladresse ou à une intention de caricaturer).

simultané *Des événements simultanés ont concouru à l'affolement général* : [rare] **concomitant.** *Des mouvements simultanés* : [didact.] **synchrone.**

◇ **simultanéité** *La simultanéité de deux événements* : **coïncidence.** *La simultanéité de deux gestes* : **synchronisme.**

simultanément V. ensemble, à la fois*, en même temps* I.

sinapisme *Poser un sinapisme à un malade* : **Rigollot** (nom déposé = papier sinapisé) ◆ [plus génér.] **cataplasme** (qui ne comporte pas obligatoirement de farine de moutarde).

sincère **1.** [qqn est ~] *Il a été sincère en m'avouant son antipathie* : **loyal*** (qui implique l'idée d'un honneur auquel on est fidèle) ; → FRANC, SPONTANÉ. **2.** [qqch est ~] *C'est une opinion sincère, dont il faut tenir compte* : **authentique.** *Il avait pour moi une amitié sincère* : **véritable, réel, vrai.**

◇ **sincèrement** *Je lui ai parlé sincèrement* : **loyalement, carrément** ; → FRANCHEMENT. *Je partage sincèrement votre peine* : **du fond du cœur.** *Sincèrement, je ne crois pas un mot de ce que vous dites* : **à dire vrai, franchement*, à franchement parler** ; → EN RÉALITÉ*.

sincérité V. franchise (*in* franc II), vérité, spontanéité (*in* spontané).

sinécure *Il a trouvé une sinécure dans une agence de publicité* : [fam.] **fromage.** *Ce travail, ce n'est pas une sinécure* [fam.] : **cadeau** ◆ [plus cour.] **de tout repos.**

singe V. clown.

singer V. imiter, simuler.

singerie V. grimace, simulation (*in* simuler).

singulariser (se) V. se distinguer, se faire remarquer*.

singulier *Ce voyage est une aventure singulière* : **unique, particulier** ◆ ↓ **bizarre*** ◆ [assez sout.] **rare.** *Sa réaction a été singulière* : [didact.] **atypique** ◆ [plus cour.] ↑ **extraordinaire.** *Votre histoire est bien singulière* : **curieux, étrange, étonnant.** *Une singulière affaire* : **drôle de.**
◇ **singularité** *La singularité de cette pendule tient à la forme de son cadran* : **originalité** ◆ ↑ **excentricité** (qui ne se dit que d'une personne ou de ce qui se rapporte à une personne, un projet, par ex.) ; → BIZARRERIE, AFFECTATION, EXCEPTION.
◇ **singulièrement** *C'est un parfum singulièrement entêtant* : V. TRÈS. *Il s'est conduit singulièrement* [rare] : [plus cour.] **bizarrement*.** *Tout a augmenté, et singulièrement les produits alimentaires* : **particulièrement, principalement** ◆ ↓ **notamment.**

sinisant V. sinologue.

sinistre
I [adj.] **1.** [plutôt postposé] *Un sinistre présage précéda la catastrophe* : **funeste** ◆ [antéposé] ↓ **mauvais.** *Les planchers vermoulus avaient des craquements sinistres* : ↓ **inquiétant*** ◆ ↑ **effrayant. 2.** [postposé] *Le quartier avait, la nuit, un air sinistre* : V. LUGUBRE et AUSTÈRE. *Cette soirée-là fut sinistre* : ↓ **ennuyeux,** ↓ **triste** ; → MORTEL. **3.** [postposé] *Il avait une tête sinistre, à épouvanter la population* : [fam.] **de croque-mort** ; → MACABRE. *Un individu à mine sinistre* : **patibulaire.** *Un rire sinistre* : V. CAVERNEUX. **4.** [antéposé] *Où et quand avez-vous connu ce sinistre crétin ?* : **sombre, lamentable** ; → TRISTE.
II [n.] **1.** *Combien le sinistre a-t-il fait de victimes ?* : ↑ **catastrophe** ◆ [plus partic.] **feu, incendie*, inondation, séisme. 2.** *Le remboursement des sinistres* : **dommage, perte.**
◇ **sinistré 1.** [adj.] V. RAVAGÉ. **2.** [n.] *Il a fallu héberger les sinistrés après le tremblement de terre* : [plus partic.] **sans-abri*** (= ceux qui ont perdu leur habitation dans un sinistre).

sinistrose V. pessimisme.

sinologue *Un congrès de sinologues* : **sinisant.**

sinon 1. *Je ne veux rien, sinon un verre d'eau* : **sauf, excepté, si ce n'est. 2.** *Un personnage inquiétant sinon dangereux* : [pédant ou iron.] **voire. 3.** *Ferme la porte, sinon je vais attraper froid* : **autrement*, sans cela*, ou bien*.**

sinoque V. fou.

sinuer V. serpenter.

sinueux *Je n'aime guère ses manœuvres sinueuses* : **tortueux** ; → LOUCHE.
◇ **sinuosité** *La rivière déroule ses sinuosités* : **courbe, détour, méandre** ; → ONDULATION. *Les sinuosités de la route* : [plus partic.] **lacet, coude** ; → DÉTOUR, VIRAGE.

siphonner V. transvaser.

sire 1. *Sire* : Votre Majesté (à la troisième personne). **2.** *Triste sire* : V. INDIVIDU.

sirocco V. vent.

siroter V. boire.

sirupeux *Je n'aime pas la consistance sirupeuse de cette liqueur* : **épais, visqueux** (qui portent uniquement sur la consistance) ◆ **doux** (qui n'indique qu'un goût sucré) ; → GLUANT.

sis V. situé (*in* situation I).

sismique *Une secousse sismique* [didact.] : **tellurique** ; → SÉISME.

site 1. *Les touristes admirent ce site pittoresque* : [plus cour., plus partic.] **paysage. 2.** *Le site du barrage a été mal choisi* : **position, emplacement** ; → SITUATION. *Un site industriel* : **zone.** *Un site archéologique* : **fouilles.**

sitôt 1. *Sitôt dit, sitôt fait* : **aussitôt.** *Il ne reviendra pas de sitôt, de si tôt* : **avant longtemps** ◆ ↑ **pas tout de suite. 2.** *Sitôt que.*

Vous fermerez boutique sitôt que tout sera rangé : **dès que, aussitôt que.**

situation

I *La situation de votre maison est bien choisie* : [plus partic.] **orientation** (= position par rapport aux points cardinaux) ◆ **exposition** (= position par rapport à la lumière) ; → POSITION.

◇ **situé** 1. *Sa maison est située en plein midi* : **orienté, exposé.** 2. *Maison située à Lyon* : [didact.] **sis.**

II 1. *La situation internationale est mauvaise* : **conjoncture, contexte, circonstances, environnement** ; → PAYSAGE* POLITIQUE. *Il s'est trouvé dans une situation difficile* : [fam.] **dans de beaux draps.** *La situation de cette famille nombreuse sera examinée par nos bureaux* : **cas** ; → ÉTAT. *La situation des ventes du mois* : V. BILAN et SOLDE. 2. *Son beau-frère lui a trouvé une bonne situation* : **emploi*, place*, position*** ; → PROFESSION. *Il est satisfait de sa situation sociale* : **position, condition*** ; → RANG.

situer V. placer (*in* place I).

skate, skateboard V. planche.

sketch *Ces deux comédiens avaient monté un sketch* : [vieilli] **saynète.**

skipper V. barreur.

sleeping-car V. wagon-lit.

slip 1. Sous-vêtement masculin ou féminin : **culotte** (= slip pour femme ou pour enfant) ◆ **caleçon** (qui comporte des jambes plus ou moins longues) ◆ **cache-sexe, string** (slip réduit au minimum). 2. *Un slip de bain* : **maillot (de bain)** ◆ **monokini** (= maillot de bain féminin sans soutien-gorge).

slogan V. formule.

smala V. famille, tribu.

smart V. chic.

smic, smicard V. salaire, salarié.

smog V. brouillard.

snack-bar V. restaurant.

snob V. fermé (*in* fermer).

snober V. mépriser.

snobisme V. affectation.

sobre 1. [qqn est ~] *Son mari est sobre* : **frugal** (qui se contente de nourritures simples) ◆ [moins cour.] **tempérant*** ◆ ↑ **abstinent.** 2. [qqn est ~] *L'auteur a été sobre dans son exposé* : **concis***. *Il est sobre de compliments pour ses subordonnés* : **avare.** 3. [qqch est ~] *Son discours fut sobre et sans fioritures* : **dépouillé** ; → CONCIS. *Les gestes de l'orateur étaient sobres* : **économe, mesuré, modéré, pondéré.** *C'est un costume très sobre* : **classique*, discret*** ◆ ↑ **austère** ; → SIMPLE.

◇ **sobrement** 1. *Il boit sobrement depuis son mariage* : **modérément, peu.** 2. *La pièce était sobrement décorée* : **simplement** ; → SANS ORNEMENT, DISCRÈTEMENT.

◇ **sobriété** 1. *La sobriété de mon frère est surprenante* : **frugalité** ◆ **abstinence** (= fait de ne pas boire d'alcool) ; → TEMPÉRANCE. 2. *La sobriété de sa tenue tend à l'austérité* : **discrétion***. *Il parla avec sobriété* : **mesure, pondération, réserve, retenue, simplicité** ; → CONCISION, DÉPOUILLEMENT.

sobriquet V. surnom.

sociable 1. *L'homme n'est pas le seul animal sociable* [didact.] : **social.** 2. *Plus sociable, ce serait un bon compagnon* : **accommodant, aimable, liant** ; → AFFABLE. *Un caractère sociable* : **facile** ; → FAMILIER.

◇ **sociabilité** *La sociabilité, comme toute qualité, peut être une faiblesse* : **amabilité, civilité** ; → POLITESSE.

social 1. V. sociable. 2. V. sociologique.

socialisme *L'histoire du socialisme n'est pas encore terminée* : [plus partic.] **saint-simonisme, fouriérisme, marxisme, léninisme, trotskisme** (qui portent le nom des différents théoriciens du socialisme moderne) ◆ **travaillisme** (qui est d'origine anglo-saxonne, se réclame du socialisme) ; → COLLECTIVISME.

sociétaire V. membre.

société
I 1. *La vie en société impose des contraintes* : **communauté.** *L'étude des sociétés humaines n'est encore qu'à ses débuts* : **collectivité, communauté, groupe.** 2. *Je me retire en saluant l'aimable société* : **assemblée, compagnie.** *Nous avons accueilli un nouveau dans notre société* : V. RANG. 3. *Ce garçon n'appartient pas à notre société* : **milieu, monde***. *Il a voulu frayer avec la (bonne) société* : **le beau, grand monde** ◆ [fam.] **le gratin.** 4. *J'apprécie la société des femmes* : **compagnie, fréquentation.**
II 1. *L'organisation des sociétés est régie par la loi* : **compagnie** (= société commerciale ou industrielle) ◆ **cartel, consortium** (= entente momentanée entre sociétés financières) ◆ **trust,** ↑ **monopole** (= produit de la fusion de plusieurs sociétés, pour obtenir une influence prépondérante) ◆ [moins cour.] **holding** (= trust possédant les actions de plusieurs sociétés et dirigeant leurs activités) ; → ÉTABLISSEMENT, COALITION. 2. *Une société de défense des usagers* : **association*** ; → FÉDÉRATION. *La société sportive du village est très active* : **club.**

socio-économique V. socioprofessionnel.

sociologique *Les phénomènes sociologiques* : **social.**

socioprofessionnel *Les catégories socioprofessionnelles* : **socio-économique.**

socle *Sur le socle de la statue, on peut lire une inscription* : **piédestal** ◆ [didact.] **acrotère** (= socle situé sur un fronton) ; → BASE.

socquette V. bas.

sodomiser Ce terme didactique a pour synonyme très familier **enculer.**

sœur V. religieux.

sofa V. canapé.

soi *Hors de soi* : V. en colère.

soi-disant V. apparent, prétendu.

soie V. talon.

soif 1. *Il souffre de la soif* : [didact.] **potomanie** (= besoin permanent de boire) ◆ **dipsomanie** (= besoin intermittent d'alcool). *Avoir soif* : ↑ **être assoiffé, mourir de soif** ◆ [fam.] **avoir la pépie, tirer la langue,** ↑ **crever** (*crever la, de soif*). *Donner soif* : V. ALTÉRER. 2. *Sa soif de vengeance n'a pas été satisfaite* : V. DÉSIR. *La soif de l'or* : V. FIÈVRE. *La soif de culture* : V. FAIM.

soiffard V. ivrogne.

soignant V. soigner I.

soigné V. soin I.

soigner
I *L'alcoolique fut soigné à l'hôpital de jour* : **traiter** ; → GUÉRIR. *Il faudrait soigner cette plaie* : [plus partic.] **panser.**
II 1. [~ qqn] *Il avait été soigné avec amour par ses parents* : ↑ **choyer** ◆ [fam.] ↑ **bichonner,** ↑ **chouchouter,** ↑ **élever dans du coton** ; → DORLOTER. *Après chaque course, le lad doit soigner le cheval* : [plus partic.] **panser.** 2. [~ qqch] *Soigner l'ouvrage* : ↑ **fignoler.** *Le jardinier soignait ses fleurs* : V. CULTIVER et ENTRETENIR. 3. [~ qqn] *L'antiquaire nous a soignés ; quel requin !* [fam.] : **arranger** ◆ ↑ **escroquer.**
◇ **soigneur** *Le soigneur d'une équipe de basket-ball* : [plus partic.] **masseur, kinésithérapeute.**
◇ **soignant** *Dans les campagnes, on manque de personnel soignant* : **médical.**

soin
I 1. *Il a mis beaucoup de soin à ce travail* : [moins cour.] **application, exactitude*, sérieux** ◆ [plus sout.] **minutie** ; → ATTENTION, DIFFICULTÉ. *Avec soin* : **soigneusement** ◆ ↑ **méticuleusement.** 2. *Je ne laisserai à personne le soin de cette affaire* : **charge, conduite, responsabilité** ; → SOUCI. *Veuillez prendre soin de refermer la porte, que la porte soit fermée* : V. VEILLER* À CE QUE. 3. [pl.] *Il était plein de soins pour ses proches* [rare] : **attention(s), prévenance(s), sollicitude.** *Être aux petits soins pour qqn* : **attentionné** ◆ **dévoué*.**
◇ **soigné** 1. *C'est une fille très soignée (de sa personne)* : **net, propre** ◆ ↑ **élégant** ◆ [fam.] **tiré à quatre épingles** ; → ORDONNÉ. 2. *J'aimerais un travail plus soigné* : **appliqué, consciencieux** ◆ ↑ **minutieux** ; → SOIGNEUX. *Une toilette soignée* : V. RECHER-

CHÉ. *Un langage soigné* : ↑**châtié.** **3.** *Je tiens une grippe soignée* [fam.] : [fam.] **carabiné**, [fam.] **méga** (... *une mégagrippe, une grippe méga*) ◆ [antéposé] **sale.** **4.** *La note du restaurant était soignée* : **salé.**

◇ **soigneux** **1.** [qqn est ~] *Il n'est pas très soigneux dans son travail* : **appliqué, consciencieux** ◆ ↑ **minutieux** ; → ORDONNÉ. *Je l'aurais cru plus soigneux de ses affaires* : **attentif à, soucieux de.** **2.** [qqch est ~] *Il a procédé à une étude soigneuse du projet* : **sérieux** ◆ ↑ **minutieux.**

◇ **soigneusement** *Il travaille soigneusement* : **avec soin, consciencieusement** ◆ ↑ **minutieusement** ; → BIEN.

II [pl.] *Le blessé a reçu les premiers soins* : **premiers secours.** *L'infirmière était chargée des soins au malade* : **traitement.** *Les soins corporels* : V. HYGIÈNE et THÉRAPEUTIQUE.

soir *Le soir tombait vite dans ces régions tropicales* : **crépuscule** (qui ne se dit plus du lever du jour), **tombée de la nuit.** *Le soir, nous nous promenions sous les arbres du mail* : **dans la soirée** (qui indique ce moment de la journée comme une durée, alors que *soir* est un repère par rapport aux autres moments du temps). *L'office du soir* : **vêpres.** *Le soir de la vie* [métaph.] : **vieillesse***. *La clarté du soir* : **vespéral.**

soirée **1.** V. SOIR. **2.** *Le châtelain avait donné une soirée* : **réception** (qui peut avoir lieu de jour). *Une soirée dansante* : [plus génér.] **bal***. *Au village, on prolongeait la soirée en chantant* : **veillée.** **3.** V. SÉANCE.

soit **1.** [conj.] *Soit... soit...* : **ou***. **2.** *Je vous ai versé le montant du loyer, soit six cents francs* : **à savoir, c'est-à-dire.** **3.** [adv.] *Nous ne pourrons venir qu'en fin de soirée. – Soit, nous vous attendrons* [sout.] : [plus cour.] **bien, bon, d'accord, entendu, admettons, si vous voulez** ◆ **va pour** (suivi d'un complément, marque la concession : *va pour la fin de soirée*).

sol **1.** *Les feuilles mortes jonchaient le sol* : **terre***. *La femme de ménage a lavé le sol* : [plus partic.] **carreau, plancher, parquet** (qui se disent selon le matériau revêtant le sol). **2.** *C'est un sol sablonneux, où les asperges poussent bien* : **terrain** ◆ **terroir** (= sol considéré sous l'angle de la production agricole, plus particulièrement viticole). **3.** *Il est très attaché au sol natal* : **patrie, pays** ◆ [plus partic.] **terroir** (= région rurale dont on est originaire). **4.** *Envoyer au sol* : **tapis***.

soldat **1.** *Les soldats montaient au front* : **militaire** (= celui qui appartient à une armée régulière) ◆ **engagé** (= volontaire) ◆ **conscrit, recrue, appelé** (= ceux qui remplissent leurs obligations de service national) ◆ [plus génér.] **combattant** (= celui qui prend part à un combat ou à une guerre) ◆ **mercenaire** (= soldat appointé dans une armée étrangère) ◆ [collect.] **troupe** ◆ [plus spécialt] **fantassin, artilleur** (= soldats des différentes armes) ◆ [péj.] **soudard,** [vx] **reître** (= individu grossier ou brutal comme un homme de guerre) ◆ [collect.] **soldatesque** (= soldats considérés comme brutaux et indisciplinés). **2.** *Officiers, sous-officiers, soldats, la victoire dépend de vous* : **homme de troupe, simple soldat** (qui s'opposent aux militaires gradés des armées de terre et de l'air) ◆ [fam.] **troufion, bidasse, gazier** ◆ [arg.] **gus** ◆ [vieilli] **pioupiou** ; → MARIN. **3.** *Les croisés des ordres religieux se tenaient pour les soldats de la foi* : **champion, défenseur, serviteur.**

solde

I [n.f.] **1.** *La solde des militaires est dérisoire* : [didact.] **prêt** ; → RÉTRIBUTION. **2.** *L'assassin était à la solde d'un gang* : **être payé par.**

II [n.m.] **1.** *Le solde de votre compte est débiteur* : [plus génér.] **balance, situation.** *Solde créditeur* : **avoir***. *Vous verserez le solde à la livraison* : **complément** ; → DIFFÉRENCE, RESTE. **2.** [pl.] *Il y a des soldes au rayon de la chemiserie* : **fin de série** ; → LIQUIDATION.

◇ **solder** *Ce magasin solde les invendus en fin de saison* : **brader** ◆ ↑ **sacrifier,** ↑ **liquider*** ; → VENDRE.

◇ **se solder** *La tentative se solda par un échec* : **aboutir à.**

soldé V. sacrifié.

soleil **1.** *Le soleil se lève* : **jour, aube*, aurore** (= lumière solaire). **2.** *Piquer un soleil* : **rougir***. **3.** *De grands soleils fleurissent au fond du jardin* : **tournesol.**

solen *Enfants, nous ramassions des solens à marée basse* : **couteau.**

solennel **1.** *Il s'est engagé par un serment solennel* : ↓**officiel,** ↓**public.** **2.** *C'est un personnage solennel et insupportable* : **pontifiant, sentencieux** ; → IMPOSANT. *Un discours solennel* : [péj.] **emphatique, pompeux** ; → GRAVE.
◇ **solennité** **1.** *Les solennités sont bien ennuyeuses* : **célébration** ◆ [plus génér.] **fête** (*fête solennelle*). **2.** *C'est avec solennité que le maire ouvrit la séance d'inauguration* : **apparat, pompe** ◆ **emphase** (qui ne s'applique qu'aux discours) ; → GRAVITÉ.

solennellement V. gravement (*in* grave I).

solennité V. solennel.

solfier V. lire.

solidaire **1.** *Les époux mariés sous le régime de la communauté des biens sont solidaires devant les créanciers* : **coresponsable.** *Les grévistes étaient solidaires dans leurs revendications* : **uni.** **2.** *Ces deux phénomènes sont solidaires* : **lié, interdépendant.**
◇ **solidarité** **1.** *Depuis qu'ils avaient affronté ensemble le danger, il y avait entre eux une grande solidarité* : [fam.] **se tenir les coudes.** *Un fort sentiment de solidarité liait les exclus* : **camaraderie, fraternité.** *Une organisation de solidarité* : **entraide.** **2.** *La solidarité entre ces deux faits est évidente* : **dépendance, interaction, interdépendance.**

solidariser (se) V. s'unir.

solidarité V. solidaire.

solide **1.** [qqch est ~] *Cet appareil est solide et vous fera bon usage* : **résistant, robuste*** ◆ [plus partic.] **incassable,** ↑**inusable.** **2.** [qqch est ~] *Un roc solide* : V. DUR. *Leur amitié est solide* : **durable*, inébranlable** ◆ ↑**à toute épreuve** ◆ [sout.] ↑**indéfectible** ◆ [fam.] **c'est du béton.** *Le technicien appuya sa démonstration sur des arguments solides* : **fondé, sûr, sérieux*** ; → CONSISTANT, EXACT. **3.** [qqn est ~] *Le pilier de notre équipe de rugby est un solide gaillard* : **robuste, vigoureux** ◆ [postposé] **bien planté** ◆ [toujours postposé] **résistant** ◆ [fam., toujours postposé] **costaud, increvable** ; → VALIDE. *C'est un solide partisan de la contraception* : ↑**farouche** ; → FERME. *Un ami solide* : **fidèle.** **4.** [qqch est ~] *Ce qu'il lui faut, c'est une solide engueulade* [fam.] : [plus cour.] **bon** ; → MUSCLÉ.
◇ **solidité** **1.** *La solidité du matériel agricole est mise à rude épreuve* : **résistance, robustesse.** **2.** *La solidité de votre argumentation m'a obligé à changer tout mon programme* : **fermeté, sérieux*** ; → RIGUEUR.

solidement V. fortement (*in* fort II).

solidifier (se) *C'est un ciment à prise rapide qui se solidifie en quelques minutes* : **durcir, prendre.** *Cette substance se solidifie par refroidissement* : **coaguler, se figer, geler.**

solidité V. solide.

soliloque V. monologue.

soliloquer V. monologuer.

soliste V. exécutant.

solitaire
I [adj.] **1.** *C'est un être solitaire, sans parents et sans amis* : **seul** ◆ [moins cour.] **esseulé.** **2.** *Dans ce lieu solitaire, vous connaîtrez le calme* : **retiré, écarté*** ◆ ↑**abandonné,** ↑**désert** ; → SAUVAGE.
◇ **solitude** *Ce veuf supporte mal la solitude* : **isolement** ; → ÉLOIGNEMENT.
II [n.] **1.** V. ERMITE. **2.** *Mon oncle n'aime pas recevoir, c'est un solitaire* : **ours,** ↑**sauvage.** **3.** [masc.] *Le vieux solitaire se retournait dans sa bauge* : **sanglier.** **4.** V. DIAMANT.

solive V. poutre.

sollicitation V. appel, prière II.

solliciter **1.** *Il a sollicité un emploi* : [plus sout.] **postuler** ; → DEMANDER, QUÊTER. *Puis-je solliciter votre aide ?* [sout.] : [rare] **requérir.** **2.** *Ce livre a sollicité ma curiosité* [sout.] : [plus cour.] **attirer** ◆ ↑**exciter.**
◇ **solliciteur** *Mieux vaut éconduire les solliciteurs importuns* : **demandeur** ◆ [péj.] **quémandeur.**

sollicitude V. intérêt, soin I.

solution 1. *Avez-vous trouvé la solution de l'énigme ?* : **clé** ; → RÉSOLUTION. *Souhaitons que la solution de la crise soit heureuse* : **dénouement, issue.** *Il doit bien y avoir une solution pour le faire venir à Paris* : **moyen.** *La meilleure solution* : V. IDÉAL, PARTI et REMÈDE. 2. *Solution de continuité* : **hiatus, interruption, pause, rupture.**

somatique *Les aspects somatiques de l'angoisse* : **organique, physiologique.**

sombre 1. [plutôt postposé] *La nuit est bien sombre sans lampe de poche* : **obscur** ; → NOIR. *Des vêtements de couleur sombre* : **foncé.** 2. [postposé] *Il est souvent d'humeur sombre* : **chagrin, morose** ; → MÉLANCOLIQUE, TACITURNE, TRISTE. 3. [antéposé] *C'est un sombre crétin* : V. SINISTRE I. 4. [postposé] *L'avenir est sombre pour la jeunesse* : **inquiétant, menaçant.** *Les heures sombres de la dernière guerre* : **tragique.**

sombrer 1. [en parlant d'un bateau] *Le navire a sombré au large* : **s'engloutir, périr corps et biens, faire naufrage** ◆ **couler** (qui se dit aussi bien des personnes) ; → CHAVIRER, S'ABÎMER. 2. [qqn, qqch ~] *J'ai sombré d'un seul coup dans un sommeil lourd* : **s'enfoncer, glisser, tomber.** *Sa fortune a sombré dans le grand krach* : **disparaître.** 3. *Ne pas sombrer dans la familiarité* : V. DISTANCE (*tenir, garder ses distances*).

sommaire

I [adj.] 1. *Une introduction sommaire aurait suffi pour poser le problème* : **bref, concis, succinct** ; → COURT. 2. *Il fallait être moins sommaire dans l'exposé des faits* : **expéditif, rapide, schématique*, superficiel** ; → SIMPLISTE. *Nous n'avons eu droit qu'à un repas sommaire* : **léger.**

II [n.] *Vous trouverez le sommaire page deux* : **table* des matières.** *Le sommaire d'un ouvrage* : **abrégé, résumé** ◆ **analyse** (qui vise plutôt à éclairer qu'à abréger).

sommairement V. en abrégé*, grossièrement (*in* grossier), succinctement (*in* succinct).

sommation V. commandement (*in* commander II), demande (*in* demander).

somme

I [n.f.] 1. *Quelle est la somme de ces trois nombres ?* : **total** ; → RÉSULTAT. *Faire la somme de nos dépenses* : V. COMPTE. *Une somme importante de travail* : **quantité.** 2. *Une somme de trois cents francs* : V. ARGENT et MONTANT. 3. *En somme* : **bref, tout compte fait** ◆ **pour tout dire*.** *Somme toute* : **en définitive, après tout** ; → ENFIN.

II [n.m.] V. DORMIR et SOMMEIL.

sommeil 1. *Il avait besoin d'une heure de sommeil* : **sieste** (= sommeil diurne, après le repas de midi) ◆ [fam.] **roupillon** (*un roupillon d'une heure*) ◆ [langage enfantin] **dodo.** *Il céda quelques minutes au sommeil* : ↓ **assoupissement,** ↓ **somnolence,** ↓ **torpeur** (= états de demi-sommeil). *Le sommeil de la grand-mère ne dura pas longtemps* : [fam.] ↓ **somme** (= sommeil très court). *Le sommeil de la nature* : [fig.] **tranquillité** ; → CALME, PAIX. 2. *Le sommeil éternel* : **mort.** *Laisser une affaire en sommeil* : **en suspens.**
◇ **sommeiller** *Il sommeillait, les yeux mi-clos* : **somnoler** ; → DORMIR.

sommelier *Le sommelier a servi le vin à la bonne température* : **caviste** (celui qui a la charge de la conservation des vins) ◆ **maître de chai** (celui qui a la charge des opérations de vinification) ◆ [vx] **échanson.**

sommer V. ordonner.

sommet 1. *Le couvreur change les tuiles au sommet du toit* : **faîte.** *Au sommet de la côte, nous étions épuisés* : **haut.** 2. *Les alpinistes ont atteint le sommet* : [plus sout.] **cime** ◆ [didact.] **point culminant*** (= sommet d'un massif) ◆ **aiguille, crête, pic** (= sommet des montagnes) ; → TÊTE. 3. *Le petit s'est fait une bosse sur le sommet de la tête* : **dessus.** 4. *Il est au sommet de sa carrière* : **apogée** ; → COMBLE. *Un sommet de pollution* : **pic.** 5. *Une conférence au sommet* : **rencontre*.**

sommité *Ce célèbre avocat est une des sommités du barreau* : ↓ **personnalité** ◆ **lumière** (= personne rayonnant par son intelligence).

somnambulisme V. hypnose.

somnifère *En cas d'insomnie, prendre un somnifère* : **soporifique** ◆ [plus partic.] **barbiturique** ; → CALMANT.

somnolence V. assoupissement, sommeil.

somnolent *Après le dîner, tous les convives étaient somnolents* : **assoupi** ◆ ↑ **endormi** ; → INACTIF.

somnoler V. dormir.

somptueux *Une somptueuse automobile* : **magnifique, superbe** ; → LUXUEUX, SPLENDIDE. *Un somptueux palais* : [antéposé] **riche***. *Un repas somptueux* : **fastueux** ; → ROYAL.

◇ **somptueusement** *Nous avons été reçus somptueusement* : **fastueusement** ; → MAGNIFIQUEMENT, RICHEMENT, ROYALEMENT.

somptuosité V. magnificence.

son 1. *Le choc des boules produisit un son métallique* : **bruit** (= son ou d'un ensemble de sons sans harmonie). 2. *Le son grave de cette cloche me plaît* : **sonorité** ◆ **timbre** (qui se dit partic. des qualités propres aux sons émis par la voix ou par un instrument) ; → VOIX, TINTEMENT. *Au son du tambour* : **rythme.**

sonder 1. [~ qqch] *La compagnie pétrolière fait sonder les terrains* : [plus génér.] **forer** (= percer). 2. [~ qqn ou qqch] *Il faudrait sonder les intentions de votre interlocuteur* : ↑ **pénétrer** ◆ **scruter*, voir ce qu'il a dans le ventre***. *Avez-vous sondé votre père sur ses intentions ?* : [rare] **pressentir** ; → CONSULTER, INTERROGER. *Notre enquêteur a sondé le terrain* : **tâter*** ; → SONDE.

◇ **sondage** *Un institut d'opinion a fait un sondage sur les prochaines élections* : V. CONSULTATION, ENQUÊTE et RÉFÉRENDUM.

◇ **sonde** 1. *Le chirurgien a posé une sonde* : **drain** ◆ [didact.] **cathéter.** 2. *La sonde d'un appareil de forage* : **tarière, trépan.** *Donner un coup de sonde dans l'opinion* : **sonder, lancer un ballon d'essai.**

◇ **sondeur** *Les sondeurs interrogeaient les passants dans la rue* : [plus génér.] **enquêteur.**

songe V. illusion, rêve (*in* rêver).

songe-creux V. visionnaire (*in* vision).

songer 1. [~ à qqch] *Il songe à sa retraite* : **penser*, rêver***. *Avez-vous songé aux conséquences de vos actes ?* : **calculer, considérer** (*calculer, considérer les conséquences...*) ; → RÉFLÉCHIR* À. *Sans songer à mal* : **innocemment.** 2. [~ à qqn ou qqch] *Songez un peu aux autres* : **tenir compte de, se préoccuper de.** *Il songe à l'avenir des siens, à ses enfants* : [plus partic.] **prendre soin de, s'occuper de** (qui impliquent une attitude plus active). 3. [~ à + inf.] *Nous songeons à nous retirer à la campagne* : **projeter de** ◆ ↓ **envisager de.** 4. [~ + complétive] *Songez que vous n'avez plus de temps à perdre* : **réfléchir, se rendre compte** ◆ [moins cour.] **s'aviser.**

songeur 1. V. pensif, rêveur (*in* rêver). 2. V. soucieux (*in* souci).

sonnaille V. cloche I.

sonner 1. [intr.] *Quelqu'un sonne à la porte* : ↑ **carillonner.** *La clochette sonne à la porte du jardin* : **résonner, tinter** ◆ [moins cour.] **tintinnabuler.** 2. [trans. indir.] *Le musicien sonnait du cor avec émotion* : [plus cour.] **jouer de.** 3. [trans., ~ qqn] *La baronne a sonné la femme de chambre* : [plus génér.] **appeler.** *On ne vous a pas sonné* [fam.] : [plus cour.] **mêlez-vous, occupez-vous de ce qui vous regarde.** 4. [trans., ~ qqch] *On a sonné la cloche à toute volée* : **faire résonner.** 5. [trans., ~ qqn] *Dans la bagarre, il s'est fait sonner* [fam.] : **estourbir** ◆ [plus cour.] **assommer** ; → ÉTOURDIR.

◇ **sonnant** *À neuf heures sonnantes, il arrive à son bureau* : [plus cour.] **précis** ◆ [fam.] **pétant, tapant.**

◇ **sonné** 1. *Il a quarante ans sonnés* [fam.] : [plus sout.] **accompli, révolu** ; → PASSÉ. 2. *Ce type est complètement sonné* [fam.] : **cinglé, tapé.**

◇ **sonnette** 1. *Le président agitait sa sonnette* : **clochette** ; → CLOCHE. 2. *À la sonnette tout le monde se tut* : **sonnerie.** 3. *Un serpent à sonnette* : **crotale.**

sonnerie V. sonnette (*in* sonner).

sonnette V. sonner.

sonore 1. *Il avait une voix sonore, à vous casser les oreilles* : **fort, vibrant** ◆ ↑ **éclatant,** ↑ **tonitruant** ; → RETENTISSANT. *Elle fit à son fils un gros baiser sonore* : **bruyant***. 2. *À cette occasion, il prononça des phrases sonores et creuses* : **emphatique** ◆ [fam.] **ronflant** ; → AMPOULÉ.

sophisme *Son raisonnement est un sophisme* : **paralogisme** (qui peut être de bonne foi).

sophistiqué *C'est un matériel très sophistiqué* : **complexe.** *Un style sophistiqué* : **étudié, recherché** ◆ [péj.] **alambiqué** ; → AFFECTÉ. *Une élégance sophistiquée* : **artificiel.**

soporifique 1. V. ennuyeux. 2. V. somnifère.

sorbet V. glace II.

sorcier 1. *On trouve encore des sorciers dans les campagnes françaises* : **jeteur de sorts, envoûteur** ◆ **magicien, devin** (= ceux qui pratiquent la magie ou la divination). 2. [adj.] *Ce n'était tout de même pas sorcier* : **difficile*** ; → MALIN.
◇ **sorcellerie** *Des pratiques de sorcellerie* : **ensorcellement** ◆ [plus partic.] **envoûtement.** *C'est de la sorcellerie* : **magie.**

sordide 1. *L'appartement était sordide, noir de crasse* : **dégoûtant, infect, repoussant, répugnant** ◆ ↓ **sale** ◆ [sout.] **immonde.** 2. *Ils se sont fâchés pour une sordide question de gros sous* : ↓ **mesquin.** 3. *Un crime sordide* : **ignoble.** *Une rumeur sordide* : **infâme** ; → ABJECT.

sornettes *Ne l'écoutez pas ! il ne débite que des sornettes* : **baliverne, billevesée, calembredaine, faribole** ; → BÊTISE, SOTTISE.

sort
I 1. *Les coups du sort ne l'ont pas abattu* : V. DESTIN et MALHEUR. 2. *Le sort des femmes de marin n'est pas enviable* : **condition*** ; → PARTAGE. 3. *Faire un sort à une bouteille, un gâteau* [fam.] : **achever** ◆ [fam.] **liquider.** 4. *Tirer au sort* : [plus partic.] **tirer à la courte paille, à pile* ou face.**
II *Il est soumis au sort qu'on lui a jeté* : **charme, maléfice, sortilège** ; → ENCHANTEMENT.

sortable V. sortir.

sorte 1. *Vous trouverez dans ce magasin toutes sortes de boutons* : **espèce*** (qui est moins usité en parlant des choses). *Il existe une sorte de pivoine en arbuste* : **variété** ; → CLASSE, FORME. 2. [~ de] *C'est une sorte d'homme d'affaires* [péj.] : **espèce** ◆ **genre** (qui ne se dit guère que des choses) ; → COMME. 3. *De sorte que* : V. FAÇON et AINSI. *De (telle) sorte que* : V. MANIÈRE.

sortilège V. enchantement (*in* enchanter), sort II.

sortir
I [v.] 1. [intr., qqn ~] *Nous venons de sortir de la ville* : **quitter** ; → PARTIR. *Il sortit de sa voiture* : **descendre***. *Il est sorti pour prendre l'air* : **aller dehors, aller se promener** ; → S'ABSENTER, AIR, S'AÉRER. *Me sentant de trop, je suis sorti très vite* : [plus génér.] **partir** ◆ [plus sout.] **s'éclipser, s'esquiver** (qui impliquent plus de discrétion) ◆ [fam.] **décamper, déguerpir** (qui supposent plus de précipitation) ; → FILER. *Tous les soirs, elle sortait avec des amies* : **aller en ville, au spectacle.** *Elle sort avec un garçon* : **fréquenter** (*elle fréquente un garçon*). 2. [intr., qqn ~] *Ma femme sort d'une longue maladie* : **relever, guérir** (*... est guérie*). *Nous sommes sortis sains et saufs de cet accident* : [sout.] **réchapper de.** *Il est enfin sorti de sa réserve* : [plus sout.] **se départir de.** *Faire sortir de ses gonds* : V. IRRITER. *Vous êtes sortis du sujet* : **s'écarter** ; → S'ÉLOIGNER. 3. [intr., qqn ~] *Il sort d'un milieu très bourgeois* : [plus sout.] **être issu.** *D'où sort-il ?* : **d'où vient-il ?** 4. [intr., qqch ~] *L'eau sort du robinet* : **jaillir*** (= sortir avec violence) ◆ [rare] **sourdre** (ne s'emploie qu'à l'inf. et à l'ind. présent et imp., 3e pers.). *Les eaux du fleuve sortent par les égouts* : **se répandre** ◆ ↓ **affleurer** (qui se dit d'un liquide qui apparaît en surface) ◆ ↑ **déborder** (= passer par-dessus les bords). *Le submersible sort de l'eau* : **émerger** ◆ ↑ **surgir.** 5. [intr., qqch ~] *De la vapeur sortait de la soupape* : ↑ **s'échapper** ◆ ↓ **fuser.** *Un parfum sort de ces touffes de jacinthes* : [plus sout.] **s'exhaler** ; → SE DÉGAGER. 6. [intr., qqch ~] *Une pierre sort du mur* :

[moins cour.] **saillir, faire saillie.** 7. [intr., qqch ~] *Les blés sortent tôt cette année* : **lever** ◆ [plus sout.] **poindre.** 8. [intr., qqch ~] *Le dernier numéro de cette revue vient de sortir* : **paraître.** 9. [impers.] *Qu'est-il sorti de votre travail ?* : [plus sout.] **résulter** ; → ABOUTIR. 10. [trans., qqn ~] *Tous les soirs, il sort son chien* : [plus partic.] **promener*** ◆ [fam.] **balader.** 11. [trans., qqn ~ qqn] *Le service d'ordre a sorti les perturbateurs* [fam.] : **vider** ◆ [plus cour.] **expulser** ◆ ↓ **faire sortir.** 12. [trans., qqn ~ qqn] *Nos amis nous ont sortis de là* : **tirer** ; → DÉPANNER. 13. [trans., qqn ~ qqch] *Il a sorti toute cette monnaie de sa poche* : V. ÔTER. *Le romancier vient de sortir un tout nouvel ouvrage* : **faire paraître, publier.** *Qu'a-t-il encore sorti comme sornette ?* [fam.] : [plus cour.] **débiter, raconter.** *L'homme sortit son revolver* : **dégainer.** *Il a sorti le grand jeu* : **faire des frais***. 14. *Cet entêté ne veut pas sortir de là* : **en démordre.** *Nous ne sommes pas sortis de l'auberge* : **s'en tirer, être débarrassé.**

◇ **se sortir** *S'en sortir. Il ne s'en est pas sorti sans y laisser des plumes* [fam.] : **s'en tirer, se dépêtrer, se débrouiller*, tirer son épingle du jeu** ◆ **se tirer d'affaire*, en réchapper*** ; → S'EN TIRER.

II [n.] *Au sortir de. Au sortir des faubourgs se dressent les fortifications* : **à la sortie de.** *Au sortir de la jeunesse, il était encore bien naïf* : **à la fin de.**

◇ **sortie** 1. [~ de qqn] *C'est sa première sortie depuis sa convalescence* : [plus partic.] **promenade** ◆ [fam.] **balade.** *Il vient de faire une petite sortie* : **tour.** 2. [~ de qqch] *Il n'existe pas de sortie de secours à la salle des fêtes* : [plus sout.] **issue.** 3. *Sous le coup de la colère, il nous a fait une sortie sanglante* : [plus sout.] **algarade.** 4. *La sortie de ce nouveau roman a produit quelque émotion dans les milieux littéraires* : **parution, publication** ; → ÉDITION. 5. *Au mois de janvier nous avons eu de nombreuses sorties (d'argent)* : **dépenses.** 6. *À la sortie de...* : V. SORTIR.

◇ **sortable** *Mes filles ne sont pas sortables* [fam.] : [plus neutre] **correct, convenable.**

S.O.S. V. à l'aide* (*in* aider), appel de détresse*, au secours*.

sosie V. double (*in* doubler II).

sot 1. [adj. et n.] *C'est un sot de ne pas avoir prévu ses ennuis* : [plus cour.] **âne, benêt, buse, bêta, bêtasse, idiot, nouille** ◆ [fam.] **con, crétin, couillon, cloche** ◆ [fam.] **bourrique** (qui s'emploie uniquement comme n.) ◆ [fam.] **en tenir une couche** ◆ **ne pas avoir inventé la poudre*** ; → ABRUTI, BALOURD, NIAIS. *Cette fille est une sotte* : **oie.** 2. [adj.] *Voilà une sotte réplique* : [postposé] **inintelligent, inepte** ◆ ↑ **absurde** ; → STUPIDE. *C'est un esprit sot* : **borné.** *Il s'est retrouvé tout sot après sa sortie* : **confus, penaud.**

◇ **sottise** 1. *Sa sottise ne lui a pas permis de comprendre* : **idiotie, imbécillité, stupidité** ; → BÊTISE. 2. *Il nous a raconté les pires sottises* : **ânerie, baliverne** ◆ [plus sout.] **insanité** ; → ÉNORMITÉ, LÉGÈRETÉ, SORNETTE. *Dire des sottises à qqn* : **injurier.** *Il a commis les pires sottises* : **bévue, bourde** ; → MALADRESSE. *Quelle sottise !* : V. DOMMAGE.

◇ **sottement** *Il a sottement perdu la tête* : **bêtement** ◆ [très fam.] **connement.**

sottisier V. recueil (*in* recueillir).

sou *Sans un sou* : V. désargenté. *Des sous* : V. argent. *Près de ses sous* : V. avare.

soubassement V. base I.

soubresaut V. convulsion, saccade.

soubrette V. servante.

souche 1. V. LIGNÉE. 2. *Avez-vous gardé les souches de votre chéquier ?* : **talon.** 3. *Dormir comme une souche* : V. DORMIR.

souci 1. *Ils ont eu bien des soucis avec leur déménagement* : **contrariété, désagrément, tracas** ◆ [fam.] **embêtement, empoisonnement, du tintouin** ◆ [très fam.] **emmerdement** ; → ENNUI. *Les soucis au sujet de notre fils ne nous manquent pas* : ↓ **préoccupation** ; → INQUIÉTUDE, CRAINTE, AFFOLEMENT. *Mieux vaut ne pas se faire de soucis, avant que les ennuis n'arrivent* : **se mettre martel en tête** ◆ [fam.] **se faire des cheveux, de la bile, s'en faire** ; → S'AFFOLER, S'INQUIÉTER, SE TRACASSER. *Un bonheur sans souci* : **sans nuages***. 2. *Quel souci, cet enfant !* : ↑ **plaie***.

◇ **se soucier** *Il ne se soucie guère de la retraite* : **s'inquiéter, se préoccuper** ◆ ↑ **se**

tourmenter ◆ [sout.] **n'avoir cure de** ; → S'OCCUPER, S'EMBARRASSER.

◇ **soucieux** **1.** *Il est très soucieux depuis quelques jours* : **préoccupé** ; → INQUIET. *Un air soucieux* : ↓ **pensif,** ↓ **songeur.** **2.** *Il est soucieux de sa réputation* : ↓ **attentif à** ◆ ↑ **jaloux de** ; → SOIGNEUX.

soucoupe **1.** *La tasse était posée sur la soucoupe* : [cour. en Belgique et en Suisse] **sous-tasse.** **2.** *Les soucoupes volantes* : **ovni** (= objet volant non identifié).

soudain

I [adj.] *J'ai ressenti une douleur soudaine au foie* : **brutal** ◆ ↑ **foudroyant.** *Son arrivée soudaine nous a surpris* : **subit*** ; → PROMPT, RAPIDE, IMPRÉVISIBLE, IMPRÉVU.

II [adv.] *Nous parlions tranquillement, et soudain elle s'est mise en colère* : **brusquement, subitement, tout d'un coup, de but en blanc, sans crier gare** ◆ [moins cour.] **soudainement** ; → BRUTALEMENT, AU DÉPOURVU. *Soudain il m'a adressé la parole* : **à brûle-pourpoint** (qui s'emploie uniquement avec les verbes de déclaration).

soudaineté *La soudaineté de son geste m'a surpris* : **rapidité** ◆ ↑ **brusquerie,** ↑ **brutalité.**

soudard V. soldat.

souder V. unir.

soudoyer V. acheter, corrompre.

soue V. écurie, porcherie (*in* porc).

soufflant V. étonnant.

souffle V. souffler.

soufflé **1.** V. gonflé (*in* gonfler). **2.** V. ébahi.

souffler **1.** [qqch ~] *Le vent souffle depuis hier soir* : **il y a** (*il y a du vent*). **2.** [qqn ~] *Il souffle doucement dans le ballon* : V. EXPIRER. *Dans l'effort, il souffle comme un bœuf* : **haleter.** *Après avoir couru, il souffle un peu* : **reprendre haleine** ◆ [plus génér.] **se reposer** ; → RESPIRER. **3.** [trans.] *Il a soufflé la bougie, nous laissant dans l'obscurité* : **éteindre.** **4.** [trans.] *Son toupet nous a soufflés* [fam.] : **asseoir** ◆ [plus cour.] **étonner*** ◆ **couper le souffle*** ; → SUFFOQUER. **5.** *Je lui ai soufflé à l'oreille la bonne réponse* : **chuchoter, glisser** ; → MURMURER. *On m'a soufflé que je ne lui plaisais pas* : ↑ **insinuer** ; → SUGGÉRER. **6.** *Il lui a soufflé une bonne affaire* [fam.] : **chiper** ; → S'ATTRIBUER.

◇ **souffle** **1.** *Un souffle d'air nous ferait du bien* : **bouffée, courant** ; → AIR. **2.** *Il avait le souffle bruyant après sa course* : **respiration** ; → HALEINE. *Rendre le dernier souffle* : **expirer, rendre le dernier soupir** ; → MOURIR. **3.** *Il ne manque pas de souffle !* [fam.] : **culot, toupet** ◆ [plus sout.] **aplomb.** **4.** *La nouvelle nous a coupé le souffle* : **souffler** ; → ÉTONNER, SUFFOQUER. **5.** *Le souffle épique de ce poème* : V. INSPIRATION.

soufflet V. gifle.

souffleter V. gifler (*in* gifle).

souffrance V. souffrir.

souffrant V. malade.

souffre-douleur V. martyr.

souffreteux V. maladif.

souffrir **1.** [qqn ~] *Pendant sa maladie, il a souffert le martyre* : **endurer, supporter.** **2.** [trans. ind., qqn, qqch ~ de qqch] *Depuis une semaine, je souffre de la tête* : **avoir mal à.** *Il n'a pas trop souffert du qu'en-dira-t-on* : [plus sout.] **pâtir de.** *La ville a souffert de nombreux bombardements pendant la dernière guerre* : **être victime de, essuyer, subir.** **3.** [qqn, qqch fait ~] *Sa sciatique la fait souffrir affreusement* : [plus sout.] **tourmenter** ◆ ↑ **torturer.** *Pourquoi faites-vous souffrir cette pauvre bête ?* : **martyriser** ; → EN FAIRE VOIR* À. **4.** [trans., qqn ~] *Je ne peux plus souffrir cette personne, cette ville* : **supporter** ◆ [plus fam.] **sentir*** ; → VOIR. **5.** [qqn ~] *Je ne souffrirai pas que cet escroc vienne chez moi* : **accepter, tolérer** ◆ [fam.] **digérer** ; → ADMETTRE. **6.** [qqch ~] *Cette affaire ne souffre aucun délai* [sout.] : **admettre** ◆ [plus cour.] **être urgent** (*cette affaire est urgente*).

◇ **souffrance** **1.** *Il garde de sa maladie le souvenir de terribles souffrances* : **douleur*** ◆ [par métaph.] ↑ **torture,** ↑ **supplice.** *Son succès lui a coûté bien des souffrances* : **larme.** *Rien n'a pu soulager sa souffrance* : ↓ **peine***

◆ **affliction, chagrin** (qui s'emploient pour une souffrance morale) ; → CROIX. **2.** *En souffrance. Des colis sont restés en souffrance pendant la grève des cheminots* : **en attente.**

soufre V. jaune I.

soufrer V. traiter I.

souhait V. souhaiter.

souhaitable V. désirable (*in* désirer).

souhaiter **1.** *Il souhaite revenir dans son pays* : **espérer** ; → DÉSIRER, RÊVER* DE, VOULOIR. *Toute sa vie, il a souhaité le repos* : **aspirer à** ◆ **convoiter** (qui se dit assez rarement d'un terme abstrait) ; → APPELER, DEMANDER. *Il est à souhaiter que le temps se maintienne* : **souhaitable.** **2.** *Souhaiter le bonjour* : [plus cour.] **dire bonjour.** *Souhaiter la bonne année* : **offrir ses vœux.**

◇ **souhait** *Tous ses souhaits sont comblés* : **attente, désir, envie** ◆ [sout.] **aspiration, vœu** ; → AMBITION. *Les souhaits de bonne année* : **vœux.** *Voici un soufflé léger à souhait* : [antéposé] **bien.**

souiller **1.** *Les draps du malade étaient souillés de sueur et de sang* [sout.] : **maculer** ◆ [plus cour.] **tacher, salir*** ◆ **infecter, polluer** (qui impliquent un caractère malsain, nocif). **2.** *Le vice n'avait pas souillé cette âme pure* [sout.] : **avilir, entacher** ; → FLÉTRIR.

◇ **souillure** *Une souillure morale* : **flétrissure, tare** ; → FAUTE.

souk **1.** V. magasin. **2.** V. désordre.

soûl *Il a trop bu, il est soûl* : **ivre*** ◆ ↑ **ivre mort** ◆ ↓ **gris, gai,** ↓ **parti** ◆ [fam.] **avoir un verre dans le nez** ◆ [très fam.] **être noir, plein (comme une huître), beurré, bourré.**

◇ **soûler** *Le dernier verre a soûlé les invités* : [plus sout.] **enivrer** ◆ [fam.] **noircir.** *L'air du large nous a soûlés* : [cour.] ↓ **étourdir*** ◆ [sout.] ↓ **griser** ◆ **monter* à la tête.**

soulager **1.** [~ qqn] *Soulagez-moi car je ne peux plus tenir ce meuble trop lourd* : **décharger** ; → DÉBARRASSER. *On m'a soulagé de mon portefeuille* [fam.] : V. ENLEVER et VOLER. **2.** [~ qqch] *Il fallait soulager sa peine* : **alléger** ; → DIMINUER. *La morphine a soulagé sa douleur* : **adoucir, apaiser, calmer.** *Il a soulagé sa conscience* : V. LIBÉRER. **3.** [~ qqn] *Il souhaite pouvoir soulager les malheureux* : **aider*, faire du bien*, secourir*.**

◇ **soulagement** **1.** *Il faut trouver un soulagement à cette douleur* : **adoucissement, apaisement** ; → DIMINUTION. **2.** *Quel soulagement de vous savoir arrivés sains et saufs* : ↓ **détente** ; → CALME, DÉLIVRANCE.

soûlaud V. ivrogne.

soûler V. soûl.

soulever **1.** [~ qqn, qqch] *Sans un cric, il est difficile de soulever la voiture* : V. LEVER. **2.** [~ qqch] *On m'a soulevé mon porte-monnaie* [fam.] : V. VOLER. **3.** [~ qqch] *La voisine a doucement soulevé le coin du rideau* : **relever** ◆ **écarter** (= pousser vers les côtés). **4.** [~ qqch] *Le vent soulevait les vagues* : ↑ **agiter*.** **5.** [~ qqn] *La colère a soulevé la population* : **ameuter, déchaîner** ◆ ↓ **exciter** ; → TRANSPORTER. **6.** [~ qqch] *Sa proposition n'a pas soulevé l'enthousiasme* : **provoquer.** *Soulever le cœur* : V. ÉCŒURER. **7.** [~ qqch] *Son contradicteur n'a pas eu le temps de soulever une objection* : V. ÉLEVER. *Soulever un problème* : V. POSER.

◇ **se soulever** : **se révolter*.**

soulier V. chaussure (*in* chausser).

souligner **1.** *Le bustier soulignait la finesse de sa taille* : **accentuer** ; → FAIRE RESSORTIR*. **2.** *Nous soulignons l'importance de cette découverte* : **faire remarquer, mettre en évidence, insister sur** ; → METTRE L'ACCENT* SUR, METTRE EN RELIEF*. *Souligner l'intérêt de qqch* : V. SIGNALER. **3.** V. PONCTUER et SCANDER.

soumettre **1.** *L'empire avait soumis les pays voisins* : **conquérir** ◆ ↑ **asservir** ; → DOMINER, OPPRIMER, PLIER. *Soumettre des mutins* : **dompter, réduire** ◆ [rare] **subjuguer.** **2.** *Soumettre le commerce des alcools à des règles précises* : **assujettir, astreindre.** **3.** *L'architecte a soumis son projet à une commission* : **présenter** ; → PROPOSER. *Soumettre qqch à la critique* : **exposer*.**

◇ **se soumettre** **1.** *Les rebelles se sont soumis* : **abandonner** (... *ont abandonné la lutte*) ; → CÉDER, SE LIVRER. **2.** *Se soumettre* *aux injonctions de qqn* : [moins cour.] **obtempérer** ; → S'INCLINER, OBÉIR. *Se soumettre à qqn* : V. DÉPENDRE. *Lorsqu'on s'oppose à lui, il se soumet* : **se résigner***. **3.** *Il s'est soumis à la mode nouvelle* : [sout.] **sacrifier à.**

◇ **soumission** **1.** *Ces tribus vivaient dans la soumission* : **sujétion** ; → SERVITUDE. **2.** *La soumission aux coutumes* : ↓**observance** (*l'observance des coutumes*) ; → OBÉISSANCE. *Sa soumission est totale* : V. DOCILITÉ et RÉSIGNATION.

soumis V. docile, obéissant, prisonnier.

soumission V. soumettre.

soupape V. exutoire.

soupçonner **1.** [~ qqn] *La police le soupçonne d'avoir déposé une bombe* : **suspecter** ; → SE MÉFIER. **2.** [~ qqch, ~ que]. *Je ne soupçonnais pas que vous étiez au courant* : ↓**se douter***.

◇ **soupçonneux** **1.** *Il est très soupçonneux depuis qu'on l'a cambriolé* : **méfiant***. *Un mari soupçonneux* : **jaloux.** **2.** *Pourquoi ces regards soupçonneux ?* : [moins cour.] **suspicieux** ◆ ↑**inquisiteur** ; → OMBRAGEUX.

◇ **soupçon** **1.** *L'ère du soupçon* : [plus rare] **défiance, suspicion** ; → MÉFIANCE. **2.** *Je n'ai pas de soupçons contre lui* : **présomption.** *Avoir des soupçons sur qqch* : V. ATTENTION. *Au-dessus de tout soupçon* : **insoupçonnable***. **3.** *Il y avait un soupçon d'ironie dans son regard* : **pointe***; → OMBRE, SEMBLANT.

soupe **1.** V. bouillon. **2.** *Soupe au lait* : V. coléreux, impulsif (*in* impulsion).

soupente V. réduit II.

souper V. repas.

soupeser V. peser.

soupir *Rendre le dernier soupir* : V. MOURIR et SOUFFLE.

soupirant V. amant.

souple **1.** [qqch est ~] *Cette lame de fleuret est très souple* : **flexible.** *Voici une étoffe souple* : **moelleux** ; → MOU. *Un vin souple* : V. DOUX. **2.** [qqn est ~] *Il est encore très souple pour son âge* : **agile*** ; → ADROIT. *La danseuse avait la taille souple* : **délié.** *Le sportif courait d'une longue foulée souple* : **décontracté, élastique** ; → ONDOYANT. **3.** [qqn est ~] *Il a su rester souple devant nos revendications* : **adroit, habile, diplomate*** ◆ [péj.] **souple comme un gant, docile*** ; → MALLÉABLE, COMPLAISANT.

souplesse **1.** V. agilité (*in* agile). **2.** V. diplomatie (*in* diplomate), douceur (*in* doux), plasticité.

source **1.** *L'eau de la source était toute fraîche* : **fontaine** (= construction abritant un dispositif de distribution d'eau) ◆ **point d'eau** (= endroit où se trouve un puits, une source, dans une région aride). **2.** *Remonter à la source d'un phénomène* : V. BASE, NAISSANCE et ORIGINE. **3.** *Il faudrait une source lumineuse plus puissante pour que l'on puisse prendre une bonne photo* : **foyer.**

◇ **sourcier** *Le sourcier a détecté une source dans le jardin* : [didact.] **radiesthésiste** ◆ [plus partic.] **rhabdomancien** (celui qui pratique la radiesthésie avec une baguette de coudrier).

sourcil V. poil.

sourcilleux V. exigeant (*in* exiger).

sourd

I **1.** [qqn est ~] *Il n'entend rien, il est sourd* : [fam.] ↑**sourd comme un pot** ◆ ↓**dur d'oreille** ; → COTON. **2.** *Elle resta sourde à mes arguments* : **insensible***.

II [qqch est ~] **1.** *Quand il tomba, cela fit un bruit sourd* : **assourdi, mat.** *Il parlait d'une voix sourde* : **étouffé, voilé.** *Un « e » sourd* : V. MUET. **2.** *Une haine sourde* : **secret** ; → CACHÉ. *Une douleur sourde* : **diffus** ; → VAGUE.

sourdine *L'orchestre jouait en sourdine pendant le repas* : **discrètement, doucement.** *Mettez une sourdine à votre enthousiasme* : **modérer***.

sourdre V. sortir.

souriant V. gai.

souricière V. piège.

sourire V. amuser, plaire I, rire.

souris V. femme.

sournois [adj. et n.] *C'est un petit sournois ; méfiez-vous de lui* : **dissimulé** (= qui cache ses sentiments) ◆ **hypocrite** (= qui affecte des sentiments qu'il n'éprouve pas) ◆ [rare] ↑ **fourbe** ; → FAUX, DOUCEREUX. *Il avait un visage sournois* : **chafouin.** *Ses propos sournois ne me trompent pas* : **insidieux** (= qui cherche à induire en erreur) ◆ **mielleux** (= d'une douceur affectée) ; → SUBREPTICE. *Agir en sournois* : **en dessous, en tapinois** ◆ [fam.] **faire ses coups en douce.** ◇ **sournoisement** [de sournois] : **hypocritement, insidieusement, mielleusement.** ◇ **sournoiserie** : **dissimulation, fourberie** ; → FAUSSETÉ.

sous [prép.] **1.** [dans l'espace] *Sous la table* : **en dessous de.** *Sous son masque* : **derrière.** *Sous les remparts* : **au pied de.** *Sous les yeux de qqn* : **devant.** **2.** [dans le temps] *Sous le règne de* : **pendant.** *Votre commande sera livrée sous trois jours* : [plus cour.] **dans.**

sous-alimentation V. insuffisance* alimentaire.

souscrire V. adhérer, approuver, consentir.

sous-développé V. en retard* (*in* retarder).

sous-emploi V. chômage.

sous-entendu **1.** V. allusion, restriction. **2.** V. tacite.

sous-estimer V. déprécier, estimer I.

sous-fifre V. inférieur.

sous-main (en) V. irrégulièrement (*in* irrégulier), secrètement (*in* secret I).

sous-maîtresse V. entremetteur.

sous-marin **1.** [adj.] *Des roches sous-marines* : **immergé.** **2.** [n.] *Le sous-marin atomique partait en manœuvre* : **submersible.** **3.** [n.] *La police a introduit des sous-marins dans ce groupe extrémiste* : [plus cour.] **mouchard** ; → ESPION.

sous-ordre V. inférieur.

sous-sol V. cave.

sous-tasse V. soucoupe.

soustraction V. addition II.

soustraire **1.** [~ qqch] *On a soustrait les plans du sous-marin atomique* : **détourner** ; → DÉROBER, VOLER. **2.** [~ qqn à qqch] *Pendant la guerre, elle a soustrait des partisans à la répression* : **protéger de, sauver de*** ; → ARRACHER. **3.** [~ qqch de qqch] *Il a soustrait 60 de 130* : **déduire, défalquer, enlever, retrancher** ; → ÔTER. ◇ **se soustraire** *Se soustraire à son destin* : **échapper.** *Se soustraire à son devoir* : **manquer à.**

sous-verge V. aide (*in* aider), inférieur.

sous-vêtement V. dessous II.

soutane V. robe.

soute V. cale.

soutènement V. appui.

souteneur *C'est un souteneur qui vit du travail de plusieurs prostituées* : [plus sout.] **proxénète** ◆ [fam.] **maquereau** ◆ [très fam.] **barbeau, marlou** ; → ENTREMETTEUR.

soutenir **1.** [qqn, qqch ~ qqch] *Soutenez bien l'échelle pendant que j'y grimpe* : **maintenir*, tenir.** *La charpente fléchit et ne soutient plus le toit* : **supporter.** *Posez donc une console pour soutenir votre étagère à livres* : **caler*, consolider** ◆ [plus partic.] **étayer** (= soutenir avec une pièce de charpente, dite étai) ; → RENFORCER. **2.** [qqn, qqch ~ qqn] *Vous êtes épuisé : un repas léger vous soutiendra* : **réconforter** ◆ [plus fam.] **remonter.** **3.** [qqn ~ qqn] *De bons amis l'ont soutenu pour obtenir ce poste* : **aider, épauler, prêter la main à, donner un coup de main, d'épaule à** ; → APPUYER, SERVIR. *La banque l'a soutenu pour monter son entreprise* : [plus précis.] **financer** (= fournir des fonds) ◆ **subventionner** (qui ne s'applique qu'aux aides accordées par l'État ou des associations à but non lucratif). *Soutenir un club sportif* : V. SUPPORTER. *Il soutient toujours sa fille contre sa femme* : **prendre le parti de** ; → DÉFENDRE, ENCOURAGER. **4.** [qqn ~ qqch] *Le boxeur a bien soutenu l'attaque de son* *adversaire* : **résister à*.** **5.** [qqn ~ que + complétive] *Il a soutenu que vous étiez d'accord avec lui* : **prétendre** ◆ **assurer** (= certifier qqch sans rencontrer de résistance et sans avoir à argumenter) ; → AFFIRMER, RAISON. *Soutenir une thèse* : **défendre.**

◇ **se soutenir** **1.** [qqn ~] *Il est ivre ; il se soutient à peine sur ses jambes* : [plus cour.] **se tenir debout, droit.** **2.** [qqn ~] *Les deux frères se soutiennent toujours quand on les attaque* : [plus sout.] **s'entraider, se prêter assistance.** **3.** [qqch ~] *Votre position ne se soutient pas* : **se défendre.**

◇ **soutenu** **1.** *Un intérêt soutenu* : [antéposé] **vif.** *Vous avez prêté une attention soutenue à son cours* : **constant.** **2.** V. ÉLEVÉ.

◇ **soutien** **1.** *Ce parti apporte son soutien au gouvernement* : **aide** ◆ **secours*** (= soutien défensif) ; → ACCORD, APPUI, ENCOURAGEMENT, RESSOURCE, SERVICE. *Le dernier soutien* : **bastion.** **2.** *Il s'est fait le soutien d'une mauvaise cause* : **champion, défenseur** ; → PILIER. **3.** *Il a toujours besoin d'un soutien moral* : [fig.] **béquille.** *Un enseignement de soutien* : V. RATTRAPAGE*.

souterrain **1.** [n.] *On avait étayé le souterrain avec des bois de mine* : **tunnel** (qui sert aux voies de communication) ◆ **galerie** (= lieu de passage qui n'est pas forcément souterrain). **2.** [adj.] *Des menées souterraines inquiétaient la police* : **clandestin** ; → SUBREPTICE, CACHÉ.

soutirer

I *Il est temps de soutirer le vin* : **transvaser** ◆ **clarifier** (= débarrasser le vin de sa lie en le transvasant).

II *J'ai rencontré un tapeur qui m'a soutiré cent francs* : [fam.] **taper de** ◆ ↑**escroquer** ; → TIRER.

souvenance *Avoir souvenance de* : V. souvenir.

souvenir (se) [~ de] **1.** *Je me souviens de vous* : ↑**reconnaître,** [fam.] **remettre** (*je vous reconnais ; je vous remets*) ◆ [sout.] **se remémorer, avoir souvenance de** ◆ **se rappeler** (*je me souviens de notre rencontre, de vous avoir rencontré, que je vous ai rencontré ; je me rappelle notre rencontre, vous avoir rencontré, que je...*). **2.** *Souviens-toi de cet avertissement* : **penser à** ◆ **prendre bonne note* de.**

◇ **souvenir** [n.] **1.** *Un souvenir des dernières vacances me revient* : [plus sout.] **réminiscence** (= souvenir vague) ◆ **image** (= souvenir visuel). *J'ai perdu le souvenir de cet épisode* : **mémoire** (= faculté de se souvenir) ; → RAPPEL. **2.** *Écrire ses souvenirs* : V. MÉMOIRES et PASSÉ.

souvent *Les deux amis sortent souvent ensemble* : **fréquemment** (qui implique plus ou moins la régularité du phénomène) ◆ ↑**généralement** (qui implique une idée de règle) ; → BEAUCOUP, LA PLUPART* DU TEMPS. *On les a vus se disputer souvent* : [moins cour.] **cent fois, de nombreuses* fois** ◆ ↓**plusieurs fois,** ↓**à plusieurs reprises.** *Très souvent* : **les trois quarts* du temps** ; → TOUJOURS.

souverain **1.** V. efficace. **2.** V. absolu, suprême. **3.** V. monarque.

souverainement V. terriblement (*in* terrible).

souveraineté V. autorité.

spacieux V. commode II, vaste.

spadassin V. bretteur.

spartiate **1.** V. austère. **2.** V. sandale.

spasme V. contraction, convulsion, tremblement (*in* trembler).

spatial V. cosmique.

spationaute V. cosmonaute.

speakerine [n.f.] *La speakerine a annoncé le programme* (= personne qui présente les programmes à la radio, à la télévision) : [plus cour.] **présentatrice** ◆ **animatrice** (= personne qui présente un spectacle, un débat public) ◆ **annonceuse.**

◇ **speaker** [n.m., plus cour.] **présentateur** ◆ **animateur** ◆ **annonceur** (qui se dit aussi de celui qui commande et finance une annonce publicitaire).

spécial **1.** *C'est un trait spécial de la nouvelle génération* : **particulier*** ; → CARACTÉRISTIQUE. *Un cas spécial* : V. INDIVIDUEL. **2.** *Sa conception de la politique est spéciale* : **à**

part*, **singulier*** ◆ **bizarre** (qui se dit de l'étrangeté du cas plus que de sa singularité) ◆ ↑ **extraordinaire** ; → EXCEPTIONNEL.

◇ **spécialement** *Il est spécialement attentif à ce problème* : **particulièrement** ; → EN PARTICULIER*. *Ne vous dérangez pas spécialement pour nous* : **exprès.**

◇ **spécialisé** *Une chaîne de télévision spécialisée* : **ciblé**. *Un traitement spécialisé* : **adapté**.

◇ **spécialiste** **1.** *Mieux vaut l'avis d'un spécialiste* : **expert** ◆ **professionnel** (= celui qui connaît les problèmes par profession) ◆ **technicien** (= personne qualifiée par sa maîtrise d'une technique) ; → SAVANT. *C'est un spécialiste de la politique* : V. ACROBATE. **2.** V. MÉDECIN.

◇ **spécialité** **1.** *La spécialité d'un savant* : **discipline, domaine, partie*** ; → BRANCHE. **2.** *Ce restaurant a des spécialités alléchantes* : **plat,** [sout.] **mets***. **3.** *Une spécialité pharmaceutique* (= préparation industrielle, enregistrée par le ministère de la Santé) : [plus génér.] **médicament** ; → REMÈDE.

spécieux V. apparent, séduisant.

spécifier V. indiquer, stipuler.

spécifique V. caractéristique.

spécimen V. exemple, exemplaire, échantillon.

spectacle **1.** *Assisterez-vous au spectacle en matinée ou en soirée ?* : [anglic.] **show** (= spectacle centré autour d'une vedette) ◆ [plus partic.] **one-man-show** (= spectacle avec un seul comédien) ◆ [plus partic.] **représentation théâtrale, cinématographique** ◆ **gala de boxe** ; → SÉANCE, THÉÂTRE. *Le monde du spectacle* : [anglic.] **show-business,** [fam.] **show-biz** ; → CINÉMA, CIRQUE. **2.** *Leur scène de ménage, quel spectacle pour les voisins !* : **tableau** ; → SCÈNE, VUE. *Se donner en spectacle* : **s'exhiber.**

◇ **spectaculaire** *La rencontre a été spectaculaire* : **impressionnant** ◆ ↑ **sensationnel** ; → THÉÂTRAL. *Le côté spectaculaire de l'histoire* : **frappant.**

◇ **spectateur** **1.** *Les spectateurs ont applaudi* : [coll.] **assistance, public** (= ensemble des spectateurs) ; → AUDITOIRE. **2.** *Il y a eu beaucoup de spectateurs de la bagarre* : ↑ **témoin** ; → OBSERVATEUR. *Être spectateur* : V. ÊTRE PRÉSENT*.

spectral V. fantomatique (*in* fantôme).

spectre V. fantôme, menace.

spéculateur V. spéculer.

spéculatif V. théorique (*in* théorie).

spéculer **1.** *Il ne faut pas trop spéculer sur la bêtise des autres* : ↓ **compter sur.** **2.** *Le notaire spéculait avec les dépôts de ses clients* : [plus partic.] **jouer en Bourse** ◆ [fam.] **boursicoter** ; → BOURSE II.

◇ **spéculation** **1.** V. CALCUL. **2.** *Des spéculations sur les valeurs boursières* : **agiotage** (= spéculation frauduleuse) ◆ **boursicotage** (= petites opérations en Bourse) ; → OPÉRATION II. **3.** V. THÉORIE I.

◇ **spéculateur** *À la Bourse, les spéculateurs attendent les premières cotations* : [péj., fam.] **boursicoteur** (= petit porteur) ◆ [plus rare] **agioteur** ◆ **baissier, haussier** (qui précisent l'orientation de la spéculation) ◆ [plus génér.] **boursier** (= toute personne qui intervient à la Bourse).

speech V. discours.

sperme V. semence (*in* semer I).

sphère **1.** *Le Soleil a la forme d'une grosse sphère* : [plus cour.] **boule.** *La sphère terrestre* : **globe, Terre** ◆ **mappemonde** (= représentation du globe terrestre). **2.** *Dans les sphères de la grande finance* : **domaine, milieu.** *Une sphère d'influence* : **zone** ; → CHAMP.

spicilège V. recueil.

spirale V. vrille.

spiritisme V. divination (*in* deviner).

spirituel

I **1.** *Il y a pour certains des réalités spirituelles* : **immatériel.** **2.** *Les valeurs spirituelles varient suivant les sociétés* : [plus précis] **religieux** ; → ESPRIT, MORAL. *Un directeur spirituel* : **confesseur.** **3.** *La lecture est un plaisir spirituel* : **intellectuel.**

II *C'est un garçon très spirituel, qui sait animer une soirée* : ↓ **amusant*** (qui se dit de l'effet produit) ◆ **brillant, vif** (qui se disent des qualités d'esprit). *Ses propos sont toujours spirituels et sans méchanceté* : **fin, piquant.** *Être spirituel* : **avoir de l'esprit*.**

spiritueux V. alcool.

spleen V. cafard.

splendeur 1. *Le soleil brille enfin dans toute sa splendeur* : **éclat*** ; → BRILLANT. 2. *Nous étions éblouis par la splendeur du spectacle* : **magnificence** ◆ ↓ **beauté*.** 3. *Au temps de sa splendeur, il était prodigue* : ↓ **prospérité.**

◇ **splendide** 1. *Aujourd'hui, il fait un temps splendide* : **admirable, radieux*.** 2. *Ce fut une fête splendide, comme on n'en avait jamais vu* : **magnifique, somptueux** ; → BRILLANT. 3. *C'est une fille splendide, physiquement parfaite* : **superbe.**

spoliateur V. exploiteur (*in* exploiter II).

spolier V. déposséder, écarter.

spongieux V. mou.

sponsor *L'émission recherchait un sponsor* [anglic.] : **parrain, commanditaire** ◆ [recomm. off.] **parraineur.**

◇ **sponsoriser** [anglic.] : [recomm. off.] **commanditer, parrainer, financer.**

spontané *D'un geste spontané, il me tendit la main* : [moins cour.] **primesautier** ◆ **naturel*** (qui s'oppose à l'idée d'artifice) ◆ **impulsif, involontaire, instinctif** (qui s'opposent à l'idée de détermination volontaire). *Son amabilité est spontanée* : **venir du cœur.** *C'est un être spontané, sans détours* : ↓ **franc,** ↓ **sincère** ; → NATURE.

◇ **spontanéité** *Sa spontanéité m'a surpris* : **franchise, sincérité** ; → NATUREL.

spontanément V. de soi-même (*in* même I), nature, naturellement (*in* nature).

sporadique V. irrégulier.

sport 1. *Il fait du sport pour garder la forme* : [plus restreint] **culture physique, gymnastique** (ont longtemps servi à désigner l'ensemble des activités physiques destinées à maintenir en forme). *Le sport est aussi une discipline scolaire* : **éducation physique, gymnastique** ◆ [off.] **éducation physique et sportive,** [abrév.] **E.P.S.** *C'est du sport* [fam.] : [cour.] **difficile.** 2. [adj. inv.]. *Il a été très sport et a convenu qu'il avait tort* : [anglic.] **fair-play*** ; → CORRECT, LOYAL.

spot 1. *Des spots éclairaient la scène* : **projecteur.** 2. *Un spot publicitaire* [anglic.] : **message publicitaire** ◆ [abrév. fam.] **pub.**

spray V. vaporisateur.

sprint V. course II.

sprinter V. courir.

square V. jardin.

squatter V. occuper I.

squelette *Les fouilles ont permis de retrouver des squelettes d'anthropoïdes* : [pl.] **ossements** (qui peut ne désigner qu'une partie du squelette). *Un squelette de chameau* : V. CARCASSE. *Le pithécanthrope avait un squelette lourd* : **ossature*.**

◇ **squelettique** 1. *Un homme squelettique* : **décharné, émacié, maigre.** 2. [fig.] *Un état-major squelettique* : **peu nombreux, réduit.**

stabiliser V. équilibrer.

stabilité V. aplomb I, équilibre, continuité (*in* continuer).

stable V. durable (*in* durer), ferme, fixe (*in* fixer), permanent.

stade 1. V. partie I. 2. V. terrain.

stagnant V. dormant (*in* dormir), mort II.

stagner V. croupir, séjourner (*in* séjour), végéter.

stalle V. box.

standard V. type I.

standardisation, standardiser V. normalisation, normaliser (*in* normal).

standing V. position, niveau de vie*.

star V. acteur, vedette.

station **1.** *Nous avons fait une courte station devant la vitrine* : [moins cour.] **halte** ◆ **pause** (qui introduit l'idée d'un repos en cours d'activité) ; → ARRÊT. **2.** *Une station-service* : **pompe***.

stationner V. arrêter, rester II.

statuaire V. sculpteur (*in* sculpter).

statue V. sculpture (*in* sculpter).

statuer V. juger.

statuette V. sculpture (*in* sculpter).

stature V. taille I.

statut V. règlement.

steak V. bifteck.

steeple-chase V. course II.

stéréotypé V. commun II.

stérile **1.** [une terre ou un végétal est ~] *C'est un sol stérile* : [plus sout.] **ingrat, infécond** ◆ ↓ **pauvre** ; → ARIDE, SEC. *Nous allons couper ce cerisier stérile* : **improductif***. **2.** [un être vivant est ~] V. CONCEVOIR. **3.** [qqch est ~] *Des efforts stériles* : **inefficace, vain.** *Des propos stériles* : **oiseux** ; → VIDE.

stérilet V. préservatif.

stérilisation **1.** V. appauvrissement. **2.** V. castration (*in* castrer).

stériliser **1.** V. appauvrir. **2.** V. castrer.

stérilité **1.** V. pauvreté (*in* pauvre II). **2.** V. conception (*in* concevoir), impuissance (*in* impuissant).

stick V. bâton.

stigmate *Il porte les stigmates de son vice sur sa face* : **marque** ; → TRACE.

stigmatiser *Ses amis eux-mêmes ont stigmatisé sa mauvaise conduite* : **condamner*** (= blâmer publiquement) ◆ **flétrir** (= dénoncer avec indignation qqn ou son comportement) ; → CRITIQUER.

stimulant V. auxiliaire II, excitant, réconfortant, tonique, vivifiant.

stimulation V. encouragement (*in* encourager).

stimuler V. accélérer, animer, encourager, réveiller.

stipulation V. disposition.

stipuler *Il est stipulé dans le contrat que la caution vous sera reversée* : **spécifier*** ◆ [plus génér.] **préciser** ◆ ↓ **mentionner** ; → DIRE, ÉNONCER.

stock *Un stock de pièces de rechange* : **assortiment, provision, réserve*** ◆ **approvisionnement** (= fourniture du matériel nécessaire) ; → LOT, MAGASIN.

◇ **stocker** *Stocker des marchandises* : **emmagasiner** ; → CONSERVER, ENTREPOSER.

stock-option V. valeur II.

stoïque **1.** *L'acteur est resté stoïque sous les sifflets* : **impassible, imperturbable.** *Il a fait un effort stoïque* : ↑ **héroïque.** **2.** *Une vie stoïque* : V. AUSTÈRE.

◇ **stoïquement** *Il résistait stoïquement à la douleur* : **héroïquement** ◆ ↓ **courageusement.**

stomacal *Une inflammation stomacale* : **gastrique.**

stop V. signal.

stopper V. arrêter I, enrayer, être au point* mort III.

store *Voulez-vous baisser le store, le soleil m'éblouit* : [plus génér.] **rideau** ◆ **jalousie** (= treillis de bois mobile).

story-board V. scénario.

strangulation V. étranglement.

strapontin V. place I.

stratagème V. ruse.

strate V. couche III.

stratégie V. tactique I.

stratégique V. militaire, tactique II.

stressé V. contracté (*in* contracter II).

strict **1.** [qqch est ~] *Il y a des consignes très strictes en cas d'incendie* : **précis** ; → RIGOUREUX. *C'est la stricte vérité* : V. MÊME. *Au sens strict du terme, il est irresponsable* : **exact, littéral** ; → ÉTROIT. **2.** [qqch est ~] *Sa morale est très stricte* : **sévère.** **3.** [qqn est ~] *Le directeur est très strict sur la tenue du personnel* : **exigeant** ◆ ↑ **dur** ◆ [fam.] **à cheval*.**

strictement V. étroitement (*in* étroit), rigoureusement (*in* rigueur), uniquement (*in* unique).

stricto sensu V. étroit.

strident V. criard (*in* cri).

stridulation V. sifflement (*in* siffler).

strie V. rayure (*in* raie).

strier V. rayer (*in* raie).

string V. slip.

strip-tease **1.** *Ce cabaret présente un numéro de strip-tease* : [moins cour.] **effeuillage** ◆ [plus génér.] **déshabillage** (qui n'implique pas d'exhibition). **2.** *Parfois la confidence tourne au strip-tease* [fig.] : **déballage.**

structure *La structure du sol ne se prête pas à la construction d'une tour* : **composition*, constitution, texture.** *La structure des pyramides égyptiennes nous réserve encore des surprises* : **architecture** ◆ [plus abstrait] **conception.** *La structure d'une œuvre littéraire* : V. ÉCONOMIE. *La structure de cette administration est archaïque* : **forme, organisation*** ; → OSSATURE.

studieux V. appliqué.

studio V. appartement.

stupéfaction *À ce spectacle inhabituel, la surprise fit place à la stupéfaction* : **effarement, stupeur** ; → ÉTONNEMENT.
◇ **stupéfait** *Il est resté stupéfait* : **abasourdi, tomber des nues** (*il est tombé des nues*) ◆ ↓ **surpris** ◆ ↑ **interdit,** ↑ **médusé** (= réduit au silence) ◆ **consterné** (= désagréablement surpris) ; → RENVERSÉ.
◇ **stupéfier** *Son aplomb nous a tous stupéfiés* : **effarer** ◆ ↓ **surprendre** ◆ ↑ **sidérer,** ↑ **consterner, méduser** ; → ÉTONNER.
◇ **stupéfiant** **1.** [adj.] *C'est une nouvelle stupéfiante, que je n'ose croire* : **effarant** ◆ ↑ **sidérant** ◆ [plus génér.] **extraordinaire** ; → ÉTONNANT, RENVERSANT, INCONCEVABLE. **2.** [n.] *Un stupéfiant* : [plus génér.] **drogue*.**

stupeur V. étonnement (*in* étonner), stupéfaction.

stupide **1.** *Il est trop stupide pour comprendre la situation* : **bête, idiot** ◆ **abruti** (qui suppose plutôt l'effet d'une circonstance que d'un état naturel) ◆ [fam.] **crétin.** **2.** *C'est un pari stupide* : **absurde*** ◆ ↑ **insensé** ◆ [plus sout.] **inepte.**
◇ **stupidité** **1.** *La grossièreté de cet individu n'a d'égale que sa stupidité* : **bêtise*, idiotie, ineptie** ; → SOTTISE. *La stupidité de son comportement jaloux* : **idiotie, absurdité*** ; → BÊTISE, SOTTISE. **2.** *Quelle stupidité ai-je encore commise ?* : **ânerie** ◆ [plus rare] **balourdise** (qui suppose plus de maladresse que de bêtise).

stupre V. débauche (*in* débaucher II).

style **1.** *Nous reconnaissons le romancier à son style* : **écriture*** ◆ **langue** (qui renvoie plutôt dans ce contexte à la forme de l'expression indépendamment du sujet et du genre de l'œuvre en question) ◆ **rhétorique** (qui ne s'applique qu'aux procédés considérés comme des moyens techniques). **2.** [didact.] *Étudier le style d'un auteur* : [péj.] **phraséologie** (= agencement convenu des mots) ; → PHRASE, PLUME. [en grammaire] *Style direct, indirect* : **discours.** **3.** *Le style d'un artiste* : **facture, manière** ◆ [plus partic.] **touche** (= manière d'un peintre). **4.** *Dans le style victorien* : **goût, à la mode.** *Un meuble de style* : V. CARACTÈRE.

styliste *Cette série de fauteuils est l'œuvre d'un styliste* : [anglic.] **designer** ◆ [recomm. off.] **stylisticien.**

suaire *Le suaire est traditionnellement, avec les chaînes, l'attribut du fantôme* [litt.] : [cour.] **linceul.**

suant V. ennuyeux.

suave V. agréable, doux.

subalterne V. inférieur.

subdiviser V. diviser.

subdivision V. division.

subir 1. *Subir un interrogatoire serré* : **endurer, faire l'objet* de.** *Subir une averse terrible* : **essuyer.** *Mieux vaut réagir que subir* : V. INCONVÉNIENT et SE RÉSIGNER. 2. V. PASSER.

subit *Un changement subit s'est produit* : **brusque, instantané, soudain.**
◇ **subitement** *Subitement, il a changé d'attitude à mon égard* : **brusquement, tout d'un coup, du jour au lendemain*, soudain*** ◆ [fam.] **subito.**

subjectif *Votre appréciation est trop subjective* : **personnel, partial, relatif*.**

subjuguer V. conquérir, soumettre.

sublime 1. *Les accords sublimes de la symphonie ont retenti* : **divin.** *Un style sublime* : **élevé*, noble.** 2. *Il a été sublime d'abnégation* : **extraordinaire, admirable*.** *C'est une âme sublime* : **noble** ◆ [antéposé] **beau** ; → TRANSCENDANT.

submerger 1. V. inonder. 2. V. accabler.

submersible V. sous-marin.

subodorer V. deviner, se douter, sentir I.

subordination *Vivre dans une telle subordination est impossible* : **dépendance*, tutelle** (*sous cette tutelle*) ◆ ↑ **sujétion,** ↑ **assujettissement** ; → ESCLAVAGE, OBÉISSANCE, SOUS LA COUPE* DE, INFÉRIORITÉ.

subordonné V. inférieur, dépendre I.

subornation V. corruption.

suborner V. corrompre, séduire.

subreptice *Des manœuvres subreptices* [sout.] : **furtif, souterrain, sournois** ; → SECRET.

◇ **subrepticement** *Subrepticement, il a quitté la cérémonie* : **furtivement** ; → SECRÈTEMENT.

subside *L'État a accordé des subsides aux sinistrés* : **aide, secours*** ◆ **subvention** (= aide plus importante et plutôt accordée à un groupe, à une organisation) ◆ **allocation** (= aide administrative).

subsidiaire V. complémentaire.

subsistance V. aliment, denrée, nourriture.

subsister 1. *Ces coutumes ancestrales ont subsisté dans des vallées perdues* : **se conserver, se maintenir, persister** ◆ [sout.] **perdurer.** *Il ne subsiste à peu près rien de la fortune familiale* : **demeurer, rester.** 2. *Sa maigre pension lui permet tout juste de subsister* : **exister, survivre, vivoter** ; → VIVRE, ÊTRE.

substance 1. *C'est une substance vivante* : **corps, matière** ◆ [partic.] **essence, suc.** 2. *Je vous résume la substance de son discours* : **contenu, essentiel, fond, objet, sujet.** *En substance, voici l'affaire* : **en gros, en résumé, sommairement.**
◇ **substantiel** 1. *Un repas substantiel nous attendait à la maison* : **riche, nourrissant** ; → CONSISTANT. 2. *Une avance substantielle me serait utile pour finir le mois* : **important** ; → GROS.

substituer *Vous avez substitué une copie à l'original* : **remplacer... par, mettre à la place de.** *Le président a substitué une peine de dix ans à la réclusion perpétuelle* : **commuer en.**
◇ **substitution** *Une substitution de produit* : **échange.** *Une peine de substitution* : **remplacement** ; → SUCCÉDANÉ.

substitut V. remplaçant (*in* remplacer).

subterfuge V. fuite, ruse.

subtil 1. [qqn] *Vous êtes trop subtil pour ne pas saisir la nuance* : **perspicace, sagace, fin*.** *Il faudrait un négociateur très subtil* : **adroit, habile, diplomate*, rusé*.** *Un esprit subtil* : **délié, fin*, pénétrant*, vif*.** 2. [qqch] *Une idée subtile* : **délicat*, ingénieux.** *Un raisonnement subtil* : [péj.]

alambiqué, tiré par les cheveux ; → ABSTRAIT. *Une nuance subtile* : **ténu** ◆ ↑ **imperceptible.**

◇ **subtilité** 1. *La subtilité de ce garçon est surprenante* : **finesse***. *La subtilité d'une argumentation* : [péj.] **casuistique.** *La subtilité de son goût m'étonne* : **délicatesse***. 2. [pl.] *L'avocat a multiplié les subtilités* : **argutie** ◆ [rare] **chicane** ◆ [plus génér.] **artifice.**

subtiliser V. dérober, voler II.

suburbain V. banlieue.

subvenir *Il n'est pas en mesure de subvenir à ses propres besoins* : **pourvoir.**

subvention V. secours, subside.

subventionner V. soutenir.

subversif V. pernicieux.

suc V. substance.

succédané *Le malt a servi de succédané au café* : **ersatz, produit de remplacement, de substitution.**

succéder 1. [qqn ~ à qqn] *Il a succédé à son père à la direction de l'entreprise* : **hériter** (*... hérité de son père la direction...*), **remplacer** (*... remplacé son père à la direction*) ; → SUITE. 2. [qqch ~ à qqch] *L'inquiétude a succédé à la tranquillité* : **suivre** (*... suivi la tranquillité*).

◇ **se succéder** *Le jour et la nuit se succèdent* : **alterner***. *Les heures se succèdent, monotones* : **se suivre, passer*** ◆ ↑ **défiler.**

◇ **successeur** *Le patron a désigné son successeur* : **remplaçant** (qui peut être un successeur provisoire) ◆ **continuateur** (= qui poursuit l'ouvrage entrepris) ◆ [péj.] **épigone** (= imitateur d'un artiste ou d'un courant artistique reconnu : *un épigone du nouveau roman*) ◆ **dauphin** (= successeur prévu).

◇ **succession** 1. *Les successions sont soumises à des droits* : **héritage** ; → LEGS. *Le montant d'une succession* : V. BIEN. 2. *La succession des rois de France n'a pas été en ligne directe* : **suite** ; → HÉRÉDITÉ. *C'est une succession ininterrompue de solliciteurs depuis ce matin* : **défilé, procession.** 3. *La succession des faits* : **chronologie, déroulement***. *La succession des saisons* : **alternance***. *Une succession d'ennuis invraisemblables* : **série, kyrielle.**

◇ **successif** *Des revendications successives ont abouti à une amélioration des conditions de travail* : **continuel** ; → CONTINU.

◇ **successivement** *Nous sommes successivement passés dans le cabinet de consultation* : **à tour de rôle, l'un après l'autre.** *Il est successivement bavard et silencieux* : **alternativement*, tour à tour.**

succès 1. *Le succès d'un plan* : **résultat heureux, réussite***. *Il a passé ses épreuves avec succès* : ↑ **bonheur.** *Le succès des bistrots à vin* : **vogue.** *Un succès sportif* : ↓ **performance** ◆ ↑ **exploit, triomphe*, victoire***. *Ce roman est un succès* : **best-seller** ; → FAIRE UN TABAC*, SE VENDRE* BIEN. *Cette chanson est le succès de l'été* : **tube***. *Dans ce cinéma, on ne passe que des succès* : [néol.] ↑ **film culte*** (= qui sert de signe de reconnaissance pour un public d'adeptes). 2. *Son succès nous fait plaisir* : **prospérité*, réussite***. *Il a du succès auprès des femmes* : V. PLAIRE et RÉUSSIR. *Votre démarche a été couronnée de succès* : **aboutir.**

succinct 1. *Un exposé succinct* : **concis** ◆ **bref, court** ◆ [péj.] **schématique, sommaire.** 2. *C'est un orateur succinct* : **concis, laconique.**

◇ **succinctement** *Je vous rappelle succinctement les événements* : [plus cour.] **brièvement, sommairement, en abrégé***.

succomber 1. *Le blessé a succombé au cours du transport* : **mourir*** ; → TOMBER. 2. *Il succombe sous la charge* : **céder.** 3. *Il a succombé au charme de cette jeune femme* : **céder, s'abandonner***.

succulent *Cet entremets est succulent* : **délectable, délicieux, exquis, savoureux*** ◆ [plus génér.] **excellent** ; → AGRÉABLE.

succursale *Il ne travaille pas à la banque centrale, mais dans l'une de ses succursales* : **agence** ◆ **annexe** (= partie moins importante, sans autonomie, d'un magasin ou d'un service) ◆ **filiale** (= établissement plus autonome qu'une succursale) ◆ **comptoir** (= établissement à l'étranger).

sucer *L'enfant suçait une orange, une glace* : **manger** (= consommer un aliment solide), **boire, téter** (= avaler un liquide) ; → CONSOMMER.

sucrage *Le sucrage des moûts* : **chaptalisation.**

sucré **1.** V. doux, sirupeux. **2.** V. doucereux (*in* doux).

sucrer V. adoucir.

sucrerie V. bonbon, friandise (*in* friand).

sud **1.** [n.] *Notre fenêtre est exposée au sud* : **midi.** **2.** [adj.] *Il a fait un long voyage dans l'hémisphère Sud* : **austral.** *Le pôle Sud* : **l'Antarctique.**

suer **1.** [qqn ~] *Il faisait chaud et j'ai beaucoup sué* : **transpirer.** *Suer sang et eau* : [plus cour.] **peiner,** [fam.] **en suer.** *Ce travail me fait suer* [fam.] : **ennuyer*.** *Se faire suer* : **s'ennuyer*.** **2.** [qqch ~] *Les plâtres suent* : **suinter*.** *Ces murs suent l'ennui* : **exhaler.**

◇ **sueur** *Le malade dégageait une odeur de sueur* : **transpiration** ◆ [didact.] ↑ **sudation** (= transpiration abondante) ◆ [fam.] **suée** (*prendre une bonne suée*). *Être en sueur* : **en nage, en eau.**

suffire **1.** *Suffire à un besoin* : V. SATISFAIRE. *Mille francs me suffiraient* : V. FALLOIR. **2.** *Ça suffit* : **c'est un comble, c'est assez*.** **3.** *Il suffit de* : V. AVOIR III (*il n'y a qu'à*).

suffisamment V. assez.

suffisance V. vanité II.

suffisant **1.** V. assez, satisfaisant (*in* satisfaire). **2.** V. pédant, vaniteux (*in* vanité II).

suffixe V. terminaison.

suffocant V. suffoquer.

suffocation V. étouffement (*in* étouffer).

suffoquer **1.** [trans., qqch ~ qqn] *La fumée nous a suffoqués* : **prendre à la gorge** ◆ ↑ **étouffer.** *La nouvelle m'a littéralement suffoqué* : [fam.] **estomaquer, souffler, couper le souffle*** ; → SCIER, STUPÉFIER. **2.** [intr., qqn ~] *Le coureur suffoquait à l'arrivée* : **étouffer, être à bout de souffle** ; → S'ESSOUFFLER.

◇ **suffocant** **1.** *Dans le souterrain, l'atmosphère était suffocante* : **étouffant** ; → ACCABLANT. **2.** *Il est d'un toupet suffocant* : [fam.] **époustouflant** ◆ ↓ **étonnant** ; → STUPÉFIANT.

suffrage **1.** *La majorité relative des suffrages suffit à son élection* : **vote** ; → VOIX. **2.** *Les sénateurs sont élus au suffrage indirect* : **scrutin.** **3.** *Votre projet a recueilli nos suffrages* : **adhésion** ◆ ↑ **concours** (qui implique une participation active) ; → APPROBATION.

suggérer **1.** [qqn ~ qqch à qqn] *Ses amis lui ont suggéré cette réponse* : **conseiller, inspirer, souffler** ◆ ↑ **dicter** (= exiger de qqn un certain comportement) ; → INSINUER. **2.** [qqch ~ qqch à qqn] *Ce mot m'en suggère un autre* : **évoquer, faire penser à.**

◇ **suggestif** **1.** *Cette musique est suggestive* : **évocateur.** **2.** *Elle prend des poses suggestives* : ↑ **lascif** ; → OBSCÈNE.

◇ **suggestion** *Votre suggestion sera prise en considération* : **conseil, proposition** ; → AVERTISSEMENT.

suicider (se) *Beaucoup de boursiers se sont suicidés lors du grand krach* : **se tuer*** ◆ [moins cour.] **se détruire*, se supprimer** ◆ [plus partic.] **se pendre, se noyer** ◆ [fam.] **se faire sauter le caisson, se faire hara-kiri.**

suinter **1.** [un liquide ~] *L'eau suinte des murs* : ↑ **couler,** ↑ **dégoutter,** ↑ **ruisseler** ◆ [fam.] **dégouliner** ◆ [didact.] **exsuder.** **2.** [un solide ~] *Dans cette maison humide, le plâtre suinte* : **suer.**

suisse **1.** V. sacristain. **2.** *En suisse* : V. seul.

suite V. suivre.

suivant V. d'après*, selon.

suivre **1.** [qqn ~ qqn, un animal] *Les chasseurs suivent le sanglier* : **pister** ◆ ↑ **poursuivre,** ↑ **talonner*.** *L'inspecteur suit le suspect* : [plus partic.] **filer.** **2.** [qqn ~ qqn] *Il sortit ; je le suivis* : **emboîter le pas** ; → ACCOMPAGNER, TALON. **3.** [qqn ~ qqch] *Il a suivi le* *raccourci pour venir à la maison* : **emprunter, prendre.** *Le promeneur suit la rivière* : **longer ◆ descendre, remonter** (qui précisent le sens du mouvement). **4.** [qqn ~ qqch] *Vous devriez suivre l'exemple de votre frère* : V. IMITER. *Il vaudrait mieux suivre les ordres que vous avez reçus* : V. SE CONFORMER, OBÉIR À et OBSERVER. *La consigne a été suivie* : **respecter.** *Il a suivi son impulsion* : **s'abandonner à.** *Je suis de près le développement de la situation* : **s'intéresser à, surveiller. 5.** [qqn ~ qqch] *Il suit votre raisonnement* : **comprendre***. *Suivre sa conscience* : V. CONSULTER. **6.** [qqch ~ qqch] *Le printemps suit l'hiver* : **succéder à***.

◇ **se suivre** *Les jours se suivent et ne se ressemblent pas* : **se succéder*** ; → S'ENCHAÎNER.

◇ **suite 1.** *J'ai perdu la suite de mes idées* : **cours, développement, fil** ; → ENCHAÎNEMENT, LIAISON. **2.** *Prendre la suite de qqn* : **succéder à*** ; → SUCCESSION. **3.** *Il a plu cinq jours de suite* : **consécutif*, d'affilée***. *Il a bu trois apéritifs de suite* : **coup sur coup.** *Mettre des choses à la suite (les unes des autres)* : **bout à bout ◆ derrière*** (*l'une derrière l'autre*). *J'arrive tout de suite* : **sur-le-champ, à l'instant ◆ sans tarder*** ; → IMMÉDIATEMENT. *Par la suite, nous verrons à vous augmenter* : **plus tard** ; → ENSUITE, À L'AVENIR*. **4.** *La suite du ministre était nombreuse* : **escorte.** *Toute une suite de visiteurs attendaient à la porte du musée* : **kyrielle, ribambelle***. **5.** *Une bizarre suite d'incidents s'est produite* : **série. 6.** *Les suites de cette décision peuvent être graves* : **conséquence, retombée** ; → ABOUTISSEMENT, ACCOMPAGNEMENT, EFFET. *Espérons que cette erreur n'aura pas de suite* : **développement, prolongement*** ; → LENDEMAIN. *Il souffre des suites de sa jaunisse* : **séquelles.** *Donner suite à une requête* : **satisfaire ◆ ↓ répondre à.**

◇ **suivi 1.** [adj.] *Le cours de l'or est très suivi* : **régulier.** *C'est un raisonnement suivi* : **cohérent, logique. 2.** [adj.] *Rime suivie* : V. PLAT. **3.** [n.] *Le suivi d'une affaire* : **surveillance.**

sujet

I [adj.] V. ENCLIN.

II [n.] *Le sujet de votre exposé est passionnant* : **objet*** ; → MATIÈRE, TEXTE, SUBSTANCE. *Le sujet d'un tableau* : **motif, thème.** *Il n'y a pas d'autre sujet à l'ordre du jour ?* : **affaire, problème, question.** *Nous ne manquons pas de sujets de dispute* : **motif, occasion, raison.** *À ce sujet, vous n'avez pas tort* : **sur ce point, sur cet article** ; → SUR LE COMPTE* DE.

III [n.] **1.** *Le sujet du peintre* : V. MODÈLE. *Docteur, avez-vous examiné le sujet ?* : **patient.** *Un sujet d'expérience* : **cobaye.** *C'est un excellent sujet dans l'équipe* : **élément***. **2.** *Avoir sujet de se plaindre* : **avoir lieu de.** *Un mauvais sujet* : ↑ **voyou.**

sujétion 1. *Ce peuple a été réduit à la sujétion depuis des décennies* : **servitude, esclavage***. *En état de sujétion* : **dépendance** ; → SOUMISSION, SUBORDINATION. **2.** *Les sujétions d'une profession* : **contrainte** ; → INCOMMODITÉ.

sulfater V. traiter I.

summum V. comble I.

super 1. V. à l'aise*, chic II, bien II. **2.** V. essence.

superbe 1. V. admirable (*in* admirer), splendide (*in* splendeur), somptueux. **2.** V. orgueil.

superbement V. magnifiquement (*in* magnifier).

supercherie *Il a vite découvert la supercherie* : **imposture, tromperie ◆ fraude** (= acte illégal accompli volontairement) ; → MENSONGE.

supérette V. magasin I.

superfétatoire V. superflu.

superficie V. étendue, surface.

superficiel 1. *Il ne souffre que de blessures superficielles* : **léger***. **2.** *Leur amitié est très superficielle* : V. EXTÉRIEUR. *Une amabilité superficielle* : V. APPARENT. *Ses réactions sont toujours superficielles* : **épidermique.** *Sous son air superficiel, il cache ses sentiments* : **futile** ; → FRIVOLE. *Un ouvrage superficiel* : V. SOMMAIRE.

superflu 1. [adj.] *Il faudrait perdre vos kilos superflus* : [fam.] **en trop. 2.** [adj.] *Des paroles superflues* : **oiseux ◆** [sout.] **super-**

fétatoire ◆ [didact.] **redondant** ; → INUTILE. **3.** [n.] *Le superflu* : V. LUXE.

supérieur

I [adj.] **1.** [dans l'espace] *À l'étage supérieur, les voisins font beaucoup de bruit* : [plus fam.] **du dessus. 2.** [en nombre] *Les ennemis étaient supérieurs en nombre* : **plus nombreux. 3.** [dans un jugement de valeur] *L'équipe adverse était supérieure* : **meilleur** ; → EXCELLER. *C'est un vin supérieur* : **de qualité** ◆ [fam.] **extra** ◆ ↑ **excellent,** ↑ **fameux,** ↑ **incomparable** ; → SANS PAREIL*, HAUT DE GAMME*. **4.** [en parlant du comportement d'une personne] *Il prend des airs supérieurs* : **arrogant, condescendant, dédaigneux, fier.** *C'est une intelligence supérieure* : [plus sout.] **éminent** ; → TRANSCENDANT. **5.** [en parlant d'une couche sociale] *Les classes supérieures de la société* : **dirigeant, dominant, possédant.**

◇ **supériorité 1.** *La supériorité de l'ennemi tenait à sa préparation* : **suprématie*** ; → AVANTAGE, HÉGÉMONIE. **2.** *Il a pris un air de supériorité qui m'a mis hors de moi* : **condescendance** ; → INSOLENCE.

II [n.] *L'obéissance aux supérieurs est une vertu appréciée* : **hiérarchie** ◆ **chef** (= celui qui, en plus de sa prééminence dans la hiérarchie, a un poste de commandement). *Le supérieur d'un monastère* : **prieur.** *La mère supérieure d'un couvent* : **abbesse.**

superman [anglic.] *Il joue le superman* : **surhomme.**

supermarché V. magasin I.

superposer *Dans cette bibliothèque trop étroite, on est obligé de superposer les livres* : **empiler, entasser.**

superpuissance V. puissance (*in* puissant).

superstar V. vedette.

superviser V. coiffer.

supplanter *Il a supplanté son rival* : ↑ **évincer** (qui implique l'élimination complète du concurrent).

suppléance V. remplacement (*in* remplacer).

suppléer 1. [qqch ~ à qqch] *Son intelligence suppléera à son absence de formation* : **réparer** ◆ **compenser** (... *compensera son absence...*). **2.** [qqn ~ qqch ou qqn] *Il faudra suppléer ce professeur absent* : V. REMPLACER.

◇ **suppléant** [adj. et n.] *Mon fils a obtenu un poste d'instituteur suppléant* : **remplaçant*** (ces termes distinguent deux situations administratives). *Le suppléant d'un magistrat* : **assesseur.**

supplément *Le juge d'instruction a demandé un supplément d'information* (= ce que l'on ajoute à qqch) : **complément** (= ce que l'on apporte pour compléter qqch) ; → SURPLUS. *Un supplément de légumes* : [fam.] **rabiot, rabe** ; → RALLONGE. *Ce V.R.P. très dynamique a eu droit à un supplément sur sa commission* : **bonus.** *Cet ouvrage comporte plusieurs suppléments* : [plus précis.] **appendice** (qui se dit à propos de documents) ◆ **addenda** (= notes, hors texte).

supplémentaire V. accessoire, complémentaire.

supplication V. supplier.

supplice 1. *Il a résisté aux supplices qu'on lui infligeait* : **torture. 2.** *Vous avez surmonté le plus dur : votre supplice est fini* : **calvaire, martyre, tourment** ; → SOUFFRANCE.

◇ **supplicier** *Le condamné avait été supplicié atrocement* : **martyriser, torturer*** ◆ ↑ **exécuter** (= mise à mort, avec ou sans torture).

supplier *Je vous supplie de ne pas révéler ce secret* : [plus sout.] **adjurer, conjurer** ; → PRIER. *Il suppliait son bourreau de mettre fin à sa torture* : [plus sout.] **implorer** ◆ [absolt] **crier grâce.**

◇ **supplication** *Il a été puni malgré ses supplications* : **imploration** ; → PRIÈRE.

supplique V. prière II, requête.

support V. appui (*in* appuyer), base I. *Support d'une idée* : V. véhicule.

supporter 1. [qqn, qqch ~ qqch] V. PORTER et SOUTENIR. **2.** *Il a parfaitement supporté cette épreuve* : **endurer** ◆ [fam.] **digérer, encaisser.** *Je ne supporte pas la boisson* : **résister mal à** ◆ [fam.] **tenir.** *Il ne supporte* *pas l'injustice* : **accepter*** ; → ADMETTRE, SOUFFRIR. *Allez-vous supporter longtemps qu'on vous marche sur les pieds ?* : **permettre, tolérer.** *Pourquoi supportez-vous cela de ce personnage ?* : **passer** (*passer qqch à qqn*). *Supporterez-vous les conséquences de vos actes ?* : **assumer*.** **3.** [qqn ~ qqn] *Je ne peux plus supporter cet individu* : **sentir*, voir*** ◆ [fam.] **voir en peinture** (*je ne peux plus le voir en peinture*). **4.** [anglic.] *Supporter une équipe sportive* : **soutenir.**

◇ **supportable** *La douleur est encore supportable* : **tolérable** ; → TENABLE. *Son erreur n'est pas supportable* : **excusable** ; → CONCEVABLE. *La mise en scène était supportable* : **passable** ◆ [fam.] **buvable.**

supporter, supporteur V. partisan (*in* parti I).

supposé V. censé, prétendu (*in* prétendre I).

supposer **1.** [qqn ~ qqch] *Supposez que j'aie besoin de vous* : V. IMAGINER, ADMETTRE, METTRE, POSER et POSTULER. *Je suppose que vous êtes fatigués* : **présumer*** ; → CROIRE. **2.** [qqn ~ qqch à qqn] *On lui suppose une fortune personnelle* : ↑ **attribuer** (qui implique une croyance plus ferme) ; → PRÊTER. **3.** [qqch ~ qqch] *La réussite suppose un effort personnel* : **impliquer.** *Son échec laisse supposer une mauvaise préparation* : ↑ **indiquer** (= révéler). **4.** *À supposer que* : V. SI et TANT.

◇ **supposition** *Vos suppositions ne sont pas solides* : **conjecture, hypothèse.**

suppôt V. serviteur.

suppression V. annulation (*in* annuler), coupure (*in* couper), élimination (*in* éliminer), levée (*in* lever II).

supprimer **1.** [~ qqch] *On a supprimé les preuves de sa culpabilité* : **détruire*.** *Un article de la loi a été supprimé* : **abolir, abroger.** *Supprimer la douleur* : V. CHASSER. *Supprimer un rendez-vous* : **annuler*.** *Supprimer un obstacle* : **éliminer** ; → APLANIR, LEVER. **2.** [~ qqch] *La commission lui a supprimé son permis de chasse* : **retirer** ; → ENLEVER. **3.** [~ qqch] *Supprimez ce paragraphe de votre article* : **couper, ôter, retrancher.** *Supprimez ce mot* : **barrer, rayer*** ◆ **effacer** (= faire disparaître sans laisser de trace) ◆ [moins cour.] **biffer.** *Supprimer une coutume* : **bannir*.** **4.** [~ qqn] *On a voulu supprimer ce témoin gênant* : **faire disparaître** ; → TUER.

◇ **se supprimer** : **se suicider*, se tuer*.**

supputation V. calcul.

supputer V. examiner.

supra V. haut.

suprématie *Cette grande puissance a établi sa suprématie politique au Moyen-Orient* : **domination, hégémonie** ; → SUPÉRIORITÉ. *La suprématie de l'idée sur la matière est le fondement de cette philosophie* : **prééminence, primauté, supériorité.**

suprême **1.** [antéposé et plus souvent postposé] *Le pouvoir suprême est à la nation* : **souverain.** **2.** [antéposé ou postposé] *Sa suprême habileté l'a sauvé* : **extrême.** **3.** [antéposé] *Le suprême recours* : **dernier*.** *Au suprême degré* : V. SUPRÊMEMENT.

◇ **suprêmement** *Il est suprêmement ambitieux* : **extrêmement, au suprême degré.** *Il est suprêmement intelligent* : **éminemment.**

sur

I [prép.] **1.** [dans l'espace] *Il s'appuie sur le mur* : V. CONTRE. *Les nuages passent sur la ville* : **au-dessus de.** *Il a refermé la porte sur lui* : **derrière.** *Le boxeur marche sur son adversaire* : **vers*.** *Il dort sur le sol* : **à même*** (*à même le sol*). **2.** [dans le temps] *Il passera sur les 2 heures* : **aux environs de** ; → VERS. **3.** [marquant l'extraction] *Pas un homme sur cent n'est capable de cet exploit* : [plus sout.] **entre** ; → PARMI*. **4.** [marquant la cause] *On ne juge pas les gens sur leur tenue* : **d'après.** **5.** [marquant la matière] *Sur ce sujet, vous disposez d'une excellente bibliographie* : **à.** *J'ai appris quelque chose sur lui* : **de, à propos de.** *Sur ce* : **sur ces entrefaites*.**

II [adj.] *Je n'aime pas les pommes sures* : **acide** ◆ [moins cour.] **suret** ; → AIGRE.

sûr

I [adj.] **1.** [qqn est ~] *Le malfaiteur était sûr de son coup* : V. CERTAIN. *Le mulet a le pied sûr* : **assuré.** **2.** *C'est un ami sûr* : **fidèle, de confiance*, de parole*** ; → DÉVOUÉ,

ÉPROUVÉ, SOLIDE. *Être sûr de qqn* : **avoir confiance en** ; → CONFIANT. *Sa mémoire est sûre* : **infaillible.** *Un goût sûr* : V. DÉLICAT. **3.** [qqch est ~] *C'est une chose sûre* : **assuré, authentique, certain, établi** ◆ ↑ **indubitable** ; → EXACT, POSITIF, VISIBLE. *Une information peu sûre* : ↑ **incontrôlable.** *Ces obligations du trésor sont des valeurs sûres* : **fiable, solide** ; → FERME, REPOS, SÉRIEUX. **4.** *Être sûr du fait* : V. PARIER. *C'est sûr* : **ça ne fait pas un pli***. *C'est tout à fait, absolument sûr* : **officiel.** *Pas sûr* : **pas nécessairement***. *À coup sûr !* : **immanquablement, infailliblement.** *Bien sûr !* : **évidemment** ◆ **et comment*** ; → PARFAITEMENT. *Pour sûr !* : **certainement.**

◇ **sûrement** *Viendra-t-il demain ? – Sûrement* : **sans doute** (qui est moins affirmatif) ; → OUI.

II [adj.] *Les rues ne sont pas sûres le soir dans ce quartier* : **tranquille*** (qui implique une idée de calme). *Il a mis l'argent en lieu sûr* : **à l'abri, en sûreté** ◆ [fam.] **de côté.**

◇ **sûreté** **1.** *Son argent est en sûreté* : **à l'abri, en sécurité** ◆ [sout.] **sous bonne garde***. *Mettre qqch, qqn en sûreté* : **à l'abri, en sécurité** ; → SAUVER. *Ici je me sens en sûreté* : **sécurité***. *La sûreté publique n'est pas menacée* : **ordre***. **2.** *Le pilote avait une grande sûreté du coup d'œil* : **précision.**

surabondance V. prodigalité (*in* prodigue).

surabondant V. luxuriant.

suranné *Sa famille avait des idées surannées* : **démodé, désuet, vieillot** ◆ [vieilli] **antique** ◆ ↑ **périmé** ; → VIEUX, ANCIEN.

surboum V. bal.

surcharge **1.** *Pour lui ce sera une surcharge de travail* : **surcroît, surplus.** **2.** *Une surcharge de bagages* : **excédent***. **3.** *Un timbre avec surcharge* : V. CORRECTION.

◇ **surcharger** **1.** *La voiture était surchargée de bagages* : ↓ **charger*** ; → ALOURDIR. **2.** *Il avait surchargé sa mémoire de souvenirs inutiles* : **encombrer** ; → REMPLIR. **3.** *La nouvelle loi fiscale nous a surchargés d'impôts* : **grever** ; → ACCABLER.

surchauffer V. chauffer.

surclasser V. dominer.

surcroît V. surplus.

surélever V. élever I.

sûrement V. sûr I.

surenchère V. enchère.

surenchérir V. enchérir (*in* enchère).

surestimation V. exagération (*in* exagérer), majoration (*in* majorer).

surestimer V. estimer.

suret V. sur II.

sûreté V. sûr II.

surévaluation V. majoration (*in* majorer).

surexcité V. exalté (*in* exalter).

surexciter V. exciter.

surface **1.** *La plage offrait une grande surface de sable lisse* : **espace** ; → ÉTENDUE. *Calculez la surface de ce champ en ares* : [moins cour.] **superficie, aire** ; → DIMENSION. **2.** *Grande surface* : V. COMMERCE, MAGASIN I.

surfaire V. majorer.

surgeler V. réfrigérer.

surgir **1.** *Le soleil semble surgir de la mer* : **sortir, jaillir***. *À la sortie du virage, un cycliste a surgi* : V. DÉBOUCHER. **2.** *De nombreux obstacles ont surgi dans mon esprit* : **naître** ; → SE MANIFESTER.

surhomme V. superman.

surin V. couteau.

surinformation V. information.

surir V. aigrir.

surmenage V. abrutissement (*in* abrutir), fatigue (*in* fatiguer).

surmené V. occupé II.

surmener V. abrutir.

◇ **se surmener** V. se fatiguer.

surmonter V. vaincre.

surnager V. flotter I.

surnaturel V. fantastique, merveilleux (*in* merveille).

surnom Le **sobriquet** est un surnom donné par dérision. *Le clandestin avait pris un surnom* : **pseudonyme** ◆ [abrév. fam.] **pseudo** ◆ [plus sout.] **nom de guerre.**

surnommer V. appeler II.

surpasser V. dominer, éclipser.

surplomber V. avancer I, dominer.

surplus 1. *Les surplus agricoles* : **excédent** ◆ **surproduction** (qui précise la source du surplus). *Les fêtes occasionnent un surplus de travail pour les postiers* : **supplément, surcroît** ; → SURCHARGE. 2. *Au surplus* : **par ailleurs*, en outre***.

surprendre 1. [qqn ~ qqn, qqch] *L'agent avait surpris un voleur sur le fait* : V. AVOIR et PINCER. *J'ai surpris un coup d'œil entre eux* : V. CAPTER. *Ils ne surprendront pas mon secret* : V. DÉCOUVRIR et DÉROBER. 2. [qqn, qqch ~ qqn] *L'événement a surpris tout le monde* : [fam.] **renverser** ◆ **prendre* de court** ; → DÉCONCERTER, ÉTONNER, SCIER, STUPÉFIER. *Cette nouvelle nous a surpris* : **tomber de haut** (*nous sommes tombés de haut*).

◇ **surpris** *Nous étions tous surpris en apprenant son aventure* : **déconcerté, étonné*** ◆ [fam.] **baba, épaté** ◆ **ne pas en revenir*** ◆ **tomber des nues*** ; → ÉBAHI, RENVERSÉ, STUPÉFAIT, SAISIR.

◇ **surprenant** *Une arrivée surprenante* : **inattendu, inopiné.** *Il nous a raconté une histoire surprenante* : ↓ **curieux** ◆ ↑ **saisissant** ; → BIZARRE, DÉCONCERTANT, ÉTONNANT. *Un cas surprenant* : V. NOUVEAU et RARE. *C'est surprenant* : V. INCONCEVABLE. *Surprenant !* : **c'est un peu raide* !** *Son comportement a été surprenant* : ↑ **extraordinaire.**

surprise V. étonnement. *Par surprise* : V. dépourvu (au).

surprise-partie V. bal.

surproduction V. surplus.

surréaliste V. bizarre.

sursauter V. réagir, tressaillir.

surseoir V. remettre.

sursis V. délai, répit.

surtout *Le gouvernement s'efforce d'empêcher toute contestation* : **principalement** ◆ ↑ **par-dessus* tout** ; → EN PARTICULIER*.

surveillance V. contrôle, garde (*in* garder I), inspection, suivi (*in* suivre).

surveillant 1. V. gardien (*in* garder I). 2. V. pion II. 3. V. infirmier.

surveiller 1. *La police surveillait ses allées et venues* : **épier, suivre*, avoir à l'œil***. *Les prisonniers étaient étroitement surveillés* : **garder***. *Surveiller les enfants* : **veiller* sur.** 2. *Le chef de chantier surveille attentivement les travaux* : V. CONTRÔLER et INSPECTER. 3. *Les éclaireurs surveillaient les mouvements de l'ennemi* : **guetter.**

survenir V. arriver I et II, se déclarer, se présenter, venir.

survêtement V. jogging.

survivant V. rescapé.

survivre 1. V. en réchapper*. 2. V. subsister.

survoler V. voler I, au-dessus de, effleurer.

survolté V. exalté.

sus (en) V. en outre*, en plus*.

susceptible

I *Cette proposition est susceptible de vous intéresser* : **pouvoir*** ; → CAPABLE.

II *Mon père était très susceptible* : ↓ **chatouilleux** ; → OMBRAGEUX, COLÉREUX.

susciter 1. *Son attitude provocante lui a suscité des haines* : **attirer** ; → AMENER, OCCASIONNER. 2. *Le jeu de cet acteur a suscité l'enthousiasme* : **éveiller, exciter, faire naître*** ; → ALLUMER, PROVOQUER, ANIMER.

suspect *Il a des fréquentations suspectes* : **douteux, équivoque, louche** ; → TROUBLE. *Un témoignage suspect* : **peu sûr.**

suspecter V. mettre en cause* II, soupçonner.

suspendre

I [~ qqch] *Nous avons suspendu un lustre au plafond* : **pendre*** ◆ **fixer** (qui implique l'immobilité de l'objet suspendu) ; → ACCROCHER.

II 1. [~ qqch] *Le général a suspendu les manœuvres après l'accident* : **interrompre*** ; → ARRÊTER. 2. [~ qqn] *Le ministre a suspendu le général* : **mettre à pied** ◆ ↑ **destituer*** (= priver définitivement qqn de son emploi) ◆ ↓ **dégrader** (= rétrograder dans un rang inférieur) ; → INTERDIRE.

suspens (en) V. en sommeil*, inachevé.

suspension

I *La suspension se balançait au plafond* : **lustre, plafonnier** (= systèmes d'éclairage fixés au plafond).

II *La suspension des hostilités a arrêté l'effusion de sang* : **arrêt*, cessation, interruption** ◆ **trêve** (= suspension d'arme provisoire qui peut être locale). *La suspension des poursuites judiciaires* : **abandon** (qui est définitif).

suspicieux V. soupçonneux.

suspicion V. méfiance (*in* se méfier), soupçon (*in* soupçonner).

sustenter (se) V. manger.

susurrer V. murmurer.

suturer *Le chirurgien a dû suturer la plaie* : **recoudre.**

suzerain V. seigneur.

svastika V. croix* gammée.

svelte *Il est encore très svelte, d'allure très jeune pour son âge* : **élancé** ; → LÉGER, MINCE.

sweat-shirt V. chandail.

swing V. rythme.

sybarite V. jouisseur (*in* jouir).

syllabaire V. alphabet.

syllabe V. pied III.

sylviculteur V. arboriculteur.

symbole 1. *La balance est le symbole de la justice* : **emblème** (= symbole d'une entité abstraite) ◆ **attribut** (= objet caractéristique accompagnant une figure symbolique) ◆ **allégorie** (= représentation d'une idée par une figure ou par une métaphore) ; → SIGNE, IMAGE. 2. *Gandhi a été le symbole de la non-violence* : **incarnation, personnification.**

◇ **symbolique** 1. *Une figure symbolique* : **allégorique, emblématique**. 2. *Un geste purement symbolique* : **formel** ; → THÉORIQUE.

symboliser V. représenter.

symétrique V. régulier. *Être symétrique* : V. se faire pendant*.

sympa V. accueillant (*in* accueillir), sympathique (*in* sympathie).

sympathie *Nous éprouvons beaucoup de sympathie pour ce charmant garçon* : ↑ **attirance** ; → AIMER. *J'aimerais lui témoigner ma sympathie* : ↑ **amitié** ; → AFFECTION.

◇ **sympathique** *C'est une personne sympathique, que j'aime rencontrer* : **agréable*** ◆ [fam.] **sympa** ; → CHALEUREUX, CORDIAL, GENTIL, AFFABLE.

sympathisant V. militant.

sympathiser V. s'entendre.

symposium V. colloque.

symptôme 1. *Vos maux de tête sont les symptômes d'une maladie de foie* : [plus génér.] **indice, signe** ◆ [didact.] **syndrome** (= ensemble de symptômes convergents). 2. *Les spécialistes avaient détecté les symptômes d'une grave crise politique* : **présage** ◆ [didact.] **prodrome.**

synagogue V. église.

synchrone V. simultané.

synchronisme V. simultanéité.

syncope V. défaillance (*in* défaillir).

syncrétisme V. fusion* d'idées.

syndicat *Nous appartenons au même syndicat* : [plus génér.] **association*** ; le syndicat a pour objet la défense des intérêts d'individus et de catégories (*syndicats ouvrier, patronal, de fonctionnaires...*) ou de communautés (*syndicat intercommunal des eaux, de l'assainissement*) ; une **coordination** est une association temporaire visant des objectifs à plus ou moins court terme ou défendant des intérêts catégoriels.

syndrome V. symptôme.

synergie V. ensemble I.

synode V. réunion (*in* réunir).

synonyme V. équivalent.

synopsis V. scénario.

synoptique V. évangile.

synthèse **1.** *La synthèse est l'opération inverse de l'analyse* [dans le domaine des activités de l'esprit] : **association** (qui s'emploie pour des concepts) ◆ **déduction** (= raisonnement qui conduit à des propositions générales à partir de propositions particulières) ◆ [dans le domaine concret] **combinaison, composition** (= assemblage d'éléments simples ou déjà complexes en un composé). **2.** *Le rapporteur a présenté une synthèse des travaux de la commission* : **résumé** ; → CONCLUSION. **3.** *Des images de synthèse* : **virtuel**.

syphilis V. M.S.T. (*maladie sexuellement transmissible*).

système **1.** *L'idéalisme est un système fondé sur la prééminence du sujet pensant* : **doctrine*** ◆ **philosophie*** ; → THÉORIE. *Un système politique* : **régime.** **2.** *Voilà un système de défense que je ne conseillerais pas à l'accusé* : **méthode*, plan.** *Un système de traitement des données* : **programme.** *J'ai un système pour arrêter de fumer* : **moyen** ◆ [fam.] **combine** ; → TRUC. **3.** *Le système de fermeture automatique de la porte est déréglé* : **dispositif, mécanisme** ; → APPAREIL. **4.** *Taper sur le système* : **énerver***.

◇ **systématique** **1.** *Nous avons procédé à un examen systématique de la question* : **en règle, méthodique.** *L'usure, c'est du vol systématique* : **organisé.** **2.** *Quand il a tort, il se met en colère ; c'est systématique* : **automatique, habituel.** *Un silence systématique* : **têtu.** **3.** *C'est un esprit systématique* : **logique, méthodique** ◆ [péj.] **doctrinaire, dogmatique** ◆ ↑ **intolérant.**

systole V. cœur I.

T

tabac 1. *L'intoxication par le tabac* : **tabagisme** ◆ [didact.] **nicotinisme.** 2. *Le tabac du village* [fam.] : [cour.] **bureau, débit de tabac.** 3. *C'est toujours le même tabac* [fam.] : [cour.] **c'est toujours la même chose, la même histoire.** *Passer à tabac* [fam.] : [cour.] **frapper, rouer de coups** ; → BATTRE. *Un coup de tabac* : **tempête.** *Cette pièce a fait un tabac* [fam.] : **boum** ; → SUCCÈS.

tabasser V. battre.

◇ **se tabasser** V. se battre.

tabatière V. lucarne.

table

I 1. *Il savait apprécier la bonne table* : **chère.** *On lui offrait le logement et la table* : **nourriture** ; → ALIMENT. *Une bonne table* : **restaurant** (*un bon restaurant*). 2. *Toute la table félicita la maîtresse de maison* : [moins cour.] **tablée.** 3. *Se mettre à table* : **s'attabler** (pour manger). *Être à table* : **être en train de manger.** *Mettre la table* : **mettre le couvert*.** *Recevoir un dessous-de-table* : **gratification*.** *Jouer cartes sur table* : **ne rien dissimuler.** *Se mettre à table* : **parler*** ; → AVOUER. 4. Chaque type de table reçoit un nom partic. ; par ex. **guéridon** (= petite table ronde à pied central unique) ◆ **chevet** (= table de nuit ou de chevet) ◆ **desserte** (= table, roulante ou non, sur laquelle les plats ôtés de table sont déposés) ◆ **bureau** (= table dont on se sert pour écrire) ◆ **pupitre** (= table inclinée pour écrire). 5. *Table ronde* : V. COLLOQUE.

◇ **tablette** 1. *J'ai posé des tablettes supplémentaires dans ma bibliothèque* : **rayon** ◆ **étagère** (qui peut être une tablette isolée contre un mur, sur un radiateur, ou un meuble comportant plusieurs tablettes) ; → RAYONNAGE. 2. *Une tablette de chocolat* : **plaque.** 3. *Mettre qqch sur ses tablettes* : **prendre note de.**

II *La table des matières* : **sommaire** (= liste des chapitres placée en début d'ouvrage). *Les tables de la loi* : **décalogue, les dix commandements.**

tableau 1. *L'exposition présentait autant de mauvais tableaux que de toiles de maîtres* : [péj., fam.] **croûte** ◆ **tableautin** (= petit tableau) ; → TOILE. 2. *Le journaliste retraça en un tableau évocateur la conquête de la ville* : **récit** ; → IMAGE. *Un tableau sombre de la société* : V. VUE. *Ils se sont réconciliés avec des larmes dans la voix ; vous voyez le tableau !* [fam.] : [cour.] **scène** ; → SPECTACLE. 3. *Un tableau d'horaires* : V. LISTE.

tablée V. table I.

tabler *Tabler sur* : V. espérer, se fier* à, compter* sur.

table ronde V. réunion (*in* réunir).

tablette V. table I.

tablier 1. V. blouse. 2. V. rideau* de fer.

tabou [adj.] *La politique chez eux, c'est vraiment un sujet tabou !* [fam.] : [cour.] **interdit** ◆ [souvent iron.] **sacro-saint.**

tabouret V. siège.

tac *Répondre du tac au tac* : V. vivement (*in* vif).

tache
I 1. *Ses vêtements étaient couverts de taches* [génér.] : **salissure** ◆ [sout.] **souillure** ◆ **éclaboussure** (= goutte d'un liquide qui a rejailli : *des éclaboussures de café*). *Une tache de graisse* : **marque** ◆ **auréole** (= trace laissée autour d'une tache mal effacée) ; → TRACE. *Il y avait quelques taches d'encre sur la page* : **bavure** ; → PÂTÉ. *Sans tache* : V. PUR. 2. *Faire tache d'huile* : **se répandre largement** ; → SE PROPAGER.
◇ **se tacher** *C'est un tissu fragile qui se tache facilement* : [plus gén.] **se salir.**
◇ **tacheté** *La robe tachetée d'un animal* : **moucheté** ◆ **rayé, tigré, zébré** (= qui a des taches allongées) ◆ **ocellé, pommelé** (= qui a des taches arrondies). *Un fruit taché* : **tavelé** (= marqué de taches et de crevasses).
II Marque sur la peau : **bleu, ecchymose** (= marque qui reste sur la peau quand on reçoit un coup) ◆ **cerne** (= cercle bleuâtre qui demeure autour d'une contusion) ◆ **grain de beauté,** [didact.] **nævus** (= malformation de la peau, plane ou saillante). *Une tache de vin* : **envie** (= angiome). *Des taches de son, de rousseur* : [didact.] **éphélide.**

tâche 1. *Il s'est tué à la tâche* : **ouvrage*, travail*.** 2. *Les missionnaires s'étaient donné pour tâche de lutter contre la misère* : **mission** ◆ ↓ **rôle** ; → DEVOIR. 3. *Prendre à tâche de faire qqch* [sout.] : [cour.] **s'efforcer de.**
◇ **tâcher** 1. [~ de] *Il tâchait de persuader son ami* : **se charger de, s'efforcer de** ◆ ↓ **entreprendre** ; → ESSAYER, TENTER, TRAVAILLER. *Tâchez de ne rien oublier* : **veiller à.** 2. [~ que + subj.] *Vous tâcherez qu'elle ne sache rien* : **faire en sorte que.**

tacher V. abimer, salir (*in* sale), souiller.
◇ **se tacher** V. tache I.

tâcher V. tâche.

tacheté V. tache I.

tacheter V. marqueter.

tacite *Son silence était une approbation tacite* : **implicite, sous-entendu** ; → NON-DIT.

taciturne *L'avez-vous déjà vu sourire ? il est toujours d'humeur taciturne* : **renfermé** ◆ [en Belgique] **taiseux** ◆ **morose, sombre** (= qui a une humeur chagrine) ; → SILENCIEUX.

tacot V. automobile.

tact 1. V. toucher. 2. V. délicatesse (*in* délicat), diplomatie (*in* diplomate), savoir-vivre.

tactique 1. [n.] *La tactique électorale de ce candidat était mauvaise* : **stratégie** (qui implique des vues plus générales, plus théoriques) ; → POLITIQUE. 2. [adj.] *Les moyens tactiques* : **stratégique.**
◇ **tacticien** V. STRATÈGE.

tag V. inscription (*in* inscrire).

taillade V. entaille.

taillader V. couper.

taille
I 1. *Un homme de grande taille* : **stature** (*de haute stature*), **carrure** (qui désigne la largeur d'épaules : *de forte carrure*). 2. *Le quai était encombré de caisses de toutes tailles* : **grandeur** ◆ **gabarit** (qui implique que l'objet a une dimension déterminée à l'avance) ; → DIMENSION. *La taille d'une photographie* : **format.** *Un costume à sa taille* : **mesure.** 3. *Il avait de l'eau jusqu'à la taille* : **ceinture.** *Une taille de guêpe* : **une taille très fine** ; → FIN*. 4. *On rencontre peu de conquérants de la taille de Napoléon* : **envergure** ; → CLASSE. *Une erreur de cette taille* : **dimension*, importance*.** *Il est de taille à réussir* : **être capable de.**
II 1. *Les ouvriers terminaient la taille des arbres de l'avenue* : [plus précis.] **élagage.** 2. *Le lièvre s'était caché dans les tailles* [rare] : [plus cour.] **taillis.**

taillé V. bâti (*in* bâtir).

tailler 1. *Le jardinier taillait les pommiers* : **élaguer, émonder** (= couper les branches inutiles) ; → COUPER. 2. *Tailler une pièce de bois* : **équarrir** (= donner une forme carrée, souvent pour dégrossir).

Tailler un bloc de marbre : V. SCULPTER. *Tailler un diamant* : **polir***. **3.** *Tailler une bavette* : **converser***. **4.** V. TONDRE.
◇ **se tailler** V. S'ÔTER et PARTIR.

taillis V. taille II.

taire *Il a tu ce qu'il savait* : [plus cour.] **ne pas dire, cacher** ◆ [rare] **celer** ◆ **escamoter** (= éluder qqch de façon malhonnête : *il a escamoté les difficultés de l'entreprise*) ; → DÉGUISER, DISSIMULER, OMETTRE.
◇ **se taire** **1.** [qqn ~] *On vous a assez entendu, taisez-vous !* : **chut, silence*** ◆ [très fam.] **fermer sa gueule, la fermer** (*ferme-la !*). *Il écoute les autres et se tait* : **rester bouche cousue** ◆ **tenir* sa langue.** *Comptez sur lui, il sait se taire* : **être discret.** **2.** [qqch ~] *La tempête cessa, les vents se turent* [sout.] : [plus cour.] **se calmer.** **3.** [avec ellipse de se] *Faire taire. Le gouvernement a fait taire les opposants* : [moins cour.] **museler.** *Il fit taire ses plaintes* : **faire cesser.** *Il n'y a pas moyen de le faire taire* : [fam.] **fermer son caquet** (*... de lui fermer son caquet*).

taiseux V. taciturne.

talé V. meurtri.

talent V. capacité I, don (*in* donner I), inspiration (*in* inspirer II), mérite.

talisman V. amulette.

talk-show V. conversation.

taloche V. gifle.

talon **1.** *Être toujours sur les talons de qqn* : **suivre de près.** *Tourner les talons* : **s'en aller*, partir.** *Avoir l'estomac dans les talons* [fam.] : **avoir très faim, avoir un creux*.** **2.** *Un talon de chèque* : V. SOUCHE. **3.** *Le talon d'une lame de couteau* : [didact.] **soie.**
◇ **talonner** **1.** *Les chiens talonnent le cerf* : **serrer de près** ; → SUIVRE. **2.** *Il était couvert de dettes, les créanciers le talonnaient* : **harceler.**

talus *Devant les fossés du château, il y avait un talus* : [didact.] **glacis** (= talus au pied des fortifications) ◆ **remblai, levée** (= masse de terre rapportée) ◆ **butte** (= petite hauteur de terre, d'origine naturelle ou non).

tambouille V. cuisine.

tambour *Le percussionniste battait le tambour* (= instrument à percussion) : **tambourin, tambour de basque** (= petit tambour) ◆ **timbale** (= demi-sphère en cuivre recouverte d'une peau tendue), ◆ **tam-tam** (= tambour de bois africain) ◆ **darbouka** (= tambour arabe en poterie). *Sans tambour ni trompette* : **discrètement.**

tambouriner *Tambouriner sur* : V. battre II, frapper.

tamis **1.** *Elle passait la farine au tamis* : [didact.] **blutoir, sas** ◆ **crible** (qui a de gros trous) ◆ **passoire, chinois** (= tamis de cuisine). **2.** *Passer au tamis* [fig.] : **trier.**
◇ **tamiser** **1.** *La machine tamisait le sable* : [moins cour.] **cribler** ◆ [didact.] **sasser.** *Tamiser de la farine* : [didact.] **bluter.** **2.** *Une lumière tamisée* : **doux***.

tamisé V. doux.

tamiser V. tamis.

tampon **1.** *Fermez l'orifice avec un tampon d'étoffe* : **bouchon.** *Il froissa son mouchoir en tampon* : **tapon.** *Faire tampon* : **amortir.** **2.** *Cet emballage porte le tampon de l'expéditeur* : **cachet** ◆ [plus génér.] **marque** ; → TIMBRE.

tamponner V. heurter.

tam-tam V. tambour.

tan V. tanin.

tancer V. engueuler, réprimander.

tandis que V. alors, pendant III.

tangent V. juste.

tangente *Prendre la tangente* : V. fuir.

tangible **1.** *La réalité tangible* : **concret*, matériel*, palpable*, sensible*.** **2.** *Un fait tangible* : **avéré, positif** ; → CERTAIN. *Un avantage tangible* : **significatif** ; → EFFECTIF.

tanguer V. balancer.

tanière V. gîte, repaire.

tanin *Le tanin est utilisé pour préparer les peaux* : **tan** (= tanin de chêne).

tanker V. bateau.

tannant V. ennuyeux, collant (*in* colle).

tanné *Il a vécu dans les îles et est revenu le visage tanné* : **basané** ◆ ↑ **bistré** ; → BRONZÉ.

tannée V. raclée.

tanner V. ennuyer. *Tanner le cuir* : V. battre I.

tannin V. tanin.

tant **1.** [adv.] [~ de + n. sing. ou pl.] *Il me reste tant de travail à faire !* : **tellement.** **2.** [~ + adj.] *Ses vertus tant célébrées ne lui servent plus maintenant* : **si, tellement.** **3.** *Tous tant que nous sommes* : **tous sans exception.** **4.** *Tant s'en faut* [sout.] : [plus cour.] **loin de là** ; → CONTRAIRE. *Tant pis* : V. RIEN. *Tant mieux* : **bien fait***. **5.** [~ que + ind.] *Tant que tu seras là, je serai heureux* : **aussi longtemps que.** *Vous devriez profiter de son offre tant qu'il est temps* : **pendant que.** *Si tant est que. Nous avons deux heures d'avance, si tant est que je ne me trompe pas* [sout.] : [plus cour.] **à supposer que.** **6.** *Il a parlé en tant que délégué syndical* : **en qualité de, à titre de** ; → COMME.

tante **1.** *Il aimait beaucoup sa tante maternelle* : [fam.] **tata, tantine.** **2.** V. HOMOSEXUEL. **3.** *Ma tante* : **mont-de-piété** (= organisme de crédit).

tantinet V. un peu* II.

tantôt **1.** V. bientôt. **2.** V. ou. **3.** V. après-midi.

tapage **1.** *On arrivait près de la fête foraine ; c'était un grand tapage* : **vacarme** ◆ [fam.] **raffut, ramdam, tintouin** ◆ [génér.] **bruit** (= tout ce que perçoit l'ouïe) ◆ **brouhaha** (= bruit confus d'une foule : *les haut-parleurs étaient nécessaires pour dominer le brouhaha*) ◆ **charivari,** [fam. en ce sens] **sérénade*** (= grands bruits accompagnés de cris) ◆ **fracas** (= bruit violent provoqué par des chocs : *on entendit le crissement des freins, puis le fracas des tôles*) ◆ **cacophonie***, **tintamarre** (= bruit de voix ou sons mêlés de façon confuse : *tous parlaient en même temps, c'était une belle cacophonie*) ◆ [fam.] **chahut, chambard** (= agitation bruyante d'écoliers dans une classe) ◆ [fam.] **barouf, boucan** (= très grand bruit) ; → TUMULTE. *Faire du tapage* : [vieilli] **faire la sarabande.** *Vous avez fini de faire tant de tapage !* : [fam.] **pétard.** **2.** *L'affaire fit grand tapage* : **scandale***.

tapageur V. criard (*in* cri), voyant.

tapant V. précis, sonnant (*in* sonner).

tape V. gifle.

tapé V. fou, sonné (*in* sonner).

tape-à-l'œil V. voyant.

tapée V. cargaison.

taper **1.** [~ qqn] *Elle le tape sur la tête* : **frapper** ; → BATTRE. **2.** *Elle tapait le texte* : [moins cour.] **dactylographier, frapper** ; → ÉCRIRE. **3.** *Il tapait un ragtime sur le piano du salon* [péj.] : ↓ **tapoter** ◆ [cour.] **jouer.** **4.** *Taper sur ses amis* : **critiquer*, médire***. *Taper à côté* [fam.] : **échouer, se tromper.** *Taper dans l'œil* : **plaire.** *Taper sur les nerfs* : **énerver***. *Taper dans le mille !* : **deviner juste.** *Le soleil tape (dur) aujourd'hui* [fam.] : [cour.] **chauffer fort.** *Taper de l'argent à qqn* : **emprunter** ; → SOUTIRER.
◇ **se taper** **1.** *La nourrice a interdit aux enfants de se taper* : **se battre***. **2.** *Je me suis tapé une bonne bouteille, un bon repas* [fam.] : **se tasser** ; → S'ENFILER, S'ENVOYER. *Se taper tout le travail* [fam.] : [cour.] **faire.**

tapette V. piège.

tapin *Faire le tapin* : V. se prostituer.

tapinois (en) V. sournois.

tapir V. écolier (*in* école).

tapir (se) V. se blottir, se cacher.

tapis **1.** *Elle avait acheté un petit tapis pour son salon* : **carpette.** *Un tapis épais couvrait le sol* : **moquette** (= tapis que l'on fixe, en le collant sur toute la surface d'une pièce) ◆ **descente de lit** (= petit tapis qu'on place auprès du lit). *Essuyez vos* *pieds sur le tapis-brosse de l'entrée* : **paillasson.** *Un tapis d'escalier* : **chemin.** *Un tapis de sisal* : **natte.** *Un tapis de table* : **dessus.** **2.** *Expédier qqn au tapis* : **au sol.** *Sur le tapis* : V. CAUSE.

◇ **tapisserie** **1.** *Il faudra changer la tapisserie de la chambre* : **tenture** (= tissu tendu) ◆ [par ext.] **papier peint.** **2.** V. BRODERIE.

tapis-brosse *S'essuyer les pieds sur le tapis-brosse* : **paillasson**.

tapissé V. vêtu (*in* vêtir).

tapisser V. recouvrir, tendre II.

tapon V. tampon.

tapoter V. taper.

taquin V. malicieux (*in* malice).

taquiner *Il taquinait sa sœur, en lui affirmant que son dessin n'était pas réussi* : [fam.] **asticoter** ◆ ↑ **agacer** ◆ **chiner** (= critiquer avec ironie) ; → PLAISANTER, EXCITER.

◇ **taquinerie** *Toutes ces petites taquineries finissaient par énerver la fillette* : [pl.] **misères** ; → MALICE.

tarabiscoté V. affecté II, tourmenté (*in* tourment).

tarabuster V. rudoyer (*in* rude), tracasser.

tard **1.** *Elle y pense bien tard* : **tardivement.** *Il était retenu, il viendrait plus tard* : [moins cour.] **ultérieurement** ; → APRÈS, AVENIR, SUITE. **2.** *Vous comprendrez tôt ou tard que je voulais vous aider* : **un jour** ◆ [moins cour.] **inévitablement.**

◇ **sans tarder** *Il faut le rejoindre sans tarder* : **tout de suite** ; → IMMÉDIATEMENT, TRAÎNER.

tardif V. bas I. *Heure tardive* : V. avancé (*in* avancer II).

tardivement V. tard.

tare V. défaut II, souillure (*in* souiller).

taré V. arriéré, dégénéré (*in* dégénérer).

targette V. verrou.

targuer (se) V. se flatter, se vanter.

tari V. à sec I.

tarière V. vrille.

tarif *Demi-tarif* : V. place I. *Plein tarif* : V. pot (plein pot).

tarin V. nez.

tarir **1.** *Tarir une source* : V. ÉPUISER et SÉCHER. **2.** *Ce soir la conversation ne tarit pas* : **cesser** ◆ [plus express.] **chômer.**

tarir (se) V. disparaître.

tarte **1.** [n.] *C'est la saison de la tarte aux abricots* : **tourte** (= tarte dont la garniture est couverte de pâte). **2.** [n.] V. GIFLE. **3.** [n.] *C'est de la tarte* [fam.] : **du gâteau, du tout cuit** ; → NANAN. *C'est pas de la tarte* [fam.] : **facile** (*ce n'est pas facile*) ◆ **difficile*** (*c'est difficile*). **4.** [adj.] *Je le trouve un peu tarte* [fam.] : **moche** ◆ [cour.] **laid** ◆ [très fam.] **tartignolle, cloche** ; → SOT.

tartine *Écrire des tartines* : V. volume I.

tartiner **1.** V. étaler I. **2.** V. discourir, écrire.

tartuf(f)e V. bigot, hypocrite.

tartuf(f)erie V. fausseté (*in* faux).

tas **1.** *Le bureau était couvert d'un tas de papiers* : **monceau** ; → AMAS. *Il sortit de sa poche un tas de billets* : [plus précis.] **liasse.** **2.** *Les ouvriers agricoles mettaient le foin en tas* : [plus précis.] **meule.** **3.** *Un tas de gens se pressait sur le quai* [fam.] : [cour.] **multitude*, beaucoup de** ; → ABONDER, QUANTITÉ, MASSE. *Un tas d'injures* : **bordée** ; → CHAPELET.

tasse *Il a été surpris par la vague et a bu une, la tasse* : **boire un bouillon.**

tasser *Il tassait soigneusement le tabac dans sa vieille pipe* : **bourrer.** *Tasser une balle de foin* : **comprimer.**

◇ **tassé** *Le garçon lui apporta un demi bien tassé* [fam.] : **tapé** ◆ [cour.] **servi.** *Un café bien tassé* : **fort, serré.**

◇ **se tasser** **1.** [qqn ~] *Les voyageurs se tassaient* : **se serrer*** ; → SE PRESSER. **2.** [qqn ~] *Il se tassait avec l'âge* [fam.] : **se recroqueviller** (= se replier sur soi-même)

◆ **se ratatiner** (= se rapetisser en se déformant). **3.** [qqch ~] *La route s'était tassée* : **s'affaisser.** **4.** [qqch ~] *Les choses se tasseront* [fam.] : [cour.] **s'arranger.** **5.** *Se tasser des gâteaux* [fam.] : **se taper*.**

tata V. tante.

tatane V. chaussure (*in* chausser).

tâter **1.** [~ qqch] *Le marchand tâtait les fourrures* : **manier, palper** ; → TOUCHER. **2.** [~ qqn] *Il faut le tâter pour être sûr qu'il sera de notre côté* [fam.] : [cour.] **sonder.** **3.** *Tâter de. Il a tâté de tout* [fam.] : [cour.] **essayer, expérimenter** ; → GOÛTER.
◇ **se tâter** *Ils se sont longuement tâtés avant de se décider* : **hésiter, s'interroger,** [fam.] **peser le pour et le contre.**

tatillon V. consciencieux, formaliste.

tâtonnement V. hésitation (*in* hésiter).

tâtonner V. hésiter.

tâtons (à) *La lumière s'éteignit et l'on dut avancer à tâtons* : **à l'aveuglette.**

taudis *La famille était logée dans un taudis* : [moins cour.] **galetas** ; → BARAQUE, ÉCURIE.

taulard V. prisonnier (*in* prison).

taule **1.** V. emprisonnement (*in* emprisonner), prison. **2.** V. habitation.

taupe V. espion.

tautologie V. pléonasme.

taux V. pourcentage.

tavelé V. tacheté (*in* tache I).

taverne V. cabaret, café, restaurant.

taxation V. réglementation.

taxe V. impôt (*in* imposer II).

taxer **1.** V. accuser. **2.** V. imposer II.

taxi **1.** V. automobile. **2.** V. avion.

tchador V. voile I.

tchao V. adieu.

tchatcher V. parler.

tchatcheur V. bavard.

technicien V. spécialiste (*in* spécial).

technique **1.** V. didactique. **2.** V. méthode, métier.

technocrate V. bureaucrate.

technopôle V. centre II.

teen-ager V. adolescent.

teigne *Mais c'est une vraie teigne, ce garçon-là !* : **gale*, peste.**

teigneux V. acariâtre.

teindre V. colorer (*in* couleur).

teint *La jeune fille avait le teint doré des blondes* : [moins cour.] **carnation** ; → COULEUR.

teinte **1.** V. COULEUR. **2.** *Il y avait dans sa remarque une teinte de moquerie* : [plus cour.] **nuance.** *Une appréciation en demi-teinte* : **atténué, nuancé.**
◇ **teinture** **1.** *Elle s'est fait faire une teinture (des cheveux)* : **coloration, couleur.** **2.** *On use de teintures spéciales pour les cuirs* : **colorant.** **3.** *Il a une vague teinture en la matière* : **vernis*** (*un vernis de connaissances*).

teinter V. colorer (*in* couleur).

teinture V. teinte.

tel

I **1.** *As-tu vu un tel toupet ?* : **pareil** ; → SEMBLABLE. **2.** *C'est un tel menteur* : **si grand, à tel point** (*... être menteur à tel point*) ; → PAREIL.

II *Tel que. Il est tel que je l'avais imaginé* : [plus cour.] **comme** ; → AINSI. *Tel quel. Je vous rends votre texte tel quel* (= sans changement) : **en l'état**. *Comme tel* : **en qualité de.**
◇ **tellement** **1.** *Il est tellement aimable qu'on lui pardonne tout* : **si*** ; → TANT. **2.** *Tu n'es pas tellement beau, tu sais* [fam.] : [cour.] **très.** *Tout cela ne me surprend pas tellement* : V. AUTREMENT.

télé V. téléviseur.

télécopie V. dépêche.

télégramme V. câble II, dépêche.

télégraphier V. envoyer* un télégramme.

téléphone V. communication, coup II, fil II.

téléphoner V. appeler I, envoyer* un coup de fil.
◇ **se téléphoner** V. correspondre.

télescopage V. heurt (*in* heurter).

télescoper V. heurter.

téléski *Les skieurs attendaient le téléski* : **remonte-pente** ◆ [fam.] **tire-fesses.**

téléspectateur V. auditoire.

téléviseur *La famille était regroupée devant le téléviseur* : [abrév.] **télé** ou **T.V.** ◆ **petit écran** ◆ [plus génér.] **poste** (qui désigne aussi bien un récepteur radiophonique).

télex V. dépêche.

tellement V. tel II.

tellurique V. sismique.

téméraire V. aventureux (*in* aventure), imprudent, osé (*in* oser).

témérité V. hardiesse.

témoin 1. *Être témoin d'une querelle* : V. SPECTATEUR et PRÉSENT. 2. *Il est maintenant possible de guérir cette maladie, témoin la réussite des expériences de cette année* [en tête de proposition] : [plus cour.] **à preuve.** 3. *Une lampe témoin* : **voyant.**
◇ **témoigner** 1. [qqn ~] *Ses voisins ont témoigné en sa faveur* : **déposer.** 2. [qqn ~ qqch] *Tous ses amis lui témoignaient leur soutien* : **marquer** ; → MONTRER, PROUVER. 3. [qqch ~ de] *Leur attitude témoignait de leur attention* : **attester** ◆ **indiquer, manifester, montrer** (... *indiquait, manifestait, montrait leur attention*).
◇ **témoignage** 1. *Un témoignage indiscutable* : V. RAPPORT et MÉMOIRES. *Un témoignage de bonne conduite* : **attestation, certificat** (= documents valant pour témoignage) ; → GARANTIE. *Il avait été condamné sur le témoignage de son patron* : [moins cour.] **sur la foi de.** 2. *Il relut son témoignage et le signa* : **déposition.** 3. *Tous ces témoignages d'amitié l'ont réconforté* : **marque, preuve** ; → DÉMONSTRATION, GAGE, MANIFESTATION.

tempérament
I *Des achats à tempérament* : **crédit*.**
II 1. *Il est de tempérament lymphatique* : **naturel** ◆ **humeur** (= disposition affective momentanée) ; → CARACTÈRE, NATURE. 2. *Il a du tempérament* : [plus restreint] **sensualité** (= appétit sexuel). 3. *C'est un tempérament* [fam.] : **personnalité.**

tempérance 1. *La fragilité de son foie l'obligeait à une stricte tempérance* : **frugalité** (= modération dans l'usage des aliments) ◆ **sobriété** (= modération dans la consommation des boissons alcoolisées). 2. *La tempérance est une vertu cardinale* [didact.] : **continence** (= abstention des plaisirs charnels) ; → CHASTETÉ.
◇ **tempérant** 1. *Le fait d'être tempérant n'a pas empêché qu'il meure jeune* : **continent, frugal, sobre.** 2. V. CHASTE.

température 1. V. chaleur. 2. V. fièvre.

tempéré V. modéré (*in* modérer).

tempérer V. adoucir, diminuer, modérer.

tempête 1. *La tempête était imminente* : [didact.] **coup de chien, de tabac, de vent** (= tempête subite) ◆ [didact.] **gros temps** (*les bateaux restaient au port par gros temps*) ◆ [didact.] **grain** (= vent de courte durée mais très violent et accompagné de pluie ou de grêle) ◆ [vieilli, sout.] **tourmente** (= tempête violente et subite qui n'a pas forcément lieu sur la mer) ◆ **trombe** (= colonne d'eau ou de nuages mue en tourbillon) ◆ **typhon** (= cyclone tropical) ; → VENT, BOURRASQUE, FURIE. 2. [fig.] *Cette mesure va déchaîner la tempête* : ↓ **protestation.** *Une tempête d'applaudissements* : **tonnerre** ◆ ↓ **salve.**

tempêter *L'homme tempêtait à côté de sa voiture en panne* : **tonitruer** (= parler d'une voix forte) ◆ [très fam.] **gueuler** ; → FULMINER.

tempétueux V. agité (*in* agiter).

temple V. église.

tempo V. rythme.

temporaire V. momentané.

temporairement V. momentanément.

temporel V. séculier.

temporisation V. ajournement (*in* ajourner).

temporiser V. biaiser, gagner du temps*.

temps

I 1. *Il y a peu de temps* : **récemment.** *En peu de temps* : **rapidement** ◆ ↑ **en un rien* de temps.** *Avec le temps* : **à la longue.** *Dans quelque temps* : ↑ **prochainement** ; → BIENTÔT. 2. *Il marqua un temps d'arrêt puis reprit la parole* : **pause.** *Un emploi du temps* : V. CALENDRIER. *Un travail à mi-temps* : [plus génér.] **à temps partiel.** *Chaque parti aura un temps réservé pour sa campagne à la télévision* : **créneau (horaire).** *N'avoir qu'un temps* : **être provisoire.** *Avoir tout son temps* : **ne pas être pressé.** *Prendre son temps* : **ne pas se presser.** *Se donner du bon temps* : ↓ **s'amuser.** 3. *Je vous donne encore un peu de temps mais pressez-vous !* : **délai** (*je vous donne un délai...*). *Il est temps de vous décider maintenant* : **c'est le moment de, il faut.** *Gagner du temps* : **temporiser.** *Un temps fou* : V. ÉTERNITÉ. *Arriver à temps* : V. PILE. *Vous avez bien failli manquer votre train, il était temps* : **il s'en est fallu de peu.** 4. *De notre temps* : **à notre époque*.** *Les idées de notre temps* : V. ACTUEL. *Dans le temps* : [fam.] : [cour.] **autrefois.** *Par les temps qui courent* : **actuellement*.** 5. *En ce temps-là* : V. ALORS. *De tout temps, il y a eu des guerres* : **toujours** (*il y a toujours eu...*). *Tout le temps* : **constamment*.** *En même temps* : **ensemble*.** *Ils sont arrivés en même temps* : **simultanément, de concert, de conserve** ; → À LA FOIS*. *De temps en temps, de temps à autre* : **par intervalles*, de loin* en loin** ; → PARFOIS. *La plupart du temps* : **fréquemment, habituellement, d'ordinaire, souvent.** 6. *Le temps de la traversée nous a paru très court* : **durée.**

II *Un temps de chien* : **mauvais temps** ; → INTEMPÉRIE. *Gros temps* : V. TEMPÊTE.

tenable *Il faut rompre ce silence, ce n'est plus tenable* [en emploi nég.] : **supportable.**

tenace 1. *C'est un homme difficile à manœuvrer, au caractère tenace* : **coriace** ; → OBSTINÉ. *Un homme tenace* : **opiniâtre, têtu** ; → ACCROCHEUR. 2. *On avait beau ouvrir les fenêtres, l'odeur était tenace* : ↓ **durable.** 3. *Leur foi tenace s'appuyait sur de vieilles traditions* : **enraciné** ; → VIVACE.

ténacité V. caractère I, entêtement, obstination, persévérance.

tenaille V. pince.

tenailler V. torturer.

tenancier V. cafetier (*in* café I).

tenant V. partisan (*in* parti I).

tendance 1. *Le professeur avait une certaine tendance à l'indulgence* : **inclination*** (... *une inclination pour*), **penchant** (... *un penchant à, pour*) ; → PROPENSION. *J'ai des tendances à la paresse* : **prédisposition** ; → DISPOSITION. *Il a des tendances sadiques* : **pulsion.** *Avoir tendance à faire qqch* : **tendre à.** 2. *Les tendances actuelles du roman anglais* : **orientation.** 3. *Un journal de tendance* : V. OPINION et PARTI. *Une tendance artistique* : **mouvement** ◆ **école*** (= ensemble d'artistes, de savants, de philosophes, se réclamant d'une même doctrine). 4. [adj. et fam.] V. BRANCHÉ.

tendancieux V. orienté (*in* orienter).

tendre

I [adj., postposé] 1. *La pierre était trop tendre pour faire un bon matériau* : **friable** (= qui se réduit aisément en fragments). 2. *Du pain tendre* : **frais.** *Une pâte tendre* : V. MOU. *Ce quasi de veau est bien tendre* : **moelleux.** 3. *L'âge tendre* : [antéposé] **jeune.**

II [adj., antéposé ou postposé] 1. *Elle était très tendre avec les enfants* : **affectueux, doux*** ; → AIMANT. *La fillette se montrait très tendre* : **câlin.** 2. *Elle le regardait avec des yeux tendres* : **caressant, doux*** ◆ ↑ **langoureux.** 3. *Pour les chambres d'enfant, on préfère les coloris tendres* : **pastel, doux.**

III [v.] **1.** *Il tendit ses muscles pour soulever l'arbre* : [sout.] **bander** ; → CONTRACTER, RAIDIR. **2.** *Le marin tendit les voiles du yacht* : **déployer.** **3.** *Il avait achevé de tendre toutes les pièces* [vieilli] : [cour.] **tapisser.** **4.** *Tendre le bras* : **allonger*, étendre*.** *Tendre l'oreille* : **prêter*.**

◇ **tendu** *Une situation tendue* : **explosif** ; → DÉLICAT. *Quelqu'un est tendu* : **contracté*.**

◇ **tendeur** *Il fixa le panier sur le porte-bagages avec un tendeur* : [nom déposé] **Sandow.**

◇ **tendre à** V. S'ACHEMINER, AVOIR TENDANCE* À et VISER* À.

tendresse V. affection I, sensibilité, sentiment II.

tendron V. fille.

tendu V. tendre III.

ténèbres V. obscurité (*in* obscur).

ténébreux *L'enquête piétinait, l'affaire restait ténébreuse* [sout.] : [plus cour.] **mystérieux** ; → OBSCUR, SECRET.

teneur V. composition, texte.

ténia V. ver* solitaire.

tenir

I [trans. dir.] **1.** [qqn ~ qqn] V. PORTER. **2.** [qqn ~ qqn + prép.] *Je le tiens en grande estime* : V. ESTIME et ESTIMER. *On le tient pour un honnête homme* [sout.] : [plus cour.] **considérer, prendre, regarder comme.** **3.** [qqn ~ qqch] *Tenez bien l'échelle* : V. SOUTENIR. *Il tient son livre contre lui* : ↑ **serrer.** *Faire tenir quelque chose* : V. PLACER. *Il tient une épicerie* : **gérer.** *Il tient la chambre depuis huit jours* [vx] : **garder, ne pas quitter.** *Tenir une permanence* : **assurer*.** **4.** [qqn ~ qqch de qqn] *Je tiens ces indications d'une personne bien informée* : **avoir reçu.** *Cet enfant tient ses yeux bleus de sa grand-mère* : **hériter*** (*cet enfant a hérité...*). **5.** [qqn ~ qqch + circonstanciel] *Il faut tenir la boisson au frais* : **garder.** *Tenir au chaud* : **maintenir** ; → LAISSER. **6.** [qqch ~ qqch] *L'amarre tient le bateau le long du quai* : **retenir.** **7.** [qqch ~ qqn] *Le déménagement m'a tenu toute la journée* : **occuper.** *Une salle qui tient beaucoup de personnes* : V. CONTENIR. **8.** [qqch ~ qqch] *Prenez donc ce seau, il tient l'eau* : **ne pas fuir.** **9.** *Tenir compte de* : V. COMPTER et REGARDER. *Tenir la barre* : V. BARRE. *Tenir sa langue* : **se taire.** *Nous tenons la preuve de sa culpabilité, qu'il est coupable* : **détenir, posséder** ◆ [plus génér.] **avoir.** *Tenir ses promesses, sa parole* : V. REMPLIR. *Tenir le vin* : **supporter*.** *Tenez votre droite !* : **garder.** *Tenir lieu* : **remplacer*, servir* de.**

II [trans. ind.] **1.** [qqn ~ à qqn] *Il tient à cette fille* : **s'attacher à*** (*il s'est attaché à cette fille*). **2.** [qqn ~ à qqch] *Je tiens à ce qu'il vienne* : **vouloir*.** **3.** [qqch ~ à qqch] *L'étiquette tient à la bouteille* : V. ADHÉRER. **4.** *Cet accident tient à l'imprudence du conducteur* : **provenir de, résulter* de.** **5.** [qqn ~ de qqn] *Il tient de son grand-père* : **ressembler* à.**

III [intr.] **1.** [qqn ~] *Les soldats tiennent* : V. DÉFENDRE. *Tenir ferme* : V. RÉSISTER. **2.** [qqch ~] *Ils sont trop jeunes, leur mariage ne tiendra pas* : **durer*.** *Une colle qui tient (bien)* : **adhérer*.** *La peinture a tenu malgré l'humidité* : [fam.] **tenir le coup** ; → RÉSISTER. **3.** [qqch ~ + circonstanciel] *Ce qui est à retenir tient en peu de mots* : **se résumer.** *La valise est trop petite, tout ne tiendra pas dedans* : V. ENTRER*. **4.** *Cette histoire ne tient pas debout* : **être invraisemblable.** *Il n'y a pas de cinéma, de gâteau qui tienne* : **il ne saurait être question de** (= *tu n'iras pas au cinéma, tu n'auras pas de gâteau*).

◇ **se tenir** **1.** [qqn ~ + circonstanciel ou adv.] *Le gamin se tenait à une branche* : **s'accrocher*** ; → SE RETENIR. *Il se tient bien debout* : V. SE SOUTENIR. **2.** *S'en tenir. Je m'en tiens à ce qui a été convenu* : [plus sout.] **se borner.** *S'en tenir là* : V. RESTER II. *Savoir à quoi s'en tenir* : **être fixé*.** **3.** [qqch ~] *La réunion se tient ici* : **avoir lieu*.** **4.** *Se tenir tranquille* : **rester sage.** *Se tenir pour battu* : **se considérer comme, s'estimer.**

tennis de table a pour synonyme plus courant **ping-pong.**

ténor V. personnage.

tension

I **1.** *La tension du biceps* : **contraction.** *La tension artérielle* : [moins cour.] **pression** ◆ **hypertension** (qui est plus élevée que la normale) ◆ **hypotension** (qui est plus basse que la normale). **2.** *La tension d'un* *courant électrique* : [didact.] **différence de potentiel***.

II 1. *La tension d'esprit* : **concentration** ; → ATTENTION. 2. *La tension est montée entre les deux communautés* : V. CRISE. 3. *Tension nerveuse* : **stress, surmenage**.

tentant 1. V. affriolant (*in* affrioler), séduisant (*in* séduire). 2. V. enviable (*in* envie I).

tentateur V. diable, séducteur (*in* séduire).

tentation V. désir, séduction (*in* séduire).

tentative V. entreprise (*in* entreprendre), essai (*in* essayer).

tente *Coucher sous la tente* : [fam.] **guitoune** ◆ **chapiteau** (= tente d'un cirque) ◆ **taud** (= abri de toile sur le pont supérieur d'un bateau).

tenter

I *Tenter qqch* : **entreprendre***, **hasarder***. *Tenter de faire qqch* : **essayer***. *Tenter le tout pour le tout* : **oser**.

II 1. *C'est une bonne affaire qui l'a tenté* : **allécher** ; → SÉDUIRE. 2. *Cela ne me tente pas du tout* : **dire, plaire**. 3. *Être tenté de faire qqch* : V. INCLINER.

tenture V. tapisserie.

tenu [adj.] 1. *Sa maison est toujours bien tenue* : **entretenu** ◆ [plus partic.] **propre, rangé**. 2. *Être tenu de. Vous êtes tenu de répondre à la convocation* : [plus cour.] **être obligé de**.

ténu V. fin III.

tenue 1. *Je n'aurais pas dû vous inviter, vous avez manqué de tenue* : **correction**. 2. *Un peu de gymnastique permettra de corriger cette mauvaise tenue du corps* : **attitude, maintien, posture**. 3. *Une tenue bien soignée* : **mise** ; → TOILETTE. *Une tenue de soirée* : **habit** ; → VÊTEMENT. *Une tenue militaire* : **uniforme**. *Une tenue de combat* : **treillis**. *Une tenue de travail* : **bleu** (*un bleu, des bleus de travail*). 4. *Une bonne tenue de route* : **adhérence***.

ténuité V. finesse (*in* fin III).

tergiversation V. hésitation (*in* hésiter).

tergiverser V. biaiser, hésiter, tourner* II autour.

terme

I 1. *Il n'y a pas de termes à la connaissance humaine* [vieilli] : [plus cour.] **borne** ; → LIMITE. 2. *Passé ce terme, vous devez avoir réglé toutes vos dettes* : **date, délai**. *Achat, vente à terme* : V. CRÉDIT. *Mettre un terme à qqch* : **faire cesser** ; → ARRÊTER. 3. [~ de qqch] *Arriver à terme* : **échoir**. *Ces jours heureux touchent malheureusement à leur terme* [sout.] : [plus cour.] **fin**. *Il arrive au terme de ses souffrances* [sout.] : [cour.] **bout**. 4. *Il voyait approcher avec inquiétude le jour du terme* (= date de paiement du loyer correspondant généralement à trois mois) : [plus génér.] **échéance** ◆ **annuité** (qui correspond à une période d'un an). 5. *Avant terme* : **prématurément**.

II *Il a parlé en termes voilés* : **à mots couverts** ; → MOT.

III *Vous ne trouverez pas de moyen terme qui soit satisfaisant* : **demi-mesure**.

IV *Être en bons termes* : **relation***. *Être en mauvais termes* : **être en froid***.

terminer *Le gros œuvre a été terminé il y a huit jours* : **achever, finir**. *Il termine sa symphonie* : **mettre la dernière main* à, mettre le point* final à**. *On a terminé l'affaire* : V. LIQUIDER. *La morale termine la fable* : **conclure**.

◇ **se terminer** *Ma rue se termine au boulevard* : **aboutir***. *Votre bail se termine le mois prochain* : **expirer** ; → FINIR.

◇ **terminaison** 1. *La terminaison d'un procès* [rare] : [cour.] **conclusion** ; → FIN. 2. *La terminaison d'un mot* : **lettre finale, syllabe finale** ◆ [didact.] **désinence** (= finale de mot à valeur grammaticale : *les désinences d'un verbe*) ◆ **suffixe** (= élément ajouté à la fin d'un mot pour créer un mot nouveau : *le suffixe -eur dans mangeur*).

◇ **terminal** 1. [adj.] *La phase terminale d'un chantier* : **final**. *La classe de terminale, la* *terminale du lycée* : **classe de baccalauréat.** 2. [n.m.] *Un terminal d'ordinateur* : **console, périphérique.**

terminologie V. vocabulaire.

terminus V. bout.

terne 1. *La couleur avait passé au soleil et le tissu était devenu d'un rouge terne* : **décoloré, effacé, passé** (= qui a perdu en partie sa couleur) ◆ **pâle*** (qui se dit d'une couleur éteinte) ◆ **fade** (qui se dit d'une couleur sans éclat) ◆ **délavé** (= décoloré par les lavages) ◆ **mat** (= dépoli : *un plat en argent mat*). 2. *Il nous regardait, les yeux ternes* : **inexpressif, sans expression** ◆ ↑ **éteint.** *Un style bien terne* : **incolore** ; → FROID. *Tous les jours se ressemblaient, sans intérêt, ternes* : **gris.** *Pendant le mois d'août, le ciel resta terne* : **maussade** ; → TRISTE. *Un homme terne* : **insignifiant*.** *Un esprit terne* : V. BORNÉ.
◇ **ternir** *L'article injurieux avait terni la réputation du ministre* [sout.] : **altérer*, flétrir** ◆ [cour.] **salir.**

terrain 1. *À perte de vue, le terrain était plat* : **sol*** ; → TERRE. *Un terrain primaire* : **roche.** 2. *Un terrain à bâtir* : **parcelle.** *Un terrain de tir* : **champ de tir.** *Un terrain de sports* : **stade.** 3. *Céder du terrain* : ↑ **battre en retraite.** *En une nuit, les maquisards ont regagné le terrain perdu* : **reprendre l'avantage.** *Gagner, perdre du terrain* : **avancer** ◆ **reculer.**

terrasse V. belvédère, plate-forme, toit.

terrasser 1. *La rébellion des militaires a été terrassée* : **réprimer** ◆ [plus cour.] **mater.** 2. V. ACCABLER, JETER* À TERRE, FOUDROYER et RENVERSER.

terre
I *Faire le tour de la Terre* : **monde*, planète** ; → SPHÈRE. *Aux quatre coins de la terre* : **partout.**
II *Le bonheur existe-t-il sur la terre ?* : **ici-bas.** *Avoir les pieds sur terre* : V. RÉALISTE. *Faire revenir quelqu'un sur terre* : **désabuser*, détromper.**
III 1. *L'avion piqua vers la terre* : **sol*.** *La terre ferme* : **le plancher des vaches*.** 2. *Il possède des terres près de la rivière* : **terrain.**
IV 1. *Il vit en cultivant ses terres* : **champ** (= terre cultivable) ◆ **enclos** (= terrain entouré de murs ou de haies) ◆ [sout., vieilli] **glèbe** (= terre cultivée). *Un homme de la terre* : **campagne*** ; → CULTURE. 2. *La terre d'une plate-bande* : **humus, terreau** (= terre noire issue de la décomposition des végétaux). 3. *Il a acquis quelques jolies terres cuites* : **céramique.** 4. *Poser qqch à terre* : [plus cour.] **par terre.** *Porter qqn en terre* : **enterrer*.**
◇ **terrien** 1. *Il aimait faire état de son ascendance terrienne* : [plus cour.] **paysan.** 2. *Le maire était le plus important propriétaire terrien du village* : **foncier.**

terre-à-terre V. vulgaire II.

terreau V. terre IV.

terrer (se) V. se cacher.

terreur 1. *L'otage avait éprouvé une grande terreur* : **épouvante** ◆ ↓ **frayeur,** ↓ **peur** ; → EFFROI. *Inspirer de la terreur* : **épouvanter, terrifier, terroriser.** 2. *La terreur peut être un moyen d'oppression des peuples* : **terrorisme** (= emploi systématique de la violence par un État ou une organisation politique). 3. *Ce type, c'est une terreur* : **brute, dur** (... *un dur*) ◆ [fam.] **vache.**

terreux V. sale.

terrible 1. *Une maladie terrible décimait la population* : **effrayant*, terrifiant** ; → EFFROYABLE. 2. *Il est d'une humeur terrible* : **massacrant.** *Un choc terrible* : ↓ **brutal*,** ↓ **violent*.** *Un bruit terrible* : **d'enfer*** ; → INFERNAL. *Tous ces accidents, c'est terrible !* : **affolant*** ; → VERTIGINEUX. *Il lui porta un coup terrible au menton* : **foudroyant.** 3. *C'est terrible ce que tu peux être menteur !* [fam.] : [cour.] **fou.** *Il a fait un froid terrible* [fam.] : **extraordinaire.** 4. *C'est un enfant vraiment terrible* : **turbulent** ; → ABRUTISSANT. 5. *Écoute ça ! le refrain est terrible !* [fam.] : **formidable, du tonnerre** ◆ [cour.] **sensationnel.** *C'est une fille terrible* : **très belle.**
◇ **terriblement** *Ce conférencier est terriblement ennuyeux* : **énormément, extrê-**

mement ◆ [sout.] **souverainement** ◆ [fam.] **vachement** ; → TRÈS.

terrien V. terre IV.

terrier V. gîte, trou.

terrifiant V. effrayant (*in* effrayer), effroyable (*in* effroi), terrible.

terrifier V. affoler, effrayer, terroriser, inspirer la terreur*.

terril *Près de la mine, s'élevait un terril* : **crassier**.

terrine **1.** V. pâté. **2.** V. tête.

territoire **1.** *La défense du territoire* : **pays.** **2.** *Un territoire protégé, interdit* : **zone.** *Les territoires indigènes* : **réserve**.

terroir V. sol, pays.

terroriser *Des groupes de pillards terrorisaient toute la région* : ↓**terrifier** (= frapper d'une forte crainte) ; → PEUR, TERREUR.

terrorisme V. terreur.

tertiaire *Secteur tertiaire* : V. service I.

tertre V. butte.

tesson V. débris.

test [anglic.] *Il a passé des tests pour obtenir cet emploi* : **épreuve** ; → ESSAI, EXAMEN.

testament **1.** V. dernières volontés*. **2.** *Nouveau Testament* : V. évangile.

tester V. éprouver.

testicule Glande génitale mâle. *Inflammation des testicules* : **bourses** ◆ [didact.] **scrotum** ◆ [vulg.] **couilles** ◆ [très fam.] **burettes, roubignolles, roupettes.**

tête **1.** *Il a une blessure à la tête* : **crâne*.** *Il l'a frappé sur la tête* : [fam.] **caboche, cafetière, carafe, carafon, cassis, citron, ciboulot, citrouille.** *En France, la peine de mort était exécutée en tranchant la tête du condamné* : **décapiter, guillotiner** (*... en décapitant, guillotinant le condamné*). **2.** *Elle a une belle tête* : [fam.] **gueule** ; → FIGURE. **3.** *L'avion rase la tête des arbres* : **sommet** ◆ [terme pr.] **cime.** *Il gardait près de la tête du lit une bouteille d'eau* : **chevet.** *Le missile était armé d'une tête nucléaire* : **ogive.** **4.** *Il était la véritable tête du mouvement* : **chef*** ◆ [anglic.] **leader.** *C'est une tête* : **cerveau*.** *Ce parti prétendait être à la tête du mouvement revendicatif* : **avant-garde.** **5.** *Se mettre dans la tête, en tête de réussir* : **s'imaginer** ; → ESPRIT. *Ne pas avoir de tête* : **être écervelé.** *Avoir la tête ailleurs* : **être dans la lune.** *Avoir la tête sur les épaules* : **être équilibré*.** **6.** *Une tête de chapitre* : **début.** **7.** *Un troupeau de plusieurs centaines de têtes* : **bête.** **8.** [prép. + ~] *C'est vingt francs par tête,* [fam.] *par tête de pipe* : [cour.] **par personne.** *Il calcule très vite de tête* : **mentalement.** *Il marche en tête* : **le premier*** ; → EN AVANT*. *Le favori est maintenant en tête du peloton* : **mener la course** ; → OUVRIR LA MARCHE*. **9.** *Examiner qqn des pieds à la tête* : **de bas en haut.** *Donner tête baissée dans un piège* : **sans regarder, sans réfléchir.** *Étudier un dossier à tête reposée* : **à loisir.** *Le côté tête d'une médaille* : **avers, face** (par opp. à pile). *Une histoire sans queue ni tête* : **incohérent.** **10.** [n. + ~ compl. de ce n.] *Avoir des maux de tête* : **névralgie*.** *Il a une voix de tête* : **fausset.** **11.** [~ + adj., ~ + n., n. + ~] *Quelle mauvaise tête !* : **caractère.** *C'est une grosse tête* : **intelligence** (*c'est une intelligence supérieure*). *Avoir la grosse tête* [fam.] : [cour.] **être prétentieux.** *Il faut garder la tête froide* : **rester calme.** *Je vous assure qu'il a la tête dure* : **être borné, buté.** *Vous avez une tête à claques, à gifles* : **être irritant.** *Reconnaissez qu'il a une tête de cochon, mule, bois, lard, pioche* [fam.] : [cour.] **être têtu.** *Mon Dieu ! quelle tête de linotte, en l'air* : **étourdi*.** *Vous avez une sale tête* : **mine.** *Il a une drôle de tête ce matin* : [fam.] **bille, binette, bobine, fiole, terrine, tronche, trombine.** *Il a une bonne tête* : [fam.] **bouille.** **12.** [v. + ~ + compl.] *Il lui tient tête depuis une heure* : **s'opposer à.** *J'en donnerais ma tête à couper* : **jurer** (*je le jurerais*). **13.** [v. + art., poss. + ~] *Cessez de me casser la tête* : **étourdir*.** *Il a risqué, sauvé sa tête* : **vie** ◆ [fam.] **peau.** *Pourquoi faites-vous la tête ?* : **bouder.** *Elle se monte facilement la tête* [fam.] : **bourrichon** ◆ [cour.] **s'exciter.** *Sa douleur lui avait fait perdre la tête* : **raison.** *Restez calme, ne perdez pas la tête* : [fam.] **boussole, boule** ◆ **s'affoler, perdre le nord.** *Se payer la tête de qqn* : [fam.] **fiole,**

fraise ◆ **se moquer de.** **14.** [v. + prép. + ~] *J'en ai par-dessus la tête* : **assez***. *Le champagne lui monte à la tête* : **griser.** *Je ne sais plus où donner de la tête* : **être submergé.** **15.** [v. + n. + prép. + ~] *Ce qu'il a dans la tête* : V. ESPRIT. *Se mettre martel en tête* [sout.] : [cour.] **se faire du souci***. *Il n'arrive pas à se mettre sa leçon dans la tête* : **apprendre.** **16.** *Tête à tête. Nous avons parlé en tête à tête* : **aparté** (*nous avons eu un aparté*) ◆ **entre quatre yeux**; [fam.] **entre quat'z-yeux** ; → SEUL* À SEUL.

tête-à-tête **1.** *J'ai obtenu d'elle un tête-à-tête* : [plus sout.] **entrevue** ; → CONVERSATION. **2.** *Un tête-à-tête second Empire en noyer* : **causeuse** ; → CANAPÉ.

téter V. sucer.

téton V. sein.

têtu *Il ne veut pas comprendre ! quel (homme) têtu !* : **entêté** ◆ [fam.] **cabochard** ◆ **entier** (= qui n'admet pas d'accommodements : *un homme entier*). *Il est têtu* : **buté, tête dure** (*il a la tête dure*) ; → OBSTINÉ, TENACE. *Un esprit têtu* : V. SYSTÉMATIQUE.

texte **1.** *Il lisait les auteurs grecs dans le texte* : **original.** *Le notaire lui demanda de lire le contrat pour qu'il en comprenne bien le texte* [par méton.] : **teneur** ; → RÉDACTION. **2.** *Le mélomane écoutait l'opéra avec le texte sous les yeux* : [plus précis.] **livret.** **3.** *Des textes choisis* : V. MORCEAU. **4.** *Il a oublié de recopier le texte de son devoir* : **énoncé, sujet.**
◇ **textuel** *Une traduction textuelle de la page* : **littéral*, mot à mot*.**

textile V. tissu.

textuel V. texte.

textuellement V. exactement (*in* exact), mot* à mot.

texture V. structure, trame.

T.G.V. V. train I.

thaumaturge V. magicien (*in* magie).

thé **1.** V. collation. **2.** *Thé dansant* : V. bal.

théâtre **1.** *Il va au théâtre deux fois par semaine* : [plus génér.] **spectacle.** **2.** *Il fait encore du, son théâtre !* : **simagrées.** **3.** *Il écrit des pièces de théâtre* [génér.] : **comédie, drame, mélodrame, tragédie, vaudeville** (qui s'emploient selon le genre). **4.** *Un coup de théâtre* : **rebondissement.** *Faire du théâtre* : **monter sur les tréteaux** ; → SCÈNE*, PLANCHE.
◇ **théâtral** **1.** *La troupe jouait surtout des œuvres théâtrales contemporaines* : **dramatique.** **2.** *Le caractère théâtral des interventions l'irritait* : **spectaculaire.**
◇ **théâtreux** V. acteur.

théisme V. déisme.

thème **1.** *La chanson reprenait un thème musical connu* : **motif.** **2.** *Le thème d'un ouvrage* : V. IDÉE et OBJET.

théorie
I **1.** *Cela n'est qu'une théorie* : **spéculation** ; → DOCTRINE, PHILOSOPHIE, IDÉE, SYSTÈME. **2.** *En théorie* : **sur le papier***.
◇ **théorique** **1.** *La physique théorique est un domaine scientifique en plein essor* : **pur, fondamental** ◆ [moins cour.] **spéculatif** ; → ABSTRAIT. *Le rendement théorique d'une variété de semences* : **idéal** ; → VIRTUEL. **2.** *Ses objections étaient purement théoriques* : **formel, de principe** ; → SYMBOLIQUE.
II *Une théorie de voitures* [litt.] : **défilé***.

théoriquement V. sur le papier*, en principe*, régulièrement (*in* régulier).

thérapeutique [n.] *Une thérapeutique adaptée permettra une guérison rapide* [didact.] : **thérapie** ◆ [plus cour.] **traitement, cure** ◆ **médication** (= thérapeutique à base de médicaments) ; → REMÈDE, SOIN.

thermal V. eau (ville d'eaux).

thermonucléaire V. atomique.

thésauriser V. amasser.

thèse V. affirmation.

thorax V. torse.

thriller V. policier.

tiare V. couronne.

tic V. manie.

ticket V. billet, titre* de transport II.

tiède
I *Il aime son café tiède* : [fam., péj.] **tiédasse** ; → CHAUD. *Ce soir, la température est tiède* : **doux.**
II *Son soutien est un peu tiède* : **mou.**
◇ **tièdement** *Ils ont protesté assez tièdement* : **mollement.** *Ils nous ont reçus plutôt tièdement* : **avec tiédeur, avec indifférence** ; → FROIDEMENT.

tiédeur 1. V. chaleur. 2. V. indifférence (*in* indifférent). *Avec tiédeur* : V. tièdement (*in* tiède II).

tiédir V. chauffer, refroidir.

tienne *À la tienne* : V. à ta santé*.

tiercé V. course II.

tiers 1. [adj.] *Les gens que je connaissais dans le service n'étaient pas là, nous avons vu une tierce personne* : ↑ **inconnu** (*nous avons vu un inconnu*). 2. [n.] *Je ne parlerai pas devant un tiers* : **étranger, inconnu.**

tif V. cheveu.

tige 1. *Au printemps, les tiges du tilleul se multipliaient* : **branche** (= ramification d'une tige ligneuse) ◆ **rejet** (= tige qui pousse au pied de l'arbre) ◆ **chaume, paille** (= tige des céréales). *La tige d'un glaïeul* : [rare] **hampe** (= tige allongée d'une fleur) ◆ [cour.] **queue.** 2. *Il fixa une tige de métal pour soutenir les doubles-rideaux de velours* : **barre** ◆ [plus précis.] **tringle.**

tignasse V. cheveu.

tigré V. tacheté (*in* tache I).

timbale 1. V. gobelet. 2. V. tambour. *Décrocher la timbale* : V. gagner I.

timbre
I *La lettre portait le timbre du ministère* : **cachet, tampon*** ; → VIGNETTE. *Un collectionneur de timbres* : **philatéliste.**
◇ **timbrer** *Vous avez oublié de timbrer vos lettres* : **affranchir** ◆ **tamponner** (qui se dit de l'apposition par l'administration d'une marque à l'aide d'un tampon encré).
II 1. V. CLOCHETTE. 2. *Une voix sans timbre* : **blanc** (*une voix blanche*) ; → TON. 3. *J'aime beaucoup le timbre de la flûte à bec* : [plus génér.] **sonorité** (qui comprend le ton, la hauteur et le timbre) ; → SON.

timbré V. fou.

timide 1. *Elle n'est pas habituée à ces réunions ; cela explique ses manières timides* : **embarrassé*, gauche** ; → CRAINTIF. 2. *Ce n'est pas en étant timide que vous réussirez* : **timoré** (= qui craint d'entreprendre quoi que ce soit) ◆ [sout.] **pusillanime** (= qui manque d'audace) ◆ **humble** (= modeste) ◆ **complexé,** [didact.] **inhibé** (= qui souffre d'inhibition). *Il est timide avec les femmes* : **intimidé** (*par les femmes*).
◇ **timidité** *C'est sa timidité qui l'a fait échouer à l'oral de son examen* : **embarras, gaucherie.**

timidement V. mollement (*in* mou).

timidité V. timide.

timoré V. craintif (*in* craindre), timide.

tintamarre V. cacophonie, tapage.

tinter 1. *Le soir, la cloche de la petite église tintait* (= retentir lentement, le battant de la cloche frappant un seul côté) : [moins précis.] **résonner** ; → SONNER. 2. *Elle portait aux bras quantité de bracelets qui tintaient* : [sout.] **tintinnabuler.**
◇ **tintement** 1. *Le tintement des clarines dans les alpages* : **carillon** (= sonnerie légère et harmonieuse) ; → SON. 2. *Un tintement d'oreilles* : **bourdonnement.**

tintin V. rien I.

tintinnabuler V. sonner, tinter.

tintouin V. souci, tapage.

tir V. shoot.

tirade 1. *L'acteur achevait enfin sa longue tirade* : **monologue.** 2. *Ses tirades sur le vice nous fatiguaient* : **couplet** ; → DISCOURS, SERMON.

tirage 1. *La cheminée, malgré sa grande taille, avait un bon tirage* : **tirer bien.** 2. V. ÉDITION. 3. *Il y a du tirage* : V. DIFFICULTÉ et GAZ.

tiraillement, tirailler V. tirer I.

tire V. automobile.

tiré *Les traits tirés* : V. fatigué (*in* fatiguer).

tire-au-flanc V. paresseux.

tire-fesses V. téléski.

tire-fonds V. vis.

tire-larigot (à) V. beaucoup.

tirelire *Tiens, tu mettras ces dix francs dans ta tirelire* : [fam.] **cagnotte.**

tirer

I 1. *Vous tirerez le verrou, s'il vous plaît* : **fermer, ouvrir** (qui précisent la finalité du geste). *Les chevaux tiraient lentement la péniche* : **haler.** *Tirer une charette* : **tracter** (= tirer à l'aide d'un moyen mécanique) ◆ **remorquer** (= tirer derrière soi) ; → TRAÎNER. *Il tira l'assiette à lui* : **amener, attirer.** *Tirer quelqu'un par la manche, par la main* : **tirailler** (= tirer par petits coups). 2. *Tirer la porte sur soi* : **fermer** ; → RAMENER. 3. *Ils passaient la journée à tirer des plans* : **élaborer.** 4. *Il tira un trait sans règle* : **tracer.** 5. *Se faire tirer l'oreille* : **se faire prier*.** *Tirer les oreilles à qqn* : **réprimander*.** *Tirer les ficelles* [fam.] : [cour.] **manœuvrer.** *Tirer deux mois de prison* [fam.] : **faire** (*faire deux mois de prison*) ◆ **passer** (*passer deux mois en prison*). *Tirer sur la ficelle* [fam.] : [cour.] **exagérer.** *Un brun foncé qui tire sur le noir* : **se rapprocher de.** 6. [intr.] *La cheminée tirait bien* : **avoir un bon tirage.**

◇ **tirailler** 1. V. TIRER. 2. *Il est tiraillé entre l'amitié et son devoir* : **ballotter** ◆ ↑ **déchirer,** ↑ **écarteler.**

◇ **tiraillement** 1. *Il n'avait rien mangé depuis le matin et souffrait de tiraillements d'estomac* : ↑ **crampe.** 2. *Les tiraillements entre diverses administrations retardaient les travaux* : ↑ **conflit.**

II 1. *Tirer son autorité de* : **prendre.** *Tirer parti, profit de ses erreurs* : **profiter de.** 2. *Il tira son arme* : **dégainer.** *Il a tiré de l'eau dans un seau* : **puiser.** *On tire encore de la houille de ces puits* : **extraire** ; → SÉPARER. *Le hachisch est tiré de la résine du cannabis* : **provenir.** 3. *Son contrat tire à sa fin* : **toucher.** 4. *Ce mot a été tiré du grec* : **emprunter à.** 5. *Tirer qqn d'une difficulté* : V. SAUVER. *Les médecins l'ont tiré de là* : V. GUÉRIR et SORTIR. *Tirer qqch, qqn des décombres* : **dégager*.** *Tirer qqn de prison* : **délivrer.** *Tirer qqn d'embarras* : **dépanner*.** *Tirer qqn de la faillite* : V. ARRACHER. 6. *Tirer les vers du nez à qqn* [fam.] : [cour.] **questionner adroitement.** *Tirer des larmes à qqn* : **faire pleurer qqn.** 7. *Tirer de l'argent de ses parents* : **obtenir** ◆ [péj.] **soutirer** (qui implique une certaine ruse pour obtenir ce qu'on veut) ◆ **emprunter** (qui indique qu'il s'agit d'un prêt et non d'un don). *J'ai tiré de l'argent à la banque* : **retirer.** *Il a tiré un chèque sans provision* : **émettre.**

◇ **se tirer** 1. V. PARTIR. 2. *Il a pu se tirer de ce mauvais pas sans trop de dommages* : **se sortir de** ; → SE SAUVER. *Il s'en est bien tiré* [fam.] : [cour.] **réussir*.** *S'en tirer* : V. EN RÉCHAPPER et SORTIR.

III 1. [qqn ~ sur qqn] *La troupe a tiré* : **ouvrir* le feu.** *Ne restons pas ici, ils vont nous tirer dessus* : **canarder** (= tirer sur qqn en étant à l'abri comme lorsqu'on tire sur des canards). 2. [~ qqch] *Il tira le lièvre* : **faire feu sur.** 3. *Le joueur a tiré au but* : **shooter*, botter.**

tiret V. trait* d'union III.

tiroir *Nom à tiroirs* : V. particule.

tisane *Elle prenait chaque soir un bol de tisane* : **décoction, infusion.**

tison V. braise.

tisonnier *La pointe du tisonnier* : **pique-feu** ◆ **ringard** (= tisonnier de grande taille utilisé dans l'industrie).

tisser V. entrelacer.

tissu 1. *Vous trouverez des tissus à bas prix* : [plus cour.] **textile** ◆ [génér.] **étoffe** (= tissu propre à faire des vêtements ou à servir dans l'ameublement) ◆ **toile** (= tissu de chanvre, de coton ou de lin). 2. *Toute cette histoire n'est qu'un tissu de sottises* : **enchaînement, enchevêtrement** ; → MÉLANGE.

titanesque V. colossal (*in* colosse).

titi V. gamin.

titiller V. chatouiller.

titre
I 1. *Quel est son titre ?* : V. GRADE. *Il a tous les titres pour exercer ce métier* (= appellation correspondant à un grade, une fonction) : **qualification** (qui est acquise par la formation et l'expérience) ◆ **diplôme, certificat, brevet** (qui attestent la qualification). 2. *En titre. Le professeur en titre* : **titulaire.** 3. *À juste titre* : **à bon droit*, avec raison*.** 4. *À titre de. Il a reçu cela à titre de récompense* : **en guise de** ; → EN TANT* QUE.
II 1. *Le titre d'un ouvrage* : **intitulé.** *Il n'est pas facile de donner un titre à votre article* : **intituler, titrer** ; → S'APPELER. 2. *Les journaux ont consacré un gros titre à la nouvelle* : **manchette.**
III 1. *Votre notaire établira le titre de propriété* : **certificat.** *Montrez-moi votre titre de transport* : **billet, coupon, ticket.** 2. *Un titre en Bourse* : V. VALEUR.

titubant V. vacillant (*in* vaciller).

tituber V. chanceler, vaciller.

titulaire V. titre I.

toast
I *Porter un toast à* : **trinquer** ◆ **boire à la santé* de** ◆ **lever son verre* à** ; → DISCOURS.
II *Il prend des toasts beurrés avec son thé* : [moins cour.] **rôtie.**
◇ **toasteur, toaster** *Un toaster électrique* [anglic.] : **grille-pain.**

toc V. camelote.

tocante V. montre I.

toc-toc V. fou.

toge V. robe.

tohu-bohu V. tumulte.

toile 1. V. TISSU. 2. *Une toile abrite les marchandises* : **bâche.** *Une toile à laver (le sol)* : V. SERPILLIÈRE. *Le voilier portait toute sa toile* : **voile*.** 3. *Cette galerie expose des toiles de maître* : **peinture, tableau*.** 4. *La Toile* V. INTERNET.

toilettage V. épuration (*in* épurer).

toilette
I 1. *Le petit fait sa toilette tout seul* : [rare] **ablutions.** *Faire sa toilette* : **se laver*.** 2. *Il est trop coquet pour négliger sa toilette* : **tenue, vêtement** ◆ [plus sout.] **mise.** *Elles ont parlé toilette* : **parler chiffons.**
II [pl.] V. CABINET et CHIER.

toiletter V. épurer.

toiser V. regarder.

toison 1. *Les éleveurs tondent la toison des moutons* : **laine** ◆ **fourrure, pelage** (= ensemble des poils fins et serrés de certains animaux). 2. V. CHEVEUX.

toit 1. *Le toit est à refaire* : **couverture*, toiture*** ◆ **verrière** (= toit en verre) ◆ **terrasse** (= toit plat ou faiblement incliné). *Le toit d'une automobile* : **pavillon.** *Crier qqch sur les toits* : **divulguer.** 2. *Recevoir qqn sous son toit* : **maison** (*dans sa maison*) ◆ **chez soi.** *Être sans toit* : [plus génér.] **sinistré** ◆ **sans-abri*** ◆ **sans-logis*.**
◇ **toiture** *La toiture a été réparée par les couvreurs* (= ensemble des pièces nécessaires pour établir le toit) : **couverture*** (= partie supérieure de la maison exposée aux intempéries) ◆ **charpente** (= assemblage de pièces soutenant la toiture).

tôle V. cabane, cellule, taule. *Mettre en tôle* : V. emprisonner (*in* prison).

tolérer 1. *On ne tolère pas les jeux violents dans la cour* : **autoriser, permettre** ; → ADMETTRE. *Par amour, elle tolérait tous ses défauts* : **supporter*** ◆ ↑ **excuser,** ↑ **pardonner** ; → ACCEPTER. 2. *Il tolère assez bien la douleur* : **endurer.** *Son organisme tolère mal les antibiotiques* : **réagir à, supporter.** 3. *Je ne tolérerai pas la présence d'un rival* : **accepter, supporter** ; → SOUFFRIR.
◇ **tolérable** 1. *Vos absences ne sont pas tolérables* : **acceptable, admissible, excusable.** 2. *Cette douleur est difficilement tolérable* : **supportable*.**
◇ **tolérant** 1. *Des parents tolérants* : **libéral, compréhensif, indulgent.** 2. *Des idées tolérantes* : **large, ouvert.**

◇ **tolérance** 1. *Il a fait preuve de tolérance dans cette affaire* : **compréhension, indulgence.** 2. V. LIBÉRALISME.

tollé V. huée (*in* huer).

tombant V. pendant (*in* pendre).

tombe *Les fossoyeurs ont préparé la tombe* : **fosse** (= cavité ménagée dans la terre) ◆ **caveau,** [didact.] **hypogée** (= construction souterraine réservée en général aux morts d'une même famille) ◆ **sépulture** (= lieu d'ensevelissement considéré abstraitement) ◆ **tombeau,** [litt.] **sépulcre** (= monument élevé sur la tombe) ◆ **pierre tombale** (= dalle recouvrant le caveau d'une tombe) ◆ **sarcophage** (= cercueil de pierre, ou sa représentation sur un monument funéraire) ; → CIMETIÈRE. *C'est la tombe de mon père* : [plus sout.] **dernière demeure** ; → TUMULUS.

tombeau V. dernière demeure*, tombe.

tombée *Tombée du jour* : V. crépuscule.

tombter

I 1. [qqn ~] *Le gamin est tombé dans l'escalier* : **faire une chute, dégringoler, rouler** ◆ **s'affaler** (= se laisser tomber) ◆ [plus fam.] **s'étaler** (= tomber de tout son long) ◆ [fam.] **se casser la figure, la gueule, se flanquer par terre, ramasser* une pelle, une bûche, une gamelle** ◆ [sout., rare] **choir, chuter.** *Son amoureux est tombé à ses genoux* : **se jeter* à.** 2. [qqch ~] *Ma valise est tombée dans l'escalier* : **dégringoler** (= tomber par chutes successives : *ma valise a dégringolé*) ; → CULBUTER. *Le vase m'est tombé des mains* : V. ÉCHAPPER. *Ce mur est en ruine ; il va tomber* : **s'affaisser, s'effondrer, s'écrouler** (= tomber sur soi-même) ; → CROULER. *Ce mur tombe en poussière* : V. SE DÉSAGRÉGER. *Un arbre est tombé en travers de la route* : V. S'ABATTRE et SE COUCHER. *Un avion est tombé dans le désert* : **s'écraser.** *Les fruits mûrs tombent de l'arbre* : V. SE DÉTACHER. *Son manteau tombe jusqu'aux talons* : **descendre.** 3. [laisser, faire ~ qqch] *L'avion laisse tomber ses bombes* : **lâcher** ◆ [plus précis.] **larguer.** *J'ai fait tomber mon verre* : **renverser.** 4. [qqn, un groupe ~] *Bien des soldats sont tombés au cours de cette bataille* : [sout.] **périr** (... *ont péri*...) ; → MOURIR. *Le ministère est tombé sur la question de confiance* : **être renversé.** *La ville est tombée après une brève résistance* : **succomber** (... *a succombé*...) ; → SOMBRER. 5. [dans des emplois précis] *La pluie tombe* : **pleuvoir*** (*il pleut*). *La nuit ne va pas tarder à tomber* : **descendre** ; → APPROCHER. *Après l'orage, le vent est tombé* : [rare] **mollir** ◆ ↑ **cesser** (= s'arrêter complètement) ◆ ↓ **décliner** (= diminuer progressivement).

◇ **laisser tomber** *Il a laissé tomber son travail* : **laisser en rade*** ; → ABANDONNER, NÉGLIGER, OUBLIER. *Sa femme l'a laissé tomber* : **quitter** ; → ALLER, PLANTER, LÂCHER.

II [auxil. être] *Le cours de l'or est tombé* : ↓ **baisser** (... *a baissé*...). *La fièvre du malade est tombée depuis hier soir* : **se calmer, s'apaiser.** *Ses préventions finiront bien par tomber* : **disparaître.**

III [auxil. être dans des express.] *Aujourd'hui, tu tombes mal* : **ne pas avoir de chance.** *Cette augmentation de salaire tombe bien* : [fam.] **à pic, à point** ◆ **arriver* bien.** *Les dates tombent bien* : V. CONCORDER. *Je suis tombé sur un ami* : V. RENCONTRER et TROUVER. *Quand il a eu des ennuis, tout le monde lui est tombé dessus* : [plus sout.] **accabler** ◆ ↑ **éreinter.** *Le boxeur est tombé sur son adversaire à bras raccourcis* : [plus cour.] **attaquer.** *En voyant le sang, il est tombé dans les pommes* [fam.] : [plus cour.] **s'évanouir** ; → DÉFAILLIR. *Tomber de haut* : **déchanter*.** *Tomber bien bas* : **déchoir.** *Tomber dans le panneau* : V. FILET. *Si vous ne respectez pas la limitation de vitesse, vous tombez sous le coup de la loi* : **être passible de** (*d'une amende, d'une contravention*). *Sa responsabilité tombe sous le sens* : **être évident** ◆ [plus fam.] **crever les yeux.** *Cette rue tombe dans une large avenue* : **aboutir à** ; → DÉBOUCHER. *Il est tombé dans les pires excès* : V. VERSER.

IV [auxil. avoir] 1. [~ qqn] *Mon frère tombe toutes les filles* [fam.] : **séduire*.** *Il vous faudrait un peu plus de force et d'agilité pour tomber votre adversaire* : **vaincre** ◆ [plus cour.] **battre.** 2. *Il a tombé la veste pour être à son aise* [fam.] : [plus cour.] **enlever, ôter.**

tombeur V. séducteur (*in* séduire).

tombola V. loterie (*in* lot).

tome *Avez-vous lu le troisième tome de ses œuvres ?* (= division prévue par l'auteur ou l'éditeur) : **volume** (= l'objet matériel, sans rapport au contenu) ; → LIVRE.

ton 1. *Il avait un ton criard* : **voix** ◆ **timbre** (= image acoustique qu'en reçoit l'auditeur) ◆ [par métaph.] **couleur.** 2. *Je n'aime pas le ton passionné de cette actrice* : **intonation** ◆ [souvent pl.] **accent, inflexion** (= changements de ton) ◆ **expression** (qui inclut les mimiques, poses). 3. *Avez-vous remarqué le ton de sa lettre ?* : **forme** ; → STYLE. *Ne pas être dans le ton* : **détonner.** *De bon ton* : **de bon goût, raffiné.** 4. *Chanter en restant dans le ton* : **tonalité.** 5. *La pièce était peinte dans des tons délicats de bleu* : **nuance, teinte** ; → COULEUR.

tonalité V. couleur, ton.

tondre 1. *Tondre les cheveux* : **couper très court** ◆ **raser** (= couper à ras de la peau). *Mon voisin est en train de tondre sa haie* : **tailler** (en égalisant). 2. *Tondre qqn* : V. DÉPOSSÉDER et VOLER.

tonifiant *Climat tonifiant* : V. tonique, vivifiant (*in* vivifier).

tonifier V. vivifier.

tonique 1. [adj.] *Un médicament tonique* : **réconfortant** (qui est destiné à une personne affaiblie) ◆ **stimulant, dopant, dynamisant** (qui ont généralement un effet ponctuel) ; → EXCITANT, FORTIFIANT. 2. [adj.] *Un climat tonique* : **tonifiant** ◆ ↓ **sain*** ; → VIVIFIANT. *Cette lecture est tonique* : **stimulant** ◆ ↑ **excitant.** 3. [adj.] *C'est un athlète très tonique* : [plus cour.] **dynamique.** 4. [n.] *Un tonique* : **stimulant** ◆ **fortifiant.**

tonitruant V. sonore, retentissant.

tonitruer V. crier (*in* cri), tempêter.

tonnage V. contenance.

tonneau 1. *Le vigneron a soufré ses tonneaux avant de les remplir* : [plus partic.] **barrique** (qui contient de 200 à 250 litres et sert au transport des liquides) ◆ **futaille, tonne** (qui est de grande capacité) ◆ **fût, quartaut, tonnelet, baril** (qui sont de dimensions plus réduites, les deux derniers pouvant être destinés à contenir des matières pulvérulentes ou des liquides autres que les boissons). 2. *L'avion faisait des tonneaux* : V. ACROBATIE.

tonnelle *Il est agréable, l'été, de déjeuner sous la tonnelle* : [moins cour.] **charmille, berceau de verdure, gloriette.**

tonner 1. *Loin du front, on entend déjà tonner le canon* : **gronder.** 2. [impers.] *Il tonne* : **le tonnerre gronde.** 3. V. FULMINER et CRIER.

tonnerre V. foudre, tempête. *Du tonnerre* : V. à tout casser*, chic II, terrible.

top-modèle V. modèle.

topo V. discours.

toquade V. caprice.

toque *Elle portait une petite toque de fourrure* : **bonnet** ; → COIFFURE.

toqué V. fou, mordu (*in* mordre).

toquer (se) V. s'amouracher, s'engager, s'engouer.

torche 1. *Le défilé se déroula à la lueur des torches* : **flambeau** ◆ **brandon** (= torche grossière). 2. *Aujourd'hui, on utilise des torches électriques* : [plus génér.] **lampe de poche.**

torcher 1. *Il a vite torché son assiette, avec du pain* [fam.] : [plus cour.] **essuyer.** 2. *L'élève avait torché son devoir pour s'en débarrasser* [fam.] : [plus cour.] **bâcler.**

torchère V. chandelier.

tordant V. comique.

tord-boyaux V. alcool, eau-de-vie.

tordre 1. *Tordre le linge* : **essorer** ; → PRESSER. 2. *Le colosse tordit la barre de fer* : **courber.** *Le cycliste avait tordu une roue de son vélo* : **fausser** ; → VOILER. *Elle tordit ses cheveux en chignon* : **enrouler** ◆ **tortiller** (= tordre à plusieurs tours). *La peur lui tordit le visage* : **déformer.**

◇ **se tordre** 1. V. RIRE. 2. [qqn ~ un membre] *Il s'est tordu le poignet* : ↑ **se fouler.**

◇ **tordu** 1. *Le vieillard avait les jambes tordues* : **tors, cagneux** (qui se disent uniquement des membres inférieurs et désignent plutôt des vices de conformation).

2. *Avoir l'esprit tordu* : **bizarre** ; → VICIEUX. **3.** *Une planche tordue* : V. GAUCHE.

tornade V. vent.

torpeur V. abattement (*in* abattre I), apathie, assoupissement, sommeil.

torréfier V. brûler.

torrent V. cours* d'eau. *Torrents de larmes* : V. ruisseau. *À torrents* : V. flot.

torride V. ardent, chaud, érotique.

tors V. tordu.

torse *L'athlète faisait jouer les muscles de son torse* : **buste, poitrine, thorax** ; → TRONC.

tort **1.** *Il a tort* : **se tromper*.** *Elle lui a donné tort devant tout le monde* : **désapprouver** (*elle l'a désapprouvé*) ◆ ↑ **accuser** (*elle l'a accusé*). *Ce garçon a été accusé à tort : il est innocent* : **injustement** ◆ [plus sout.] **indûment.** *À tort et à travers* : **inconsidérément.** **2.** *Il a le tort d'être trop impatient* : **défaut.** *Demander réparation d'un tort* : V. DOMMAGE et MAL. *Cette année, la pluie fait du tort au tourisme français* : **nuire à, porter* tort.**

tortillard V. train I.

tortiller V. hésiter.

tortionnaire V. bourreau.

tortueux V. sinueux.

torture V. souffrance (*in* souffrir), supplice, tourment.

torturé V. tourmenté (*in* tourment).

torturer **1.** *On torture encore de nos jours* : [moins cour.] **supplicier, mettre à la question.** **2.** *Ses rhumatismes le torturent* : [moins cour.] **martyriser, persécuter** ; → TOURMENTER, SOUFFRIR. *La faim le torture* : **tenailler.** *Son visage est torturé par la douleur* : **ravager.**
◇ **se torturer** *Se torturer les méninges* : **se pressurer* le cerveau.**

tôt **1.** *Demain, il faut se lever tôt, pour voir le soleil se lever* : **de bonne heure** ◆ [moins cour.] **de bon matin.** *Se coucher tôt* : **avec les poules*.** *Il est arrivé plus tôt que nous* : **avant** ; → VITE. **2.** *Ce n'est pas trop tôt !* : **enfin.** *Tôt ou tard* : **un jour ou l'autre.**

total **1.** [adj.] *La guerre a conduit à la destruction totale de cette ville* : **complet** ; → ENTIER, GLOBAL, RADICAL. *Une guerre totale* : **à outrance*.** *Nous lui faisons une confiance totale* [antéposé ou postposé] : **entier** ◆ [antéposé] **plein, sans réserve*** ; → ABSOLU, ILLIMITÉ. *Un refus total* : **catégorique*.** *Une indifférence totale* : **parfait*, profond*, royal*.** **2.** [n.] *Le total des dépenses* : **montant*** ; → COMPTE, SOMME. *Faire le total* : **totaliser** ◆ ↓ **additionner.** **3.** *Au total* : **dans l'ensemble*, somme toute*, en tout*.** *Il prétendait savoir lire la carte : total, il s'est perdu* : **en fin de compte, finalement** ; → RÉSULTAT.
◇ **totalement** *Il est totalement dévoué à ses amis* : **absolument*, entièrement** ◆ [uniquement postposé] **corps et âme*** ; → PLEINEMENT. *Nous sommes totalement en désaccord* : **radicalement*** ◆ **fondamentalement*** (qui insiste sur la nature profonde de l'opposition). *Il est totalement nul au squash* : **parfaitement.** *S'en moquer totalement* : **comme de sa première chemise*.**

totalitaire **1.** V. absolu I. **2.** V. tyrannique (*in* tyran).

totalitarisme V. absolutisme (*in* absolu I).

totalité V. ensemble II, plénitude (*in* plein), tout III. *Dans sa totalité* : V. intégral.

toubib V. médecin.

touchant V. toucher II.

touche
I *Avez-vous reconnu la touche du maître ?* : **manière, style** ◆ [moins cour.] **patte** ◆ [express.] **coup de pinceau** ; → MAIN.
II *Votre ami a une drôle de touche* [fam.] : **dégaine** ◆ [plus cour.] **allure*.**

touche-à-tout V. amateur.

toucher

I 1. *Il toucha le tissu, pour juger de sa qualité* : **tâter** (qui implique de l'attention et de l'insistance) ◆ **caresser*** (= effleurer pour le plaisir de la sensation) ; → PALPER. *Il n'a pas touché à sa soupe* : **entamer** ◆ [plus génér.] **prendre** ; → MANGER. *Le vin ? il y touche un peu* [fam.] : **s'y connaître** ; → GOÛTER. 2. *Son jardin touche le mien* : **être contigu à, mitoyen de** ; → CONFINER. *Nous touchons au but* : **approcher de, atteindre à.** *Toucher à sa fin* : V. TIRER. 3. *L'escrimeur a touché son adversaire à l'épaule* : **atteindre** ; → FRÔLER. *Le chasseur a touché la bête* : **blesser.** 4. *Où pourra-t-on vous toucher pendant les vacances ?* : **atteindre, joindre** ; → CONTACTER, RENCONTRER. 5. *Dans votre conférence, toucherez-vous à des sujets tabous ?* : **aborder** ◆ ↑ **s'attaquer à.** *On ne peut pas toucher à ce sujet* : V. INABORDABLE.

II 1. V. ÉPROUVER et VIBRER. *Sa candeur m'a touché* : **désarmer*, émouvoir*, remuer*** ; → FLÉCHIR. 2. *Cette mesure vous touche directement* : **concerner** ; → REGARDER, VISER.

◇ **touchant** *Le directeur fit un éloge touchant de son ancien employé* : V. VIBRANT. *Ce fut un adieu touchant* : **émouvant*.**

III *Il touche le salaire minimum interprofessionnel de croissance* : **gagner.** *Il vient de toucher une prime* : **recevoir*.** *Ce cadre supérieur touche trente mille francs par mois* : [fam.] **encaisser** ◆ [sout.] **émarger** ; → PERCEVOIR. *Il faut que je passe à la banque toucher mon chèque* : **encaisser.**

IV [n.] 1. *Le sens du toucher* : [vx] **tact.** 2. *Au toucher, cette étoffe est moelleuse* : **contact.** *Un toucher anal* [didact.] : **palpation.** 3. *Le toucher de qqn* : **doigté** ◆ **finesse, délicatesse** (qui s'emploient dans divers domaines d'activité, jeux d'adresse, interprétation musicale).

touffe 1. *Une touffe de cresson* (= assemblage naturel de végétaux, petits ou moyens : lavande, armoise) : **botte*** (= assemblage de végétaux : paille, fleurs, préparé par l'homme) ; → BOUQUET. 2. *Une touffe de plumes* : **plumet** ; → PLUME. *Une touffe de cheveux* : **toupet,** [moins cour.] **houppe** (= *touffes* sur le dessus ou à l'avant de la tête) ◆ [plus génér.] **mèche** (= cheveux se distinguant de la masse de la chevelure par leur couleur aussi bien que par leur forme) ◆ **épi** (= touffe rebelle).

◇ **touffu** *Les promeneurs se sont enfoncés dans ces taillis touffus* : [moins cour.] **dru** ; → FEUILLU. *Une végétation touffue* : **dense.**

touffeur V. étouffement (*in* étouffer).

touiller V. retourner, tourner I.

toujours 1. *Il a toujours répété qu'il était innocent* : [moins cour.] **inlassablement** ◆ **sans arrêt*** ; → TEMPS. *Il aura toujours raison* : **éternellement*.** *Il répète toujours la même chose* : **sans cesse** ◆ **invariablement** (qui porte sur l'identité de l'acte répété) ◆ **sans fin** (qui indique la durée et l'absence de terme de l'action) ; → TOUT* LE TEMPS. *Il est toujours sur le qui-vive* : **continuellement** ; → CONSTAMMENT. *Il est presque toujours à l'heure* : ↓ **généralement,** ↓ **habituellement,** ↓ **ordinairement, très souvent.** 2. *Avez-vous toujours de ce vin que j'aime tant ?* : **encore.** 3. *S'il vous reproche votre absence, vous pourrez toujours faire état de votre mauvaise santé* : **après tout, en tout état de cause.** 4. *Toujours est-il qu'il est parti en colère* : **en attendant*** ; → CEPENDANT. *Il s'est fixé dans cette ville pour toujours* : **définitivement*** ◆ [plus sout.] **à jamais** ◆ [rare] **à demeure** ; → ÉTERNITÉ, PERPÉTUITÉ. *Depuis toujours* : V. LONGTEMPS.

toupet 1. V. touffe. 2. V. aplomb II, souffle (*in* souffler).

tour

I [n. f.] *L'hôtel de ville est surmonté d'une tour* : [plus partic.] **beffroi.** *Les tours de la cathédrale dominent la plaine* : [plus partic.] **clocher** ◆ **campanile** (= clocher isolé du bâtiment principal, ou petit clocher ajouré) ◆ **minaret** (= tour d'une mosquée). *Les tours d'un grand ensemble* : [rare] **gratte-ciel** ; → IMMEUBLE.

II [n. m.] 1. *Il fit un tour sur lui-même* : **rotation.** *Si nous allions faire un tour par ce beau temps* : **promenade** ; → SORTIE. *Nous avons fait le tour des petits bistrots de la ville* : **circuit, tournée, virée.** 2. *Un 33, 45 tours* : **disque.** 3. *La piste fait cent mètres de tour* : **pourtour, périmètre** ◆ **circonférence** (= périmètre d'un cercle). *Le tour de son visage formait un bel ovale* : **contour.** 4. *Tour à tour* : **successivement*.**

III [n. m.] **1.** *Le tour de ce jongleur est très au point* : **numéro** (= ensemble des exercices ou tours constituant une partie du spectacle de cirque ou de music-hall). *Un tour de passe-passe* : V. ACROBATIE. **2.** *Le fils du voisin m'a fait un tour que je ne lui ai pas pardonné* : **farce, niche** ◆ [fam.] **blague, entourloupette, entourloupe** ◆ [fam.] **tour de cochon, vacherie, crasse** (= mauvaise plaisanterie faite dans l'intention de nuire à qqn) ; → MALICE, SALETÉ. **3.** *Pour réussir ce plat, il faut le tour de main* : **main, savoir-faire** ◆ [fam.] **coup** ; → ADRESSE.
IV [n. m.] **1.** *Les événements ont pris un tour inquiétant* : **tournure, allure. 2.** V. EXPRESSION. **3.** *J'aime son tour d'esprit, plus humoristique que caustique* : **tournure.**

tour à tour V. alternativement.

tourbillon V. agitation (*in* agiter), remous, vent.

tourbillonner V. tourner II.

touriste V. estivant, visiteur (*in* visiter), voyageur (*in* voyager).

tourment *Il est mort dans d'affreux tourments* : **torture** ; → SUPPLICE. *Il a eu bien des tourments avec cette histoire* : **angoisse, cauchemar, tracas.**
◇ **tourmenter** **1.** [qqn, qqch ~ qqn] *Il est tourmenté par ses coliques néphrétiques* : **martyriser** ; → SOUFFRIR. *La comtesse tourmente sa femme de chambre* : **harceler** ◆ [fam.] **empoisonner** ; → EN FAIRE VOIR. **2.** [qqch ~ qqn] *L'ambition le tourmente sans cesse* : **dévorer** ; → AGITER, RONGER, TRAVAILLER. *Il est tourmenté d'idées noires* : **assiéger.** *Cette histoire me tourmente* : ↓ **chiffonner,** ↓ **préoccuper,** ↓ **tracasser.**
◇ **se tourmenter** *Ne vous tourmentez pas pour ce petit retard* : [fam.] **se biler** ; → SE SOUCIER, S'AFFOLER.
◇ **tourmenté** **1.** *C'est quelqu'un de très tourmenté* : **anxieux** ◆ ↓ **inquiet.** *Un visage tourmenté par le chagrin* : **torturé, ravagé** ◆ [moins cour.] **en proie à. 2.** *Une mer, une vie tourmentée* : **agité. 3.** *J'aime les côtes un peu tourmentées* : **découpé.** *Un style tourmenté* : **tarabiscoté** ; → AMPOULÉ.

tourmente V. bourrasque, tempête.

tourmenté, tourmenter V. tourment.

tournage V. prise* de vues III.

tournant V. détour* du chemin, virage (*in* virer I).

tourné V. aigre.

tourne-disque *Le tourne-disque ne marche plus* : **électrophone** ◆ **platine** (qui comprend l'ensemble du mécanisme).

tournée **1.** *Aujourd'hui, elle a fait la tournée des magasins* : **tour*.** *J'irais bien faire une grande tournée à moto* [fam.] : **virée, balade. 2.** V. RACLÉE, VOLÉE et PEIGNÉE. **3.** *Il nous a offert une tournée* : **pot, verre.**

tourner
I **1.** [trans., qqn ~ qqch] *Il faut tourner la sauce pour qu'elle n'attache pas* : **remuer** ◆ [fam.] **touiller.** *Tourner un film* : V. FILMER. **2.** [intr., qqch ~] *La roue a tourné autour de son axe* : **pivoter.** *Le moteur tourne ; vous allez pouvoir repartir* : [plus génér.] **fonctionner.** *Ça tourne rond* [fam.] : **marcher*. 3.** [intr.] *Trois équipes tournent pour assurer la production continue* : **alterner*.**
II **1.** [trans., qqn, qqch ~ un lieu] *L'ennemi a tourné nos positions* : **contourner*** ◆ **encercler** (qui se dit d'un mouvement enveloppant). **2.** [intr., qqch, qqn ~] *Sept planètes tournent autour du Soleil* : **graviter.** *Les guêpes tournent autour de ce pot de confiture ouvert* : **tourbillonner, virevolter** (qui se disent d'un mouvement rapide) ◆ [fam.] **tourniller, tournicoter. 3.** *Tourner autour du pot* [fam.] : [plus cour.] **hésiter** ◆ [plus sout.] **tergiverser.**
III [intr., qqch ~] **1.** *Le vent va tourner* : **changer. 2.** *Le lait a tourné* : V. AIGRIR. **3.** *Mal tourner* : **mal finir*** ◆ **sentir* le roussi** ; → DÉGÉNÉRER. *Tourner à l'aigre* : V. VIRER.
IV **1.** [trans., qqn ~] *Il tourna les yeux vers moi* : **braquer** (qui se dit d'un mouvement rapide). **2.** [intr., qqn, un véhicule ~ à gauche, à droite] V. BIFURQUER, VIRER et OBLIQUER. *Tourner bride* : V. REVENIR. **3.** *Tourner de l'œil* : [fam.] **tomber dans les pommes** ◆ [cour.] **s'évanouir** ; → DÉFAILLIR.
◇ **se tourner** *Je me tourne pour prendre la photo avec le soleil dans le dos* : **s'orienter**

◆ **se retourner** (= s'orienter dans le sens contraire) ◆ **se détourner** (= changer d'orientation).

tournesol V. soleil.

tournicoter, tourniller V. tourner II.

tournoi V. compétition.

tournure 1. V. corps. 2. V. évolution. 3. V. expression (*in* exprimer), tour IV.

tourte V. tarte.

tourtereau V. amant.

tourterelle V. pigeon.

tout

I [adj. indéf.] **1.** [avec déterminant au sing.] *Il a travaillé toute la nuit, toute une nuit* : **entier***. *Tout le temps* : **toujours.** *Tout le monde le sait* : **on, chacun. 2.** [avec déterminant au pl.] *Tous les soirs, le veilleur de nuit part au travail* : **chaque** (qui indique la répétition dans le temps : *chaque soir...*). *Tous les hommes ont leur faiblesse* : **chaque** (qui désigne une personne ou une chose faisant partie d'un ensemble et a une valeur distributive : *tout, chaque homme a ses faiblesses*) ; → HOMME. *Presque tous les spectateurs ont pleuré* : **la plupart* des. 3.** [sans déterminant au sing.] *Ce garçon a donné toute satisfaction à ses professeurs* : **plein*. 4.** [postposé] *Somme toute* : **en somme, au total. 5.** [employé en apposition] *Elle vous est toute acquise* : **entièrement.**

II [pron. indéf.] **1.** [sing.] *Ce vieillard est savant en tout* : [rare] **toute chose. 2.** [pl.] *Tous ont été d'accord* : **tout le monde** (qui peut figurer dans toutes les constructions et se substitue à *tous* comme complément d'objet direct : *il connaît tout le monde*). **3.** *En tout* : **au total.** *En tout et pour tout* : **uniquement.** *Malgré tout* : **quand même***. *Après tout* : V. APRÈS. *C'est tout* : **c'est fini.**

III [n., précédé d'un déterminant, toujours au sing.] **1.** *Achetez le tout, vous y gagnerez* : **totalité.** *Les trois romans de cet auteur forment un tout* : V. ENSEMBLE. *Le grand tout* : **Univers. 2.** *Il n'est pas du tout vexé* : [plus sout.] **nullement.** *Je n'y vois rien du tout* : [antéposé] **absolument** (*absolument rien*). *Depuis notre dernière rencontre, il a changé du tout au tout* : **complètement.** *Risquer le tout pour le tout* : **jouer sa dernière carte***.

IV [adv.] **1.** Marque l'intensité comme : **absolument, bien, extrêmement.** *Il est encore tout jeune* : **très. 2.** *Tout d'abord* : V. ABORD. *Tout à l'heure* : V. BIENTÔT. *Tout de suite* : V. SANS TARDER. *Tout à fait* : **absolument*, parfaitement*. 3.** *Tout malin qu'il soit, il s'est fait attraper* : **si* ... que**. *Gentil tout plein* : **très*** (*très gentil*).

tout le monde V. tout II.

toutou V. chien.

tout-petit V. bébé.

tout-puissant *Il n'existe pas d'être tout-puissant* : **omnipotent.**

toxicomane, toxico V. drogué.

toxique V. nocif, poison.

trac V. angoisse, crainte (*in* craindre), peur. *Tout à trac* : V. brutalement (*in* brutal).

tracas V. ennui, plaie, souci, tourment.

tracasser *Il est tracassé par ses problèmes de santé* : ↑ **obséder*** ◆ [fam.] **turlupiner** ; → ENNUYER, TOURMENTER. *Le patron tracassait les retardataires* : **tarabuster.**

◇ **se tracasser** *Ne te tracasse donc pas* : **s'inquiéter, se faire du souci** ◆ **se tourmenter.**

tracasserie V. chicane.

trace **1.** *Sur la route, on a relevé des traces de pneus* : **empreinte** ; → MARQUE. *La police a perdu la trace du fugitif* : **piste** (= ensemble des traces laissées par un homme ou un animal sur son trajet) ; → VOIE. *Des traces de sang* : **tache*. 2.** *Le convalescent porte encore des traces de ses blessures* : **cicatrice** (= trace matérielle et visible) ◆ [plus sout.] **stigmate. 3.** *Les traces d'une civilisation ancienne* : **restes** ; → VESTIGES.

tracé V. dessin, forme I.

tracer **1.** V. dessiner (*in* dessin), tirer* un trait. **2.** V. pratiquer. **3.** V. courir.

tract V. imprimé.

tractation V. agissement, négociation.

tracter V. tirer I.

traction V. pompe III.

tradition **1.** *La tradition veut que le nouveau marié franchisse le seuil en portant son épouse* : **coutume.** *La tradition* : V. LEGS* DU PASSÉ. **2.** *Des traditions anciennes prêtent aux dieux l'origine du feu* : **légende*, mythe.** *La tradition populaire* : **folklore.**

traditionalisme, traditionaliste V. conformisme, conformiste (*in* conforme).

traditionnel **1.** V. habituel (*in* habitude). **2.** V. orthodoxe.

traditionnellement V. rituellement (*in* rite).

traduire **1.** *Il a traduit en français les œuvres de Pessoa* : [plus génér.] **mettre** ◆ **adapter** (= transformer le contenu du texte pour assurer sa réception ou détourner son sens) ◆ [didact.] **décoder** (= interpréter, trouver le sens caché d'un message). **2.** *Cette lettre de mon frère traduit bien son inquiétude* : **exprimer*** ; → MANIFESTER, PEINDRE, REFLÉTER, RENDRE. **3.** [didact.] *Traduire qqn en justice* : **appeler, citer, déférer.**
◇ **traducteur** *Le traducteur s'efforçait de rendre les nuances* : [plus partic.] **interprète** (= celui qui traduit des propos oraux).
◇ **traduction** *La traduction de ce roman anglais respecte plus ou moins le texte original* : [plus génér.] **adaptation** (= traduction libre ou transposition d'un texte).

trafic **1.** V. mouvement. **2.** V. commerce, vente (*in* vendre).

trafiquant V. commerçant.

trafiquer **1.** *Trafiquer un vin* [fam.] : [cour.] **dénaturer, frelater** ◆ [plus partic.] **chaptaliser** (= ajouter du sucre). *On avait trafiqué la comptabilité* [fam.] : **maquiller** ◆ [cour.] **falsifier*.** **2.** *Qu'est-ce qu'il trafique ?* [fam.] : **magouiller** ◆ ↓ **fabriquer** ; → FRICOTER, TRIPOTER.

tragédie **1.** V. pièce, théâtre. **2.** V. catastrophe.

tragédien V. acteur.

tragique *Il prit une voix tragique* : V. GRAVE. *La situation est tragique* : **dramatique** ; → ÉMOUVANT, TRISTE, SOMBRE.

trahir **1.** [qqn ~ qqn, qqch] *Il a trahi son complice* : [plus partic.] **dénoncer*** (= désigner une action ou son auteur à une autorité) ◆ [fam.] **doubler** ; → LIVRER, VENDRE. *Trahir son camp* : **déserter.** **2.** *Son amant l'avait trahie* : **tromper*** ◆ [fam.] **faire cocu.** **3.** [qqn ~ qqch] *Un indiscret a trahi le secret* : **divulguer** ◆ [absolt] **vendre la mèche*, violer* un secret.** **4.** [qqch ~ qqch] *Sa gêne trahit sa mauvaise conscience* : **manifester, révéler** ; → REFLÉTER.
◇ **se trahir** *Le fautif s'est trahi par son affolement* : **montrer le bout de l'oreille*.**
◇ **trahison** *Aucune trahison ne l'arrêtera* : **déloyauté, fourberie, traîtrise** ; → DÉNONCIATION, CONCUSSION. *La trahison devant l'ennemi* : **défection, désertion.**

train
I *Prendre le train* : **T.G.V.** (train à grande vitesse) ◆ [fam.] **tortillard** (train très lent desservant des gares secondaires ou des voies sinueuses) ; → CONVOI, DUR.
II **1.** *Le train était trop rapide pour les coureurs* : **allure.** **2.** *Mener grand train* : V. DÉPENSER. **3.** *Il faut mettre en train cette affaire* : **lancer, mettre en chantier.** *Aller bon train* : V. RAPIDEMENT. *Notre ami était très en train* : **plein d'allant.** *L'affaire est en train* : **en marche*.** **4.** [Être en ~ de + inf.] *Il est en train de regarder la télévision* : **être occupé à** (la même idée peut être rendue par le verbe au présent : *il regarde la télévision*).

traînailler V. traîner.

traînant V. lent.

traînard *Si nous partons en promenade, nous n'attendrons pas les traînards* : [moins cour.] **lambin** ; → LENT, RETARDATAIRE.

traînasser V. traîner.

traîne-misère V. misérable.

traîner 1. [trans.] *Il traînait une voiture à bras* : **tirer.** 2. [trans.] *Il traîne toujours sa famille avec lui* : [fam.] **trimbaler** ◆ ↓ **emmener.** 3. [intr., qqch ~] *Je n'aime pas voir traîner une affaire* : **durer*** ◆ ↑ **s'éterniser** ; → PIÉTINER. *Si cela continue, ça ne va pas traîner ; vous allez vous faire punir* : **tarder.** *Faire traîner une affaire* : **retarder*, laisser dormir*.** 4. [intr., qqn ~] *Ce gosse traîne toujours en revenant de l'école* : [plus sout.] **s'attarder, flâner** ◆ [rare] **lanterner** ◆ [fam.] **traînailler, traînasser** ; → ERRER, S'AMUSER. *Sans traîner* : **tambour battant*.** *Depuis sa maladie, il traîne lamentablement* : V. LANGUIR. 5. [intr., qqch ~] *Sa cape traîne sur le sol* : [moins cour.] **balayer** (*... balaye le sol*).

traîne-savates V. misérable.

training V. entraînement II.

train-train V. routine.

trait

I *Boire d'un trait* : V. GORGÉE.

II V. FLÈCHE et RAILLERIE. *Trait d'esprit* : **plaisanterie*, saillie*.**

III 1. *Un trait séparait la feuille en deux colonnes* : **ligne** ; → RAIE. *Un trait d'union* : **tiret.** 2. *Avoir trait à* : **concerner.** 3. *Un trait distinctif* : V. CARACTÈRE et SIGNE.

traite 1. *Faire escompter une traite* : **effet (de commerce), billet (à ordre), lettre (de change).** 2. *D'une (seule) traite* : **sans interruption.** 3. *La traite des esclaves* : **commerce.**

traité

I *Avez-vous lu ce traité d'économie politique ?* : **essai, étude** (= ouvrage plus court, non exhaustif) ◆ **mémoire** (= communication destinée à une institution savante ou universitaire) ; → TRAITER.

II *Les négociateurs ont signé un traité de commerce* : **accord*** ; → PACTE, TRAITER.

traitement 1. V. soin II, thérapeutique. 2. V. rétribution, salaire.

traiter

I 1. *Les prisonniers ont été traités durement* : ↑ **maltraiter.** *Nos amis nous ont traités royalement* [sout.] : **régaler** ; → ACCUEILLIR. 2. [~ qqn de] *La concierge a traité les gamins de tous les noms* : V. INJURIER et QUALIFIER. 3. *Traiter un malade, une maladie* : **soigner*.** *Le vigneron a traité sa vigne contre le mildiou* : [plus partic.] **soufrer, sulfater.**

II *Dans son exposé, le professeur a traité des cancers de la peau* : **disserter sur** ◆ [plus génér.] **parler de** ; → ABORDER, DÉBATTRE.

III 1. [intr.] *Les belligérants ont fini par traiter* : **parlementer** ; → NÉGOCIER, ACCEPTER. 2. [trans.] *Traiter une affaire* : **mener*, négocier*.**

traître 1. [n.] *Le tribunal militaire a fait fusiller un traître* : **transfuge** (= celui qui passe à l'ennemi) ◆ **déserteur** (= celui qui abandonne ou refuse le combat). *La police a appris le complot par un traître* : **dénonciateur, délateur** ◆ [litt.] **judas** ◆ **parjure** (= celui qui transgresse son serment) ; → VENDU. *En traître* : **traîtreusement*.** 2. [adj.] *On l'a accusé d'être traître à ses idées* : **infidèle** ; → DÉLOYAL, PERFIDE. 3. [adj.] *Attention ! ce virage est traître* : **dangereux*.** *Il n'a pas dit un traître mot de la soirée* [antéposé] : **seul.**
◇ **traîtreusement** *Il m'a attaqué traîtreusement* [sout.] : **perfidement** ◆ [cour.] **en traître, par-derrière** ; → SOURNOISEMENT.

traîtrise V. déloyauté, trahison.

trajectoire V. mouvement.

trajet *Avez-vous prévu votre trajet ?* : **parcours*, route*** ; → CHEMIN. *C'est un long trajet* : **voyage** (qui prend en compte les conditions du déplacement) ◆ **distance** (= écart mesurable entre le point de départ et l'arrivée) ◆ **étape** (qui désigne à la fois le trajet parcouru d'une traite, entre deux haltes, et ces haltes elles-mêmes) ; → ESPACE.

trame *La trame de ce récit est complexe* : [didact.] **texture.**

tramer V. comploter (*in* complot), fricoter, machiner.

tranchant

I 1. [adj.] *À l'aide d'un instrument bien tranchant, désosser le lapin* : ↓ **coupant** ◆ **acéré** (= tranchant et pointu) ◆ **aiguisé, affilé*** (= à qui on a redonné de la pointe et du fil). 2. [n.] *Le tranchant de votre couteau est* *émoussé* : **fil** ◆ [moins cour.] **coupant** (*votre couteau a du coupant*).

II [adj.] *Je n'aime pas qu'on me parle de ce ton tranchant* : **cassant, coupant, impérieux** ; → ABSOLU, AFFIRMATIF, RÉSOLU, DUR.

tranche V. trancher I.

tranché V. trancher III.

tranchée 1. *Les terrassiers ont creusé une tranchée* : **fossé** (qui est destiné à rester à ciel ouvert) ◆ **rigole*** (= tranchée de peu de profondeur pour l'écoulement des eaux). 2. *Les soldats se terrent dans leurs tranchées* : **retranchement** ◆ [didact.] **boyau** (= fossé d'approche). *Guerre de tranchées* : [plus génér.] **guerre de position.**

trancher

I *Pour partir plus vite, on trancha l'amarre de la barque* : **couper*** ◆ **sectionner** (= couper net). *Trancher la tête* : **décapiter, guillotiner.** *Trancher la gorge* : **égorger.**

◇ **tranche** 1. *Donnez-moi une tranche de ce gâteau* : **morceau*, part, portion***. *Une tranche de colin* : **darne.** 2. *Si tu viens nous voir, on s'en paiera une tranche* : V. RIRE.

II 1. [trans.] *Le patron a tranché le problème de manière autoritaire* : **régler** ; → RÉSOUDRE. 2. [trans. indir. ou intr.] *Le chef de service tranche de tout* : **décider*, juger.** *Il a tranché* : V. PARLER.

III [trans. indir. et intr.] *Ce tissu clair tranchera sur le mur sombre* : **ressortir, se détacher de** ; → SE DÉCOUPER* SUR. *L'assurance de ce candidat tranchait sur l'énervement de ses concurrents* : **contraster avec.**

◇ **tranché** *Des couleurs tranchées* : **franc.** *Il a des opinions tranchées sur la question* : **catégorique** ◆ ↓ **net.**

tranquille 1. [qqn est ~] *C'est un homme tranquille* : **placide** (= calme par tempérament) ◆ **sans souci** (= dont la vie est sereine) ; → PAISIBLE, CALME. *Un père tranquille* : [plus fam.] **peinard.** *Restez tranquilles, les enfants !* : **sage*.** *Qu'ils restent tranquilles ! nous pourrons écouter la musique* : **silencieux.** *Il n'a pas la conscience tranquille* : **en paix** ◆ [sout.] **serein** ; → REPOS. *Je serai là demain, soyez tranquille* : **être certain, sûr.** 2. [un lieu est ~] *C'est une petite ville de province, tranquille et sans histoires* : V. CALME et PAISIBLE. *Une eau tranquille* : ↑ **dormant*.** *Une vie calme et bien tranquille* : V. UNI.

◇ **tranquilliser** *Vous pouvez vous tranquilliser ; les enfants sont en sécurité* : **rassurer** ◆ [rare] **rasséréner.**

◇ **tranquillité** *Ici, vous trouverez la tranquillité* : **calme*** ; → SOMMEIL. *Je n'aspire qu'à la tranquillité* : [plus sout.] **quiétude** (= tranquillité intérieure) ◆ **sécurité*** (= situation de qqn qui est à l'abri de l'inquiétude et du danger) ; → PAIX, REPOS.

tranquillement V. bourgeoisement (*in* bourgeois), paisiblement (*in* paisible), à la papa*.

tranquillisant V. calmant.

tranquilliser, tranquillité V. tranquille.

transaction V. échange.

transatlantique V. bateau I.

transbahuter V. transporter I.

transcendant *Ce n'est pas un esprit transcendant, mais un homme tout simple* : ↑ **sublime** ; → SUPÉRIEUR I.

transcrire V. copier, noter II.

transe V. angoisse.

transférable V. vendable (*in* vendre).

transférer V. déplacer.

transfert V. changement (*in* changer II), déplacement (*in* déplacer).

transformer 1. [trans., qqn ~ qqch] *Il faudrait transformer la maison pour la rendre agréable* : ↓ **modifier** (qui peut ne porter que sur des points de détail) ◆ ↑ **moderniser** (= transformer en adaptant aux goûts actuels) ; → ARRANGER, AMÉLIORER. *L'ingénieur a transformé son premier projet* : V. CHANGER. 2. [trans., qqch ~ qqn] *Sa réussite l'a complètement transformé* : **changer*** ◆ ↑ **métamorphoser** ◆ **transfigurer** (= changer en donnant de l'éclat). 3. [trans., qqn ~ qqn, qqch en] *Le paysan a transformé sa grange en hangar à tracteurs* : **convertir.**

◇ **se transformer** *Leur fille s'est transformée au moment de la puberté* : **changer*** (*leur fille a changé...*). *Les conditions économiques se transforment lentement* : **évoluer.** *On ne peut pas se transformer du tout au tout* : [plus cour.] **se refaire*.**

◇ **transformable** *Un canapé transformable* : **convertible.**

◇ **transformation** *Vous avez fait des transformations heureuses dans cette vieille maison* : **aménagement** (= modification qui peut n'être que secondaire) ◆ **amélioration** (= modification en mieux) ; → ARRANGEMENT, CHANGEMENT, RÉNOVATION, TRAVAIL. *La transformation des devises* : **conversion*.** *Il lutte pour la transformation de la société* : V. ÉVOLUTION. *La transformation de cet adolescent est surprenante* : **métamorphose*.**

transfuge V. déserteur, traître.

transfusion V. injection.

transgresser *L'automobiliste avait transgressé le Code de la route* : [plus sout.] **contrevenir à, enfreindre, passer outre à, être en infraction à** ; → VIOLER, DÉSOBÉIR. *Transgresser les ordres donnés* : **outrepasser** (= aller au-delà de la consigne).

◇ **transgression** *La transgression d'un interdit* : **violation.** *La transgression d'une loi* : **désobéissance** (*désobéissance à la loi*) ; → CONTRAVENTION.

transhumance V. migration.

transi V. froid I.

transiger V. composer IV, pactiser.

transir V. pénétrer.

transistor V. poste II.

transit V. passage.

transitaire V. intermédiaire.

transiter V. passer I.

transition V. liaison II.

transitoire V. intermédiaire, provisoire.

translucide V. diaphane, transparent.

transmettre 1. [qqn ~] *Transmettre un message* : **communiquer.** *L'ailier a transmis le ballon à son avant-centre* : **passer.** *Transmettre un héritage à qqn* : **léguer** ◆ [plus génér.] **laisser.** *Transmettre son autorité à qqn* : **déléguer.** 2. [qqch ~] *Les ondes hertziennes transmettent les signaux radio* : **véhiculer.** *Transmettre une maladie à qqn* : **donner** ◆ **contaminer** (*contaminer qqn*).

◇ **se transmettre** *La peste se transmet* : **être contagieux, s'attraper, se propager.**

◇ **transmission** *La transmission des pouvoirs* : **passation.** *La transmission des biens* : **cession.** *La transmission d'une information* : **communication.** *La transmission d'un spectacle* : **retransmission** (= transmission différée ou seconde diffusion) ; → ÉMISSION. *La transmission des ondes lumineuses est extrêmement rapide* : **propagation** ; → TRANSPORT. *La transmission d'une maladie* : V. CONTAGION.

◇ **transmissible** *Une maladie transmissible* : **contagieux, infectieux.**

transmutation V. métamorphose.

transparaître V. se faire jour*.

transparent *L'eau du ruisseau est si transparente qu'on pourrait compter les cailloux du fond* : **limpide** ◆ [moins cour.] **cristallin** ; → CLAIR. *Elle portait des dessous transparents* : **vaporeux.** *La première peau des oignons est transparente* : [plus rare] **translucide** ; → DIAPHANE. *Ces allusions sont transparentes* : **évident** ; → CLAIR.

◇ **transparence** *La transparence de l'eau* : **limpidité, clarté.** *La transparence d'une démonstration* [fig.] : V. ÉVIDENCE.

transpercer V. pénétrer, percer, traverser.

transpiration V. sueur (*in* suer).

transpirer 1. V. suer. 2. V. percer.

transplanter 1. V. planter. 2. *Transplanter un organe* : V. greffer.

transport

I *Le transport du courant s'opère par câble* : **transmission.** *Le transport de notre mobilier a coûté cher* : **déménagement.** *Des moyens de transport* : V. COMMUNICATION.

II *Des transports de joie* : **élan** ; → ACCÈS ; v. aussi ÉMOTION.

transporté V. fou* de.

transporter
I 1. *On peut transporter le fret par la route* : [plus partic.] **camionner** (= transporter en camion). *Les postes transportent le courrier* : **acheminer***. *Transportez-moi ce meuble au grenier* : **déménager** ◆ [plus fam.] **transbahuter** (= transporter avec beaucoup de peine et sans grand soin). *Le torrent transporte des arbres morts* : **charrier.** 2. *J'ai transporté des amis dans ma voiture* : **véhiculer.**
◇ **se transporter** *Le parquet s'est transporté sur les lieux du crime* : **se déplacer.**
II *La bonne nouvelle a transporté d'enthousiasme toute l'assemblée* : **soulever** (*soulever l'enthousiasme de...*) ; → ENIVRER, EXALTER, SAISIR.

transporteur V. camionneur, routier.

transposer V. adapter.

transvaser *Le vigneron a transvasé son vin* : [plus partic.] **soutirer** ◆ **siphonner** (= transvaser à l'aide d'un siphon) ◆ [rare] **transvider** ; → VERSER.

trapéziste V. acrobate.

trappe V. cloître.

trappeur V. chasseur I.

trapu 1. *Son adversaire était un homme trapu* : **râblé** ◆ **courtaud** (qui insiste sur la petitesse de la taille) ; → RAMASSÉ. 2. *Ce problème était trapu* [fam.] : [cour.] **difficile** ◆ ↑ **infaisable.**

traque V. chasse.

traquenard V. piège.

traquer *Les chasseurs traquaient le cerf* : [plus génér.] ↓ **poursuivre** ◆ ↑ **forcer** (qui implique que la bête est à bout).

trauma V. blessure (*in* blesser).

traumatiser V. commotionner, secouer.

traumatisme V. blessure (*in* blesser).

travail
I 1. *Certains hommes aiment le travail pour lui-même* : [plus génér.] **action, activité** (qui ne produisent pas par elles-mêmes des résultats censés être utiles) ◆ [plus sout.] **labeur** ; → EXERCICE, OCCUPATION. *Avoir beaucoup de travail* : **avoir du pain sur la planche.** *Le travail scolaire* : **études.** 2. *Creuser cette tranchée était un travail difficile* : ↑ **corvée** (= travail forcé ou obligé) ◆ [plus sout.] **besogne** (= travail imposé par la profession ou les circonstances) ◆ **tâche** (= travail déterminé) ◆ **bricolage** (= travail d'amateur, mal conçu ou mal exécuté) ◆ [fam.] **boulot.** *Faire tout le travail* : V. SE TAPER. 3. *A-t-il remis son travail à temps ?* : **ouvrage***, [fam.] **boulot** (qui désignent tout à la fois l'activité et le produit de cette activité) ◆ **devoirs, leçons** (= travail à faire par un écolier) ; → ŒUVRE. 4. *Ce bijou est d'un travail délicat* : **facture, façon.** 5. *Le magasin est fermé pour cause de travaux* : **réparation, transformation.** 6. *Le travail d'une machine* : **fonctionnement** ◆ **force** (= puissance) ◆ **rendement** (= évaluation de sa production).
II 1. *Ce chômeur cherche un travail depuis six mois* : **emploi*** ◆ [fam.] **boulot, petit boulot** (emploi de substitution aux métiers traditionnels n'offrant pas les mêmes garanties sociales) ◆ [vieilli] **gagne-pain** ◆ [anglic.] **job.** 2. V. MÉTIER. 3. *Le père partait pour son travail le matin* : [fam.] **boîte** ◆ [moins génér.] **usine, atelier, bureau.** 4. *Pendant les heures de travail* : [plus partic.] **service** (qui s'applique surtout au travail administratif). *Un arrêt de travail* : **grève.** 5. *Votre travail n'est pas satisfaisant* : **rendement, productivité** (= évaluation quantitative de la production).
III 1. *L'ingénieur a constaté le travail du tablier de ce pont* : **affaissement.** *Le travail du bois* : **gauchissement** ; → GONFLEMENT. 2. *Avec le printemps, le vin est de nouveau en travail* : **fermentation.**

travaillé V. ouvragé, recherché.

travailler
I 1. [intr., qqn ~] *Le retraité ne restait pas inactif : il travaillait dans sa maison* : **faire** (... *faisait qqch*) ; → ACTIVITÉ, AGIR, ŒUVRER. 2. [intr.] *Depuis huit jours, il travaille*

pour terminer cette corvée : **donner un coup de collier** ◆ [plus sout.] **abattre de la besogne** ◆ [fam.] **en mettre, ficher un coup, marner, cravacher** ◆ ↑**se crever** ◆ [moins cour.] **se tuer à la tâche** ◆ **travailloter** (= travailler mollement). **3.** [trans., qqn ~ qqch] *L'étudiant avait travaillé sérieusement son programme pour obtenir la licence* : **étudier*** ◆ [fam.] **bûcher*, piocher*, potasser** ◆ [cour.] **apprendre. 4.** [trans., qqn ~ qqch] *L'ébéniste travaillait une planche de noyer* : **façonner*.** *Le potier travaille l'argile* : **pétrir*.** *Le paysan travaillait des terres trop humides* : **cultiver.** *L'auteur a travaillé son style* : [sout.] **ciseler** ◆ [plus fam.] **fignoler. 5.** [trans., qqch ~ qqn] *Cette question le travaillait* : ↑**tourmenter** ◆ ↓**préoccuper** ; → OBSÉDER. **6.** [trans., qqn ~ qqn] *Ses amis le travaillaient pour qu'il accepte la trésorerie du comité* : **pousser.** *Le champion mi-lourd travaillait au corps son challenger* : [plus fam.] **cogner. 7.** [trans. indir.] *Nous allons travailler à réaliser ce projet* : **s'efforcer de** ◆ **tâcher de.** *Le professeur travaillait à son cours* : **préparer** (... *préparait son cours*).

II [intr.] *Mon père travaille dans l'industrie automobile* : [fam.] **bosser, boulonner, gratter, turbiner** ; → EXERCER* UN MÉTIER, GAGNER* SA VIE. *Cet industriel fait travailler cinq cents ouvriers* : **employer** ◆ [péj.] **exploiter** (qui insiste sur le profit tiré par le patron du travail de ses employés).

III [intr.] *On ne peut plus ouvrir la fenêtre, le châssis a travaillé* : **jouer** ◆ [didact.] **gauchir** ◆ **se gondoler** (= prendre des formes courbes) ; → GONFLER.

travailleur

I [adj. et n.] *Ce garçon est très travailleur* : [plus génér.] **courageux** ◆ [fam.] **bosseur, bûcheur** ; → ACTIF, APPLIQUÉ, CONSCIENCIEUX, LABORIEUX.

II [n.] *C'est un travailleur du bâtiment* : **ouvrier** (= travailleur manuel) ◆ **journalier** (= travailleur à la journée, spécialisé dans l'agriculture) ◆ **employé** (= travailleur intellectuel) ◆ **fonctionnaire** (= employé de l'État) ◆ **prolétaire** (= celui qui exerce un métier manuel et ne vit que de son salaire) ; → SALARIÉ. *Les travailleurs sont exploités* : **classe(s) laborieuse(s)** ◆ [plus spécialt] **classe ouvrière.**

travaillisme V. socialisme.

travailloter V. travailler I.

travaux forcés V. bagne.

travers

I **1.** V. CÔTÉ. **2.** *Il portait son chapeau de travers* : **de côté, de guingois** ◆ [fam.] **de traviole.** *Le cheval a abordé l'obstacle par le travers* : **obliquement** ; → DE FLANC*. *Il comprend tout de travers* : **mal. 3.** *Passer à travers champs* : **au milieu de** ◆ **traverser** (*traverser les champs*).

II V. DÉFAUT et RIDICULE.

traversée V. passage (*in* passer), vol I, voyage.

traverser 1. *D'un pas, il a traversé le ruisseau* : **franchir** ; → PASSER. *La caravane a traversé le Sahara* : **parcourir** (= se déplacer dans divers sens aussi bien qu'aller d'une extrémité à l'autre d'un espace) ◆ **traverser** (= passer d'un côté à l'autre). **2.** *La ligne de chemin de fer traverse la route* : **couper*, croiser** ◆ **enjamber** (= passer par-dessus). *La Loire traverse Orléans* : V. ARROSER. **3.** *Le clou a traversé la cloison trop mince* : **transpercer. 4.** *Une idée soudaine lui traversa l'esprit* : **se présenter à, passer par la tête.**

traversin *Il dort avec un traversin* : **polochon** ; → COUSSIN.

travesti V. déguisement (*in* déguiser).

travestir V. déguiser, falsifier.

travestissement V. déguisement (*in* déguiser).

traviole (de) V. travers I.

trébucher 1. *Il a trébuché sur un caillou* : **buter** ◆ **broncher** (qui se dit d'un cheval qui fait un faux pas) ◆ **chanceler, vaciller** (= perdre l'équilibre comme si on allait tomber). **2.** *L'acteur trébuchait toujours sur le même mot* : **hésiter*** ; → ACHOPPER.

tréfonds V. secret III.

treillage V. clôture.

treille V. vigne.

treillis 1. V. clôture. **2.** V. tenue.

trekking V. randonnée.

trembler **1.** [qqn, un animal ~] *Vous devez avoir froid, vous tremblez* : ↑ **grelotter** ◆ ↓ **frémir** ◆ ↓ **frissonner*** (= trembler légèrement et de façon passagère). *Ce vieillard a la voix qui tremble* : **chevroter***. **2.** [qqn, un animal ~] *Je tremble pour mon ami qui est en mer* : **avoir peur***. *Je tremble qu'il lui arrive malheur* : ↓ **craindre***. **3.** [qqch ~] *Sous le vent frais, les feuilles tremblent doucement* : **remuer, s'agiter** ◆ **frémir** (= trembler en bruissant). *Son double menton tremble quand il marche* : **trembloter.** **4.** [qqch ~] *Toute la voiture tremble en passant sur les pavés* : **vibrer***. *Le canon fait trembler le sol* : **ébranler.**

◇ **tremblant** **1.** *Les jambes tremblantes, il avait du mal à avancer* : **flageolant** ; → VACILLANT. *Une voix tremblante* : **chevrotant, tremblotant.** *La flamme tremblante d'une bougie* : **vacillant***. *Un échafaudage tremblant* : **fragile.** **2.** *Il restait devant la porte, tremblant* : **craintif** ◆ ↑ **apeuré.**

◇ **tremblement** **1.** [~ de qqn] *La fièvre monte : le malade est agité de tremblements* : ↓ **frisson,** ↓ **frémissement** ◆ ↑ **convulsion,** ↑ **spasme** (= contraction musculaire de grande amplitude et qui n'est pas forcément répétée). **2.** [~ de qqch] *Quand les camions passent sous nos fenêtres, le tremblement du plancher est sensible* : **trépidation, vibration*** ; → VACILLATION. *Un tremblement de terre* : **séisme***.

tremblotant V. tremblant (*in* trembler), vacillant (*in* vaciller).

trembloter V. chevroter, trembler, vaciller.

trémousser (se) V. frétiller.

trempe **1.** V. valeur I. **2.** V. peignée, raclée.

trempé V. humide, mouillé (*in* mouiller), ruisselant (*in* ruisseau).

tremper

I **1.** [trans.] *Trempez un coton dans l'eau bouillie pour nettoyer la plaie* : **imbiber de** ◆ ↓ **mouiller** ; → BAIGNER, PLONGER. *Ma chemise est trempée de sueur* : ↓ **imprégner** ; → HUMIDE. *Le bébé a trempé sa couche* : ↓ **mouiller** ◆ ↑ **inonder** ; → ARROSER. **2.** [intr., qqch ~] *Les harengs trempent dans l'huile* : **mariner** ; → MACÉRER. **3.** [intr., qqn ~] *Il a trempé dans une sombre affaire d'escroquerie* : **participer* à.**

◇ **se tremper** V. SE MOUILLER et SE BAIGNER.

II [trans., ~ qqn] V. AFFERMIR et ENDURCIR.

trempette *Faire trempette* : V. se baigner III.

tremplin *Le plongeur prit son élan du tremplin* : **plongeoir** (= plate-forme, pas obligatoirement élastique) ◆ **trampoline** (= engin de gymnastique sur lequel on rebondit).

trench-coat V. imperméable.

trépan V. sonde.

trépas V. mort I.

trépassé V. décédé.

trépasser V. mourir.

trépidant V. agité (*in* agiter).

trépidation V. tremblement (*in* trembler), vibration (*in* vibrer II).

trépider V. vibrer II.

trépigner *L'enfant trépignait d'impatience* : **piaffer** ; → PIÉTINER.

très *On m'a raconté une histoire très drôle* : [moins cour.] **extrêmement, follement** ◆ [plus sout.] **fort** ◆ [fam.] **vachement** ◆ **trop** (qui marque l'excès ou l'hyperbole) ◆ [euph.] **plutôt.** *Les enfants sont très contents de votre cadeau* : **tout*, bien*, rudement*** ◆ [postposé] **comme tout** ◆ [fam.] **drôlement, tout plein** ; → PLEINEMENT, EXTRAORDINAIREMENT, ASSEZ. *C'est un personnage très connu* : **archi-, ultra-** (*archiconnu, ultra-connu*). *Votre fille est très belle* : **belle comme un ange***. *Leur fils est très fort* : [fam., postposé] **comme quatre.** *Il est très complexé* : **pétri de** (*... pétri de complexes*). *Mon mari est très jaloux* : [postposé] **en diable.** *Cet armateur était très riche* : ↑ **immensément.** *Il n'est pas très fort* : V. TELLEMENT.

trésor *Ce vieillard avait caché un trésor dans son grenier* : **fortune** (qui n'est pas forcément destinée à être conservée) ◆ **magot** (= somme d'argent, plus ou moins importante, que l'on cache). *Les trésors culturels de ce pays* : V. CAPITAL.

tressaillir *Un petit bruit suffit à me faire tressaillir* : ↑ **sursauter** ◆ [sout.] **tressauter** ◆ ↓ **frémir** ; → FRISSONNER.

tresse *La jeune fille portait ses tresses blondes en macarons* : **natte.**

tresser V. entrelacer.

tréteau **1.** *Une grande porte, posée sur deux tréteaux, servait de table* : **chevalet.** **2.** *Il était monté tout jeune sur les tréteaux* : **sur les planches** ; → SCÈNE, THÉÂTRE.

treuil *On levait les ballots à l'aide d'un treuil* : **guindeau, cabestan** (= sortes de treuil, surtout utilisées dans la marine).

trêve **1.** *Les belligérants ont conclu une trêve* : **cessez-le-feu** (= arrêt des combats) ◆ **armistice, suspension* des hostilités** (= convention par laquelle on suspend les combats sans mettre fin à la guerre). **2.** *Sans trêve* : **sans arrêt*** ◆ **sans relâche*** ◆ **sans répit***. **3.** *Trêve de plaisanterie* : **assez de.**

tri V. triage (*in* trier).

triage V. trier.

tribade V. homosexuel.

tribord V. bord I, droit II.

tribu **1.** *Les tribus nomades du Sahel* : **ethnie** (= ensemble plus vaste rapproché par la communauté de langue et de culture). **2.** [fig.] *Toute la tribu* : **smala** ; → FAMILLE.

tribulations [pl.] *Le voyage est terminé et nos tribulations finies* : **aventure** ◆ **mésaventure** (= aventure désagréable) ; → MALHEUR.

tribun V. orateur.

tribunal *L'affaire sera portée devant les tribunaux compétents* : **juridiction** (= ensemble des tribunaux d'une même catégorie, d'assises, d'instance) ◆ **chambre** (= section du tribunal) ◆ **cour** (= tribunal exerçant une juridiction supérieure) ◆ **conseil** (= tribunal administratif ou militaire) ◆ **parquet** (= ensemble des magistrats relevant du ministère public, dans un tribunal).

tribune V. estrade, article.

tributaire *Les pays pauvres sont tributaires des grandes puissances industrielles* : **dépendant** ◆ ↑ **soumis à** (qui implique en outre la docilité).

tricher *Mon boucher ne triche pas sur les poids* : **frauder** ; → TROMPER. *Certains candidats ont triché* : **resquiller** ; → COPIER, RESQUILLER, CONTOURNER.

tricherie V. tromperie (*in* tromper).

tricot V. chandail.

trier *Les bons éléments ont été triés* : [plus partic.] **sélectionner, choisir** (= dégager un petit nombre d'objets d'une collection) ; → PASSER AU TAMIS*, SÉPARER. *Le courrier doit être trié avant la distribution* : **classer, répartir.** *Trier des tomates selon leur grosseur* : [plus précis.] **calibrer.**
◇ **triage** *Les mécanographes opèrent le triage des cartes perforées* : **tri.** *Le triage des grains* : **criblage.**

trifouiller V. fouiller, tripoter.

trimardeur V. vagabond.

trimballer, trimbaler V. porter I, traîner.

tringle V. tige.

trinquer **1.** V. porter un toast*. **2.** V. punir, inconvénient.

triomphal V. éclatant (*in* éclater II).

triomphe *Le triomphe de nos idées est assuré* : ↓ **succès** ; → RÉUSSITE, VICTOIRE. *Cette vedette du sport eut son triomphe aux jeux Olympiques de 1948* : **consécration** ◆ **apothéose** (= sommet d'une carrière).

◇ **triompher** 1. [trans. indir.] *Cet athlète a triomphé de ses rivaux* : **battre** (*... a battu ses rivaux*) ; → VAINCRE, VENIR À BOUT DE. 2. [intr.] *Le parti a triomphé aux dernières élections législatives* : **l'emporter** ; → VAINCRE, DOMINER. *Vous aviez raison, mais ne triomphez pas trop* : **crier victoire, jubiler.**

◇ **triomphant** *Il a terminé son combat triomphant, mais épuisé* : **vainqueur** ; → VICTORIEUX. *L'air triomphant* : **radieux.**

trip V. voyage.

tripatouiller V. tripoter.

tripes V. corps, entrailles, intestin, viscères.

tripette *Ça ne vaut pas tripette* : V. valoir.

tripot *Le joueur perd tout son argent dans des tripots* [péj.] : **maison de jeu.**

tripotage V. manœuvre I.

tripotée V. peignée.

tripoter [fam.] 1. [trans.] *Ne tripote pas la mie de pain qui reste sur la nappe* : [didact.] **malaxer** ; → PÉTRIR. *Tripoter une femme* : **caresser***. 2. *J'aimerais que tu ne tripotes pas mes affaires* : **patouiller dans, trifouiller, tripatouiller** ; → FOUILLER. 3. [intr.] *Cet homme d'affaires a tripoté dans de nombreuses combines* : [fam.] **fricoter** ◆ [plus cour.] **trafiquer.**

trique V. baguette, bâton.

trisser (se) V. fuir, partir.

triste

I [qqn est ~] 1. *Il est triste depuis la mort de sa femme* : **abattu, malheureux** ◆ ↑ **désespéré,** ↑ **éploré** ◆ [sout.] **affligé** ; → SOMBRE, ÊTRE COMME UNE ÂME EN PEINE*, BROYER DU NOIR*. 2. *Ce garçon triste est un véritable rabat-joie* : **morne, sans fantaisie** ; → MÉLANCOLIQUE, MAUSSADE, LUGUBRE. *Son air triste n'incite pas les autres à la joie* : **funèbre, morose, sombre** ◆ [fam.] ↓ **tristounet.** *Avoir l'air triste* : [fam.] **faire une tête d'enterrement** ; → MALHEUREUX.

II [qqch est ~] *Nous avons eu un triste temps cet automne* : [postposé] ↑ **affreux** ; → MAUSSADE. *Cette nouvelle est bien triste* : **attristant** ◆ ↓ **pénible** ◆ ↑ **accablant, affligeant.** *Le violon jouait un air triste* : V. PLAINTIF. *C'est une histoire triste* : **navrant** ◆ ↑ **tragique** ; → SINISTRE. *La couleur de ce corsage est triste* : [plus partic.] **sévère, terne.** *C'est bien triste* : V. DOMMAGE.

III [antéposé] 1. *Quel triste individu ! je ne lui confierais pas mon portefeuille* : **sale*** ; → MISÉRABLE. 2. *Il est rentré de sa promenade dans un triste état* : [souvent postposé] **déplorable, lamentable, pitoyable** ; → PITEUX. *Il n'a obtenu que de tristes résultats* : **médiocre.**

tristesse *Sa tristesse est profonde depuis la mort de son père* : [sout.] ↑ **abattement,** ↑ **affliction** ◆ ↓ **chagrin** ◆ [plus partic.] **deuil** ; → PEINE. *Être porté à la tristesse* : **mélancolie, neurasthénie** ◆ [fam.] **cafard** ; → AMERTUME, DÉPRESSION. *La tristesse d'une vie solitaire* : **grisaille.**

tristounet V. triste I.

triturer 1. *Le pharmacien triturait ses produits* [didact.] : [plus cour.] **broyer*, piler.** 2. *Il faut triturer le mélange pour obtenir une pâte molle* : **malaxer, pétrir.**

trivial V. commun II, vulgaire II.

trognon 1. V. bout. 2. V. mignon.

troll V. lutin.

trombe V. tempête.

trombine V. figure I, tête.

trompe V. cor I.

trompé *Être trompé* : V. avoir des cornes*.

trompe-l'œil V. faux-semblant (*in* sembler).

tromper 1. [qqn ~ qqn sur qqch] *C'est un personnage habile qui a su tromper tout son entourage* : [plus sout.] ↓ **abuser,** ↓ **berner** ◆ [fam.] **attraper, bluffer, faire marcher*** ◆ [fam.] **couillonner** (= ridiculiser en trompant) ; → MENER* EN BATEAU, ROULER, MYSTIFIER, JOUER, METTRE DEDANS*, EMBOBINER. *Il nous a trompés sur la qualité de la marchandise* : **escroquer** ◆ [sout.] **duper, flouer** ◆ [fam.] **arnaquer, entuber, blouser, avoir**

(= tirer avantage de qqn par tromperie) ; → REFAIRE, LEURRER, VOLER. *Il l'a trompée sur ses intentions* : **enjôler** (= tromper qqn en le charmant) ◆ **bercer qqn** (*bercer d'illusions, de vaines promesses, de faux espoirs*) ◆ [fam.] **endormir** (= rassurer à tort la victime) ◆ [fam.] **feinter,** [sout.] **amuser** (= détourner l'attention) ◆ **donner le change** (= cacher ses intentions) ; → FAIRE CROIRE*, MENTIR* À. **2.** *Tromper sa femme, son mari* : [plus sout.] **trahir** ◆ [fam.] **faire cocu, cocufier** ; → ÊTRE INFIDÈLE* À. **3.** [qqch, qqn ~ qqn] *Le prisonnier a trompé les surveillants de garde* : **déjouer***. *Son absence m'a trompé* : **décevoir** ◆ [plus sout.] **frustrer. 4.** *Je n'arrive pas à tromper mon ennui* : **faire diversion à.**

◇ **se tromper 1.** *Il s'est encore trompé en faisant ses comptes* : **faire une erreur, une faute** ◆ [fam.] **se gourer, se ficher dedans, se planter.** *Vous vous trompez si vous croyez que je vais avaler votre histoire* : **avoir tort*** ◆ **faire fausse route** ◆ [très sout.] **s'abuser, errer** ◆ [fam.] **avoir la berlue** ; → TAPER* À CÔTÉ. *Vous vous êtes trompé de route* : **s'égarer*. 2.** *Il préfère se tromper lui-même que regarder la situation en face* : **se mentir** ◆ **s'aveugler** (= manquer de discernement) ◆ **s'illusionner, se bercer d'illusions, se faire des illusions** (= choisir une fausse interprétation des faits) ◆ **se faire des idées** ◆ [fam.] **se mettre dedans, se mettre, fourrer le doigt dans l'œil (jusqu'au coude).**

◇ **tromperie** *Ne vous laissez pas prendre à ses jérémiades : c'est une tromperie* : **duperie** ◆ **tricherie,** [fam.] **triche** (= fraude au jeu) ◆ [sout.] **fourberie** ; → LEURRE, MENSONGE, ESCROQUERIE, MYSTIFICATION, SUPERCHERIE.

◇ **trompeur 1.** [adj.] *Il a cru nous surprendre par des discours trompeurs* [sout.] : [cour.] **mensonger*** ◆ [moins cour.] **captieux** ◆ ↑ **fallacieux** ◆ **insidieux** (= qui comporte un piège) ; → SÉDUISANT, APPARENT, ERREUR. **2.** [n.] *Un trompeur* : **menteur*.**

tromper (se) V. avoir tort*.

trompette 1. [n.f.] *Les trompettes du régiment* : **clairon, cornet** (= cuivres sans piston). **2.** [n.m.] *Le trompette de l'orchestre* : **trompettiste. 3.** [n.f.] V. FIGURE. **4.** [n.f.] *Le nez en trompette* : **retroussé*.**

trompeur V. tromper.

tronc 1. *Les bûcherons débitaient les troncs* : [moins cour.] **fût** (= partie basse du tronc, au-dessous des branches maîtresses). **2.** *Le tronc de l'homme* (= corps humain à l'exclusion de la tête et des membres) : **buste, torse*** (= partie au-dessus de la taille) ◆ **bassin** (= partie au-dessous de la taille).

tronche V. figure I, tête.

tronçon V. portion.

tronçonner V. couper, scier.

tronçonneuse V. scie.

trône V. monarchie (*in* monarque).

tronquer V. couper, mutiler.

trop 1. *Il a fait trop chaud cet été* : ↓ **bien** ◆ ↑ **excessivement.** *Il ne s'inquiète pas trop* : **beaucoup, outre* mesure.** *Il est trop drôle* : [vieilli] **fort** ; → TRÈS. **2.** *Avez-vous des bagages en trop ?* : **en excédent** ; → SUPERFLU. *Quelqu'un est de trop ici* : **importun, indésirable*.** *Être de trop* : **gêner.** *Par trop* : V. VRAIMENT. *Il boit trop* : V. ABUSER. *Il est trop* : V. IRRÉSISTIBLE.

trope V. figure II.

tropical V. chaud.

troquer V. changer I.

troquet V. café I.

trot V. allure.

trotskisme V. socialisme.

trotter 1. V. courir I. **2.** *Trotter dans la tête* : V. obséder.

trottoir *Faire le trottoir* : V. se prostituer.

trou 1. *Dans la falaise, on peut voir un trou* : **creux** (= dépression moins marquée qu'un trou) ◆ [moins cour.] **excavation, cavité** ◆ **crevasse** (= ouverture étroite, dans un mur, dans le rocher, dans la glace ou dans la peau) ◆ **brèche** (= ouverture produite par force ou par accident) ; → FENTE, OUVERTURE. *Faire un trou* : **creuser*.** *Les enfants sont passés par le trou de la haie* : **trouée**

(= passage naturel ou artificiel à travers un obstacle). *Un trou dans la conduite de gaz, d'eau* : ↓ **fuite.** *Il creusa un trou dans le jardin pour enfouir ses ordures* : ↑ **fosse.** *Il y a des trous dans la route* : **nid-de-poule** ◆ ↑ **fondrière** ◆ **ornière** (= sillon profond laissé par les roues des véhicules). *Le lapin se réfugia dans son trou* : [plus partic.] **terrier.** *Un trou d'aiguille* : **chas.** **2.** *Il y a un trou dans votre histoire* : V. MANQUE, VIDE et OUBLI. *Vous devriez combler ce trou en mathématiques* : **lacune** ; → FAIBLESSE. **3.** *Nous avons passé nos vacances dans un petit trou* [fam.] : **bled, coin** ; → BOURG. *On l'a mis au trou* [fam.] : [cour.] **en prison.** **4.** *Trou de nez* : **narine.** *Trou de balle, du cul* [très fam.] : **anus***.

troubadour **1.** *L'art des troubadours* (= poètes de langue d'oc au Moyen Âge) : **trouvère** (= poète de langue d'oil au Moyen Âge) ◆ **ménestrel** (= musicien ambulant du Moyen Âge) ; → POÈTE. **2.** *Ingres a peint quelques œuvres dans le style troubadour* : [didact.] **néo-gothique.**

troublant **1.** *Il y a un détail troublant dans votre histoire* : **déconcertant** ◆ ↑ **inquiétant.** *Une situation troublante* : V. INTIMIDANT. **2.** V. EXCITANT et FASCINANT.

trouble

I [adj.] **1.** *On ne voit pas les poissons dans cette eau trouble* : [plus partic.] **boueux, vaseux.** **2.** *Un regard trouble* : V. VOILÉ. *Un milieu trouble* : **louche, suspect.**

II [n.] **1.** [~ d'un organe] *Des troubles respiratoires* : **insuffisance** ; → MALAISE, VERTIGE. **2.** [~ de qqn] *J'ai provoqué son trouble par maladresse* : **inquiétude** ◆ ↑ **désarroi,** ↑ **affolement** ; → ALARME, ANGOISSE, ÉMOTION, EMBARRAS, CONFUSION. **3.** *Un grand trouble s'ensuivit dans l'assemblée* : **agitation***, **effervescence, remue-ménage** ; → CONFUSION, DÉSORDRE, REMOUS, CONVULSION. *Un bonheur sans trouble* : V. SANS NUAGE*. **4.** [pl.] *Des troubles graves ont eu lieu* (= agitation sociale importante) : [sing.] ↑ **soulèvement,** ↑ **insurrection** ; → ÉMEUTE, DÉSORDRE.

troublé V. ému (*in* émouvoir).

trouble-fête V. rabat-joie.

troubler **1.** *Ses larmes lui troublaient la vue* : **brouiller.** *Un bruit troubla le silence* : V. DÉCHIRER. **2.** *Votre intervention a troublé le calme de la réunion* : **perturber*** ; → RÉVOLUTIONNER. *Un incident a troublé la fête* : **déranger, désorganiser** ◆ ↑ **interrompre.** **3.** *Vous avez troublé mon ami par vos questions insidieuses* : **agiter, déconcerter, démonter, désarçonner, impressionner** ◆ ↑ **affoler,** ↑ **embarrasser** ; → INTIMIDER, GÊNER. *Cette histoire bizarre m'a troublé* : ↑ **inquiéter.** *Le récit de cet accident a troublé ma femme* : ↑ **bouleverser** ◆ [fam.] ↑ **retourner.** *Cette nouvelle a troublé ma bonne humeur* : **altérer***.

◇ **se troubler** [qqch ~] **1.** *L'eau s'est troublée quand nous avons agité le fond* : **devenir trouble** ; → SE BROUILLER. **2.** [qqn ~] *L'accusé ne s'est pas troublé devant les questions des policiers* : **se démonter** ◆ ↑ **s'affoler** ; → S'ÉMOUVOIR.

trouée *Une grande trouée dans le rideau d'arbres laissait voir l'horizon* : **brèche** ; → CLAIRIÈRE, PERCÉE, TROU. *Une trouée de bleu dans un ciel orageux* : **échappée.**

trouer V. percer.

troufignon V. anus.

troufion V. soldat.

trouillard V. peureux (*in* peur).

trouille V. crainte (*in* craindre), peur.

troupe

I **1.** *Une troupe d'adolescents sortit bruyamment du collège* : **bande** (= petit groupe soudé) ◆ [sout.] **armada** (qui met en relief l'importance numérique du groupe) ◆ **horde** (= troupe indisciplinée dont on craint les méfaits) ◆ **troupeau** (= troupe nombreuse dont on suppose la passivité) ; → VOLÉE. *C'est une joyeuse troupe* : [plus sout.] **cohorte.** **2.** *La troupe jouait une nouvelle comédie* : **compagnie** (*compagnie théâtrale*).

II [collect., sing. ou pl.] *La troupe a occupé le village, les troupes ont occupé le village* : **armée(s), force(s) armée(s), soldats.** *Les troupes régulières sont organisées en unités* : **corps (d'armée), régiment, bataillon, brigade, compagnie, section, escadron,**

escouade (qui peuvent aussi être employés au sens fig. pour désigner des groupes importants de personnes).

troupeau V. bétail, troupe I.

trousse V. nécessaire.

trousser V. retrousser.

trouvaille V. invention.

trouver 1. *J'ai trouvé des coquillages sur la plage* : [impropre] **dénicher,** [fam.] **dégoter** (= trouver une chose rare en la cherchant) ; → DÉTERRER, PRENDRE. *On trouve des chênes dans cette forêt* : **exister*** (*il existe...*). *Nous avons trouvé un bon petit vin* : V. SE PROCURER. *Il lui a trouvé du travail* : **procurer**. *J'ai enfin trouvé un béret à ma taille* : **mettre la main sur.** 2. *Par hasard, j'ai trouvé un ami dans la foule* : **rencontrer*** ◆ [fam.] **tomber sur.** *Ne pas trouver quelqu'un chez lui* : **se casser le nez*.** 3. *L'écolier avait trouvé seul la solution de son problème* : **découvrir** (qui implique l'idée d'effort) ◆ **deviner*** (= trouver par intuition) ◆ **mettre le doigt sur la difficulté** (= trouver l'obstacle à surmonter). *J'ai trouvé la faille de son raisonnement* : **déceler** ; → VOIR. 4. *Trouver à faire, qqch à faire* : V. S'OCCUPER. *Il a encore trouvé une bêtise à faire* : **inventer** ; → IMAGINER. 5. *Il trouve que j'ai tort* : **penser** ; → ESTIMER. *Je le trouve bien prétentieux* : **juger.**
◇ **se trouver** 1. *Ce hameau ne se trouve pas sur la carte* : **figurer.** *Notre ami se trouve à la campagne* : **résider*.** 2. *Se trouver mal* : **défaillir*.** 3. *Les fourchettes se trouvent dans le tiroir de gauche* : **être.**

trouvère V. troubadour.

truand V. milieu II, voleur (*in* voler II).

truander V. voler II.

truc 1. *Il faut trouver le truc pour gagner* : **astuce, combine** ◆ [plus sout.] **procédé, système** ; → FORMULE, MOYEN, RUSE, SECRET. *La cuisine ce n'est pas son truc* : V. AFFAIRE. *Les trucs du métier* : **ficelle*.** 2. [fam.] Sert de substitut à tous les objets concrets aussi bien qu'aux noms propres de personne ou de lieu. *Un truc pour décoincer la porte* : [fam.] **machin, bidule** ; → CHOSE. *C'est Truc qui l'a prévenu* : [fam.] **Machin, Chose.**

trucage V. spécial.

truchement *Par le truchement de* : V. intermédiaire.

truculence V. exubérance.

truffe V. museau.

truffer V. émailler.

truie V. porc.

truisme V. évidence.

truqué V. faux I.

truquer V. falsifier, maquiller.

trust V. société II.

truster V. accaparer.

tsigane V. tzigane.

tuant V. tuer.

tubard V. tuberculeux.

tube 1. V. TUYAU. *Un tube à essai* : **éprouvette, pipette.** *Un coup de tube* [fam.] : [cour.] **téléphone** ; → COUP. *La voiture roule à pleins tubes* [fam.] : **à plein pot** ◆ [cour.] **très vite, à toute vitesse.** *La radio marche à pleins tubes* [fam.] : [cour.] **très fort.** 2. *Cette chanson sera le tube de l'été* [fam.] : [cour.] **succès** ; → SCIE.

tuberculeux *Un tuberculeux* : [fam.] **tubard** ◆ [vieilli] **phtisique, poitrinaire.**

tuer 1. [qqn ~ un être animé] *On ne sait qui a tué ce leader politique* : **assassiner** (qui implique la préméditation) ◆ [euph.] **faire disparaître** ◆ [fam.] **descendre, liquider, estourbir, bousiller, supprimer, zigouiller, faire la peau, faire passer le goût du pain à** ◆ [plus génér.] **se débarrasser de** ◆ [plus partic.] **empoisonner, égorger** ◆ [fam.] **flinguer** ◆ [génér.] **exécuter** (= mettre à mort un ennemi ou, légalement, un condamné) ◆ [plus partic.] **décapiter, lapider,** [fam.] **couper le cou, fusiller, électrocuter** ◆ **achever** (= donner le coup de grâce) ; → RECTIFIER. *Se faire tuer* : **mourir, verser* son sang**. *Tuer un animal domestique* : **abattre** ; → FAIRE PIQUER*. 2. [qqn ~ un collectif d'êtres animés] *Le commando a tué toute la population du village* : **exterminer** (= anéantir) ◆ ↓ **décimer** (= tuer en grand nombre) ; → MASSACRER, DÉTRUIRE. **3.** [qqch ~ un être animé] *Le cancer tue des millions de personnes chaque année* : [plus sout.] **emporter. 4.** [qqch, qqn ~ qqn] *Les grandes chaleurs, ces enfants me tuent* : **éreinter, exténuer.** *Le bruit me tue* : ↓ **assommer.** *Cette nouvelle m'a tué* : **désespérer** ◆ ↓ **peiner. 5.** [qqch ~ qqch] *L'aviation n'a pas encore tué la marine* : **ruiner, supprimer, faire disparaître.**

◇ **se tuer** *Il s'est tué d'un coup de revolver* : [plus partic.] **se brûler la cervelle** ; → SE SUICIDER, SE SUPPRIMER. *Se tuer à la tâche* : ↓ **se rendre malade** ; → TRAVAILLER. *Il s'est tué en tombant d'un échafaudage au troisième étage* : **avoir un accident mortel.**

◇ **tuant** *Ce travail est tuant* : **épuisant** ◆ ↓ **fatigant** ◆ [fam.] **crevant.** *Ces gamins sont tuants* : **assommant** ◆ ↓ **énervant.**

tuerie V. carnage, massacre.

tue-tête (à) V. à pleine voix* I.

tueur V. meurtrier I.

tuile V. ennui, malchance.

tuméfaction V. enflure (*in* enflé), gonflement (*in* gonfler).

tuméfié V. enflé, gonfler.

tumeur *Une tumeur maligne* : **cancer** ◆ [didact.] **fibrome, kyste** (= tumeurs de type particulier).

tumulte *Un tumulte indescriptible* (= grand désordre accompagné de bruit) : **chahut, charivari, tapage*, tohu-bohu** ◆ **vacarme,** [fam.] **foin** (= grand bruit) ; → CACOPHONIE. *Le tumulte des passions* : **désordre, effervescence** ; → TROUBLE.

◇ **tumultueux** **1.** *Un débat tumultueux* : **houleux, orageux** ◆ ↓ **confus. 2.** *Des eaux tumultueuses* [litt.] : [cour.] **agité*, bouillonnant.**

tumulus *Un tumulus s'élève sur les tombes celtes* : [partic.] **cairn** (dans le domaine celtique) ; → TOMBE.

tuner V. poste II.

tunnel V. souterrain.

turban V. bandeau.

turbiner V. travailler II.

turbulence V. agitation (*in* agiter), dissipation (*in* dissiper).

turbulent *Des enfants turbulents* : ↑ **insupportable** ◆ [fam.] **diable** ; → REMUANT, AGITÉ, TERRIBLE, BRUYANT.

turf V. course II.

turfiste V. parieur.

turgescence V. gonflement (*in* gonfler).

turgescent V. gonfler.

turista V. colique.

turlupiner V. tracasser.

turne V. habitation, pièce I.

turpitude V. bassesse, honte.

tutelle V. auspices, subordination.

tuteur **1.** *Un tuteur légal* : **père, mère, ascendants** (qui sont considérés par la loi comme ceux qui protègent les enfants mineurs). **2.** *Le jardinier a préparé des tuteurs pour ses plantations* : [plus partic.] **rame** (= perche servant à soutenir les plantes grimpantes, pois, haricots) ◆ **échalas** (= pieu supportant des plantes plus importantes, surtout la vigne) ; → BÂTON, PIEU.

tuyau

I *Ce tuyau de verre est fragile* : **tube** (qui peut n'être ouvert qu'à une extrémité seult, alors que le *tuyau* est toujours ouvert des deux côtés) ◆ **buse** (= tuyau de forte dimension) ; → CANALISATION, CONDUITE.

II V. INDICATION, INFORMATION et RENSEIGNEMENT.

tuyauter V. renseigner.

tuyauterie V. conduite I.

T.V. V. téléviseur.

type

I **1.** *Il a un type savoyard très marqué* : **caractère.** *C'est le type même du joyeux* *luron* : V. EXEMPLE. *Les grandes blondes, ce n'est pas mon type de femme* : **genre** ◆ ↑ **idéal.** **2.** *C'est un type d'avion tout nouveau* : **modèle***. *Différents types de société* : **forme***. **3.** [app.] *Il a fait l'erreur type et pourtant je l'avais mis en garde* : **classique.**

II *C'est un drôle de type que vous fréquentez* [fam.] : **bonhomme, gars** ◆ [moins cour.] **zèbre, pingouin** ◆ [très fam.] **mec, coco, zigue** ; → HOMME, LOUSTIC, INDIVIDU, PARTICULIER. *Un sale type* : **salaud*** ◆ [fam.] **pignouf** ; → INDIVIDU.

typhon V. tempête, vent.

typique V. caractéristique, significatif.

tyran *Le pouvoir absolu du tyran* : **autocrate, despote, dictateur** ◆ **oppresseur** (qui implique l'exercice de la violence) ; → POTENTAT, MONARQUE.

◇ **tyrannie** : **autocratie, despotisme, dictature** ; → POUVOIR ABSOLU*, ABSOLUTISME.

◇ **tyrannique** **1.** *Un pouvoir tyrannique* : **autocratique, despotique** ; → ABSOLU, ARBITRAIRE, OPPRESSIF, RÉPRESSIF. *Un régime tyrannique* : **totalitaire.** **2.** *Mon mari est tyrannique* : ↓ **autoritaire** ; → IMPÉRIEUX.

tyrannie V. absolu I, esclavage (*in* esclave).

tyrannique V. tyran.

tyranniser V. opprimer.

tzigane **1.** *Les communautés tziganes françaises* : terme générique désignant des populations itinérantes en France, officiellement appelées **gens du voyage**. Selon leurs origines, **manouche** (originaire d'Allemagne), **rom** (originaire d'Europe centrale), **sinti** (originaire d'Italie), **gitan** (du sud de la France et d'Espagne). **2.** Selon une tradition péjorative, voire raciste, on assimile souvent **rom** (ou **romano**), **manouche, gitan** (vieilli), **bohémien** dans une même population de **nomades**, parfois **forains** (personnes qui travaillent sur les foires).

U

U.E.R., U.F.R. V. faculté.

ulcère *Il souffre d'un ulcère* : **ulcération** (= lésion de la peau ou des muqueuses, relativement profonde et durable) ◆ **chancre** (= ulcération d'origine vénérienne).
◇ **ulcérer** *Il est ulcéré par vos reproches injustifiés* : ↓ **vexer** (= infliger une blessure d'amour-propre) ; → BLESSER.

U.L.M. V. avion.

ultérieur V. futur, postérieur.

ultérieurement V. plus tard*.

ultime V. dernier.

ultra **1.** V. très. **2.** V. extrémiste.

un V. unique. *C'est tout un* : V. c'est la même* II chose. *Un de ces* : V. fameux. *L'un* : V. pièce, premier I.

unanime V. général.

unanimement V. d'un commun accord* I, commun I.

unanimité V. communauté I.

une *À la une* : V. premier I.

uni
I **1.** *Unis par le mariage* : **joint, lié** ◆ [partic.] **marié.** **2.** *Un front uni des opposants* : **commun** ; → SOLIDAIRE.
II **1.** *La surface du sable était unie* : **lisse*** ; → ÉGAL, PLAN. **2.** *Un bonheur uni* : **tranquille** ◆ [péj.] **monotone.**

unification V. intégration.

unifier **1.** *Unifier le commandement des troupes* : **fusionner.** **2.** *Le décret ministériel a unifié les programmes scolaires* : **uniformiser** ; → NORMALISER.

uniforme
I [adj.] **1.** *Mieux vaut garder une vitesse uniforme* : **constant** ; → RÉGULIER **2.** *Une vie uniforme* : **monotone***. *Il a débité son discours d'une voix uniforme* : **monocorde***. **3.** *Ils ont des manières uniformes de voir les choses* : **semblable** ; → MÊME.
II [n.] *Le port de l'uniforme* : V. TENUE.

uniformément V. régulièrement (*in* régulier).

uniformiser V. unifier.

uniment *Tout uniment* : V. simplement.

union V. unir.

unique **1.** *Leur unique souci, c'est l'argent* : **seul*** ◆ ↑ **seul et unique** ◆ [postposé] **exclusif**. *Un exemple unique* : **isolé.** **2.** *Dieu est unique* : **un**. *Cet acteur est unique en son genre* : **irremplaçable** ◆ ↑ **exceptionnel** ◆ ↓ **incomparable,** ↓ **inclassable** ; → SANS ÉGAL*, LE SEUL*, SANS PRÉCÉDENT*. *Toi, tu es unique !* : **extraordinaire, incroyable, inouï.**
◇ **uniquement** *Il vient uniquement pour vous voir* : **seulement.** *Son problème est uniquement financier* : **exclusivement, strictement** ; → PUREMENT, EN TOUT ET POUR TOUT*.

unir 1. [~ qqch] *Le traité de Turin a uni la Savoie à la France* : **annexer.** *Cette ligne aérienne unit deux continents* : **desservir, relier.** *Il faut unir nos efforts pour vaincre* : **allier, réunir** ; → ASSEMBLER, ASSOCIER, COMBINER, JOINDRE. *Il unit l'intelligence à la bonté* : **concilier avec** ; → COMBINER, MÊLER. **2.** [~ qqn] *Leurs intérêts les unissent plus qu'ils ne les opposent* : **rapprocher, réunir** ; → LIER. *Les deux frères sont restés très unis* : **souder** ; → ATTACHÉS L'UN À L'AUTRE*. *Les deux jeunes gens ont été unis devant la loi* : **marier.**

◇ **s'unir** 1. *Les forces de l'opposition se sont unies contre le pouvoir* : **faire cause commune, se solidariser** ◆ **s'allier** (= s'unir par un engagement mutuel) ◆ **se liguer, se coaliser** (= contracter une alliance offensive ou défensive contre un adversaire commun) ; → S'ASSOCIER, FUSIONNER. **2.** *Ces jeunes gens se sont unis* : **s'épouser*, se marier.** *Les deux cours d'eau s'unissent pour former un vaste fleuve* : **se mêler.**

◇ **union** 1. *L'union entre plusieurs formations politiques* : **unité** (= résultat d'une union) ◆ **alliance** (= regroupement, moins étroit et moins durable qu'une *union*, de plusieurs personnes, groupes ou pays) ◆ **accord, entente** ; → COMBINAISON, FUSION. **2.** *Ces mouvements ont fondé une union* : [plus cour.] **bloc, rassemblement.** *L'union de plusieurs syndicats, pays* : **confédération, fédération*** ; → ASSOCIATION. **3.** *Union conjugale* : V. MARIAGE. *L'union libre* : **concubinage**. *Un trait d'union* : **lien*, tiret*.**

◇ **unité** 1. *L'unité de vues entre nous est complète* : V. COMMUNAUTÉ, COMMUNION et COMPLICITÉ. *L'unité d'un courant politique* : V. UNION. *Cet ensemble instrumental manque d'unité* : **cohésion, homogénéité. 2.** *L'unité monétaire* : V. PIÈCE. **3.** *Une unité aéroportée a débarqué cette nuit* : **commando, compagnie, section** (= formations militaires plus ou moins importantes). *Une unité chirurgicale de premiers secours* : **antenne*.** *Une unité de la flotte* : **bateau*.**

unisson V. chœur.

univers 1. *On a longtemps cru que l'homme était le centre de l'Univers* : **nature** (qui désigne traditionnellement le monde sensible et son principe d'organisation) ◆ [moins cour.] **cosmos** (qui présente l'Univers comme un tout harmonieux) ; → CRÉATION, MONDE, TOUT. **2.** *Il est dans son univers à lui, l'univers de l'enfance* : **monde**.

◇ **universel** 1. *La paix universelle* : V. MONDIAL. *L'Église universelle* : **œcuménique. 2.** *C'est un esprit universel, qui s'entend à toutes les sciences* : **encyclopédique** ◆ [moins cour.] ↑ **omniscient.**

universellement V. mondialement (*in* monde I).

université V. école, faculté.

urbain 1. V. poli. 2. V. ville.

urbaniste V. constructeur.

urbanité V. affabilité.

urgence V. gravité.

urgent V. impérieux, pressant (*in* presser II), pressé (*in* presser II).

urger V. presser.

urine V. pisse.

uriner V. pisser.

urinoir V. pissotière (*in* pisser).

us *Us et coutumes* : V. usage II.

usage

I [sing.] **1.** *À quel usage réservez-vous cet outil ?* : **fonction, utilisation** ; → DESTINATION, EMPLOI, UTILITÉ. *L'usage de somnifères* : **abus** (= usage immodéré). **2.** *Il a perdu l'usage de ses facultés* : **jouissance*. 3.** *Vous a-t-on appris l'usage de cet appareil ?* : **maniement*. 4.** *J'ai fait usage d'une tronçonneuse pour abattre ce peuplier* : **employer, se servir de, utiliser** ; → USER. *Cette machine a fait beaucoup d'usage* : **durer** ; → SERVIR. *Hors d'usage* : **hors service*** ; → USÉ. *Des aires de jeu à l'usage des enfants* : **destiné à, pour** ◆ ↑ **réservé à.** *Un mot en usage, un mot d'usage* : [didact.] **usité, courant.**

II [pl.] **1.** *Les usages de ce pays* : **coutume, mœurs** ◆ [moins cour.] **us et coutumes** ; → HABITUDE. **2.** *Connaît-il les bons usages ?* : **politesse, bonnes manières.**

usagé V. fatigué (*in* fatiguer), usé (*in* user II), vieux.

usager V. consommateur (*in* consommer III), utilisateur (*in* utiliser).

usages V. forme II, manière II.

user

I *User de. Il a usé de son influence pour me faire octroyer ce poste* : [plus cour.] **se servir* de.** *User d'une brosse à dents* [vx] : V. EMPLOYER, JOUER, MANIER et S'ABRITER.

II 1. [qqch ~ qqch] *Ce poêle use trop de mazout* : **consommer, dépenser.** *La mer use lentement la falaise* : **entamer, ronger** ◆ [didact.] **éroder.** 2. [qqn ~ qqch] *Cet enfant use trop vite ses chaussures* : **abîmer** (= détériorer qqch d'une manière générale, alors que *user*, c'est le détériorer progressivement par l'usage). *Il a usé sa santé au travail* : **miner.** 3. [qqch ~ qqn] *Le travail l'a usé prématurément* : **vieillir** ◆ ↓ **fatiguer** ◆ ↑ **épuiser.**

◇ **s'user** 1. *Ce tissu s'use vite* : **s'abîmer** ◆ [plus génér.] **se détériorer.** 2. *Vous vous userez à cette tâche impossible* : **s'épuiser.**

◇ **usé** 1. *Il porte des vêtements usés (jusqu'à la corde)* : **usagé, élimé, râpé** (qui se disent d'un vêtement usé par le frottement) ◆ **défraîchi** (qui se dit d'un vêtement quand il a perdu ses couleurs) ◆ **mité** (mangé aux mites) ◆ **avachi, déformé** (qui se disent d'un vêtement qui a perdu sa forme) ; → FATIGUÉ. *Des chaussures usées* : **hors d'usage, éculé.** *Une lame usée* : **émoussé** (qui a perdu son tranchant), **épointé.** *Les eaux usées* : **sale.** 2. *Tous ces bons mots sont des plaisanteries usées* : **éculé, rebattu** ; → COMMUN, VIEUX. 3. *C'est un homme usé* : [fam.] **fichu, foutu** ; → FINI.

usine *La fermeture de l'usine a privé de travail plus de cent ouvriers* : [moins cour.] **fabrique** (= usine livrant des produits finis) ◆ **manufacture** (= important établissement industriel, en raison de son statut particulier ou de son origine historique : *manufacture d'armes, manufacture des Gobelins*) ◆ [partic.] **filature, minoterie, aciérie** ◆ [plus génér.] **établissement, entreprise industrielle** ◆ [fam.] **boîte** (= lieu de travail) ; → TRAVAIL. *L'usine s'est developpée au dix-neuvième siècle* : **industrie, production industrielle.** *Fabriqué en usine* : **industriellement** ; → À LA CHAÎNE*.

usiner V. façonner.

usité V. en usage*.

ustensile Ce mot sert à désigner des objets utiles à la vie courante, en particulier ceux qui ne comportent pas de mécanismes complexes : **batterie de cuisine, récipients, outils** ; → VAISSELLE. *Les ustensiles du jardin* [vx] : **outil, engin** (qui désigne fréquemment les appareils à moteur).

usuel V. commun II, ordinaire, vulgaire I.

usuellement V. vulgairement I.

usufruit V. possession (*in* posséder I).

usure *L'usure des roches primaires* : [plus cour.] **érosion.** *L'usure nerveuse* : **fatigue.**

usurpation V. attribution (*in* s'attribuer).

usurper 1. *Usurper le pouvoir* : **s'emparer de** ; → S'ATTRIBUER. *Usurper un titre* : **s'arroger** ; → VOLER. 2. *Cet individu a usurpé sur mes prérogatives* [rare, sout.] : [plus cour.] **empiéter.**

ut V. do.

utile 1. *Un cadeau utile* : **nécessaire** ◆ **indispensable** (qui s'applique à ce dont on ne peut se passer). *Cet exercice vous sera utile* : **salutaire** ; → FORMATEUR, PROFITABLE. *Ce qui est utile à Arthur* : V. PROFITER À, D'UN GRAND SECOURS* et SERVIR. *Il n'est pas utile que vous veniez* : **ce n'est pas la peine.** 2. *Un collaborateur utile* : ↑ **précieux.** *En temps utile* : [sout.] **au moment opportun, opportunément.**

◇ **utilisateur** *Les utilisateurs du Minitel* : **usager** ; → CONSOMMATEUR.

◇ **utiliser** 1. *L'art d'utiliser les restes* : **tirer parti de** ; → EXPLOITER. *Il ne sait pas utiliser ses connaissances* : V. APPLIQUER. *Utiliser quelqu'un* : V. DISPOSER DE. 2. *Qui a utilisé mon sécateur ?* : **se servir* de, employer.**

◇ **utilité** *Connaissez-vous l'utilité de ce nouvel appareil ?* : **fonction.** *Il vous sera d'une grande utilité* : **rendre de grands ser-**

vices ◆ usage (qui se dit plutôt pour la fréquence d'utilisation, *utilité* pour les services rendus) ; → SECOURS.

utilisation V. destination, emploi (*in* employer).

utilisé *Non utilisé* : V. flambant neuf*.

utilitaire V. pratique I.

utopie V. illusion.

utopique V. idéal, imaginaire, irréalisable.

utopiste V. rêveur.

vacances *Vous ne tenez plus debout, vous avez besoin de vacances* : [plus génér.] **repos** ; → CONGÉ.

vacancier V. estivant.

vacant V. inoccupé, libre, vide I.

vacarme V. potin I, tapage, tumulte.

vacciner V. immuniser, piquer I.

vache
I [animal] **1.** *Les vaches meuglaient dans le pré* : **génisse** (qui désigne une vache qui n'a pas encore vêlé) ◆ **vachette** (= jeune vache ou vache de petite taille : *une course de vachettes*). **2.** *Jeune, il a mangé de la vache enragée* [fam.] : **crever de faim** ; → FAIM. *Être gros comme une vache* : V. GROS. *Il pleut comme vache qui pisse* : V. PLUIE BATTANTE*. *Le plancher des vaches* : **terre ferme.** *Des années de vaches maigres, grasses* : **de pénurie, de prospérité** ; → ABONDANCE.
II [personne] **1.** *Ce type est une vache, toujours à vous jouer des tours* [fam.] : **chameau** ; → ROSSE, TERREUR. **2.** *Quelqu'un avait tracé au goudron « mort aux vaches »* [fam.] : **flic.** **3.** [adj.] *Laisse-le tranquille, tu es trop vache avec lui* [fam.] : [cour.] **méchant, sévère.** **4.** *Une vache de surprise* : V. SACRÉ.
◇ **vacherie** **1.** *La vacherie de la ferme* [rare] : [cour.] **étable.** **2.** *La vacherie de mon patron* [fam.] : **méchanceté*** ◆ ↓ **rosserie.** *Il m'a fait une, des vacherie(s)* : **crasse, saleté, saloperie, jouer des tours***.

vachement V. beaucoup, très, salement (*in* sale).

vaciller **1.** *Quand il se leva, il vacilla* : **tituber** ; → CHANCELER. **2.** *Sa mémoire vacille* : **s'affaiblir** ; → HÉSITER. **3.** V. CHAVIRER. **4.** *La flamme vacilla, puis s'éteignit* : **trembloter.** *La lumière vacille* : **clignoter.**
◇ **vacillant** **1.** *Une démarche vacillante* : **chancelant, titubant.** **2.** *Une mémoire vacillante* : **défaillant.** **3.** *Une flamme vacillante* : **tremblant*, tremblotant.** *Une lumière vacillante* : **clignotant.**
◇ **vacillation** **1.** *Le plus frappant était la vacillation de ses opinions* [sout.] : **vacillement** ; → INDÉCISION. **2.** *La vacillation de la flamme, de la lumière* [sout.] : [plus cour.] **oscillation, tremblement.**

va-comme-je-te-pousse (à la) V. n'importe* comment (*in* importer II).

vacuité V. vide.

vade-mecum V. abrégé.

vadrouille V. promenade (*in* promener).

vadrouiller V. errer II.

va-et-vient **1.** *Il suivait des yeux le va-et-vient de la balançoire* : **balancement.** *Le va-et-vient d'un pendule* : **oscillation.** *Le va-et-vient régulier d'un piston* : [didact.] **course** ; → ALTERNANCE. **2.** *Il y avait un va-et-vient continuel dans son bureau* : **allées et venues** ◆ [plus génér.] **passage.**

vagabond

I [adj.] **1.** *Les tribus pastorales se déplaçaient constamment, petits groupes vagabonds* [sout.] : [plus cour.] **nomade.** *La police ramassait les chiens vagabonds et les conduisait à la fourrière* : [cour.] **errant. 2.** *Il est d'humeur vagabonde* : **voyageur.** *Un esprit vagabond* : V. FOLÂTRE.

II [n.] **1.** *Les autorités locales sont tenues de prévoir l'accueil des vagabonds sur leur territoire* : **nomade** (qui n'est pas péjoratif) [vx] **trimardeur, chemineau** (dans les campagnes) ◆ [péj.] **clochard** (en milieu urbain surtout) ◆ [plus génér.] Dans une société majoritairement sédentaire, comme la nôtre, ces termes désignent des personnes sans domicile fixe, et souvent considérées comme marginales ; → MARGINAL, S.D.F. **2.** *Il a raconté dans ses livres sa vie de vagabond* [sout.] : **aventurier** ◆ [plus génér.] **voyageur.**

vagabonder V. errer II.

vagissement V. cri.

vague

I [n. fém.] *Il restait devant la mer, à regarder les vagues* : [pl., sout.] **flots, eaux,** [sing.] **onde** (= toute eau en mouvement) ◆ **lame** (= vague très effilée, généralement assez puissante pour déferler), [partic., didact.] **déferlante** ◆ **clapot, clapotis** (= mer peu formée, faite de vagues courtes) ◆ **houle** (= ondulations régulières et non déferlantes qui se succèdent sur la mer dans une même direction) ; → PAQUET* DE MER.

II [n. fém.] **1.** *L'interprétation du jeune pianiste souleva des vagues d'applaudissements* : **salve.** *Les bruits de la rue arrivaient par vagues* : **à-coup. 2.** *Les pays occidentaux essayaient d'empêcher l'arrivée de nouvelles vagues d'immigrants* : **afflux.** *Le changement de régime entraîna une vague d'arrestations* : **série.** *C'était une mode adoptée par la nouvelle vague* : **la nouvelle génération**. **3.** *Faire des vagues* : V. REMOUS.

III [adj.] **1.** *Votre projet est beaucoup trop vague pour que nous puissions en discuter* : **flou, imprécis.** *Une réponse vague* : **approximatif** ; → ÉVASIF. *Il n'a qu'une vague idée de ce qu'il veut faire* : [postposé] **confus.** *Un sourire vague* : **indécis***. *Une vague ressemblance* : **lointain***. *Une vague indication* : V. INCERTAIN. *Un regard vague* : V. ERRANT. **2.** [postposé] *Quand on lui demandait de s'expliquer, il prenait un air vague* : **distrait.** *Une pensée trop vague* : **indéterminé** ; → ABSTRAIT, GÉNÉRAL. **3.** *Un vague pressentiment le poussait à s'éloigner* : **indéfinissable, faible, sourd** ◆ ↑ **obscur. 4.** *Un manteau vague* : **ample** ; → LARGE.

◇ **vaguement** *Je comprends vaguement ce que vous voulez dire* : **confusément, un peu** ◆ ↑ **à peine.**

IV [n. masc.] **1.** *Le vague des réponses du ministre ne satisfaisait pas du tout l'opinion* : **flou, imprécision** ◆ ↑ **obscurité. 2.** *Avoir du vague à l'âme* : V. MÉLANCOLIE.

vaguer V. errer II.

vaillamment V. vaillant.

vaillance V. courage, valeur I.

vaillant **1.** *Les rebelles se montrèrent vaillants devant l'armée de métier* [sout.] : **valeureux** ◆ [cour.] **brave, courageux. 2.** *Malgré son âge, c'est un homme très vaillant* : **vert, vigoureux. 3.** *Un vaillant chevalier* : [vx] **preux.** *N'avoir pas un sou vaillant* : **être sans argent.**

◇ **vaillamment** *Les équipes de médecins poursuivaient vaillamment leur tâche* : **courageusement.** *Les habitants du village se défendirent vaillamment* : **bravement, chèrement** (*vendre chèrement sa peau*), **valeureusement** ◆ ↑ **héroïquement.**

vain

I **1.** *De vains efforts* : [postposé] **dérisoire** ; → INEFFICACE, INUTILE, STÉRILE. **2.** *Ce ne sont que vaines paroles* : [cour.] **vide, futile** (*... propos vides, futiles*). *Un vain mot* : V. FRIVOLE et INSIGNIFIANT. *Vous rêvez, votre vain espoir sera déçu* : **chimérique** ◆ ↑ **illusoire** ; → FAUX. **3.** *Je vous ai attendu en vain pendant une heure* : **pour rien, vainement** ◆ [fam.] **pour des prunes** ; → INUTILEMENT.

II *C'est un homme assez vain* [sout.] : [vx] **glorieux, vaniteux***.

vaincre **1.** *Vaincre un ennemi* : [plus génér.] **battre** ◆ **conquérir** (= soumettre qqch par la force : *Napoléon a conquis l'Europe*) ◆ **défaire** (= mettre un ennemi en déroute : *l'armée de libération a défait les troupes* *étrangères)* ◆ **briser** (*briser la résistance d'un ennemi*) ◆ ↓ **forcer** ◆ **anéantir, écraser** (qui impliquent que l'adversaire a été réduit totalement) ; → VENIR À BOUT* DE, REMPORTER* LA VICTOIRE. **2.** *Être vaincu* : **avoir le dessous*** ; → BATTRE. **3.** *L'équipe de football a facilement vaincu un adversaire mal préparé* : **battre, triompher de** ◆ ↑ **écraser** ; → TOMBER. *Ce boxeur a été vaincu* : **mettre knock-out, K.-O.** (*ce boxeur a été mis K.-O.* = mettre hors de combat un adversaire en le laissant à terre plus de dix secondes). *Les athlètes ont réussi à vaincre* : **gagner** ; → EMPORTER. **4.** *Le garçon a vaincu sa timidité* : **dominer, surmonter** ; → VENIR À BOUT*.

◇ **vaincu** [n.] *C'était aux vaincus de proposer la date du match de revanche* : **perdant.**

vainqueur **1.** [adj. et n.] V. gagnant (*in* gagner). **2.** [adj.] V. triomphant (*in* triomphe), victorieux (*in* victoire).

vaisseau

I *Vaisseaux sanguins* : **artère, artériole** (qui véhiculent le sang du cœur vers les différents organes du corps) ◆ **veine, veinule** (qui ramènent le sang au cœur) ◆ **capillaires, vaisseaux capillaires** (qui sont les plus fines et dernières ramifications du système).

II **1.** *Les vaisseaux de la Royale* [vx] : V. BATEAU. **2.** *Vaisseau spatial, cosmique* : [moins cour.] **astronef.** **3.** *Le vaisseau d'une église* : **nef** (= parties principale et latérales du bâtiment).

vaisselle La vaisselle est l'ensemble des pièces, accessoires, récipients du **service de table, ustensiles de cuisine.** L'ensemble des pièces de vaisselle : **assiette, plat, tasse, soucoupe, saucière, ravier, légumier, saladier, soupière, sucrier, théière, cafetière, verre, couvert.** *Faire la vaisselle* (= laver la vaisselle) : V. FAIRE LA PLONGE*.

◇ **vaisselier** *Les assiettes ont été soigneusement rangées dans le vaisselier* : [rare] **dressoir, crédence** ◆ **desserte** (= meuble où sont posés, pendant le service, plats et assiettes) ◆ [plus génér.] **buffet** (qui accueille, outre les plats, l'argenterie, le linge de table, des provisions).

val V. vallée.

valable V. valoir I.

valdinguer V. valser.

valet V. esclave, laquais, serviteur.

valétudinaire V. maladif (*in* malade).

valeur

I *La valeur d'un candidat* : V. MÉRITE et RANG. *Ce garçon est un homme de valeur* : **avoir de l'étoffe** (*qui a de l'étoffe*) ; → CAPACITÉ, PRÉCIEUX, AVOIR DE LA CLASSE*, HORS LIGNE*. *La valeur du combattant* : **vaillance** ; → TREMPE.

II **1.** *Au-dessous de la valeur réelle* : **prix*.** *Il suivait la valeur de ses actions* : [didact.] **cote, cours.** *Chaque année, il achetait quelques valeurs* : **titre** (qui désigne aussi un certificat représentatif d'une valeur boursière) ◆ [plus partic.] **action** (qui désigne un titre négociable qui représente une fraction du capital d'une entreprise), **obligation** (qui représente une part d'emprunt fait par une société ou une collectivité). **2.** *Mettre en valeur un bien* : V. FAIRE VALOIR*. *Mettre en valeur une qualité, un avantage* : V. FAIRE RESSORTIR*. *Mettre en valeur qqn* : V. VEDETTE. *La mise en valeur de ces terres a exigé beaucoup de travaux d'irrigation* : [didact.] **valorisation.**

III **1.** *C'est une œuvre de valeur, l'auteur apporte des hypothèses nouvelles sur l'évolution animale* : ↓ **qualité** ; → POIDS. *C'est un article sans valeur* : **de pacotille, piètre** (*de piètre qualité*). **2.** *Je ne puis comprendre les valeurs que vous défendez* [au pl.] : ↑ **idéal** ; → MORALE. *La perte des valeurs* : **repère.** **3.** *La valeur d'un acte notarial* : V. VALIDITÉ. **4.** *La valeur d'un mot* : V. SENS* II.

valeureusement V. vaillamment.

valeureux V. vaillant.

validation V. confirmation (*in* confirmer).

valide

I *Être valide* : **en bonne forme*** ; → SAIN. *Cette grippe l'a épuisé, il n'est pas encore bien valide* : **remis, solide.**

II *Votre carte d'identité n'est plus valide* : [plus cour.] **valable.**

◇ **valider** *Il faut vous rendre chez un notaire pour valider la vente* [didact.] : **entéri-**

ner, **homologuer** ◆ [plus génér.] **confirmer***.

◇ **validité** *La validité d'un acte notarial* : **valeur.** *La validité d'un raisonnement* [didact.] : [plus cour.] **cohérence, rigueur.**

valise *Il est parti avec son coffre de voiture chargé de valises* : [fam.] **valoche** ◆ **mallette** (= valise de petite taille) ◆ **attaché-case** (= mallette servant de porte-document) ◆ **vanity-case** (= trousse de toilette en forme de mallette) ◆ [génér.] **bagages** (qui s'applique à ce que l'on emporte avec soi en voyage) ; → MALLE. *Faire sa, ses valise(s)* : **partir**. *Des valises sous les yeux* [fam.] : **poche***.

vallée **1.** *La vallée, encaissée entre des coteaux ensoleillés, offrait d'agréables ombrages* : **vallon** (= petite vallée) ◆ **valleuse** (= vallée sèche dans le nord-ouest de la France) ◆ **combe** (= dépression profonde et étroite entre des montagnes) ◆ ↑ **gorge** ; → COL. **2.** *La vallée de la Loire* : [didact., sout.] **val** (qui se dit de larges vallées) ◆ **bassin** (= territoire arrosé par un fleuve et ses affluents).

◇ **vallonné** *Une région vallonnée* : **accidenté***.

valoir

I **1.** *Valoir un prix. Ce vaisselier vaut bien deux mille francs* : [fam.] **faire** ; → COÛTER. *Cela vaut cher* : **être cher** ; → APPROCHER. **2.** [qqch ~ qqch] *Ce tour vaut tous les autres* : **équivaloir à** ; → APPROCHER. [qqn ~ qqn] *Il te vaut facilement dans cette épreuve* : **égaler.** **3.** [qqch ~ qqch] *Ce monument, signalé par le guide, vaut un détour* : **mériter.** **4.** [qqch ~ pour] *Les dispositions que nous avons arrêtées valent pour tout le monde* : **concerner, intéresser** (*concernent, intéressent tout le monde*). **5.** *Faire valoir. Il sait faire valoir ses moindres avantages* : ↑ **monter en épingle.** *Sa robe faisait valoir ses formes* : V. FAIRE RESSORTIR*. *Se faire valoir. Ne vous inquiétez pas pour lui, il ne manquera pas de se faire valoir* : [fam.] **se faire mousser.** *Faire valoir une terre, un bien* : **mettre en valeur, valoriser** ; → EXPLOITER, METTRE EN RELIEF*, FAIRE RESSORTIR*, METTRE EN VEDETTE*. **6.** *Cela ne vaut rien. Ça ne vaut pas un clou, tripette* [fam.] : **c'est de la gnognote** ; → MAUVAIS (*c'est très mauvais*). *Il vaut mieux, mieux vaut que vous veniez tout de suite* : **il est préférable** ; → MEILLEUR. *Vous ne pouviez pas l'empêcher de partir, peut-être que cela vaut mieux* : **c'est préférable, c'est mieux ainsi.**

◇ **valable** **1.** *Un acte valable* : V. VALIDE. **2.** *Vos excuses ne sont pas valables* : **recevable** ; → BON, SÉRIEUX. **3.** *Le directeur ne considérait pas le comité d'entreprise comme un interlocuteur valable* : **qualifié.**

II *Sa maladresse lui a valu de vifs reproches* : **attirer.**

valorisation V. valeur II.

valoriser V. faire valoir*.

valser **1.** *Elle sait valser* : **danser la valse.** **2.** *Les polochons ont valsé à l'autre bout de la chambre* [fam.] : **valdinguer.** *Faire valser. Mon mari fait valser l'argent* [fam.] : [cour.] **dépenser.** *Le directeur fait valser ses employés* [fam.] : [cour.] **déplacer** ◆ [sout.] **congédier** ◆ [fam.] **balancer.** *J'ai tout envoyé valser* [fam.] : **dinguer** ; → PROMENER.

valseur V. danseur.

vamp V. femme, séductrice.

vampire V. exploiteur (*in* exploiter).

vandalisme V. barbarie.

vanité

I **1.** *Cet ordre monastique prêche la vanité de tous les plaisirs terrestres* [sout., didact.] : **néant** ◆ [cour.] **vide** ◆ ↓ **frivolité,** ↓ **futilité.** **2.** *La vanité de ses efforts* : V. INUTILITÉ.

II **1.** *Il a obtenu ce poste en flattant la vanité du directeur du personnel* : **suffisance** ◆ ↑ **fatuité** ◆ [sout., vx] **jactance.** *Il succombe souvent à la vanité* : **autosatisfaction, orgueil.** *Il tirait vanité de sa réussite sociale* : **se vanter de** ; → FIER.

◇ **vaniteux** **1.** [adj.] *C'est un homme vaniteux, toujours satisfait de ce qu'il fait* : **avantageux** ◆ [sout.] **infatué, suffisant, vain*** ◆ [fam.] **crâneur** ◆ [fam.] ↑ **puant** ◆ **fat** (qui se dit de qui montre sa prétention) ◆ [sout., vx] ↑ **glorieux** (qui se dit de qui affecte d'être supérieur aux autres) ; → PRÉTENTIEUX, SATISFAIT, FIER. *Être vaniteux* : [très fam.] **péter plus haut que son cul**. **2.** [n.]

Un vaniteux : [sout.] **fat** ◆ **bellâtre** (= celui qui se croit physiquement séduisant).

vanity-case V. valise.

vanné V. fatigué (*in* fatiguer), moulu (*in* moudre), recru* de fatigue.

vantail V. battant I.

vanter *Il vantait en termes lyriques la beauté de l'actrice* : **célébrer** ; → LOUER II, EXALTER.

◇ **se vanter** **1.** *Il se vante d'avoir réussi là où tous ses adversaires ont échoué* : **prétendre** ◆ [sout.] **se targuer de** ◆ **se faire fort** (qui porte sur des actions à venir : *il se fait fort de réussir*) ; → SE FLATTER DE. *Il se vante de ses succès* : **se glorifier** ; → TIRER VANITÉ* DE. **2.** *Il n'y a pas de quoi se vanter* : **être fier, pavoiser** ◆ [fam.] **se faire mousser.**

◇ **vantard** *À l'entendre, il a tout vu, tout fait ; quel vantard !* : [sout.] **hâbleur** ; → FANFARON.

◇ **vantardise** **1.** *Sa vantardise finissait par amuser l'entourage* : [sout.] **hâblerie, forfanterie.** **2.** *Voilà une vantardise bien inattendue !* : [sout.] **rodomontade** ; → FANFARONNADE.

va-nu-pieds V. misérable.

vapeur **1.** *Des vapeurs se levaient à l'horizon* [sout.] : [cour.] **brume, brouillard** (= vapeurs à ras du sol) ◆ **nuage** (= vapeurs plus élevées dans l'atmosphère). **2.** *La vapeur d'eau rend mes lunettes opaques* : **buée, condensation.** *Un bain de vapeur* : **étuve, bain turc, sauna.** **3.** *Des vapeurs d'encens* : **fumée.** *À toute vapeur* : **vite***.

vaporeux V. aérien, transparent, voilé (*in* voile I).

vaporisateur : **pulvérisateur** ◆ **atomiseur, spray** (utilisés en particulier pour les parfums, les produits de toilette) ◆ **nébuliseur** (utilisé dans les traitements pharmaceutiques).

vaporiser V. pulvériser.

vaquer **1.** *Tous les cours vaqueront trois jours* [didact.] : [plus cour.] **être interrompu.** **2.** *Vaquer à ses affaires* : **s'occuper de.**

varappe V. escalade.

varech V. algue.

variable V. capricieux, incertain.

variante V. version.

varier **1.** [qqn ~ qqch] *Le mime variait à merveille ses attitudes* : **diversifier.** **2.** [qqch ~] *La température varie* : **changer***. **3.** [qqch ~] *Les teintes du ciel varient insensiblement* : **se modifier.** **4.** [qqch ~] *La prononciation varie d'une région à l'autre* : **différer.**

◇ **varié** **1.** *Les paysages variés de cette province attirent les vacanciers* : **divers** ; → DIFFÉRENT. **2.** *Cet appareil offre des possibilités variées* : **étendu, multiple** ◆ [antéposé] **grand.**

◇ **variation** **1.** *Je ne supporte plus ses variations d'humeur* : **saute** ; → CHANGEMENT, MOUVEMENT. **2.** *Les rapports de l'État et de l'Église ont subi des variations importantes au cours du siècle* [pl.] : **modification** ◆ [sing.] **évolution** (qui représente les variations dans une continuité). **3.** *Les variations de température* : **inégalité.**

variété **1.** V. diversité (*in* divers). **2.** V. espèce, sorte.

vase

I [n. masc.] *Elle arrangea les violettes dans un vase* : **porte-bouquet** (qui désigne un petit vase que l'on accroche) ◆ **potiche** (= grand vase de porcelaine). *Un vase de nuit* : **pot de chambre.**

II [n. fém.] *L'étang vidé de ses eaux, il restait à ôter la vase* : [plus génér.] **boue** ◆ **limon** (qui désigne les terres déposées par le courant d'un fleuve).

◇ **vaseux** **1.** *Le fond de l'eau était vaseux* : V. BOUEUX* et TROUBLE*. **2.** *Nous avons mal dormi, je me sens vraiment vaseux* [fam.] : [cour.] **abruti.** **3.** *Votre argumentation est vaseuse* [fam.] : **vasouillard** ◆ [cour.] **obscur.**

◇ **vasouiller** *Reprenez depuis le début, vous commencez à vasouiller* [fam.] : **patauger** ◆ [très fam.] **merdoyer** ◆ [cour.] **s'embrouiller** ; → ÉCHOUER.

vaste 1. *Une vaste plaine* : **immense*** ◆ ↑ **infini** ; → GRAND. *Un vaste édifice* : **spacieux**. 2. *Un vaste rassemblement de manifestants* : **grand, nombreux.** 3. *Il avait de vastes projets* : **d'envergure** ; → GRAND. *Elle a des connaissances très vastes* : V. ÉTENDU.

va-t-en-guerre V. guerrier.

Vatican V. papauté.

va-tout V. dernière carte*.

vaudeville V. comédie, théâtre.

vaurien 1. *On lui reprochait d'être paresseux, sans scrupule, bref d'être un vaurien* : [vx] ↑ **arsouille** ◆ **canaille** (qui s'applique à une personne malhonnête), [collect.] **vermine** ◆ **crapule** (= individu très malhonnête) ◆ **dévoyé** (= personne qui a enfreint la loi). 2. *Quel petit vaurien, ce garçon !* : **garnement** ◆ [vx] **chenapan, sacripant** ; → GALOPIN, COQUIN.

vautour 1. V. avare. 2. V. exploiteur (*in* exploiter).

vautrer (se) V. s'abandonner II.

va-vite (à la) V. grossièrement (*in* grossier).

vecteur V. véhicule.

vécu V. vrai.

vedette 1. *En quelques années, elle est devenue une vedette du cinéma* : **star, superstar,** [partic.] **étoile** (*danseur, danseuse étoile*) ; → ACTEUR, CHANTEUR. 2. *La fuite des inculpés a mis en vedette la complaisance des autorités* : **mettre en évidence**. *Le spectacle était organisé pour mettre en vedette le jeune chanteur* : **mettre en valeur.**

végétal V. plante.

végéter 1. [qqn ~] *Il n'est plus dynamique ni entreprenant, cela fait des mois qu'il végète à la campagne* : **vivoter** ; → CROUPIR, S'ENCROÛTER. 2. [qqch ~] *La crise atteint tous les secteurs, l'économie végète* : **stagner.**

véhément *C'est un homme véhément qui a pris fait et cause pour ces malheureux* [sout.] : **fougueux*, impétueux** (qui se disent plutôt du tempérament d'une personne ou d'un animal, par ex. d'un cheval) ◆ [plus cour.] **ardent*** ; → BOUILLONNANT. *Son intervention véhémente souleva l'enthousiasme des congressistes* : [cour.] **enflammé, passionné.**

◇ **véhémence** *La véhémence de ses protestations n'a pas convaincu* : **chaleur** ; → ARDEUR, ÉLOQUENCE, FOUGUE, INTENSITÉ. *Il riposta avec véhémence* : **impétuosité, feu, passion** ◆ **emportement** (qui implique la colère) ; → VIGUEUR.

véhémentement V. à cor et à cri*.

véhicule 1. *Les services de la préfecture enlevèrent le véhicule* : [plus cour.] **voiture,** [partic.] **automobile***. 2. *L'image est devenue un véhicule privilégié de la publicité* : [cour.] **média, support, vecteur.**

◇ **véhiculer** *Autrefois, les maraîchers véhiculaient eux-mêmes leurs produits jusqu'à Paris* : **voiturer** ; → TRANSMETTRE, TRANSPORTER.

veille *La veille* : **le jour précédent*.** *À la veille de. La France est à la veille de conclure ce marché* : **sur le point de, près de*.**

veillée V. soirée.

veiller 1. [~ à] *Vous veillerez à ne rien oublier* : **faire attention de, à, prendre soin de, tâcher de.** [~ à ce que] *Vous veillerez à ce qu'il ait ses aises* : **prendre soin que, s'arranger pour que** ; → AVOIR L'ŒIL* À TOUT. 2. [~ sur] *Une jeune étudiante venait le soir pour veiller sur les enfants* : **garder, s'occuper de, surveiller** ; → PROTÉGER.

veilleuse V. lanterne.

veinard V. chanceux (*in* chance).

veine 1. V. filon, inspiration (*in* inspirer). 2. V. chance. 3. V. vaisseau* sanguin.

veiner V. barioler I.

veinule V. vaisseau* sanguin.

vêlage V. mise* bas II.

vélo V. bicyclette.

vélocité V. rapidité (*in* rapide).

vélomoteur V. cyclomoteur.

velouté V. doux, onctueux.

velu V. poilu (*in* poil).

Velux (nom de marque) V. lucarne.

vénal V. corruptible (*in* corrompre), vendu (*in* vendre).

vendange V. récolte.

vendanger V. récolter (*in* récolte).

vendre **1.** [~ qqch] *Ils ont dû vendre leur maison à bas prix* : **liquider*** ◆ **céder, laisser** (= vendre à un prix avantageux : *le brocanteur leur céda, laissa les chenets à bas prix*) ◆ [fam.] **fourguer** ◆ **brader, bazarder, se défaire de** (= se débarrasser de qqch en le vendant : *il s'est défait de tous ses vieux meubles*) ◆ **céder** (*céder un fonds de commerce*) ; → SOLDER. **2.** [~ qqch] *La coopérative vendait les volailles sur le marché* : **débiter** (= vendre au détail) ◆ **écouler** (= vendre régulièrement, et jusqu'à épuisement, la marchandise) ; → FOURNIR, PLACER. **3.** [~ qqn] *Ce lâche a vendu tous ses complices* : **livrer, trahir** ◆ [fam.] **donner.**

◇ **se vendre** **1.** *Se vendre à l'ennemi* : **trahir***. **2.** *Cet ouvrage se vend bien* : **avoir du succès.**

◇ **vendeur** *Une discussion opposait le vendeur et l'acheteur* : **marchand, commerçant*** (= vendeur de profession).

◇ **vendable** *Cette propriété n'est pas vendable en raison de son état* : **monnayable, négociable** ◆ [didact.] **aliénable, cessible, transférable** (qui se disent de biens dont la loi autorise la vente ou le don).

◇ **vendu** **1.** [adj., qqn est ~] *Il a été condamné par un jury vendu* : [didact.] **vénal** ; → CORROMPU, CORRUPTIBLE. **2.** [n.] *Ce sont tous les mêmes, des vendus !* [fam.] : [cour.] **traître** ; → SALAUD.

◇ **vente** **1.** *La vente des armes stagnait malgré les efforts des industriels* : **commerce*, écoulement** ◆ [péj.] **trafic** ◆ **exportation** (= vente des produits nationaux à l'étranger). *C'est un spécialiste de la vente à domicile* : **démarchage.** *En vente* : **sur le marché*** ; → ENCHÈRE. **2.** *La vente d'un bien* : **cession** ; → LIQUIDATION.

vénérable **1.** *Il est mort à un âge très vénérable* : **avancé.** **2.** *On écoutait attentivement l'allocution de cet homme vénérable* : **respectable** ; → SAINT.

◇ **vénérer** **1.** *Les pèlerins venaient vénérer des reliques* : **révérer** ; → HONORER. **2.** *Elle vénérait ses grands-parents* : [plus cour.] ↓ **aimer,** ↑ **adorer** (qui n'entraînent pas l'idée de respect) ; → RESPECTER.

◇ **vénération** **1.** *La maison de l'homme d'État faisait l'objet d'une véritable vénération* : **culte, fétichisme.** **2.** *Le médecin fut reçu avec vénération* : ↓ **considération** ◆ [sout.] **révérence, dévotion** (qui se dit plutôt aujourd'hui des pratiques religieuses).

vénerie V. chasse.

vénérien *Maladie vénérienne* : V. M.S.T.

venger *Je retrouverai ma dignité quand j'aurai vengé cette injure* : [sout.] **se laver de.**

◇ **se venger** *La loi interdit de se venger soi-même* : **se faire justice**. *Il m'a trompé mais je me vengerai* : [fam.] **rendre à qqn la monnaie de sa pièce, garder à qqn un chien de sa chienne.**

◇ **vengeance** *Il n'ignorait pas qu'il pouvait craindre la vengeance de la partie adverse* : [pl.] **représailles** (qui se dit de la riposte à de mauvais procédés) ; → REVANCHE.

véniel V. insignifiant.

venin *Ses discours pleins de venin m'ont effrayé* : **fiel** ◆ ↑ **haine** ◆ ↓ **méchanceté.**

◇ **venimeux** *C'est un homme venimeux* [rare] : ↑ **haineux** ◆ [sout.] **fielleux** ◆ ↓ **méchant.** *Une langue venimeuse* : **de vipère** ; → PERFIDE. *Un ton venimeux* : → ACERBE.

venir **1.** [qqn ~] *J'aimerais bien que tu viennes un peu plus vite* : [fam.] **rappliquer, se rappliquer, s'amener** ; → SE RAMENER. *Allez, viens donc !* : [très fam.] **s'abouler.** *J'imagine qu'il ne va pas tarder à venir* : **arriver***. *Elle m'a demandé de venir avec elle* : **accompagner** (... *de l'accompagner*). *Voulez-vous venir près de moi, maintenant ?* : **avancer, approcher.** **2.** [~ de] *D'où vient-il ?* : **débarquer*, sortir***. *En décembre, le raisin vient d'Afrique du Sud* : **provenir.** *Cette erreur vient de notre inattention* : **découler** ; → RÉSULTER. *D'où vient que l'on ne* *se voit plus ?* : [plus cour.] **pourquoi** (*pourquoi ne se voit-on plus ?*). **3.** [qqch ~] *La nouvelle est venue brusquement et a surpris tout le monde* : **arriver*, survenir** ; → PARAÎTRE. **4.** [qqch ~] *Ce terrain est sableux, les asperges viennent bien* : **pousser.** **5.** [en ~ à] *Venons-en maintenant à l'objet de votre visite* : **aborder** ; → PARLER. *Dites-moi, vous qui le connaissez, où veut-il en venir ?* : **que veut-il ?** **6.** *Notez tout ce qui vous vient à l'esprit* : **se présenter.** *Le manque d'énergie aura des conséquences dans les années à venir* : **prochain** ; → POSTÉRIEUR I.

◇ **venue** *Le retour des hirondelles annonçait la venue du printemps* : **approche** ; → APPARITION.

vent **1.** *Le vent s'est levé ce matin* : **bise** (= vent froid et sec venu du nord : *une bise mordante*) ◆ **brise** (= vent peu violent : *le soir, une brise légère rafraîchissait l'atmosphère,* ou vent soufflant près des côtes, soit de la terre vers la mer, soit de la mer vers la terre, et pouvant atteindre une assez grande force : *une brise de force 4*) ◆ **risée** (= brise subite et passagère) ◆ **bourrasque** (= coup de vent violent mais de courte durée). *En quelques instants, une bourrasque arracha les tuiles du hangar* : **tourbillon** (= masse d'air qui tournoie très vite). ◆ [partic.] **mistral** (= vent violent qui souffle dans la vallée du Rhône vers la Méditerranée : *le mistral soufflait depuis huit jours, gâtant les vergers*) ◆ **simoun** (= vent sec et chaud, violent, propre aux déserts du Sahara ou de l'Arabie) ◆ **siroc(c)o** (= vent extrêmement sec limité au Sahara) ◆ **blizzard** (= vent qui s'accompagne de tourmentes de neige dans le grand Nord : *l'expédition ne pouvait regagner sa base, bloquée par le blizzard*) ◆ **ouragan, tornade,** [didact.] **cyclone, typhon** (= mouvement tournant, très violent, de l'atmosphère, provoqué par des perturbations tropicales : *une tornade a ravagé les côtes des Antilles*) ; → AIR, TEMPÊTE. **2.** *On a raconté la vie de cet homme qui fit fortune sur les scènes parisiennes en lâchant des vents* : [didact.] **flatulence** ; → PET. **3.** *Passer en coup de vent* : **très rapidement.** *Il fait un vent à décorner les bœufs* [fam.] : [cour.] **très fort.** *Avoir le vent en poupe* : **monter.** *Prendre le vent* : **flairer**. *Avoir vent de qqch* : **apprendre.** *Avoir le nez au vent* : **musarder.** *Contre vents et marées* : **envers et contre tout.** *Être dans le vent* : **à la mode*** ; → BRANCHÉ. *C'est du vent !* [fam.] : [cour.] **ce n'est rien** ; → VERBIAGE. *Bon vent* : **bon débarras.**

vente V. vendre.

ventiler V. aérer.

ventilation **1.** V. aération (*in* aérer). **2.** V. répartition.

ventre **1.** *Le malade se plaignait de violentes douleurs au ventre* : [didact.] **abdomen** ◆ **bas-ventre** (qui désigne plutôt la partie inférieure du ventre ou, par euph., le sexe) ; → CORPS. **2.** *Cet homme mange trop, il commence à avoir du ventre* : [fam.] **bedaine, bedon, bidon, brioche, bide**. *Avoir du ventre* : [fam.] **bedonner** ; → INTESTIN, PANSE, ÊTRE GROS*. **3.** *Je mangerais bien un peu, j'ai le ventre creux* : **estomac** ; → AVOIR FAIM*. **4.** *Il est toujours à se mettre à plat ventre devant son patron* [fam.] : **ramper** ◆ [cour.] **s'humilier** ◆ ↓ **flatter** (*flatter son patron*). *Il est prêt à passer sur le ventre de tout le monde pour réussir* [fam., rare] : [cour.] **écraser.** *Ce que je pense de son attitude ? Ça me fait mal au ventre* [fam.] : [cour.] **dégoûter, écœurer, répugner.** *Il faut voir ce qu'il a dans le ventre* : **sonder** (*il faut le sonder*).

◇ **ventru** **1.** *Un bonhomme ventru* : **ventripotent** ; → GRAS, GROS, PANSU. **2.** *Une potiche ventrue* : **renflé** ; → BOMBÉ.

ventripotent V. gros, ventru.

venu *Premier venu* : V. n'importe* qui (*in* importer II). *Être mal venu de* : V. avoir mauvaise grâce* à.

venue V. venir.

ver **1.** *Cette motte de terre est pleine de vers* : **ver de terre** : [didact.] **lombric** ◆ **vermisseau** (= petit ver). **2.** *Le ver solitaire* : **ténia.** **3.** *Le fromage est rempli de vers* : **asticot** (= larve de la mouche qu'on trouve aussi dans la viande) ◆ **chenilles** (= larves de papillon au corps annelé). *Un meuble mangé aux vers* : **vermoulu***. *Tirer les vers du nez* : **parler** (*faire parler qqn*).

véracité V. exactitude (*in* exact).

verbal V. oral.

verbalement V. oralement (*in* oral), de vive voix* I.

verbe V. langage.

verbeux V. bavard, diffus, prolixe.

verbiage *Ce ne sont pas des arguments, mais du verbiage* : [fam.] **blabla, vent, laïus** ; → DÉLAYAGE, BAVARDAGE, ÉLOQUENCE.

verdâtre *Près des côtes, la mer prenait une teinte verdâtre* : **glauque.** *Un teint verdâtre* [péj.] : **olivâtre.**

verdeur V. vigueur.

verdict *Le jury se réunit deux heures avant de donner son verdict* [didact.] : **sentence.** *Les politiques s'en remettaient au verdict des électeurs* : **décision** ; → ARBITRAGE, JUGEMENT.

verdir V. pâlir.

véreux V. douteux (*in* doute), malhonnête.

verge **1.** V. baguette. **2.** V. sexe.

verger V. jardin.

verglas V. glace.

vergogne V. honte.

véridique V. vrai.

vérificateur V. contrôleur (*in* contrôle).

vérification V. vérifier.

vérifier **1.** *Nous avons vérifié l'horaire des trains* : **examiner** ; → CONTRÔLER. *Vérifiez si l'eau est potable* : V. S'ASSURER. *Il fait vérifier la liste des candidats sur ce registre* : [didact.] **collationner.** *Vérifier les comptes* : [didact.] **apurer** (= arrêter un compte après examen des pièces justificatives) ; → RÉVISER. **2.** *On vérifie chaque jour les limites de son savoir* : **constater, expérimenter, éprouver.** *Les dangers de la radioactivité ont été vérifiés* : **confirmer** ; → JUSTIFIER, MONTRER, PROUVER.
◇ **vérification** *La vérification d'une information* : **examen** ; → CONTRÔLE, CONFIRMATION. *Sans vérification* : V. ŒIL (*les yeux fermés*). *La vérification d'un compte* : [didact.] **apurement** ; → RÉVISION. *Le tribunal a ordonné une vérification* : **expertise.** *Sous réserve de vérifications ultérieures* : **sous bénéfice* d'inventaire.**

véritable **1.** *Ce romancier construit sa fiction à partir de faits véritables* : **vrai** ; → EXACT. *Il a publié ce rapport sous son véritable nom* : **vrai.** *Un véritable ami* : V. JUSTE. **2.** *C'est une véritable crapule* : **beau, franc, vrai** ; → SINCÈRE.
◇ **véritablement** **1.** *Les spectateurs étaient véritablement surpris des performances du skieur* : **réellement, vraiment.** *Personne ne l'avait véritablement connu* : **en fait.** **2.** V. PROPREMENT.

vérité **1.** *On ne pouvait douter de la vérité de ses sentiments* : **sincérité.** **2.** *La vérité de la démonstration bouleversait beaucoup d'idées reçues* : **exactitude*, justesse*.** *En vérité* : **à vrai dire*.** **3.** *La charge du satiriste choquait d'abord ; on s'apercevait ensuite qu'elle était d'une vérité criante* : **ressemblance.** *Un tableau plein de vérité* : **naturel.** **4.** [pl.] *Il se disait que les hommes passent leur temps à redécouvrir des vérités perdues* : **évidence*** (= qui s'impose comme vrai sans démonstration) ; → BIEN. *Deux et un font trois, voilà ma seule vérité* : **certitude** ; → CONVICTION, CROYANCE. **5.** *Il ne dit pas la vérité* : **mentir.**

vermeil V. coloré (*in* couleur).

vermillon V. rouge.

vermine V. vaurien.

vermisseau V. ver.

vermoulu *Une table vermoulue* : **piqué, mangé aux vers.**

verni V. chanceux (*in* chance).

vernis **1.** *Protégez ce bois avec un vernis* : **laque** ◆ [plus génér.] **enduit.** **2.** *Il utilise fort bien son vernis culturel* : **teinture.** *Grattez un peu, vous trouverez sous le vernis un homme faible* : **apparence, brillant.**

vernissage V. exposition (*in* exposer), inauguration (*in* inaugurer).

vérole V. M.S.T.

verrat V. porc.

verre 1. *Vous prendrez bien un verre* : [fam.] **godet, pot,** [anglic.] **glass, drink** ◆ [partic.] **coupe, flûte, gobelet** (= verres de formes différentes) ◆ **bock, demi, chope** (qui désignent les différents verres de bière). *Offrir un verre aux amis* : **tournée.** 2. *Je lève mon verre à votre succès* : **porter un toast.** 3. *Il porte des verres* : **lunettes*.**
◇ **verrerie : cristallerie, miroiterie, vitrerie.**

verrière V. vitre.

verrou *N'oubliez pas de refermer le verrou* : **targette** (qui désigne un petit verrou à tige plate) ; → FERMETURE.

verrouiller V. fermer, contrôler.

vers
I [prép.] 1. *Vous prendrez la seconde rue qui va vers le fleuve* : **en direction de.** *Il regardait vers le fond de la vallée* : **du côté de.** *Le chien courut vers les intrus* : **à la rencontre de** ◆ **sur** (qui implique davantage l'idée d'agressivité). *Marcher vers l'ennemi* : **sur** ◆ [vx] **à.** 2. *Vers les 2 heures de l'après-midi* : **sur, environ** (*à 2 heures environ*).
II [n.] *Je préfère la prose aux vers* : [plus génér.] **poésie** (qui n'implique pas une écriture versifiée) ◆ [partic.] **octosyllabe** (= vers de huit syllabes) ◆ **décasyllabe** (= vers de dix syllabes) ◆ **alexandrin** (= vers de douze syllabes).
◇ **versifier** *Il savait bien versifier, mais sa poésie était très médiocre* [rare] : [plus cour.] **rimer, faire des vers, écrire en vers.**
◇ **versification** *Les règles de la versification classique* : **métrique, prosodie.**

versant V. pente.

versatile V. capricieux, changeant (*in* changer III), passer du blanc au noir*.

versatilité V. inconstance.

versé *Versé dans* : V. savant.

versement V. verser IV.

verser
I 1. *Le conducteur a versé le car* : [plus cour.] **renverser** ; → CULBUTER. *Un violent orage a versé les blés déjà mûrs* : **coucher.** 2. *Une automobile qui verse* : **basculer, capoter, se renverser** ; → TOMBER.
II 1. *Un garçon attendait pour verser à boire* : [plus génér.] **servir*.** 2. *Elle versa le contenu de la bonbonne dans plusieurs bouteilles* : [partic.] **transvaser.** 3. *Le soleil couchant versait une chaude lumière* [sout.] : **épandre** ◆ [plus cour.] **répandre.** 4. *Il a versé son sang pour la bonne cause* : ↑ **se faire tuer.** *Verser des larmes* : **pleurer.**
III *Vous ne me ferez pas verser dans cette mode* [sout.] : **donner** ◆ [plus cour.] **adopter.** *Il était trop puritain, il verse maintenant dans l'excès contraire* [sout.] : [plus cour.] **tomber*.**
IV *Les locataires versaient le montant du loyer chaque trimestre* : [plus génér.] **payer.** *Verser de l'argent à la banque* : V. DÉPOSER.
◇ **versement** *On peut acquitter ses impôts par versements mensuels* : **paiement** ; → DÉPÔT.
V *Le jeune homme avait demandé à être versé dans l'aviation* : **incorporer.**

versificateur V. poète.

versification, versifier V. vers II.

version 1. *Toutes les versions du texte ont maintenant été publiées* : **variante** ◆ [didact.] **leçon.** 2. *Les journalistes ont rapporté avec des réserves cette version des faits* : **interprétation.** 3. *Version française d'un film, version originale* : **v.f., v.o.** *Seconde version* : [anglic.] **remake.**

verso V. dos, revers II.

vert 1. [qqn est ~] *Il était vert de peur* : **blême.** *Un vieillard toujours vert* : V. GAILLARD, RÉSISTANT, VAILLANT et VIGOUREUX. 2. [qqch est ~] *Ce vin est trop vert* : [plus génér.] **jeune.** 3. *Il reçut une verte réprimande pour avoir coupé toutes les fleurs du jardin* : **rude, violent.** 4. *Son livre de chevet était un vieux dictionnaire de la langue verte* : **argot.** *Se mettre au vert* : V. SE REPOSER. *Donner le feu vert* : **autoriser.** 5. *Les verts* : V. ÉCOLOGISTE.

◇ **vertement** *Il lui répondit vertement de se mêler de ses affaires* : **rudement.**

vertical V. droit I.

vertige 1. *Le malade eut des vertiges quand il mit un pied à terre* : **étourdissement** ◆ **éblouissement** (= trouble passager de la vue) ◆ [fam.] **tournis.** 2. *En apprenant son succès, il a eu quelques moments de vertige* : **égarement** ◆ ↑ **folie** ◆ ↓ **trouble** ; → ÉMOTION.

◇ **vertigineux** *La hausse des prix devenait vertigineuse* : **terrible.** *Une vitesse vertigineuse* : **fou** ◆ ↓ **grand.**

vertu

I 1. *Une vertu sans reproche* : V. HONNÊTETÉ et CHASTETÉ. 2. *Ce n'est pas une vertu de tout supporter sans rien dire* : [plus génér.] **qualité** (qui se dit autant du physique que du moral) ; → MÉRITE.

◇ **vertueux** 1. *Un homme vertueux* : **pur** ; → CHASTE, HONNÊTE. 2. *Leur père avait toujours quelque anecdote vertueuse à leur raconter* [sout.] : [plus cour.] **édifiant**. *Une conduite vertueuse* : **méritoire** ; → BON.

II *Cette infusion a une vertu curative certaine* : [plus cour.] **pouvoir, propriété** ; → EFFICACITÉ.

verve V. éloquence (*in* éloquent), esprit. *Mettre en verve* : V. exciter.

Vespa (nom déposé) V. cyclomoteur.

vespasienne V. pissotière (*in* pisser).

vespéral V. du soir*.

veste 1. *Il portait une veste bleu marine* : **veston** (= veste qui fait partie d'un complet d'homme) ◆ **blazer** (= veste de flanelle, inspirée de l'uniforme des collégiens britanniques) ◆ **casaque** (= veste ample comme celle des jockeys) ◆ **boléro** (= petite veste droite et ajustée s'arrêtant à la taille) ◆ **cardigan** (= veste de tricot, sans col). 2. *Retourner sa veste* : **changer de camp.** *À son concours, il a ramassé une veste* [fam.] : **échouer.** *Il a ramassé une veste au casino* [fam.] : **subir des pertes.**

vestibule *Le médecin avait transformé le vestibule de la maison en salle d'attente* : [plus génér.] **entrée** ◆ **antichambre** (= pièce d'attente dans un appartement ou à l'entrée d'un bureau : *on devait attendre une heure dans l'antichambre avant d'être reçu*) ◆ **galerie** (= lieu de promenade aménagé dans une habitation : *la galerie des Glaces du château de Versailles*) ◆ **hall** (= grande pièce succédant à l'entrée d'un établissement public, d'un hôtel : *déposez vos bagages dans le hall, s'il vous plaît !*) ; → COULOIR.

vestiges [souvent au pl.] *Ce sont les vestiges de ce qui fut une forteresse* : **ruines** ; → DÉBRIS. *Elle conservait précieusement les vestiges d'une richesse passée* : **restes, traces.**

vétéciste, vététiste V. bicyclette.

vêtement V. vêtir.

vétéran V. ancien, vieux.

vétille V. babiole, rien II.

vétilleux V. maniaque (*in* manie).

vêtir *Cet enfant est trop grand pour que je continue à le vêtir* [sout., rare] : [cour.] **habiller** ◆ [fam.] **fringuer** ◆ **costumer** (= vêtir qqn pour le déguiser) ◆ **accoutrer, affubler,** [fam.] **fagoter, ficeler, harnacher** (= habiller de façon ridicule : *l'homme était accoutré, affublé comme s'il allait au carnaval*).

◇ **se vêtir** *Il était vêtu avec beaucoup de recherche* : **s'habiller** ◆ [fam.] **se fringuer** ; → SE SAPER. *Il faut se vêtir d'un manteau bien chaud* : **se couvrir de, revêtir.**

◇ **vêtement** 1. [pl.] *Il rangea soigneusement ses vêtements dans l'armoire* : **habits** ◆ [moins cour.] **effets** ◆ [plus génér.] **affaires** ◆ **garde-robe** (qui désigne l'ensemble des vêtements d'une personne) ◆ [fam.] **fringues, pelures, sapes.** *Il portait des vêtements usés* : **hardes, nippes** ◆ [fam.] **frusques** ◆ **défroque** (qui insiste sur la vieillesse du vêtement). *Elle sortait encore avec des vêtements qu'on aurait cru venus d'une vieille malle* : **accoutrement, affublement** (qui insistent sur le caractère ridicule des vêtements portés). 2. [sing.] *On remettait à l'honneur le vêtement propre à la province* : [plus précis] **costume** ; → TOILETTE. *Un vêtement de circonstance* : **mise, tenue.**

◇ **vêtu** 1. *Ce garçon est toujours mal vêtu* : **habillé, mis** ◆ [fam.] **fagoté, ficelé, fringué.** 2. *Un fauteuil vêtu d'un tissu à fleurs* [sout.] : [cour.] **couvert, recouvert, tapissé.**

veto V. opposition.

vêtu V. vêtir.

vétuste V. ancien.

vétusté V. dégradation, vieillesse (*in* vieux).

veule V. lâche.

veulerie V. lâcheté.

vexer *Je vous assure que je ne cherchais pas à vous vexer* : **humilier, mortifier** ◆ ↓ **désobliger** ◆ ↑ **blesser** ; → BRAQUER, FROISSER, OFFENSER, ULCÉRER, ABAISSER II.

◇ **se vexer** *Il se vexe à la moindre remarque* : **se fâcher, se formaliser de, se froisser** ; → PRENDRE OMBRAGE*, S'OFFENSER.

◇ **vexant** 1. *Encore une remarque vexante comme celle-là et je m'en vais !* : [sout.] **mortifiant** ◆ ↑ **blessant** ◆ ↑ **humiliant** ; → DÉSAGRÉABLE. 2. *Nous l'avons manqué de peu, c'est vraiment vexant !* : [fam.] **rageant** ◆ ↓ **contrariant,** ↓ **irritant.**

◇ **vexation** *Je n'accepte aucune vexation* : **mortification, brimade** ◆ ↑ **humiliation** ◆ **rebuffade** (qui se dit d'un mauvais accueil qui vexe).

viaduc V. pont.

viande V. chair.

vibrer

I *Faire vibrer.* 1. *Le musicien expliquait comment faire vibrer les cordes du banjo* : [plus génér.] **toucher.** 2. *C'est un orateur qui sait comment faire vibrer son public* : **toucher** ; → ÉMOUVOIR.

◇ **vibrant** *Son discours vibrant était suivi dans le plus grand silence* : **pathétique** ◆ ↓ **touchant** ; → ARDENT, ÉMOUVANT.

II [qqch ~] *Les vitres de l'hôtel vibraient au passage des camions* : **trembler.** *Les moteurs furent mis en route et le pont du bateau vibra* : **trépider.**

◇ **vibrant** *Il parla d'une voix vibrante* : **sonore, fort, retentissant** (qui n'impliquent que l'intensité sonore et non la qualité du timbre) ◆ **pathétique** (qui émeut ou cherche à émouvoir).

◇ **vibration** *Les vibrations des vitres* : **tremblement** ◆ ↓ **frémissement.** *Les vibrations d'un plancher* : **trépidation.**

vicaire V. prêtre.

vice

I 1. *Le prêtre prêchait contre le vice* : [plus cour.] **péché, mal** ◆ ↓ **immoralité** ◆ [plus génér.] **amoralité** (qui se dit d'un comportement indifférent à toute morale). 2. *Les hautes personnalités du régime vivaient dans le vice* : [partic.] **luxure** ◆ [sout.] **licence*** ; → CORRUPTION, DÉBAUCHE.

II *Il a tous les vices* : **défaut*.**

vice versa V. inversement, réciproquement (*in* réciproque).

vicier V. corrompre.

vicieux

I 1. [adj.] *Certains romans du marquis de Sade racontent la carrière de personnages vicieux* : **débauché, dépravé** ◆ ↑ **pervers** ◆ [fam.] **vicelard** ; → CORROMPU, ÉROTIQUE. 2. [n.] *C'est un vicieux dont la fortune permet de satisfaire les travers* : **débauché, dépravé** ◆ [sout., didact.] **pervers** ; → LIBERTIN. 3. *Un cheval vicieux* : **rétif*.**

II 1. *Un cercle vicieux* : V. INSOLUBLE. 2. *Un séjour prolongé en Angleterre lui a permis de corriger sa prononciation vicieuse* : **défectueux, fautif,** [antéposé] **mauvais.** *Un mot vicieux* : V. IMPROPRE.

vicissitude V. accident, changement (*in* changer III).

victime 1. *Elle a été la victime de cet escroc* : **proie** ; → DUPE. *La victime d'un séducteur* : V. CONQUÊTE. *Être victime de* : V. SOUFFRIR. 2. *La victime d'un meurtre, d'un accident* : V. DÉCÉDÉ et MORT.

victoire *Les spectateurs applaudirent longuement la victoire de l'équipe nationale* : **succès*** (= événement qui constitue un résultat heureux) ◆ ↑ **triomphe** ; → RÉUSSITE. *Il n'y a pas de quoi crier victoire* : **pavoiser** ; → TRIOMPHER.

◇ **victorieux** 1. *L'équipe victorieuse a été accueillie par la fanfare de la ville* : ↓ **gagnant.** 2. *Après l'épreuve, il arborait un air victorieux* : **triomphant, vainqueur.**

vidanger V. vider.

vide
I [adj.] 1. *La citerne était vide, on espérait un peu de pluie* : **à sec.** *Toutes les maisons étaient vides* : **inhabité, inoccupé.** *Des rues vides* : **dépeuplé, désert*.** *Je cherche un compartiment vide* : **vacant, disponible, libre.** *Un casier judiciaire vide* : **vierge*.** 2. *Son discours était long mais vide* : **creux*, sans intérêt.** *Ce ne sont que propos vides* : **stérile** ; → VAIN. 3. *Ces moines vivaient dans de petites cellules aux murs vides* : **nu.** 4. *Le causse lui apparaissait vide de tout habitant* : **dépourvu de, sans.** *Nous allons nous arrêter bientôt, les enfants ont le ventre, l'estomac vide* : **creux*** ◆ ↑ **être affamé** ; → LÉGER.
II [n.] 1. *La nature, disait-on, a horreur du vide* : **néant.** 2. *Je vais essayer de trouver un vide dans mon emploi du temps pour vous recevoir* : **trou, creux, créneau.** 3. *Il y a beaucoup de vides dans votre récit* : **lacune, trou** ; → MANQUE. *Un passage à vide* : V. S'ESSOUFFLER. 4. *On voyait le ciel par les vides du toit* : **fente, jour, ouverture.** 5. *Il ne voulait plus voir personne, convaincu du vide de son existence* : **néant** ◆ [très sout.] **inanité.** *A-t-il conscience du vide de ses propos ?* : [sout.] **vacuité.**

vidéaste V. réalisateur.

vider 1. *Le bassin fut vidé* : **vidanger** ; → ASSÉCHER, SEC. *L'usine vidait ses eaux usées dans la rivière* : **évacuer.** *Vider l'eau d'une barque* : **écoper.** 2. *Elle vida le lapin, puis le découpa* : [plus précis.] **étriper.** 3. *Vider les lieux* : **abandonner** ; → FAIRE PLACE NETTE*, NETTOYER. *Vider une bouteille* : **finir.** *Vider un verre* : **boire.** 4. *Ce travail m'a vidé* [fam.] : [plus cour.] **épuiser** ; → FATIGUÉ. 5. *Vider une querelle* : V. RÉGLER. 6. *Il a insulté son chef de service qui l'a vidé* [fam.] : **sacquer, virer, dégommer** ◆ [cour.] **licencier** ◆ [euph.] **remercier** ; → RENVOYER, SORTIR, RELEVER. 7. *Le cheval vida son cavalier* : **désarçonner.**
◇ **se vider** *À la fin de la pièce, le parterre se vida* : **se dégarnir.** *La baignoire se vide lentement* : **s'écouler.**

vie 1. *Il risqua sa vie pour sauver l'enfant* : [fam.] **peau*.** 2. *C'était un petit groupe d'adolescents pleins de vie* : **dynamisme, santé, vitalité** ; → ACTIVITÉ, VIGUEUR. *Une rue sans vie* : V. MOUVEMENT. *Un portrait plein de vie* : **vivant** ; → EXPRESSION. 3. *Cet homme a consacré sa vie à l'étude des insectes* : **existence.** 4. *La vie de Napoléon a donné lieu à de nombreux films* : **destin, biographie.** 5. *Il a écrit un livre sur la vie des Gaulois* : [plus précis] **mœurs** (= coutumes, habitudes de vie d'une société). 6. *De ma vie, je n'ai touché à l'alcool* : **jamais.** *Elle donna la vie à Jérémy* : [sout.] **enfanter** ◆ [plus cour.] **mettre au monde, donner le jour.** *Rester sans vie* : V. INANIMÉ. *La vie personnelle* : V. INTIMITÉ. *Laisser la vie sauve* : **épargner.** *Faire toute une vie à qqn* : V. COMÉDIE. *Faire la vie* : V. FÊTE. *Mener une vie de bâton de chaise, de patachon* : **faire les quatre cents coups.** *Faire la vie à qqn* : V. QUERELLER. *Le niveau de vie* : **standing.** *Il gagne bien sa vie* : [fam.] **sa croûte.**

vieillard, vieillerie, vieillesse, vieillir, vieillissement V. vieux.

vieillot V. ancien, suranné, vieux.

vierge 1. [adj.] *Elle est restée vierge* : **pucelle, puceau** ◆ **chaste** (qui se dit de qqn qui s'abstient de tout plaisir charnel) ; → PUR. 2. [adj.] *Prenez une feuille de papier vierge* : **blanc*, non écrit, vide*.** *De la laine vierge* : **brut*.** *Des terres vierges* : V. IGNORÉ. 3. [n.] *Le culte de la Vierge a été introduit tardivement dans le catholicisme* : **madone** ◆ [didact.] **marial** (*le culte marial*).
◇ **virginité** 1. *Quand elle s'est mariée, elle avait encore sa virginité* : [plus fam.] **pucelage** ◆ [vx] **fleur** ; → PURETÉ. 2. *Ce délinquant repenti voudrait bien retrouver sa virginité* : **bonne réputation.**

vieux, vieille [adj.] 1. *C'est un homme déjà vieux* : [péj.] **décrépit** ◆ [fam.] ↓ **sur le retour** ; → ÂGÉ. 2. *Un vieux meuble* : [postposé] **ancien*.** 3. *Il a acheté un fauteuil de style dont l'étoffe était vieille* : **usé.** *Il porte toujours un vieux pantalon* : **fatigué*, usagé.** 4. *Votre chanson est un peu vieille* : **démodé, vieillot** ◆ [sout.] **désuet, suranné.** *C'est vieux* : **c'est daté*, obsolète, dépassé, tombé en désuétude** ; → ANA-

CHRONIQUE, LOINTAIN. **5.** *Un vieux célibataire* : **endurci.** *Une vieille habitude* : V. LONG. *Il ne fera pas de vieux os* : V. VIVRE (*ne pas vivre longtemps*).

◇ **vieux** [n.] **1.** *Acheter du vieux* : **ancien** ◆ [péj.] **antiquailles, vieilleries** ◆ **antiquités** (*un marchand d'antiquités*). **2.** *Un vieux* : **vieillard*** ◆ [péj.] **barbon** (qui se dit d'un homme âgé), **baderne** (qui se dit d'un vieillard borné, autoritaire, également d'un militaire). *Un vieux de la vieille* : **vétéran, briscard** (*un vieux briscard*). *Une vieille* : **douairière, rombière** (qui se disent plaisamment des femmes âgées). **3.** *Mes vieux* [fam.] : **parents***. *Mon vieux* [fam.] : [très fam.] **mon pote** ; → AMI.

◇ **vieillard** **1.** [adj.] V. ÂGÉ. **2.** [n.] *Le vieillard se reposait sur un banc au soleil* [vieilli] : [cour.] **vieux** ◆ [euph.] **personnes du 3e âge** (après la vie active), **personnes du 4e âge** (qui perdent progressivement leur autonomie), **senior** (qui désigne les personnes de plus de cinquante ans) ◆ [très fam.] **vioc** ◆ [sout.] **patriarche** (qui se dit d'un vieillard entouré de nombreux descendants) ◆ [partic.] **octogénaire, nonagénaire, centenaire.**

◇ **vieillir** **1.** *Il a vieilli* : [euph.] **prendre de l'âge** ; → CHANGER III. **2.** *Mon père vieillit* : **se faire vieux.** **3.** *Les émotions l'ont vieilli* : V. USER. *Tu n'as pas vieilli !* : **ne pas avoir pris une ride** (toujours nég.).

◇ **vieillesse** **1.** *La vieillesse d'une construction* : **ancienneté,** [péj.] **vétusté** ; → DÉGRADATION. **2.** *Il avait maintenant toutes les marques de la vieillesse* : [vx] **décrépitude** (= faiblesse physique provoquée par la vieillesse). *Sa vieillesse lui donne droit à certains égards* : **grand âge.**

◇ **vieillissement** *Ces troubles sont dus au vieillissement de votre organisme* : [didact.] **sénescence** ; → SCLÉROSE.

vif

I [adj.] **1.** *C'est un garçon très vif qui se dépense beaucoup* : **remuant, vivant*** ◆ **sémillant** (se dit de qui a une vivacité agréable) ◆ ↑ **pétulant** (se dit de qui a un dynamisme exubérant) ; → ÉVEILLÉ. *Il marchait d'un pas vif* : **allègre.** *Un danseur vif* : **agile***. **2.** *Une intelligence vive* : **pénétrant***. *Un esprit vif* : **brillant** ; → ACTIF, BOUILLONNANT, MOBILE, SPIRITUEL. **3.** *Il est toujours trop vif dans ses réponses* : **brusque, emporté** ◆ ↑ **violent.** *Il lui a fait une remarque un peu vive* : ↑ **blessant, mordant*, sec*, aigre*, dur***. *Une discussion vive* : **animé, chaud.** **4.** *Vers le soir, l'air devenait plus vif* : **piquant.** *Il fait un froid vif* : **aigre** ; → MORDANT. **5.** *Une lumière vive* : V. FORT. *Une couleur vive* : **cru, éclatant**. *Le teint vif* : **coloré.** **6.** *Il montra un intérêt très vif* : **fort, marqué** ; → SOUTENU. *Un vif sentiment* : **profond***. *Une vive protestation* : **énergique***. *Il souffrait d'une vive douleur à l'estomac* : **fort** ◆ **aigu.** *De vifs applaudissements* : **chaleureux.**

II [n.] *Toucher quelqu'un au vif* : V. BLESSER.

◇ **vivace** **1.** *Les arbres de ce verger ne sont pas tous aussi vivaces* : **résistant, robuste** ; → VIGOUREUX. **2.** *Les hortensias sont des plantes vivaces* : [didact.] **pluriannuel.** **3.** *J'éprouve contre lui une rancune vivace* : **tenace, persistant** ; → DURABLE.

◇ **vivacité** *On ne s'accoutumait pas immédiatement à sa vivacité* : [moins cour.] **pétulance** ◆ ↓ **entrain,** ↓ **allant** ◆ [rare] **alacrité** ; → ACTIVITÉ. *La vivacité des gestes* : **promptitude*** ; → AGILITÉ, SOUDAINETÉ, MOUVEMENT. *La vivacité du regard* : V. ANIMATION. *La vivacité d'une réplique* : V. MORDANT. *La vivacité d'un coloris* : **éclat.** *La vivacité d'une passion* : **force** ◆ ↑ **violence.** *La vivacité d'esprit* : V. PRÉSENCE.

◇ **vivement** **1.** *Il se leva vivement* : **prestement, promptement** ; → RAPIDEMENT. *Vivement ! qu'on appelle du secours* : **vite.** **2.** *Nous avons été vivement affectés par ce décès* : **profondément** ; → FORTEMENT. *Regretter vivement* : V. BEAUCOUP et AMÈREMENT. *Je le souhaite vivement* : **ardemment.** *Il a répondu vivement à son voisin* : **du tac au tac** (= en répondant immédiatement à un mot désagréable par un autre mot désagréable).

vigilance V. attention I.

vigilant *Être vigilant* : V. ouvrir l'œil*.

vigne **1.** *La Bourgogne est une région de vignes* : **vignoble** ◆ **clos** (qui se dit, dans certaines régions de France, Bourgogne,

Quercy, d'un vignoble dont on donne le nom : *le clos Vougeot*) ◆ **château** (qui se dit de certains vignobles bordelais : *Château-Yquem*). **2.** *La vigne a bien poussé le long de ce pignon* : **treille** (qui se dit d'une vigne grimpante). *Pied de vigne* : **cep.** *Plant de vigne* : **cépage.**

◇ **vigneron** *Les vignerons de Bourgueil* : **viticulteur.**

vignette **1.** *Ce livre comporte de nombreuses vignettes* : [partic.] **frontispice** (= vignette de première page), **cul-de-lampe** (= vignette en fin de chapitre) ; → ILLUSTRATION. *Il collectionne les vignettes des plaques de chocolat* : **figurines** ; → MARQUE. **2.** *La vignette de l'impôt sur les alcools* : **timbre.**

vigoureusement V. énergiquement (*in* énergie), fortement (*in* fort), sérieusement (*in* sérieux).

vigueur

I **1.** *La vigueur de son grand-père* : **verdeur** ; → JEUNESSE, ROBUSTESSE. *La vigueur juvénile* : **ardeur***. *Perdre sa vigueur* : V. S'ÉMOUSSER. **2.** *Il a dit cela avec une vigueur qui a enthousiasmé le conseil* : [sout.] ↑ **véhémence** ; → FORCE. **3.** *On admirait dans ces fresques la vigueur du trait* : **fermeté.**

◇ **vigoureux** **1.** *Ces chevaux de labour sont vigoureux* : **puissant,** [fam.] **costaud** ; → FORT, RÉSISTANT, ROBUSTE, SOLIDE, VAILLANT. *Mon père est encore bien vigoureux* : **gaillard** ; → VERT. *Un arbre vigoureux* : **vivace.** **2.** *C'est un esprit vigoureux* : **hardi.** **3.** *Le dessin de ce portrait est vigoureux* : **ferme** ; → ÉNERGIQUE, NERVEUX.

II *Entrer en vigueur* : V. EFFET et PRÉSENT. *Les tarifs en vigueur* : **existant.**

V.I.H. V. séropositif.

vil *Il s'était signalé par ses actions viles* [sout.] : **bas** ◆ ↑ **abject,** ↑ **ignoble** ; → LÂCHE, LAID, MÉPRISABLE, BOUEUX, INDIGNE.

vilain **1.** [adj.] *J'ai de vilains cheveux* : ↑ **affreux,** ↑ **horrible** ; → LAID. **2.** *Les enfants ne savaient que faire et ont été vilains tout l'après-midi* : **insupportable** ◆ [langage enfantin] ↑ **méchant.** **3.** *Voilà de vilains mots qu'il ne faut plus dire* : **grossier.** *Un vilain tour* : **sale*, pendable*.** *Les vacances sont gâchées avec ce vilain temps* : **mauvais, sale** ↑ **exécrable.** *C'est une vilaine affaire dont il ne se sortira pas* : **mauvais, sale, pas brillant*.** **4.** [n.] *Il va y avoir du vilain* [fam.] : **grabuge** ; → BAGARRE.

vilenie V. bassesse.

vilipender V. discréditer, honnir.

villa *Le promoteur a fait construire un ensemble de villas dans les pins, près de la mer* : **pavillon** (= petite villa) ◆ **bungalow** (= petite villa sans étage) ◆ **chalet** (= villa construite en bois, sur le modèle des maisons de montagne) ◆ **cottage** (= petite villa de style rustique).

village V. bourg, commune, pays I.

ville **1.** *La Rochelle est une ville de moyenne importance* : **cité** (qui ne se dit que d'une ville importante : *Bordeaux est une cité commerçante*) ◆ **mégalopole** (qui se dit aujourd'hui des agglomérations urbaines dépassant les dix millions d'habitants) ◆ **centre** (qui désigne une ville où sont regroupées diverses activités importantes : *Lille est un grand centre industriel, Paris est la plus grande ville de France*) ◆ **agglomération** (qui comprend la ville proprement dite et sa banlieue) ◆ **capitale** (qui désigne le centre administratif et politique d'un pays). *Des travaux ont été financés par la ville* : **municipalité, commune*** ; → MÉTROPOLE, BANLIEUE, BOURG. *Hôtel de ville* : **mairie.** **2.** *En ville* : **dans nos murs*.** *La ville natale* : V. SOL. *Une ville forte* : **place*.** *La population des villes* : **urbain.**

villégiature V. séjour.

vin *Il ne boit que du vin à table* : [fam., partic.] **rouge, blanc.** ◆ [fam.] **picrate, vinasse** (qui désigne un vin rouge de mauvaise qualité) ◆ [fam.] **pinard.** *Vous avez encore bu : vous sentez le vin* : [fam.] **vinasse** (qui se dit d'un mauvais vin) ; → ALCOOL, BOISSON. *Un excellent vin* : **cru** (qui se dit de la production d'un terroir particulier). *Que pensez-vous des vins de ce restaurant ?* : [sing.] **cave*.**

vindicatif V. rancunier.

vioc V. vieillard.

violation V. infraction, transgression (*in* transgresser).

violent 1. *Des jeux violents* : **brutal*.** *Un caractère violent* : ↓ **brusque** ; → COLÉREUX, IMPULSIF. *Un discours violent* : ↓ **énergique*,** ↓ **fougueux*.** *De violents reproches* : V. VERT. *Une violente réponse* : ↓ **vif*.** 2. *Il éprouvait une violente passion* : ↓ **fort*** ; → PUISSANT, ARDENT. *Le retour violent du froid* : **offensif.** *Il poursuivait d'une haine violente ceux qui l'avaient trompé* : **farouche.** *L'animal restait immobile, saisi d'une peur violente* : **intense** ; → FORT. *Une lumière violente* : **cru*.** *Une fièvre violente* : [antéposé] **fort*.** *Une pluie violente* : **battant*.** *Un vent violent soulevait la poussière des chemins* : **furieux.** *Une critique violente du gouvernement* : **virulent.** *Le choc fut violent ; aucun passager ne fut épargné* : **brutal** ◆ ↑ **terrible.** 3. *Il m'a traité de menteur, c'est quand même un peu violent !* : **excessif, fort** ; → FORT* DE CAFÉ.
◇ **violence** 1. *Faire violence* : V. ABUSER. *La violence d'une action* : **brutalité*.** *Céder à la violence* : **contrainte*.** 2. [pl.] *Les prisonniers se plaignaient des violences qu'ils subissaient* : **sévices** ◆ ↓ **mauvais traitements.** 3. *La violence du vent* : ↑ **fureur.** *La violence d'une passion* : ↓ **force*,** ↓ **intensité*.** *La violence d'un désir* : **ardeur*.** *La violence d'un propos* : ↓ **vivacité*.** *La violence d'un caractère* : ↓ **fougue*.** *Un discours d'une grande violence* : **virulence.**
◇ **violemment** 1. *Il a frappé violemment l'agent* : **se jeter sur qqn à bras raccourcis, rudement*, à toute volée*.** 2. *Réagir violemment* : **brutalement*** ◆ ↓ **énergiquement*.** *Protester violemment* : ↓ **fortement*** ↓ **hautement*.** *Un vent qui souffle violemment* : **fort*.** *Aimer violemment* : ↓ **passionnément,** ↓ **beaucoup*.**

violenter V. abuser III, violer.

violer 1. *Il a essayé de violer la jeune fille* : **forcer** ◆ [plus génér.] **violenter** ; → ABUSER, SÉDUIRE. 2. *Des groupes se réclamant du nazisme ont violé des sépultures juives* : **profaner.** 3. *Vous ne pouvez impunément violer les lois de votre pays* : **enfreindre** ◆ **transgresser** (qui indique que l'on passe outre une loi, un ordre : *le préfet affirma que les policiers avaient transgressé ses ordres*) ; → DÉSOBÉIR À, BRAVER. *Violer les convenances* : V. BLESSER. *Violer un serment* : **trahir.**

violet *Une robe violette* : [plus précis.] **lilas, mauve, aubergine, lie-de-vin.**

violon V. cellule.

vipère *De vipère* : V. venimeux (*in* venin).

virage V. virer I.

virago *C'est une femme autoritaire, une vraie virago* : **dragon, gendarme, mégère.**

virée V. promenade (*in* promener), tour.

virement *Un virement bancaire* (= opération de crédit sur un compte) : [plus génér.] **paiement** ◆ **chèque** (ordre de paiement qui peut servir au virement ou au retrait).

virer
I *La voiture vira lentement à droite* : **tourner** ; → BRAQUER.
◇ **virage** *Les panneaux annonçaient des virages sur trois kilomètres* : [plus fam.] **tournant** ◆ **lacet** (= succession de virages serrés) ◆ **épingle à cheveux** (= virage très serré) ◆ **zigzag** (= succession de virages) ; → COUDE, COURBE, SINUOSITÉ, DÉTOUR.
II *Peu à peu, la discussion virait à l'aigre* : **tourner.**
III *Il s'est fait virer* [fam.] : **vider*.**

virevolter V. bouillonner, tourner II.

virginal V. blanc I.

virginité V. vierge.

viril V. mâle.

virtuel *La puissance virtuelle de cette machine* : **théorique.** *Il faut attendre l'épanouissement des qualités virtuelles de cet enfant* : **potentiel*** ◆ ↓ **possible** ◆ ↑ **probable.** *Image virtuelle* : V. SYNTHÈSE.

virtuellement V. pratiquement (*in* pratique I).

virtuose *C'est un virtuose de la conduite, il a encore gagné un grand prix* : [plus cour.] **as, champion** ; → ACROBATE, MAÎTRE.

◇ **virtuosité** *Le violoniste prouvait sa virtuosité en interprétant des pièces très difficiles* : **brio** ; → ACROBATIE, MAÎTRISE.

virulence V. violence (*in* violent).

virulent V. acerbe, violent.

vis *Le pas de cette vis est usé* : **tire-fond** (= longue vis à tête carrée) ◆ **boulon** (= vis qui se bloque avec un écrou) ◆ **piton** (= vis terminée par un crochet).

visage *Le visage d'une personne* : **face, figure***. *Un visage souriant* : **expression***. *Sur cette photo, votre petite fille a un joli visage* : **frimousse, minois** (qui se disent d'un visage d'enfant) ◆ [fam.] **museau.** *Avoir meilleur visage* : **mine, physionomie** ; → AIR.

vis-à-vis **1.** *Nous avons voyagé vis-à-vis* [vx] : [plus cour.] **face à face.** *Les bâtiments avaient été construits vis-à-vis la Seine* [sout., rare] : [cour.] **en face de, en regard*** ; → OPPOSÉ. **2.** *S'engager vis-à-vis de qqn* : V. AVEC. *J'émets les plus grandes réserves vis-à-vis de la solution proposée, vis-à-vis de cet homme* : **à l'égard de, quant à.** **3.** *Nous sommes restés toute la soirée en vis-à-vis* [sout.] : [plus cour.] **tête à tête.** **4.** [n.] *Un agréable vis-à-vis* : **tête-à-tête.** *Un vis-à-vis Napoléon III* : **fauteuil.**

viscère *Les viscères d'un animal* : [partic.] **entrailles*** (viscères de l'abdomen) ◆ [plus cour.] **boyaux, tripes.**

visée V. ambition, prétention.

viser

I [qqn ~ qqn, qqch] *Il visa soigneusement le lièvre* : **ajuster** ◆ [sout.] **mirer.** *Il me visa du doigt* : **pointer** (*il pointa son doigt sur moi*).

II **1.** [qqn ~ qqch] *Le général visait la magistrature suprême depuis longtemps* : **ambitionner, briguer.** **2.** [qqch ~ qqn] *L'obligation du port de la ceinture de sécurité vise tous les automobilistes* : **toucher** ; → S'APPLIQUER, CONCERNER. **3.** [qqch ~ à] *Les restrictions de crédit visent à arrêter la crise* : **tendre à.** **4.** [qqn ~ à] V. RECHERCHER.

III *Vise un peu la tête qu'il a* [fam.] : [cour.] **regarder***.

visible, visiblement V. voir.

vision **1.** *La jeune fille eut des visions la nuit qui précéda Noël* : [didact.] **apparition.** *Une vision miraculeuse* : **miracle, révélation.** **2.** *Ma pauvre amie, vous avez des visions !* : **hallucination, mirage** ◆ **fantasme** (= représentations de l'imagination) ◆ **obsession, hantise** (= visions répétitives et angoissantes) ; → FANTÔME, ILLUSION. **3.** *Des troubles de la vision* : V. VUE. **4.** *Une vision du monde* : V. PHILOSOPHIE.

◇ **visionnaire** [n.] *Ce visionnaire s'imagine que ses idées lui viennent d'une divinité* : **illuminé** ◆ **halluciné** (qui n'implique pas que les visions ont un rapport au divin) ◆ [péj.] **songe-creux** ; → DEVIN.

visite *Les douaniers se livrèrent à une visite attentive des bagages* : [plus cour.] **fouille, inspection.** *La visite médicale* : **consultation***.

◇ **visiteur** **1.** *J'ai reconduit nos visiteurs après le dîner* : **invité.** **2.** *Le syndicat d'initiative accueillait les visiteurs* : **touriste.**

visiter V. fouiller.

visiteur V. visite.

visqueux V. consistant, gluant, sirupeux.

visser V. assembler, attacher I, fixer.

vital V. indispensable, premier* II.

vitalité *Il dirigeait l'entreprise avec une vitalité surprenante* : **dynamisme** ; → ACTIVITÉ, ARDEUR. *La vitalité de la jeunesse* : [moins cour.] **sève.** *Montrer une grande vitalité* : V. SANTÉ et ÊTRE PLEIN DE VIE*.

vite **1.** [adv.] *Il arriva très vite au but* : **rapidement***. *Il marche vite* : **d'un bon pas*** ; → PROMPTEMENT*. *Allons, pressez-vous, venez vite !* : [fam.] **dare-dare, au galop** ; → VIVEMENT. *Nous sommes en retard, il faut faire vite* : [cour.] **se dépêcher, se presser** ◆ [sout.] **se hâter,** [fam.] **mettre la gomme.** *Il courait très vite* : **à toutes jambes, à perdre haleine** ; → À PLEIN TUBE*. *Il acheva très vite son travail* : **à toute vitesse** ◆ [fam.] **à toute pompe, à toute vapeur, en quatrième vitesse, en cinq sec, en moins de rien*, en un rien* de temps.** *L'eau montait vite* : **à vue* d'œil.** *Aller vite* : **filer, foncer.**

2. [adv.] *Il n'est jamais en retard, il viendra le plus vite qu'il pourra* : **tôt.** *Il arrivera vite* : **bientôt.** 3. [adj.] *Un coureur vite* [didact.] : **rapide*.**

◇ **vitesse** 1. *La vitesse du vent* : **force*.** *Ce moteur tourne à pleine vitesse* : **régime.** 2. *Une faible vitesse* : V. ALLURE. 3. *La vitesse des coureurs* : **rapidité*.** 4. *Il a réglé l'affaire avec toute la vitesse possible* : [plus sout.] **célérité, diligence** ; → PROMPTITUDE. 5. *À toute vitesse, en quatrième vitesse* : V. VITE. *Changer de vitesse* : V. RÉTROGRADER. 6. *À deux vitesses* : V. INJUSTE.

viticulteur V. vigneron.

vitre *Il faudra nettoyer les vitres du magasin* : **vitrine** (= devanture vitrée d'une boutique ou d'un meuble d'exposition) ◆ **verrière, vitrage** (= vitre de grande dimension, en particulier en couverture) ; → CARREAU, VERRE. *Les vitres d'une voiture* : **glace** ◆ [partic.] **pare-brise** (= vitre avant d'un véhicule).

vitrerie V. verre.

vitreux V. voilé (*in* voiler I).

vitrine V. étalage (*in* étaler II), vitre.

vivace, vivacité V. vif.

vivant V. vivre.

vivat V. acclamation (*in* acclamer).

vivement V. vif.

viveur V. fêtard (*in* fête), jouisseur (*in* jouir).

vivier V. réservoir.

vivifier 1. *Le climat froid et sec vous vivifie* : **tonifier.** 2. *Le retour au village natal vivifiait ses souvenirs* : **ranimer.**

◇ **vivifiant** *La bise fraîche était fort vivifiante* : **stimulant, tonifiant.**

vivoter V. subsister, végéter.

vivre

I 1. *Il respectait tout ce qui vit dans la nature* : **exister** ; → ÊTRE. *Cet échec lui apprendra à vivre* : V. DRESSER. 2. *Son œuvre vivra longtemps après lui* : **exister, subsister, durer.** 3. *Avoir vécu. La démocratie a vécu* : **être mort** ◆ [sout.] **avoir cessé** [fam.], **ne pas avoir fait de vieux os.**

◇ **vivant** 1. *Mort ou vivant* : **mort ou vif.** *Un enfant très vivant* : **plein de vie*** ; → VIF. *C'est une rue vivante* : **animé*.** 2. *Son visage très vivant séduisait* : **expressif.** *Être bon vivant* : V. GAI. *Un souvenir vivant* : **durable** ; → FRAIS. *Un récit vivant* : **mouvementé.** 3. *C'est le portrait vivant de son père* : ↓ **ressemblant** ◆ [fam.] **craché.**

II 1. *La famille entière vivait dans une seule pièce* : **loger*.** *Il vivait en France depuis vingt ans* : **résider.** *L'été, je vis au bord de la mer* : **habiter.** *Vivre avec quelqu'un* : **cohabiter.** 2. *Je vis votre peine* : **éprouver, partager.** *Cet officier a vécu toutes les guerres coloniales* : **être plongé dans** ; → VOIR. *Nous y avons vécu des jours tranquilles* : **couler.**

vivres [n. pl.] *La récolte menaçait d'être maigre et les vivres furent rationnés* : **nourriture, aliments** ◆ [sout.] **victuailles** (qui implique l'idée d'abondance) ◆ [fam.] **mangeaille, bouffe** ◆ [didact.] **denrées.** *Il n'y avait presque plus de vivres à bord du voilier* : **provision.**

vocable V. mot.

vocabulaire *Les progrès techniques ont renouvelé le vocabulaire de l'astronautique* : [didact.] **lexique** ◆ **terminologie** (qui désigne les mots propres à une science ou à une technique) ◆ **nomenclature** (= terminologie classée méthodiquement) ; → DICTIONNAIRE.

vocal V. voix.

vocaliser V. chanter.

vocation V. mission.

vocifération V. cri.

vociférer V. crier (*in* cri).

vodka V. alcool.

vœu 1. [sing.] *Que vous réussissiez est mon vœu le plus cher* : **désir, souhait*.** *Ses vœux ont été exaucés* : **prière** (= souhait exprimé à une personne ou une divinité). 2. [pl.] *L'assemblée n'avait pas d'autre rôle que* *d'émettre des vœux* : **avis** (*on donne un avis*) ◆ **résolution** (*on vote une résolution*).

vogue *La vogue de ce chanteur est telle que tout le monde fredonne ses chansons* : [rare] **faveur** ◆ ↑ **popularité** ; → SUCCÈS. *Un refrain en vogue* : **à la mode***. *Pendant une saison, les jupes longues ont eu une grande vogue* : ↓ **succès** ◆ ↑ **faire fureur** (*les jupes longues ont fait fureur*).

voguer V. faire voile* III.

voici V. il y a (*in* avoir III).

voie 1. *Après l'éboulement, on a dû travailler toute une journée pour rouvrir la voie* : [plus précis.] **chemin, passage, route.** 2. *Dans la ville nouvelle, certaines voies étaient réservées aux autobus* : **avenue** (= large voie urbaine) ◆ **artère** (= rue importante : *la plupart des grandes artères parisiennes ont été ouvertes sous Napoléon III*) ◆ **chaussée** (= partie médiane de la voie : *une chaussée régulièrement entretenue*) ◆ **voirie** (= ensemble des voies d'une commune, d'un canton, d'un département) ; → RUE. *La voie ferrée* : **chemin de fer, rail.** 3. *Les chasseurs ont fini par perdre la voie du sanglier* [didact.] : [plus cour.] **piste, trace.** 4. *En entreprenant de telles études, vous suivez une voie qui n'offre pas de débouchés* : **chemin, route** ; → LIGNE. *Vous êtes sur la bonne voie, vous ne tarderez pas à trouver la solution* : **direction** (*être dans la bonne direction*), **route** (*être sur la bonne route*). *Indiquez-nous la voie à suivre* : **marche***. 5. *Il a obtenu ce qu'il voulait par une voie, des voies détournées* : **moyen.** *En voie de. Les négociations ont été difficiles ; elles sont maintenant en voie de réussir* : **en passe de.** 6. [pl.] *Les voies de Dieu sont impénétrables* : **desseins.**

voilà V. il y a (*in* avoir III), sur ces entrefaites*.

voilage V. rideau, voile I.

voile

I 1. *La boutique était spécialisée dans la vente de voiles pour faire des rideaux* : **voilage** ; → RIDEAU. 2. *En signe de deuil, elle portait un voile* : **crêpe.** *Le voile des musulmanes* : **litham** (qui couvre le bas du visage) ◆ **tchador** (= voile long noué sous le menton). *Prendre le voile. La jeune fille a pris le voile* : **se faire religieuse.** 3. *Sous le voile de manières affables, il dissimulait un cœur de pierre* [vx] : [plus cour.] **apparence, couvert, masque.**

II *Le cycliste heurta le trottoir ; le voile de la roue l'obligea à interrompre la course* : **voilement.**

III *Le bateau portait toutes ses voiles* : [sing.] **voilure, toile.** *Le bateau faisait voile vers les Açores* : [didact.] **cingler vers** ◆ [plus génér.] **naviguer vers, faire route vers** ◆ [sout.] **voguer.** *Cet endroit me déplaît ; allez ! viens, on met les voiles* [fam.] : [cour.] **s'en aller*** ; → PARTIR.

voilement V. voile II.

voiler

I 1. *Toute la matinée, des nuages ont voilé le soleil* : ↑ **éclipser.** 2. *Voiler ses intentions* : **masquer** ; → CACHER, ENROBER, DISSIMULER.

◇ **voilé** 1. *Il n'osait pas dire la vérité et parlait en termes voilés* : **à mots couverts** ◆ ↑ **obscur.** *L'ironie voilée de son discours* : **atténué** ; → DISCRET. 2. *La voix voilée par l'émotion, il raconta l'accident* : **enroué** ; → RAUQUE, SOURD. 3. *On distinguait à peine dans le brouillard les contours voilés du massif* : **estompé, vaporeux.** 4. *Il était à l'agonie, le teint cireux, le regard voilé* : **trouble** ◆ ↑ **vitreux.**

◇ **se voiler** *Peu à peu le ciel se voilait* : ↑ **se couvrir** : **s'obscurcir.**

II *Il a voilé la roue de sa bicyclette* : **fausser** ◆ ↑ **tordre.**

◇ **se voiler** *Les disques, rangés dans un endroit trop chaud, se sont voilés* : [plus cour.] **déformer**, [fam.] **se gondoler.** *Une planche qui se voile* : [plus précis.] **se gauchir.**

voilier V. bateau.

voilure V. voile III.

voir 1. *Dans la pénombre, on ne voit pas le détail des chapiteaux* : **distinguer.** *Je l'ai vu du parterre, il était au balcon* : **apercevoir.** *Nous avons vu ensemble la retransmission du vol spatial* : **regarder.** *La voiture est passée très vite, je l'ai à peine vue* : **entrevoir.** *On voyait la scène d'un seul coup d'œil* : **embrasser, saisir.** *Il regardait distraitement les rayons quand il vit un livre très rare* : [vx, sout.] **aviser.** *Les supporters de l'équipe avaient traversé* *la Manche pour voir la rencontre* : **assister à**   2. *Elle laissait voir sa réprobation* : **ne pas cacher.** *J'ai vu quelques petites merveilles chez le brocanteur* : [plus précis.] **découvrir** ◆ ↓ **donner,** ↓ **jeter un coup d'œil sur.**   3. *Tous ces hommes ont vu la montée du fascisme* : [plus précis.] **connaître, vivre.**   4. *Personne ne pouvait voir les conséquences de la rupture des négociations* : [plus précis.] **imaginer, prévoir** ; → DEVINER. *Pour l'instant, c'est l'impasse ; personne n'a vu de solution* : **trouver.** *Je vois ce que vous voulez dire* : **comprendre*.** *Je vois maintenant mon erreur* : **s'apercevoir de, constater, se rendre compte de.** *Depuis qu'il est parti, je le vois sans cesse* : **se représenter*.** *Je serais curieux de voir ce qu'il dira* : [plus précis.] **savoir.**   5. *L'avocat avait entrepris de voir le dossier de près* : [plus précis.] **étudier, examiner.** *Ce n'est pas très urgent, nous verrons cela plus tard* : **en reparler.**   6. *Il la voit très régulièrement dans ce café* : [plus précis.] **rencontrer.** *Il faut absolument que vous voyiez un cardiologue* : [plus précis.] **consulter.** *Je ne peux plus voir cet homme* : **souffrir, supporter*.** *Elle ne voit que ses parents* : [plus précis.] **recevoir.**   7. *Téléphoner pour voir si qqn est là* : V. S'ASSURER (*s'assurer de sa présence*).   8. *Vous me ferez voir comment utiliser cet appareil* : **montrer.** *Je ne vous réponds même pas, allez vous faire voir !* : [très fam.] **allez vous faire foutre !** ◆ [cour.] **allez au diable !** *Ne vous pressez pas de conclure, il faut voir venir* : **attendre.** *Je ne m'attendais pas à cela, on aura tout vu !* : **c'est le comble.** *Il lui en a fait voir de toutes les couleurs, des vertes et des pas mûres* [fam.] : **en faire baver à qqn, tourmenter, faire souffrir.** *Il n'y a pas à hésiter, c'est tout vu !* : **c'est tout décidé.** *Attends-moi voir un peu* [fam.] : **pour voir.** *Vous confondez tout, cela n'a rien à voir* : **c'est tout différent.**

◇ **se voir**   1. [qqn ~] *Il se voit déjà ministre* : **s'imaginer, se croire.**   2. [qqn ~] *Depuis qu'il a déménagé, nous ne nous voyons plus* : **se fréquenter.** *Eux, amis ? Mais ils ne peuvent pas se voir* : **se sentir.**   3. [qqch ~] *Ce sont quand même des circonstances qui ne se voient pas souvent* : **se présenter, se rencontrer.**

◇ **visible**   1. *Avec un plaisir visible, il ouvrait le colis* : **évident, manifeste.** *Un défaut visible* : **apparent*, perceptible*.**   2. *Vous avez tort, c'est visible* : **sûr** ; → CERTAIN.

◇ **visiblement**   *Il a été visiblement très peiné de ne pas me trouver à la gare pour l'accueillir* : **manifestement** ; → APPAREMMENT.

voirie   V. voie.

voisin   [adj.]   1. *Il cherchait à louer une maison voisine de la forêt* [sout.] : **à côté, proche.** *Ils possédaient des champs voisins* : **adjacent, attenant, contigu.**   2. *Les thèmes développés par les deux orateurs étaient voisins* : **ressemblant** ◆ ↑ **semblable** ◆ [plus cour.] **se ressembler.** *Elle n'a trouvé qu'une couleur voisine de celle qu'elle cherchait* : **approchant.**

◇ **voisin**   [n.] *Évitez de dire du mal du voisin* : **prochain** ; → AUTRUI.

◇ **voisinage**   1. *Tout le voisinage est invité à pendre la crémaillère* : **entourage** (qui désigne plutôt les familiers), [plus génér.] ↑ **les proches** (= les parents).   2. *Vous trouverez bien dans le voisinage quelqu'un qui garde les enfants* : **environs** ◆ **quartier** (= mot particulier à la ville) ◆ **à proximité*, dans les parages*.**   3. *Au voisinage de l'automne, les oiseaux émigraient* : [plus cour.] **approche.**

voisiner   V. se fréquenter.

voiture   1. V. AUTOMOBILE, VÉHICULE et WAGON.   2. *Le cycliste freina pour éviter la voiture d'enfant* : **landau** ◆ **poussette** (= voiture d'enfant basse et sans caisse).

voiturer   V. véhiculer (*in* véhicule).

voix

I   1. *Une belle voix* : **organe*.** *La surprise le laissa sans voix* : **muet.** *Un peu ivre, il chantait à pleine voix un refrain gaillard* : **à tue-tête.** *Une extinction de voix* : **enrouement*.**   2. *Il prit une voix sévère pour sermonner l'enfant* : **ton.**   3. *Elle appréciait particulièrement les chants de la Renaissance à plusieurs voix* : [didact.] **partie.**   4. *On entendait au loin la voix des chiens* [sout.] : [cour.] **aboiement,** [génér.] **cri.** *La voix des oiseaux* [sout.] : [cour.] **chant.** *Le silence se fit et la voix du violon monta* [sout.] : [cour.] **son.** *La voix du canon* [sout.] : [cour.] **bruit.** *Il me l'a appris de vive voix* : **verbalement.**

◇ **vocal**   *On a redécouvert la musique vocale du Moyen Âge* : **chanté** ◆ **polyphonique** (= musique à plusieurs parties, en particulier vocales).

II *Quel que soit son manque de scrupule, il n'a pas pu étouffer la voix de sa conscience* : **avertissement** ; → APPEL.

III 1. *Chaque parti essayait de convaincre les électeurs pour obtenir des voix* : **suffrage, vote.** 2. *Le comité d'entreprise n'avait qu'une voix consultative* : **avis.**

vol

I 1. *Le vol au-dessus des zones urbaines est interdit à tous les avions* : **survol.** 2. *La détonation fit se lever un vol de corbeaux* : **volée.** *Un vol de sauterelles* : **nuage.** 3. *La durée du vol a été réduite de moitié* : [plus génér.] **traversée.** 4. *L'aigle prit son vol* : **essor***. *Le château se trouve à trois kilomètres à vol d'oiseau* : **en ligne droite** ; → DROIT. *Le personnage était un trafiquant de haut vol* : **de grande envergure, de haute volée.** *Il saisit au vol un renseignement précieux* : **au passage** ; → VOLÉE.

II 1. *La bande s'était spécialisée dans le vol de bijoux* : **détournement** (= vol de fonds, de titres : *le notaire a été poursuivi pour détournement de valeurs*) ◆ [sout., vx] **larcin** (= vol d'objets de peu de valeur) ◆ **cambriolage,** [très fam.] **casse** (= vol commis dans un local, avec ou sans effraction) ◆ **maraudage, maraude** (= vol dans les jardins et les fermes : *le vagabond vivait de maraude*) ; → BUTIN, PILLAGE, RAPINE. *Il y a une recrudescence des vols à main armée* : **attaque** ◆ [amér.] **hold-up.** 2. *Demander une somme pareille pour un repas médiocre, mais c'est du vol !* : **escroquerie.**

volage V. capricieux, changeant (*in* changer III), frivole, léger.

volaille *La fermière jetait du grain aux volailles de la basse-cour* : [rare] **volatile.**

volant

I [adj. et n.] *Le personnel volant de l'aéroport a cessé le travail ce matin. Les volants de l'aéroport* : **navigant.**

II [adj.] *La troupe s'arrêta et un camp volant fut installé* : **mobile.**

III [n.] *La jeune fille avait sorti d'une malle une jupe longue à volants* : **falbala** (= volants situés en bas d'une robe).

IV *Un volant de sécurité* : **marge***.

volatiliser (se) V. disparaître.

volcanique V. ardent, de feu* II.

volée

I 1. *Prendre sa volée* : **essor*, vol*.** 2. *C'est toute une volée d'enfants qui arrivait sur la plage* : **bande, groupe, troupe***. 3. *De haute volée* : **de grande envergure** ; → VOL.

II *L'arrivée de la reine fut saluée par une volée de canons* : **décharge, salve.**

III 1. *Quelques spectateurs mécontents prirent à partie l'arbitre et lui donnèrent une volée* [fam.] : **dégelée, dérouillée, rouste, tournée** ◆ [plus cour.] **correction** ◆ [cour., au plur.] **coups*** ◆ [vx] **bastonnade** (= volée de coups de bâton) ; → PEIGNÉE, RACLÉE. 2. *À la volée. Il apprit à rattraper la balle à la volée* : **au vol.** *Il l'a giflé à toute volée* : **violemment.**

voler

I 1. *L'avion d'essai volait au-dessus du terrain* : **survoler** (*... survolait le terrain*) ◆ **planer** (qui ne se dit en ce sens que d'un avion sans moteur ou d'un oiseau portés par les courants aériens) ◆ ↓ **voleter** (qui ne se dit que du vol des oiseaux) ◆ **voltiger** (qui se dit pour le vol des insectes ou des choses légères : feuilles, papiers). 2. *Dans sa course, son écharpe volait au vent* : **flotter***. *Il vola chez son ami pour le rassurer* : [cour.] **courir***. 3. *Voler en éclats* : V. SAUTER.

II 1. [qqn ~ qqch à qqn] *On lui a volé son portefeuille au cinéma* : [génér.] **prendre** ◆ **escamoter** (= voler furtivement) ◆ [partic.] **marauder** (= voler dans les jardins et les vergers) ◆ **subtiliser,** [fam.] **étouffer** (= voler avec adresse) ◆ **extorquer** (= voler qqn en le menaçant ou par la force) ◆ [fam.] **chiper, faire, faucher, soulever** ◆ [très fam.] **barboter, choper, piquer, rafler, ratiboiser** ; → SOUSTRAIRE, DÉROBER. *Le pickpocket volait leur portefeuille aux dîneurs* : [vx] **filouter** ◆ **délester** ◆ [fam.] **soulager** ; → FAIRE MAIN* BASSE. 2. [~ qqch] *Le promoteur volait les fonds qu'on lui confiait* : [plus précis.] **détourner.** 3. [~ qqch] *Il a volé sa réputation* : [sout.] **usurper.** *Il a volé l'idée de cette invention qu'il aurait dû partager avec ses collaborateurs* : **s'attribuer.** 4. [~ qqn] *L'opinion réclamait la peine de mort pour le couple qui avait volé l'enfant* : [plus cour.] **enlever, kidnapper** ◆ **séquestrer** (= enfermer quelqu'un pour l'isoler).

5. [~ qqn] *On l'avait volé pendant son absence* : [plus précis.] **cambrioler.** *Les bandits volaient les voyageurs endormis* : ↑ **dépouiller,** ↑ **dévaliser,** ↑ **piller** (= voler à qqn tout ce qu'il a sur lui) ◆ [vx] ↑ **détrousser** (qui implique la violence) ◆ [fam.] **plumer, tondre** ◆ **escroquer,** [fam.] **carotter, truander** (qui se disent d'un vol commis par fourberie : *le promoteur escroquait les clients en leur vendant des terrains qu'il ne possédait pas*) ; → REFAIRE, DÉPOSSÉDER. *Il faisait ses affaires en volant adroitement ses clients* : [plus précis.] **gruger.** **6.** *Le commerçant volait les clients en trichant sur le poids* : [rare] **exploiter** ◆ [fam.] **arranger, estamper** ◆ [fam., vx] **étriller** ; → ROULER.

◇ **voleur** *Les voleurs qui avaient pillé le train courent toujours* : [fam.] **malfaiteur, bandit, truand** ◆ [vx] **brigand, gangster** (= voleurs en bande qui volent à main armée) ◆ **cambrioleur** (= qqn qui pille une maison : *les cambrioleurs ont emporté plusieurs toiles de maître*) ◆ **pickpocket** (= celui qui vole à la tire) ◆ **kidnappeur, ravisseur** (= ceux qui enlèvent une personne : *les ravisseurs de la jeune fille ont demandé une rançon*). *C'était un voleur adroit qui captait la confiance des gens pour leur dérober leurs économies* : [plus précis.] **escroc*, filou** ◆ [plus rare] **aigrefin.** *Ce banquier n'est qu'un voleur* : **pirate, requin.**

volet *Tous les volets de la villa étaient fermés* : [plus précis.] **contrevent** (= grands volets) ◆ **jalousie** (= volets à claire-voie qui permettent de voir sans être vu) ; → PERSIENNE.

voleter V. voler I.

volière V. cage.

volontaire [adj.] **1.** *Personne ne m'a menacé, mon silence est volontaire* : **intentionnel, voulu** ; → DÉLIBÉRÉ. **2.** *C'était un homme volontaire qui savait obtenir ce qu'il voulait* : **décidé*** ◆ ↑ **opiniâtre**. *Vous êtes trop volontaire, il faut vous plier à la règle commune* [péj.] : [cour.] **entêté** ; → TÊTU.

◇ **volontaire** [n.] *On cherche des volontaires pour l'accueil des sans-logis* : **bénévole.**

◇ **volontairement** **1.** *Le prévenu a préféré passer aux aveux volontairement* : **de son plein gré** ; → DE SOI-MÊME*. **2.** *Les vignerons ont répandu volontairement le vin sur la chaussée* : **exprès, intentionnellement** ; → DÉLIBÉRÉMENT.

volonté **1.** *Il a voulu forcer le cours des choses et imposer à tout prix sa volonté, ses volontés* : **dessein, résolution, désir*** ; → CHOIX, DÉCISION. **2.** *Avoir de la volonté* : ↓ **caractère,** ↓ **fermeté** ◆ ↑ **opiniâtreté** ; → ÉNERGIE. **3.** *Contre sa volonté* : **contre son gré*.** *Faire preuve de bonne volonté* : **bon vouloir, y mettre du sien*.** *Dans une volonté de* : V. ESPRIT. *À volonté* : **à discrétion*.** **4.** [pl.] *Il a dicté ses dernières volontés* : **testament.**

volontiers *Nous vous recevrons volontiers* : **de bon cœur, de gaieté de cœur, avec plaisir** ; → DE BONNE GRÂCE*. *Je reprendrais volontiers du vin* : [plus cour.] **bien.** *Voulez-vous de l'eau ? – Volontiers* : **oui.**

volte-face V. changement (*in* changer III).

voltige V. acrobaties (*in* acrobate).

voltiger V. voler I.

volubile V. bavard.

volubilement V. d'abondance*.

volubilité V. abondance, exubérance (*in* exubérant).

volume

I **1.** *Un volume broché* : **livre*** ; → TOME. **2.** *Quand il se documente sur un sujet, il prend des volumes de notes* : [fam.] **tartine** ; → MASSE.

II **1.** *Le volume d'un solide* : V. MASSE. *Le volume d'air de ce dortoir est insuffisant* : **cubage.** *Le volume d'un fût* : **capacité, contenance** ; → DIMENSION. **2.** *Il est nécessaire de travailler votre voix qui manque de volume* : **ampleur, intensité.** **3.** *Pouvez-vous baisser le volume de votre transistor ?* : **son.** *Tous vos bagages font du volume* : **être encombrant.**

◇ **volumineux** *La caisse était trop volumineuse pour être logée dans le coffre de la voiture* : **gros*, embarrassant, encombrant.** *Les producteurs de l'émission recevaient un volumineux courrier* : **abondant.**

volupté 1. *Il appréciait la bonne chère et mangeait chaque jour avec volupté* : **délectation.** 2. *L'amour et la volupté* : **plaisir** (= plaisir sexuel) ; → ÉROTISME, JOUISSANCE.
◇ **voluptueux** 1. *On disait d'elle qu'elle était voluptueuse* : [cour.] **sensuel** ◆ [sout., péj.] **lascif.** 2. *Il aimait ces moments voluptueux où l'on est au bord du sommeil* : ↓ **agréable.** 3. *Une sensation voluptueuse* : V. ÉROTIQUE. *Une danse voluptueuse* : **excitant.**

volute V. courbe.

vomir 1. *Ses troubles ont commencé ce matin : il s'est levé et a vomi son déjeuner* : **rendre** ◆ [fam.] **dégobiller, dégueuler** ; → REJETER. *Vomir du sang* : **cracher*.** *J'ai envie de vomir* : **avoir la nausée, avoir mal au cœur** ; → CHAVIRER. 2. *Toutes ces manœuvres me donnent envie de vomir* : **dégoûter*, écœurer*.** 3. *Je vomis ce procédé* : **exécrer** ; → HONNIR. 4. *Le volcan vomit des flots de lave* : **cracher*** ◆ ↓ **rejeter.**

vorace V. glouton.

voracité V. gloutonnerie (*in* glouton).

vote 1. *Le compte des votes* : V. SUFFRAGE et VOIX. 2. *Procéder au vote* : **élection** (= vote ayant pour but de désigner qqn à une fonction). *Le vote pouvait être effectué par correspondance* : **scrutin** (qui se dit particulièrement des modalités du vote : *un scrutin uninominal à un tour*) ; → CONSULTATION, RÉFÉRENDUM. 3. *Le vote du projet a été obtenu* : **adoption.**
◇ **votant** Désigne celui qui a effectivement participé au scrutin : **électeur** (= personne qui a le droit de vote à une élection).
◇ **voter** *Les députés ont voté le budget* : **ratifier** (= confirmer une décision par un acte officiel). *La loi a été votée* : **adopter, passer*.** *Ne pas voter* : **s'abstenir*.**

voué V. promis (*in* promettre).

vouer V. condamner, consacrer.
◇ **se vouer** V. se donner III.

vouloir 1. [qqn ~ + inf.] *Croyez bien que je veux vous aider* : **souhaiter** ; → DÉSIRER. *Il est tout aimable, il veut se faire pardonner* : **chercher à, tenir à.** 2. *Vouloir bien. Je veux bien que vous nous accompagniez, mais soyez discrets* : **accepter, consentir.** *Je reste avec vous, vous voulez bien ?* : **être d'accord.** *Mais je veux bien* : V. NON (*je ne dis pas non*). 3. *Je voudrais la rencontrer* : **aimer, souhaiter** ; → PLAIRE, AMBITIONNER. 4. [ne pas ~] *Essayez de le raisonner, il ne veut pas partir seul* : **refuser de.** 5. [qqn ~ que] *Je veux que vous lui fassiez des excuses* : **tenir** (*tenir à ce que*) ◆ ↑ **exiger** ; → DEMANDER. *Écoutez-moi un peu, je le veux* : **ordonner** (*je vous l'ordonne*). *Je ne veux pas que tu sortes ce soir* : **défendre*, interdire** (*je te défends, t'interdis de*). 6. *Vouloir dire. Vous voulez dire que je suis un menteur ?* : **insinuer.** *Que voulez-vous dire par là ?* : **entendre.** 7. *Sans le vouloir* : **involontairement.** 8. [qqn ~ qqch] *L'enfant voulait une tarte aux fraises* : **désirer.** 9. [qqn ~ qqch de qqn] *Je ne vois pas du tout ce que vous voulez de moi* : **attendre.** 10. [qqn ~ que + subj. ou inf.] *Pourquoi voulez-vous que j'aie eu peur ?* : **prétendre.** *Où veut-il en venir ?* : **que veut-il ?** 11. *Si le temps le veut* : **permettre.** 12. [qqch ~ que] *La politesse veut que vous cédiez votre place* : **exiger, prescrire.** 13. *Vouloir dire. Ainsi traduit, ce passage ne veut rien dire* : **signifier.** 14. *En vouloir à qqn. Je lui en veux* : V. RIGUEUR (*je lui tiens rigueur*). *S'en vouloir de* : **regretter*, se repentir, se reprocher.**

vouloir [n.] *Bon vouloir, mauvais vouloir* : V. volonté.

voulu V. délibéré, désirable (*in* désirer), volontaire.

voûte *Les arbres de l'allée formaient une voûte* : **berceau, arceau** ◆ **arche, arcade** (qui s'appliquent à l'architecture). *La clé de voûte d'une question* : V. CENTRE.

voûté V. courbé (*in* courbe).

vouvoyer *Je ne vouvoie pas mes amis* : **dire vous à...**

voyage 1. *Le directeur est en voyage pour affaire* : **déplacement.** *L'office du tourisme organisait des voyages en mer* : **croisière.** 2. *Le groupe a entrepris un long voyage scientifique dans les Andes* : **exploration, expédition.** 3. *Il a été malade pendant tout le* *voyage* : **trajet** ◆ **route** (= voyage sur terre), **traversée** (= voyage en mer). *Son voyage autour de la Méditerranée a duré tout l'été* : **circuit** ◆ [sout.] **pérégrinations, périple.** **4.** *Les gens du voyage* : **nomade** ; → TZIGANE. **5.** *Un voyage à l'acide* : [anglic.] **trip** ◆ [fam.] **défonce.**

◇ **voyager** *Je ne voyage qu'en train* : **se déplacer** ; → ALLER. *Il a beaucoup voyagé* : V. VOIR DU PAYS*.

◇ **voyageur** **1.** [n.] *La ligne était coupée et les voyageurs durent descendre* : **passager.** **2.** *Ce voyageur ne s'arrête que pour écrire ses souvenirs* : **touriste** (= celui qui pratique le voyage comme activité de loisir) ◆ **globe-trotter** (= voyageur qui parcourt la terre) ◆ **routard** (= celui qui voyage à peu de frais) ◆ **explorateur** (= celui qui fait des voyages de découverte). **3.** *Un voyageur de commerce* : **représentant*** ; → INTERMÉDIAIRE. **4.** [adj.] *Un tempérament voyageur* : V. VAGABOND.

voyance V. double* vue I.

voyant **1.** [adj.] *Une couleur voyante* : **tape-à-l'œil** ; → CRIARD. *Il arborait des costumes voyants* : **tapageur.** **2.** [n.] *Un voyant lumineux* : **témoin** (*lampe témoin*).

voyant [n.m.] **1. prophète, visionnaire** ; → DEVIN. **2.** [n.f.] *La voyante lui prédit un avenir sans nuages* : **cartomancienne.**

voyeur V. satyre.

voyou **1.** *Petit voyou ! je vais prévenir tes parents* : [sout.] **chenapan, garnement** ; → MAUVAIS SUJET*, VAURIEN. **2.** *Pour certaines personnes, tous les jeunes sont des voyous* : **crapule** ◆ [fam.] **gouape** ; → DÉLINQUANT.

vrac (en) V. pêle-mêle.

vrai [adj.] **1.** [postposé] *Toutes les déclarations faites par cet avocat sont vraies* : **exact*** ◆ ↑ **incontestable.** *Le scénario du film empruntait sa matière à une histoire vraie* : **authentique, véridique, vécu.** *Ce qu'il dit est vrai* : **juste*** ◆ ↓ **sérieux***. *C'est si vrai que* : **à telle enseigne***. *C'est un fait vrai : les mises au point de la direction n'y changeront rien* : **avéré.** *Des sentiments vrais* : **sincère***. **2.** [antéposé] *On ne pouvait lui reprocher de ne pas donner les vrais motifs de son absence* : **véritable** ◆ **réel.** *Mais si ! c'est une vraie rousse* : **naturel.** *Il y a peu de vrais Vermeer* : **authentique.** **3.** [antéposé] *Comment le défendre ? C'est une vraie fripouille !* : **franc, véritable.**

◇ **vrai** [n.] **1.** *Il prêche le faux pour savoir le vrai* : **vérité.** *Vous êtes dans le vrai* : **avoir raison.** **2.** *À dire vrai, à vrai dire. Je suis d'accord avec votre explication ; à dire vrai, j'avais déjà pensé cela* : **en fait, à proprement* parler** ; → DIRE. *Pour de vrai, vous allez l'épouser ?* [fam.] : [plus cour.] **vraiment.**

◇ **vrai** [adv.] *Enfin, vrai, vous n'allez pas accepter qu'il se moque de vous !* : **vraiment.**

◇ **vraiment** **1.** *Il essayait vraiment de ne plus fumer* : **véritablement** ; → RÉELLEMENT, SÉRIEUSEMENT, EFFECTIVEMENT. **2.** *Les tarifs pratiqués dans ce restaurant sont vraiment élevés* : **franchement** ◆ [plus sout.] **par trop** ; → DÉCIDÉMENT.

vraisemblable *La version des faits fournie par l'accusé était vraisemblable* : **crédible, plausible***. *Il est vraisemblable qu'il soit innocent* : **probable***.

◇ **vraisemblablement** **1.** *Le conflit va vraisemblablement se prolonger* : **probablement, sans doute** ; → APPAREMMENT. **2.** V. PROBABLE.

◇ **vraisemblance** : **crédibilité.**

vrille **1.** *Une vrille pour forer le bois* : **tarière** (= grande vrille de charpentier) ◆ **foret, mèche** (= accessoires de même usage). **2.** *Un escalier en vrille* : **spirale, hélice.** **3.** V. ACROBATIE.

vrombir **1.** *On entendait les moteurs vrombir* : **ronfler** ◆ ↑ **rugir.** **2.** *La guêpe vrombissait près de la vitre* : ↓ **bourdonner.**

◇ **vrombissement** *Le vrombissement de l'insecte* : ↓ **bourdonnement.** *Le vrombissement du moteur* : **ronflement** ◆ ↓ **ronronnement** ◆ ↑ **rugissement.**

V.R.P. V. représentant.

V.T.C., V.T.T. V. bicyclette.

vu

I [prép.] **1.** *Vu. Vu le temps maussade, nous ne sortirons pas* : **en raison* de, étant donné.** *Les attroupements étaient interdits vu les circonstances* : [sout.] **eu égard à.** **2.** *Vu que* (emploi critiqué). *Il faut augmenter le prix*

de l'essence, vu que nous en manquons : **attendu que, étant donné que, du fait de.**
II 1. [adj.] *C'est bien vu ? à votre tour maintenant* [fam.] : **compris.** 2. [n.m.] *On lui concédera qu'il a agi au vu et au su de tout le monde* : [plus cour.] **ouvertement.**

vue
I 1. *Du haut de la tour, c'était un spectacle sans cesse renouvelé qui s'offrait à la vue* : **regard.** *Des troubles de la vue* : **vision.** 2. *La vue de la mise à mort du taureau lui tournait le cœur* : **spectacle.** 3. *L'eau montait à vue d'œil dans le bassin* : **très vite.** *Il vous en a mis plein la vue avec ses histoires rocambolesques* [fam.] : [plus cour.] **éblouir.** *La poterie ancienne attirait le regard, placée bien en vue* : **en évidence.** *À première vue* : **au premier coup d'œil, au premier abord*, a priori*.** *À vue de nez* [fam.] : [cour.] **apparemment, approximativement.**
II *Jouir d'une vue intéressante* : **panorama*, perspective*, paysage*.** *Un point de vue* : **belvédère*.**
III 1. *L'acteur exposera ses vues sur son métier* : **idée, pensée*, position*.** *C'est une vue des faits qui en vaut une autre* : **conception.** *Les différents témoignages donnaient une vue bien sombre de la situation* : **image, tableau.** 2. *Cette proposition s'accorde-t-elle avec vos vues ?* : [plus cour.] **projet, intention** ; → BUT. 3. *Essayez d'examiner l'affaire de ce point de vue* : **aspect** (*sous cet aspect*) ; → PERSPECTIVE, OPTIQUE. *En vue de* [+ inf.] : **pour*.**

vulgaire
I 1. *« Marguerite » est le nom vulgaire de plusieurs fleurs des champs* : **courant, usuel, trivial** ; → COMMUN. 2. *L'expert affirma qu'il s'agissait d'une vulgaire imitation* : **simple** ◆ [postposé] **banal.**
◇ **vulgariser** *Le mot « concertation » a été vulgarisé par les journaux* : **répandre*, propager.**
II 1. *C'est une plaisanterie plutôt vulgaire* : ↓**bas,** ↓**gros** ; → GROSSIER. *Je ne l'invite pas, estimant ses manières vulgaires* : ↓**commun** ◆ ↑**grossier.** *Il a employé une expression vulgaire* : **trivial.** 2. *Tenir compte des réalités les plus vulgaires* : **prosaïque, terre à terre.**
◇ **vulgarité** *Elle affectait une vulgarité dans ses propos qui indignait ses parents* : ↑**grossièreté.**

vulgairement
I *Le bolet comestible, vulgairement appelé « cèpe », est un champignon très apprécié* : **communément, couramment, usuellement.**
II *Il parle vulgairement* : ↑**grossièrement.**

vulnérable V. fragile, sensible.

W-Z

wagon *L'affluence justifiait de rajouter quelques wagons* : **voiture** ◆ **fourgon** (= wagon destiné aux transports commerciaux, militaires ou aux transports de bagages) ◆ [partic.] **plateau, plate-forme,** (= wagon plat).
◇ **wagon-lit** *Nous prendrons des wagons-lits pour descendre dans le Midi* : [moins cour., anglic.] **sleeping, sleeping-car,** [cour.] **voiture-lit.**

walkman *Elle écoutait son walkman dans le train* : **baladeur.**

wassingue V. serpillière.

waters, W.C. V. cabinet II.

week-end V. repos (*in* reposer).

whisky *Prendrez-vous du whisky ?* : [partic.] **scotch, bourbon, rye** ; → ALCOOL.

www, webmaster V. internet.

x *Film x* : V. ÉROTIQUE.

xénophobe *Des réactions xénophobes sont à craindre* : **chauvin, nationaliste, raciste** (= attitudes partiales et fanatiques en faveur de son propre pays, qui mènent à des réactions xénophobes, c'est-à-dire hostiles aux autres nationalités).

yacht V. bateau I.

Yahwé V. Dieu.

yankee V. américain.

yatagan V. épée.

yeux V. œil I.

zèbre V. type II.

zébré V. tacheté (*in* tache).

zébrure V. rayure (*in* raie).

zèle *Son zèle m'étonne* : ↑ **enthousiasme** ; → DÉVOUEMENT, DILIGENCE.

zélé V. actif, dévoué (*in* se dévouer).

zénith V. comble I.

zeppelin V. dirigeable.

zéro **1.** *Son capital est réduit à zéro* : **rien.** **2.** *Ce garçon est un zéro* : **incapable*, nullard*.** **3.** *Il est zéro heure :* **minuit.**

zézayer *Cet enfant zézaie* : [fam.] **zozoter** ◆ [didact.] **bléser.**

zigoto *Faire le zigoto* : V. malin.

zigouiller V. tuer.

zigue V. type II.

zigzag V. méandre, virage (*in* virer I).

zigzaguer V. serpenter (*in* serpent).

zinc **1.** V. avion. **2.** V. comptoir.

zip V. fermeture (fermeture Éclair).

zizanie V. discorde.

zizi V. sexe.

zombie V. fantôme.

zonard V. marginal.

zone 1. *Dans cette zone viticole, la grêle a fait des ravages* : **pays, région, site, secteur** ; → TERRITOIRE. 2. *La zone de Paris s'étendait sous les anciennes fortifications* [vx] : [plus génér., vx] **ceinture** ◆ [fam.] **bidonville** (= zone installée aux abords des grandes villes). 3. *Une zone d'influence* : V. SPHÈRE.

zoo V. jardin* zoologique.

zoom *Faire un zoom sur* : V. plan II.

zoomer V. plan II.

zouave V. individu.

zozoter V. zézayer.

Z.U.P. V. grand ensemble*.

zut *Zut ! la corvée n'est pas encore terminée* : **flûte**.

Photocomposition : I.G.S. - Charente photogravure
Achevé d'imprimer par l'Imprimerie
Maury-Eurolivres à Manchecourt en août 2004
N° de projet 11000053
Dépôt légal : Janvier 2000 - N° d'imprimeur : 108787

Imprimé en France - (Printed in France)

from tom:

Hi

~~hey whats up?~~

Myles Magnusson